DREWERMANN / STRUKTUREN DES BÖSEN

Teil 2: Die jahwistische Urgeschichte in psychoanalytischer Sicht

PADERBORNER THEOLOGISCHE STUDIEN

Herausgegeben von
Remigius Bäumer, Josef Ernst, Heribert Mühlen

Band 5

1981

MÜNCHEN · PADERBORN · WIEN
VERLAG FERDINAND SCHÖNINGH

EUGEN DREWERMANN

Strukturen des Bösen

Teil 2:

Die jahwistische Urgeschichte in psychoanalytischer Sicht

1981

MÜNCHEN · PADERBORN · WIEN
VERLAG FERDINAND SCHÖNINGH

1. Auflage 1977
2. um ein Vorwort erweiterte und berichtigte Auflage 1980
3. Auflage 1981

Mit 9 Fotos vom Verfasser

Imprimatur: Paderbornae, d. 10. m. Febr. 1977. Vicarius Generalis: Bruno Kresing.

© 1981 by Ferdinand Schöningh at Paderborn. Printed in Germany.
Gesamtherstellung: Ferdinand Schöningh, Paderborn 1981.

ISBN 3-506-76255-9

„Krankheit ist Heimsuchung der Gnade. Aber ein Zusammenhang mit Schuld und Sünde dunkelt hindurch: sie liegen im Anfang, im Wesen, im Menschsein. Nur eine kranke Welt konnte der Herr betreten."
(R. Schneider: Verhüllter Tag; Heimkehr; Herder Tb. 42; S. 122)

INHALTSVERZEICHNIS

ABKÜRZUNGSVERZEICHNIS

I xyz = 1. Bd. von „Strukturen des Bösen", S. uvw
J, j = Jahwist, jahwistisch
E = Elohist
P = Priesterschrift
R = Redaktor
Gn = Genesis
BKV = Bibliothek der Kirchenväter
S. F. = Sigmund Freud
Psa = Psychoanalyse
psa = psychoanalytisch
We = Westermann; Gn

Bei der *Transskription* der hebräischen Mitlaute in lateinische Buchstaben ist

ṣ = tz (putzen) (hebr. Ṣadhe)
š = sch (waschen) (hebr. Šin)
z = s (sehr) (hebr. Zain)
s = s, ß (das; daß) (hebr. Samek und Sin)
w = w; je nach Vokalisation = u, o
ṭ = t (Abt) (hebr. Ṭeth)
t = t (Mut) (hebr. Tau)
' = weicher Stimmeinsatz (Abend) (hebr. 'Aleph)
' = scharfer Stimmeinsatz (acht) (hebr. 'Ain)
j = i, j (ich, jeder) (hebr. Jod)
ḥ = ch (Bach) (hebr. Heth)

Die Mitlaute b, g, d, k, p, t sind ohne Rücksicht auf Härtung und Verdoppelung durch Dageš lene und forte wiedergegeben; sie sind im Deutschen ohne Dageš weich und aspiriert auszusprechen, insbesondere b wie w (wichtig), k wie ch (sprechen), p wie f (Philister). Das h am Wortende ist kein eigener Laut, sondern ein Zeichen für vokalischen Auslaut. Die emphatischen Laute Ṭeth und 'Ain kommen im Deutschen eigentlich nicht vor.

Bei den *indischen Wörtern* ist

j = dsch
v = englisch w
c = tsch
r = ri und ru (nur in Zitaten)
s = ß

Die Cerebrale sind nicht eigens gekennzeichnet; ṣ und ś ist beides als sh wieder-gegeben; gutturales, palatales und cerebrales n sind nicht unterschieden, ebenso-wenig lange und kurze Vokale; also z. B.: „Krishna" statt Kṛṣṇa.

Bei den mittelamerikanischen Wörtern ist

x = sch
h = ch (Buch)
v = b
ch = tsch
y = j
qu = k
j = ch (ich)

In Zitaten weichen die Schreibweisen mitunter stark von einander ab. Die indianischen Namen in den von F. Boas gesammelten Sagen sind ohne die von ihm benutzten diakritischen Zeichen wiedergegeben.

Gelegentlich vorkommendes ç = tsch.

VORWORT

Was soll eine psychoanalytische (psa) Untersuchung im Rahmen einer dogmatischen Arbeit? Wir haben im ersten Band festgestellt, daß in der jahwistischen (j) Urgeschichte zahlreiche Fragen nach Motivwahl, -bedeutung und -zusammenstellung mit exegetischen Mitteln nicht zu beantworten sind; schon allein deshalb ist eine psa Interpretation der j Erzählungen unerläßlich. Es muß aber über die j Urgeschichte hinaus ein unmittelbares dogmatisches Interesse an der Psa geben: weil die Dogmatik ohne Psa in die Gefahr geraten würde, sich selber nicht mehr zu verstehen, und zwar vor allem in bezug auf die Lehre von Sünde und Erlösung. Dies soll vorweg, allerdings nur thesenartig, erläutert werden, damit verständlich wird, worin der eigentlich dogmatische Sinn der vorliegenden Untersuchung zu erblicken ist.

1. Die Krankengeschichte der Sünde

Man versteht die Sünde nicht und tut dem Sünder Unrecht, wenn man sich dem vordergründigen Anschein überläßt, jemand könne ein munterer, gesunder Mensch und doch zugleich ein Sünder sein. Er kann es nicht. Das ganze Geheimnis des menschlichen Lebens besteht darin, daß der Mensch de facto niemals nur „natürlich" leben und glücklich sein kann, ohne auf Gott hin zu leben, und daß er selbst zur Unnatur verdirbt, wenn er sich gegenüber Gott verschließt. All seine Bedürfnisse, Leidenschaften, Wünsche, Sehnsüchte, Hoffnungen und Sorgen verzerren sich ins Maßlos-Pathologische, entleeren sich ihres eigentlichen Sinns und wirken fortschreitend zerstörend und zersetzend, wenn das, was nur Gott selbst erfüllen kann, an Gott vorbei im eigenen Ich, in einem anderen Menschen oder in irgendeinem Teil oder Gesamtzustand der Welt des Menschen und der Kreatur gesucht wird. Jeder Sünder ist ein Leidender, ein Daseinsverkrüppelter, ein durch unendliche Selbstüberforderung Zerstörter. Denn die Tragödie der Sünde liegt gerade darin, daß der Mensch alles, was er in Gott verneint, gleichwohl, seiner eigenen Bestimmung gemäß, nach wie vor suchen und ersetzen muß — künstlich, äußerlich, unter nie endenden Qualen, die er sich selbst und anderen zufügt, getrieben von Ohnmacht, Selbsthaß, Lebensekel und Verzweiflung, daß er zu seiner eigenen Wirklichkeit, zu dem was er wesentlich ist, nur finden kann, wenn er die Angst vor dem Abgrund des Nichts, in das ihn sein Bewußtsein und seine Freiheit in seinem Denken wie in seinem Handeln stellen, verlieren kann in dem Vertrauen, daß Gott ihn will und meint und er von Gott im Sein „gehalten" ist.

Wir haben bei der Exegese der j Urgeschichte gesehen, was für ein tödlicher Zwang das ist, „wie Gott" sein zu wollen, in was für eine Hölle sich das Menschendasein verwandelt, wenn es, getrennt von Gott, sich seiner Nichtigkeit und Armseligkeit schämen muß; wenn es, voller Scham und Angst, bei dem anderen seine Berechtigung und Anerkennung sucht, die es dort nie bekommt; wenn es den anderen fürchten muß als Konkurrenten und fliehen muß als Feind und Gegner; wenn es danach trachtet, sich mit Göttern zu paaren, und gezwungen ist, ins Nichts zurückzusinken; wenn es zum Himmel strebt und dadurch nur um so mehr in völliger Isoliertheit und grenzenloser Einsamkeit innerlich verfällt. Das Dasein selbst in all seinen Strukturen verwandelt sich an jeder Stelle, an der es von Gott gelöst wird, in eine unerschöpfliche Quelle von Schmerz, Sich-Aufbäumen, Zerstörung und Vergeblichkeit.

Alle Attribute, welche die abendländische Metaphysik für Gott gefunden hat, muß der Mensch sich aneignen, wenn er ohne Gott leben will. In diesem Aneignungsversuch besteht die ganze Sünde; nur: der Mensch kann in den Prärogativen Gottes nicht existieren; er ist nur Mensch; wenn er „wie Gott" sein will, ergeben sich in daseinsanalytischer Betrachtung alle Formen der Neurose (vgl. Bd. 3, S. 468—479).

Gott z. B. ist ein „ens a se", er hat den zureichenden Grund des Daseins in sich selbst — ein Mensch niemals; er ist dazu verurteilt, ohne Gott sein Leben lang sich seine stets zu teuere Eintrittskarte ins Dasein verdienen zu müssen und nie seine verhaßte Nicht-Notwendigkeit, seine beschämende Zufälligkeit abschütteln zu können: wenn Gott ihn nicht gewollt hat, als er ihn erschuf, wer dann? Wer gibt ihm dann Halt und Berechtigung, Notwendigkeit und Sinn? Gott zwar kann tätig sein „immer und überall", er ist omnipräsent, er wirkt in allem, ohne zu ermüden, seine Notwendigkeit steht außer Frage; ein Mensch jedoch, der in Gott keine Ruhe findet, wird immer hektischer sich seine Notwendigkeit, seine Gottgleichheit, die Versicherung, daß es „ohne ihn nicht geht", beweisen müssen: mit immer mehr Verpflichtungen, Aufgaben, Leistungen, Errungenschaften, Techniken, Schuldgefühlen und Selbstvorwürfen, und doch all dies bloß für das unsinnige Ziel, den Ekel, nur ein Mensch zu sein, ein wenig zu vertuschen. Ohne Gott ist es notwendig, *depressiv* zu werden.

Gott ist ein „ens perfectissimum", ein allervollkommenstes Wesen, dem nie ein Fehler unterläuft; Menschen, die ohne Gott zu existieren suchen, sind erbarmungslos bei jedem Anzeichen von Schwäche und Versagen ihrer endgültigen Nichtberechtigung, der Katastrophe ihrer Scheinperfektheit ausgeliefert; ein nachdenklicher Mensch, der nicht an Gott glaubt, muß an sich selbst notwendig Maßstäbe anlegen, die ihn unausweichlich *zwangsneurotisch* machen.

Es nutzt auch nichts, in der eigenen kreatürlichen Unvollkommenheit einen anderen Menschen um Gnade anzuflehen und von ihm eine Rechtfertigung zum Sein zu borgen: die Angst vor dem Nichts wird so niemals verschwinden. Man kann tausendmal dem anderen seine Freiheit, seinen Willen, sein Dasein zu Füßen legen und ihn bitten, er möge einem sein und geben, was man unbedingt zum Leben braucht und doch nicht hat: Halt, Sinn und Festigkeit; man mag den anderen, so künstlich und theaterhaft auch immer, zu seinem Gott erklären — er bleibt doch nur ein Mensch; und man verurteilt nur sich selbst zur *Hysterie*, zur ewig erfolglosen, enttäuschenden, demütigenden und verbitternden Suche nach einem Menschen, der wie Gott sein müßte und den es ohne Selbstbetrug in Ewigkeit nicht gibt noch geben kann. Die Wahrheit ist, daß Gott ein eifersüchtiger Gott ist, der das Leben jeder Fruchtbarkeit und Zukunft beraubt „bis ins 3. und 4. Geschlecht" (Ex 20, 5), wenn jemand ihm etwas, das nicht Gott ist, zur Seite stellen will. Die Wahrheit ist, daß man weder sich selbst noch einen anderen Menschen noch irgendetwas in der Welt überhaupt lieben und gelten lassen kann, wenn man nicht selber in Gott Geltung und Liebe gefunden hat.

In einem Leben ohne Gott folgt daher jede Psychoneurose auf dem Fuße. Die Sünde ist die Geisteskrankheit schlechthin; und nur weil ihre Symptome in allen möglichen neurotischen Ausfallerscheinungen sichtbar werden, können die Heilungen von Blindheit, Taubheit, Stummheit, Lähmung und Besessenheit, die sonst nur Fälle von Spontanremissionen bzw. Heilungen aufgrund suggestiver Einflüsse wären, im Neuen Testament zu den Zeichen der beginnenden Gottesherrschaft zählen.

„Wenn ich Sie recht verstehe", sagt einmal der Arzt von Fenouille in G. Bernanos' Roman „Die tote Gemeinde" zu dem Pfarrer, „sind Sie der Meinung, daß gewisse Mängel, Mängel im religiösen Gefühl, sich umsetzen könnten, umsetzen in krankhafte Erscheinungen, die bis — sagen wir: bis zu einer grundlegenden Verwandlung der menschlichen Natur führen?" (195) Ganz dieser Meinung sind wir. Wir glauben, daß G. Bernanos in seiner „Toten Gemeinde" völlig zutreffend die Auswirkungen der Sünde sogar bis in gewisse Veränderungen des Trieb-

XIV

lebens hinein verfolgt, denn es ist nur einleuchtend, daß auch die menschliche Aggressivität und Sexualität — um nur die zwei wichtigsten Antriebe herauszugreifen — eine völlig andere, selbst biologisch sinnwidrige Funktion erlangen müssen, wenn das menschliche Bewußtsein, ohne in den Sicherungen instinktiver Regulatoren genügenden Halt zu finden, eine Welt widerspiegelt, die — ohne Gott — bis in die Tiefe durchsetzt erscheint von Angst, Vergeblichkeit, Bedrohung, Feindschaft und Sinnlosigkeit; daß die menschliche Aggressivität über alles Maß hinauswachsen muß, wenn allenthalben in der Gnadenlosigkeit einer Welt ohne Gott der Kampf ums Überleben jeden Menschen zum Feind des anderen macht; und daß die Sexualität zu allen Formen der Perversität degenerieren muß, wenn ihr die Aufgabe zufällt, eine absolute Bestätigung und Sinngebung des eigenen Lebens hervorzubringen und damit die metaphysische Unruhe des Daseins zu besänftigen.

Bernanos meinte darüber hinaus, es werde sich der „Urtrieb" des Menschen nach Gott in einen „blinden Haß" „gegen sich selbst", in „eine selbstmörderische Wut" verwandeln, wenn wirklich einmal der Traum aller Psychoingenieure und Biologen, vielleicht schon in baldiger Zukunft, realisiert werden sollte, die „Hierarchie der Bedürfnisse" zu zerstören, „die Wollust... bloß wie irgendein anderes Hungergelüste unseres Leibes" erscheinen zu lassen und den Menschen auf seine Triebregungen zu reduzieren; denn unauslöschlich sei dem Menschen die „Sehnsucht nach Reinheit" mitgegeben, und sie sei als „unfaßbare, stechende Bitternis" sogar dem Wüstling noch „teurer... als die Wollust selbst" (195; 196); und auch wenn man im Menschen alle Erinnerung an Gott aus dem Bewußtsein zu tilgen suche, so werde doch die Sehnsucht nach Gott damit nicht ausgerottet sein; sie werde lediglich in einer anderen Form sich auszuwirken beginnen. Das ist wahr; mindestens in Form von Selbsthaß und Traurigkeit wird die Sehnsucht nach Gott auf dem Untergrund der Sünde, gerade wenn diese sich in das Karnevalskostüm der Ausgelassenheit zu hüllen sucht, nicht aufhören, wie ein Wurm zu nagen (vgl. Mc 9, 48). Vor allem in ihrer Kälte, in ihrer grenzenlosen Ichbezogenheit aus Mangel an eigener Persönlichkeit muß die Sünde offenbaren, daß sie nicht nur eine Revolte gegen Gott, sondern zugleich einen Aufstand gegen alles darstellt, was im Menschen angelegt ist. Auch darin hat G. Bernanos auf ganz furchtbare Weise recht. Ein besserer Kommentar zum Ende der j Urgeschichte, zur Geschichte von der Sprachverwirrung zu Babel, ist nie gegeben worden als durch die Worte des Pfarrers von Fenouille, wenn dieser meint, daß wir „im Bösen" völlig „einsam" seien und hinzufügt: „... bis zum Ende aller Tage wird der

Sünder allein sündigen müssen, immer allein — wir werden so allein sündigen, wie man allein stirbt." (158)

Die Welt in der Sünde erscheint in dieser Sicht so, wie sie A. Dante in seiner „Göttlichen Komödie" (I 33) beschreibt: im untersten Teil der Hölle, am Tiefpunkt des Trichters der Verzweiflung, schildert er einen Eissumpf, zu dem die Tränen der Traurigkeit gefroren sind. Die Menschen stehen dort bis zur Hüfte im Eis und sind darin bis zur Bewegungslosigkeit erstarrt; das unaufhörliche Klappern einer Mühle läßt die Luft schneidend kalt werden und bewirkt, daß die Tränen, die aus den Augen der Menschen rinnen wollen, auf ihren Gesichtern zu eisigen Masken erkalten: derartig ist die Sünde eine herzlose Versteinerung, eine Erfrierung im Umkreis metaphysischer Grausamkeit, ein Gefrierzustand von Maskenträgern, die Verwandlung von Menschen in posierende Unpersonen; die Sünde ist die Unmenschlichkeit selbst.

So gibt es nichts, das schmerzlicher, schädigender, zerstörerischer wäre als die Sünde. Schlimmer kann ein Mensch sich selbst nicht ruinieren, als indem er sein ohne Gott so grenzenlos überflüssiges, haltloses und ungerechtfertigtes Dasein auf eigene Faust mit dem Glanz der Notwendigkeit und Berechtigung zu umkleiden sucht. Es kommt mithin darauf an, die ganze Kenntnis der Psychopathologie aufzubieten, um zu verfolgen, in welchen Formen von Neurosen, Perversionen, Psychosen und psychosomatischen Symptomen die Daseinserkrankung der Sünde ihren Ausdruck und Niederschlag findet; es gilt, in den Spuren der Lebensverzerrungen und Daseinsverstümmelungen mit Hilfe der Psa die Fallen aufzustellen, in denen sich das Ungeheuer eines Daseins ohne Gott einfangen läßt. Man verstehe uns nicht falsch: es geht nicht darum, die absurde These aufzustellen, alle psychischen Erkrankungen seien die Folgen einer geistigen Fehleinstellung, eines Lebensentwurfs an Gott vorbei, so als hätte nicht alles psychische Geschehen eine Außenseite, die auch in sich selbst durch biologische, chemische oder physikalische Noxen geschädigt werden könnte, und als wenn nicht das psychische Verhalten jenseits aller persönlichen Entscheidungsmöglichkeit und Schuld zu einem Großteil ein auch von außen übernommenes, erlerntes Verhalten sei; wohl aber ist es äußerst wichtig zu untersuchen, inwieweit in bestimmten psychischen Erkrankungen sich geistige Grundhaltungen ausdrücken, inwieweit eine bestimmte Psychologie in Funktion eines bestimmten Lebensentwurfes steht und die psychische Verfassung sich ändert, je nachdem, ob jemand zum Glauben findet oder nicht.

Wir wollen, um deutlich zu sein, ein Beispiel geben, das zugleich das seelsorgliche Interesse der vorliegenden Untersuchung verdeutlichen mag.

XVI

Eine Frau, ca. 40 Jahre alt, klagt über Schlaflosigkeit, Nervosität, leichte Schwindelgefühle sowie zeitweilige Magenbeschwerden in Form von Völlegefühlen und Brechreiz. Sie gibt an, sich seit Jahren einem „wahnsinnigen Streß" ausgesetzt zu sehen: als Lehrerin „bei den vielen Kindern", zuhause vor allem nach der Geburt eines 2. Kindes. Soweit der äußere Befund, den sie beklagt. Ein Stück tiefer geht ihre Selbstwahrnehmung, als sie nach zwei Sitzungen zu untersuchen beginnt, was sie von sich aus zu dem „Dauerstreß" beiträgt. Sie findet, daß sie viel zu schnell auf Bitten und Wünsche ihrer Umgebung eingeht, daß es ihr außerordentlich schwerfällt, „nein" zu sagen, daß sie wie im Reflex alles annimmt, was ihr angetragen wird, daß sie also wirklich ständig „übervoll" ist. Noch eine Stufe tiefer gelangt sie nach weiteren drei Sitzungen mit der Feststellung, daß sie nur deshalb nicht „nein" sagen könne und daher sich viel zuviel aufladen lasse, weil sie unablässig die Vorwürfe und Unzufriedenheit der anderen fürchte — als wenn sie permanent die anderen wie Despoten über ihr Leben regieren lasse, um sich aus eigener Unsicherheit von ihnen sagen zu lassen, was richtig und falsch sei; es wird deutlich, daß sie mit ihrer Bereitschaft und Nachgiebigkeit eigentlich Angst vor Kritik und Auseinandersetzung hat, daß sie mit ihren Vorleistungen und Mehrleistungen im Grunde verhindern will, daß jemand einmal unzufrieden mit ihr sein oder gar Kritik an ihr üben könnte. Damit kommt sie zu dem Kern ihrer „Nervosität": sie hat das Gefühl, letztlich nur aufgrund der Bestätigung durch die anderen allererst ein Mensch zu sein; daher lebt sie in ständiger Abhängigkeit von der Anerkennung der anderen für ihre Leistung; auf der anderen Seite aber befindet sie sich damit ständig in der Angst vor möglicher Konkurrenz: jeder, der etwas besser kann als sie, verdrängt sie möglicherweise von der Stelle der notwendigen Beachtung und Aufmerksamkeit. So glaubt sie sich z. B. ungenügend gegenüber jüngeren Kolleginnen ausgebildet, pädagogisch in der Schule erlebt sie sich als altmodisch, und, während sie das mitteilt, entdeckt sie, daß ihre Mehrleistungen nur den Zweck verfolgen, sich gegen ihre Selbstwertzweifel als tüchtig, ja unentbehrlich unter den anderen zu erweisen. Das führt sie nun zu der entscheidenden Frage: warum mache ich mein ganzes Selbstwertgefühl von fremder Anerkennung abhängig? Warum glaube ich, nur das zu sein, was ich leiste? Habe ich nicht ein Recht, einmal zu denken, daß auch ich ein Mensch bin ohne Leistung, ohne Zustimmung?

An dieser Stelle bekommt die neurotische Symptomatik dieser Frau eine völlig neue Qualität. Bisher hatten wir es mit einem Verhalten zu tun, das, in der Sprache H. Schultz-Henckes, durch ausgeprägte „retentive Gehemmtheiten" gekennzeichnet ist. (H. Schultz-Hencke: Der gehemmte Mensch, 23—28) In der Genese der Symptomatik lassen sich Störungen der analen Phase nachweisen, die auch hinter den Problemen der Überlegenheit bzw. Unterlegenheit durch Leistung stehen. Die Charakterstruktur trägt deutlich zwangsneurotische Merkmale an sich, vermischt mit depressiven Zügen, die sich in den latenten Minderwertigkeitsgefühlen, der übergroßen Sehnsucht nach Harmonie und der Unfähigkeit zu eigener Wunscherfüllung im Sinne oraler Gehemmtheiten ausdrücken; daher die Störungen im Magen-Darmtrakt. Zu vermuten sind starke aggressiv-sadistische Impulse in der Latenz, Angst vor eigenem Willkürerleben und der Wunsch, in chaotischer Weise aus der Welt der Pflichten und Zwänge auszubrechen; Hinweise dafür liefern die Träume, die die Frau von sich aus

XVII

erzählt. Soweit reicht, in grober Skizze, der psa Befund; nahegelegt wäre bislang verhaltenstherapeutisch ein Übungsprogramm zum Erlernen von Möglichkeiten zum Nein-Sagen und zum Aufstellen eines Katalogs aktiver Wunscherfüllungen. Mit all dem aber bliebe man nur an der Oberfläche der Probleme, und nur um das zu zeigen, führen wir dieses Beispiel an.

Das eigentliche Problem im Hintergrund ist nämlich ausgesprochen religiöser Natur. Es zeigt sich für die Frau, daß sie in ihrer Abhängigkeit ihr Dasein ausschließlich durch das Urteil anderer Menschen hat bestimmen lassen, daß sie diese zur letzten richterlichen Instanz über Wert oder Unwert ihres Lebens erhoben hat und daß sie nunmehr vor der Aufgabe steht, ihrem Leben einen Sinn und einen Wert zu geben, der in sich selber gilt und weder durch Leistung zu „machen" noch durch fremde Zustimmung zu erwerben ist. Zum ersten Mal taucht für die 40jährige das Problem des Alterns auf, der Gedanke an das unausweichliche Schwinden der physischen Spannkraft, der zunehmenden Unmöglichkeit, sich noch in dem Kreislauf des Leistenmüssens behaupten zu können. Die Einsicht reift, daß es, um zu leben, einen absoluten Selbstwert in ihrem Dasein geben muß, der weder von ihrem Tun noch von dem Urteil anderer abhängen kann; daß sie, um zu leben, ihr Dasein neu, nicht durch einen Menschen, sondern durch den Glauben an einen absoluten vorgegebenen Wert ihres Daseins definieren muß; daß sie, um ihre „Nervosität" und das ganze Bündel ihrer Symptome zu verlieren, einmal denken können muß, daß ihr Leben nicht nur eine Aufgabe für andere, sondern zunächst ein Geschenk ist, das ihr selber gilt. Kurzum, ihr Krankheitsbild wandelt sich in gerade dem Maße, als sie Erkenntnisse von letztlich religiöser Dimension gewinnt. Sie findet zu einem ruhigen Verhältnis zu sich selbst, indem sie fähig wird, ihr Leben aus dem Getriebe immanenter Ängste und Zwänge zu lösen und vor Gott zu stellen. Was auch immer genetisch an Erziehungseinflüssen sie hat neurotisch werden lassen — ob sie neurotisch bleibt oder nicht, ist nun für sie, als eine erwachsene Frau, ein Problem des Glaubens bzw. des Nichtglaubens.

Dieses Beispiel beantwortet zugleich auch die Frage, wieso denn ausgerechnet die Psa zur Untersuchung der Folgen eines Daseins, das sich gegenüber Gott verschließt, von Nutzen sein soll. Eine solche Frage scheint ja überaus nahezuliegen, insofern gerade die Psa mit dem Odium behaftet ist, in beinahe klassischer Weise rein immanent alles und jedes im Seelenleben des Menschen auf das Prinzip von Lust und Unlust im Sinne simpler Triebmechanismen sowie auf die elterlichen Einflüsse der ersten Lebensjahre zurückzuführen; und tatsächlich hat insbesondere die Schule Freuds so ziemlich alles getan, um solche Vorbehalte zu fördern. Indessen ist gerade die offenkundige Einseitigkeit der Freudschen Psa in ihrer kraß materialistischen Theoriebildung besonders geeignet, die kausale Außenseite des psychischen Geschehens zu beschreiben; außerdem fordert sie, indem sie die Frage nach dem „Sinn" einer psychischen Erkrankung, nach der existentiellen Bedeutung eines bestimmten Symptoms gänzlich ausklammert, eine Ergänzung durch daseinsanalytische

Betrachtungsweisen geradezu heraus. Gerade weil Freud alles Philosophische und Theologische aus seiner psa Theorie selbst auszuschließen suchte, gerade weil er sich lediglich um eine kausale Erklärung empirischer Fakten im Sinne einer naturwissenschaftlichen Methode bemühte, verdanken wir ihm eine inzwischen gut gesicherte Aufzählung und Zusammenstellung der wichtigsten Faktoren und Symptome psychoneurotischer Erkrankungen, die wir zum Ausgangspunkt existenzphilosophischer und theologischer Deutungen nehmen können und müssen; denn der umgekehrte Weg, etwa durch apriorische Deduktionen aus einer metaphysischen Definition des menschlichen Daseins die Formenvielfalt seelischer Krankheiten abzuleiten, wird niemals sehr viel weiter führen als die außerordentlich scharfsinnige Analyse, die S. Kierkegaard in seiner berühmten Phänomenologie der Verzweiflung in der kleinen Abhandlung „Die Krankheit zum Tode" (1849) vorgelegt hat; auf diese Schrift werden wir im philosophischen Teil der vorliegenden Arbeit noch ausführlich zurückkommen; jetzt aber, im 2. Band, wird es uns darum zu tun sein, so viel als möglich an naturwissenschaftlichen Erkenntnissen nicht nur über die stammesgeschichtlichen und psychologischen Hintergründe der Symbolsprache der j Urgeschichte zu gewinnen, sondern vor allem die psa Problematik der einzelnen j Erzählungen mit bestimmten psychischen Neuroseformen in Verbindung zu bringen. Auf diese Weise werden wir nicht nur einen viel deutlicheren Eindruck von der inneren Geschlossenheit, entwicklungspsychologischen Stringenz und psychodynamischen Folgerichtigkeit der j Urgeschichte erhalten, sondern insbesondere zeigen können, wie die theologische Kategorie der Sünde zum Verständnis psychologischer Phänomene herangezogen werden kann. Und hier liegt das eigentliche und unerläßliche Interesse der Dogmatik an der Psa.

Es hat ja der jahrhundertelange Streit in der Dogmatik über den „Supranaturalismus" in der Gnadenlehre, über den „Manichäismus" in der Anthropologie oder den „Dualismus" in der Schöpfungslehre solange eine zwar wichtige, aber nur akademische Bedeutung, als nicht klar und unzweideutig nachgewiesen wird, wie sich der Glaube an Gott in einem auch empirisch heilen Leben auswirkt und wie umgekehrt ein Leben ohne Gott die Möglichkeiten zerstören muß, die zum Gelingen des Daseins an sich gegeben wären. Ein solcher Nachweis aber setzt voraus, daß die Kategorien von Dogmatik und Psa miteinander vermittelt und gegeneinander hin geöffnet werden; und dazu gehört, daß die Phänomene der Psychopathologie als ein Leitseil benutzt werden, das über den Graben führt, der heute noch Dogmatik und Psa voneinander trennt. Es muß deutlich gemacht werden, wie Glaubenseinstellungen in Gefühle und Haltungen übergehen und wie umgekehrt bestimmte psychische Gegebenheiten auf bestimmte Verfaßtheiten des Daseins hinweisen können, wie die grundlegenden existentiellen Einstellungen sich in psychologischen Tatbeständen manifestieren und wie diese wiederum auf die Grundentwürfe des Daseins zurückwirken. Wie ein Maler in den hundert Gesichtern seines Portraits das eine wahre Gesicht, in dem sich sein Wesen spiegelt, zu erkennen sucht, so muß es uns darum gehen, unter den mannigfachen Ausdrucksformen des Krankhaften und Ungesunden diejenigen Züge herauszufinden, in denen sich die Haltung eines Lebens ohne Gott ausdrückt; und so wie jede Regung unserer Seele sich in unserem Leibe, in diesem ihr oft so fremden körpereigenen Code darstellt und auswirkt, so müssen wir die psychischen Phänomene dechiffrieren auf die Grundentscheidungen von Glauben und Unglauben hin. Nur so läßt sich glaubwürdig versichern, daß „Gott mit seinem Heil" den ganzen Menschen meint; nur so läßt sich die fatale Paradoxie beseitigen, daß gerade die Lehre vom Heil Gottes oft in einer unheilvollen, neurotisierenden Weise vermittelt wird und zu einem zwangsneurotischen Arrangement entartet, wie S. Freud meinte.

Die Psa fungiert in diesem 2. Band also als eine Phänomenologie der Grundeinstellungen, die den Menschen seelisch zerstören oder heilen können. Ähnlich wie in der Kantischen Philosophie das „intelligible Ich" in seinem empirischen Charakter zur Erscheinung kommt und sich dort in kausaler Gesetzmäßigkeit auslegt, so bedienen wir uns der Psa, um zu zeigen, wie die Grundentscheidungen für oder gegen Gott sich in psychische Sachverhalte umsetzen und wie diese ihrerseits auf jene Grundentscheidungen hin transparent werden. Es ist uns eigentlich um die Psa nur zu tun, um von der Psa loszukommen, um zu sagen, daß das Eigentliche psa nicht faßbar ist, daß aber das, was den Glauben oder Unglauben ausmacht, auf der psychischen Ebene sichtbar wird und sich dort mit den Mitteln der Psa beschreiben und in seiner Eigengesetzlichkeit erklären läßt. Die mechanistischen Theoreme der Freudschen Psa sollen uns helfen, die von der Sünde in Gang gesetzte Mechanik der Selbstzerstörung in ihrer psychischen Automatik zu verstehen; sie sollen uns — im Verein mit Paläontologie, Verhaltensforschung, Religionsgeschichte und Prähistorie — die Bauelemente erklären, aus denen sich der „psychische Apparat" (S. F.) zusammensetzt und die sein Funktionieren ermöglichen; die neurotische Symptomatik, die dieser „Apparat" produziert, soll uns auf die verkehrte Programmeingabe verweisen, die, wenn sie vom Ich selbst erfolgt, allemal in das Gebiet theologischer Fragestellungen hineinreicht.

Wenn im folgenden daher psa argumentiert wird, dann ausschließlich deshalb, weil wir zeigen wollen, wie der Mensch als ganzer sich in seinem Leben ohne und gegen Gott mit Notwendigkeit vernichtet. Was uns im Grunde vorschwebt, ist eine Perspektive, wie sie erstmals — und seither unübertroffen — F. M. Dostojewski in die Literatur eingeführt hat. Dieser Meister in der Schilderung abnormer, exzentrischer, zutiefst verzweifelter Charaktere, der den Menschen nie so zeichnen und vor allem nie so sprechen lassen konnte, wie er „wirklich" war, sondern stets nur so, wie er erscheinen und sprechen müßte, wenn er sich selber kennen würde, — Dostojewski ist vor keiner Gemeinheit und Niedertracht, vor keiner Erbärmlichkeit und Seelenqual bei seinen Romangestalten zurückgescheut, um an einem Übermaß an Leid zu beweisen, wie unerläßlich für jeden seiner Helden es ist, an Gott zu glauben, weil er nur im Glauben imstande ist, allererst ein Mensch zu werden und dem Getto der unendlichen Selbstquälerei zu entkommen, und weil er nur so einen Maßstab, einen Halt gewinnen kann, um sich selbst zu finden. Ganz richtig hat S. Zweig von den Dostojewskischen Romanfiguren gemeint, sie suchten in all ihrem Übermaß eigentlich nur „den Menschen in sich zu fixieren", oder sie versuchten, „da sie sich nicht kennen, sich wenigstens zu beweisen." „Um ihre eigene Tiefe zu kennen, das Maß ihrer Menschheit", so schreibt S. Zweig, „werfen sie sich in jeden Abgrund hinab: von der Sinnlichkeit stürzen sie sich in die Ausschweifung, von der Ausschweifung in die Grausamkeit und hinab bis zu ihrem untersten Ende, der kalten, der seelenlosen, der berechneten Bosheit, aber all dies aus einer verwandelten Liebe, einer Gier nach Erkenntnis des eigenen Wesens, einer verwandelten Art von religiösem Wahn." (S. Zweig: Drei Meister, 112) In all ihrer haltlosen Verzweiflung, ihrer Genieträumerei, ihrem unverhohlenen Ekel vor sich selbst, in der Unersättlichkeit ihrer Gier, in ihren Hysterien und Schizophrenien suchen und rufen sie förmlich nach Gott, und die Frage, die Dostojewski im Hintergrund mit all diesen Schilderungen der Ausweglosigkeit zu stellen scheint, lautet offenbar immer wieder: wieviel an Leid und Zerstörung ein Mensch erst ertragen muß und überhaupt ertragen kann, bis er den Schritt zum Glauben an Gott wagt und zu seinem Maß und seiner Menschlichkeit erlöst wird. Wenn es so grauenhaft ist, ohne Gott zu leben, wenn alle Arten psychischer Erkrankungen, Neurosen wie Psychosen, gewissermaßen als apokalyptische Heerschar das Dasein heimsuchen und verwüsten müssen, solange es im Glauben keinen Halt und kein Maß findet, ist es dann nicht geradezu notwendig, in dem Glauben an Gott die einzige Art zu erkennen, in der Menschen gesund, vernünftig und mit sich im Einklang leben können?

Lediglich weil wir wissenschaftlich das, was sich in der Sprache der Dichtung und des Mythos als eine geschlossene, einheitliche Wirklichkeit beschreiben läßt, in die Kategorien ganz verschiedenartiger Disziplinen zerlegen müssen, bedienen wir uns der Psa, und viel wäre gewonnen, wenn über dem methodischen Unterschied zwischen den einzelnen Fachrichtungen niemals vergessen würde, daß die verschiedenen Wirklichkeitsebenen, welche den Gegenstand der Dogmatik und der Psa bilden, in ein und demselben Menschen vereinigt sind und sich wohl wissenschaftlich, nicht aber existentiell voneinander trennen lassen. Wir behandeln das Böse in der j Urgeschichte psa gesondert, um zu verdeutlichen, daß das, was die Psa untersucht, niemals gesondert vorkommt, weil es keine menschliche Psyche gibt, die nicht auf Gott hin angelegt wäre; und wir behandeln im 3. Band dasselbe Thema philosophisch, um zu zeigen, daß der psa wie der philosophische Aspekt erst zusammen das beschreiben können, was die Dogmatik „Sünde" nennt.

Als in Dostojewskis Roman „Der Jüngling" Tatjana Pawlowna einmal Doktor Alexander einen Gottlosen nennt, bemerkt der alte Gottesnarr Makar Iwanowitsch zu ihm: „Du ein Gottloser? Nein, du bist kein Gottloser ... Du bist ein heiterer Mensch." (Der Jüngling, III 2, 3; S. 370) Daß ein heiterer Mensch kein gottloser Mensch sein kann, ein gottloser Mensch aber sofort allen Gemütskrankheiten anheimfallen muß — dieser Zusammenhang ist es, der diesen 2. Band bei der Erörterung des Bösen in der j Urgeschichte auch aus dogmatischen Gründen erforderlich macht.

Warum aber, wird man verwundert fragen, sieht man denn dann so viele heitere Gottlose? Wie kann man denn so tun, als wenn es das furchtbare Unglück des leidenden Gerechten, diese schlimme Infragestellung des Gerechten durch das Glück des Bösen und Gottlosen gar nicht geben würde und nie gegeben hätte (Ps 73)? Ist nicht grundsätzlich ein Mensch, der sich nach den Weisungen Gottes zu richten sucht, all den Mißverständnissen und Widersprüchen ausgesetzt, die gegen Ende der Literatur des AT's es fast wie ein Lebensgesetz erscheinen lassen, daß der „Gerechte" unter dem Spott und den Nachstellungen der Gottlosen zu leiden hat (vgl. Weish 2, 19.20)? Die Gestalt des Propheten Jeremias, die Gottesknechtslieder des Jesaja, vor allem aber das Schicksal Christi — sie alle scheinen einhellig zu bezeugen, daß ein gläubiger Mensch gerade nicht glücklich ist noch werden kann, währenddessen die von keinerlei

Skrupeln der Religion und Moral geplagten „Kinder dieser Welt" allenthalben mit Gewinst von dannen gehen.

Aber: was heißt das schon? Weiß nicht gerade der gläubige Mensch, daß sein Glück nie und nimmer in dem liegen kann, was sich äußerlich machen und erwerben läßt? Besagt das Versprechen und die Erfahrung seines Glaubens nicht gerade, daß es den Frieden und das Glück eines gelungenen Daseins nirgendwo anders geben kann als in ihm selbst? Nur deshalb wird es ihn in seinem Urteil nicht irre machen, wenn er andere „die ganze Welt erobern" sieht, weil er weiß, daß diese „Welteroberer" im Grunde Menschen auf der Flucht sind, die wie ein Taifun mit um so größerer Geschwindigkeit um ihre eigene Achse herumgeschleudert werden, je mehr das Zentrum ihrer stürmischen Rotation ein seelisch völlig leergesaugtes Unterdruckgebiet ist. Die ganze Turbulenz ihrer Selbstsüchtigkeit erklärt sich allein aus der Tatsache, daß sie im Grunde gar kein Selbst sein möchten und es daher vorziehen, aus lauter Abscheu vor sich selbst davonzulaufen. Niemand ist in der j Urgeschichte z. B. „tüchtiger" als Kain, der Erfinder des Ackerbaus, der Gründer der Stadtkultur, doch gerade er ist solch ein ewig Flüchtender, Heimatloser, Gejagter, Verfluchter. Und wenn auch der „Gerechte" sich den besonderen Anfeindungen der „Gottlosen" ausgesetzt sieht, so weiß er doch, daß niemand über einen anderen Menschen Unglück bringt, wenn er nicht selbst an irgendeinem Unglück leidet, und daß jeder, der wissentlich Leiden schafft, selber ein Leidender sein muß.

Es war das große Bekenntnis des Sokrates, das er in seinem Gespräch mit den Sophisten Polos und Kallikles ablegte, daß es besser sei, „Unrecht zu leiden als Unrecht zu tun" (Plato: Gorgias, 469b; S. 223), da unter allen Übeln das Unrecht für den, der es begehe, das größte sei (Gorgias, 508c—509c; S. 265). Aber nicht nur, daß derjenige, der Böses tut, sich selbst am meisten damit schädigt, ist wahr; noch viel wichtiger ist die Erkenntnis, daß derjenige, der Böses tut, selbst böse sein muß, daß derjenige, der Unfrieden stiftet, schon mit sich selbst in Unfrieden sein muß, daß derjenige, der andere verletzt, versklavt und unterdrückt, selbst jemand sein muß, der in sich selbst bereits verletzt, versklavt und unterdrückt ist. Bekannt ist der Satz der thomistischen Philosophie, daß alles Wirkende nur etwas schaffen könne, das ihm selber ähnlich sei (Thomas: Summa theologica I q 115 a1 c); will man aber empirisch untersuchen, wieviel konkrete Wahrheit dieses Theorem enthält, will man wissen, in welcher Weise bestimmte Formen des Bösen mit bestimmten Charakterzügen dessen, der es verübt, in Zusammenhang stehen, so wird man sich keines vorzüglicheren Instrumentes als der Psa bedienen können; denn gerade die psa Betrachtung zeigt, wieviel hinter allem schädigenden Verhalten an Geschädigtem, Pathologischem steckt und wie verschlungen die Dialektik zwischen der oft strahlenden Außenseite und dem trostlosen Seelenhintergrund des Bösen beschaffen ist. Insbesondere die lärmende Intoleranz, die hektische Verfolgungswütigkeit, die demonstrative Aufdringlichkeit des sog. „Glücks" der „Gottlosen" wie es Weish 2 unübertroffen demaskiert, verraten nur allzu deutlich die innere Unruhe, die verzweifelte Selbstbetäubung und gierige Lebensangst, in die jede Form von Glaubenslosigkeit und Nihilismus umschlagen muß, dabei in der gesamten Spielbreite die Psychodynamik aller empirisch faßbaren Ausdrucksformen eines verkürzten bzw. zerstörten Daseins neurotischer wie psychotischer Art freisetzend. Der Böse muß böse sein, um durch das Unglück, das er bereitet, die Lebenslüge seines „Glücks" sich selber gegenüber rechtfertigen zu können.

2. Gegen die Angst

Wir gäben viel darum, wenn dieser 2. Band zum theoretischen wie praktischen Verständnis der Tragödie, als welche die j Urgeschichte die Sünde des Menschen darstellt, von der empirischen Seite her etwas Vertiefendes beitragen könnte. Aber noch ein weiteres wollen wir erreichen. Nach wie vor ist die Zeit nicht vorbei, daß wir die Dogmatik ängstlich hinter den Palisadenzäunen ihrer philosophischen Argumentationen hervorlugen sehen, um der Psa von Fall zu Fall die Tore zum Eingang des theologischen Bewußtseins zu verrammeln. Diese Angst möchten wir abbauen helfen. Denn sie besteht zu Unrecht. Die Dogmatik könnte längst in bezug auf ihre wesentlichen Lehren über Sünde und Erlösung von dem Vertrauen erfüllt sein, das in der Urkirche Tertullian in das „Zeugnis der Seele" setzte, als er meinte, es sei dieses „bekannter als alle Büchergelehrsamkeit, lebensvoller als alle Theorie, verbreiteter als jede Veröffentlichung, größer als der ganze Mensch, nämlich alles, was der Mensch ist." (Tertullian: Das Zeugnis der Seele, 1; I 204) Wer die zahlreichen, mit Absicht aus aller Welt zusammengetragenen Parallelen aus der Mythologie zu den Motiven von Gn 2—11 (J) in diesem Band zur Kenntnis nimmt, wird unter den vielfältigen „Völkergedanken" immer wieder „das elementar Gleichartige" im Sinne A. Bastians nicht übersehen können und wird sich wie von selbst zu der Annahme gedrängt fühlen, daß es bestimmte Anschauungsweisen gibt, die offenbar im Menschen angelegt sind und zu allen Zeiten und an allen Orten unab-

hängig voneinander hervorgebracht werden (vgl. A. Bastian: Zur naturwissenschaftlichen Behandlungsweise der Psychologie durch und für die
Völkerkunde, 23). Er wird auch merken, wie ähnlich diese Anschauungen
den christlichen Lehrmeinungen sind, wie tief diese also verankert sein
müssen und wieviele Bilder Gott in die menschliche Seele eingegraben
hat, um in ihnen sich dem Menschen zu offenbaren.

Die Psa kann nichts anderes tun, als diese Bilder verständlich zu
machen und ihre psychische Realität nachzuweisen; sie kann von Gott
nicht oder nur psychologisch sprechen; aber ein besseres Zeugnis für die
christlichen Lehren gibt es nicht als die Feststellung, daß die Dogmen des
Christentums allesamt von den Konflikten und Spannungen, Hoffnungen
und Wünschen der menschlichen Psyche getragen und vorbereitet sind.
Während die vernünftelnden, meist rein historischen Argumentationen
der Fundamentaltheologie darüber, wie der Sohn Gottes von einer Jungfrau geboren und nach seinem Tod wieder auferstanden sein könne, die
Zeitgenossen eher abstoßen als anlocken, beobachtet der Psychoanalytiker,
beobachtet jeder Mensch, der sich für seine Psyche auch nur ein wenig
interessiert, daß die Vorstellungen des Christentums mit all ihren Sonder-
barkeiten und scheinbaren Ungereimtheiten ihn wie von selber überfallen,
sobald er die Decke des Bewußtseins etwas lockert und seine Phantasie
aus dem Joch des lenkenden Verstandes entläßt. Augenblicklich sieht er
sich dann in jene kanaanäischen Gefilde, in jenes heilige Land versetzt,
in der all die Begebenheiten und Gestalten, die den Verstand so sehr
ermatten und den Willen zum Glauben abschrecken, sich als das Selbst-
verständlichste und keiner weiteren Erklärung mehr Bedürftige ein-
zufinden pflegen.

Dort begegnet er etwa in einem Stall oder in einer dunklen Höhle
traumhaft des Nachts einer Frau, die ein neugeborenes Kind in ihren
Armen hält, und er zweifelt keinen Moment lang, daß dies der Erlöser
der Welt ist. Er muß nicht erst lesen, was K. Kerényi und C. G. Jung
über „Das göttliche Kind" geschrieben haben; er weiß von selbst: in
diesem Kind liegt all sein Leben, seine Zukunft; in ihm fängt, verborgen
noch und unbekannt, der Mensch zu leben an, der er eigentlich ist; hier
beginnt zu wachsen, was er selbst nie gemacht, ersonnen und gezeugt hat,
was aber in dem jungfräulichen Mutterboden seiner unbewußten Seele
empfangen wurde und Gestalt gewann; hier wiederholt sich das unfaßbare Geheimnis der Schöpfung der Welt: der Gott als Kind, der Kind-
gott, in dem alles noch nicht ist und doch schon ist, schon nicht mehr ist
und doch noch ist, wo Tod zum Leben wird und altes Leben in dem
neuen stirbt. Und er versteht, daß alles, was den Menschen innerlich

erlösen kann, sich überhaupt nur so ausdrücken läßt, weil jedes Wort, das der Verstand dafür erfindet, einer ganz anderen Welt angehört, die keine Engel kennt und keine Hirten und keine Könige und keine wegweisenden Sterne; er weiß mit einem Mal, daß das, woraus er lebt, Geschenk ist und daß jeder Erlöser, der die Welt der Gottentfremdetheit betritt, jungfräulicher Abkunft sein muß.

Oder er sieht sich selber und sein Leben des Nachts im Traum in einem verschlossenen Grab, in uralten Gefängnismauern, in modrigen und fensterlosen Kemenaten eingekerkert, sieht sich, wie Lazarus, umwickelt mit den weißen Totenbinden, bewegungslos und zugeschnürt, stinkig schon sich und anderen, und nimmt mit einem Male wahr, wie sich von fremder Hand, geheimnisvoll, so gerade, daß er selber nichts dazu tun konnte, wollte, in einer unbemerkten Ecke die schweren Steine heben und den Weg ins Freie öffnen; und froh fühlt er sich seiner Glieder wieder mächtig, atmet die Morgenluft eines wiedergeschenkten Lebens und weiß so klar, wie nie zuvor, daß nicht nur all das, was ihm bisher Schmerz und Leid, Einschränkung und Verlust zufügte, endgültig vorüber ist, sondern daß es sogar gerade so stattfinden mußte um des neuen, gottgeschenkten, wirklichen, ewigen Lebens willen, an dem es niemals wieder etwas zu bereuen geben wird. Und wieder spürt er, daß es Leben anders gar nicht geben kann, daß, wenn überhaupt eine Vorstellung davon sein soll, wie irgendein Mensch zum Leben kommt, es gerade so aussehen muß, und daß es etwas Wirklicheres, Wirksameres für ihn noch nie gegeben hat als dieses Bild der Auferstehung; wenn irgendetwas von ihm selbst mit Sicherheit nicht ausgeklügelt und subjektiv nur eingebildet ist, wenn je etwas sich ihm förmlich aufgedrängt und ihn überfallen hat, so war es diese Wirklichkeit der Auferstehung; er weiß: das Grab *ist* leer, und anders wäre alle Welt und all sein Leben noch in der Hand des Todes, wie bisher.

Damit wollen wir nicht einem theologisch verbrämten Psychologismus das Wort reden und die Meinung vertreten, die Dogmen des Christentums seien *nur* Bilder der menschlichen Seele — und nichts weiter. Wohl aber kann Gott der menschlichen Seele nur in den Formen erscheinen, die in ihr selbst angelegt sind, so wie er nur in den Formen gedacht werden kann, die im menschlichen Verstand gegeben sind. Die Psychologie kann lediglich feststellen, daß es bestimmte Formen des Fühlens und Vorstellens, bestimmte „Archetypen" im Sinne A. Bastians und C. G. Jungs, gibt; sie kann naturgemäß nicht darüber entscheiden, ob diesen subjektiven Formen etwas Objektives entspricht. Existentiell aber ist es von größter Bedeutung, daß die subjektiven Formen der menschlichen Seele nicht *nur* subjektiv sind; denn so wie in der Philosophie des Deutschen Idealismus der menschliche Verstand einem radikalen Skeptizismus anheimfallen müßte, wenn die apriorischen Ideen und Kategorien nur als subjektive Formen des Denkens ohne objektive Wahrheit und Notwendigkeit ausgelegt würden, so müßte die menschliche Seele von abgrundtiefem Mißtrauen sich selbst gegenüber, von bitterster Enttäuschung und ratloser Verzweiflung erfüllt werden, wenn die Meinung Gültigkeit besitzen könnte, daß alles, was im Menschen an wesentlichen Wünschen, Hoffnungen und Sehnsüchten angelegt ist, *nur* subjektive Sinnerwartungen und Zielvorstellungen ohne eine objektive Entsprechung darstellen würde.

Die empirische Forschung kann nicht anders verfahren, als daß sie das im Menschen Angelegte evolutiv und kausal verständlich zu machen sucht; bliebe es indessen nur dabei, bestünde keine Möglichkeit, daß der Mensch sich philosophisch der *absoluten* Sinnhaftigkeit seiner faktischen Natureinrichtung versichern könnte, so würde das Anliegen, das gerade C. G. Jung so wichtig war: die Auslegung der zentralen Symbole der menschlichen Psyche nicht nur auf ihre evolutive Herkunft, sondern vor allem auf ihren finalen Sinngehalt hin in der totalen Aporie enden, daß die Menschen zwar einen bestimmten Sinn erwarten und erhoffen, daß sie aber eben diese Sinnerwartung und -hoffnung aus Liebe zur Wahrheit als eine eitle Illusion entlarven müßten. Der Freudsche Pessimismus, den Jung so sehr bekämpfen wollte, wird nicht überwunden durch die Feststellung, daß die Symbolsprache der menschlichen Seele überhaupt etwas meint und anstrebt, sondern allein durch die philosophische Begründung des Glaubens, daß es unabhängig vom Menschen die Wirklichkeit bereits gibt, auf die hin der Mensch selbst sich ausgerichtet sieht. Es kann dem Erdbeben der Angst und Haltlosigkeit der menschlichen Existenz nur ein jämmerlicher Trost sein, wenn man versichert, der Mensch verfüge ja über bestimmte angeborene Vorstellungen von Sinn und Heil; es kommt alles, buchstäblich alles darauf an, daß die Vorstellungen auf etwas Reales hinweisen, von dem her sie sich selbst begründen. Sinnvoll sind die Bilder eines menschlich sinnvollen Lebens nicht dadurch, daß sie unter bestimmten evolutiven Bedingungen zustande gekommen sind, denn niemals würde so die radikale Zufälligkeit und die verheerende Subjektivität von diesen Bildern genommen; sinnvoll sind die Symbole des Hoffens und Sehnens erst, wenn sie als Bilder verstanden werden, die Gott selbst in die menschliche Seele hineingelegt hat, um sich darin zu offenbaren. „Tröste dich", sagt der Gott B. Pascals zum Menschen, „du würdest mich nicht suchen, wenn du mich nicht (bereits, d. V.) gefunden hättest." (B. Pascal: Pensées 553) Nur wenn der Mensch sein eigenes Sehnen und Fühlen als einen Reflex dessen verstehen kann, was Gott selber in ihn hineingelegt hat, kann er es vermeiden, seine tiefsten Leidenschaften und Hoffnungen für sinnlose Chimären zu halten und den Verstand zur Unterdrückung des Gefühls anzuhalten. Erst im Glauben findet die Zerrissenheit von Verstand und Gefühl, Bewußtsein und Unbewußtem ihr Ende; erst im Glauben an Gott wird der Mensch das Vertrauen finden, sich auf sich selber einzulassen, ohne sein Dasein zu verkürzen. Und so wie der Durst und selbst das Verdursten einen *Beweis* für die Existenz des Wassers darstellt, so muß die Sehnsucht und selbst das Leid der Verzweiflung als ein Beweis für Gott verstanden werden.

Für die Theologie ist es sehr wichtig, die Dogmen des Christentums, die Aussagen über die objektive Wirklichkeit Gottes mit den Bildern der Hoffnung und Sehnsucht zu verbinden, die in der menschlichen Seele angelegt sind und in denen allein Gott zur Erscheinung kommen kann; anderenfalls wird sie den Menschen nur in seinem Verstand ansprechen, und zwar mit Lehren, für die es im Verstand gerade keine bzw. nur eine paradoxe Grundlage gibt, so daß der protestantische Widerspruch unvermeidlich wird, daß der Verstand nicht mehr als ein Organ des Glaubens, sondern echt lutherisch als eine bloße „Hure" erscheint, die Gott hintergeht und betrügt; die katholische Theologie hat stets betont, daß der Glaube an menschliche Voraussetzungen anknüpfen muß; aber es scheint, daß diese Voraussetzungen eher im Unbewußten der menschlichen Seele als im Bewußtsein angetroffen werden. Jedenfalls kann es kein Zufall sein, daß Menschen, die sich auf dem Weg zu ihrer psychischen Ganzwerdung befinden, in Bildern sprechen und träumen, die von Sintflut und Taufe, jungfräulicher Geburt und Verklärung, Sterbenmüssen und Auferstehen, Vertreibung und Hochzeitsmahl, Einsturz und Aufbau sprechen. Die Theologie der Bibel, die Dogmen des Christentums, sind in ihrem Kern gerade keine Sätze nach der Art von Verstandesurteilen, sondern Darstellungen von Begebenheiten und Handlungen, die nicht anders strukturiert sind als die Vorgänge des Traumes und die daher auch wohl am ehesten in den traumhaften Bereichen der menschlichen Seele verstanden und aufgenommen werden können; sie bilden dort eine Art lingua franca der Menschen aller Zonen und aller Zeiten.

Punkt für Punkt könnten wir die Aussagen des Neuen Testamentes über Christus durchgehen; und Punkt für Punkt würden wir entdecken, daß sie allesamt in den Träumen, Visionen und Phantasien Gesunder wie Kranker noch heute spontan auftauchen und wichtige Phasen innerer Heilung und Ganzwerdung markieren. Dieses „Zeugnis der Seele" zu verleugnen würde bedeuten, den Glauben einer seiner wichtigstes Stützen zu berauben, ihn von seinen Grundlagen abzutrennen und als fremde, seelenlose Überlieferung dem Menschen entgegenzusetzen. So würde die Theologie nicht nur unterhalb des analytischen Niveaus unserer Zeit bleiben, sie würde zugleich als ein Prinzip der Uneigentlichkeit, der Selbstentfremdung und der Heteronomie auftreten. Niemand, der nicht, wie manche protestantische Theologien, bereits jedes Betrachten seiner selbst, jede natürliche Selbsterkenntnis für Sünde deklarieren will, kann mit einer solchen Abwehr der natürlichen Grundlagen des Glaubens einverstanden sein; eine katholische Dogmatik jedenfalls kann der Psa nicht entraten. Zwar verhält sich heute noch ein großer Teil der kirchlichen Lehre aufgrund der gesamten Verstandeseinseitigkeit des Abendlandes der Psa gegenüber in ähnlicher Weise wie ein Neurotiker gegenüber seinem Unbewußten, das er mit allen Mitteln der Verdrängung, Verleugnung, Projektion, Gegenbesetzung u. ä. von der bewußten Wahrnehmung ausschließen möchte; aber es wird ihr auch ähnlich widerfahren wie jenem: durch den nicht länger aufzuschiebenden Kontakt mit den verdrängten und vom Leben abgeschnittenen Seelenkräften wird Ergänzung, Bewußtseinserweiterung, Integration und Heilung möglich. Wie anders der Mensch unserer Zeit (wieder) mit sich in Einklang kommen und die Theologie ihre innere Glaubwürdigkeit zurückerhalten soll, ist weit und breit nicht abzusehen.

Es bestand einmal eine Welt, in der alle wichtigen Anschauungen des Christentums wie etwas Selbstverständliches, mit den Sinnen Sichtbares, durch die Natur Bezeugtes gelten konnten. Daß Gottes Sohn jungfräulich zur Welt geboren wird, heranwächst und die Menschen erleuchtet, daß er über das Wasser wandelt, wunderbarerweise Fische fängt, auf dem Berg verklärt wird und dann hinabsteigt, um zu sterben, aus dem Grab indessen aufersteht, zum Himmel auffährt und dort seine jungfräuliche Mutter zu sich holt — alles das hatten die Alten sichtbar im Tageswechsel des Sonnengestirns vor Augen; sie erblickten desgleichen den sterbenden und auferstehenden Gott im Mond, erkannten ihn im Steigen und Fallen des Nils, erlebten ihn im Aufblühen und Sterben des Korns, im Kommen und Gehen von Sommer und Winter; und die innere Evidenz ihres Fühlens und Sehnens fand eine mächtige Stütze und Bestätigung durch die Evidenz ihrer Wahrnehmung. Sie merkten nicht und konnten nicht merken, daß es nur ihre eigenen Ängste und Wünsche waren, die sie erzittern ließen, wenn des Abends blutigrot in furchtbarem Todeskampf die gütige Sonne von der unbarmherzigen und bösen Schlange der Dunkelheit gefressen zu werden drohte; sie erlebten und erfuhren die unsterbliche Wahrheit der Bewegungen ihres Gemüts in den Bewegungen von Sonne und Wolken, Wind und Wasser; sie fanden sich selbst außerhalb ihrer selbst; sie erfuhren Eigenstes, indem sie es hinausverlegten in das, was sie umgab.

Die Aufklärung der antiken Philosophie führte diese Haltung ad absurdum und erklärte die ganze Natur, bisher die huldvolle Göttin des Alls, für eine ungnädige „Stiefmutter der Menschen" (Laktantius: Gottes Schöpfung, III 2); und auch das Christentum, das die mythenfeindliche Religionskritik der griechischen und römischen Gelehrten allerst in das Bewußtsein des Volkes trug, vertiefte das Gefühl der Heimatlosigkeit des Menschen auf der Erde eher, als daß es mit der Lehre von Gott als dem Vater und Schöpfer aller Dinge die Verbindung des Menschen zu der ihn umgebenden Natur wiederhergestellt hätte. Was in Gn 8, 22 so befreiend anklingt, daß die Natur „dem Irrsinn der Menschen ihren ruhigen Himmel und ihren Sinn" entgegensetzt (A. Camus: Heimkehr nach Tipasa, in: Literarische Essays, 169) — das gerade ist in der Moderne so gut wie ganz abhanden gekommen. Es gibt keine Erholung mehr von der menschlichen Geschichte; und nachdem die Mächte der Natur als Bildwände der menschlichen Sehnsüchte umgestürzt worden sind, nachdem auf Schritt und Tritt nur noch der Mensch den Menschen zu umgeben droht, da sehen wir erneut, nur unkritischer, gefährlicher, wahnsinniger, — weil durch keine einfache Wahrnehmung der äußeren Sinne mehr gebremst, — wie die alten Mythen auf die Wände nunmehr der sozialen Welt projiziert werden; fernab von der Demut der Alten, der „Wilden" von heute, halten die Urzeitträume von der Gleichheit aller in der kollektiven Menschheitspsyche, von dem Titanenkampf zwischen den Erdgeborenen und den Himmelsbewohnern (den „Proletariern" und „Kapitalisten"), von der Rückkehr ins verlorene Paradies durch ein menschheitsvereinigendes künstliches Zentralgebilde in unseren Tagen Millionen Menschen in einer Art Massenpsychose gefangen und ermuntern durch den Rausch der Machbarkeit des technischen Zeitalters zum ersten Mal dazu, jenen Plan auch äußerlich zu verwirklichen, in dem die Geschichte vom Turmbau zu Babel (Gn 11, 1—9) die gesamte Menschheitsgeschichte in ihrer Entfremdung von Gott mit ihrer Größe und mit ihrem Scheitern, mit der ganzen Wucht ihrer heroischen Verzweiflung zusammengefaßt sah: daß man, um die Menschheit zu einigen und um überhaupt inmitten der gegenseitigen Feindseligkeit leben zu können, brüderlich sein *muß*, daß man aber (ohne Gott) nicht brüderlich ist noch sein kann, daß man daher die Brüderlichkeit „organisieren" und machen muß und infolgedessen der großangelegte Versuch der modernen Gesellschaftsmythologien mit ihren sozialistischen „Verbrüderungen" darauf hinausläuft, ein Hasenragout zu bereiten ohne einen Hasen (F. M. Dostojevskij: Winterliche Aufzeichnungen über sommerliche Eindrücke, 47): dieses Dilemma scheint sich in unseren Tagen dramatisch zuzuspitzen; die Apokalypse der Geschichte tritt in ein neues Stadium.

Dies sagen wir, weil vielleicht noch nie so viel Grund zu der buchstäblich wahren Annahme bestanden hat, daß die Lehre der christlichen Religion, und zwar in ihrer katholischen Form, mit ihren Riten und Symbolen, Sakramenten und Mysterien, für alle Menschen heilsnotwendig ist und es außerhalb davon kein Heil (mehr) gibt. Wir leben in einer Zeit, in welcher wir die Erreger von Typhus und Cholera erfolgreich bekämpfen können, aber unsere eigene Seele so wenig kennen, daß wir tatenlos zuschauen müssen, wie die psychischen Energien, nachdem sie in der Religion keinen Halt, keine Transformationsstellen zu einer persönlichen, kulturfähigen Gestaltung mehr finden, ungehemmt das Bewußtsein des Einzelnen überschwemmen und ihn, zusammengepfercht in riesigen uniformierten Kolonnen, wie Staub über die Erde dahintreiben. Es scheint sich zu einer Frage auf Leben und Tod zuzuspitzen, ob es dem Christentum geschenkt ist, seine eigene Lehre so zu verstehen, daß sie wieder die ganze Seele des Menschen ergreift und läutert, — oder ob man, wie die Menschen der j Urgeschichte, weiterhin das Heil „draußen", in der Verbesserung der technischen Arrangements, bis zum gänzlichen Ruin aller unablässig und fieberhaft wird suchen und machen müssen.

Weil diese Frage sich auch — und nicht unwesentlich — daran entscheidet, wie die Theologie sich mit dem Unbewußten der menschlichen Psyche, wissenschaftlich also mit der Psa, auseinandersetzt, deshalb ist ein Versuch wie der vorliegende schon an sich selber auch dogmatisch *notwendig.* Es darf und kann nicht länger sein, daß die Lehre vom Heil von den wirklichen Erfahrungen, denen sie entstammt, abgetrennt ist und zur bloß äußerlich übernommenen Lehre entartet und daß der Glaube, statt den ganzen Menschen „mit seinem ganzen Herzen, mit seiner ganzen Seele, und mit allen seinen Kräften" zu umgreifen (Mc 12, 30), nur noch ein „Akt des Verstandes, befohlen vom Willen" ist, wobei noch wieder der Verstand zum „Opfer des Verstandes" anzuhalten ist und somit die Religion zu einer bloßen Willensanstrengung, zu einer einzigen verkrampften Moralaskese degeneriert. Es kann 200 Jahre nach der Französischen Revolution einfach keine Illusion mehr darüber bestehen, daß selbst die Erfüllung des „Sittengesetzes" nicht möglich ist, wenn die Erde dem Menschen vorkommt wie „ein umgestürzter Hafen"

(G. Büchner: Woyzeck, 130), und daß der Mensch nicht „gut" sein kann, ehe er nicht die Angst seiner Seele im Glauben beruhigt hat. Dazu gehört, daß der Mensch, der von der Natur draußen ebenso wie von der Natur in seinem Inneren abgeschnitten ist, wieder beginnt, sich selber zu verstehen, in seiner eigenen Seele Wurzel zu fassen und dem Gott zu begegnen, der jedes seiner Worte kennt, noch ehe sie ihm ins Bewußtsein steigen (Ps 139, 4).

Zu einem guten Teil schreiben wir diese Arbeit mithin, um zu zeigen, daß man mit Hilfe der Psa nicht weniger, sondern mehr von Gott, von der Symbolsprache der Kirche, von den Bildern der Hl. Schrift und insgesamt vom Menschen selbst verstehen kann. Die j Erzählungen eignen sich dazu besonders, weil sie als urgeschichtliche Mythen Menschheitsgut darstellen und, wie nur wenige Texte der Schrift, die Sprache der Seele *aller* Menschen sprechen. Die zahlreichen Parallelbeispiele aus dem Bereich der Naturmythologie, die wir im einzelnen aufführen werden, mögen für den Religionsgeschichtler überflüssig scheinen, zumal die aufgeführte Literatur zum großen Teil bereits der Zeit der Jahrhundertwende entstammt, aber für den Theologen enthalten sie möglicherweise nützliche Hinweise dafür, wie breit der seelische Boden ist, auf dem er mit seinen Glaubenslehren steht; und dem psa Geschulten mögen sie dazu dienen, die Gedankengänge der psa Mytheninterpretation besser zu verstehen und beweiskräftiger vorzutragen, da diese ja ihren Ausgang an den naturmythologischen Interpretationen, diesen nach außen verlagerten Psychologien, genommen haben.

Da wir mit Lesern sehr verschiedener Provenienz rechnen, haben wir allerdings, abweichend von dem im Grunde rein dogmatischen Bedürfnis dieser Arbeit, die psa Theoriebildungen eingehend erläutert, die verwendeten Begriffe je für sich eingeführt, an Beispielen aus der therapeutischen Praxis nicht gespart und die psa Argumentation durch Beiträge der Verhaltensforschung, der Ethnologie, der Prähistorie und der Religionsgeschichte ergänzt und untermauert. Zusätzlich haben wir, insbesondere bei den religionspsychologischen Beobachtungen C. G. Jungs, jeweils den theologischen Standpunkt von Fall zu Fall von der rein psychologischen Betrachtungsweise abgesetzt. Derjenige, der den dadurch entstandenen Umfang der Darstellung bedauert, möge sich trösten mit dem Wort des Abtes Terrasson, das I. Kant zur Vorrede der 1. Auflage der „Kritik der reinen Vernunft" zitierte: „wenn man die Größe eines Buches", sagt der Abt, „nicht nach der Zahl der Blätter, sondern nach der Zeit mißt, die man nötig hat, es zu verstehen, so könne man von manchem Buche sagen: daß es viel kürzer sein würde, wenn es nicht so kurz wäre." (Kant: Kr. d. r. V., S. 17) Ein Philosoph mag so glücklich sein, diesen Rat zum Zwecke der spekulativen Klarheit seiner Gedanken vernachlässigen zu dürfen; wer aber an der Empirie orientiert ist, darf an Anschaulichkeit und Faktenmitteilung in der Darstellung nicht Mangel haben: bei einem Thema, das, wie dieses, auf derart vielen Stühlen ruhen soll, wird man ein breites Kissen brauchen.

Literatur

A. Bastian: Zur naturwissenschaftlichen Behandlungsweise der Psychologie durch und für die Völkerkunde. Einige Abhandlungen; Berlin 1883

G. Bernanos: Monsieur Ouine (1943); dt.: Die tote Gemeinde; übers. v. E. Peterich; München 1962 (dtv 27)

G. Büchner: Woyzeck (1837, Frgm.), in: Werke und Briefe. Dramen, Prosa, Briefe, Dokumente; hgg. v. F. Bergemann; München 1965 (dtv GA 70); S. 113—132

A. Camus: L'été (1954); dt.: Heimkehr nach Tipasa; übers. v. M. Lang; in: A. Camus: Literarische Essays: Licht und Schatten. Hochzeit des Lichts. Heimkehr nach Tipasa; Hamburg 1959; S. 123—203

A. Dante: Divina Commedia (1317); dt.: Die göttliche Komödie; übers. v. K. Falke; Wiesbaden o. J.

F. M. Dostojevskij: Winterliche Aufzeichnungen über sommerliche Eindrücke (1863); übers. v. S. Geier; in: F. M. Dostojevskij: Winterliche Aufzeichnungen über sommerliche Eindrücke; Aufzeichnungen aus dem Kellerloch; Aus dem Tagebuch eines Schriftstellers; Hamburg 1962 (rk 111—112); S. 5—67

F. M. Dostojewski: Der Jüngling (1875); übers. v. E. K. Rahsin; Frankfurt 1960 (Fischer Tb. EC 6)

I. Kant: Kritik der reinen Vernunft ([1]1781; [2]1787); hgg. v. W. Weischedel; in: Kant: Werke, Bd. II; Wiesbaden 1956

K. Kerényi u. C. G. Jung: Das göttliche Kind in mythologischer und psychologischer Beleuchtung, Amsterdam-Leipzig 1940; Albae Vigiliae, Heft VI—VII

S. Kierkegaard: Die Krankheit zum Tode (1849); übers. v. L. Richter; Hamburg 1962 (rk 113)

Lucius Caelius Firmianus Lactantius: De opificio Dei; dt.: Laktantius: Gottes Schöpfung; übers. v. A. Knappitsch; in: Des Luc. Cael. Firm. Lactantius ausgew. Schriften, Kempten u. München 1919 (BKV Bd. 36); S. 219—287

B. Pascal: Pensées (1670); dt.: Über die Religion und über einige andere Gegenstände; übers. u. hrsg. v. E. Wasmuth; Heidelberg [5]1954

XXXIII

Platon: Gorgias; in: Platon: Sämtliche Werke; übers. v. F. Schleiermacher; hgg. v. W. F. Otto, E. Grassi, G. Plamböck; Hamburg 1957 (rk 1; 1a); S. 197—283

H. Schultz-Hencke: Der gehemmte Mensch. Entwurf eines Lehrbuches der Neo-Psychoanalyse, Stuttgart ²1947 (¹1940)

Tertullian: Das Zeugnis der Seele; in: Tertullians ausgew. Schriften; Bd. I; übers. v. K. A. H. Kellner; Kempten u. München 1912 (BKV Bd. 7); S. 203—214

S. Zweig: Drei Meister: Balzac, Dickens, Dostojewski; Frankfurt 1958 (Fischer Tb. Bd. 192)

VORREDE ZUR 2. AUFLAGE

Tiefenpsychologie als anthropologische Wissenschaft — oder:
von der Unangemessenheit einer sozialanalytischen Interpretation
der j Urgeschichte

Die erfreulich rasche Neuauflage auch des 2. Bandes der „Strukturen des Bösen" bietet die Möglichkeit, an dieser Stelle aus Anlaß verschiedener Stellungnahmen zu diesem Buch noch ein paar Bemerkungen über die Art und Notwendigkeit des Vorgehens der vorliegenden Studie nachzutragen, die mit der Problematik des Bösen nur mittelbar zu tun haben, aber für das Verständnis der Tiefenpsychologie und für die Frage einer Verbindung von Psychoanalyse (Psa), Exegese und Dogmatik, wie wir sie hier vorschlagen, von Belang sein mögen.

Die nachfolgenden Untersuchungen basieren auf der Annahme, daß es mit Hilfe der Tiefenpsychologie möglich ist, gewisse Einsichten in die angeborenen Triebbedürfnisse des Menschen zu gewinnen, ihre Funktionsweise, Herkunft und Entwicklung zu erforschen sowie vor allem den Nachweis zu führen, daß es bestimmte symbolische Weisen der Vorstellung im Menschen gibt, die, wo immer sie auftauchen, zu gleichen Rückschlüssen über ihr Zustandekommen in der menschlichen Psyche nötigen. Diese Auffassung ist, wenngleich in modifizierten Formen, von den Begründern aller großen tiefenpsychologischen Schulen, auf die wir in dieser Arbeit zu sprechen kommen, einhellig vertreten worden. Dennoch scheint sie in der Gegenwart nicht mehr unangefochten zu sein, indem die eigentliche Tiefenpsychologie mancherorts als spekulative Metapsychologie verdächtigt und von der Psychoanalyse nur die Lehre von der entwicklungspsychologischen Bedeutung der frühen Kindheit aufgegriffen wird.

Aus Furcht vor einem Rückfall in die biologistische Anthropologie des Dritten Reiches und auch in der Hoffnung auf eine mögliche Annäherung an die experimentelle Psychologie griff man vor allem nach 1945 bewußt auf die frühe tabula-rasa-Theorie Freuds zurück, wonach in der menschlichen Psyche nur das existieren soll, was in der individuellen Erfahrung von außen, also durch soziale Vermittlung an sie herangetragen wird. Insbesondere unter dem Einfluß der Verhaltenstherapie B. F. Skinners wurde aus der Psa vielfach eine reine Lernpsychologie der frühen

Kindheit (vgl. B. F. Skinner: Science and human behavior, New York, 1953; vgl. L. Blöschl: Grundlagen und Methoden der Verhaltenstherapie, 92—106) und damit ein Teilzweig der Sozialisationsforschung. Auf diese Weise gewann die Psa vor allem in der „Frankfurter Schule" eine neue, ihr bisher fremde gesellschaftliche Bedeutung. Während nämlich S. Freud den Konflikt zwischen Trieb- und Moralanspruch, zwischen Kultur und Natur letztlich für unvermeidbar gehalten hatte (S. Freud: Das Unbehagen in der Kultur, XIV 475), sollten die Einsichten der Psa jetzt gerade dazu dienen, die Gesellschaft so zu verändern, daß diese den Bedürfnissen des einzelnen besser angepaßt würde. Nicht Anthropologie, sondern (kritische, konfliktorientierte) Soziologie sollte das Ziel der psa Forschung sein.

Näherhin hatte schon vor ca. 40 Jahren A. Kardiner eine psa Sozialpsychologie erarbeitet, die das Freudsche Schema des Eltern-Kind-Verhältnisses erweiterte, indem er die Eltern nicht nur als Individuen betrachtete, sondern in ihnen, ausdrücklicher und prägnanter als bei Freud, die Vermittler einer sozio-kulturellen Persönlichkeitsstruktur erblickte. Kardiner unterschied zwischen sog. primären Institutionen, wie Familienorganisation, Verwandtschaftsbeziehungen, Erziehungsformen, und sog. sekundären Institutionen, die er als „Auswirkung der primären Institutionen auf die basale Persönlichkeitsstruktur" (A. Kardiner: The individual and his society, 345), mithin als Reaktionsbildung auf die Einschränkung des Vitalbereichs durch die primären Institutionen der Kultur verstand; er zählte dazu vor allem Religion, Philosophie, Mythen- und Sagenbildung etc. Wie bei S. Freud besaß also auch nach Kardiner die Religion einen illusionären Charakter (vgl. S. Freud: die Zukunft einer Illusion, XIV 352—356), nur daß jetzt das, was Freud als „Überich" bezeichnete, einer sozio-kulturellen Analyse zugänglich wurde. Von Freud übernahm Kardiner auch die Haupteinsichten der Psa in die verschiedenen Organisationsstufen der psychischen Entwicklung.

Kardiners Konzept verdient an dieser Stelle erwähnt zu werden, weil es als die früheste und gelungenste Verbindung von Psa und Soziologie gelten darf, wenngleich sein unmittelbarer Einfluß auf die Weiterentwicklung der psa Theorie vor allem in der „Frankfurter Schule" als gering veranschlagt werden muß. Die entscheidende Frage, die Kardiners sozialpsychologisches Modell offenließ, lautete natürlich, welche Faktoren die Struktur und den Umkreis der sog. primären Institutionen bestimmten und formten. Denn nicht nur, daß etwa die Formen der Familie allen möglichen Wandlungen unterliegen, wie die Studien von B. Malinowski (Geschlecht und Verdrängung in primitiven Gesellschaften, 21—29; 177 bis 184), R. Benedict (Urformen der Kultur, 172—192) und M. Mead

(Geschlecht und Temperament in primitiven Gesellschaften, 121—128)
gezeigt haben (vgl. W. Rudolph: Der kulturelle Relativismus, 29—42;
43—54), sogar die Familie selbst als die kleinste und psychologisch wichtigste soziale Einheit schien jedenfalls in ihrer autoritären Form ein
Produkt gesellschaftlicher Bedingungen zu sein (M. Horkheimer: Autorität und Familie, in: Kritische Theorie, I 343; 353—356). Bei der
Analyse dieser Primärbedingungen ergaben sich wichtige Gemeinsam-
keiten mit der marxistischen Gesellschaftstheorie; denn auch für den
Marxismus waren die geistigen Phänomene nur „Überbau", nur „Reaktionsbildungen" auf ursprünglichere Gegebenheiten (K. Marx: Kritik der
politischen Ökonomie, MEW XIII 8—9); auch für den Marxismus besaß die Religion nur einen illusionären Charakter; und schließlich hatte
bereits F. Engels die Familie als eine frühkapitalistische Erscheinung
interpretiert, die beim Übergang zum Kommunismus hinfällig werden
würde (F. Engels: Der Ursprung der Familie, des Privateigentums und
des Staates. MEW 21, S. 59—73). Da alle Lehren der Psa bisher an dem
Modell der Familie entwickelt worden waren, bedeutete eine derartige
sozialökonomische Ableitung einzelner familiärer Organisationsformen,
ja der Existenzbedingungen von Familie überhaupt, nicht weniger, als
daß alle Einsichten der Psa lediglich Erkenntnisse über bestimmte
Sozialisationsformen innerhalb bestimmter sozialökonomischer Verhältnisse darstellten, die außerhalb der gegebenen Bedingungen keinerlei Verallgemeinerung zuließen.

M. a. W.: entgegen dem ursprünglichen und erklärten Willen Freuds,
Adlers, Jungs, Szondis und ihrer Schulen sollte die Psa jetzt lediglich eine
Forschungsmethode der Sozialpsychologie, nicht aber der Anthropologie
sein; statt der biologischen, psychologischen und philosophischen Anthropologie sollte nur noch die „Kulturanthropologie" als legitim gelten. Psa
und Marxismus konnten unter diesen Umständen einander ergänzen,
indem der Marxismus die faktische Struktur der primären Institutionen
sozialökonomisch begründete und die Psa ihrerseits den Aufbau der
sekundären Institutionen erklärte. Die Psa erschien somit als ein möglicher Teilzweig marxistischer Gesellschaftswissenschaft.

Die Voraussetzung für diese Wendung der psa Theoriebildung ergab
sich, wie man sieht, aus der an sich nicht weiter begründeten, aber konsequent durchgeführten methodischen bzw. ideologischen Ablehnung aller
anthropologischen Lehren und Implikationen der Tiefenpsychologie.
Ohne ein anthropologisches Fundament konnte die Psa nurmehr als ein
Verfahren gelten, um die Richtigkeit der 6. These von K. Marx über L.
Feuerbach zu rechtfertigen, „das menschliche Wesen" sei „das Ensemble
der gesellschaftlichen Verhältnisse" (A. Lorenzer: Die Wahrheit der

psychoanalytischen Erkenntnis, S. 7; K. Marx: Thesen über Feuerbach, MEW III 6).

Je nachdem, wie man zu dieser Wandlung der Psa in eine sozialpsychologische Hilfswissenschaft steht, entscheidet sich nun natürlich auch die Art und Weise, wie man die Auslegung eines altorientalischen Schriftzeugnisses, in unserem Falle der jahwistischen (j) Urgeschichte, psa für möglich halten wird. Unter den genannten Voraussetzungen kann man die jahwistischen Bilder nur so auslegen, daß man von den ökonomischen Verhältnissen zur Zeit der Entstehung der j Mytheme ausgeht, von dorther die Eigenarten der primären Institutionen im Sinne Kardiners, soweit diese sich aus den reichhaltigen Rechtsüberlieferungen des alten Israels für die frühe Königszeit erschließen lassen, in ihren Hauptstrukturen begründet und dann aufzeigt, welch ein (ver-)tröstender und gesellschaftsstabilisierender Wert in den j Mythen gelegen ist. Es fragt sich daher, ob und inwieweit ein solcher an der Sozialisationstheorie orientierter Untersuchungsgang der j Urgeschichte angemessen ist.

Von den Schwierigkeiten einer historischen Rekonstruktion der Sozialisationsbedingungen zur Zeit des 1. Jtsd.'s v. Chr. in Israel kann, wenn es um prinzipielle methodische Fragen geht, zunächst abgesehen werden; sie stellen keinen grundlegenden Einwand für die Richtigkeit eines bestimmten Untersuchungsganges dar. Immerhin ist die Sozialgeschichte des Vorderen Orients gerade durch und für die Bibel sogar relativ gut belegt. Darüberhinaus ist zudem zuzugeben, daß manche Bilder der j Urgeschichte ihrer eigenen Aussage nach tatsächlich auch gewisse sozialpsychologische Gegebenheiten begründen oder beschreiben wollen.

Besonders deutlich ist dies in der Erzählung von Gn 9, 20—27, die schon von sich her die Tendenz hat, die patriarchalische Familienorganisation politisch, ethisch und religiös gegenüber den Einflüssen der kanaanäischen Ackerbaukultur geltend zu machen (s. E. Drewermann: Strukturen des Bösen, I 241—242). An dieser Stelle kann die psa Untersuchung ohne Zweifel wertvolle Einsichten in die (sozial-)psychologischen Hintergründe bestimmter israelitischer Institutionen gewinnen. So kann man beispielsweise, wie wir es getan haben, den Zusammenhang von Patriarchalismus, Kastrationsangst, latenter Homosexualität, monotheistischem Glauben und Bilderverbot nachweisen (s. u. S. 451—469) und begründen, welche psychischen Verdrängungsmechanismen in der Verfluchung „Kanaans" politisch und ideologisch wirksam werden (s. u. S. 458—459).

Freilich zeigt sich gerade bei diesem wohl am besten sozialpsychologisch interpretierbaren Beispiel der j Urgeschichte auch, wie hypothetisch derartige Rekonstruktionen sozialhistorisch sein müssen. Es wird psychologisch gewisse Zusammenhänge zwischen der patriarchalen Familienorganisation und dem Bilderverbot geben; aber es wäre viel zu weit gefolgert, wollte man im Sinne eines durchgängigen Kausaldenkens behaupten, das Bilderverbot und der Monotheismus seien die *Folgen* des Patriarchalismus und dieser wiederum sei eine *Folge* der ökonomischen Lebensbedingungen der Wüstennomaden. Es gab zahlreiche patriarchalische Nomadenstämme unter den Semiten des 3. und 2. Jtsds.; — kein einziger von ihnen war monotheistisch wie Israel. Zudem ist die Gleichung: Ackerbau = Matriarchat, Nomadentum = Patriarchat, die von der alten Kulturkreislehre behauptet wurde (vgl. W. Schmidt: Leben und Wirken ältester Menschheit, in: A. Randa [Hrsg.]: Handbuch der Weltgeschichte, I 79—85), bestenfalls eine Art Faustregel; ein kausales *Gesetz* wird durch sie nicht repräsentiert. Damit nicht genug, scheinen neuere archäologische Funde in dem jordanischen Dorf Beidha durch D. Kirkbride (Antiquity, XLII, p. 273 f) sogar darauf hinzudeuten, daß die Anfänge des Bilderverbotes vielleicht schon in die Zeit um 7000 v. Chr. zurückreichen. Diana Kirkbride fand nämlich bei ihren Ausgrabungen 50 Meter östlich des eigentlichen Dorfes von Beidha ein Gebäude, in dessen Mitte ein nicht dekorierter Monolith stand, der offenbar kultischen Zwecken diente; und es könnte nun gut sein, daß dieser Monolith von Beidha das früheste Beispiel für die Verehrung eines bilderlosen Gottes darstellt, dessen Ausläufer dann unmittelbar zur Kaaba von Mekka führen würden (J. N. Leonard: Die ersten Ackerbauern, 119). Wenn dem so ist, wäre dieser Befund in unserem Zusammmhang besonders interessant; denn die Einwohner von Beidha kannten mit Sicherheit auch den Kult der Großen Mutter, der in matriarchale Richtung deutet. Man lernt aus diesem Beispiel, was auch sonst gilt: an jeder Stelle ist die wirkliche Geschichte ungemein viel komplizierter, als sie einfache, womöglich monokausale Theorien zu interpretieren wünschen.

Am einfachsten und naheliegendsten scheinen in der j Urgeschichte neben dem Verbot der Vaterschändung in Gn 9, 20—27 sich vor allem diejenigen Abschnitte einer sozialpsychologischen Deutung darzubieten, die „ätiologische" Bedeutung haben. In Gn 9, 20—27 selbst liegt z. B. unverkennbar auch ein Versuch vor, bestimmte Herrschaftsverhältnisse in Kanaan religiös zu begründen und die politische Wirklichkeit mit der theologischen Verheißung in Übereinstimmung zu bringen (vgl. E. Drewermann: Strukturen des Bösen, I 243—245); in Gn 2, 4b—25 wird die Rolle der Frau weitgehend vom Mann übernommen (s. u. S. 22); in Gn 4, 1—16 lassen sich gewisse Sympathien für das Hirtennomadentum gegenüber dem Ackerbauern Kain beobachten (vgl. E. Drewermann:

Strukturen des Bösen, I 151; 242); Gn 4, 17 scheint so etwas wie eine Verurteilung der Stadtkultur widerzuspiegeln (E. Drewermann: Strukturen des Bösen, I 143; 150 f.); Gn 4, 22—24 verrät einen spürbaren Abscheu vor der Wildheit der Kamelnomaden (E. Drewermann: Strukturen des Bösen, I S. 154); die Völkertafel in Gn 10 bietet nicht nur eine zeitbedingte politische Geographie, die Rückschlüsse auf damalige Handelswege und Handelswaren sowie auf die Monopolstellung des königlichen Palastes zuläßt (vgl. E. Drewermann: Strukturen des Bösen, I 267), sondern sie malt auch ein düsteres Bild von der Gewalttätigkeit der imperialistischen Großreiche an den Strömen Ägyptens und Mesopotamiens (E. Drewermann: Strukturen des Bösen, I 272—274); Gn 11, 1—9 schließlich enthält eine durchaus negative Interpretation der Ruinen der babylonischen Tempeltürme aus der Sicht aramäischer Nomaden (E. Drewermann: Strukturen des Bösen, I 290). — All dies setzt sich mosaikartig zu einem Bild zusammen, das stark von der Nomadenzeit her geprägt ist und psychologisch eine entsprechende Mentalität verrät. Wer also die j Urgeschichte als Niederschlag einer bestimmten Sozialgeschichte und Sozialpsychologie deuten will, müßte am ehesten bei diesem Befund ansetzen (vgl. J. Scharbert: Prolegomena, 33—40).

Aber nun erweist sich, daß eine solche Untersuchung der Eigenart der j Urgeschichte methodisch und sachlich in keiner Weise gerecht würde.

Die Schwierigkeiten beginnen bereits damit, daß J seine „Ätiologien" selber nicht kulturgeschichtlich versteht, sondern rein theologisch motiviert (E. Drewermann: Strukturen des Bösen, I 50; III 43—53; 148—155). Die Abwehr der kanaanäischen Fruchtbarkeitskulte, die J u. a. als Schändung des Patriarchats darstellt, ist für ihn nicht kulturell, sondern ethisch und religiös begründet; desgleichen entspricht die Gestalt Kains, des Ackerbauern, Brudermörders und Stadtgründers nicht einfach der Person eines Kulturheros, sondern sie ist ganz und gar religiös und moralisch übermalt; und das gleiche gilt von allen anderen „Ätiologien" der j Urgeschichte: sie sind wesentlich Theologien, niemals einfache Kulturursprungsmythen.

Zur Not könnte man mit dieser Schwierigkeit noch fertig werden, indem man in der beschriebenen marxistischen Manier alles Religiöse als Ideologie zum Zwecke der Machterhaltung bzw. der Machtbeanspruchung Israels über die Bevölkerung Kanaans erklärte. Aber selbst wenn man auch dies noch als Möglichkeit zugeben wollte, so stellt sich doch der traditionsgeschichtliche Befund einer derartigen Auslegung völlig entgegen, daß die einzelnen Mytheme, die J in seiner Urgeschichte vereinigt hat, durchaus verschiedenen kulturellen Schichten und gesellschaftlichen Stadien entstammen und J gerade an einer Bedeutung seiner Er-

XL

zählungen gelegen ist, die auf diese überlieferten sozialen Bezüge keinerlei Rücksicht mehr nimmt.

Mag Gn 4, 1—16 und Gn 11, 1—9 z. B. aus der Sicht von Kleinviehnomaden erzählt sein, so ist Gn 2, 4b—25, die Paradieserzählung, und die Strafe über Kain in Gn 4, 10 unzweifelhaft die Geschichte eines Ackerbauvolkes (vgl. E. Drewermann: Strukturen des Bösen, I 11; 138); das Bild des Paradieses selbst, das ehemals matriarchale Züge aufwies, ist dabei deutlich patriarchalisch überformt (s. u. S. 22); Gn 3, 1—7 hingegen, die Verführungsszene, ist wiederum (bezeichnenderweise!) vom Matriarchat her gedacht (E. Drewermann: Strukturen des Bösen, I 26). All dies verrät zwar einen deutlich patriarchalen Grundzug des Denkens und Wertens in der j Theologie, es zeigt aber auch, daß man die einzelnen Mythen, die J aufgreift, in sich selber durchaus nicht aus einer bestimmten gesellschaftlichen Zuordnung verstehen kann. Die patriarchalische Grundeinstellung des J erlaubt es wohl, mit Hilfe der Freudschen Lehre vom Ödipuskomplex die spezifischen psychologischen Probleme einer patriarchalen Familienorganisation in einzelnen j Texten (z. B. in Gn 6, 1—4 und Gn 9, 20—27) wiederzufinden; aber für andere Texte paßt dieser „Schlüssel" nur sehr begrenzt (wie in Gn 3, 1—7, s. u. S. 123) oder gar nicht (wie in Gn 4, 1—16, s. u. S. 276—280).

Diese Tatsache macht deutlich, daß es J überhaupt nicht um bestimmte sozialpsychologische Inhalte geht. J benutzt vielmehr bestimmte überkommene Bilder sehr verschiedener Herkunft, um in ihnen Themen zu erörtern, die er für „urgeschichtlich" hält und von denen er mithin glaubt, daß sie jenseits aller gesellschaftlichen Fragen den Menschen zu allen Zeiten seiner Geschichte angehen. Die Inhalte der von ihm verwendeten Mytheme sind ihm unendlich viel wichtiger als gewisse Restspuren ihrer sozialgeschichtlichen Formung. Nur deshalb kann J die Mythen, die er verwendet, ohne jede Rücksicht auf ihre sozialgeschichtliche Herkunft benutzen; sie sind für ihn Bilder, in denen sich die Grundwirklichkeit des menschlichen Daseins vorab zu allen einzelnen geschichtlichen und sozialen Bedingungen und Errungenschaften in wesentlichen Aspekten verdichtet darstellt. So wie ein Initialtraum am Anfang einer psychotherapeutischen Behandlung den Charakter, die Übertragung, die diagnostischen und prognostischen Hinweise in der Psyche eines Patienten verrät, so sollen die Bilder der j Urgeschichte das Wesen *des* Menschen in seinen Hauptzügen charakterisieren, die Ursachen seiner Krankheit benennen, seine Sehnsüchte und Erwartungen formulieren und die Aussichten und Bedingungen einer möglichen Heilung andeuten.

Die Mytheme der j Urgeschichte wären daher von vornherein falsch verstanden, wenn man sie in Richtung auf das Sozial-Bedingte und

Historisch-Relative hin auslegen wollte; man versteht sie nur als Niederschlag *menschheitlicher*, nicht sozialgeschichtlicher Fragen und Probleme.
Ihre Interpretation setzt folglich voraus, daß man sie gerade so auslegt,
wie der J selbst sie aufgegriffen hat: losgelöst von allen sozialen und
zeitbedingten Inhalten (vgl. E. Drewermann: Strukturen des Bösen, I,
S. XXXIII—XXXV). Die zentralen Themen der j Urgeschichte: Ausge-
stoßenheit, Schuld, Heimatlosigkeit, Todverfallenheit, Mühseligkeit,
Scham, Rivalität, Unterlegenheit, tödlicher Haß, Angst, Drohung, Rache,
Menschenvergötterung etc., — all das sind Themen, die den Menschen
zu allen Zeiten und an allen Orten angehen und beschäftigen; es sind für
den J in Heideggerschem Sinne „ontologische" Themen, die sich jeder
sozialpsychologischen Fragestellung entziehen und im Gegenteil die
Grundstrukturen der faktischen Sozialgeschichte des Menschen überhaupt
erst verständlich machen.

Um sich den Bildern der j Urgeschichte zu nähern, muß man daher die
überzeitliche, absolute Sprechweise der j Mytheme in sich selber verstehen und herausarbeiten, und gerade dazu kann die Psa einen unersetzlichen Beitrag leisten, wenn man sie *anthropologisch* liest.

Ein näherer religionsgeschichtlicher Vergleich der j Mytheme zeigt
nämlich, daß die Bilder der j Urgeschichte nicht nur etwas Überzeitliches
meinen, sondern in sich selber überzeitlich sind. Zu allen Zeiten und an
allen Orten wurden und werden Urgeschichten überliefert, die mit ähnlichen Bildern arbeiten wie Gn 2, 4b—11, 9 (J). Dieses Faktum war dem
j Erzähler selbst vermutlich kaum bewußt, und es ist im Rahmen der
historisch-kritischen Exegese so gut wie gar nicht gewürdigt worden;
trotzdem ist es außerordentlich wichtig, denn es weist auf den eigentlichen
Grund hin, weshalb überhaupt ein überzeitliches Sprechen in urgeschichtlichen Mythen möglich ist. Der J kann das Wesen des Menschen in bestimmten Urszenen sichtbar machen, weil es im Menschen offenbar psychologische und anthropologische Determinanten gibt, die an allen Orten und
zu allen Zeiten zu ähnlichen Bildern und Vorstellungen über das Schicksal
des Menschen in der Welt führen und in sich selber nur mittelbar an
bestimmte sozialhistorische Bedingungen geknüpft sind. Die soziologischen Komponenten bestimmter mythischer Bilder können und müssen
interpretativ zurücktreten, wenn und weil es im Menschen selber psychologische Archetypen des Denkens und Fühlens gibt, die nicht von den
besonderen soziologischen Gegebenheiten einer Zeit oder eines Volkes
abhängen, sondern im Gegenteil die sozialen Phänomene wesentlich mit-
bestimmen und ihnen jederzeit zu Grunde liegen (vgl. E. Drewermann:
Strukturen des Bösen, 1. Bd., 2. Aufl., S. LXVIII f).

Um dieses Urmenschliche in den urgeschichtlichen Bildern des J herauszufinden, bedarf man vor allem der Tiefenpsychologie, nur muß von ihr gerade ein anthropologischer, nicht ein soziologischer Gebrauch gemacht werden. Die Voraussetzung dazu besteht natürlich darin, daß die Psa selbst wieder zu ihrem ursprünglich anthropologischen Denkansatz zurückfindet und durch ihre Forschungsergebnisse die 6. These von K. Marx über L. Feuerbach Zug um Zug widerlegt, der Mensch sei ein bloßes Produkt der Gesellschaft. Für die Tiefenpsychologie ist das Wesen des Menschen gerade kein Ensemble der gesellschaftlichen Verhältnisse, sondern umgekehrt: die gesellschaftlichen Verhältnisse müssen als Arrangements der menschlichen Psyche betrachtet werden, die zwar sozialhistorisch *bedingt*, niemals aber sozialhistorisch *begründet* sind.

Eine Auslegung der j Urgeschichte ist daher psa nur möglich, wenn man die Sackgasse verläßt, in welche die Psa seit Jahrzehnten mehr und mehr zu geraten droht. Statt ein bloßes Werkzeug der Sozialisationsforschung, also der Aufdeckung und Manipulation der realen Abhängigkeiten des einzelnen von den gesellschaftlichen Bedingungen zu sein, sollte die Tiefenpsychologie vielmehr ihre Anstrengungen in mindestens gleichem Maße, wie auf die sozialen Bedingungen, auf die Analyse der anthropologischen Faktoren individuellen und sozialen Lebens richten. Es ist durchaus nicht einzusehen, inwiefern sie dabei den Verdacht der „Ideologie" zu fürchten hätte, mit dem Th. Adorno die Psa belegt hat, wenn sie umstandslos „beim Individuum" ansetze und die gesellschaftlichen Bedingungen individueller Existenz vernachlässige (Th. Adorno: Zum Verhältnis von Soziologie und Psychoanalyse, in: Aufsätze zur Gesellschaftstheorie und Methodologie, S. 22); denn es geht nicht um Individualismus contra Soziologismus, sondern darum, daß die Anthropologie wieder ein psa Anliegen wird: nur dann verliert die Soziologie die Möglichkeit, in das anthropologische Vakuum gegenwärtiger Psychologie und Philosophie mit der Penetranz und Intoleranz eines Monopolanspruches einzudringen und den Menschen den gesellschaftlichen Verhältnissen, bzw. den Psychokraten von J. A. Huxley's „Brave new World" zu opfern. Nur weil es mehr vom Menschen zu wissen gibt, als was die Soziologie vom Menschen weiß, hat J seine Urgeschichte geschrieben.

Die Art des interpretativen Vorgehens in der vorliegenden Arbeit ergibt sich also aus einer kategorisch geforderten anthropologischen Aufgabe und Problemstellung; diese läßt sich in etwa so charakterisieren: anhand einer großen Vielzahl von Mythen und Märchen aus Religionsgeschichte und Ethnologie müssen und werden wir — in Ergänzung und Weiterführung der motivgeschichtlichen Betrachtungen zu den einzelnen j Erzählungen im 1. Bd. der „Strukturen des Bösen" — im folgenden zunächst zeigen, daß die j Mythen in der Tat das sind, als was J sie betrachtete: Erzählungen vom Wesen des Menschen oder, umgekehrt, Erzählungen, die so sehr zum Menschen gehören, daß sie in ähnlicher Weise an allen Orten und zu allen Zeiten der Menschheitsgeschichte erzählt wurden. Erzählungen dieser Art müssen in der Natur des Menschen selbst verankert sein, und es gilt daher, im weiteren Verlauf psa zu erforschen, welch ein psychischer Gehalt sich in den einzelnen Mythen verbirgt. Zu diesem Zweck untersuchen wir als erstes die Bedeutungsvielfalt der einzelnen j Bilder in der Naturmythologie der Völker. Wir zeigen etwa auf, welche Naturkräfte in den Mythen der Völker als Urmenschenpaar, als streitende Brüder, als Fahrer durch das Chaos der Sintflut etc. personifiziert wurden, welche Vorstellungen sich naturmythologisch mit der Urzeitschlange, dem Paradiesesbaum, den vier Paradiesesströmen, der verbotenen Frucht u. ä. verbinden. Das hier aufgeführte Material ist prinzipiell unvollendbar; es stellt nur einen kleinen Ausschnitt aus der unendlichen Fülle des Stoffes dar und könnte z. B. durch ein riesiges Vergleichsmaterial auch der Volkskunde vermehrt werden, wie es, allerdings ohne psychologische Deutung, für den europäischen Raum von L. Röhrich zur Paradieserzählung in vorbildlicher Weise gesammelt worden ist (L. Röhrich: Adam und Eva, 37—55). Auch das Fortwirken der biblischen Stoffe in der Weltliteratur, auf das wir gelegentlich verweisen (s. u. S. 267; 424—425; 475; III 278—299), zeigt in gewissem Sinne, daß es sich bei allen Bildern der j Urgeschichte um Motive handelt, die zum Menschen aller Zeiten und Zonen gehören und in zeitloser Frische und Ausdruckskraft (weiter-)leben, indem sie in ihrem Auftreten durch die Jahrtausende hindurch sich gegenseitig kommentieren und komplettieren.

Vor diesem Hintergrund stellt sich daher die psa Frage nur um so eindringlicher: welche Ursachen in der menschlichen Psyche daran beteiligt sind, daß Bilder nach Art der j Mytheme entstehen können, und welche grundlegenden Ängste und Hoffnungen, Triebe und Konflikte der menschlichen Psyche sich in den einzelnen j Erzählungen verdichten.

Indem wir das Problem so anordnen, nehmen wir im Grunde den alten Ansatz der Freudschen Psa wieder auf; und in der Tat lassen sich in einem ersten Untersuchungsgang gerade mit Hilfe der Theorien und Begriffsbildungen Freuds und seiner Schule viele Details der j Erzählungen beschreiben und verstehen. Gerade die „patriarchalischen" Elemente der j Urgeschichte machen die Freudsche Psa offenbar zu einem besonders geeigneten Untersuchungsverfahren auch für die psychodynamischen Vorgänge einzelner j Erzählungen, wofern man die Freudschen Theorien nicht in sich verabsolutiert, sondern in ihnen Beschreibungen sozialbedingter Spielarten biologisch vorgegebener Grundbedürfnisse des Menschen erkennt.

Es ist heute sicher nicht mehr möglich, die Freudsche Lehre vom „Ödipuskomplex" als eine biologische Naturkonstante der menschlichen Psyche zu deuten (S. Freud: Kurzer Abriß der Psychoanalyse, XIII 426), — eine Ansicht, die B. Malinowski bereits in den 20er Jahren widerlegt hat (B. Malinowski: Geschlecht und Verdrängung, 21—48; 163; s. u. S. 6; 192). Auch die anderen Stadien der Libido-Entwicklung: die orale und anale Phase, müssen nicht unter allen möglichen kulturellen Bedingungen diejenigen Konflikte auslösen, die S. Freud und seine Schule an ihnen beobachten konnten und gesehen haben (s. u. S. 192—193). Aber das muß keineswegs bedeuten, daß die gesamte Freudsche Metapsychologie nur einen Sonderfall der Sozialpsychologie Wiens zur Zeit der k. u. k. Monarchie darstellen würde. Im Gegenteil. Wir haben in dieser Arbeit vor allem mit Hilfe der *Verhaltensforschung* Stelle für Stelle gezeigt, welche biologischen Determinanten aus dem evolutiven Erbe der Menschheit die antriebspsychologischen Themen der Oralität, der Analität und der Genitalität präformieren und wieviel Richtiges also in den Freudschen Theorien enthalten ist. Diese Ausrichtung der Psa auf die Verhaltensforschung ist im Grunde unerläßlich; denn man wird uneingeschränkt O. Koenig zustimmen müssen, daß heute „Kulturprobleme ohne Mitwirkung der Verhaltensforschung nicht zu erklären sind." (O. Koenig: Verhaltensforschung und Kultur, in: G. Altner [Hrsg.]: Kreatur Mensch, 112) Wenn die Psa ihren Rang als anthropologische Wissenschaft zurückgewinnen will, muß sie — weit mehr als die Ergebnisse der Soziologie — gerade die Ergebnisse der modernen Verhaltensforschung zur Kenntnis nehmen und in ihre Theoriebildung miteinbeziehen. Ihrem eigenen eher biologisch ausgerichteten Grundansatz entspricht es viel mehr, den Verankerungen der menschlichen Triebe in der Tierreihe nachzuspüren, als eine rein historische Sozialisationsforschung zu betreiben, und sie hat gerade heute die Gelegenheit, durch die Verhaltensforschung von einem weit verbreiteten Feld der Empirie aus ihre eigenen Einsichten in die menschliche Triebnatur noch einmal ganz von vorn zu überprüfen.

Das Thema der „*Oralität*" z. B. wird überhaupt erst in seiner vollen Bedeutung verständlich, wenn man aus der Primatenforschung weiß, welch eine Rolle der Klammerreflex für das neugeborene Primatenjunge spielt (s. u. S. 60—61), und auch die Bedeutung des Paradiesesbaumes als eines Muttersymbols ergibt sich erst durch die Kenntnis der vertikalen Flucht- und Anklammerungstendenz des Menschen (s. u. S. 66—69). — Daß die *anale* Phase mit der Sauberkeitserziehung die von Freud beschriebenen Konflikte der Konkurrenz, des Machtkampfes, des Besitzen-wollens etc. heraufführen soll, wäre gewiß nur unter den Voraussetzun-gen europäischer Wohnverhältnisse begreifbar, bestünde nicht antriebs-psychologisch eine Koppelung der Ausscheidungsvorgänge mit den tie-rischen Verhaltensweisen der Reviermarkierung und der Verteidigung urtümlicher Besitzrechte. Wieder ist es hier die Verhaltensforschung, die den Freudschen Einsichten die ihnen zukommende anthropologische Be-deutung sichert (s. u. S. 286—287). — Desgleichen erweist sich durch die Verhaltensforschung, daß die *phallische* Problematik nicht erst durch die ödipale Kastrationsdrohung des Vaters ausgelöst wird — also an die patriarchalische Familienorganisation gebunden ist —, sondern daß mit der männlichen Genitalität ursprüngliche Formen der Macht- und Rang-demonstration verknüpft sind (s. u. S. 326—328). — Es bedarf schließ-lich keiner weiteren Erklärung, daß auch *die Jungsche Archetypenlehre* und Symboldeutung, deren Ergebnisse wir in der Interpretation der j Bilder von Fall zu Fall den Deutungsansätzen auf der „Objektstufe" Freuds gegenüberstellen, erst auf dem Hintergrund der Verhaltensfor-schung ihre wirkliche Berechtigung erhalten. Die subjektale, prospektive Sicht Jungs vermag den j Mythemen jeweils eine Bedeutung abzugewin-nen, die die Freudschen Einsichten oft weit übersteigt, sie widerspricht ihnen freilich — entgegen einem weitverbreiteten Vorurteil — in dem symbolistischen Deutungsansatz selbst inhaltlich, wie wir sehen werden, in keiner Weise.

So basiert denn die Möglichkeit einer sinnvollen tiefenpsychologischen Interpretation der j Urgeschichte ganz und gar auf der anthropologischen Vertiefung und Anwendung der Psa.

Insbesondere das zentrale Thema dieser Arbeit, *die menschliche Angst,* läßt sich mit Hilfe der *Paläoanthropologie* von R. Bilz erheblich vertie-fen, indem sich bestimmte *archetypische Angstszenen* im Leben des Tieres wie des Menschen nachweisen lassen, die in einer faszinierenden Exakt-heit mit den sog. „Strafen" Gottes in Gn 3 übereinstimmen (s. u. S. 221 bis 235). Noch während der Drucklegungsarbeiten der „Strukturen des Bösen" erschien das sehr gut gearbeitete Buch von F. Renggli über „Angst und Geborgenheit", auf das wir nur hinzuweisen brauchen, weil es, ganz entsprechend zu den hier vorgelegten Arbeitsergebnissen, die menschliche Angst auf den einzelnen Stufen der psychischen Entwicklung phyloge-netisch begründet und erst auf diesem ethologisch gesicherten Fundament die soziokulturellen Modifikationen der Angstverarbeitung und Charak-terbildung aufzeigt. Gerade so muß verfahren werden, wenn die Psa mehr sein soll und will als ein Hilfsorgan der Sozialpsychologie.

Für die weitere Argumentationsweise der „Strukturen des Bösen" ist die hier skizzierte anthropologische Zielsetzung und Zentrierung der psa Untersuchungen sehr wichtig. Es darf nie vergessen werden, daß der vorliegende psa Teil nur eine Art Überleitung zu den eigentlichen onto-logischen und theologischen Aussagen des 3. Bandes dieser Arbeit dar-stellt. Wir halten es zwar für unerläßlich, die Bilder der j Urgeschichte, wie es hier geschieht, zunächst einmal in ihrer antriebspsychologischen Thematik und anthropologischen Fundierung sichtbar zu machen, weil sonst ihre allgemeinmenschliche Aussageweite weder erklärt noch ver-standen wird und vor allem die neurotische Kennzeichnung der mensch-lichen Existenz in den j Erzählungen erst in einer psa Quer- und Längs-schnittanalyse zutage tritt (s. u. S. 559—586); aber das theologische Thema der j Urgeschichte: die Ausweglosigkeit des Daseins ohne Gott, wird natürlich nicht erfaßt, indem man von „Antrieb" und „Neurose" bzw. „Krankheit" spricht. Die entscheidende philosophische Frage ist vielmehr, was J eigentlich berechtigt, das gesamte menschliche Dasein als Stätte einer heillosen Angst hinzustellen und den Selbstrettungsversuchen des Menschen in der übersteigerten Form ihrer Selbstvergöttlichung Krankheitswert beizumessen.

Um in wenigen Sätzen anzudeuten wie wir diese Frage lösen wollen: wir werden im 3. Band der „Strukturen des Bösen" einen Weg zu be-schreiten haben, der bereits von der *Daseinsanalyse* im Erbe der Kierke-gaardschen Existenzphilosophie vorgezeichnet wurde und auf dem die verschiedenen Angst- und Neuroseformen als Ausdruck bestimmter onto-logischer Probleme des menschlichen Daseins interpretiert werden. In der Tat läßt sich nachweisen, daß die phylogenetisch und ontogenetisch be-dingten Formen der Angst, die wir in dieser Arbeit psa, paläoanthro-pologisch und ethologisch aufzeigen, durch das Auftreten des Bewußt-seins ins Unendliche gesteigert werden und letzlich nur eine *absolute* Antwort auf die radikale Infragestellung des menschlichen Daseins durch die Angst zulassen. Für das menschliche Bewußtsein trifft zu, was F. W. J. Schelling als erster Philosoph der Neuzeit in dieser Deutlichkeit ausge-sprochen hat: daß „die Angst die Grundempfindung jedes lebenden Geschöpfs" ist. (F. W. J. Schelling: Die Weltalter, Reclam 5581—83; Leipzig o. J., S. 193) J hat, wie wir philosophisch zeigen werden, in dem alten Bild der Versuchungsszene mit Recht den Menschen vor die Alternative gestellt, bei der Begegnung mit dem Chaosdrachen, ge-genüber den Einflüsterungen der ängstigenden Schlange des Nichtseins in Gn 3, 1—7, entweder in das Streben nach Selbstvergöttlichung auszu-weichen oder die elementar mit dem Bewußtsein aufbrechende Daseins-angst durch ein höheres Maß an Vertrauen zu beruhigen. Die eigentliche Angst des menschlichen Daseins wird sich bei der Analyse dieser Alternative — in Anlehnung an S. Kierkegaard — wesentlich als „Angst vor der Freiheit und Angst um die Freiheit" enthüllen (W. von Baeyer und W. von Baeyer-Katte: Angst, 218—219), und die verschiedenen Neuroseformen werden sich philosophisch dann als verzweifelte Formen der Selbstabschaffung und Selbstzerstörung der menschlichen Freiheit zu erkennen geben (Strukturen des Bösen, III 469—479).

Ohne Gott — das ist die These, die wir anhand der j Urgeschichte abschließend theologisch entwickeln können, — vermag der Mensch nicht anders, als sich unter dem Druck seiner Angst und im Bannkreis der vollkommenen Ungerechtfertigtheit seines Daseins durch ein zwanghaftes Gottähnlichkeitsstreben selbst zugrunde zu richten. Wie Gott sein zu wollen, meinte A. Adler, sei das geheime Bemühen jeder Neurose (A. Adler: Über den nervösen Charakter, Vorrede zur 2. Aufl., S. 26); aber eben darum ist der Mensch, wie J ihn schildert, ohne Gott dazu *verurteilt*, alle nur möglichen Formen der Neurose im Getto einer gnadenlosen Angst schuldhaft selbst zu produzieren. Was H. E. Richter soeben in seinem zu Recht viel beachteten Buch über den „Gotteskomplex" als Grundzug unserer Zeit analysiert hat, ist theologisch nur eine Sonderform menschlichen Daseins im Feld der Gottesferne (vgl. E. Drewermann: Strukturen des Bösen, 1. Bd., 2. Aufl., S. LXXVIII).

So möchten wir hoffen, daß das vorliegende Buch mit dazu beitragen kann, die furchtbare Trennung von Psychotherapie und Seelsorge, von Psychologie und Theologie aus Anlaß eines biblischen Textes durch einen Brückenschlag von zwei Seiten her zu überwinden. Damit menschliches Leben möglich ist, muß die Psychotherapie die latente Gottlosigkeit der Neurose anerkennen lernen, und muß die Theologie den Mut aufbringen, sich selber die neurotisierende Wirkung eines seelenlosen Sprechens von Gott einzugestehen. Beide Disziplinen, Tiefenpsychologie wie Theologie, müssen um Gottes und des Menschen willen sich so bald als möglich wieder in einer Sicht des Menschen treffen, die ebenso komplex und ganzheitlich ist wie die Aussagetiefe und Verbindlichkeit der j Bilder. Besonders dieser 2. Bd. der „Strukturen des Bösen", der, soweit wir wissen, zum ersten Mal überhaupt *alle* klassischen Schulen der Tiefenpsychologie über die Hauptsymbole mythischer Erzählweisen sowie über die neurosepsychologisch entscheidende Thematik von Angst und Schuld miteinander ins Gespräch bringt, möchte erreichen, daß die Tiefenpsychologie die Esoterik ihrer Schultraditionen verläßt und zu einem umfassenderen Menschenbild hinfindet, das für die Theologie offen ist; dies wäre bzgl. der Psychologie ein Schritt weg von der Vorliebe der Menschenmacher in Skinner's „Walden Two", unter bestimmten Umständen selber „Gott zu spielen" und, „frei vom Übernatürlichen", „einen Himmel auf Erden zu schaffen" (B. F. Skinner: Futurum Zwei, 269; 275); und bzgl. der Theologie würde es bedeuten, daß Tiefenpsychologie und Psychotherapie nicht länger mehr bloße Randdisziplinen der sog. „Pastoralpsychologie" und -theologie sein müßten, sondern daß sie die Methode und das Denken der theologischen Hauptfächer: Dogmatik, Moraltheologie und Bibelexegese, fortan entscheidend mitzugestalten hätten. Um der Einheit des Menschen willen bedarf es einer *anthropologischen* Integration des Denkens; ihr sollten soweit als möglich die Wege geebnet werden.

Literatur
(zitiert stets nach der letztgenannten Ausgabe)

A. Adler: Über den nervösen Charakter. Grundlage einer vergleichenden Individual-Psychologie und Psychotherapie ([1]1912; [2]1919; [3]1922; [4]1927); Frankfurt 1972 (Fischer Tb. 6174); eingel. v. W. Metzger

Th. Adorno: Zum Verhältnis von Soziologie und Psychoanalyse, in: Aufsätze zur Gesellschaftstheorie und Methodologie; Frankfurt 1970, S. 7—62

W. von Baeyer u. W. von Baeyer-Katte: Angst; Frankfurt a. M. 1971

R. Benedict: Patterns of Culture, 1934; [5]New York 1949; dt: Urformen der Kultur; übers. v. R. Salzner; Hamburg (rde 7) 1955

L. Blöschl: Grundlagen und Methoden der Verhaltenstherapie, [4](durchges.) Bern-Stuttgart-Wien 1974

E. Drewermann: Strukturen des Bösen. Die jahwistische Urgeschichte in exegetischer, psychoanalytischer und philosophischer Sicht; 1. Bd.: Die jahwistische Urgeschichte in exegetischer Sicht; 2. erw. u. verb. Aufl. 1979 Paderborn

F. Engels: Der Ursprung der Familie, des Privateigentums und des Staates. Im Anschluß an L. H. Morgans Forschungen (1884); Marx-Engels-Werke, Bd. 21; Berlin 1962; hrsg. v. Institut für Marxismus-Leninismus beim ZK der SED

S. Freud: Kurzer Abriß der Psychoanalyse (engl.: 1924; dt.: 1928), in: Gesammelte Werke, Bd. 13; [4]Frankfurt 1963; S. 405—427

S. Freud: Die Zukunft einer Illusion (1927), in: Gesammelte Werke, Bd. 14; Frankfurt 1948; S. 323—380

S. Freud: Das Unbehagen in der Kultur (1930), in: Gesammelte Werke, Bd. 14; Frankfurt 1948; S. 419—506

M. Horkheimer: Autorität und Familie (1936), in: Kritische Theorie, Bd. 1; hrsg. v. A. Schmidt; Frankfurt 1968; S. 277—360

A. Huxley: Brave new World (1932); dt. Schöne neue Welt. Ein Roman der Zukunft; übers. v. H. E. Herlitschka; Frankfurt (Fischer Tb. 26) 1953

A. Kardiner: The individual and his society. The psychodynamics of primitive social organization (1939), [7]New York 1961; with a foreword and two ethnological reports by R. Linton

D. Kirkbride: The Excavations of a Pre-Pottery Neolithic Village at Seyl Aqlat, Beidha near Petra, in: Palestine Exploration Quarterly 1960, p. 136—145

— Beidha: Early Neolithic Village Life South of the Dead Sea, in: Antiquity, XLII, 1968, p. 263—274

O. Koenig: Verhaltensforschung und Kultur, in: G. Altner (Hrsg.): Kreatur Mensch. Moderne Wissenschaft auf der Suche nach dem Humanum; München (Heinz Moos Verl.) 1969; Neudruck: München (dtv 892) 1973; S. 102—159

J. N. Leonard: The First Farmers, New York 1973; dt: Die ersten Ackerbauern; übers. v. R. Hermstein; als Taschenbuch bearb. von K. Lorenzen und J. Volbeding; Hamburg 1977 (rororo sachbuch 880)

A. Lorenzer: Die Wahrheit der psychoanalytischen Erkenntnis. Ein historisch-materialistischer Entwurf; Frankfurt 1974; Neudruck: Frankfurt (stw 173) 1976

B. Malinowski: Sex and Repression in Savage Society, London 1927; dt.: Geschlecht und Verdrängung in primitiven Gesellschaften; Hamburg (rde 139—140) 1962; übers. v. H. Seinfeld

K. Marx: Zur Kritik der politischen Ökonomie (1859); Marx-Engels-Werke, Bd. 13; Berlin 1974; hrsg. v. Institut für Marxismus-Leninismus beim ZK der SED; S. 1—160

K. Marx: Thesen über Feuerbach (1888, veröffentl. v. F. Engels); Marx-Engels-Werke, Bd. 3; Berlin 1973; hrsg. v. Institut für Marxismus-Leninismus beim ZK der SED; S. 5—7; 533—535

M. Mead: Sex and Temperament in Three Primitive Societies, New York 1935; dt.: Leben in der Südsee. Jugend und Sexualität in primitiven Gesellschaften, München 1965; Gek. Ausg.: Geschlecht und Temperament in primitiven Gesellschaften; Übers. ungen.; Hamburg (rde 96) 1959

F. Renggli: Angst und Geborgenheit. Soziokulturelle Folgen der Mutter-Kind-Beziehungen im ersten Lebensjahr. Ergebnisse aus Verhaltensforschung, Psychoanalyse und Ethnologie; Hamburg 1974; Neudruck: Hamburg (rororo 6958) 1976

H. E. Richter: Der Gotteskomplex. Die Geburt und die Krise des Glaubens an die Allmacht des Menschen; Hamburg 1979

L. Röhrich: Adam und Eva. Das erste Menschenpaar in Volkskunst und Dichtung; Stuttgart 1968

W. Rudolph: Der kulturelle Relativismus. Kritische Analyse einer Grundsatz-fragen-Diskussion in der amerikanischen Ethnologie; Berlin 1968

J. Scharbert: Prolegomena eines Alttestamentlers zur Erbsündenlehre; Freiburg-Basel-Wien 1968

F. W. J. Schelling: Die Weltalter; hrsg. mit Einl. u. Anm. v. L. Kuhlenbeck; Leipzig (Reclam 5581—5583) o. J.

W. Schmidt: Leben und Wirken ältester Menschheit, in: A. Randa (Hrsg.): Handbuch der Weltgeschichte, Bd. 1., Olten und Freiburg 1954; Sp. 59—90

B. F. Skinner: Walden Two, New York 1948; dt.: Futurum Zwei. Die Vision einer aggressionsfreien Gesellschaft; übers. v. M. Beheim-Schwarzbach; Hamburg 1970 (C. Wegner Verl.); Hamburg 1972 (rororo 6791); mit einem Kommentar von B. F. Skinner

B. F. Skinner: Science and human behavior, New York 1953

L

VORBEMERKUNGEN

1. Bei einer exegetischen Untersuchung der j Urgeschichte müssen eine Reihe von Fragen offenbleiben, die am ehesten von der Psychoanalyse (Psa) beantwortet werden können, und zwar vor allem:

a. Die Motivauswahl und Motivzusammenstellung. Manche Einzelzüge der j Urgeschichte tragen deutliche Spuren kollektiver Menschheitserinnerungen an sich. Immer wieder hat man in Adam und Eva die Periode der Menschheitsentwicklung gesehen, in der die Menschen in dem Stadium der Sammler und Wildbeuter lebten, in einer „Epoche der aufnehmenden Wirtschaft, der bloßen Konsumtion, . . ., der alle Produktion noch fehlt." (H. Kühn: Das Erwachen der Menschheit, 7; 159—160) Die Bemerkung von den Schurzen aus Fellen (3, 21) könnte einen Hinweis auf die Zeit der Jägerkultur enthalten; die Berufsdifferenzierung in Ackerbauer und Viehzüchter (4, 2) löst am Ende des Mesolithikums die Jägerkultur ab und leitet in der „neolithischen Revolution" über zu der Stufe der Siedler (4, 17) und Händler (4, 20—22 als Erinnerung an das Aufkommen der Kamelnomaden). (Vgl. H. Kühn: Der Aufstieg der Menschheit, 10—13; Tabelle 188—189; M. H. Alimen und M. J. Steve [Hg.]: Vorgeschichte, 245—251; K. Keller-Tarnuzzer: Urgeschichtliche Zusammenschau, in: A. Randa: Handbuch der Weltgeschichte, I 97—107) In bereits historische Zeiten gehen die Erinnerungen an die Anfänge der mesopotamischen Großreiche (Gn 10) und der babylonischen Kultur (Gn 11, 1—9) zurück. Dieser Tatbestand rechtfertigt die These, daß die j Urgeschichte sich in ihrer Darstellung an die tatsächliche historische Entwicklung der Menschheit anlehnt und Erinnerungsspuren aus dem kollektiven Gedächtnis der Menschheit an diese gemeinsame Entwicklung aufbewahrt.

So wichtig diese Feststellung für sich genommen ist (als Beleg für die menschheitliche Bedeutung der j Urgeschichte), so wenig ist mit ihr allein gewonnen. Einerseits vermag sie nur einen Teil der von J in seine Urgeschichte aufgenommenen Motive zu erklären: die freie Ausgestaltung von 4, 2—16 z. B. zu einer Brudermorderzählung, auf die es J gerade anzukommen scheint, steht einer bloß kulturgeschichtlichen Betrachtung der j Urgeschichte deutlich im Wege; die Erzählung von 6, 1—4 ebenso wie nachfolgende Sintfluterzählung sind zwar durch motivgeschichtliche

Parallelen „verständlich" zu machen, fallen aber aus dem Rahmen einer kulturgeschichtlichen Entwicklungsreihe heraus; das gleiche gilt von 9, 20—27, wo die Erfindung des Weinanbaus nicht nur keine wirklich neue Kulturstufe einleitet, sondern sich, der Version des J zufolge, sogar völkergeschichtlich verheerend auszuwirken beginnt. Auf der anderen Seite zeigen gerade diese von J getroffenen Einfügungen in das kulturgeschichtliche Schema eine klare Umqualifizierung der ursprünglich positiv gemeinten kulturgeschichtlichen Notizen. Die kulturelle Höherentwicklung der Menschheit, getragen von den besten Kräften und Befähigungen des Menschen, bringt bis hin zu 11, 1—9 Unheil über Unheil mit sich, da sie in Funktion einer immer tiefer greifenden Entfremdung von Gott steht. Damit erweist sich die j Urgeschichte als zentral theologisch orientiert und verläßt den Rahmen der Kulturgeschichte ganz und gar.

Dieser widersprüchliche Befund — Reminiszenzen der kulturellen Entwicklung der Menschheit auf der einen, eine theologische Entwicklungsreihe des Abfalls von Gott auf der anderen Seite — macht es unmöglich, in der j Urgeschichte die Motivwahl der einzelnen Traditionsstücke bloß von der Kulturgeschichte her zu erklären; andererseits ist offensichtlich, daß die theologische Interpretation des J sich an vorgegebene Traditionen und auch an bestimmte Vorgegebenheiten ihrer Zusammenordnung anlehnt; daraus folgt, daß die Motivauswahl selbst auch von der Theologie her allein nicht begründet werden kann, sondern tatsächlich auf „irgendeine Weise" ihren Grund in der Menschheitsentwicklung selbst haben wird.

Das Problem ist also dieses: die j Urgeschichte rekapituliert „irgendwie" die Menschheitsgeschichte unter Einschluß auch der kulturellen Entwicklung der Menschheit; zugleich stellt sie diese Entwicklung als eine Fehlentwicklung dar, deren innere Achse das gestörte, verstörte, schließlich sogar feindliche Beziehungsverhältnis des Menschen zu Gott bildet und als deren Ziel am Ende der Versuch des Menschen steht, sich selbst zu Gott zu machen. Die Frage ist: gibt es eine Methode, die diese Merkmale strukturell plausibel machen kann, eine Methode also, deren Ziel es ist, eine menschheitliche Entwicklungsreihe als Rekapitulation der Menschheitsentwicklung zu verstehen und zugleich diese Entwicklung als eine Fehlentwicklung zu betrachten, in deren Mittelpunkt als Kernkonflikt die Störung eines Beziehungsverhältnisses steht.

Unter gewissen Bedingungen glauben wir, in der Psa S. Freuds (S. F.) eine solche Methode erblicken zu können; denn bewußt stellt diese zunächst an den neurotischen Fehlentwicklungen der Ontogenese gewonnene Behandlungsmethode als „Tiefenpsychologie" „die Beziehungen zur menschlichen Phylogenese her." (S. Freud: „Psychoanalyse" und „Libidotheorie", XIII 228) Es erwies sich nämlich als sinnvoll, den „Satz ‚die Ontogenie sei eine Wiederholung der Phylogenie' auch auf das Seelenleben" anzuwenden (S. F.: Das Interesse an der Psychoanalyse, VIII 413) und also davon auszugehen, daß der einzelne für sich das Schicksal der Gattung rekapituliert. „Die Ontogenese kann als eine Wiederholung der Phylogenese angesehen werden, soweit diese nicht durch ein rezenteres Erleben abgeändert wird." (S. F.: Drei Abhandlungen zur Sexualtheorie, Vorw. zur 3. Aufl., V 29) Von daher ergibt sich die prinzipielle Berechtigung, die Entwicklungsstadien der individuellen Psychogenese, wie sie sich psa darstellt, als eine Rekapitulation von prähistorischen Stadien der Phylogenese zu verstehen. Insofern die j Urgeschichte sich ihrerseits als eine menschheitliche Entwicklungsgeschichte lesen läßt, scheint es von daher nicht unmöglich, daß von der Psa her die Motivauswahl und Motivzusammenstellung der j Urgeschichte, die weder kulturgeschichtlich noch theologisch hinreichend verständlich ist, sich als weniger beliebig und zufällig erweist, als es auf den ersten Blick den Anschein hat. Die Voraussetzung ist dabei zunächst einmal lediglich als heuristische Hypothese einzuführen, daß die j Urgeschichte als Rekapitulation der humanen Phylogenese verstanden werden könnte; als eine bewiesene These kann dies erst gelten, wenn sie sich von der Psa her wirklich als eine solche plausibel machen läßt. Dies kann erst dann der Fall sein, wenn auch die Einzelzüge der Thematik der von J ausgewählten Stoffe in ihrer Eigenart und in ihrer Aufeinanderfolge sich als Stadien einer gemeinsamen Menschheitsentwicklung mit einer gewissen Notwendigkeit auffassen lassen.

Immerhin kann vorab auf eine eigenartige strukturelle Gemeinsamkeit zwischen der psa Entwicklungslehre und dem Aufbau der j Urgeschichte hingewiesen werden. Exegetisch war uns aufgefallen, daß die Urgeschichte des J zweizeitig gestaltet ist und durch die Sintflut in zwei Teile zerlegt wird, deren erster als Darstellung der Grundstrukturen des Menschseins, deren zweiter als Wiederholung bzw. Auswirkung dieses Menschseins im Bereich des sozialen, kulturellen und geschichtlichen Verhaltens des Menschen zu verstehen ist. Diese Zweizeitigkeit, die sich allenfalls theologisch motivieren ließ, schien sich einer kulturanthropologischen Deutung der j Urgeschichte geradezu in den Weg zu stellen. Um so wichtiger ist die „Tatsache eines *zweizeitigen Ansatzes* des Sexuallebens, die ausser beim Menschen nicht bekannt und offenbar sehr wichtig für die Menschwerdung ist." (S. F.: Abriss der Psychoanalyse, XVII 75) Ja,

3

es scheint, daß darin sich im Grunde ein „Erbteil der durch die Eiszeit erzwungenen Entwicklung zur Kultur" widerspiegelt (S. F.: Das Ich und das Es, XIII 263), daß die Zweizeitigkeit der Libidoentwicklung also selbst eine Folge der gegen das unmittelbare Triebbedürfnis gerichteten Kulturentwicklung darstellt und in der Ontogenese als Latenzzeit den Zwang zur Triebsublimierung ausübt (S. F.: Drei Abhandlungen zur Sexualtheorie, V 77—80). Diese strukturelle Gemeinsamkeit der psa Entwicklungslehre und der j Urgeschichte läßt es als besonders aussichtsreich erscheinen, den biblischen Text strukturell von der Psa her zu lesen.

Dies auch aus einem anderen Grunde. Wie gesagt, ist die j Urgeschichte die Darstellung einer Fehlentwicklung, deren Zentrum das vom Menschen her nicht zu korrigierende Mißverhältnis zu Gott bildet. Strukturell gleichsinnig ist die Neuroseentwicklung in der Psa zu verstehen: anhand bestimmter fest aufeinanderfolgender Phasen der (Libido-)Entwicklung beschreibt die Psa die Psychogenese neurotischer Erkrankungen, wobei „die Neurose" als „Schicksalsaufbau" (H. Schultz-Hencke: Lehrbuch der analytischen Psychotherapie, 142—148) der gesamten Existenz aufgefaßt wird, als „‚Sackgassen' des Schicksals" (a.a.O., 141) oder als „circulus vitiosus" (A. Dührssen: Psychogene Erkrankungen bei Kindern und Jugendlichen, 56—57), der seinen Ursprung in der „qualitativen Modifikation" der affektiven frühkindlichen Beziehungen zu den primären Bezugspersonen (Vater und Mutter) hat (H. E. Richter: Eltern, Kind und Neurose, 83). In seiner Lehre vom Ödipuskomplex hat dabei S. Freud die zentrale Bedeutung des Vaters für das Zustandekommen der Neuroseentwicklung hervorgehoben; insofern er im Ödipuskomplex den „Kernkomplex der Neurosen" (Drei Abhandlungen zur Sexualtheorie, V 127, Anm. 2) sah, erschien dieser ihm als „ein regelmäßiger und sehr bedeutsamer Faktor des kindlichen Seelenlebens" (Vorlesungen zur Einführung in die Psychoanalyse, XI 211—212), und man kann von daher sagen, daß die Neurose in der klassischen Lehre Freuds im wesentlichen der Beschreibung einer psychischen Fehlentwicklung gleichkommt, in deren Mittelpunkt das Verhältnis zum Vater steht. Damit enthält aber die Freudsche Psa alle strukturellen Merkmale, die auch der j Urgeschichte zukommen, nämlich: das Moment der (ontogenetischen) Rekapitulation der Phylogenese; das Moment der Zweizeitigkeit des Entwicklungseinsatzes; die Betrachtungsrichtung der zu beobachtenden Entwicklung als Fehlentwicklung; den Primat der Vaterbeziehung; den Gedanken der inneren Unüberschreitbarkeit des Entwicklungsprozesses. Mehr kann man nicht verlangen.

4

b. Nicht wirklich verständlich ist bei der exegetischen Untersuchung der j Urgeschichte das Verhältnis von „Menschheitsgeschichte" und „Individuum" geblieben. Als Denkstruktur im Hebräischen haben wir die Kategorien des „Anfangs" und der „Korporativperson" gebraucht, aber damit war nicht geklärt, sondern nur postuliert, daß das, was die j Urgeschichte beschreibt, als Aussage von jedermann gelten müsse. Es ist indessen bereits deutlich, daß das Problem in der Psa wiederkehrt und wir uns von seiner Lösung hier auch einen Erkenntnisfortschritt dort erhoffen können. Insofern S. Freud die Ursachen der Neurose-entstehung letztlich in den primären Verzichtforderungen der Kultur an die „Triebwünsche ... des Inzests, des Kannibalismus und der Mordlust" gesehen hat (Die Zukunft einer Illusion, XIV 331), sind für ihn die der Neurose zugrunde liegenden Konflikte an sich ubiquitär, so „daß die Neurosen keinen ihnen eigentümlichen psychischen Inhalt haben, der nicht auch beim Gesunden zu finden wäre" (Über Psychoanalyse, VIII 54). Dies bedeutet: „Sämtliche neurosen-strukturellen Faktoren und Zusammenhänge sind ubiquitär ... Qualitativ ist also jeder Mensch ‚neurotisch'." (H. Schultz-Hencke: Lehrbuch der analytischen Psychotherapie, 85) Der sog. Neurotiker erleidet lediglich quantitativ gesteigert, was als Erbbestandteil der Anthropogenese der Menschheit als Grundkonflikt anhaftet, insofern er für sich den Entwicklungsgang der Menschheit wiederholt. Dies ist ein Modell, mit dessen Hilfe wir vielleicht den Zusammenhang zwischen Individuum und Menschheit schärfer fassen können. Ineins damit werden sich die Fragen nach dem Verhältnis von Notwendigkeit und Freiheit, von „Anfang" und „Wesen", von Religion und historischer Erinnerung konkreter formulieren lassen.

2. Damit in Zusammenhang steht das, was man als den methodischen Primat der Ontogenese und des Individuellen bezeichnen könnte.

Wie es Freud für „methodisch unrichtig" hielt, „zur Erklärung aus der Phylogenese zu greifen, ehe man die Möglichkeiten der Ontogenese erschöpft hat" (Aus der Geschichte einer infantilen Neurose, XII 131), wird es besser sein, die einzelnen in der j Urgeschichte auftauchenden Motive nicht vorschnell als allgemeinmenschliche Symbole oder Wesensbilder kollektiver Art zu generalisieren, sondern sie zunächst in ihrer individuellen Eigenart zu würdigen, d. h., sie so zu lesen, wie wenn es sich um die Traumbilder eines individuellen Patienten handeln würde.

Auf der anderen Seite werden wir gerade um des Verständnisses des individuellen Aussagegehaltes der j Bilder willen oft nicht auf die Methode der „Amplifikation" C. G. Jungs verzichten können; d. h., wir werden von Fall zu Fall die Motive der j Erzählungen durch Herbeiziehung analogen Materials aus den Mythen und Märchen der Völker auffüllen und vervollständigen müssen, um so die ursprüngliche Aussagegestalt zu rekonstruieren, deren oft nur noch undeutliche Spuren wir in den j Erzählungen antreffen (vgl. C. G. Jung: Über die Psychologie des Unbewußten, VII 88). Zu diesem Zweck wird uns das motivgeschichtliche Material, das wir bereits im 1. Teil der vorliegenden Arbeit zusammengestellt haben, gute Dienste tun, wenngleich wir es für unsere Zwecke jetzt erheblich erweitern müssen.

Andererseits müssen wir jedoch in jedem Falle Vorsicht gegenüber ungeprüften Verallgemeinerungen psa Ergebnisse bei der Mytheninterpretation üben. Bereits B. Malinowski nämlich hat die Meinung widerlegt, „daß der Ödipuskomplex die *vera causa* der sozialen und kulturellen Phänomene sei — anstatt nur deren Resultat" (Geschlecht und Verdrängung in primitiven Gesellschaften, 163); weit davon entfernt, daß der Ödipuskomplex als eine biologische Konstante der Psychogenese gelten könnte, ist er vielmehr selbst ein Produkt von gesellschaftsabhängigen Variablen, die die Psychogenese so beeinflussen, daß die Gestalt des Vaters in den Mittelpunkt eines psychischen Komplexes rückt. Es ist deshalb religionspsychologisch wohlbegründet, daß wir uns der an patriarchalischen Verhältnissen abgelesenen Metapsychologie Freuds bedienen, um die j Urgeschichte zu interpretieren; wir müssen uns jedoch hüten, diese Art der Religionspsychologie selbst theologisch ohne weiteres als allgemeinmenschlich zu hypostasieren. Es wird vielmehr die Frage zu stellen sein, wo der Unterschied in der psychologischen und theologischen Sprechweise von Gott als „Vater" liegt; d. h., die Psa beantwortet uns — entgegen der Ansicht Freuds — nicht die Frage, wer Gott und was das Allgemeingültige am Menschen ist, sondern ermöglicht lediglich die Einsicht in dynamische Zusammenhänge, deren Strukturerhebung uns allererst die Frage nach Gott und dem Wesen des Menschen adäquat stellen läßt. Wird dieser kritische Unterschied nicht gemacht, so ist die Religion tatsächlich, wie Freud meinte, ein historisches Relikt aus „dem Vaterkomplex und der Hilflosigkeit und Schutzbedürftigkeit des Menschen" (Die Zukunft einer Illusion, XIV 345), also selbst „eine Menschheitsneurose" (Der Mann Moses und die monotheistische Religion, XVI 157).

3. Indem die psa Theorien Freuds nicht ohne weiteres den Anspruch erheben können, die Strukturen der menschlichen Seele schlechthin zu beschreiben, ist bereits der Umfang und Gültigkeitsbereich der zu treffenden Untersuchung in etwa abgesteckt. Wir erwarten von der psa Untersuchung der j Urgeschichte ein vertieftes Verständnis ihres Aufbaus und

ihrer spezifischen Inhalte; aber wir dürfen nicht diese Inhalte an sich unbesehen für „menschheitlich" ausgeben, sondern müssen vielmehr die dynamischen Strukturen zu eruieren suchen, die uns zu einer weiterführenden philosophischen und theologischen Frage nach dem „Wesen" des Bösen im Sinne der j Urgeschichte und damit nach dem Wesen des (Miß-)Verhältnisses zwischen Gott und Mensch anleiten. Der Sachverhalt ist klar: es wäre absurd, z. B. zu behaupten, der Sünde aller Menschen (-töchter) liege die Absicht zugrunde, sich mit Gottessöhnen zu paaren; aber das Motiv der „Lebenssteigerung", das wir exegetisch dahinter sahen, ist viel zu abstrakt, als daß es als hinreichende Interpretation dieser hochgradig mythischen Erzählung (6, 1—4) gelten könnte; sollte sich nun psa zeigen, daß es sich hier um das Motiv einer Entwicklungsphase handelt, die in der Ontogenese der psychischen Entwicklung eines jeden durchlaufen wird, so gewinnt die Konkretheit dieser Motivwahl allererst ihre Verbindlichkeit, und wenn zugleich sich daran psa der pathogenetische Faktor im Aufbau der Neuroseentwicklung aufzeigen läßt, so ist damit überhaupt erst die Voraussetzung geschaffen, darüber nachzudenken, welch ein theologisches Äquivalent sich strukturell dafür als wesentlich im Verhältnis von Gott und Mensch finden läßt.

4. Mit der Frage nach Gott hängt eine weitere wichtige Grenzziehung für den Gültigkeitsbereich der Psa zusammen. Daß für S. Freud die Frage nach Gott mit der Frage nach den frühkindlichen Introjektionsvorgängen der Vaterimago identisch werden konnte, hat seinen Grund nicht nur in der Dominanz patriarchalischer Familien- und Gesellschaftsstrukturen zur Entstehungszeit der Psa, sondern grundlegender noch in der wesentlich vom historischen Erbe des 19. Jhdts. geprägten Sichtweise Freuds. Etwas verstehen heißt psa, es auf seine genetischen Ursachen zurückzuführen, d. h., das Gegenwärtige vom Vergangenen her zu sehen. Freud selbst hat diese Betrachtungsweise vor allem vom therapeutischen Verhalten her begründet. „Nehmen Sie z. B. an", sagt er, „daß ein Analytiker den Einfluß der persönlichen Vergangenheit geringschätzt und die Verursachung der Neurosen ausschließlich in gegenwärtigen Motiven und auf die Zukunft gerichteten Erwartungen sucht. Dann wird er auch die Analyse der Kindheit vernachlässigen, überhaupt eine andere Technik einschlagen und den Ausfall der Ergebnisse aus der Kindheitsanalyse durch Steigerung seines lehrhaften Einflusses und durch direkte Hinweise auf bestimmte Lebensziele wettmachen müssen ... Das mag eine Schule der Weisheit sein, ist aber keine Analyse mehr." (Neue Folge der Vorlesungen zur Einführung in die Psychoanalyse, XV 154) Man sieht, was Freud dazu veranlaßt, sich auf die an der Vergangenheit

orientierte Analyse zu beschränken; sie erscheint ihm offenbar als das Verfahren der Wahl, um dem Patienten, so wie er geworden ist, möglichst gerecht zu werden und seinen Handlungsspielraum nicht durch persuasive oder direktive Methoden einzuengen. Es ist aber die Frage, ob die Vermeidung eines dirigistischen Therapeutenverhaltens notwendig die Reduktion auf die Analyse der Vergangenheit zur Voraussetzung hat. C. R. Rogers und seine Schule haben eigentlich überzeugend gezeigt, daß eine nicht-direktive Beratung möglich ist, die „größeren Nachdruck auf die derzeitige Situation und nicht auf die Vergangenheit des Individuums" legt (C. R. Rogers: Die nichtdirektive Beratung, 37), und daß die hinreichenden „Psychotherapeutenvariablen für konstruktive Änderungen" beim Klienten zwar an „Wertschätzung, ... Verständnis, ... Freiheit von Dirigismus usw." gebunden sind (R. Tausch: Gesprächspsychotherapie, 75), nicht aber ausschließlich an die analytische Methode.

Zwar hat Freud recht: wer von den Zielen des Patienten ausgeht, steht mit einem Bein schon in der „Weisheit", in der Philosophie. Und die therapeutische Zurückhaltung ist denn doch rasch verlassen, wenn etwa in der von Heidegger beeinflußten sog. Daseinsanalyse als Ziel der Therapie ausgegeben wird, daß sie den „Kranken ... in existentieller Erschütterung erfahren läßt, wann und wiefern er die Struktur des Menschseins verfehlt hat" (G. Condrau: Daseinsanalytische Psychotherapie, 46, nach L. Binswanger). Als wenn „die Struktur des Menschseins" hier und jetzt für jedermann schon feststünde! Aber wahr ist, daß ein Verstehen nicht möglich ist, das die gegenwärtigen Ziele des Patienten unberücksichtigt läßt. Die Psa ist in diesem Sinne eine vorläufige Methode, insofern sie das freilegen hilft, was gewesen ist; aber die entscheidenden Fragen beginnen dann erst, wie nämlich der Patient zu dem Stellung nimmt, was gewesen ist. Daß er dies selber wissen muß, ist wahr; aber nicht wahr ist, daß man ihm nicht dabei auch ohne Dirigismus helfen könne, sich selbst und einen Weg für sich zu finden.

C. G. Jung hat wiederholt betont, daß die rein kausale naturwissenschaftliche Untersuchungsrichtung Freuds und Adlers, bildlich gesprochen, darauf hinauslaufe, den Kölner Dom unter der Perspektive der Mineralogie abzuhandeln, indem die Frage nach Sinn, Ziel und Bedeutung des psychischen Arrangements vollständig hinter der Betrachtung der genetisch wirksamen Ursache zurücktrete, und daß Heilung — vor allem bei Patienten jenseits der Lebensmitte — nicht in einer analytischen Demontage des seelischen Aufbaus, sondern nur in dem Herausfinden der eigentlichen Zielrichtung und der Sinnmitte des erkrankten Daseins gefunden werden könne. (Vgl. C. G. Jung: Allgemeine Gesichtspunkte zur Psychologie des Traumes, VIII 273—281)

In unserem Zusammenhang bedeutet das, daß wir die Psa Freuds weder therapeutisch-instrumentell noch theoretisch-metapsychologisch als eine wenigstens auf der psychologischen Ebene umfassende Betrachtungsweise hinstellen können oder wollen. Im Gegenteil müssen wir sehr eindringlich die perspektivische Verkürzung hervorheben, die das kausalgenetische Denken der Psa mit sich bringt. Es ist z. B. nützlich, sich zu fragen, was für psychische Erfahrungen mit dem eigenen Vater hinter dem Bild von Gott als Vater stecken; aber die Frage nach Gott ist entschieden nicht die nach der Psychogenese des Vaterbildes, sondern die Frage, welche Hoffnung und Zukunfterwartung mit der Vorstellung von Gott verbunden ist. M. E. gilt von der Neurose, was R. D. Laing von der Psychose sagt: „Der Schizophrene ist ein Mensch ohne Hoffnung." (Das geteilte Selbst, 46) Laing verweist dabei auf S. Kierkegaards Abhandlung „Die Krankheit zum Tode". Im Sinne Kierkegaards ist es unerläßlich, in einem positiven Verhältnis zu Gott zu stehen, um sich selbst akzeptieren zu können. Die Frage nach Gott wird also von der Psa weder beantwortet noch verdrängt, sondern überhaupt erst ins Spiel gebracht.

Das gleiche gilt uneingeschränkt auch für die komplexe Psychologie C. G. Jungs, insofern für Jung hinter der individuellen Erfahrung des persönlichen Vaters die Macht des Archetypus des Vaters steht, der als die psychische Grundlage einer bestimmten Gottesvorstellung angesehen wird und deren lediglich erster Träger der persönlich vom Einzelnen erfahrene Vater ist; denn wie für Freud das Gottesbild des Vaters ontogenetisch eine Introjektion der individuellen Erfahrung eines jeden einzelnen mit seinem Vater darstellt, so betrachtet Jung den Archetyp des (Gott-)Vaters als den Niederschlag der Erfahrungen, die in der langen Geschichte der Menschheit mit der Gestalt des Vaters gemacht und biologisch fixiert wurden; der psychische Archetyp des (Gott-)Vaters hat zunächst noch gar nichts mit der theologischen Sprechweise von Gott als dem Schöpfer und Vater der Menschen zu tun, ein Umstand, auf den Jung selbst immer wieder hingewiesen hat. (Vgl. C. G. Jung: Psychologie und Religion, XI, 115—116)

Wenn wir daher im folgenden unter Bezug auf die Lehren Freuds und Jungs das Verhältnis zu Gott nach dem Modell des kindlichen Verhältnisses zum (menschlichen) Vater analysieren, so beabsichtigen wir gerade nicht, die Theologie in bloße Religionspsychologie aufzulösen, sondern glauben vielmehr, die Frage, was Angst, Mißtrauen,

Schuld, Strafangst, Flucht etc. vor Gott bedeutet, überhaupt erst richtig stellen zu können, wenn wir wissen, wie die Struktur dieser Erlebnisse im Bereich der intrapsychischen und zwischenmenschlichen Erfahrungen beschaffen ist. Daß dieses Vorgehen sich auch aus der Eigenart der j Urgeschichte selbst nahelegt, haben wir bereits betont.

5. Indem wir gehalten sind, die biographisch-genetische Fragestellung Freuds durch eine finale Fragestellung psychologisch und philosophisch zu erweitern, lösen wir auch die „Reduktion des Sozialen auf das Psychologische" auf, die man mit Recht der Psa vorgeworfen hat (z. B. I. A. Caruso: Soziale Aspekte der Psychoanalyse, 50ff); denn die Frage ist dann nicht mehr nur, wie die soziale Umwelt auf das subjektive Erleben eingewirkt hat, sondern vielmehr, wie der Patient seinerseits auf seine soziale Umwelt einwirken möchte und einwirkt. Erst von daher werden wir die Möglichkeit bekommen, auf die sozialen Verflechtungen einzugehen, die in der j Urgeschichte intendiert sind, im Rahmen der psa Untersuchung selbst aber ausgeklammert bleiben müssen. D. h., wir werden auch den zweiten Teil der Urgeschichte, der gerade zeigen will, wie das (so gewordene) Menschsein urgeschichtlich sich auszuwirken beginnt, psa nicht anders lesen als den ersten Teil: als eine Darstellung der psychischen Reifung und Enkulturation, unter den Voraussetzungen freilich, die (vor der Latenzzeit) grundgelegt wurden; die sozialphilosophischen Implikationen der j Urgeschichte werden wir im 3. Teil der vorliegenden Arbeit analysieren müssen.

6. Damit ist der weitere modus procedendi vorgezeichnet: unter zunächst strikter Ausklammerung der (existenz-)philosophischen und theologischen Fragestellungen wird es jetzt die Aufgabe sein, den j Text rein psa zu lesen, d. h., ihn mit den Mitteln der Freudschen Traumanalyse zu interpretieren und jeweils den Befund durch die Jungschen Deutungsverfahren zu komplettieren. Auf diese Weise werden wir Stufe für Stufe querschnitt-analytisch die von J aufgenommenen Traditionen durchgehen und sodann im Längsschnitt die Zusammenstellung der Motivfolge und den Entwicklungsaufbau der j Urgeschichte psychodynamisch betrachten. Hernach müssen wir die psa Neurosenlehre insgesamt mit der j Darstellung des menschlichen Fehlverhaltens vor Gott vergleichen und uns fragen, welche Strukturgemeinsamkeiten sich zwischen beiden eventuell finden lassen.

Im gesamten Gang der Untersuchung werden wir dabei die exegetischen Ergebnisse des 1. Teils vorauszusetzen haben. Wir können den Text nicht einfach wie einen rezenten Traum nehmen und drauflosanalysieren (so z. B. C. Meves: Die Bibel antwortet uns in Bildern, 14ff;

10

55ff; 72ff); vielmehr müssen wir die traditionsgeschichtlichen und literarkritischen Ergebnisse vor Augen haben, nach denen die jetzige Textgestalt des J das Werk einer z. T. recht komplizierten mehrfachen bewußten (!) Überarbeitung darstellt, die als solche nicht nach den Methoden der Traumpsychologie des Unbewußten angegangen werden kann. Sicheren Boden haben wir einzig und allein an den Stellen unter den Füßen, die sich als altes mythologisches Traditionsgut erweisen; von diesen oft nur noch als Motiv greifbaren Fragmenten ist auszugehen, bzw. es ist der Versuch zu machen, die vorliegenden Bruchstücke so weit als möglich in ihrem ursprünglichen Sinn zu rekonstruieren. Ein besonderes Augenmerk wird dabei auf die „Traumarbeit" zu richten sein; d. h., wir müssen, wie in der Traumanalyse, den manifesten Inhalt des überlieferten mythischen Materials auf die latenten Inhalte zurückführen, um von dort aus den Weg über die Verschiebungen, Verdichtungen, Symbolisierungen etc. zu der vorliegenden Ausformulierung dieser Inhalte verständlich zu machen. Anhand der so gefundenen „Abwehrmechanismen" der Traumarbeit werden wir zugleich wichtige neurosenstrukturelle Hinweise erhalten. Dann kann die Frage nach den (assoziativen) Brücken aufgenommen werden, die zu den sekundären Motivanreicherungen und Ausgestaltungen des tradierten Materials führen; jeweils ergänzend zu der reduktiv-analytischen Methode der Psa werden wir von C. G. Jung her die mythischen Bilder der j Erzählungen daraufhin befragen, welcher Sinn sich in ihnen darstellt, d. h., zu welchem Zweck (nicht nur: aus welchen Gründen) sie so und nicht anders arrangiert wurden, wobei wir jedoch stets vor Augen haben müssen, daß wir die vorliegenden Erzählungen nicht um ihrer selbst willen, sondern einzig und allein zum Verständnis der j Urgeschichte interpretieren.

7. Einem möglichen Mißverständnis muß vorgebeugt werden. Bei der folgenden Interpretation werden wir vorrangig die Technik der Freudschen Traumanalyse zugrundelegen. Das bedeutet, daß wir zunächst von der Objektstufe her das zur Debatte stehende Material angehen werden. Damit ist jedoch nicht ausgeschlossen, sondern in gewissem Sinne überhaupt erst die Voraussetzung dafür geschaffen, die Interpretation auch von der „Subjektstufe" (H. Schultz-Hencke: Lehrbuch der Traumanalyse, 115f) her vorzunehmen.

Der Grund dafür ist dieser: wie schon S. Freud gezeigt hat, ist der Schlaf ein regressiver Zustand „des primitiven Narzißmus" (Metapsychologische Ergänzung zur Traumlehre, X 413); seine Tendenz ist die einer „Wunscherfüllung" (Die Traumdeutung, II/III 127ff; K. Abraham: Traum und Mythus, in: Psychoanalytische Studien zur Charakterbildung,

264ff). Mithin kann man grundsätzlich davon ausgehen, „daß der Mittelpunkt des Traumes stets der Träumer selbst ist." (K. Abraham: Traum und Mythus, in: Psychoanalytische Studien, 293) Alle Personen, Gegenstände etc., die er im Traum wahrnimmt, treten (meist in Erinnerung an tatsächliche Vorkommnisse des Tages und seiner Konflikte) als Funktionen und Repräsentanten von Strebungen der eigenen Person auf, lassen sich also auch von der Subjektstufe her als Teile in der Psyche des Träumers verstehen. Beide Deutungsverfahren, das von Freud ebenso wie das von Jung, schließen sich nicht nur nicht aus, sondern bedingen einander wie Projektion und Introjektion. Es scheint jedoch sicherer zu sein, nicht gleich auf der Subjektstufe zu beginnen. Zu sagen, was ein Traum für den Träumenden bedeutet, ist erst nach gründlicher Analyse der objektiven psychodynamischen Sachverhalte möglich; alles andere muß willkürlichen Spekulationen Tür und Tor öffnen; und dies um so mehr, als das sonst wichtigste Hilfswerkzeug der Traumanalyse, die Technik der freien Assoziation des Patienten, in unserem Falle ausfällt; nur mühsam können — und müssen — wir aus dem religionshistorischen Material der Motivgeschichte das Assoziationsfeld und den Bedeutungsspielraum ausleuchten, den die mythischen Passagen der j Urgeschichte gehabt haben. Das konkrete historische Material muß also, soweit greifbar, den „Realeinfall" (H. Schultz-Hencke: Lehrbuch der Traumanalyse, 125ff) ersetzen und somit die oft unerläßlichen Deutungsvoraussetzungen allererst schaffen. Zwar gibt es eine gewisse Berechtigung, die Mechanismen und Arbeitsweisen der menschlichen Phantasie und also auch ihre Produktionen (Symbole, Metaphern etc.) für „kollektiv" zu halten. Aber: „Immerhin kann die Frage aufgeworfen werden, *warum nicht* etwa sämtliche Stämme und Völker der Erde die *gleichen* in Mythen und Riten objektivierten typischen Problembewältigungen in ihr Leben eingebaut haben." (H. Schultz-Hencke: Traumanalyse, 120)

Die Antwort, die schon C. G. Jung selbst auf diese Frage gegeben hat, kann eigentlich nur lauten, daß es in der menschlichen Seele keine fertigen angeborenen Wesensformen gibt, wohl aber eine auffällige Gleichartigkeit der menschlichen Traumwelt und ihrer Produkte, die ihren Grund in der Gleichartigkeit des menschlichen Antriebserlebens und seiner psychodynamischen Verarbeitung hat; demgegenüber gehen die Unterschiede in den Mythen, Riten etc. auf die Andersartigkeit der natürlichen und sozialen Umwelt zurück; sie haben ihre Ursache also in historischen Gegebenheiten, die als solche gewürdigt werden müssen. In bezug auf diese gut ausgewogene Theorie Jungs wird man nicht so weit gehen können wie W. Kemper, der Jung psa „Platonismus" vorwarf, demzufolge der Traum eine Kommunikation mit der Allseele des Menschen darstelle, in der die Traumsymbole als ewige selbständige Urbilder abrufbereit zur Verfügung stünden; Kemper meinte, eine solche Auffassung „überschreitet die Zuständigkeit einer rein wissenschaftlich orientierten Fragestellung bzw. Forschungsmethode." (W. Kemper: Der Traum und seine Be-Deutung, 111) Das ist richtig, trifft aber den Standpunkt C. G. Jungs nicht.

Immerhin dürfte C. G. Jung ja rein empirisch gezeigt haben, daß die sog. „großen Träume" nicht nur individuelles, sondern auch kollektives Material enthalten, indem sie auf Probleme antworten, die zum menschlichen Dasein schlechterdings unabtrennbar gehören und sich in Bildern darstellen, die immer dann auftreten, wenn der Abgrund der Seele tief genug geöffnet wird, wie es in krankhaft verzerrter Form z. B. in der Schizophrenie der Fall zu sein pflegt; die Ähnlichkeit schizophrener Phantasien mit den mythischen Erzählungen der Völker ist so beeindruckend, daß wir die Frage nicht völlig vernachlässigen dürfen, was es bedeutet, daß bestimmte Bilder, die wir auch in den j Erzählungen antreffen, offenbar völlig unabhängig voneinander an den entlegensten Stellen der Erde erzählt und überliefert wurden und auch heute noch in rezentem Traummaterial auftreten. (Vgl. C. G. Jung: Die Beziehungen zwischen dem Ich und dem Unbewußten, VII 197ff) Bei solchen Bildern ist eine subjektale Deutung, die zeigt, wie sich die Seele des Träumenden bzw. des erzählenden Volkes in einem mythischen Symbol ausspricht, unumgänglich.

Um dem in der Traumdeutung Unkundigen in aller Kürze an einem Beispiel den Unterschied zwischen einer objektalen und subjektalen Deutung zu veranschaulichen, erwähnen wir einen Traum, den H. Schultz-Hencke aufgezeichnet hat: jemand träumt, einen anderen zu verprügeln und ihn mit einem Kinnhaken niederzuschlagen (H. Schultz-Hencke: Traumanalyse, 262—265). Objektal kann die aggressive Handlung den Sexualverkehr symbolisieren, das Kinn das Genitale, das Zusammensacken des Geschlagenen die Detumeszenz; der Traum signalisierte also latente aggressiv-homosexuelle Tendenzen. Auf der Subjektstufe gelesen, handelt es sich um eine Auseinandersetzung des Träumenden mit dem männlichen Geschlecht und der Männlichkeit überhaupt; das Sexuelle wird somit selbst zum Symbol eines Daseinsbereichs. Hinter den „Traumgestalten . . . des individuellen Einzellebens" treten jetzt „die allgemeinen Lebensaufgaben" in Erscheinung, „die der einzelne Patient mit der ganzen Menschheit gemeinsam hat" (P. Helwig: Charakterologie, 260); in diesem Falle z. B. die Aufgabe, die eigene Männlichkeit „in Angriff zu

nehmen". Aber welche speziellen Aufgaben aus dem großen Problem-
und Konfliktkatalog des menschlichen Daseins in einem bestimmten
Mythos gestellt werden, kann man, wie gesagt, erst nach einer Analyse
auf der Objektstufe wissen; von dieser ist daher auszugehen, um nicht ins
Träumen über Träume zu geraten. M. a. W. heißt das, daß wir die Interpretationstechnik C. G. Jungs erst zu Rate ziehen werden, wenn wir den
ganzen Umkreis der Freudschen Deutungsverfahren durchschritten haben.

14

A. QUERSCHNITTANALYSE

I. Untersuchung von Gn 2—3 (Paradies und Vertreibung)

Es hat sich gezeigt, daß Gn 2—3 erst redaktionell zu einer Einheit geworden ist und daß die Motive, die beide Kapitel miteinander verbinden, nicht einheitlich sind.

a. Der „Garten in Eden" oder der „Garten Eden" sind nicht dasselbe. Der „Garten in Eden" (2, 8) ist der (ursprünglich selbständigen) Erzählung von der Erschaffung des Menschen zugehörig; sie denkt sich den Garten als Aufenthaltsort des Menschen; sie kennt nicht die Vorstellung vom Gottesgarten (We 285). Zur Debatte steht also ein Mythos von der Erschaffung des Menschen aus dem Staub der Erde und eines Gartens, in dem er leben darf. Sekundär erst ist die geographische Kunde von den Paradiesesströmen zur Interpretation heranzuziehen (2, 10—14).

Daneben gibt es die Vorstellung von dem „Garten Eden" (2, 15; 3, 23—24), in dem der Mensch mit Gott lebt und aus dem er später nach der Übertretung des Gebotes Gottes vertrieben wird.

b. Ein zweiter (selbständiger) Mythos ist die Erzählung von der Erschaffung der Frau (2, 21.22) mit dem sehr sonderbaren Zug, daß Adam schläft, während die Frau aus seiner Rippe geschaffen wird. Mithinzunehmen müssen wir die Einheit mit den Tieren (2, 18—20), die der Entdeckung der Frau vorausgeht.

c. Verschieden sind die beiden Bäume des Gartens. Wir haben gesehen, daß es im Grunde nur einen Baum (3, 2.3.5.11.12) gibt, der als „Baum in der Mitte des Gartens" (3, 3) oder als der verbotene Baum (3, 11) bezeichnet werden kann (We 289). Die Vorstellung ist also die eines Gartens (Gottes), in dessen Mittelpunkt ein Baum steht; lediglich diese mythische Vorstellung ist zunächst psa zu interpretieren. Dabei ist zu beachten, daß der Baum in der Mitte des Gartens verboten wird als „Baum der Erkenntnis". Diese Bezeichnung aber ist redaktionell aus 3, 5b gebildet und in 2, 9 einleitend vorgeschaltet worden; sie hat den Wert einer sekundären Assoziation, nicht den eines ursprünglichen Motivs; sie ist zudem aus dem Motiv von der Versuchung (3, 1—7) entliehen und muß in dieser Zweideutigkeit von Versuchung und Verbot

15

interpretiert werden; ihr Motiv ist es eigentlich, die spätere Vertreibung zu begründen. Ebenfalls sekundär, aber mehr als Assoziation zum Paradies selbst zu werten ist die festgeprägte Vorstellung vom Lebensbaum (3, 22.24) und die einleitende Vorbemerkung (2, 9); sie kann als erster deutender „Einfall" zum Baum in der Mitte des Gottesgartens genommen werden.

d. Eine eigenartige, aber ursprüngliche Motivverknüpfung besteht zwischen dem Eßverbot, der Todesdrohung und der Austreibung aus dem Garten. Diese gilt es in sich zu analysieren; sekundär ist die Erklärung des J heranzuziehen, die Austreibung geschehe um des Schutzes des Lebensbaumes willen.

e. Ein Motiv für sich ist die Verführung der Frau durch die Schlange (3, 1—6a), von dem Baum zu essen. Da dieser Abschnitt selbst stark psychologisch gefärbt ist, werden wir an dieser Stelle die von uns vorgeschlagene psychologische Interpretation psychoanalytisch zu interpretieren haben. Ein in sich eigenes Motiv ist die Verführung des Mannes durch die Frau (3, 6b.7); entsprechend ist es zunächst gesondert zu betrachten. Der Abschnitt 3, 1—7 ist in der gegenwärtigen Form jedoch so einheitlich, daß er auch in der psa Deutung nicht gut aus gänzlich heterogenen Motiven bestehen wird.

f. Ein gewisses Problem stellen die Strafen dar, die Gott über den Menschen verhängt. Sie sind offenkundig stark redaktionell geprägt, kommen für eine psa Deutung also nicht ohne weiteres in Frage. Eng verbunden mit der „Sündenfallerzählung" ist indessen das Motiv des Nacktseins und des Sich-Versteckens. Von diesen Motiven ist daher auszugehen. Als Kern der Strafen selbst ist, wie wir exegetisch gesehen haben, die Austreibung aus dem Garten zu betrachten; erst wenn dieses Motiv wirklich verstanden ist, können wir auch noch Überlegungen über die Motive der Bestrafung der Schlange, der Frau und des Mannes anstellen. Insofern J mit den Strafen Gottes die (jetzige) Grundverfassung des Menschen beschreibt, wird der Frage Bedeutung zukommen, ob es von seiten der Biologie bzw. Paläoanthropologie nicht gewisse Erkenntnisse gibt, die der Wesensbeschreibung des J adäquat sind. Ein echt mythisches, aber für das Ganze nicht sehr wichtiges Motiv ist die Gestalt der Kerube und des Flammenschwertes; hier werden Stichworte genügen.

Um zwischen den verschiedenartigen Motiven überhaupt einen Zusammenhang zu erkennen, ist zu bedenken, daß sie allesamt vom Ursprung und dem Anfang des Menschenlebens sprechen wollen. Also muß es psa der übergeordnete Verständnisrahmen sein, daß der gesamte Erzählkomplex (Gn 2—3) einem Traum von der Entstehung des Lebens gleichkommt. Ontogenetisch gelesen, haben wir es demnach im großen und ganzen mit Bildern von der Geburt und den ersten Eindrücken nach der Geburt zu tun. Dies ist das Leitthema, und es ist zunächst die Frage, wie sich darin die einzelnen Motive einordnen. Dabei kann man voraussetzen, daß die ihnen zukommende Bedeutungsbreite an sich keineswegs so einheitlich ist, wie die Frage nach den Geburtsmotiven es zunächst erscheinen läßt, und zwar nicht nur, weil die Motive selbst aus heterogenen Traditionen zusammengewachsen sind, sondern auch, weil grundsätzlich als Regel der Traumanalyse anzunehmen ist, daß ein einzelnes Bild, ein einzelner manifester Inhalt, „überdeterminiert" ist und mehrere latente Bedeutungen, oft recht widersprüchlicher Art, in sich vereinigt; es gilt daher immer, wie das tapfere Schneiderlein „gleichsam sieben Fliegen mit einem Schlage zu treffen" (S. F.: Die Traumdeutung, II/III 528).

1. Die Erschaffung des Menschen und das Paradies
(Gn 2, 7.8)

> „O ihr Menschen! Ihr gleicht alle
> der Urmutter Eva. Was euch gegeben
> ist, reizt euch nicht, euch lockt be-
> ständig die Schlange zu sich, zu dem
> geheimnisvollen Baum: Um jeden
> Preis müßt ihr die verbotene Frucht
> bekommen, sonst ist das Paradies für
> euch kein Paradies."
>
> (A. S. Puschkin: Eugen Onegin, VIII
> 27)

a) Interpretation auf der Objektstufe

Es ist von vornherein einschränkend zu bemerken, daß wir bei einer psa Symbolisierung des „Mythos" von der Erschaffung des Menschen aus dem Staub der Erde dem Text seiner bewußten Aussageabsicht nach insofern Unrecht tun, als wir den religionsgeschichtlich entscheidenden Schritt wieder rückwärts gehen, den dieser nach vorwärts getan hat. Der Text spricht nicht von der Zeugung des Menschen durch ein Götterpaar, sondern von dem schöpferischen einmaligen Tun Gottes. Gleichwohl tut er es in einer Symbolsprache, die noch jene älteren Anschauungen von einem Zeugungsvorgang durchschimmern läßt. Wie auch sonst im

17

Traum, ist hier der manifeste Inhalt als das (jetzt freilich nicht individual-psychologisch, sondern kulturgeschichtlich) bedingte Ergebnis einer Abwehr- und Zensurleistung zu werten. Und die ganze Traumanalyse ist nichts anderes als ein Verfahren, dem bewußten manifesten Inhalt vorerst Unrecht zu tun zugunsten der latenten Traumgedanken.

Der ursprüngliche Sinn des mythischen Bildes läßt sich bereits durch relativ einfache Entsymbolisierungen erkennen. Daß der Mensch aus dem Staub der Erde geschaffen wird (im Gilgamesch-Epos z. B. durch die Formgebung der dazu beauftragten Göttin Aruru), verliert seinen geheimnisvollen Charakter, wenn man bedenkt, daß die Erde als Bild des Mutterleibes gelten kann. Die Erde ist „die allgemein so bezeichnete ‚Mutter Erde'" (S. F.: Über einen autobiographisch beschriebenen Fall von Paranoia, VIII 290), die „in den Vorstellungen und Kulten der alten Zeit ... die Auffassung des Ackerbaues" bestimmt hat (S. F.: Vorlesungen zur Einführung in die Psychoanalyse, XI 165). In dieselbe Richtung geht auch die Symboldeutung des „Gartens in Eden", in den Gott den Menschen versetzt (2, 8). Der Garten ist ein traumsymbolisch beliebtes Bild der Frau und des weiblichen Organismus (S. F.: Die Traumdeutung, II/III 352). Setzt man für Gott das (unter bestimmten Voraussetzungen) psychische Äquivalent des Vaters ein, so dürfte als die zugrunde liegende Vorstellung das Thema des Zeugungsvorgangs angenommen werden. Aus dem weiblichen Material formt der Vater das Menschenkind und überläßt es dem behütenden Organismus der Frau, in dessen Schutz und Umgebung es heranwächst. Der Zeugungsvorgang selbst wird als ein plastisches Gestalten (jsr — als „Töpfer bilden") durch den Vater wiedergegeben. Dahinter mag eine gewisse Scheu stehen, den sexuellen Vorgang ohne die symbolische Verkleidung auszudrücken; es ist aber zu bedenken, daß diese Scheu nicht einfach psychologisch, sondern eher „theologisch" motiviert ist: man möchte nicht von Gott sagen, er habe als Vater mit der Erdgöttin den Menschen gezeugt.

Diese Schwierigkeit, daß das psa Instrumentarium zwar Hintergründe aufdecken kann, die Motivation der „Mythenarbeit" aber nur in geringem Umfang psychologisch zu fassen ist, wird uns noch oft begegnen. Es wäre jedenfalls zu einfach, ohne weiteres wegen der Ersetzung des sexuellen Themas durch ein mythisches Symbol auf eine psychisch motivierte Sexualabwehr zu schließen. Lediglich dies wird man sagen dürfen, daß eine theologische Scheu, wie sie der Text gegenüber den ursprünglichen mythischen Zeugungsvorstellungen an den Tag legt, auch eine gewisse psychische Distanz gegenüber der Sexualität zur Voraussetzung und wohl auch im Gefolge hat.

18

Nehmen wir also an, daß die „Erde" als ein Muttersymbol und das Formen des Menschenwesens aus dem Staub der Erde als ein Zeugungsvorgang zu verstehen ist, so bleibt noch das höchst merkwürdige Detail, daß Jahwe dem Staub der Ackerscholle „den Hauch des Lebens in seine Nasenlöcher blies". (Gn 2, 7) Gerade dieser sonderbare Unterschied der Menschenschöpfung zu der Erschaffung der Tiere war für die theologische Interpretation des Gottesatems so entscheidend, daß man nur schwer darauf kommt, dahinter eine zunächst gewiß sehr abstoßende infantile Zeugungstheorie zu erkennen. Und doch hat auch dieses erhabene theologische Bild, wie der Mensch aus Lehm durch den Anhauch Gottes geschaffen wird, seine psychischen Determinanten, die es erlaubt sein muß zu erforschen.

E. Jones gebührt das Verdienst, als erster diese Zusammenhänge aufgeklärt zu haben, indem er die Frage stellte: „Warum ist die schöpferische Materie als vom Munde ausgehend dargestellt und warum speziell als Atem?" (E. Jones: Die Empfängnis der Jungfrau Maria durch das Ohr, in: S. F. [Hg.]: Jahrbuch der Psychoanalyse, VI 140) Er erkannte richtig, daß den Atemvorgängen im Unbewußten eine viel geringere Beachtung zukommt als im Bewußtsein, wie ganz allgemein Akte, die, wie der Herzschlag, rein automatisch ausgeführt werden, erst relativ spät eine psychische Bedeutung erlangen. Jones nahm daher an, daß die Hauptanteile des Interesses an den Atemvorgängen „eigentlich von einer anderen ausgestoßenen Luft herstammen, nämlich von den Gasen, die bei der intestinalen Zersetzung entstehen" (143), und „daß respiratorische Prozesse eine Neigung haben, nach dem Muster der Ernährungsprozesse erklärt zu werden, zu denen sie ja phylogenetisch ihrem Ursprung nach gehören" (176). Entscheidend ist in unserem Zusammenhang nun die Ansicht von Jones, daß die analen Produkte, Kot und Gase, vom Kind mit der sexuellen Sekretion identifiziert würden. „Viele Kinder hegen den Glauben, ... der von ihren Eltern vollzogene Sexualakt ... bestehe darin, daß Gase vom Vater in die Mutter gelangen" (143); das Anschwellen des Leibes infolge von schlechter Verdauung dient dabei dem Kind offenbar zur Erklärung des Anschwellens des Leibes der Mutter während der Schwangerschaft. Der Mund, von dem der befruchtende Atem ausströmt, erhält dementsprechend eine nicht nur weiblich-empfangende, sondern vor allem männliche Sexualbedeutung, zu der insbesondere „seine Fähigkeit, Flüssiges von sich zu geben (Speichel, Atem) und der Umstand, daß er die Zunge enthält" (140), Anlaß gibt. Andererseits kann das männliche Organ als Fortsetzung des Rektums und seines Inhaltes verstanden werden (184), so daß sich die Vorstellung bildet, es werde das befruchtende Gas mittels des Penis ausgestoßen, eine Ansicht, deren symbolischen Ausdruck Jones in dem Glauben an die Auferwekkung (Neuschöpfung) der Toten durch das Blasen der Trompeten des Jüngsten Gerichtes und in der Vorliebe vieler Knaben für Pfeifen, Posaunen und Blasinstrumente aller Art erblickt (184; 201).

Mit reichhaltigem mythischen und psa Material hat E. Jones seine Theorie von der infantilen Sexualphantasie, wie die Mutter durch die Gase des Vaters geschwängert wird, untermauern können. In den vedischen Schriften z. B. wird erzählt, wie Prajapati, der Herr der Geschöpfe, die Götter durch den aus- und einströmenden Hauch seines Mundes schafft, die Menschheit aber durch den abwärts gerichteten Hauch, der von seinem Hinterteil ausging (144; vgl. H. v. Glasenapp: Die Philosophie der Inder, 35—36). Die gleiche Auffassung von den Zeugungsvorgängen kehrt in der neurotischen Ansicht eines Patienten von Jones wieder, der seine Schwängerung dadurch herbeizuführen suchte, „daß er mit der Nase den Hauch einatmete, den er durch den Mund ausgeatmet hatte", ganz so, „wie Gott bei der Schöpfung Adams die Nasenlöcher zu demselben Zweck benutzte" (193). Der „Staub der Erde" ist dementsprechend natürlich ein anales Material, und die Geburt wird in Analogie zu den anal-exkretorischen Vorgängen gedacht (die „Kloakentheorie").

Vielleicht am bekanntesten sind die Vorstellungen der griechischen Mythologie von der befruchtenden Kraft des Boreas, des schlangenschwänzigen Nordwindes, mit denen wir Jones' Ansichten verdeutlichen können. Die Kinder, welche als Wiedergeburt toter Ahnen aufgefaßt werden, gelangen nach dieser Ansicht durch einen plötzlichen (vergewaltigenden) Windstoß in den Schoß einer Frau. (R. v. Ranke-Graves, I 153; vgl. B. Malinowski: Baloma, in: Magie, Wissenschaft und Religion, 202—207) Vornehmlich im griechischen Pferdekult haben sich derartige Vorstellungen lange Zeit erhalten, indem die Stuten nur gedeckt werden konnten, wenn sie ihr Hinterteil dem Wind zukehrten. Wenn der Boreas im Frühling durch das Land wehte, schien das ganze Land Attika schwanger zu sein. (R. v. Ranke-Graves, I 153) Die belebende bzw. lebenschaffende Kraft des Atemwindes kennt auch die Bibel (vgl. Ps 104, 29.30). Interessant ist dabei die Gleichung, die Jones zwischen Atem, Sprache und Zeugungsfähigkeit und umgekehrt zwischen Stummheit und Impotenz herstellt: im NT z. B. verstummt Zacharias auf die Botschaft des Engels von der Empfängnis des Johannes hin, d. h. er wird impotent und findet seine Sprache (und männliche Kraft) erst nach der Geburt des Kindes wieder (Lc 1, 5—25.57—80); psa beschreibt also, ähnlich wie die Erzählung von der jungfräulichen Empfängnis Jesu bei Mt und Lc, auch die Tradition von der Geburt des Täufers in symbolischer Sprache das Wunder der jungfräulichen Geburt eines göttlichen Retters.

Gn 2, 7 stellt nach der Theorie von E. Jones, wie wir sehen, den Reflex einer infantilen Geburtsphantasie dar, wonach die intestinalen Gase des Vaters in die „Nase" der Mutter Erde, seiner Tochter, eindringen und dort befruchtend wirksam werden; die „Nasenlöcher" dürften dabei die untere Ernährungsöffnung, nicht die Vagina, vertreten (Jones, 194). Die ursprüngliche Vorstellung der Menschenschöpfung durch den Gottesatem bestünde also in der Auffassung von einem „Vater, der seine Tochter im Inzest schwängert, indem er mit Hilfe seines Geschlechtsorgans Darmgase ausstößt und in ihre untere Ernährungsöffnung gelangen läßt, durch die später auch ihr Kind geboren wird." (202) Als Motiv, diese frühkindlichen Ansichten wiederaufzugreifen, kommt nach Jones eine (aus dem Kastrationskomplex stammende) ambivalente Einstellung dem Vater gegenüber in Frage, indem die Flatuszeugung einerseits den Vater seines Genitales beraubt, während sie ihm andererseits eine überlegene Allmacht zuerkennt (201).

Es ist kennzeichnend für die Denkweise der frühen Psa, daß sie die Verknüpfung der Flatusbildung mit dem Erleben (väterlicher) Macht zwar beobachtet, aber — entgegen ihrer eigenen Methode — rein psychologisch, statt biologisch zu begründen geneigt ist. Tatsächlich dürften indessen bestimmte „Erbkoordinationen" (K. Lorenz) eine Verknüpfung der Flatusbildung mit gewissen Machtansprüchen nahelegen. Zu erinnern ist an die psychosomatische Symptomatik der Aerophagie, in welcher der Patient, statt seiner „Wut im Bauch" freien Lauf zu lassen und die Macht, die er unbewußt beanspruchen möchte, auch zu erobern, seinen Ärger herunterschluckt und nicht loswird. (Vgl. H. Glatzel: Ernährung, in: Handbuch der Neurosenlehre und Psychotherapie, II 438—439) Die phylogenetische Grundlage zu der Koppelung des analen „Luftablassens" mit dem aggressiven Erleben von Macht und Selbstbehauptung dürfte in dem tierischen Setzen von Duftmarken zum Zwecke der Errichtung von Reviergrenzen zu erblicken sein. (Vgl. W. Wickler: Stammesgeschichtliche Ritualisierung, 255—258; I. Eibl-Eibesfeldt: Krieg und Frieden, 55)

Der Gott, der mit seinem Hauch den Menschen schafft, ist also per definitionem ein allmächtiger Vatergott, wie die psa Interpretation unterstreicht. Der „Hauch Gottes" steht in der Erzählung in bezeichnendem Kontrast zu dem befruchtenden Dunst ('d) von Gn 2, 6, der die

Erdfläche wässert. Die Kräfte der Erdgöttin, die mit der Feuchtigkeit identifiziert wird, müssen sich mit dem allmächtigen Atem des Vatergottes verbinden, um den Menschen hervorzubringen.

Es wird Theologen geben, die von der vorgetragenen Deutung sich verständlicherweise empört abwenden möchten; ihnen wird man sagen müssen, daß sich die „Gastheorie" der Zeugung von allen infantilen Geburtsphantasien am meisten zur Sublimation eignet und offenbar gerade deshalb von J zur Darstellung der Schöpfertätigkeit Gottes herangezogen wurde. Was Jones von dem christlichen Gedanken der Jungfrauengeburt meinte, wird man auch von der Schöpfung Adams durch den Anhauch Gottes sagen können: „In seinem Bestreben, die reinste und unsinnlichste aller erdenkbaren Zeugungsarten darzustellen, die dem Schöpfer selbst am besten entsprechende, arbeitete der Geist sicher und betrat den richtigsten Weg, indem er zur Grundlage die roheste und gröbste aller erreichbaren Vorstellungen wählte; gerade durch solche extreme Gegensätze werden stets die größten psychologischen Effekte erreicht." (E. Jones, 202) Und so wundert es nicht, daß Gn 2, 7 stets der höchsten theologischen Beachtung gewürdigt wurde.

Wenn wir in dieser Interpretation so sehr die Allmacht des Vatergottes betonen, dessen Schöpferhauch den Menschen belebt, so fügt sich das zu der Feststellung, daß überhaupt, von dem Feuchtigkeitshauch der Erde in 2, 6 abgesehen, die gesamte Aktivität bei dem Vorgang der Zeugung (bzw. Erschaffung) des Menschen auf der Seite des Vaters (Gottes) liegt. E. Fromm sieht hier die „natürliche Produktivität der Frauen entwertet". „Gott erschafft . . ., die Frau und ihre Schöpferkraft sind nicht mehr vonnöten." (Märchen, Mythen und Träume, 220) Das trifft für den Schöpfungsbericht bei J in dieser Ausdrücklichkeit nicht zu; immerhin bedient sich Gott der Erde, um den Menschen zu schaffen; aber der Unterschied zum Gilgamesch-Epos z. B. (1. Tafel II 30ff) ist doch sehr bemerkenswert. Die Frau (die Göttin Aruru) formt dort den Wildling Engidu ganz und gar aus sich selbst; denn das erdförmige Material des Lebens ist, wie gesagt, ein weibliches Symbol. Vielleicht steckt hinter solchen Vorstellungen die matriarchalische Auffassung, daß die Frau auf geheimnisvolle Weise aus sich heraus das Leben erschafft. In jedem Falle wird es sich in der Erzählung des Gilgamesch-Epos und in ähnlichen Mythen eher um Vorstellungen der Ackerbaukultur handeln, während die Darstellung von Gn 2, 7.8 eher aus dem „Kulturkreis der patriarchalen Herdentierzüchter" stammen dürfte (W. Schmidt: Leben und Wirken ältester Menschheit, in: A. Randa: Handbuch der Weltgeschichte, I 79— 83; 86—90).

Unter diesen Voraussetzungen versteht man die Tradition von 2, 7.8 psa eigentlich recht gut. Der Garten, von dem hier die Rede ist, ist allein der Garten des Menschenkindes, nicht auch des Gottes. Der Schutzraum der Mutter steht dem Kind ausschließlich und ungeteilt zur Verfügung. Wir haben es demnach mit einem Bild für jenen Zustand zu tun, den R. A. Spitz im Anschluß an S. Freud als die „Mutter-Kind-Dyade" beschrieben hat (Vom Säugling zum Kleinkind, 23—25; 140ff). Dabei erscheint das Symbol des Gartens in seiner Undifferenziertheit als gut gewählt. Denn „in der Welt des Neugeborenen" gibt es „weder ein Objekt . . . noch eine Objektbeziehung." (R. A. Spitz: a.a.O., 53) Das Bild des Gartens symbolisiert lediglich das, was die Mutter dem Kind bedeutet, nicht diese selbst. Sie erscheint als Ursprungsmaterial (Erde), als Schutz- und Nahrungsraum, nicht als Person. Das Bild entspricht ganz und gar dem „primären" „Narzißmus" des Säuglings (S. F.: Zur Einführung des Narzißmus, X 140); und wenn die Annahme B. D. Lewins zutrifft, daß jeder Traum im Grunde eine „Regression auf die Brust" des mütterlichen Organismus darstelle (R. A. Spitz: a.a.O., 99), so wird man sagen können, daß der Traum vom Paradies den grundlegenden Traum aller Menschheitsträume darstellt. Es ist wichtig zu betonen, daß bei dem Mythenfragment von Gn 2, 7.8 durchaus kein Gedanke an ein Gebot oder eine mögliche Ausweisung aus dem „Garten in Eden" auftaucht und auch, wie wir psa sagen können, überhaupt nicht auftauchen kann. Denn „in dem Alter, in welchem die Verbote wirksam werden, befindet sich das Kind im Übergang von der narzißtischen Stufe zur Stufe der Objektbeziehungen." (R. A. Spitz: Nein und Ja, 43) Die Stufe, die wir hier anzunehmen haben, ist psychogenetisch noch zu früh, als daß sie mit einem Verbot belastet sein könnte.

Vielleicht zeigt sich an dieser Stelle der Unterschied zwischen der psa und der exegetischen Interpretation besonders klar. Gn 2 gab sich exegetisch als ein Kontrastbild zur gegenwärtigen von Gott getrennten Wirklichkeit des Menschen zu verstehen und drückte aus, was ursprünglich mit dem Menschen von Gott her gemeint ist; es war etwas, das nur in der Gegenwart Gottes gegeben sein kann und wonach der Mensch nicht aufhört zu verlangen, gerade weil es für ihn unwiederbringlich verloren ist. Die psa Deutung überträgt diese theologische Aussage in die Psychogenese und in die Eltern-Kind-Beziehung; was theologisch als Urbestimmung und Ursehnsucht des Menschen ausgedrückt ist, wird psa als psychischer Urzustand verstanden; d. h., aus „ontologischen" Aussagen werden Aussagen in Raum und Zeit. Man kann mit Recht sagen, daß es nicht angemessen sein kann, auf diese Weise die Theologie in einen

„Familienroman" (S. F.: Drei Abhandlungen zur Sexualtheorie, V 127, Anm. 2) zu verwandeln; aber nur wer die vitale Sehnsucht des Menschen nach Geborgenheit voll zur Kenntnis nimmt, kann die Aussage des J würdigen, wenn er durch die Übernahme der alten mythischen Bilder sagt, daß das letzte Ziel und der letzte Grund auch gerade der vitalen Strebungen des Menschen Gott sei. Die Sehnsucht nach dem Mutterschoß (rḥm) ist letztlich ein Verlangen nach der Güte und dem Erbarmen (rḥmjm) Gottes. Mit Hilfe eines Mythos stellt J dar, was an der Wirklichkeit, die der Mythos beschreibt, zum ersten Mal in Erscheinung tritt: wie sehr die Menschen als Staubgeschaffene nach Halt, Schutz und Geborgenheit verlangen. Die Wirklichkeitsebene der Psa erscheint als ein Anschauungsmodell, in und an dem die Wirklichkeitsebene der Theologie und des J deutlich gemacht werden kann. Zugleich zeigt sich, daß wir Menschen selbst bei unseren sublimsten Gedanken von Gefühlen und Wünschen getragen werden, die aus dem Vitalbereich stammen.

Freilich ist die Psa offen für theistische wie atheistische Interpretationen. Der Gedanke, daß die Gotteskindschaft des Menschen in Gn 2, 7.8 narzißtisch dargestellt werde, kann auch dahin gewendet werden, daß es der Narzißmus des Menschen ist, der ihn an seine Gottähnlichkeit glauben läßt (so G. Groddeck: Das Buch vom Es, 188; vgl. S. F.: Die Zukunft einer Illusion, XIV 342ff; 352ff). Erst die philosophische Reflexion zeigt, an welchem Griff die Psychologie, dieser „Stock mit zwei Enden" (Dostojewski), anzufassen ist.

b) Interpretation auf der Subjektstufe

Der große Vorteil einer Deutung auf der Objektstufe ist für eine theologische Weiterinterpretation darin zu sehen, daß die Analyse uns stets auf Beziehungen hinweist, die zwischen dem (Menschen-)Kind und (Gott-)Vater bestehen; die objektale Deutung ist daher gut geeignet, die psychischen Inhalte der j Aussagen über das Verhältnis von Gott und Mensch aufzudecken. Wesentlich unanschaulicher wird der Sachverhalt, wenn wir das Bild vom Paradies auf der Subjektstufe deuten; indessen ergeben sich dabei mehrere wichtige neue Aspekte, die wir nicht vernachlässigen dürfen.

Wenn wir kausal das Bild vom Paradies und von der Erschaffung des Menschen auf die Situation der Mutter-Kind-Dyade zurückführen, erklären wir den Menschheitstraum vom Paradies im Grunde für eine regressive Phantasie. (Vgl. C. G. Jung: Versuch einer Darstellung der

24

psychoanalytischen Theorie, IV 202) Welchen Sinn eine solche Regression haben soll, wissen wir damit aber noch nicht. Es leuchtet ein, daß der Mensch eine lebenslängliche Sehnsucht besitzt, in die Wärme und Behütetheit des Mutterschoßes zurückzukehren; aber es käme mit dieser Feststellung lediglich zu dem resignierenden Bedauern, daß das, was alle Menschen sich im tiefsten wünschen, ein absurder Infantilismus sei. (C. G. Jung: Die Beziehungen zwischen dem Ich und dem Unbewußten, VII 182) Zudem ist es psa noch völlig unbefriedigend, daß wir die Symbolbildung vom Paradies bisher lediglich als theologische Abwehr des mythischen Motivs von der Paarung der Götter zur Welt- und Menschenschöpfung gedeutet haben; das Bild vom Paradies ist selbst viel zu ursprünglich, als daß es von einer theologischen Zensur hervorgebracht sein könnte; es taucht denn auch im Zusammenhang zahlreicher Mythen auf, die keinerlei Scheu kennen, den Hierosgamos, den wir im Hintergrund der j Erzählung als verdrängtes Material vermutet haben, ausführlich zu schildern. Die Abwehr des Hierosgamos-Motiv muß also zunächst einmal aus psychologischen, nicht-theologischen Gründen verstanden werden, und zwar aus solchen, die nicht auf bestimmte Gesellschaftsformen beschränkt sind, wie die Theorie vom Ödipuskomplex.

Tatsächlich gibt es solche Gründe. Nehmen wir an, es stehe hinter dem Paradiesestraum eine regressive Wunscherfüllung, die eigentlich auf die Wiedervereinigung mit der Mutter abziele, so liegt es auf der Hand, daß diese Neigung in sich selbst, also ohne jede gesellschaftliche Beeinflussung, die allergrößte psychische Gefahr wie Verlockung zugleich darstellen muß, indem hier alle psychische Energie gewissermaßen nach rückwärts verbraucht zu werden droht und damit dem Leben und der Lebensentfaltung entzogen bleiben könnte. Es bedarf daher unbedingt der Abwehr der regressiven Inzestneigung, und sie geschieht durch das Symbol. Völlig im Einklang zur Freudschen Auffassung bemerkt C. G. Jung: „Das Problem der Symbolbildung läßt sich ohne Einbeziehung der Triebvorgänge überhaupt nicht behandeln, denn aus diesen stammt die bewegende Kraft des Symbols. Das Symbol selber verliert jeden Sinn, wenn es nicht den Trieb als Widerstand gegen sich hat, wie auch die ungeordneten Triebe nur zum Verderben des Menschen gereichen würden, wenn das Symbol ihnen keine Form gäbe." (Jung: Symbole der Wandlung, V 291) In diesem Sinne hätte das Bild vom Paradies den Sinn, die regressive (psa „inzestuöse") Tendenz von der Gestalt der Mutter abzulenken und die entsprechende psychische Energie den Aufgaben der Lebensbewältigung zuzuleiten. Darin sieht Jung den positiven Sinn der Symbole überhaupt, daß sie als „Umformer" funktionieren, „indem

sie Libido aus einer ‚niedereren' Form in eine höhere überleiten."
(Symbole der Wandlung, V 295)

Das Paradiessymbol weist somit nicht nur vom frühkindlichen Infantilismus weg, sondern eröffnet dem Leben größere, eigentlich religiöse Perspektiven und Verheißungen; es ist nicht mehr nur der Träger wehmütiger Erinnerungen, sondern mehr noch sehnsüchtiger Erwartungen, insofern es für das Ende des Lebens verheißen kann, was am Anfang des Lebens an Geborgenheit und Einheit erfahren wurde (vgl. das pradiesisch-endzeitliche Bild der himmlischen Stadt der Apokalypse). In diesem Sinne ist das Paradiessymbol ein archetypisches Bild: die Vorstellungen von einem Garten, die das Bewußtsein (bes. in Steppen- und Wüstengebieten) geformt hat, werden von einer mächtigen spezifischen Energie, als deren unbewußten Ursprung Jung den Bereich der Archetypen angesehen hat, zu einem Bild von hohem Gefühlswert ausgestaltet; dessen weite Verbreitung umgekehrt ist ein Indiz dafür, daß sich in ihm tatsächlich ein Archetypus ausdrückt. Zugleich kann man nach Jung nicht mehr sagen, daß das Bild vom Paradies seinen Grund in der vorgeburtlichen und frühkindlichen Entwicklung des Individuums habe, so als seien die Sehnsüchte, die darin verdichtet sind, aus der kindlichen Einheit mit der Mutter entstanden; vielmehr handelt es sich dabei um den Niederschlag kollektiver Erfahrungen der Menschheit (und ihrer phylogenetischen Vorläufer) mit der Mutter, die der Entstehung jedes Einzelwesens vorausliegen und dort lediglich zum ersten Mal in der Ontogenese in Erscheinung treten.

Von daher muß man annehmen, daß jeder Mensch die Disposition in sich trägt, ein solches Urbild der Einheit, wie das Bild vom Paradies, auszuprägen, und daß in jedem Menschen eine solche Sehnsucht nach Einheit wohnt. So verstanden aber drückt das Paradiessymbol nicht nur das Verlangen nach Einheit mit der Mutter, sondern vor allem nach Einheit mit dem Archetypus der Mutter und darin mit sich selbst aus. Die Sehnsucht nach dem Paradies, nach der „Mutter", erweist sich im Grunde als ein Verlangen nach Einheit mit den Ursprüngen, den Quellen des eigenen psychischen Lebens, als Ausdruck der Einheit mit sich selbst.

Damit sind wir bei der eigentlich subjektalen Deutung des Paradieses angelangt, wonach der Garten Eden als „Mandala", als „ein Symbol der Individuation" zu verstehen ist. (C. G. Jung: Über die Archetypen des kollektiven Unbewußten, IX 1, 44) Das Paradies erscheint in dieser Lesart als ein Symbol des ganzen, mit sich vereinigten Menschen, als ein Bild dessen, was Jung das „Selbst" genannt hat und was er als „die

Einheit und Ganzheit der Gesamtpersönlichkeit" definiert hat (Psychologische Typen, VI 512; Definitionen). Dieses „Selbst" ist für Jung ein transzendenter Begriff, ein Archetypus, der empirisch mit dem Gottesbild koinzidiert und davon in psychologischer Terminologie nicht zu unterscheiden ist (Jung: Antwort auf Hiob, XI 503); denn diejenige „psychologische Tatsache, welche die größte Macht in einem Menschen besitzt, wirkt als ‚Gott', weil es immer der überwältigende psychische Faktor ist, der ‚Gott' genannt wird." (Jung: Psychologie und Religion, XI 88) Von Menschen, welche die Erfahrung der Selbstfindung gemacht haben, kann man, ihren Mitteilungen folgend, sagen: „Sie kamen zu sich selber, sie konnten sich selber annehmen, sie waren imstande, sich mit sich selbst zu versöhnen, und dadurch wurden sie auch mit widrigen Umständen und Ereignissen ausgesöhnt. Das ist", meint Jung, „fast das gleiche, was man früher mit den Worten ausdrückte: ‚Er hat seinen Frieden mit Gott gemacht, er hat seinen eigenen Willen zum Opfer gebracht, indem er sich dem Willen Gottes unterwarf.'" (C. G. Jung: Psychologie und Religion, XI 89)

Psychologisch, d. h. mit empirischen Kategorien, ist es also kein Unterschied zu sagen: jemand hat sein Selbst gefunden, oder: er hat Gott gefunden. „Gott" ist für Jung psychologisch in etwa dasselbe, was für Kant philosophisch das „transzendentale Ideal" war; Kant bezeichnete mit dem transzendentalen Ideal das subjektiv notwendige Streben der Vernunft nach vollständiger Einheit der Erkenntnis und deren Zusammenfassung in einem einzigen Begriff — Gott, ohne daß mit dieser subjektiv notwendigen Suche nach Einheit der menschlichen Erkenntnis irgendetwas darüber ausgesagt ist oder auch nur ausgesagt werden kann, ob diesem Ideal etwas in der objektiven Realität entspricht; ähnlich ist für Jung psychologisch das Streben nach der Einswerdung des ganzen Menschen empirisch feststellbar, ohne daß damit etwas über die Frage entschieden ist, ob diesem subjektiven Ideal der Ganzheit des Menschen eine extrapsychische Realität korrespondiert oder nicht. (Vgl. z. B. C. G. Jung: Ein moderner Mythos von Dingen, die am Himmel gesehen werden, X 448) Es wird eine der philosophischen Hauptfragen des dritten Teils der vorliegenden Arbeit sein, wie die Suche nach psychischer Ganzheit und der Glaube an Gott als an eine selbständige, vom Menschen unabhängige Person, die etwas anderes ist als *das* Andere des Bewußtseins, miteinander zusammenhängen und sich voneinander unterscheiden. Wir werden dann sehen, daß die Selbstfindung, das psychisch erfahrbare Auftreten „Gottes", den Glauben an Gott in theologischem Sinne zur unbedingten Voraussetzung hat.

Immerhin läßt sich beobachten, daß das Bild vom Paradies psychologisch in der Jungschen Deutung unserer exegetischen Interpretation des Paradieses entspricht: das Paradies ist ein Bild für den Zustand des Menschen, wie er sein soll, wie er in seiner psychischen Ganzheit ist, wie er ist, wenn er mit „Gott" vereinigt ist. Diese Vereinigung mit „Gott" ist religionspsychologisch, wie gesagt, empirisch beschreibbar, doch es kann psychologisch nur davon gesprochen werden, wie das, was man als „Gott" bezeichnet, in der menschlichen Seele erscheint, nicht davon, daß Gott — theologisch — als eine in sich freie Person dem Menschen gegenübersteht; lediglich läßt sich rein empirisch, Jung zufolge, nachweisen, „daß der Tatbestand des ‚Selbst' eine religiöse Symptomatologie aufweist, wie jenes Aussagengebiet, das mit der Bezeichnung ‚Gott' verknüpft ist." (C. G. Jung: Über den indischen Heiligen, XI 626) Die Einheit mit „Gott" ist auf der Stufe der subjektalen Deutung also nicht eine personale Beziehung, sondern eine innerpsychische Vereinigung, und zwar nicht zwischen „Gott" und „Mensch", sondern zwischen „Ich" (Bewußtsein) und „Unbewußtem". Es geht bei dieser Synthese nicht um die Verbindung zweier Personen, sondern um „die bewußte Verbindung des Ich mit all dem, was sich als Projektion im ‚Du' birgt" (Jung: Die Psychologie der Übertragung, XVI 260, Anm. 19), also um die Vereinigung mit den verdrängten oder undifferenziert gebliebenen Inhalten und Lebensmöglichkeiten des persönlichen Unbewußten, die Jung als den „Schatten" bezeichnet hat (vgl. z. B. Jung: Über die Psychologie des Unbewußten, VII 58), ferner um die Vereinigung mit der unbewußten inneren Einstellung, der Anima (beim Manne) bzw. dem Animus (bei der Frau), die zu der äußeren Einstellung, der Persona, der Berufsmaske, komplementär ist (vgl. Jung: Psychologische Typen, VI 506—510, Definitionen; Die Beziehungen zwischen dem Ich und dem Unbewußten, VII 207—232), sowie schließlich um die Vereinigung mit den Inhalten des kollektiven Unbewußten. Das „Selbst", das aus dieser Gegensatzvereinigung entsteht, wird als „göttlich" erfahren, als „Gott in uns", weil es als ein autonomer psychischer Inhalt das Ich bestimmt und leitet und weil das Ich um das Selbst „gewissermaßen rotiert, wie die Erde um die Sonne" (Jung: Die Beziehungen zwischen dem Ich und dem Unbewußten, VII 263).

Psychologisch gesehen, ist das Bild vom Paradies also als ein Urbild von dem Zustand des ganzen, mit sich vereinigten Menschen zu verstehen, der zu seinem Selbst gefunden hat; um allen theologischen Mißverständnissen entgegenzutreten, sei noch einmal betont: es handelt sich hier nicht darum, in theologischem Sinne eine Aussage über das Verhältnis von Gott und Mensch zu machen, sondern lediglich darum, festzustellen, daß psychologisch das „Selbst" des Menschen als ein Gottesbild erscheint, als ein Bild des Heilen (und Heiligen) schlechthin; so wie jemand philosophisch nur denken kann, indem er sich der Kategorie der Kausalität bedient, die ihn dazu führen kann (!), metaphysisch nach Gott zu fragen, so kann nach Jung der Mensch sein „Selbst" nur finden, indem er Funktionen betätigt, die ihn in den Stand setzen, religiös nach Gott zu fragen; und so wie die Kausalität eine Kategorie sein kann, um „Gott" zu denken, ohne daß damit schon etwas über die Existenz Gottes an sich gesagt ist, so kann das „Selbst" als ein psychologischer Komplex, ein Zentrum psychischer Energie verstanden werden, der es ermöglicht, „Gott" zu erfahren, wobei immer noch offen ist, was „objektiv" dieser subjektiven Erfahrung entspricht.

Wir geben also an dieser Stelle nicht wieder, was J theologisch mit dem Bild vom Paradies über den Menschen und seine Beziehung zu Gott hat sagen wollen, sondern analysieren lediglich, was dieses Bild selbst innerpsychisch bedeutet; und da erkennen wir, daß ihm ein allerhöchster Wert zukommt, indem es als ein Bild der Einheit und Ganzheit des Menschen verstanden werden muß. Die hier gekennzeichnete methodische Reduktion auf die Psychologie gilt für den ganzen vorliegenden Band; zum „Gott der Philosophen" kommen wir erst im 3. Teil der Arbeit.

Entsprechend dieser Auffassung vom „Paradies" ist auch „Adam" selbst, anders als in der objektalen Deutung, ein archetypisches Bild, das einer eigenen Erklärung bedarf. Wenn bibeltheologisch das Paradies ein Bild für die Einheit des Menschen mit Gott ist, so stellt psychologisch das Paradies ein Bild des Friedens und der Einheit des Menschen mit sich selbst dar; Adam aber, der Mensch im Paradies, ist ein Bild des mit sich vereinigten Menschen. Was wir exegetisch früher von Adam gesagt haben, daß er als Urmensch das Wesen des Menschen verkörpert, wie es Gott geschaffen hat, bedeutet jetzt auf der psychologischen Ebene, daß das Bild des Adam alles in sich schließt, was psychisch zum Menschen gehört, also den ganzen Bereich des Unbewußten, aus dem sich das Bewußtsein erhebt wie eine winzige Insel inmitten eines Ozeans. Von diesem meint Jung: „Könnte man das Unbewußte personifizieren, so wäre es ein kollektiver Mensch, jenseits der geschlechtlichen Besonderheit, jenseits von Jugend und Alter, von Geburt und Tod, und würde über die annähernd unsterbliche menschliche Erfahrung von ein bis zwei Millionen Jahren verfügen. Dieser Mensch wäre schlechthin erhaben über den Wechsel der Zeiten." (Jung: Das Grundproblem der gegenwärtigen Psychologie, VIII 398) In diesem Sinne ist Adam, wie Jung anhand der alchemistischen Terminologie herausarbeitet, „der Urmensch in uns", der „als Zusammenfassung aller Seelenteile, in erster Linie also des Bewußten und des Unbewußten", „der Ganzheit des Individuums "entspricht (Jung: Mysterium Conjunctionis, XIV 2, 178; 179). Adam, diese Idee des Urmenschen, stellt somit „eine die Geschlechter transzendierende, archetypische Einheit" dar (Jung: Mysterium Conjunctionis, XIV 2, 220).

Von daher verstehen wir auch den merkwürdigen Zug der Paradieserzählung, daß der Urmensch das Weibliche (Eva) noch in sich trägt, wovon nicht nur die berühmte Stelle in Platons „Symposion" (14. Kap.; 189 c — 190 c), sondern auch Mythen z. B. auf Tahiti und in Burma erzählen (vgl. J. G. Frazer: Die Arche, 8—10). Als ein Wesen jenseits der Geschlechterdifferenzierung ist Adam das Selbst bzw. der Urmensch, „der zwiegeschlechtlich ist, vermöge der Tatsache, daß er eine wechselseitige Integration von Bewußtem und Unbewußtem darstellt." (Jung: Die Psychologie der Übertragung, XVI 334) Die psychologischen Intuitionen mancher Mythen und alter Philosophien von der „Koexistenz eines Männlichen und eines Weiblichen in demselben Körper" „waren meistens projiziert in der Form der göttlichen Syzygie, des göttlichen Paares oder in der Idee der hermaphroditischen Natur des Schöpfers." (Jung: Psychologie und Religion, XI 30) In der Paradieserzählung ist die Zweigeschlechtlichkeit hingegen mit dem Urmenschen verbunden, während die Gottheit der j Paradieserzählung von jeder geschlechtlichen Ambivalenz freigesprochen wird.

Diese Eigenart der biblischen Fassung der Paradieserzählung ist psychologisch für die spätere Frage nach der Herkunft des Bösen sehr wichtig, denn sie bedeutet, daß damit der mythische Naturzusammenhang theologisch durchbrochen wird. Mit Recht meint Jung: „Die Gottheit ist ambivalent, solange der Mensch im Naturzusammenhang steht. Die Eindeutigkeit Gottes als ‚summum bonum' ist deutlich contra naturam." (Jung: Erlösungsvorstellungen in der Alchemie, XII 528—529) In der Bibel ist der Gedanke an eine göttliche Syzygie, wie sie z. B. die ganze indische Mythologie mit den unzähligen weiblichen Geliebten, den Shaktis der mannigfaltigen Götter, durchzieht, oder die Vorstellung eines androgynen Gottes jedoch völlig undenkbar; auch in der j Urgeschichte wird gegen alle psychologische Erfahrung „Gott" in sich eindeutig, ohne jeden komplementären Gegensatz, rein in sich konzipiert, während der Mensch in seiner Androgynie ein psa zwielichtiges Wesen bleibt. Und das muß auch so sein. Denn die Mannweiblichkeit ist in der Jungschen Psychologie nicht nur eine Vereinigung auf der geschlechtlichen, sondern mehr noch auf der moralischen Ebene und umfaßt das

30

Gute wie das Böse, das Bewußtsein wie das Unbewußte, das gelebte wie das ungelebte Leben. Wäre Gott ein mannweibliches Wesen, wie in zahlreichen Mythen, so würde das bedeuten, daß er auch das Böse in sich schlösse. Die Bibel widerspricht aus theologischen Gründen entschieden solchen Ansichten; Jung aber meint ihnen aus psychologischen Erwägungen zustimmen zu müssen.

An dieser Stelle ist, soweit wir sehen, eine Brücke zwischen der j Theologie und der Jungschen Psychologie des Selbst nicht zu schlagen; im Gegenteil gilt es, den Gegensatz zwischen beiden zu unterstreichen: das Jungsche Selbst geht aus der Gegensatzvereinigung der hellen und der dunklen Seite des Menschen hervor und entsteht, wenn der Mensch auch seinen Schatten und die Welt des kollektiven Unbewußten zu sehen und zu akzeptieren gelernt hat; die Vorstellung Gottes bei J enthält demgegenüber in sich keinen solchen Widerspruch; es fehlt ihr das komplementäre Gegenstück, das Jung in der Notwendigkeit des Satans wiederfindet. Statt in Gott selbst, wie in den Mythen, wird der Gegensatz von Gut und Böse bei J in dem Verhältnis zwischen Gott und dem Menschen angesiedelt, und zwar wiederum nicht so, als ob dem „guten Gott" von vornherein dialektisch der „böse Mensch" entsprechen müßte, sondern so, daß der an sich gute Mensch sich selber in seinem Verhältnis zu Gott böse macht. Man kann als Theologe Jung nicht zustimmen, wenn er schreibt: „Der Gegensatz zwischen Gott und Mensch ... dürfte eine jahwistische Erbschaft aus jener Frühzeit sein, in der das metaphysische Problem (des Bösen, d. V.) ausschließlich im Verhältnis Jahwes zu seinem Volke bestand. Die Furcht vor Jahwe war noch zu groß, als daß man es ... gewagt hätte, die Antinomie in die Gottheit selber zu verlegen. Wenn man aber den Gegensatz zwischen Gott und Mensch beläßt, so gelangt man schließlich ... zum Schluß: omne bonum a Deo, omne malum ab homine, womit die Kreatur absurderweise in Gegensatz zu ihrem Schöpfer gestellt und dem Menschen eine geradezu kosmische oder dämonische Größe im Bösen imputiert wird." (Jung: Antwort auf Hiob, XI 489; vgl.: Gut und Böse in der analytischen Psychotherapie, XI 667—681)

J meint gerade nicht, daß der Mensch als Geschöpf in Gegensatz zu Gott zu stellen sei, sondern daß der Mensch so, wie er jetzt ist, sich durch eigene Schuld in Widerspruch zu seinem Schöpfer befindet, daß zwar zum Menschen, wie er ist, das Böse, Dunkle, Schattenhafte mitgehört, aber daß es die Schuld des Menschen ist, daß dies so ist. Die psychologische Erfahrung, die Jung reflektiert, kann den Menschen nur so nehmen, wie er ist, und da zeigt sich in der Tat, daß es in jedem Menschen aus Angst

31

6 Drewermann II (Best.-Nr. 76255)

neurotisch Deformiertes, Verdrängtes, als minderwertig Erscheinendes, verkürzt Gebliebenes gibt, das, weil nicht zum Leben zugelassen, sich auf perversen, krankhaft verzerrten Bahnen Zugang zum Leben zu verschaffen sucht; aber gerade Jung hat, entgegen Freud, immer wieder betont, daß in der Auseinandersetzung mit dem Schatten zwar anfangs dem isolierten und einseitig gewordenen Bewußtseinsstandpunkt das unbewußte Leben der Psyche als minderwertig (und böse) erscheint, daß es in Wirklichkeit aber größte Werte und Schätze in sich birgt und, wie in zahlreichen Märchen, nur darauf wartet, aus seiner tierischen und barbarischen Zerrform zu seiner wahren Königsgestalt erlöst zu werden. Die psychologische Erfahrung, daß dieses noch unerlöst Gebliebene zum Menschen gehört und als zum Menschen gehörig anerkannt werden muß, läßt sich nur unterstreichen; aber die eigentliche Frage nach dem Bösen ist damit nicht beantwortet, sondern stellt sich jetzt überhaupt erst: woher stammen die Kräfte, die den Menschen hindern, ein Selbst zu werden, die ihn verstümmeln und zu den falschen Ersatzbildungen der neurotischen Fehlformen seines Lebens zwingen; und vor allem: woher kommt es, daß kein Mensch in der beobachtbaren Realität das ist, als was ihn Gott gemeint hat; woher stammt die generelle Richtigkeit der psychologischen Erfahrung, daß zum Menschen, wie er ist, das Böse mit hinzugehört, während es doch, wie die Psychotherapie selbst am nachdrücklichsten zeigt, an sich nicht böse zu sein brauchte und es beim Menschen selber liegt, es aus dem Zustand seiner Bosheit zu befreien und mit seinem bewußten Leben zu vereinigen?

Diese Frage stellt sich gerade auf der Basis psychologischer Beobachtung, wenngleich sie keine psychologische, sondern eine im Tiefsten metaphysische Frage ist. Die Antwort des J, wie wir sie bei der Exegese der Urgeschichte kennengelernt haben, lautet, daß es die Angst in dem Verhältnis des Menschen zu seinem Schöpfer ist, die das Böse schafft; nicht also, wie Jung meint, daß „die Furcht vor Jahwe" dazu geführt habe, die Antinomie von Gut und Böse von Gott zu entfernen und in den Menschen zu verlegen, sondern daß umgekehrt die Furcht vor Jahwe die Antinomie von Gut und Böse im Menschen allererst erzeugt habe, ist die Meinung des J. Indem sich J durch seine theologische Sicht von der psychologischen Wahrheit der notwendigen Vermischung von Gut und Böse im Menschen entfernt, sind auch wir als Theologen gehalten, uns an dieser Stelle von der Jungschen Deutung des hermaphroditischen Zuges des Urmenschen zu entfernen. Alle Übertragungen der psychologischen Gegensatzproblematik in die Metaphysik kann nur zur Gnosis führen und ist mit J nicht zu vereinbaren, denn J will die psychische Gegensatzproblematik gerade nicht metaphysizieren, sondern theologisch verständlich machen und als nicht-notwendig, wenngleich ubiquitär hinstellen.

Die Androgynie Adams, der Eva noch in sich trägt, ist von J her mithin als ein Bild für die psychische Ganzheit des Menschen anzusehen, die noch jenseits der Geschlechterdifferenzierung liegt; darin aber ist nicht schon die Antinomie und Einheit von Gut und Böse enthalten, die in dem mythischen Bild selbst allerdings, wie man zugeben muß, angedeutet sein kann. Das Gute und das Böse bilden für J nicht Aussagen über die Kreatur in ihren psychischen Polaritäten, sondern über das Verhältnis der Kreatur mitsamt ihrer psychischen Polarität zu ihrem Schöpfer. Wir werden auf diesen Unterschied, dessen philosophische Implikationen wir im 3. Teil der vorliegenden Arbeit in der Auseinandersetzung mit der Dialektik Hegels ausführlich darlegen müssen, noch einmal bei der Analyse der sog. Sündenfallerzählung zurückkommen.

Die hermaphroditische Gestalt Adams läßt sich auf der Subjektstufe also als ein Urbild des Selbst deuten, das in der Tat die männliche und die weibliche Seite der Psyche vereinigt und den ganzen Menschen mit allen seinen Kräften, von denen an sich keine böse ist, in sich schließt. In diesem Deutungsansatz liegt auch der psychologische Schlüssel zum Verständnis der frühchristlichen Typologie von Christus als dem zweiten Adam, der in der Gestalt des Urmenschen zugleich als Erlöser auftritt. Denn indem das Bild des Urmenschen als Personifikation des kollektiven Unbewußten bzw. als ein Symbol der psychischen Ganzheit des Menschen verstanden wird, empfiehlt sich die Gestalt Adams in vorzüglicher Weise, die Menschheitssehnsucht nach Erlösung und Einswerdung auf sich zu ziehen. Dem religiösen Begriff der Erlösung korrespondiert dabei auf der psychologischen Ebene der Begriff der Individuation bzw. der Selbstentfaltung in der Vereinigung des Bewußtseins mit dem Unbewußten. Insofern kann Jung von Christus sagen, er stelle „als Urmensch (Menschensohn, Adam secundus...) eine den gewöhnlichen Menschen überragende und umfassende Ganzheit dar, welche den bewußtseinstranszendenten totalen Persönlichkeit entspricht... als das *Selbst.*" (Jung: Das Wandlungssymbol in der Messe, XI 299) Bedenkt man die Widerstände und Schwierigkeiten, die der Kampf mit dem eigenen Schatten und die Vereinigung mit der Anima bzw. den Inhalten des kollektiven Unbewußten dem individuellen Ich bereitet, so kann man vielleicht sagen, daß Christus in seinem äußeren Schicksal die Kämpfe widerspiegelt, die innerlich auf dem Weg zur Selbstfindung zu bestehen sind, daß sein Leiden die *„Passion des Ich"* bei seiner „Vergewaltigung durch das Selbst" sichtbar macht und damit allem menschlichen Leiden den Sinn gibt, „auf dem Wege zur Verwirklichung seiner Ganzheit" fördernd mitzuwirken. (Jung: Psychologische Deutung des Trinitätsdogmas, XI 171) Insofern fungiert in der Religionspsychologie Jungs Christus als „Archetypus des Selbst" und ist von daher eo ipso göttlich, da „man... empirisch nie unterscheiden kann, was ein Symbol des Selbst und was ein Gottesbild ist" (a.a.O., 170).

An den genannten Schwierigkeiten, die psychologischen Kategorien von Gut und Böse in die Philosophie oder Theologie hinein zu verlängern, liegt es indessen, daß Jung glaubt, die Gestalt Christi besitze als Symbol des Selbst nicht „jene Ganzheit, welche die psychologische Definition erfordert, ... denn dieser fehlt die Nachtseite der seelischen Natur, die Finsternis des Geistes und die Sünde. Ohne Integration des Bösen aber gibt es keine Ganzheit" (a.a.O., 170). Man sollte als Theologe vielmehr sagen, Christus beweise in seiner Gesalt, daß es kein „Böses" im Menschen gebe, das zu integrieren sei, wenn nur einmal die Angst im Verhältnis zu Gott dem Glauben gewichen sei, daß Gott den ganzen Menschen angenommen und von Grund auf bejaht habe. Andererseits muß eingeräumt werden, daß die gegenwärtige Theologie noch weit davon entfernt ist, ihre Vorstellungen von Erlösung und „Heiligung" mit den Vorstellungen der Psychotherapie von der „Heilung" einer seelischen Erkrankung abzustimmen, obwohl die Ähnlichkeit der religiösen Symbolsprache mit den Traumbildern, die der Therapeut im Krankenzimmer auf ihren heilenden Sinngehalt hin befragt, zu einer solchen Abstimmung geradezu zwingen müßte; immer noch versteht die Theologie die psychologische Forschung weithin als lästige Konkurrentin oder verfällt selbst unvermerkt in einen ideologischen Psychologismus, — ein Übelstand, dem wir mit dieser Arbeit gerade etwas steuern möchten.

Da wir die Androgynie des Urmenschen Adam als Vereinigung des Bewußtseins mit dem Unbewußten gedeutet und in ihm ein Symbol des Selbst erkannt haben, wird es uns nicht wundern, daß in der Gnosis, in der Alchemie sowie in der Kunst Christus als zweiter Adam gleichermaßen hermaphroditisch aufgefaßt wurde. Bekannt ist die Antwort, die Christus in dem gnostischen Ägypterevangelium Salome auf die Frage erteilt, wann die rechte Erkenntnis kommen werde: „„Wenn ihr das Gewand der Scham mit Füßen treten werdet und wenn die zwei eins werden und das Männliche mit dem Weiblichen und weder männlich noch weiblich (sein wird)'." (Clemens von Alexandria: Stromateis III 91ff; vgl. II. Clemensbrief 12, 1—2; E. Hennecke - W. Schneemelcher: Neutestamentliche Apokryphen, I 110—111) Die gnostische Theologie versteht die erlösende Erkenntnis nach diesen Worten als eine (androgyne) Gegensatzvereinigung im Bewußtsein. Entsprechend findet in der christlichen Symbolik „eine Hochzeit des Lammes (des apokalyptischen Christus) mit der Braut (der Luna-Ecclesia) statt ... also eine Synthese von Männlich und Weiblich" (Jung: Mysterium Conjunctionis, XIV 2, 128). Daneben besteht die „symbolische Androgynie Christi, die ... merkwürdigerweise die Hochzeit des Lammes nicht eliminiert" (a.a.O., 128), und, wie wir ergänzen können, auch gar nicht zu eliminieren braucht, da das Symbol des Hierosgamos, der heiligen Hochzeit zwischen Mutter und Sohn, zwischen Bruder und Schwester, König und Königin kein konkurrierendes, sondern paralleles Symbol der gleichen Bedeutung ist: was der Hierosgamos als einen personhaften Vorgang beschreibt, die Einheit zwischen dem männlichen Bewußtsein und dem weiblichen Unbewußten (vgl. Jung: Einleitung in die religionspsychologische Problematik, XII 39), das stellt die Androgynie als naturhafte Gegebenheit dar.

Einen weiteren Fingerzeig für die Symbolik des Selbst in den Bildern des Paradieses und des zweigeschlechtlichen Urmenschen finden wir auch in der redaktionell eingeschobenen geographischen Notiz von den vier Paradiesesströmen (Gn 2, 10—14), die wir exegetisch bereits als Symbole der Fülle gedeutet haben. Diese Deutung können wir psychologisch bestätigen. Die Vierzahl, die Tetraktys des Pythagoras, die in den Träumen und Ikonographien „gewöhnlich in der Form eines Kreises, der in vier Teile geteilt ist", erscheint oder „auch die Form eines ungeteilten Kreises ..., einer Blume, eines quadratischen Platzes oder Raumes, eines Vierecks, ... eines symmetrischen Gartens mit einem Springbrunnen in der Mitte" u. ä. annimmt (Jung: Psychologie und Religion, XI 56), ist „eine mehr oder weniger direkte Darstellung des in seiner Schöpfung sich manifestierenden Gottes" (a.a.O., 63), ein Bild des „inneren Gottes" (63) sowie der „Identität Gottes mit dem Menschen" (66); in der Psychologie Jungs umschreibt all dies die Einheit des Unbewußten mit dem Ich in der Totalität des Selbst.

Daß dies so ist, begründet Jung mit seiner Lehre von den vier psychischen Grundfunktionen des Denkens, Fühlens, Empfindens und Intuierens, die alle zusammen erst die Ganzheit des Menschen ausmachen, aber sich jeweils gegenseitig ausschließen und nur differenzieren können, indem z. B. das Gefühl gegenüber dem hochentwickelten Denken oder das Empfinden gegenüber dem Intuieren minderwertig bleibt und umgekehrt (vgl. Jung: Psychologische Typologie, VI 599—600). Wohl verbindet sich mit der am meisten differenzierten Funktion gewöhnlich auxiliär eine zweite Funktion von sekundärer Bedeutung (Jung: Psychologische Typen, VI 441); z. B. verbindet sich das Empfinden oder das Intuieren sekundär mit dem Denken, während das Fühlen ausgeschlossen bleibt; im Hintergrund der beiden relativ bewußten Funktionen bleiben die zwei ausgeschlossenen Funktionen aber unbewußt und können, in Träumen etwa, als zwei miteinander kämpfende Tiere auftreten. Somit stellt sich psychodynamisch die Aufgabe, die einander ausschließenden Gegensätze, z. B. das Denken und das Fühlen, miteinander in einem höheren Dritten zu vereinigen, nämlich in der Phantasie, im Spielerischen (Jung: Psychologische Typen, VI 61; 65). Darin liegt zugleich denn auch das Problem der Dreiheit, die nur eine psychische, ideale Einheit darstellt, jedoch noch nicht mit der Wirklichkeit verbunden ist; in der Dreiheit bleibt die vierte Funktion noch ausgeschlossen.

So erscheinen in den Märchen z. B. gern drei Männer und eine Frau oder drei Männer und ein bestimmtes Tier, wobei die vierte Gestalt zumeist „inkompatibel, verwerflich, angsterregend oder sonstwie ungewöhnlich, andersartig im guten wie im bösen Sinne, etwa wie der Däumling neben seinen drei normalen Brüdern", auftritt. (Jung: Psychologische Deutung des Trinitätsdogmas, XI 206)

Insofern stellt die Vier ein Symbol der Vereinigung der psychischen Ganzheit dar, „und so ist die Quaternität ein Symbol des Selbst", von dem wir wissen, daß es von dem Gottesbild nur philosophisch oder theologisch, nicht aber empirisch-psychologisch zu trennen ist (Jung: a.a.O., 206—207).

In der christlichen Lehre vom dreifaltigen Gott sieht Jung demzufolge ein künstliches Ordnungsschema (Psychologische Deutung des Trinitätsdogmas, XI 182), durch welches das Vierte, hier verstanden als die weltliche Stofflichkeit, ausgeklammert werde (187); dadurch werde ein absoluter Gegensatz zwischen Gott und Schöpfung, Gut und Böse, Dreieinigkeit und Teufel aufgerichtet, welcher der Natur und der Wahrheit der menschlichen Seele zuwiderlaufe; denn: „Zum Bild des Ganzen gehört die dunkle Schwere der Erde. In ‚dieser Welt' fehlt an keinem Guten ein Böses, an keinem Tag eine Nacht, an keinem Sommer ein Winter." (194—195) Während die Dreiheit ein männliches Symbol sei und die Trinitätslehre einer patriarchalischen Gesellschaftsordnung zugerechnet werden müsse (165), habe die katholische Kirche, in bezeichnendem Unterschied zum Protestantismus, in der Dogmatisierung der Lehre von der Aufnahme Mariens in den Himmel das alte Symbol der hl. Hochzeit von Himmelskönig und Himmelskönigin wieder aufgegriffen, somit der Frau, der Seele, der Erde eine metaphysische Repräsentation zuerkannt und die Dreiheit zu einem wahren Bild psychischer Ganzheit komplettiert. (Jung: Antwort auf Hiob, XI 495—503)

Nun liegt es zweifellos im Sinne des Dogmas von der Aufnahme Mariens in den Himmel, die Wirklichkeit der Erlösung zu betonen und hervorzuheben, daß die Kluft zwischen dem dreifaltigen Gott und seiner Kreatur beseitigt sei; insofern läßt sich die Jungsche Interpretation der Assumptio-Lehre im Sinne der Vierzahl als eine korrekte und tiefsinnige Wiedergabe der theologischen Aussage auf der psychologischen Ebene verstehen. Die Meinung Jungs indes, die Gegenüberstellung von Gott und Mensch, die bei J erfolge, sei psychologisch unvertretbar, übersieht, daß auch J nicht leugnet, daß „in dieser Welt" an keinem Guten ein Böses fehlt, nur daß dieser Tatbestand für Jung als Psychologen eine nicht weiter zu hinterfragende Gegebenheit darstellt, während J als Theologe diesen Sachverhalt empörend findet und keineswegs als selbstverständlich hinnimmt. Gerade mit dem Bild vom Paradies will J zeigen, daß es eine Ganzheit des Menschen, dargestellt in der Androgynie Adams, gibt, die Gott nicht widerspricht und daß es die Schuld des Menschen ist, daß er im Widerspruch zu Gott lebt.

Die ganze Aufmerksamkeit des J gehört daher einer Frage, die Jung als Psychologe nie stellt noch stellen kann: warum die ursprüngliche Gestalt, die der Mensch sein könnte, nicht besteht, wieso der Mensch immer wieder das Gute nur verwirklicht, indem er anderes in sich als minderwertig, böse oder pervers ausschließt und dadurch selber böse wird, woher dieser Drang im Menschen lebt, gegen sich selbst und gegen Gott zu existieren. Während Jung als Therapeut auf das einzelne neurotische Individuum schaut und ihm nahelegt, seinen „Schatten" als zugehörig zu akzeptieren und in ihm, wie die Märchen sagen, den „Quell des Lebens" zu suchen, betrachtet J, wenn man es psychologisch ausdrücken will, die ganze Menschheit in ihren Ambivalenzkonflikten als neurotisch und sucht die Frage zu beantworten, wie sie jemals von der Quelle ihres Lebens hat getrennt sein können. Am Ende können sich der Theologe und der Psychologe die Hände reichen, indem sie beide auf den Verlust oder das Fehlen bestimmter Haltungen hinweisen, die zur „Heilung" des Menschen erforderlich wären, und indem sie diesen Mangel in die Verantwortlichkeit des Menschen stellen, also als „schuldhaft" auffassen; der wesentliche methodisch bedingte Unterschied zwischen Theologie und Psychologie liegt jedoch darin, daß der Psychologe den Zustand der Menschheit evolutiv von bestimmten Naturgesetzlichkeiten her verstehen muß, während er die Heilung in die freie Entscheidung des Individuums verlegt, daß hingegen der Theologe umgekehrt den Zustand der Menschheit aus der Freiheit des Menschen versteht, die Erlösung aber nicht als Menschenwerk betrachtet. Während der Psychologe, wenn er Theologie treiben wollte, letztlich Gott für das Böse und den Menschen für das Gute verantwortlich machen müßte, macht der Theologe Gott für das Gute, den Menschen aber für das Böse verantwortlich.

Dieser Gegensatz besteht methodisch, nicht sachlich; denn während der Psychologe von der Realität des Menschen ausgeht und sie auf eine mögliche Idealität zu übersteigen sucht, geht der Theologe von der in Gott realen Idealität aus und steigt von ihr zur freien Möglichkeit des Menschen hinab. Das für den Theologen (oder für den Metaphysiker) Ursprüngliche bleibt für den Naturwissenschaftler (oder Psychologen) unsichtbar; daher erscheint ihm das, was metaphysisch gesehen etwas Abgeleitetes ist, als ursprünglich gegeben, und er muß versuchen, es im Rahmen einer Reihe anderer Gegebenheiten kausal zu erklären, während die Theologie (und Philosophie) umgekehrt alle Kausalität als eine Ausdrucksform von Freiheit versteht. Diese methodischen Klarstellungen sind bei der Auseinandersetzung mit der Jungschen Psychologie besonders am Anfang immer wieder erforderlich, weil der Trugschluß sonst für den Theologen unvermeidbar ist, daß Jung, wenn er von Gott oder von dem Bösen spreche, damit auch schon dasselbe meine wie der Theologe. Um es paradox und vergröbernd zu formulieren, sollte ein Theologe sich zur Regel machen, daß Jung dort, wo er von Gott spricht, nicht von Gott spricht, und dort, wo er der Theologie widerspricht, dasselbe Phänomen beschreibt wie die Theologie, nur eben als Psychologe, der nicht jedesmal erwähnen kann, daß er als Psychologe spricht.

Die Vierzahl der Flüsse in der j Paradieseserzählung veranschaulicht also, daß J beabsichtigt, die Ganzheit und Einheit des Menschen zu unterstreichen; und erst auf diesem Hintergrund will er darstellen, wie Gott und Mensch zu Gegensätzen werden und damit die Wirklichkeit entsteht, die dem Psychologen zugänglich ist. Deutlich gibt J zu verstehen, daß für ihn, anders als es psychologisch erscheinen muß, die psychische Ganzheit des Menschen nicht dasselbe ist wie „Gott", daß vielmehr das Bild der Ganzheit (das Paradies) dem Menschen verschlossen wird, wenn er mit Gott nicht im Einklang ist. Das „Selbst" in der

Jungschen Psychologie besteht in der Einheit des Ichs mit seinem Unbewußten; demgegenüber behauptet J, daß es diese Vereinigung des Bewußtseins mit dem Unbewußten nur geben kann, wenn der Mensch mit Gott vereinigt ist, daß also der Mensch sein Selbst verfehlt, wenn er sich mit Gott nicht mehr im Einklang befindet. Die innerpsychische Einheit hat nach J zur Voraussetzung eine absolute personale Einheit — diese wichtige theologische Aussage des J wird von der psychologischen Deutung erst ins rechte Licht gerückt.

Letztlich ist neben der Vierzahl auch das Motiv der Paradiesesflüsse selbst nicht ohne Belang. Wie in zahlreichen Märchen (z. B. in den Grimmschen Märchen vom „Wasser des Lebens" oder der „Kristallkugel", dem „Eisenhans" und dem „Froschkönig" etc.) bedeutet der Fluß, der Brunnen, das Wasser die Kraft des unbewußt quellenden und strömenden Lebens und eignet sich daher vorzüglich als Symbol für das „göttliche Leben" oder als Bild von Wiedergeburt und Lebenserneuerung (vgl. Joh 7, 38; Apk 21, 6). Insofern vermag die Beschreibung des Paradieses mit den vier Strömen auch als Erlösungsbild aufzutreten, wie z. B. in der Vision von der Heiligen Stadt Gottes (Ez 47; Apk 22, 1.2); und mit tiefem psychologischen Feinsinn entstanden als steinerne Paradiese und Gotteswohnungen im Orient die prachtvollen Moscheen mit dem rituellen Waschhaus sowie im Abendland der Kreuzgang der Kirchen mit dem Brunnen im Vorhofgarten. (Vgl. Jung: Traumsymbole des Individuationsprozesses, XII 143—144) Die Kirchen und Moscheen tuen damit kund, daß sie als Orte des Friedens mit Gott und der Einheit mit sich selbst verstanden werden möchten, als Stätten einer vorweggenommenen Erfüllung uralter Menschheitssehnsucht und verlorenen Menschheitsglücks. (Vgl. auch zu Abb. 6)

2. Die Erschaffung der Frau
(Gn 2, 18—25)

a) Interpretation auf der Objektstufe

Einen entwicklungsgeschichtlichen Sprung und einen Sprung auch in dem Aufbau von Gn 2 machen wir, wenn wir die Erschaffung der Frau neben die Erschaffung des Mannes stellen. Daß hier ein späteres Stadium der Entwicklung angenommen werden muß, zeigt bereits die im Manne erwachte Sehnsucht nach der Frau. Mythisch und also interpretationsbedürftig ist vor allem der sehr sonderbare Zug, daß die Frau aus der Rippe des schlafenden Adam von Gott geschaffen wird.

Einen gewissen Hinweis enthält die Erzählung selbst mit ihrer Mitteilung, daß Gott einen Tiefschlaf über Adam kommen läßt (2, 21). Denn eventuell kann man das so verstehen, daß die ganze Szene nach ihrer eigenen Aussage als ein Traum, als eine Phantasie gelesen werden will; und wir haben uns dann nur zu fragen, auf welchen Inhalt dieser Traum geht. Sein Gegenstand wird klar heraus genannt: Adam verlangt in seiner Einsamkeit nach einer Frau. Das aber setzt eine gewisse Abgetrenntheit und Selbständigkeit bereits voraus, ist also ein Problem, das wir entwicklungsgeschichtlich relativ spät anzusetzen haben. Um den psychogenetischen Ort dieses Traumes näher zu bestimmen, müssen wir vor allem beachten, wie Adam zu seiner Frau kommt: er selbst wird als völlig passiv vorgestellt; alle Aktivität liegt bei Gott, der ihm die Tiere (2, 18—20) und schließlich die Frau zuführt. Die Situation ist also nach wie vor die, daß Adam umsorgt wird und alles, was er braucht und sich wünscht, von Gott bekommt. Neu ist allerdings, daß er jetzt Verlangen nach einer Frau hat. Man wird den Text wohl nicht so verstehen dürfen, als wenn Gott sich in seiner Schöpfung vertan hätte, als er Adam ohne Frau einsam und allein erschuf, — obwohl dies dem manifesten Inhalt der Erzählung nach so scheint, — viel wahrscheinlicher ist, daß dem Menschenkind jetzt allererst der Wunsch nach einer Frau aufgeht und sich damit zum ersten Mal phallisch-genitale Regungen einstellen.

Wir stellen also fest: ein Verlangen nach einer Frau, das erstmalig einsetzt, kindlich-passiv bleibt und während eines Schlafs bzw. durch einen Traum seitens einer allmächtigen Hand durch Umgestaltung eines Organs des eigenen Körpers erfüllt wird. Da wird wohl G. Groddeck nicht ganz unrecht haben, wenn er, allerdings in einem Fabulierstil haarsträubender Phantastik, vermutete, daß es sich in Gn 2, 18—25 um eine onanistische Phantasie handele und die Rippe als ein phallisches Symbol zu verstehen sei. „Adam ist ursprünglich allein. Soll aus dem weichen Fleisch . . . eine harte Rippe werden, so muß die Begierde, die die Erektion hervorruft, der Verliebtheit in sich selbst entspringen, narzißtisch sein. Adam empfindet durch sich selbst die Lust, die Befriedigung, die Verwandlung von Fleisch in Rippe verschafft er sich selbst. Und die Erschaffung des Weibes, das Abschneiden der Rippe, so daß die Wunde des Weibes entsteht, diese Kastration ist letzten Endes die Strafe für die Onanie." (G. Groddeck: Das Buch vom Es, 104—105) O. Rank erinnerte in diesem Zusammenhang daran, wie in der griechischen

Mythologie Aphrodite aus dem abgeschnittenen Glied des Uranos entsteht (J. Pinsent: Griechische Mythologie, 16), aus dem auch die drei weiblichen Erinyen sowie die Eschennymphen hervorgehen (R. v. Ranke-Graves: Griechische Mythologie, I 30; 41; O. Rank: Psychoanalytische Beiträge, 121 spricht fälschlich von der Kastration des Kronos). Daß Gott die Stelle der Rippe Adams mit Fleisch wieder verschließt, könnte nach Rank (a.a.O., 121) eine Erinnerung an jene infantilen sadistischen Geburtsphantasien darstellen, wonach das Kind durch Herausschneiden aus dem Mutterleib geboren wird, so wie in dem Grimmschen Märchen der Jäger das „Rotkäppchen" aus dem Bauch des Wolfes herausschneidet und anschließend die Stelle zunäht.

Gegen eine solche Deutung scheint zunächst zu sprechen, daß in Gn 2, 23.24 Adam die Frau begeistert begrüßt, Spuren einer Kastrationsangst also eigentlich zu fehlen scheinen. Indessen könnte man Hinweise auf eine angstbesetzte Abwehr des Themas doch in der Symbolisierung der Rippe selbst sehen, die sich wohl nicht nur durch die Ähnlichkeit von Rippe und Phallus erklärt, sondern auch als „Verschiebung nach oben" verstanden werden kann. Während „unten" im Traum oft die Genitalzone bedeutet (S. F.: Die Traumdeutung, II/III 414), kann bei einer gewissen Angstbereitschaft das „Unten" als „Oben" verschlüsselt werden (vgl. S. F.: Bruchstück einer Hysterie-Analyse, V 189). Zudem ist die Verwendung eines onanistischen Motivs in Schöpfungsmythen an sich nicht ungewöhnlich; man denke an das Motiv des einsamen Schöpfers Atum bei der Schaffung von Schu und Tefnut in der ägyptischen Mythologie (vgl. B. van de Walle: Die Mythologie der Ägypter, in: P. Grimal: Mythen der Völker, I 44); möglicherweise handelt es sich um einen frühen Vorläufer des späteren philosophischen Emanationsgedankens. Die schöpferische Gotteshand der Selbstbegattung wird später in den Kult des Amun von Theben übernommen und bezeichnet dort die Gottesgemahlin des Amun. (Vgl. W. Helck: Ägypten. Die Mythologie der alten Ägypter, in: H. W. Haussig: Wörterbuch der Mythologie, I 341) Die onanistischen Bilder des Schöpfungsvorgangs besagen im Grunde, was jeder Theologe auch sagen wird: daß Gott die Welt „aus sich selbst" hervorgebracht hat.

Entscheidender aber als dies, wenngleich in Einklang dazu, ist der Narzißmus des Mythenfragments, auf den Groddeck zutreffend hingewiesen hat. S. Ferenczi hat als erster die Zeit vor und nach der Geburt mit ihrem Narzißmus als die „Periode der bedingungslosen Allmacht" bezeichnet, insofern hier das „Lustprinzip" Freuds, das dieser im Schlaf realisiert sah (S. F.: Formulierungen über die zwei Prinzipien des psychischen Geschehens, VIII 231, Anm. 1), durch die Pflege der Mutter gänzlich verwirklicht sei. „Denn was ist Allmacht?" fragte Ferenczi und antwortete: „Die Empfindung, daß man alles hat, was man will, und man nichts zu wünschen übrig hat." (S. Ferenczi: Entwicklungsstufen des Wirklichkeitssinnes, in: Schriften zur Psychoanalyse, I 151) Gerade so aber empfindet ein Kind in dem Lebensabschnitt, den der Aufenthalt im Paradies symbolisiert. Daß Gott selber Adam die Wünsche sozusagen von den Augen abliest und erfüllt, — welch eine Phantasie könnte narzißtischer sein?

Demzufolge läge es nahe, das Tun „Gottes" subjektal zu interpretieren und in „Gott" lediglich eine Repräsentanz des eigenen Triebwunsches zu sehen. Man hätte es dann mit einem Bild für „genitale Erotik" zu tun, von der A. Balint meint, daß sie „sich schon im Säuglingsalter in der *Säuglingsonanie* offenbart." (A. Balint: Psychoanalyse der frühen Lebensjahre, 36) Andererseits kann hinter der Hand, die Adam im Schlaf die Rippe fortnimmt, um daraus eine Frau zu formen, auch eine echte Erinnerung an die Hand der Mutter oder des Vaters stehen, deren Größe vom Kind als göttlich vorgestellt wird. S. Freud nahm an, daß vor allem durch die Reinlichkeitspflege bereits beim Säugling „das künftige Primat dieser erogenen Zone für die Geschlechtlichkeit festgelegt wird." (Drei Abhandlungen zur Sexualtheorie, V 89) Der Unterschied in der Auffassung ist hier nicht groß; denn m. E. ist die Hand der Mutter für das Kind eine ganze Weile lang die eigene Hand. G. Groddeck denkt an die „Hand Gottes", die „des Kindes Händchen" wegnimmt und die Onanie verbietet. (Das Buch vom Es, 105) Es spielten dann auch Motive aus der Zeit eine Rolle, „wenn die Mutter die lustvolle Betätigung am Genitale verbietet, . . . zu der sie doch das Kind selbst angeleitet hatte." (S. F.: Neue Folge der Vorlesungen zur Einführung in die Psychoanalyse, XV 132)

Legen wir also den Akzent auf den Anteil der onanistischen Phantasie in Gn 2, 18—25, so können wir entwicklungsgeschichtlich das Motiv von der Erschaffung der Frau aus der Rippe des schlafenden Adam in die Phase einordnen, die S. Ferenczi die „Periode der magisch-halluzinatorischen Allmacht" genannt hat (Entwicklungsstufen des Wirklichkeitssinnes, in: Schriften zur Psychoanalyse, 153); der „Schlaf", der über Adam kommt, entspricht dann einer halluzinatorischen „Reproduktion der . . . Mutterleibssituation" (Ferenczi: Entwicklungsstufen, in: Schriften, I 153), wie sie dem onanistischen Wunsche adäquat ist.

Auffallend ist demgegenüber, daß in der biblischen Erzählung alle Tätigkeit von Gott ausgeht, also einer männlichen, statt einer weiblichen

Figur zugeschrieben wird. E. Fromm beobachtet richtig, wenn er konstatiert: „Sogar der natürliche Verlauf der Dinge, daß die Frau den Menschen gebärt, wird umgekehrt. Eva wird aus Adams Rippe geschaffen (wie Athene aus Zeus' Haupt)." (E. Fromm: Märchen, Mythen und Träume, 220) Dahinter scheint psychologisch eine Abwehr des Matriarchats und eine starke Betonung der Rolle des Mannes zu stehen, der gewissermaßen autark vorgestellt wird. Andererseits liegt der Text jetzt in einer theologischen Version vor, die zwar ihre psychologischen Voraussetzungen im Patriarchat hat, aber diese doch weit übersteigt. Es geschieht hier, was auch sonst in der Bibel zu beobachten ist, daß Bedürfnisse und Erwartungen, die psychologisch eigentlich der Mutter gelten, theologisch auf Gott übertragen werden (vgl. Hos 11, 1—4; Jes 54, 6; [Jes 51, 12.16]; bes. Ps 27, 10).

Gegen die vorgetragene Deutung infantiler Sexualität ließe sich noch einwenden, daß das Verhalten Adams in 2, 23.24 ein erwachsenes Verhalten darstelle und also nicht in eine infantile Situation zu passen scheine, ja, daß schon die Symboldeutung der Rippe bereits eine Sexualorganisation voraussetze, die mit der Annahme eigentlicher Säuglingsonanie unvereinbar sei. Ein solcher Einwand träfe zu. Wir behaupten ja auch nicht einfach, daß Gn 2, 21—24 eine infantile Szene widerspiegele, sondern lediglich, daß in Gn 2, 21.22 infantile Züge aufgegriffen bzw. regressiv wiederbelebt werden. Um das zu verdeutlichen: man unterscheidet nach Freud (Die Traumdeutung, II/III 554) bekanntlich die Regression als topische, zeitliche und formale; alles drei läßt sich beobachten: das Moment der topischen Regression wird vom Text selbst ausgesprochen: Adam schläft; alles geschieht in einem tieferen psychischen System als dem des Wachbewußtseins; formal zeigt sich die Regression in dem archaischen Denken (die „halluzinatorische Allmacht" Ferenczis); zeitlich, insofern Erinnerungen und Einstellungen wiederbelebt werden, die wir als frühes Stadium des Autoerotismus erkannten. Insofern kann man schon sagen, daß das Bild von der Erschaffung der Frau regressiv frühkindliche Erinnerungen wiederbelebt. Im übrigen ist zu bedenken, worauf H. Zulliger aufmerksam macht, daß die Vorstellung nicht zutrifft, „als folgten sich die verschiedenen Phasen der Entwicklung in abgegrenzter zeitlicher Ordnung aufeinander." (Bausteine zur Kinderpsychotherapie, 217) Von vornherein ist also mit einem nicht streng phasenweise zerlegbaren Ineinander von Stufen zu rechnen, die sich lediglich psychologisch, nicht realiter trennen lassen, wenngleich sie zeitlich durchlaufen und in unterschiedlicher Weise erworben werden müssen.

Ein Theologe, der an dieser Auffassung des Textes Anstoß nehmen sollte, möge bedenken, daß wir psa hier eigentlich mit dem exegetischen Befund recht konform gehen, fanden wir doch damals, daß J mit dem Bild vom Schlaf Adams sagen wolle, wo Gott handle, geschehe es dem Menschen „wie im Schlaf"; aller wirkliche Anfang geschehe von Gott her. Wir sehen jetzt lediglich, wie weit, psychologisch betrachtet, die von J übernommenen Bilder in der ontogenetischen Entwicklung zurückreichen, und versuchen diesen psychischen Ort zu lokalisieren. Eine andere Möglichkeit gibt es offenbar nicht, als das, was theologisch anfanghaft ist, auch psychologisch anfanghaft auszudrücken. Und so stoßen wir auf die genannten Themen. Das metaphysisch Ursprüngliche des Philosophen tritt in den Mythen auch psychisch als das Ursprüngliche, Archaische, ontogenetisch als das Infantile in Erscheinung.

Infantil mutet zum Teil auch die Beziehung Adams zu der Frau an, die Gott ihm zuführt (2, 22.23). Er liebt sie, weil sie „von seinem Gebein" ist, d. h., er gibt ausdrücklich zu verstehen, „daß die Objektwahl auf narzißtischer Grundlage erfolge sei" (S. F.: Trauer und Melancholie, X 435). Wir hätten demnach in diesem Bild einen Ausdruck für die früheste Form der Objektlibido überhaupt vor uns. Freilich gibt der Mythos selbst eine tiefe Weisheit wieder, die die Psa nur bestätigen kann: daß nämlich die Menschen im anderen eigentlich stets sich selber lieben, in psa Terminologie ausgedrückt, daß die „narzißtische oder Ichlibido erscheint . . . als das große Reservoir, aus welchem die Objektbesetzungen ausgeschickt und in welches sie wieder einbezogen werden" (S. F.: Drei Abhandlungen zur Sexualtheorie, V 119). Wieder aber ist hier, was J als Ursprung der Liebe meint, im Mythos in den Bildern des psychischen Anfangsstadiums wiedergegeben; eben deshalb hielt J den Mythos wohl auch für geeignet, das auszudrücken, was er sagen wollte.

Ähnlich verhält es sich mit dem Bild des Nacktseins (2, 25), das auch Exegeten wie Gunkel bereits als Zeichen infantiler Sexualität erkannt haben. Tatsächlich dürfte es sich hier um eine „infantile Nacktheitsphantasie" handeln (K. Abraham: Traum und Mythus, a.a.O., 292). S. Freud meinte: Die „der Scham entbehrende Kindheit erscheint unserer Rückschau später als ein Paradies, und das Paradies selbst ist nichts anderes als die Massenphantasie von der Kindheit des einzelnen. Darum sind auch im Paradies die Menschen nackt und schämen sich nicht vor einander, bis ein Moment kommt, in dem die Scham und die Angst erwachen, die Vertreibung erfolgt, das Geschlechtsleben und die Kulturarbeit beginnt. In dieses Paradies kann uns nur der Traum allnächtlich zurückführen" (Die Traumdeutung, II/III 250). Daß speziell das Volk der Juden die Phantasie der Nacktheit in die Kindheit zurückverlegt, könnte seinen Grund auch darin haben, daß man das Nacktsein überhaupt nur als kindlichen Zustand aussagen durfte; d. h., wir hätten an dieser Stelle das Phänomen der Regression nicht nur zu konstatieren, sondern könnten auch einen Grund dafür angeben: „Die in sexueller Beziehung sehr rigorose Ethik der Juden verlangte, daß die Massenphantasie von der Nacktheit in die früheste Kindheit des Menschengeschlechtes verlegt wurde." (K. Abraham: Traum und Mythus, a.a.O., 292) Man sollte in diesem Falle aber, ebenso wie vorhin bei der Kastrationshypothese von der Erschaffung der Frau, doch irgendwelche Spuren eines Angstaffektes in der Erzählung bemerken; dafür fehlt indessen jeder Beleg.

Auf einen anderen Aspekt kommt man, wenn man auch psa Gn 3, 7—11 mit in Betracht zieht und beachtet, daß die Nacktheit untereinander stillschweigend auch die Nacktheit vor Gott miteinschließt. A. Freud hat sehr anschaulich auf die „doppelte Moral" der Kinder hingewiesen, die sich mit Vorliebe voreinander ausziehen, aber vor den Eltern schamhaft sind. (Einführung in die Technik der Kinderanalyse, 57) Es ist hier offenbar eine Phase anzunehmen, die noch der Aufrichtung der Scham- und Ekelschranken vorausliegt und in der auch die Scheu vor den Erwachsenen nicht besteht. Auch dies spricht eigentlich gegen die Annahme irgendwelcher kastrativer Ängste oder dgl. in diesem Zusammenhang. Es ist offenbar an einen Entwicklungsabschnitt zu denken, der solche Sorgen noch nicht kennt — ein Zustand eben wie im Paradies.

Schwierigkeiten bereitet die Deutung der Tiere, die Gott Adam zuführt (2, 19—20). Traumsymbolisch stehen Tiere gern für sexuelle Triebregungen oder fungieren unmittelbar als genitale Symbole (S. F.: Die Traumdeutung, II/III 362; 414). So könnte es natürlich auch hier gemeint sein. Andererseits braucht es sich nicht um rein sexuelle Regungen zu handeln, die sich in dem Bild von den Tieren ausdrücken, es können darin vielmehr alle nur möglichen animalischen Triebwünsche angedeutet sein, die den Menschen bedrängen. Z. B. wird man die wilden Tiere, die nach der Darstellung des Hl. Athanasius den büßenden Antonius in der Grabhöhle (einem Muttersymbol) versuchen, als Triebsymbole verstehen können. (Athanasius: Leben des Hl. Antonius IX; BKV 31, Athanasius II 699—701) Daß Gott in Gn 2, 18 feststellt, wie einsam das Menschenkind im Paradieseszustand ist, ließe sich mit einer solchen Interpretation etwa zu folgender Situationsbeschreibung verbinden: die Mutter-Kind-

Dyade besteht von Anfang an nicht immer ungestört; oft genug muß das Kind lange Zeit warten oder durch Schreien auf sich aufmerksam machen; es wird von allen möglichen Triebbedürfnissen heimgesucht, die, wenngleich sie in seinem Körperinneren entstehen, ihm doch wie von außen zugeführt erscheinen; auch daß ein Kind über seinen Wünschen einschläft und sich ihre Erfüllung im Traum halluziniert, würde dazu passen; die Frau, die in der j Erzählung stürmisch begrüßt wird, wäre demzufolge die Mutter. Wir würden damit eine Ergänzung zu der rein sexuellen Bedeutung von Gn 2, 18—25 erhalten: neben die „narzißtische Objektwahl" träte das, was Freud die „Liebe vom Anlehnungstyp" („anaklitische Objektwahl") genannt hat: „Ganz frühzeitig entwickelt es (sc. das Kind, d. V.) für die Mutter eine Objektbesetzung, die von der Mutterbrust ihren Ausgang nimmt und das vorbildliche Beispiel einer Objektwahl nach dem Anlehnungstypus zeigt" (S. F.: Das Ich und das Es, XIII 260). Der sexuellen Partnersuche voraus geht die orale Beziehung des Kindes zur Mutter, und beide Bedeutungen verschränken sich an dieser Stelle scheinbar ineinander.

Gleichzeitig scheint nun doch eine gewisse Triebabwehr in dem Tiersymbol zum Ausdruck zu kommen. „Mit *wilden Tieren* symbolisiert die Traumarbeit in der Regel leidenschaftliche Triebe, ... vor denen der Träumer sich fürchtet" (S. F.: Die Traumdeutung, II/III 414). Freilich ist von Furcht nicht ausdrücklich die Rede. Lediglich könnte man vielleicht den Umstand, daß Adam den Tieren Namen gibt, als eine magische Angstabwehr verstehen, als Vermenschlichung des Animalischen. Wahrscheinlicher aber ist, daß die magische Herrschaft über die Tiere und die Unmöglichkeit, sie zu heiraten, auf totemistische Zusammenhänge hinweist. Zu denken wäre u. U. an die Verbindung des Totemismus mit Exogamieregeln sowie an die matrilineare Vererbung des Totems (S. F.: Totem und Tabu, IX 129—131), die verlangt, daß die Angehörigen des eigenen Totemclans untereinander nicht heiraten dürfen. Letztlich bedeutete das Bild von den Tieren demnach das Verbot des Inzests. Wir müßten die Tiere in diesem Fall als Repräsentanten des matrilinearen Totems deuten, dessen Exogamieregel die Heirat außerhalb der eigenen Sippe, die Suche nach einer Frau außerhalb der Sphäre der totemeigenen Tiere erzwingt. Dazu würde dann gut passen, daß Gn 2, 24 ausdrücklich vermerkt, daß der Mann seine Familie verläßt, um zu heiraten; daß die „Tiere" nicht zur Heirat infrage kommen, wäre dann wie ein Gebot zu verstehen, die eigene Familie zu verlassen.

Ein solcher exogamer Zug der Erzählung von den Tieren, unter denen Adam nach Gefährten sucht, wird vielleicht durch einen Vergleich mit dem recht verwandten polynesischen Mythos der Maoris von dem Waldgott Tane und der Erschaffung der „erdgeformten Jungfrau" Hine-hau-one verdeutlicht. In dem polynesischen Mythos wendet sich Tane, der „Mann", der den Himmel und die Erde voneinander trennte (vgl. A. Bastian: Die heilige Sage der Polynesier, 30—31) und der auf den Marquesas-Inseln mit seinem zeugenden Glied Tiki identifiziert wird, in seiner Einsamkeit an seine Mutter Papa, um sie um Vereinigung mit ihr zu bitten. Sie aber stößt ihn zurück. „Daher vereinigte er sich mit den unterschiedlichsten Wesen, und ihre Kinder waren Bergflüsse, Kriechtiere, Binsengras und Steine. Dies aber genügte Tane nicht, der dem Menschen gleich war. Er sehnte sich nach einer ebenbürtigen Gattin. So folgte er schließlich dem Rat seiner Mutter und formte den Umriß eines Weibes aus dem weichen, roten Sand von Hawaiki. Leben hauchte er in ihre Nase, in Ohren, Mund und Augen. Da brach heißer Atem aus ihrem Mund; sie nieste, sie öffnete die Augen und sah Tane. Ihr Name war Hine-hau-one (‚Erdgeformte Jungfrau'). Ihr erstes Kind war Hine-titama (‚Jungfrau der Morgendämmerung')." (R. Poignant: Ozeanische Mythologie, 38) Als Hine-titama von Tane zur Frau genommen wird, flieht sie, sobald sie erfahren hat, daß Tane ihr Vater ist; sie geht in die Unterwelt und bleibt dort unter dem Namen Hine-nui-te-Po, — die „Große Göttin der Finsternis". Indem Hine sowohl das Leben als auch den Tod bringt, wird sie aufs engste mit dem Mond verbunden. Die „Lehre" des Mythos ist, daß die Vermeidung des Inzests Leben hervorbringt, der Vollzug des Inzests aber den Tod. Als Held wird gefeiert, wer sich von der verschlingenden Mutter befreit (vgl. R. Poignant: a.a.O., 66). Die Erschaffung der Frau geschieht also nicht ohne die Einschärfung des Inzest-Tabus und der (totemistischen) Exogamieregel.

Nur scheinbar widerspricht diese Interpretation der soeben vorgetragenen Deutung, mit der „Frau", die Adam begegnet, sei ursprünglich die Mutter gemeint. Der Mythos von Adam und der Entdeckung der Frau zeigt vielmehr ineinander beides: wie der Mann in der Beziehung zur Frau die Erfahrungen mit der Mutter regressiv erneuert, und zugleich, wie die der Mutter geltenden Strebungen auf eine andere Frau umgelenkt werden. Sehr gut hat U. Moser zusammengestellt, wie in der „Objektwahl" „die frühkindlichen Objektbeziehungen" sich auswirken, und besonders, wie es in übersteigerter Form zur neurotischen Exogamie und Inzestflucht kommen kann (Psychologie der Partnerwahl, 67—68; vgl. K. Abraham: Über neurotische Exogamie, in: Psychoanalytische Studien, 383—386). Dabei ist zu beachten, daß der „Totemismus" mit seinen Exogamieregeln bei S. Freud ein mehr aus neurosestrukturellen Beobachtungen als aufgrund ethnologischer Forschungen gewonnenes Konstrukt darstellt. C. Lévi-Strauss hat inzwischen unter Verwendung der Arbeiten von Radcliffe-Brown gezeigt, daß es den „Totemismus" im psa Sinne überhaupt nicht gibt. An der psa Betrachtung aber ändert sich dabei nur insofern etwas, als das Phänomen „Totemismus" nicht länger mehr psychologisch, sondern „soziologisch" (strukturalistisch) begründet werden muß, da „die Welt des Tierlebens ... in Form sozialer Beziehungen dargestellt" wird, „wie sie in der Gesellschaft der Menschen Gültigkeit besitzen" (zit. bei Lévi-Strauss: Das Ende des Totemismus, 114); die Psa hat also bei der Untersuchung der Psychodynamik stehen zu bleiben und ist nicht selbst schon Ethnologie oder Gesellschaftslehre, — wie Freud im Überschwang noch meinte.

b) Religionsgeschichtliche Parallelen

Mit solchen Überlegungen fragen wir eigentlich schon nach dem religionshistorischen Hintergrund des Motivs von der Erschaffung der Frau aus der Rippe Adams. Und da ist wohl nach wie vor die alte Hypothese von E. Böklen erwägenswert, der als Schüler E. Sieckes in der Rippe die schmale Mondsichel erkannte und folgerte, daß Adam als ein (hermaphroditischer) Mondgott zu verstehen sei, aus dessen „Schlaf" und „Einsamkeit" in der Zeit des Neumonds zu seiner Ergänzung die als Jungfrau vorgestellte „bessere Hälfte" des Vollmonds erwachse. Denn: „Die beste Ergänzung für den — hier als halb zu denkenden Mond — ist natürlich wieder der Mond, die andere Hälfte." (E. Böklen: Adam und Qain, 23) Das Motiv des Tiefschlafs vergleicht Böklen zu Recht mit dem Märchenschlaf „Dornröschens" oder dem Schlaf der Drachen, die in den Mythen den Goldschatz bewachen, die also den goldenen Mond in der Neumondzeit versteckt halten. (a.a.O., 24; 25) Auch in der jüngeren Edda entstehen die Reifriesen, indem Ymir „im Schlaf anfing zu schwitzen, und da wuchsen ihm unter dem linken Arm ein Mann und eine Frau" (Gylfis Betörung, 5; F. Niedner u. G. Neckel: Die jüngere Edda, 54). Die „Verbindung zwischen Mond und Frau" ist bereits im Paläolithikum belegbar (vgl. O. Schilling: Das Mysterium Lunae und die Erschaffung der Frau, 26). Wir stoßen hierbei wiederum auf Zusammenhänge, wie wir sie psa angenommen haben, wenn wir in der Frau von Gn 2 die (Große) Mutter sahen, wie sie uns z. B. in dem gerade erwähnten polynesischen Mythos von der „Großen Göttin der Finsternis" entgegentritt. Daß die „Rippe" Adams einmal eine phallische, dann

47

wieder eine lunare Bedeutung besitzt, ist nicht so verwunderlich, wie es scheint, wurde doch der Mondgott Hermes selbst mit Vorliebe in der Gestalt eines Phallus verehrt (vgl. E. Siecke: Hermes der Mondgott, 80—81); das Vergleichsmoment könnte in dem Auf- und Abschwellen von Mond und Phallus liegen; der Mond selbst tritt in den Mythen zudem sowohl männlich als weiblich auf (vgl. Siecke: Hermes, 7).

Einschränkend muß gegenüber der Bökleschen Deutung jedoch vermerkt werden, daß neben der Erschaffung aus der Rippe nun nicht alles und jedes in Gn 2—3 aus der Mondmythologie abzuleiten ist, als wenn die „Sündenfallerzählung" in der ursprünglichen Form eigentlich nur erklären wolle, was beim Mondwechsel vor sich gehe (Böklen: Adam und Qain, 78); diese Ansicht wäre nur vertretbar, wenn man jedes Traditionsstück der Paradieserzählung für ein mythisches Fragment halten und vor allem daran glauben würde, daß jeder, aber auch jeder Mythos sich aus der Mondmythologie herleite; nur dann sind Adam, die Schlange, die Frau, die Frucht am Baum, die zweifellos *auch* den Mond bedeuten können, ausschließlich Statisten für die Erzählung des traurigen Schicksals des Mondes, der als Frucht gegessen wird, als lebendes Wesen sich des Morgens vor der Herankunft der Sonne verbergen muß, aus dem Himmel (= dem Paradies) verstoßen wird, entblößt dasteht, aber bekleidet wird, im Schweiß (d. h. im Tau der Nacht) arbeiten muß, in Dornenhecken sich aufhält, wie das „Marienkind" oder das „Dornröschen" der Grimmschen Märchen, und durch die Verschlechterung seiner Nahrung immer mehr abnimmt, dem aber ein Sohn verheißen wird, der den unheilvollen Drachen zu beseitigen vermag usw. Indem Böklen die gesamte Erzählung von Gn 2—3 als eine durchgehende Monderzählung lesen wollte, gelangte er zu einer höchst geistvollen Rekonstruktion, die am ehesten dem Märchentyp „von dem ungetreuen und fortgejagten Gärtner" entspräche (Böklen: Adam und Qain, 77, Anm.), die aber die traditionsgeschichtlichen und redaktionellen Eigenarten der biblischen Erzählungen zu sehr nivelliert.

In Wahrheit ist selbst das Motiv von der Erschaffung der Frau aus der Rippe offenbar nicht an den Mond- oder Sonnenkult gebunden, sondern geht auf ursprünglichere Vorstellungen zurück. So erzählen z. B. die polynesischen Eingeborenen auf Fakaofu von der Erschaffung des ersten Menschen aus Stein. „Nach einer gewissen Zeit kam diesem der Gedanke, ein Weib zu machen. Er sammelte Erde und formte daraus die Gestalt einer Frau, nahm sich dann eine Rippe aus der linken Seite und drückte sie in die Figur aus Erde, die darauf zu einem lebendigen Wesen wurde. Er nannte die Frau Ivi oder ‚Rippe' und nahm sie sich zum Weibe; und diesem Paar entsprang das ganze Menschengeschlecht." (J. G. Frazer: Die Arche, 9) Sehen wir in der „Rippe" des Mannes, wie vorgeschlagen, ein phallisches Symbol, so verstehen wir, wie in der Tat die Rippe, die der Mann von der linken Seite, die das Unbewußte verkörpert, nimmt, durch ihre Vereinigung mit der Erde, die gern das Weibliche symbolisiert, die Frau „zum Leben erwecken" kann. Die Logik dieses mythischen Motivs ist recht einfach: die Sehnsucht nach der Vereinigung mit der Frau, symbolisiert im Phallus, ist der Grund, warum die Frau in das Leben des Mannes tritt; die Erzählung von der Entstehung der Frau drückt also symbolisch die Sehnsucht des Mannes nach der Frau aus und stellt sie als erfüllt hin; die Art, wie die Frau entsteht, erklärt zugleich, was die Frau dem Manne ist und was sie ihm bedeutet. Der Mythos von der Erschaffung der Frau aus der Rippe gibt also, wenn man so will, in der Art, wie Philosophie und Religion es stets zu tun pflegen, nicht den biologischen, sondern den „metaphysischen" Grund für die Existenz der Frau an: sie wird sexuell gezeugt, weil sie als Partnerin der sexuellen Wünsche des Mannes verstanden wird.

Ähnlich wird auch die der j Erzählung nahestehende sumerische Mythe von dem Gott Enki zu verstehen sein, die im Dilmun-Epos erzählt wird. Als Enki die Früchte seiner von ihm begehrten Tochter Uttu gegessen hat, befällt ihn durch die Verfluchung der Göttin Ninhursag eine Krankheit, die nur zu heilen ist, indem Ninhursag, auf Weisung des obersten Gottes Enlil, sich „Enki neben ihre Vulva" legt und acht Kinder gebiert, entsprechend den acht Leiden Enkis. Für das Leiden der Rippe Enkis wird Ninti geboren, deren Name im Sumerischen sowohl „Frau aus der Rippe" bedeuten kann als auch „Frau des Lebens", wie die „Eva" der Bibel. (H. W. F. Saggs: Mesopotamien, 612—613) Die inneren Schmerzen, die der unentwegt erosgewaltige Gott Enki neben der Ninhursag erleidet, werden nichts anderes sein als die Schmerzen der Liebe, die immer neue Kinder hervorbringen.

c) Interpretation auf der Subjektstufe

Soweit die Deutung auf der Objektstufe nebst ihren religionshistorischen Parallelen. Die Frage auf der Subjektstufe lautet natürlich, woher dem Manne denn das Verlangen nach der Frau komme; und wenn man diesem Bedürfnis nicht nur einen physiologischen Grund, sondern auch einen psychologischen Sinn zuordnen will, so muß man annehmen, daß der Mann, indem er sich nach der Einheit mit der Frau sehnt, eigentlich nach der Einheit mit sich selbst, mit der Frau, die er in sich trägt, Verlangen spürt. Wiederum stellen wir damit fest, daß eine Voraussetzung der Liebe darin besteht, daß jemand etwas von sich in einem anderen wiederfindet und von diesem Eigenen im Anderen angezogen wird; nur fragen wir jetzt nach dem Sinn dieser „narzißtischen Objektlibido", von der wir soeben auf der Objektstufe gesprochen haben. Jung hat jene „Frau im Manne", die Eva, die Adam zugeführt wird, als Anima bezeichnet und in ihr ein kompensatorisches Gegenbild zur Persona, dem kollektiven Rollenbild des Berufs- und des öffentlichen Lebens, gesehen, in das der Mann sich einordnen muß. Die Dialektik zwischen der Berufsmaske, der Persona, und der Anima beschreibt Jung so: „In dem Maße, in welchem die Welt das Individuum zur Identifikation mit der Maske herauslockt, ist das Individuum auch der Einwirkung von Innen preisgegeben ... Von Innen drängt sich ein Gegenteil auf, ja es ist, als ob das Unbewußte mit derselben Macht das Ich unterdrückte, mit der letzteres von der Persona angezogen wird. Die Widerstandslosigkeit außen, gegenüber der Lockung der Persona, bedeutet eine ähnliche Schwäche innen, gegenüber den Einflüssen des Unbewußten. Außen wird die wirksame und starke Rolle gespielt, innerlich entwickelt sich eine effeminierte Schwäche gegenüber allen Einflüssen des Unbewußten" (Jung: Die Beziehungen zwischen dem Ich und dem Unbewußten, VII 214). So verstanden, manifestiert sich in der Suche des Mannes nach der Frau all das unbewußte Streben, das bei der bewußten Anpassung an die männlichen Rollenvorschriften der Umwelt zukurz gekommen ist. Indem das Ich sich mit seiner Persona identifiziert und u. U. entsprechend als hochgestellte „Persönlichkeit" geachtet wird, bleibt ihm sein Seelenbild, seine Anima, unbewußt und übt daher einen um so stärkeren Einfluß auf das Ich aus. Infolge ihrer Unbewußtheit erscheint die Anima ihm zunächst nur in projizierter Form und gewinnt so, verkörpert in einer anderen Frau, eine unwiderstehliche Anziehungskraft.

Von diesem Ansatz her erhalten wir einen wertvollen Einblick in die psychische Bedeutung des „exogamen" Motivs, das wir in der Erzählung von der Suche Adams nach einem Gegenüber meinten beobachten zu können; ja, wir vermögen von daher auch die Vermutung im ersten Teil der vorliegenden Arbeit (I 26) zu erhärten, daß der Mythos von der Erschaffung der Frau eine Rolle bei einem primitiven Initiationsritus gespielt haben könnte. Denn als erste Trägerin des Seelenbildes tritt die Mutter auf, die eben deshalb auch jene überragende, oft geradezu verschlingende Macht dem Jungen gegenüber besitzt, mit welcher die Mythen und Märchen sie immer wieder ausstatten. Alles kommt entwicklungspsychologisch darauf an, den Jungen von der Mutter zu trennen, wie es in Gn 2, 24 ausdrücklich als sinnvoller Abschluß der Geschichte von der Erschaffung der Frau vor Augen gestellt wird. Die bloße Trennung von der Mutter indes würde den Mann schutzlos den Gefahren der Seele ausliefern; daher versuchen die Mannbarkeitsriten ihn zu befähigen, seine Anima-Bedürfnisse auf kulturelle Ziele (z. B. die Mutter Kirche) zu richten; sie bewahren ihn somit davor, seine Anima in Form der Mutterimago, also entsprechend dem Niederschlag seiner kindlichen Erfahrungen mit seiner Mutter, auf eine andere Frau zu übertragen und sich ihr gegenüber ebenso abhängig und unterwürfig zu verhalten, wie er es als Kind gegenüber seiner Mutter getan hat, bzw. das Gebaren infantiler Abhängigkeit durch eine bloße Reaktionsbildung in Gestalt von Tyrannei und Weiberhaß zu ersetzen (vgl. Jung: Die Beziehungen zwischen dem Ich und dem Unbewußten, VII 217).

Ineins damit können wir psychodynamisch einen bedeutenden Fortschritt darin erkennen, daß der Mensch, den wir im Bild des Urmenschen als ein Symbol des Selbst aufgefaßt haben, nunmehr zur Erkenntnis seiner Anima gelangt. Auf der einen Seite erhält der Mensch mit dem Auftrag, den Acker zu bebauen (Gn 2, 15), seine „Berufsmaske", die seine Pflichten als männliches Wesen widerspiegelt; auf der anderen Seite tritt ihm jetzt, korrespondierend zur Persona, seine Anima gegenüber. Beide Aspekte, die Anpassung des Ichs an die Außenwelt in Form der Persona ebenso wie die Anpassung an die Innenwelt in Gestalt der Anima, gehören zur Ganzheit des Menschen und müssen als solche bewußt gemacht werden, indem die unbewußte Identifikation mit der Persona ebenso wie die Identifikation mit der Anima ihr Ende findet; beide, Persona wie Anima, müssen der Kontrolle des Bewußtseins unterstellt werden. Freiwillig zu arbeiten und lieben zu können — diese alte Formel Freuds zur Kennzeichnung seelischer Gesundheit spricht sich in der Art aus, wie J den Menschen in seiner psychischen Ganzheit zeichnet. Mit der Arbeit bindet sich der Mensch an die äußere, mit der Liebe an die innere Realität; in beiden zusammen verwirklicht sich der ganze Mensch.

Die Frage ist jetzt, was den Menschen aus der Einheit mit sich selbst (subjektal) und das Kind aus der Lebenseinheit mit seiner Mutter (objektal) herausreißt.

3. Der Baum und die orale Problematik
(2, 9.16.17; 3, 6; 3, 22.24)

Das vielleicht merkwürdigste Motiv aus Gn 2—3 ist das Verbot des Baumes, das exegetisch ganz und gar unerklärt bleiben mußte, obwohl es in der „Sündenfallerzählung" eine zentrale Rolle spielt.

a) Religionsgeschichtliche Vorstellungen

Der „Baum" besitzt religionsgeschichtlich einen außerordentlich breiten Bedeutungsspielraum und steht zu zahlreichen verwandten Symbolen in Beziehung. Aus der Mythologie ist die Vorstellung von der Mittelachse geläufig, der axis mundi, mittels derer man zur Unter- und Himmelswelt gelangen kann; die Durchbrechung der kosmischen Ebenen darf dabei in sich selbst als eine Symbolisierung für „die Manifestation des Heiligen" verstanden werden. (M. Eliade: Schamanismus und archaische Ekstasetechnik, 250) Konkret erscheint die Weltachse „in den Pfeilern, welche die Wohnung tragen, oder in einzeln stehenden Pfählen, den ‚Pfeilern der Welt'". (Eliade: Schamanismus, 251) Diese verkörpern nicht nur das Zentrum der Erde und den Ort, an dem der Mensch zuhause ist, sondern sie sind auch die Stellen, an denen ein Verkehr mit dem Himmlischen — oft nach Wegfall einer paradiesähnlichen Urzeit — ausnahmsweise noch möglich ist und zu Opferhandlungen u. ä. Gelegenheit bietet. Zu solchem Verkehr mit dem Göttlichen dienten beispielsweise in Palästina die „Hügel" und die „grünen Bäume" (Jes 1, 29—30; 57, 5; Jer 2, 20; 3, 6.13; 17, 2; Ez 6, 13; 16, 25.31 u. ö.), gegen welche die Propheten wehrhaft zu Felde zogen. So hieß der Garizim „Nabel der Erde" (Ri 9, 37), und auch der Name des Tabor könnte soviel wie „Nabel" (ṭbwr) bedeuten (vgl. Eliade: Schamanismus, 257), jedenfalls hat noch die christliche Legende die Verklärung Christi (Mc 9, 2—8) dorthin verlegt. Das Weltzentrum als kosmischer Berg wurde in der siebenstufigen babylonischen Ziqqurat künstlich nachgebildet, ähnlich wie der Götterberg Meru in den berühmten Tempelanlagen von Angkor in Kambodja (vgl. D. Mazzeo u. C. S. Antonini: Angkor, 81—96) und von Borobudur auf Java dargestellt wurde (J. Auboyer: Indien und Südostasien, in: Der Ferne Osten, 84—85), oder wie der Götterberg Kailasha in dem Tempel von Ellora bei Aurangabad aus dem Felsen herausgearbeitet wurde (vgl. M. Taddei: Indien, 145—147).

Die Symbolik des Weltenbaums ist von der des Weltenberges nicht verschieden. Der Weltenbaum repräsentiert „das Universum in ständiger Regeneration . . ., die unversiegliche Quelle des kosmischen Lebens und des Heiligen" und tritt somit als „Ausdruck der Heiligkeit, der Fruchtbarkeit und Ewigkeit der Welt" in Verbindung zu der „Idee der Schöpfung, der Fruchtbarkeit, der Initiation und letzten Endes zu der Idee der absoluten Realität und der Unsterblichkeit. Der Baum der Welt wird so zum Baum des Lebens und der Unsterblichkeit." (Eliade: Schamanismus, 260—261) Als Beispiel mag die indische Erzählung von Yama gelten, dem ersten Menschen, der neben einem Wunderbaum mit den Göttern trinkt (Rig Veda X 135, 1; Eliade: Schamanismus, 261); eine märchenhafte Ausgestaltung des Motivs vom Weltenbaum bietet das bekannte Grimmsche Märchen „Von dem Machandelboom", in welchem der Baum des Lebens sich mit dem Symbol des Seelenvogels und dem Gedanken der kosmischen Wiedergeburt vereinigt. Während die Wipfel des Weltenbaumes, wie in diesem Märchen, gern den (Seelen-)Vogel tragen, lebt an seiner Wurzel oft die Schlange, die das Chaos verkörpert (vgl. M. Eliade: Kosmos und Geschichte, 22—23). Diese Vorstellung hat noch heute praktische Bedeutung, z. B. wenn in Indien beim Hausbau zunächst ein Astrologe den „Punkt über der Schlange, welche die Welt trägt", bezeichnen muß. „Der Maurermeister spitzt einen Pfahl und rammt ihn in den Boden genau am bezeichneten Punkt, damit der Kopf der Schlange gut festgehalten wird. Darauf wird über dem Pfahl ein Grundstein gelegt." (M. Eliade: Das Heilige und das Profane, 33)

So gewinnen wir einen gewissen Hintergrund für das Bild des „Baums in der Mitte des Gartens" bzw. des Lebensbaums. Wir erkennen in ihm den Weltmittelpunkt, das Zentrum der Erde, die Stelle, an der das Göttliche dem Menschen zugänglich ist, ein Bild der Lebensordnung und der universellen Lebendigkeit. Diese mythologischen Bedeutungen gehen nicht über das hinaus, was wir bereits exegetisch von dem Paradiesesgarten der Bibel festgestellt haben: er ist ein Bild des Zustandes der Einheit von Gott und Mensch, der bei J freilich nicht mehr als durch den Baum vermittelt vorgestellt wird, sondern nur noch im Motiv des Baumes symbolisiert ist. Zugleich bestätigt sich religionsgeschichtlich die Verbindung, die wir im 1. Teil der Arbeit zwischen Gn 2 und Gn 11 zu erkennen meinten: der Turm und die Stadt, welche die Menschen in der Erzählung von Gn 11, 1—9 erbauen möchten, geben sich als ein künstliches Paradies und eine künstliche axis mundi zu verstehen, mittels deren die von Gott vertriebenen Menschen den ursprünglich in ihnen angelegten Zustand von Gn 2 gewissermaßen mit technischen Mitteln wiederherstellen möchten.

Auch verstehen wir in etwa schon die Rolle der Schlange im Paradies; sie scheint auf ein Chaos hinzudeuten, das im Weltenbaum, in diesem Lebenssymbol des „Kosmos", gebannt ist. Unbegreiflich aber ist uns nach wie vor das Eßverbot vom „Baum der Erkenntnis", ein Begriff, der von J, wie wir wissen, selbst geschaffen wurde und offenbar nicht ohne weiteres mit dem Bild vom Lebensbaum identisch ist.

Immerhin bewegen wir uns offenbar einen Schritt weiter in die richtige Richtung, wenn wir die Todesdrohung mit dem Zentralbaummotiv in Verbindung bringen; denn indem der Baum das Aufblühen und Absterben der Vegetation in sich schließt, umfaßt er das gesamte Geschehen von Leben und Tod; entsprechend zieht der Baum die Riten der Vegetationskulte auf sich und wird somit zum „Lebensspender" und „Totenbaum" (K. Koch: Der Baumtest, 13). J. G. Frazer hat in zahllosen Beispielen gezeigt, wie die heiligen Bäume, etwa die Eiche der Indogermanen oder die Fichte des Attis-Kultes, als Sitz des Vegetationsgeistes galten, mithin auf einer abstrakteren Stufe des Denkens als Symbole des Lebens selbst in seinem Entstehen und Vergehen verstanden wurden (J. G. Frazer: Der goldene Zweig, z. B. S. 162—165; 199; 244; 513). Die Früchte des Lebensbaumes umschließen daher Leben und Tod, sie sind sowohl Mittel der Fruchtbarkeit als auch Totenspeise. Es haftet ihnen eine eigenartige Ambivalenz an, die in der j Erzählung zwar auf zwei Bäume verteilt ist, aber im Grunde nur zwei Seiten ein und desselben Phänomens darstellt: der Widersprüchlichkeit des Lebens in seinem Blühen und Verwelken. Koch macht näherhin aufmerksam auf den „Zusammenhang zwischen Baumsymbolik und Sexualsymbolik" (Koch: Der Baumtest, 17), insofern der Baum in den Mythen gern als Stätte der Geburt betrachtet wird und das Kriechen durch die gegabelten Beine des Baumes symbolisch bzw. rituell auf den Vorgang des Gebärens hinweist. Kinder oder — wie in der Erzählung von Maschilo und Maschilwane Tiere (I 111—113) — gehen in den Märchen und Mythen oft aus einem Baum hervor. H. Baumann hält den Ursprung aus dem Baum für eine „der charakteristischen Mythen von der Herkunft der ersten Menschen" in der afrikanischen Mythologie. (H. Baumann: Schöpfung und Urzeit des Menschen im Mythos der afrikanischen Völker, 224) In diesem Sinne wird der Baum zu dem Ort der Entstehung des Lebens und lebt als solcher auch in zahlreichen christlichen Riten und Bräuchen fort, — etwa in dem griechischen Psi, das der Priester am Karsamstag über das Taufwasser haucht und das ebenso wie das Kreuz „reinste Baumsymbolik" (K. Koch, 18) darstellt, oder in dem Weihnachtsbaum, der die Lebensrute der Germanen fortsetzt und sich seit dem 16. Jahrhdt. mit dem Christkind verbindet (K. Koch,

16), oder in dem Palmzweig, der „gegen Unbill und Wetter" schützt (K. Koch, 16). Zu Recht hat die christliche Allegorik den Baum des Paradieses, von dem der Tod kam, zu dem Baum von Golgotha, der durch den Tod das Leben brachte, in Verbindung gesetzt und damit eindrucksvoll den Doppelcharakter des Baumes betont. (Vgl. die Abbildungen 37.—53 bei: R. Cook: De Levensboom)

Diese Hinweise auf die religionsgeschichtlich greifbaren Vorstellungen der Baumsymbolik mögen genügen. Sie zeigen uns, wie der Baum als Vegetationssymbol die Zweideutigkeit des Lebens selbst symbolisieren und somit Früchte des Lebens wie des Todes an sich tragen kann.

b) Zur Problematik einer vorschnellen subjektalen Deutung

Auf dem Hintergrund der Mythologie vom Weltenbaum bzw. vom Baum als Sitz des Vegetationsgeistes legt es sich tiefenpsychologisch nahe, in dem Baum (ebenso wie im Garten) ein Symbol für die gegensätzliche Ganzheit des psychischen Lebens, ein Bild der Vereinigung des Bewußtseins mit dem Unbewußten, ein Zeichen für das „Selbst" des Menschen, für „den noch unbewußten Kern der Persönlichkeit" zu sehen (K. Koch: Der Baumtest, 19). Allerdings ist mit einer solch raschen subjektalen Deutung eine Formel aufgestellt, unter der sich zu leicht subsummieren läßt, was immer man will. „Wir erinnern uns hier" — schreibt K. Koch — „an jene Stelle in der Chandogya-Upanisad VI, 12, wo der Lehrer den Schüler, der nach dem Wesen des Selbst fragt, auffordert, ihm die Frucht eines Nyagrodha-Baumes zu bringen, die er dann spalten muß, bis er auf jene unsichtbare Feinheit stößt, aus der der große Baum erwachsen ist . . . ‚Sie ist dieses ganze Weltall, sie ist das Ewig-Wirkliche, sie ist das Selbst, und das bist du, Svetaku'." (K. Koch, 10—11) Aber diese philosophische Lehre von der Alleinheit im Sat, im Seienden, läßt sich, wie die Stelle im Kontext zeigt, auch am Beispiel des Aufsammelns von Honig aus vielen Bäumen, dem Verhältnis der Flüsse zum Meer oder dem Auflösen von Salz in Wasser verdeutlichen (Upanishaden, übers. u. eingel. v. A. Hillebrandt, 108—118); nichts Spezifisches steckt darin. Natürlich kann hinter der philosophischen Metaphorik von der Baumfrucht ein „archetypisches" Symbol des „Selbst" stehen. Aber wenn nicht gefragt wird, woher ein Symbol jeweils kommt, welche genetischen Bedingungen und Ursachen es hervorgebracht haben, so muß der Inhalt des „unbewußten Teils des Selbst" undifferenziert und unklar bleiben, und eine Auslegung, die mit einer solchen Symboldeutung arbeiten möchte, gerät in die Gefahr einer reinen Willkür. Zwar meint auch die Auffassung Freuds von der Rekapitulation der Phylogenese in der Ontogenese, daß die „Symbole ... aus den ältesten Phasen der Sprachentwicklung und Begriffsbildung stammen" und „unabhängig von den individuellen Assoziationen" gedeutet werden können (S. F.: Das Interesse an der Psychoanalyse, VIII 404); er versteht sie aber als das Ergebnis von kausalen Prozessen, in deren Funktion sie in Erscheinung treten und die es am eindeutigsten in der Ontogenese zu beobachten gilt. Diese Einstellung hat sich als fruchtbar erwiesen und auch den Zusammenbruch der an biologischen Konstanten haftenden Metapsychologie Freuds überdauert, während die „Archetypen-Theorie nicht gerade anregend auf die empirische Erforschung der realen sozialen Faktoren gewirkt" hat (H. E. Richter: Eltern, Kind und Neurose, 27). Zudem ist die psa entscheidende Frage, in welch einem Verhältnis bestimmte Symbole zu den Primärbedürfnissen des Menschen stehen, auch im Rahmen einer Psychologie der Archetypen nur von Fall zu Fall zu beantworten. Zu Recht meint L. Szondi: „Solange die *Jung*sche Schule die grundlegenden Beziehungen zwischen den Trieben und den Archetypen nicht feststellen kann, wird die *Jung*sche Psychologie stets eine hochinteressante Kultur- und Religionspsychologie bleiben, die aber mit der Psychopathologie nichts zu tun hat." (Triebpathologie, I 25) Wir halten es daher für unergiebig und für zu spekulativ, die religionshistorischen Motive des Baumsymbols unmittelbar als feststehende Bilder für etwas so Allgemeines wie „das Unbewußte" zu nehmen, und glauben, daß es fruchtbarer ist, vorab die Frage nach dem ontogenetischen Entstehungsort dieser Symbolik zu stellen, also die Frage nach der Bedeutung des Baumsymbols zunächst auf der Objektstufe anzugehen.

c) Interpretation der Baumsymbolik auf der Objektstufe

Bisher haben wir aus der Religionsgeschichte erfahren, daß der Baum als Vegetationssymbol in ambivalenter Weise Tod wie Fruchtbarkeit bringen kann. Daneben ist es aber noch unklar, wie diese Ambivalenz mit dem Eßverbot in Verbindung zu bringen ist. Die wichtigste psa Frage muß daher lauten: wie und wann in der psychischen Ontogenese tritt ein Nahrungsverbot mit dem Anspruch einer tödlichen Bedrohung auf und wie läßt sich von daher das Bild des Baumes mit den todbringenden, schuldhaft begehrten Früchten erklären?

Die symbolgeschichtliche Betrachtung des Baums als Zeichen der Fruchtbarkeit, als Ort der Geburt, führt zu einer Deutung, die auch aus der Analyse individueller Träume bekannt ist. Freud meinte traumanalytisch, daß „Holz ein weibliches, mütterliches Symbol ist." (Vorlesungen zur Einführung in die Psychoanalyse, XI 161) Er belegte das mit der sprachlichen Verwandtschaft von materia (Holz) und mater; und mag dies auch ein schwaches Argument sein, so läßt sich doch aus den Träumen empirisch ersehen, daß mit der Frau eine Reihe anderer Symbole assoziiert werden, die um die Gestalt des Baumes gerankt sind und weibliche Genitalien repräsentieren. So finden „die Brüste ... ihre Darstellung ... in Äpfeln, Pfirsichen, Früchten überhaupt. Die Genitalbehaarung beider Geschlechter beschreibt der Traum als Wald und Gebüsch. Die komplizierte Topographie der weiblichen Geschlechtsteile macht es begreiflich, daß diese sehr häufig als Landschaft mit Fels, Wald und Wasser dargestellt werden" (S. F.: Vorlesungen, XI 158; vgl.: Aus der Geschichte einer infantilen Neurose, XII 118). P. Federn erwähnt, daß „weibliche Totems ... auch als Bäume" vorkommen (Märchen — Mythus — Urgeschichte, in: Psychoanalyse und Kultur, 136). In ähnlicher Weise läßt J. W. v. Goethe in der Walpurgisnacht in Faust I, in der er ein ganz tüchtiges Lesebuch aller möglichen sexuellen Symbole zusammenschreibt, Faust beim Tanz sagen: „Einst hatt' ich einen schönen Traum: / Da sah ich einen Apfelbaum, / Zwei schöne Äpfel glänzten dran, / Sie reizten mich, ich stieg hinan." Und die Schöne, wohl wissend, was er meint, repliziert recht keck: „Der Äpfelchen begehrt Ihr sehr, / Und schon vom Paradiese her. / Von Freuden fühl' ich mich bewegt, / Daß auch mein Garten solche trägt." Mephistopheles indessen geht noch weiter und sieht in seinem „wüsten Traum" „einen gespaltnen Baum".

Die Beispiele dieser Art ließen sich unzählig vermehren. Auf die zahllosen Zoten und Witze der Gosse, in denen die weiblichen Brüste mit Früchten in Verbindung gebracht werden, sei nur verwiesen. Immerhin scheut auch die Poesie des Alten Testaments nicht vor solchen Vergleichen zurück (vgl. Hld. 7, 9.14), wenngleich sie sich diesbezüglich nur wie ein Tropfen im Meer der indischen und islamischen Lyrik ausnimmt. Es läßt sich jedenfalls feststellen, daß offenbar eine enge assoziative Beziehung zwischen Früchten aller Art und den weiblichen Brüsten besteht (vgl. auch C. G. Jung: Allgemeine Gesichtspunkte zur Psychologie des Traumes, VIII 276).

Was nun von den Früchten gilt, gilt pars pro toto auch vom Baum, an dem sie wachsen. Haben wir die Früchte des Baumes als weibliches Symbol gedeutet, so werden wir erst recht das Symbol des Baumes selbst weiblich interpretieren müssen. Auch hier liefert uns die Sprache des Mythos wichtige Belege, indem sich die Gleichung von Baum(-Frucht) und Frau im Mythos vielfältig beobachten läßt (vgl. R. v. Ranke-Graves I 20).

Bekannt sind aus der griechischen Mythologie die weiblichen Baumgottheiten. So etwa stirbt die thrakische Prinzessin Phyllis, als sie neunmal am Meer nach dem vom Trojakrieg heimkehrenden Akamas Ausschau gehalten hat, und wird von Athene in einen Mandelbaum verwandelt; dieser treibt aus seinen nackten Ästen blattlose Blüten, als Akamas seine rauhe Rinde liebkosend umarmt. (R. v. Ranke-Graves, I 261; II 339) Auf ähnliche Weise wird die Nymphe Leuke von Persephone in eine Pappel verwandelt, als Hades sie vergewaltigen will (R. v. Ranke-Graves, I 107). Die lakonische Prinzessin Karya wird nach ihrem jähen Tod in Karyai von ihrem Liebhaber Dionysos in einen Walnußbaum verwandelt. Die Göttin Artemis, die die Kunde von diesem Geschehen den Lakonern überbrachte, erhielt als Artemis Karyatis einen Tempel. Von daher leiten sich die Karyatiden, die weiblichen Säulenfiguren ab. Der Name Karya geht zurück auf die Göttin Kar, eine Nachfahre der palästinensischen und mesopotamischen Großen Göttin Belili. (R. v. Ranke-Graves, I 261—262)

Neben den Karyatiden, den Nußnymphen der Göttin Kar, gibt es die Meliai, die Eschennymphen. Sie stehen insofern in einer gewissen Beziehung zu den Karyatiden, als die Eschennymphe Melia den Flußgott Inachos hervorgebracht hat, dessen Sohn Kar seinen Namen wohl von der Artemis Karyatis entlehnt hat. (R. v. Ranke-Graves, I 172—173) Die Eschennymphen entstammen dem Blut, das sich nach der Entmannung des Uranos mit der Erdmutter vermischte und aus dem auch die Furien entstanden sind. Die Meliai sind gewissermaßen „die drei Furien in einer gnädigeren Stimmung." (R. v. Ranke-Graves, I 31) In ähnlicher Weise läßt sich auf die Myrtennymphen, die Eichennymphen (Dryaden) oder die Apfelnymphen (Mäliai) (vgl. v. Ranke-Graves, I 250—254; 261—262) hinweisen; die Nymphe Dryope verwandelt sich in eine Pappel, die Bergnymphe Daphne, als Pasiphaë nach Kreta entrückt, wird zu einem Lorbeerbaum (R. v. Ranke-Graves, I 66—67); immer wieder zeigt sich die mythische Verbindung des Baumes mit der Frau. (Vgl. J. G. Frazer: Der goldene Zweig, 214) In die gleiche Richtung deuten die zahlreichen Märchen, in denen Frauen zu Bäumen in Beziehung treten, wie z. B. im Grimmschen Märchen vom „Aschenputtel", in dem der Haselbaum auf dem Grab der Mutter mit Hilfe der weißen Turteltaube (des Seelenvogels) die vereinsamte Tochter in den Stand setzt, den Königssohn (im Sinne des Hierosgamos) zu heiraten; oder in dem Märchen „Die zwei Brüder", das als Symbole des Weiblichen zunächst den goldenen Vogel, den Drachen und die Kuh aufzählt und schließlich davon berichtet, wie eine Hexe, von der eine versteinernde Kraft ausgeht, von einem Baum heruntergeschossen wird. Auch das recht häufige Mythenmotiv, daß (Urzeit-)Jungfrauen aus einer Palme oder Banane herauswachsen (z. B. in dem Mythos von dem Mädchen Hainuwele; vgl. A. E. Jensen: Die getötete Gottheit, 47—51), belegt den Zusammenhang zwischen dem Bild des Baumes und der Frau. Selbst heute noch erscheint die „Muttergottes von Fatima ... in einer Eiche." (K. Koch: Der Baumtest, 15)

Daß der Baum ein Zeichen der Erdgöttin ist, spricht ein Mythos von der Göttin Hera offen aus. Hera wurde auf Kreta von ihrem Zwillingsbruder Zeus zärtlich in der Gestalt eines Kuckucks umworben, dann aber vergewaltigt; zu der notgedrungenen Hochzeit schenkte die Mutter Erde der Hera einen Baum mit goldenen Äpfeln, den dann die Hesperiden in Heras Garten auf dem Berge Atlas hüteten. Heras Name selbst könnte auf die elidierte Form von He Era, die Erde, zurückgehen; jedenfalls war sie die prähellenische Große Göttin. (R. v. Ranke-Graves, I 41—42)

Ähnlich gilt in der afrikanischen Mythologie, z. B. bei den Ibo, der (Baumwoll-)Baum als Symbol der Erdgöttin Ale (H. Baumann: Schöpfung und Urzeit des Menschen im Mythus der afrikanischen Völker, 234); und entsprechend unterstreichen die Mythen vom Ursprung der ersten Menschen aus dem Baum den mütterlich-gebärenden Charakter der Baumsymbolik, wobei die Eigenschaften mancher Bäume bis ins einzelne auf die Frau übertragen werden: der weiße oder rote Saft als Milch oder Blut, die Brettwurzeln und Astlöcher als Vulva, die Höhlungen als Mutterschoß usw. (H. Baumann: a.a.O., 229) Dabei dürfte die Baumursprungsmythe „aus dem manistischen Gedankenkreis entstanden" sein (H. Baumann, 237).

Ein sehr altes Dokument für die enge Verbindung der Fruchtbarkeitsgöttin mit dem Kult des Baumes ist das Siegel der „Gehörnten Göttin" von Mohenjodaro. „Es gibt von ihr eine höchst seltene Darstellung, aufrechtstehend in den Zweigen eines Baumes — vermutlich des bei den Hindu heiligen Feigenbaumes ... Diese Szene ist vermutlich ein erstes Zeugnis für die Verehrung der Göttin Lakschmi und des Feigenbaumes, in dem sie häufig Wohnung nimmt. Diese Ehrfurcht, die auch heute noch die Hindu beseelt, welche dem Lotos Opfer bringen ..., hat ihren Ursprung zweifellos in dem Kult heiliger Bäume ... schon im 3. Jahrtausend v. Chr. im Indus-Tal" (M. Brion: Die frühen Kulturen der Welt, 65).

Ein Bild himmlischer Seligkeit ist in der indischen Mythologie, ebenfalls in Verbindung mit einer weiblichen Gottheit, der Wunschbaum Parijata, der dem Milchozean abgerungen und später in Indras Himmel gepflanzt wurde; er gehörte Indrani, der Gemahlin Indras. (V. Ions: Indische Mythologie, 55)

Zusammenfassend sei ein Beispiel aus dem Bereich der Psychiatrie angeführt, das die aufgezeigte weibliche Bedeutung der Symbole des Baumes und der Früchte auch in der Phantasie der Schizophrenen verdeutlicht. R. D. Laing berichtet in seiner Schizophrenie-Studie „Das geteilte Selbst", wie die 17jährige Julie behauptete, „den Baum des Lebens in sich zu haben. Die Äpfel dieses Baumes wären ihre Brüste." (R. D. Laing: Das geteilte Selbst, 250; 245; vgl. S. Freud: Die Traumdeutung, II/III 293)

Wir können anhand der vorgelegten Beispiele konstatieren, daß die Symboldeutung von Baum und Früchten als Frau (Mutter) und weibliche Brust in den Mythen, Märchen und Träumen selbst nachzuweisen ist. Allerdings verstehen wir damit die Gründe noch nicht, die zu dieser Symbolik führen.

Da wir darauf verzichtet haben, es als Erklärung hinzunehmen, die Gleichung von (Lebens-)Baum und Mutter (Frau) sei einfach „archetypisch" gegeben, so stellt sich die Frage, ob es ontogenetisch nicht Erfahrungen gibt, die diese Gleichung nahelegen und die instinktive Verwurzelung dieser archetypischen Symbolik begreifbar machen. Solche Erfahrungen werden in der Tat von seiten der Verhaltenspsychologie beigebracht. In seiner erbbiologisch orientierten Trieblehre hat L. Szondi einen eigenen Trieb im Menschen angenommen, den er (Triebpathologie, I 89) mit der Oralität Freuds in Verbindung bringt und als Anklammerungstrieb bezeichnet. Es ist ein „Drang, mit Mund und Hand an Brust und Leib der Mutter fest und fast unabtrennbar — wie an einem Lebensbaum — zu hängen und sich dort *anzuklammern*, die Mutter und all ihre späteren Ersatzobjekte nur für sich selbst allein für die Ewigkeit *zu sichern*, der Drang, im Schoß der Mutter sich zu verkriechen und diese Schoßgeborgenheit zu verewigen, *der Drang, von der Mutter bedingungslos im Urvertrauen so angenommen zu werden, wie man eben ist*, von ihr in allen Eigenschaften — ob gut oder bös — restlos völlig bestätigt zu werden, der Drang der Liebenden, mit Händen und Mund nach einander zu greifen, ... alle diese gewaltigen Ansprüche im Menschen werden von der Strebung des Sich-Anklammerns ... begründet." (Lehrbuch der experimentellen Triebdiagnostik, I 182) Das, was wir bislang von Freud her als „Urnarzißmus" in der „Mutter-Kind-Dyade" (R. A. Spitz) und als anaklitische Objektwahl (Freud) beschrieben haben, wird von Szondi also vom „Urtrieb des Sich-Anklammerns" (Triebpathologie, I 419) her gedeutet. Aufgrund der verhaltenspsychologischen Untersuchungen von I. Hermann an Primaten ist es wahrscheinlich, daß das Sich-Anklammern als ein Triebbedürfnis zu werten ist, das auch bestehen bleibt, wenn die Dualunion von Mutter und Kind sich auflöst (L. Szondi: Triebpathologie, I 420).

Gegen die Theorie vom Genotropismus, die Szondi seiner Trieblehre unterlegt, wird man sicher einwenden können, daß sie hochgradig spekulativ ist und bleiben muß, solange nicht biochemische Daten zu ihrer Verifikation vorliegen; aber richtig dürfte die Beobachtung sein, daß das Kind sich mit der Kraft eines Triebbedürfnisses an die Mutter anklammert und von ihr Akzeptation, Geborgenheit und „Rechtfertigung des Daseins" (Triebpathologie, I 423) erwartet. Von seiten der biologischen Anthropologie hat A. Portmann darauf hingewiesen, daß die neugeborenen Primaten morphologisch Nestflüchter sind; sie „werden alle mit offenen Augen und weit entwickelten Sinnesorganen geboren und sind vom ersten Lebenstage an zu vielerlei Bewegungen fähig"; auf der anderen Seite aber flüchten sie „gerade nicht vom ‚Nest', sondern sie stehen von der Geburt an unter einem besonderen Zwang, der sie nötigt, sich mit kräftigem Griff der Hände und Füße im Pelz der Mutter festzuhalten. Wenn auch zuweilen der Arm der Mutter sich schützend um das Kind legt, ... so sichert das Junge seinen Halt doch selber und verliert ihn auch dann nicht, wenn das Alttier sich in kühnem Sprung durch das Geäste schwingt. In ruhigen Momenten klettert das Kleine ein wenig an der Mutter herum; sie ist der ‚erste Baum' dieses neuen Affenlebens, und noch lange reißt sie energisch den Sprößling am Schwanze zurück, wenn er allzu sehr vom Mutterkörper wegstrebt. Der Klammerinstinkt des Jungaffen ist eine sinnvolle Schutzeinrichtung gegen die Gefahren des Baumlebens" (A. Portmann: Biologische Fragmente zu einer Lehre vom Menschen, 32—33; vgl. A. Portmann: Zerebralisation und Ontogenese, in: Zoologie aus vier Jahrzehnten, 287; ders.: Die Stellung des Menschen in der Natur, in: Zoologie, 326—329: zur Morphologie des Neugeborenen).

Von daher kann man sagen, daß das Sich-Anklammern einen phylogenetisch erworbenen Instinkt darstellt, der ontogenetisch zuerst an der Mutter betätigt wird und hernach auch auf andere Objekte, die die Mutter ersetzen, übertragen werden kann. Die Symbolik des Baumes als eines mütterlichen Symbols hat also ihre Grundlage darin, daß infolge des Klammerinstinktes sich an den Bäumen Erfahrungen wiederholen lassen, die erstmals bei der Mutter gemacht wurden und die starke instinktive Bedürfnisse, sich festzuhalten und zu klettern, in sich vereinigen. An der Mutter findet das neugeborene Primatenjunge zuerst Halt, Schutz, Nahrung, Geborgenheit etc., und dies, neben der Ähnlichkeit der Gestalt, macht die Mutter den Bäumen vergleichbar und die Bäume ihr. Die Verbindung des Klammerinstinktes mit frühkindlichen Erfahrungen führt zu Bildern, die von dem ursprünglichen Objekt (der Mutter) gelöst und projektiv auf andere Gegenstände (Bäume, Häuser, Höhlen etc.) übertragen werden können; diese Gegenstände vermögen dann ihrerseits als Symbole das Objekt der Primärerfahrungen zu vertreten.

So verstehen wir, daß der „Baum" ein „archetypisches" Bild der Mutter, der Frau überhaupt sein kann. Wohlgemerkt ist das Bild des Baumes selbst nicht „angeboren"; angeboren ist vielmehr der Klammerinstinkt und entsprechende angeborene auslösende Mechanismen (AAM). (Vgl. P. Leyhausen: Biologie von Ausdruck und Eindruck, in: K. Lorenz-P. Leyhausen: Antriebe tierischen und menschlichen Verhaltens, 373—380) Ein solcher AAM ist von R. A. Spitz bei der Kopfdrehbewegung des Säuglings und der Schnappbewegung des Mundes bei „Reizung des äußeren Teils der Mundregion" nachgewiesen worden, ineins mit einem „Klammerreflex" „bei einer Reizung der Handfläche" (R. A. Spitz: Vom Säugling zum Kleinkind, 79—80; vgl. ders.: Nein und Ja, 24—26), also eben für Oralität und Sich-Anklammern, eine „Kombination der Mundhöhle mit der Hand", die Spitz nach Isakower als „das Modell für die früheste postnatale Ich-Struktur" ansieht (a.a.O., 80; vgl. Nein und Ja, 104—106). So kann natürlich später projektiv auch ein Baum, wie K. Koch nach Jung meinte, als Sitz des „Urselbst" erscheinen, aber doch nur als das Resultat eines langen Entwicklungsweges. (Zum Zusammenhang von Klettern und Haltsuchen bei der Mutter vgl. auch U. Moser: Psychologie der Partnerwahl, 137ff)

Es kann mithin als gesichert gelten, daß der Baum, von dem nicht gegessen werden darf, ein Symbol für die Mutter sein kann. Auch C. G. Jung ist von der „Mutterbedeutung" des Baumes überzeugt und weist auf das Sprachbild hin: „man ‚hängt an der Mutter'." (Jung: Symbole der Wandlung, V 536—537; vgl. a.a.O., 332; 298) Dann ist die entscheidende Frage unschwer zu beantworten, wie sich das Eßverbot begründet und wieso ein Übertreten dieses Verbotes zu einer Ausweisung aus dem Paradies, d. h. zu einer Auflösung der Dualunion von Mutter und Kind führt. Es kann nämlich in der oralen Entwicklungsphase „selbst die freundlichste Umgebung das Kind nicht vor einer traumatischen Veränderung bewahren — eine der schwersten, weil das Kind zu jung ist und die auftretenden Schwierigkeiten so diffus sind." (E. H. Erikson: Kindheit und Gesellschaft, 72—73) Erikson denkt bei diesen Worten an die Zeit des Zahnens und des Abstillens und schreibt: „Denn hier ist es, wo ‚gut' und ‚böse' in die Welt des Kindes eintreten ... Es ist natürlich unmöglich, zu wissen, was der Säugling fühlt, wenn seine Zähne ‚von innen bohren' — in eben der oralen Höhlung, die bisher der Hauptsitz der Lust war, und ein Sitz vorzüglich der Lust. Welch masochistisches Dilemma ergibt sich aus der Tatsache, daß die Spannung und der Schmerz, die von den Zähnen ... verursacht werden, sich nur dadurch lindern lassen, daß man nur noch fester beißt? ... Unsere klinische Erfahrung deutet darauf hin, daß dieser Punkt in der Frühgeschichte des Individuum Ursprung einer schlimmen Spaltung ist, wo der Zorn gegen die nagenden Zähne und der Zorn gegen die entziehende Mutter, der Zorn auf den eigenen machtlosen Zorn, alle zusammen zu einem machtvollen Erlebnis sadistischer und masochistischer Verwirrung führen, das ganz allgemein den Eindruck hinterläßt, daß man irgend wann einmal seine Einheit mit dem mütterlichen Nährboden zerstört hat. Diese früheste Katastrophe in der Beziehung des Individuums zu sich selbst und zur Welt ist vermutlich der ontogenetische Beitrag zur biblischen Paradiessage, wo die ersten Menschen für immer das Recht verwirkten, mühelos zu nehmen, was ihnen einst zur Verfügung stand; sie bissen in den verbotenen Apfel und erzürnten Gott." (a.a.O., 73)

Dieses Zitat zeigt alles Wichtige. Denn es macht unter den angenommenen Voraussetzungen das Eßverbot, die Tatsache seiner Übertretung sowie die bittere Konsequenz der Ausweisung aus dem Paradies als ursprüngliches Schicksal im Leben eines jeden Menschen verständlich. Das Kind soll von einem bestimmten Alter an im Garten (der Mutter) von allem anderen essen, nur nicht von dem mütterlichen Baum selbst. Es ist das erste Mal, daß das Kind unvermeidbar mit einem Verbot, und zwar oralen Inhalts, konfrontiert wird. K. Abraham hat als erster, aufgrund der Analyse von Depressiven, von einer sekundären Stufe der oralen Entwicklung gesprochen, die sich „durch die Wendung des Kindes von der saugenden Mundtätigkeit zur beißenden" von der primären Stufe unterscheidet und die er „oral-sadistisch" nannte (K. Abraham: Versuch einer Entwicklungsgeschichte der Libido aufgrund der Psychoanalyse seelischer Störungen, in: Psychoanalytische Studien, 140). In der

63

ersten Phase leben nach Abraham Mutter und Kind symbiotisch miteinander. „Das saugende Kind und die nährende Brust (oder Mutter) stehen in keinem Gegensatz zueinander. Auf Seiten des Kindes fehlen sowohl die Regungen der Liebe wie des Hasses." (a.a.O., 140) Demgegenüber ist im Alter der Zahnbildung die Mutter-Kind-Beziehung durch eine tiefgreifende Ambivalenz gekennzeichnet. „Es ist das Stadium der kannibalischen Antriebe. Folgt das Kind den Reizen des Objektes, so gerät es zugleich in die Gefahr, ja in die Notwendigkeit, das Objekt zu vernichten." (a.a.O., 141) Damit spaltet sich die Beziehung des Kindes zur Brust in die Gefühlsregungen von Liebe und Haß auf. Es muß die Brust, die es liebt, zugleich zerstören. „Die ... *oral-sadistische Stufe* bedeutet also in der Libidoentwicklung des Kindes den *Anfang des Ambivalenzkonfliktes*" (a.a.O., 141). Wie gemischt diese Gefühle von Liebe und Zerstörung ineinander übergehen, zeigt die Redewendung: „ich habe dich zum Fressen gern", auf die H. Nunberg aufmerksam macht (Allgemeine Neurosenlehre, 84), sowie die Anspielung vieler sexueller Koseworte auf Gegenstände des oralen Bereichs: süß, lecker, naschen usw.

Auf diesem hier erst nur kurz angedeuteten Hintergrund erscheint es als wahrscheinlich, daß das mythische Motiv vom Verbot der Frucht des Baumes ein Stadium der Ontogenese aufgreift, in dem die primäre vorambivalente Phase der Oralität der Ambivalenz des oralen Sadismus gewichen ist.

Für die Heftigkeit, mit der das Trauma der Entwöhnung erlebt wird, legt der griechische Mythos von Herakles und Hera ein beredtes Zeugnis ab. Alkmene, die Mutter des Herakles, hatte bekanntlich ihr neugeborenes Kind, wie in den Heroenmythen des Sonnenhelden üblich, aus Furcht vor Hera, die wegen des neuerlichen Ehebruchs ihres Gemahls eifersüchtig war, außerhalb von Theben ausgesetzt. Dorthin „führte Athene auf Zeus' Veranlassung Hera bei einem gelegentlichen Spaziergang. ‚Schau, meine Liebe! Was für ein wundervoll kräftiges Kind!' sagte Athene, Überraschung vortäuschend, als sie ihn aufhob. ‚Seine Mutter muß von Sinnen gewesen sein, ihn in einem steinigen Feld zurückzulassen! Komm, du hast Milch, gib dem armen kleinen Wesen deine Brust.' Ohne weitere Überlegung hob ihn Hera auf und entblößte ihre Brust, an der Herakles mit solcher Kraft zu saugen begann, daß sie ihn im Schmerz von sich warf; ein Strahl von Milch schoß über den Himmel und wurde zur Milchstraße. ‚Dieses kleine Ungeheuer!' rief Hera aus. Aber jetzt war Herakles unsterblich." (R. v. Ranke-Graves, II 85)

In dieser Erzählung erscheint die Entwöhnung wie ein Rohheitsakt, durch den das Kind von seiner göttlichen Mutter „weggeworfen" bzw. „fallengelassen" wird, weil es selbst zu heftig und gierig, ja, ein „Ungeheuer" gewesen ist; kompensatorisch zu seinen Entbehrungen phantasiert das Kind von einem unermeßlichen Strom „himmlischer" Milch und offenbart damit wiederum die Maßlosigkeit seiner Wünsche. Zudem kann man an dieser Mythe lernen, daß die Vorstellung von den zwei Müttern, der guten und der bösen Mutter im sog. „Familienroman", ihre frühesten Wurzeln wahrscheinlich in der oral-ambivalenten Stufe der Libidoorganisation hat. Schließlich dokumentiert die kleine Erzählung, daß die Mutter als der eigentliche Quell der Unsterblichkeit, als „Baum des Lebens" empfunden wird.

Diese Auffassung von dem Konflikt, der hinter dem Eßverbot und der Ausweisung aus dem Paradies steht, wird nun auch durch Gn 3,22.24, der Trennung vom Lebensbaum, bestätigt. Wie die traditionsgeschichtliche und literarkritische Untersuchung von Gn 3 ergab, sind diese Verse sekundär zum Text hinzugetreten, im Rahmen der psa Interpretation sind sie also aufzufassen wie eine Assoziation, die uns helfen kann, den Sinn des Textes zu deuten. Sie besagen, daß Gott den Menschen aus dem Paradies vertreibt, weil er nicht vom Lebensbaum essen soll. Dieses exegetisch wunderliche und sperrige Motiv findet in unserer Interpretation eine gute Begründung. Daß es den Menschen verwehrt wird, durch das Essen vom Lebensbaum unsterblich zu werden, darf als subjektiver Eindruck der Vertriebenen aufgefaßt werden: Die Mutter, die dem Kind das unsterbliche Leben gewährte, ist unwiederbringlich verloren. Der Glaube an die persönliche Unsterblichkeit selbst ist psa durchaus eine Form von Narzißmus (vgl. S. F.: Die Zukunft einer Illusion, XIV 377—378) und also wohl nirgendwo selbstverständlicher als beim Kleinkind. Denn dieses steht ganz und gar unter der Herrschaft seines Es, und: „Es gibt im Es nichts, was man der Negation gleichstellen könnte. . . . Im Es findet sich nichts, was der Zeitvorstellung entspricht" und also den Gedanken an den Tod zulassen könnte (S. F.: Neue Folge der Vorlesungen zur Einführung in die Psychoanalyse, XV 80). Andererseits hängt natürlich aufgrund der totalen Hilflosigkeit des Kleinkindes das ganze Leben am Essen, das die Mutter, der Lebensbaum, gewährt. Von eben diesem aber werden die Menschen vertrieben. Gleichwohl bedeutet dies zunächst nur ein Leben in Mühsal, nicht schon den Tod; auch dies ist jetzt an sich ganz logisch.

Lediglich wundert es noch, daß *Gott* das Verbot und die Ausweisung erläßt; psa müßte es die Mutter sein. Indessen haben wir schon gesehen, wie in der j Erzählung von der Erschaffung des Mannes und der Erschaffung der Frau die maternale Aussage konsequent paternal überarbeitet wird. Es ist jedoch fraglich, ob diese Verschiebung des Verbotes von der Mutter auf den Vater nicht auch reale ontogenetische Erinnerungen an patriarchalische Erziehungsformen reflektieren könnte. Tatsächlich ist der Vater in der patriarchalisch organisierten Familie von Anfang an ein störender Faktor für die Dualunion von Mutter und Kind. „Denn das erste Realitätsobjekt ist der Vater. Er stört . . und wird gehaßt." (L. Szondi: Triebpathologie, I 419) Er repräsentiert von Anfang an das Realitätsprinzip mit seinen Versagungen und wird somit die Kernfigur aller späteren Überich-Verbote. Von daher ist die Verbindung von Vater und Verbot nicht nur das Ergebnis einer sekundären Überarbeitung, sondern greift auf offenbar ursprüngliche Zusammenhänge zurück.

Für die theologische Deutung von Gn 3 ist es nicht unwichtig zu sehen, daß da, wo J von Gott und dem Baum im Paradies spricht, psa wiederum Sehnsüchte und Ängste zum Vorschein kommen, die sich „eigentlich" auf die Mutter bzw. den Vater beziehen. Denn erst wenn man sich vor Augen führt, von welch vitalen Strebungen die j Erzählung spricht, versteht man, wie stark J zum Ausdruck bringen will, daß Gott dem Menschen alles ist: sein Vater, seine Mutter, sein gesamtes Leben. Alles, was an „Oralem" in Form des Sich-Anklammerns, der Suche nach Nahrung, Leben, Schutz, Geborgenheit, Akzeptation, Rechtfertigung vom Menschen vom ersten Tag an gewünscht wird, bedeutet Gott dem Menschen — gerade also nicht der Vater und die Mutter, meint J (vgl. Ps 27, 10; Jes 66, 5—13). (Gegen die zu enge biologische Fassung der Oralität vgl. G. Bally: Einführung in die Psychoanalyse Sigmund Freuds, 40) Bisher sind wir mit der objektalen Deutung des Lebensbaumes allein in der Ontogenese verblieben. Tatsächlich scheint sich aber in der tragischen Ausweisung des Kleinkindes aus der paradiesischen Einheit mit seiner Mutter, an der sein Leben hängt, eine Katastrophe zu wiederholen, in der die Menschheit stammesgeschichtlich ganz wörtlich vom „Lebensbaum" vertrieben wurde. Jedenfalls gibt es Anzeichen, die für eine solche Möglichkeit sprechen und sogar erklären könnten, warum der Baum ein Symbol für Gott sein kann.

Es lohnt sich an dieser Stelle, auf die Überlegungen einzugehen, die R. Bilz an verschiedenen Stellen zu der Bedeutung des Baumes vorgetragen hat. Es könnte nach Bilz sein, daß bei der Verbindung des (Mutter-)Baumes mit dem Gottesbild stammesgeschichtliche Erbkoordinationen wirksam sind, die die Blickrichtung des Menschen in Augenblicken der Angst „nach oben" lenken und somit zu einer entsprechenden Hilfs-erwartung „von oben", religiös von Gott, beitragen. R. Bilz hat nämlich den Klammerreflex, von dem wir soeben gesprochen haben, mit der vertikalen Fluchtbewegung der Primaten in Verbindung gebracht. „Wenn ein Affenkind von seiner Muter ‚abgestiegen' ist und wenn ich Mutter und Kind durch ein starkes Geräusch erschrecke, so wird das Kleine unverzüglich Zuflucht in der ‚bergenden Liebe der Mutter' suchen." (R. Bilz: Pole der Geborgenheit. Eine paläoanthropologische Unter-suchung über raumbezogene Erlebnis- und Verhaltensbereitschaften, in: Paläoanthropologie, I 403) „Die Geborgenheit der Liebe", sagt Bilz, „ist ‚oben', wenn es sich um die Mutter als das Gegensubjekt der Kletter-Intentionen handelt" (403); dem Subjekt entschwindet die Standsicher-heit, ihm tut sich unter seinen Füßen ein Abgrund auf, Schwindel befällt ihn, synergistisch verkürzen sich seine Gliedmaßen, „als müßte er sich festhalten mit Händen und Füßen." (R. Bilz: Die Intention zur motori-schen Verkürzung und zur Elevation der Extremitäten im Angst-Erleben, in: Paläoanthropologie, I 373) So gilt der Satz: „Timor est contractio et adhaesio" (a.a.O., 374) — eine Form des Angsterlebens besteht im Verkürzungssynergismus der Gliedmaßen und im Klammer-reflex. Das „Zusammenfahren" und das plötzliche Ballen der Fäuste im Augenblick des Erschreckens sind wohl einer solchen vertikalen Flucht-bewegung zuzuordnen, die als „Notfallreaktion" im Sinne W. B. Cannon's in Augenblicken hoher Intensitätsgrade von Erregung einen regressiven bzw. atavistischen Reaktionsmechanismus darstellt.

Das „Verkürzungs- und Festhaltemotorium" (R. Bilz: Die Intention, a.a.O., I 377) äußert sich nach Bilz vielleicht auch in der Gebetshaltung der erhobenen Hände des Priesters bzw. im Hinknien, indem die Erhebung des Herzens „nach oben", zu Gott, von einem Verkürzungs-synergismus der unteren Extremitäten und einer Gebärde des Sich-Anklammerns begleitet wird. Daß Moses in der Schlacht gegen die Amalekiter z. B. den Sieg nur erringen kann, wenn er die Arme während seines unablässigen Gebetes nicht sinken läßt (Ex 17), scheint auf den gleichen Zusammenhang hinzuweisen. (R. Bilz: Paläoanthropologie, I 322) Auch die magischen Verbote, die es bestimmten Priestern oder Königen untersagen, den Boden zu berühren, damit sie ihre Kraft nicht verlieren, könnten hierher gehören. (Vgl. J. G. Frazer: Der goldene Zweig, 860—864) Der phylogenetische Hintergrund der Fluchtbewegung nach oben oder der magischen Furcht der Bodenberührung ist nach Bilz vielleicht in dem Umstand zu sehen, daß der Mensch, im Unterschied z. B. zu dem steppenangepaßten Verhalten des Pferdes mit seiner horizontalen Fluchtbereitschaft, in Augenblicken der Angst sich „paläoanthropologisch-baumhaft verhält, indem er ein Angst-Verhalten zeigt, das aufwärts tendiert. Wenn spitzhörnchenartige Tiere unsere Vorfahren sind, so versteht sich die Angstflucht-Tendenz nach oben." (B. Bilz: a.a.O., I 322) Zu dieser phylogenetischen Erbkoordination käme dann ergänzend ontogenetisch die Erfahrung des Menschen-Säuglings, am Hals der Mutter getragen zu werden. Phylogenese wie Ontogenese weisen somit auf ein nach oben tendierendes Sicherheitsverhalten hin, als dessen Objekt phylogenetisch der Baum, ontogenetisch die Mutter anzusehen ist. Baum wie Mutter können dann, wenn sie als reale Pole der Sicherheit keine Rolle mehr spielen, zu Bildern der Geborgenheit in Gott verwandelt werden. Damit bekommt die Symbolik des Baumes und ihre Beziehung zur Idee Gottes und zur Erwartung mütterlicher, paradiesischer Geborgenheit eine vertiefte phylogenetische Bedeutung.

Als Menschen haben wir „das Urwald-Schimpansen-Paradies verlassen" und sind nun in eine baumlose, also hoffnungs- und ausweglose Welt (der Savanne) hineingeworfen worden; diese „paläoanthropologische resp. pithekanthropologische Katastrophe" scheint uns in eine „emotionale Misère gestürzt" zu haben, indem die Baumlosigkeit uns die Fluchtmöglichkeit nach oben abgeschnitten hat. (R. Bilz: Paläoanthropologie, I 505—506) Gleichwohl gibt es nach wie vor eine Erlebnisbereitschaft im Menschen, in Augenblicken der Angst sich nach oben um Hilfe zu wenden und sich dort anzuklammern. Es ist ein bestechender Gedanke, ob nicht die Gottesidee u. a. aus der Hilflosigkeit und Hoffnungslosigkeit des Urmenschen geboren sein könnte, der seine Sicherheit und seine Geborgenheit im Schutz des immergrünen Regenwaldes verloren hatte, der aber nicht verlernen mochte, sich in der Angst nach oben zu wenden und dort nach Halt zu suchen. Jedenfalls fiele es uns dann nicht mehr schwer zu verstehen, warum der Baum symbolisch die Geborgenheit bei der Mutter (ontogenetisch, objektal), die Einheit mit sich selbst (subjektal) und die Geborgenheit in Gott (theologisch) bezeichnen kann: er kann es, weil er phylologenetisch ein realer Ort der Daseinsgeborgenheit war und die entsprechenden Erbkoordinationen noch heute bestehen. Nichts hindert, in der Abtrennung vom „Lebensbaum" (Gn 3, 22.24) einen Ausläufer von Erinnerungsspuren zu erkennen, die phylogenetisch aus einer Zeit stammen, da vor etwa 13 Millionen Jahren die Vorfahren des Menschen das Wagnis auf sich nehmen mußten, von den Bäumen ins Grasland hinabzusteigen, ein Schritt, den die heute lebenden Primaten (bis auf den Berge bewohnenden Pavian) wieder rückgängig gemacht haben und der zu all den spezifischen Merkmalen der biologischen Konstitution des Menschen geführt hat. (Vgl. C. S. Coon: Die Geschichte des Menschen, 23—25)

4. Die Schlange und die sexuelle Problematik
(Gn 3, 1—5.6—7)

Wir haben im vorhergehenden Abschnitt eine Erklärung für das eigenartige Motiv der „Sündenfallerzählung" gefunden, daß die Frucht an dem „Baum in der Mitte des Gartens" unter Androhung der Todesstrafe verboten werden kann und daß eine Übertretung dieses Verbotes mit der Ausweisung aus dem Paradies bestraft wird. Dabei hat aber das Motiv der Schlange noch gar keine Rolle gespielt, ebensowenig die Gestalt des Mannes. Die Frage ist daher zunächst, wie sich die Symbolik der Schlange verständlich machen läßt und in welcher Beziehung sie zur Frau und zum Mann steht. Da es die psa Deutungsmethode oft genug in Mißkredit gebracht hat, daß ihre Symboldeutungen, gestützt auf den empirischen Befund der Traumanalyse, bestimmte psychische Tatsachen postulierten, die nicht weiter begründet wurden und mithin als willkürliche Behauptungen erscheinen mußten, wird es ratsam sein, die Bedeutung der Schlange vorab im weiteren Umkreis der Mythologie zu untersuchen und erst nach Abschluß der mythologischen Deutung der Schlangengestalt die Frage aufzunehmen, welche psychischen Gegebenheiten die Schlangensymbolik geprägt haben und wie das Bild der Schlange psa zu dem Symbol des Baumes und zu dem Verhalten von Adam und der Frau im Paradies paßt.

a) Die naturmythologische Bedeutung der Schlange

> „... Es vergeht der Regen, sobald ihn
> der Vater Äther gestürzt in den Schoß
> hat der Mutter Erde vom Himmel".
> (Lukrez: De rerum natura, I 250—
> 251)

Das schier unübersehbare Gewimmel mythischer Schlangen lichtet sich in natur-mythologischer Betrachtung auf eine zunächst überraschend einfache Weise. Es muß nämlich auffallen, eine wie enge Beziehung die Schlangen zu den Phänomenen des Regens, der Wolkenbildung, des Gewitters, des Regenbogens, der Flüsse und Seen, des Wolkendunkels und der Nacht unterhalten. In einer sehr eindrucksvollen Mythe erzählen z. B. die südamerikanischen Guajiro-Indianer von der riesigen, überaus gefräßigen Schlange Mami, die an ihrem ganzen Leib die Augen der Tiere trägt — die seither nur noch zwei Augen besitzen —; damit Mami nicht die ganze Welt verschlingt, hatte der große Geist den Mond veranlaßt, Mami zum Himmel hinaufzuziehen; aber auch der Mond hat Angst vor der Schlange und versteckt sich manchmal hinter der Sonne. „Die vielen Augen von Mami aber schauen in der Nacht herunter auf die Erde. Manchmal verliert sie ein Auge, und dann fällt es (als Sternschnuppe, d. V.) vom Himmel." (F. Karlinger u. E. Zacherl: Südamerikanische Indianermärchen, 10) Die Schlange ist hier offenbar der dunkle, sternenübersäte Nachthimmel selbst, der bei seinem Auftauchen in der Tat alles verschlingt, d. h. verschwinden läßt; die Schlangengestalt wird dem Nachthimmel wohl besonders gern wegen des lang sich dahinschlängelnden Bandes der Milchstraße zugeschrieben worden sein. (Vgl. F. Karlinger u. E. Zacherl: a.a.O., 154, die Mythe der Mosetene)

I. Goldziher, der als erster die naturmythologische Interpretationsmethode auf das AT angewandt hat, wies daraufhin, daß insbesondere der Regen im Mythos als Schlange betrachtet werde, und meinte, der Grund dafür liege in dem Anblick der „Wassersäulen, wie sie sich schlängelnd zur Erde senken" (I. Goldziher: Der Mythos bei den Hebräern, 213); auch der Blitz, den die Regen- bzw. Gewitterschlange gebiert, kann als „flüchtige Schlange", als nḥš brḥ (Jes 27, 1; Job 26, 12—13) angesehen werden oder als fliegende Feuerschlange, als srp mˁpp (Jes 14, 29), deren Zischeln als Donner vernommen wird (I. Goldziher 212—213). Daneben kennt das AT die sich krümmende Schlange, den Livjathan (nḥš ˁqltwn), das Meeresungeheuer Rahab, mit dem Jahwe seine Kämpfe zu bestehen hat (Jes 27, 1).

Daher erscheinen in den Mythen die Schlangen gern als „die Beherrscher der Gewässer und Seen und die Spender des Regens", die man in seine Gewalt bringen muß, wenn man, wie der berühmte nepalesische Magier der Urzeit, Gorakh-nath, Dürre und Fruchtbarkeit des Landes beeinflussen will (M. Hermanns: Das National-Epos der Tibeter, 223).

Die große Schlange Noh chih chan als Spenderin des Regens und der Nahrung stand z. B. im Mittelpunkt der Religion der Maya. Man dachte sich Noh chih chan als auf dem Grund der Quelle hausend, die das Erdzentrum bildet und das Wasser aufbewahrt; dort ruhte sie während des Sommers, bis sie durch die magischen Künste des Priesters und durch blutige Vogelopfer geweckt wurde. Ähnlich der ägyptischen Apophis-Schlange, vermochte sie das Wasser zu spenden und zurückzuhalten und galt daher als „Gott der Fruchtbarkeit, des Regens und der Nahrung" schlechthin, mit dessen Leib sich die gesamte Organisation der religiösen Gruppe verglich (R. Girard: Die ewigen Mayas, 116). F. Anders meint, daß der Umstand, daß nach Regenfällen mehr Schlangen als sonst zu sehen sind, dazu beigetragen haben könnte, in den Schlangen regenspendende Wesen zu erblicken; jedenfalls bezeichnen die Chortis die Schlangen als die Chicchan, die das Wasser aus den Seen und Flüssen holen und nicht nur mit den Windgöttern in Verbindung stehen (F. Anders: Das Pantheon der Maya, 132; 140), sondern insbesondere auch mit Chac, dem Regengott, der auch der Gott des Windes, des Donners und Blitzes, der Fruchtbarkeit, des Ackerbaus und des Wachstums ist und einen Schlangenleib besitzt (F. Anders, 279—281). Der Regengott Chac wiederum ist aufs engste verwandt, ja identisch mit dem Himmelsgott Itzamna, den die Maya in Zeiten der Dürre um Regen bitten wie die Regengötter selbst. Itzamna ist ein Wesen, das Tag und Nacht, Licht und Dunkel, Leben und Tod in sich schließt. Als sein Bild gilt die mythische Wolkenschlange, der Himmelsdrache, dessen beide Häupter den Osten und den Westen, die Pforten zu Himmel und Unterwelt darstellen und dessen Leib das Himmelsgewölbe ist (F. Anders, 306—307). Die genaue Beobachtung der Stellung der Milchstraße und ihrer Beziehung zu dem periodischen Wechsel von Trocken- und Regenzeit hat bei den Chortis (ähnlich wie bei den Ägyptern die Apophis-Schlange) weiteren Anlaß gegeben, der Schlange eine zentrale kosmische Bedeutung zuzuerkennen: „sowohl von den Chorti-Priestern als auch in den Mythen wird sie (die Milchstraße, d. V.) mit einer gigantischen weißen Schlange verglichen", die zusammen mit der vielfarbigen Schlange des Regenbogens dem großen Gott des Unwetters untersteht. (R. Girard: Die ewigen Mayas, 255; 251)

Der Glaube an die Regenschlange scheint eine wahrhaft menschheitliche Religionsform gewesen zu sein und findet sich bei den südamerikanischen Indios des Chaco-Gebietes (vgl. K. A. Nowotny: Amerika, in: H. A. Bernatzik: Neue Große Völkerkunde, 889) ebenso, wie bei den Eingeborenen Afrikas und Australiens. Die afrikanischen Ewe beispielsweise glauben „an die ‚anyiewo', die ‚große Erdschlange', das ist der Regenbogen. Nach dem Regen erhebt sie sich zum Himmel und läßt an den Enden, wo sie auf der Erde ruht, kostbare Perlen zurück." (H. Baumann: Schöpfung und Urzeit des Menschen, 212) Die Murinbata im

NW des Nord-Territoriums von Australien erzählen von Kunmanggur, der Regenbogenschlange, die als eine Art allmächtiger Urvater über die Frauen, ihre Töchter, herrschte, bis sie nach einer Verwundung durch die Fledermaus Tjinimin im Meer versank und alles Feuer der Welt mit sich nahm. (R. Poignant: Ozeanische Mythologie, 124—126)

Im Mittelpunkt eines großen Fruchtbarkeitsrituals steht im NO des Arnhemlandes der Große Felspython oder die Regenbogen-Schlange Yurlunggur bzw. Julunggul, die von der älteren der beiden Wawalag- oder Wauwalak-Schwestern, den Manifestationen der Großen Mutter, zum Zorn gereizt wird, indem diese beim Wasserholen das unverletzliche Wasserloch Yurlunggurs mit ihrem Menstruationsblut verunreinigten. „Zornig erhob sich da Yurlunggur, und das Wasser ergoß sich über den Rand der Quelle und überflutete das Land — der Regen fiel." Die beiden Schwestern versuchten, die Regenfluten einzudämmen. „Sie sangen und tanzten ohne Unterlaß, aber immer, wenn sie eine Pause einlegten, rückte Yurlunggur ein Stück näher. Schließlich jedoch fielen sie in Schlaf, und die Felspython verschlang sie. — Wiederum stieg Yurlunggur zum Himmel auf, und mit ihm erhoben sich all die anderen Pythons aus den anderen Kultorten. Dort sprachen sie untereinander über den Ritus, der sie verband, und obwohl jede eine andere Sprache sprach, verstanden sich alle." Yurlunggur fiel wieder und wieder an den Orten seiner späteren Kultplätze nieder und erhob sich zum Himmel und spie dabei die verschlungenen Frauen und Kinder aus, die er erneut verzehrte und hervorwürgte, wenn sie von den grünen Ameisen zum Leben erweckt wurden (R. Poignant: Ozeanische Mythologie, 130—131).

Wie man sieht, erscheint die Schlange in den Mythen als Verkörperung des Regens und der Fruchtbarkeit der Vegetation; ja, sie kann, wie das letztgenannte Beispiel zeigt, zu einem Urbild und Garanten des Lebens der Natur in seinem ewigen Hervorbringen und Zurücknehmen überhaupt werden. Als ihr Aufenthaltsort dient die Quelle des Lebenswassers aller Welt, von wo sie durch die Verdunstung der Bodenfeuchtigkeit zum Himmel aufsteigt und im (Gewitter-)Regen wieder zur Erde herabkommt. Die Überschwemmungen, die von zu großen Niederschlagsmengen angerichtet werden, gelten als Folgen des verheerenden Zorns der großen Regenschlange.

Die gegenteilige Erfahrung, daß der heißersehnte Regen oft zu lange auf sich warten läßt und die Brunnen und Flüsse zu versiegen drohen, drückt sich in den Mythen gern so aus, daß eine Schlange, ein Frosch u. a. das Wasser zurückhält, bis ein Held mit dem Wassertier kämpft, wie in dem Kabylen-Märchen von dem Wuarssenkämpfer, das L. Frobenius aufgezeichnet hat (Atlantis, II 66—70; vgl. H. Baumann, 196—197), oder in dem Grimmschen Märchen von dem „Teufel mit den drei goldenen Haaren", oder wie in der griechischen Mythologie der Held Kadmos, der auf einer Vase in Paestum (4. Jh.) mit einem Wasserkrug in der Linken und mit einem Stein in der Rechten dargestellt wird, während er gegen die Schlange kämpft, welche die heilige Quelle am Platz des späteren Theben bewacht. (J. Pinsent: Griechische Mythologie, 56—57)

Da die Regenschlange die Fruchtbarkeit der gesamten Vegetation ermöglicht, wohnt sie, wie in der biblischen Erzählung, oft am Fuße des Welten- bzw. Lebensbaumes. Der Maya-Stamm der guatemaltekischen Chortis z. B. bringt die Wasserschlange Chan ha auf das engste mit dem Lebensbaum in Zusammenhang, dessen „Grün" auch „Wasser, Vegetation, Regen" bedeuten kann. (R. Girard: Die ewigen Mayas, 125) Auch auf den Darstellungen des mexikanischen Maisgottes erscheinen entsprechend die rankenden Blätter der Hauptnahrungspflanze in den Windungen des Schlangenleibes, die Schlange auf diese Weise mit der Fruchtbarkeit identifizierend (vgl. F. Anders: Das Pantheon der Maya, 42). Das Idol des Baumes, das zu Beginn der Regenzeit in Gestalt eines blätterverkleideten Kreuzes an der Quelle des Großen Gottes der Fruchtbarkeit errichtet wird, erinnert an den ersten grünen Baum der Welt, der in Xibalba, der Unterwelt der Maya, aus dem Haupt Hun Hunahpus, wie das Popol Vuh erzählt, die Jicara-Früchte hervorbrachte. (W. Cordan: Popol Vuh, 61; R. Girard, 126) Wie der Baum in der j Erzählung, sind auch die Früchte des Jicara-Baumes von den Herren der Unterwelt verboten, bis die Jungfrau Ixquic ihn ansieht und, trotz ihrer Angst, sterben zu müssen, die Hand ausstreckt, um von dem Speichel aus dem Haupt Hun Hunahpus das Zwillingspaar Hunahpu und Ixbalanque zu empfangen, das durch seinen Tod und seine Auferstehung die Macht der Herren des Totenreiches brechen wird. (Vgl. W. Cordan: Popol Vuh, 62—68) Die Verbindung von Schlange und Lebensbaum kommt besonders in einem Kreuz von Palenque zum Ausdruck; dessen „Querbalken enden in zwei Schlangenköpfen, und durch die vertikale Achse zieht sich ein Band, das in eine gespaltene Schlangenzunge übergeht" (Girard: Die ewigen Mayas, 236; vgl. I. Nicholson: Mexikanische Mythologie, 56—66).

Die dunkle Regennatur der Schlangen macht auch manche der zahlreichen Sonnenmythen verständlich, in denen die Sonne als Held mit den Schlangen der Dunkelheit kämpfen muß. So kennt z. B. die ägyptische Mythologie des Mittleren Reiches den ewigen Kampf der ungeheuren Apophis-Schlange gegen den Sonnengott Re, den sie besonders in den

Stunden der Nacht bedroht und bei seinem Untergang und Aufgang gar zu töten droht (vgl. B. van de Walle: Die Mythologie der Ägypter, in: P. Grimal: Mythen der Völker, I 57—58; V. Ions: Ägyptische Mythologie, 39—41); das Blut, das die Apophis-Schlange im Kampf verliert, färbt den Himmel zum blutigen Morgen- und Abendröt. (W. Helck: Die Mythologie der alten Ägypter, in: H. W. Haussig: Wörterbuch, I 338) I. Goldziher wies darauf hin, daß im Mythos die Zeitvorstellung noch sehr unterentwickelt sei und gegenüber den Eindrücken der äußeren Sinneswahrnehmungen gänzlich zurücktrete; so komme es, meinte er, „dass im Mythos Nachthimmel und Gewitter- oder Wolkenhimmel gleichbedeutend sind, denn nicht Tag und Nacht unterscheidet er (der Mythos, d. V.) als abwechselnde Zeitmomente, sondern bloß Helle und Dunkelheit als Erscheinungen." (I. Goldziher: Der Mythos bei den Hebräern, 54) Entsprechend erscheint die Regenschlange zugleich als Schlange der Nacht, die der Sonne in nie endender Feindschaft nach dem Leben trachtet und erst am Morgen von dem strahlenden Sonnenhelden besiegt wird.

Aber nicht nur vom Regen und von der Nacht wird die Sonne verdunkelt, sondern auch von Wind und Staub, und auch hier kommt es zu Kämpfen aller Art. Bekannt ist aus der griechischen Mythologie der Kampf der Schlange Typhon, die den Gott Zeus lähmt und ihn in einer Höhle unter der Bewachung seiner grauenvollen Schlangenschwester Delphyne gefangensetzt. (R. v. Ranke-Graves: Griechische Mythologie, I 118) Typhon „bedeutet . . . ‚betäubender Rauch'; sein Erscheinen kündet einen vulkanischen Ausbruch an." Das Ungeheuer galt wohl auch als ein Bild des „sengenden Schirokko aus der südlichen Wüste". (R. v. Ranke-Graves, I 119) Eines der monströsen Nachkommen des Typhon und seiner furchtbaren Gattin Echidne war die vielköpfige Wasserschlange Hydra, die zu Lerna am Eingang der Unterwelt lebte und von dem Sonnenhelden Herakles besiegt wurde. (R. v. Ranke-Graves, II 102—103) Die Schwester des Typhon, die Schlange Delphyne, hatte die Schlange Python zum Gemahl, die den „zerstörenden Nordwind" personifizierte; „Winde wurden gewöhnlich mit Schlangenschwänzen abgebildet". (R. v. Ranke-Graves, I 119; 152) In dieser Eigenschaft kommt der Schlange auch eine sexuelle Bedeutung zu; denn die Nordwindschlange befruchtet nach griechischem Glauben die Frauen oder vergewaltigt sie. (Vgl. R. v. Ranke-Graves, I 301; 151) Andererseits wurde Python als Gestalt der Todesmacht von der eifersüchtigen Hera entsandt, um ihre Rivalin Leto zu verfolgen, mit der Zeus seine Kinder Apoll und Artemis zeugte; die Schlange sollte dafür sorgen, daß Leto „nirgends, wo die Sonne schiene", entbinden könnte. (R. v. Ranke-Graves, I 46) Auch Apoll legte sich mit Python an, verfolgte die verwundete Schlange und tötete sie schließlich neben dem heiligen Spalt von Delphi, das seinen Namen von Delphyne, der Gemahlin des Ungetüms, herleitet. (R. v. Ranke-Graves, I 65) Im Kampf mit den Todesschlangen der Erdgöttin Hera steht schon als Kind der Held Herakles (R. v. Ranke-Graves, II 86), dessen Wesensähnlichkeit mit dem biblischen Sonnenhelden und Löwentöter Simson immer wieder auffallen muß. (Vgl. Goldziher, 128; 160) Ein „Dunkler Krieger" ist die Schlange (in Verbindung mit einer Schildkröte) auch in der chinesischen Mythologie, wo sie den Norden und den Winter personifiziert. „Das Wasser ist sein Element und Schwarz seine Farbe." (A. Christie: Chinesische Mythologie, 46; Abb. S. 47; 82—83)

All diese Schlangenverwandtschaften und Kämpfe zeigen die Schlangen in Verbindung mit dem Dunkel der Wolken und des Sturms, der Nacht und des Regens, des Wassers und der Felshöhlen; als ihr Widerpart erscheint ein solarischer Held, der Sonnengott selbst oder, wie in dem hethitischen Mythos von dem Schlangenungeheuer Illuyanka, der Wettergott von Nerik, der, anläßlich des Festes des purulli, des Neujahrsfestes (?), das Drachenwesen besiegt. (M. Vieyra: Die Mythologie der Sumerer, Babylonier und Hethiter, in: P. Grimal, I 130; E. v. Schuler: Die Mythologie der Hethiter und Hurriter, in: H. W. Haussig: Wörterbuch, I 177—178) Wenn umgekehrt in den Mythen die Regen- oder Gewitterschlange siegt, so beißt sie den Sonnenheros oder verschlingt ihn vollends; gleichwohl gelingt ihr ebensowenig ein endgültiger Sieg wie der Sonne, und der Zweikampf ist so unauflöslich wie das wechselvolle Ringen zwischen der Schlange und der Nachkommenschaft der Frau in Gn 3, 15. Daß auch die Bibel das gegenseitige Treten und Beißen zwischen der Schlange und ihrem Gegner vom Kampf der Dunkelheit gegen das Sonnenlicht verstehen kann, zeigt die Wendung von Ps 139, 11: „Die Finsternis wird mich beißen und die Nacht das Licht von mir (fortbeißen)"; ähnlich Job 9, 17. (vgl. I. Goldziher, 213)

Wahrscheinlich dürfte die Vorstellung von L. Frobenius zutreffen, daß die Mythen vom Kampf der Finsternis gegen das Licht zunächst nur am Wechsel der Tages- und Wetterereignisse abgelesen sind. Sie werden dann jedoch, wie die Verknüpfung mit bestimmten Neujahrsriten zeigt, auf die Jahreszeiten übertragen, „indem die Geburt (des Sonnengottes, d. V.) in den Frühling, der Untergang... vom Herbst beginnend in den Winter gelegt wird. Des weiteren kann aber auch noch eine Projektion vom Morgen in den Urbeginn der Dinge gelegt werden."

(L. Frobenius: Das Zeitalter des Sonnengottes, 45) Die Schlange, der Seedrache, das Unterweltungeheuer, das dunkle Wasser erscheint dann als eine Art chaotischen Urstoffs, als eine mythische materia prima, aus welcher der Weltenschöpfer durch Zerstückelung die Erde, den Kosmos formt.

Diese Anschauung „des von dem Demiurgen besiegten Ungeheuers, dessen zerstückelter Leib Himmel und Erde bildet" (P. Grimal, I 88), ist ebenso universal wie das Motiv des Weltenbaumes. Wir begegnen dieser Mythe in der babylonischen Erzählung von dem Kampf Marduks gegen die Tiamat (vgl. aber einschränkend P. Garelli u. M. Leibovici: Akkadische Schöpfungsmythen, in: Quellen des alten Orients, I 122—124) ebenso wie in der indischen Überlieferung von Indra, der den Dämon tötet, weil er das Wasser zurückhält (vgl. J. Herbert: Die Mythologien der Inder, in: P. Grimal, II 89—91), oder in den Kämpfen des Perseus gegen das Seeungeheuer (vgl. R. v. Ranke-Graves, I 217) um den Besitz der Andromeda (Ischtar, Aphrodite). Das bekämpfte Ungeheuer, das die Fruchtbarkeit des Wassers zurückhält und den Tod bringt, kann dabei, in abstrakter Weise, schließlich mit der Trockenheit überhaupt gleichgesetzt werden, mit einer Hexe, die alles Wasser getrunken hat (vgl. H. Baumann, 197), oder mit einem Unterweltgott, der Dürre und Tod bringt.

So wohnt in der ugaritischen Mythologie der Gott Mot zwar in ḥmrj, was (vgl. Ps 140, 11: mhmrwt) sovie bedeuten dürfte wie „wäßrige, morastige Tiefe" (M. H. Pope u. W. Röllig: Die Mythologie der Ugariter und Phönizier, in: H. W. Haussig: Wörterbuch, I 301), aber er gilt als Gott der Unfruchtbarkeit, der in Todfeindschaft dem Himmelsgott des wohltätigen Regens, Baal, gegenübertritt.

Die geographischen Unterschiede in der Erfahrung der Herkunft des Wassers und seiner Wirkungsweise geben naturgemäß zu allen möglichen Abwandlungen des Schlangenmotivs Anlaß und können es auch so erscheinen lassen, daß die alles pflanzliche Leben verschlingende Erdschlange das Grundwasser zurückhält, während der Himmels- bzw. Sonnengott, indem er die Wolken herbeiholt, den fruchtbaren Regen bringt. Das Motiv des verschlingenden, des rachengähnenden Ungeheuers (vgl. gr. Chaos von chaino — den Mund aufsperren) wird dann für das Schlangenmotiv offenbar ausschlaggebender als die Gestalt der sich windenden Regensäule oder des sich hinstreckenden Regenbogens. Die einzelnen Motive der Schlangenmythologie werden je nach ihrem kulturellen Kontext variiert und neu kombiniert, was ihre Deutung so interessant, aber auch so schwierig macht.

76

Die spekulativste Auffassung der Schlange findet sich wohl in der Gestalt des ägyptischen Gottes Atum, der als Personifikation des vorzeitlichen Chaos gilt, aus dem alles Seiende hervorgeht; am Ende der Tage wird Atum, wie er im Totenbuch (Kap. 175) dem Osiris erklärt, sich wieder in die Urschlange zurückverwandeln. Das Dunkel der Nacht, in dem alle Dinge verschwinden, wird hier reflektiert als das Dunkel des gähnenden Nichtseins, dessen Darstellung wiederum die Schlange ist. (W. Helck: Die Mythologie der Ägypter, in: H. W. Haussig: Wörterbuch, I 340—342; vgl. 332) Nun wurde zwar Atum in der Theologie von Heliopolis mit dem Sonnengott Re gleichgesetzt; aber auch so entsteht Atum aus Nun, dem Vater der Götter, der von vier frosch- und schlangenköpfigen Göttern, welche die Mächte des Chaos repräsentieren, umgeben wird (V. Ions: Ägyptische Mythologie, 37); die Schlangen des Nun sind zweigeschlechtlich und Zeichen des undifferenzierten Nicht- oder Noch-nicht-Seins. Eine gewisse Ähnlichkeit zur Schlange des Nicht- seins weist auch die nordische Mittgartschlange auf, die erdumgürtende, die ein Bruder des sonnenverschlingenden Fenrirwolfes ist und von Thor auf seiner Ostfahrt leider nur beinahe getötet worden wäre. (Vgl. F. Genzmer: Die Edda, II 20—21; das Hymirlied 23—25)

Gleichwohl sind die Identifikationen der Schlange mit dem Nichtsein, dem chaotischen Urstoff, dem Winter, der Trockenzeit oder dem sonnen- verdunkelnden Strumwind wohl schon abgeleitete Bedeutungen. Ursprüng- lich wurde die Schlange offenbar nur mit der Nacht und der Dunkelheit ineins gesetzt, und so trat sie oft in eine besondere Beziehung zum Mond. E. Siecke, der Hauptverfechter der Mondmythologie, meinte, daß vor allem „der Mond (in seiner schmalsten Form) sehr häufig als Schlange aufgefaßt wurde" (E. Siecke: Hermes der Mondgott, 89), wobei aber nicht nur die äußere Ähnlichkeit der Gestalt, sondern mehr noch „das große himmlische Wunder der Mond-Vernichtung und Wiedererneue- rung" (E. Siecke, 88) für diese Auffassung maßgebend gewesen sein dürfte, schrieb man doch gerade der Schlange die Fähigkeit zur Selbst- erneuerung (im Abstreifen ihrer Haut) zu. Indem die Schlange mit dem Mond verschmilzt, verbindet sie sich aber auch vor allem mit dem Kult der Großen Himmels- und Erdgöttin, wobei die Schlange bzw. Kröte mit der Menstruation in Beziehung tritt (vgl. E. Stucken: Astralmythen, 392—393).

Von den Schlangen der griechischen Göttin Hera war bereits die Rede; es bleibt aber nachzutragen, daß Hera, wie sich aus der Religion von Argos erschließen läßt, eine dreifaltige Mondgöttin war, die die drei Mondphasen, die drei Schwestern zahlloser Märchen und Mythen, in sich schloß (vgl. K. Kerényi: Zeus und Hera, 98); die Zeit des Neumondes galt als Feier der Hochzeit der Hera in Argos (K. Kerényi, 106). Auf den Mondcharakter der Göttin deutet besonders die Redeweise Homers von der „kuhäugigen" und „weißarmigen" Hera hin, denn die Hörner des Rindes galten als ein Symbol der Mondsichel und die Arme als die weißen Strahlen des Mondes. Das Reinigungsbad, in dem die Mondgöttin Hera ihre Jungfräulichkeit wiedererhält (vgl. K. Kerényi, 102), ist ein Motiv, das in den Märchen gern so wiedergegeben wird, daß das Mondmädchen sein fleckiges und dunkles Staub- oder Tiergewand ablegt, um im Brunnen seine vollendete Schönheit zu erneuern oder sich dem heimlichen Nachtgeliebten, der Sonne, im Verborgenen zu offenbaren, wie z. B. in dem Grimmschen Märchen von der „Gänsehirtin am Brunnen" (vgl. ähnlich L. Frobenius: Atlantis, II 171—176, die Geschichte von den Taubenfrauen). Die Vollmondzeit galt mancherorts in Griechenland als Zeitpunkt der Hochzeit und des Festes der Hera Teleia, der „vollendeten Hera" (K. Kerényi, 99).

Der Zusammenhang zwischen dem Mond und der Gestalt der Frau als Himmelsgöttin, auf den wir hier stoßen, liegt wohl in der auffallenden Übereinstimmung der weiblichen Periode mit den Phasen des Mondes. So bringt z. B. ein Mondmythos der nordwestpazifischen Heiltsuk von der Tötung des Ehebrechers und seiner Frau miteinander in Verbindung: den Neumond, die Tötung der ehebrecherischen Frau (Kastration?) und die Menstruation. (Vgl. F. Boas: Indianische Sagen, 235) Die Monatsblutung der Frau heißt bei den Quiche-Mayas „Das (Blut) vom Mond"; bleibt es aus, so kommt nach neun Monaten ein Kind zur Welt, das man den „Neunmondemann" nennt. Gezeugt werden durfte nur in Neumondnächten, „eine Gewohnheit, an der noch heute die Lacandonen festhalten." (W. Cordan: Popol Vuh, 183) Auch diese Praxis war offenbar weltweit verbreitet; man findet sie gleichermaßen bei den Eingeborenenfrauen der Wemale auf der Molukkeninsel Ceram, die sich während der Menstruation, wie der Neumond, drei Tage lang verborgen halten sollen und die in der Tat ihre Periode angeblich meistens bei Vollmond oder Neumond haben. (Vgl. K. Kerényi: Zeus und Hera, 127)

Als Mondwesen kann die Schlange in einen mythischen Kampf mit dem Adler, dem Wesen des Sonnengottes, geraten, wie es der akkadische Mythos von Etana erzählt, der den von der Schlange in einer Höhle gefangenen Adler befreit und von diesem zum Himmel, zu dem vermeintlichen Ort der Geburtspflanze, getragen wird. Die Schlange hatte den Adler eingefangen, indem sie sich in einem toten Wildochsen versteckte (vgl. R. Jockel: Götter und Dämonen, 58—60), ähnlich wie in Gn 15, 9—12 Abraham die Sonne offenbar mit Hilfe getöteter Tiere als Köder einfängt (vgl. auch Simson und die Bienen in dem getöteten Löwen, Ri 14, 6.8—9). Das Motiv vom Kampf der Mondschlange gegen den Sonnenadler ist auch in der südarabischen Mythologie belegt. (Vgl. M. Höfner: Südarabien, in: H. W. Haussig: Wörterbuch, I 488)

In vielen Fällen wird sich auch die alte Hypothese von E. Siecke erhärten lassen, daß das mythische Motiv vom Drachenkampf ursprünglich den abnehmenden und wiederauferstehenden Mond bezeichne und erst nachträglich auf die Sonne übertragen worden sei. Die Schlange bzw. den Drachen mit den drei, sieben oder neun Köpfen in den Mythen und Märchen deutete Siecke als den schwarzen Teil des Mondes, der zunächst durch einen heimtückischen Biß die Lichtgottheit, z. B. Eurydike, töte oder verschlinge, dann aber, nach den drei Tagen der Unsichtbarkeit des Neumondes, von dem wiedererscheinenden Mond besiegt werde (E. Siecke: Drachenkämpfe, 8, 9); die Neunzahl in der Mondmythologie erklärt sich aus den drei je 9 Tage dauernden Mondphasen (vgl. G. Hüsing: Die iranische Überlieferung und das arische System, 17); zwar ist auch die 7 eine alte Mondzahl, sie setzt aber schon das Sonnenjahr voraus (G. Hüsing: Die iranische Überlieferung und das arische System, 18). In der Form des Drachenkampfes ist der Mondmythos z. B. in die Legende vom hl. Georg eingegangen, der am 9. Tag bei der Stadt Silena, die deutlich an das griechische Wort für den Mond erinnert, den Drachen in einem See vom Pferd aus tötet und die Tochter des Stadtkönigs rettet (vgl. R. Benz: Die Legenda aurea, 301—303).

Insgesamt unterschied Siecke vier Formen der Schlangenkampferzählungen: in der älteren Fassung sei der siegreiche Lichtgott der helle Mond, der das schwarze Ungetüm vernichte, welches den Mond (in seinen abnehmenden Phasen) zerstückele und verschlinge; in einer späteren Fassung sei diese Heldentat dem Sonnengott zugeschrieben worden, der, etwa wie Herakles, in 12 heroischen Werken während eines Jahres die Aufgabe der Mondtötungen zu bestehen habe. Indem man in dem wiedererscheinenden Mond gern ein weibliches Wesen sah, konnte die Schlangenkampfmythe auch so erzählt werden, daß der Held (der Sonnengott) eine Jungfrau (den neuen Mond) aus der Herrschaft des Schlangenungeheuers (der dunklen Mondphase) befreit; von den abgeschlagenen Drachenköpfen, die man für unsterblich hielt, glaubte man, daß sie sich (in den Sonnen- und Mondfinsternissen) an Sonne und Mond noch zeitweise zu rächen suchten (vgl. E. Siecke: Drachenkämpfe,

79

9—11). Entsprechend wäre auch die Schlange der „Sündenfallerzählung" nach Siecke als der dunkle Teil des Mondes bzw. als die schlangenhaft gekrümmte Mondsichel zu deuten, die den Apfel der Hesperiden, den goldenen Mond, vom Weltenbaum zu stehlen trachtet bzw. die Aufgabe hat, denselben zu bewachen (das Motiv der Schätze behütenden Schlange). (Vgl. E. Siecke: Drachenkämpfe, 93)

Das Wunder der Mondverdunkelung und Monderneuerung konnte mythisch auch so verstanden werden, daß der Mond sein „goldenes Vlies" ablegt bzw. (wie in den Grimmschen Märchen vom „Bärenhäuter", von der „Gänsehirtin am Brunnen" oder von „Allerleirauh") seine dunkle Haut überstreift; auch diese „Häutungen" machten den Mond der Schlange verwandt und legten es nahe, den Mond und die Schlange in der Bedeutung des Todes und der Wiederauferstehung miteinander zu identifizieren. (Vgl. H. Baumann: Schöpfung und Urzeit, 305) Daß diese Vorstellungen in gleicher Weise auch von der Sonne gelten konnten, zeigt die berühmte ägyptische Uräus-Schlange, welche auf den Darstellungen die Sonnenscheibe umgibt und das Haupt des Pharaos als Sohn des Sonnengottes ziert, ihn damit zugleich als Herren über Tod und Leben ausweisend. (Vgl. V. Ions: Ägyptische Mythologie, 24)

Mitunter werden der Mond und die Schlange unmittelbar miteinander identifiziert. In der Mythologie der afrikanischen Songe z. B. (L. Frobenius: Atlantis, XII 182) treten die Schlangen als Verbündete des Mondes auf, während die oft zum Leben erweckenden Ameisen der Sonne zugeordnet sind. „Die Ngala am mittleren Kongo glauben, daß der Mond früher eine Python war und auf Erden lebte. Jäger fingen sie in einer Schlinge. Da wurde es dunkel und finstere Nacht. Als sie freigelassen wurde, sprang sie als Mond für immer an den Himmel." (H. Baumann: Schöpfung und Urzeit, 300) Baumann meint, „daß im Osten und Süden Afrikas die Assoziation Mond-Schlange-Tod besonders lebendig wird und zwar im Rahmen des intensiven Totenkults, dem die Ideen der Unterweltahnen und Ahnenschlangen zugrunde liegen. Die Ahnen verursachen vielfach, ähnlich wie die Weltschlange der Unterwelt, das Erdbeben." (a.a.O., 300) Zu erinnern ist auch an die Schlangen des australischen Mondgottes Balu, von denen wir bei der Motivgeschichte zu Gn 3, 1—7 im 1. Bd. der vorliegenden Arbeit erzählt haben. (I 38) Tod und Ahnenglaube, das Leben und Sterben im Schoß der Erdmutter und Mondgottheit, werden hier mit der Schlange verbunden, wobei die Schlangen oft selbst als Seelentiere, als Lebenbringer und Totenwesen, als Geleiter über das Todeswasser der Unterwelt gelten; ihre phallische

80

Symbolik macht sie zu befruchtenden Überbringern der Geisterseelen und Trägern neuen Lebens.

In Verbindung mit der Mondgöttin kann die Schlange eine Welt repräsentieren, in der das weibliche Element die „Göttin aller Dinge" ist, wie es der pelasgische Schöpfungsmythos noch von der „weit wandernden" Großen Göttin des Mondes, von Eurynome, erzählt, die sich nackt aus dem Urzeitchaos erhebt und nach der Trennung von Himmel und Erde, um sich zu wärmen, auf dem Wasser tanzt; sie reibt den Nordwind zwischen den Händen und es entsteht Ophion, die große Schlange, die, von ihrem Tanz lüstern geworden, sich mit der Göttin paart. In Gestalt einer Taube bebrütet Eurynome das Weltei, um das sich Ophion windet, bis die bestehende Welt ihm entspringt. Als aber auf dem Olympos die Schlange behauptet, der Schöpfer zu sein, tritt Eurynome mit der Ferse auf ihren Kopf, daß ihr die Zähne ausgeschlagen werden, und verbannt sie in die dunkle Höhle der Erde. (R. v. Ranke-Graves, I 22—23) Die Schlange erscheint hier als ein schöpferisch-phallisches Prinzip der Selbstbegattung der Großen Göttin. Das Weltbild, dem die Schlange in zahlreichen mythischen Erzählungen dieser Art zugehört, kennt weder Götter noch Priester, sondern nur die Große Göttin und ihre Priesterinnen, deren angsterfüllte Opfer die Männer waren. Die Empfängnis der Frau bedarf infolge der Unkenntnis der wirklichen Zusammenhänge noch nicht der Mithilfe des Mannes, eine Anschauung, der B. Malinowki noch um 1915 auf den Trobrianden begegnete (B. Malinowski: Baloma, in: Magie, Wissenschaft und Religion, 208—224) und derzufolge der Tätigkeit des Mannes nur eine mechanische, öffnende Funktion für das Eindringen der reinkarnierenden Geister zukommt. (Vgl. R. v. Ranke-Graves, I 23) Das Treten Eurynomes nach dem Kopf der Ophion-Schlange bildet einen weiteren Kommentar für die mögliche Bedeutung von Gn 3, 15; es scheint sich hier etwas von der ursprünglich absoluten Überlegenheit der Magna Mater über den Mann, der in der phallischen Schlange erscheint, anzudeuten.

Die Frau mit der Schlange, die sich selbst befruchtende oder von der Nordwindschlange schwangere Mondgöttin, das Bild von der Großen Göttin mit mannweiblichen Zügen, scheint eine der ältesten Vorstellungen der Menschheit von dem Geheimnis der Fruchtbarkeit des Lebens gewesen zu sein. (Vgl. E. Neumann: Zur Psychologie des Weiblichen, 59—101) R. v. Ranke-Graves meint, religions- und kulturhistorisch habe erst die Entdeckung der wesentlichen Rolle des männlichen Genitales beim Zeugungsakt diese Vorstellung aufgelöst und den Phallus selbst —

und mit ihm die männliche Schlange und das Bild der Sonne — zum Symbol der Fruchtbarkeit schlechthin gemacht; nach dieser geistesgeschichtlichen Wende habe anfangs die „Stammesnymphe oder Königin" als Verkörperung des Mondes sich für ein Jahr aus ihrem Gefolge den Liebhaber gewählt, „um ihn dann, bei Jahresende, zu opfern: Er war (jetzt, d. V.) eher ein Symbol der Fruchtbarkeit als der Gegenstand ihrer Lust. Sein Blut wurde versprengt, um Bäume, Getreide und Vieh zu befruchten, und sein Fleisch wahrscheinlich roh vom Nymphengefolge der Königin verzehrt ... Die Prinzengemahle hatten nur dann Befehlsgewalt, wenn ihnen die Erlaubnis der Königin zuteil wurde, deren magische Gewänder zu tragen. So begann das Heilige Königtum, und obwohl die Sonne das Symbol der männlichen Fruchtbarkeit wurde — des Königs Leben war ja mit ihrem Lauf durch die Jahreszeiten identifiziert worden —, so blieb sie doch unter der Aufsicht des Mondes; wie auch der König, wenigstens theoretisch, noch lange nach der matriarchalischen Ära unter der Leitung der Königin blieb" (R. v. Ranke-Graves, I 13—14).

Ein Mythos, der als ein recht illustratives Beispiel für die Vorstellung von der Frau mit dem Phallus und auch für den Übergang der Frauenherrschaft auf den Mann gelten kann, ist die Erzählung der Wulamba im NO des Arnhemlandes von den Djanggawul-Schwestern, die mit Hilfe der heiligen Rangga, phallischen Symbolen, Yams und Bäume anzupflanzen vermögen; der Dianggawul-Bruder achtet darauf, daß sie stets schwanger sind. Die Schwestern „stellen eine doppelte Manifestation der Fruchtbarkeitsmutter dar" und haben solange eine führende matriarchalische Stellung inne, bis ihr Bruder mit seinen Gefährten ihnen die heiligen Gegenstände stiehlt und die Macht des Rituals an die Männer übergeht. „Zu Beginn der Reise (der Djanggawul-Schwestern, d. V.) hatten die Frauen lange Genitalien, so daß sie in gewisser Weise das männliche und zugleich das weibliche Prinzip in der Natur verkörperten; im weiteren Verlauf aber verkürzte der Bruder diese, und die Stücke wurden heilige Rangga. Nach dem Diebstahl der Kultgegenstände bezeichnete eine letztmalige Verkürzung die endgültige symbolische Verschiebung der Macht an den Bruder; nun sind sie wie ‚richtige Frauen'." (R. Poignant: Ozeanische Mythologie, 130) Dieser Mythos zeigt nicht nur die allmähliche Machtverschiebung von der matriarchalischen zur patriarchalischen Seite, wie wir sie auch in Gn 3, 16b vermuten dürfen, sondern er enthält vor allem die besagte Vorstellung von der alle Fruchtbarkeit verkörpernden mannweiblichen Urmutter und die psa bemerkenswerte Auffassung von der Frau als einem kastrierten Mann;

die Macht der Männer gründet sich entsprechend auf die „Beschneidung" der ursprünglichen Allmacht der Großen Mutter.

Als unmittelbare Repräsentanten der Erdgöttin treten die Schlangen mitunter als weiblich-schlangenhafte Mischwesen auf. Auf dem Felsrelief von Mahabalipuram in Südindien z. B. sehen wir eine Schlange mit weiblichem Oberkörper dem Helden Bhagiratha ihre Verehrung darbringen (vgl. Abb. 1; H. Zimmer: Indische Mythen und Symbole, 126—136). Auf ein Wesen, halb Frau, halb Schlange trifft der griechische Held Herakles, als er im Waldland Hylaia nach dem Vieh des Geryon und nach seinen Wagenstuten sucht; die schlangenschwänzige Frau macht dreimal Herakles (nach anderen Fassungen den Zeus) zu ihrem Liebhaber und gebiert drei Söhne, darunter den Skythes, den Ahnherrn der skytischen Könige, die den Bogen spannen können wie Herakles und den Gürtel mit einem goldenen Pokal tragen wie er. Die Erdgöttin tritt hier selbst als Schlangenfrau auf. (R. v. Ranke-Graves, II 133—134; 138)

Die Frau mit der Schlange kann unter Beimischung stark sexueller Komponenten als Göttin der Fruchtbarkeit und der Liebe schlechthin gelten, wie z. B. die kanaanäische Göttin Kadesch, die in der 19. Dynastie auch in Ägypten nicht selten erscheint. „Sie wird als Liebesgöttin, nackt, auf einem Löwen (der Sonne?, d. V.) stehend und zwei Schlangen in den Händen haltend, dargestellt. Sie wird dabei der Hathor angeglichen … Ihr Name dürfte mit den gleichbenannten Tempelprostituierten Palästinas zusammenzubringen sein." (W. Helck: Die Mythologie der alten Ägypter, in: H. W. Haussig: Wörterbuch der Mythologie, I 372) Ähnlich ist die berühmte Darstellung der kretischen „Schlangengöttin" zu verstehen, die im kleinen Palast von Knossos (1600 v. Chr.) gefunden wurde und von der nicht sicher ist, ob sie eine Göttin, Königin oder Priesterin darstellt; es handelt sich um die Darstellung einer Frau, die Schlangen in ihren Händen trägt und im charakteristischen Gewand kretischer Frauen am Hof gekleidet ist: mit entblößter Brust, Schnürtaille und einem fußlangen Rock. (Vgl. D. E. Strong: Welt der Antike, 25; Abb. 14)

Ihre Affinität zu den Kulten der Mond- und Erdgöttin befähigt die Schlange, die widersprüchlichen Aspekte des Lebens in seinem Entstehen und Vergehen, in seinem an die periodischen Wechsel des Mondes gemahnenden Wachsen und Schwinden auszudrücken und den grausamen Aspekt der griechischen Unterweltgöttin „Persephone" (der „phonos"-„Zerstörung" Bringenden; R. v. Ranke-Graves, I 81) ebenso in sich aufzunehmen wie den Aspekt des Lebens und der Fruchtbarkeit der griechischen Demeter. Mond und Schlange werden so zu Bildern und Garanten des Lebens, das sich im Tode erneuert.

Die Schlange kann daher (wie die Rangga der Djanggawul-Schwestern) zum geeigneten und vorzüglichen Instrument werden, um den Acker zu bebauen. In dem eleusinischen Mythos der von Hades entführten Kore-Persephone erhält z. B. ein gewisser Triptolemos neben dem notwendigen Saatgut einen hölzernen Pflug und einen von Schlangen gezogenen Wagen; er selbst gilt als Lehrmeister des Ackerbaus und trägt seinen Namen („der dreimal Wagende") wohl deswegen, weil er es als „Heiliger König" dreimal wagte, das Feld zu pflügen und die Weizen-Priesterin zu lieben. (Vgl. R. v. Ranke-Graves, I 80; 82) Kore, Persephone und die Göttin Hekate, die den dreimonatigen Aufenthalt der Kore in der Unterwelt als Persephone und ihren neunmonatigen Verbleib bei der Göttin Demeter überwacht, stellen insgesamt als heilige Dreiheit die Stufen des menschlichen Lebens wie der Fruchtbarkeit des Ackers in Form des grünenden Getreides (des jungen Mädchens), der reifen Ähre (der Nymphe, der Frau) und des abgeernteten Korns (des alten Weibes) dar; sie bilden gewissermaßen die matriarchale Trinität der Ackerbaukultur. (R. v. Ranke-Graves, I 80) Die Frau mit der Schlange, die Eva des Paradieses, ist somit der vollkommene Ausdruck einer in sich geschlossenen allmächtigen Schöpfermacht, die auch im Bild des Ouroboros, des seinen eigenen Schwanz fressenden Drachen, dargestellt werden kann, der seinerseits als Archetyp der Frau gilt (vgl. E. Neumann: Zur Psychologie des Weiblichen, 13—14). Frau und Schlange im Paradies können daher einander vertreten, wie die spätjüdische Erzählung von Lilit, der ersten Frau Adams, zu berichten weiß; nicht eigentlich die Schlange, sondern Lilit erscheint hier als Prinzip des Bösen, das nach Adam Verlangen trägt (M. J. bin Gorion: Die Sagen der Juden, 82—85). In dem Bild des Schlangenweibes liegt, wie Hermann Hesse von der „Mutterwelt" einmal gesagt hat, eben nicht nur „ein hohes Glück", nicht nur „alles Holde" und Tröstende, — in ihm liegt „irgendwo unter anmutigen Hüllen, auch alles Furchtbare und Dunkle, alle Gier, alle Angst, alle Sünde, aller Jammer, alle Geburt, alles Sterbenmüssen." (H. Hesse, Narziß und Goldmund, 63)

Aber nicht nur die Gabe des Todes und der Fruchtbarkeit der Großen Göttin eignet der Schlange, sondern ebenso das geheimnisvolle Wissen der in der Tiefe verborgenen Wahrheiten. Schon die bereits erwähnte Schlange in der Orakelstätte von Delphi verweist auf die göttliche Weisheit der Schlange, die der Großen Mutter eigen ist. „Alle Orakel unterstanden ursprünglich der Erdgöttin." (R. v. Ranke-Graves, I 161)

Zugleich erscheint hier wiederum ein gewisser Zusammenhang der Schlange mit dem Baum, indem beide die Magna Mater verkörpern; denn es sind bevorzugt heilige Bäume, in deren Raunen die Erdgöttin ihr Orakel den Sterblichen mitteilt: etwa die Orakeleiche zu Dodona, die Orakeleiche zu Mamre oder die Orakel-Akazie der Ischtar, die von den Israeliten übernommen werden. (Gn 18, 1; 1 Kg 14, 15; vgl. R. v. Ranke-Graves, I 161) Das Motiv der königlichen Weisheit der Schlange erscheint auch z. B. in dem Grimmschen Märchen von der „Weißen Schlange", deren Verzehr die Fähigkeit vermittelt, die Sprache der Tiere zu verstehen. Hebräisch bedeutet nḥš (Schlange) auch „wahrsagen".

Zur Weisheit der Schlange gehört insbesondere der Besitz heilbringender, lebenspendender Kräuter und Mittel gegen den Tod, besitzt sie doch, wie der Mond, die geheimnisvolle Fähigkeit zur Selbsterneuerung. So versteht Asklepios sich auf die heilende Kraft des Blutes der Gorgo Medusa, das in den Händen Athenes als tödliches Gift wirkt (vgl. R. v. Ranke-Graves, I 155); das Blut aus dem Haupt der Medusa aber, das von Perseus vergossen wurde, erzeugt seinerseits im Wüstensand einen Schwarm giftiger Schlangen. (R. v. Ranke-Graves, I 216) Zeus selbst versetzt das Bild des Asklepios als heilende Schlange an den Himmel. „Die Schlangenform des Asklepios . . . zeigt, daß er ein Orakel-Heros war. Mehrere gezähmte Schlangen wurden in seinem Tempel zu Epidauros . . . als Symbol der Erneuerung gehalten, denn Schlangen werfen ihre Haut jedes Jahr ab" (R. v. Ranke-Graves, I 158). Auch hier besteht vielleicht eine Beziehung zwischen der Schlange und dem Symbol des Baumes, insofern der Name des Asklepios eventuell auf die Eiche bzw. die Mistel hinweist. (R. v. Ranke-Graves, I 157)

Beispiele für die heilende Wirkung der todes- und lebensmächtigen Schlange gibt es übergenug. Von einer Schlange geheilt wird z. B. Glaukos, der Sohn des Minos, der in einem Bottich mit Honig ertrunken ist. Minos läßt Polyeidos von Argos in der Grabkammer des Knaben mit einem Schwert in der Hand einschließen. In der Dunkelheit des Grabes sieht Polyeidos, „wie sich eine Schlange dem Körper des Knaben näherte. Mit seinem Schwert tötete er sie. Da kroch eine zweite Schlange heran. Als sie ihren Genossen erschlagen fand, verschwand sie und kehrte kurz darauf mit einer magischen Pflanze in ihrem Munde zurück. Diese Pflanze legte sie auf den toten Körper. Langsam kehrte das Leben in diesen zurück." Als Polyeidos das gleiche Kraut auf den toten Glaukos legt, fängt auch dieser wieder an zu leben. Minos läßt daraufhin Polyeidos erst nach Argos zurückkehren, als er Glaukos die Wahrsagekunst gelehrt hat. (R. v. Ranke-Graves, I 276) Diese Erzählung hat nicht nur eine gewisse Parallele zu dem Raub des Lebenskrautes durch die Schlange im Gilgamesch-Epos (XI 287—296), sondern wirkt auch offenbar in dem Grimmschen Märchen „Die drei Schlangenblätter" nach, wie auch die Bechsteinschen Märchen von dem „Natterkrönlein", der „Schlange Hausfreund". „Siebenhaut" oder von der „Schlangenamme" die Schlange als Glücksbringerin und Lebensretterin preisen. (Vgl. J. Grimm: Deutsche Mythologie, II 571—573) Eine ähnlich zerstörende wie heilende Funktion üben die Schlangen in Nu 21, 4—9 aus; das Bild der ehernen Schlange an dem Pfahl ist ein Symbol, das sich sowohl auf die Paradiesesszene als auch auf das christliche Bild des Kreuzes beziehen läßt.

Es verdient jedoch Beachtung, daß die Fähigkeit, zu heilen und Leben zu schenken, den Schlangen nicht erst mittelbar, durch den Kult der Großen Göttin, zukommt, sondern direkt mit ihnen als Verkörperungen des lebenspendenden Wassers verknüpft ist, so daß diese Eigenschaft sie von vornherein dem Wesen des sterbenden und auferstehenden Mondes verwandt macht. So wird in der ägyptischen Mythologie die Göttin Kebechet als Tochter des Bestattungsgottes Anubis in Schlangengestalt dargestellt und verehrt als die Personifikation des reinigenden Wasserübergusses, der als belebend galt und daher im Begräbnisritual eine Rolle spielte. „In den Pyramidentexten erscheint sie (Kebechet, d. V.) als Helferin beim Himmelaufstieg des Königs, woraus zu erkennen ist, daß die Übergießung mit Wasser als Hilfsmittel dafür angesehen wurde." (W. Helck: Die Mythologie der alten Ägypter, in: H. W. Haussig: Wörterbuch, I 372) Eine heilende Schlangengottheit kennt auch die babylonische Mythologie in Gestalt des Gottes Niraḥ (sumerisch „Natter"), „der als behütende Gottheit die Schlange in ihrem apotropäischen Charakter verkörperte." (D. O. Edzard: Die Mythologie der Sumerer und Akkader, in: H. W. Haussig: Wörterbuch, I 120) Als Bote des (elamischen?) Gottes Sataran galt sie als Heilgott und Arzt. Desgleichen war Ningizzida, der „Herr des rechten Baumes" (des Lebensbaumes?), ein chthonischer Schlangengott, der oft in den Klageliedern um den Gott Dumuzi erwähnt wird; der Name seines Vaters Ninazu („Herr Arzt") läßt vermuten, daß Ningizzida eine Heilgottheit war; sein Bild war eine gehörnte Schlange. (D. O. Edzard: a.a.O., 112—113)

Eine wichtige Präzisierung des Lebensglückes und der Weisheit, die den Schlangen zukommt, gewinnen wir von seiten der indischen Mythologie. Die Nagas und Naginis, die männlichen und weiblichen Schlangengottheiten, verfügen dort über einen erlesenen Kunstverstand und unermeßlichen Reichtum, den sie in unterirdischen Höhlen und Hallen gespeichert haben. So lernt der Novize Utanka, als ihm von dem Naga Takshaka die Ohrringe gestohlen werden, die er der Frau seines Lehrmeisters überbringen soll (und die nach indischer Vorstellung den Verstand zur Konzentration begrenzen), bei der Verfolgung des Diebes die wunderbaren Paläste der Schlangen kennen; erst das Einschreiten Indras (des indischen Apolls) bringt Utanka wieder in den Besitz der Schmuckstücke (J. Herbert: Die Mythologie der Inder, in: P. Grimal, II 110—113). Die Schlangen sind in der indischen Mythologie „die Wächter der geistigen Wahrheiten auf der irdischen und materiellen Ebene" (J. Herbert, in: P. Grimal, II 109).

Besonders deutlich wird dies in der Feindschaft der Schlangen mit dem „Schlangenesser" Garuda, der ein Halbbruder der Schlangen ist, indem er, wie diese, von dem Weisen Kashyapa abstammt, aber, im Gegensatz zu ihnen, „das Streben nach der geistigen Wahrheit, der geistigen Stärke auf den höheren Ebenen darstellt." (J. Herbert, in: P. Grimal, II 109) Unter den zahlreichen Kämpfen zwischen Garuda und den Schlangen findet sich die tiefsinnige Erzählung, wie Garuda einer Verpflichtung seiner Mutter Vinata wegen für die Schlangen den Göttern den Unsterblichkeitstrank Ambrosia abkämpfen muß. Er will den Trank aber nur dann weitergeben, wenn die Schlangen durch Waschungen, Fasten und Meditationen sich gereinigt haben; während sie das tun, entwendet indessen der Gott Indra nach geheimer Absprache mit Garuda wieder den Trank (J. Herbert, in: P. Grimal, II 110). — Auch der niedere Verstand sehnt sich diesem Mythos zufolge nach Unsterblichkeit; aber er kann sie sich nicht selbst beschaffen; im Gegenteil: je mehr die irdische Denkungsart des Menschen sich läutert, desto offenkundiger wird ihr Abstand von der Unsterblichkeitsspeise, die allein der höhere Geist des Menschen den Göttern entreißen kann.

In dieser späten Differenzierung der Schlangengestalt wird die Weisheit der Schlange auf den irdischen Bereich des vergänglichen Stirb-und-Werde beschränkt; auch so verrät sie noch ihre Herkunft von der Erdgöttin mit ihrer Fruchtbarkeit spendenden Macht; je stärker indessen das männliche, geistige Element mit dem Willen zum Ewigen und Unvergänglichen jenseits des Naturkreislaufes sich entwickelt, desto mehr wird die Schlange zur Versucherin eben dieses höheren Strebens, desto mehr verdichtet sie sich zu einem Bild des Niederen, Bösen, Geheimnisvoll-Dämonischen, das nicht mehr das Leben, sondern den Tod des nur naturhaften, stets vergänglichen Lebens bringt.

b) Die psa Deutung der Schlangensymbolik

Die Betrachtung der Schlange in der Naturmythologie zeigt, daß eine
Vielzahl von Naturphänomenen mit der Schlange in Verbindung gebracht
oder, besser, als schlangenhaft apperzipiert wird, in denen eine gekrümmte
Stellung (der Regenbogen, die Milchstraße), schlängelnde Bewegungen
(Blitze, Regensäulen, Windstaub, Flußläufe) oder das Verschlungenwerden (der Sonne, des Mondes) im weitgeöffneten Rachen (der Nacht,
des Meeres, der Erdschluchten, des Urzeitchaos) eine Rolle spielen. In
diesen Fällen scheint die optische Ähnlichkeit der Schlangengestalt mit
eben jenen Naturerscheinungen den Grund dafür zu bilden, daß man
etwa den Regen oder den Blitz als „Schlange" bezeichnet und mit einem
entsprechenden Adjektiv als „flüchtige" oder „gekrümmte" Schlange
beschreibt. Im Sinne der reinen Naturmythologie ist die „Schlange"
zunächst also ein Appellativ von Vorgängen der äußeren Natur und
besitzt keinerlei symbolische Bedeutung. Die Schlange „bedeutet" nicht
den Blitz oder den Wind, sondern der Blitz oder der Wind trägt den
Namen „Schlange".

Gleichwohl liegt in der naturmythologischen Benennung der äußeren
Wirklichkeit bereits die psychische Symbolbildung eingeschlossen. Man
muß sich nämlich vergegenwärtigen, daß die Mythen nicht nur den
optischen Eindruck des Naturgeschehens wiedergeben, sondern daß sie
diesen Eindruck auf bestimmte Weise deuten, indem sie ihn auf dem
Hintergrund spezifisch menschlicher Erfahrungen auslegen; und in diese
Auslegung, mithin in die ganze Art, den Naturvorgang aufzunehmen,
gehen untrennbar zahlreiche psychische Projektionen ein, die gerade für
die mythische Naturbeschreibung kennzeichnend sind. Das Wolken-
dunkel beispielsweise ist optisch feststellbar; aber mit dem Eindruck des
Dunklen verbinden sich sofort die Assoziationen der Nacht, des Unheimlichen, Angstvollen, aber auch des Bergenden, Verhüllenden, und diese
psychischen Bedeutungen des Dunklen liegen nicht in der äußeren Erfahrung selbst begründet, sondern werden durch innere psychische Prädispositionen an sie herangetragen. In dem Erlebnis des Dunkeln schwingen
all die Erfahrungen mit, welche die Menschheit als Gattung mit dem
Erleben der Dunkelheit gemacht und von außen her in sich aufgenommen
hat; mehr noch: es gehen in dem „Bedeutungserleben" (J. v. Uexküll) des
äußeren Dunklen projektiv auch all die Gefühlswerte mit ein, die der
Mensch seinem inneren „Dunklen" gegenüber empfindet.

Indem also die äußere Wirklichkeit im Mythos nach Art der inneren
(psychischen) Wirklichkeit angeschaut wird, bietet die mythische Erzäh-

lung nicht nur eine Beschreibung der äußeren Naturvorgänge, sondern figuriert zugleich als Darstellung einer psychischen Wirklichkeit. Die mythische Benennung eines Naturvorganges kann mithin als Symbol für einen psychischen Vorgang verstanden werden; ohne es zu wissen, erschaut der Mensch im Mythos in der äußeren Natur sein eigenes Inneres, d. h., er verhält sich in seinem Verhältnis zur Natur eigentlich zu sich selbst. Daher impliziert die mythische Kosmologie eine symbolische Psychologie. Die Macht, die z. B. das Dunkel auf den Menschen ausübt, geht nicht vom Nachthimmel als solchem, sondern von der Nacht in der menschlichen Psyche aus; die Vorstellung des Kampfes zwischen dem Sonnengott und der Regenschlange leitet sich nicht von der Betrachtung der Naturgegebenheiten an sich her, sondern entstammt der Projektion eines inneren Kampfes zwischen dem Licht und dem Dunkel der menschlichen Seele und basiert auf den entsprechenden Personifikationen der angeschauten Naturphänomene. „An Stelle der wirklichen, aktiven Kräfte werden anthropomorphe Wesen gesetzt." (F. Riklin: Wunscherfüllung und Symbolik im Märchen, 33—34) Eben darin liegt der Grund, daß die Mythen auch dann noch zu uns reden, wenn ihr Naturbild (und dessen Repräsentation in den sozialen Institutionen) längst zugrunde gegangen ist. „Die Mythologie", meinte K. Kerényi, „singt wie der abgeschnittene Kopf des Orpheus auch noch in ihrer Todeszeit, auch noch in der Ferne weiter." (K. Kerényi: Mythologie und Gnosis, 15) Dies kann geschehen, weil der Mythos die Musik der Seele selbst ist, gespielt auf dem Orchester der Natur.

So ist es berechtigt, in der mythischen Schlange und ihren Taten unmittelbar symbolische Ausdrücke der menschlichen Psyche zu sehen und — auf der Subjektstufe der Deutung — in ihr eine Verkörperung des psychischen Dunkels, des Unbewußten, und seiner vielfältigen Wirkungen zu erblicken. Die Schlange als Bild des Dunklen, Chaotischen gibt sich in dieser Betrachtung als ein Bild des Unbewußten in seinem Kampf mit der Helle des Bewußtseins zu erkennen; die Gefahr, von ihr verschlungen zu werden, steht symbolisch für die drohende Möglichkeit, an der Macht des Unbewußten zugrunde zu gehen; der befruchtende Segen und die lebenspendende Kraft der Schlange wären zu interpretieren als der Segen, der von der Berührung mit den Kräften des Unbewußten ausgeht; die Weisheit und die heilende Wirkung der Schlangen läsen sich als ein Bild der Lebensbereicherung durch „das Unbewußte" usw.

Der Vorteil, aber auch die Gefahr einer solchen Deutung auf der Subjektstufe, wenn sie zu rasch vorgenommen wird, liegt auf der Hand. Der Gewinn einer subjektalen Deutung der Schlangensymbolik besteht unzweifelhaft darin, unmittelbar ins Zentrum des psychischen Geschehens zu gelangen und den gesamten Gehalt der Schlangengestalt nach innen zu ziehen; andererseits gerät die subjektale Deutung notwendig in eine fatale Abstraktheit hinein, indem sie alles und jedes zu Symbolen *des* Unbewußten stempeln muß, während es doch zunächst die Frage ist, welche spezifischen Triebstrebungen sich in dem Bild der Schlange symbolisieren und warum sie sich gerade in diesem Symbol nieder- schlagen. Daher empfiehlt es sich, bei der symbolistischen Interpretation der Paradiesesschlange wiederum auf der Objektstufe zu beginnen und danach erst die subjektale Deutung anzuschließen.

Bereits die naturmythologische Betrachtung lehrte uns, in der Schlange ein Prinzip der naturhaften Fruchtbarkeit zu erblicken, von dem Tod und Leben, Werden und Vergehen, Geburt und Sterben ausgeht. In der Schlange verdichten sich die generativen Kräfte der Natur, als deren Organ sie erscheint. Indessen ist es doch mehr als unwahrscheinlich, daß die Schlange diese zentrale Stellung eines Wesens der Fruchtbarkeit allein bestimmten Ähnlichkeiten zwischen der Art ihrer Fortbewegung und ihres Beutefangs sowie vielleicht des Abstreifens ihrer Haut einerseits und gewissen Naturerscheinungen andererseits verdanken soll, daß also eine rein naturmythologische Interpretation der Schlange zureichend sein könnte. Indem der Mythos in der Erde eine große Mutter, in dem Himmel einen väterlichen Gott, in dem Regen den Vorgang der Befruch- tung, in dem Wachsen der Pflanzen eine Geburt, in ihrem Verdorren ein Sterben erblickt, überträgt er gar zu deutlich die Verhältnisse der Frucht- barkeit des Menschen in die Natur und dient unverhüllt dem Zwecke einer anthropomorphen Angleichung des Naturhaft-Fremden an das Menschlich-Vertraute. Und es wäre geradezu ein Wunder, wenn nicht die mythische Schlange ihre Wichtigkeit innerhalb des kosmischen Geschehens aus eben dieser Übertragung der Verhältnisse menschlicher Fruchtbarkeit in die Natur beziehen würde, wenn sie mithin ihre Rolle als Organ naturhafter Fruchtbarkeit nicht gerade deshalb spielen würde, weil es am Menschen selber etwas „Schlangenhaftes" gibt, das mit dem „Fruchtbarkeitsregen" in Verbindung steht. Gäbe es einen solchen Beitrag projektiver Übertragung des menschlichen Körperschemas in die Natur nicht, so würde die Schlange trotz aller Ähnlichkeit mit sich windenden Flußläufen, Wolkensäulen und zuckenden Blitzen wohl kaum zu ihrer überragenden Bedeutung im Mythos avanciert sein. Denn daß sie diese Bedeutung nicht den bloßen Naturphänomenen allein ver- dankt, dürfte bereits die Schwierigkeit beweisen, die es der natur- mythologischen Betrachtungsweise kostet, jene Beziehungen zwischen

Schlangen und Regengüssen aus visuellen Vergleichen allein allererst einsehbar zu machen; in sich evident sind sie keinesfalls. Wenn aber in der Schlange das mythische Denken eine Analogie zum körpereigenen Organ der Fruchtbarkeit, zum Phallus, erblickt, so fiele es schon wesentlich leichter zu glauben, daß in der Natur die Schlange als ein Organ kosmischer Fruchtbarkeit auftritt und also eine Brücke, eine anschauliche Formel bildet, welche die Fruchtbarkeit des Menschen und die Fruchtbarkeit der Natur miteinander verknüpft; und auch die herausragende Sonderstellung der Schlange unter allen anderen Lebewesen fände damit eine gewisse Erklärung, darf man doch annehmen, daß das männliche Zeugungsorgan als Quelle und Sitz besonderer Lustempfindungen apriori ein höchstes Interesse auf sich vereinigt.

Insbesondere die Verbindung der Schlange mit dem Wasser der Fruchtbarkeit scheint ganz und gar in Analogie zur menschlichen Zeugung gedacht sein, und zwar so, daß das Wasser nicht eigentlich als Symbol, wohl aber als Äquivalent des Spermas bzw. des Urins apperzipiert wurde. Das Wasser gilt mythisch nicht als Symbol des menschlichen Spermas, sondern es *ist* das Sperma des Himmels; denn noch einmal: symbolisch ist der Mythos nicht, insofern er Naturvorgänge beschreibt; aber indem er Naturvorgänge in Analogie zum menschlichen Leben beschreibt, enthält die mythische Naturbeschreibung eine Symbolik der menschlichen Psyche und insofern geben sich Naturmächte im Mythos zugleich als Lebens- und Daseinsmächte der menschlichen Seele zu erkennen. Die naturmythologische Interpretation des Mythos bemüht sich zu untersuchen, welche Naturvorgänge im Mythos erzählt werden, die psa Interpretation müßte imstande sein zu erläutern, *warum* die besagten Naturvorgänge in gerade dieser Weise erzählt werden und welche Strebungen der menschlichen Seele in sie hineinverlegt wurden. Die Schlange ist in diesem Sinne ein Beispiel dafür, daß die Mythen nicht einfach Naturvorgänge erzählen, sondern die Natur in Form charakteristischer Elementargedanken apperzipieren, wie es schon A. Bastian gemeint hat. (Vgl. A. Bastian: Zur naturwissenschaftlichen Behandlungsweise der Psychologie durch und für die Völkerkunde, 1—28; F. Boas: Indianische Sagen, 353)

Im Falle der Regen- bzw. Wasserschlange steht die psa Interpretation indessen vor keinen allzu schweren Aufgaben, indem das mythische Material selbst eine hinreichend deutliche Sprache redet. Bekannt ist die Vorstellung von der Entstehung der Flüsse aus dem Urin der Götter oder Urzeitwesen. In den Sagen z. B., welche die Indianer am unteren Fraser River vom Sonnengott Qäls erzählen, begegnet das Motiv vom Wettstreit im Urinieren, in dem die Qäls-Brüder dem Widersacher Shäi unterlegen sind; denn „Shäi ... pisste über den Berg hinüber und machte so den Fluss, der von Silver Lake nach Spuzzum hinabläuft." (F. Boas: Indianische Sagen, 21; vgl. 238) Shäi wird von Qäls mit Hilfe von Menstruationsblut und Rauch getötet und zerstückelt. Die griechische Mythologie kennt den schönen Mythos von Zeus, der die Mondgöttin Danae mit einem Goldregen überschwemmt (vgl. R. v. Ranke-Graves, I 139—140; J. Pinsent: Griechische Mythologie, 69); wie hier der Same als Regen symbolisiert wird, so kann der Regen als Same des Himmels verstanden werden. Wo ein Weltbild besteht, in dem der Himmel und die Erde als Welternpaar gedacht werden, ist der Regen ohne weiteres „das himmlische Sperma", das „die Erde befruchtet." (H. Baumann, 186; vgl. 129) Die Schlange kann hier der Träger einer Zeugungsmythologie von Leben und Tod sein (vgl. H. Baumann, 305).

Umgekehrt vermag der Phallus des Gottes selbst als Symbol der kosmischen Fruchtbarkeit verehrt zu werden. Ein noch gegenwärtiges Beispiel dafür ist der hinduistische Gott Shiva, der Gott der Zerstörung und der Auferstehung, dessen Phallus bzw. Lingam im Inneren seiner Tempel, umgeben von der Yoni, dem Symbol des weiblichen Genitales, als Zeichen eines alle Fruchtbarkeit gewährleistenden coitus sempiternus angebetet wird. Möglicherweise ist Shiva identisch mit dem „Herrn der Tiere", Pashupati, der in Form eines gehörnten Gottes bereits in Mohenjodaro verehrt wurde; jedenfalls ist er mit dem heiligen Stier Nandi verbunden, der die Fruchtbarkeit des Himmels verkörpert und (ähnlich wie im Mithraskult; vgl. M. J. Vermaseren: Mithras, 55) der tellurischen Schlange gegenübersteht. Die Verehrung des Lingam ist gleichfalls schon in Mohenjodaro bezeugt (vgl. M. Brion: Die frühen Kulturen der Welt, 66; H. v. Glasenapp: Die nichtchristlichen Religionen, 149) und wird noch heute von der Sekte der Vira-shaivas betrieben, indem sie „einen Linga in einem Büchschen um den Hals tragen." (H. v. Glasenapp: Die Philosophie der Inder, 288) Die Verbindung Shivas mit dem Phalluskult begründet die frivole Mythe von dem Weisen Bhrigu, der prüfen wollte, wer der höchste Gott sei, aber von Shiva gar nicht erst begrüßt wurde, weil dieser sich in der Beschäftigung mit seiner Frau (Parvati) nicht stören lassen wollte; Bhrigu verdammte ihn deshalb dazu, unter dem Symbol des Lingam angebetet zu werden (V. Ions: Indische Mythologie, 47).

Als Fruchtbarkeitsgott vereinigt Shiva, ähnlich wie die Frau mit dem Penis als Symbol des Lebens, gleichfalls mann-weibliche Züge in sich. So erscheint er in dem Felsentempel von Elephanta in der Bucht von Bombay als Ardhanarishvara in einem weiblich-sinnlichen Körper mit *einer* Brust, lässig auf den Stier Nandi gelehnt, mit einem hohen Kopf, der den Lingam symbolisiert. (Vgl. Abb. 4) Der Wettergott auf dem Stier, der auch durch eine Schlange ersetzt werden kann, war bereits ein Zentralsymbol der hethitischen Mythologie (vgl. A. Caquot: Die Mythologie der Westsemiten, in: P. Grimal, I 121; s. o. 75).

Auf einen gewissen „sexuellen" Einschlag der Regenbogenschlange, die der Sonnengott bekämpft, weil sie alles Wasser aufsaugt, deutet auch das recht häufige mythische Motiv von dem Jungfrauenopfer, das der Schlange bzw. dem Drachen gebracht werden muß, um die Dürre zu beseitigen. Die Schlange bzw. die mit ihr verbundene Alte (der Teufel und seine Großmutter) haben als chthonische Wesen das Regenwasser verschlungen oder geraubt und geben den Zugang zum Wasser erst nach dem (alljährlichen) Opfer der Jungfrau (der aus der Erde entsprossenen Früchte?) wieder frei (vgl. z. B. das Grimmsche Märchen „Die zwei Brüder"). Wie diese jahreszeitliche Mythologie vom Verdorren der Vegetation in der Trockenheit und der Befreiung des Wassers zugleich eine sexualsymbolische Komponente enthält, sei an wenigstens einem Beispiel kurz verdeutlicht.

Eine Mythe der Kikuyu, die H. Baumann aufführt, erzählt von zwei Kriegern, von Wamweri, dem Sohn des Mondes, und von Wadua, dem Sohn der Sonne, die beide auf der Suche nach Frauen sind. Wamweri trifft ein häßliches, einäugiges Mädchen (das Mondwesen; die häßliche Pech-Marie des „Frau-Holle"-Märchens), und heiratet es. Wadua zieht weiter und trifft die schöne Washuma, die ihn bewirtet, aber von Männern nichts wissen will. Sie rät ihm, in der Hütte zu bleiben, da jede Nacht eine große Schlange komme, die „Regenbogen" heißt, im Wasser wohnt und Vieh frißt. Wadua tötet sie des Nachts mit dem Speer, verschweigt aber die Tat. „Am andern Tag will der Vater des Mädchens den Schlangentöter durch ein Wettlaufen feststellen lassen. Wadua läuft am schnellsten (Sonnenlauf!)." Trotzdem verlangt der Vater noch, daß Wadua Vogelfedern (Sonnenstrahlen?) aus dem Wasser holt; während Washuma am Ufer stehend auf Wadua wartet, taucht dieser ins Wasser hinab (Sonnenuntergang) und kommt am Morgen mit viel Vieh aus dem Wasser heraus. Wadua geht mit dem Mädchen und dem Vieh zu ihrem Vater. (H. Baumann: Schöpfung und Urzeit, 196—197)

Baumann, der in Washuma, der Braut der Sonne, den Mond erkennt, deutet diese Erzählung (zu Recht) als eine Solarmythe, in welcher der Sonnenheld das Regenbogenungeheuer tötet. Gleichwohl reicht dieser Ansatz nicht aus, die Motive von der Männerfeindlichkeit Washumas, dem allnächtlichen Erscheinen der Schlange, der doppelten und eigentlich tödlichen Probe des Vaters und dem späten Sieg Waduas zu verstehen. In einer psa Deutung läge zumindest die Vermutung nahe, daß Washumas Ablehnung der Männer mit dem allnächtlichen Erscheinen der Schlange in Verbindung zu bringen sei, daß also Washumas Männerfeindschaft ihren Grund in den ängstlichen Sexualphantasien und Träumen des Mädchens (nachts!) hat, in denen der Mann sich ihr in Gestalt einer bedrohenden Phallusschlange naht. Dieses Bild vom Manne muß, ehe an eine Heirat zu denken ist, zunächst von dem Liebhaber des Mädchens getötet werden. Die tödlichen Proben des Vaters des Mädchens könnten sich, wie die mythischen Heldentaten sonst, aus den (ödipalen) Tötungs- und Racheimpulsen zwischen Vater und Sohn im Sinne des Familienromans erklären (vgl. O. Rank: Der Mythus von der Geburt des Helden, 119); als Grund der weiblichen Sexualangst und als der eigentliche Feind des Helden erschiene mithin der Vater des Mädchens (bzw. des Helden selbst). Eine solche Annahme würde auch das sonst unverständliche Motiv der Geheimhaltung der Schlangentötung begründen: der Held müßte seine Tat aus Angst vor dem Vater verschweigen, weil die Schlange selbst dessen (Totem-)Symbol verträte und die Schlangentötung sich eigentlich auf den Vater bezöge; jedenfalls dient die Wettlaufprobe dem Vater nur als eine Maßnahme, um den Schlangentöter (als seinen Feind) herausfinden und töten zu können. Das Hinabsenden in das Wasser ist von O. Rank als Versuch gedeutet worden, das Kind in den Mutterleib zurückzuschicken, also ungeboren zu machen (O. Rank: Der Mythos, 112); daß der Held aber aus dem Wasser aufsteigt, also wiedergeboren wird, kennzeichnet ihn als dem Vater ebenbürtig (der Himmelaufstieg mit dem Vieh, den Wolken nach der Regenzeit).

In dieser psa Deutung wird der phallische Charakter der Schlange überaus deutlich und erweist sich als der eigentliche Schlüssel zum Verständnis der sonderbaren Brautsuche des Sonnengottes. Was Wadua, der Sonnengott der Kikuyumythe, tut, ist nicht wesentlich verschieden von der Heldentat des indischen Gottes Indra, der den Vritra tötet, die Schlange, die das Wasser eingeschlossen und die Wolkenkühe (vgl. das Vieh Waduas) geraubt hat. Im Rig-Veda heißt es von der männlichen Vritra-Schlange auch, sie liege da „als Begatter der Erde". (Rig-Veda, I 32.5; P. Thieme: Gedichte aus dem Rig-Veda, 27) Während die Wasser als von der Schlange bewachte Frauen dargestellt werden (Rig-Veda, I 32.11), umspülen die von Indra befreiten Wasser „die Scham des Vrtra" (I 32.10; a.a.O., S. 27). Deutlicher ist der phallisch-männliche Charakter der Regenschlange nicht auszusagen.

Auch Theseus erscheint in der griechischen Mythologie als Drachentöter und Retter der Jungfrauen, so, wenn er Sinnis, den tannenverbiegen-
den Nordwind, tötet und mit dessen Tochter Perigune den Mela-
nippos zeugt (Plutarch: Theseus 8; I 35; R. v. Ranke-Graves, I 297); daß
das Ungeheuer der Vater des geretteten Mädchens ist, wird für die psa
Behandlung des Drachenkampfmotivs von Wichtigkeit sein. Nicht
anders hält es Theseus in dem berühmten Labyrinth des Minos auf
Kreta, wo er die Ariadne befreit; Ariadne war eine Mondgöttin (vgl.
R. v. Ranke-Graves, I 315; K. Kerényi: Die Herkunft der Dionysos-
Religion, 14—15); das Labyrinth war eine Abbildung der Unterwelt
(K. Kerényi: a.a.O., 15) und kann psa als Bild des Mutterschoßes
gelten.

Am deutlichsten zeigt sich die phallische Bedeutung der Schlangensymbolik natürlich dort, wo die Schlange unmittelbar den Angriff der
männlichen Sexualität verkörpert, etwa in der Mythe von Apoll, der die
Nymphe Dryope verführte, als sie in Gesellschaft der Hamadryaden die
Herden ihres Vaters auf dem Berge Oita hütete. „Da näherte sich ihnen
Apollon in der Gestalt einer Schildkröte, da sie alle mit Schildkröten
spielten. Als Dryope ihn an ihren Busen nahm, verwandelte er sich in
eine zischende Schlange, verjagte die Hamadryaden und ergötzte sich mit
Dryope." — Der Sohn Amphissos, der aus dieser Verbindung hervor-
geht, gründet die Stadt Oita und einen Tempel zu Ehren Apolls, in dem
Dryope als Priesterin Dienst tut, bis sie entführt wird und an ihrer
Stelle eine Pappel hinterläßt. (R. v. Ranke-Graves: Griechische Mythologie, I 66) In eine Schlange verwandelt sich auch Zeus, als er Hera
vergewaltigen will, weil diese sich, um ihm zu entkommen, Schlangen-
gestalt angenommen hatte (R. v. Ranke-Graves, I 44). Zeus (ebenso wie
Dionysos) scheint in der Schlangenhochzeit offenbar eine ältere kretische
Schlangengottheit zu ersetzen, in deren Bild die „Verschlungenheit" des
Lebens in seiner Unzerstörbarkeit und Fruchtbarkeit vorzüglich dar-
gestellt werden konnte (vgl. K. Kerényi: Dionysos, 102—103). Des-
gleichen erzählt eine Geschichte der afrikanischen Yoruba von der großen
Schlange Irri, die sich in eine schöne Frau verwandelt, um mit einem
Jäger zu schlafen; danach führt sie ihn in den Busch und bittet ihn, eine
von den Früchten eines sehr hohen Baumes zu holen; als sie sich aber
unterdessen in ihre Schlangengestalt zurückverwandelt und sich um den
Baum ringelt, wird sie von den drei Hunden des Jägers zerrissen.
(L. Frobenius: Atlantis, X 233—238) Wie in Gn 3, 1—7 kommen hier
Mann und Frau, Schlange und Fruchtbaum in einer sexuellen Thematik
zusammen; auch das Motiv vom Schlangenkampf scheint anzuklingen.

95

In diesen Zusammenhang gehören auch die zahlreichen Märchen, in denen eine Schlange, ein Frosch o. ä. als männliche Symbole und Spender der Fruchtbarkeit bzw. Quellen der Unfruchtbarkeit gelten: z. B. wird im Grimmischen Märchen vom „Froschkönig" der „garstige Frosch", als er an die Wand geworfen wird (ein koitales Symbol), in einen „Königssohn mit schönen und freundlichen Augen" verwandelt. Im Märchen vom „Dornröschen" verheißt ein Frosch nach langen Zeiten der Kinderlosigkeit den Königseltern ein Töchterchen, das dann allerdings selbst einem langdauernden Sexualtrauma (die Spindel!) verfällt, aus dem es nur durch den Kuß eines Prinzen erlöst wird.

Sehr schön hat bereits F. Riklin das Bechsteinsche Märchen „Oda und die Schlange" analysiert, in dem die jüngste von drei Töchtern sich von ihrem Vater eine Schlange mitbringen läßt (im Grimmschen „Aschenputtel" ein Nußzweiglein). Wieder, wie in der Kikuyumythe, stehen Schlange und Vater miteinander in Verbindung. Die Schlange beginnt mit Oda zu sprechen und verschafft sich immer mehr bei dem zögernden Mädchen Zutritt, bis daß dieses „die kalte Schlange zu sich heraus in ihr Bett" hebt, woselbst das Untier sich alsbald in einen jungen Prinzen verwandelt. So ist, schließt Riklin aus dem Beispiel, „die Schlange eine Pars des Mannes, nämlich das männliche Glied." (F. Riklin: Wuncherfüllung und Symbolik im Märchen, 41)

In dem wogulischen Märchen „Die drei Schwestern und der Schlangenmann" tötet eine nächtliche Schlange zwei Schwestern, ehe die dritte, geschützt mit einem silbernen Schöpflöffel auf dem Herzen und einem silbernen Ring auf der Brust, dem nach dem Oberkörper des Mädchens zielenden Angriff der Schlange standhält: sie stellt dem flüchtenden Ungeheuer nach, bekommt die Schlangenhaut zu fassen und verbrennt sie; sogleich steht „ein wunderschöner Held von fürstlicher Gestalt vor ihr". (J. Gulya: Sibirische Märchen, 189—196) Die schützenden Schöpflöffel könnten auf ein Totenopfer hinweisen, das als Libation über einen Seelenstein gegossen wurde und wieder auf den Zusammenhang der Schlange mit der Thematik des Wassers und des Todes hinweisen würde (vgl. M. Hermanns: Das Nationalepos der Tibeter, 112). Die Schlange selbst erscheint hier in einer Sphäre der Todesangst, wie sie biblisch aus dem Tobiasmotiv bekannt ist, wo der erlösende Held sich in der Brautnacht charakteristischerweise versichert, „nicht der großen Sinnlichkeit wegen" zu heiraten (Tob 8, 7); der Mythos stellt diese Versicherung in dem Bild vom Sieg des Helden über das Schlangenungeheuer dar, das die sexuelle Leidenschaft symbolisiert.

96

Ausgesprochen phallische Züge trägt in einem Mythos der brasiliani-schen Bororo-Indianer eine Anaconda-Schlange, die zugleich mit dem Motiv des Essens vom Baum der Kindesempfängnis und der Herkunft bestimmter Kulturpflanzen in Verbindung steht. Die Bororo erzählen, daß einst eine Frau ihrem Mann helfen wollte, eine erlegte Anaconda zu tragen, aber dabei das Blut der Schlange an ihr herunterlief und in sie eindrang. Als sie eines Tages beim Früchtesammeln zu einem großen Genipapeiro-Baum kam, sah sie seine reifen Früchte und sagte: „„Wer wird mir da hinaufsteigen und die Früchte sammeln, damit ich etwas zum Essen habe?' Und da antwortete es aus ihr: ‚Meine Mutter, ich werde auf den Baum klettern und die Früchte sammeln.' — Und es kroch aus ihr eine Anaconda heraus, denn das Blut hatte ihr einen Anaconda-Sohn gezeugt, und kletterte auf den Baum hinauf. Die Frau war so erschreckt, weil ihr Kind nicht menschlich, sondern von der Art der Anaconda war, daß sie davonlaufen wollte. Aber es gelang ihr nicht, weil die Anaconda schnell vom Baum zurückkehrte und wieder in sie hineinkroch. — Da kehrte die Frau in ihr Dorf zurück und sagte zu ihren Brüdern: ‚Meine großen Brüder, ich habe einen Sohn im Leib, der ist nicht menschlich, sondern geisterhaft.'" Die Brüder überlisten aber bei einem zweiten Besuch der Frau an dem Baum die Schlange, töten und verbrennen sie; aus der Asche der Schlange wachsen Tabak, Mais und Baumwolle. (F. Karlinger u. G. de Freitas: Brasilianische Märchen, 18—19) Bemer-kenswert ist neben den offenbaren Anklängen an die biblische „Sünden-fallerzählung", daß die Phallusschlange, als ein Tier der Erdmutter, in ihrem Tod Pflanzenwuchs ermöglicht und mit den Geistern (den Ahnen) im Schoß der Erde verknüpft wird.

Ähnliche Geschichten von Schlangengattinnen sind in der ganzen Welt außerordentlich verbreitet, wobei oft die naturmythologische Bedeutung der Schlange als des Wesens der Nacht und des aquatischen Elementes durchschimmert; die Schlange schenkt mit ihrer Sperma-Feuchtigkeit der Erdmutter die Früchte des (Welten-)Baumes. In einer Mythe der süd-amerikanischen Mundurucu-Indianer trifft sich z. B. eine Frau jeden Tag mit ihrem Schlangenliebhaber unter dem Vorwand, Früchte des Sorveira-Baumes zu pflücken. „Sie liebten sich bis zum Abend, und als der Augen-blick der Trennung gekommen war, ließ die Schlange so viele Früchte fallen, bis der Korb der Frau gefüllt war." Als der Bruder der Frau, die schwanger ist, die Schlange sieht, tötet er sie, wird aber selbst von dem neugeborenen Schlangensohn ermordet (C. Lévi-Strauss: Mythologica, I 167). Das Leben schließt offenbar diese Periodizität von vergehendem und neu entstehendem Leben in dem phallischen Symbol der Fruchtbarkeitsschlange in sich.

Als Prinzip der Begattung und als Verkörperung des Nachthimmels erscheint die Schlange in einer Mythe der südamerikanischen Tenetehara: „Eine junge Indianerin traf im Wald eine Schlange, die ihr Liebhaber wurde und von der sie einen Sohn bekam, der schon bei der Geburt erwachsen war. Jeden Tag ging dieser Sohn in den Wald, um Pfeile für seine Mutter zu machen, in deren Schoß er allabendlich zurückschlüpfte." Als auf den Rat des Bruders der Frau sich die Schlangengeliebte versteckt und die Schlange nicht mehr zu sich einläßt, empfiehlt die Schlangengroßmutter, die Schlange solle sich auf die Suche nach ihrem Vater begeben. Stattdessen aber verwandelt die Schlange sich des Abends in einen Lichtstrahl, steigt zum Himmel auf und zerbricht ihren Bogen und ihre Pfeile, die zu Sternen werden. Alle Welt schlief; nur die Spinne nahm dieses Schauspiel wahr; nur sie stirbt daher im Alter nicht, sondern wechselt nur ihre Haut. (C. Lévi-Strauss: Mythologica, I 206—207) Allein für die Spinne ist also die Periodizität im Wechsel der Haut Leben und Lebenserneuerung; für alle anderen ist die Periodizität des Lebens, wiederum in der phallischen Schlange dargestellt, mit dem Sterbenmüssen identisch.

Noch deutlicher tritt die Penis-Bedeutung der Schlange in einem Mythos der Urubu-Indianer hervor, demzufolge die Schlange „der ein Kilometer lange Penis" ist, „den der Demiurg zur Befriedigung der Frauen hergestellt hatte"; als die Schlange getötet wurde, „schnitt der Demiurg ... ihren Körper in Stücke, die er als Penisse an die Männer verteilte, was dazu führte, daß die Frauen die Kinder in ihrem Bauch empfangen (und nicht mehr in einem Topf) und mit Schmerzen gebären." (C. Lévi-Strauss: Mythologica, I 207) Die Menschen sind also in ihrer Geschlechtlichkeit — ähnlich wie in Gn 3 — die kümmerlichen, leiderfüllten Repräsentanten einer kosmischen Ureinheit und Urfruchtbarkeit, deren Attribute sie nunmehr körpereigen an sich tragen. So ist die Schlange „ganz Penis" und ihre menschliche Geliebte „ganz Gebärmutter", ganz geöffnete, empfängnisbereite Körperlichkeit, die nur zu ihrem seinsmäßigen „Abschluß" kommt, wenn die Schlange sie verstopft. (C. Lévi-Strauss: Mythologica, II 452)

Selbstredend eignet unter diesen Umständen der Schlange alles Wissen um die Geheimnisse der Geschlechtlichkeit. Recht frivol, aber dafür in der Symbolik um so sprechender ist diesbezüglich die Geschichte der Tim in Oberguinea, die Leo Frobenius aufgezeichnet hat. In dieser Erzählung wird Dom, der Schlange, die Fähigkeit zugetraut, alles zu verstehen, was ein anderer denkt. (Atlantis, XI 199) Mit Hilfe dieser Fähigkeit lockt die Schlange einen Jäger mit dem Fleisch einer Antilope, das zwischen dem Jäger, einem Löwen und der Schlange geteilt wurde, in ihre Stadt am Grunde eines Flusses (vgl. zu Abb. 1). Der Jäger schläft dort mit der Tochter der Schlange und führt sie nach sechs Tagen zu sich als Braut heim. Zuvor erbittet er von der Schlange eine Medizin, welche auch ihm die Gabe des Gedankenlesens verleihen könnte, und erhält sie unter der Bedingung, daß er die Ziegen nicht verjagen dürfe, wenn er das Zaubermittel auf sein Essen lege. Jedoch, als er die zubereitete Speise zum Munde führen will, drängen sich die Ziegen heran und die Medizin fällt auf den Penis des Jägers. Die Fähigkeit, die Gedanken anderer zu lesen, kommt also nicht dem Kopf des Jägers zu, sondern nur seinem Penis, der sogleich um die Liebesgedanken der Frauen weiß. (Atlantis, XI 199—201) — Diese Geschichte besitzt, wie man sieht, eine gewisse Ähnlichkeit zu den Motiven des Gilgamesch-Epos, wo desgleichen ein Jäger nach einem einwöchigen Beilager mit einer Frau (der Tempeldirne Anus) zu „Weisheit" gelangt. Haben wir schon im 1. Band (I 29ff) das Gilgamesch-Epos mit Gn 3, 1—7 verglichen, so steht diese Erzählung durch das Auftreten der Schlange der biblischen Mythe zweifellos noch näher. Zugleich bietet sie einen guten Kommentar zu dem Motiv der „Weisheit", die hier rein sexuell verstanden wird; gewissermaßen nur durch seine biologische Funktion nimmt der Mensch an der Weisheit der Natur und der Einheit ihrer Geschöpfe teil. Die Gabe der Weisheit gilt auch in der Tim-Erzählung als göttlich; denn auf die Frage, woher sie alle Gedanken kenne, antwortet die Schlange: „Gott sagt es mir!" (Atlantis, XI 200) Die Tochter der Schlange mit der Speise der Weisheit, die — leider — nur sexuell auf den Menschen kommt, sieht der Eva des Paradieses außerordentlich ähnlich.

Besonders deutlich tritt die Schlange als Requisit der Fruchtbarkeits-riten der Völker auf, von denen wir als wenigstens ein Beispiel den exotischen Schlangentanz anführen möchten, wie er sich noch heute in verschiedenen Quiche-Städten des Hochlandes von Guatemala erhalten hat. Der Name des Tanzes, „das Knicken von Mais", bezieht sich auf die Praxis, die reifen Maiskolben durch Abknicken nach unten vor Regen und Vögeln zu schützen. Der Tanz wird von etwa 20 maskierten Männern und einem als Frau verkleideten Protagonisten aufgeführt. Am Tag vor dem Tanz haben die Männer Schlangen in einem Krug gesam-melt und zum Haus des Frauendarstellers gebracht. „Nach vorbereiten-den Tänzen ergreift jeder Mann den Frauendarsteller und vollführt mit ihm die Bewegungen des Beischlafes . . . Die übrigen Tänzer schreien, vollführen obszöne Gesten, schwingen ihre Rasseln und machen unzüchtige Bemerkungen. Dann nimmt ein Tänzer nach dem anderen eine der am vorangegangenen Tag gesammelten Schlangen und steckt sie in den hinteren Ausschnitt seines Hemdes. Die Schlangen verschwinden, um aus einem Ärmel oder Hosenbein des Mannes herauszukriechen. Die Schlangen werden gesammelt, in das Kürbisgefäß oder in den Krug zurückgelegt und nach Beendigung des Tanzes in die umliegenden Wälder gebracht ... Die Tänzer peitschen einander während der ganzen Vorführung erbarmungslos. — In ganz Mittelamerika sind die Schlangen mit dem Regen assoziiert, die Rassel ist ein Attribut der Götter des Bodens, und an vereinzelten Orten des Gebiets wird der Sexualakt als ein magischer Ritus zur Sicherung einer großen Maisernte vollzogen." (J. E. S. Thompson: Die Maya, 454)

Die beigebrachten Belege mögen genügen, um zu zeigen, wie die Bedeutung der Schlange, die den Fruchtbarkeitsregen spendet, sich mit der phallischen Bedeutung der Fruchtbarkeitsmythen verbindet; es geht daraus hervor, daß die Psa, wenn sie in der Schlange der Märchen, Mythen und Träume ein phallisches Sexualsymbol erblickt, sich damit im Einklang mit der Selbstinterpretation der Mythen und der ihnen entsprechenden Riten befindet.

Zu Recht konstatierte daher S. Freud in seiner Traumsymbolik: „Zu den ... männlichen Sexualsymbolen gehören gewisse *Reptilien* und *Fische*, vor allem das berühmte Symbol der Schlange." (S. F.: Vorlesungen zur Einführung in die Psychoanalyse, XI 157) Und weiter: „*Wilde Tiere* bedeuten sinnlich erregte Menschen, des weiteren böse Triebe, Leidenschaften." (a.a.O., 160; vgl.: Die Traumdeutung, II/III 414) Entsprechend meinte Freud im Medusenhaupt, dessen Haare in der Kunst oft schlangenartig dargestellt werden, ein Sexualsymbol zu erblicken, indem die Schlangenhaare den Penis ersetzen „und dessen Fehlen die Ursache des Grauens (vor dem Medusenantlitz, d. V.) ist". (S. F.: Das Medusenhaupt, XVII 47; vgl. S. Ferenczi: Erfahrungen und Beispiele aus der analytischen Praxis, in: Schriften zur Psychoanalyse, II 134)

In der psa Literatur und Praxis selbst ist die Gleichung von Schlange und Penis hundertfach belegt, so bei den häufigen Tierphobien (vgl. S. F.: Studien über Hysterie, I 142; 279; H. Nunberg: Allgemeine Neurosenlehre, 235), in den Ängsten der Kinder (z. B. H. Zulliger: Bausteine zur Kinderpsychotherapie, 13), in den Märchen und Träumen (S. F.: Die Traumdeutung, II/III 362; H. Dieckmann: Märchen als Träume und Helfer des Menschen, 16—17; 56); andererseits zeigte die naturmythologische Betrachtung, daß die Schlangen auch bisexuellen Charakters sein können und daß die Feuchtigkeit, mit der die Schlangen in Verbindung stehen, oft als weiblich vorgestellt wird. (Vgl. W. Stekel: Die Sprache des Traumes, 60; 111) O. Rank faßte diese hermaphroditische Natur der Schlangensymbolik dahin zusammen, daß die Schlange als Genitalsymbol ausschließlich das männliche Geschlecht vertrete, während sie als Sexualsymbol oft genug das Weib personifiziere. (O. Rank: Psychoanalytische Beiträge zur Mythenforschung, 240)

Einen wichtigen Aspekt an der Schlangensymbolik müssen wir noch hervorheben. S. Ferenczi meinte, die Herkunft des phallischen Schlangensymbols rein ontogenetisch begründen zu können (S. Ferenczi: Zur Ontogenese der Symbole, in: Schriften zur Psychoanalyse, I 174). Dafür spricht, daß gewiß ein jeder in der individuellen psychischen Entwicklung die Wichtigkeit des männlichen Sexualorgans bemerken wird und daß die äußere Gestalt der sich windenden Schlange mit ihrem wiegenden, aufgerichteten Kopf ihrer Ähnlichkeit wegen als ein Analogon des männlichen Genitales ohne weiteres einleuchten mag. Andererseits hat bereits Freud es auffallend gefunden, daß die „Schlangenphobie ... eine allgemein menschliche" ist (S. F.: Vorlesungen zur Einführung in die Psychoanalyse, XI 413), und daher angenommen, daß im Schlangensymbol möglicherweise phylogenetisch vererbte Realängste vor der Schlange und ontogenetisch bedingte Triebängste vor der erwachenden Sexualität konvergieren. Es könnte sein, daß es tatsächlich einen phylogenetisch wirksamen selektiven Faktor gab, der dazu geführt hat, die Wahrnehmung der Schlange instinktiv mit einem Angstsignal zu verknüpfen, und daß mithin die Schlangenphobie beim Menschen eine stammesgeschichtlich verankerte archaische Reaktionsbereitschaft darstellt, die in einer Zeit entwickelt wurde, als das Leben auf den Bäumen noch keine anderen Gefahren kannte als gerade die Schlangen mit ihrer Fähigkeit, die Beute aufgrund der Körperwärme aufzuspüren. (Vgl. C. S. Coon: Die Geschichte des Menschen, 24; 30) Diese Annahme wäre gut vereinbar mit der Tatsache, daß in den Märchen, Mythen und Träumen die Schlange als Sexualsymbol zumeist eine ängstigende Wirkung hinterläßt, unerachtet der ihr zugeschriebenen Weisheit, Heilkunst und Fruchtbarkeit.

c) Die Deutung der Schlangensymbolik in Gn 3, 1—7 auf der Objektstufe

Nach den vorangegangenen Erörterungen, die trotz ihrer scheinbaren Länge in Anbetracht der Weitläufigkeit der Schlangenthematik im

Mythos notdürftig kurz ausfallen mußten, darf die Möglichkeit als gegeben angesehen werden, daß auch in der biblischen „Sündenfallerzählung" das Auftreten der Schlange gewisse sexualsymbolische Komponenten aufweist; d. h., es ist die Hypothese, daß die Schlange in Gn 3, 1—7.14—15 von einer sexuellen Problemstellung her bestimmt sein könnte, auf ihren interpretativen Wert hin zu überprüfen und zu fragen, wie der Zusammenhang der Motive der Weisheit, des Essens vom Baum, der Fruchtbarkeit, des Todes, der Nacktheit und des Tretens nach dem Kopf der Schlange im Umkreis einer sexuellen Thematik zu verstehen ist. Dabei ist, entsprechend der psa Denkweise, die genannte Motivkombination mit bestimmten ontogenetischen Stufen der Libidoentwicklung in Verbindung zu bringen.

Zunächst werden wir nach dem Gesagten uneingeschränkt zugeben müssen, daß K. Abraham recht haben könnte, wenn er „in der Bibel ... die Schlange als Symbol des männlichen Gliedes" betrachtet, als „die Verführerin der Eva." (K. Abraham: Traum und Mythus, in: Psychoanalytische Studien, 277) Die Verführung der Schlange bestünde dann auf dem Hintergrund des Fruchtbarkeitskultes im sexuellen Verkehr, und zwar nicht so, daß dieser im Widerspruch zu irgendeiner anderen Religionsform (etwa der Jahwereligion) als etwas Sündhaftes betrachtet würde, sondern so, daß der „Sündenfall" mythisch ein Herausfallen aus der „Unkenntnis der Zeugung" (H. Baumann: Schöpfung und Urzeit, 267) darstellt. Die ersten Menschen, so wäre die mythische Annahme, „lebten ewig, ohne sich fortzupflanzen und ohne Sexualorgane oder der Kenntnis ihrer Anwendung. Das Gebären aber schließt ohne weiteres das Vergehen in sich; Geburt und Tod bedingt eines das andere. So ist die Frucht des Todesbaumes nicht nur die Ursache der Geschlechtslust und Geburt, sondern auch des Sterbens ... Da die Schlange", sagt Baumann, „... auch in Afrika als Phallusschlange im Mythus, Märchen und Kultus weithin bekannt ist und Traditionen über die Heiraten von Mädchen mit Schlangenmännern sehr zahlreich sind, besteht ... der Verdacht, daß da, wo ... die Schlange auftritt, sie direkt als Verführer auch zum Geschlechtsgenuß aufgefaßt werden muß." (H. Baumann, a.a.O., 267)

Dieser Ansicht Baumanns ist nichts hinzuzufügen. Wenn dies als ursprüngliches Motiv des Mythos von Gn 3, 1—5 gelten darf (selbstredend nicht als Aussageinhalt der j Redaktion), entfallen alle exegetischen Spekulationen über den motivgeschichtlichen Sinn dieses Abschnittes und alle Argumente gegen eine „sexualistische" Interpretation des Textes, die sich auf das Fehlen des Mannes in dem einstmals selbständigen Stück Gn 3, 1—5 berufen möchten (so O. H. Steck).

Ist die Schlange mithin u. a. auch als ein phallisches Symbol zu lesen, so lassen sich sogleich eine Reihe anderer Merkmale von Gn 3, 1—7 gut verstehen. Mit der sexuellen Thematik in Verbindung steht das Motiv des Erkennens. Bereits kulturhistorisch haben wir im Gilgamesch-Epos die Verbindung von Sexualität und Wissen beobachten können. (Gilgamesch-Epos 1. T. IV 34; vgl. auch J. Herbert: Die Mythologien der Inder, in: P. Grimal, II 110—111, wo in der indischen Mythologie die Schlangen den Zugang zum Wissen ermöglichen oder verwehren.) Die psa Interpretation nimmt den mythischen Stoff nun nicht als eine Erzählung von den Ureltern des Menschengeschlechtes, sondern als den Niederschlag von Erinnerungen an bestimmte Urgegebenheiten der früh-kindlichen Individualentwicklung; so stellt sich psa die Frage, wie in der psychischen Ontogenese die Entdeckung der Sexualität mit dem Motiv des Wissens und Erkennens zusammenhängen könnte. Ontogenetisch ist hier wohl daran zu denken, daß es für das Kind kein interessanteres Forschungsgebiet gibt als den Bereich der Sexualität, und zwar zunächst nicht so sehr bzgl. der Geschlechterdifferenz, sondern der Frage: „Woher kommen die Kinder?" (S. F.: Drei Abhandlungen zur Sexualtheorie, V 95)

O. Rank hat in diesem Tatbestand ein Indiz für die Sehnsucht des Kindes nach seiner Rückkehr in den Mutterschoß erblickt; das Problem der infantilen Sexualforschung, meinte Rank, sei nicht, woher die Kinder kämen, sondern „wie man hineinkomme ... dorthin, wo man vorher war." (O. Rank: Das Trauma der Geburt, 32) Ob sich das so verhält, mag dahinstehen; sicher ist, daß im Alter zwischen 3—5 Jahren, dem sog. Fragealter, die Kinder beginnen, in einem Gefühl der Unsicherheit ihrer eigenen Existenz, oft auch wegen der Ankunft eines neuen Geschwister-chens, mit allen möglichen z. T. symbolischen Fragen auf sich aufmerk-sam zu machen, um sich der Liebe der Eltern ebenso wie ihrer eigenen Herkunft zu versichern und um die Geburt eines neuen Geschwisterchens zu verhindern bzw. die eigene rückgängig zu machen. (Vgl. H. Zulliger: Kinderfehler im Frühalter, 44ff) Es ist dies die erste groß angelegte „intellektuelle Tätigkeit" (S. F.: Abriß der Psychoanalyse, XVII 77) der Kinder im „Dienst der Sexualforschung". Die Art und Weise, in der diese kindlichen Forschungen sich entfalten dürfen oder behindert werden, ent-scheidet über das „weitere Schicksal des Forschertriebes" (S. F.: Eine Kindheitserinnerung des Leonardo da Vinci, VIII 146—148). Die Sexualforschung steht mithin ontogenetisch in engem Zusammenhang zum „Wissen". So hat denn im Hebräischen eigenartigerweise das Wort für „erkennen" (jd') die Bedeutung von „Verkehr haben"; und die intellektuell wichtige Funktion der „Erinnerung" (zkr) kann auch das männliche Geschlecht (zkr) nach der Grundbedeutung des „Eindringens", „Eingrabens" bezeichnen.

In den Umkreis infantiler Sexualforschung scheint nun auch das zentrale Motiv des Essens zu weisen. Die Schlange fordert die Frau ja dem Wortlaut nach nicht dazu auf, Verkehr zu haben, sondern von dem verbotenen Baum zu essen und so wie Gott zu werden. Wir haben das Essen soeben oral verstanden. Indessen ist es die Frage, ob nicht das „Essen vom Baum" auch ein Euphemismus für den sexuellen Verkehr darstellen kann. In zahlreichen Mythenbeispielen haben wir ja bereits die Vorstellung kennengelernt, daß man Kinder durch das Essen bestimmter Früchte empfängt. Freilich scheint einer solchen Deutung zunächst eine einfache Tatsache entgegenzustehen: wäre das „Essen" vom „Baum" eine symbolische Darstellung sexuellen Verkehrs, so müßte der „Baum", von dem die Frau ihr Kind empfängt, natürlich ein männliches, phallisches Symbol darstellen; wir haben aber vorhin gerade dargelegt, daß dem Lebensbaum eine vornehmlich weiblich-mütterliche Bedeutung zukommt.

Die Schwierigkeit löst sich erst, wenn wir, wie z. B. schon bei der Schlangensymbolik, zur Kenntnis nehmen, daß in den Mythen fast alle wesentlichen Symbole bisexuellen Charakters sind. So ist zwar ein Bedeutungsaspekt des Baumes weiblicher Natur; das schließt aber nicht aus, daß der Baum unter einem anderen Aspekt phallische Bedeutung besitzt. Denn es kann als Grundregel der Traumanalyse gelten, daß alle „in die Länge reichenden Objekte, Stöcke, Baumstämme ... das männliche Glied vertreten." (S. F.: Die Traumdeutung, II/III 359) Offenbar wird hier das eigene Körperschema auf die Außenwelt übertragen; „so ist uns das Tertium comparationis ... ohne weiteres verständlich" (S. F.: Über den Traum, II/III 697): weil sie „lang und hochragend sind", eignen sich die Bäume als phallisches Symbol (S. F.: Vorlesungen zur Einführung in die Psychoanalyse, XI 156). Diese Gleichung läßt sich in der Tat als möglich annehmen und hat sich unzählige Male bewährt (vgl. S. F.: Traum und Telepathie, XIII 182; H. Schultz-Hencke: Lehrbuch der Traumanalyse, 250).

Anstelle zahlreicher Belege für die männliche Symbolik des Baumes, die wir bereits im 1. Teil der Arbeit in der Motivgeschichte zu Gn 9, 18—27 in der Gestalt der Eichenkönige u. ä. beigebracht haben (I 235f), erwähnen wir nur noch einmal den griechischen Mythos von dem hermaphroditischen Agdistis, der aus dem Berg Agdos (der personifizierten Göttin Rheia) und dem Samen des Zeus hervorgegangen war. Wegen seiner Wildheit wurde er von Dionysos an einer mit Wein vermischten Quelle eingeschläfert und mit den Geschlechtsteilen an einen Baum festgebunden, so daß er sich beim Erwachen selbst entmannte. „Aus dem Blut der Wunde wuchs ein Baum, der Früchte trug. Nana, Tochter eines Königs (oder des Flusses Sangarios), pflückte einige der Früchte und legte sie in ihren Schoß. Davon wurde die Jungfrau schwanger. Ihr Vater versuchte sie zu töten, doch die Große Mutter rettete nicht nur sie, sondern auch ihr Kind — Attis" (M. J. Vermaseren: Religionen im Wettstreit mit dem Christentum, in: A. Toynbee [Hg.]: Auf diesen Felsen, 256). Attis selbst wird bekanntlich von der Großen Göttin später, als er sich in die Nymphe Sagaritis verliebt, mit Wahn geschlagen, so daß er sich selbst unter einem Baum kastriert. Zeus gestattet der trauernden Kybele, daß der tote Attis sich in eine Fichte verwandelt und somit „zu einem Symbol für die Erneuerung des Lebens in der Natur" wird (M. J. Vermaseren, a.a.O., 256). Noch heute existiert auf Sardinen u. a. der Volksbrauch der „Adonisgärten", der mit dem Attiskult verwandt ist und in dem eine Priapusstatue und die phallische Symbolik des Baumes eine Rolle spielen (Frazer: Der goldene Zweig, 498—500).

Deutlich zeigt sich an solchen Beispielen, daß der Lebensbaum auch als männliches Symbol auftreten kann, wobei wiederum androgyne Züge sichtbar werden. Der Baum erscheint als ein phallisches Symbol, dessen „Früchte" im Schoß der Frau zur Empfängnis eines Kindes führen. In der Bedeutung eines männlichen Sexualsymbols wird der Baum noch heute im Ritual des Maibaums von den Mädchen umtanzt, wie in den alten phrygischen Fruchtbarkeitszeremonien (vgl. Frazer: Der goldene Zweig, 175—197). In gleichem Sinne weist H. Baumann darauf hin, daß in der afrikanischen Mythologie der Baum eine phallische Bedeutung im Rahmen des Fruchtbarkeitskultes besitzt, und erwähnt, daß z. B. die Baga den Kolabaum für heilig halten, weil seine Frucht einen starken Einfluß auf die Zeugungskraft ausübt. Die Potenzbedeutung des Baumes kann soweit gehen, daß etwa in Futa die Frauen durch den Schatten des Orangenbaumes ihre Unfruchtbarkeit zu verlieren hoffen. Interessant für die Kombination von Schlange und Baum in Gn 3 ist die Feststellung Baumanns, daß oft „auch ein Baum, vor dem man opfert, zur Schlange" wird. „Er verhilft in dieser Form den Opfernden zu Wohlstand und Kindersegen. Hier hat sich mit der Idee des Fruchtbarkeitsbaumes die westafrikanische Phallusschlangenvorstellung verbunden." (H. Baumann: Schöpfung und Urzeit des Menschen im Mythus der afrikanischen Völker, 232)

Daß also der Baum, den wir vorhin als ein weibliches Symbol interpretiert haben, nunmehr als ein phallisches Symbol verstanden werden muß, zeigt deutlich, daß die Vorstellung zu simpel ist, daß ein mythisches oder traumhaftes Symbol nur eine und keine andere Bedeutung haben könne. Denn eine Grundeigentümlichkeit des Unbewußten ist gerade seine Viel- und Mehrdeutigkeit, „daß ein Ausdruck dieses und zugleich sein Gegenteil bedeuten kann." (K. Koch: Der Baumtest, 21) Es ist daher nicht möglich, mechanisch die Interpretation der einen Mythentradition ohne weiteres auf eine andere zu übertragen. Vielmehr muß man jeweils eine ganze Reihe von Möglichkeiten vorschweben haben und sehen, wieweit man damit kommt. Das Ziel der Traumanalyse kann nicht in der Einführung des aristotelischen Identitätsprinzips in die Traumsymbolik bestehen, sondern nur darin, die einzelnen Bilder im Zusammenhang plausibel zu machen, d. h., ihr Zustandekommen zu begründen. So kann denn der Baum tatsächlich für die Mutter, die Frau, die Nahrungsquelle und ebenso für das männliche Genitale stehen. Diese Möglichkeit einer bisexuellen Geschlechtsumkehrung besteht nicht nur für den Baum oder für die Schlange, sondern ist viel allgemeiner. W. Stekel hat sehr richtig gemeint: „Alle Träume sind bisexuell angelegt. Wo die Bisexualität nicht zu finden ist, steckt sie in den latenten Traumgedanken" (W. Stekel: Die Sprache des Traumes, 58), wenngleich S. Freud davor gewarnt hat, diesen Satz zu unbedacht zu handhaben (S. F.: Die Traumdeutung, II/III 363). Auch Jung spricht von dem „hermaphroditischen Charakter" des Baumes. „Die Weiblichkeit des Baumes, der die Göttin repräsentiert..., ist vermischt mit phallischer Symbolik" (Jung: Symbole der Wandlung, V 282).

Unter diesen Voraussetzungen wäre der Baum also mal als weibliches, dann wieder als männliches Symbol zu lesen. Dabei scheint zu der Motivreihe 2, 16.17; 3, 6b; 3, 22.24 mehr die weibliche Entsymbolisierung zu passen, zu 3, 1—5 mehr die männliche. Das Nebeneinander beider Deutungen fände seine Entsprechung in der schwebenden Zweigestaltigkeit des Baums in der Mitte des Gartens als Lebens- und Erkenntnisbaums (3, 22.24 gegen 3, 1—5). Tatsächlich umschließt ja der Baum als Vegetationssymbol, als Bild der Einheit des Lebens in Geburt und Tod, auch in den Mythen eine männliche und eine weibliche Komponente. „Die Auffassung von Bäumen und Pflanzen als beseelte Wesen hat... zur Folge, daß man sie als männliche und weibliche Wesen behandelt, die im wirklichen ... Sinne des Wortes miteinander verheiratet werden können", wie denn die Pflanzen ja auch biologisch, nicht nur magisch, miteinander vereinigt werden müssen, um sich zu erhalten (J. G. Frazer: Der goldene Zweig, 166). Das Problem in Gn 2—3 ist nur, daß die eigentlich zusammengehörenden mann-weiblichen Aspekte der Baumsymbolik in der j Darstellung auf zwei Bäume verteilt sind; es ist aber deutlich die Erinnerung an ihre ursprüngliche Zusammengehörigkeit in der j Komposition bewahrt worden. Was exegetisch als ungereimt und als quellenmäßige Unausgeglichenheit stehen bleiben mußte, hat psa wie mythologisch also eine gute Begründung, und J hat nicht unrecht, wenn er in 2, 9 beide Bäume einfach nebeneinander stellt. Mehr können wir jedenfalls auch nicht tun, als daß wir die männliche neben der weiblichen, die sexuelle neben der oralen Deutung stehen lassen.

Lediglich läßt sich begründen, worin die Bisexualität mancher Symbole *vielleicht* ihren Ursprung hat: vielleicht in der erbbiologisch nachweisbaren „Bisexualität des Menschen" überhaupt (S. F.: Über die Psychogenese eines Falles von weiblicher Homosexualität, XII 283; Das Unbehagen in der Kultur, XIV 465—466, Anm. 2) oder, was für die Mythendeutung näher liegt, darin, daß der Traum auf ein archaisches Stadium regrediert, in dem „beiden Geschlechtern das männliche Genitale zugesprochen wird" (S. F.: Die Traumdeutung, II/III 364), wie wir es z. B. noch in dem australischen Mythos der Djanggawul fanden. Natürlich kann die Geschlechtsumwandlung selbst oft auch psychodynamisch motiviert sein, insofern der Träumende die Sexualrolle zu vertauschen sucht; der Traum wäre dann ein Indiz für eine latente Triebzielinversion. Jedoch ist diese Möglichkeit für unseren Text nicht sehr bedeutungsvoll. Geht man nämlich davon aus, daß Gn 3, 1—5 für sich zunächst isoliert zu lesen ist, so ist hier der Baum an sich selbst nicht bisexuell, sondern einfach männlich. Die Schlange, d. h., das phallische Streben des Mannes, führt die Frau in die Versuchung, von dem Baum zu essen; dieser stünde zunächst entsymbolisiert als Zeichen für das männliche Genitale; die Baumfrüchte könnten als das verheißene Geschenk der Schlange bzw. als die Hoden erscheinen. Die Frage, die sich dann ergibt, ist nur, wie wir uns in dem Bild vom Essen des Baumes die Oralität und Sexualität vereinigt denken können, wie wir also das Zusammentreten von oraler und sexueller Symbolik selbst verstehen sollen.

H. Schultz-Hencke sah diesen Zusammenhang so: Es „kann der Phallus Zeichen der Macht sein, einer Macht, die in der Lage ist, Geschenke zu bescheren. Tatsächlich befinden sich unter dem Phallus die Hoden ... In der Vulgärsprache wird von ‚Eiern' gesprochen. Damit werden sie zu Gegenständen oralen Begehrens. Auf jeden Fall produzieren sie das Sperma, sind also u. U. Quelle eines Geschenkes, nämlich des Kindes." (Lehrbuch der Traumanalyse, 250)

Auf die rein kulinarische Bedeutung der phallischen Potenz wies in der Antike schon Petronius hin, indem er in dem „Gastmahl des Trimalchio" bemerkte, wie in der Mitte der orgiastischen Gelage der beginnenden römischen Kaiserzeit „ein gebackener Priapus" stand, der „wie üblich in seinem reichlich weiten Schoß alle Sorten von Früchten und Trauben" trug (Petronius: Das Gastmahl, S. 53); gerade so wird Priapus als Fruchtbarkeitsgott und Gott der Gärten auch in römischen Statuen abgebildet (vgl. S. Perowne: Römische Mythologie, Abb. S. 70).

Mit solchen Hinweisen haben wir bisher lediglich das Faktum vorgestellt, daß ein sexueller Bedeutungsgehalt in oraler Form auftreten kann, und zwar so, daß das Essen vom Baum die Bedeutung einer oralen Empfängnis besitzt. Diese Feststellung allein aber ist bereits für das Verständnis der „Sündenfallerzählung" von größter Bedeutung. Sehr verwandt mit Gn 3, 1—7 ist in diesem Sinne z. B. die schon erwähnte Mythe der Maya von dem Wunderbaum in Xibalba, dessen Früchte (Kalebassen) mit dem Kopf Hun hunahpus identisch sind. Ein Mädchen, die Tochter eines Unterweltfürsten, hört von ihrem Vater von den Früchten dieses Baumes. Sie geht hin und denkt: „Ha! Was sind das für Früchte an dem Baum? Sollte der Baum nicht schmackhafte Früchte tragen? Ob ich wohl getötet werde, wenn ich eine abpflücke?" (W. Krickeberg: Märchen der Azteken und Inkaperuaner, 131) Sie spricht mit dem Schädel Hun hunahpus, und wie sie ihre Hand danach ausstreckt, fällt ihr der Speichel des Schädels in die Hand, und sie wird schwanger. Für die vermeintliche „Hurerei" will man ihr das Herz herausschneiden, preßt aber stattdessen roten Kalebassensaft aus. Deshalb heißt der Baum seither „Drachenblut".

Das Essen von dem Baum, zu dem die Schlange auffordert, ist in Mythen dieser Art offenkundig als ein Bild für den sexuellen Verkehr zu verstehen. Die Frage ist nur, worin eine solche Symbolbildung ihren Grund hat. Die Ersetzung der Sexualität durch ein orales Bild, die psa das eigentliche Problem darstellt, scheint auf die Stufe der infantilen Sexualforschung zurückzugreifen. Nach Freud zählt zu den drei typischen Sexualtheorien (neben der Kloakentheorie von der Geburt und der sadistischen Auffassung vom Koitus) auch die Annahme, daß die Kinder durch Essen, also durch orale Konzeption, in den Mutterleib gelangt seien (S. F.: Über infantile Sexualtheorien, VII 182). Dieser Glaube, der sich in unzähligen Märchen, Mythen und Kinderängsten wiederfindet, z. B. in dem australischen Mythos von der menschenfressenden Großmutter

Mutjingga (R. Poignant: Ozeanische Mythologie, 133), im Märchen vom Rotkäppchen oder vom Wolf und den 7 jungen Geißlein (der Mutter-Wolf frißt die Kinder und sie müssen aus seinem Bauch herausgeschnitten werden; vgl. E. Fromm: Märchen, Mythen und Träume, 221ff), beruht vielleicht auf der Beobachtung vom Dickerwerden durch Essen, das mit der Gravidität gleichgesetzt wird, besonders aber auf einer Unkenntnis der Funktion der Vagina; diese bestärkt die bisexuelle Meinung, daß Vater und Mutter gleicherweise empfangen und gebären könnten.

In den Mythen, in denen das Motiv der jungfräulich-oralen Empfängnis überaus häufig anzutreffen ist, könnte es sich jedoch zusätzlich zu dieser psa Begründung auch vielleicht um eine Konsequenz der Sonnen-mythologie handeln. Wenn nämlich die Annahme von Frobenius zutrifft, daß in zahlreichen Mythen das Meer im Westen bzw. die Nacht als ein verschlingendes Ungeheuer oder als eine alte Frau vorgestellt wird, die des Abends die Sonne frißt, um sie am Morgen in verjüngter Gestalt aus sich zu entlassen, so könnte es sich bei den Mythen von der oralen Konzeption um eine „Weiterentwicklung" des Verschlingungsmotivs handeln: während das Westmeer ein altes Weib ist, „so gibt es doch auch ein junges Weib. Dies junge Weib nun hat den Sonnengott verschluckt und bringt nunmehr dessen Sohn zur Welt." (L. Frobenius: Das Zeitalter des Sonnengottes, I 224) Es würde diese Ansicht gut zu jenen Erzählun-gen passen, in denen der Sonnengott oder ein entsprechendes Tier sich verschlucken läßt, um in erneuerter Form wiedergeboren zu werden und der Welt die eingesperrte Sonne bringen zu können (vgl. z. B. F. Boas: Indianische Sagen von der nord-pacifischen Küste Amerikas, 105; 184, 208; 232; 242, 274; 311—312); stets dient beim Verschlungenwerden eine Baumfrucht, ein Blatt, bestimmte Beeren oder dgl. als Verwandlungsform des Sonnenwesens.

Die Schule E. Sieckes sah in der Sonnenmythologie bekanntlich nur eine Spätform der Mondmythologie und deutete das Essen der Frucht (des Weltenbaumes) und das Gebären eines neuen Kindes als das Verschwin-den des alten und die Wiederentstehung des neuen Mondes. Siecke erinnerte z. B. an die Lebensäpfel der Idun, der Frau des überweisen Asen Bragi (E. Siecke: Die Liebesgeschichte des Himmels, 38); Idun verwahrt, der jüngeren Edda zufolge, die Äpfel in ihrer Truhe, und die Götter werden von ihnen essen, „wenn sie altern, dann werden sie alle wieder jung und bleiben es" (Gylfis Betörung, 26; F. Niedner u. G. Neckel: Die jüngere Edda, 74). Auch in zahlreichen Grimmschen Märchen ist der goldene Apel oder die goldene Kugel ein deutlicher Hinweis auf die ursprüngliche Mondmythologie, z. B. in dem Märchen „Der Eisenhans" oder „Der goldene Vogel" (vgl. G. Hüsing: Die iranische Überlieferung, 70).

In anderen Märchen findet das Fruchtessen mitunter noch seinen Niederschlag in den Nüssen, die sich das Mädchen von seinem Vater erbittet und mit deren Hilfe es, wie das „Aschenputtel" oder „Allerlei-rauh", schließlich den (Sonnen-)König heiratet; die Nuß ist nach Siecke wieder „der gänzlich dunkel gewordene Mondkörper" (E. Siecke: Die Liebesgeschichte, 39).

Eine gewisse Bestätigung erfahren die alten mondmythologischen Deutungen natürlich durch Sagen, in denen das jungfräulich geborene Kind explizit mit dem Mond in Verbindung gebracht wird. Z. B. erzählen die südamerikanischen Tariana und Tukano, wie am Anfang aller Zeit die Frauen beim Baden im Fluß von der Schlange geschwängert werden; als das schönste Mädchen, das so geboren wird, eines Tages von den Uakufrüchten ißt, die einige Affen ihr zuwerfen, läuft der Saft der Früchte ihr über die Brust, bis er zu dem „Weg der Kinder" kommt. So empfängt sie ihren Sohn Isi, den, der „aus der Frucht entstanden" ist. Isi läßt sich von dem Königsgeier „nach dem Gebirge der Mondsichel" tragen und erfährt dort die Weisheit des Mondes, wie das Volk zu regieren sei. Als Isi zurückkehrt, bringt er Tod über diejenigen, die das Geheimnis des Mondes ausplaudern. (F. Karlinger u. E. Zacherl: Südamerikanische Indianermärchen, 107—111) Deutlich ist der von Früchten empfangene Isi die Erscheinung des Mondes selbst.

Auch auf dem Hintergrund der solaren oder lunaren Mythologie können die Früchte, die es zu essen gibt, mithin als Symbole einer oralen Konzeption verstanden werden, letztlich also als Bilder für das Sperma oder für künftige Kinder, wobei die Bedeutung der Regeneration und Lebenserneuerung nicht zu übersehen ist. (Vgl. O. Rank: Psychoanalytische Beiträge zur Mythenforschung, 88—89)

Bereits durch diese Entsymbolisierung (Früchte = Sperma = Kinder) wird das Verbot der Früchte des Baumes als eines männlichen Genitales in etwa verständlich. Es ist nämlich möglich, daß sich das Kind selbst mit den Früchten des Baumes identifiziert bzw. damit identifiziert wird, und es würde sich also selbst töten, wenn es von den Früchten des Baumes äße. Dies scheint psa die Voraussetzung für manche tote-mistischen Speisetabus zu sein. So berichtet C. Lévi-Strauss von einem melanesischen Nahrungsverbot: „Das Kind darf die Pflanze oder das Tier, mit dem man es identifiziert hat, nicht verzehren, denn sonst wird es krank oder stirbt. Wenn es sich um eine ungenießbare Frucht handelt, darf der Baum, der sie trägt, nicht einmal berührt werden. Man setzt den Verzehr oder die Berührung mit einer Art Autokannibalismus gleich" (Das wilde Denken, 95). Der Baum wäre demnach als Nahrungsquelle tabuisiert, weil er durch totemistische Identifikation das Leben des Kindes selbst verkörpert und garantiert. Als ein entsprechendes Beispiel für die mythische Gleichung des Verzehrs bestimmter Baumfrüchte mit einer kannibalistischen Handlung mag eine Erzählung der nordwestpazifischen Skqomic-Indianer dienen, derzufolge der Rabe seine eigene Nichte, die Tochter des Seehundes, seines Bruders, auf einen Crabapple-Baum schickt, um dort ein paar Äpfel herunter zu holen. Als das Mädchen nach einem ersten geglückten Versuch auf das Drängen des Raben bis zum Gipfel des Baumes emporklettert, schüttelt der Rabe es herab, so daß es sich zu Tode stürzt. „Da trug der Rabe den Leichnam nach Hause und frass ihn." (F. Boas: Indianische Sagen von der nordpacifischen Küste Amerikas, 57) Offenbar muß das Seehundmädchen erst wie eine Baumfrucht gepflückt werden, um eßbar zu sein. Ähnlich erzählen die südamerikanischen Yurakare-Indianer von Karu, der von den Früchten ißt, die an einem Strauch auf dem Grab seines Sohnes wachsen, obwohl es sein Freund Tiri, der Herr aller Natur, verboten hatte. Kaum hatte Karu voller Gier von dem Strauch gegessen, als Tiri ausrief: „Karu ist ungehorsam gewesen und hat seinen Sohn gegessen. Zur Strafe werden er und alle Menschen sterblich sein, unterworfen allen Arbeiten, allen Leiden." (F. Karlinger u. E. Zacherl: Südamerikanische Indianermärchen, 166) Das Sterbenmüssen und die Mühsal des Lebens kommen also, ganz wie in der j Erzählung, durch einen verbotenen oralen Akt in die Welt; Sterben hat seinen Sinn und seinen Grund im Rahmen dieses kannibalistischen Denkens im Gegessenwerden; und im kannibalistischen Verzehr wiederum manifestiert sich die Überzeugung, daß die Menschen wie Früchte am Baum des Lebens sind, die, um zu leben, essen müssen und daher auch das Töten und den Tod in ihr Leben aufnehmen müssen. Vorstellungen dieser Art von dem ursprünglichen Baumfruchtwesen des Menschen dürften auch hinter den merkwürdigen Opferpraktiken der Antike stehen, bei denen Menschen oder deren symbolische Stellvertreter dem Vegetationsgeist zum Opfer in den Ästen bestimmter Bäume aufgehängt wurden (vgl. J. G. Frazer: Der goldene Zweig, 516—519).

Dies allein ist jedoch noch nicht ausreichend, um die Vorgänge in Gn 3, 1—5 richtig zu verstehen. Dem bisher Gesagten nach gilt die Schlange bereits als phallisches Symbol; sie steht dann aber in einer gewissen Konkurrenz zu dem Baum; denn man sollte meinen, die Schlange allein verkörpere als Sexualsymbol deutlich genug Inhalt und Art der

111

Versuchung. Stattdessen aber zielen ihre Worte auf ein anscheinend nicht-sexuelles Tun, das weit kindlicher und harmloser erscheint als das, was die Schlange selbst als Symbol ausdrückt. Das Essen vom Baum sieht wie ein bloßes „Naschen" aus (Gunkel). Gerade diese Verharmlosung scheint die Absicht der Symbolisierung vom Essen der Früchte zu sein. Wie Freud im Fall der 18jährigen Dora beobachtete, können abgewehrte oder mit Ekel empfundene sexuelle Sensationen der Genitalsphäre nach oben, z. B. auf den Thoraxraum oder die *Oralzone*, verschoben werden (Bruchstück einer Hysterie-Analyse, V 188—189). In mythischer Form erzählen etwa die sudanesischen Dakka, daß die Menschen in alter Zeit es nicht verstanden, mit den Frauen „richtig umzugehen". „Sie hielten die in der Menstruationszeit blutende Vagina für eine ungesunde Einrichtung, für eine kranke Stelle, und koitierten deshalb ihre Frauen unter der Achselhöhle." (L. Frobenius: Atlantis, V 62) Die vaginale Angst, welche die genitale Verschiebung unter die Achsel und damit weit weg vom eigentlichen Ort des Geschehens erzwingt, wird in diesem Mythos mit Recht in die Urzeit der Menschheit, ontogenetisch in die Zeit der frühkindlichen Sexualentwicklung, verlegt. Auch in den Träumen Erwachsener ist dieser Abwehrvorgang der Verlegung nach oben (S. F.: Vorlesungen, XI 336) recht beliebt. So stellt K. Abraham fest: „Von geisteskranken Frauen hören wir nicht selten, daß sie von Schlangen angegriffen werden, daß diese ihnen in das Genitale oder in den Mund kriechen. Wir wissen, daß der Mund in diesem Sinne nur ein Ersatz der Vulva ist." (Traum und Mythus, in: Psychoanalytische Studien, 277—278) Die Lippen stehen dann als Symbol der Schamlippen, der Verzehr von Früchten für den Verkehr und das Aufnehmen von etwas Süßem (dem Sperma).

Ein Beispiel für diese Zusammenhänge mag die Geschichte von der „ungetreuen Frau" bieten, die in Guinea von dem Stamm der Tim erzählt wird: Eine Frau, die ihren Mann mit der Schlange Do betrogen hat, wird von dem erzürnten Gatten gezwungen, die zur Strafe zerstückelte Schlange, besonders deren obenauf liegenden Penis zu essen, „ihn zu kauen und herunterzuschlucken." (L. Frobenius: Atlantis, XI 203—205) Offensichtlich handelt es sich um eine Talionsstrafe, die aber nur sinnvoll ist, wenn das orale Verzehren des Penis ein Äquivalent des sexuellen Kontaktes darstellt.

Daß das Verständnis für solche Symbolsprache auch dem AT nicht fremd war, ersieht man an dem derben Scherzrätsel, das Simson seinen Hochzeitsgästen aufgibt: „Vom Fresser strömt Futter, vom Starken quillt Süßigkeit hervor" (Ri 14, 14), nur daß diesmal der naheliegende sexuelle Sinn der Brautnacht von Simson gerade nicht gemeint ist. Ebenso eindeutig scheint die sexuelle Bedeutung des indischen Mythos, daß die Schlange Ananta (Vasuki) den Milchozean quirlt und als erstes daraus der Unsterblichkeitstrank Amrita entsteht (J. Herbert: Die Mythologien der Inder, in: P. Grimal, II 57; K. Abraham: Traum und Mythus, in: Psychoanalytische Studien, 314—317). Das orale Symbol vom Essen des Baumes gäbe sich mithin als ein Abwehrvorgang und eine Regression aus dem genitalen Bereich der Sexualentwicklung auf die orale Stufe zu verstehen. So können wir zusammenfassend F. Riklin zustimmen, wenn er in Gn 3, 1—7 in Schlange, Frucht, Baum und Essen eine „Kumulation" der „Befruchtungssymbolik" erkennt. (F. Riklin: Wunscherfüllung, 72)

Es sei vermerkt, daß die orale Konzeption mythisch ihr konsequentes Gegenstück in der oralen Geburt findet. In der griechischen Mythologie z. B. versucht Eileithyia bei der Geburt des Herakles auf Weisung Heras die Wehen der Alkmene magisch zu verzögern. „Doch eine treue Magd Alkmenes, die blondhaarige Galanthis..., verließ das Geburtszimmer und gab vor, daß Alkmene entbunden hätte. Als Eileithyia überrascht aufsprang..., wurde Herakles geboren. Da lachte Galanthis über ihre erfolgreiche Täuschung. Dies reizte Eileithyia so, daß sie sie an den Haaren ergriff und in ein Wiesel verwandelte. Galanthis besuchte auch weiterhin das Haus der Alkmene. Doch wurde sie von Hera für ihre Lüge bestraft: Sie ist in alle Ewigkeit verdammt, ihre Jungen durch den Mund zu gebären." (R. v. Ranke-Graves, II 82) Die Verlegung der Empfängnis nach oben aus Angst vor dem Verbotenen (der Sexualität) setzt sich hier als eine Verlegung der Geburt nach oben infolge der Strafe für das Verbotene (die Sexualität) fort. Das Wiesel dient vielleicht als ein äußerer Beleg der Mundgeburt, denn weil es seine Jungen im Maul herumträgt, dachte man, es habe sie auch durch den Mund geboren.

Wenn wir somit das Essen vom Baum der Erkenntnis als eine orale Regression, bedingt durch Abwehr der sexuellen Thematik, interpretieren, so sind wir freilich noch die Antwort schuldig, wieso es denn möglich sein soll, das Thema der Geschlechterliebe traumsymbolisch durch das Essen von Früchten zu ersetzen. Offensichtlich könnte eine solche Regression nicht zustande kommen, gäbe es nicht bestimmte archaische Funktionsbereitschaften im Menschen, die von vornherein das Liebeswerben von Mann und Frau in orale Bahnen zu lenken vermögen.

Als Modell dafür mag das Balzverhalten der Lachmöwen dienen, die sich „gleichsam verloben, indem das Weibchen nach Art eines bettelnden Kükens sich vor ein Männchen hinstellt, während er sich einen Fisch aus dem Kropf hervorwürgt, den er ihr gibt, als füttere er ein Junges."

(R. Bilz: Schrittmacherphänomene, in: Die unbewältigte Vergangenheit des Menschengeschlechts, 17) Das Artverhalten der Lachmöwen dient als notwendige Bahnung des Geschlechtsaktes. Nach einem festgelegten Ritual spielt das Weibchen die Rolle eines Kindes, und das Männchen antwortet mit einem nutritiven Akt. Die Liebe der Lachmöwen geht also buchstäblich durch den Magen. R. Bilz sieht den Sinn dieser scheinbaren Infantilismen im oralen Vorspiel des Sexualaktes darin, daß die Liebenden einander nicht nur mit dem kindlich-väterlichen Verhalten zum sexuellen Tun anreizen, sondern daß damit spielerisch bereits die spätere Situation der Brutpflege vorweggenommen und eingeübt werde. „Der eine der Liebenden springt in die Zukunft vor und vollzieht Akte in der Ouvertüre seiner Gattung, die den noch ungezeugten Kindern einmal gelten werden, während der Partner entsprechende Infantilismen im Rollenspiel zeigt" (a.a.O., 19; vgl. I. Eibl-Eibesfeldt: Liebe und Haß, 128—132).

Man folgt Bilz gern darin, daß er das nämliche Verhalten auch beim menschlichen Liebesspiel meint beobachten zu können und in dessen Ablauf paläopsychologische Prädispositionen am Werke sieht. Nicht nur, daß auch bei den Menschen der Mann seine Geliebte mit Deminutivformen wie „Baby", „mein Kleines" u. ä. belegt, nicht nur, daß die Geliebten bis zur Grenze des Lächerlichen „Kinderstube" spielen, indem sie sich agrammatischer Satzbildungen und kindlicher Verhaltensformen bedienen, — insbesondere zeigt das Liebesspiel selbst ein Gebaren, das dem Verhalten der Lachmöwen analog ist: der „Mann nähert sich mit seinem Mund dem der Frau, eine fraglos höchst absurde Bewegung, und preßt seine Lippen auf die ihren"; d. h. er benimmt sich so, als wolle er von Mund zu Mund Nahrung übertragen (Bilz: a.a.O., 22). „Wenn die Vorwegnahme (der späteren Brutpflege im Liebesspiel, d. V.) einigermaßen vollkommen wäre, würde der Mann auch die Geschlechtspartnerin zärtlich festhalten, wie man ein kleines Kind an der Brust hält und es uns umschlingt. Das wäre der Sinn der Umarmung: Zu dem Akt einer nutritiven Zärtlichkeit käme auf seiten des Elternteils das Element bergend-behütender Fürsorglichkeit und Innigkeit hinzu." (Bilz: a.a.O., 22)

Im Liebesspiel übernimmt also der Mann eine gewissermaßen mütterlich-behütende Rolle, die durch ein oral gestimmtes Tun den Sexualakt bahnt. Natürlich können die Rollen von Mann und Frau einander ablösen und ineinander übergehen. Von daher können wir dem Austausch der Früchte zwischen der Frau und dem Mann in Gn 3, 1—7 von vornherein eine sexuelle Bedeutung unterstellen; der Faktor der Regression, der sich darin ausspricht, wäre demzufolge nicht nur durch Trieb-abwehr im Sinne Freuds bedingt, sondern auch die Folge einer paläo-anthropologischen Bahnung des Sexualaktes. Zugleich erhält vor diesem Hintergrund das Schillernde in der Symbolik des Baumes (als männlich bzw. weiblich) eine vertiefte Erklärung, indem wir sehen, wie auch dem Mann die Rolle des Bergenden, Halt-Gewährenden, Nahrung Spen-denden im Liebeswerben um die Gunst seiner Geliebten zukommt. Außerdem lernen wir die Regression des Sexualtriebes auf die orale Ent-wicklungsstufe nicht nur als einen an sich überflüssigen Rückschritt kennen, sondern wir erblicken darin das Vorspiel einer Progression, die bereits im Liebesspiel die spätere Brutpflege antizipiert.

Unter diesen Voraussetzungen entfallen eigentlich alle Schwierig-keiten, die der Text von Gn 3, 1—5 aufgibt. Entsymbolisiert können wir sagen, daß es hier um eine sexuelle Versuchung geht, die der Frau von seiten des männlichen Verlangens (der Schlange) angetragen wird. Die Frau reagiert, wie wir bereits in der exegetischen Untersuchung heraus-gearbeitet haben, mit Angst auf die Versuchung. Diese drückt sich symbolisch darin aus, daß das genitale Thema durch das orale ersetzt wird. Wir haben es ursprünglich bei dem Essen vom Baum zwar mit einer Vorstellung der infantilen Sexualforschung zu tun, aber, wesent-licher noch, mit einer Regression der Sexualität auf die Stufe der oralen Konzeptionsphantasie. Aus Angst vor der männlichen Sexualität wird regressiv die Oralität wiederbelebt. Auf diese Weise verstehen wir die Schlange, den Baum, die Früchte, das Nebeneinander von Schlange und Baum, das Essen von den Früchten sowie das gleichermaßen angstvolle wie faszinierte Verhalten der Frau und schließlich auch das Motiv des Wissens bzw. des Erkennens: all diese Motive geben sich als sexuelle Symbole zu verstehen, die auf dem Wege einer angstbesetzten Regression infantile Sexualvorstellungen entsprechend den paläoanthropologischen Bahnungen wiederbeleben. Als einziges fehlt nur noch das Motiv, zu sein wie Gott; sodann ist es bei dieser Deutung wieder unklar geworden, woher eigentlich das Verbot, von dem Baum zu essen, begründet sein soll; denn die Notwendigkeit dieses Verbotes ist im Umkreis einer ursprünglich oralen Problematik plausibel; jetzt aber, bei der Annahme einer sexuellen Thematik, bedarf es einer eigenen Begründung. Woher kommt die Angst, welche die orale Regression erzwingt?

Wir sind es schon gewohnt, zu überlegen, wer jeweils von den Eltern-figuren von Vater und Mutter hinter der theologischen Vokabel „Gott" stecken könnte, von dem in unserer Erzählung das sexuelle Verbot stammt. Zur Beantwortung dieser Frage verfügen wir nur über zwei

Anhaltspunkte: einmal das Motiv der Konkurrenz von Gott und Mensch, das in der Versuchungsszene selbst genannt wird, zum anderen können wir versuchen, die psychogenetische Phase zu lokalisieren, in der sich die bisher rekonstruierte Problematik abspielen könnte. Die erste Frage ist daher, in welch einer Entwicklungsphase wir mit dem geschilderten Konflikt rechnen können.

Deutlich wurde, daß wir es, wenn unsere Annahmen zutreffen, mit einer sexuellen Problematik zu tun haben, die infolge ihrer angstbesetzten Zuspitzung dazu führt, in der Spur vorgeformter archaischer Bahnungen auf die orale Stufe zu regredieren. Wir werden dann voraussetzen dürfen, daß die sexuelle Thematik in der j Erzählung ontogenetisch den Erstauftritt der Sexualität beschreibt, d. h., wir hätten in Gn 3, 1—5 einen Konflikt der ödipalen (phallischen) Phase vor uns. Dazu würde auch das Moment der Konkurrenz zwischen Mensch und „Gott" gut passen; denn es handelt sich auf der ödipalen Stufe ja gerade um die Phase, „in der das Kind beide Elternteile und einen Teil besonders zum Ziel seiner sexuellen Wünsche macht und mit dem anderen Teil rivalisiert" (A. Freud: Wege und Irrwege in der Kinderentwicklung, 69); desgleichen ordnet sich der Zug der (sexuellen) Neugier in diesen Zusammenhang ein. Das Verbot, das „Gott" erlassen hat, ist, so verstanden, ein ödipales Inzestverbot. Gehen wir davon aus, daß der Mythos aus der Sicht des Mädchens geträumt ist, so handelt es sich um den sehnlichen Wunsch des kleinen Mädchens, vom Vater ein Kind zu bekommen und es der Mutter gleichzutun. Dies ist verboten. Und an diesem Verbot zerbricht die Beziehung des Kindes zu seinen Eltern. Es muß sich von ihnen als ursprünglichen Libidoobjekten trennen. Verbot und Ausweisung fänden somit ihre Erklärung. Beide sind unvermeidbar.

So müßte das phallische Symbol der Schlange und des Baumes letztlich mit dem Vater identifiziert werden. Auch diese Gleichung ist kulturhistorisch mannigfach bezeugt; wir erinnern daran, daß bei den Khmers von Angkor der Lingam auf dem Weltenberg Meru (s. o. 92) nicht nur die phallische Zeugungskraft des Gottes des Lebens und der Vernichtung, Shivas, sondern auch „die physische Anwesenheit des devaraja (Gottkönig)" darstellt. (C. Pym: Angkor und das Reich der Khmer, in: E. Bacon: Versunkene Kulturen, 136—137)

Die Verführung der Frau durch die Schlange bestünde demnach in der Aufforderung zum inzestuösen Verkehr mit dem Vater. Es würde sich dabei um eine Wunschregung handeln, die in der Tat allen weiblichen Menschenkindern zukommt, selbst wenn man nicht, wie Freud, an die biologische Grundlage des „Ödipuskomplexes" glaubt; denn als sicher darf gelten, daß psychologisch in der Liebe der Frau zum Mann die frühkindlichen Erfahrungen mit dem eigenen Vater regressiv reaktiviert werden. Insofern aber (von bestimmten privilegierten Ausnahmen abgesehen) die Inzestneigung selbst, d. h. die Tendenz, auf den gegengeschlechtlichen Elternteil fixiert zu bleiben, allerorten auf die heftigste Ablehnung stößt und auch wohl stoßen muß (vgl. S. 46: die polynesische Mythe von Tane und der Göttin der Finsternis), so könnten wir verstehen, wieso ein Symbol des ödipalen Triebverbotes für J als Vorlage dienen konnte, die Allgemeinheit menschlicher Schulderfahrungen auszusagen.

Damit wären, so weit wir sehen, alle wesentlichen Züge des Mythos vom „Sündenfall" verständlich geworden, jedenfalls, solange wir den Text aus der Perspektive der Frau lesen. Nun redet aber in der Erzählung die Schlange nicht nur zu der Frau, sondern der Dialog arbeitet mit „Ihr" und „Wir", zielt also zugleich auf den Mann; auf diese Weise wird sehr eng bereits Gn 3, 6, das Tun des Mannes, vorbereitet. Dies ist, wie wir exegetisch gesehen haben, sekundäre Überarbeitung; es brauchte uns also im Grunde nichts mehr anzugehen. Andererseits ist der Text von 3, 1—7 doch so fest gefügt, daß es der Überlegung wert ist, was diese Geschlossenheit der an sich sekundären Stoffe ermöglicht.

Das wichtigste ist offenbar die Polyvalenz der Symbole. Der Baum, von dem die Frau ißt, kann als phallisches Symbol (des Vaters) verstanden werden; die Früchte, die die Frau von demselben Baum dem Manne reicht, dürfen als Bild des mütterlichen Lebensbaumes, also als Darstellung der männlichen Seite des Ödipuskomplexes gelten. So machte K. Abraham auf den Fall eines Neurotikers aufmerksam, „der sich sozusagen beständig auf der Flucht vor dem Mutterinzest befindet" und „in wachen Phantasien wie in Träumen alle Erscheinungen eines *Baumtotemismus*" bot, indem er alle seine Angehörigen in einem Schloßgarten als Bäume phantasierte und sich selbst neben einem großen Orakelbaum (= Vater) postierte (K. Abraham: Über Einschränkungen und Umwandlungen der Schaulust, in: Psychoanalytische Studien, 375). Die männliche und die weibliche Symbolik des Baumes kommen also nebeneinander vor und erlauben daher eine Verzahnung der sexuellen Perspektive des Mannes wie der Frau zu einer Erzählung über ein und dasselbe Objekt des menschlichen Begehrens.

Das zweite ist die Regression auf die orale Stufe; erst die Verschiebung des Genitalen ins Orale macht die Fusion der beiden Mythentraditionen möglich. Die Gemeinsamkeit des Inzestwunsches kann so tatsächlich von der Schlange ausgehen, die beide, Mann wie Frau, gemeinsam anredet;

auch sie kann nicht nur das phallische Symbol des Mannes sein, sondern es kann, wie die Mythologie zeigte und sogar der Volksmund lehrt, auch die Frau als „Schlange" auftreten. (Vgl. das Drachensymbol als Mutter-Figur auf der 11. Tafel des Thematischen Apperzeptionstestes [TAT]; W. J. Revers; K. Taeuber: Der thematische Apperzeptionstest, 179—180) Das, worauf die Schlange Mann wie Frau verweist, ist der Baum, der in der sexuellen Symbolsprache ödipal für den Mann die Mutter, für die Frau den Vater bedeuten kann, für beide aber (oral) den mütterlichen Lebensbaum darstellt.

Indem wir somit die Szene von Gn 3, 1—7 in einer Schicht der Deutung dem psa Zentralthema des Ödipuskomplexes zuordnen, müssen wir uns gleichwohl hüten, diesen Deutungsansatz durch willkürliche Spekulationen und unbelegbare Interpolationen bibelfremder Mythenmotive zu überdehnen. Leider ist dies gleich schon in den Anfängen der psa Mytheninterpretation geschehen und seither offensichtlich nur mit größter Mühe wieder auszurotten. O. Rank, der hochverdiente Pionier der psa Interpretation literarischer Stoffe, hat schon in der Zeit des 1. Weltkrieges die „Inzestdeutung" von Gn 2—3 vorgetragen, wobei er allerdings die traditionsgeschichtlichen Untersuchungen der Exegese zur j Urgeschichte gänzlich vernachlässigte. Immerhin wird man Rank auch heute noch zustimmen können, wenn er eine gewisse inzestuöse Komponente von Gn 2—3 bereits darin erblickt, daß Adam und die Frau aus einem Fleisch stammen, also Blutsverwandte sind. Bedenklicher wird die Sache schon, wenn er die Entstehung der Frau aus der Rippe Adams dahin umkehren möchte, daß eigentlich Eva den Mann geboren habe, so daß dieser in Gn 3, 6 mit seiner Mutter zu verkehren suche (O. Rank: Psychoanalytische Beiträge, 117); gern stimmt man Rank wieder zu, daß die Schlange „mit auffälliger Regelmäßigkeit" auftritt, wenn „es sich um die Darstellung eines Inzestverhältnisses handelt." (Rank: a.a.O., 118) Aber was bei der komplizierten Zusammensetzung der j „Sündenfallerzählung" in aller Vorsicht als ein wechselseitiges Inzestmotiv zwischen der Frau und dem phallischen Schlangenbaum sowie dem Mann und der Urmutterfrau aufgefaßt werden kann, wird denn doch außerhalb der Grenzen des Erlaubten vereinfacht, wenn Rank den gesamten Erzählverlauf von Gn 2—3 nach dem Muster der „Weltelternmythe" zuschneiden will, denn die Einheit von Gn 2—3 ist rein redaktionell, nicht traditionsgeschichtlich begründet; und so nötig es ist, die einzelnen Motive je für sich zu untersuchen, so methodisch unhaltbar ist es, Gn 2—3 als eine scheinbar selbständige Mythe mit anderen Völkererzählungen zu verbinden. Zudem sollte schon ein bloßer Vergleich der j Erzählung mit den Mythen von der Trennung der Ureltern zeigen, wie völlig disparat die Stoffe sind.

Die Weltelternmythe tritt in klassischer Form in der polynesischen Mythologie, in der außerordentlich alten Schöpfungssage der Maoris, auf. Diese Geschichte „der Söhne des Himmels und der Erde" erzählt, wie der Himmelsgott Rangi und die Erdgöttin Papa ungetrennt aufeinander lagen und somit eine Finsternis ohne Grenzen herrschte. Die Söhne der Erde und des Himmels beratschlagten daher, wie sie Rangi und Papa voneinander trennen könnten; nur der Sturmgott Tawhiri-Matea hatte Mitleid mit seinen Eltern und widersetzte sich dem Plan. Seine Brüder aber versuchten vergeblich, gegen Himmel und Erde zu kämpfen, bis Tane-Mahuta, der Waldgott, als seine Arme zu schwach waren, in einer Art Kopfstand mit niedergebeugtem Haupt, die Beine nach oben, die beiden auseinander riß. „Da wehklagte der Himmel und rief die Erde: ,Weshalb dieser Mord? Warum diese große Sünde? Warum willst du uns vernichten? Warum willst du uns trennen?' Aber was kümmerte dies Tane? Aufwärts sandte er den Einen, abwärts die Andere"; so wurde der Himmel von der Erde und die Nacht vom Tag getrennt, und das Volk wurde sichtbar, das „bis dahin in den Höhlungen an ihrer Aeltern Brüsten verborgen gewesen war." (A. Bastian: Die heilige Sage der Polynesier, 30—31) Der Windgott Tawhiri-Matca bekämpfte fortan, indem er seinem Vater, dem Himmel, folgte, von den offenen Räumen des Himmelsgewölbes aus seine Brüder; Überschwemmungen entstanden; aber das Licht vermehrte sich und mit ihm das Volk. „Nun bleibt in diesen letztern Tagen der Himmel weit von seinem Weibe, der Erde, entfernt; aber die Liebe des Weibes wird in Seufzern zu dem Gatten emporgetragen. Dies sind die Nebel, die von den Gipfeln der Berge aufwärts schweben; und die Thränen des Himmels fallen auf sein Weib nieder. Siehe, die Thautropfen!" (A. Bastian: a.a.O., 35; Beispiele zur Weltelternmythe bei O. Rank: Das Inzest-Motiv in Dichtung und Sage, 279—283)

Diese „Weltelternmythe", die wir in ähnlicher Gestalt, nur im Wechsel von Vater und Sohn, in der ägyptischen Erzählung antreffen, wie Schu seine Tochter, die Himmelsgöttin Nut, von dem Erdgott Geb, ihren über alles geliebten Bruder, trennt (vgl. Abb. 982 bei: K. Michalowski: Ägypten, S. 560), wird von Rank „ödipal" gedeutet: der Sohn versuche den Beischlaf der Eltern durch „furchtbaren Mord" zu stören, um sich selbst in den Besitz der geliebten Muttergöttin zu bringen. Diese Interpretation mag für die Weltelternmythe angehen; aber der Versuch muß scheitern, aus den Texten von Gn 2—3 diese Mythe selbst rekonstruieren zu wollen. Nach Rank sähe das Konstrukt so aus, daß der Gott „Jehova" (sic!) mit seiner Gattin, die er selbst als seine Tochter gezeugt hat, in natürlicher Umarmung verbunden ist (Inzest zwischen Vater und Tochter). „Das Vergehen des Adam", meint Rank, „besteht dann wie in den anderen Weltelternmythen darin, daß er sich gegen das Gebot zwischen Jehova und Eva eingedrängt und mit seiner Mutter ein neues

Geschlecht gezeugt hat." (O. Rank: Psychoanalytische Beiträge, 120) „Als Urmutter Erde ist also Eva die Gattin des Himmelsgottes Jehova und Adam der revolutionäre Sohn beider, der mit seiner Mutter (in Schlangengestalt) verkehrt." (a.a.O.)

Rank, der selbst weiß, daß diese Ansicht der j Darstellung von der Entstehung der Frau aus der Rippe Adams widerspricht, sieht sich zu gewaltsamen „Umkehrungen" der j „Sündenfallgeschichte" gezwungen: Gn 2, 22, die Entstehung der Frau, beschreibe eigentlich die Zeugung Adams aus der Verbindung der Erdgöttin mit dem Himmelsgott; das Herausschneiden der Rippe erkennt Rank als einen „Rest der Kastration", „als Entmannung durch Jahwe" (a.a.O., 121); in Gn 3, 20, der Bemerkung von Eva als der Urmutter, erblickt er eine ursprüngliche Angabe über das Liebesverhältnis der Frau zu „Jehova". Man sieht deutlich, woran die Ranksche Deutung krankt: während die Symboldeutungen im einzelnen eine gewisse Berechtigung besitzen, führt die Deutung als ganze in die Irre, wenn das, was bei J ein kunstvolles Gewebe aus sehr verschiedenen mythischen Traditionen darstellt, auf einen einzigen „ödipalen" Mythentyp zurückgeführt werden soll. Eine solche Reduktion übersieht notgedrungen die vielschichtige Gestaltung der j Erzählung und ihren eigenständigen Aussagewert, abgesehen davon, daß sie die Abfolge der j Erzählung völlig willkürlich auf den Kopf stellt: Gn 3, 20 als ursprünglich, Gn 2, 22 als Folge von 3, 6 usw.

Demgegenüber kann uns gerade das Verhältnis von Gn 2, 22 und 3, 20 zeigen, daß das mythische Motiv der „getrennten Welteltern" bei J im Gegensatz zu den Mythen der Völker allererst aus der Sünde der Menschen entsteht; die Sünde der Menschen besteht für J nicht darin, daß Adam den ehelichen Weltelternschlaf von „Jehova" und Eva zerrissen hätte, sondern sie wirkt sich darin aus, daß die Beziehung des menschlichen (nicht-göttlichen) Urelternpaares zerrissen ist (Gn 3). Die sündhafte Trennung erfolgt bei J nicht zwischen Gott und seiner Frau, sondern die Feindschaft von Mann und Frau zu Gott führt zur Zerrissenheit der Menschen untereinander: die mythische Trennung der Welteltern begründet nicht die „ungeheure Sünde", sondern die Sünde begründet die ganz und gar menschliche Zwiespältigkeit zwischen Adam und Eva; getrennt wird nicht ein göttliches, sondern ein menschliches Elternpaar; diese theologische Umdeutung des mythischen Inzestmotivs stellt gerade die eigentliche Leistung der j Redaktion dar.

Es ist also wohl möglich, in dem Tun Adams und seiner Frau „inzestuöse" Motive wiederzuerkennen, aber es ist nicht möglich, das Inzestmotiv absolut zu setzen und von ihm her alle anderen Bilder der j „Sündenfallerzählung" umzudeuten oder völlig zu vernachlässigen. Insbesondere die Wechselseitigkeit des Tuns der Frau (Gn 3, 1—5) und Adams (Gn 3, 6—7) und die spezifisch orale Komponente der Erzählung ginge bei einer reinen „Ödipus-Deutung" unter. Das Problem der psa Auslegung von Gn 2—3 liegt gerade darin, daß J nicht eine in sich geschlossene mythische Anschauung übernimmt oder umformt, sondern mythische Motive in fragmentierter Form zu dem völlig singulären und neuartigen Mosaik einer theologischen Aussage jenseits der Mythen zusammengesetzt hat. Bezüglich der ödipalen Deutung der j Sündenfall-erzählung wird man insgesamt H. Baumann zustimmen müssen, wenn er, von der afrikanischen Mythologie her, die Ansicht vertritt, „die auch jenseits der psychoanalytischen Wissenschaft allseitig erkannte Sexual-bedeutung der Schlange und der Fruchtbarkeit erregenden Frucht" habe zwar „Geltung für einen großen Teil der primitiven Sündenfall-Mytho-logien", insgesamt aber sei das Inzestmotiv „nur selten in der primitiven Mythologie Afrikas" wiederzufinden. (H. Baumann: Schöpfung und Urzeit, 266)

Dieselbe Vorsicht wird man gegenüber dem Vorschlag walten lassen müssen, das Auftreten der Schlange in Gn 3, 1—7 nach Art der Herakles-mythe (in Konsequenz der Ödipusdeutung) vom Motiv des Drachenkamp-fes her rekonstruieren zu wollen. Die Schlange müßte dann als Drachen-ungeheuer verstanden werden, das in vielen Märchen die Annäherung des Sohnes an die Liebesäpfel der Mutter zu verhindern sucht; es wäre darin ein Zeichen des Widerstandes des Vaters gegenüber dem Sohn zu erblicken, so wie auch Ödipus erst die Sphinx töten muß, ehe er seine Mutter Jokaste heiraten kann (vgl. O. Rank: Psychoanalytische Beiträge, 122—124; 368—370). Wir werden sogleich bei der Besprechung der „Sündenfallerzählung" auf der Subjektstufe sehen, inwieweit man das Motiv vom Drachenkampf zur Interpretation der j „Sündenfallerzäh-lung" heranziehen kann und inwieweit nicht.

Prinzipiell ist es nicht das Bemühen unserer psa Deutungsversuche, einen ursprünglichen Mythentyp hinter den j Erzählungen rekonstruieren zu wollen. Es mag aber trotzdem, weil es in der Literatur zur j „Sünden-fallerzählung" an vorschnellen Vereinfachungen nicht mangelt, an dieser Stelle erlaubt sein, eine Andeutung zu geben, wie man, gestützt auf wenigstens annähernd verwandtes Mythenmaterial, sich eine ursprüng-lichere Fassung der j „Sündenfallerzählung" vorstellen könnte. Nach wie vor ist hier nämlich die Vermutung von J. G. Frazer am wahr-scheinlichsten, daß in einer früheren Form der Erzählung die „List" der Schlange darin bestanden habe, die Menschen falsch zu informieren: Gott habe, meint Frazer, dem Menschen den Genuß des Lebensbaumes zugedacht, und die Schlange habe die Menschen vor dem Essen des Todesbaumes warnen sollen; diese aber, um selbst die Speise der Unsterblichkeit sich anzueignen, habe die Menschen in die Irre geleitet und zum Essen vom Todesbaum verleitet (J. Frazer: Die Arche, 29).

Frazers Hypothese bietet den Vorteil, daß das Motiv der durch Irrtum oder Absicht verfälschten Botschaft in den afrikanischen Mythen weit verbreitet ist und daß sich von daher die Sexual- und Fruchtbarkeitssymbolik der Sündenfallszene gut verstehen ließe. H. Baumann ergänzt den Frazerschen Vorschlag durch Einbeziehung der sexuellen Komponenten zu folgendem Bild: „Jene Schlange, die sich die Unsterblichkeit erwarb, verleitet Eva zum Essen des Apfels. Eva ißt den Fruchtbarkeitsapfel, und die durch diesen und die Schlange zum ersten Male erregte Geschlechtslust bringt sie dazu, Adam zu verführen. Sie schafft so die Möglichkeit der Fortpflanzung, denn vorher war ihnen jeder Geschlechtsverkehr unbekannt." (H. Baumann: Schöpfung und Urzeit, 266—267)

Nach dieser Version hingen Fruchtbarkeit und Vergänglichkeit, Geburt und Tod auf das engste zusammen, wie es in der Tat zahlreiche Mythen bestätigen; der Tod, verstanden als Strafe, ließe indessen den Geschlechtsgenuß als etwas Verbotenes erscheinen; die Schlange „als Phallusschlange" ist im afrikanischen Mythos weithin bekannt (H. Baumann: a.a.O., 267); die Früchte des Baumes wären sowohl als Früchte der Empfängnis wie als Früchte des Todes zu verstehen.

Diese Auffassung von Gn 3, 1—7 würde sich mit den vorgeschlagenen psa Symboldeutungen weitgehend decken; insbesonere würde die sexuelle Thematik der Erzählung in einem geschlossenen Zusammenhang verständlich; das ödipal-inzestuöse Thema wäre nicht überbetont, könnte aber zur Erklärung der ursprünglichen Erlebniseinheit von Geschlechtlichkeit und Todesschuld erklärend herangezogen werden.

Andererseits erscheint es als völlig unwahrscheinlich, daß J eine einfache Mythe dieser Art zu dem verwickelten Bild von Gn 2—3 sollte ausgestaltet haben; die Grundannahme Frazers, daß der Baum der Erkenntnis und der Baum des Lebens beide ursprünglich zur Paradieserzählung hinzugehörten, ist traditionsgeschichtlich inzwischen überholt; die „List" der Schlange richtet sich bei J nicht auf die Aneignung der Lebensfrüchte, sondern auf die Saat des Mißtrauens gegen Gott, den sie als neidisch und ängstlich hinstellt; das Verbot des Baumes ist in der j Erzählung viel zu fest verankert, als daß es erst von J erfunden sein könnte, so daß kein Anlaß besteht, mit Frazer einen Mythos mit einem „freundlicheren" Gottesbild zu rekonstruieren (Frazer: Die Arche,

25—26); außerdem zeigen Mythen, wie die in der Motivgeschichte zu Gn 3 erwähnten, daß das Nahrungsverbot eines Baumes als ein in sich selbständiges Mythem interpretiert werden muß; schließlich ist auch Gn 3, 1—7, der eigentliche Kern der „Sündenfallerzählung", wohl redaktionell, nicht aber motiv- und traditionsgeschichtlich als literarische Einheit zu betrachten; und wenngleich das Motiv vom Essen, wie wir gesehen haben, für eine auch sexuelle Deutung offen ist und entsprechende Stoffe, wie die Geschlechterrivalität, die Kindergeburt und das Sterbenmüssen an sich gezogen hat, so darf doch das Eigengewicht der oralen Komponente in dem Text nicht übersehen werden; dies um so weniger, als für J, dem wir die einheitliche Gestalt der „Sündenfallerzählung" verdanken, die Schuld des Menschen in einem verbotenen oralen Vorgang, nicht aber in einem sexuellen Tun erblickt hat, denn die „Sexualität" hat er schon in Gn 2, 23—25 ohne jede Beimischung von irgendetwas Sündhaftem eingeführt.

Gegen eine rein ödipale Deutung, die einen patriarchalischen Kontext voraussetzen würde, spricht nicht zuletzt in der jetzigen Erzählung des J eine gewisse Dominanz, die der Frau in Gn 3, 1—7 zukommt. Sie nimmt, sie ißt, sie gibt, sie tut alles zuerst. Es kann sein, daß Gn 3, 1—5 einmal in matriarchalisch organisierten Gruppen erzählt wurde. Die Kombination von 3, 1—7 andererseits, wie sie jetzt vorliegt und alle Schuld der Frau zuschiebt, dürfte aber wohl eher in Abwehr des Matriarchats zustande gekommen sein, d. h., es läge ein gewisses sozialpsychologisches Interesse vor, die Rolle des Mannes im manifesten Inhalt des Textes rein passiv zu gestalten. Erst die Analyse der latenten Gedanken des Mythos gibt ja den beliebten Herrenabendwitzen Unrecht, daß alle Daseinsunbill von der Frau über den Mann gekommen sei: in der analytischen Deutung erst ist das Schicksal der Frau das gleiche wie das des Mannes: beide scheitern durch die Versuchung ein und derselben Triebkraft (der Schlange) und an ein und demselben Triebziel (dem Baum). Wie aus Oralität und Ödipuskomplex die Gefühle der Schuld und Scham entstehen, von denen Gn 3 weiter berichtet, werden wir im übernächsten Kapitel zu zeigen haben.

Wenn wir abschließend den Weg verfolgen, der von den Themen der mythischen Tradition bis zu der theologischen Interpretation des J führt, so kann man vielleicht sagen: die Menschen suchen vom Ursprung her nach einem absoluten Halt und nach der Gemeinschaft einer absoluten Einheit. Darin vereinigen sich ihr Streben, sich anzuklammern (Oralität), und ihr Liebesverlangen (Sexualität); sie scheitern jedoch daran, diesen Halt und diese Einheit, nach dem Verlust des Vertrauens zu Gott, bei

Vater und Mutter zu finden (das ödipale Thema). Es ist die Forderung des Glaubens, allen Halt in Gott zu suchen und alle Liebe auf Gott zu richten; nichts Irdisches dürfte dafür eingesetzt werden. Denn die Stelle, die psa für das Kind Vater und Mutter einnehmen, beansprucht theologisch Gott für den Menschen. Die Symbole selber sind offen für die ganze Strecke dieses Weges: sie können den ödipalen Inzestwunsch ebenso ausdrücken wie die Vereinigung mit Gott, und so eignen sie sich auch für J, sein Thema von dem Scheitern der Menschen an Gott darzustellen. Der Unterschied von Religion und psychischer Erkrankung (Wahn) ist antriebspsychologisch anscheinend nur der zwischen Triebsublimation und freier (paranoider) Projektion (vgl. H. Rorschach: Zwei schweizerische Sektenstifter, in: Ausgewählte Aufsätze, 146; zur Verbindung von Glaube und Projektion vgl. L. Szondi: Ich-Analyse, 514—523).

d) Die subjektale Deutung der Inzestsymbolik und die Frage nach dem Bösen in der Psychologie C. G. Jungs

> *„Sei überzeugt, daß diese fremden Gestalten nichts über Dich vermögen; nur der Glaube an ihre feindliche Gewalt kann sie Dir in der Tat feindlich machen."*
> (E. T. A. Hoffmann: Der Sandmann; in: Spukgeschichten und Märchen, GGT 553; S. 118)

Damit haben wir den Umkreis der objektalen Deutung durchmessen und zugleich die Weichen für die subjektale Interpretation gestellt. Die Schlange und die Frau als Bilder der Mutter(-Erde) werden jetzt ebenso wie die Frucht des Baumes als Bilder innerpsychischer Kräfte zu lesen sein; das Inzestmotiv gilt es darauf zu befragen, welch ein Sinn ihm im Rahmen des Individuationsprozesses zukommt; desgleichen ist die Vertreibung aus dem Paradies durch Gott als ein Vorgang innerhalb der psychischen Entwicklung zu betrachten; — kurzum es sind alle Requisiten des bisherigen Szenariums nunmehr nach innen zu verlegen und so zu lesen, daß sie sich als Tendenzen, Instanzen und Prozesse in der träumenden Seele selbst zu verstehen geben. Daraus folgt als wichtigste methodische Voraussetzung der subjektalen Interpretation, daß wir die „Sündenfallerzählung" nicht mehr als die Darstellung einer Trennung zwischen Mensch und Gott (theologisch) bzw. zwischen Kind und Mutter resp. zwischen Tochter und Vater (psa) auffassen können, sondern uns vielmehr fragen müssen, was „Kind", „Mutter", „Vater", „Gott" usw. innerpsychisch bedeuten; von vornherein handelt es sich bei dem sog. „Sündenfall" jetzt nicht mehr um einen Akt personaler Trennung, sondern um eine Bewegung innerpsychischer Differenzierung. Wenn das Paradies vorhin auf der Subjektstufe mitsamt seinem gesamten Inventar (Baum, Flüsse, Vierzahl, androgyner Urmensch) als ein Bild psychischer Ganzheit verstanden wurde, so liegt die Erwartung nahe, daß der weitere Verlauf der biblischen Erzählung beschreibt, wie diese (unreflektierte) Ureinheit sich in bestimmte Komponenten zerlegt, die ihrerseits wieder nach Vereinigung drängen. Das Thema der „Erkenntnis von Gut und Böse" bekommt damit einen vom exegetischen Befund naturgemäß abweichenden, psychologischen Inhalt, der über die bisherige psa Verbindung des Erkenntnisstrebens mit der kindlichen Sexualforschung weit hinausgeht.

Auch die Interpretationen, die C. G. Jung und seine Schule der Erzählung von der Vertreibung aus dem Paradies haben angedeihen lassen, fußen im Grunde auf der latenten Inzestproblematik von Gn 3, 1—7. Die Voraussetzung dafür ist selbstredend, daß die psa getroffenen Symboldeutungen als zutreffend akzeptiert werden. Das ist der Fall. Daß der Baum als männliches Symbol interpretiert werden kann, belegt Jung z. B. anläßlich eines Traumes von einem einsamen Fichtenbaum, der die Todesahnung in den Assoziationen eines Patienten verdichtet (C. G. Jung: Über die Psychologie der Dementia praecox, III 62—63), oder mit dem Hinweis auf den Traum Nebukadnezars in Dan 4, 7—13, in dem der König offenbar sich selbst und sein Schicksal in dem Bild des Baumes vorhersieht. (C. G. Jung: Allgemeine Gesichtspunkte zur Psychologie des Traumes, VIII 285—286) Auch daß der Baum als Phallussymbol auftreten kann, steht für Jung außer Zweifel; er illustriert diese Deutung selbst z. B. mit der Abbildung des Urmenschen, der als prima materia den philosophischen Baum als seinen Phallus aus sich hervorwachsen läßt. (Jung: Die Erlösungsvorstellungen in der Alchemie, XII 297) Desgleichen meint Jung von der Schlange: „Sie ist... der Phallus als ein Symbol jener regenerativen Kraft", die Tod und Leben umschließt. (Jung: Symbole der Wandlung, V 551; vgl. a.a.O., 481—483) Von daher steht auch bei Jung einer „sexualistischen" Interpretation der Versuchung der Frau durch die Schlange zunächst nichts im Wege.

Das gleiche gilt umgekehrt für die Versuchung Adams durch die Frau. Denn auch für Jung kann der Baum eine weibliche Bedeutung annehmen, z. B. auf dem alchemistischen Bild aus dem 16. Jhdt., auf dem die „Mutter ... als Wiedergebärerin identisch mit dem Baum" ist und als nackte Jungfrau ihrerseits den philosophischen Baum aus ihrem Haupt hervorbringt. (Jung: Die Erlösungsvorstellungen in der Alchemie, XII 478—479) Insofern auch die Schlange für Jung ein weibliches Symbol darstellen kann (z. B. Jung: „Schlange und Wasser gehören zur Mutter", in: Symbole der Wandlung, V 446), dürften keine Schwierigkeiten bestehen, die Versuchung des Mannes durch die Frau im oben genannten sexuellen Sinne zu deuten. Wichtig ist insbesondere, daß Jung der Inszestdeutung von Gn 3, 1—7 ausdrücklich zustimmt, indem er in der paradiesischen Frau, wie wir es analysiert haben, ein Bild für die Gestalt der Mutter sieht. Dabei macht er vor allem auf den ängstigenden Charakter des Schlangensymbols aufmerksam. „Der von der Schlange umwundene Baum ist ... als das Symbol der von der Angst vor dem Inzest verteidigten Mutter zu verstehen." (Jung: Symbole der Wandlung, V 335) Den Kampf der Schlange gegen den männlichen Gott bzw. Urmenschen in den Mythen deutet Jung so, „daß der Vater die Ursache der Angst (sc. vor dem Inzest, d. V.) ist". (a.a.O., 335)

Wir sehen also, daß zwischen Freud und Jung kein Unterschied darin besteht, den „Sündenfall" mit dem Inzestmotiv in Verbindung zu bringen; wichtig ist allerdings, daß der spezifisch orale Aspekt der Versuchungsszene bei einer reinen Inzestdeutung vernachlässigt werden muß; dafür lernen wir allerdings die Inzestsymbolik selbst durch Jung tiefer verstehen.

Die Schlange bzw. der Drache in den Märchen und Mythen drückt für Jung „als negatives Mutterbild den Widerstand gegen den Inzest, beziehungsweise die Angst davor aus. Drache und Schlange sind die Symbolrepräsentanten der Angst vor den Folgen der Tabuverletzung, das heißt der Regression zum Inzest. Es ist daher verständlich, wenn wir immer wieder dem Baum mit der Schlange begegnen." (Symbole der Wandlung, V 334) In den Märchen, z. B. in den Grimmschen Erzählungen „Die Kristallkugel", „Die zwei Brüder" oder „Das Wasser des Lebens", begegnen wir sehr oft dem Motiv, daß die begehrte Frau, die verwunschene Prinzessin u. ä. nur erlöst werden kann, wenn sie auf einem Berg, in einem unterirdischen Schloß oder dergl. von einem Drachen-, Schlangen-, Löwen- oder Stierungeheuer befreit wird. „Der Schlange und dem Drachen kommt besonders die Bedeutung des Schatzhüters und -verteidigers zu." (a.a.O., 334) Die Tiere müssen bezwungen werden, um den Zugang zu den verborgenen Reichtümern zu gewinnen und die Heilige Hochzeit, die königliche Vermählung, den Inzest des

Helden zu ermöglichen. Bekannt ist auch das Motiv des Kampfes mit dem Riesen, der von dem däumlingshaften Retter der Jungfrau überlistet oder erschlagen werden muß; in dem Riesenungeheuer dürfte die Gestalt des Vaters ihren Niederschlag gefunden haben, der in der Sicht des Kindes sich die Mutter widerrechtlich angeeignet und dem kleinen Kind den Zugang zu ihr versperrt hat. All diese Deutungen gehen über den Umkreis der von Freud analysierten Ödipusproblematik nicht hinaus.

Der eigentliche Kern der Jungschen Deutung des Versuchungsmotivs in Gn 3, 1—7, das Spezifische der subjektalen Deutung, liegt darin, daß der Themenkreis der Inzestproblematik eine vertiefte Auslegung erfährt, indem Jung in „Vater", „Mutter" und „Sexualität" selbst nur ein Symbol erblickt. „Wenn ich sage, die Treppe sei ein Symbol für den sexuellen Akt (vgl. S. F.: Die Traumdeutung, II/III 372ff, d. V.), woher habe ich dann die Erlaubnis, Mutter und Schwester und Kind real zu nehmen, das heißt nicht symbolisch" (Jung: Allgemeine Aspekte der Psychoanalyse, IV 268), und zwar sowohl als Gestalten des Traumes wie auch als Gestalten der psa Theorie? Zudem bedingt die Frage nach dem „Sinn" des Ödipuskomplexes bzw. der Inzestneigung eine gewisse zeitliche Verschiebung. In der ödipalen Phase ergibt sich das inzestuöse Streben wie von selbst und bedarf keiner über Freud hinausgehenden Deutung. Anders verhält es sich, wenn wir die Inzestneigung unverändert bei einem neurotischen Erwachsenen beobachten oder etwa erleben müssen, wie ein bisher tüchtiger, erfolgreicher Mann um die 40 herum plötzlich in seinen Träumen oder in seinem wirklichen Verhalten Wünsche offenbart, die nur von einer wiedererwachten Sehnsucht nach der Mutter her verständlich sind. Die Frage nach dem Sinn des Inzeststrebens ist hier identisch mit der Frage nach dem Sinn der Regression, der Rückwärtsorientierung der Libido überhaupt. Dementsprechend gewinnt Jung seine Erkenntnisse über den „Sinn" der Inzestneigung der Libido nicht am Modell der kindlichen, sondern erwachsenen Psyche. Die Blickrichtung wird damit auch zeitlich gegenüber der objektalen Deutung umgekehrt: war es bisher die Frage, von welchen Komponenten die „Sündenfall"-Symbolik bestimmt wird und wann diese Komponenten ontogenetisch zum ersten Mal auftreten, so geht es jetzt darum, welchen Sinn das Auftauchen des „Sündenfall"-Motivs im Leben einer erwachsenen Persönlichkeit besitzt.

Die Regression auf den Inzestwunsch ergibt sich für Jung im wesentlichen nicht aus etwaigen ödipalen Fixierungen an Vater und Mutter, wie bei Freud, sondern aus einem neurotischen Aktualkonflikt, der wie eine Staumauer die psychische Energie in das schon gegrabene Flußbett

127

der bisherigen seelischen Entwicklung mit Richtung auf das Quellgebiet zurückfließen läßt. Statt das vorliegende Lebenshindernis zu meistern, kehrt der Neurotiker nach Jung aus Resignation und Selbsttäuschung auf „einen Anpassungsmodus des kindlichen Geistes" zurück und „ersetzt wirkliches Handeln durch eine kindliche Illusion." (Jung: Darstellung der psychoanalytischen Theorie, IV 197) Indem somit der Neurotiker mit seiner regredierenden Libido „alles Passende" aufgreift, um seine in der Gegenwart unbefriedigten Wünsche auf infantilem Niveau in phantastischer Weise bei Vater und Mutter unterzubringen, formt er die Vorstellung, „daß das goldene Zeitalter oder das Paradies in der Vergangenheit liege." (a.a.O., 202) All seine Energien drohen daher nach rückwärts abzufließen und sich den Aufgaben des Lebens zu entziehen; eben darin erblickt Jung die eigentliche Gefahr und den Grund für die notwendige Tabuisierung des Inzestwunsches, ganz unabhängig von der Konstruktion des patriarchalischen Verbotes des Inzests im Sinne des Freudschen Ödipuskomplexes.

Die Bedrohung durch die regressive Inzestphantasie ist nun nach Jung um so größer, als die Anziehungskraft, die von der Gestalt des Vaters bzw. der Mutter ausgeht, nicht so sehr von den frühkindlichen Einflüssen des individuellen Vaters und der individuellen Mutter herrührt, als vielmehr von den Archetypen von Vater und Mutter. Jung nimmt an, daß sich im Verlauf der Phylogenese die kollektiven Erfahrungen an den Rollen von Vater und Mutter in Form von instinktiven Prädispositionen des Erlebens und Verhaltens niedergeschlagen haben, so „daß das Kind ein anererbtes System besitzt, welches das Vorhandensein von Eltern und deren möglicher Einwirkung antizipiert. Mit anderen Worten: hinter dem Vater (und der Mutter, d. V.) steht der Archetypus des Vaters (bzw. der Mutter, d. V.), und in diesem präexistenten Typus liegt das Geheimnis der Vatergewalt, wie die Macht, welche den Vogel zum Wandern nötigt, nicht von ihm selber erzeugt wird, sondern aus seiner Ahnenreihe stammt." (Jung: Die Bedeutung des Vaters für das Schicksal des Einzelnen, IV 368)

Einerseits vermag also ein äußerer Widerstand die Libido zur Regression und damit zu inzestuösen Strebungen zu veranlassen, andererseits wirkt der Archetypus des Vaters bzw. der Mutter (also nicht nur die introjizierten Elternimagines) von vornherein wie ein mächtig anziehender Magnet auf die seelische Entwicklung des Kindes. Die Forderung besteht, sich von dem Ort der infantilen Geborgenheit zu befreien, aber es liegt auf der Hand, daß es zu dieser Befreiung schwerer innerer Kämpfe und Krisen bedarf. Das Auftauchen des Inzestmotivs ist somit selbst ein Krisenindikator, der auf die meist durch ein reales Hindernis in der Gegenwart veranlaßte Regressionsneigung sowie auf die Gefahr, in der Inzesttendenz stecken zu bleiben, hinweist. Indem aber die regredierende Libido gerade nicht — wie bei Freud — nur auf die Vereinigung mit dem Vater oder der Mutter abzielt, sondern die Verbindung mit der Welt der Archetypen herstellt, so wäre der eigentliche Charakter der Regression in der Jungschen Lehre mißverstanden, wollte man in ihr ausschließlich ein Phänomen der Psychopathologie erblicken; in Wahrheit dient die Regression keinesfalls dem Ziel einer bloßen Rückwärtsorientierung, sondern ermöglicht nach Jung vielmehr den Neuaufbau und die Regeneration des erkrankten Lebens. Indem die psychische Energie eine Zeitlang von der Außenwelt abgezogen und nach innen gewendet wird, geht die introvertierte Libido in das Reich des Unbewußten zurück. „Man gerät anscheinend", beschreibt Jung diesen Vorgang, „in die tiefste Finsternis, hat aber dann unerwartete Visionen einer jenseitigen Welt. Das ‚mysterium', das man wahrnimmt, stellt jenen Schatz an Urbildern dar, den jeder als Menschheitsangebinde mit sich ins Dasein bringt, jene Summe von angeborenen Formen, die den Instinkten eignen." (Jung: Symbole der Wandlung, V 517)

Dieses Eintauchen in die Sphäre des kollektiven Unbewußten ist grundsätzlich von ambivalenter Wirkmöglichkeit: es vermag zu heilen wie zu zerstören, zu erneuern wie zu vernichten, und eben diese Doppelgesichtigkeit macht das eigentliche Wesen der Regression und der damit verbunden Inzestphantasie aus. Jung fährt daher an gleicher Stelle fort: „Wird diese Schicht (sc. des kollektiven Unbewußten, d. V.) durch die regredierende Libido belebt, so entsteht die Möglichkeit einer Erneuerung des Lebens und zugleich einer Zerstörung desselben. Eine konsequente Regression bedeutet eine Rückverbindung mit der Welt der natürlichen Instinkte, welche auch in formaler, das heißt idealer Hinsicht Urstoff darstellt. Kann dieser vom Bewußtsein aufgefangen werden, so wird er eine Neubelebung und Neuordnung bewirken. Erweist sich das Bewußtsein dagegen als unfähig, die einbrechenden Inhalte des Unbewußten zu assimilieren, so entsteht eine bedrohliche Lage, indem dann die neuen Inhalte ihre ursprüngliche, chaotische und archaische Gestalt beibehalten und damit die Einheit des Bewußtseins sprengen." (Jung: Symbole, V 517)

Die Regression der Libido stellt nach Jung also den Versuch eines gefahrvollen Neuanfangs, einer mühseligen und lebensbedrohlichen Wiedergeburt dar, der nicht unternommen würde, stünde nicht für das in der Neurose gefangene Bewußtsein alles auf dem Spiel und bedürfte es nicht gerade des heilenden Eintauchens in das Unbewußte zu seiner Genesung. Von dieser Auffassung der Regressionsproblematik und des Inzestmotivs ist die Jungsche Interpretation der „Sündenfallerzählung" von Gn 3, 1—7 zentral bestimmt.

Zunächst wird für Jung die Vielgestaltigkeit der Schlangensymbolik in der Mythologie überraschend einfach verstehbar. Sie gilt ihm als ein Bild für die Widersprüchlichkeit und Ambivalenz der Regression schlechthin. Die Schlange kann das Chaos, die prima materia der Alchemisten, das Urwasser, den „Urstoff" des Unbewußten überhaupt bedeuten (vgl. Jung: Die Erlösungsvorstellungen in der Alchemie, XII 293), ineins damit aber erscheint sie auch als „die Wandlungssubstanz", welche Vollendung und Reifung ermöglicht (Die Erlösungsvorstellungen, XII, 512); die Schlange wird somit als heilende Macht zu einem Symbol der Erlösung (vgl. Jung: Traumsymbole des Individuationsprozesses, XII 172), von dem Verwandlung und Erneuerung ausgeht; sie verkörpert das „Regenerativum", von dem her das Bewußtsein durch die Assimilation des Unbewußten neue Lebenskraft empfängt. (Vgl. Jung: Symbole der Wandlung, V 552) Der Ouroboros, das Bild des sich in den Schwanz beißenden Drachen, verkörpert im Jungschen Sinne den Prozeß der Regeneration in seiner Widersprüchlichkeit von Regression und Neubeginn. (Vgl. Jung: Zur Empirie des Individuationsprozesses, IX 1, 331—338)

Von daher läßt sich auch ein gewisser Einblick in das Motiv des Kampfes zwischen Schlange und Himmelsstier etwa in der Mythologie des Mithraskultes gewinnen: es stellt sich für Jung darin der „Gegensatz der Libido in sich selber dar, ein Vorwärts- und Zurückstreben in einem." (Jung: Symbole der Wandlung, V 553)

Das Bild der Schlange vermag somit die Zwiespältigkeit der psychischen Energie insgesamt auszudrücken, indem es das Pulsieren von Systole und Diastole, von Kontraktion und Expansion, Regression und Progression, Introversion und Extraversion, in Freudscher Sprache: von Thanatos und Eros umfaßt. (Vgl. Jung: über die Energetik der Seele, VIII 40—43) Indem die Regression gerade die unbewußten, d. h. die noch nicht entwickelten, undifferenzierten und minderwertig gebliebenen Strebungen belebt, kann die Schlange auch als ein Bild des Schattens, also des persönlichen Unbewußten mit seinem Widerspruch zum bewußten Ichstandpunkt auftreten und gleichermaßen sich dem Mann als Bild der Anima, der Frau als Gegenbild des Animus präsentieren. Die Jungsche Psychologie erlaubt es, von diesen Gegensatzpaaren her die Mannweiblichkeit des Schlangensymbols in dem Sinne zu verstehen, daß in der

Schlange sich das psychische Nicht-Ich, das jeweils Andere, Ungelebte, Anfanghafte, Verlockend-Widersprüchliche, das Unbewußte im Gegensatz zum Ichbewußtsein, das Inferiore gegenüber den ausdifferenzierten Funktionen ausspricht, das dem Mann als Weib, dem Weib als Mann erscheint und ebenso verlockend wie erschreckend, betörend wie unheimlich, erschütternd neu und doch uralt wie eine Schicksalsmacht in das Menschenleben tritt (vgl. Jung: Symbole der Wandlung, V 551—552). Die „Weisheit" der Schlange liegt, so verstanden, in dem bewußtseinsüberlegenen Wissen des kollektiven Unbewußten, in dem die Lebenserfahrungen der gesamten Menschheit sich niedergeschlagen haben und das den Kenntnisreichtum des kurzlebigen Ichs ins Ungemessene überragt. Jung kann daher in der Schlange einen „Archetypus des Lebens schlechthin" erblicken, der — wie die Anima — das gesamte Unbewußte verkörpert. (a.a.O., 552)

Ohne Mühe erschließen sich von diesem Ansatz her auch die soeben angeführten mythischen Bilder der Regenschlange, darf doch das Schlangensymbol als ein Bild für all das gelten, was die vertrocknete, von der Sonne des Bewußtseins ausgedörrte Welt des Ichs befruchtet und belebt.

Die Jungsche Gleichsetzung der Schlange mit der „Mutter", der Anima, dem Schatten, dem individuellen wie kollektiven Unbewußten, deutet bereits an, worin die Gefahr der „Schlange" für das Bewußtsein liegt. (Vgl. C. G. Jung: Die psychologischen Aspekte des Mutterarchetypus, IX 1, 96—97) Es handelt sich um die Gefahr, die mit der Regression selbst gegeben ist. Die Chance der Regression indes besteht in der Entfaltung eines reicheren Lebens und eines umfänglicheren Bewußtseins, mithin in einer Reifung der Persönlichkeit durch Vermehrung der Bewußtheit. Die Stimme der Schlange lädt dazu ein, sich auf den dunklen Teil der Seele einzulassen, der bis dahin nur als unbrauchbar, chaotisch, minderwertig, wo nicht als unmoralisch und verwerflich galt. Sie ist daher die Stimme der Versuchung par excellence. Hier aber entsteht die eigentliche Krisis. „Die innere Stimme bringt das Böse in versucherisch überzeugender Weise heran, um zu bewirken, daß man ihm erliegt. Unterliegt man ihm nicht zum Teil, so geht nichts von diesem scheinbar Bösen in uns hinein, und dann kann auch keine Erneuerung und Heilung stattfinden ... Wenn das Ich der inneren Stimme völlig unterliegt, dann wirken ihre Inhalte, wie wenn sie ebensoviele Teufel wären, das heißt, es folgt eine Katastrophe. Unterliegt das Ich aber nur zum Teil und kann es sich vor dem gänzlichen Verschlungenwerden durch Selbstbehauptung retten, dann kann es die Stimme assimilieren, und dann stellt es sich heraus, daß das Böse nur ein böser Schein war, in Wirklichkeit aber ein Bringer des Heils und der Erleuchtung." (Jung: Vom Werden der Persönlichkeit, XVII 209)

Die Gefahr, dem Unbewußten zu erliegen, erscheint daher in den Märchen, Träumen und Mythen gern in dem sehr plastischen Bild des Verschlungenwerdens. Die Schlange selbst „ist seit alters das Symbol für die Gefahr, umschlungen, verschlungen oder vergiftet zu werden." (Jung: Analytische Psychologie und Erziehung, XVII 145) Sie kann aber auch durch ein anderes wildes Tier, z. B. den Wolf im Rotkäppchen-Märchen, den Fisch in Jon 2, 1 oder, am klarsten, durch eine weibliche Gestalt, etwa durch eine Hexe, wie in „Hänsel und Gretel", oder durch die Große Mutter vertreten werden. L. Frobenius hat das Verschlungenwerden auf die Mythologie des Sonnengottes bezogen, der vom Walfischdrachen, dem Meer, allnächtlich verschlungen und in erneuerter Form wiedergeboren wird, und er hat unter diesem Stichwort eine eindrucksvolle Sammlung an Belegen aus aller Herren Länder beigebracht. (L. Frobenius: Das Zeitalter des Sonnengottes, I 59—220) Die tiefenpsychologische Vorlage dieser Mythologie dürfte in dem gefahrvollen Abstieg aus der Helle des Bewußtseins in die dunklen Zonen des Unbewußten zu erblicken sein, in welches das Ich zu versinken droht und in dem es, wie in einem „Nachtmeergefängnis" (Frobenius: a.a.O., 264—278), unwiederbringlich zurückgehalten werden könnte. Hierhin gehört das Motiv von der (Nacht-)Meerfahrt, dem wir z. B. in den Grimmschen Märchen vom „Wasser des Lebens" oder vom „Treuen Johannes" begegnen, das aber auch wohl hinter dem kanaanäischen Mythos vom Kampf am Jabbok (Gn 32, 23—32) stehen wird und das die religiös-archetypische Bedeutung des Durchzugs Israels durch das Rote Meer erklären könnte. Das Motiv selbst kann natürlich auch durch andere Bilder der Gefangenheit und der Todesnot variiert werden, wie etwa in der dichterischen Erzählung von Daniel in der Löwengrube (Dan 6, 13—29).

Wenn wir diese mythischen Bilder mit den Erfahrungen der Psychotherapie verbinden wollen, können wir sagen: Der Hinabstieg in die Wasser der Urflut oder in den Brunnen (vgl. „Froschkönig" oder „Frau Holle"), wo das Glück oder Unglück bringende männliche oder weibliche Schicksalswesen wohnt, drückt die notwendig gewordene Auflösung eines in sich starr gewordenen, pathogenen Lebensaufbaus aus; es beinhaltet die Suche nach neuen Wegen, die naturgemäß bei den noch unentwickelten, zukurz gekommenen Anlagen und Fähigkeiten der Seele beginnen muß. Das Aufsuchen der Anima, der „Mutter", gleicht daher zunächst einem hereinbrechenden Chaos. Jung schreibt: „Wenn die

Libido die lichte Oberwelt verläßt, sei es aus Entschluß oder aus abnehmender Lebenskraft oder aus Schicksal des Menschen, so sinkt sie in die eigene Tiefe zurück, in die Quelle, aus der sie einst geflossen, und kehrt zurück zu jener Bruchstelle, dem Nabel, durch den sie einst in diesen Körper eingetreten ist. Diese Bruchstelle heißt Mutter, denn aus ihr kam uns der Strom des Lebens. Wenn darum irgendein großes Werk zu tun ist, vor dem der Mann, an seiner Kraft verzweifelnd, zurückweicht, dann strömt seine Libido zu jenem Quellpunkt zurück — und das ist jener gefährliche Augenblick, in dem die Entscheidung fällt zwischen Vernichtung und neuem Leben. Bleibt die Libido im Wunderreich der inneren Welt hängen, so ist der Mensch für die Oberwelt zum Schatten geworden, er ist so gut wie tot oder wie schwerkrank. Gelingt es aber der Libido, sich wieder loszureißen und zur Oberwelt emporzudringen, dann zeigt sich ein Wunder: die Unterweltsfahrt war ein Jungbrunnen für sie gewesen, und aus dem scheinbaren Tod erwacht neue Fruchtbarkeit." (Jung: Symbole der Wandlung, V 376)

Die Aufgabe, die sich dem Ich mit seiner introvertierenden und regredierenden Libido in den Bildern des Märchens und des Mythos stellt, geht daher auf die Bezwingung der Schlange, des Drachens oder wilden Tieres, das die verborgenen Schätze, die unerreichbaren Kostbarkeiten, z. B. das „Wasser des Lebens", das goldene Vlies, die goldenen Äpfel, die „Kristallkugel", die königliche Braut u. ä. hütet und den Eindringling in das Reich der Unterwelt, des Waldes, der Höhle, des geheimnisvollen Gartens etc. zu verschlingen, mit Feuer zu vernichten, in ein Tier zu verwandeln, in Stein zu erstarren, kurzum zu verderben droht. Erst wenn der Held das Ungeheuer erlegt hat, wenn er, wie Gilgamesch und Engidu den Riesen Chumbaba, den Wächter des Waldes, dessen „Brüllen . . . Sintflut" und dessen „Hauch der Tod" ist, erschlagen hat (vgl. Gilgamesch-Epos 2. T. V 196—197), beginnt die Werbung der göttlichen Ischtar (6. T. I 6—7), verwandelt sich das Bild des verschlingenden, fressenden Mutterungeheuers in das Bild der jungfräulichen Königstochter und langersehnten Gemahlin, kommt der Verschlungene gerettet aus dem Wald, dem Tierleib, der Unterwelt wieder hervor und kann die bräutliche Geliebte zur königlichen Hochzeit, zum Hierosgamos heimführen.

Die enorme Schwierigkeit, sich auf die Macht des Unbewußten einzulassen, sie also nicht zu verdrängen, aber ihr auch nicht zu erliegen, macht es verständlich, daß es in den Mythen „gerade der Stärkste und Beste des Volkes, nämlich sein Held ist, der der regressiven Sehnsucht nachgeht und sich absichtlich in die Gefahr begibt, vom Monstrum des mütterlichen

Urgrundes sich verschlingen zu lassen. Er ist aber nur darum ein Held, weil er sich nicht endgültig verschlingen läßt, sondern das Monstrum besiegt ... Wer sich ... mit der Kollektivpsyche identifiziert — mythisch ausgedrückt: wer sich vom Monstrum verschlingen läßt — und so in ihr aufgeht, der ist zwar beim Horte, den der Drache bewacht, aber höchst unfreiwillig und zu seinem eigenen größten Schaden." (Jung: Die Struktur des Unbewußten, VII 320) Wer hingegen das Unbewußte dem Ich zu assimilieren versteht, wird, wie Marduk nach der Zerstückelung der Tiamat (Enumaelisch-Epos 4. T.), zum Schöpfer einer neuen Welt, eines neuen Kosmos; er wird selber nach dem Aufstieg aus dem Reich des Todes zum Gott erhoben, um die ewige Hochzeit der Vereinigung aller Gegensätze zu feiern.

Der Hierosgamos, mit dem die Märchen und Mythen so gern ihre Erzählungen schließen, ist, wie wir bereits wissen, ein Bild für die Versöhnung und Vereinigung des Ichs mit dem Unbewußten (vgl. z. B. Jung: Einleitung in die religionspsychologische Problematik, XII 53), die Jung als das „Selbst" bezeichnet. Die seelische Ganzheit des Menschen, die so entsteht, ist empirisch nach Jung von der Erscheinung der Gottheit nicht zu trennen (vgl. Jung: Psychologie und Religion, XI 89; s. o. 27f); und so verstehen wir, daß die Schlange in Gn 3, 5 zu Recht verheißt, die Menschen würden nach dem Essen von den Früchten des Baumes in der Mitte des Gartens „wie Gott" und vermöchten Gutes und Böses im Selbst zu vereinigen. Die Schlange wird damit selbst zu einem Symbol der „Deifikation im göttlichen Selbst" (Jung: Die Psychologie der Übertragung, XVI 197), so wie Christus, nachdem er die Sünde und die Schuld des Menschen getragen und in das Reich des Todes hinabgestiegen ist, entsprechend den frühchristlichen Hymnen, zur Rechten des Vaters als Gott erhöht wird (Eph 4, 8—10; Phil 2, 6—11; Kol 1, 13—18). Daß gerade der Gottessohn das Erlösungswerk vollendet, hat in den Mythen und Märchen seine Parallele darin, daß der sterbende oder alternde König seinen Sohn aussenden muß, um sich selber zu erneuern, wie im Grimmschen Märchen vom „Wasser des Lebens", oder daß, wie im babylonischen Neujahrsfest, der König selbst sich im Hierosgamos regeneriert. Der Sohn der Königshochzeit kann symbolisch als ein Bild des Selbst verstanden werden, das aus der Gegensatzvereinigung des Sonnengottes mit der sublunaren Welt, des Königs mit der Königin, des Bewußtseins mit dem Unbewußten hervorgeht (vgl. Jung: Mysterium Conjunctionis, XIV 2. Bd., 114—117). Das Problem der Unfruchtbarkeit der Eltern des mythischen Helden, wie wir es in den Heldenlegenden auch des AT's antreffen (vgl. Isaak, Gn 16; 18; Simson,

Ri 13, 1—25; Samuel, 1 Sam 1, 5—20), findet auf diese Weise seine Auflösung. (Vgl. Jung: Erlösungsvorstellungen in der Alchemie, XII 471—472) Immer ist es ja der Zustand der Dürre, der Ausgetrocknetheit des isolierten Bewußtseins, das den Retter, das göttliche Kind auf den Plan ruft. (Vgl. auch zu Abb. 7: die Dürre des Erdreichs und die Heldengeburt in der Naturmythologie) Vielleicht steckt auch in der Empfängnis Evas und der Geburt Kains in Gn 3, 20; 4, 1 eine Reminiszenz dieses Zusammenhangs.

Es ist interessant und am Rande erwähnenswert, daß auch die gegenwärtige Mythenbildung, wie wir sie in den Traumfabriken der Filmindustrie erleben, offenbar nicht umhin kann, ihre Helden mit den Insignien des archetypischen Erlösungsdramas auszustatten. Das erhellendste Beispiel in dieser Hinsicht war wohl der unter der Regie von Terence Young gedrehte Film „James Bond jagt Doktor No".
Unter dem Namen Dr. No verbirgt sich ein japanischer Wissenschaftler, der in seinem Ehrgeiz durch Ablehnung seiner wissenschaftlichen Leistungen gekränkt wurde und seitdem beschlossen hat, zur Rache das Böse um des Bösen willen zu perfektionieren und mit eisiger luziferischer Intelligenz ein dämonisches Antireich zur Zerstörung des amerikanisch-westlichen Fortschritts und der Errungenschaften zivilisatorischer Technokratie zu errichten. So versucht er sich vor allem in den Besitz von Atomwaffen und Trägerraketen der Vereinigten Staaten zu setzen. Das Schreckensreich dieses asiatischen Teufels hat seine Zentrale auf einer Insel tief unter der Meeresoberfläche. James Bond, der Agent seiner Majestät und Retter aus dem undurchschaubaren Chaos der infernalisch gewordenen technischen Welt mit ihren unheimlichen Möglichkeiten, muß also ausziehen, das Böse dortselbst zu bekämpfen. Auf der Insel des Japaners gelandet, begegnet er einer muschelsammelnden kindlich-harmlosen Meerjungfrau, mit der er glücklich dem furchtbaren Wächterpanzerwagen entkommt, der den Eingang zu Dr. Nos Unterwelt behütet und von den Eingeborenen des Eilands, zu Recht im Sinne des alten Mythos, als feuerspeiender Drache bezeichnet wird. Unmittelbar nach der Drachentötung wird aber Bond von den Polizisten der Unterwelt gefangengenommen und von seiner Anima-Jungfrau gewaltsam getrennt. Unter unglaublichen Strapazen und Gefahren gelingt es ihm indessen zu entkommen, indem er den Abwasserschacht durchkriecht und mithin, wie in den Initiationsriten zahlreicher Eingeborenenstämme, die Zeremonie der Wiedergeburt, den Beginn des Aufstiegs zur Oberwelt durchleidet und durchkämpft. Am Ende des schmalen, langgewundenen Schachtes findet er seine Begleiterin wieder; die, wie die griechische Andromeda, an einen Steinblock gefesselt ist und bereits von den Wassern umflutet wird, die sie und Bond zu vernichten drohen. In letzter Sekunde kann der Held jedoch mit seiner Gefährtin ans Tageslicht gelangen, nachdem er den heimtückischen Anschlag Nos auf einen Raketenversuch der USA abgewehrt und seine höllische Zentrale in die Luft gesprengt hat. Ein beliebter Schluß des James-Bond-Mythos besteht in der Entrückung des Helden und seiner wunderschönen Geliebten zum Himmel mittels eines Heliokopters der US-Navy, wie in dem James-Bond-Film „Feuerball".

Es scheint, als wenn der Verfall der religiösen Bilder des Christentums die Voraussetzung für die Schaffung solcher Erlösergestalten und für die Beliebtheit derartiger Stoffe in der modernen Massenpsyche bilden würde; jedenfalls werden hier wichtige globale Ängste der gegenwärtigen Menschheit angesichts der Schrecken einer unübersehbaren technisierten Welt durch die phantastische Vorstellung eines neuen Gott-Helden gebannt, wenn auch nur für die kurze Zeit eines Filmspektakels am Spätnachmittag; die Erlösungsvorstellung bedient sich, offenbar wie von selbst, in allen bedeutsamen Details der uralten Rettermythologie.

Das Ziel der Anstrengungen des Helden und das Ergebnis der Gegensatzvereinigung ist also die Entstehung des Selbst, die Selbstverwirklichung durch einen neuen Grad von Bewußtheit und die Lebenserneuerung und Lebenssteigerung durch die Integration der bis dahin „bösen" Mächte des Unbewußten. Die Szene der Versuchung der Frau durch die Schlange (Gn 3, 1—5) und des Mannes durch die Frau (Gn 3, 6.7) erscheint unter den tiefenpsychologischen Auspizien Jungs als die grundsätzlich notwendige Krise auf dem Wege zum eigenen Selbst, als die unvermeidliche Differenzierung und Bewußtwerdung der bis dahin unbewußten Gestalten von Anima und Animus. Während die Tiergestalt der Schlange darauf hinweist, „daß die in Frage kommenden Inhalte und Funktionen sich noch im außermenschlichen Bereiche, das heißt in einem Jenseits des menschlichen Bewußtseins befinden, und daher einerseits am Dämonisch-Übermenschlichen, andererseits am Tierisch-Untermenschlichen teilhaben" (Jung: Zur Phänomenologie des Geistes im Märchen, IX 1, 246), zeigt die Gestalt der Anima an, daß die in ihr verdichteten Inhalte um einer tieferen Selbstfindung und Menschwerdung willen nicht verdrängt bleiben dürfen. In Anlehnung an Gn 3, 1—7 meint Jung von der Anima: Sie „verführt die nicht lebenwollende Trägheit des Stoffes mit List und spielerischer Täuschung zum Leben. Sie überzeugt von unglaubwürdigen Dingen, damit das Leben gelebt werde. Sie ist voll von Fallstricken und Fußangeln, damit der Mensch zu Fall komme, die Erde erreiche, sich dort verwickle und daran hängen bleibe, damit das Leben gelebt werde; wie schon Eva im Paradies es nicht lassen konnte, Adam von der Güte des verbotenen Apfels zu überzeugen ... Seele zu haben ist das Wagnis des Lebens, denn die Seele ist ein lebenspendender Dämon" (Jung: Über die Archetypen des kollektiven Unbewußten, IX 1, 36). Die Frau mit der Schlange verkörpert mithin die Notwendigkeit wie die Unheimlichkeit, sich mit dem ebenso gefährlichen wie lebenspendenden Unbewußten einzulassen.

Die Erzählung vom „Sündenfall" stellt sich daher für Jung als Bild der Bewußtwerdung, der Lebenserweiterung und der Selbstfindung dar.

Das Inzestmotiv, die Versuchung durch die Schlange bzw. die Frau, verrät die Gefahr, im Unbewußten unterzugehen, aber es enthält zugleich das umfassende und wahre Versprechen der Lebenssteigerung und Persönlichkeitserweiterung. Die Schlange hat nach Jung recht, wenn sie den Menschen höhere, göttliche Weisheit in Aussicht stellt. Das Böse, das sie den Menschen nahelegt, ist nötig auf dem Wege ihrer Selbstentfaltung; es gehört zum Menschen und muß akzeptiert und gelebt werden, damit der Mensch „ganz" werde. Jung kann den „Dusel vom guten Menschen, der die Köpfe benebelte, nachdem sie das Dogma der Erbsünde nicht mehr begreifen konnten" (Jung: Sigmund Freud, XV 59), als Tiefenpsychologe nicht billigen; denn das Unbewußte ist „eben etwas Furchtbares ..., daß der Mensch auch eine Schattenseite hat, welche nicht nur etwa aus kleinen Schwächen und Schönheitsfehlern besteht, sondern aus einer geradezu dämonischen Dynamik." (Jung: Über die Psychologie des Unbewußten, VII 32) Das, wie er meint, „heilsame Dogma der Erbsünde" (a.a.O., VII 32) wehrt nach Jung die Illusion ab, das Böse sei eine bloße privatio boni, ein bloßer Mangel, eine Lehre, deren Unverständnis und wohl auch Mißverständnis Jung oft genug bekundet hat (z. B. Jung: Gut und Böse in der analytischen Psychologie, X 507); das Böse, versichert Jung, sei eine wirkliche Macht, deren Stätte im Unbewußten liege und die es dem Menschen geradezu verwehre, nicht zu sündigen; ja, unbewußt zu bleiben, ist selbst die schlimmste Form der Selbstverfehlung. „Eine tiefere psychologische Erkenntnis zeigt ..., daß man überhaupt nicht leben kann, ohne zu sündigen ... Nur ein höchst naiver und unbewußter Mensch kann sich einbilden, er sei imstande, der Sünde zu entrinnen. Die Psychologie kann sich dergleichen kindliche Illusionen nicht mehr leisten, sondern muß der Wahrheit gehorchen und sogar feststellen, daß die Unbewußtheit nicht nur keine Entschuldigung, sondern sogar eine der ärgsten Sünden ist." (Jung: Ein moderner Mythus: Von Dingen, die am Himmel gesehen werden, X 388) Daher ist die Bewußtwerdung, die Loslösung aus dem „Paradies kindhafter Unbewußtheit" (Jung: Die Lebenswende, VIII 444), die Trennung von der Mutter (von „Gott") geradezu eine Pflicht. In dieser Hinsicht erkennt Jung in dem „Sündenfall" einen notwendigen Vorgang der Bewußtwerdung, den er in gewissem Sinne, wie in der Hegelschen Metaphysik, als „Teil des göttlichen Lebensprozesses" versteht; denn „Gott wird offenbar im menschlichen Reflektionsakt." (Jung: Psychologische Deutung des Trinitätsdogmas, XI 175)

Von daher sieht Jung in den Bildern des Paradieses, des Baumes, der Frau mit der Schlange Symbole jenes Prozesses, „der mit der Deifikation im göttlichen Selbst...endet." (Jung: Die Psychologie der Übertragung, XVI 197) Die „Geschichte der Schlange im Paradies" erscheint ihm als ein positiver „‚therapeutischer' Mythus", der zeigt, daß das Gute wie das Böse zum Leben gehören und in ihrer Gegensätzlichkeit dem Leben seine Energie verleihen. (Jung: Psychologische Deutung des Trinitätsdogmas, XI 213—214) Gn 3, 1—7 leitet nach Jung also dazu an, den schwierigen Weg des Individuationsprozesses nicht zu scheuen, die Pflichtenkollisionen, das „Böse", auf sich zu nehmen und in dem „Anderswollen" entgegen dem Gebotenen den rechtverstandenen „Gotteswillen" zu sehen, wie es die Schlange dem Menschen nahelegt. (a.a.O., XI 215) Die sog. „Erbsünde" enthalte die Weisheit der ärztlich handelnden Schlange, daß nichts schlimmer sei als die Unbewußtheit selbst und daß es nicht darum gehen könne, das Böse im Menschen zu leugnen, ausrotten zu wollen oder zu verdrängen, sondern es anzuerkennen und damit zu leben und die schwierige Kunst zu erlernen, „ein größeres Übel durch ein kleineres zu ersetzen." (Jung: Mysterium Conjunctionis, XIV 1. Band, 200; vgl. Einführung in die religionspsychologische Problematik, XII 44—49)

Auf der anderen Seite bringt der Akt der Bewußtwerdung nicht nur Gewinn, sondern er leitet zugleich eine schmerzliche Trennung, eine gefahrvolle Geburt ein, indem die Einheit von Subjekt und Objekt, die Dualunion von Mutter und Kind, nach der die inzestuöse Regression verlangt, aufgegeben wird. (Jung: Symbole der Wandlung, V 417) Die j Erzählung drückt dies in dem schmerzhaften Bild von der Austreibung aus dem Paradies aus und in der bitteren Strafe des Todes, die der Mensch sich zuzieht. Diese schmerzliche Kehrseite der „Strafen" gehört aber nach Jung zum Akt der Bewußtwerdung und muß ertragen werden. Denn die „Abtrennung des Sohnes von der Mutter bedeutet den Abschied des Menschen von der Unbewußtheit des Tieres" (a.a.O., V 348—349), den Anfang der Individuation und damit auch der Erkenntnis des Todes, der das biologische Schicksal des Individuums bildet. Gerade in diesem Zwang zur Individuation, zur Bewußtwerdung, liegt der eigentliche Sinn des Inzesttabus. Denn erst „durch den Eingriff des ‚Inzestverbotes' konnte das sich selber bewußte Individuum geschaffen werden, das vorher gedankenlos eins war mit der Sippe, und so erst konnte die Idee des individuellen und endgültigen Todes möglich werden. So kam durch Adams Sünde, die eben in der Bewußtwerdung bestand, der Tod in die Welt." (a.a.O., V 349) Das Bewußtsein konfrontiert den Menschen mit Problemen, die das Tier nicht kennt; es „führt uns in eine vater- und mutterlose Einsamkeit, ja in eine naturlose Verlassenheit, wo wir zu Bewußtheit und zu nichts als Bewußtheit gezwungen sind." (Jung: Die Lebenswende, VIII 444) Der Baum der Erkenntnis trägt also fatale Früchte.

Allerdings gibt es nach Jung infolgedessen keinen Ausweg, die „Erbsünde" des Bewußtseins zu vermeiden. Zwar bringt das Bewußtsein die Gewißheit des eigenen Todes mit sich; würde aber jemand die schicksalsmäßige Forderung der Selbsterkenntnis verweigern, „so kann diese negative Haltung auch den wirklichen Tod bedeuten." (Jung: Mysterium Conjunctionis, XIV 2. Bd., 246) Der Neurotiker wird gerade durch die Todesangst zu seinem inzestuösen Wunsch nach Geborgenheit bei der Mutter getrieben (vgl. Jung: Symbole der Wandlung, V 349); aber wenn er diese Angst nicht meistert und sich nicht schließlich doch trotz aller Gefahren ins Leben traut, wenn er „das Opfer des bloß natürlichen Menschen, des unbewußten, naturhaften Lebewesens" nicht zuwegebringt (Jung: Die Lebenswende, VIII 444), so riskiert er erst recht, zugrundezugehen.

Fassen wir zusammen. Die Erzählung vom „Sündenfall" stellt nach Jung, auf der Subjektstufe gedeutet, den psychologisch notwendigen Schritt zur Individuation, zur Bewußtwerdung dar, welcher die Differenz des Guten und des Bösen mit sich bringt, die das Unbewußte noch nicht kennt. (Vgl. Jung: Analytische Psychologie und Erziehung, XVII 137) Das verbotene Essen vom Baum der Erkenntnis bedeutet in diesem Sinne den Akt der Selbsterkenntnis, der zur Auflösung der Ureinheit im Unbewußten führt. Damit wird die Regression auf das Stadium der inzestuösen Verschmelzung mit der Mutter, der Anima, dem Unbewußten überwunden und ein höheres, lebendigeres Leben in der Spannung von Gut und Böse, Bewußtsein und Unbewußtem, Natur und Kultur gewonnen, ein Ertrag, der die Einbußen und Belastungen, die auf den Verlust der paradiesischen Ureinheit folgen, um so mehr ausgleicht, als die Unbewußtheit selbst ein viel größeres Übel darstellen würde als die Zwiespältigkeit des bewußten Lebens; zudem stellt sich die Forderung zur Bewußtwerdung ohnedies mit schicksalhafter Unausweichlichkeit für jedermann.

Wie man sieht, gelingt es Jung, die „Erkenntnis von Gut und Böse" auf eine psychologisch befriedigende Weise zu interpretieren. Man versteht vom Jungschen Ansatz her, daß der „Sündenfall" in der Tat ein Vorgang ist, der in der Geschichte der Menschwerdung des menschlichen Stammes wie des Individuums am Anfang stehen muß, und begreift, warum er von den Unbilden begleitet wird, welche die j Redaktion damit verbunden hat. Außerdem wird die Deutung auf der Objektstufe wesentlich vertieft. Hinter der sexuellen „Erkenntnis" der Vereinigung von

Mann und Frau erkennen wir subjektal die Sehnsucht nach der Vereinigung des Bewußtseins mit dem Unbewußten, der Einheit mit sich selbst.

Insofern kann es sein, daß wir mit der Jungschen Deutung die mögliche positive Bedeutung der Symbolik von Gn 3, 1—7 besser zu würdigen vermögen als von seiten der oralen und genitalen Problematik der Sündenfallerzählung, wie wir sie vorhin im Freudschen Sinne kennengelernt haben. Scheinbar ermöglicht es der Jungsche Ansatz, zu verstehen, warum der Schlange eine derart verbreitete Heilsbedeutung zukommt und warum sie als göttliches, heilendes und prophezeiendes Tier z. T. noch in der Gegenwart verehrt wird. (Vgl. H. v. Glasenapp: Glaube und Ritus der Hochreligionen, 33) Wir verstehen ferner, daß das Symbol der Schlange am Weltenbaum, wie wir es im Kreuz von Palenque angetroffen haben, psychologisch ein Bild der Einheit und der Erlösung sein kann, so daß die frühchristliche Sekte der Ophiten die Schlange mit Christus in Verbindung bringen konnte. (Vgl. Irenäus: Fünf Bücher gegen die Häresien, I 30) Die einzelnen Motive von Gn 3 können also für sich genommen eine positive Bedeutung im Sinne des Jungschen Individuationsprozesses annehmen. Die Schlange kann ein Heilszeichen sein, das Erkennen von Gut und Böse kann einen Akt der Bewußtwerdung meinen, die Frau kann das Andere des Mannes, die Anima, das Unbewußte bedeuten, dessen Erkenntnis Glück und Segen bringt. Die Bilder von Gn 3, 1—7 selbst sind also offen für Heil und Unheil, Lebenssteigerung wie Lebensverlust; und dieses Schillernde wird von der Jungschen Interpretation offenbar zutreffend erfaßt.

Andererseits wissen wir, daß J durch seine eigene redaktionelle Interpretation des mythischen Stoffes die Zweideutigkeit des Materials zugunsten einer bestimmten negativen Sinnrichtung beseitigt hat. Auch liegt die Erzählung vom „Sündenfall" in Gn 3, 1—7 in einer Form vor, die es als äußerst problematisch erscheinen läßt, so ohne weiteres dem Wort der Schlange zu folgen und ihr eine größere Weisheit zuzutrauen als dem Verbote Gottes. Es ist mithin zu fragen, ob wir mit der Jungschen Interpretation wirklich noch die Besonderheit der biblischen Sündenfallerzählung zu erfassen vermögen oder nicht vielmehr bloße Einzelmotive auslegen, die uns, entsprechend der Amplifikationsmethode Jungs, aus anderen Zusammenhängen geläufig sind, ob wir also mit der Jungschen Auslegung von Gn 3 noch der j Aussageabsicht gerecht werden oder nicht einfach heterogene Sinngehalte an das mythische Material des J herantragen.

Die Auffassung Jungs von der Begegnung mit der Schlange, die in der Nähe eines Baumes mit besonders kostbaren Früchten auftaucht und eine

Frau zur Seite hat, ist stark beeinflußt von dem Drachenkampfmotiv, wie es L. Frobenius in der Mythologie des Sonnengottes vermutet hat. Der Baum, an dem die Frucht hängt, ist nach Frobenius der Himmel, die begehrte Speise selbst ist die Sonne, die von dem Meeresungeheuer im Westen verschlungen wird. Der Sonnenheld, z. B. Herakles, vermag nach vielen Gefahren das Untier zu besiegen und wieder erneuert aus dem Meer bzw. der Unterwelt aufzusteigen. Als eine Konsequenzmythe aus dem Verschlingungsmotiv versteht Frobenius den Gedanken der jungfräulichen Empfängnis: wenn die Sonne im Osten des Morgens bzw. beim Frühlingsanfang wiedergeboren wird, so muß ihr Verschlungenwerden als eine Empfängnis verstanden werden. (Vgl. L. Frobenius: Das Zeitalter des Sonnengottes, I 223—225; 265—267; s. o. 109) Das von Frobenius vorgelegte Material ist für zahlreiche Mythen und Märchen nach wie vor ungemein erhellend. Und auch gegen die tiefenpsychologische Gleichsetzung von Sonne und Bewußtsein, Meerungeheuer und Unbewußtem in der Jungschen Interpretation wird man nichts einzuwenden haben. Aber: spricht die Erzählung von Gn 3, 1—7 überhaupt von einem Drachenkampf? Hütet die Schlange wirklich die schwer erreichbaren Kostbarkeiten des Baumes? Lädt sie nicht vielmehr gerade dazu ein, vom Baum zu essen, statt ihn zu bewachen? Eine kosmologische Deutung im Sinne von Frobenius könnte lauten, in Gn 3, 1—5 (nicht 3, 1—7!) überrede die Regenschlange die Meeres- oder Erdgöttin (die Mondgöttin?), den Sonnenapfel vom Welten- bzw. Himmelsbaum zu nehmen und aufzuessen. Nur entfällt in einer solchen Deutung jeder Gedanke an Drachenkampf und Drachentötung.

Es ist nicht so, als ob die Bibel die Mythologie vom Sonnenhelden und Drachenkampf nicht kennen würde. Als das überzeugendste Beispiel mag die Gestalt Simsons (Ri 13—16) gelten, dessen Name, šmšwn, bereits auf die Sonne, šmš, hinweist. Simson, der sein Volk aus der Sklaverei der Philister rettet, begibt sich (stellvertretend?) in die Hand einer Philisterfrau in Timna; ehe er zu ihr findet, muß er einen Löwen zerreißen, wird dann aber, wie es dem Sonnenhelden im Unterweltschoß zu ergehen pflegt (vgl. L. Frobenius: Das Zeitalter des Sonnengottes, I 62), seiner Haare beraubt. Vom Verlust und Wachstum der „Haare" hängt die Kraft Simsons ab, so wie die Strahlen der Sonne ihre Kraft und Wärme bezeichnen, die beim Eintauchen in das Nachtmeer zugrunde geht. Frobenius verweist darauf, daß die Sonne auch als ein Vogel vorgestellt wird, der mit Hilfe von Tierkadavern gefangen genommen wird, eine Anschauung, die eventuell die merkwürdigen Praktiken beim Bundesschluß Abrahams in Gn 15, 9—12 erklären könnte (L. Frobenius:

Das Zeitalter des Sonnengottes, 202; vgl. aber J. G. Frazer: Die Arche 143—169). Generell läßt sich die Möglichkeit der Sonnenmythologie (und der damit assoziierten Drachenkampfmythe) im AT also nicht von der Hand weisen.

Andererseits scheint es bereits vom exegetischen Befund her äußerst unwahrscheinlich, in Adam einen Sonnenhelden zu sehen, wissen wir doch, daß sein Auftreten in Gn 3, 6—7 ein zunächst selbständiges Motiv ist, das traditionsgeschichtlich von dem Gespräch zwischen der Frau und der Schlange zu trennen ist. Selbst wenn das Essen der Frucht vom Baum mythologisch einmal auf den Untergang der Sonne in dem Rachen der Nachtschlange zu beziehen gewesen wäre, so wird man die Rolle Adams nie und nimmer als die eines Heros interpretieren können, der um das Leben der Sonne gegen die Schlange kämpft. Von dem Motiv, daß der Seedrache die Sonne frißt und dann von dem Sonnenhelden getötet wird, indem dieser sich aus dem Bauch des Untieres herausschneidet, ist allenfalls in dem Essen von der Frucht des (Welten-)baumes selbst noch eine Spur zu sehen. Außerdem bemerkt bereits Frobenius, daß in Gn 3, 1—7 die „Hauptschuld in der alttestamentlichen Auffassung den Menschen" trifft, nicht die Schlange, und er konstatiert darin „eine vollständig ethische Auslegung der Mythe bei vollständigem Verlust des ursprünglich kosmogonischen Sinnes." (Frobenius: Das Zeitalter, 169) Selbst also wenn man einen kosmologischen Sinn in Gn 3, 1—5 erkennen würde, so trüge dieser Sinn doch zur Analyse der Bedeutung der biblischen Erzählung wenig bei; die symbolistische Interpretation könnte zwar auf die vielleicht ursprüngliche Bedeutung der Schlange und des Essens vom Baum der Erkenntnis im Sinne der solaren Gegensatzproblematik von Tag und Nacht, Sommer und Winter, Bewußtsein und Unbewußtem, Ich und Es hinweisen, die Interpolation des Drachenkampfmotivs aber ist ganz und gar aus anderen Mythen gewonnen und hat mit Gn 3, 1—7 nicht das geringste zu tun.

Eine gewisse Ähnlichkeit, die aber zugleich auch den Abstand von der j Erzählung markiert, mag man immerhin der bekannten Mythe des Sonnenhelden Herakles zuerkennen, der die goldenen Äpfel aus dem Garten der Hesperiden holt. R. v. Ranke-Graves vermutet in diesem Mythos ein Ritual, in dem „ein Anwärter auf das Königtum eine Schlange überwinden und ihr Gold an sich nehmen mußte." (R. v. Ranke-Graves: Griechische Mythologie, II 144) Die Ähnlichkeit zn Gn 3, 1—7 liegt aber nicht in diesem Kampfmotiv, sondern in der Art, in welcher der Heilige König seine Regierungszeit beendet. Dann nämlich werden ihm „von der Dreifaltigen Göttin" (sc. des Mondes — Eurynome —, des

Meeres — Eurybia — und der Unterwelt — Eurydike —, d. V.; vgl. R. v. Ranke-Graves, I 113) goldene Äpfel „als sein Passierschein zum Paradies gegeben. In diesem Zusammenhang war die Schlange nicht sein Feind, sondern die Gestalt, die sein eigener Orakelgeist annehmen würde, nachdem er (der Schlangengöttin der Unterwelt, d. V.) geopfert worden war." (R. v. Ranke-Graves, II 144) Die Hesperiden, die Kinder der Nacht, bezeichnen deutlich den „Sonnenuntergang, der den Himmel grün, gelb und rot, wie einen Apfelbaum mit seinen Früchten, färbt. Die Sonne, die vom Horizont in einen tiefroten Halbapfel geschnitten wird, findet ihren dramatischen Tod in den westlichen Wellen ... Der Apfel war die Gabe, mit der die Priesterin den König, den Stellvertreter der Sonne, begleitet von Liebesgesängen, in den Tod lockte." (v. Ranke-Graves, I 114)

Nicht also der Drachenkampf des Herakles, sondern das Königsopfer an die Unterweltschlange durch die Verlockung des Sonnenapfels sieht in etwa der Szene von Gn 3, 1—7 ähnlich. Aber diese „Ähnlichkeit" der Sonnenmythologie ergibt sich nur, wenn man die j „Sündenfallerzählung", unerachtet des traditionsgeschichtlichen Tatbestandes, als eine in sich einheitliche Erzählung interpretiert und den eigentlichen Kern der j Erzählung vernachlässigt: der Held des Hesperidenmythos geht am Ende seiner glanzvollen Herrschaft in das Todesparadies im Westen ein, — die Menschen der j Urgeschichte werden durch die Verführung der Schlange aus dem Paradies im Osten vertrieben und in ein Leben hineingestoßen, das, gemessen an der ursprünglichen Bestimmung des Menschen vor Gott, in der Tat sich ausnimmt wie ein Schattenreich unter der Herrschaft des Todes; womit der Mythos vom Leben des Sonnenhelden endet, damit beginnt in der j „Sündenfallerzählung" das Leben des Menschen.

Es scheint daher, daß Jung, indem er vom Drachenkampfmotiv ausgeht, durch eine zu rasche „Amplifikation" dazu verführt wird, den spezifischen Bedeutungsgehalt der j „Sündenfallerzählung" zu sehr zu vernachlässigen. Dieser liegt offensichtlich nicht in der erfolgreichen Auseinandersetzung mit den Mächten des Todes, des Chaotischen, des Unbewußten, sondern, wie wir schon in der Motivgeschichte zu Gn 3, 1—7 bei der Mythe der Bassari in Nordtogo von dem Gott Unumbotte und dem Essen von den roten Früchten erkennen konnten (I 27), in der Entstehung von Schuld durch eine orale Handlung. Der Faktor der Oralität beim Zustandekommen des Schuldgefühls ist bei einer psa Interpretation der j „Sündenfallerzählung" auf gar keinen Fall zu übersehen, und zwar weder ontogenetisch noch phylogenetisch. Wir werden gleich (s. u. 198)

143

noch sehen, wie dahinter stammesgeschichtlich die außerordentlich wichtige Erfahrung der Jägerzeit steht, daß das Erlegen und Verzehren von Jagdtieren schuldig macht. Von dieser oralen Problematik ist eher auszugehen als von den Motiven der Drachentötung, der Heiligen Hochzeit und der Gewinnung des kostbaren Kleinods (s. u. 183—197), wenngleich an die orale Thematik sexuelle Motive angelagert sind bzw. von dorther ihren symbolischen Ausdruck erhalten, die auch solche Interpretationsmöglichkeiten an sich zulassen.

Gerade im Vergleich aber mit dem von Jung nahegelegten Drachenkampfmotiv können wir eine Reihe wichtiger Besonderheiten der j Erzählung herausarbeiten, die uns ohne diesen Hintergrund in ihrer Tragweite verborgen bleiben müßten. Schon in der exegetischen Interpretation von Gn 3, 1—7 haben wir auf die Hilflosigkeit, ja kindliche Ohnmacht der Sünde des Urelternpaares hingewiesen. Dieser Zug wird nur noch deutlicher, wenn wir die j „Sündenfallerzählung" neben die Heroenmythen von den Drachenbezwingern und Unterwelthelden stellen. Wir sehen dann, wie der biblischen Erzählung alles Heldische und Reckenhafte abgeht. Die Menschen der j Paradieserzählung töten die Schlange gerade nicht, sie haben nichts, aber auch gar nichts mit den herakleischen Siegern der Antike gemeinsam, und daß sie gegen das Gebot Gottes handeln und sich von ihrem Schöpfer trennen, ist nicht das Resultat einer mutigen Revolte, sondern ein Widerfahrnis wider Willen mit dem Ergebnis einer Zwangsvertreibung, die die Menschen vollends all ihrer Glücksmöglichkeiten beraubt. Die Drachentöter der Mythen werden durch ihre mutige Tat zu reichen Königen, zu Lebensrettern, Erlösern und göttlichen Ehegemahlen; die Menschen des Paradieses werden durch ihr angstbesetztes Tun zu heimatlosen Vertriebenen und bloßgestellten Habenichtsen (Gn 3, 7), zu Todverfallenen (3, 19) und Gefangenen einer unglückseligen Gattenfeindschaft (3, 16). In allen wesentlichen Aussagen läuft die biblische Erzählung also auf das genaue Gegenteil der antiken Drachentötung hinaus.

Es ist daher einfach nicht möglich, das Tun der Menschen in der j Sündenfallgeschichte als „luziferische Empörung" zu bezeichnen (Jung: Die Bedeutung der Psychologie für die Gegenwart, X 163) und es so hinzustellen, als sei der Abfall von Gott ein notwendiger Schritt zu Wissen, Bewußtsein und Selbstverwirklichung (z. B. Jung: Mysterium Conjunctionis, XIV 1, 182—188), es sei denn, daß man die Exegese der biblischen Erzählung vollkommen überspringt, das Auftreten der Schlange und das Motiv vom „Wissen" und „Sein wie Gott" aus dem Kontext isoliert und dann mit Inhalten verbindet, wie sie sonst in den

Mythen damit verbunden sein mögen; man kann bei einem solchen Vorgehen dann naturgemäß nicht mehr merken, daß J mit seiner Erzählung das Versprechen der Schlange und die Verheißung der Mythen als einen verhängnisvollen Urbetrug, als einen Urirrtum der Menschheit brandmarken will; die „Amplifikation" verdeckt dann methodisch die Eigenaussage der Stelle, und man interpretiert nur einen willkürlich ausgewählten Einzelzug der Motivgeschichte der biblischen Erzählung, nicht mehr aber die j „Sündenfallgeschichte" selbst. Allerdings muß man zugeben, daß die von Psychologen oder Religionsphilosophen aufgestellten Interpretationen von der angeblich bewußtseinsermöglichenden und menschheitsbegründenden Tat des „Sündenfalls" solange wohl nicht werden verschwinden können, als es noch immer Theologen und Exegeten gibt, die in dem angeblichen „Stolz" der Menschen und in ihrer griechisch-prometheischen Hybris den Kern der j „Sündenfallerzählung" erblicken und die sog. „kulturellen" Fortschritte der aus dem Paradies Vertriebenen als Errungenschaften nicht hoch genug zu preisen wissen.

Der Unterschied der j Erzählung zu den Drachenkampfmythen wird besonders dadurch augenfällig, daß das ganze Drama der j Erzählung gerade darin liegt, daß es zwar einen Drachenkampf geben müßte, aber nicht gibt. Das Verhängnis der Menschen besteht für J gerade darin, daß die Frau Angst vor Gott bekommt und ein unbegreifliches Zutrauen zu den Worten der Schlange faßt. Die ganze Dynamik der j Erzählung liegt in dem Raffinement, mit dem es der Schlange gelingt, die Menschen von dem ängstlichen Neid und schließlich von der Ungefährlichkeit Gottes zu überzeugen, so daß die Irregeführten schließlich vermeinen, Gott besiegen zu können, während sie in Wahrheit die List der Schlange und ihre eigene Angst hätten durchschauen sollen. Das Thema vom Drachenkampf, das der Sündenfallerzählung abgeht, ergibt sich für J allererst aus dem „Sündenfall", und es taucht erst auf, nachdem die Menschen sich durch die Schlange haben betören lassen (Gn 3, 15).

In der j „Sündenfallerzählung" wird also nicht vom Drachenkampf erzählt, sondern vielmehr begründet, wie es zu dem Motiv vom Drachenkampf in den Mythen der Völker allererst kommen kann. Die Mythen und Märchen der Völker wissen von dem erlösenden Sieg eines Helden über das Drachenungeheuer zu berichten sowie von der Errichtung einer kosmischen und sozialen Ordnung, die dadurch ermöglicht wurde. Die biblische Erzählung stellt demgegenüber dar, wie die bestehende, von Gott begründete kosmische und soziale Ordnung von den Menschen bei ihrer Begegnung mit der Schlange zerstört und den Menschen der aussichtslose Kampf mit dem Drachen als Fluch auferlegt wird. Wenn also zahlreiche Märchen und Mythen der Völker den Drachenkampf und den nachfolgenden Hierosgamos als Bilder der Erlösung und Befreiung hinstellen, so gibt Gn 3, 1—7 gewissermaßen die Begründung dafür, wie die Hoffnung auf eine Erlösung durch den Sieg über die Schlange in den Religionen der Völker zustande kommt, und erklärt gleichzeitig diese Hoffnung für eine Illusion: im Gegensatz zu den Mythen der Völker erzählt J nicht, wie ein Mensch die Schlange besiegt, sondern warum der Mensch sich zeit seines Lebens mit der Schlange herumschlagen muß und sie nie besiegen wird: er hat den Kampf von vornherein verloren, wenn nicht die Angst vor Gott besiegt wird; die Angst vor Gott aber wird nur von Gott besiegt.

Daher kann das Drachenkampfmotiv an sich wohl ein Bild der Erlösung sein; in der j Erzählung aber tritt es nur als Bild einer aussichtslosen Fehde auf, die die ganze Menschheitsgeschichte beherrscht und keinen siegreichen Abschluß durch Menschenhand kennt. Mit dieser deutlich antimythischen Tendenz verkehrt J das Drachenkampfmotiv zu einem Bild des Unheils; die Hoffnung der Völker ist ein Fluch betrügerischer Illusionen. Erst dem Christentum blieb es vorbehalten, das Symbol von Schlange und Baum in ein Gegenbild realisierter Erlösung umzuwandeln und damit das Drachenkampfmotiv der Mythen in seiner relativen Wahrheit zu bestätigen.

Was also religionsgeschichtlich zwischen der j und der christlichen Konzeption sich in zwei antitypisch aufeinander bezogene Bilder von Unheil und Heil polarisiert hat, darf — jedenfalls solange man noch die Absicht verfolgt, die j „Sündenfallerzählung" zu interpretieren — nicht miteinander vermischt werden, so als sei schon in Gn 3, 1—7 im Sinne des J von Erlösung, Selbstfindung, Bewußtwerdung und dgl. die Rede; man würde damit psychologisch nur den alten Fehler christlicher Eisegese bei der AT-Interpretation in anderer Form wiederholen. Wahr ist lediglich, daß das mythische Drama Mensch—Schlange—Lebensbaum an sich psychologisch (und theologisch) auch ein Bild der Erlösung sein könnte, wie das in der gleichen Doppeldeutigkeit auch bei den folgenden Erzählungen der j Urgeschichte der Fall sein wird; aber nicht ist es wahr, daß die j „Sündenfallerzählung" als ein Bild der Selbstfindung und Individuation zu verstehen sei.

Damit wird freilich die Gesamtauffassung Jungs von der j „Sündenfallerzählung" hinfällig. Wir verdanken der tiefenpsychologischen Interpretation auf der Subjektstufe die wichtige Feststellung, daß es motivgeschichtlich beim sog. Sündenfall auch um einen Vorgang der Selbstfindung und Bewußtwerdung geht. An dieser Feststellung muß etwas

146

Richtiges sein. Aber diese Deutung darf nicht als eine schon umfassende oder gar als die „eigentlich richtige" Interpretation der j Urgeschichte verstanden werden. Mag es mit bestimmten mythischen Vorstellungen immerhin vereinbar sein, daß die Götter dem Menschen den Schritt zur Selbsterkenntnis und damit zur Bewußtheit, Freiheit, Reifung und Selbstfindung unter Todesstrafe verbieten, für die j Aussage über das Verhältnis zwischen Gott und Mensch in Gn 2 und Gn 3 muß diese Anschauung schlechterdings absurd anmuten. Es ist theologisch vollkommen unmöglich, den Mißklang der Schuld, den J aus dem Verhalten der Menschen ableitet, als eine Naturgegebenheit im Menschen Gott als dem Schöpfer selber zuzuschieben.

Jung weiß selbst, daß der „unvermeidliche Dualismus" von Gut und Böse, den er psychologisch konstatiert, „schon damals", also zur Zeit der Bibel, „nicht recht ins monotheistische Konzept passen wollte, weil er auf eine metaphysische Zwiespältigkeit hinweist." (Jung: Antwort auf Hiob, XI 421) Aber es steht hier die Kardinalfrage zur Entscheidung, ob man die Psychologie und damit die Erfahrung der bestehenden Wirklichkeit des Gegensatzes von Gut und Böse zur Grundlage der Metaphysik erhebt oder ob man dem j Gedankengang folgt und die bestehende Wirklichkeit aus einer zugrunde liegenden theologischen Grundannahme zu verstehen sucht.

In der bestehenden Wirklichkeit des Menschen läßt sich der Schritt zur Selbsterkenntnis vom Auftreten der Schuld empirisch nicht trennen; darin ist Jung zuzustimmen, und von daher liegt es überaus nahe, ja es ist ein schier unvermeidlicher Schluß, den Akt der Selbsterkenntnis und der Schuld miteinander zu identifizieren; es bleibt dann wirklich nichts anderes übrig, als die j Theologie der Urgeschichte für eine unberechtigte Korrektur der Erfahrungstatsachen zu halten und eine entsprechende Metaphysik zu ersinnen, welche die bestehenden Tatsachen für apriori notwendig erklärt. So ist es kein Wunder, daß sich die Positionen Jungs in der anstehenden Frage, philosophisch ausgedrückt, in allen wesentlichen Punkten in der Philosophie Hegels vorgeprägt finden. Jung hat oft beklagt, daß „theologischerseits die Erforschung des Unbewußten des Gnostizismus verdächtigt wird" (Jung: Ein moderner Mythus, X 388; vgl. Antwort an Martin Buber, XI 657—665); diese Verdächtigung könnte indessen in unserem Fall vermieden werden, wenn die Jungsche Deutung der „Sündenfallerzählung" nicht gegen die theologische Aussage des J ausgespielt würde (wozu Jung selbst Bemerkungen genug geliefert hat) und wenn sie auf die empirisch vertretbare, ohne philosophische Prätentionen vorgetragene Feststellung eingegrenzt bliebe, daß gewisse *mythische* Elemente der j Sündenfallerzählung (nicht der j Aussage selbst) tiefenpsychologisch dahin zu verstehen sind, daß der Weg der Individuation nicht ohne das Böse, nicht ohne die Schuld sein kann. Wenn „Gott" empirisch als das Selbst des Menschen in Erscheinung tritt, so ist diese Selbstwerdung, so ist „Gott" selbst, psychologisch ausgedrückt, nicht ohne Schuld. Was aber die Bibel mit Gott meint, ist eine Wirklichkeit, deren Erfahrung psychologisch zwar mit dem Prozeß der Selbstfindung zusammenhängt, die aber weder darin aufgeht noch damit identisch ist.

Wir sprechen hier von Jung nur als Psychologen und haben an dieser Stelle keine Veranlassung, bereits die philosophischen Aspekte der Jungschen Interpretation der „Sündenfallerzählung" zu würdigen; vielmehr vertagen wir die Diskussion darüber auf die Erörterungen des 3. Teils der vorliegenden Arbeit, in der wir ausführlich die philosophische Identifikation von Selbstbewußtsein (Fürsichsein) und Sünde in der Philosophie Hegels und der ontologischen Phänomenologie Sartres erörtern werden. Psychologisch aber sei doch noch angemerkt, in welch eine Richtung die j Aussage über den Ursprung der menschlichen Schuld aufzunehmen ist.

Wenn Jung davon spricht, daß das „Böse" unvermeidlich sei, um zur Selbstfindung zu gelangen, so würden wir ihn sicherlich falsch interpretieren, wenn wir daraus einen ethischen Anomismus heraushören wollten. Jung war kein Rasputin. Vielmehr gibt er lediglich wieder, was er als Arzt in der persönlichen Erfahrung mit sich und anderen immer wieder erleben konnte: daß ein Neurotiker im Namen der Moral bestimmte Antriebe verdrängt oder unterdrückt und daß einem solchen der Therapeut mit seinem Standpunkt in der Tat wie eine listige Schlange, wie ein Versucher erscheinen muß, der von ihm zur Lebenserweiterung und Selbstfindung Dinge erwartet, die ihm bislang als das Böse schlechthin gelten mußten; daß man bei den ersten Versuchen, sich auf das Unbewußte einzulassen, mancherlei Irrtümer und Fehler auf sich nehmen muß; daß das, was bisher ungelebt und verdrängt war, zunächst in einer Form erscheinen muß, die wirklich böse, pervers, unbrauchbar ist: und gerade dies zu akzeptieren schreibt der Weg der Selbstfindung vor; zudem gibt es im Leben eines jeden Menschen vieles, was ihm im Augenblick als böse erscheint, späterhin aber gerade sich als richtig und segensreich herausstellt — man denke an das Kind, das von der Übermacht der Ideale seines Vaters erdrückt wird und lange Zeit einen anderen eigenen Weg gehen muß, der scheinbar alles, was gut ist, verneint, nur um für sich selber einen freigewählten Standpunkt zu finden;

148

Hermann Hesses „Siddhartha" schildert eindringlich dieses Schicksal der Pastorensöhne, zu denen auch Jung zählte.

Auf diesem Erfahrungshintergrund ist es zweifellos sinnvoll, von der Unausweichlichkeit des Bösen zur Selbsterkenntnis zu sprechen. Nur ist daraus keine moralphilosophische oder metaphysische Theorie zu machen, wenngleich die Versuchung dazu naheliegen mag, wie vor allem Jungs „Antwort auf Hiob" zeigt oder auch Hermann Hesses Gott „Abraxas" in seinem Roman „Demian". Philosophisch ist bei der Frage nach dem Bösen die Erfahrung wichtiger, daß das besagte „Böse", wenn es erst einmal integriert ist, nicht mehr den Charakter des Perversen, Krankhaften, Zerstörerischen und Unbrauchbaren an sich trägt, also auch in philosophischer Hinsicht nicht als in sich böse angesprochen werden kann, daß sich im Gegenteil am Ende, wie Jung selbst sagt, herausstellt, „daß das Böse nur ein böser Schein war" (Jung: Vom Werden der Persönlichkeit, XVII 209). Das wahre Problem besteht nicht in dem vermeintlich Bösen, das notwendig ist, um das „zweitrangige, erlernte Wesen, das die Bildung darauf gepfropft" hat, abzuwerfen und den „Palimpsest des alten Menschen", des wirklichen Selbst, neu zu entziffern, sondern, am Abschluß dieses Prozesses, in der alles entscheidenden Frage, mit der die eigentliche Angst und das eigentliche Böse erst entstehen: wie man, wenn die Freiheit der Selbstfindung errungen ist, dem „Dasein einen Sinn" geben könne. Das wahre Problem des Bösen endet nicht, sondern beginnt allererst, wenn man, wie A. Gides „Immoralist", feststellt: „Ich habe mich befreit, das ist möglich; aber was bringt das? Ich leide unter dieser untätigen Freiheit." „Ich lege mich mitten am Tag schlafen, um mich über die trübselige Länge der Tage und ihre unerträgliche Leere hinwegzutäuschen." (A. Gide: Der Immoralist, in: Romane, 228; 152)

Selbst wenn man, wie Jung, von der Bösartigkeit, Perversität und Ungezügeltheit neurotisch verdrängter Triebe ausgeht, die integriert werden müssen, um ein heiles Dasein zu erlangen, so gilt doch die eigentliche Frage nach dem Bösen nicht diesen verdrängten Trieben selbst, sondern dem Ursprung der Verdrängungen: der Angst, welche die Verdrängungen verursacht und die gewonnene Freiheit der Selbsterkenntnis mit um so furchtbarerem Zwang heimsuchen muß, als es für das Selbst keinen Halt und keine Richtung gibt, in der es sich seines Sinns versichern kann. Das eigentliche Problem des Bösen liegt darin, daß ein Mensch, ohne in Gott gefestigt zu sein, gar nicht ohne Verdrängungen leben kann und eine Heilung von den Ängsten und Verdrängungen der Neurose, wenn sie ohne den Glauben an Gott erfolgt, so wirken muß wie bei dem Manne, aus dem ein böser Geist vertrieben wurde, der aber von sieben anderen, die noch weit schlimmer waren, heimgesucht wurde, weil er sein Haus leerstehen ließ (Mt 23, 43—45; Lc 11, 24—26).

Es besteht philosophisch auch auf dem Boden der Jungschen Psychologie in Wahrheit kein Grund, gegen die Lehre zu polemisieren, das Böse sei eine „privatio", ein Mangel, eine Anschauung, die das Christentum allen dualistischen Metaphysiken entgegengesetzt hat. Denn im Grunde kann gerade diese Lehre philosophisch sehr gut wiedergeben, was Jung mit seiner These von der komplementären Funktion des Unbewußten meint: „böse", krankmachend, neurotisch sind ja nach Jung nicht bestimmte Naturstrebungen in sich, sondern lediglich u. U. diejenigen Lebensbereiche, die bislang nicht leben durften und für die der Gegensatz zur bewußten Einstellung des Ichs zu groß wurde; dasjenige also, was, in der Sprechweise der scholastischen Philosophie, der Seinsvollkommenheit einer Person ermangelt, macht sie böse. Man sieht nicht, was „privatio boni" als Ursache des Bösen anders meinen sollte, als was auch Jung dafür hält; der Jungsche Widerstreit tritt offensichtlich erst bei einer Verwechslung philosophischer mit psychologischen Kategorien auf.

Wir übernehmen von Jung also die Anregung, das Thema der Sünde mit der Problematik der Selbsterkenntnis in Verbindung zu bringen. Auch halten wir die Meinung Jungs für richtig, das Gefühl, sich selbst gefunden zu haben, stehe aufs engste, ja empirisch ununterscheidbar mit dem religiösen Erlebnis in Zusammenhang, Gott gefunden zu haben. Wie sollte man denn, theologisch gesehen, Gott auch sonst finden, wenn nicht dadurch, daß man zu dem kommt und mit dem identisch wird, was Gott im Menschen angelegt hat? Die Aussagen der j Urgeschichte aber werfen die eigentliche Frage auf, was uns denn daran hindert, uns selbst zu finden, was uns schließlich sogar zwingt, völlig im Widerspruch mit uns selbst und dem Gott zu leben, der uns geschaffen hat.

Als Antwort auf diese Frage fanden wir in Gn 3, 1—7, daß die Angst jene Macht ist, die uns dahin führt, zu „sündigen", d. h. von unserem eigentlichen Lebensplan abzuweichen, uns selber immer mehr von uns zu entfremden und in einer geradezu perversen und krankhaften Art zu existieren. Die Neigung, wie Gott sein zu wollen, kann sich in der j „Sündenfallerzählung" gerade nicht darauf beziehen, zu sich selbst und in Einklang mit sich zu kommen, sondern manifestiert gerade umgekehrt den Tatbestand, daß die Menschen inmitten der Angst endgültig aufhören, menschlich leben zu können und leben zu wollen. Nicht, daß die Menschen in ihrer Selbsterkenntnis wirklich gottähnlich würden, ist das Thema von Gn 3, 1—7, sondern daß sie im Vollzug ihrer Selbsterkenntnis sich vor Angst in einer Weise wahrnehmen müssen, als wenn es Gott gar nicht mehr gäbe; daß die Angst ihnen den Blick auf den tragenden Grund ihres Daseins verstellt und daß sie sich infolgedessen nur noch so erkennen können, wie sie ohne Gott sind, das ist die Tragödie der j Sündenfallerzählung; denn daraus folgt notwendig das verzweifelte, von vornherein zum Scheitern verurteilte Bemühen, wie Gott sein zu wollen und alles Menschliche mit seinen Begrenztheiten, Kleinlichkeiten und Unvollkommenheiten von sich abzuschütteln.

Jung meint einmal: „Wenn ... jemand auf die seltsame Idee kommt, Gott sei tot, oder sei überhaupt nicht, so kehrt das psychische Gottesbild, welches eine bestimmte dynamische und psychische Struktur darstellt, ins Subjekt zurück und erzeugt ‚Gottähnlichkeit‘, nämlich alle jene Eigenschaften, die ... zur Katastrophe führen." (Jung: Nach der Katastrophe, X 241) Und er fährt fort: „Die Gottähnlichkeit‘ hebt den Menschen nicht ins Göttliche empor, sondern nur in die Überheblichkeit, und erregt alles Böse in ihm. Es entsteht ein infernalisches Zerrbild vom Menschen" (a.a.O., X 242). Besser kann man nicht sagen, was sich für J als Kern der Sünde darstellt: daß die Menschen in ihrer Angst Gott aus den Augen verlieren und daher selbst, um ihre Angst beschwichtigen zu können, wie Gott sein müssen. Psychiatrisch könnte man dies als einen Wahn, als eine Inflation des Ichs bezeichnen, hervorgerufen durch die Identifikation des Ichs mit dem Unbewußten. Die Weisheit der Psychiatrie besteht darin, daß der Mensch sein Ich, sein Bewußtsein, nicht mit seinem Selbst, mit dem Unbewußten verwechseln und nicht seiner eigenen Person ursächlich die Macht der Archetypen, der kollektiven Kräfte der Menschengattung, zurechnen darf; die „psychologische Weisheit der Bibel" (W. Kretschmer) aber besteht darin, daß der Mensch nicht sich „selbst" mit Gott verwechseln darf. Das Problem Jungs ist das „Böse", das die Menschen tuen müssen, um sich selbst zu finden; das Problem des J ist, wie Menschen, die sich selbst gefunden haben, Böses tuen können; nicht das „Böse", das im Unbewußten zur Erringung der Selbsterkenntnis und der Freiheit nötig ist, sondern das Böse, das aus der Bewußtheit und der Freiheit folgt, wenn sie nicht durch den Glauben an Gott gehalten wird, bildet das eigentliche philosophische (und theologische) Problem bei der Interpretation der j Urgeschichte.

Wir werden also für die philosophischen Überlegungen des 3. Teils von Jung zu der Frage gedrängt, wieso Selbsterkenntnis und Angst zusammenhängen können und wie es möglich ist, daß die Angst der Selbsterkenntnis den Menschen böse machen kann. Unser Problem ist aber nicht, wie Jung dachte, daß das Böse zur Selbsterkenntnis unausweichlich sei, sondern gerade umgekehrt, wieso das Böse aus einer bestimmten Art der Selbsterkenntnis, nämlich einer Selbsterkenntnis im Strudel der Angst ohne Gott, entstehen kann und muß.

Einstweilen freilich untersuchen wir zunächst einmal psychologisch die Rolle der Angst in der j Sündenfallerzählung, und zwar im Umkreis der Theoriebildung, die in der Freudschen Schule entwickelt wurde. Wir behalten dies jedoch in Erinnerung: wenn es für die Selbsterkenntnis des Menschen in seiner Angst kein anderes Hilfsmittel gäbe als die Selbstvergöttlichung, dann bliebe der Menschheit nichts besseres zu tun übrig, als es ein berühmtes altägyptisches Märchen von dem weisen Seton Chaemwese erzählt: dieser hatte den Kampf mit dem Ouroboros, mit der Schlange, die sich selbst verzehrt und die Kostbarkeit der Erkenntnis hütet, siegreich bestanden; dann aber war er in Wahnsinn verfallen und vergaß sich selbst; wie sein gelehrter Vorgänger Ni-noferka-Ptah, empfing er nur Tod und Unglück aus der Gabe göttlicher Allwissenheit; beide konnten schließlich nichts sehnlicher wünschen und nichts eiliger tun, als die Weisheitsrolle des Gottes an ihren Ort zurückzubringen und den Toten nicht die Ruhe des gemeinsamen Grabes zu stören. (Vgl. E. Brunner-Traut: Altägyptische Märchen, 171—192) Der Freudsche Todestrieb als Gegenstück zu einer wahnsinnig gewordenen Libido besäße ohne Gott das Schlußwort menschlicher Weisheit und Erkenntnis.

5. Die Dynamik der Angst in Gn 3, 1—5 (6.7)

> „Die Angst ist ärger als die Strafe,
> denn die ist ja etwas Bestimmtes und,
> viel oder wenig, immer mehr als das
> entsetzlich Unbestimmte, dies Grauen-
> haft-Unendliche der Spannung.“
> (S. Zweig: Angst; Reclam 6540; S. 45)

Nachdem wir die latenten Themen und Wünsche in der mythischen Erzählung vom „Sündenfall“ analysiert haben, sind wir jetzt imstande, die Geschichte auf ihren psychodynamischen Ablauf hin zu untersuchen. Dazu sind wir bereits durch die Exegese dieses Abschnittes wohlvorbereitet. Denn indem wir uns bei der Auslegung des Textes schon damals genötigt sahen, die psychischen Stimmungen und Bewegungen des Textes nachzuzeichnen, wurden wir auf eine Entwicklungsreihe aufmerksam, die von anfänglichem Mißtrauen über Angst, Abwehr und Rivalität schließlich zur Auflehnung führte. Wir werden jetzt versuchen, die damals getroffenen Beobachtungen von der psa Theorie her zu untermauern, also die eigene Interpretation in psa Terminologie zu präzisieren. Dabei wird es, wie gesagt, die Hauptaufgabe sein, die Rolle der Angst zu untersuchen, die wir psychisch als Mittelpunkt der „Sündenfallerzählung" angesehen haben.

Zunächst zur Theorie der Angst in der Psa.

Wie immer man Angst definiert (vgl. A. J. Westerman Holstijn: Verschiedene Definitionen und Auffassungen von „Angst", in: Fortschritte der Psychoanalyse, II 173—185), in jedem Falle scheint sie auf ein „Mißverhältnis zwischen den primären existentiellen Lebensbedürfnissen und dem äußeren oder inneren Milieu" hinzuweisen (a.a.O., 176). Immer ist Angst die Äußerung eines fundamentalen Widerspruchs. Wie aber ist dieser Widerspruch zu begründen?

In der Entwicklung der Psa hat Freud über die Ursachen der Angst zwei Theorien aufgestellt. In seinem ersten Versuch, die sog. „Angstneurose" zu erklären, galt es ihm als „Tatsache, daß die Angst, die den Erscheinungen der Neurose zugrunde liegt, keine *psychische Ableitung* zuläßt." (Über die Berechtigung, von der Neurasthenie einen bestimmten Symptomenkomplex als „Angst-Neurose" abzutrennen, I 333) Stattdessen nahm er an, daß frustrane Sexualerregung nach Erreichung eines bestimmten Schwellenwertes in **Angst** konvertiere. Während der Angstaffekt sich auf eine exogene Gefahr richte, richte sich die Neurose der Angst gegen die endogene Erregung.

Andere Gedanken äußert Freud erstmals bei der Analyse des kleinen Hans, wo er bereits stärker unterstreicht, daß die „Angst ... verdrängter Sehnsucht" entspricht (Analyse der Phobie eines fünfjährigen Knaben, VII 262), also eine Folge von psychischer Verdrängung sei. Nicht die libidinöse Erregung an sich, sondern die Verdrängung der Libido erzeuge Angst. Immer noch hält er dabei die Unterscheidung von Realangst und neurotischer Triebangst aufrecht. (Vorlesungen zur Einführung in die Psychoanalyse, XI 423) Die Frage mußte allerdings jetzt sein, worin die Verdrängung ihren Grund hat. Das Ergebnis der Überlegungen Freuds war, daß, im Widerspruch zur bisherigen Auffassung, „die Angst die Verdrängung" bewirke, nicht umgekehrt (Hemmung, Symptom und Angst, XIV 137), und zwar, wie Freud meint, als Realangst (z. B. in Form der Kastrationsangst).

Damit geht Hand in Hand die topische Trennung des psychischen Apparates in die Instanzen des Es und des Ich. Denn die Verdrängung selbst steht offenbar im Dienst von nicht-sexuellen Trieben, deren Ziel „die Selbsterhaltung des Individuums" ist und die Freud daher, im Unterschied zu den libidinösen Estrieben, als „Ichtriebe" bezeichnet (Die psychogene Sehstörung in psychoanalytischer Auffassung, VIII 97—98). Steht die Angst somit „im Dienst der Selbsterhaltung", so kann man auch sagen: „das Ich ist die alleinige Angststätte, nur das Ich kann Angst produzieren und verspüren" (Neue Folge der Vorlesungen zur Einführung in die Psychoanalyse, XV 91; vgl. Das Ich und das Es, XIII 287). Die Angst erscheint jetzt als ein Signal, mit dessen Hilfe das Ich „das fast allmächtige Lust-Unlust-Prinzip in Tätigkeit bringt" und somit Einfluß auf das Es gewinnt (Neue Folge, XV 99). Der Grund dafür, daß das geschieht, muß nunmehr in bestimmten realen Anlässen gesucht werden. Freud kann resumieren: „Die neurotische Angst hat sich uns unter unseren Händen in Realangst verwandelt, in Angst vor bestimmten äußeren Gefahrsituationen." (Neue Folge, XV 99) Das Ziel der Therapie muß demnach darin bestehen, die neurotische Angst wieder in Realangst zurückzuverwandeln.

Wenn also jetzt als Grundsatz gelten kann: „Die Angst entstand als Reaktion auf einen Zustand der Gefahr" (Hemmung, Symptom und Angst, XIV 164), so ist die Frage, welche Gefahrenquellen Angst verursachen. F. Riemann sieht richtig, daß dem kausal-genetischen Denken Freuds „konsequenterweise" nichts anderes übrig blieb, als nach einem möglichst frühen Grund der Angstentstehung zu suchen und so die These Ranks vom Trauma der Geburt aufzugreifen (F. Riemann: Grundformen der Angst, in: Fortschritte der Psychoanalyse, II 189). Freilich tut Freud dies nur in aller Vorsicht (vgl. Hemmung, Symptom und Angst, XIV 164f), und es ist überhaupt, wie wir später noch ausführlicher erörtern werden, die Frage, ob es ein solches „Trauma der Geburt" tatsächlich gibt (vgl. die Kritik bei R. A. Spitz: Vom Säugling zum Kleinkind, 55—56). R. Schindler schlägt deshalb vor, die „traumatische Situation" nicht auf den Augenblick der Geburt festzulegen, sondern die „ganze Durchgangszeit" bis zum realitätsgerechten Aufbau des Saugaktes (2—5 Tage) als Geburtstrauma zu bezeichnen (Die Bedeutung der Angst für die Entwicklung, in: Fortschritte der Psychoanalyse, II 206). Als den wahren traumatisierenden Grund der Angst auch in der Zeit nach der Geburt betrachtet Schindler indessen eine „Entwicklungsdissoziation im Ich", die darin liegt, daß das Realitätsprinzip und Gestaltprinzip sich asynchron entwickeln. Das führt zu der Annahme, daß die Angst immer dann einsetzt, wenn das Ich sich weitet und mit Aufgaben konfrontiert wird, für die es noch keine Lösung hat. Angst ist, so verstanden, ein Indiz für neue Entwicklungsschritte und Integrationsaufgaben, wie sie E. H. Erikson vorbildlich für die einzelnen Entwicklungsphasen thematisiert hat (Kindheit und Gesellschaft, 264—270). Ein solches Konzept sprengt die rein rückwärts gewandte Enge der Psa Freuds, daß „etwas noch nie Erlebtes ... nicht Inhalt einer neuen Angst werden kann, ohne daß diese auf frühere Ängste zurückgeführt werden kann." (F. Riemann: Grundformen der Angst, in: Fortschritte der Psychoanalyse, II 190) Andererseits ist es — gerade bei neurotischen Prozessen, mit denen Freud es wesentlich zu tun hatte — unerläßlich, auf den Vorbildcharakter zu achten, den die Bewältigung früherer Entwicklungsphasen für die Auseinandersetzung mit späteren Entwicklungsabschnitten hat und die Gestalt dessen annehmen kann, was Freud als „Wiederholungszwang" bezeichnete und letztlich als Ausdruck eines autodestruktiven Todestriebes ansah (Neue Folge der Vorlesungen zur Einführung in die Psychoanalyse, XV 113—115). (Zur Darstellung der Angsttheorie der Psa vgl. R. Waelder: Die Grundlagen der Psychoanalyse, 123—133; H. Nunberg: Allgemeine Neurosenlehre, 219—242)

Auf einen anderen Aspekt an der psa Theorie der Angst macht G. Bally aufmerksam, indem er seine Darstellung der Freudschen Lehre um den Begriff des Objektverlustes zentriert (Einführung in die Psychoanalyse Sigmund

Freuds, 136—144). Wenn Freud den Grund der Angst in der ökonomischen Reizspannung und der Gefährdung durch die Außenwelt erblickte, so nannte er doch bereits in „Hemmung, Symptom und Angst" als „Bedingung" der Angst „den Objektverlust." (S. F.: Hemmung, Symptom und Angst, XIV 168) Wörtlich schreibt er: „Das Vermissen der Mutter wird ... die Gefahr, bei deren Eintritt der Säugling das Angstsignal gibt, noch ehe die gefürchtete ökonomische Situation eingetreten ist." (a.a.O.) Der Grund dafür liegt in der „psychischen Hilflosigkeit des Säuglings, welche das selbstverständliche Gegenstück seiner biologischen Hilflosigkeit ist." (a.a.O., 168—169) Die völlige Abhängigkeit und Angewiesenheit des Neugeborenen auf die Mutter, die die bergende Fötalsituation wiederherstellt und all seine Bedürfnisse befriedigt, bedingt, daß die Entfernung der Mutter unmittelbar als Gefahr empfunden wird, auch wenn eine reale Gefahrensituation noch nicht besteht. In diesem Sinne wird die Geburt zu einem Angstvorläufer, denn sie „bedeutet objektiv die Trennung von der Mutter" (Hemmung, Symptom und Angst, XIV 161), wenngleich sie, wie Freud zugibt, subjektiv nicht so erlebt wird. Die Trennung von der Mutter wird so zum Grunderleben der Angst; die Trennung von der Brust und die Trennung von den Exkrementen stellen auf den zwei folgenden Entwicklungsstufen die Bedingungen dar, unter denen die Angst auftritt. „Auch die nächste Wandlung der Angst, die in der phallischen Phase auftretende Kastrationsangst, ist eine Trennungsangst und an dieselbe Bedingung gebunden." (Hemmung, Symptom und Angst, XIV 169) Denn insofern das Genitale die Möglichkeit der Vereinigung mit der Mutter gewährleistet, ist seine Kastration mit einer endgültigen Trennung von der Mutter gleichbedeutend.

Wie man sieht, stellen für Freud die grenzenlose Hilflosigkeit des Kindes und das Erlebnis des Verlustes der Mutter die eigentlichen Angstbedingungen dar, für die die Kastrationsangst als Zusammenfassung gelten kann. Von daher eröffnet sich nun auch ein Zugang zum Phänomen der Todesangst. Freud meint: „Der volltönende Satz: jede Angst sei eigentlich Todesangst, schließt kaum einen Sinn ein, ist jedenfalls nicht zu rechtfertigen." (Das Ich und das Es, XIII 288) Das Problem ist eigentlich, daß das Es den Tod nicht kennt. Er „ist ein abstrakter Begriff von negativem Inhalt, für den eine unbewußte Entsprechung nicht zu finden ist." (a.a.O.) Dennoch ereignet es sich in der Todesangst, daß das Ich sich selbst fahren läßt und aufgibt; und Freud meint, daß dies seinen Grund in dem Erlebnis eines realen Objektverlustes habe, also auf die Trennungsangst von der Mutter bzw. auf Kastrationsangst zurückgehe. Setzt man nun voraus, daß die Trennung von den schützenden Mächten der Eltern mit der Aufrichtung des Über-Ichs, also mit Gewissensbildung beantwortet wird, so kann Freud die Annahme äußern, „daß die Todesangst sich zwischen Ich und Über-Ich abspielt." (Das Ich und das Es, XIII 288) Die Todesangst ebenso wie die Gewissensangst stellen letztlich beide Verarbeitungen der elementaren Trennungsangst (der Kastration) dar und verstärken sich oft gegenseitig, z. B. in der Todesangst der Melancholie, in der das Ich sich unter schweren Schuldgefühlen von seinem Über-Ich „gehaßt und verfolgt anstatt geliebt fühlt." (a.a.O.) Es ist der in unserem Zusammenhang vielleicht wichtigste Satz der ganzen Angsttheorie der Psa, wenn Freud sagt: „Leben ist ... für das Ich gleichbedeutend mit Geliebtwerden, vom Über-Ich geliebt werden ..." (a.a.O.)

Mit diesem theoretischen Instrumentarium ausgestattet, können wir nun untersuchen, welche Beobachtungen sich mit seiner Hilfe an der j „Sündenfallerzählung" anstellen lassen. Die Existenz eines Über-Ichs, also eines Arrangements verinnerlichter Schuldgefühle, können wir bei der Besprechung des Textes nicht voraussetzen; die Erzählung stellt ja gerade dar, wie zum ersten Mal die Erfahrung von Schuld erlebt wird. Wohl aber gibt es einen Über-Ich-Vorläufer in dem einen zentralen Verbot, nicht von dem Baum zu essen, das wir sowohl als oral wie als phallisch interpretiert haben.

Das erste ist die Situation der totalen Abhängigkeit und Hilflosigkeit. Die exegetische wie psa Analyse von Gn 2 läßt keinen Zweifel an der völligen Angewiesenheit der Menschenkinder auf Gott. Und so verstehen wir, warum das Verbot Gottes sogleich mit der Todesdrohung verbunden ist. In der exegetischen Interpretation haben wir gesagt, daß das Leben der Menschen ganz und gar an Gott hängt. Wir sehen psa jetzt, daß die Situation der Angewiesenheit und Abhängigkeit von Gott ontogenetisch ein infantiles Vorbild hat; „denn in solcher Hilflosigkeit hatte man sich schon einmal befunden, als kleines Kind einem Elternpaar gegenüber, das man Grund hatte zu fürchten, zumal den Vater, dessen Schutzes man aber auch sicher war gegen die Gefahren, die man damals kannte." (S. F.: Die Zukunft einer Illusion, XIV 338) Eben weil die Eltern dem Kind alles sind, was es zum Leben braucht, läuft die Trennungsangst in ihrer letzten Konsequenz auf Todesangst hinaus, und zwar nicht an sich, sondern in der Verbindung mit einem Verbot, das sich gegen eine (notwendige) Triebregung richtet und eine endgültige Trennung (Freuds „Kastration") androht.

Es hat also tatsächlich den Anschein, als wenn die j Sündenfallerzählung das Zustandekommen des Angstgefühls mit Hilfe des übernommenen mythischen Materials auf eine im psa Sinne frappierend genaue Weise darstelle und als wenn infolgedessen die psa Theorie der Angst sich in allen wesentlichen Punkten auf den Befund von Gn 3, 1—5 (6.7) beziehen ließe. Daß das Verbot Gottes von Anfang an objektiv mit der Todesdrohung, subjektiv mit Todesangst einhergeht, erscheint psa als nicht nur gut verständlich, sondern als schlechterdings für die psychische Entwicklung eines jeden Menschenkindes unvermeidbar. Denn das Leben des Kindes hängt tatsächlich daran, von „Gott" (theologisch) bzw. von den Eltern (psychologisch) geliebt zu werden. Die Angst, die mit dem Gebot einhergeht, ist so von Anfang an eine Trennungs- und Todesangst. Man kann sie — ebenso wie die Kastrationsangst — nicht als Gewissensangst bezeichnen; wohl aber bildet sie offenbar deren unmittelbaren Vorläufer. Ja, es läßt sich sogar dieselbe Unterscheidung zwischen der Angst der Menschen in Gn 3, 1—6 und der Gewissensangst durchführen, die psa zwischen Kastrationsangst und Über-Ich-Angst gemacht werden muß: der Bezugspunkt der Angst ist nicht eine Instanz im Ich, sondern ein Objekt, das heterogen von außen zu den Strebungen (des Es) hinzutritt und die Gefahr des Objektverlustes mit sich bringt. Es ist nicht eine Angst zwischen Ich und Über-Ich, sondern zwischen dem Ich und dem zentralen Liebesobjekt (Gott; die Eltern). Da dieses ursprünglich aber nicht nur die Wunscherfüllung garantiert, sondern auch die Realität vertritt, ist auch die Herkunft aus der „Realangst" ohne weiteres ersichtlich: die Angst, von Gott getrennt zu werden, ist keine eingebildete, sondern eine in der Hilflosigkeit des Menschenkindes real begründete Angst. Auch darin läßt sich die psa Theorie weiterverfolgen, daß die Gefahr des „Objektverlustes" dabei nicht selbst den Grund, sondern nur die Bedingung der Angst darstellt; der wahre Grund, der die Angst hervorbringt, liegt im Trieb- (oder Wunsch-)bereich; die Angstbedingung hingegen liegt in der Gefahr des Objektverlustes; und diese ist gegeben durch das von außen kommende Verbot.

Dieses Verbot wird aber mit Notwendigkeit erlassen, und zwar auf der oralen Stufe ebenso wie auf der phallischen; zu diesem wichtigen Ergebnis, das wir im nächsten Kapitel noch hinsichtlich der Entstehung des Schuldgefühls weiter untersuchen wollen, sind wir bei der Analyse der latenten Thematik von Gn 3, 1—5 (6) gelangt. Es bedeutet in beiden Fällen die Einschränkung eines Freiraums, der zunächst selbstverständlich und sogar mit dem Anspruch absoluter Lebensnotwendigkeit bestanden hat, nun aber mit Einschränkungen belegt werden muß. Darin liegt die Bedingung der Angstentfaltung; sobald dann das Verlangen sich meldet, dem Verbot zuwider zu handeln, muß die Angst als Trennungs- und Todesangst auftreten. In der oralen Phase trifft das Verbot dabei unmittelbar auf den Widerstand des Säuglings; die Liebeserwartungen hingegen, die auf die Eltern gerichtet sind, erleiden den Konflikt von Verbot und Sehnsucht erst, wenn das Verlangen die phallische Ausprägung erlangt hat. Das j Bild von Gn 2—3 ist also ontogenetisch in vollem Umfang berechtigt, wenn es zeigt, wie Gott den Menschen zunächst ins „Paradies" versetzt, dann ein Verbot erläßt und erst späterhin mit seinem Verbot den Widerspruch im Menschen provoziert. Es scheint darin eine Entwicklungsabfolge angedeutet zu sein, die den psychogenetischen Sachverhalt biographisch zutreffend widerspiegelt.

Gegen den Begriff des Objektverlustes, den wir bisher im psa Jargon von Freud übernommen haben, hat G. Bally zu Recht eingewandt, daß

Freud selbst (Hemmung, Symptom und Angst, XIV 169) feststellt, „daß im Intrauterinleben die Mutter kein Objekt war, und daß es damals keine Objekte gab." Er fügt hinzu, daß auch in der Zeit des Urnarzißmus die Mutter (noch) kein Objekt ist (G. Bally: Einführung, 143). Das stimmt. Von Trennungs- oder Verlustangst kann man erst sprechen, wenn bereits Objektbesetzungen vorliegen, die von Verlust betroffen werden könnten. Die Auflösung des Urnarzißmus ist andererseits aber auch (s. o.) die Voraussetzung dafür, daß es so etwas wie ein Verbot überhaupt geben kann. Wir werden deshalb den Begriff des Objektverlustes wohl zur Erklärung der Angstbedingung beibehalten können, dürfen dabei aber nicht vergessen, daß das Thema und der Inhalt der Angst sich im Grunde nicht auf einen „Objektverlust", sondern in seinem Ursprung auf den Zerfall der intra- oder extrauterinen Ureinheit der ersten Lebensmonate bezieht. In theologischer Sprache ausgedrückt, müßte man sagen: die Angst der Menschen besteht nicht nur darin, Gott zu verlieren und von ihm getrennt zu werden, sondern es handelt sich im Ursprung um die Angst, aus einer Einheit in Gott herauszufallen, in der Gott dem Menschen nicht „gegenübersteht", sondern ganz und gar den Menschen umfängt und in sich schließt. Daß dem AT solche religiösen Wünsche und Sehnsüchte, die an den Urerfahrungen der seelischen Entwicklung anknüpfen und sich letztlich auf Gott beziehen, nicht unbekannt sind, zeigen vor allem die Bilder der Psalmen und prophetischen Dichtungen, in denen Gott und seine Fürsorge im Bild des schützenden Mutterleibes vorgestellt bzw. der Schutz im und am Leib der Mutter Gott zugeschrieben wird: z. B. Ps 22, 10.11; 27, 10; (68, 6); (103, 13); 131, 2; 139, 2.5.13.14.15; 144, 3; (145, 15—17); (146, 7—9), am eindringlichsten Hos 11, 4 und Nu 11, 12. Offenbar eignet sich das Bild der Urgeborgenheit und der Urangst, den Halt an der Mutter zu verlieren, besonders gut, um theologisch auszudrücken, was vor Gott für den Menschen auf dem Spiel steht.

Korrigierend und um Mißverständnissen vorzubeugen, ist noch zu sagen: wenn wir von „Urnarzißmus" sprechen, so lehnen wir uns der Terminologie nach an die Libido-Theorie Freuds an; es geht uns aber nicht um die Rezeption dieser Theorie, sondern um eine Analyse der Wirklichkeit, die sie beschreibt. (Zur Kritik der Libido-Theorie und der Freudschen Lehre von den Partialtrieben vgl. vom emotionalen Problem des Urvertrauens im Sinne des intentionalen Antriebserlebens H. Schultz-Henckes her: W. Schwidder: Hemmung, Haltung und Symptom, in: Fortschritte der Psychoanalyse, I 115—126)

Nach dieser psa Durchsicht des Hintergrundes der Angst in der j Erzählung vom „Sündenfall" müssen wir einen Blick darauf werfen, mit welchen Methoden die Menschen in Gn 3, 1—7 mit ihrer Angst fertig zu werden suchen. Da psa das Ich als die alleinige Stätte der Angst anzusehen ist, hat sich für die Verfahren der Angstbewältigung die Bezeichnung der „Abwehrmechanismen" des Ichs eingebürgert, wie sie A. Freud in ihrer bahnbrechenden Arbeit „Das Ich und die Abwehrmechanismen" bis heute unübertroffen klar beschrieben hat. Statt einer allgemeinen Darstellung der vielfältigen Verfahren, die dem Ich bei der Angstbearbeitung zu Gebote stehen, können wir uns darauf beschränken, zu untersuchen, welche Abwehrmechanismen in der j Erzählung selbst zum Ausdruck kommen und wie sie sich neurosenstrukturell interpretieren lassen.

Allerdings ist es von vornherein eine interessante Beobachtung, die unsere bisherigen Feststellungen zusätzlich stützen kann, daß zwei Abwehrmechanismen, die an sich denkbar wären, in der Sündenfallerzählung nicht vorkommen, obwohl sie sonst eine zentrale Rolle in der Bearbeitung von gefahrbringenden Wünschen des Es einnehmen: die Verdrängung des verbotenen Triebwunsches und die Sublimation. Der Grund dafür scheint in dem sehr frühen Entwicklungsstadium zu liegen, das wir für die Situation von Gn 3, 1—5 (6) erschlossen haben. „Es kann keinen Sinn haben, von Verdrängungen dort zu reden, wo Ich und Es noch ineinanderfließen." Noch weniger kann von einer Sublimierung der Triebwünsche die Rede sein; denn die „Sublimierung ... setzt ... voraus ... das Vorhandensein des Über-Ichs. Verdrängung und Sublimierung wären demnach Abwehrmechanismen, die erst verhältnismäßig spät in Gebrauch kommen können" (A. Freud: Das Ich und die Abwehrmechanismen, 42; vgl. S. F.: Die Verdrängung, X 249—250). Tatsächlich finden wir in dem Verhalten der Frau in der Verführungsszene eine eigentümliche Unfähigkeit, den in ihr durch die Frage der Schlange erregten Wunsch durch Verdrängung, d. h., durch Entzug des Vorstellungsinhaltes, loszuwerden. Im Gegenteil redet die Schlange immer weiter; die verführerische Vorstellung des Triebwunsches nimmt immer mehr zu, statt dem Bewußtsein durch Verdrängung entzogen zu werden. (Zum Begriff der Verdrängung vgl. H. Nunberg: Allgemeine Neurosenlehre, 262—269, der bes. den Bezug der Verdrängung zur Hysterie hervorhebt) Daß die Frau andererseits auch zu einer Sublimation des Triebwunsches nicht fähig ist, zeigt der Fortgang der Geschichte ebenso deutlich.

14 Drewermann II (Best.-Nr. 76255)

Stattdessen können wir eine Reihe anderer Abwehrmechanismen beobachten, die ontogenetisch sehr früh eine Rolle spielen, und zwar besonders die Identifikation (Introjektion), Tabuisierung, Leugnung in der Realität, Isolierung, Gegenbesetzung, Projektion und Regression.

a) Die Identifikation

Bei der exegetischen Interpretation der Versuchungsgeschichte hatten wir festgestellt, daß die Frage der Schlange einer fundamentalen Infragestellung des Verhältnisses der Frau zu Gott gleichkommt; es gelingt der Schlange, einen Keil zwischen Gott und die Frau zu treiben. Legen wir die psa Deutung, die wir vorhin erarbeitet haben, der Auslegung zugrunde, so können wir den Vorgang so ausdrücken, daß die Worte der Schlange dem Erwachen von Triebimpulsen entsprechen, die die Einheit mit den Eltern (oral: die Dualunion; phallisch: die Libidobesetzung der Eltern) zutiefst bedrohen. Die Reaktion darauf wird eine entsprechend große Angst vor dem Objektverlust sein, die in ihrer vollen Ausprägung als Todesangst sich offenbart (die Verbindung von Verbot und Todesdrohung). Was kann die Frau tun, um mit dieser Trennungsangst fertig zu werden? Die j Erzählung sagt, sie wiederhole Wort für Wort das Verbot Gottes. Wir haben das damals als Verteidigung Gottes und als Ausdruck des Bemühens gewertet, Gott treu zu bleiben und die Versuchung abzuwehren. Tatsächlich erkennen wir auch psa darin einen Abwehrmechanismus, vermögen ihn aber von der psa Theorie her in einen größeren Zusammenhang einzuordnen, d. h., ihn überhaupt allererst zu verstehen.

Bei der Analyse der Melancholie hat Freud gefunden, „daß ein verlorenes Objekt im Ich wieder aufgerichtet, also eine Objektbesetzung durch eine Identifizierung abgelöst wird." (Das Ich und das Es, XIII 256) Den Vorgang beschreibt Freud so, daß „durch den Einfluß einer ... Enttäuschung von seiten der geliebten Person ... eine Erschütterung dieser Objektbeziehung" eintritt. Die somit frei werdende Libido wird nun aber nicht auf ein anderes Objekt verschoben, sondern ins Ich zurückgezogen. Damit fällt der „Schatten des Objektes" „auf das Ich", das sich so mit dem verlorenen Objekt identifiziert. (Trauer und Melancholie, X 435) Die Voraussetzung dafür ist, daß die Objektwahl selbst auf narzißtischer Grundlage erfolgt ist. „Die narzißtische Idenfizierung mit dem Objekt wird dann zum Ersatz der Liebesbesetzung, was den Erfolg hat, daß die Liebesbeziehung trotz des Konflikts mit der geliebten Person nicht aufgegeben werden muß." (a.a.O., X 436)

In diesen wenigen Sätzen Freuds steht alles, was wir zur Interpretation der Stelle wissen müssen. Den „Narzißmus" in der „Objektwahl" haben wir bereits früher mit guten Gründen annehmen dürfen; er wird hier indirekt bestätigt und stellt lediglich das psa Korrelat der theologischen Aussage dar, die wir exegetisch bereits herausgestellt hatten, daß nämlich die Menschen ohne Gott nicht leben können, daß sie also, wenn sie Gott lieben, ihr eigenes Leben, sich selbst, lieben; jede Liebe zu „Gott" ist psa in diesem Sinne „narzißtisch". Auch die „Enttäuschung", die Freud als Anlaß der Identifikation voraussetzt, läßt sich verifizieren. Das Bild, das die Schlange von Gott zeichnet, der Verdacht, der von ihren Worten auf Gott fällt, kann wohl zutreffend als „Enttäuschung" bezeichnet werden; ein Mißklang, eine „Erschütterung" in dem Verhältnis der Frau zu Gott ist eingetreten. Die Frau, die ihren Halt in Gott verloren hat bzw. zu verlieren droht, wird auf sich selbst zurückgeworfen. Und so versucht sie den eingetretenen Bruch zu heilen und „die Liebesbeziehung trotz des Konfliktes" aufrecht zu erhalten, indem sie selber sich mit Gott identifiziert und die Worte spricht und wiederholt, die Gott gesprochen hat. Es ist der Versuch, an dem Gott festzuhalten, der ihr durch die Frage der Schlange genommen zu werden drohte. Die Identifikation stellt somit eine adäquate Bearbeitung der Trennungsangst dar.

Andererseits ist es nun nicht möglich, einfachhin auf den Standpunkt vor der Infragestellung durch die Schlange zurückzukehren. Denn es ist gerade nicht so, als wäre die „Enttäuschung" und „Erschütterung" des Verhältnisses der Frau zu Gott nur eine Angelegenheit, die bloß vorübergehend von außen an die Frau herangetragen wird; vielmehr liegt in der Störung dieses Liebesverhältnisses eine beginnende Ambivalenz von Liebe und Haß, Vertrauen und Angst, Abhängigkeit und Auflehnung in der Frau. Die Angst, die über die Frau kommt und durch die Identifikation abgewehrt werden soll, hat ja zur Voraussetzung die Möglichkeit, das Verbot zu übertreten und mithin Gott zu verlieren. Daher kann man mit K. Abraham auch sagen: „Der . . . Introjektionsprozeß . . . folgt auf eine fundamentale Störung der libidinösen Beziehung zum Objekt. Er ist der Ausdruck eines schweren Ambivalenzkonfliktes, dem das Ich sich nur dadurch zu entziehen vermag, daß es die dem Objekt geltende Feindseligkeit auf sich selbst nimmt." (K. Abraham: Versuch einer Entwicklungsgeschichte der Libido, in: Psychoanalytische Studien, 131) Es geht der Frau im Abwehrvorgang der Identifikation also nicht nur um die Überwindung des drohenden Objektverlustes, sondern auch um die Überwindung der eigenen Ambivalenz. Damit aber wird die Zwielichtigkeit, in die das Bild Gottes geraten war, nicht aufgehoben, sondern selbst introjiziert. Der Gott, mit dem die Frau sich identifiziert und dessen Worte sie zu wiederholen sucht, ist nicht mehr derselbe, als der er ihr vor den Worten der Schlange erschien, sondern trägt jetzt die Züge der eigenen Ambivalenz an sich, die die Frau gegen sich selbst richtet. Dies könnte die drastische Verschärfung des Verbotes in den Worten der Frau erklären.

Es ist dabei nicht entscheidend, ob wir die Vorgänge auf der oralen oder der phallischen Stufe interpretieren; denn so oder so handelt es sich um eine Form der oralen Ambivalenz; wenn wir die sexuelle Thematik in den Vordergrund rücken, müssen wir allerdings eine Regression auf das Stadium des oralen Sadismus annehmen, d. h., die Introjektion in der Weise deuten, wie sie für die Melancholie spezifisch ist: als eine „Regression von einem Typus der Objektwahl auf den ursprünglichen Narzißmus ... der oralen oder kannibalischen Phase der Libidoentwicklung" (S. F.: Trauer und Melancholie, X 436), die nicht notwendig zur Introjektion an sich gehört, die wir hier aber schon infolge der rein oralen Problemstellung (s. o. 63f) ohnedies annehmen mußten. Ob wir indessen die orale Thematik der Versuchungsgeschichte für ursprünglich oder für regressiv wiederbelebt halten, — beides führt uns zu dem gleichen Ergebnis, daß nämlich das Gottesbild, das die Frau introjiziert, die Züge der oralen Ambivalenz an sich trägt. Der Gott der Frau trägt jetzt zum ersten Mal nicht mehr nur liebende und sorgende, sondern auch neidische und grausame Züge. Dies stimmt denn auch mit dem Bild überein, das wir bei der exegetischen Interpretation erarbeitet haben.

b) Fixierung, Tabuisierung und Berührungsangst; Gegenbesetzung und Ambivalenz

Mit der Annahme der Identifikation und der Regression auf die Stufe oraler Ambivalenz haben wir freilich nur den quantitativen Zuwachs in der Stärke des Verbots begründet und den Umstand erklärt, daß die Frau das Verbot Gottes für sich in der radikalisierten Form von Gn 3, 3 wiederholt. Immerhin finden wir damit zugleich eine Erklärung für die mit einem Mal auftretende Ambivalenz in der Vorstellung, die die Frau sich jetzt von Gott als einem ebenso gewährenden wie verbietenden, liebenden wie neidischen Gott macht. Wir verstehen aber noch nicht, wieso die Frau nun von der Angst spricht, den Baum auch nur zu berühren.

Allerdings wissen wir jetzt, daß für die Frau aus einer äußeren Versagung eine innere geworden ist, daß das Verbot introjiziert wurde; und dies ist die Voraussetzung dafür, daß die Versagung überhaupt pathogen wirken kann. Hinter der Verinnerlichung äußerer realer Verhinderungen der Triebwünsche mag man, wie Freud, ein Schema für das prähistorische Zustandekommen moralischer Schranken überhaupt erblicken (Vorlesungen zur Einführung in die Psychoanalyse, XI 363); auf der ontogenetischen Ebene ist es entscheidend, daß damit der Konflikt zwischen Gott und der Frau im Grunde ein Konflikt zwischen Es-Trieben und Ich-Trieben geworden ist. Zugleich findet eine Fixierung des verbotenen Objektes statt, an dem die Libido haftet, das man aber aus Gründen der Selbsterhaltung sich selbst versagen muß. Diese Fixierung „macht der Beweglichkeit des Triebes ein Ende, indem sie der Lösung intensiv widerstrebt." (S. F.: Triebe und Triebschicksale, X 215) Wir haben dabei Grund, die Fixierung dem Wortlaut des göttlichen Verbotes und dem Wortlaut der Versuchungsgeschichte entsprechend tatsächlich im oralen Bereich anzusiedeln; denn so würde auch die Regression auf den oralen Sadismus, den wir im Introjektionsvorgang konstatiert haben, eine eigentliche Begründung erhalten. Es sind ja Fixierung und Regression nicht unabhängig voneinander, sondern es verhält sich mit der Triebentwicklung nach einem bildlichen Ausdruck Freuds wie mit einem Volk auf dem Vormarsch, das, wenn es an einem Punkt zurückgeschlagen wird oder in Gefahr gerät, sich auf die zuvor besetzten Stationen zurückziehen wird, und zwar besonders zu den Stationen, an denen es die meisten Energiereserven zurückgelassen hat (S. F.: Vorlesungen zur Einführung in die Psychoanalyse, XI 353); je stärker die Fixierung, desto eher also die Regression auf die fixierte Stelle der Triebentwicklung. Beides, Regression wie Fixierung, führt zu dem Eindruck, den wir in der Versuchungsgeschichte gewinnen können, daß die Frau von dem verbotenen Baum nicht mehr loskommt.

Damit verfügen wir nun über alle Voraussetzungen, um zu verstehen, wovon der Eindruck der Tabuisierung ausgeht, auf den wir in der exegetischen Untersuchung des Textes bereits gestoßen waren. S. Freud hat einmal den psychischen Mechanismus einer typischen (zwangsneurotischen) Berührungsangst dargestellt und ihn mit der Berührungsangst gegenüber einem Tabu verglichen; er schreibt: „Zu allem Anfang, in ganz früher Kinderzeit, äußerte sich eine starke Berührungs*lust*, deren Ziel weit spezialisierter war, als man geneigt wäre zu erwarten. Dieser Lust trat alsbald *von außen* ein Verbot entgegen, gerade diese Berührung nicht auszuführen. Das Verbot wurde aufgenommen, denn es konnte sich auf starke innere Kräfte stützen; es erwies sich stärker als der Trieb, der sich in der Berührung äußern wollte. Aber infolge der primitiven psychischen Konstitution des Kindes gelang es dem Verbot nicht, den Trieb aufzuheben. Der Erfolg des Verbotes war nur, den Trieb — die Berührungslust — zu verdrängen und ihn ins Unbewußte zu verbannen. Verbot und Trieb blieben beide erhalten; der Trieb, weil er nur verdrängt, nicht aufgehoben war, das Verbot, weil mit seinem Aufhören der Trieb zum Bewußtsein und zur Ausführung durchgedrungen wäre. Es war eine unerledigte Situation, eine psychische Fixierung geschaffen, und aus dem fortdauernden Konflikt von Verbot und Trieb leitet sich nun alles weitere ab." (Totem und Tabu, IX 39)

All diese Beobachtungen Freuds lassen sich auf Gn 3, 1—7 übertragen, mit Ausnahme der Verdrängung, die hier zu früh angesetzt wäre und dem klaren Wunsch, der sich in den Worten der Schlange kundtut, nicht entspricht; eher wäre von einer „Gegenbesetzung" zu sprechen im Sinne einer „Reaktionsbildung" im Ich (S. F.: Hemmung, Symptom und Angst, XIV 190), so daß das Ich an gerade der Stelle Angst und Abscheu empfindet, wo zuvor Lust und Verlangen sich breit machten; doch haben wir es hier nicht mit einer dauernden Einrichtung im Ich, nicht mit einer „Reaktionsbildung", sondern nur mit einer momentanen Reaktion, mit einer Reaktionsweise zu tun. Immerhin wirkt die Frau doch so, als wenn sie von ihrem Wunsch, den ihr die Schlange in wiederholten Worten nahelegt, nichts wissen wollte; und daher kann man schon sagen, daß sie ihren Wunsch „verdrängen" möchte, nur: es gelingt ihr eben nicht; eine „Verdrängung" findet nicht statt.

Alles andere aber können wir so, wie es Freud als psychogenetischen Hintergrund der Berührungsangst analysiert hat, in der Erzählung von Gn 3, 1—7 verifizieren. Zunächst: es darf eine ausgesprochene „Berührungslust" bzw. ein starkes Verlangen als ursprünglich vorausgesetzt werden; dieses Verlangen trifft indessen auf ein äußeres Verbot, das die Triebregung niederhält. Die Ichschwäche aber ist außerstande, durch adäquate Verfahren (Aufschieben, Sublimation, Ersatz u. ä.) den Triebwunsch abzuführen. Somit bleibt der Trieb ebenso wie das Verbot erhalten. Und diese Ambivalenz führt nun zu einer Umwandlung des ursprünglichen Eßverbotes in ein Berührungstabu.

Bei seiner Analyse der zwangsneurotischen Symptome und einem Vergleich derselben mit den Merkmalen des Tabus fand Freud u. a., daß genetisch ein Verbot von der Art eines Tabus selbst unmotiviert erscheine, obwohl es doch „durch eine innere Nötigung" befestigt werde (Totem und Tabu, IX 38—39). Es wird verinnerlicht, führt aber nicht zu einer ungeteilten gehorsamen Befolgung, sondern nur zu einer heftigen Ambivalenz der Gefühlsregungen. Diese Ambivalenz scheint zur Erlebnisweise des Tabus notwendig zu gehören. Ja, die bloße Existenz eines Tabus scheint ein Indiz für das Vorhandensein einer geheimen Lust zu sein, gerade das zu tun, was das Verbot untersagt. Die Tabuvölker „haben ... zu ihren Tabuverboten eine *ambivalente Einstellung*; sie möchten im Unbewußten nichts lieber als sie übertreten, aber sie fürchten sich auch davor; sie fürchten sich gerade darum, weil sie es möchten, und die Furcht ist stärker als die Lust." (S. F.: Totem und Tabu, IX 42)

Von daher verstehen wir, wieso in der exegetischen Besprechung der „Sündenfallerzählung" der Anschein entstehen konnte, daß der Baum so etwas wie ein Tabu darstelle. Wir sehen, daß die „Tabuisierung" des Baumes das Ergebnis einer ganzen Kette vorangegangener Abwehrmechanismen darstellt, die ihr vorläufiges Endergebnis in der ambivalenten Gefühlseinstellung der Frau hat, in der das Verbot wie der Triebwunsch in unversöhnter Feindschaft einander bekämpfen.

c) Allmacht, Animismus und Magie

„Da sprach die Schlange zur Frau: Mitnichten werdet ihr sterben; sondern es verhält sich so, daß Gott wohl weiß: Sobald ihr davon eßt, werden euch die Augen aufgehen, und ihr werdet wie Gott sein, wissend Gutes und Böses." (Gn 3, 4.5)

Von diesem Satz haben wir in der exegetischen Betrachtung der Stelle gemeint, er treffe die Frau wohlvorbereitet. Indessen vermochten wir damals diesen Tatbestand nur psychologisch zu beschreiben, nicht wirklich zu erklären. Jetzt verhält sich das anders. Nach den bereits gewonnenen Einsichten in die Art der Abwehrmechanismen der Frau und der psychodynamischen Struktur der Versuchungsszene gehört nun nicht mehr viel analytischer Scharfsinn dazu, die restlichen Zusammenhänge aufzudecken.

Bisher konnten wir beobachten, wie die Frau unter dem Eindruck der Angst vor dem drohenden Objektverlust und der damit verbundenen Todesangst unter Regression auf die orale Stufe das Verbot Gottes introjizierte; dieses aber hatte nunmehr ambivalente Züge angenommen, und die jetzt verinnerlichte Ambivalenz fand ihren Niederschlag in der Gegenbesetzung der gefährlichen Es-Strebungen und dem vom Ich ausgehenden Willen, das Verbot zu befolgen. Der Gegenstand dieser Ambivalenz der Gefühlsregungen (der Baum) trug demgemäß die ambivalenten Züge an sich, wie sie einem Tabu zukommen.

Mit der Regression auf die Stufe des oralen Sadismus wird jedoch eine Phase der (Libido-)Entwicklung wiederbelebt, die wir schon des mehrfachen als narzißtisch bezeichnet haben. Auch haben wir bereits darauf hingewiesen, daß mit dem Narzißmus der Libidoorganisation der Glaube an die eigene Unsterblichkeit aufs engste verknüpft ist. Diese Beziehungen müssen wir jetzt untersuchen.

In einem seiner schönsten Essays hat Freud einmal mit Erstaunen notiert, daß die Menschen zwar die Notwendigkeit des Todes jederzeit als Realität anzuerkennen pflegten, daß sie indessen sich so benähmen, als wenn es den Tod nicht gäbe. Er fand die Erklärung dieses befremdlichen Verhaltens in der Annahme: „Im Unbewußten sei jeder von uns von seiner Unsterblichkeit überzeugt." (Zeitgemäßes über Krieg und Tod, X 341) Näherhin beruht diese Überzeugung psa gesehen auf einer Art Selbstverliebtheit, die ontogenetisch ihren Ursprung in der Phase hat, in der „die ... Sexualtriebe sich bereits zu einer Einheit zusammengesetzt und auch ein Objekt gefunden" haben; „dies Objekt ist aber kein äußeres, dem Individuum fremdes, sondern es ist das eigene, um diese Zeit konstituierte Ich." (S. F.: Totem und Tabu, IX 109) Es ist also die narzißtische Besetzung des Ichs mit den Es-Trieben, die dazu führt, das eigene Ich für unsterblich zu halten; — eine Tatsache, die sich theologisch auch so ausdrücken läßt, daß jemand, der ein bestimmtes Maß an Selbsthaß überschritten hat, weder an Gott noch an ein ewiges Leben glauben wird, oder, positiv gewendet, daß eine gewisse Selbstannahme und Selbstbejahung die unabdingbare Voraussetzung dafür ist, an so etwas wie Unsterblichkeit zu glauben (abgesehen von den negativen narzißtischen Besetzungen der Depression mit den entsprechenden Höllenphantasien). Tatsächlich wird ein gewisses Maß an Narzißmus in der psychischen Entwicklung nie aufgegeben; um so mehr läßt sich verstehen, daß eine Regression auf das narzißtische Stadium das Bewußtsein der eigenen Unsterblichkeit reaktivieren muß, ist doch dies der „heikelste Punkt des narzißtischen Systems" (S. F.: Zur Einführung des Narzißmus, X 158).

Zugleich mit dem Glauben an die eigene Unsterblichkeit wird der Glaube an die eigene Allmacht wiederbelebt. Es handelt sich um eine Art „Größenwahn", wie er — unter vergleichbaren psychodynamischen Prozessen — der Schizophrenie zukommt. Er selbst ist „keine Neuschöpfung, sondern ... die Vergrößerung und Verdeutlichung eines Zustandes, der schon vorher bestanden hatte." (S. F.: Zur Einführung des Narzißmus, X 140) Die von der Objektwelt abgezogene und regressiv wieder dem eigenen Ich zugeführte Libido bedingt einen sekundären Narißmus, der den Glauben suggeriert, selbst allmächtig zu sein. Somit kann man in der „Allmacht der Gedanken ... ein Zeugnis für den Narißmus" (S. F.: Totem und Tabu, IX 110—111) erblicken, so wie man umgekehrt das Auftauchen dieses Glaubens mit der Regression auf die narißtische Phase begründen kann. (Ausgeklammert lassen wir hier die spätere Lehre Freuds vom Destruktionstrieb, den er als Antagonisten der Libido versteht und dem er die Funktion der Verneinung zuordnet: Die Verneinung, XIV 15.)

Indessen ist die Allmacht, das Sein-wie-Gott, nun doch nicht ohne weiteres dem Ich verliehen, sondern an den Genuß der verbotenen Speise gebunden, also oral vermittelt. Daran wird man zunächst ersehen können, daß die Regression, nach der Unterscheidung S. Ferenczis, nicht auf die „Periode der magisch-halluzinatorischen Allmacht", sondern die „Periode der Allmacht mit Hilfe magischer Gebärden" zurückgeht (S. Ferenczi: Entwicklungsstufen des Wirklichkeitssinnes, in: Schriften zur Psychoanalyse, I 153—155). Denn es genügt offensichtlich nicht, einfach an die Allmacht zu glauben, sondern sie muß durch bestimmte Praktiken und Gesten (beim Kind z. B. durch Strampeln, Händefalten etc.) erworben werden. Diese Stufe liegt andererseits noch vor dem, was Freud die „Allmacht der Gedanken" genannt hat, die in der Zwangsneurose eine so große Rolle spielt und gleichfalls „ein Stück des alten Kindergrößenwahnes" darstellt (S. F.: Bemerkungen über einen Fall von Zwangsneurose, VII 450); bei der klassischen Allmacht der Gedanken müßte die Frau in der Versuchungsgeschichte mit Hilfe bestimmter Worte, Formeln etc., nicht aber durch Essen ihre Allmacht zu gewinnen suchen. Hier haben wir vielmehr eine Kombination der Oralität mit der „Allmacht magischer Gebärden" vor uns.

So erklärt sich wohl der „magische" Charakter, der dem Essen der Frau zukommt. S. Freud hat die Magie mit dem Animismus in Verbindung gebracht und sie als „die Technik der animistischen Denkweise" betrachtet (Totem und Tabu, IX 106). Tatsächlich erscheint die animistische Weltanschauung mit ihrem Glauben an die Beseeltheit des Unbeseelten als die Voraussetzung des Glaubens an die allmächtige Beeinflußbarkeit der Dinge durch entsprechende magische Praktiken. Jedoch ist der Zusammenhang zwischen beiden nicht so sehr logisch als psychologisch, und der Grund scheint in der narißtischen Besetzung des Ichs zu liegen. So sagt richtig H. Nunberg: „Eine Bedingung für das Auftreten des Allmachtsgefühls ist ... die Erotisierung des Ich." (Allgemeine Neurosenlehre, 148) Nunberg führte einen interessanten Unterschied zwischen

Allmachtsgefühl und Magie ein, der über das Verhältnis von „Weltanschauung" und „Praxis" hinausgeht, indem er diese Differenz mit der
Lehre von den Partialtrieben kombinierte. Er schrieb: „Während sich das
Allmachtsgefühl auf das gesamte Ich erstreckt, bezieht sich die Magie
bloß auf gewisse Funktionen und Organe... Es scheint, daß die narzißtische Libido dem Ich das Allmachtsgefühl, den erogenen Zonen die Magie
verleiht." (Allgemeine Neurosenlehre, 148) D. h., es werden — im
Vokabular der Freudschen Libido-Theorie — die libidinös besetzten
Körperzonen zum Werkzeug einer magischen Praxis göttlicher Allmacht.
Damit schließt sich für uns der Kreis; denn wenn im biblischen Text
davon die Rede ist, daß die Menschen durch Essen wie Gott würden, so
können wir jetzt ebenso sagen, daß die narzißtische Libido-Besetzung
der oralen Zone dieselbe mit Magie ausstatte, wie wir aus der Regression
auf die orale Stufe der Libido-Entwicklung das Auftauchen der Unsterb-
lichkeits- und Allmachtsvorstellungen verständlich gemacht haben. Zugleich bestätigt sich so die Annahme einer ontogenetisch noch sehr frühen
Entwicklungsphase. Denn: „Die Allmacht und Magie sind... an jene
Entwicklungsstufe der Gesamtpersönlichkeit gebunden, wo das Ich vom
Es noch wenig differenziert, wo das Es sozusagen noch ‚ich-nahe' ist"
(H. Nunberg: Allgemeine Neurosenlehre, 149).

Der gleiche Tatbestand, den wir gerade ontogenetisch beschrieben
haben, läßt sich andererseits auch mit Begriffen der Religionsgeschichte
wiedergeben. Vorausgesetzt, daß es eine gewisse entwicklungsgeschichtliche Abfolge der Religionsformen gibt, so wäre die Parallelisierung
diskutabel, die Freud vorgeschlagen hat: „Im animistischen Stadium
schreibt der Mensch sich selbst die Allmacht zu; im religiösen hat er sie
den Göttern abgetreten" (Totem und Tabu, IX 108). Demzufolge ließe
sich der angetroffene Sachverhalt in der j Erzählung auch so ausdrücken,
daß die Frau vom Stadium der Religion auf das Stadium der Magie
regrediert. Der Baum, von dem sie ißt, kann sie des göttlichen Lebens
teilhaftig werden lassen, weil er selbst Gott ist — eine mythisch weit
verbreitete Anschauung (vgl. J. G. Frazer: Der goldene Zweig, 725).
So ergäbe sich das Bild, das wir schon in der exegetischen Untersuchung
der Stelle konstatiert haben, daß ein gewisser magischer Zug in dem Essen
enthalten sei.

Wir können demnach zweierlei für verstehbar halten: einmal die
Worte der Schlange: „Mitnichten werdet ihr sterben", und zum anderen
ihre Versicherung: „Sobald ihr davon essen werdet, werdet ihr wie Gott
sein." In beiden Worten, so wissen wir jetzt, ist es tatsächlich die Kraft
des Es, die das Ich mit Unsterblichkeit ausstattet und ihm magische

Allmacht verheißt. Was wir psa als Regression auf das narzißtische Stadium bezeichnet haben, deckt sich dabei mit der theologischen bzw. exegetischen Feststellung, daß die Frau das, was sie in Gott erwartete und fand, nun in sich selbst zu finden beansprucht. Die Verunsicherung der Objektbeziehung, der Einbruch der Angst in dem Verhältnis der Frau zu Gott, führt zu dem zu beobachtenden sekundären Narzißmus.

Noch nicht verstanden haben wir in den Worten der Schlange freilich die Bemerkung, Gott selbst wisse, daß die Menschen durch das Essen Gott gleich würden; diese Wendung ist jedoch psychologisch sehr wichtig; sie beinhaltet Neid, Feindschaft, Angst und Konkurrenz auf der Seite Gottes. Es ist die Frage, wie wir diesen Sachverhalt psa deuten sollen.

d) Projektion und Verleugnung

Wir kommen in dieser Frage sogleich ein Stück weiter, wenn wir in Erinnerung behalten, daß die Abwehrmechanismen der Identifikation und Regression den Konflikt von Triebwunsch und Verbot verinnerlicht und zu einer vollständigen Ambivalenz der Gefühle ausgestaltet haben. Als deren Repräsentant erwies sich das Tabu des Baumes; dieses ging jedoch einher mit den regressiv reaktivierten Vorstellungen persönlicher Unsterblichkeit und magischer Allmacht. In gewissem Sinne ist die Frau somit auf narzißtische Weise autark geworden. Der Objektverlust, der sie tödlich zu bedrohen schien, ist durch den Rückzug der Libido auf das eigene Ich „ungefährlich" geworden. Als störend und quälend aber muß die introjizierte Ambivalenz empfunden werden. Sie stellt eine innere Gefährdung dar und bildet im Ich einen schweren Konflikt: das Ich kann sich nicht für unsterblich halten und zugleich sich selbst mit dem Tod bedrohen. M. a. W.: Der sekundäre Narzißmus verlangt die Beseitigung der Ambivalenz aus dem Ich. (Zur Ich-Spaltung durch Regression vgl. S. F.: Das Unheimliche, XII 247—249, die Analyse des Doppelgängers) Es bedarf daher eines neuen Abwehrmechanismus, der die Zwiespältigkeit, in die die Frau geraten ist, beseitigt.

Am Fall der Paranoia, näherhin bei der Analyse der Erkrankung des Senatspräsidenten Schreber, bot sich Freud die Gelegenheit zu beobachten, was geschieht, „wenn die nach Allmacht strebenden Regungen in Konflikt miteinander geraten sind" (Totem und Tabu, IX 113). Es kann dann nicht anders sein, als daß ein Teil der unverträglichen Strebungen nach draußen verlagert, also „projiziert" wird. Im Falle Schreber verhielt es sich so, daß der Narzißmus (der ontogenetisch zwischen dem Autoerotismus des Neugeborenen und der Objektliebe durchschritten werden muß) zu einer homosexuellen Objektwahl führte, die indessen ihrer Ich-Unverträglichkeit wegen „verdrängt" werden mußte. Dies geschah zunächst durch die Verkehrung der homosexuellen Strebung ins Gegenteil: an die Stelle der Empfindung: ich liebe ihn (einen Mann) trat die Empfindung: ich hasse ihn; auch diese Strebung aber war ichunverträglich und mußte daher auf das Objekt projiziert werden; die Empfindung entstand: er haßt mich; der so entstehende Verfolgungswahn konnte sodann als Rechtfertigung dienen, den eigenen (durch Reaktionsbildung entstandenen) Haß zuzulassen. Die Ablaufreihe entstand: „Ich *liebe* ihn ja nicht — ich *hasse* ihn ja — weil *er mich verfolgt.*" (S. F.: Über einen autobiographisch beschriebenen Fall von Paranoia, VIII 299) Desgleichen ließ sich in den Fällen des Eifersuchtswahns eine projektive Verschiebung eigener unverträglicher Strebungen auf den anderen beobachten: aus dem eigenen Liebesstreben entsteht die Eifersucht auf die angeblichen Strebungen des anderen: nicht *ich* liebe, sondern *sie* liebt. Ebenso im Fall des Erotomanen, der die abzuwehrende homosexuelle Strebung vom gleichen Geschlecht in übertriebener Weise auf das andere Geschlecht richtet und projektiv zu dem Glauben kommt, über die Maßen von den Angehörigen des fremden Geschlechts geliebt zu werden. In allen diesen Fällen ist der Abwehrmechanismus der Projektion der gleiche: „Eine innere Wahrnehmung wird unterdrückt und zum Ersatz für sie kommt ihr Inhalt, nachdem er eine gewisse Entstellung erfahren hat, als Wahrnehmung zum Bewußtsein." (S. F.: Über einen autobiographisch beschriebenen Fall von Paranoia, VIII 302—303)

Wichtig ist dabei, daß die Projektion im Grunde auf einen „Heilungsversuch", auf eine „Rekonstruktion" der ursprünglichen Beziehungen hinausläuft. Während die Verdrängung die Libido von dem Liebesobjekt abzieht, ist die Projektion ein „Heilungsvorgang, der die Verdrängung rückgängig macht und die Libido wieder zu den von ihr verlassenen Personen zurückführt." (a.a.O., 308) Man kann daher eigentlich nicht sagen, „die innerlich unterdrückte Empfindung werde nach außen projiziert; wir sehen vielmehr ein, daß das innerlich Aufgehobene von außen wiederkehrt." (a.a.O., 308) Die abgezogene Libido selbst wird dabei in der Paranoia „zum Ich geschlagen, zur Ichvergrößerung verwendet" (a.a.O., 309) und knüpft somit regressiv an die Fixierung im Narzißmus an; ein narzißtischer Größenwahn entsteht. Daher stellt die Projektion den Versuch dar, trotz des erzwungenen Abbruchs der Beziehungen „die innige Verbindung mit dem Objekt dennoch aufrechtzuhalten" (L. Szondi: Ich-Analyse, 163).

Wenden wir diese Erkenntnis auf die j Versuchungsgeschichte an, so läßt sich in etwa plausibel machen, wie es psychodynamisch zu der eigenartigen Unterstellung der Schlange kommen kann, daß Gott dem Menschen durch das Verbot der Früchte göttliche Allmacht vorenthalten wolle. Die narzißtische Besetzung des eigenen Ichs führt tatsächlich regressiv zu einer Art Größenwahn mit der Überzeugung von der eigenen Unsterblichkeit und dem magischen Anspruch auf göttliche Allmacht. Die Entfaltung dieser Tendenzen aber wird durch das introjizierte Verbot blockiert; es muß ein Weg gefunden werden, diese Ambivalenz zu beseitigen. Die Frau hatte bisher die Strebung, von dem Baum zu essen, unterdrückt, weil sie gegen Gott gerichtet war und somit einem unerlaubten Übergriff gleichkam. Ein ganzer Apparat von Abwehrmechanismen war deshalb in Gang gebracht worden, um den gefährlichen Triebwunsch in Schach zu halten. Dennoch redet die Schlange weiter — der Triebanspruch kann nicht verdrängt werden; die eingetretene Ambivalenz aber ist unerträglich. So hilft sich die Frau, indem sie den eigenen unterdrückten Anspruch nach außen verlagert und auf Gott projiziert, oder, im Sinne Freuds korrekter ausgedrückt, der eigene Anspruch tritt von außen an sie heran. Nicht sie begehrt, im Essen vom Baum in die Rechte Gottes einzugreifen, vielmehr ist es Gott, der durch die Reservierung des Baumes in die Rechte des Menschen eingreifen will. Das, was der Frau bisher als verboten erschien, tritt nun als etwas (bei Gott) Gegebenes von außen an sie heran. Der Anspruch der Schlange, der außerordentlich kühn nicht nur Gott in Frage stellt, sondern, wie wir exegetisch meinten, Gott geradezu der Lüge, des Neides und der Angst vor dem Menschen bezichtigt, fände so eine psychodynamisch einfache Erklärung. Die Frau externalisiert die eigenen Gefühle der Angst und des Verlangens, das zu nehmen, worauf Gott allein Anspruch erhebt, und so scheint es ihr, — da der Abwehrmechanismus der Projektion ja unbewußt ist —, als wenn Gott seinerseits Angst vor den Menschen habe und in ihre Befugnisse eindringe.

Der Erfolg dieses Abwehrvorgangs zeigt sich auf der Stelle in der Erleichterung, die daraus resultiert. Denn nachdem die eigene ambivalente Feindseligkeit gegen Gott auf Gott projiziert worden ist, entsteht sogleich so etwas wie eine Berechtigung, gegen Gott aufzustehen; nachdem der Angegriffene in den Angreifer verwandelt worden ist, geschieht es vollends zu Recht, sich gegen ihn zur Wehr zu setzen. Auf diese Weise wird erreicht, daß das, was nur mit dem drückenden Gefühl der Schuld hätte getan werden können, erhobenen Hauptes geschehen kann. Wir fanden bei der exegetischen Besprechung, daß an dieser Stelle zum ersten Mal so etwas wie „Stolz" zu beobachten sei; das wird jetzt verständlich. Denn nach Beseitigung der Ambivalenz verbleibt der ungehemmte Narzißmus mit dem Attribut des Größenwahns und dem Anspruch der Omnipotenz.

Dabei war die Rede vom Motiv des „Neids der Götter". Auch dies wird jetzt deutlicher. H. Schultz-Hencke hat darauf hingewiesen, daß im Symptom des Neides starke kaptative (orale) Tendenzen gehemmt seien, während auf der Haltungsseite (also weitgehend unbewußt) „schwere Aggression" nach außen dränge (Der gehemmte Mensch, 157). Man kann dann wohl sagen, daß die Frau den gehemmten, unterdrückten Anteil ihres Haben-wollens auf Gott projiziert. Während sie selbst nichts nehmen darf, will Gott alles haben. Darin liegt eine besondere Art von Trotz, die um so mehr verwundern mag, als Gott ja eigentlich den ganzen Garten den Menschen zur Verfügung gestellt hat. Die Psycho-Logik, die hier herrscht und die die Frage nach dem Verbot zu einem Machtkampf zwischen Gott und Mensch werden läßt, hat R. D. Laing in die Formeln gekleidet: „Ich will, was ich nicht bekommen kann, *denn* was ich nicht bekommen kann ist das, was ich will." Und: „Ich will nicht, was ich bekommen kann, *denn* was ich bekommen kann ist das, was ich nicht will" (Knoten, 38). Es scheint jetzt tatsächlich nicht mehr um Verbot und Übertretung zu gehen, sondern um die trotzige Alternative Gott oder Mensch.

Man wird vielleicht einwenden, es könne nicht angehen, zur Erklärung der „Sündenfallerzählung" paranoische Mechanismen wie Projektion und Omnipotenzphantasien heranzuziehen; ob man ernstlich behaupten wolle, wird vielleicht der Leser fragen, der erste Mensch sei an Paranoia wahnsinnig geworden. Darauf ist zu antworten, daß der Abwehrmechanismus der Projektion an sich nicht schon psychotisch ist, wenngleich er sich am deutlichsten am Falle der Schizophrenie beobachten läßt (und auch dort entdeckt wurde). Sodann ist zu bedenken, daß die psychogenetischen Ursachen der Schizophrenie tatsächlich in der Zeit der frühkindlichen Entwicklung grundgelegt werden, die M. Klein die „schizoide Position" genannt hat und in der Mechanismen wie die beschriebenen eine große Rolle spielen. Schließlich (und hauptsächlich) ist das Verlangen der Frau tatsächlich „wahnsinnig"; würde jemand in unseren Tagen als erwachsener Mensch glauben, daß er (durch das Essen bestimmter Früchte) allmächtig werden könnte, aber von Gott daran gehindert würde, so dürfte er unzweifelhaft als Paranoiker betrachtet werden. Aber das ist nicht das Problem. Vielmehr sehen wir uns durch die Analyse der Versuchungsgeschichte in Entwicklungsstadien der Ontogenese zurückversetzt, die am Anfang der seelischen Entwicklung stehen und wohl auch religionshistorisch das archaische Material der Mythen geschaffen haben. Setzt man voraus, daß „die für Psychosen charakteristischen Ängste, die das Ich zwingen, spezifische Abwehrmechanismen zu entwickeln", in „der frühen Kindheit entstehen" (M. Klein: Bemerkungen über einige schizoide Mechanismen, in: Das Seelenleben des Kleinkindes, 101), so kann es nicht verwundern, daß wir zur Analyse von Prozessen genötigt sind, die gleichermaßen in den frühesten Entwicklungsphasen wie in manchen psychotischen Erkrankungen eine gewichtige Rolle spielen. Der

Theologe möge nicht aus dem Auge verlieren, daß es offenbar mythisch keinen anderen Weg gibt, als das theologisch Grundlegende in der Form des psychologisch Frühesten darzustellen, und daß im übrigen psychologisch die Grenze zwischen Wahn und Religion scheinbar nur im Unterschied zwischen Narzißmus und Objektliebe liegt. Jedenfalls sehen wir die Frau, die mit ihrer Angst ganz und gar auf sich selbst zurückgeworfen ist, tatsächlich daran wahnsinnig werden, daß sie, von Gott getrennt, sich selbst für Gott erklären muß. „Ich habe", sagt R. D. Laing, „niemals einen Schizophrenen gekannt, der sagen konnte, daß er geliebt wurde, als ein Mensch, von Gott dem Vater oder von der Mutter Gottes oder von einem anderen Menschen. Er *ist* entweder Gott oder der Teufel oder in der Hölle gottentfremdet... Wir müssen... sein Getrenntsein und seine Einsamkeit und Hoffnungslosigkeit erkennen." (Das geteilte Selbst, 46) So aber ist die Frau in Gn 3, 1–5: von Gott durch den Abgrund der Angst getrennt, erklärt sie sich selbst für Gott.

Am Rande der Psychose bewegt sich schließlich auch die totale Verleugnung der Todesandrohung Gottes durch die Schlange. Wir haben in der Exegese der Stelle gemeint, die Schlange bezichtige Gott der Lüge; das ist nicht falsch, geht aber wohl doch nicht ins Zentrum. Die Worte der Schlange zielen ja zunächst nicht auf Gott, sondern einfach auf die Leugnung des Realitätsgehaltes der Drohung Gottes. In der psa Untersuchung haben wir vorhin gesehen, daß es eigentlich der Narzißmus ist, der der Frau den Glauben an die eigene Unsterblichkeit verschafft. Wir können hier indessen noch einen Schritt weiter gehen und sagen, daß der Narzißmus der Frau einen Abwehrmechanismus gegen die Todesangst zuwege bringt, den A. Freud als „Verleugnung in der Phantasie" bezeichnet hat und von dem sie sagt: „Wir finden diesen Mechanismus, der einem normalen Stadium der kindlichen Ich-Entwicklung angehört, ... im späteren Leben noch einmal als höchsten Ausdruck psychischer Erkrankung wieder. In bestimmten akuten psychotischen Verwirrtheitszuständen benimmt das Ich des Individuums sich der Realität gegenüber nicht anders. Unter dem Eindruck... etwa eines plötzlichen Objektverlustes, leugnet es den realen Tatbestand und ersetzt ein Stück unerträglicher Wirklichkeit durch die Produktion eines erwünschten Wahngebildes." (Das Ich und die Abwehrmechanismen, 63) Den Glauben an die eigene Unsterblichkeit unabhängig von Gott kann man durchaus als ein „erwünschtes Wahngebilde" bezeichnen, und für seine Herkunft aus dem Bereich des Es spricht auch das Symbol der Schlange, das wir ja als eine Verkörperung des (libidinösen) Triebwunsches verstanden haben.

Der Begriff der „Verleugnung" wurde von S. Freud zunächst zur Charakterisierung der spezifisch psychotischen Art des Realitätsverlustes und zur Abgrenzung von der Neurose gebraucht. Die Neurose weist grundlegend einen Realitätsverlust auf, der „gerade jenes Stück der Realität betrifft, über dessen Anforderung die Triebverdrängung erfolgte." (S. F.: Der Realitätsverlust bei Neurose und Psychose, XIII 364) In der Psychose hingegen tritt an die Stelle der Verdrängung die Verleugnung. Während die Neurose die Realität flieht, baut die Psychose sie nach dem eigenen Wunsch um. Mit den berühmten Worten Freuds: „Die Neurose verleugnet die Realität nicht, sie will nur nichts von ihr wissen; die Psychose verleugnet sie und sucht sie zu ersetzen." (a.a.O., 365) Sehen wir richtig, so ist diese aus dem Es stammende psychotisch anmutende Umbildung der „Realität" (die in der Abhängigkeit von Gott und in der Berechtigung seiner Todesdrohung liegt) zugunsten einer selbstgewünschten und selbstgemachten Traumwelt psychologisch das, was theologisch Sünde heißt: ein Wahn, eine Lüge, eine ganz und gar selbstbezogene Welt des eigenen Wunsches und Verlangens, ein Innenraum, in dem das Ich sein eigener Gott ist, ein Gegenhimmel, eine Hölle. Es gibt psychologisch offenbar jedenfalls keinen anderen Zustand, der sich mit der Sünde strukturell so genau vergleichen ließe wie die Psychose. In der Sünde wie in der Psychose läßt der Mensch sich offenbar ganz in sich zurückfallen; mit dem Glauben an die eigene Allmacht kehrt er zurück zu einer infantilen Hilflosigkeit und Unfreiheit, die er indessen selbst nicht mehr wahrnimmt; dichter läßt sich dem Geheimnis des Bösen, das J in dieser Erzählung von Gn 3, 1—6 so unnachahmlich schildert, mit psa Mitteln wohl nicht auf die Spur kommen: der Mensch wird wahnsinnig vor Angst, wenn er sich nicht in Gott geborgen weiß, das ist das Ergebnis. Es ist der Punkt, an dem sich das AT und das NT die Hände reichen; der Sünder als ein Kind, das Gott sein will; und die Erlösung: ein neuer „Mythos" von dem Gott, der Mensch sein will.

e) Introjektionswahn und Totemmahl

Nun ist mit den bisherigen Analysen eine Eigentümlichkeit der Versuchungserzählung noch nicht hinreichend erfaßt, der doch eine zentrale Aufmerksamkeit zukommen muß, daß nämlich die Frau erst durch das Essen allmächtig zu werden hofft. Bislang haben wir darin eine Regression auf das narzißtische Stadium und eine Reaktivierung der oralen Phase gesehen und gemeint, daß die narzißtische Besetzung der oralen Zone derselben eine magische Kraft verleihe, die, zusammen mit der Ambivalenz der Gefühle, das Tabu des ebensowohl verbotenen wie erwünschten Baumes begründe. An dieser Sicht der Dinge werden wir auch jetzt nichts zu ändern haben. Es scheint aber einseitig zu sein, das Thema des Wahns nur von der Projektion her aufzurollen. Denn wenn es möglich wäre, allein mit den Gedanken der Projektion und Allmacht bei der Beschreibung der Versuchungserzählung auszukommen, so wäre — abgesehen von den vorangegangenen psychodynamischen Prozessen, die bis zu diesem Punkt geführt haben — die orale Thematik am Ende eigentlich überflüssig, d. h., es ist inzwischen alles an der Versuchungserzählung hinreichend verständlich geworden, nur nicht, daß die Frau am Ende wirklich essen muß, um allmächtig zu *werden*; kämen wir mit der Annahme bloß projektiver Wahnideen aus, so wäre die Frau allmächtig und bedürfte fortan des Baums nicht mehr. So aber verhält es sich in der „Sündenfallerzählung" augenscheinlich nicht.

Von den Abwehrmechanismen der Projektion und Introjektion her, die er indessen für originäre Ich-Funktionen hält, hat L. Szondi u. a. zwei Arten von Wahn einander gegenübergestellt, die er als „Seinsallmacht" (Projektion und Inflation) und „Haballmacht" (Introjektion und Negation) bezeichnet. Daß Szondi diese Abwehrfunktion des Ichs, die „Egodiastole" und „Egosystole", erbmäßig begründet, weicht zwar von dem psychogenetischen Ansatz Freuds weit ab, deckt sich aber sachlich insofern mit dem Freudschen Standpunkt, als für Freud ja das gesamte Ich ein Abwehrorgan darstellt (vgl. L. Szondi: Ich-Analyse, 130—137). Die Projektion ist für Szondi eine (allerdings ursprüngliche) Form der Partizipation, auch dies sachlich in Übereinstimmung zu der Meinung Freuds, daß durch die Projektion im Grunde eine Beziehung (wieder-)hergestellt werde (die zuvor abgebrochen werden mußte). Sie stellt nach Szondi eine Phase der Egodiastole, der Icherweiterung dar, in der die Allmacht nach außen („Allodiastole") abgegeben, dann aber beim Eintreten schwerer Krisen von einer „Inflation" abgelöst wird, in der das Ich nicht mehr teilhaben, sondern selbst alles sein will („Autodiastole"). (Ich-Analyse, 179—180) Die Inflationsphase entspräche dem psychotischen Wiederaufbau der durch „Verleugnung" untergegangenen Welt, von der wir soeben gesprochen haben. Projektion und Inflation würden den Zug des „Größenwahns" im Wie-Gott-Sein-Wollen, in der „Seinsallmacht", begründen. Daneben stellt Szondi die Tendenzen der Egosystole in Form der Introjektion (der Inbesitznahme und Einver-

15 Drewermann II (Best.-Nr. 76255)

leibung) und der Negation. Uns interessiert im Augenblick zunächst nur die „Introjektion".

Der Ausdruck selbst geht auf S. Ferenczi zurück. „Während der Paranoische die unlustvoll gewordenen Regungen aus dem Ich hinausdrängt, hilft sich der Neurotiker auf die Art, daß er einen möglichst großen Teil der Außenwelt in das Ich aufnimmt und zum Gegenstand unbewußter Phantasien macht ... Diesen Prozeß könnte man, im Gegensatze zur Projektion, *Introjektion* nennen." (S. Ferenczi: Introjektion und Übertragung, in: Schriften zur Psychoanalyse, I 19) Indem der Neurotiker sich unbewußt mit den Dingen und Personen identifiziert und sich einverleibt, kommt es zu dem Autismus des Alles-habens. Szondi meint nun, daß beim Übergang von der Inflation zur Introjektion im Grunde einem magischen Bedürfnis entsprochen werde: „Der magische Mensch hat die Kraft, die Bedürfnisse der Inflation, also das Ideal: alles zu sein, in der Realität zu verwirklichen ... Wir sagen: Aus der Inflation, dem Seinideal ..., wird Introjektion, also Habideal ..." (Ich-Analyse, 211) Dies scheint in der Tat das zu sein, was in der „Sündenfallerzählung" beschrieben wird. Der Anspruch der Frau, wie Gott zu sein, muß (auf magische Weise) realisiert werden. Der dazu allein geeignete Vorgang ist oraler Natur, denn es sind „die *oralen* Anklammerungstendenzen ... mit dem Introjektionsvorgang ... innig verkoppelt" (Ich-Analyse, 212). Die Introjektion ist im Grunde ein oraler Vorgang. So stellte K. Abraham bei der Beobachtung manischer Patienten fest, daß für sie *„alle Objekte* dazu bestimmt (schienen, d.V.), in eiligem Tempo durch den ‚psychosexuellen Stoffwechsel' des Kranken hindurchzugehen" (Versuch einer Entwicklungsgeschichte der Libido, in: Psychoanalytische Studien, 158), und er nannte daher „die Manie im tiefsten Grunde eine Orgie von kannibalischem Charakter" (a.a.O., 159), wobei das Ziel des oralen Verschlingens — im Gegensatz zu Freuds Meinung von der Totemmahlzeit des ermordeten Urvaters — die Mutter darstelle. Es deckt sich dies nicht nur mit der Devise der Szondischen Introjektion: „Alles Gute soll dem Ich einverleibt — oral ausgedrückt ‚aufgegessen' — werden" (Ich-Analyse, 219), sondern entspricht auch der Symboldeutung, die wir dem Essen vom Baum gegeben haben.

Zugleich finden wir in dieser Beziehung auch die notwendige Erklärung für das Auftreten des Schuldgefühls nach dem Essen, dessen Ursprung wir bereits in der Ambivalenz des oralen Sadismus angenommen haben. Wenn Freud (Totem und Tabu, IX 156—160) die Speisetabus des Totemismus vom Ödipuskomplex ableitet, also aus dem Verbot, den Vater zu töten und die Mutter zu heiraten, so erklärt er mit dieser Theorie wohl den Schuldgefühle erzeugenden Ambivalenzkonflikt dem Vater gegenüber, nicht aber die kannibalische Tendenz, die in der Totemmahlzeit steckt; demgegenüber wird K. Abraham psa recht haben, daß der orale Konflikt mit seinen Schuldgefühlen sich ursprünglich auf die Mutter bezieht und erst später auf den Vater übertragen wird; wir werden gleich (s. u. 188f) noch darauf einzugehen haben.

Es ist allerdings an dieser Stelle nicht so wichtig, ob der Verkehr ursprünglich dem Vater oder der Mutter gilt, entscheidender ist, daß es bei dem oralen Vorgang des Aufnehmens um einen Introjektionsvorgang geht, der die Tendenz verfolgt, „alles" zu haben, um alles zu sein, bzw. daß die Introjektion ihren Ausdruck auf der oralen Ebene findet. Denn dies ist es, was die Sündenfallerzählung schildert: daß die Frau essen muß, um wie Gott zu werden. Zu Recht meint Szondi, die Magie müsse „oral" sein, denn sie sei eine „Introjektion bzw. Introinflation" (Ich-Analyse, 212), eine Realisierung des inflativen Größenwahns, sich durch den Vorgang oraler Introjektion alles anzueignen und allmächtig zu werden. Freilich ist es nicht einfach „alles", was die Frau in Gn 3, 1—7 essen muß, um wie Gott zu sein; es geht vielmehr nur um ein einziges Objekt, dessen Auszeichnung als „Lebensbaum" wir im Sinne eines Muttersymbols gedeutet haben. Bedenken wir indessen, daß die Mutter, die das Kind in der Introjektion „ißt", die ganze Welt des Kindes ausmacht, so ist es völlig korrekt, das Essen vom verbotenen Baum als Introjektion von „allem", als Streben, „alles zu haben", zu interpretieren.

Die Introjektion erscheint demnach als der geeignete psa Begriff, um die Selbstvergöttlichung des Menschen durch das Essen von dem verbotenen Baum auszudrücken. Die Introjektion löst die vorangegangene Phase der Projektion ab, in der alle Habmachtswünsche in das verbotene Objekt hineingelegt wurden.

Unter der Hand wandelt sich natürlich damit der psychische Charakter des Baumes. Im Zustand der Ambivalenz haben wir ihn als ein „Tabu" bezeichnet; wie aber sollen wir seinen psychischen Charakter jetzt, wo er zu einem Gegenstand introjektiver Allmachtswünsche geworden ist, bestimmen?

Zunächst könnte man darauf verfallen, in ihm so etwas wie einen Fetisch zu sehen. S. Freud hat den Fetisch für einen „Ersatz des Sexualobjekts" erklärt, der pars pro toto für das Liebesobjekt steht und von ihm abgelöst werden kann (Drei Abhandlungen zur Sexualtheorie, V 52—54). Als seinen eigentlichen Zweck verstand Freud die Abwehr der Kastrationsangst und meinte, der Fetisch sei ein „Ersatz für den vermißten Penis des Weibes" (Die Ichspaltung im Abwehrvorgang, XVII 61). Darin liegt, daß die Fetischisierung eines Gegenstandes davor schützen soll, der Todesangst zu verfallen, die aus der Kastrationsangst entstehen müßte. Und dies ist nun tatsächlich dem Konflikt vergleichbar, den die Frau in Gn 3, 1—7 auszustehen hat. Der Baum spielt wirklich die Rolle, durch die Verleihung von Omnipotenz alle Quellen der Angst insgesamt zu verstopfen. Freilich spricht gegen die Auffassung, der Baum habe etwas mit einem Fetisch zu tun, sofort die Tatsache, daß von dem Baum gegessen wird; einen Fetisch wird man nicht durch Verzehr oral zugrunderichten wollen. Wohl weist der Baum fetischartige Züge auf: er steht pars pro toto für den ganzen Inhalt der omnipotenten Habmacht; er ist der Gegenstand einer magischen Introjektion; er verhindert — oder soll verhindern — den Ausbruch der Todesangst; er ist ein „Hab-

Lustobjekt" (L. Szondi: Ich-Analyse, 201); trotzdem aber ist er kein Fetisch.

Das beste ist, den Baum, durch dessen Aneignung man zu Gott wird, als „Totem" zu bezeichnen. Das ehedem Tabuisierte gewährleistet jetzt, nach Beseitigung der Tabuschranken, im Mahl eine Gemeinsamkeit und orale Identifikation mit dem früher gefürchteten Gott: durch das Essen verwandelt die Frau sich selbst in Gott, der ihr Vater bzw. ihre Mutter ist; der psychologische Umkreis ist somit durchaus der eines Totemmahles.

6. Die Trieblehre Freuds und die These von der verhängnisvollen Unvermeidlichkeit des Schuldgefühls

Wir haben bisher die latenten Themen von Gn 3, 1—5 (6) analysiert, das Zustandekommen ihrer Symbolik erklärt und den Text psychodynamisch auf den Faktor der Angst und die Mechanismen der Angstabwehr hin untersucht. Als letztes — und wichtigstes — verbleibt die Frage, wieso das Essen vom Baum mit dem Gefühl der Schuld einhergeht; in welch einer Beziehung die Angst, das Verbot zu übertreten, zu dem Schuldgefühl steht, das Verbot übertreten zu haben; wie überhaupt der Eindruck von Schuld bei einem Prozeß entstehen kann, der in einer solch lückenlosen Konsequenz sich darbietet, wie wir ihn in der Sündenfallerzählung analysieren konnten. Besonders wichtig ist dabei der in der Bibel erwähnte Zusammenhang von Todesangst und Schuld. Was läßt sich von der Psa her dazu sagen?

Es empfiehlt sich, zunächst von der *Freudschen* Theorie der Entstehung des Schuldgefühls auszugehen, da sie den Anfang und die Grundlagen der psa Forschung über dieses Gebiet darstellt.

G. Condrau meint: „In der Begegnung mit der menschlichen Not erfuhr Freud zum ersten Mal, daß des Menschen tiefste Bedrängnis *Gewissensnot* ist." (Angst und Schuld als Grundprobleme der Psychotherapie, 59) Das stimmt. Wir sahen bereits, daß Freud tatsächlich der Meinung ist, eigentliche Todesangst gebe es nur als Gewissensangst zwischen Ich und Über-Ich. Wir haben jedoch noch nicht auf die eigentlichen Gründe dieser Anschauung eingehen können und bisher nur erfahren, daß es für die Libido den Gedanken an den Tod gar nicht gebe. Vor allem müssen wir in Kürze erläutern, welche Beziehung nach Freud zwischen dem sog. Todestrieb und dem Gewissen besteht, und zu diesem Zweck eine kurze Skizze seiner Trieblehre insgesamt geben.

Anfänglich hat Freud seine Trieblehre im wesentlichen unter energetischen Gesichtspunkten formuliert. „Unter einem ‚Trieb' können wir zunächst nichts anderes verstehen als die psychische Repräsentanz einer kontinuierlich fließenden, innersomatischen Reizquelle, zum Unterschied vom ‚Reiz', der durch vereinzelte und von außen kommende Erregungen hergestellt wird." (Drei Abhandlungen zur Sexualtheorie, V 67) Ausdrücklich will Freud seine Trieblehre „von seiten der Physiologie" durch „den Begriff des Reizes und das Reflexschema" definieren (Triebe und Triebschicksale, X 211); was den „Trieb" vom „Reiz" unterscheidet, ist lediglich der Umstand, daß der Triebreiz durch endogene Ursachen erzeugt wird und „immer wie eine *konstante* Kraft" wirkt, während der Reiz exogen und momentan erzeugt wird. (a.a.O., 212) Daraus resultiert beim Trieb „seine Unbezwingbarkeit durch Fluchtaktionen" (a.a.O., 213); der Trieb ist der Vertreter eines somatisch verursachten Spannungszustandes, der nach dem Prinzip von Lust und Unlust mit einem bestimmten Drang das „Ziel" verfolgt, an irgendeinem geeigneten „Objekt" herabgesetzt zu werden. Dabei nahm Freud zunächst einen ursprünglichen „Gegensatz zwischen Ichtrieben und Sexualtrieb" an, der nach ihm den eigentlichen Kern der Psychoneurosen bildete. „Der Urkonflikt, aus welchem die Neurosen hervorgehen, ist der zwischen den das Ich erhaltenden und den sexuellen Trieben." (Das Interesse an der Psychoanalyse, VIII 410) Dahinter sah er letztlich den biologischen „Gegensatz zwischen Trieben, welche der Erhaltung des Individuums, und solchen, die der Fortsetzung der Art dienen" (a.a.O., 410).

Dieser Dualismus fand vorübergehend eine Milderung durch das Studium des Narzißmus. Freud erkannte nämlich, daß in der Libido-Entwicklung die Sexualtriebe bei „ihrem ersten Auftreten ... sich zuerst an die Erhaltungstriebe" anlehnen und sie niemals wieder ganz verlassen (Triebe und Triebschicksale, X 218—219); m. a. W.: damit das Individuum seinen eigenen Erhalt will, muß es sich in einem gewissen Umfang auch selbst lieben. Wie wir bereits hörten, ist das eigene Ich nach dieser Auffassung sogar der erste Gegenstand der Libido; erst später verwandelt sich die narzißtische Libido oder Ichlibido in Objektlibido (vgl. Zur Einführung des Narzißmus, X 140—141). Auch diese Lehre von der Triebvermischung änderte indessen nichts an dem für Freud bei all seinen Triebtheorien grundlegenden biologischen Dualismus: „Das Individuum führt ... eine Doppelexistenz als sein Selbstzweck und als Glied in einer Kette ... Es hält selbst die Sexualität für eine seiner Absichten, während eine andere Betrachtung zeigt, daß es nur ein Anhängsel an sein Keimplasma ist, dem es seine Kräfte gegen eine Lustprämie zur Verfügung stellt, der sterbliche Träger einer — vielleicht — unsterblichen Substanz, wie ein Majoratsherr nur der jeweilige Inhaber einer ihn überdauernden Institution." (Zur Einführung des Narzißmus, X 143)

In andere Richtung führten Freud erst die Beobachtungen zum Problem des Masochismus. In den „Drei Abhandlungen zur Sexualtheorie" sah er es noch als ausreichend an, das Phänomen des Sadismus als eine bloße Steigerung der „Beimengung von *Aggression,* von Neigung zur Überwältigung" zu betrachten, „deren biologische Bedeutung in der Notwendigkeit liegen dürfte, den Widerstand des Sexualobjektes noch anders als durch die Akte der *Werbung* zu überwinden." (V 57) So verstanden, wird also der Sexualtrieb aggressiv, wenn er erfolglos zu werden droht, und der Sadismus wäre nichts anderes als eine Isolierung und Überbetonung dieser originären „aggressiven Komponente des Sexualtriebes." (V 57) Den Masochismus verstand Freud zunächst „als eine Fortsetzung des Sadismus in Wendung gegen die eigene Person, welche dabei zunächst die Stelle des Sexualobjekts vertritt." (V 57—58)

Erst später hielt Freud diese Erklärung für unzulänglich und sah sich veranlaßt, den Dualismus seiner Triebtheorie anders zu formulieren. Sein Problem ist: „Wie soll man ... den sadistischen Trieb, der auf die Schädigung des Objekts zielt, vom lebenserhaltenden Eros ableiten können?" (Jenseits des Lustprinzips, XIII 58) Auffallend ist an dieser Problemstellung die finalistische Betrachtungsweise. Der Trieb wird nicht mehr nur vom endogenen Reiz-Reflex-Schema her gesehen, sondern von einem Ziel her. Offenbar scheint die Zerstörung und Aggressivität für Freud jetzt (nach dem 1. Weltkrieg!) nicht mehr nur das Resultat verhinderter libidinöser Strebungen zu sein, sondern das Ziel eines eigenen originären Bedürfnisses zu bilden. So legt sich Freud „die Annahme nahe, daß dieser Sadismus eigentlich ein Todestrieb ist" (Jenseits des Lustprinzips, XIII 58). Diese außerordentlich problematische Annahme eines „Todestriebes" bedarf einer Erläuterung.

Einerseits rücken für Freud Libido und Sadismus immer mehr auseinander, andererseits bekommen für ihn die Sexualtriebe die Aufgabe der Lebenserhaltung. Alles, was dem Leben dient, nennt Freud jetzt Eros; und als eigentlichen Antagonisten des Willens zum Leben bezeichnet er den Todestrieb, den Thanatos. Dabei versucht er die biologische Begründung dieses Dualismus ebenso wie den energetischen Gesichtspunkt beizubehalten: der Gegensatz von Individuum und Art wird unter dem Einfluß des Biologen Weismann zu einem Gegensatz von Somazellen und Keimzellen, von sterblichem Soma und unsterblichem Keimplasma, und die Mutmaßung kommt Freud, daß der Tod nicht nur ein zweckmäßiges Resultat der Vielzelligkeit der Organismen darstellt, sondern ein ursprüngliches Bedürfnis ist. Für diese Ansicht spricht eigentlich wieder ein energetisches Problem, das Freud dazu veranlaßt, die ganze Triebtheorie zu radikalisieren, nämlich die Beobachtung des Wiederholungszwangs. Dieser als Behandlungswiderstand so aufdringliche Befund, daß Patienten immer wieder zu infantilen Positionen zurückzukehren suchen, wird für Freud jetzt zur Grundstruktur des Triebes überhaupt. Früher war für Freud der Trieb die Folge eines endogen verursachten Spannungszustandes und verfolgte das Ziel, die Spannung abzuführen und zum alten Gleichgewichtszustand zurückzukehren. Dies dehnt Freud jetzt dahin aus, „daß alle Triebe Früheres wiederherstellen wollen" (Jenseits des Lustprinzips, XIII 39). „Ein Trieb wäre also ein dem belebten Organischen innewohnender Drang zur Wiederherstellung eines früheren Zustandes, welchen dies Belebte unter dem Einflusse äußerer Störungskräfte aufgeben mußte, ... die Äußerung der Trägheit im organischen Leben." (a.a.O., 38) Der ursprüngliche, frühere Zustand des Belebten aber war das Unbelebte, und so folgt für Freud, daß das letzte Ziel der Triebe die Rückkehr ins Anorganische sei. „Wenn wir es als ausnahmslose Erfahrung annehmen dürfen, daß alles Lebende aus inneren Gründen stirbt, ins Anorganische zurückkehrt, so können wir nur sagen: Das Ziel alles Lebens ist der Tod, und zurückgreifend: Das Leblose war früher da als das Lebende." (XIII 40)

Der eigentliche Sinn des Wiederholungszwangs ist also die Rückkehr in den ungestörten Zustand des Unbelebten. Und dieses Streben hält Freud jetzt auch für den eigentlichen Kern der Ichtriebe der Selbsterhaltung, Macht und Geltung. Sie werden für ihn zu bloßen Partialtrieben des Todestriebes, „dazu bestimmt, den eigenen Todesweg des Organismus zu sichern" (XIII 41). Das Ich will sozusagen nichts anderes als seine Ruhe; es wird aber immer wieder aus seinem inneren Gleichgewicht gerissen und von außen gestört, und um sich gegen diese Störungen zu sichern, muß es Maßnahmen ergreifen, die es in Wirklichkeit freilich immer mehr ins Leben hineinziehen, als daß sie ihm die ersehnte Ruhe im Tod schenken würden.

Dem Streben nach dem Tod der lebenden Substanz wirken nach Freud allein die Keimzellen entgegen, die, wenn sie zur Kopulation gelangen, potentiell unsterblich sind. Auch ihr Bestreben scheint im Grunde dem Wiederholungszwang zu gehorchen, insofern ihr Streben nach Kopulation auf eine Wiederherstellung ursprünglicher Einheit hinauszulaufen scheint, wie sie Platon im „Symposion" konzipierte. (XIII 62—63)

Alle Triebe stehen somit unter der Herrschaft des „Nirwanaprinzips" und tendieren zur „Aufhebung einer inneren Reizspannung" (XIII 60), einmal in Richtung der Rückkehr ins Anorganische (Thanatos), zum anderen in Richtung einer ursprünglichen Einheit (Eros). Das ehemalige „Lustprinzip" wird so zu einem Ausdruck des Strebens „alles Lebenden, zur Ruhe der anorganischen Welt zurückzukehren." (XIII 68)

Diese Annahme Freuds eines ursprünglichen Todestriebes wird nun zur Voraussetzung, auch das Problem des Sadismus und des Masochismus neu zu formulieren. Wie Freud in seiner älteren Triebtheorie eine Legierung von Ichtrieben und Sexualtrieben annahm („Narzißmus"), so denkt er auch jetzt an eine Triebvermischung von Eros und Thanatos. „Die Libido trifft in (vielzelligen) Lebewesen auf den dort herrschenden Todes- oder Destruktionstrieb, welcher die Zellenwesen zersetzen und . . . in den Zustand der anorganischen Stabilität . . . überführen möchte. Sie hat die Aufgabe, diesen destruierenden Trieb unschädlich zu machen, und entledigt sich ihrer, indem sie ihn zum großen Teil und bald mit Hilfe eines besonderen Organsystems, der Muskulatur, nach außen ableitet, gegen die Objekte der Außenwelt richtet. Er heiße dann Destruktionstrieb, Bemächtigungstrieb, Wille zur Macht. Ein Teil dieses Triebes wird direkt in den Dienst der Sexualfunktion gestellt . . . Dies ist der eigentliche Sadismus. Ein anderer Anteil macht diese Verlegung nach außen nicht mit, er verbleibt im Organismus und wird dort mit Hilfe der erwähnten sexuellen Miterregung libidinös gebunden; in ihm haben wir den ursprünglichen, erogenen Masochismus zu erkennen." (Das ökonomische Problem des Masochismus, XIII 376) So hätten wir uns die Entwicklung des Sadismus ähnlich vorzustellen wie die Entwicklung der Libido: hier wird dort wird zunächst das Ich zum Gegenstand der Triebe und bleibt das Reservoir, von dem aus sie auf die Objekte abgelenkt werden; und so wie es einen sekundären Narzißmus gibt, so kann auch „der nach außen gewendete, projizierte, Sadismus oder Destruktionstrieb wieder introjiziert . . . werden. . . . Er ergibt dann den sekundären Masochismus, der sich zum ursprünglichen hinzuaddiert." (XIII 377)

Es ist nun für uns nicht so wichtig, ob man glaubt, diese dualistische Triebtheorie Freuds werde „eines Tages physiologisch demonstrierbar sein" (R. Waelder: Die Grundlagen der Psychoanalyse, 120), oder die ganze metapsychologische Spekulation Freuds für eine „der Biologie fremde Hypothese" hält, die „nicht nur unnötig, sondern falsch" ist (K. Lorenz: Das sogenannte Böse, X); vielmehr ist für uns zweierlei von Bedeutung:

1. Wir sehen, was für Freud ein „Trieb" bedeutet: er ist für ihn das Streben eines Lebewesens, das zu seinem Urzustand zurückkehren will, um darin seine Ruhe zu finden; diese Feststellung ist von Bedeutung, weil sie deutlich werden läßt, inwiefern wir die Psa als Interpretationsinstrument theologischer Aussagen verwenden können und inwiefern nicht: die Psa basiert als Lehre auf der Konzeption einer antriebsorientierten Anthropologie, in der biologisch, d. h., kausalgenetisch und zeitlich ein Gedanke ausgesprochen wird, der in essentieller Form auch der theologischen Anthropologie zugrundezuliegen scheint: daß alles Streben des Menschen zu seinem Ursprung zurückzukehren suche, um dort seine Ruhe zu finden. Die thomistische Philosophie z. B. hat dies so formuliert, daß der „entspringenlassende Ursprung" (fontale principium) „zugleich empfangener Ursprung" (susceptivum principium) sei (vgl. M. Seckler: Das Heil in der Geschichte, 56), also der Anfang des Lebens mit seinem Ende zusammenfalle und diese Identität von Ursprung und Ziel den Motor der Geschichte bilde. Es scheint hier eine Analogie der dynamischen Struktur der geschichtlichen Entwicklung zu bestehen, die die Frage als lohnend erscheinen läßt, ob nicht die Psa lediglich biologisch in den Kategorien von Raum und Zeit zu beschreiben versuche, was die Theologie ontologisch meine, ob also die Hoffnungslosigkeit, der Pessimismus der an Schopenhauer gemahnenden Lehre Freuds von der Rückkehr ins Anorganische nicht vielleicht nur dadurch zustande komme, daß hier das „Leben" des Menschen in seinem Ursprung und seinem Ende auf die biologische Erscheinungsform beschränkt werde.

2. Wir verfügen jetzt über ein Begriffsinstrumentarium, das es uns ermöglicht, die Beobachtung Freuds zu interpretieren, daß es einen Zusammenhang zwischen Todesangst und Schuldgefühl gibt; dabei ist die Metapsychologie Freuds zweifellos nicht die unerläßliche, sondern lediglich eine mögliche Voraussetzung, um den zur Debatte stehenden Sachverhalt theoretisch zu formulieren. Es ist für uns der Tatbestand eines solchen Zusammenhanges selbst entscheidend; seine psa Deutung, die er durch die Kategorien der Freudschen Metapsychologie erfahren hat, ist hingegen von lediglich instrumentellem und pragmatischem Wert: wir führen sie hier auf, weil die Freudschen Kategorien die Möglichkeit zu neuen Entdeckungen geboten haben und weil sich mit ihnen — gerade

wenn man sie nicht dogmatisch nimmt — sinnvoll auch an der „Sündenfallerzählung" von Gn 3, 1—5.(6) arbeiten läßt.

Den Zusammenhang von Todesangst und Schuldgefühl hat Freud so gesehen, daß das Schuldgefühl im Grunde nichts anderes sei als eine Introjektion des Todestriebs. Nur der Todestrieb vermag eigentlich den Todestrieb des Menschen im Schach zu halten. Diese Feststellung ist für das Freudsche Denken charakteristisch.

Freud bestreitet nämlich zunächst, daß der Mensch ein „natürliches Unterscheidungsvermögen für Gut und Böse" besitze; denn: „Das Böse ist oft gar nicht das dem Ich Schädliche oder Gefährliche, im Gegenteil auch etwas, was ihm erwünscht ist, ihm Vergnügen bereitet. Darin zeigt sich also fremder Einfluß; dieser bestimmt, was Gut und Böse heißen soll." (Das Unbehagen in der Kultur, XIV 483) D. h., das, was der Mensch aufgrund seiner Triebeinrichtung wünscht, ist in bezug auf die Forderungen sowohl der Libido wie der Aggression jenseits von Gut und Böse und ohne jede Rücksicht auf diese Wertungen. Das Problem ist daher für Freud eigentlich nicht, was den Menschen böse gemacht habe, sondern vielmehr, was ihn „gut", d. h. zur Unterscheidung von Gut und Böse befähigt habe. Die Antwort darauf versucht Freud sowohl ontogenetisch wie phylogenetisch zu geben, und er knüpft daran religionspsychologische Erwägungen an, die zu der j Sündenfallerzählung unmittelbar in Beziehung stehen.

Ontogenetisch wird bereits in frühester Zeit dem Kind eine große Zahl von Ge- und Verboten auferlegt, und dieses würde wohl nicht die geringste Neigung zeigen, sich derartig einschneidende Triebeinschränkungen gefallen zu lassen, wenn es nicht „in seiner Hilflosigkeit und Abhängigkeit" ein große „Angst vor dem Liebesverlust" besäße (S. F.: XIV 483). Einerseits muß dem Kind nach Freud von außen gesagt werden, was erlaubt und verboten, gut und böse ist; andererseits ist das Motiv, sich danach zu richten, die völlige Angewiesenheit auf die Bezugsperson. „Das Böse ist also anfänglich dasjenige, wofür man mit Liebesverlust bedroht wird; aus Angst vor diesem Verlust muß man es vermeiden." (a.a.O., XIV 484)

Diese Ansicht können wir in der j Erzählung strukturell bestätigt finden. Gott selbst muß dem Menschen sagen, was er tun darf und was als verboten gelten soll. Und die Menschen sind von diesem Gott wie Kinder abhängig; die Angst, Gott zu verlieren, zwingt sie dazu, dem Gebot Gottes zu folgen. Wie inzwischen bereits üblich, müssen wir immer wieder daran erinnern, daß in dem mythischen Material von Gn 2—3 Gott eine Stellung einnimmt, wie sie von der Psa dem Vater bzw. der Mutter für die frühkindliche Entwicklung zugeschrieben wird; die Frage, ob man sich auch theologisch den Gebote erlassenden Gott auf protestantische Weise als eine Macht, die schlechtweg von außen und in Widerspruch zu den menschlichen Wünschen befiehlt und kommandiert, vorstellen müsse, wird natürlich hier nicht berührt.

Die Entwicklung läuft nun in der Ontogenese nach Freud in einem tragischen Dilemma aus, das das Kind zwingt, sich von den Eltern zu trennen: die „Objektbesetzung der Mutter nach dem Anlehnungstyp" geht beim Knaben mit einer Identifizierung mit dem Vater einher; „durch dies Zusammenströmen entsteht der normale Ödipuskomplex." (Massenpsychologie und Ich-Analyse, XIII 115) Der Knabe kann jetzt „sich in männlicher Weise an die Stelle des Vaters setzen und wie er mit der Mutter verkehren, wobei der Vater als Hindernis empfunden" werden müßte, „oder ... die Mutter ersetzen und sich vom Vater lieben lassen, wobei die Mutter überflüssig" werden würde. (Der Untergang des Ödipuskomplexes, XIII 398) Beide Möglichkeiten scheitern jedoch an der Kastrationsdrohung: beide brächten „den Verlust des Penis mit sich, die eine, männliche, als Straffolge, die andere, weibliche, als Voraussetzung." (a.a.O., XIII 398) Hieran unterscheiden sich denn auch der Knabe und das Mädchen auf der phallischen Stufe der Libidoorganisation: „Während der Ödipus-Komplex des Knaben am Kastrationskomplex zugrunde geht, wird der des Mädchens durch den Kastrationskomplex ermöglicht und eingeleitet." (Einige psychische Folgen des anatomischen Geschlechtsunterschieds, XIV 28)
Der Junge wie das Mädchen aber müssen ihre Objektbesetzungen aufgeben; an die Stelle der Objektbesetzungen tritt die Identifikation, die eigentlich eine Regression auf die orale Stufe darstellt, so daß man sagen kann: „die Objektwahl sei zur Identifizierung regrediert." (Massenpsychologie und Ich-Analyse, XIII 117) Dieser Vorgang führt des weiteren zur Introjektion der Vaterautorität, die nunmehr als eine Stufe im Ich, als Über-Ich, aufgerichtet wird. Die „Vateridentifizierung ... wird ins Ich aufgenommen, stellt sich aber darin als eine besondere Instanz dem anderen Inhalt des Ichs entgegen." (Dostojewski und die Vatertötung, XIV 408) Damit wird zugleich die sadistische Kastrationsdrohung verinnerlicht. Die „Angst vor der Autorität" ist jetzt zur „Angst vor dem Über-Ich" geworden (Das Unbehagen in der Kultur, XIV 486). „Die Aggression des Gewissens konserviert die Aggression der Autorität" (a.a.O., XIV 487), deren Gefährlichkeit noch durch die eigene projizierte Aggression des Ambivalenzkonfliktes gesteigert wird. Man kann daher sagen, daß die Moral introjizierte Aggression ist: daß man den Vater, den man liebt, getötet hat, oder töten wollte, bedingt „die verhängnisvolle Unvermeidlichkeit des Schuldgefühls." (a.a.O., XIV 492)
Der Ablauf ist also: die Ambivalenz der phallischen Phase, der Ödipuskomplex, die Kastrationsdrohung, die Ersetzung der Objektbeziehungen durch die Identifikation auf oraler Stufe, die Introjektion der Aggression (des Todestriebes), die Unvermeidlichkeit des Schuldgefühls.
Freud hat auf dem Hintergrund dieser Erkenntnisse in der Ontogenese mit dem „wissenschaftlichen Mythos" von der „Ermordung des Urvaters" die Entstehung von Moral und Schuldgefühl nun auch in gleicher Weise prähistorisch

rekonstruieren wollen; und zwar so: in der Urzeit hätten die Mitglieder eines Männerverbandes sich gegen den gewalttätigen und eifersüchtig alle Weibchen verbietenden Vater zusammengetan und ihn ermordet; dann jedoch hätten sie in einer Art „nachträglichen Gehorsams" ihre Tat widerrufen und als Vaterersatz das Totem eingesetzt, dessen Tötung sie verboten und mit dem sie zugleich sich die freigewordenen Frauen versagten. Denn indem sie in einer kannibalischen Mahlzeit den Getöteten verzehrten, hätten sie sich im Vorgang der oralen Aneignung mit ihm identifiziert, und so sei ein Schuldbewußtsein und eine gemeinsame Reue entstanden, die die Brüderhorde genötigt habe, sich selbst die Gebote des Vaters aufzuerlegen (Totem und Tabu, IX 171—173). So sei die Urform der Kultur zustande gekommen. Die Religion erinnere, eigentlich historisch korrekt, an den Ursprung der Kulturvorschriften, wenn sie die Gebote des humanen Zusammenlebens auf das Gebot eines göttlichen Vaters zurückführe, denn der Urvater sei „das Urbild Gottes gewesen", und so war „Gott ... wirklich an der Entstehung jenes Verbotes (sc.: ‚du sollst nicht töten', d. V.) beteiligt, sein Einfluß, nicht die Einsicht in die soziale Notwendigkeit hat es geschaffen." (Die Zukunft einer Illusion, XIV 366) Auch das Christentum, indem es das Sterben des Sohnes als Sühne für die Sünde aller Menschen verstehe, gebe Zeugnis davon, daß die Ursünde in der Ermordung des Vaters durch die Söhne zu sehen sei (Der Mann Moses und die monotheistische Religion, XVI 192ff).

Diese Spekulation Freuds ist, wie er selbst sagt, ein „Mythos"; und sie hat vor allem mit dem Mythos gemein, daß sie das Gegenwärtige (den Ödipuskomplex) durch das Vergangene erklären möchte. Es ist daher für uns nicht entscheidend, daß das Konstrukt von der Ermordung des Urvaters eine schlechterdings phantastische Hypothese ist; es ist vielmehr für uns wichtig zu untersuchen, welche psychodynamischen Beobachtungen Freud seinem Mythos zugrundelegt, auf welche klinischen Erfahrungen er sich dabei berufen kann und was wir davon in der j Erzählung wiederfinden.

Folgende Feststellungen lassen sich machen:

a. Für Freud basiert das menschliche Zusammenleben in der Kultur auf einer eigenartigen Dialektik: die Kultur (und die Moral) ist durch eine ursprüngliche Schuld zustande gekommen, und sie beruht auf dem Gefühl dieser Schuld.

b. Die Menschen sind im Urzustand jenseits von Gut und Böse. Gleichwohl gibt es für sie bestimmte Gebote, die jedoch nicht einer ursprünglichen Sittlichkeit, sondern dem rohen Egoismus des jeweils stärksten entspringen.

c. Der Unterschied von Gut und Böse, die Moral, entsteht durch einen gemeinsam begangenen Akt der Gewalt gegen den verbietenden Vater; indem die Gestalt des Ermordeten per identificationem wieder in den Mördern auferstehr, wird die Gewalt des Urvaters verinnerlicht. Moral ist somit introjizierte Gewalt, eine Introjektion des Todestriebes.

d. Der Akt der Introjektion ist als ein kannibalisches Mahl zu betrachten, das späterhin, nachdem der Urvater durch das Totem ersetzt worden ist, zu dem Verbot führt, das Totem zu verzehren.

Zieht man diesen Mythos Freuds zur Interpretation des mythischen Materials von Gn 3 heran, so müßte man annehmen, daß der Mythos vom Essen vom Baum der Erkenntnis den zweiten Schritt (die Totemmahlzeit) mit dem ersten Schritt (die Gewalt gegen den Vater) verbindet; das Verbot des Baumes durch Gott würde einem totemistischen Tabu entsprechen (s. o. 165); es würde somit aber bereits die Erkenntnis von Gut und Böse, die Introjektion des getöteten Urvaters, vorausgesetzt werden müssen; das verbotene Essen wäre eine ursprünglich kannibalische Mahlzeit, die vom totemistischen Verbot abgelöst worden wäre; die ursprüngliche Tat sei verdrängt worden; sie erschiene jetzt als ein Verstoß gegen das Verbot der Totemmahlzeit; das (kannibalische) Essen, das eigentlich das Totemverbot begründet, werde so zu einem Verstoß gegen das Totem; gegen wen sich aber das Essen wirklich richte, sei noch deutlich, insofern Gott selbst das Verbot erlassen habe. Die j Sündenfallerzählung wäre also als eine Regression vom Ödipuskomplex auf die orale Phase zu lesen.

Für eine solche Auffassung spricht immerhin, daß wir im Umkreis der sexuellen Problematik latente Themen des Ödipuskomplexes erkennen und von daher die orale Thematik tatsächlich als Regression deuten konnten. Andererseits widerspricht einer derartigen Interpretation — neben ihrer außerordentlichen Kompliziertheit — vieles: eine totemistische Verdrängung eines ursprünglichen Vatermordes ist nirgendwo an Spuren aus dem Text belegbar; im Gegenteil sahen wir den „totemistischen" Charakter des Baumes, dessen Nahrung den Menschen vergöttlicht, allererst aus einem langen Prozeß der Angstverarbeitung sich allmählich herauskristallisieren; das Motiv der gemeinsamen Gewalt gegen den verbietenden Vater klingt nirgendwo an; auf eine Tötung des Vaters deutet nichts hin; m. a. W.: wer nicht schon an die Ermordung des Urvaters als die Urform der Erbsünde glaubt, kann sie in Gn 3 unmöglich finden; der Freudsche Mythos interpretiert was immer es sei, aber nicht den Mythos vom „Sündenfall" des Menschen.

Es scheint daher einfacher, den Zusammenhang von Schuldgefühl und Todesangst nicht unter dem Gesichtspunkt der Regression auf die Oralität zu verstehen, sondern die orale Thematik unmittelbar aufzugreifen und sich zu fragen, ob und wie in der oralen Phase Essen, Schuldgefühl und Todesangst zusammenhängen können. Dabei können die Bauelemente des spekulativen Arrangements des Freudschen Mythos ruhig beibehalten werden:

a) die These, daß die Erkenntnis von Gut und Böse nur durch eine Tat der Schuld erworben werden kann, scheint mit der Auffassung der j Erzählung vereinbar, jedenfalls solange man beachtet, daß das Erkennen von Gut und Böse in Gn 3, 1—7 nicht eigentlich im moralischen Sinne zu verstehen ist, sondern eher anthropologisch gemeint ist;

b) daß die Kultur, wie wir sie kennen, das Produkt einer Revolte darstelle, einer Widersetzlichkeit gegen ein ursprüngliches, von außen kommendes Verbot, scheint gleichfalls zutreffend;

c) daß es dabei um „Essen" gegangen sei und daß dieser Vorgang als ein Akt der Identifikation das Schuldgefühl erzeugt habe, ist als der Kernpunkt der Untersuchung anzusehen.

Freud hat bei dem „Essen" als Tat einer Urschuld, wie gesagt, an einen kannibalistischen Verzehr des ermordeten Urvaters gedacht, und wir sehen, daß diese Ansicht der j Erzählung Gewalt antut. Die ganze Konstruktion hat Freud aus „den beiden verdrängten Wünschen des Ödipus-Komplexes" herausgesponnen, den Vater zu töten und die verbotene Frau zu heiraten (Totem und Tabu, IX 173). Da er den Ödipuskomplex für den Ursprung des Schuldgefühls ebenso wie der Religion und der Kultur ansah, stellte für ihn die Ermordung des Urvaters den eigentlichen Kern der kulturellen Unterscheidung von Gut und Böse dar, und wenn in diesem Zusammenhang von Essen die Rede ist, so konnte es sich natürlich nur um den Verzehr des ermordeten Vaters handeln. Die ödipale Deutung aber ist auf die „Sündenfallerzählung" nur begrenzt anwendbar. Wir haben bei der Analyse des Motivs von der verbotenen Frucht im Paradies vielmehr gesehen, daß hier die Konflikte einer Entwicklungsphase angesprochen werden, die zunächst dem Ödipuskomplex ontogenetisch weit vorausliegen und ihren Ursprung im oralen Sadismus haben. Die Frage ist also für uns, ob und, wenn ja, welch ein Zusammenhang zwischen dem oralen Sadismus und dem Auftreten des Schuldgefühls unmittelbar besteht; in jedem Falle haben wir den Akt des ersten Auftretens von Schuldgefühlen in Gn 3, 1—7 nicht ödipal in der Ermordung des Urvaters zu suchen, sondern im Vorgang des Essens selbst.

Damit gehen wir in der Frage nach der Entstehung des Schuldgefühls zeitlich einen Schritt hinter die ödipale Phase zurück und vollziehen im Grunde eine Entwicklung nach, die in der Psa selbst schon bald nach der zweiten Formulierung der Freudschen Trieblehre in ähnlicher Weise eingesetzt hat. Die Frage mußte sich nämlich alsbald stellen, ob der Ödipuskomplex nicht viel zu spät auftritt, um die Herkunft des Schuldgefühls zu erklären. Vor allem, wenn Freud selbst in seinem Mythos von der Ermordung des Urvaters meint, daß das Schuldgefühl nicht eigentlich durch den Mord, sondern vielmehr durch das kannibalische Essen, durch die orale Introjektion des Ermordeten zustande komme, so scheint es doch bereits von Anfang an mindestens wahrscheinlich, daß der Erwerb der ersten Schuldgefühle selbst schon in die orale Phase fällt, daß also der Ödipuskomplex seine oralen Vorläufer hat. Das Motiv des

Kannibalismus, das Freud zur Erklärung des Schuldgefühls voraussetzt, entstammt ja nicht dem Ödipuskomplex, sondern entspricht einer Regression auf die orale Phase (S. F.: Massenpsychologie und Ich-Analyse, XIII 116). Wir werden also einstweilen alle prähistorischen Spekulationen Freuds über das Zustandekommen des Schuldgefühls suspendieren müssen und die Frage zunächst von den psa Beobachtungen in der Ontogenese, und zwar bes. während der oralen Phase, aufnehmen.

Wir können hier an die Überlegungen anknüpfen, die wir bereits bei der Besprechung der oralen Problematik der „Sündenfallerzählung" angestellt hatten. Es ist, wie wir gehört haben, das Verdienst K. Abrahams gewesen, als erster in der Analyse der Melancholie das Augenmerk auf die äußerst lebhaften Phantasien gelenkt zu haben, „die sich auf kannibalische Regungen bezogen. Die Patienten phantasieren vom Beißen in alle möglichen Körperteile des Liebesobjektes (Brust, Penis, Arm, Gesäß usw.) ... dies alles bald in kindlich ungehemmter Weise, bald versteckt unter Ekel und Schrecken. Daneben wieder finden sich heftige Widerstände gegen den Gebrauch der Zähne. Ein Patient sprach von seiner ‚Kaufaulheit' als besonderer Erscheinung seiner melancholischen Verstimmung. Es scheint, daß der Nichtgebrauch der Zähne geradezu Krankheitserscheinungen am Gebiß herbeiführen kann. Daß die schwersten Grade der melancholischen Nahrungsverweigerung eine Selbstbestrafung für kannibalische Antriebe darstellten" (K. Abraham: Versuch einer Entwicklungsgeschichte der Libido, in: Psychoanalytische Studien, 138—139).

Die hohe Bedeutung, die in der Melancholie den oral-sadistischen Antrieben zukommt, veranlaßte Abraham, eine eigene Stufe der prägenitalen Libidoentwicklung anzunehmen und die These aufzustellen, „daß *das Beißen die Urform des sadistischen Impulses* darstellt." (Abraham: Versuch, 141) Damit widersprach er der „Herleitung des Sadismus von genitalen Sensationen" nicht; „doch kann es sich", wie er richtig meinte, „auf genitalem Gebiet nicht um so frühe Erscheinungen handeln wie auf oralem Gebiet." (a.a.O., 141) D. h., wir haben in der oralen Phase einen Zeitpunkt anzunehmen, in dem der Sadismus (der Todestrieb) zum ersten Mal sich gegen ein Objekt richtet. Der Kannibalismus ist somit die erste Form des Sadismus. Die Situation, die durch das Auftreten des oralen Sadismus entsteht, ist insofern vollkommen widersprüchlich, als das Kind gerade von dem Objekt angezogen wird und sich ihm zuwenden muß, das es vernichten will. „Folgt das Kind den Reizen des Objektes, so gerät es zugleich in die Gefahr, ja in die Notwendigkeit, das Objekt zu vernichten. Damit beginnt die *Ambivalenz* das Verhältnis des Ich zum Objekt zu beherrschen." (a.a.O., 141)

Von dort aus schlug Abraham nun auch die Brücke zu der Problematik des Ödipuskomplexes. Es zeigte sich, daß die orale Ambivalenz sich vorwiegend nicht gegen den Vater, sondern die Mutter richtet; das macht es verständlich, daß in der Melancholie sogar der Kastrationskomplex männlicher Patienten „ganz überwiegend an die Mutter geheftet" ist, „während sonst seine Beziehung zum Vater weit stärker betont zu sein pflegt." (Abraham: Versuch, 149) Wie also der Ambivalenzkonflikt des Ödipuskomplexes erlebt wird, hängt nicht unwesentlich von der Art ab, in der das Stadium der oral-sadistischen Libidoentwicklung durchlaufen wird. Sind „die oral-sadistischen Triebregungen noch nicht ausgeschaltet . . ., so kommt es zu einer dauernden assoziativen Verknüpfung des Ödipuskomplexes mit der kannibalischen Stufe der Libidoentwicklung. Hierdurch wird die nachherige Introjektion beider Liebesobjekte, das heißt in erster Linie der Mutter, sodann auch des Vaters, ermöglicht." (a.a.O., 148) Die Regression vom Ödipuskomplex zur oralen Stufe in Gestalt der Ersetzung der Objektbeziehungen durch Identifikation wird also geprägt von den Erfahrungen, die in der Phase des oralen Sadismus gemacht wurden. Abraham geht denn auch so weit zu sagen, daß die Entziehung der Brust eine Art Urkastration darstelle. „Die Rachsucht des Melancholischen verlangt, wie die Analyse vieler Symptome dartut, eine Kastration der Mutter, sei es an der Brust oder an dem ihr angedichteten Penis. Stets wählt seine Phantasie zu diesem Zweck den Weg des *Beißens*. Entsprechende Vorstellungen . . . begreifen in sich die gänzliche oder teilweise Einverleibung der Mutter, also einen Akt positiven Begehrens, und zugleich ihre Kastration oder Tötung, also Vernichtung." (a.a.O., 151) Die narzißtische Identifikation und die sadistische Zerstörung bilden demnach in der oralen Phase eine Ambivalenz, die notwendig mit dem Auftreten schwerer Schuldgefühle einhergeht; denn aufgrund der Introjektion der Mutter kommt es jetzt dazu, daß die „sadistische Rachsucht . . . sich nun in einer zum Teil lustvollen Selbstquälerei" austobt (a.a.O., 151), also zu einer masochistischen Selbstbestrafung unter dem Druck lebhafter Vorwürfe für die kannibalische Vernichtung des geliebten Objektes führt.

Somit gewinnt die Freudsche Ansicht von der „verhängnisvollen Unvermeidlichkeit des Schuldgefühls" (Das Unbehagen in der Kultur, XIV 492) eine tiefere Begründung. Der Ambivalenzkonflikt, aus dem das Schuldgefühl entsteht, hat seine früheste Form nicht erst auf der ödipalen Stufe der Libidoorganisation, sondern tritt zum ersten Mal auf der oralen Stufe auf in der Notwendigkeit, das geliebte Objekt zerstören zu müssen. Sieht man in den sadistischen Tendenzen der oralen Ambivalenz eine Äußerung des Destruktionstriebes, d. h., schließt man sich der späten Trieblehre Freuds und den Einsichten Abrahams an, so steht nichts im Wege, der Theorie zuzustimmen, die M. Klein über das Auftauchen von Angst- und Schuldgefühlen aufgestellt hat. M. Klein fand bei der Analyse junger Kinder, „daß das Über-Ich in einem viel früheren Stadium entsteht, als *Freud* annahm . . .“, „daß das Über-Ich, wie es von ihm verstanden wurde, das Endresultat einer Entwicklung ist, die sich über mehrere Jahre erstreckt.“ (Die psychoanalytische Spieltechnik: ihre Geschichte und Bedeutung, in: Das Seelenleben des Kleinkindes, 23) Sie meinte, „daß das frühe Über-Ich . . . sich entwickelt, wenn oralsadistische Triebe ihre Blütezeit haben“ (a.a.O., 25). Die Entstehung des Schuldgefühls sah sie in einem Wechselspiel von Projektion und Introjektion der oralsadistischen Strebungen begründet, bei dem das Kind seinen Wunsch, die Brust der Mutter zu verschlingen, auf die Brust selbst projiziert; es fühlt sich daher selbst bedroht und glaubt sich in der Gefahr, von der Brust der Mutter gefressen zu werden; andererseits verlangt es natürlich nach der Brust, und indem es sie „ißt“, nimmt es den ganzen Zwiespalt von Haß und Liebe in sich auf, für den es sich schuldig fühlen muß. M. Klein schrieb daher: „Ich erkannte . . ., daß die oralsadistische Beziehung zur Mutter und die Verinnerlichung einer gefressenen und deshalb als fressend empfundenen Brust das Vorbild für alle inneren Verfolger schafft. Weiterhin bildet die Verinnerlichung einer beschädigten und deshalb gefürchteten Brust einerseits und einer befriedigenden und hilfreichen Brust andererseits den Kern des Über-Ichs. Eine weitere Schlußfolgerung war, daß sadistische Phantasien und Wünsche aus allen Triebquellen bereits in einem sehr frühen Entwicklungsstadium wirksam sind und sich mit den oralen Ängsten überschneiden“ (a.a.O., 26; dagg. S. F.: Über die weibliche Sexualität, XIV 536—537).

Vielleicht ist für manchen Leser die Vorstellung „fressender Brüste“ etwas gar zu Ungeheuerliches; deshalb mag ein Beispiel die Tatsächlichkeit solcher Phantasien demonstrieren. In dem armenischen Märchen „Die verräterische Mutter“, das E. Stucken (Astralmythen, 295) aufgegriffen hat, sucht ein Knabe für seine Mutter eine Lebensmelone, um sie vor dem drohenden Tod zu bewahren. Unterwegs findet er eine alte Frau, die ihm den Rat gibt, zu vierzig Dewen zu gehen, an deren Spitze eine Frau stünde; diese werde am Herd sitzen und Brot backen. Er müsse sich auf sie stürzen und an ihrer Brust saugen; nur so werde er davor bewahrt bleiben, selbst gefressen zu werden. — Deutlich geht es in diesem

Märchen beim Saugakt des Kindes, das den Tod seiner Mutter so sehr fürchtet, um einen Kampf auf Leben und Tod, wobei nur die Schnelligkeit darüber entscheidet, wer wen fressen wird. Die Ängste zahlreicher Märchen vor menschenfressenden Ungeheuern scheinen ihren Ursprung der Zeit der oralen Ambivalenz zu verdanken, in welcher die eigenen oralen Zerstückelungswünsche auf das Objekt projiziert und wiederum rückverinnert werden. Auch die Gruselgeschichten von Vampiren, Werwölfen und blutsaugenden Ungeheuern aller Art gehören in diesen Zusammenhang.

Natürlich liegt es nahe, Zeugnisse solcher Art für das Produkt einer krankhaften Phantasietätigkeit zu halten; dem aber widerspricht, daß M. Klein ihre Beobachtungen bei Kleinkindern ebenso gut wie bei Psychotikern machen konnte. Da schon für Freud kein struktureller Unterschied zwischen Normalität und Neurose bestand, führt die Theorie M. Kleins unmittelbar zu der „Hypothese von der allgemeinen Natur psychotischer Ängste in der Kindheit" (M. Klein: Die psychoanalytische Spieltechnik, 26, Anm. 18), der zufolge die oralen Ambivalenzkonflikte und die zugehörigen Angst- und Schuldgefühle ubiquitärer Art sind und als Bestandteile einer psa Anthropologie gelten müssen. Die Analyse der Melancholie fördert in extremer Steigerung zutage, was auch für die „normale" psychische Entwicklung gilt. Der Zusammenhang von oral-sadistischen Impulsen, Objektverlust und Introjektion stellt sich für M. Klein auf der „depressiven Position" der frühkindlichen Entwicklung so dar, „daß der Säugling depressive Gefühle erlebt, die ihren Höhepunkt gerade vor, während und nach der Entwöhnung erreichen ... Das betrauerte Objekt ist die mütterliche Brust und alles das, was die Brust und die Milch in der kindlichen Seele repräsentieren, nämlich Liebe, das Gute und Sicherheit. Alles das wird vom Kind als verloren empfunden, und zwar als Folge seiner unkontrollierbaren Gier und der Zerstörungsphantasien und -triebe gegen die mütterliche Brust." (Die Trauer und ihre Beziehungen zu manisch-depressiven Zuständen, in: Das Seelenleben des Kleinkindes, 73) Das Kind erlebt also den Entzug der Brust als eine Strafe für ein Tun, dessen es sich schuldig fühlen muß; daß es von der Mutter zurückgewiesen wird, hat es sich selbst zuzuschreiben. Zu Recht meint E. H. Erikson, dessen Meinung über den Zusammenhang der Paradieserzählung mit der frühkindlichen oralen Phase wir bereits zitiert haben (s. o. 63), daß der Eindruck entstehen muß, „daß man irgend wann einmal seine Einheit mit dem mütterlichen Nährboden zerstört hat." (Kindheit und Gesellschaft, 73)

191

Wenn die Erzählung vom „Sündenfall" berichtet, die Menschen seien aus dem Paradies vertrieben worden, weil sie schuldhaft von dem verbotenen Baum gegessen hätten, so läßt sich dies jetzt von der Ontogenese her voll und ganz psa bestätigen. Die j Erzählung enthält in symbolischer Verkleidung tatsächlich die Prozesse der frühesten Entstehung von Schuldgefühlen. Die Thematik selbst erweist sich als ein anthropologisch unvermeidlicher Konflikt. Das Auftreten des Schuldgefühls ist gerade in der Art, wie es in der j Urgeschichte geschildert wird, in der psychischen Entwicklung eines jeden ontogenetisch unvermeidlich. M. a. W.: der biblische Text bedient sich eines Mythos, der den Vorgang schildert, wie jeder Mensch notwendig zum ersten Mal in das Gefühl der Schuld hineingerät, wie er aus einer Ureinheit seiner oralen Gier wegen vertrieben wird und wie er dies nicht anders denn als Strafe für seine Schuld empfinden kann. Es ist für uns jetzt nicht mehr nur die erstaunliche psychologische Beobachtungsschärfe der Erzählung von Gn 3, 1—5.(6) bewundernswert, sondern wir dürfen ebenso verwundert über die Treffsicherheit sein, mit der J gerade diesen Text zur Darstellung der ursprünglichen Schulderfahrung des Menschen verwendet und in diesem Bild von der psychologischen Unvermeidlichkeit des Schuldgefühls seiner Überzeugung Ausdruck verleiht, daß die Schuld vor Gott eine Grundbefindlichkeit des menschlichen Daseins darstellt.

Die so getroffenen Feststellungen haben gegenüber der Freudschen Ableitung des Schuldgefühls aus dem Ambivalenzkonflikt der ödipalen Phase den Vorteil, daß sie wirklich menschheitlich sind. Wir sagten schon, daß die Meinung Freuds, der Ödipuskomplex stelle eine biologische Konstante dar, ethnologisch und soziologisch nicht nur nicht verifizierbar, sondern schlechterdings als widerlegt gelten muß; es handelt sich beim Ödipuskomplex, wo er psa zu beobachten ist, um das Ergebnis einer familiären Rollenverteilung, die, wenn sie in der Breite einer sozialen Gruppe vorkommt, von den Bedingungen des inneren und äußeren Systems dieser Gruppe abgeleitet werden muß. Hingegen darf die Annahme eines oral-sadistischen Ambivalenzkonfliktes Allgemeingültigkeit und eine tatsächlich biologische Konstanz beanspruchen.

Das bedeutet freilich nicht, daß es nicht auch in der oralen Phase einen breiten Spielraum sozialer Modifizierbarkeit und kultureller Plastizität der oralsadistischen Triebe gäbe. Das eindringlichste Beispiel dafür liefert wohl die Untersuchung E. H. Eriksons bei den Dakota-Sioux über die frühkindliche Erziehung im oral-kaptativen Bereich. Erikson schildert, wie die Stillzeit der Sioux durchschnittlich drei Jahre betrug und für unsere Verhältnisse außerordentlich freigebig gestaltet war. „Hatte das

Kind einmal begonnen, die Brust der Mutter gerne anzunehmen, so wurde es gestillt, sobald es wimmerte, sowohl tags wie nachts. Es wurde ihm dabei auch gestattet, ausgiebig mit der Brust zu spielen. Ein kleines Kind sollte nicht in hilfloser Frustration weinen müssen" (E. H. Erikson: Kindheit und Gesellschaft, 131). Jedoch enthielt dies „Paradies des praktisch unbegrenzten Privilegs auf die Mutterbrust ... ebenfalls seine verbotene Frucht. Um saugen zu dürfen, mußte das Kleinkind lernen, nicht zu beißen. Siouxgroßmütter berichten, was für Mühe sie mit ihren verwöhnten Säuglingen hatten, wenn diese anfingen, die Brustwarzen für ihre ersten kräftigen Beißversuche zu benutzen. Die Alten erzählen mit Vergnügen, wie sie den Kopf des Kindes ‚aufzubumsen‘ pflegten und in was für eine wilde Wut es dabei geriet. An diesem Punkte pflegten die Siouxmütter dasselbe zu sagen, was unsere Mütter so viel früher im Leben unserer Kinder sagen: Laß es schreien, davon wird es stark! Besonders die zukünftigen guten Jäger konnten an der Kraft ihrer infantilen Wut erkannt werden." (a.a.O., 132—133) Erikson meint, daß auf diese Weise neben der Tugend der Freigebigkeit vor allem „die Tendenz, dem Feind sadistisch Schaden zuzufügen", gelernt wurde, und er fragt: „Trug die Nötigung, frühe Beißwünsche zu unterdrücken, zu der immer wachen Gewalttätigkeit des Stammes bei?" (a.a.O., 133) Wir hätten hier die „Idealbilder des Jagens, Einkreisens, Fangens, Tötens und Stehlens" (a.a.O., 133) als erste Formen frühkindlicher Verhaltensmuster zu betrachten. Daraus ist der Schluß zu ziehen, daß der orale Ambivalenzkonflikt nicht nur Gefühle der Schuld zu produzieren vermag, sondern diese ursprünglichen Schuldgefühle im sozialen Kontext sogar zur Grundlage gesellschaftlicher Idealforderungen gemacht werden können: das ursprünglich verbotene und unterdrückte Zubeißen wird gerade in der reaktiven Steigerung zur Voraussetzung eines gesellschaftlich gewünschten Verhaltens. Es ist dies ein Beispiel dafür, daß der zugrunde liegende Konflikt ubiquitär, die Art seiner Verarbeitung aber starken sozialen Schwankungen unterliegt.

So dürfen wir also die ¡ Sündenfallerzählung als ein Bild betrachten, das psychologisch zutreffend beschreibt, wie das Gefühl der Schuld durch die Übertretung eines ursprünglichen Eßverbots in der Entwicklung eines jeden einzelnen mit Notwendigkeit auftritt. M. Klein hat das Problem, eigentlich konsequent, noch weiter rückwärts verlegt und gemeint, „daß der Kampf zwischen Lebens- und Todestrieb bereits während der Geburt stattfindet und die durch diese schmerzhafte Erfahrung ausgelöste Verfolgungsangst verstärkt." (M. Klein: Zur Theorie von Angst und Schuldgefühl, in: Das Seelenleben des Kleinkindes, 133) So erscheine die

Außenwelt und insbesondere die Brust von vornherein als feindlich, vor allem, weil von Anfang an sich die Destruktionstendenzen gegen sie richteten. Wir brauchten demnach nicht, wie Abraham vorschlug, zwei Phasen der Oralität zu unterscheiden, sondern hätten vom ersten Tag der Geburt an mit dem Auftreten einer ursprünglichen Ambivalenz mit den Gefühlen der Angst und der Schuld zu rechnen, lediglich, daß diese Konflikte beim Zahnen und Entwöhnen einen ersten Höhepunkt erreichten. „Der Säugling fühlt, daß die Versagung durch die Brust, was tatsächlich eine Lebensgefahr für ihn bedeutet, die Vergeltung für die Zerstörungsregungen gegen sie darstellt: die versagende Brust verfolgt ihn. Außerdem projiziert er seine Zerstörungstriebe auf die Brust, d. h., er lenkt den Todestrieb nach außen ab; auf diese Weise wird die angegriffene Brust der äußere Vertreter des Todestriebs." (M. Klein: a.a.O., 133)

Auch diese Anschauung von der tödlichen Gefahr, die dem Kind von den Brüsten seiner Mutter drohen soll, indem es seine eigenen Zerstörungswünsche in sie hineinprojiziert, wird manchem psa ungeschulten Leser als vollkommen unsinnig erscheinen. Es gibt aber Mythen und Märchen genug, die solche Auffassungen widerspiegeln. Beispielsweise erzählt eine indische Mythe, wie der Gott Krishna von der Rakshasa Putana gestillt wurde; diese Dämonin aber hatte ihre Brüste vergiftet, um das göttliche Kind zu töten (V. Ions: Indische Mythologie, 64); Narzißmus (Selbstvergöttlichung), projizierter Sadismus und Verfolgungsangst, wie wir sie in diesem Mythem antreffen, bilden gerade jenes Bild, das wir im Stadium der oralen Ambivalenz erwarten müssen.

Im Sinne M. Kleins soll also der orale Sadismus des Kindes selbst nur die erste Erscheinungsform des Todestriebes in seinem Kampf mit den lebenserhaltenden Triebstrebungen darstellen. Liebe wie Haß würden in die Brust als das erste Objekt des Kindes hineinprojiziert. Die Brust würde damit projektiv in eine gute und böse Brust aufgespalten, beide würden introjiziert und wieder rückprojiziert: „Die versagende (böse) äußere Brust wird dank der Projektion der äußere Vertreter des Todestriebs; durch die Introjektion wird die innere Gefahrensituation verstärkt; das führt zu einem vergrößerten Wunsche des Ichs, innere Gefahren (vor allem die Aktivität des Todestriebes) auf die äußere Welt abzulenken" (M. Klein, 133). Es käme so zu einem Wechselspiel von Abwehrmechanismen, wie wir es im vorangegangenen Abschnitt untersucht haben.

Den Theorien M. Kleins zufolge wäre dieses ambivalente Hin und Her von Projektion und Introjektion mithin nicht auf die „depressive

Position" mit ihrer oralen Thematik beschränkt, sondern läge, wie gesagt, bereits den schizoiden, also den ontogenetisch frühesten Ängsten zugrunde. Wir müssen zugeben, daß an dieser Stelle der Befund der j Erzählung von der psa Theorie M. Kleins abweicht; denn wir finden in Gn 2—3 so gut wie keine Reminiszenzen schizoider Ängste und Problemstellungen wieder, es sei denn, daß wir in Gn 2 die Existenz eines Verbotes überhaupt als Merkmal einer schizoiden Angst deuten wollten. Diese (geringfügige) Abweichung ändert aber nichts an der grundsätzlichen Übereinstimmung bzgl. der oralen Herkunft der Schuldgefühle, und wir können von der j Sündenfallerzählung her M. Klein ganz und gar zustimmen, wenn sie sagt: „Schuldgefühl ist unentwirrbar mit Angst verbunden (genauer, mit einer speziellen Form der Angst, nämlich depressiver Angst); es... entsteht in den ersten paar Lebensmonaten zusammen mit den frühesten Stadien des Über-Ichs." (a.a.O., 140)

Anzumerken ist, daß die skizzierten psa Gedankengänge aus Gründen der praktischen Einfachheit die Sprache der späten Trieblehre Freuds, wie wir sie dargelegt haben, voraussetzen; es ist aber deutlich, daß strukturell an der Beschreibung des oralen Ambivalenzkonfliktes nichts zu ändern wäre, sollte sich eines Tages herausstellen, daß es wohl einen Aggressions-, aber keinen Destruktionstrieb, oder gar überhaupt keinen Aggressionstrieb, sondern nur reaktive Aggression gebe; gerade die psychodynamische Analyse führt zur Erkenntnis von Prozessen, die in sich selbst als richtig beschrieben gelten können, auch wenn noch nicht geklärt ist, ob das Wasser in dem Stromverlauf der Triebe aus irdischen Quellen oder starken Niederschlägen vom Himmel, autochthon oder von außen, gespeist wird.

Die psa Beobachtung und Theorie von der Verbindung der Oralität mit aggressiv-sadistischen Strebungen bedarf freilich, um als gesichert gelten zu können, einer biologischen Fundierung, die von der Psa selbst nur postuliert, nicht selbst gegeben werden kann. Indessen scheinen gewisse Beobachtungen der psychosomatischen Medizin und der Verhaltensforschung eine Beziehung von Oralität und Aggression biologisch nahezulegen. Wie nämlich W. B. Cannon gezeigt hat, entsteht im Augenblick der Angst eine Notfallreaktion, in der „Adrenalin in die Blutbahn ergossen wird, das die Glykogendepots der Muskeln und der Leber mobilisiert und damit das Subjekt zu einer Hyperkinese aufrüstet, sei es Flucht oder Kampf oder nur die Motorik überlauten Geschreis" (R. Bilz: Über das emotionale Partizipieren, in: Die unbewältigte Vergangenheit des Menschengeschlechts, 70). In diesen Augenblicken der Angst scheinen nun die Funktionen der Sexualität und der Oralität weitgehend als störend unterdrückt zu sein; der Ängstliche, z. B. vor einer Prüfung, verspürt keinen Hunger, ist appetitlos, — ohne darunter zu leiden —, möchte am liebsten weglaufen. Anders der Aggressive, der ohne Angst auf seine Jagdbeute oder seinen Feind losgeht, um ihn zu vernichten; ihm kommt ein starkes Hungergefühl als somatische Bereitstellung gerade zu Hilfe, um alle Aufmerksamkeit auf einen glücklichen Abschluß der Jagd zu konzentrieren; er hat die „Wut im Bauche". So wie einem beim Gedanken an leckere Dinge das Wasser im Mund zusammenläuft, indem der Speichelfluß sich erhöht, so scheint das aggressive Erleben von einer solchen Vorbereitung zur späteren Nahrungsaufnahme begleitet zu sein. Man vergleiche etwa die „feuchte Aussprache" des erregten Diskussionspartners, der seinen Gegner „gefressen" hat, mit der ängstlichen Redeweise seines Partners, dem der Hals trocken wird und der kaum noch ein Wort herausbringt. Eine gewisse orale Bereitschaft scheint also biologisch das aggressive Erleben zu begleiten.

Von seiten der Psychosomatik der Gastritis und des Ulcus ventriculi und duodeni wird dieser Zusammenhang noch deutlicher. Während alle Bemühungen um eine naturwissenschaftliche Klärung der Ursachen des Ulcus fehlgeschlagen sind, ist die Beobachtung von der größten Wichtigkeit, daß die Krankheitsschübe des Ulcus (und im Vorstadium der Gastritis) offenbar dann auftreten „und *nur* dann . . ., *wenn der disponierte Mensch in bestimmte Konfliktsituationen gerät*". „Die in diesem Sinne *spezifische Konfliktsituation des Ulcuskranken* liegt in der *Auflehnung gegen ein chronisches Gehemmtsein durch die Umwelt*" (H. Glatzel: Ernährung, in: V. E. Frankl, V. E. v. Gebsattel, J. H. Schultz: Handbuch der Neurosenlehre und Psychotherapie, II 440). Der Ulcuskranke befindet sich gewissermaßen ständig im Zustand des Hungers und der Jagd, ohne essen und jagen zu können oder zu dürfen. Er ist auf der Jagd nach Leistung, Anerkennung, Erfolg im Beruf und in der Liebe, nach Unabhängigkeit und Ehre, ist aber zugleich aufgrund seiner Gehemmtheit und der neurotischen Übersteigerung seiner Wünsche außerstande, seine Bedürfnisse zu befriedigen, die passiv freilich um so stärker als ein ständiges Leben vor der Schaufensterscheibe der ausgelegten Glücksgüter zurückbleiben. Die krankhafte Entstellung des oralen und aggressiven Strebens legt ihrerseits Zeugnis für die innige Verbindung von Oralität (Nahrungsaufnahme) und Aggressivität (Nahrungsbeschaffung) ab, wie wir sie ja für die Zeit des Jägers in langen Zeiten der Menschheitsentwicklung auch ohne weiteres als ein sinnvolles Ergebnis biologischer Anpassung betrachten können und wie wir sie paläoanthropologisch vielleicht als ein Überbleibsel „dentaler Aggressivität" aus der Zeit der Nagetiere und Raubtiere deuten müssen (R. Bilz: Paläoanthropologie, I 382). Gerade diese Verkoppelung von oralen mit aggressiven (sadistischen) Tendenzen aber ist, wie wir jetzt wissen, als die ontogenetische Ursache des Schuldgefühls anzusehen, indem sie zu jener tragischen Ambivalenz der Gefühle führt, das zerstören zu müssen, was am meisten geliebt wird.

Recht hat daher Kleists Penthesilea: am Ende der Tragödie, nachdem sie in den von ihr aus Liebe getöteten Achill, von Wahnsinn umnachtet, ihre Zähne geschlagen hat, als sie sich im Übermaß des Schuldgefühls ihre Tat damit zu erklären sucht, alles sei „ein Versehen" gewesen, stammelt sie: „Küsse, Bisse, / Das reimt sich, und wer recht von Herzen liebt, / Kann schon das eine für das andre greifen." Und: „Wie manche, die am Hals des Freundes hängt, / Sagt wohl das Wort: sie lieb ihn, o so sehr, / Daß sie vor Liebe gleich ihn essen könnte; / ... Geliebter ...: als *ich* an deinem Halse hing, / Hab ichs wahrhaftig Wort für Wort getan" (H. v. Kleist: Penthesilea, 24. Auftr.). So eng liegen Liebe und orale Zerstörung bzw. Aneignung in Liebe und in kannibalischem Verzehr beieinander.

Die Freudsche Lehre von der Unvermeidlichkeit des Schuldgefühls behält also nicht nur ihre Gültigkeit, sondern wird vertieft, wenn sie nicht zunächst mit dem Ödipuskomplex, sondern mit dem Ambivalenzkonflikt des oralen Sadismus in Verbindung gebracht wird; in dieser Fassung läßt sie sich voll und ganz für die Untersuchung der „Sündenfallerzählung" verwenden. Wie aber steht es mit der prähistorischen Konstruktion Freuds von dem Urverbrechen der „Ermordung des Urvaters" und dem kannibalischen Totemmahl am Anfang der Kultur? Wir haben bisher gezeigt, daß es eine biologisch sinnvolle Verknüpfung von Oralität und Aggressivität gibt, die ontogenetisch in den Ambivalenzkonflikten der oralen Phase erstmals in Erscheinung tritt und die verhängnisvolle Entstehung von Schuldgefühlen begründet. Es liegt jedoch auf der Hand, daß auch in der Menschheitsgeschichte die orale Ambivalenz einmal als Quelle der Schuld entdeckt wurde und Freuds Hinweis auf Mord und Kannibalismus am Anfang der Kulturentstehung nicht ganz in die Irre geht; wir müssen lediglich, statt den Ödipuskomplex durch die Jahrhunderttausende zu reprojizieren, gewisse Daten der prähistorischen und ethnologischen Forschung zur Kenntnis nehmen, die deutlich auf eine orale Ambivalenz und entsprechende Schuldgefühle hinweisen.

Wie die Paläontologie „in düsterer Logik" (A. Gehlen: Urmensch und Spätkultur, 204) annimmt, war der Vertreter der Australopithecus-Gruppe bereits ein Kannibale, und dies allein schon ist ausreichend, in ihm einen Menschen, keinen Affen zu erblicken. Geht man davon aus, daß dem Kannibalismus die magische Vorstellung zugrunde liegt, „man könne sich begehrte Eigenschaften eines anderen durch dessen Verzehr einverleiben" (C. Spiel: Menschen essen Menschen, 128), so wird von vornherein mit der charakteristischen Ambivalenz von Libido und Aggression, von Bewunderung und Vernichtungswunsch zu rechnen sein: man ißt nicht irgendeinen, sondern gerade den geschätzten, geliebten, verehrten Freund oder Feind, den man doch töten muß, um ihn sich anzueignen, dessen Rache man fürchtet und dessen Kraft man doch zu erlangen sucht. Diese Zwiespältigkeit der Gefühle stand also wirklich am Anfang der Menschwerdung und begleitete die ersten Schritte zu einer bewußten Lebensform.

Dieselbe orale Problematik dürfte aber nicht nur in der Praxis des Kannibalismus, sondern auf der gesamten Jägerstufe der Kulturentwicklung geherrscht haben. Im motivgeschichtlichen Vergleich mit dem Gilgamesch-Epos z. B. haben wir gemeint, daß Gn 3, 1—7 dem Motiv nach den Wandel von dem Jäger Engidu zu dem kulturell höherstehenden Stadtbewohner bedeutet haben könnte (I 36). Dies mag wirklich sein, wenn wir annehmen, daß die orale Form des Schuldgefühls in der „Sündenfallerzählung" besonders in der Jägerkultur eine wichtige Rolle gespielt hat. Dafür gibt es Gründe. R. Bilz hat den treffenden Ausdruck vom „Tiertöter-Skrupulantismus" geprägt (Über die menschliche Schuld-Angst, in: Paläoanthropologie, I 360) und beschrieben, „wie selbst Völker, die fast ausschließlich vom Fleischgenuß leben, etwa die Eskimos, von Skrupeln geplagt werden . . . ,Die größte Gefahr des Menschen liegt darin, daß die Nahrung des Menschen aus lauter Seelen besteht'." (a.a.O., 360—361) Diese „Tiertöter-Schuld" (R. Bilz) basiert wohl auf der Ambivalenz in dem Verhältnis des Menschen zum Tier: „teils blieb es Nahrung, teils Daseiendes in seinem Selbstwert" (A. Gehlen: Urmensch und Spätkultur, 185); teils wurde es animistisch in „kultischer Tierhege" vergöttlicht, teils getötet.

Die Reste des noch bis ins 20. Jhdt. in Sibirien, ursprünglich sehr weit verbreiteten Bärenkultes sind wohl der eindrucksvollste Beleg dieser Ambivalenz: man verehrte den Leichnam des getöteten Feindes (des Bären) und bat dann „den Geist, heimzugehen und den anderen Bären zu erzählen, wie gut er behandelt worden sei, und ihnen zu raten, doch mit ihm zu den Menschen zurückzukehren ... Sie fingen junge Bären als Opfertiere, aber zunächst zogen sie ihn mit aller Sorgfalt groß. Der ausgewachsene Bäre wurde auf eine Art getötet, daß ihm möglichst viel Schmerzen erspart blieben." (A. Lommel: Vorgeschichte und Naturvölker, 126)

J. G. Frazer, dessen Materialsammlung nach wie vor eine hervorragende Quelle zum Bärenkult darstellt, schildert z. B., wie die japanischen Ainus die Tötung des heiligen Bären begingen. Ein eigens bestellter Redner belehrt zu Beginn des feierlichen Rituals den in einem Käfig gehaltenen Bär darüber, daß man ihn nunmehr zu seinen Ahnen senden wolle. „Er erbittet seine Verzeihung für das, was man ihm jetzt antun wird, hofft, er werde nicht zürnen, und tröstet das Tier, indem er ihm versichert, daß ihm eine reichliche Menge der heiligen, geschnitzten Stäbe ... und viele Kuchen und Wein mit auf den Weg gegeben werde. Eine derartige Rede ... hatte folgenden Wortlaut: ,O du Göttlicher, du wurdest zu uns auf die Erde geschickt, damit wir dich jagen. O du teure, kleine Gottheit, ... Wir haben dich gefüttert und dich mit viel Mühen und Sorgen aufgezogen. Alles nur, weil wir dich so lieben. Nun, da du groß geworden bist, wollen wir dich zu deinem Vater und deiner Mutter senden. Wenn du zu ihnen kommst, bitte, sprich gut über uns, und sage ihnen, wie freundlich wir gewesen sind. Bitte komm wieder zu uns, und wir wollen dich opfern.'" (J. G. Frazer: Der goldene Zweig, 736—737) Der Bär wird nach dieser Ansprache, an Stricken gefesselt, aus dem Käfig gelassen und mit einem Hagel stumpfer Pfeile zur Wut gebracht; wenn er in seinem Toben erschöpft ist, wird er an einen Pfahl gebunden und zwischen zwei aufeinandergepreßten Pfählen erdrosselt. Ein guter Schütze schießt einen Pfeil in sein Herz, aber so, daß dabei kein Blut vergossen wird. Den Kopf des Bären, in dem der Sitz des Geistes gesehen wird, enthäutet man und stellt ihn auf einer langen Stange neben die heiligen Stäbe. Die Zwiespältigkeit des Festes der Bärentötung zeigt sich vor allem in dem Kontrast zwischen der Freude der Tanzenden und der Traurigkeit, in der die Frau, die den Bären gepflegt hat, immer wieder während der Tötungsriten in Tränen ausbricht; ebenso wechselt die Stimmung der anderen Frauen zwischen Lachen und Weinen ständig hin und her.

Die Schuldgefühle, welche sich bei Jägervölkern beim Töten der geliebten Tiere geltend machen, zeigen sich insbesondere in den Versöhnungsriten, die man den wilden Tieren entgegenbringt, und in der Furcht vor der Rache seitens des „entkörperten Geistes" des getöteten Tieres „oder... aller anderen Tiere derselben Gattung... Infolgedessen macht es sich der Wilde zur Regel, das Leben dieser Tiere zu verschonen, für deren Erlegung er keinen dringenden Beweggrund hat" (J. G. Frazer: Der goldene Zweig, 753). Die Skrupel der Tiertötung gehen so weit, daß die Tiertötung rituell auf eine Stufe mit dem Mord an einem Menschen gestellt wird (oder umgekehrt!). Nicht anders als der Krieger und der Mörder, die vom Stamm mit Tabu belegt werden, muß der Jäger und Fischer aus Scheu vor der Blutrache der Tiere Reinigungszeremonien befolgen, um die Seele des Tieres nicht zu beleidigen, wobei der Jäger u. U. sich mit dem Schicksal des getöteten oder zu tötenden Tieres identifizieren muß. Bei den Aleuten z. B. muß der Jäger, der einen Walfisch mit einem Zauberspeer getroffen hat, sich in einer von seiner Familie abgesonderten Hütte drei Tage lang zurückziehen und zuweilen wie der verwundete Walfisch schnaufen, „um den von ihm Getroffenen daran zu hindern, daß er die Küste verläßt." Am 4. Tag badet er sich in der See „und schreit mit heiserer Stimme, wobei er mit den Händen auf das Wasser schlägt." Dann kehrt er mit seinen Gefährten an die Stelle zurück, wo er den Wal vermutet; ist dieser noch nicht tot, so muß er seine homöopathische Magie bis zum Sterben des Tieres fortsetzen. (J. G. Frazer: a.a.O., 321) Deutlich wird hier das Tierschicksal mit dem Menschenschicksal ineins gesetzt, und die Riten, die das notwendige Opfer des Tieres herbeiführen, sind dieselben, die das Tier mit dem unvermeidlichen Frevel des Tötens versöhnen.

Die gleiche Ambivalenz der Tiertötung auf der Jägerstufe kommt sehr schön in einem sibirischen Astralmärchen der Ostjaken zum Ausdruck, das wir als ein weiteres Beispiel anführen möchten. Das Märchen erzählt von der Mos-Frau, die auf der Suche nach einem geraubten Fell, das in einem Haus auf einem Baum sich befindet, von Hunden verschlungen wird, aber im Frühling in Gestalt einer Blume zu neuem Leben erblüht; als Blume wird sie indessen von einer Bärin gefressen, von welcher sie hernach als himmlisches Kind zur Welt geboren wird. Die Bärin und ihre Kinder werden schließlich im Gehorsam zum Willen des Himmelsgottes Torem in einer Höhle von den Menschen getötet. Die Männer und das ganze Dorf versammeln sich, „und man beginnt die Bären zu häuten. Derweil spielt der Spieler, es singt der Sänger, es zaubert der Zauberer, ein jeder tut das Seine. Danach wird gegessen und getrunken, und die Tänzer tanzen. Das Mädchen aber weint und weint... So heftig weint es, daß seine Augen schon ganz geschwollen waren." (J. Gulya: Sibirische Märchen, I 35) Es gelingt dem Himmelsmädchen, die Nägel der Hände und Füße der getöteten Bären zu sammeln und in den Wald zu tragen, und so entsteht am Himmel das Sternbild „Haus der Bärin". Das Mädchen aber weigert sich, Bärenfleisch zu essen, denn, so spricht es: „Ich esse nicht vom Fleisch meiner Mutter, ich kann das Fleisch meiner Bärenmutter nicht essen!" (a.a.O., 36) Indem es aber bei ihrem Stamm bleibt, gewährt ihr Dasein den Leuten Jagdglück und guten Fang.

Auf der einen Seite gilt der Bär also als heiliges Tier, als Sohn des Himmelsgottes Torem, als „der Alte". „Seine Jagd ist zwar verboten, wenn er aber ‚zufällig‘ doch erlegt wird, muß sein Tod mit einem Bärenschmaus gefeiert werden. Der Bärenschmaus war das größte gesellschaftliche Ereignis dieser Völker, man fuhr sogar aus mehreren hundert Kilometern Entfernung dorthin." (J. Gulya: a.a.O., 284—285) Und andererseits war man dabei doch von dem Gefühl der Traurigkeit und Schuld darüber geleitet, daß man gerade das Wesen, das einem alles schenkt, was man zum Leben braucht, Felle, Fleisch, Knochen und Zähne für Werkzeuge, das aufgrund seiner Stärke sich allenfalls freiwillig oder durch Fügung des Torem-Gottes in die Hand der Menschen hat geben können und das in seiner himmlischen Göttlichkeit den Menschen unendlich überragt und sein Schicksal regiert —, daß man eben dieses wundervolle und anbetungswürdige Wesen getötet hat.

Jahrtausende lang, das zeigen diese Beispiele vom Bärenkult, haben die Menschen unter dem Schuldgefühl gelitten, das töten zu müssen, was ihnen das Leben schenkte. Und es scheint, als wenn die uralte Schulderfahrung der Jägerkultur auch den Hintergrund der christlichen Auffassung darstelle, daß man den Gott töten müsse, um von ihm zu leben. Freuds Theorien lassen sich paläontologisch eigentlich nur bestätigen, wenn man sie nicht ödipal, sondern oral liest. Offensichtlich hat es nur eine Möglichkeit gegeben, dieses orale Schuldgefühl zu vermeiden: das absolute Tötungsverbot (ahimsa) der indischen Jainas. Sonst aber bleibt nur das Empfinden der Schuld, das E. Hemingway in seinem Roman „Der alte Mann und das Meer" bei der Jagd des alten Mannes auf einen riesigen Schwertfisch so geschildert hat: „‚Der Fisch ist . . . mein Freund‘, sagte er laut. ‚Ich habe niemals solch einen Fisch gesehen und auch nie von einem gehört. Aber ich muß ihn töten. Ich bin froh, daß wir nicht versuchen müssen, die Sterne zu töten‘ . . . Wir sind noch gut dran, dachte er. Dann tat ihm der Fisch leid, weil er nichts zu essen hatte, aber seinen Entschluß, ihn zu töten, verminderte sein Mitgefühl für ihn nicht. — Wieviele Leute wird er ernähren, dachte er. Aber sind sie es wert, ihn zu essen? Nein, natürlich nicht. Es gibt niemanden, der es wert ist, ihn zu essen, wo er eine solche Verhaltensweise und eine derartig überragende Würde an den Tag legt. — Ich verstehe diese Dinge nicht, dachte er. Aber es ist gut, daß wir nicht versuchen müssen, die Sonne oder den Mond zu töten oder die Sterne. Es ist schon genug, auf der See zu leben und unsere Brüder zu töten." (Eigene Übers.)

Es erscheint lohnend, die orale Schuldproblematik von Hemingways „altem Mann", die zweifellos die Aussagekraft eines Mythos besitzt, abschließend mit einer Mythe der Bassonge im Kongo-Gebiet zu vergleichen, welche die Jäger-Urschuld und den Grund des strafenden Todes in der unerlaubten Jagd auf die Antilopen erblickt. Im Anfang, erzählt die Mythe, machte der Gott Mwille den Menschen ein großes Dorf. „Die Menschen hatten nur Brei zu essen und keine Beispeise. Sie schrien nach Fleisch." Mwille schießt ihnen daraufhin eine Antilope. Die einen wollen sofort die Antilope verspeisen, die anderen noch mehr Antilopen fangen. „Endlich aßen alle, bis auf einen Knaben und ein Mädchen. Aber alle Leute, die von dem Fleische aßen, bekamen die Pocken und starben." Mwille ernährt die beiden, den Knaben Tschingutte und das Mädchen Tschiao, die zunächst, wie ihre Eltern, beim Essen von Mais und Maniok, also bei rein vegetarischer Nahrung bleiben möchten, mit gestoßenen Kaurimuscheln und spricht: „Eßt nur; alle Menschen sind gestorben, weil sie so oft nach Fleisch schrieen." Schließlich führt Mwille seinen eigenen Vater Katambuebe und seine Mutter Maimukolondo ins Dorf. Als Tschingutte eine Tochter der Maimukolondo heiratet, kommt ein furchtbares Wasser über die Menschen und vernichtet alle. (R. Jockel: Götter und Dämonen, 458—459; L. Frobenius: Atlantis, XII 90—91) — Nicht nur daß hier das Motiv der „Engelehe" von Gn 6, 1—4, wie in der j Urgeschichte, mit der Sintflut verbunden wird, — die Mythe zeigt auch, worin die todwürdige Schuld des Essens auf der Jägerstufe liegt: in der Tötung der Tiere, die sich gegen Gottes eigentlichen Willen richtet. Später werden wir noch sehen, wie diese urtümliche Schuldangst sich in der Pflanzerkultur fortsetzt und sich mit dem „Essen vom Baum" verbindet.

Nach diesen prähistorischen und ethnologischen Beispielen für den oralen Ursprung des Schuldgefühls in der Menschheitsgeschichte kehren wir wieder zur psa und damit zur ontogenetischen Betrachtung zurück und fragen nach den Folgen, die sich aus der Urschuld des Essens in Gn 3 ergeben.

7. Scham, Schuldgefühl und Todesdrohung (Gn 3, 7.8—23)

> *„Ich hasse das Tageslicht. Es ist wie ein anklagendes Auge! . . . Ewige Nacht — Dunkelheit des Todes im Leben — das ist die passende Heimat für Schuld!"*
>
> (E. O'Neill: Trauer muß Elektra tragen, III 2; in: Meisterdramen, 199)

Die Folge der Übertretung des Eßverbotes sind die Strafen, die Gott über die Menschen verhängt. Wir sahen exegetisch, daß neben der Erkenntnis der Nacktheit zum ursprünglichen Bestand der Strafen eigentlich zunächst nur die Ausweisung aus dem Paradies zählt. Dies gilt es also als Kernbestand auszulegen. Die anderen Strafen hingegen liegen nur in stark redaktionell geformter Bearbeitung vor; es wird nicht zu erwarten sein, daß sie sich harmonisch einer psa Deutung unterziehen lassen, um so weniger, als sie in deutlicher Parallelisierung zu Gn 2 gestaltet sind, dort selbst aber bereits verschiedene Traditionen heterogener Herkunft vereinigt wurden.

Wie sich uns gezeigt hat, entstammen die „Gewissensbisse" wortwörtlich dem Vorgang eines verbotenen Beißens; sie sind Introjektionen des oralen Sadismus. Andererseits kann von einem eigentlichen Gewissen (Über-Ich) bei den Menschen im Paradies doch wohl noch nicht die Rede sein; denn daß sie sich vor Gott zu verstecken suchen, scheint ein Beweis dafür zu sein, daß für sie Gott noch nicht innerlich redet, daß die Phase des Ödipuskomplexes und der Gewissensbildung noch nicht erreicht ist, sondern wir uns noch auf einer viel früheren Stufe der Ontogenese befinden. Freud meinte von dieser frühkindlichen Form des Schuldgefühls: „Man heißt diesen Zustand ‚schlechtes Gewissen', aber eigentlich verdient er diesen Namen nicht, denn auf dieser Stufe ist das Schuldbewußtsein offenbar nur Angst vor dem Liebesverlust, ‚soziale' Angst. Beim kleinen Kind kann es niemals etwas anderes sein... Darum gestatten sie (die Kinder, d. V.) sich regelmäßig, das Böse, das ihnen Annehmlichkeiten verspricht, auszuführen, wenn sie nur sicher sind, daß die Autorität nichts davon erfährt oder ihnen nichts anhaben kann, und ihre Angst gilt allein der Entdeckung." (Das Unbehagen in der Kultur, XIV 484) So darf man sich die Situation in der Sündenfallerzählung nach der Tat wirklich vorstellen; in gerade dieser Art sehen wir die

Menschen sich in Gn 3, 8 verstecken. Die Freudsche Unterscheidung zwischen primärem und sozialem Schuldgefühl und dem Schuldgefühl unter dem Diktat des Über-Ichs ermöglicht, zu sehen, wovor die Menschen in der Sündenfallerzählung Angst haben. „Das äußere Schuldgefühl stellt sich als Reaktion auf die Angst vor Strafe ein, wenn auf gewisse Triebanforderungen nicht verzichtet wird ... Dieses Schuldgefühl entspringt der Angst vor Einsamkeit, denn der Mensch hat große Furcht vor dem Alleinsein." (H. Nunberg: Allgemeine Neurosenlehre, 189) Demnach fühlen sich die Menschen nach ihrem Tun nicht einfachhin schuldig (in erwachsenem Sinne), sie fürchten vielmehr, von Gott verstoßen zu werden. Ihr Tun ist aber dabei sehr widersprüchlich: sie wollen in der Nähe eines Gottes bleiben, vor dem sie sich gerade verstecken müssen, damit nicht ihr Tun entdeckt wird. Der Grund dafür wird von den Menschen selbst als „Scham" bezeichnet (Gn 3, 10). Daß sie sich schämen und sich verstecken, offenbart aber gerade, was sie verstecken wollen. Die Strafangst bzw. das Schuldgefühl muß also in Zusammenhang mit dem Schamgefühl stehen.

Der erste Anhaltspunkt zu einem psychodynamischen Verständnis des Verhaltens der Menschen nach der Tat ist die Beobachtung, daß sie sich von Gott verfolgt und beobachtet glauben. Es ist hier die Frage, ob wir diesen Zug der Erzählung so verstehen sollen, als wenn Gott und die Menschen verschiedene Personen wären, oder ob wir uns das Auftreten Gottes auf der Subjektstufe eher als das Auftreten einer Instanz im Ich zu denken haben. Beides scheint möglich zu sein und einander zu ergänzen. Nehmen wir das Sich-Verstecken der Menschen objektal, so hätten wir das vor uns, was wir gerade als „soziale Angst" bezeichnet haben: die Menschen fürchten sich vor dem drohenden Objektverlust, und sie glauben, sich den Nachforschungen Gottes entziehen zu können. Aber so einfach kann es wohl nicht sein; die Menschen haben ja nicht etwas zu verstecken, sondern sie müssen sich selbst unter den Bäumen des Gartens verbergen; sie warten auch nicht, wie es in vielen Märchen nach einem ähnlichen Tun zumeist geschieht, ganz einfach ab, ob Gott tatsächlich etwas von dem Essen gemerkt hat — man denke: zwei Früchte von einem ganzen Baum! —, sondern in ihnen selber ist etwas vor sich gegangen, das sie nötigt, sich zu verstecken, und sie zu einem Verhalten zwingt, das gerade das Hauptbeweisstück ihrer Schuld sein muß. Dies scheint ein klarer Hinweis darauf zu sein, daß wir uns das Erscheinen Gottes nicht rein äußerlich, sondern eher innerlich vorstellen müssen. Tatsächlich ist das ja auch nach allem, was wir vorhin über das Essen vom Baum als einem Akt der Introjektion gesagt haben, das Wahrscheinlichste; geradezu notwendig ist durch das „Essen vom Baum" die Gestalt des ebenso geliebten wie bösen Objektes introjiziert worden und erscheint daher jetzt als eine anklagende Instanz im Ich.

So bleibt die gerade bei dem recht komplizierten Wachstum des Traditionsmaterials von Gn 3, 7.8ff erstaunliche Konsequenz zu konstatieren, mit der auf das Essen von der verbotenen Frucht das Auftreten der richterlichen Instanz Gottes folgt. So wie die Menschen sich jetzt nicht einer äußeren Tat, sondern dessen schämen, wie sie geworden sind und was zu ihnen gehört (ihrer „Nacktheit"), so dürfte auch das folgende Verhör Gottes am besten als ein innerer Dialog verstanden werden. Freilich ist die Gestalt Gottes noch nicht als die einer festen inneren Instanz im Ich zu verstehen; dafür ist das Verhältnis der Menschen zu Gott wieder zu äußerlich. Die Art, in der Gott den Menschen im Garten nachgeht, entspricht vielmehr am ehesten der paranoischen Angst, von einer fremden Instanz beobachtet zu werden. Das Ich scheint bei einem Paranoiker wie gespalten in eine wahrnehmende und wahrgenommene Hälfte. Freud äußerte über die paranoisch Erkrankten: „Sie klagen uns, daß sie unausgesetzt und bis in ihr intimstes Tun von der Beobachtung unbekannter Mächte, wahrscheinlich doch Personen, belästigt werden, und hören halluzinatorisch, wie diese Personen die Ergebnisse ihrer Beobachtung verkünden ... Diese Beobachtung ist noch nicht dasselbe wie eine Verfolgung, aber sie ist nicht weit davon, sie setzt voraus, daß man ihnen mißtraut, daß man erwartet, sie bei verbotenen Handlungen zu ertappen, für die sie gestraft werden sollen." (S. F.: Neue Folge der Vorlesungen zur Einführung in die Psychoanalyse, XV 64—65) Freud hat diese paranoische Ichspaltung als Modell und Vorbild für die Aufrichtung des Über-Ichs im Ich genommen und darin ein Vorbild der regelmäßigen „Sonderung einer beobachtenden Instanz vom übrigen Ich" (a.a.O., 65) gesehen; tatsächlich haben wir von M. Klein gelernt, in den paranoischen Prozessen Vorgänge zu sehen, die in der schizoid-depressiven Position grundgelegt werden und als Ödipus-Vorläufer zu betrachten sind. Insbesondere scheint es für Gn 3 zuzutreffen, wenn Freud meint, „daß das Beobachten nur eine Vorbereitung ist für das Richten und Strafen" (a.a.O., 65); denn so scheinen die Menschen das Kommen Gottes im Garten zu empfinden: als das unausweichliche Herannahen ihrer Verurteilung.

Allerdings erklärt all dies noch nicht die zentrale Begründung, die Adam für sein Sich-Verstecken gibt: „Nackt bin ich ja." Es ist zur Interpretation dieser Aussage wichtig, daß wir uns an die traditionsgeschichtlich bedingte Vielschichtigkeit dieses Satzes erinnern. Der Satz (Gn 3, 10) faßt zwei Bemerkungen zusammen: die Erwähnung der ursprünglichen Nacktheit (2, 25) und die Entdeckung der Nacktheit in 3, 7. Der Vers 3, 7 aber stellt eine an sich selbständige Tradition (Gn 3, 6—7) dar, die offenbar eine sexuelle Verführungsszene zum Inhalt hat; auch die von allem Schamgefühl freie Nacktheit in 2, 25 hatte natürlich ihre sexuellen Implikationen; wir fanden aber exegetisch bereits, daß das Nacktsein auf diese Bedeutung allein nicht festgelegt werden kann, und haben auch in der psa Betrachtung dieser Stelle darin einen ursprünglichen, sozusagen „vorsexuellen" Zug erkannt. Das legt es nahe, zwei Deutungen der Nacktheit als wahrscheinlich anzunehmen: eine frühkindlich-infantile und eine im engeren Sinne sexuelle Bedeutung; beide werden sich natürlich sowenig ausschließen, wie wir für Gn 3, 1—5.(6) sowohl eine orale wie eine sexuelle Interpretation nebeneinander gestellt bzw. in ihrer gegenseitigen Durchdringung aufgezeigt haben.

Die erste Deutung wird demnach sein dürfen, daß das Schamgefühl ein Indiz für eine jetzt eingetretene Ich-Spaltung darstellt; indessen erfahren wir damit noch nicht viel mehr, als wir in der exegetischen Betrachtung der Stelle bereits erkannt haben. Klarer begreifen wir die Zusammenhänge schon, wenn wir uns die Bemerkung Freuds über die „Abwehr-Neuropsychosen" zueigen machen, in denen er eine für unsere Frage außerordentlich interessante psychodynamische Ablaufreihe annimmt: ausgehend von der Beobachtung, daß der neurotische Zwang aus einer Verdrängung herrührt, meint er, daß auch der „verdrängte Vorwurf eine Vertretung im bewußten psychischen Leben erzwingt." (Weitere Bemerkungen über die Abwehr-Neuropsychosen, I 388) M. a. W.: Freud vertrat bereits in seinen frühesten Schriften die Ansicht, daß man nicht nur Triebimpulse, sondern auch Schuldgefühle verdrängen kann. Die Voraussetzung, daß der verdrängte Vorwurf zum Bewußtsein vordringt, ist allerdings, daß er sich „durch einen psychischen Zusatz in einen beliebigen anderen Unlustaffekt" verwandelt (a.a.O., 388), also durch ein Substitut larviert wird. „So verwandelt sich *Vorwurf* ... mit Leichtigkeit in *Scham* ..., in *hypochondrische Angst* (vor den körperlich schädigenden Folgen jener Vorwurfshandlung), *in soziale Angst* (vor der gesellschaftlichen Ahndung jenes Vergehens), in *religiöse Angst*, in *Beobachtungswahn* (Furcht, daß man jene Handlung anderen verrate)" (a.a.O., 388—389).

Bei dem Auftreten des Schamgefühls hätten wir es also mit einem „primären Abwehrsymptom" zu tun, das den verdrängten Vorwurf im Bewußtsein repräsentiert. Exegetisch hatten wir die Szene damals so verstanden, daß die Menschen zwar um ihre Schuld wüßten, aber nichts von ihr wissen wollten (I 81); dies läßt sich jetzt präzisieren und psychodynamisch unterbauen: der Vorwurf, von dem Baum gegessen zu haben, wird verdrängt; er ist aber so stark, daß er in veränderter Form doch zum Bewußtsein vordringt und sich dort als Scham äußert; zugleich wird der Vorwurf nach außen projiziert und erscheint dort in der Gestalt Gottes. So erst wird die subtile Eigenart des biblischen Textes recht verständlich, daß Adam und sein Weib sich vor einem Gott fürchten, der sie noch gar nicht anklagen kommt, sondern sie nur — wie immer — am Morgen des Tages aufsucht, daß also die Gestalt Gottes als Projektionsfolie für die vom Bewußtsein abgespaltenen Vorwürfe dient (auf der Objektstufe) bzw. als Repräsentant des introjizierten, aber verdrängten Vorwurfs von außen an den Menschen herantritt (auf der Subjektstufe).

Mit dieser Interpretation des Schamgefühls könnten wir zufrieden sein, wäre nicht ausdrücklich im Text als Inhalt der Scham die „Nacktheit" angegeben. Wir könnten uns natürlich damit herausreden, das Nacktsein bedeute eben das „Bloßgestelltsein" in der Schuld; das wäre jedoch lediglich eine Umschreibung der Scham als Abwehr eines verdrängten Vorwurfs; es würde eigentlich noch nicht erklären, warum sich Adam in Gn 3, 10 nicht seiner Tat, sondern eben seiner Nacktheit schämt. Man könnte sagen, das liege daran, daß er eben den Gegenstand seiner Schuld verdrängt habe; übrig geblieben ist jetzt das allgemeine Gefühl, sich nicht einer Tat, sondern seiner selbst schämen zu müssen. Auch das wäre nicht falsch. Andererseits ist aber die „Nacktheit" als Inhalt des Schamgefühls doch so sehr an bestimmte Körperorgane gebunden, daß es nicht ganz legitim erscheint, bei einer so generalisierten Deutung stehen zu bleiben. Die Frage wird, wie gesagt, sein müssen, welche speziell sexuellen Komponenten in dem Schamgefühl der Menschen stecken könnten.

Für gewöhnlich gilt das sexuelle Schamgefühl psa als eine Reaktionsbildung gegen den Exhibitionismus (A. Freud: Wege und Irrwege, 25; H. Nunberg, 184). Der Exhibitionismus kann zunächst als die normale prägenitale Äußerung eines Partialtriebs verstanden werden, dessen Betätigung einen eigenen Lustgewinn mit sich bringt (K. Abraham: Untersuchungen über die früheste prägenitale Entwicklungsstufe der Libido, in: Psychoanalytische Studien, 86). „Besonders in der zweiten Hälfte des dritten und in der ersten Hälfte des vierten Lebensjahres pflegen kleine Knaben gern vor der Mutter zu exhibieren, namentlich bei Gelegenheit der Urinentleerung" (K. Abraham: Über Ejaculatio praecox, in: Psychoanalytische Studien, 56). H. Schultz-Hencke, der die „Urethralerotik" im Sinne der Libido-Theorie durch die Lehre von den „primären Kinderwünschen" ersetzt hat, meinte, der „Bedeutungsakzent des urethralen Geschehens" liege „zweifellos auf seiner aggressiven Seite, besonders auf der des Bedürfnisses, frei zu sein von Zwang" (Lehrbuch der analytischen Psychotherapie, 36); das Schamgefühl entspräche dann nicht nur einer Abwehr der Zeigelust, sondern auch der damit ontogenetisch eng verbundenen urethralen Willkürtendenzen, die letztlich mit dem Bereich des Sich-Verströmens und der Hingabe zusammenhängen. Man kann jedoch nicht behaupten, daß wir mit diesen Erkenntnissen bereits viel weiter gekommen wären. Ein Stück vorwärts wird uns wohl erst die Frage bringen, welche Gründe denn die Exhibition verbieten und die Reaktionsbildung der Scham erzwingen könnten.

H. Nunberg konstatiert summarisch: „Die Angst vor dem Erröten entpuppt sich als Reaktion auf den verdrängten Wunsch, das Genitale zu zeigen. Dieser Wunsch geht aber mit der Angst vor dem Verlust des Genitales einher. So deckt sich die Errötungsangst mit der Kastrationsangst ... Der Sinn der Schamhaftigkeit wäre also Angst von der Kastration." (H. Nunberg: Allgemeine Neurosenlehre, 185) Diese Auffassung weicht von der Meinung Schultz-Henckes eigentlich nicht ab; irgendwie handelt es sich bei der Scham offenbar um „Hingabeängste und gehemmte Aggressionen" (A. Dührssen: Psychogene Erkrankungen bei Kindern und Jugendlichen, 270), im Freudschen Vokabular also um die Thematik des Kastrationskomplexes. Man wird dabei das Schamgefühl im Wechselspiel von Triebwunsch und Verbot (Kastrationsdrohung) zu sehen haben, d. h., das Schamgefühl wird nicht nur als Angst vor der Kastration (passiv), sondern auch als Reaktion auf den Wunsch nach Kastration (aktiv) zu verstehen sein. Als eigentlichen Hintergrund hätten wir uns dann den Ödipuskomplex zu denken: der Exhibitionswunsch des Knaben wäre dann im Grunde an die Mutter adressiert und würde die Rivalität mit dem Vater ebenso einschließen wie den Wunsch, „den größeren Penis dem anderen wegzunehmen ... Dieser Wunsch richtet sich ... insbesondere gegen den Vater." (A. Balint: Psychoanalyse der frühen Lebensjahre, 65) Er führt dazu, daß „das Kind unter dem Drucke seines Schuldbewußtseins von überallher die verdiente Strafe" erwartet. „Diese Strafe aber kann für den ganz im Sinne des Grundsatzes ‚Aug um Auge, Zahn um Zahn' denkenden kleinen Wilden nichts anderes sein als die Kastration." (A. Balint: a.a.O., 66) Entsprechend müssen also die Genitalien schamhaft verdeckt werden, um sie vor dem drohenden Vater zu schützen; die Exhibitionsneigung verwandelt sich in Scham. Umgekehrt freilich kann die Kastrationsangst auch die

Exhibitionstendenz verstärken und im Zeigen des Genitales sozusagen den Beweis notwendig machen, nicht kastriert zu sein; Antrieb und Abwehr können sich so wechselseitig verstärken. Würden wir dieser Interpretation zustimmen, so wäre die Aufrichtung der Schamschranke, wie wir sie in Gn 3, 7.10 beobachten, also vom ödipalen Kastrationskomplex her zu verstehen; diese Erklärung wäre in der Tat die logische Fortsetzung der sexuellen Thematik, wie wir sie für Schlange, Baum, Essen, Mann und Frau in Gn 3 erschlossen haben.

Der Zusammenhang des Schamgefühls mit latenten ödipalen Exhibitionsneigungen würde auch das Motiv des Gesehenwerdens verständlich machen. Denn „der Beobachtungswahn stellt sich bei näherer Betrachtung als ‚negative Zeigelust‘ dar, als abgewehrte Exhibition. In die bewußte Sprache eines Normalen übersetzt, würde er etwa so lauten: ‚nicht ich will mich zeigen (gesehen werden), der andere will mich sehen‘"; die Furcht herrscht, „durch das Beschautwerden allein das Genitale zu verlieren" (H. Nunberg: Allgemeine Neurosenlehre, 185).

Freilich paßt diese Herleitung des Schamgefühls scheinbar nur für den Jungen, nicht für das Mädchen. Gleichwohl gibt es den Kastrationskomplex auch für das Mädchen; der Unterschied ist lediglich, „daß das Mädchen die Kastration als vollzogene Tatsache akzeptiert, während sich der Knabe vor der Möglichkeit ihrer Vollziehung fürchtet." (S. F.: Der Untergang des Ödipuskomplexes, XIII 400) Entsprechend scheint auch das weibliche Schamgefühl, soweit es mit dem Kastrationskomplex zusammenhängt, gerade das verbergen zu wollen, wovor das Schamgefühl den Jungen bewahren soll. H. Zulliger referiert in dem Zusammenhang von Kastration und Schamgefühl die Folgerung: „Also schämt man sich ursprünglich dessen, was man nicht besitzt ... Es nimmt mich wunder, ob bei den wilden Völkern nicht zuerst die weiblichen Geschlechtsgenossen es sind, die Schamschürzen tragen, und ob die Schamschürzen ursprünglich nicht den Zweck haben, zu verbergen, was nicht vorhanden ist." (H. Zulliger: Bausteine zur Kinderpsychotherapie, 212)

Dieser Gedanke führt uns nun wieder zu den Feststellungen zurück, die wir in der Exegese von Gn 3 getroffen hatten. Wir sagten damals, die Menschen schämten sich dessen, was sie ohne Gott sind, ihres geschöpflichen Mangels, ihrer als obszön empfundenen Kontingenz (I 51). In der Sprache der Psa, die von körperlichen Zonen und Organen her diesen Mangel leibgebunden ausdrücken muß, finden wir als die zentrale Beraubung, als den zentralen Verlust und Mangel, die Kastration. Diese als Strafe für die Übertretung eines zentralen Verbotes gegebene Drohung steht dabei nicht im Widerspruch zu der Deutung von Gn 3, die wir von der oralen Problematik des Schuldgefühls her vorgenommen haben; denn zwar haben wir dort gesehen, daß die orale Introjektion in der Art, wie sie in der j Erzählung von Gn 3, 1—5.(6) beschrieben wird, den Ödipuskomplex noch nicht voraussetzt; andererseits aber gehört die Tat von 3, 6—7, wie wir gesehen haben, doch wohl der ödipalen Problematik an. Diese scheinbare Differenz behebt sich ohne große Schwierigkeiten, wenn man bedenkt, daß der Kastrationskomplex, wie der Ödipuskomplex und die Aufrichtung des Über-Ichs, ihre Vorläufer bereits in der oralen Phase haben: die Trennung von der Brust ist auf der oralen Entwicklungsstufe das Äquivalent der Kastration in der phallischen Entwicklungsstufe, da „das Kind die Vorstellung einer narzißtischen Schädigung durch Körperverlust aus dem Verlieren der Mutterbrust... gewinnt" (S. F.: Die infantile Genitalorganisation, XIII 296, Anm. 1); nur diese Entsprechung des Motivs des Objektverlustes scheint die Kombination der oralen mit der ödipalen (pallischen) Problematik in Gn 3 bzgl. der „Strafen" zu ermöglichen. Darüberhinaus ist die frühkindliche Gleichung zu beachten, die zwischen Brust und Penis vorgenommen wird und entwicklungsgeschichtlich dazu führt, daß die oralen Wünsche, „die infolge der durch die Mutter erfahrenen Versagungen verstärkt sind, ... von der Brust der Mutter auf den Penis des Vaters übertragen" werden. (M. Klein: Über das Seelenleben des Kleinkindes, in: Das Seelenleben des Kleinkindes, 164)

Es macht also keinen prinzipiellen Unterschied, ob wir den eingetretenen Objektverlust oral oder kastrativ verstehen; in beiden Fällen erhalten wir psa die überraschende Bestätigung eines Tatbestandes, den wir seinerzeit exegetisch nur konstatieren, nicht erklären konnten: daß die eigentliche Strafe der Menschen in der Trennung von Gott und der Vertreibung aus dem Paradies besteht. Mit der Hypothese der Kastrationsangst verstehen wir zugleich, wie recht Exegeten wie H. Gunkel hatten, die geneigt waren, in Gn 3, 1—7 das Erwachen zur Geschlechtlichkeit zu erblicken; die psa Deutung macht einleuchtend, warum die kindliche Sexualität im Ödipuskomplex notwendig mit Schuld- und Angstgefühlen sowie dem unvermeidlichen Objektverlust verbunden ist, während es rein exegetisch als absurd erscheinen muß, daß Gott die Sexualität der Menschen schafft und zugleich verboten haben sollte.

Die anderen Strafen, die in dem Bibeltext von Gott über die Menschen verhängt werden, sind redaktionell loser gearbeitet und entbehren eines psa festen Motivzusammenhangs; wir werden hier von vornherein nicht erwarten können, daß wir von den psa zu erschließenden Themen her noch eine völlig geschlossene Verbindung würden eruieren können. Indessen gibt es doch einige Momente in dem Text, die sich in etwa plausibel machen lassen.

Das erste ist die Todesdrohung. Mit ihr haben wir uns als angstauslösendem Moment bereits ausführlich beschäftigt und wissen jetzt, daß ihr Kern in der drohenden Gefahr des Objektverlustes (der Brust, des Genitales) besteht; wir können so von der Psa her nur unterstreichen, was sich schon der exegetischen Deutung aufdrängte: daß die Todesdrohung nicht eine zusätzliche Strafe für das Tun der Menschen ist, sondern lediglich den zentralen Aspekt der Trennung von Gott, der Ausweisung aus dem Paradies, darstellt. Wir verstehen auch — was manche Exegeten wundert —, daß der Tod nicht physisch als Strafe eintritt, wohl aber das Leben zur Strafe unter die Todesdrohung und Todesangst gestellt wird; psa deckt sich diese Beobachtung mit der Aussage, die wir exegetisch fanden, daß fortan jedwedes menschliche Leben als ein Sein-zum-Tode erscheinen müsse. Entscheidend ist aber, daß wir jetzt den Zusammenhang von Objektverlust, Schuldgefühl und Todesangst als eine Einheit begreifen können.

Wir sahen, daß der Freudschen Auffassung nach das Schuldgefühl eine Introjektion des Todestriebes darstellt, die Introjektion selbst aber der Verarbeitung des Objektverlustes dient; die Frage mag dahin stehen, ob es einen Todestrieb gibt; die klinische Beobachtung aber ist schwer zu bestreiten, daß die Aufrichtung des Über-Ichs (und die ihm vorhergehende Introjektion der fressenden Brüste bzw. des strafenden Vaters) als Todesgefahr empfunden wird. A. Balint meint: „Sicherlich werden manche es für eine Übertreibung halten, wenn das Kind, das die Erziehung durchmacht, einem Menschen in Lebensgefahr verglichen wird. Und doch kommt der Vergleich, vom Standpunkte des Instinkt-Ichs gesehen, der Wirklichkeit sehr nahe. Die Entstehung des Über-Ichs kann tatsächlich so aufgefaßt werden, wie das Todesurteil des primitiven Trieblebens." (A. Balint: Psychoanalyse der frühen Lebensjahre 99—100) Wenn „die Entstehung unseres Gewissens durch eine ... Wendung der Aggression nach innen zu erklären" ist (S. F.: Warum Krieg, XVI 22), so ist es wohl verständlich, warum bes. in der Melancholie mit ihren überstarken oral-sadistischen Introjektionsvorgängen „das überstarke Über-Ich ... gegen das Ich mit schonungsloser Heftigkeit wütet, als ob es sich des ganzen im Individuum verfügbaren Sadismus bemächtigt hätte. Nach unserer Auffassung des Sadismus würden wir sagen, die destruktive Komponente habe sich im Über-Ich abgelagert und gegen das Ich gewendet. Was nun im Über-Ich herrscht, ist wie eine Reinkultur des Todestriebes, und wirklich gelingt es diesem oft genug, das Ich in den Tod zu treiben" (S. F.: Das Ich und das Es, XIII 283). Von daher wird man sagen müssen, daß die Todesdrohung in Gn 3, 19 mit dem Gefühl der Schuld identisch ist; sie ist nicht ein „reales Todesurteil", wie es z. T. exegetisch mißverstanden wurde, oder gar eine Aussetzung der eigentlich nach Gn 2, 17 notwendigen Verhängung des Todesurteils, sondern das Empfinden, das mit dem Schuldgefühl gegeben ist, todeswürdig und zum Tode verurteilt zu sein. Die Erinnerung an Gn 2, 17 aber zeigt, daß es sich hier tatsächlich um eine introjizierte ursprünglich „reale Todesangst" handelt (S. F.: Das ökonomische Problem des Masochismus, XIII 381).

Wir sagten damals bei der Exegese von Gn 3, die Menschen könnten ihre Schuld vor Gott nicht bekennen, eben weil sie Todesangst vor ihm hätten. Auch diese Beziehung läßt sich jetzt präziser fassen. Das Verhalten der Menschen nach ihrer Tat entspricht nämlich auffallend dem Verhalten von Kindern in der Zeit der Entstehung des Über-Ichs und der damit verbundenen Todesangst. „In jeder Kinderstube können wir beobachten, daß das kleine Kind auf die Frage, wer diese oder jene verbotene Tat begangen hat, antwortet, daß nicht es, sondern irgend ein anderer, schlimmer Jemand der Schuldige gewesen sei. Dieser Jemand erhält oft auch einen Namen und wird ein ständiger Gast des Kinderzimmers. Viele meinen, dies sei nichts anderes denn eine Lüge, das Kind wolle eben aus Furcht vor der Strafe sein Vergehen leugnen. Es ist aber etwas in der Form dieses Leugnens, das uns zu denken gibt. Das Kind leugnet nicht das Vergehen, sondern nur, daß es der Täter gewesen sei. Den Teil seiner Seele, der ihm durch Drohungen oder nur durch bloße Verbote der Erzieher unangenehm geworden ist, versucht das Kind als ein außer ihm stehendes, fremdes Etwas zu betrachten. Mit der größten Bereitwilligkeit ist das Kind dabei, diesen schlimmen anderen vereint mit den Erwachsenen zu verspotten, zu prügeln oder auch zu vernichten. Natürlich hören wir zuweilen auch, daß dieser gewisse andere sehr stark und schlau ist, so daß man mit ihm nicht so leicht fertig werden kann. Wenn wir bei solcher Gelegenheit dem Kinde klarzumachen versuchen, daß wir ja wissen, daß dieser schlimme andere es selbst sei, dann hat das gute Einverständnis ein Ende, und es kommt zu heftigsten Protestäußerungen. . . . Es (sc. das Kind, d. V.) versucht sich mittels Projizierung des störenden Ich-Teiles zu entledigen." (A. Balint: Psychoanalyse der frühen Lebensjahre, 100) Tatsächlich sehen wir Adam und sein Weib bei dem Verhör Gottes sich gerade so verhalten: sie leugnen nicht das Vergehen, wohl aber ihre Verantwortlichkeit. Und wir verstehen jetzt, daß die Projektion der Schuld selbst das Ergebnis einer vorangegangenen Ich-Spaltung darstellt. Ein Teil des eigenen Ichs ist unter der Zensur des Über-Ichs unannehmbar geworden und wird deshalb nach außen projiziert. Es ist, wie wir in der Exegese der Stelle damals mutmaßten, wirklich eine Art Bündnisangebot Adams an Gott, wenn er sein Weib als Schuldige anklagt; das Ich versucht sich auf die Seite des Über-Ichs zu schlagen und damit gemeinsam gegen die schuldigen Anteile des Es mobil zu machen; aber die Hinausverlagerung der eigenen Schuld entschuldigt das Ich nicht; unnachsichtig kommt das Über-Ich auf das Ich zurück und spricht es schuldig; das gleiche findet in der Beziehung zwischen der Frau und der Schlange statt.

Wir sehen also, wie das Auftauchen des Schamgefühls, das Kommen Gottes, das Sich-Verstecken, die Todesangst und die Projektion der Schuld zusammen eine Einheit bilden und verschiedene Aspekte ein und desselben Vorgangs der Introjektion und der Entstehung des Gewissens bilden.

Was die weiteren Strafen angeht, so sagten wir schon, daß ihre Ausformulierung stark redaktionell ist; es kommt ihnen also mehr der Wert einer assoziativen Erklärung zu, als daß wir sie selbst zum Objekt einer analytischen Untersuchung machen könnten. Zudem verbietet es die offensichtliche ätiologische Aussagerichtung in der frühesten Stufe der Tradition dieser Stücke, sie einfachhin psa vereinnahmen zu wollen. Daß die Schlange auch das Symbol einer menschlichen Triebkraft sein kann, also, auf der Subjektstufe gelesen, zum Menschen selbst gehört, kann nicht die Einsicht versperren, daß in 3, 14—15 auch und zunächst von wirklichen Schlangen die Rede ist; ebenso, daß 3, 16 von wirklichen sozialen und biologischen (also nicht intrapsychischen) Nöten im Leben der Frau und 3, 17—19 von der Mühsal und Plage des Ackerbaus spricht. Deutlich stehen hier Fragen der Kulturgeschichte und Soziologie, nicht aber der Psa zur Debatte. Wir haben also hier methodisch allen Grund, mit psa Deutungen vorsichtig zu sein (gg. C. Meves: Die Bibel antwortet uns in Bildern, 19—21). Lediglich dies kann u. U. im Bild der Schlange (3, 14—15) angenommen werden, daß es fortan im Menschen „etwas" gibt, mit dem er ständig wird ringen müssen, das ihn bedroht und dessen er, so sehr er es auch zu unterdrücken sucht, nie gänzlich fertig wird; daß dieses Verhältnis des Kampfes und der Unterdrückung sich auch in den zwischenmenschlichen Beziehungen niederschlägt und auch dort ein Verhältnis der Unterdrückung schafft (3, 16); und daß, entsprechend der kindlichen Stufe der Entwicklung, von der wir psa auszugehen haben, das Leben im Paradies nunmehr zuende ist (3, 24).

Andererseits ist die Kampfansage zwischen der Schlange und der Frau nun doch zu spezifisch, als daß wir mit dieser Allgemeinheit zufrieden sein könnten. Der Fluch in 3, 14—15 setzt offenbar die Thematik von 3, 1—5 fort; wir werden also auch psa hier die gleichen Entsymbolisierungen gelten lassen können, d. h., wir dürfen die Schlange u. a. auch als phallisches Symbol deuten; der Kampf zwischen Schlange und Frau würde dann die sexuelle Beziehung zwischen Mann und Frau beschreiben, jetzt allerdings unter den Vorzeichen des Racheversuchs der Frau an dem Mann; denn G. Groddeck wird hier richtig vermuten, wenn er betont, „daß der Fluch: Das Weib wird der Schlange den Kopf zertreten, und die Schlange wird das Weib in die Ferse stechen, die Erschlaffung, den Tod des Gliedes durch die Samenergießung und den Storchenbiß unserer Kinderzeit, die Geburt bedeutet... Aber zugleich auch... Kastration. Denn im Zertreten des Schlangenkopfes ist Erschlaffung und Kastration gleichzeitig enthalten. Und dicht daneben drängt sich auch schon wieder die Todesidee. Das Zertreten des Kopfes ist wie eine Enthauptung, eine Todesart, die auf dem symbolisierenden Weg der Gliederschlaffung — Kastration sich entwickelt hat." (Das Buch vom Es, 168) Daß „die Ferse" im Hebräischen auch ein Euphemismus für das weibliche Genitale sein kann, zeigt Jer 13, 22; und psa kann man sagen: „Der Fuß ersetzt den schwer vermißten Penis des Weibes." (S. F.: Drei Abhandlungen zur Sexualtheorie, V 54, Anm. 3; vgl. C. G. Jung: Die Struktur der Seele, VIII 169—173) Das Motiv selbst scheint hier den Wunsch des Weibes widerzuspiegeln, „den... Ehemann zu kastrieren und seinen Penis bei sich zu behalten." (S. F.: Das Tabu der Virginität, XII 176) Es handelte sich dann um die „paradoxe Reaktion des Weibes auf die Defloration" (a.a.O., 177). Freud meint, es trete auf „höheren Kulturstufen... die Schätzung dieser Gefahr (sc. der Kastration, d. V.) gegen die Verheißung der Hörigkeit" zurück (a.a.O., 177); dies ist denn auch in 3, 16b tatsächlich der Fall. Die Frau wird dem Manne untertan. Bezeichnend ist freilich, daß die männliche Kastrationsangst nur symbolisch ausgesprochen wird, während die männliche Kehrseite, die Unterdrückung der Frau, im Klartext wiedergegeben wird. Es läßt sich daraus wohl der Schluß ziehen, daß die patriarchalische Männlichkeit eine echte Reaktionsbildung gegenüber der Angst vor der Frau darstellt, wie sie psa noch in der späten Tobit-Sage, allerdings bereits mit patriarchalischen Zügen überlagert, vorliegt: Die arme Sarah wird von dem bösen Geist Asmodi (dem Vater-Dämon) gezwungen, die Männer in der Hochzeits-nacht sterben zu lassen (vgl. U. Moser: Psychologie der Partnerwahl,

214

69—70; Anm. 99); die Überwertigkeit der Vatergestalt und Angst vor der Kastrationsgefahr durch die Frau bedingen sich hier gegenseitig.

Kastrationsdrohung und das Motiv der Urverführung durch die Frau spielen z. B. gemeinsam eine Rolle in der Mythe der südamerikanischen Cagaba-Indianer, die erzählen, daß am Anfang der Welt Kimaku, als einziger Mann, die Felder bebaute, wie es ihm der gute Geist Terana gezeigt hatte. Ein böser Geist aber erschuf eine Frau, die ihn durch ihre Schönheit verführen sollte; Kimaku sprach die Frau zwar nicht einmal an, obwohl er sie, schön und nackt, wie sie war, eigentlich sehr begehrte; dafür aber standen plötzlich statt einer Frau zwei Verführerinnen vor ihm, und sie verdoppelten sich immer mehr. Terana, als er die Not seines Schützlings bemerkte, tauschte die Kleider mit Kimaku, und als die Frauen ihn umringten, zog Terana eine Rute hervor, rieb sie mit den Händen, und es entstand ein Feuer, das alle Frauen verbrannte. Hätte indessen Kimaku „den Wünschen der Frauen nachgegeben..., wäre er kastriert worden, denn jene wilden Frauen hatten Zähne in ihrer Vagina." (F. Karlinger u. E. Zacherl: Südamerikanische Indianermärchen, 8) — Die Beziehungen zwischen den Geschlechtern reduzieren sich in dieser Mythe, die mit dem Motiv des Ackerbaus, der Nacktheit, der Bekleidung und der Verführung durch eine Frau der j Schilderung Adams sehr ähnlich sieht, auf den Gegensatz zwischen der phallischen (bzw. onanistischen) Vernichtung der Frau, die dem Mann sogleich aus dem Bewußtsein entschwindet, wenn das Feuer seiner Liebe verloschen ist, und der möglichen Kastrationsdrohung im Sinne der Phantasie von der vagina dentata, in der das weibliche Organ wie ein verschlingender Mund erscheint und der Sexualverkehr als ein oraler Gewaltakt von seiten der Frau (vgl. Gn 3, 1—5!) aufgefaßt wird; die Kastration des Mannes erfolgt aber erst durch den sexuellen Verkehr, und das Motiv dazu dürfte in der Schädigung liegen, die der Akt der Frau zufügt: nach Art eines primitiven jus talionis bestraft diese den Mann für den Verlust ihrer Jungfräulichkeit durch die Zerstörung eben jenes Organes, das ihr die Kränkung zufügte.

Das Motiv der Kastrationsabsicht der Frau zur Rache für den Verlust der Virginität scheint also den psa Hintergrund für die Feststellung abzugeben, die wir im 1. Bd. dieser Arbeit machen konnten, daß das Verhältnis zwischen Mann und Frau sich in ein Verhältnis der gegenseitigen Scham, Angst und Unterdrückung verwandelt hat; wir lernen jetzt dabei, was wir exegetisch mehr postulieren als konstatieren konnten, daß die Beziehung von Mann und Frau wechselseitig von Angst besetzt ist. Nicht nur, daß der Mann die Frau unterdrückt — er *muß* sie unterdrücken, um seine Männlichkeit ihr gegenüber zu retten. Zweifellos sind die Bilder und Inhalte dieser Störung der Beziehung zwischen Mann und Frau von der kulturellen Situation abhängig, in der diese Mythen entstanden und tradiert wurden; wer gleichwohl — als Theologe — eine allgemeine, überzeitliche Aussage damit verbinden will, wird sagen können, daß es der Abfall und die Angst vor Gott den Menschen unmöglich macht, einander zu lieben. Die Frage stellt sich dann allerdings wieder nach dem Verhältnis der psychologischen Sprechweise vom Vater und der theologischen Rede von Gottvater.

Als ein zusätzlich hilfreicher Kommentar zu der Strafe über den Mann kann vielleicht die redaktionelle Kombination von Todesdrohung und Arbeitsmühsal in Gn 3, 17—19, den Fluchworten über Adam, gelten. Exegetisch sahen wir, daß hier eigentlich eine Quittung für die menschlichen Allmachtsansprüche vorliegt: der Mensch, der wie Gott sein wollte, sinkt in das zurück, was er ohne Gott ist. Dieser Zusammenhang ist psa recht einleuchtend, und wir können hier psa nur bestätigen, was J theologisch hat sagen wollen. Wir haben bei der Besprechung der Abwehrmechanismen der Angst in Gn 3, 1—5 bereits gezeigt, daß es sich bei dem Wie-Gott-sein-Wollen um Omnipotenz-Phantasien handelt, wie sie von paranoischen Vorstellungen her geläufig sind, und haben diesen Tatbestand mit dem Vokabular der Szondischen Ich-Analyse als „introjektive Inflation", als ein „Alles-sein-und-haben-wollen" bezeichnet. Den Gegensatz dazu — und die Folge davon — bildet nach Szondi die „Negation". Er bringt damit die Funktion der Realitätsprüfung in Verbindung, die den „Verlust von Objekten, die in der Vergangenheit *reale* Befriedigungen ermöglichten", voraussetze (Ich-Analyse, 220), und meint weiter: „Sagt das Ich: nein zu all dem, was die Verheißung eines Groß- und Allesseins werden könnte, und wird dieser Anspruch auf Gottähnlichkeit durch Einschränkung der Ich-Funktion verneint, so reden wir von *Hemmung*." (a.a.O., 223) Im weiteren zeigt sich die Ichfunktion der Negation für ihn in der „Entfremdung", „Verdrängung", im „Negativismus" und in „Desimagination". Näherhin sieht er in dem Inzesttabu die Grundform kollektiver Negation.

Mit diesen Bestimmungen können wir Gn 3, 17—19, die Strafe über den Mann, insoweit aufschlüsseln, als sie recht gut den Rückfall des Menschen aus seinen Wünschen zurück in die Wirklichkeit wiedergeben; der Objektverlust ist dabei der Wendepunkt zwischen Inflation und Negation. Die Vokabel „Negation" beschreibt auch gut die Icheinschränkung, die das Ich erleidet. Wenn wir mit den Freudschen Kategorien von der Introjektion des Todestriebes bei der Entstehung des Über-Ichs sprachen, so können wir jetzt auch sagen, daß das Ich sich fortan als negiert und abgelehnt erfahren muß. Die innere Wertlosigkeit und Entwertung durch das Über-Ich, die es jetzt empfindet, könnte in der Tat das drastische Bild von der „Rückkehr in den Staub" (3, 19c) erklären. V. v. Gebsattel hat für das depressive Erleben sehr anschaulich beschrieben, wie die „Schuldangst" sich zur „Lebensangst" erweitert, so daß sie ein „Nicht-leben-Können" und ein „Nicht-sterben-Können" bedeutet (V. v. Gebsattel: Die depressive Fehlhaltung, in: Handbuch der Neurosenlehre und Psychotherapie, II 148—149); er meint: „Trennung, Abschied, Tod bedeuten ... ein ‚immanentes' Ohnmachtserlebnis"; „alle Zukunft wie abgeschnitten ..."; eine Verfassung der Entmutigung und der Hoffnungslosigkeit"; daß „der Mensch ... rückwärts gewandt um seinen Verlust kreist" (a.a.O., 151).

Diese Beschreibung scheint das biblische Bild von der Rückkehr zum Staub treffend wiederzugeben: daß die menschliche Arbeit zu einer letzten Bedeutungslosigkeit verdammt ist; daß der Blick des Menschen fortan auf die Wiederherstellung des Verlorenen gehen wird und daß es doch (Gn 3, 24) keine Rückkehr geben wird; das Gefühl einer äußersten Ohnmacht — und dies alles unter dem Vorzeichen der Schuld: das alles läßt sich neurosenpsychologisch tatsächlich am besten in dem Modell der *Depression* darstellen. Daß der Mensch keine Hoffnung mehr vor sich sieht, — diese vorweggenommene Sinnlosigkeit seiner Arbeit unter dem drohenden Todesschicksal scheint recht eigentlich das zu sein, was die Arbeit zur „Maloche" entwertet (I 93). Denn nicht daß die Arbeit schwer, sondern daß sie letztlich umsonst ist, macht sie zu einer tödlichen Mühsal.

Indessen können wir hier nur Aussagerichtungen ansprechen; der Text von 3, 17—19 enthält so viel ätiologisches Material und ist redaktionell so sehr überarbeitet, daß er sich einer psa Deutung nicht gänzlich integrieren läßt. Es würde zu weit gehen, wollten wir auch die kulturell bedingten Züge des Ackerbaus, auf die der Text anspielt, noch psa deuten.

Für einen exegetisch sehr sonderbaren Zug vermögen wir allerdings eine recht einfache psa Erklärung anzubieten. Die Stelle von Gn 3, 20, an der Adam seiner Frau einen Namen gibt, erwies sich exegetisch als eine genealogische Notiz, die die Geburt eines Kindes voraussetzt. Die Namengebung selbst vermochten wir dabei noch redaktionell verständlich zu machen; warum aber hier überhaupt das Motiv einer Kindesgeburt eingefügt wurde, dafür war damals eigentlich keine klare Antwort zu bekommen.

Aus der psa Beobachtung der oralen Komponente des Schuldgefühls aber läßt sich hier doch ein Zusammenhang herstellen, und zwar auf mehrfache Weise. Bei der Besprechung der oralen und sexuellen Thematik von Gn 3, 1—7 sind wir bereits auf die oralen Konzeptionstheorien zu sprechen gekommen und meinten, daß das Essen vom Baum u. a. auch den Wunsch, vom Vater ein Kind zu bekommen, ausdrücken könne. Dem würde nun entsprechen, daß tatsächlich die Frau ein Kind gebiert. Sodann weiß man, daß der Kastrationskomplex nicht nur zur Aufrichtung des Über-Ichs führt, sondern bei der Frau auch den Wunsch, ein Kind zu bekommen, hervorbringt bzw. verstärkt. S. Freud erinnerte in diesem Zusammenhang an die Symbolsprache des Traumes wie des Alltagslebens, für die das „Kind ... wie der Penis das ‚Kleine‘" heiße (Über Triebumsetzungen, insbesondere der Analerotik, X 404); der Wunsch nach dem Kind stellt demnach die adäquate Form der Verarbeitung des weiblichen Kastrationskomplexes dar.

Noch wichtiger als dies aber ist der Zusammenhang, der zwischen der Geburt eines Kindes und der Verarbeitung von Schuldgefühlen besteht. Wie wir sahen, hat das Schuldgefühl seine Wurzeln in dem oralen Sadismus; H. Nunberg, der von Freuds prähistorischem Konstrukt von der Ermordung des Urvaters herkommt, stellte für die Ontogenese fest: „Die in den Urzeiten vollzogene Einverleibung des Vaters (des geliebten Objektes) scheint sich nun in der Phantasie symbolisch immer zu wiederholen. Es wird versucht, mit dem Stuhlabsetzen, das die Bedeutung der Geburt eines Kindes gewinnt, diese Phantasie rückgängig zu machen, das oral Aufgenommene anal auszustoßen. Man kann somit allgemein sagen: Im Schuldgefühl ist auch der Begriff des *Nehmens* und *Gebens* enthalten, wobei der Akzent auf dem Zwange des Zurückgebens liegt, einerlei, ob im analen oder oralen Sinne." (Allgemeine Neurosenlehre, 193) D. h., entsprechend der frühkindlichen Kloakentheorie von der Geburt des Kindes (vgl. S. F.: Drei Abhandlungen zur Sexualtheorie, V 87; 96), wird die — schuldhafte — orale Aufnahme des Vaters wieder durch seine Ausstoßung, also durch die Geburt eines Kindes rückgängig gemacht. Die Geburt kommt also einer Wiederherstellung des verlorenen Objektes gleich. Auf diese Weise wird durch einen ursprünglichen — analen — Vorgang der „Projektion" die Angst der Einsamkeit nach dem Objektverlust gebannt. So, meinte Nunberg, „sehen wir nicht selten, daß die Menschen durch die Geburt eines Kindes ihr Gewissen entlasten." (Allgemeine Neurosenlehre, 193) Im Grunde verberge sich hinter dem Schuldgefühl „unbefriedigte Objektlibido, die nach Befriedigung strebt, danach, das Objekt wieder real lieben zu können. Der Paranoiker erlangt diese

Befriedigung ... mit Hilfe seines Wahnes in der Projektion, der Religiöse in der Religion, der Normale anscheinend dadurch, daß er Kinder zeugt und sozial verwendbare Produktivität entwickelt." (a.a.O., 193—194)

Nach dieser Einteilung hätten wir in der Geburt des Kindes in 3, 20 eine „normale" Reaktion zur Bearbeitung des oralen Schuldgefühls vor uns; das, was Nunberg mit „Wahn" und „Religion" umschreibt, die „Projektion" einer Verfolgung durch Gott und damit die Wiederherstellung des „Getöteten", stellt sich indessen nicht alternativisch dazu: Gott bleibt dem Menschen erhalten, wenngleich bedrohend; der Trost in der jetzt entstandenen Einsamkeit des Menschen geht in der j Urgeschichte nicht mehr von ihm aus, sondern von den Kindern, die die Menschen hervorbringen.

Damit können wir den exegetischen Befund psa untermauern, daß die Namengebung in 3, 20 ursprünglich eine Art von „Trost" darstellt, — wenngleich sich in der j Redaktion mit dem Bezug zu Kain und Abel die Geburt des Kindes als ein recht zweifelhafter Trost erweist. Möglicherweise könnte in dieser Erklärung auch die sehr merkwürdige Formulierung von Gn 4, 1 („erworben habe ich mit Jahwes Hilfe einen Mann") verständlicher werden: das Kind, der Mann, den Eva erworben hat, wäre dann nicht nur mit Jahwes Hilfe, sondern zugleich als Ersatz bzw. als Wiederherstellung Jahwes zu verstehen; grammatikalisch könnte das hebräische 't ja auch als nota accusativi verstanden werden, so daß es heißen könnte: „Erworben habe ich als einen Mann den Jahwe." Diese Bedeutung der literarkritisch schlechterdings nicht lösbaren Stelle erscheint psa durchaus möglich; das neugeborene Kind wäre die Wiederherstellung des oral verzehrten Vaters.

Ein interessanter Zug drückt sich in Gn 3, 21, der Bekleidung mit den Fellröcken, aus. Freilich ist es schwer, dafür eine plausible psa Erklärung zu finden. Die Schwierigkeit liegt darin, daß wir hier scheinbar wiederholen müßten, was wir bereits zu 3, 7.10 gesagt haben. Wir kommen jedoch der Sache auf die Spur, wenn wir bedenken, daß die „Felle", die Gott den Menschen gibt, etwas anderes sind als die Blätter, mit denen die Menschen sich zu bedecken suchten; sie werden, im Unterschied etwa zu einfachen Baströcken, dicht am Leib wie etwas Körpereigenes getragen. Nun weiß man von der Bedeutung, die beim Fetischismus Felle und Pelze spielen, daß der Pelz gern „mit der Behaarung des mons veneris" assoziiert wird (S. F.: Drei Abhandlungen zur Sexualtheorie, V 54). „Pelz und Samt fixieren ... den Anblick der Genitalbehaarung" (S. F.: Fetischismus, XIV 314) und mildern die Kastrationsangst, die von dem Anblick des penislosen Genitales der Frau ausgehen würde. Das Gefühl der Scham als Ausdruck der Kastration fände somit durch die natürliche Schambehaarung eine Milderung. Daß *Gott* die „Felle" schenkt, wäre eine zutreffende Ausdrucksweise für den natürlichen, nicht von den Menschen selbst gemachten Vorgang der Bedeckung. Sieht man in „Gott" jedoch nicht einfach eine Umschreibung für das Tun der Natur, sondern bleibt dabei, daß in dem Zusammenhang des Textes „Gott" die Instanz des Über-Ichs repräsentiert, so könnte darin auch der Aspekt mitschwingen, daß das Über-Ich nicht nur dazu da ist, das Ich mit Drohungen einzuschüchtern, sondern, wie Freud in einer (leider zu kurz geratenen) Notiz bemerkt, auch dazu, „das Ich zu trösten und vor Leid zu bewahren" (Der Humor, XIV 389). Kulturgeschichtlich dürfte hinter dem Tragen der Fellröcke eine Kulturstufe hindurchscheinen, die der Jägerkultur entspricht, die also noch vor der Kulturteilung in Ackerbau und Herdenzucht (Gn 4, 2) liegt. Wir werden auf die Psychodynamik der Kulturerfindungen weiter unten (301—310) noch einmal, anläßlich der Besprechung von Gn 4, 16—22, geschlossen zurückkommen und dann sehen, daß nach O. Ranks Lehre vom „Trauma" der Geburt alle Kulturerfindungen der Menschheit eigentlich nur ein Ersatz des verlorenen Paradieses des Mutterschoßes sind.

Die Paradieseswache des Flammenschwertes und der Kerube (Gn 3, 24) endlich läßt psa nur eine dürftige Deutung zu. Vom „Feuerlöschen durch Urinieren" her hat S. Freud die „sich in die Höhe reckenden Flammen" als Phallussymbol gedeutet (S. F.: Das Unbehagen in der Kultur, XIV 449, Anm.). Desgleichen hat er das Drachensymbol, als welches man auch die Kerube ansehen kann, als Phallus interpretiert (S. F.: Zur Gewinnung des Feuers, XVI 7—8). Die geflügelte Darstellung der „Greife" könnte ihren Ursprung näherhin in dem traumpsychologischen Sinngehalt des Fliegens und Schwebens haben, wie ihn zuerst P. Federn gefunden hat, indem er die Fliegeträume als Erektionsträume auffaßte und meinte: „Die Erektion ist wie ein Fortwollen des Penis. Im Unbewußten identifiziert sich das Ich mit dem alles Interesse in Anspruch nehmenden Organe, das die sehnsüchtige Tendenz erweckt, und aus der Aufhebung der Schwere und Forttendenz entsteht der Wunsch nach dem Fliegenkönnen, welcher sich im Flugtraum erfüllt." (P. Federn: Über zwei typische Traumsensationen, in: S. F. [Hg.]: Jahrbuch der Psychoanalyse, VI 128) Der Phallus wir daher „bei allen Völkern geflügelt dargestellt" (129), wie denn umgekehrt Vögel als exquisites Sexualsymbol in Erscheinung treten und als Kinder- bzw. Seelenbringer fungieren. (Vgl. E. Jones: Die Empfängnis der Jungfrau Maria durch das Ohr, in: S. F. [Hg.]: Jahrbuch der Psychoanalyse, VI 179—193) Auf der

Subjektstufe ließe sich das Bild der geflügelten Schlange als ein Bild der Vereinigung der Gegensätze lesen: „von oben nämlich kommt Luftiges, Intellektuelles, Geistiges, von unten Leidenschaftliches, Körperliches, Dunkles." (C. G. Jung: Zur Empirie des Individuationsprozesses, IX 1, 337) Die Kerube, welche die Menschen künftig vom Paradies, dem Bild des Selbst, trennen, würden somit offenbar machen, daß der Weg der von Gott verstoßenen Menschen ein Weg des fortschreitenden Selbstverlustes sein wird, daß die Menschen künftig buchstäblich vor sich selbst auf der Flucht sein werden. Daneben ergäbe sich bei der Deutung der Kerube als Phallussymbole immerhin der bedenkenswerte Zusammenhang, daß das, was die Menschen in Verführung brachte, zugleich nach einem echten jus talionis das ist, was sie vom Paradiese ausschließt. Die Doppelung der phallischen Symbole von Flammenschwert und Kerube müßte traumsymbolisch auf der Objektstufe als Ausdruck von Kastrationsangst verstanden werden (S. F.: Die Traumdeutung, II/III 362; vgl. C. G. Jung: Das Wandlungssymbol in der Messe, XI 258—259).

In diese Richtung weist auch die Deutung, die O. Rank für die Kerube vorschlug, indem er in ihnen als den Hütern der verbotenen Frucht ein ödipales Vatersymbol erblickte (O. Rank: Psychoanalytische Beiträge, 122). Diese Interpretation würde noch einmal verdeutlichen, worauf wir schon früher mit Bezug auf Gn 3, 14—15, die Verfluchung der Schlange, hingewiesen haben: daß das Motiv vom Drachenkampf, wenn davon überhaupt Anklänge in der j Sündenfallerzählung enthalten sein sollten, die Sünde der Menschen nicht begründet, sondern sich allenfalls aus der Sünde der Menschen ergibt: die Menschen, die mit der Schlange *nicht* gekämpft haben, müssen fortan ohne Unterlaß mit der Schlange kämpfen, und was die Mythen von dem siegreichen Drachenkämpfer erzählen, der die verbotenen oder schwer erreichbaren Früchte des Lebens erobert, dient für J nur dazu, den Glauben der Mythen zu desillusionieren: gegen die Kerube Jahwes treten keine Menschen zum Kampf um die Unsterblichkeit mehr an; vielmehr werden im folgenden die todverfallenen Menschen gegeneinander kämpfen (Gn 4, 1—16).

8. Die Strafen Gottes und die fünf paläoanthropologischen Grundformen der Angst (Gn 3, 8—24)

Mit den vorgeschlagenen Deutungen der Strafen Gottes in Gn 3 könnten wir zufrieden sein, bliebe nicht die Grenze der psa Interpretation allzu deutlich. Die einzelnen Strafen erlauben von Fall zu Fall eine gewisse psa Deutung und ordnen sich auch in etwa in die Thematik von Objektverlust und Schuldgefühl ein. Aber was J eigentlich in Gn 3, 8—24 meint, daß all die „Strafen" eine Charakterisierung der Grundbefindlichkeit des nur natürlichen Lebens des Menschen darstellen, der ohne Gott sich selbst ausgeliefert ist, — gerade das wird psa allein nicht verständlich —, noch weniger begreifen wir, wieso die „Strafen" eine exakte Umkehrung von Gn 2 darstellen (I 47; 107).

Die Aufgabe, der wir uns gegenübersehen, besteht in der Frage, wie wir den Katalog der Strafen in Gn 3 unter einem einheitlichen Gesichtspunkt als eine Beschreibung des menschlichen Daseins in seinen Urgegebenheiten zusammenfassen können. Glücklicherweise scheint es solch einen übergreifenden Aspekt zu geben, und zwar ist es derselbe, der uns bereits in Gn 3, 1—7, bei der Analyse der „Sündenfallerzählung", so entscheidend weitergeholfen hat: es ist der Aspekt der Angst. Wir müssen die Analyse der Angst lediglich aus dem Rahmen der Ontogenese — und damit der Psa — herauslösen und sie dort ansiedeln, wo sie der Intention von J zufolge hingehört; wir müssen die „Strafen" in Gn 3 als Beschreibungen von Urängsten lesen, wie sie zum menschlichen Dasein selbst gehören. Während die Psa gezeigt hat, welche Urängste ontogenetisch in der individuellen Entwicklung angelegt sind und hinter den Bildern von Gn 3 stehen könnten, muß es jetzt darum gehen, empirisch zu untersuchen, welche Ängste stammesgeschichtlich zur biologischen Einrichtung des Menschen zu gehören scheinen. Nach wie vor steht im Mittelpunkt der Untersuchung die zentrale Aussage des J in Gn 3, daß das *ganze* Dasein des Menschen ohne Gott Angst ist. Es läßt sich aber zeigen, daß die Wesenszüge der conditio humana, wie J sie nach dem „Sündenfall" kennzeichnet, mit bestimmten Hauptformen menschheitlicher Angst identisch sind.

R. Bilz gebührt das Verdienst, den philosophischen Begriff der „Daseinsangst" auf fünf empirisch belegbare Urängste zurückgeführt zu haben, die man seiner Meinung nach als „Facetten der Daseins-Angst" bezeichnen könnte. (R. Bilz: Paläoanthropologie, I 431) Entsprechend seiner Methode, bestimmte Verhaltensweisen des Menschen mit bestimmten szenarischen Ursituationen in Verbindung zu bringen und ihnen damit eine festgelegte funktionale Sinngestalt zuzuordnen, unterscheidet sich die Klassifikation, die Bilz vorschlägt, wesentlich von der antriebsorientierten Angsttheorie, die wir in der entwicklungspsychologischen 4-Phasen-Lehre der Psa als Grundlegung der entsprechenden vier Neuroseformen antreffen (vgl. F. Riemann: Grundformen der Angst).

222

Bilz fragt nicht, wie zunächst die Psa, nach den ontogenetischen Entwicklungsstufen der Angst, sondern überlegt, ob gewisse Ängste im Menschen nicht bereits stammesgeschichtlich präformiert sein könnten; sein Untersuchungsfeld erstreckt sich mithin auf Analogien und Homologien des Angstverhaltens im Tierreich und auf den Bereich der sog. „Notfallreaktion" im Sinne von W. B. Cannon mit den entsprechenden „Wildheitsmerkmalen" des menschlichen Verhaltens. Allerdings kommt Bilz von seinem Ansatz her von vornherein zu einer wichtigen Korrektur der psa Auffassung, insofern er mit H. Hediger („Die Angst des Tieres", Universitas 14 [1959], 929) der Meinung ist, „daß nicht Hunger und Liebe die Säulen sind, auf denen die animalische Existenz steht, sondern daß dem Prinzip der *Feindvermeidung* der Primat zukommt . . ., kraß ausgedrückt, daß uns die *Paranoia* tiefer ergreift oder näherliegt als etwa die Sexualneurose." (Rud. Bilz: Ammenschlaf-Experiment und Halluzinose, in: Paläoanthropologie, I 212) Andererseits werden wir sogleich sehen, daß auch hinter den fünf Grundängsten, die Bilz analysiert, naturgemäß bestimmte Triebenergien stehen, die auch die Psa anerkennt, nur daß die psa Konzeption von Bilz mit Erkenntnissen der Verhaltensforschung zu einer Lehre vom urtümlichen Verhalten des Menschen, zur Paläoanthropologie, ausgestaltet und damit die Beziehung der Ontogenese zur Phylogenese, statt durch Spekulation, durch präzise Beobachtungen aufgewiesen wird.

a) Die Schuldangst (Gn 3, 8—10)

Wir haben vorhin das Phänomen der Schuldangst als eine introjizierte Form sozialer Angst beschrieben. Würden wir es bei dieser Darstellung belassen, so könnten wir den Eindruck gewinnen, als sei die Schuldangst ein Verhalten, das ganz und gar auf den Menschen beschränkt wäre und erst als ein Erwerb kulturbedingter Triebeinschränkungen auftauchen würde; S. Freud war wirklich dieser Meinung. Dem ist aber nicht so. Vielmehr lassen sich Vorformen der Schuldangst schon bei Tieren, die in Sozietäten leben, nachweisen, und zwar in der Situation des Anstoßgebens und Anstoßnehmens, auf die der Biologe F. Goethe („Über das ‚Anstoß-Nehmen' bei Vögeln", Zeitschrift für Tierpsychologie, 3 [1940], 3) erstmals hingewiesen hat. F. Goethe beschreibt, „wie etwa bei den Möwen das Äußere die Aufmerksamkeit der Mitmöwen erregt. Tiere, die sozusagen nicht die vorgeschriebene Robe tragen, werden von den anderen tödlich angegriffen. Es reicht dazu als ‚Anstoß' aus, daß ihnen Federn

verklebt sind. Es besteht anscheinend die Tendenz zur Uniformierung"
(R. Bilz: Über das emotionale Partizipieren, in: Die unbewältigte Vergangenheit des Menschengeschlechts, 64), wie sie P. R. Hofstätter analog in menschlichen Gruppen als Neigung zur „Meinungskonvergenz" und „Uniformität in Tun und Meinung" aufgezeigt hat (P. R. Hofstätter: Gruppendynamik, 75; 88).

Schon unsere Sprache zeigt, daß auch uns Menschen das Verhalten der Möwen gegenüber normabweichenden Außenseitern nicht fremd ist, können doch auch wir über einen ärgernisgebenden Zeitgenossen „herfallen" und „auf ihm herumhacken". Und wie die Tiere, sind auch wir Menschen am meisten in der Gruppe geneigt, einen Außenseiter mit „Schnabelhieben" des Leumundes und Klatsches, aber auch mit allen Formen physischer Vernichtung aus unserer Mitte auszumerzen. Der Anstoßgebende auf der einen Seite und der anstoßnehmende Mob, die Mobbing-Gruppe mit ihrem Aggressionsaffekt auf der anderen Seite, verbinden sich zu einer archetypischen Szene von Schuld (= Krankheit, Abweichung) und Sühne (= Ausmerzung), deren biologisch-selektiver Sinn in der Vernichtung des Krankhaften durch die Gruppe liegen dürfte. Der Mobbing-Haß, etwa in der Lynch-Justiz der Masse, übersieht auf paläoanthropologischem Niveau die uns moralisch inzwischen geläufige Differenz von Schuld und Krankheit; er sucht schlechthin auszurotten, was von der guten Norm abweicht. Als Beispiel für die Mobbing-Aggressivität mag dem Bibelkundigen die Geschichte von dem tödlichen Haß gelten, mit dem die Brüder Josephs den jüngsten Sohn Jakobs bedachten, als er es wagte, sich einen schönen, farbenfrohen Rock von seinem Vater schenken zu lassen (Gn 37, 3.23.32). Und wer nach Belegen für den paläoanthropologischen Charakterzug unseres Verhaltens in der Gegenwart sucht, wird bemerken können, wie etwa ein 15jähriges Mädchen, das völlig unschuldig von einer Brandverletzung im Gesicht entstellt worden ist, wahrscheinlich sein Leben lang auf das sonst selbstverständliche Glück, geliebt zu werden und einmal eine Familie zu begründen, wird verzichten müssen. Bilz erinnert an die Stotterwitze, deren Lachen töten kann. (Paläoanthropologie, I 434)

In diesen archaischen Reaktionsmechanismen dürfte der Grund für die alte biblische Gleichung liegen, daß der Kranke, Elende zugleich der Schuldige, der von Gott Gestrafte ist, eine Identifikation, von der auch das Opfer der Mobbing-Feindschaft nicht zuletzt selbst überzeugt ist. Wir dürfen, meint Bilz, bei dem Träger der Mobbing-Aggressivität eine entsprechende Angst annehmen, die einer Todesangst gleichkommt und die zugleich als eigene Schuld erlebt wird, so als wenn die anderen ein gutes Recht besäßen, über die Möwe mit den teerverschmierten Federn oder über das Huhn mit einer Federkrankheit herzufallen. „Das singuläre Subjekt ist der Anstoß-Victimisation seitens der Gruppe gewärtig, und genau diese Unheils-Gewärtigung, die man auch als Sorge bezeichnen könnte, ist mit einer Schuld-Angst verquickt." (Bilz: Paläoanthropologie, I 434)

Das „soziale Gewissen", das wir psa als Urform der menschlichen Schuldangst in Gn 3, 8—10 erkannt haben, hat also wohl seine biologische Vorform in der Mobbing-Angst des Tieres, das durch seine bloße optisch wirksame Andersartigkeit den Haß der anderen Artgenossen seiner Sozietät auf sich vereinigt. Daß die Lynchjustiz besonders gern optische Auslöser zum Anlaß des Anstoßnehmens nimmt, scheint eine gewisse Analogie zu der Hast aufzuweisen, mit der die Menschen nach dem „Sündenfall" sich den Blicken Gottes in deutlicher Expositionsvermeidung zu entziehen trachten und ihre Schuldangst in Form der Kleiderproblematik zu bearbeiten versuchen. Wer gesehen hat, wie Hühner einen an Schreckmauser erkrankten Artgenossen mit vernichtenden Schnabelhieben ausmerzen, der kann verstehen, daß die Schuldangst der Menschen in Gn 3, 8—10 infolge ihrer Nacktheit, ganz unabhängig von den soeben analysierten sexuellen Komponenten, in sich selbst bereits den Charakter von Todesangst annehmen kann: das nackte Huhn muß sterben.

Die Furcht, angeblickt zu werden, enthält indes noch eine andere archaische Funktionsbereitschaft, die zu der rangabhängigen Hackordnung des „Krähengerichtes", der Mobbing-Aggressivität, in Beziehung steht. Es zeigt sich nämlich, daß in der Lynchjustiz nicht alle zugleich über den Außenseiter herfallen, sondern daß eine streng geregelte Reihenfolge besteht, die beim Ranghöchsten beginnt und beim Rangniedrigsten endet. Wie sich bei der Untersuchung des Rangverhaltens von Wölfen ergab, erfolgt die Rangverteilung durch das „Maßnehmen" im Blick. „Wenn zwei etwa gleichrangige Wölfe einander gegenüberstehen, blicken sie einander an und knurren dabei. Da messen sie sich gleichsam mittels der Blicke." (R. Bilz: Biologische Radikale, in: Paläoanthropologie, I 119) Der Tiefrangige muß es sich gefallen lassen, als „unansehnlich" behandelt zu werden; er ist selbst bestrebt, dem Blick des Höheren auszuweichen; und die öffentliche Zurschaustellung des Anstoßgebenden, die zwangsweise Exposition des Tiefrangigen ohne ein mögliches Residuum der Geborgenheit ist in der menschlichen Rechtsprechung von so furchtbarer Peinlichkeit und Todesangst, daß sie im Pranger, im öffentlichen Ausstellen des Delinquenten auf dem Marktplatz, lange Zeit ein

Teil des gesetzlichen Strafvollzuges bildete. Umgekehrt kommt dem Ranghöchsten das uneingeschränkte Kontrollrecht zu; er darf seine Blicke auf jedermann richten, wie er sich im Bewußtsein seiner Würde auch vor den anderen „sehen lassen" kann: der Hochrangige ist „ansehnlich", ihm schadet die Exposition nicht, ihm gereicht sie zur Ehre; er nimmt den „Hochsitz" vor den Augen der Untergebenen ein, damit man auf ihn schaue.

Insofern steckt hinter dem Bestreben der Blickvermeidung des schuldig gewordenen Menschenpaares in Gn 3, 8—10 zugleich das Eingeständnis der Tiefrangigkeit und Minderwertigkeit, für welche die „Nacktheit" nur wie ein verstärkender Ausdruck wirkt; Gott hingegen, der das Recht zur Blickkontrolle besitzt, tritt als der uneingeschränkt Hochrangige auf den Plan. Der Gott, der alles sieht (vgl. R. Pettazzoni: Der allwissende Gott, 24—69), ist per definitionem der ranghöchste Herr der Welt und „Vater des Himmels".

So paßt denn in das Bild der oral-depressiven Gestimmtheit, die wir in Gn 3 konstatiert haben, dieses Gefühl der „Unansehnlichkeit", „Tiefrangigkeit" und „Schuldangst" vor dem „Angeprangertwerden" seitens der höchsten Autorität. Unrichtig, weil exegetisch haltlos, ist lediglich die an sich mythisch durchaus mögliche Vorstellung von Bilz, der Tod, der auf dem Genuß vom Erkenntnisbaum stünde, sei ein Voodoo-Tod und die Menschen müßten eigentlich auf der Stelle nach dem Essen vom Tabu-Baum einen Vagus-Schuld-Tod sterben, wenn sie nicht von der Schlange eines Besseren belehrt würden (Bilz: Paläoanthropologie, I 30—31; 444); das Problem des Vagus-Todes ergibt sich erst als Charakterisierung der Ausweglosigkeit des gesamten Daseins in Gn 3, 8—24; in dieses führt die Schlange erst hinein, von ihm erlöst sie nicht, wie Bilz indirekt auch selbst zugibt (a.a.O., 446).

b) Die Verarmungs- und Verhungerungsangst (Gn 3, 17—19a)

Zur depressiven Form der Selbstwahrnehmung gehört auch die Angst, ständig zu verarmen, immer mehr abzunehmen und zu verlieren, als ob das unausweichliche Älterwerden nur den Aspekt des biologischen Abbaus und der Auflösung, nicht zugleich auch der psychischen Reifung und Vollendung besäße. Die Angst vor der Verarmung des emotionalen Haushalts findet ihr Pendant in der Angst vor der Verarmung der wirtschaftlichen Existenzgrundlage. Zu Recht weist Bilz darauf hin, daß die Angst des Melancholikers vor dem Verarmen die ständige Angst archaischer Lebensformen vor dem Verhungern psychisch wiederholt. Die Angst vor dem jederzeit möglichen und bereits wirklichen Nahrungsverlust ist ohne weiteres als ein Grundzug des tierischen wie des urtümlich menschlichen Lebens plausibel. Besonders die Art und Weise, in der die Reihenfolge der Nahrungsaufnahme durch die Reihenfolge des Ranges der einzelnen Tiere streng geregelt wird, unterstreicht die fundamentale Bedeutung der Nahrungsbeschaffung für das innerartliche Zusammenleben. Das rangniedere Tier hat, bevor es sich sein Futter holt, die Erlaubnis des Ranghöheren einzuholen, und das Alpha-Tier verdient, wie der indische Gott Shiva, aufgrund seiner Machtfülle den achtungsgebietenden Titel „Herr der Tiere" bzw. der Beute zu erhalten. Selbst die vierte Bitte des Vaterunsers wendet sich an Gott als Spender aller guten Gaben um die gnädige Gewährung des „täglichen Brotes". (Vgl. R. Bilz: Paläoanthropologie, I 492; vgl. R. Pettazzoni: Der allwissende Gott, 86—98) Am höchsten steht derjenige, der das unwidersprochene Recht besitzt, sich am meisten „herauszunehmen"; und die ursprüngliche Weisheit der Höflichkeit besteht wohl darin, daß die Rangniederen am Hof der Alpha-Tiere warten, bis auch die „armen Schlucker" „abgespeist" werden, nicht anders, als es Christus in dem Gleichnis vom Herrn und Knecht (Lc 17, 7—10) voraussetzt. (Vgl. R. Bilz: Paläoanthropologie, I 489) Und ganz wie die eschatologischen Mahnungen Jesu, den letzten Platz zu wählen, auf eine feststehende Rangverteilung am Tisch anspielen (Lc 14, 8—10), so bekundet sich der „Zwang zur archaischen Nahrungsbescheidenheit", den die biologisch und sozial Tiefrangigen erleiden, noch in der Selbstverständlichkeit, mit der z. B. in einer Gastwirtschaft ein jeder sich nach Möglichkeit einen Eckplatz sichert: nur der Feudalherr ist befugt, in ehrenvoller Exposition vor aller Augen zu speisen. (Vgl. R. Bilz: Mensch und Tier, in: Paläoanthropologie, I 124—125)

Man versteht von daher die archaische Angst vor dem Nahrungsverlust und die Beziehung, die diese Sorge zur Tiefrangigkeit einnimmt. Aber auch die spezifische Mühsal, mit der in der Strafrede Gott den Menschen zum Ackerbau verurteilt, dürfte einen bestimmten paläoanthropologischen Hintergrund haben. Denn ohne Zweifel gehört die „Domestikations-Stetigkeit" kultureller Arbeit nicht zu den ursprünglichen Funktionseinrichtungen des Menschen. Unsere Vorfahren waren Jäger und Sammler; sie übten zur Nahrungsbeschaffung Tätigkeiten aus, die mit ihrer Abwechslung und Spannung in sich lustvoll waren. Das „Paradies" der Nahrungssuche wird man sich am besten in Analogie zu der Sammlertätigkeit der Gorillas vorzustellen haben, die in lockeren Pausen, ihrem Bewegungsdrang folgend, umherschweifen. Wie schwer es hingegen dem Menschen gefallen sein muß, dieses urtümliche Verhalten zugunsten einer geregelten Arbeitsweise aufzugeben, zeigt das Verhalten mancher Neurastheniker, die sich in keinerlei festen Arbeitsrhythmus einzupassen vermögen. Ja, es muß wunder nehmen, daß der Mensch überhaupt zu einer solchen Domestikationsleistung wie der systematischen Feldbestellung fähig war: ein Zebra könnte man, im Unterschied zum Pferd, niemals zu gleichbleibender Arbeit anleiten. (Vgl. R. Bilz: Mensch und Tier, in: Paläoanthropologie, I 127)

c) Die hypochondrische Angst (Gn 3, 19)

Die Verarmungsangst, ins Körperliche gewendet, ergibt im Erscheinungsbild der Melancholie die hypochondrische Angst, welche die Realität des fortschreitenden körperlichen Verfalls maßlos übertreibt und die Todesgefahr gewissermaßen in jedem Augenblick erlebt. Als der römische Kaiser Marc Aurel nachsann über die „Kürze des Lebens, das Gähnen der Ewigkeit hinter einem und vor einem, die Schwäche jeden Stoffes" (Marc Aurel: Wege zu sich selbst, XII 7), folgerte er aus seinen Überlegungen, daß es schimpflich sei, wenn im Leben die Seele früher verzage als der Körper (VI 29). Gerade umgekehrt hält es der Hypochonder: ihm verzagt über die Möglichkeit eines zukünftigen körperlichen Versagens die Seele gewissermaßen schon vorweg in der gegenwärtigen Wirklichkeit; und so voller Angst sieht er dem Zerfall seines Leibes entgegen, als wenn er jeden Augenblick nicht sterben *könnte*, sondern bereits im Begriff stünde zu sterben, so daß sein ganzes Leben ihm wie ein dauerndes Getötetwerden anmutet, als drehe sich, wie Thomas Bernhard es einmal ausgedrückt hat, das ganze Leben um „einen einzigen Roheitsakt" und als müsse man stets in „Kalkül ziehen, was tötet", denn der „Tod macht alles infam." (T. Bernhard: Frost, 279) Es bedarf keiner Erläuterung, daß dieses Gefühl, wenngleich in krankhafter Verzerrung, eine Sorge wiedergibt, die in Gn 3, 19, in der Todesdrohung Gottes, ausgesprochen wird und die seit alters den Menschen vom Tier unterscheidet. Die Frage nach dem Tod ist das sicherste Indiz dafür, daß ein Lebewesen Probleme zu lösen hat, die nichtbiologischer Natur sind und die mit nichtbiologischen, im Grunde nur mit religiösen Mitteln beantwortet werden müssen. Mit Recht hat H. Kühn in seinen Ausführungen zu den Bestattungsriten des Mesolithikums auf die zentrale Bedeutung des Todes im Denken des archaischen Menschen hingewiesen: „Alle religiösen Vorstellungen haben sich, solange die Menschheit besteht, um den Tod gruppiert. Der Tod ist eine Erscheinung, die jenseits des Wunsches und des Willens liegt, eine Erscheinung, in der sich eine höhere, unbestimmte, unerkannte Macht offenbart." (H. Kühn: Der Aufstieg der Menschheit, 38) Mit der Entdeckung des Todes beginnt das uns bekannte Menschsein — und müßte doch, nach Gn 3, 19, nicht ein „Sein zum Tode" sein.

d) Die Segregationsangst (Gn 3, 23.24)

Regelmäßig in den Klagen des Depressiven findet sich die Angst, verlassen und allein zu sein. Bilz bringt diese Vereinsamungsangst mit der paläoanthropologischen Szene des Herden- oder Hordenverlustes in Verbindung. „Unsere paläolithischen Vorfahren waren, falls sie den Anschluß verloren hatten, dem Tod ausgeliefert ... Der Mensch, der in einem Schneesturm oder bei der Überquerung eines Gewässers den Anschluß an die Sozietät verlor und in diesem Sinne ‚verloren wurde‘, war ... ‚verloren‘, d. h. ‚ein verlorener Mann‘." (R. Bilz: Paläoanthropologie, I 440) Verlassenheit ist dieser Urszene nach identisch mit Verlorenheit. Treffend zeigt sich dieser Zusammenhang semantisch im Hebräischen, indem das Wort für „sich verlieren", „umherirren" (*'bd*) in dem verwandten Aramäischen die Bedeutung „zu Grunde gehn" annimmt (vgl. W. Gesenius: Hebräisches und aramäisches Handwörterbuch über das Alte Testament, 2); etymologisch leitet sich das Wort '*bd* von *bd* — „Vereinzelung", bzw. *bdd* — „abgesondert", „einsam sein" her. (Vgl. J. Fürst: Hebräisches und chaldäisches Schul-Wörterbuch über das Alte Testament, 2; 72) Wenn es zutrifft, daß die Angst eine Reflexbewegung des Sich-Anklammerns auslöst, wie wir bei der Analyse der Baumsymbolik meinten, so versteht man die Furchtbarkeit des Verlassenheits-Erlebens: die Segregationsangst ist eine Angst, die buchstäblich einen Griff ins Leere auslöst. So klagt denn der Depressive zumeist darüber, daß ihn doch niemand versteht, daß sich für ihn und seine Nöte doch niemand interessiert, daß für ihn doch niemand da ist; und er kann sprechen, wie der 38 Jahre lang Gelähmte am Teich Bethesda zu Jesus sagte: „Ich habe keinen Menschen" (Joh 5, 7). „Die Gewißheit, den Kontakt verloren zu haben, kann zu einer katastrophalen Angst führen." (R. Bilz: Die Kuckucks-Terz, in: Paläoanthropologie, I 332) Die Gefahr der Segregation, der Absonderung einzelner von der dahinziehenden Herde scheint so groß (gewesen) zu sein, daß offenbar eine bestimmte Art des Hilferufs erbmäßig vorgeprägt wurde, indem die kontaktstiftenden Rufe der Abgeirrten, sobald die optische Verbindung abreißt, in dem Intervall der Kuckucksterz, meist zweisilbig mit weithin tragenden U-Lauten, ausgestoßen werden. Erfolgt keine Antwort mehr, ist die Segregation wirklich eingetreten, so stellt sich eine depressive Reaktion ein, wie sie schon Freud im Zusammenhang mit dem sog. „Objektverlust" und dem nachfolgenden „Ichverlust" beschrieben hat. (S. F.: Trauer und Melancholie, X 435)

Wenn J mithin die Erzählung vom „Sündenfall" mit der Ausweisung aus dem Paradies enden läßt, so lernen wir den Zustand der Verbannten jetzt als eine Situation der Segregation, der Verlorenheit, der Urangst radikaler Vereinzelung verstehen. Daß in der Bildersprache der j Urgeschichte Sünde und Verlorenheit so eng zusammenhängen, hätten wir exegetisch so eindeutig nicht zu sagen gewußt; umgekehrt verstehen wir, daß das Gleichnis Jesu vom verlorenen Schaf (Mt 18, 12—14; Lc 15, 4—7) sich auf einen zentralen Aspekt der j „Sündenfallerzählung" beziehen läßt: der Mensch, der sich von Gott getrennt hat, ist ein Verlorener, wenn Gott ihn nicht von sich aus sucht; Gott aber sucht ihn. In den Bildern paläoanthropologischer Erfahrungen kristallisiert sich vor unseren Augen eine Theologie heraus, die das ganze Geheimnis von Schuld und Erlösung in der Bibel umfaßt, die aber erst durch Kenntnis der entsprechenden Urszenen erschlossen werden kann.

e) Die Angst der Ausweglosigkeit (Gn 3, 19)

Der Kern des depressiven Erlebens drückt sich in dem Gesamteindruck der Ausweglosigkeit aus; diese muß nicht objektiv bestehen, aber die Bedeutung, die das Subjekt einer bestimmten Situation verleiht, kann aufgrund der subjektiven Erlebnisvoraussetzungen den Eindruck der Ausweglosigkeit annehmen, und allein dies entscheidet über die Art der Reaktion des Subjekts.

Als die Urszene der Ausweglosigkeit betrachtet Bilz die Situation des Subjektes in der Gewalt eines Feindes, etwa eines Raubtieres, eines Jägers u. ä. (R. Bilz: Der Vagus-Tod, in: Die unbewältigte Vergangenheit des Menschengeschlechts, 250—253); und er meint, daß die Natur selbst die Ausweglosigkeit durch einen physiologischen Ausweg korrigiert habe, insofern eine archaische Reaktionsbereitschaft bestehe, in der Situation der Ausweglosigkeit als Notausgang einen suizidalen Mechanismus in Gang zu setzen. Als Beispiel referiert er den 1957 von dem amerikanischen Physiologen C. Richter publizierten Versuch an Ratten: Richter hatte wilde Ratten in einen mit Wasser gefüllten Glaszylinder geworfen, aus dem sie mit eigener Kraft nicht entrinnen konnten; nach wenigen Minuten verzweifelter Erregung starben die Tiere durch vagovasale Verlangsamung des Herzschlags; zahme Laboratoriumsratten hingegen schwammen mehr als 80 Stunden bis zur Grenze ihrer physischen Leistungsfähigkeit um ihr Leben. Hatte Richter den wilden Ratten *einmal* mit Hilfe eines Stockes eine Fluchtmöglichkeit geboten, so schwammen auch sie bis zur Erschöpfung: das Bedeutungserleben der Auswegslosigkeit war sichtbar durch eine Vorform von Hoffnung, geboren aus einer einzigen Erfahrung von Rettung, ersetzt worden; es bedurfte nicht der Gnade des Vagustodes. Zu Recht sieht Bilz in dem Erlebnis dieses Experimentes eine Bestätigung des Wortes, das Paulus in Anlehnung an Ps 22, 6; 25, 3.20 ausspricht: „Die Hoffnung aber läßt nicht zuschanden werden." (Rm 5, 5; vgl. R. Bilz: Auswegslosigkeit, in: Paläoanthropologie, I 420)

Umgekehrt führt die Auswegslosigkeit zu einer Vagus-Präponderanz in Form depressiver Apathie, überhöhten Schlafbedürfnisses, schließlich letaler Mechanismen. Die Vagotonie und die Verstrickung in Auswegslosigkeit korrespondieren miteinander.

Bei der Exegese der Todesandrohung Gottes in Gn 3, 19 hatten wir gemeint, daß für den Menschen die Aussicht des Sterbenmüssens u. U. einen gewissen tröstlichen, nicht nur strafenden Aspekt haben könnte. Das läßt sich nun bestätigen. J. schildert das Leben der Menschen, wie es durch den „Sündenfall" geworden ist, als nach allen Seiten auswegslos, als ein Dasein, das in Sorge, Angst, Schuld, Einsamkeit und Tod, mit Heidegger zu reden, „hineingeworfen" ist, nicht anders als die Ratten in Richters grausamem Experiment in die unentrinnbare Wasserschale. Es zeigt sich, daß zum Lebenkönnen bereits bei höher organisierten Säugetieren ein Moment der Hoffnung gehört, dessen Fehlen den Tod als einen Akt der Liebe und des Mitleids der Natur angesichts eines aussichtslos gewordenen Lebenskampfes erscheinen läßt, so wie Thomas Wolfe es in seiner Novelle „Tod, der stolze Bruder" in einem depressiv-lyrischen Preisgesang des Sterbendürfens gefeiert hat, den wir seiner monumentalen Schönheit wegen hier nicht unerwähnt lassen möchten: „Stolzer Tod, wo wir immer dein Antlitz sahen", sagt Th. Wolfe, „kamst du mit Erbarmen, Liebe und Mitleid und hast uns allen, Tod, deinen mitfühlenden Schiedsspruch von Gnade und Entlassungen gebracht. Hast du nicht die verzweifelten Leben derer, die nie ihr Heim fanden, aus der Verbannung zurückgeleitet? Hast du nicht deine dunkle Tür aufgetan für uns, die noch nirgends Türen zum Eintreten fanden, und uns Obdach gegeben, die wir obdachlos, türlos, trostlos immerdar auf den Straßen des Lebens hingetrieben wurden? Hast du uns nicht ... die Sicherheit und den Frieden gegönnt, nach denen unsre überbürdeten Herzen verlangten, und uns in deinem dunklen Haus die Ruhe bereitet, ein Ende gesetzt all der qualhaften Wanderschaft und der Unrast, die uns ständig voranpeitschte? ... weil du uns allen, den Namenlosen, Gesichtslosen, Stimmlosen, den kleinen Leuten auf Erden, das bange Charisma deiner Großartigkeit gibst, und weil ich dich, Tod, so genau gesehn und erkannt und so lang mit deiner Schwester, der Einsamkeit, gelebt habe, deswegen, Freund, hab ich keine Angst mehr vor dir, deswegen hab ich diesen Preis auf dich erdacht." (Th. Wolfe: Tod, der stolze Bruder, in: Sämtliche Erzählungen, 50—51)

Es mag eine offene Frage sein, ob Freuds Annahme, es gebe einen autochthonen Todestrieb, der darauf gerichtet sei, „zur Ruhe der anorganischen Welt zurückzukehren", eine biologisch sinnvolle Hypothese darstellt (S. F.: Jenseits des Lustprinzips, XIII 68); keine Frage ist es, daß Menschen, deren Dasein sich so ausweglos gestaltet, wie J es in Gn 3, 8—24 darstellt, von einem unaufhaltsamen Drang zur Zerstörung ihrer selbst geleitet werden; ohne Gott gibt es keine größere Sehnsucht als den Tod, vorausgesetzt, daß man J zustimmt, daß Gott allein des Menschen Ausweg aus der „Türlosigkeit" des Daseins (Gn 3, 24) ist.

f) Das Elend des Daseins

Dem Leser wird es nicht entgangen sein, daß die fünf aufgeführten Urängste innerlich zusammengehören und eine Einheit bilden. Der gemeinsame Inhalt aller genannten Ängste ist die Angst vor dem Vernichtetwerden, vor dem Tod, der durch den Schiedsspruch der Mobbing-Gruppe ebenso eintreten kann wie durch Armut und Verhungern, durch den Verlust körperlicher Integrität ebenso wie durch Abgetrenntsein und Ausweglosigkeit. Allen Ängsten gemeinsam ist ihre Zugehörigkeit zur depressiven Erlebnisbereitschaft; dies deckt sich mit unserer früheren Feststellung, daß das Angsterleben (in der Theorie Freuds) durch bestimmte Formen von Objektverlust ausgelöst wird, ist doch die Depression durch nichts mehr gekennzeichnet als durch den Verlust ehemals narzißtisch besetzter Libidoobjekte, ohne deren Gegenwart das Ich meint, nicht leben zu können. Und damit sind wir für die Interpretation der sog. „Strafen" Gottes in Gn 3, 8—24 zu einer sehr wichtigen Feststellung gelangt.

Deutlich sichtbar wird nämlich, daß die Angst nicht nur, wie wir bei der Exegese der j „Sündenfallerzählung" meinten, eine entscheidende Rolle bei der Versuchung der Menschen und ihrem Abfall von Gott in Gn 3, 1—7 spielt, — die Angst prägt vielmehr das gesamte Dasein des Menschen, der sich von Gott abgewandt hat. Wenn wir im 1. Teil der vorliegenden Arbeit der „Sündenfallerzählung" die Überschrift gaben „Im Getriebe der Angst" (I 53), so können und müssen wir diesen Titel jetzt auf das ganze Kapitel von Gn 3 ausdehnen. Denn indem J den Menschen als einen schildert, der von Grund auf sich in Schuld verstrickt fühlt (Gn 3, 8—10), der ärmer und ärmer wird und in Mühsal sich ernähren muß (Gn 3, 17—19a), der unrettbar dem körperlichen Verfall ausgesetzt ist (Gn 3, 19b.23.24), der aus seiner Misere prinzipiell nicht mehr entweichen kann — denn es gibt kein Zurück (Gn 3, 24) und es ist Gott, der spricht, — da greift er alle Ängste auf, die den Menschen wie eine Urmitgift quälen, und zwar doch wohl, um in den Bildern paläoanthropologischer Urängste auszudrücken, daß das Dasein des Menschen ohne Gott von Grund auf in all seinen Facetten, wohin man schauen mag, von Angst beherrscht ist, daß das Dasein des Menschen als ganzes in Angst geworfen ist.

In der Exegese von Gn 2 und Gn 3 haben wir darauf hingewiesen, daß die Angst den Menschen von Gott trenne und die Strukturen seines Daseins grundlegend umqualifiziere; jetzt sehen wir, daß ein Leben ohne Gott im Sinne des J nur eine einzige Struktur besitzt: die Angst. Lediglich ein Begriff wäre noch ähnlich adäquat, die Situation des Menschen in der j Urgeschichte zu kennzeichnen: statt von der Angst können wir auch sprechen vom „Elend" des Menschen, vorausgesetzt, wir gebrauchten dieses Wort im althochdeutschen Sinn, wo „Elend" soviel wie „Verbannung", „fremdes Land" bedeutet (F. Kluge: Etymologisches Wörterbuch der deutschen Sprache, 163); denn dann umschlösse es, wie die depressive Angst, den Verlust all dessen, was dem Menschen zum Leben wesentlich ist, und es böte den Vorteil, daß es als wirklich schildert, wovor die Angst noch als Möglichkeit zittert. Elend ist der Mensch, weil er alles verloren hat, wovon er lebt. Freilich ist der Mensch in Gn 3, 24 noch weit davon entfernt, die objektive Ausweglosigkeit seiner Situation ohne Gott auch subjektiv zu realisieren; insofern ist das Elend objektiv, die Angst aber die subjektive Grundbestimmung des menschlichen Daseins. Nirgendwo ist diese Lage treffender gekennzeichnet als in dem hebräischen Wortspiel der Psalmen, in dem das Ich des Beters mit seiner Wesensnichtigkeit verschmilzt und das Wort für „ich" ganz ähnlich klingt wie das Wort für „Elend", „Armut": „ich — der Nichtige" müßte man übersetzen.

('nj — 'nj: Ps 40, 18; 69, 30; 70, 6; 86, 1; 88, 16; 109, 22) Der Beter der
Psalmen sieht sich, wie er wirklich ist; der Mensch in Gn 3 nicht, jedenfalls unternimmt er noch viel, um sich vor der Einsicht in sein Elend zu
schützen und sie durch Kunstfertigkeiten aller Art zu überspielen.

Indem wir hier von Gott sprechen, um die j Aussage in Gn 3 zu formulieren, treffen wir natürlich theologische, nicht mehr psychologische oder
paläoanthropologische Feststellungen. Die Beziehung zwischen der psychologischen und der theologischen Betrachtung des Menschen ist an dieser
Stelle indessen besonders lehrreich. Die Paläoanthropologie zeigt, daß es
fünf Urängste gibt, die bereits im Tierreich vorgeformt sind und somit
zum kreatürlichen Dasein des Menschen überhaupt gehören. So besehen,
schildert J in Gn 3, 8—24 den Menschen als ein Naturwesen, als ein
Stück Kreatur. Wenn man die theologische Aussageabsicht der j Urgeschichte verkennt, muß es daher den Anschein haben, als wolle J in Gn 3
den Menschen lediglich als denjenigen hinstellen, der er von Natur aus
ist. Aus der Exegese von Gn 3 wissen wir aber, daß J das gerade nicht
sagen will: die Vorschaltung von Gn 2 sowie die „Sündenfallerzählung"
beweisen eindeutig, daß J den sog. „Naturzustand", wie er paläoanthropologisch und psychologisch als selbstverständliche, nicht weiter hinter-
fragbare Gegebenheit erscheint, als „Strafe", als etwas schildert, das so
nicht sein müßte und sich erst ergibt, wenn man den Menschen und der
Mensch sich selbst als ein Wesen versteht, das zu Gott keine, es sei denn
eine negative Beziehung unterhält. Genauso wie wir es bei der Jungschen
Auffassung vom „Bösen" herausgearbeitet haben, müssen wir bezüglich
der Angst und dem Elend des menschlichen Daseins betonen, daß J das
Auftreten der kreatürlichen Urängste nicht als natürliche Grundaus-
stattung des Menschen versteht, sondern als die Folge der Gottesferne,
der selbstverschuldeten Nur-Natürlichkeit.

Von daher stellt sich uns im 3., philosophischen Teil der Arbeit die
Aufgabe zu zeigen, daß der psychologische bzw. paläoanthropologische
Befund der menschlichen Urängste keine bloße Naturtatsache ist, sondern
aus einer ursprünglichen Freiheitshandlung des Menschen gegenüber Gott
abgeleitet werden muß. Ebensowenig wie das Böse im Menschen für J
eine bloße Folge der evolutiv bedingten Triebeinrichtungen (Aggression,
Sexualität) darstellt, ebensowenig läßt sich die Angst des menschlichen
Daseins als eine bloße Fortsetzung der Angst der lebenden Kreatur auffassen. Es wird vielmehr unser Bemühen sein müssen zu zeigen, daß die
Schuld des Menschen gerade darin besteht, daß er es nicht fertig
bekommt, sich über seine bloße Naturhaftigkeit zu erheben, und daher
entgegen seiner wesenhaften Bestimmung vor Gott in seine reine

Kreatürlichkeit zurückfällt. Dazu gehört der überzeugende Nachweis, daß es die Angst der Kreatur nicht geben müßte, würde der Mensch sich mit seiner Existenz auf Gott gründen und von dorther verstehen, und umgekehrt, daß Gott derjenige Bezugspunkt der menschlichen Existenz sein muß, an dem die Angst der Kreatur zur Ruhe kommt; daß mithin auch das Böse nicht sein müßte, vermöchte der Mensch seine zentralen Triebwünsche (Selbstwert, Geliebtwerden) auf Gott hin auszurichten und dort als befriedigt zu empfinden, und daß hinwiederum Gott es ist, an dem die Sehnsucht der menschlichen Existenz ihre Erfüllung findet und das Böse überflüssig wird.

Freilich: es ist hier bereits zuzugeben, daß wir eine solche Theorie, welche die Paläoanthropologie und die Psychologie prinzipiell übersteigt, nicht würden ersinnen können, hätte nicht J in der Darstellung der Geschichte Israels gezeigt, daß man auch anders leben kann als die Menschen der Urgeschichte, und hätten wir als Christen nicht an der Gestalt Jesu gesehen, daß eine „neoanthropologische" Existenz möglich ist und sein sollte, in der im Vertrauen auf Gott die Schuld des Daseins in Vergebung, die Armut des Daseins in Gnade, der Tod in Auferstehung, die Einsamkeit in Gebet, die Ausweglosigkeit in Hoffnung gewandelt werden kann. Die Paläoanthropologie und die Psychologie können als Bezugspunkt aller Ängste nur den Menschen sehen, wie er in sich selber ist; daß aber der Mensch sich mit seinen Ängsten nur an den Menschen wendet und nichts darüber hinaus sehen kann, das seine Angst zu beruhigen vermöchte, das gerade, meint J, ist die Schuld des Menschen und aller Ängste wahrer Grund. Wie es dann weiter kommen muß, zeigt J in Gn 4, 1—16, der Brudermordgeschichte von Kain und Abel. Psychologie und empirische Anthropologie beweisen für J nur, wie existenznotwendig die Theologie ist bzw., besser, die Haltung, die sie reflektiert.

Rückblick und Fragen

Folgende Punkte der bisherigen Untersuchungen können wir zusammenfassen:

1. Wir haben bei der Analyse von Gn 2—3 auf der Objektstufe gefunden, daß die verschiedenen mythischen Traditionen sich in der latenten Thematik allesamt darin treffen, daß sie frühkindliche Erfah-

rungen der psychischen Entwicklung reflektieren. Als die Grundschicht des Motivs vom Aufenthalt im Paradies konnten wir ontogenetisch Erinnerungen an die Zeit vor und nach der Geburt annehmen, in der das Kind die Phasen des Autoerotismus und Narzißmus durchläuft, bis es zu den ersten vorambivalenten oralen Objektbesetzungen fähig wird. Diese Zeit der Mutter-Kind-Dyade ist in der Tat eine Zeit paradiesischer Geborgenheit. Auf der Subjektstufe ist das Paradies ein Symbol der Einheit mit sich selbst und ein Ausdruck seelischer Ganzheit.

2. Die Zeit der Ureinheit mit der Mutter findet ihr notwendiges Ende in den Ambivalenzkonflikten der oral-sadistischen Phase, in der das Kind in den Zwiespalt gerät, zerstören zu müssen, was es liebt und wovon es lebt. Die nachfolgende Entwöhnung gilt dem Kind als Strafe für die Übertretung des Eßverbotes; die Introjektion des verlorenen Objektes führt zu der unvermeidlichen Aufrichtung von Schuldgefühlen. Die Symbolsprache der j „Sündenfallerzählung" scheint an dieser ontogenetischen Herkunft des Schuldgefühls aus der oralen Phase anzuknüpfen; zugleich dürfte auch paläoanthropologisch der Ursprung der Schulderfahrung in der oralen Ambivalenz liegen („Jägerskrupulantismus").

3. An diese orale Problematik angelagert ist der ödipale Konflikt, der in der phallischen Phase ebenfalls zur Ambivalenz der Gefühle, zur Aufgabe des Objektes (Kastration), zur Introjektion desselben und zur Aufrichtung einer richtenden Instanz im Ich führt. Die Verknüpfung oraler Komponenten mit sexuellen Strebungen scheint Erbkoordinationen des Brutpflegeverhaltens zu entstammen; psa läßt sich die orale Problematik als Ödipusvorläufer interpretieren, wie umgekehrt von der Ödipussituation her eine regressive Wiederbelebung oraler Antriebe und Konflikte denkbar ist. Die Bilder der j „Sündenfallerzählung" sind auf der Objektstufe von beiden Problemkreisen her zu verstehen; beide stehen psychologisch mit dem Erleben unausweichlicher Schuld aufs engste in Zusammenhang.

4. Die ödipale Inzestproblematik stellt sich auf der Subjektstufe als ein Versuch der Integration der Anima, als ein Bild des Individuationsprozesses dar. Das Drachenkampfmotiv von dem Verschlungenwerden des Sonnenhelden im Rachen des Walfischdrachen und von seiner Wiedergeburt ist in Gn 3, 1—7 nicht zu belegen, es wird vielmehr in der j Redaktion durch die „Sündenfallerzählung" gewissermaßen erst begründet (Gn 3, 15.24); man kann daher in Gn 3 keine psychische Entwicklung zur Selbstfindung und Selbsterkenntnis konstatieren, wohl aber kommt den Motiven von Schlange, Baum, Frucht, Frau, Empfängnis, Mann eine Aussageweite zu, die an sich auch ihre Verwendung im

Rahmen eines Erlösungsmythos ermöglicht. Die tiefenpsychologische Deutung der Amplifikationsmethode Jungs, die in der „Erbsünde" einen notwendigen Schritt erblickt, das „Böse", den Schatten, das Unbewußte in sich selbst anzuerkennen und durch Selbstwerdung „wie Gott" zu werden, trifft weder die Aussageabsicht des j Redaktors noch die Aussage der in Gn 3, 1—7 verarbeiteten Tradition, trägt aber dazu bei, die Eigentümlichkeit der biblischen Erzählung im Kontrast besser zu verstehen und auf die Doppeldeutigkeit der j Symbole als Zeichen der Sünde wie der Erlösung achtzuhaben.

5. Die Analyse der Psychodynamik der Angst und ihrer Verarbeitung in der „Sündenfallerzählung" ergibt einen weiteren Beleg für die zeitlich frühe Ansetzung der in Gn 3, 1—5 zur Debatte stehenden oral-depressiv getönten psychischen Konflikte; sie ermöglicht vor allem ein Verständnis für die außerordentlich präzise psychologische Abfolge der in dem Text geschilderten Regungen, Wünsche und Ängste; insbesondere trägt sie zur Klärung des Motivs, „wie Gott zu sein", im Zusammenhang mit dem Essen vom Baum und dem nachfolgend auftretenden Schuldgefühl bei. Das Empfinden der Nacktheit und der Scham ist nicht nur ein Ausdruck des „sozialen Gewissens", sondern psa auch ein Hinweis auf etwas Mangelndes (das Kastrationsmotiv).

6. Die sog. „Strafen" in Gn 3, 8—24 erweisen sich als Darstellungen der fünf paläoanthropologischen Urängste. Die eigentliche „Strafe" für den „Sündenfall" besteht psa demnach in der Verwandlung des ganzen Daseins in Angst, letztlich in einer depressiven Todesangst und — reaktiv dazu — in Todessehnsucht. Die Angst des Objektverlustes bildet eine Einheit mit der Entstehung von Schuldgefühl und Selbstentwertung. Die Strafe über die Schlange (Gn 3, 15) liest sich auf der Objektstufe als eine von der Frau ausgehende kastrative Rachetendenz, der umgekehrt die Strafe der Unterordnung unter den Mann entspricht (Gn 3, 16). Möglicherweise läßt dies ebenso wie die symbolische Ersetzung der Frau bei den Themen der Schöpfung in Gn 2 auf eine kulturell und sozial bedingte Abwehr ehemals matriarchalischer Ordnungen schließen.

Eine Reihe von Fragen und Aufgaben wird durch eine psa Interpretation der j „Sündenfallerzählung" nicht gelöst bzw. überhaupt erst aufgeworfen. Wir haben immer wieder betont, daß wir die Freudsche Triebtheorie und Metapsychologie ebenso wie Jungs Archetypenlehre lediglich als funktionale Modelle benutzen, mit deren Hilfe wir strukturelle und dynamische Zusammenhänge in dem biblischen Text erschließen können, die uns sonst verborgen bleiben müßten. Die Terminologie der Psa als einer psychologischen Pathologie wurde geschaffen, um

Beobachtungen zu verstehen, die (zunächst) an kranken Menschen gewonnen wurden, die aber nur verständlich zu machen waren, indem man sie auf Entwicklungsprozesse zurückführte, die für gesunde wie kranke Menschen gleichermaßen gelten. Gerade mit dieser Terminologie vermögen wir offenbar psychologisch Gn 3 als einen pathologischen Prozeß zu lesen, dessen treibende Kräfte bestimmte Ängste und Schuldgefühle darstellen, die übiquitären Charakter besitzen und psa als die frühesten und am tiefsten verwurzelten Gefühle von Angst und Schuld überhaupt gelten müssen; sie drücken sich in Gn 3 in Bildern aus, die J als Ausdruck der Angst und Schuld aller Menschen vor Gott betrachtet.

Daraus resultieren vier wichtige *Fragen*.

1. Wenn wir J zureichend interpretieren wollen, stehen wir vor einem paradoxen Problem. Auf der einen Seite zeigt uns die Psa das übiquitäre Vorkommen jener Ängste, die in Gn 3 den sog. „Sündenfall" einleiten bzw. aus ihm hervorgehen; sie macht also deutlich, daß die Bilder von Gn 3 in der Tat eine menschheitliche Bedeutung haben; sie lehrt uns, die betreffenden Ängste als eine Naturtatsache, als eine evolutive Mitgift, die weit zurück bereits in der Tierreihe ausgeprägt ist bzw. als eine unausweichliche Notwendigkeit der psychischen Ontogenese rekapituliert wird, zu verstehen; damit entzieht sie aber diese Ängste, im Widerspruch zu den j Aussagen, der freien Verantwortung des Menschen. Es stellt sich mithin die *philosophische* Frage, wie wir die offenbar naturhaften Ängste von Gn 3 aus einer Freiheitsentscheidung des Menschen ableiten können, und zwar so, daß dabei der universelle Charakter derselben nicht verlorengeht. Es müßte gezeigt werden, daß die menschliche Freiheit die Ängste der Natur an sich überwinden könnte und daß diese daher in ihrem Auftreten selbst durch Freiheit verursacht sind. Dabei läßt sich schon im voraus ausmachen, daß gerade die Rückführung der naturhaften Daseinsangst auf eine Freiheitsentscheidung des Menschen wiederum die Universalität der betreffenden Ängste infragestellen muß. Ehe wir diese Paradoxie nicht philosophisch aufgelöst haben, kann keine Rede davon sein, daß wir von Gn 3 etwas Wesentliches schon verstanden hätten.

2. Das gleiche gilt von dem Problem der Schuld. Eines der wichtigsten Ergebnisse der psa Interpretation von Gn 2—3 besteht in der Einsicht in die Unvermeidlichkeit des Schuldgefühls infolge der oralen Ambivalenz. Das Bild des verbotenen Baumes gewinnt damit die Universalität, die es bei J beansprucht. Indem aber bestimmte Schuld*gefühle* unvermeidlich sind, hören sie auf, Schuld zu sein. Wiederum müßten wir von J her philosophisch zeigen können, wie an sich naturhafte Schuldgefühle,

Die Schlangenkönige und Schlangenköniginnen der indischen Mythologie, die „Nagas" und „Naginis", verkörpern die „irdischen Gewässer der Seen und Teiche, Flüsse und Ozeane"

Zu Gn 3,1; S. 69—73; 83—Abb. 1

Abb. 1

(H. Zimmer: Indische Mythen und Symbole, 68). So stehen sie in Verbindung zum Mond, der als Herrscher der Gewässer „das Himmelsnaß Amrita, den Trank der Götter", spendet und als Becher des Taus und des Regens gilt. (a. a. O., 69) Eine seiner großen Manifestationen ist die Ganga, deren Herabkunft das riesige Relief der Pallava-Könige (7. Jh. n. Chr.) im südindischen Mahabalipuram darstellt (27×9 m). Der Mythos, den dieses Bild wiedergibt, erzählt, daß einst Agastya, um eine Gruppe von Dämonen zu vernichten, das Weltmeer verschluckte. Dadurch entstand eine solche Trockenheit, daß der heilige König Bhagiratha sich nach Gokarna, dem Wallfahrtsort Shivas, begab, um durch tausendjährige strengste Kasteiung zu erreichen, daß die himmlische Ganga, eine Art kosmischer Milchstraße, zur dürstenden Erde herabsteige. Der Gott Brahma willigte für den Fall ein, daß der Gott Shiva den ungeheuren Wasserschwall der herabstürzenden Ganga mit seinem Haupte auffange, denn es sollte nicht durch die Wucht des Kataraktes die Erde zerspalten werden. Durch erneute, noch strengere Askese gelang es Bhagiratha, den Gott Shiva zur Erfüllung dieser Voraussetzung zu bewegen. Die Gewährung seiner Bitte stellt die Mitte des Reliefs dar, das aus der Mittelspalte des Felswand herausgearbeitet wurde; oberhalb der Spalte befand sich eine Zisterne, die man offenbar zu bestimmten Festen füllte, um die „Herabkunft der Ganga" in realistischer Weise zu begehen. Der Wasserfall ergoß sich über einen gewaltigen Schlangenkönig, der, geschmückt mit einem Fächer aus Schlangenköpfen, sich freudig dem Wasser entgegenwindet; ihm folgt eine Schlangenkönigin, unter der sich ein Schlangengenius in Tierform bewegt. Von allen Seiten drängen sich Menschen und Tiere, Götter und Dämonen — mehr als 100 Gestalten — heran, um dem rettenden Ereignis beizuwohnen. Unten links sieht man Bhagiratha ausgemergelt vor dem Gokarna-Heiligtum, wie er Brahmas Gunst erfleht, der in dem Tempel gerade selbst erscheint. Eine Stufe darüber — und eine Stufe weiter im Fortgang der Erzählung — steht Bhagiratha mit emporgestreckten Armen, die Finger ineinander verklammert, auf einem Bein, um durch seine Bußübungen die Gunst Shivas zu erlangen. Dies gelingt ihm, denn der Gott ist bereits vor ihn hingetreten und gewährt mit der linken Hand dem Büßenden seinen Segen. Sein Geleit bilden dickbäuchige Zwergengeister.

Überaus eindrucksvoll zeigt dieses Pallava-Relief, wie das Geheimnis des Wassers, das Geheimnis der Schlange in ihrer männlichen, weiblichen und tierischen Gestalt, im Mittelpunkt aller Lebenserscheinungen steht. Was immer Leben in sich trägt, drängt zum Wasser hin: neben dem büßenden Bhagiratha zwei Wildgänse, unter ihm ein schwebender Gott und eine Göttin, links unten Antilopen, dicht an dem Wasserfall eine Gruppe von Brahmanen, von denen einer sich nach dem reinigenden Bad in der Ganga die Haare auswringt. Rechts von der Felsspalte schiebt sich eine Elefantenherde, vorneweg ein mächtiger Elefantenbulle, eines seiner Babys beschützend, an das Wasser heran. Zu seinen Häuptern betrachten zwei Affen von einem Himalaya-Felsen aus das wunderbare Naturschauspiel; oberhalb davon eilen zwei Fabelwesen, zwei Gandharvas, halbmenschlich, mit Vogelbeinen und Vogelschwingen, herbei. Die himmlischen Götter und Göttinnen rechts oben begrüßen mit erhobenen Händen in schwebendem Flug das himmlische Geschenk des Wassers; unter ihnen befindet sich auch der Sonnengott, dessen Haupt die Sonnenscheibe umstrahlt. Herumgelagert um die Symbolik der Wasserschlange bildet das Leben auf diesem Relief jenseits aller Unterschiede eine unauflösliche Einheit; humorvoll wird diese in der Katze rechts unten angedeutet: während Mäuse sie verspotten, sucht die Katze es dem büßenden Bhagiratha gleichzutun, indem sie, gleich diesem, mit verschränkten Armen fastend auf einem Bein steht. Alles Leben findet sich somit zu einer „Stimmung von Würde, Ernst und strenger Frömmigkeit" zusammen. Der Naga-König und seine Königin-Gemahlin als Verkörperungen der Lebensmacht des Wassers „führen gleichsam mit anbetend gefalteten Händen all die anderen Wesen an". (H. Zimmer: Indische Mythen und Symbole, 136)

Frühere Deutungen sahen in dem Felsrelief eine Darstellung der Buße des tapferen Arjuna. Einer Mythe zufolge unterhielt auch Arjuna eine enge Beziehung zu den Schlangen der Ganga; denn während seiner 12jährigen Verbannung vom Hofe seiner Brüder hatte Ulupi, die Prinzessin der Nagas, sich in den Helden verliebt, als er in der Ganga seine Waschungen verrichten wollte. Die beiden vermählten sich durch den Austausch von Blütenkränzen in dem prächtigen Schloß auf dem Grunde des Wassers. „Sie verbrachten die ganze Nacht miteinander, und als der Morgen anbrach, brachte Ulupi Arjuna wieder an das Ufer ... und kehrte hernach in ihr eigenes Reich zurück." (B. Roy: Das Mahabharata, 64; vgl. auch die verwandte afrikanische Mythe S. 98—99.)

Nicht zuletzt schenken die Schlangen dem Menschen die Einsicht in das Geheimnis der Wiedergeburten. Einer buddhistischen Mythe zufolge hat der Schlangenkönig Muchalinda einst den Buddha, als er unter einem Baum in Meditation versunken war, mit seinem Leib vor einem Unwetter beschützt (vgl. H. Zimmer: Indische Mythen und Symbole, 77); Erkenntnisbaum und Schlange vereinigen sich hier zu einem einzigen Symbol der vegetativen Lebenskraft, die zu erkennen erlösendes, gottgleiches Wissen schafft. Wie anders ist demgegenüber die Deutung, die J dem Bild des Erkenntnisbaumes und der Schlange gibt! Eine andere buddhistische Mythe erzählt, der Buddha habe, resigniert über das Unverständnis der Menschen, den ganzen Reichtum seiner Lehre den Schlangen anvertraut; erst nach 700 Jahren sei der Weise Nagarjuna vom Schlangenkönig in die Tiefe der Erkenntnis eingeführt worden (H. Zimmer, 78); es geht nämlich die Legende, er sei unter einem Arjuna-Baum geboren worden und die Schlangen hätten ihm in dem Drachenpalast unter dem Meer „die Lehre von der Leere" geoffenbart, die ihn um 150 n. Chr. zum eigentlichen Begründer des Mahayana-Buddhismus machte (E. Conze: Der Buddhismus, 117).

Abb. 2

In der Höhle von Mahabalipuram, die ihren Namen nach dem Kampf der Göttin Durga gegen den Büffeldämon Mahisha trägt (Mahishasuramardini-Mandapam; 7. Jh.), sieht man an der linken Wandseite eine Skulptur des Gottes Vishnu, wie er, umflogen von himmlischen Wesen und angebetet von seinen Frommen, durch die Asuras Madhu und Kaitaba herausgefordert wird, die mit einer Keule in der Hand vor ihm stehen. Vishnu wird getragen von dem König der Nagas, von der kosmischen Schlange Shesha, deren gewundener Leib das Bett des Gottes bildet; ihre fünf Hauben schützend über den Gott gebreitet, trägt die Shesha-Schlange Vishnu durch die ewigen Wasser. „Die menschengestaltige Figur, die Schlange, die sein Lager bildet, und das Wasser, auf dem die Schlange schwimmt, sind dreieinige Offenbarungen der ein und einzigen göttlichen, unvergänglichen kosmischen Substanz, der Energie, die allen Formen des Lebens zugrundeliegt und in ihnen wohnt." (H. Zimmer: Indische Mythen und Symbole, 70) „Shesha" heißt die Schlange, weil sie „der Rest", „die Bleibende" ist, eine Verkörperung dessen, was „nach der Formung der Erde, der himmlischen und höllischen Regionen und all ihrer Geschöpfe aus den kosmischen Wassern des Abgrunds" zurückgeblieben ist (a. a. O., 71). Shesha, der Ahnherr und Herrscher aller Schlangen, ist somit in seiner „Endlosigkeit" (als „Ananta") ein unvergänglicher Repräsentant der Urwasser, des Chaotischen vor aller Schöpfung, dessen, was in der geordneten Welt nicht aufgeht und was im Untergrund der Welt verbleibt, bis es am Ende der Tage erneut alles in sich aufnimmt. Obwohl Vishnu selbst in seiner Inkarnation als Krishna an den Ufern der Yamuna beinahe im Kampf mit der Flußschlange Kaliya getötet worden wäre, wenn nicht sein Halbbruder Balarama ihn in letzter Minute durch einen Gebetsruf ins Leben zurückgeholt hätte, und obwohl zudem Vishnus Reittier, der Sonnenvogel Garuda, sich besonders durch seine Feindschaft zu den Schlangen der Dunkelheit und des Regens auszeichnet (vgl. S. 87), so erscheint die Schlange doch zuletzt als das Wesen, welches den lebenserhaltenden Gott Vishnu trägt und auf welchem dieser seine Ruhe findet.
Die innere Zusammengehörigkeit des Schlangenhaften und des Göttlichen in der indischen Mythologie zeigt sich besonders in der Gestalt Balaramas, des Halbbruders Krishnas, der eine Teilinkarnation von Shesha in dessen menschlicher Verkörperung darstellt. Balarama stirbt, indem eine große Schlange, während er gedankenverloren unter einem Baum am Ufer des Ozeans sitzt, aus seinem Mund kriecht und seinen menschlichen Leib leblos zurückläßt. Diese Schlange „ist seine Sheshanatur, seine geheime Lebensessenz, die so in die Tiefe der Wasser zurückgeht ... Der Ozean selbst erhebt sich in Gestalt eines mächtigen Schlangenkönigs, den erhabenen Gast, sein eigenes göttliches Selbst, die Schlange des All-Wassers zu begrüßen. Die Schlangenessenz des göttlichen Helden wandert zurück in die Formlosigkeit des Abgrundes, zurück in sich selbst, nachdem sie die Augenblicksrolle eines Begleiters und Helfers eines menschlichen Avatars erfüllt hat." (H. Zimmer, 101)
In Mythen dieser Art sind die Schlangen Träger und Manifestationen der all-einen göttlichen Lebenssubstanz, die in den Göttern und Halbgöttern zur Erscheinung kommt. Dementsprechend sind im Rahmen dieser Vorstellung die Menschen Wesen, in denen das unbegrenzte göttliche Selbst, die Schlangennatur, mit den begrenzten, vergänglichen Eigenschaften der individuellen Persönlichkeit verschmilzt. In der Terminologie C. G. Jungs stellt sich diese Verbindung als eine Synthese zwischen der unerschöpflichen Natur des Unbewußten und dem begrenzten individuellen Bewußtsein dar, das inmitten des Meeres des Unbewußten schwimmt und getragen wird wie der menschengesichtige Gott Vishnu von der ewig sich regenden Shesha-Schlange. Es ist sehr wichtig zu betonen, daß in Gn 3, 1—7 (der „Sündenfallerzählung") und in 3, 15 (dem Fluchwort über die Schlange) von einer solchen Synthese der Gegensätze durch die Schlange keine Rede sein kann und daß die Harmonie des Menschen im Gegenteil gerade durch die Schlange zerstört wird; sie ist in der j Erzählung kein Prinzip, dessen man zur Einheit im Göttlichen bedürfte, sondern etwas in der Kreatur Gottes, von dem der Bruch zwischen Gott und Mensch ausgeht.

Abb. 3

Der Phallus oder Lingam, die Verkörperung der männlichen Zeugungskraft, ist die wichtigste Repräsentation des Gottes Shiva in der indischen Mythologie und bildet als zentrales Lebenssymbol des Kosmos „den Mittelpunkt der innersten Cella, des Allerheiligsten oder ‚Schoß-Hauses' " in den Tempeln des Gottes (H. Zimmer: Indische Mythen und Symbole, 142). Meist ist der Lingam verbunden mit dem Symbol der weiblichen Schöpfungsenergie, der Yoni, aus deren Ring er sich erhebt. Ohne sein weibliches Gegenüber, ohne seine Shakti, wäre der Gott Shiva nur ein „shava" — ein Leichnam (H. Zimmer, 229). Erst die Vereinigung der Gegensätze, das Zusammenspiel der Polaritäten des Daseins, wie es in dem mythischen Ursymbol der Heiligen Hochzeit dargestellt wird, vermag die schöpferische Energie des Lebens freizusetzen. Die Jungsche Psychologie deutet dieses Bild als Zeichen der Vereinigung des (männlichen) Bewußtseins mit dem (weiblich vorgestellten) Unbewußten, aus dem das Selbst, die personale Ganzheit des Menschen hervorgeht.

Sehr plastisch wird dieser „Hervorgang" der menschengestaltigen Gottheit aus dem Symbol der phallischen Zeugungskraft in der indischen Mythe vom Ursprung des Lingam erzählt. Im Anfang, als es noch nicht die Welt, sondern nur die Wasser der Urflut, den Zustand der lichtlosen Undifferenziertheit gab, schwamm Vishnu in seiner Riesengestalt auf den Schlangenfluten. Da erschien ihm der lichtglänzende Gott Brahma; doch während beide in Streit gerieten, wer von ihnen der erste Erschaffer aller Wesen sei, tauchte plötzlich ein ungeheurer Lingam aus dem Ozean auf, der immer weiter sich entfaltete. Um seine Höhe und Tiefe zu ermessen, verwandelte Brahma sich in einen Ganter, der sich in den Himmel erhob, Vishnu aber in einen Eber, der in die Tiefe tauchte; beide indes konnten kein Ende des Lingam finden. Plötzlich jedoch brach der ungeheure Phallus auf, und hervor trat Shiva als Herr des Alls, als Allumfasser; Brahma bildete fortan die rechte, Vishnu die linke Seite Shivas, beide ihm zugehörig, der ihre Mitte und Vereinigung darstellte (vgl. H. Zimmer, 142—145). Sieht man im Sinne C. G. Jungs in der rechten Seite das Bewußtsein, mithin die Helligkeit der freien, vogelgleichen Geistigkeit verkörpert, und interpretiert man die linke Seite als ein Bild des dunklen, undurchsichtigen Unbewußtsen, so erzählt diese Mythe, wie die wahre, schöpferische, umfassende Persönlichkeit nicht aus der Einseitigkeit der Extreme, sondern aus der Gegensatzvereinigung entsteht.

In Anlehnung an diese Erzählung von der Geburt Shivas aus dem Oben und Unten miteinander verbindenden Lingam ist der berühmte buddhistische Stupa in der 19. Höhle von Ajanta aus dem 7. Jh. n. Chr. geformt. Der Phallus, der schöpferische Inbegriff des Alls, erscheint hier als „die negative, abschreckende Schale des Nirvana, die jenseits menschlichen Begreifens, jenseits aller irdischen und himmlischen Gestalten ist" (H. Zimmer, 222); sie enthüllt nun, aus ihr hervorgehend, den Buddha, die Gestalt des Erlösers, in dem die Polarität von Nirvana und Samsara, von Freiheit und Kausalität, von Geist und Natur überwunden ist.

So läßt sich mythologisch auch die phallische Schlange in Gn 3, 1 als ein Symbol der Daseinsintegration, als ein Prinzip höheren Wissens um die Gottgleichheit des Menschen, der Vereinigung des Männlichen und Weiblichen, Bewußten und Unbewußten verstehen. Es ist aber zu beobachten, daß bei J die mythischen Bilder gegenläufig interpretiert werden, indem die „Sündenfallerzählung" gerade nicht beschreiben will, wie die Menschen ihre Einheit und ihren Frieden mit sich und untereinander finden, sondern wie sie diese nur in der Einheit mit Gott besitzen können (Gn 2, 24. 25) und sie in einer Existenz ohne Gott unwiederbringlich verlieren müssen; damit verschiebt sich die Aufgabe einer psa Auslegung von Gn 3, 1—7 vollständig.

Abb. 4

Zu Gn 2,21.22; 3,1; S. 33—34; 92—93 — Abb. 4

Das Bild des mannweiblichen Gottes ist ein beliebtes mythisches Symbol des göttlichen Urwesens, das vor der Entstehung des Unterschiedenen, vor der Vielfalt und Differenziertheit der geschaffenen Welt alle Gegensätze in sich schließt und aus sich heraussetzt. In absoluter Einheit mit sich selbst ist es das Zeugende und Empfangende, das Männliche und Weibliche, aus dem alles entspringt und in das alles zurückkehrt, so daß die Schöpfung der Welt als eine Selbstbefruchtung des hermaphroditischen Gottes bzw. des Urmenschen erscheint. Die Gottheit als Zusammenfall aller Gegensätze, als Anfang und Ende, als Ausgang und Rückkehr, als Prinzip, das entläßt und in sich aufnimmt — diese Vorstellung verkörpert in drastischer Anschaulichkeit das Bild des Gottes Shiva als Ardhanarishvara, als Vereinigung aller männlichen und weiblichen Wesensmerkmale.
In der 1. Höhle des Felsentempels auf der Insel Elephanta in der Bucht von Bombay (8. Jh. n. Chr.) sieht man Shiva, wie er in einer betont erotischen Pose, mit nur einer Brust, die Hüfte weit ausschwingend, sich auf den Stier Nandi stützt; sein hoher Kopf versinnbildet den Lingam, das Prinzip der männlichen Schöpfungskraft (vgl. V. Ions: Indische Mythologie, 47), das als eine Art Axis mundi Himmel und Erde, Hoch und Niedrig miteinander verbindet (vgl. H. Zimmer: Indische Mythen und Symbole, 142, Anm.). Shiva drückt in dieser Gestalt die Gegensätze des Daseins aus und ist gleichzeitig das, was sie eint; er erscheint einerseits in der „lockenden Maske der Weiblichkeit", als „unbeschreiblicher Reiz, verführerische Gewalt der Natur, Blüte und Frucht, sanfter Charme, schwellend von der Verheißung aller Süße", (H. Zimmer, 166); andererseits, antagonistisch dazu, ist er der Gott der „Virilität, Willenskraft und Herausforderung" (a. a. O., 166), ein Gott stürmischer Gewalt, unbesiegbarer Energie und tatendurstigen Übermuts; und in der Vereinigung dieser konträren Aspekte ist er die fruchtbare, die alles hervorbringende Kraft des Alls. Daher ist das tierische Symbol, auf das er sich stützt, sein animalischer Träger, der Nandi-Stier. „Es handelt sich um eine doppelte Darstellung von Energie und Charakter des ... Gottes" (Zimmer, 80); denn das Wesen Shivas ist das der Einheit aller Gegensätze; die Energie aber, die ihn dazu befähigt und die daraus entsteht, ist die stiergleiche, unendliche Potenz und Schöpferkraft. Der Ursprung dieser Darstellungsweise, dem Bild des Gottes noch die Gestalt eines bestimmenden „Trägers" hinzuzufügen, dürfte der Schrifttechnik des Alten Orients entstammen, die nach Ablösung der ursprünglichen Bilderschrift durch die Lautschrift bestimmten Zeichen einen besonderen „Bestimmer" beigab, um Verwechselungen zwischen Bildgegenstand und Lautwert auszuschließen (H. Zimmer, 81).
In psa Sicht erscheint die Gestalt des hermaphroditischen Urmenschen als Symbol der psychischen Ureinheit vor aller Differenziertheit, als ein Bild paradiesischer Unbewußtheit, in der noch alle Entfaltungsmöglichkeiten ungeschieden enthalten sind und der „Sündenfall" der Erkenntnis noch nicht stattgefunden hat. Entsprechend stellt sich die Erschaffung der Frau aus der Rippe Adams in Gn 2, 21.22 als ein Bild beginnender Bewußtwerdung und notwendiger Trennung des Männlichen und des Weiblichen dar. Es bleibt allerdings die Frage, ob damit die eigentliche Problematik der Sündenfallerzählung adäquat wiedergegeben werden kann.

Abb. 5

Zu Gn 3,1—7 und Gn 6,1—4; S. 30; 92; 118 f.; 444 — Abb. 5

Das Symbol der Himmlischen Hochzeit, das immer wieder das Thema der Mythen und Riten der Völker bildet, hat eine unübertreffliche Darstellung in einem Relief des Kailasha-Tempels in Ellora gefunden (8. Jh.; Höhle 29). Auf dem Kailasha-Berg thront der Gott Shiva mit seiner Gemahlin Parvati, beide einander zärtlich umarmend. Zu ihren Füßen rüttelt der furchtbare und mächtige Dämon Ravana an den Fundamenten des Felsenthrones, um sich aus seinem Kerker in der Unterwelt zu befreien. Ravana hatte durch seine Kasteiungen von Brahma die Gabe der Unverwundbarkeit gegenüber Göttern, Gandharvas (Vogelmenschen) und Dämonen erlangt; daher konnte er nur besiegt werden, indem der Gott Vishnu in seiner siebenten Inkarnation als Rama Mensch wurde und seine Gattin Lakshmi als Prinzessin Sita geboren wurde. Das große Ramayana-Epos schildert, wie Ravana die schöne Sita nach Lanka (Ceylon) entführte und erst in einer ungeheuren Schlacht, an der riesige Herden hilfreicher Tiere sich beteiligten, von Rama besiegt werden konnte. Schon zuvor hatte Vishnu die Göttin Parvati aus den Händen Ravanas befreit, indem er sie, die schönste aller Göttinnen, für eine häßliche Hexe erklärte und Parvati selbst eine Gestalt annahm, die den Dämon mit Abscheu erfüllte. Nunmehr sehen wir ihn von dem Gewicht des Kailasha niedergehalten werden; und obwohl sein Wüten den Berg erschüttert und Parvati sich mit einem Anflug von Angst an ihren Gatten zu schmiegen scheint, wird doch die Ruhe der seligen Götter nicht ernsthaft gefährdet: souverän drückt Shiva mit seinem rechten Fuß die Machenschaften des Bösewichts nieder.

Shiva und Parvati „bilden die erste und anfängliche Entfaltung des Neutrums Brahman in die Gegensätze der männlichen und weiblichen Prinzipien" (H. Zimmer: Indische Mythen und Symbole, 219); beide gehören indessen wesenhaft zusammen, und es ist ein dämonisches Streben, sie voneinander zu trennen. Viele Mythen erzählen, daß am Anfang der Welt ein Urelternpaar bestand, das sich in Liebe umschlungen hielt, ehe es durch einen Urfrevel auseinandergerissen wurde (vgl. S. 119). In psa Betrachtung liegt es nahe, in der Trennung und Vereinigung des Männlichen und des Weiblichen ein Bild der Differenzierung durch den Akt der Bewußtwerdung und ein Symbol der Integration durch den Prozeß der Selbstwerdung zu erblicken; in derselben Weise ist auch die typische Erlösungsgeschichte von der Menschwerdung des göttlichen Helden, von dem Raub seiner Gattin (oder Mutter) und ihrer schließlichen Erlösung durch unsägliche Kämpfe und Leiden des göttlichen Erlösers als ein Bild des Individuationsprozesses zu verstehen; die Rolle, die dem „Dämonischen" dabei zukommt, ist ambivalent: es verbreitet Angst, ist aber ein treibender, ja unerläßlich scheinender Faktor auf dem Wege der Selbstfindung.

Von dieser psychologischen Deutung ist jedoch die Interpretation zu unterscheiden, die J selbst den überlieferten mythischen Stoffen gegeben hat. In der j Erzählung wird die Einheit von Mann und Frau, die Zusammengehörigkeit des Männlichen und des Weiblichen, bereits in Gn 2, 24.25 vorausgesetzt; in der sog. „Sündenfallerzählung" geht es daher nicht zunächst um die Einheit oder Trennung des Urelternpaares, sondern um den Zerfall der Einheit des in sich geeinten Menschen mit Gott und dann auch mit sich selbst. Während es Ravana auf dem indischen Relief nicht gelingt, die Ureltern auf dem Götterberg zu stürzen, vermag die Schlange in Gn 3, 1—7 die Menschen in den Konflikt mit Gott zu treiben und untereinander zu entzweien; dem herrschaftlichen Tritt, mit dem Shiva den Dämon niederhält, entspricht in Gn 3, 15 das aussichtslose Ringen zwischen Mensch und Schlange, aus dem der Mensch gerade nicht als hoheitsvoller Sieger hervorgeht. Der Mensch in Gn 3, 1—7 gelangt nicht zur gottgleichen Herrschaft über sich selbst, sondern er verliert sich selbst durch den Verlust Gottes; nicht die Integration, sondern die Erkrankung der menschlichen Psyche in der Gottesferne bildet das Problem der j „Sündenfallerzählung". Das Motiv der Heiligen Hochzeit, der Einheit des Göttlichen und Menschlichen, taucht noch einmal auf in der Erzählung von der „Engelehe" (Gn 6, 1—4), die von J erneut als ein Bild des Unheils und der Selbstzerstörung gedeutet wird.

Abb. 6

Neben den gewaltigen Flügelstieren, welche die assyrischen Palasteingänge zu bewachen pflegten (vgl. „Strukturen des Bösen", I; Abb. 2), „finden sich noch Darstellungen anderer höherer Mächte, die man als Genien und niedere Gottheiten identifizieren kann und die dem Hofstaat der Götter angehören. Sie sind bald als geflügelte Menschenwesen dargestellt, bald als geflügelte Mischwesen mit menschlichem Körper und dem Kopf eines Tieres. Anscheinend sind sie .. immer in einer segenbringenden Tätigkeit begriffen. Oft ist ein streng stilisierter Baum in ihrer Nähe Gegenstand ihrer Verehrung." (A. Parrot: Assur, 70) Im Nordwest-Palast von Nimrod (Kalach) aus der Zeit Assurnasirpals II (883—859) befanden sich Abbildungen eines solchen raub-vogelköpfigen Genius „mit einem Federkamm und einem auf die Schultern fallenden Haarschopf". (W. Orthmann: Der Alte Orient, S. 313; zu Abb. 198; 200; 201) Der abgebildete Genius (British Museum, London) ist gerade dabei, sich dem Lebensbaum zu nähern; er berührt ihn mit einem Pinienzapfen, vielleicht um den Baum zu befruchten, vielleicht auch, um mit dem Gefäß in der linken Hand den Saft, der aus dem Stamm und den Blättern des heiligen Baumes quillt, aufzufangen und ihn durch Eintauchen des Pinienzapfens in geweihtes Wasser zu ver-wandeln; mit diesem wird er dann den König besprengen, um ihn zu reinigen und ihm eine überirdische, alle Mächte des Bösen besiegende Kraft zu verleihen. „Die gleiche Geste kann sich für die ... Besucher wiederholen, die das Innere des Palastes betreten dürfen." (A. Parrot: Assur, 71) Es ist ein Ritus, der sich in der Segnungszeremonie der katholischen Kirche fortsetzt, wenn sie zu Beginn des Gottesdienstes die Gläubigen als „königliche Priester" (1 Petr 2, 9) in dem Wohnsitz Gottes, dem Paradiesnachbild der Kirche, mit dem Wasser des Heiligen Geistes zur Reinigung von aller Schuld besprengt (Ps 51, 3.4.9); es ist eine Handlung, welche die „ver-bannten Kinder Evas" wieder zu dem Lebensbaum zurückführt, von dem sie in Gn 3, 24 getrennt wurden.

Die psa Interpretation erkennt in dem Vogelwesen Bilder einer phallischen Symbolik, die in der j Darstellung den Menschen jedoch nicht „beflügelt" und „erhebt", sondern von seinem Ur-sprung trennt und schuldig macht; das Symbol des Vogels erscheint dann als Ausdruck einer frei schwebenden, wurzellosen, tatsächlich raubvogelhaften Geistigkeit, die dem Menschen nicht Segen, sondern Fluch bringt.

Abb. 7

Die Hoffnung auf die Geburt eines Welterlösers verkünden die meisten Mythen von der Heiligen Hochzeit zwischen Göttern und Menschen. Auf einer Gupta-Stele aus Sarnath (5. Jh. n. Chr.; Nationalmuseum, Neu-Delhi), die von den sechs großen Ereignissen im Leben des Buddha erzählt, ist zu Beginn — rechts unten — die jungfräuliche und wunderbare Empfängnis des Buddha dargestellt. Die Königin Maya, die Gattin des Sakya-Fürsten Suddhodana in Kapila-vastu, lebte, so erzählt die spätere Legende, nur dem Schein nach mit ihrem Gemahl zusammen. Eines Nachts fühlte sie sich im Traum auf einer Wolke in einen himmlischen Palast getragen, wo ein Engel, der die Not der Welt gesehen hatte, sich ihr in der Gestalt eines weißen Elefanten näherte, in ihre Seite eindrang, ohne ihr Schmerz zu bereiten, und den Keim des späteren Buddha in sie legte. Nach 10monatiger Schwangerschaft dann gebar Maya im heiligen Hain von Lumbini, wie die zweite Szene zeigt, stehend aus ihrer Seite unter einem Blumenregen von Lotosblüten und dem Klang von Sphärenmusik den künftigen Welterlöser (vgl. M. Perche-ron: Buddha, 17—18). Maya starb sieben Tage später, und ihre Schwester Mahaprajapati zog das Kind groß, das der weise Seher Asita als großen Weltherrscher entweder im Reiche des Geistes oder der Macht gepriesen hatte. Die weiteren Bilder zeigen, wie der Buddha — nach der Heirat seiner Cousine Yasodhara und nach der Geburt seines Sohnes Rahula — mit dem Wagenlenker Chandaka hinausreitet und dem Alter, der Krankheit und dem Tod als den wahren Gestalten des Lebens begegnet; beim Anblick eines Mönches beschließt er, diese Geißeln der Menschheit durch ein muschelblankes Reinheitsleben in der Hauslosigkeit zu besiegen. Im Walde von Uruvela bei Gaya sehen wir ihn in Meditation unter dem „Baum der Erkenntnis" versunken, bis er die göttliche Weisheit von der Auflösung aller Daseinsgestaltungen gefunden hat. So verkündet er — rechts oben — im Hirschpark von Sarnath erstmals seinen Schülern die Lehre vom Mittleren Pfad und setzt damit das „Rad der Lehre" in Bewegung, das in dem Bild zwischen den zwei Hirschen zu Füßen des Buddha auf den Betrachter zurollt. Im Wald von Kusinara nimmt er in hohem Alter von seinen Jüngern, insbesondere von seinem Lieb-lingsjünger Ananda, Abschied und stirbt, während die Erde bebt und die Sonne sich verdunkelt, mit den Worten: „Alles geht dahin und endet; auch der Vollendete (Buddha). Ihr selber seid euere Leuchte. Strebt ohne Unterlaß."

Die Buddha-Legende von der Zeugung durch den weißen Elefanten geht auf uralte, vielleicht schon in Mohenjo-Daro bezeugte Vorstellungen zurück (vgl. H. Zimmer: Indische Mythen und Symbole, 116). Der Elefant Airavata soll zusammen mit dem goldenen Sonnenvogel Garuda aus dem Weltenei Brahmas hervorgegangen sein. Die heiligen Elefanten heißen „Nagas", wie die Schlangen, und stehen, gleich diesen, in Beziehung zu den Wolken und dem Fruchtbarkeit spendenden Regen (Zimmer, 68—69). So steckt auch im Namen des Urelefanten Airavata das Wort „ira", das „Wasser", „Flüssigkeit", „Milch" bedeutet, jene Essenz, die in dem kosmischen Milch-meer enthalten ist (Zimmer, 117). Nach einer anderen Mythe entstand Airavata denn auch tatsächlich selbst aus der berühmten Quirlung des Milchozeans, bei dem der Unsterblichkeits-trank Amrita gewonnen wurde. Die Gattin Airavatas, die gleichfalls dem Milchozean ent-stammte, hieß Abhramu, wörtlich die „Wolkenhervorbringende" (Zimmer, 119). Airavata dient in den Mythen als Reittier Indras, des Regengottes, der zur rechten Zeit die Wolken über das verdurstende Land treibt und den erlösenden Regen spendet; entsprechend sind Elefanten die Reittiere indischer Herrscher, und es wird ihnen, vor allem in den südindischen Tempeln, große Verehrung entgegengebracht; denn der „Elefant ist gewissermaßen eine Regenwolke, die auf der Erde wandert". (Zimmer, 122; vgl. die Elefanten auf dem Relief in Mahabalipuram, Abb. 1) Insbesondere den Albinos, den „weißen Elefanten", gilt die größte Wertschätzung, weil in ihnen noch die Herkunft aus dem Milchozean durchschimmert (Zimmer, 119). Sie werden angeredet als „Shri-gaja" — „Elefant Shris" und als „Megha" — „Wolke". Mit Shri-Lakshmi ist die Göttin Lotos gemeint, die das Wasser verkörpert, das in der Erde fruchtbar wird; sie wächst tausendblättrig, aus reinem Gold, sonnengleich aus kosmischen Wassern, deren gebärender, alles hervorbringender Schoß sie ist (Zimmer, 102). Eine andere Bezeichnung für den Elefanten Shris ist „Sohn des Airavata". „Sohn, in der Sprache der Mythen und Symbole, meint ,Doppel-gänger', ,anderes Ich', ,lebendes Abbild des Vaters', ,des Vaters Wesen in einer anderen Indivi-duation'." (Zimmer, 123)

Die Heilige Hochzeit der Mutter des Buddha mit dem weißen Elefanten greift also die alte Vorstellung von der Vereinigung des Wolkenelefanten und der gebärenden Mutter Erde auf. Das die Welt erlösende Kind ist der Reis der jungfräulich gesegneten Felder. Die Erlösung der durstenden Fluren durch die Heilige Hochzeit der Jungfrau Erde mit der Regenschlange, mit dem Wolkenelefanten oder anderen Symbolen der Fruchtbarkeit bildet die Vorlage für zahl-reiche Mythen der Geburt großer geschichtlicher Persönlichkeiten. Es ist die alte Hoffnung des Adventsliedes: „Tauet, Himmel, den Gerechten, Wolken, regnet ihn herab; Erde, tue dich auf und bring den Erlöser hervor." (Vgl. Jes 45, 8) In der j Urgeschichte, die den Mythos von der „Engelehe" in Gn 6, 1—4 zu einem Bild des Abfalls von Gott umgestaltet hat, verwandelt sich konsequenterweise auch der segnende Regenguß in ein Bild des Rückfalls in das Chaos der Urzeitwasser; nicht neues Leben, sondern Untergang bewirken die Verbindungen der Menschen-töchter mit den Göttern. Die psa Interpretation, die in dem Mythos der Heiligen Hochzeit ein Bild der Gegensatzvereinigung erkennt, wird dieser j Umdeutung des uralten Heilsmythos in ein Bild von Überschwemmung und Vernichtung Rechnung tragen müssen.

Abb. 8

Zu Gn 10,9; S. 292; 486 — Abb. 8

Seit dem 4. Jtsd. wird das Thema Jagd in der Kunst des Zweistromlandes behandelt, nirgendwo aber so großartig wie auf den Reliefs aus Nimrod (Kalach) in der Zeit Assurnasirpals II.
Auf dieser 93 cm hohen Abbildung aus dem British Museum, London, sieht man den König in
majestätischer Kraft von seinem zweispännigen Wagen herunter mit zielsicherem Bogen, den
Köcher gefüllt mit Pfeilen, Jagd auf Löwen machen. Szenen „dieser Art sind freier komponiert
und bewegter als Szenen religiösen Inhalts. Die Darstellung der Löwenjagd hatte allerdings auch
eine religiös-symbolische Bedeutung. Der König ist hier die Personifikation des Guten, das über
die Mächte des Bösen siegt." (G. Garbini: Alte Kulturen des Vorderen Orients, 47; zu Abb. 58)
Gerade umgekehrt erscheint in der j Urgeschichte der „Held der Jagd" eher selbst als Verkörperung des Bösen, als Manifestation ungehemmter Aggression und brutaler Gewalt.

Abb. 9

Zu Gn 10,9; S. 292; 486 — Abb. 9

Daß der Krieg nur eine Verschiebung des Jagdtriebes in den zwischenmenschlichen Bereich darstellt, zeigt dieses Relief aus dem Palast Assurnasirpals II in Nimrod (Kalach). (British Museum
London) In siegreichem Sprung setzt die Kavallerie des Königs über gefallene Gegner hinweg,
die, vom tödlichen Pfeilhagel der berittenen Bogenschützen getroffen, zu Boden gesunken
sind. Es besteht kein Unterschied zwischen der Darstellung erlegter Tiere und gefallener Menschen auf den assyrischen Reliefs. Das Bild ist das gleiche, so wie das subjektive Erlebnis von
Sieg und Triumph in der Jagd wie im Krieg das gleiche ist. Insofern sind auch psa in der
Gestalt Nimrods, des „Helden der Jagd", die Anklänge an Krieg und Tod nicht zu überhören.

die zum Menschen zu gehören scheinen, in ihrem Auftreten durch eine Freiheitshandlung des Menschen verursacht und in diesem Sinne schuldhaft sein können, ohne damit zugleich ihre Universalität zu verlieren. Die orale Problematik der Beziehung des Kindes zur Mutter muß dabei als Bild dafür verstanden werden, wie der Mensch aufgrund seiner Freiheit in seiner Angst in das „Elend" und die „Verlorenheit" seiner Kontingenz (der „Nacktheit" von Gn 3, 6.7) zurückfällt und schuldig dafür ist und dadurch wird, daß er sich überhaupt „herausnimmt", dazusein; denn die oral-depressive Schulderfahrung besteht gerade darin, daß überhaupt zu leben schuldig macht.

3. Ineins damit dürfen wir eine Antwort auf die Frage nach der „Erkenntnis von Gut und Böse" erwarten. Wir haben gesehen, daß die tiefenpsychologische Interpretation für die „Sündenfallerzählung" nicht zutrifft, die in dem „Sündenfall" des Menschen ein bloßes Erwachen zu Selbstbewußtsein und Selbsterkenntnis erblicken möchte; andererseits läßt sich das Motiv der Selbsterkenntnis in der Symbolsprache von Gn 2—3 so wenig von der Hand weisen, wie etwa die orale Problematik beim Essen vom Baum; es muß also einen besonderen Sinn haben, daß J den „Sündenfall" des Menschen in Bildern darstellt, die an sich als Symbole der Selbsterkenntnis verstanden werden können. Die Frage stellt sich daher, was die Selbsterkenntnis des Menschen mit der Schuld und der Angst seines Daseins zu tun hat.

Wir müssen anerkennen, daß es (ebenso wie bestimmte Ängste) auch eine Reihe von Antrieben gibt, die im Menschen seinem Bewußtsein noch vorausliegen und die er akzeptieren muß, wenn er zu sich selbst finden will; indessen ist dieses „Böse" vor dem Bewußtsein nicht das, was J als Schuld des Menschen versteht; im Sinne von J geht es vielmehr um das Böse, das aus einer bestimmten Art der Bewußtwerdung entsteht, welches das menschliche Dasein in den Ängsten von Gn 3, 8—24 gefangennimmt und sich dann zu dem Verhalten der Menschen in den nachfolgenden Bildern der j Urgeschichte auswächst.

Wir hätten also philosophisch zu zeigen, wie alles, was der Mensch ist, je nach der Art seines Selbstbewußtseins gut oder böse sein kann und wieso es faktisch überall, wenn Gott nicht neu in das Leben des Menschen eingreift, böse ist. Wir werden dabei vor allem die philosophischen Überlegungen zu Rate ziehen, die von der Hegelschen Philosophie ihren Ausgang genommen haben, um die kausale Betrachtungsweise der Psa durch eine ontologische abzulösen und in einer „existentiellen Psychoanalyse" (Sartre) die Ergebnisse der psa Interpretation der j Urgeschichte vom

239

Daseinsentwurf des Menschen her zu vertiefen. Es wird sich dann zeigen, daß es Angst nicht nur in dem Objektverlust des Kindes gegenüber seinen primären Libidoobjekten gibt, sondern daß die Angst des Menschen entscheidend von dem Nichts seiner Freiheit herrührt; daß es Schuldgefühle nicht nur im Zusammenhang mit oralen und ödipalen Versagungen, sondern mehr noch im Zusammenhang mit der Selbstverfehlung des Daseins gibt; und es wird sich erweisen, daß der Mensch nicht nur aus infantiler Hilflosigkeit nach einem Gott verlangt, sondern daß er angesichts der „ontologischen Unsicherheit" seines Daseins (R. D. Laing) vor der Grundfrage eines existentiellen Narzißmus oder der Freiheit einer sich selbst transzendierenden „Objektlibido" steht und daß er nur die Wahl hat, infolge der Ausweglosigkeit seines Daseins in Todessehnsucht zu versinken bzw. den „Todestrieb", solange es geht, nach außen zu verschieben, oder aber eine Erfahrung in sein Leben aufzunehmen, welche die mörderische Angst der Ausweglosigkeit am Ende überwindet.

4. Damit sind wir bei der alles entscheidenden Frage nach Gott angelangt. Wenn wir bisher von frühkindlichen Mechanismen, Objektbesetzungen, Introjektionen, paranoischen Projektionen usw. gesprochen haben, so schließen wir uns damit *nicht* der Meinung der Freudschen Religionsphilosophie an, die Religion sei ein kollektiver Wahn, geboren aus infantiler Hilflosigkeit und Sehnsucht nach dem Schutz des allmächtigen Vaters.

Freud meinte von der Religion insgesamt, sie sei so „offenkundig infantil, so wirklichkeitsfremd, daß es einer menschenfreundlichen Gesinnung schmerzlich wird zu denken, die große Mehrheit der Sterblichen werde sich niemals über diese Auffassung des Lebens erheben können. Noch beschämender wirkt es zu erfahren, ein wie großer Anteil der heute Lebenden, die es einsehen müssen, daß diese Religion nicht zu halten ist, doch Stück für Stück von ihr in kläglichen Rückzugsgefechten zu verteidigen sucht. Man möchte sich in die Reihen der Gläubigen mengen, um den Philosophen, die den Gott der Religion zu retten glauben, indem sie ihn durch ein unpersönliches, schattenhaft abstraktes Prinzip ersetzen, die Mahnung vorzuhalten: Du sollst den Namen des Herrn nicht zum Eitlen anrufen!" (Das Unbehagen in der Kultur, XIV 431—432)

Die Frage ist tatsächlich, ob Religion und Infantilismus dasselbe sind. Freud hat viel dazu beigetragen, die infantile Religiosität der Massen mit ihren zwangsneurotisch-autoritären Formen der Triebunterdrückung zu zerstören; man hat Grund, ihm dafür dankbar zu sein. Andererseits ist nicht einzusehen, warum es neben dem religiösen Infantilismus nur einen abstrakten Deismus bzw. Atheismus als Religion geben soll. Freud schreibt treffend: „Wenn es sich um Fragen der Religion handelt, machen sich die Menschen aller möglichen Unaufrichtigkeiten und intellektuellen Unarten schuldig. Philosophen überdehnen die Bedeutung von Worten, bis diese kaum etwas von ihrem ursprünglichen Sinn übrig behalten, sie heißen irgendeine verschwommene Abstraktion, die sie sich geschaffen haben ,Gott', und sind nun auch Deisten, Gottesgläubige, vor aller Welt, können sich selbst rühmen, einen höheren, reineren Gottesbegriff erkannt zu haben, obwohl ihr Gott nur mehr ein wesenloser Schatten ist und nicht mehr die machtvolle Persönlichkeit der religiösen Lehre." (Die Zukunft einer Illusion, XIV 355)

Man wird die Ehrlichkeit, die Freud beweist und fordert, nur hochschätzen können. Aber muß es denn so sein, wie Freud meint, daß die Religion sich nur behaupten kann, wenn sie die wesentlichen Affekte und Triebenergien der menschlichen Natur an Vorstellungen der Kindheit bindet und so die Menschheit kindlich hält? Wenn die vorliegende Arbeit in ihrem psa Teil einen Sinn hat, dann den, die philosophische These vorzubereiten, daß der Mensch sich nur selbst finden kann, wenn er im *theologischen* Sinne zum „Kinde" wird und Gott ihm als eine freie absolute Person, als „Vater", gegenübersteht; daß er die Angst, die ihn daran hindert, ein Selbst zu werden, nur zu überwinden vermag, wenn er sich in allen Teilen und Bereichen seiner kreatürlichen Existenz angenommen weiß; und daß er sich erst dann zu Selbständigkeit und Freiheit zu entschließen getraut, wenn er seiner Freiheit in Gott Halt und Richtung zu geben vermag. Erst wenn der Mensch theologisch zum „Kind" wird, kann er psychologisch aufhören, ein Kind zu bleiben und seine Sehnsucht nach Vater und Mutter auf menschliche Autoritäten zu übertragen oder sich selbst zum Gott zu machen.

Indem J die mythischen Bilder von Angst und Schuld theologisch interpretiert hat, verlangt er eine Auslegung, welche die Beziehung des Kindes zu Vater und Mutter und des Menschen zu sich selbst nicht als die eigentliche Wahrheit der biblischen Symbolik erklärt, sondern in ihr selbst nur ein Bild für die tiefere ontologische und existentielle Beziehung des Menschen zu Gott erkennt. Alle Psychologie ist bei der Interpretation der j Urgeschichte nur ein Gleichnis, nie das Eigentliche. Und wenn von Gott die Rede ist, so läßt sich als Ergebnis all unserer Untersuchungen schon dies voraussagen: Gott erscheint in der j Urgeschichte nicht als ein abstraktes Prinzip oder als die vergewaltigende Projektion eines patriarchalischen Urvaters, auch nicht als die archetypische Personifizierung des

Unbewußten, Gott ist für J vielmehr die Person, von der her der Mensch allein die Angst seiner Freiheit beruhigen, das Chaos seiner Antriebe ordnen, die Unbewußtheit seiner Existenz aufarbeiten und der elenden Ausweglosigkeit seines Daseins Hoffnung geben kann (Gn 12). Daß der Mensch nur menschlich leben kann, wenn ihm in seiner Daseinsangst nicht Gott verloren geht, — das werden wir im 3. Teil der vorliegenden Arbeit als Kernaussage der j Urgeschichte kennenlernen.

Andererseits hilft uns die psa Interpretation der j Urgeschichte, die Erdenschwere der j Bilder, ihre antriebsorientierte Seite, ernstzunehmen und nicht vorschnell den Menschen „nur" ontologisch-existentialanalytisch zu betrachten. Die philosophische Frage nach Ziel und Sinn des menschlichen Daseins, wie es sich in den Symbolen der j Urgeschichte ausspricht, ersetzt nicht die Frage nach den Ursachen, aus denen die traumhaften, mythischen Symbole des J geboren sind. Es wäre eine vorschnelle Formalisierung, sogleich ohne wirkliche Kenntnis der konkreten Inhalte der j Bilder zu existentialanalytischen Interpretationen zu schreiten. Mit Recht hat H. Schultz-Hencke in der Auseinandersetzung mit der Daseinsanalyse L. Binswangers betont: „Am Mißglücken des ‚Animalischen' scheitern die Patienten! Und damit mißglückt ihre ganze Existenz schließlich. So muß angeordnet werden." Und: „Ich habe ja ausdrücklich erklärt, daß die daseinsanalytischen Formalismen (sc. bei L. Binswanger, d. V.) durchaus richtig gesehen sind. Nur geht die menschliche Auseinandersetzung des Untersuchers in solchem Fall am wirklichen Dasein seines Patienten vorüber." (H. Schultz-Hencke: Das Problem der Schizophrenie, 289) Ähnlich nähme eine Theologie den Menschen nicht ernst, die sich nicht um die Kenntnis seiner psychischen Primärprozesse kümmern wollte. Wenn J einer solchen „Theologie" das Wort hätte reden wollen, so hätte er sich seine „Theologie in Bildern" tradierter Mythen sparen können. Wir haben mithin noch viel Zeit, bis wir in die philosophische Diskussion der j Urgeschichte eintreten (können).

Um die bisher recht theoretisch beschriebenen Zusammenhänge zwischen oraler Ambivalenz, depressivem Schuldgefühl, Objektverlust, Schamschranken, Sexualangst, depressiver Selbstentwertung, Wie-Gottsein-Wollen, Todesangst u. a. dem psychotherapeutisch ungeschulten Leser in einem konkreten Krankheitsbild zu verdeutlichen und auch, um von der klinischen Wirklichkeit her einmal die reale Verwendbarkeit der psa Begriffe im Felde der vorliegenden psychischen Problemkomplexe zu demonstrieren, werden wir am besten in einem Exkurs die Strukturen einer psychogenen Erkrankung beschreiben, in deren Mittelpunkt der orale Ambivalenzkonflikt steht, und dabei beobachten, welche Folgerungen sich aus diesem Konflikt psychodynamisch ergeben; wir hoffen so zu verhindern, daß die psa Terminologie in die Gefahr gerät, nicht-empirisch verstanden zu werden, also so, als wenn sie eine in sich feststehende Wahrheit ansprechen und nicht vielmehr bloß Anleitung zur exakten Beobachtung bieten wollte.

Exkurs: Die Anorexia nervosa als klinisches Modell

Da es uns nicht um ein klinisches Gesamtbild der Anorexie-Problematik geht, kann es hier genügen, wenn wir nur diejenigen ätiologischen Faktoren und Symptome herausstellen, die uns für das Verständnis der in Gn 3 gezeigten Zusammenhänge weiterhelfen.

Im Unterschied zur hypophysären Kachexie (vgl. E. Bleuler: Lehrbuch der Psychiatrie, 322—323), liegt bei der Anorexia nervosa „die Hauptwurzel im *psychischen* Bereich" (H. Glatzel: Ernährung, in: Handbuch der Neurosenlehre und Psychotherapie, II 466). H. Schultz-Hencke hat, entsprechend seiner Lehre von der Gleichzeitigkeitskorrelation psychosomatischer Tatbestände, wohl zu Recht behauptet, es könne „von vornherein nicht wundernehmen, daß das Gebilde Magersucht im einen Extremfall, nämlich in dem der Simmondschen Kachexie, eindeutig primär-organisch begründet ist und im anderen Extremfall nicht eine Spur von primär-organischer Abartigkeit vorliegt." (H. Schultz-Hencke: Lehrbuch der analytischen Psychotherapie, 294)

Im Vordergrund der Anorexia nerv. steht, daß die Betreffenden auf Speiseangebote geradezu phobisch reagieren; „auch erinnern Züge des magersüchtigen Erlebens stark an solche des *depressiven.*" (H. Schultz-Hencke: a.a.O., 294) Den Grund dafür hat psa bereits K. Abraham genannt, indem er Melancholie und Anorexie vom gleichen Ursprung herleitete und meinte, daß „die schwersten Grade der melancholischen Nahrungsverweigerung eine Selbstbestrafung für kannibalische Antriebe" darstellen (Versuch einer Entwicklungsgeschichte der Libido, in: Psychoanalytische Studien, 139). Die ausgesprochene „Kaufaulheit", die gewünschte oder tatsächliche Schädigung der Zähne, der langdauernde Widerstand gegen die Aufnahme von Nahrung sowie die nachfolgende oft dramatische Dystrophie finden ihre Erklärung in den sehr lebhaften Phantasien „vom Beißen in alle möglichen Körperteile des Liebesobjektes (Brust, Penis, Arm, Gesäß usw.)." (K. Abraham: a.a.O., 138)

Im Hintergrund der Anorexie stehen also starke oral-sadistische Tendenzen. Dabei handelt es sich ätiologisch zunächst um eine Fixierung der oralen Stufe, zu der die Patienten späterhin infolge der Abwehr genitaler Strebungen wieder regredieren. In der Regression liegt der Eindruck der Entwicklungshemmung begründet, die Weigerung, erwachsen werden zu wollen, sowie der Protest, die eigene Sexualrolle zu übernehmen.

H. Thomä beschreibt dies so: „Die genital-sexuelle Entwicklungsstufe wird aufgegeben und zwar objektiv und subjektiv: In manchen Fällen stellt überhaupt (beim Mädchen, d. V.) die Amenorrhoe das erste Zeichen der Involution dar. Sexuelle Regungen sind aus dem Bewußtsein verschwunden. Das Denken wird beherrscht von Inhalten der oralen Entwicklungsstufe. Das Verhalten der Kranken zu ihren Müttern zeigt dementsprechend alle Züge einer oralen Ambivalenz... man darf nicht vergessen, daß die Kranken regredierte Erwachsene oder Pubertierende, aber keine normalen Kleinkinder sind. Manche greifen zwar wieder zu ihren Kinderbestecken... Die orale Ambivalenz wird aber... überformt von Abwehrvorgängen, die zu einer eigentümlichen *Ichveränderung* führen. Vielleicht hat diese eine gewisse Ähnlichkeit mit der von S. Freud beschriebenen ,Ichregression' auf die ,Stufe der halluzinatorischen Wunschbefriedigung'... Jedenfalls machen sich die Anorexia-nervosa-Kranken in Negativismus und Anosognosie, also in ihrer Ablehnung, krank und hilfsbedürftig zu sein, weitgehend unabhängig vom Essen und von ihrer Umwelt. Sie haben scheinbar keine Bedürfnisse mehr, und jedes Angebot einer Hilfe wird als eine Gefahr erlebt, welche die... Vollkommenheit und Sicherheit gefährden könnte. Vom Verfall ihres Körpers scheinen sie nicht berührt zu sein, was auf einen wahnähnlichen Glauben, in Autarkie von der eigenen Substanz leben zu können, zurückgeführt werden muß" (H. Thomä: Anorexia nervosa, 265—266).

Das klinische Erscheinungsbild der Anorexie weist, wie man sieht, eine Reihe wichtiger Übereinstimmungen mit den Konflikten und Prozessen auf, die wir in Gn 3 analysiert haben.

1. Als erstes ist der zentrale Konflikt zu nennen, der hier wie dort in der oralen Ambivalenz und der „verhängnisvollen Unvermeidlichkeit des Schuldgefühls" liegt. Der anorektische Patient scheitert an dem ubiquitären oralen Konflikt von Liebe und Haß, Aufnahme und Zerstörung, und er versucht sich durch seine Nahrungsverweigerung gewissermaßen jenseits von Gut und Böse zu stellen. Indem er die Nahrungsaufnahme so weit als möglich zurückschraubt, kommt er in den masochistischen Genuß der Selbstbestrafung für die latenten kannibalischen Tendenzen; er vermeidet nicht nur die Handlungen, deren er sich schuldig fühlt, sondern gewinnt auch eine zusätzliche Befriedigung aus der Gewissensentlastung, die mit seiner Selbstquälerei verbunden ist.

2. Daß die Problematik der oralen Ambivalenz eine solche Heftigkeit erlangen kann, wird — in den Kategorien Schultz-Henckes — ätiologisch in einem Übermaß von Härte und Verwöhnung begründet sein. So verweist A. Dührssen (bei Mädchen) auf den oft zu beobachtenden Widerspruch zwischen der überverwöhnenden Art der Mutter und der Überstrenge des Vaters (A. Dührssen: Psychogene Erkrankungen bei Kindern und Jugendlichen, 246); die große Überfürsorge auf der einen Seite wird begleitet von einem Gefühl, nicht gewollt und abgelehnt zu sein in allen Bereichen, in denen es darum gehen müßte, etwas aktiv zu fordern und in Anspruch zu nehmen. Psychodynamisch liegt hier ein Widerspruch vor, wie wir ihn auch in Gn 3 beobachten konnten: paradiesisches Klima einerseits, aber Todesdrohung im Falle einer oral-kaptativen Überschreitung andererseits.

3. Aus diesem Konglomerat übersteigerter Erwartungen und Enttäuschungen, reaktiver (oraler) Aggressionen und Schuldgefühle geht nun auch die Art hervor, in der nach der Abtrennung von der Mutter die gute *und* böse Gestalt derselben introjiziert wird; „der *ungebrochene Narzißmus*, der es nicht ertra-

gen kann, daß außer ihm auch etwas anderes existiert, und die *Schwäche des Individuums,* die sowohl die Vernichtung der Umgebung wie auch die Flucht unmöglich macht" (A. Balint: Psychoanalyse der frühen Lebensjahre, 94), lassen die Identifikationsvorgänge (und damit die innere Ambivalenz) bes. stark werden; auf der Haltungsseite stehen riesige latente Sehnsüchte nach dem Einssein (mit der Mutter); die starken oralen Gehemmtheiten und schweren Schuldgefühle andererseits aber führen zu einer völligen Absperrung von jeglichem Kontakt. Die orale Problematik hat also eine ausgeprägt narzißtische Haltung und die Aufrichtung eines Über-Ichs mit heftigen autodestruktiven Zügen zur Folge; die Gefühle der Schuld, der Scham, der Kontaktangst, der inneren Leere, die wir in Gn 3 beobachten konnten, scheinen diesem Bild recht ähnlich zu sein.

4. Bei der Analyse der sexuellen Problematik in der biblischen „Sündenfallerzählung" meinten wir eine Regression auf die orale Stufe annehmen zu müssen. Das nämliche ist bei der psychogenen Anorexie der Fall. Da die Kranken jeden Liebesanspruch an den anderen der latenten verschlingenden und zerstörenden Impulse wegen fürchten und da ihnen ihre Identifikationsneigung jede Möglichkeit nimmt, sich selbst und den anderen ein eigenes Leben einzuräumen, wird auf der einen Seite alle Annäherung schon von weitem gemieden, während auf der anderen Seite eine Sehnsucht nach Verschmelzung mit allem sich breit macht, die die Intensität einer echten Sucht annehmen kann. Insofern also menschliche Nähe als mögliche Gefahr und Bedrohung gemieden wird, können die — ödipal wie puberal — sich entfaltenden genitalen Strebungen nur mit totaler Angst abgewehrt werden. Es gilt hier noch gesteigert, was A. Freud von der „Pubertätsaskese" melancholischer Patienten gesagt hat: daß es „die oralen Tendenzen" sind, „die durch die stattgefundene Regression zum Träger" der „Sexualität geworden sind" (Das Ich und die Abwehrmechanismen, 119—120) und als solche wiederum von neuem Angst erzeugen. So beobachten wir einen Zusammenhang von Oralität und Sexualangst, wie wir ihn auch in Gn 3 feststellen konnten.

5. Regression, Narzißmus und Identifikation erklären nun auch den Autarkiewahn der Anorexie-Kranken, den man durchaus als ein Wie-Gott-sein-Wollen bezeichnen kann. Der Magersüchtige hofft, durch Hyperaktivität dem Gefühl der inneren Leere entrinnen zu können, das durch die schweren Schuldgefühle sowie die völlige Kontaktabschnürung außerordentlich quälend ist; dabei aber schwebt ihm das Ideal eines perpetuum mobile, eines „unbewegten Bewegers" vor, der keinerlei Außenantrieb und Betriebsstoff braucht, weil alle Aktivität in ihm selber liegt. Omnipotenzideale und Negativismus bilden hier einen Kontrast, der von dem j Wie-Gott-sein-Wollen und dem Gefühl, zum Staub zurückzukehren, nicht sehr weit entfernt ist. Die antizipierte Frustration, daß alles eigene Tun doch nichts wert sei, bei gleichzeitiger Überanstrengung, paßt eigentlich nahtlos zu dem Bild von Gn 3, in Mühsal arbeiten zu müssen, bis man zum Staub zurückkehrt. Substanzverlustängste, die Unmöglichkeit, sich eine eigene Zukunft vorstellen zu können, und daneben ein Leben gewissermaßen jenseits von Raum und Zeit machen den Widerspruch von Selbstvergöttlichung und Selbstverlust komplett.

6. J verwendet in dem Fluchwort über den Mann und in den Worten über die Schlange und die Frau im Grunde Bilder, die einen Zustand der Angst und

Entfremdung, der Scham und des Ekels beschreiben, den wir bei der Anorexie in sehr breiter Form antreffen bis zu der Zyanose-Symptomatik, dem ständigen Frieren der Anorexie-Patienten inmitten einer für sie psychisch wie physisch zu kalten Welt. Da „der orale Objektbezug ontogenetisch gesehen, das Vorbild einer Objektfindung darstellt" (H. Thomä: Anorexia nervosa, 274), ist der Anorexie-Kranke aufgrund seiner schweren oralen Ängste, Schuldgefühle und Gehemmtheiten so gut wie von der ganzen Welt getrennt, ein Mensch, der wie zur Strafe in die Welt hineinverstoßen wurde, der aber, weil er von ihr nichts ohne Schuld in Anspruch nehmen darf, schon meint, die ganze Welt auch nicht zu brauchen. Diese autarke Omnipotenzhaltung, die den Anorexie-Kranken zu einem selbsternannten Gott macht, weist als ihre Kehrseite die starken Scham- und Ekelschranken auf, mit denen die Patienten sich von der Welt abgesperrt fühlen und in denen sie in sich selbst eingeschlossen sind. Der Ekel in der Anorexie ist natürlich oral — nicht anal —; er bezieht sich ursprünglich auf die Unterdrückung der sadistischen oder perversen Wünsche (unbewußte Schwangerschaftswünsche durch orale Konzeption, Fellatiophantasien, Abbeißen der Genitalien etc.), dehnt sich dann aber als Grundtönung auf das Erleben aller Dinge und Objekte aus, wie es im Bild der dornenübersäten Erde in Gn 3, 18 sehr plastisch ausgedrückt ist.

7. Beeindruckend ist schließlich die depressive Tönung, die Gn 3 mit dem Gestaltbild der Anorexie teilt. Die Versagung, die hier wie dort hinter dem oralen Konflikt steht, führt zu „Schuldgefühlen, die bewußt nur als eigenes Versagthaben, als Unwertgefühle erlebt werden", verbunden mit Haßgefühlen, „die man sich nicht eingestehen kann, sich nicht leisten, geschweige denn sie äußern kann"; sie „richten sich gegen das eigene Ich, in der Zerstörung des eigenen Ichs unbewußt die Mutter meinend, wie Selbstmordtendenzen so oft verhinderte, verschobene Mordtendenzen sind. Hier gibt es geradezu schaurig zu nennende seelische Hintergründe von einem Gequältsein, von dem sich der Gesunde und Normale kaum eine Vorstellung machen kann." (F. Riemann: Grundformen der Angst, 56—57) Es ist für Gn 3 kennzeichnend, daß die Menschen — im Unterschied zu Kain später — weder gegen ihren Schuldspruch protestieren noch gegen ihre Bestrafung; nimmt man das Sich-bedecken von Gn 3, 7 als ein Bild äußerer Anpassung an den Zwang des Schuldgefühls, so hat man alles beisammen, was die depressive Grundhaltung kennzeichnet.

Aus diesem Vergleich mit der Anorexia nervosa läßt sich ersehen, welch eine grundlegende pathogene Rolle der oralen Ambivalenz zukommt und wie eine Fehlverarbeitung dieser Ambivalenz notwendig zu psychischen Strukturen führt, die eine gewisse Ähnlichkeit mit manchen Zügen von Gn 3, 1—24 aufweisen. Das Beispiel der Anorexie kann ein extremes verdeutlichendes Bild der Prozesse bieten, die wir in der j Sündenfallerzählung nebst ihren Konsequenzen zu analysieren versuchten. Bedenkt man, daß die Anorexie — wie jede neurotische Erkrankung — eine Art Selbstheilungsversuch darstellt, so kann man vielleicht vorerst zu Gn 3 sagen, daß hier die Sünde als ein Weg beschrieben wird, auf dem die Menschen, nachdem sie mit Gott zerfallen und von ihm getrennt sind, von der eigenen Substanz zu leben versuchen: autark, narzißtisch, voller Schuldgefühle, besetzt mit Angst, Ekel- und Schamschranken, nach rückwärts gewandt, ohne Hoffnung auf Zukunft, belastet mit dem Gefühl innerer Wertlosigkeit und Leere, in einem Versteckspiel äußerer Anpassung und immerwährender Flucht, leidend unter dem Gefühl des unabwendbaren Substanzverlustes, vertrieben und abgelehnt mit dem deutlichen Bewußtsein, an all dem selber schuld zu sein, ohne doch zu wissen, warum dies eigentlich so ist und wie es anders hätte sein können. Wenn K. Schneiders Beschreibung zutrifft, die depressive Grundhaltung sei von einer „dauernd gedrückten Stimmung", durch eine „ständige Lebens- und Weltangst", durch „Zweifel an Wert und Sinn des Daseins" gekennzeichnet, „nichts ist ungetrübt", es „mangelt an Zuversicht und Vertrauen" (K. Schneider: Klinische Psychopathologie, 22), so kann man uneingeschränkt sagen, daß Gn 3 eine depressiv getönte Erzählung ist; dorthin weisen strukturell auch alle anderen Beobachtungen der oralen Konflikte, ihrer Verarbeitung und Psychodynamik. Es ist das Bild einer Existenz, zu deren Grunderfahrung das Gefühl gehört, bereits durch das bloße Dasein schuldig zu sein und immer neu durch die Grundvorgänge der Lebenserhaltung (Essen) unvermeidlich schuldig zu werden.

II. Untersuchung von Gn 4, 1—16 (Kain und Abel)

1. Zur Bedeutung des Motivs der feindlichen Brüder in der Mythologie

Zahlreich sind in der Mythologie die Erzählungen von Bruderfeindschaften und Geschwisterrivalitäten. R. von Ranke-Graves vermutet in ihnen z. T. Erinnerungen an die Institutionen des Heiligen Königs, der ursprünglich jeden Sommer starb und für den Rest des Jahres durch einen Stellvertreter abgelöst wurde (in Anlehnung an die strahlende und dunkle Sonne des Jahreszyklus?). „Um dem Heiligen König höheren Rang als seinem Stellvertreter zukommen zu lassen, wurde er gewöhnlich als Sohn eines Gottes betrachtet. Dann gebar seine Mutter ihrem Gemahl einen sterblichen Zwilling." (R. v. Ranke-Graves: Griechische Mythologie, I 226) Späterhin scheint die Regierungsform des Heiligen Königs zu einem Doppelkönigtum abgewandelt worden zu sein, das die

Rivalität zwischen dem König und seinem Stellvertreter vermied, indem es die Regierungszeit eines jeden auf je 50 Monate, die Hälfte eines Großen Jahres, verteilte (R. v. Ranke-Graves, II 16; I 220); als letzter Schritt dieser Entwicklung scheint eine territoriale Teilung des Herrschaftsgebietes in Frage gekommen zu sein.

So wurden in der griechischen Mythologie die Zwillingssöhne Akrisios und Proitos von ihrem Vater Abas, dem Enkel des Danaos, mit dem Königtum betraut, das sie abwechselnd regieren sollten; schon im Leibe ihrer Mutter Aglaia stritten sie sich, und sie verfeindeten sich vollends, als Proitos sich erdreistete, eine Liebschaft mit der Tochter des Akrisios, mit Danae, einzugehen; Proitos mußte nach Lykien fliehen; nach einer Entscheidungsschlacht zwischen den Brüdern teilte man das Reich von Argos. (R. v. Ranke-Graves, I 214—215)

Der Streit um die Frau, meint R. v. Ranke-Graves, habe eigentlich der Mondgöttin gegolten: der Heilige König als Geist des zunehmenden Jahres habe sich Artemis, der Mondgöttin des Frühjahrs und des Sommers, verbunden, während sein Stellvertreter als Geist des abnehmenden Jahres mit Athene, der Mondgöttin des Herbstes und des Winters, in Verbindung trat (R. v. Ranke-Graves, I 227). Danae geht in der griechischen Mythologie als Erd- und Mondgöttin die rituelle Ehe mit dem Sonnengott Zeus ein, der sie mit einem Schauer aus Gold schwängert; sie spielt die Rolle der ägyptischen Isis, wohingegen Akrisios den Part des eifersüchtigen Seth übernimmt, der seinen Zwillingsbruder Osiris (Proitos) zu töten sucht; Proitos, der als Weltschöpfer Ophion gilt, zeugt den Perseus, den ägyptischen Horus, der den Seth bekämpft, indem er ihm die Hoden ausreißt, während Seth ihm das Augenlicht raubt. (Vgl. W. Helck: Die Mythologie der alten Ägypter, in: H. W. Haussig: Wörterbuch der Mythologie, I 361—362; R. v. Ranke-Graves, I 213; 220)

Auch beim Geschwisterkampf der ägyptischen Mythologie zwischen Seth und Horus geht es wohl um dynastische Ansprüche. Denn für die Jägernomaden, die zu Beginn der geschichtlichen Zeit in Ägypten herrschten, war Seth, in der Gestalt eines Wildesels, die Verkörperung der Macht ihres Herrschers, während er für die bäuerlichen Niltalbewohner als Inbegriff des aus der Wüste drohenden Bösen galt (W. Helck: a.a.O., I 397—398); in Seth und Osiris (Horus) streiten sich also, wie in der Kain- und Abelgeschichte, das Nomadentum (Jägertum) und das Bauerntum um die Herrschaft, nur daß die ägyptische Mythologie auf der Seite des Bauern, die biblische Erzählung auf der Seite des Nomaden steht, und daß die ägyptische Mythologie das Ritual von der Überwindung des Bösen kommentiert, während in Gn 4, 1—16 unmythisch das vom Menschen her unüberwindliche Auftreten der Bruderfeindschaft erzählt wird.

Die Bedeutung einer Auseinandersetzung zwischen Gut und Böse gewinnt die Bruderkampfmythe bei zahlreichen Völkern, und zwar sowohl im kulturellen und moralischen als auch im kosmischen Sinne. Oft werden dabei die feindlichen Brüder mit den Gestirnen von Tag und Nacht verbunden.

In der hurritischen Mythologie tritt Appu als Vater von zwei feindlichen Söhnen auf, die nach dem Opfer eines weißen Lammes auf den Rat des Sonnengottes hin, ordentlich zu trinken und mit seiner Frau zu schlafen, geboren werden. Appu nennt den älteren Bös, den jüngeren Recht. Als Bös die Teilung der Habe fordert, erhält er eine gute Kuh, Recht nur eine schlechte; doch der Sonnengott segnet die Kuh des Recht. (E. von Schuler: Die Mythologie der Hethiter und Hurriter, in: H. W. Haussig: Wörterbuch der Mythologie, I 158)

Das Motiv der feindlichen Brüder kann in der Mythologie auch auf gute und schädigende Witterungseinflüsse bezogen werden. Z. B. bekommt in der Mythologie der Basken die Göttin Mari von ihrem Gatten Maju, der „großen Schlange", zwei Söhne: den guten Atarrabi und den bösen Mikelats. Mikelats verursacht Unwetter und Hagel, während Atarrabi, der keinen Schatten besitzt, die Anschläge seines Bruders vereitelt. (J. M. de Barandiarán: Die baskische Mythologie, in: H. W. Haussig: Wörterbuch der Mythologie, II 523; 543—545; 547)

Nach Hell und Dunkel unterschieden werden auch die feindlichen Brüder der Bibel, Esau und Jakob, die sich, wie Akrisios und Proitos, bereits im Mutterleib streiten (Gn 25, 24—26); ähnlich zanken sich Perez und Serach schon vor der Geburt um ihren Vorrang (Gn 38, 27—30). Perez könnte mit dem griechischen Paris verwandt sein, der als solares Neujahrskind das Schicksal der mythischen Geburt durchzustehen hat, indem er ausgesetzt und dann bei Agelaos großgezogen wird; dessen Kind gilt ihm als Zwillingsbruder. (Vgl. R. v. Ranke-Graves, II 267)

Bekannt und daher nur zu erwähnen ist der tödliche Kampf, der in der griechischen Mythologie zwischen den Brüdern Eteokles und Polyneikes um die Thronfolge entbrennt (R. v. Ranke-Graves, II 15), sowie der Bruderkrieg zwischen den Pandavas und Kauravas in dem altindischen Mahabharata-Epos (Biren Roy: Mahabharata).

Die moralischen Wertungen, welche die feindlichen Brüder in der Mythologie erhalten, dürften von der jeweiligen Kulturstufe abhängen.

I. Goldziher war wohl der erste, der auf nach wie vor bestechende Weise im Sinne der Naturmythologie in den Gestalten von Kain und Abel den tödlichen Kampf des Tages gegen die Nacht erblickte, und zwar so, daß Kain als solarischer Held mit dem Ackerbau, Abel aber mit der Vorliebe der Kleinviehnomaden für den „dunklen Nacht- oder Wolkenhimmel" in Zusammenhang stünde. (I. Goldziher: Der Mythos bei den Hebräern, 129) Abel (hbl) sei der dunkle Himmel, der Dunsthauch, die Nacht, meinte Goldziher und verwies auf die etymologische Verwandtschaft Abels (hbl) mit Jabal (jbl), der soviel wie Regen, Wasserflut (mbwl) bedeute; und so wie Abel ein Hirte sei, so werde Jabal als der „Vater aller in Zelten Wohnenden" bezeichnet (Gn 4, 20). Andererseits sei Kain nicht nur etymologisch, sondern vor allem auch durch seinen Nachkommen Tubal-Kain (Gn 4, 22) als Schmied und Hersteller von Ackergeräten gekennzeichnet. Zu dem solarischen Charakter Kains, der in seinem Sohn Tubal-Kain als eine Art Hephaistos und Vulcanus der Hebräer erscheint, will es nach Goldziher gut passen, daß Kain die erste Stadt gründet (Gn 4, 17); denn in den Mythen gelten die Sonnengestalten, die Feuer- und Kulturbringer, vielfach als Begründer des Städtelebens, „und zwar geht häufig der Erbauung der Stadt ein Brudermord voran. Die ackerbauende Stufe, die mit der Sonnenverehrung zusammenhängt, besiegt die des Nomadenlebens, die sich an den dunklen Nacht- und Wolkenhimmel hält, und nach Überwindung des Hirten erbaut der überlebende Ackerbauer die erste Stadt" (I. Goldziher, 132). Auch die Bemerkung von dem unsteten Wanderleben Kains (Gn 4, 14.16) könnte von dem unruhig am Himmel bis zum Eintritt der Nacht dahinwandernden Sonnengestirn entlehnt sein (Goldziher, 139; 263).

Die Geschichte von dem grausamen Mord an Abel wäre demnach in der biblischen Fassung aus der Sicht der Kleinviehnomaden erzählt worden, die den Anbruch des Tages mit seiner Gluthitze bedauerten und den Untergang der nächtlichen Kühle beklagten. Zudem dürfte insbesondere der kulturelle Aufstieg zum Ackerbau vom Nomadenleben aus nicht als Fortschritt, sondern als Rückschritt betrachtet worden sein (vgl. Goldziher, 264), eine Bewertung, die wir auch exegetisch für J nachweisen konnten, wenngleich sie dort — nicht pedantisch genug kann dies wiederholt werden — theologisch und nicht kulturideologisch motiviert ist. Daß es aber auch in Israel ein kulturelles Nomadenideal gegeben hat, und zwar sehr langlebig, zeigt die Episode von den Rechabiten, die dem Gelübde ihres Vaters treu blieben, keinen Wein zu trinken, keine Wohnhäuser zu besitzen, keine Ackergrundstücke zu erwerben und stattdessen in Zelten zu siedeln (Jer 35, 8—10).

Gegen die Annahme Goldzihers, in Kain und Abel handle es sich eigentlich um den Kampf zwischen Tag und Nacht, spricht seine zu sehr etymologisch ausgerichtete Argumentationsweise sowie der traditions-geschichtliche Befund, der eher glauben läßt, daß J die Brudermord-geschichte erst sekundär mit der Genealogie von Kain dem Städtebauer verbunden hat (I 115); andererseits zeigen die naturmythologischen Betrachtungen des Motivs der einander befeindenden Brüder, daß der vorgegebene traditionelle Rahmen der j Komposition doch offenbar wenig Spielraum für willkürliche Einschaltungen ließ und die von J verwandten Motive in sich selbst bereits eine große Affinität zueinander aufweisen und vermutlich der Sonnenmythologie entstammen.

Als Kronzeuge für diese Auffassung können wir die Gestalt des Romulus in der römischen Mythologie anführen, der, wie Kain, nach der Ermordung seines Bruders eine Stadt gründet und der unzweifelhaft solare Züge an sich trägt, indem er das typische Schicksal des Sonnen-helden durchläuft: die jungfräuliche Empfängnis (vgl. Gn 4, 1 die Zeugung „mit" Jahwe!; Gn 3, 20 die Schwangerschaft nach dem Essen [der Sonnenfrucht] vom Weltenbaum), die Aussetzung in dem Kasten auf den Gewässern, das Gesäugtwerden durch die Tiermutter, seine schließliche Himmelfahrt in Gewitter und Wolken (Livius: Seit der Gründung Roms, I 16) bzw. sein Zerstückeltwerden im Tempel des Vulkan (Plutarch: Lebensbeschreibungen, Romulus 27; I 93); auch daß der Anlaß zum Brudermord in der Romulusmythe in der Zwietracht der Zwillinge während eines Opfers (zum Zwecke der Vogelschau) gelegen ist (Plutarch: Lebensbeschreibungen, Romulus 9; I 70—72; Livius: Seit der Gründung Roms, I 6—7), findet seine Parallele in Gn 4, 3—5.

An der naturmythologischen Deutung der kämpfenden Brüder als Sonne und Mond ändert sich nicht viel, wenn man vor dieser Auffassung noch ein Vorstadium annimmt, in welchem allein der Wechsel der Mond-phasen die mythische Vorstellung vom Bruderkampf nahegelegt hätte. So sah vor allem E. Siecke in den Mythen wesentlich das Schicksal des Mondes dargestellt, also in Herakles und seinem schwächeren Zwillings-bruder Iphikles z. B. eine Verkörperung der schwächeren, dunklen Mond-hälfte, „die der stärkeren (lichten) als besondere Person entgegengestellt" wäre (E. Siecke: Drachenkämpfe, 69). Siecke selbst dachte ja daran, daß der Mond als ein „unvergleichlicher Glanzheld (oder Kraftheld)" durch die Sonne ersetzt werden kann und wurde. Der Kampf des hellen Mondes gegen die Dunkelheit, die in vielfältigen Dämonen erscheint, mag sich, wenn man den Namen „Abel" (= Hauch) wörtlich nimmt, dann gegen einen Windgott gerichtet haben (vgl. E. Böklen: Adam und

Qain, 114). Zweifellos geht die Spekulation aber zu weit, wenn man mit Böklen in Qain einen Schlangentöter erblicken will, ein Motiv, das es allerdings in den Mondmythen häufig gibt: die Schlange wäre dann die Dunkelheit, die den Mond getötet hat und nun von dem Helden, der den hellen Mond verkörpert, vernichtet wird; Abel müßte dementsprechend als eine Verkörperung der Nachtschlange verstanden werden. Gn 4, 3—16 enthält für solche Konstruktionen natürlich nicht die geringsten Anhaltspunkte.

Für die Mondbedeutung der streitenden Geschwister als Personifikationen der hellen und der dunklen Seite des Mondes spricht die weite Verbreitung, die dieses Motiv besonders in den Märchen gefunden hat, etwa in den Grimmschen Märchen vom „Aschenputtel", von „Frau Holle" oder in dem Märchen von der „weißen und der schwarzen Braut", das E. Siecke seiner Durchsichtigkeit wegen an den Anfang seiner mythischen Analysen setzte (E. Siecke: Die Liebesgeschichte des Himmels, 7—14). In Verbindung mit dem Drachenkampfmotiv erscheinen die Brüder in dem Grimmschen Märchen von den „zwei Brüdern", das in allen wesentlichen Teilen auch in Afrika bekannt ist und eine gleichartige mythische Auffassung zur Voraussetzung haben dürfte (L. Frobenius: Atlantis, III 327—354).

E. Stucken, der seinerzeit am Mythenhimmel stets dem untergehenden und aufgehenden Orion begegnete, erkannte in den Drachenkampf- und Bruderzwisterzählungen den Kampf zwischen dem Sonnenhelden und dem typhonischen Sternbild Orion, das in gewissem Sinne während des Jahresumlaufes von der Sonne „getötet" wird. (E. Stucken: Astralmythen, 260ff; 270) Auch in diesem Falle bleibt die Grundbedeutung des Bruderkampfes als des Wechsels von Hell und Dunkel erhalten.

Die deutlichsten Belege für die Bruder- bzw. Zwillingsmythologie als eingekleidete Erzählungen des Schicksals von Tag und Nacht bzw. Sonne und Mond enthalten die mittelamerikanischen und südamerikanischen Sagen. (Vgl. P. Ehrenreich: Die Mythen und Legenden der Südamerikanischen Urvölker, 44—55) Auch hier taucht oft das Motiv der jungfräulichen bzw. unehelichen Geburt auf, und zwar stets im Zusammenhang mit bestimmten Ackerbauprodukten, wie z. B. dem Mais. In dem Mythos der südbrasilianischen Guarani beispielsweise muß die Mutter der Zwillinge, deren Mann (der Himmelsgott) sich von ihr entfernt hat, nach dem Anbau von Mais in das Haus der Jaguare (der Mondtiere) einkehren und wird dort gefressen. Ihre beiden Kinder, von denen der Jüngste von Bienen ernährt wird (Honig als Mondspeise?), kehren später zu ihrem Vater „mit einer Krone von roten Arara- und Tukanfedern und feurigen

Augen" zurück und wählen als Lebenszeiten den Tag und die Nacht, indem sich der Ältere in die Sonne, der Jüngere in den Mond verwandelt, so wie auch Kain, der Sonnenheld, der Ältere der Brüder ist. (R. Jockel: Götter und Dämonen, 432—434; F. Karlinger u. G. de Freitas: Brasilianische Märchen, 24—26)

Diese Mythe weist eine große Ähnlichkeit mit der Erzählung des Popol Vuh von den Zwillingen Hunahpu und Ixbalanqué auf, den Dioskuren der Maya-Mythologie; nachdem diese bei dem Besuch in Xibalbá durch ihren eigenen Tod die Unterwelt besiegt und darin das Schicksal der Sonne und der Maispflanze begründet haben, verwandeln sie sich in die Sonne und den Mond (vgl. W. Cordan: Popol Vuh, 95—101); F. Anders vermutet freilich, daß Hunahpu sich eigentlich in den Venusstern verwandelt habe und erst unter spanischem Einfluß durch den Mond ersetzt worden sei. (F. Anders: Das Pantheon der Maya, 119)

Wo die Zwillinge bzw. die Brüder als einander bekämpfende Wesen der Sonne oder des Mondes gedacht werden, muß es nicht so sein, daß der größere (bzw. ältere) Bruder, die Sonne, den jüngeren und kleineren, den Mond, tötet, obwohl dies meist der Fall zu sein scheint; auch das Umgekehrte ist anzutreffen; außerdem verlangt die Vollständigkeit der Naturmythologie des Bruderkampfmotivs, daß auch von einer Auferstehung die Rede ist. Der Mythos der brasilianischen Bororo-Indianer z. B. erzählt von dem Mondgott Ari und dem Sonnengott Meri, die im Spiel mit Pfeilen (den Sonnen- und Mondstrahlen) um die Wette schossen, aber so unglücklich zielten, daß Ari seinen Bruder aus Versehen tötete. Als er nach langem Zögern endlich sich eingesteht, daß sein Bruder tot ist, verfällt er so sehr der Trauer, daß er durch Auszehrung immer mehr dahinschwindet (als abnehmender Mond). Sein Bruder aber weiß auf geheimnisvolle Weise wieder lebendig zu werden und verwandelt sich in einen Arara mit roten Federn. Um seinen kleinen Bruder vor dem Verhungern zu bewahren, verwandelt sich Meri in Fische, die Ari tötet und verzehrt (der Zusammenhang des zunehmenden Mondes mit dem Wasser); gemeinsam gehen beide später wieder voller Freude auf die Jagd. (F. Karlinger u. G. de Freitas: Brasilianische Märchen, 7—9; weitere Belege für das Motiv der „streitenden Brüder" sowie eine Hypothese der Verbreitung dieser Mythe bei P. Ehrenreich: Die Mythen und Legenden der Südamerikanischen Urvölker, 51—55; 60ff)

Der Kampf der feindlichen Brüder als Verkörperungen von Sonne und Mond, Tag und Nacht, Hell und Dunkel kann natürlich im Umlauf des Jahres auch als Kampf des Sommers mit dem Winter in Erscheinung treten. So teilen sich die Eskimos Nord-Amerikas beim Herannahen des Winters in zwei Gruppen, die ein Tauziehen zwischen Sommer und Winter veranstalten, um herauszufinden, wer von beiden die größere Kraft haben werde. Ähnliche Bräuche haben sich als Volkssitte zum 1. Mai in Schweden und Österreich erhalten (J. G. Frazer: Der goldene Zweig, 461—462).

In der afrikanischen Mythologie steht die Brudermythe oft in Verbindung mit dem Motiv der sog „Kniegeburt", in welcher die Kinder aus dem geschwollenen Knie oder Schenkel einer eigentlich unfruchtbaren Frau, welche die Zwillige oft durch eine Wunde oder das Verschlingen bestimmter Pflanzen empfangen hat, zur Welt kommen. Beispielsweise erzählen die Sutos von Maschilo und Maschilwane (vgl. I 111f), daß sie von einer Alten geboren werden, die sich auf den Rat einer Taube in ihr Knie geritzt hat, ähnlich dem europäischen Märchen von dem Storch, der die Kinder bringt, indem er die Mutter in das Bein beißt. (Vgl. H. Baumann: Schöpfung und Urzeit, 222)

Man darf annehmen, daß hinter diesen Mythen nicht nur manistische Unkenntnis oder symbolistische Abwehr der wirklichen Zeugungsvorgänge steht, sondern daß die Kniegeburt ein naturmythologisches Symbol des zu- und abnehmenden Mondes ist. Eines der Kinder ist denn auch oft, wie in dem Grimmschen Märchen „Die zwei Brüder", ein Sonnenheld und Drachentöter. So werden in der Mythe der westnigerianischen Yoruba die Zwillinge Taiwo und Kehinde durch den Anblick eines Messers und eines Schwertes empfangen, das ihre Mutter angeschaut hat (vgl. den Namen Kain = „Lanze"). Wie in dem deutschen Brüdermärchen, werden vor ihrer Geburt mancherlei Tiere getötet, und als sie erwachsen sind, bekommen sie eine Reihe von Tieren mit auf den Weg (Sternbilder?). Nachdem sie sich nach dem Messerorakel im Baum getrennt haben, tötet Taiwo das Seeungeheuer und rettet die zur Opferung bestimmte Königstochter, die aber in die Hände des königlichen Generals fällt. Taiwo kehrt schließlich als König an den Hof zurück, und der General wird getötet.

Indes: eines Tages stört ein riesiger Hahn die Ruhe am Hof; als Taiwo ihm nachgehen will, werden er und seine hilfreichen Tiere von der Mutter des Seeungeheuers, zur Rache für dessen Ermordung, in der Unterweltbehausung mit magischem Palmwein versteinert (der Tod der Sonne). Kehinde aber gelangt inzwischen an Taiwos Hof, setzt dem Hahn seinerseits nach, tötet die Alte und erweckt seinen Bruder wieder zum Leben. An den Hof zurückgekehrt, übernimmt Taiwo für 7 Jahre die Regierung; dann begeben sich die Zwillinge zu den Gräbern ihrer bereits verstorbenen Eltern und erwecken aus ihnen zwei riesige Felsen (die Steinverwandlung durch den Sonnengott). Während Taiwo weiter die Regierung führt, stirbt Kehinde und wird mit seinen Tieren als Mond an den Himmel versetzt. Nach dem Tode Taiwos wird dessen Sohn der erste König der Yoruba. (U. Schild: Westafrikanische Märchen, 130—142)

Deutlich wird hier die Zwillingsmythe als Sonnen- und Mondmythologie mit dynastischen Fragen verknüpft. Das deutsche Brudermärchen erwähnt zusätzlich noch, daß beiden Brüdern jeweils der Kopf abgeschlagen und wieder aufgesetzt wird, ähnlich wie es dem mexikanischen Sonnenhelden Hunahpu beim Sonnenballspiel in Xibalba widerfährt (W. Cordan: Popol Vuh, 92). Interessanterweise ist in der Grimmschen Geschichte die Feindschaft der Brüder wiederum mit dem Streit um die Gunst einer Frau verknüpft, die vielleicht den Mond symbolisiert.

Die eigentliche Herkunft der afrikanischen Bruderkampfmythen erblickt H. Baumann in den dualistischen Mythologien des westlichen Asiens, die er sich durch Hamiten verbreitet denkt. (H. Baumann: Schöpfung, 255) In dem oft anzutreffenden Jakob-Esau-Motiv, daß der jüngere Bruder sich als der glücklichere erweist bzw. durch Intrigen und Tricks nach der Art Jakobs bei den Herden Labans (Gn 30, 35—43) den älteren Bruder übervorteilt, vermutet Baumann Überreste eines Jüngersohnerbrechtes (Baumann, 255). Die Herden der streitenden Brüder könnten die sie begleitenden Sterne für den Mond bzw. die Wolken für die Sonne sein.

Mythen, die in ausdrücklicher Form vom Kampf zwischen Sonne und Mond um den Vorrang der Macht erzählen, hat L. Frobenius bei den sudanesischen Tschamba (Atlantis, V 37—39) und Dakka (69—70) sammeln können; sie berichten, daß die Sonne und der Mond gegenseitig im Wettkampf den Sohn des anderen zu töten suchen, die Sonne mit all ihrer Hitze, der Mond mit all seiner Kälte; Sieger bleibt der Mond, der indessen bei den Dakka als „sehr schlecht" gilt.

Fassen wir die mythologische Betrachtung des Motivs der streitenden Brüder zusammen, so können wir (jenseits aller dynastischen Herrschaftsfragen) seine eigentliche Herkunft aus dem Naturmythos vom Wechsel von Tag und Nacht, Sonne und Mond als gegeben ansehen. Es wäre freilich verfehlt, diese Feststellung schon für eine Erklärung dieser mythischen Vorstellung zu halten. Vielmehr liegt offen zutage, daß in

255

das Wechselverhältnis von Sonne und Mond im Zuge der Bruderkampf-mythologie menschliche Konflikte hineinprojiziert werden, die in sich selbst einer Klärung bedürfen. Besonders verdient dabei die Feindschaft zwischen Tag und Nacht eine nähere Untersuchung, denn so sehr, je nach den klimatischen Verhältnissen, die Anschauung des Tag-Nacht-Wechsels als Kampfes zwischen zwei Antagonisten auch aus der äußeren Beobachtung gewonnen sein mag —, seine eigentliche Bedeutung gewinnt dieser weltanschauliche (!) Gegensatz erst, wenn es in der menschlichen Seele eine Helligkeit gibt, die der Nachtseite feindlich ist, wenn also der Mensch sich selbst zwischen einander widerstreitenden Mächten hin und hergerissen fühlt. Desgleichen bedarf das Motiv der Übervorteilung des Älteren durch den Jüngeren einer gewissen Aufklärung. Und auch der häufig anzutreffende Wettstreit der einander tötenden Brüder um die Gunst einer Frau bzw. einer (Mond-)Göttin wird nicht einfach als bloßes Ergebnis äußerer Naturbeobachtung hinzunehmen sein. Vor allem aber werden wir auf eine Eigentümlichkeit zu achten haben, die an der biblischen Erzählung gerade auf dem Hintergrund der Naturmythologie auffallen muß: während die Mythen von Sonne und Mond letztlich eine Versicherung des Lebens auch durch das Dunkel von Untergang, Nacht, Versteinerung und Tod enthalten, also nicht nur einen Mord, sondern insbesondere auch die Geschichte einer Auferstehung erzählen, weiß die Erzählung von Kain und Abel nur von einem Mord zu berichten, von dem es keine Auferstehung gibt; die Mythe, die wir auszulegen haben, erzählt von Lebensminderung, von Zerstörung und irreparablem Schaden; sie ist keine Heils-, sondern eine Unheilsgeschichte; das gilt es zu beachten. Desgleichen ist die j Erzählung keine Heroengeschichte mehr; es kann sein, daß die Grundgestalt des seinen Zwillingsbruder tötenden Mond-oder Sonnenhelden das Vorbild der Heldensagen überhaupt abgegeben hat (vgl. E. Siecke: Die Liebesgeschichte des Himmels, 111: z. B. Achill und Hektor); ja, es kann sein, daß eine der ansonsten phantastischen Theorien von J. H. Becker am Ende des vergangenen Jahrhunderts das Richtige traf, die Zwillingssagen seien der Schlüssel zur Deutung urzeit-licher Überlieferung überhaupt (J. H. Becker: Saga I; Mahabharata, IV); in der jetzigen Form aber ist Gn 4, 2—16 nur der Schlüssel zum Ver-ständnis eines Menschseins, das von seinen eigenen Wurzeln abgeschnitten ist; dessen psychische Struktur wollen wir untersuchen.

Wir nähern uns dem Text in der gewohnten Weise durch eine antriebs-orientierte, psychodynamische und ontogenetische Fragestellung, die wir dann in phylogenetische und prähistorische Zusammenhänge hinein erweitern.

2. Die psa Deutung des Motivs der streitenden Brüder

> O Doppelgänger brüderlicher Schatten
> . . .
> Ich liebe dich wie ich dich hasse
> Bald bist du Bruder mir und bald
> Des Dämons flüchtige Grimasse
> Von krüppelhafter Mißgestalt
> (Yvan Goll: Gedichte 1924—1950;
> dtv sr 5437; S. 122)

Es liegt uns in Gestalt der Schicksalsanalyse L. Szondis eine trieb-diagnostische Auffassung des Konfliktes von Kain und Abel vor, die zwar nicht beanspruchen will oder kann, die j Erzählung zu interpretie-ren, die aber in einer bedenkenswerten Grundsätzlichkeit in Kain und Abel Grundgestalten menschlicher Seelenkräfte erblicken zu können glaubt. Szondi versteht nämlich Kain und Abel als Bilder je eines Faktors des Paroxysmaltriebes, des Vektors P. Mit der Erörterung dieser Theorie wollen wir beginnen, da sie uns erste Einblicke in die psychodynamische Thematik von Gn 4, 3—16 erlauben wird.

a) Kain und Abel als Grundgestalten des epileptiformen Triebfaktors

Bereits in seiner frühesten Arbeit hat L. Szondi eine dialektische Trieb-theorie aufgestellt, die — in Erweiterung des Freudschen Dualismus von Eros und Thanatos — von vier Triebvektoren ausgeht, die in sich den Gegensatz je zweier Triebfaktoren (Triebbedürfnisse) vereinigen. Jeder Triebfaktor wiederum zerlegt sich in je zwei Triebstrebungen bzw. Trieb-tendenzen. (L. Szondi: Schicksalsanalyse, 65—68) Neben den Trieb-vektoren des Sexualtriebes (S-Vektor), des Ich-Triebes (Sch-Vektor) und des Kontakttriebes (C-Vektor) nimmt Szondi einen Paroxysmal-Trieb (P-Vektor) an, den er auch als „Überraschungs-Trieb" oder „Gewissens-Trieb" bezeichnet (Schicksalsanalyse, 74—82). Aus der Ambitendenz der Triebfaktoren entwickelte Szondi später die Dialektik von Vorder- und Hintergänger, die sich u. a. als eine genetische Begründung der Freudschen Lehre von den Reaktionsbildungen versteht (L. Szondi: Triebpathologie, I 143). Als das Triebziel des Paroxysmaltriebes erkennt Szondi, „daß sich die Person durch Überraschungsbewegungen (Sichtotstellen, Bewegungssturm, Farbwechsel usf.) vor äußeren und inneren Gefahren (z. B. vor Totschlagen des Feindes) schützt." (L. Szondi: Lehrbuch der experimentellen Triebdiagnostik, 102) Näherin setzt sich der P-Vektor nach Szondi aus dem hysteriformen Faktor hy mit den Tendenzen des Geltungsdranges (+hy) und der Schamschranken (—hy) sowie dem epileptiformen Faktor e zusammen; diesem schreibt Szondi die Wirkung zu, die groben Affekte aufzustauen und anfallartig zu entladen (—e, Kain), sowie die Tendenz zur Gutmachung, Gerechtigkeit und Güte (+e, Abel). Wörtlich meint Szondi: „Im Wesen bedingt der Faktor e sowohl alle grob-affektiven Taten des Bösen, des Mannes ‚Kain‘, wie auch alle ethischen Handlungen des Guten, des Gerechten, des Mannes ‚Mose‘, der dem Volke Verbote gegen das Töten und Gebote für das Gute bringt." „Nichts gibt es in der Welt im Tun des Bösen und des Guten, in Gewissenlosigkeit und Gewissenhaftigkeit, im Handeln mit Ungeduld und Geduld, in Gesetzlosigkeit, Gesetzgebung und Gesetzmäßigkeit, in Überschwemmung von Affekten und im Freisein von allen groben Gemütswallungen, im Schlagen und Heilen von Wunden ohne den Faktor e. Der epileptiforme Faktor e kann somit den Menschen sowohl zum Mann ‚Kain‘ wie auch zum Mann ‚Mose‘ mit den Gesetzestafeln machen." (L. Szondi, Lehrbuch, 103) „Das will also sagen: Der Mensch kommt mit einer ethischen Doppelnatur zur Welt. Er kann anlagegemäß sowohl das Böse wie auch das Gute wählen und tun. Aus dieser Urambitendenz differenziert sich nun der eine Mensch — stets durch die Stellungnahme des Ichs — mehr in der Richtung des Bösen: —e; der andere hingegen mehr in der Richtung des Guten: +e." (a.a.O., 104) Als Strebungen +e zählt Szondi auf: Gewissenhaftigkeit, Toleranz, Gutmütigkeit, Hilfsbereitschaft, Heilen, Gottesfurcht; zu —e rechnet er: Gewissenlosigkeit, Intoleranz, Bösartigkeit, Schadenfreude, Verwunden, Gotteslästerung. (a.a.O., 107)

Von diesen Voraussetzungen her sieht Szondi das Affektbild Abels rein verwirklicht, wenn der P-Vektor das Bild +e; —hy aufweist. „Es stellt", sagt Szondi, „einen Menschen dar, der einerseits in seinem ethischen Leben nach Gewissenhaftigkeit, Gerechtigkeit und Toleranz gegenüber den Mitmenschen strebt, der gutmütig, hilfsbereit, oft auch religiös ist (+e), andererseits in seiner Moral auf die Schamschranken streng achtet; d. h. er stellt sich nie zur Schau, sondern unterdrückt seinen Geltungsdrang und verbirgt seine zarten Gemütsbewegungen (—hy). Die Gesellschaft hält ihn für einen anständigen, guten Menschen. Gut sein heißt aber, daß man den Bösen, d. h. den ‚Bruder Kain‘ in den Hintergrund gestellt hat." (a.a.O., 118—119)

Der reine Kain, der als Hintergänger von dem Abel-Vordergrund verdeckt wird, weist das entgegengesetzte Affektbild P — e; + hy auf. Szondi interpretiert dieses Bild so: „Kains Boshaftigkeit nährt sich aus zwei Strebungen. Erstens staut er die groben Affekte (Wut, Haß, Zorn, Rache, Neid und Eifersucht) in sich auf (—e). Zweitens will er diese groben Affekte bei der ersten besten Gelegenheit geltend machen (+hy). Kain schämt sich somit nicht der böse Bruder zu sein ... Unter rivalisierenden Geschwistern, von denen das eine von einem Elternteil bevorzugt wird, entwickelt dasjenige, welches in der Elternliebe zu kurz gekommen ist, des öfteren Kainsansprüche. Es hat den Drang, seinem Rivalen oder sogar dem ungerechten Elternteil den Tod zu wünschen. Das tragische Schicksal der Kainiten beginnt somit schon in der Frühkindheit ... sie dehnen ... allmählich den Kreis der Mitmenschen, gegen die sie Wut und Haß hegen, auf deren Erfolg sie neidisch und eifersüchtig sind, immer weiter aus ... Man kann auf diese Kainiten nicht böse sein. Ihr Schicksal erweckt eher Mitleid denn Verachtung. Der biblische Kain hat ja aus seiner unendlichen Liebe zu Gott-Vater den Bruder erwürgt, ein Umstand, den man bei seiner Verurteilung leicht vergißt ... Obzwar der reine Kain stets seinen milderen Bruder Abel im Hintergrund hält, gelingt es sogar den Tiefenpsychologen äußerst selten, die Drehbühne des Affektlebens vom Bösen zum Guten umzudrehen, vermutlich, weil ja die Umwelt unfähig ist, auch ihre Feinde, diese Kainiten, zu lieben und sie gerade durch ausharrende Liebe und Zärtlichkeit davon zu überzeugen, daß im Leben mit Liebe alles leichter geht als mit Böswilligkeit." (Lehrbuch, 119—120)

Diesen Darlegungen Szondis lassen sich unmittelbar folgende Hinweise für die psa Interpretation der Erzählung von Kain und Abel entnehmen:

a. Kain und Abel sind Repräsentanten von Strebungen, die in einem jeden Menschen liegen; sie sind somit von vornherein als menschheitliche Gestalten zu verstehen;

b. Kain und Abel sind dialektisch polar aufeinander bezogen, wobei der eine jeweils an die Stelle des anderen tritt; sie sind Brüder, die in ihrem Auftreten einander ausschließen;

c. es liegt in der Natur der Sache, daß der Kain-Anspruch sich stärker in den Vordergrund drängt (+hy) als der Abel-Anspruch (—hy);

d. zu beachten ist der überfallartige, jähzornige Charakter der Tat Kains, die eine heftige Abwehr und Aufstauung der aggressiven Tendenzen voraussetzt;

e. das Tatmotiv ist in der Wut und Enttäuschung über die Zurückweisung der Liebe zu „Gott" sowie in den Strebungen von Eifersucht und Neid zu sehen;

f. es gehört zum Tätertyp der Kain-Gestalt die „Schamlosigkeit", das Fehlen einer Reue über die Tat;

g. seiner asozialen Haltung wegen wird Kain von den anderen gemieden und abgelehnt; gleichwohl scheint die Verurteilung Kains in gewisser Hinsicht ein Unrecht darzustellen; eher gebührt ihm Mitleid als Zurückweisung.

Mit diesem Katalog scheinen nun in der Tat die wichtigsten psychologischen Feststellungen, die man an der Erzählung von Gn 4, 3—16 machen kann, erfaßt zu sein. Besonders hervorzuheben ist, daß in der Szondischen Auffassung Kain und Abel Grundgestalten des menschlichen Trieblebens darstellen, ihr Konflikt mithin als ubiquitär gelten kann. Von großer Bedeutung ist ferner die „subjektale" Perspektive, die Szondi seiner Analyse zugrunde legt; Kain und Abel sind einander bedingende Strebungen in ein und derselben Person; sie sind ein Bild des Selbst im Sinne Jungs, das sich gern in seiner Gegensatzeinheit als „Brüderpaar oder als der Held und sein Gegenspieler" darstellt (C. G. Jung: Psychologische Typen, Definitionen, VI 513); sie verkörpern somit tatsächlich das Menschsein in einem Teil seiner Grundwirklichkeit.

Diese Deutung gewinnt an Überzeugungskraft, wenn wir das Bild der Naturmythologie heranziehen, welche die streitenden Brüder als Personifikationen von Sonne und Mond, von Tag und Nacht vorstellt. Jung meinte von der Dioskurenmythologie: „Da diese ganze Sonnenmythologie an den Himmel projizierte Psychologie darstellt, so lautet wohl der zugrunde liegende Satz: So wie der Mensch aus einem Sterblichen und einem Unsterblichen besteht, ist auch die Sonne ein Brüderpaar, wovon der eine Bruder sterblich, der andere unsterblich ist." (C. G. Jung: Symbole der Wandlung, V 254) Entsprechend sah Jung in der Sonne den Geist, das Bewußtsein, die Erlösung verkörpert, in dem Mond, dem benachteiligten Bruder der Sonne, die Angst, das Sexuelle, die Schemen der Vergangenheit, den Wahnsinn (C. G. Jung: Die Struktur der Seele, VIII 178—179).

Selbst wenn diese Deutung sehr vereinfachend ist und vor allem die unterschiedliche Bewertung der astralen Erscheinungen in den verschiedenen Kulturen nicht berücksichtigt, so kann man doch zugeben, daß sich in der Sonne am ehesten das Lichtvolle, Himmelsklare, Geistige, Ewige, Bewußte, Männliche symbolisiert, wohingegen die Nacht und der Mond eher das Weibliche, Unbewußte, Wäßrige, Erdhafte, Schlangenhafte, Triebhafte, Urstoffartige verkörpern. Es spräche sich in der Bruderkampfmythe dann der Sieg des Bewußtseins über das Unbewußte aus, und wir könnten in Kain im Sinne der solaren Bedeutung der Kulturbringermythe all die Tendenzen des kulturellen Fortschritts, der geistigen Differenzierung, der Bewältigung des rein Naturhaften erkennen. Dafür spräche auch die Erwähnung der Stadtgründung und der trotzhaftprometheische Zug der Kain-Gestalt sowie das unstete Wandern, in welchem Jung ein Suchen „nach der verlorenen Mutter" erkennt und das umgekehrt als „Selbstdarstellung der suchenden Sehnsucht des Unbewußten ... nach dem Licht des Bewußtseins" zu verstehen wäre. (C. G. Jung: Symbole der Wandlung, V 258)

Es macht keinen allzu großen Unterschied, daß, wie man sieht, der Gegensatz von Hell und Dunkel in der Szondischen Interpretation auf die Widersprüchlichkeit eines Triebfaktors, bei Jung aber auf die Widersprüchlichkeit zwischen dem Bewußtsein und dem Unbewußten zurückgeführt wird, denn es scheint sich hier mehr um eine Unterschiedlichkeit der Begriffsbildung als der Sache zu handeln. Die Dialektik zwischen dem Bewußtsein und dem Unbewußten liegt für Szondi in der Spannung zwischen dem, was er „Vordergänger" und „Hintergänger" nennt; sie durchzieht als Widerspruch die gesamte Persönlichkeit in allen Antriebsbereichen; der Szondische „Vordergänger" entspricht in etwa der Jungschen „persona", der „Hintergänger" etwa dem Jungschen „Schatten"; insofern geht die Jungsche Auffassung der Kain-und-Abel-Problematik zweifellos viel tiefer als die Szondische Ambivalenz des epileptiformen Triebfaktors. Andererseits scheint es schwer, von dem Jungschen Ansatz das Spezifische der Kain-Gestalt, das Mörderische ihres Auftretens, anders als im Sinne eines bloßen Symbols für die gegenseitige Ausschließung des Bewußtseins und des Unbewußten zu verstehen; man kommt damit offensichtlich nicht über eine recht vage Hypostasierung „des Unbewußten" hinaus; die Szondische Analyse dagegen kann hier ergänzend die konkreten Unverträglichkeiten und die besondere psychische Problematik des Kain-und-Abel-Gegensatzes verständlich machen.

Indem die Szondische Triebanalyse, wie wir sehen, der Erzählung von Kain und Abel eine grundsätzliche „anthropologische" Bedeutung zuerkennt, stellt sie uns, wie die psa Interpretation insgesamt und immer wieder, vor die Schwierigkeit, daß in ihr das anthropologisch Bedeutsame als etwas biologisch Gegebenes, psychologisch Notwendiges erscheint, und gerade diese Auffassung widerspricht zentral der Aussage der j Urgeschichte, die zwar von wesentlichen Grundzügen des Menschseins und der menschlichen Geschichte handelt, aber so, daß diese wesentlichen Grundzüge eben nicht als notwendig gegeben angenommen, sondern aus der Beziehung des Menschen zu Gott abgeleitet werden. Die Frage stellt sich von der Szondischen und Jungschen Analyse her an die Theologie, wieso eine Störung in dem Verhältnis des Menschen zu Gott eine solche Psychologie der Gegensätzlichkeit und der inneren Widersprüchlichkeit hervorbringt, wie sie in der Szondischen Triebdialektik sich in der Gegensätzlichkeit von „Vorder-" und „Hintergänger" ausdrückt. Eine solche Frage ist rein psa absurd, aber sie ergibt sich unausweichlich, wenn wir der j Urgeschichte gerecht werden wollen. Mit Hilfe der Psa lernen wir schärfer sehen, welche Bedeutung in den j Bildern gelegen ist; aber das eigentliche Problem beginnt dann erst: wie die psa erhobenen Strukturen zustande kommen. Denn daran kann kein Zweifel sein, daß J in Kain gerade nicht einen solaren Helden, eine Vorbildgestalt der Bewußtwerdung aus dem „Dunsthauch" der Abel-Welt zeichnen will, sondern daß er uns den Menschen als einen vor Augen stellt, der mit Gott so tödlich zerfallen ist, daß er auch in sich mörderisch zerrissen ist und daher mit seinem Bruder auf sadistische Weise verfahren muß. Vor dem Bewußtsein warnte Jung, es sei „stets in der Gefahr, von seinem eigenen Lichte verführt und zu einem wurzellosen Irrlicht zu werden" (C. G. Jung: Symbole, V 258); aber gerade das ist Kain im Sinne des J: ein wurzelloses Irrlicht; und warum, fragt J, ist der Mensch so, wie wir ihn in den Bildern im Rahmen der psa Interpretation sehen lernen: so zwiespältig, so haltlos, so von seinem Ursprung abgetrennt? Warum ist er so von sich selbst isoliert und abgeschnitten? Wenn wir in Kain, dem Gottesfeind und Städtegründer, eine Personifikation des Bewußtseinsstandpunktes erkennen, dann im Sinne der j Urgeschichte die Personifikation eines Bewußtseins, das all das unterdrückt und verwüstet, wovon es selbst leben könnte, das bei sich selbst nicht zu Hause ist und sich selbst vergewaltigt und totmacht.

Wenn wir in dem Tun Adams und Evas in der subjektalen Deutung ein Bild für das Verschlungenwerden von der ängstigenden Schlange der Triebmächte erkannten, so erblicken wir jetzt in Kain die Gestalt eines Menschseins, das seine Bewußtheit mit der Zerstörung der heilenden Kräfte des Unbewußten erkauft, das mit seiner steinernen Verstandeswelt das Naturhafte in sich verdrängt und in eine Wüstenei verwandelt. Und wieder kann uns die Psa nur sehen lehren, daß J auch solche Bedeutungen in seinen Bildern ausspricht, aber sie kann naturgemäß nicht erklären, woher das Krankhafte und neurotisch Verzerrte in den j Bildern stammt. Nur so viel ist uns klar, daß J auch dies meint: Wenn ein Mensch mit Gott zerfällt, so gerät er in eine solche Angst der Existenz hinein, daß er auch psychisch nicht gesund bleiben kann, sondern sich mit seinen selbstgeschaffenen Lösungsversuchen, wie es das Schicksal eines neurotischen Lebensaufbaus ist, immer mehr deformiert. Auf diese Zusammenhänge werden wir im 3. Band der Arbeit mit philosophischen Interpretationsmethoden einzugehen haben.

Neben diesen prinzipiellen Einschränkungen der psa Interpretationstechnik müssen besonders bei der Szondischen Deutung der Gestalten von Kain und Abel als Verkörperungen der Ambitendenz des epileptiformen Triebfaktors einige Züge der j Erzählung untergehen, die legitimerweise nicht gut vernachlässigt werden können: was bedeutet das Motiv von dem Opfer, das Kain und Abel darbringen? was bedeutet es, daß sie als Kinder Adams eingeführt werden? was bedeutet der „Trotz" Kains gegenüber Gott? was bedeutet seine Verbannung vom Acker? Wie man sieht, sind dies Fragen, die sich eigentlich nicht auf die ursprüngliche Erzählung vom Brudermord, sondern auf die Ausgestaltung beziehen, die der j Erzähler dem tradierten Material verliehen hat. Tatsächlich aber wissen wir, daß Gn 4, 3—16 insgesamt ein Gebilde darstellt, das einer redaktionellen Neufassung des alten Sagenstoffes gleichkommt (I 115). Wir sollten uns deshalb die Gelegenheit nicht entgehen lassen, auch die Psychologie des biblischen Erzählers (J?) selbst einer Untersuchung zu unterziehen.

Schließlich kann die Szondische Interpretation eine solche psychodynamische Untersuchung von Gn 4, 3—16 auf keinen Fall überflüssig machen. Denn was immer man von der Szondischen Triebtheorie sagen mag, — sie liefert zwar eine ausgezeichnete Kategorientabelle zur Erfassung psychischer Grundgestalten, ihr Anspruch aber, damit erbmäßige Radikale zu erfassen, ist — wenn man nicht die Ergebnisse des Szondi-Tests selbst als Beweis nimmt — empirisch bislang nicht nachprüfbar; vor allem aber liefert die Szondische Triebdialektik eine Psychodynamik, die sich nicht mehr psychologisch, sondern nur noch biologisch begreifen läßt; damit entfällt in der Szondischen Interpretation jedoch gerade das, was die Psa so wertvoll macht, daß sie nämlich die einzelnen psychischen Gestaltungen aus der psychogenetischen Entwicklung von einander abzuleiten sucht. Gerade dies ist von der Erzählung von Kain und Abel selbst her angezeigt; denn Gn 4, 3—16 schildert nicht ein bloßes biologisch gleichwertiges Nebeneinander des Abel- neben dem Kainanspruch, sondern vielmehr, wie der Kainanspruch sich durchsetzt; dies aber läßt sich nicht durch bloße Strukturanalyse, sondern nur psychodynamisch beantworten.

Einen ersten Schritt in diese Richtung können wir allerdings mit den Mitteln der Szondischen Triebdialektik selbst tun. Szondi hat nämlich seine Auffassung von dem Triebfaktor e hauptsächlich aus dem Studium der Epilepsie gewonnen, für die auch Freud eine funktionelle psychodynamische Deutung von der Psa her angeboten hat. Wie wir für die orale und sexuelle Problematik in Gn 3 das klinische Bild der Magersucht als Modell genommen haben, so werden wir daher wohl auch jetzt gut daran tun, uns einige grundlegende psychodynamische Zusammenhänge an einem speziellen Krankheitsbild, in diesem Falle an der Epilepsie, zu verdeutlichen.

Exkurs: Die Epilepsie als klinisches Modell

Die psychogenetischen Beiträge zum funktionellen Verständnis der Epilepsie beziehen sich zunächst nur auf die sog. genuine oder kryptogene Epilepsie, die im Unterschied zur symptomatischen Epilepsie ohne eine nachweisbare hirntraumatische Schädigung auftritt; jedenfalls muß man sagen, „daß keine spezielle pathologische Anatomie der genuinen Epilepsie bekannt ist." (E. Bleuler: Lehrbuch der Psychiatrie, 353) Sieht man in der genuinen Epilepsie eine rein funktionelle Störung, so kann man sie auch als Hysteroepilepsie oder Affektepilepsie bezeichnen.

L. Szondi hat nun aufgrund zahlreicher Stammbaumuntersuchungen und klinischer Beobachtungen in seiner „Schicksalsanalyse" ein breites Band psychischer Merkmale bei Epileptikern aufgestellt, u. a. das extreme Bremsen der Affekte und das plötzliche Umschlagen ins Gegenteil: aus „reuevoller Religiösität in sündhafte Gottlosigkeit, Angst und Furcht in wilde Kühnheit, frommer Häuslichkeit in zielloses Wandern, Wegkommen vom Heim, Ruhe in Unruhe, offener Selbsterschließung in schroffe Verschlossenheit, ... Haftenbleiben am Objekt in Objektuntreue, ... Verlangen nach Geselligkeit in freudlose Einsamkeit, Lebensbejahung in Todesverlangen" (L. Szondi: Schicksalsanalyse, 268), kurzum das jähe Umschlagen der Abelhaltung in die Kainhaltung, wie wir es in all den erwähnten Punkten tatsächlich in der Gestalt Kains beobachten können: wie er sich zu Gott im Opfer wendet und dann schroff Gott zurückweist; wie er in das Land Nod, das Land der Heimatlosigkeit, verbannt wird; wie er von allen sich zurückziehen muß und sein Leben unter der Strafe unerträglich findet. Die Vielzahl dieser Merkmalkonkordanzen scheint tatsächlich die Annahme zu bestätigen, daß wir Gn 4,3—16 von der epileptiformen Problematik her verstehen können. Dennoch können wir, von Szondi her, bislang immer nur sagen, daß es — erbbiologisch — so ist, ohne diesen Tatbestand psychodynamisch zu verstehen.

Ein ganz beträchtliches Stück weiter kommen wir indessen, wenn wir uns die erste psa Darlegung eines funktionellen Verständnisses der Epilepsie anschauen, die Freud in seiner Arbeit über „Dostojewski und die Vatertötung" gegeben hat.

Freud versteht darin die epileptiforme Erkrankung Dostojewskis als Hysteroepilepsie und meint dann generell, daß „ein Mechanismus der abnormen Triebabfuhr organisch vorgebildet wäre, der unter ganz verschiedenen Verhältnissen in Anspruch genommen wird, sowohl bei Störungen der Gehirntätigkeit durch schwere gewebliche und toxische Erkrankung als auch bei unzulänglicher Beherrschung der seelischen Ökonomie" (XIV 403), so daß die „epileptische Reaktion" sich der Neurose zur Verfügung stellen könne, um die Erregungsmasse somatisch zu erledigen. Es ist aber nicht so, als wenn jede beliebige psychische Erregung diese organisch vorgebildete Triebabfuhr in Gang setzen könnte; vielmehr nimmt Freud eine Reihe spezifischer Konflikte an, in deren Mittelpunkt die Tötungsneigung (bei Dostojewski gegen den Vater) steht. Die grundlegende Voraussetzung seiner Überlegungen ist, daß die Anfälle Todesbedeutung haben. Und er schließt dann weiter: „Wir kennen den Sinn und die Absicht solcher Todesanfälle. Sie bedeuten eine Identifizierung mit dem Toten, einer Person, die wirklich gestorben ist, oder die noch lebt und der man den Tod wünscht. Der letztere Fall ist der bedeutsamere. Der Anfall hat dann den Wert einer Bestrafung. Man hat einen anderen tot gewünscht, nun ist man dieser andere und ist selbst tot. Hier setzt die psychoanalytische Lehre die Behauptung ein, daß dieser Andere für den Knaben in der Regel der Vater ist, der — hysterisch genannte — Anfall also eine Selbstbestrafung für den Todeswunsch gegen den gehaßten Vater." (XIV 406)

Demnach ist die Psychodynamik der Epilepsie in dem latenten Todeswunsch (gegen den Vater) zu sehen; der Anfall erfüllt dabei die Aufgabe der Abwehr des verbotenen Triebwunsches durch Wendung gegen die eigene Person sowie der Selbstbestrafung. Daß diese erzwungen wird, liegt nach Freud in dem Sadismus des Über-Ichs, und dieser wiederum ist eine Folge der Kastrationsangst. Der Haß auf den Vater und der Wunsch, ihn von der Seite der Mutter zu verdrängen, führt zu einer ambivalenten Identifikation mit dem Vater, dessen Rolle man selbst einnehmen möchte; dieser Wunsch scheitert jedoch an der Kastrationsangst, die um so heftiger wird, je stärker die ödipale Ambivalenz ausgeprägt ist; um die eigene Männlichkeit zu erhalten, muß also der Wunsch, den Vater zu beseitigen, aufgegeben werden; gleichwohl bildet dieser Wunsch im Unbewußten die Grundlage des Schuldgefühls; die Identifizierung mit dem Vater bleibt als Über-Ich bestehen. Freud meint nun: „War der Vater hart, gewalttätig, grausam, so nimmt das Über-Ich diese Eigenschaften von ihm an ... Das Über-Ich ist sadistisch geworden, das Ich wird masochistisch, d. h. im Grunde weiblich passiv. Es entsteht ein großes Strafbedürfnis im Ich" (XIV 408). Das bedeutet, daß der epileptische Anfall im Grunde eine masochistische Befriedigung für das Ich und eine sadistische Befriedigung für das Über-Ich darstellt. (XIV 409) Dies erklärt denn auch die eigenartige Seligkeit vor dem Beginn der Anfälle.

Der Sadismus des Über-Ichs begründet nach Freud des weiteren im Falle Dostojewskis die religiöse Haltung sowie eine überstarke Identifikation mit dem Verbrecher. „Der Verbrecher ist ihm fast wie ein Erlöser, der die Schuld auf sich genommen hat, die sonst die anderen hätten tragen müssen. Man braucht nicht mehr zu morden, nachdem er bereits gemordet hat, aber man muß ihm dafür dankbar sein, sonst hätte man selbst morden müssen. Das ist nicht gütiges Mitleid allein, es ist Identifizierung aufgrund der gleichen mörderischen Impulse" (XIV 414). Die starken Gewissensvorwürfe und Schuldgefühle ließen Dostojewski umgekehrt in seinen eigenen Leiden eine Sühne und Strafe erkennen, wie sie Christus als „menschliche Sohnesschuld" für das Vergehen an dem Vater auf sich genommen hatte (XIV 411). So resümiert L. Szondi als die Auffassung Freuds: „Aus dem ‚sadistischen‘ Über-Ich kann man folgende Charakterzüge der Epileptiker ableiten: 1. Demütigkeit, 2. Masochismus oder Sadomasochismus, 3. *Religiösität*." (L. Szondi: Triebpathologie, I 493) Er selbst weist in seiner „Schicksalsanalyse" einen „genotropen" Zusammenhang zwischen dem morbus sacer (Epilepsie) und den homo-sacer-Berufen (Priester, Richter etc.) nach (Schicksalsanalyse, 274ff).

So hätten wir denn alles, was den „lammfrommen Abel" ausmacht. Als seine Züge können wir festhalten: die Abwehr einer latenten Mordtendenz (gegen den Vater) durch Wendung gegen die eigene Person und durch den epileptischen Anfall als Äquivalent einer Selbstbestrafung, erzwungen durch den Sadismus des Über-Ichs und den Masochismus des Ichs; das Ich erscheint als weiblich, schuldbewußt, identifikationsbereit und religiös; seine sozialisierte Ausprägung ist der homo sacer. Andererseits sahen wir aufgrund der Exegese der Erzählung, daß Abel, wie schon sein Name „Hauch" belegt, keine Gestalt in sich darstellt; er ist lediglich die Figur des Opfers; mit den Vokabeln Szondis: des blassen, verdrängten Hintergängers Kains. Es kann uns bei der psa Untersuchung von Gn 4, 3—16 daher nicht darum gehen, in Abel eine eigene Person zu konstruieren. Wir sehen vielmehr, wie eng verwandt, wie dialektisch zusammengehörig die Brüder Kain und Abel sind. Die funktionelle Interpretation der genuinen Epilepsie zeigt uns außerdem, daß Kain nicht nur durch die Abwehr und Ermordung Abels zum Kain wird, sondern daß auch umgekehrt Abel nur zum Abel wird, indem er den Kain-Anspruch in sich nach der Art des epileptiformen Gestaltkreises abwehrt.

Dies könnte in gewissem Sinne eine erste Erklärung für die scheinbare „Ungerechtigkeit" Gottes gegenüber Kain sein; wir würden durch die Tiefenpsychologie versichert, daß es in dem Menschen, wie wir ihn vorfinden, eine gute und eine schlechte Hälfte gibt und beide im Kampf miteinander liegen. Dies würde unserer exegetischen Auffassung der Erzählung entsprechen, daß Gott den Menschen nach seinem „Sündenfall" nicht mehr als ganzen akzeptieren kann, sondern daß es in ihm diese innere Zwiespältigkeit von Gut und Böse gibt, die sich in den Gestalten von Kain und Abel verkörpert. Andererseits ist aber Gn 4, 3—16 nicht eine bloße Illustration der inneren Gespaltenheit des Menschen, sondern, wie gesagt, eine Darstellung, wie sich der Kainanspruch gegenüber Abel und entgegen dem Willen Gottes durchsetzt. Von daher können wir nicht bei einer bloßen tiefenpsychologischen Strukturerhellung von Kain und Abel in ihrer dialektischen Wechselseitigkeit stehen bleiben; wir müssen vielmehr zeigen, aus welchen Konflikten die Gestalt Kains hervorgeht. Dies entspricht unseren exegetischen Feststellungen zur Stelle, daß Kain keineswegs von vornherein als Bösewicht auftritt, sondern erst allmählich zum

Mörder wird; d. h., wir haben die Aufgabe, mit den Mitteln der Psa die Erzählung von Gn 4, 3—16 als eine Entwicklungsgeschichte zu lesen, die um Kain zentriert ist und in dieser Gestalt selbst ihre innere Dynamik hat.

b) Die psychodynamischen Konflikte der Erzählung

In seinem Roman „Jenseits von Eden" (East of Eden) hat John Steinbeck die Erzählung von Kain und Abel bezeichnet als „die bekannteste Geschichte der Welt, denn sie ist jedermanns Geschichte. Sie ist die sinnbildliche Geschichte der menschlichen Seele." Er fügt zur Begründung hinzu: „Die größte Angst, die ein Kind befallen kann, ist die, nicht geliebt zu sein; die Verwerfung ist die Hölle, die es ängstigt. Jeder Mensch hat wohl in größerem oder kleinerem Maß solche Verwerfung verspürt. Und mit der Verwerfung kommt der Zorn, und mit dem Zorn stellt sich, als Rache für die Verwerfung, irgendeine Missetat ein, mit der Missetat aber Schuldgefühl — da haben Sie die Geschichte der Menschheit. Wenn die Verwerfung beseitigt werden könnte, so wäre der Mensch nicht das, was er ist." (J. Steinbeck: Jenseits von Eden, 259—260)

Diese Deutung der j Brudermorderzählung kann psychologisch Anspruch darauf machen, in einer glänzenden Einfühlung und Intuition die Hauptentwicklungsknoten der Erzählung aufzugreifen und in vorbildlicher Weise den Charakter ihrer Allgemeingültigkeit herauszustellen. Insbesondere unterstellt sie der Tat Kains ein Motiv, das zwar (in Analogie zu Gn 3, 1—7) im Wortlaut der Erzählung selbst nicht greifbar ist, das aber psychologisch außerordentlich wichtig ist: die Angst; Steinbeck hält sie für den Anfang der gesamten unheilvollen Entwicklung, die schließlich im Brudermord endet. Der ganze Prozeß beginnt ja tatsächlich, wie wir exegetisch herausgearbeitet haben, zentral mit der Ablehnung Kains durch Gott. Wir haben schon psa erörtert, welche Rolle in der Angstentwicklung die Abtrennung und der Objektverlust spielt, und können von daher Steinbeck mit seiner Meinung eigentlich nur recht geben. Kains Konflikt ist, wie wir in der Exegese der Stelle gesehen haben, wesentlich in seiner Beziehung zu Gott gelegen. Indem er von Gott sich abgelehnt und zurückgewiesen fühlt, kann man tatsächlich annehmen, daß er einer Todes- oder, wie Steinbeck meint, einer Höllenangst anheimfällt. Auch den weiteren Schluß, den Steinbeck daraus zieht, daß Kain mit Zorn auf seine Angst und Verwerfung reagiert, wird man psychologisch für durchaus einleuchtend halten können, wenn man „Zorn" im Sinne einer allgemeinen Feindseligkeit nimmt.

So hat K. Horney als Grundzug aller neurotischen Erkrankungen das „Gefühl von Einsamkeit und Hilflosigkeit in einer feindseligen Welt" herausgestellt, und sie hat diesem Gefühl den Namen „Grundangst" gegeben (K. Horney: Der neurotische Mensch unserer Zeit, 58); von der Grundangst meint sie, daß sie „untrennbar mit einer Grundfeindlichkeit verbunden" ist (a.a.O., 58), die generalisiert in jeder Situation wiederbelebt werden kann. Näherhin beschreibt sie die „Grundangst" „als ein Gefühl . . ., klein, unbedeutend, hilflos, verlassen und gefährdet einer Welt gegenüberzustehen, die darauf aus ist, einen zu mißbrauchen, zu betrügen, anzugreifen, zu demütigen, zu verraten oder zu beneiden." (a.a.O., 60) Diese „Angst kann . . . leicht eine reaktive Feindseligkeit als eine Art Abwehrmaßnahme erzeugen... Die reaktive Feindseligkeit kann, wenn sie unterdrückt wird, ebenfalls Angst gebären, und damit ist ein Zyklus geschaffen." (a.a.O., 48) Im Sinne dieser Theorie von der reaktiven Feindseligkeit im Gefolge der Angst, mit der K. Horney die Freudsche Theorie vom Todestrieb psychodynamisch zu interpretieren suchte, könnte man den Gedankengang Steinbecks mit gutem Gewissen unterschreiben.

Der Sachverhalt läßt sich aber auch umgekehrt wiedergeben: nicht daß die Angst, abgelehnt zu sein, Kain feindselig und haßerfüllt werden läßt, sondern daß seine Feindseligkeit ihm das Gefühl gibt, abgelehnt werden zu müssen. Beides ist möglich und bedingt sich gegenseitig. Nach K. Horney ist die Grundangst nicht die bloße Ursache der Feindseligkeit, sondern ebenso deren Folge; nach ihr „sind feindselige Triebe der verschiedensten Art die Hauptquelle der neurotischen Angst" (Der neurotische Mensch, 41), und zwar besonders dann, wenn die Feindseligkeit unterdrückt werden muß, weil sie sich auf Personen richtet, die man zugleich liebt und von denen man sich abhängig fühlt, in der Terminologie Freuds also im Falle der Ambivalenz der Gefühle. So gesehen, hätten wir eine ursprüngliche Feindseligkeit in der Kain- und Abel-Erzählung anzunehmen, die ihrerseits das Gefühl der Angst und des Abgelehntseins erklären könnte. Wir würden damit zu der gleichen Annahme genötigt, die wir seinerzeit exegetisch erörtert haben; wir sagten damals (I 123), daß Kain nicht einer erkennbaren Schuld wegen von Gott abgelehnt werde, sondern daß in der j Darstellung der Mensch als ganzer von Gott verflucht sei; wir sagten auch, daß das Opfer Kains und Abels einen religionspsychologisch zwiespältigen Eindruck hinterlasse. Tatsächlich könnte man daher im Sinne der j Redaktion eine Grundfeindseligkeit der Menschen und, daraus folgend, das Gefühl einer Grundangst voraussetzen. Es müßte freilich dabei gesagt werden, daß wir uns bei dieser Annahme nicht auf die Erzählung von Gn 4, 3—16 an sich, sondern auf die Rahmung beziehen, in die J die Erzählung hineinkomponiert hat; auch die j Komposition verdient ja unsere Aufmerksamkeit und wird späterhin in einer Längsschnittanalyse der Urgeschichte noch als ganze herauszuarbeiten sein.

Mit dieser Hypothese hätten wir psychodynamisch eine erste Standortbestimmung der Erzählung von Kain und Abel getroffen. Konform mit der exegetischen Interpretation von Gn 3 würden wir voraussetzen, daß wir die Menschen nach ihrer Vertreibung aus dem Paradies mit dem Gefühl unterdrückter Feindseligkeit und dem Gefühl einer Grundangst gegenüber Gott antreffen. Folgen wir den psa Strukturzusammenhängen der K. Horney, so handelt es sich im wesentlichen um eine Kombination mehrerer Motive, die die Unterdrückung der Feindseligkeit erzwingen: vor allem die Abhängigkeit und Hilflosigkeit, die Angst vor der geliebten und angefeindeten Person, die Angst vor Liebesverlust und das Schuldgefühl; all dies können wir ohne weiteres in der Situation nach Gn 3 voraussetzen. Die Unterdrückung des Gefühls der Feindseligkeit gegen Gott führt aber zu dem Gefühl der Grundangst; mit diesem müßten die Menschen unserer Annahme zufolge jenseits von Eden fertig werden. Wie aber können sie das tun?

Bei der Exegese der Stelle meinten wir, daß das Opfer Kains und Abels als ein Versuch zu werten sei, die Gunst Gottes zurückzuerlangen. Diese Auffassung vermögen wir jetzt psa zu bestätigen. Es gibt nämlich eigentlich nur vier Methoden, „sich gegen die Grundangst zu schützen: Liebe, Unterwürfigkeit, Macht und Distanzierung." (K. Horney: Der neurotische Mensch, 62) Die beiden ersten Wege bringt K. Horney auf die Formeln: „Wenn du mich liebst, kannst du mir nicht weh tun", und: „Wenn ich nachgebe, wird man mich nicht verletzen." (a.a.O., 62—63) Beides scheint bei dem Verhalten Kains und Abels eine Rolle zu spielen. Ihr Opfer scheint den Zweck zu verfolgen, sich vor Gott durch Entgegenkommen zu schützen; indem sie seine Liebe zu erringen und ihre Untertänigkeit unter Beweis zu stellen suchen, möchten sie Gott besänftigen. Dies gelingt tatsächlich im Opfer Abels. Er erfährt sich als angenommen und von Gott bestätigt. Kain hingegen vermag daran nicht zu glauben; für ihn gibt es eine solche Beruhigung durch Liebe und Unterwürfigkeit nicht, bzw. er entdeckt, daß dieser Weg für ihn nicht gangbar ist; so wird er auf sich selbst zurückgeworfen und auf den Weg des Machterwerbs, der Unabhängigkeit und inneren Loslösung der Bindungen (an Gott) verwiesen. Um seine Angst zu besänftigen, müßte er in sich selbst finden, was Abel in Gott fand. Sein Motto ist daher: „Wenn ich mächtig bin, kann mir keiner etwas antun", und: „Wenn ich mich zurückziehe, kann mich nichts verletzen." (K. Horney: a.a.O., 63—64) Feindseligkeit und Trotz, Isolation und innere Emigration werden so das Schicksal Kains.

Bis hierhin ließe sich also folgende Entwicklung psychologisch glaubhaft machen: am Anfang, nach der Vertreibung, ein Gefühl der Feindseligkeit gegen Gott, das infolge von Abhängigkeit, Angst und Schuldgefühl unterdrückt werden muß und so das Verhältnis der Menschen zu Gott mit Grundangst durchzieht; die Reaktion darauf ist der Versuch, durch Unterwürfigkeit die Gunst Gottes zurückzugewinnen; dürften wir entsprechend dem Vorschlag Szondis die Gestalten Kains und Abels subjektal deuten, so könnten wir sagen, daß dieser Versuch der Menschen nur (noch) zur Hälfte gelingen kann: während die Abelseite im Menschen ihre Bestätigung findet, erlebt die Kainseite sich als abgelehnt und geht den anderen Weg der autarken Macht und Isolation. Kain und Abel würden so die Repräsentanten der Ambivalenz in dem Verhältnis der Menschen zu Gott darstellen; und die Unerträglichkeit dieser Ambivalenz, die Unmöglichkeit, beide Teile nebeneinander leben zu lassen, würde dazu führen, daß am Ende der Kainanspruch siegt und die Abelseite in den Hintergrund drängt. Die Erzählung von Kain und Abel spiegelte so zunächst ein Drama wider, das sich im Menschen selbst zuträgt; es würde, ähnlich wie in Gn 3, schildern, wie die innere Ambivalenz und Spannung zu einer Auflösung zwingt, die den bösen Anteil isoliert entfesselt.

Für eine solche Deutung spräche von der Erzählung her, daß sie die Ablehnung Kains psychologisch plausibel machen könnte, daß in ihr die Ähnlichkeit im Aufbau von Gn 4 und Gn 3 berücksichtigt würde und vor allem der Umstand, daß der rätselhafte Vers Gn 4, 7 ja tatsächlich einen inneren Kampf, ein Verhältnis innerer Unterdrückung und Herrschaft anzusprechen scheint, wie wir es in dieser Deutung annehmen (vgl. I 128f). Das Verhältnis von Feindseligkeit, Grundangst und erneuter Feindseligkeit würde also den Abschnitt Gn 4, 3—7 von der subjektalen Seite her psychologisch verstehbar machen; es würde zeigen, wie sich im Untergrund der Mörder Kain auf seinen Auftritt vorbereitet, und die Einsicht Steinbecks bestätigen, daß aus der Angst und der Ablehnung von Gott der mörderische Zorn, die tödliche Feindseligkeit, hervorgeht.

Steinbeck meinte nun weiter, daß der „Zorn" nach Rache sucht, daß also der innere Widerspruch nach außen abgegeben werden muß, daß die innere Verneinung durch Gott dazu führt, den anderen neben sich zu verneinen. Nun ist von „Rache" im Text nicht eigentlich die Rede, wohl aber davon, daß Kain den von Gott bevorzugten Abel vernichten will und seinen Zorn an ihm abreagiert. Dieser Zusammenhang ist nicht ohne weiteres klar und bedarf einer zusätzlichen Erläuterung.

Deutlich ist in der Erzählung von Kain und Abel, daß sich der Zorn und die Empörung Kains über seine Ablehnung durch Gott an der Bevorzugung seines Bruders Abel entzündet. Kain ist nicht nur zornig über Gott, sondern den Inhalt seines Zorns bildet der Neid auf seinen Bruder. Wieso aber steigert sich dieser Konflikt bis zur Höhe einer tödlichen Auseinandersetzung?

Die Beziehung zwischen Kain und Abel läßt sich unter den Kategorien der Konkurrenz und Rivalität vor Gott verstehen. Beiden geht es um Gott; aber die Gunst Gottes erscheint ihnen wie ein Gegenstand von Rivalitätsauseinandersetzung, so daß der eine bekommt, was dem anderen fehlt; dieses Alles-oder-Nichts-Gesetz ist wohl der auffälligste Zug bei der Art, wie Gott in der Erzählung den einen annimmt und den anderen verwirft. Von Anfang an scheinen Kain und Abel in dem Augenblick, in dem sie vor Gott hintreten, in einer alternativischen Auswahl ihr Opfer Gott darzubringen und nur die Frage nach der Über- oder Unterlegenheit zu stellen. Wir müssen dabei wohl, wie in der Methode der Traumanalyse überhaupt, voraussetzen, daß kein Zug der Erzählung zufällig ist, daß also Gott tatsächlich nicht Kain und Abel zugleich anerkennen kann, sondern daß zwischen beiden eine solche Alternativentscheidung notwendig ist. Das Problem der Konkurrenz und der Rivalität muß dann von Anfang an für ursprünglich gehalten werden; es entzündet sich nicht erst bei dem „Opfer", sondern findet dort lediglich seine konkrete Zuspitzung.

Den Hintergrund einer solchen Konkurrenzauseinandersetzung hat m. E. die Individualpsychologie A. Adlers unübertroffen aufgeklärt. Nach Adler ist das Streben nach Macht und Überlegenheit in seiner übersteigerten Form ein „Ausgleich", eine „Kompensation" des Minderwertigkeitsgefühls. „Ist ... das Minderwertigkeitsgefühl besonders drückend, dann besteht die Gefahr, daß das Kind in seiner Angst, für sein zukünftiges Leben zu kurz zu kommen, sich mit dem bloßen Ausgleich nicht zufrieden gibt und zu weit greift (*Überkompensation*). Das Streben nach Macht und Überlegenheit wird überspitzt und ins Krankhafte gesteigert." (A. Adler: Menschenkenntnis, 77) Es geht dann nicht mehr darum, mit dem anderen zusammen auf einer Stufe zu leben, also um eine Forderung der Gerechtigkeit, sondern es ist notwendig geworden, sich am anderen zu beweisen, daß man nicht minderwertig ist; der andere ist als Überlegener eine tödliche Gefahr, und die Angst vor seiner Über-

271

legenheit kann nur abgewehrt werden durch „ein Streben nach Überwältigung des Anderen um jeden Preis" (a.a.O.). Das kann dahin führen, daß es sogar nicht mehr nur genügt, „mehr zu leisten oder größeren Erfolg zu haben als der andere, sondern . . . einzigartig und ungewöhnlich zu sein." (K. Horney: Der neurotische Mensch unserer Zeit, 119) Unzweifelhaft steckt in diesem neurotischen Ehrgeiz eine „immanente Feindseligkeit" mit der Haltung: „Außer mir darf keiner schön, fähig oder erfolgreich sein." (K. Horney: a.a.O., 121) Der Sieg, ja die Vernichtung des anderen ist jetzt wichtiger als der eigene Erfolg. Da jeder Vorzug des anderen Angst erzeugt, geht das Streben darauf, ihn zu übertreffen, zu schädigen und sich an ihm für seinen Vorzug zu rächen.

So kann man Steinbeck zustimmen, wenn er den Zorn, die Feindseligkeit über eine Zurückweisung, mit der Tendenz zur Rache in Verbindung bringt. Die Brücke dazwischen, erkennen wir jetzt, ist die Überkompensation eines übersteigerten Minderwertigkeitsgefühls, das seinen Grund in eben der Nichtbeachtung und Zurückweisung hat. Adler meint, daß die Gefahr des Minderwertigkeitsgefühls eigentlich für jeden Menschen besteht. „Jedes Kind ist dadurch, daß es in die Umgebung von Erwachsenen gesetzt ist, verleitet, sich als klein und schwach zu betrachten, sich als unzulänglich, minderwertig einzuschätzen." (Menschenkenntnis, 72) Wie man sieht, decken sich die Begriffe, mit denen Adler die „Minderwertigkeit" beschreibt, mit den Vokabeln, die K. Horney für die Charakterisierung der „Grundangst" verwendet, und so wirft sie Adler denn auch vor, bei der Erzeugung der Strebungen nach Macht und Anerkennung den Faktor der Angst unterschätzt zu haben (K. Horney: Der neurotische Mensch, 118). Tatsächlich wird das Gefühl der Minderwertigkeit mit einem Erlebnis tiefer Angst verbunden sein, und diese dürfte besonders groß sein, wenn dieses Gefühl durch die Mißachtung oder Zurückweisung der zentralen Kontaktpersonen noch gesteigert wird.

Von daher verstehen wir, wie es zu der Rivalität zwischen Kain und Abel kommt und was die Zurückweisung für Kain bei dem Opfer bedeutet. Bei dem Versuch, die Anerkennung Gottes zu erringen, muß es dem Brüderpaar von vornherein um ein Entweder-Oder, um ein Alles-oder-Nichts zu tun gewesen sein, so daß es grundsätzlich um die Frage der Mehr- oder Minderwertigkeit vor Gott ging, und zwar so, daß alles darauf ankam, den anderen zu verdrängen. Nur wenn eine solche dramatische Rivalitätsproblematik bereits mit dem Opfer verbunden ist, wird psychologisch verständlich, warum die Ablehnung Kains zum Mord führt; nur wenn die Frage der Akzeptation vor Gott den Wert einer

Frage von Sein und Nichtsein hat, erscheint die Tat Kains als eine psychisch verstehbare Reaktion auf seine Nichtannahme.

Verständlich würde somit auch die Zusammengehörigkeit von Kain und Abel als Brüder, die wir bisher nur von der subjektalen Seite her interpretiert haben. Wir sehen nämlich, wie beide als Kontrahenten ein und desselben tödlichen Rivalitätskonfliktes aneinander gekettet sind. Als dessen nicht nur redaktionelle, sondern auch psychologische Voraussetzung aber erkennen wir die Situation, die durch Gn 3 entstanden ist: die Vertreibung der Menschen mit dem Gefühl der Scham, des Nacktseins, der Rückkehr zum Staub — all das scheint jetzt unter den Kategorien der Minderwertigkeit und Grundangst wieder aufzutauchen und mit dem Opfer an Gott die Alles-oder-Nichts-Frage von Akzeptation und Nichtakzeptation, Anerkennung und Nichtanerkennung zu richten, und zwar in einer Form, die untereinander ein Verhältnis tödlicher Rivalität begründet. Die tiefe Erfahrung der eigenen Minderwertigkeit begründet den Willen zu einer einzigartigen Anerkennung durch Gott, welche die Anerkennung eines anderen neben sich absolut ausschließt. Setzen wir eine solche Konkurrenz voraus, so ist die von uns auch schon exegetisch abgelehnte Frage müßig, warum Abel erwählt wird und Kain nicht; wir sehen vielmehr, daß in der Zuspitzung der Rivalitätsauseinandersetzung auf dem Hintergrund einer gemeinsamen Minderwertigkeit (Adler) und Grundangst (Horney) nur die Auswahl zugunsten des einen und zuungunsten des anderen möglich ist; und der jeweils Abgelehnte der Brüder ist der Kain; die Tödlichkeit des Abgelehntseins macht ihn selbst zum Mörder.

Unter diesen Voraussetzungen fällt es auch nicht mehr schwer, die text- und literarkritisch schwierige Stelle Gn 4, 7 zu verstehen; was immer ihr genauer Sinn sein wird, so scheint Kain doch aufgefordert zu werden, seine Zurückweisung hinzunehmen und nicht das Gefühl des Hasses und der Rache an seinem Bruder in sich hochsteigen zu lassen. Aber um das zu tun, dürfte für Kain die Ablehnung nicht eine so tödliche Bedrohung darstellen. Wenn unsere bisherige Hypothese stimmt, so muß Kain ja seine Zurücksetzung als eine vernichtende Bestätigung seiner Minderwertigkeit auffassen; und dies erklärt die Unfähigkeit Kains, auf die mahnenden Worte Gottes einzugehen; wir verstehen, warum es Kain unmöglich ist, noch länger an der Seite seines Bruders zu leben.

Psychologisch wichtig ist dabei, daß der Ehrgeiz und die tödliche Konkurrenzneigung Kains sich eigentlich auf eine Anerkennung seitens Gottes richten und nach deren Verlust in das Bemühen umschlagen, sich selbst eine absolute Geltung zu verschaffen und von der Anerkennung durch Gott vollständig unabhängig zu werden; man könnte sagen, daß an die Stelle der Anerkennung durch Gott die Notwendigkeit tritt, sich selbst die absolute Überlegenheit über alle zu beweisen, wobei der eigentliche Adressat dieses Beweises, Gott, durch das eigene Ich ersetzt wird.

Erst an dieser Stelle können wir der Kurzinterpretation Steinbecks nicht mehr folgen. Steinbeck meinte, daß die Rache Schuldgefühle auslöse; dies ist in Anbetracht der Gestalt Kains — und der Wirklichkeit — entschieden zu menschenfreundlich gedacht. Zwar meldet sich auch in Kain die Stimme, die ihn anklagt und zur Rede stellt, und man mag das als den Ausdruck eines Schuldgefühls verstehen; ein solches ist nach all dem, was wir von Freuds These von der Ermordung des Urvaters bzgl. der Mechanismen der Identifikation und Introjektion gelernt haben, auch geradezu selbstverständlich; aber das ist nicht entscheidend; denn das Wesentliche am Ende der Kain-und-Abel-Geschichte ist der trotzige Protest, mit dem Kain sich gegen Gott stellt. J. Rattner referiert von der Individualpsychologie Adlers, daß „Trotz, Kritiklust, Entwertungstendenz ... auf dem Boden von Ehrgeiz und Eitelkeit erwachsen und die kämpferische Gesinnung in verschiedenartiger Form zum Ausdruck bringen." (J. Rattner: Individualpsychologie, 101) Er fügt hinzu: „Als den letzten Zielpunkt des neurotischen Ehrgeizes bezeichnet *Adler* das Gottähnlichkeitsstreben" (a.a.O.), und tatsächlich hat Adler in seinem Vorwort zu der Arbeit „Über den nervösen Charakter" (im Vorwort der 2. Aufl. von 1919) es als Ziel seiner Bemühungen definiert, den Menschen „den Verirrungen seines wunden, aufgepeitschten, aber ohnmächtigen Gottähnlichkeitsstrebens entreißen und der unerschütterlichen Logik des menschlichen Zusammenlebens geneigt machen" zu wollen (A. Adler: Über den nervösen Charakter, 26) Für Kain aber scheint es einen solchen Ausweg nicht mehr zu geben. Er bleibt „ein Spielball" jener „Bereitschaften und Charakterzüge ..., die das Minderwertigkeitsgefühl verneinen, wie *Stolz, Neid, Geiz, Grausamkeit, Mut, Rachsucht, Jähzorn* und andere." (A. Adler: Über den nervösen Charakter, 71) Kain kann es sich sozusagen nicht mehr leisten, von der Leitlinie seiner Ehrgeizfiktion abzurücken. Freilich gerät er dabei in ein Dilemma. Denn schon mit „dem Trieb, sich andere unterwürfig zu machen, ist große Angst verbunden, weil der Neurotiker automatisch annimmt, daß andere nach einer Niederlage genauso verletzt und rachsüchtig seien wie er selbst." (K. Horney: Der neurotische Mensch, 124) Kain, der seinen Bruder erschlagen hat, muß mit der Rachsucht (des Geistes des Verstorbenen und) aller anderen rechnen. Er bleibt im letzten asozial, einsam, gezeichnet, ausgewiesen. Die Konsequenz seines absoluten Kampfes um Anerkennung ist am Ende, daß ihn niemand mehr anerkennt, außer daß er sich selber als etwas Besonderes, als einen Gekennzeichneten, fühlen kann, und daß er wiederum in „männlichem Protest" den offenbaren Nachteil seines Lebensaufbaus in einen Vorteil verwandeln kann. So deutet Hermann Hesse das Kainszeichen als eine Auszeichnung seiner Stärke gegenüber der Schwäche aller anderen (Demian, 2. Kap.; Bibl. Suhrk. 95, S. 41—44); die innere Unfähigkeit zur Gemeinschaft mit den anderen wird durch eine solche Rationalisierung ichgerecht gemacht.

Man mag sich nun freilich fragen, ob denn die Interpretation, die wir hier vorschlagen, nicht im Grunde die Erzählung von Gn 4, 3—16 als ein individuelles Problem ausweise, das nicht mehr Anspruch auf Allgemeingültigkeit erheben könne als etwa Dostojewskis Romanfigur des Raskolnikow, der ja auch in dem Zwiespalt von Minderwertigkeitsgefühl und totalem Geltungsstreben zum Mörder wird, nur um sich zu beweisen, daß er „keine Laus" ist (vgl. die Interpretation des Raskolnikow bei J. Rattner: Individualpsychologie, 154—158). Zwar versichert uns Adler, daß das Gefühl der Minderwertigkeit das Erlebnis eines jeden Kindes den Erwachsenen gegenüber sei, und die Strukturen, die wir von K. Horney übernahmen, dürfen als Strukturen jedweder Neurose gelten, sie sind also, da die neurotischen Konflikte allgemein menschliche Konflikte sind, irgendwie auch allgemein menschlich. Gleichwohl scheint diese Verbindlichkeit nicht annähernd so überzeugend zu sein, wie es z. B. bei der Verwendung der Szondischen Triebanalyse erscheinen mußte. Haben wir also bei der Untersuchung der Psychodynamik der Erzählung von Kain und Abel wieder verloren, was wir schon besaßen? Eigentlich nicht. Man muß sich lediglich klar machen, daß die allgemeine Notwendigkeit psychodynamischer Strukturen nicht schon durch ihre bloße Feststellung gegeben sein kann, sondern erst dann, wenn es gelingt, ihre Thematik mit Entwicklungsgesetzen der Onto- und Phylogenese in Verbindung zu bringen. Die Verwendung der Individualpsychologie Adlers und der Neurosenlehre K. Horneys bot den Vorteil, die Psychodynamik der Stelle selbst zu untersuchen. Dies war nötig; denn es ist „sowohl von einem rein praktischen als auch von einem dynamischen Standpunkt aus viel wichtiger zu fragen, welche Faktoren die Haltung zu dem gegebenen Zeitpunkt verursachen" (K. Horney: Der neurotische Mensch, 157), als die genetischen Ursachen in der Vergangenheit zu erforschen; diese pragmatisch richtige Einstellung kann jetzt aber nicht mehr genügen. Die Frage muß vielmehr sein, ob es ontogenetisch eine Situation gibt, in der das Ensemble von Feindseligkeit, Angst, Minder-

wertigkeit, Konkurrenz, Akzeptation, Eifersucht, Haß, Vernichtungs-
tendenz, Rache, Trotz u. ä., wie wir es analysiert haben, entwicklungsgeschichtlich fest verankert ist.

c) Die phasenspezifische Thematik der Erzählung

In der Neurosenlehre K. Horneys wurde die Feindseligkeit, wie wir
sahen, rein reaktiv aus der Angst abgeleitet und damit auf die Freudsche
Annahme eines originären Todes- oder Destruktionstriebes verzichtet.
Wenn wir im folgenden wieder die Freudsche Terminologie zugrunde
legen, so nicht, um die objektive Gültigkeit der Libidotheorie zu behaupten, sondern lediglich aus pragmatischen Gründen terminologischer Ein-
heitlichkeit.

Für Freud ist *die* Konkurrenzsituation schlechthin selbstredend die
ödipale Situation. So gesehen, würde die Mordabsicht Kains sich ursprünglich auf den Vater bezogen haben; die Konkurrenz und Rivalität Kains
würde eigentlich dem Vater gelten, und der Gegenstand ihrer Auseinandersetzung wäre der Besitz der Mutter; diese Konstellation würde den
Hintergrund der Mordneigung überhaupt abgeben, wie sie Freud für die
Hysteroepilepsie vermutete.

Die Annahme einer solchen ödipalen Problematik brächte den Vorteil
mit sich, einen Zug der Erzählung zu erklären, für den wir sonst keine
Erklärung wüßten. Deutlich redaktionell greift J in Gn 4, 12.14 das
Thema des Ackers auf, von dem Kain vertrieben wird. Wir wissen, daß
die Einheit von Mensch und Erdreich tief im hebräischen Denken verwurzelt ist, also eher sprachphilosophisch und kulturgeschichtlich als psa
untersucht werden müßte. Andererseits stellt die j Urgeschichte u. a. aber
auch dar, wie die ursprüngliche Einheit des Menschen mit dem Erdreich
zerfällt. Darin kann man eine Erinnerung an die Ablösung der Ackerbau-
Kultur durch die Stadtkultur (4, 17) sehen; und doch ist es möglich, daß
diese kulturgeschichtliche Entwicklung auch heute noch deutliche Spuren
hinterlassen hat, die um den Ödipuskomplex zentriert sind. Die Freudsche
Konstruktion von der Ermordung des Urvaters hat in einer interessanten Spekulation die Agrarkultur mit dem Vater-Sohn-Konflikt in
Verbindung gebracht. Freud meinte nämlich: „Mit der Einführung des
Ackerbaues hebt sich die Bedeutung des Sohnes in der patriarchalischen
Familie. Er getraut sich neuer Äußerungen seiner inzestuösen Libido, die
in der Bearbeitung der Mutter Erde eine symbolische Befriedigung findet.
Es entstehen die Göttergestalten des Attis, Adonis, Tammuz u. a., Vege-

tationsgeister und zugleich jugendliche Gottheiten, welche die Liebesgunst mütterlicher Gottheiten genießen, den Mutterinzest dem Vater zum Trotz durchsetzen." (Totem und Tabu, IX 183—184) Die Geliebten der Muttergöttin aber werden von dem Vater in Gestalt eines wilden Tieres entmannt und getötet; umgekehrt scheint Mithras z. B., der den Stier tötet, den Sohn vorzustellen, „der die Opferung des Vaters . . . vollzog und somit die Brüder von der sie drückenden Mitschuld an der Tat erlöste." (a.a.O., 184) In einer solchen Tat des Vatermordes wäre nach Freud die Erbsünde ebenso wie der Anfang der Kultur zu erblicken.

Für unseren Zusammenhang könnte die Konstruktion Freuds den Gedanken anregen, ob nicht hinter der Vertreibung Kains vom Acker eine Trennung von der Mutter(-Erde) durch den erzürnten Vater stehen könnte, der sich selbst in seinen Ansprüchen auf sie bedroht sähe. Man könnte überlegen, ob nicht in dem Mord an Abel eigentlich Gott gemeint sei; das Opfer wäre das übliche Totemopfer; die Vertreibung von der Erde die Inzestschranke, die das Schuldgefühl nach der Tat aufrichtet.

Gestützt werden könnte eine solche Konstruktion durch die Erwägungen O. Ranks, daß die in den Märchen und Mythen so häufige Brüderrivalität ihren Grund in der „Neigung zu dem einzigen unersetzlichen *Inzestobjekt*", der Mutter, habe (O. Rank: Psychoanalytische Beiträge, 368); die Brüderrivalität gelte eigentlich der Wiedergewinnung der Mutter", und der getötete Bruder vertrete letztlich den Vater; die„ Abneigung . . . zweier Brüder gegeneinander" finde ihre Aufklärung „in dem Konkurrenzverhältnis um die zärtliche Aufmerksamkeit und Liebe der Mutter" (O. Rank: Der Mythus von der Geburt des Helden, 114). Näherhin bringt Rank das Brudermordmotiv mit der Vertreibung der Söhne aus dem Paradies der Urfamilie in Verbindung und meint, „daß die Söhne, sobald sie vom Hause weg (vertrieben) sind, untereinander um Weib und Gut zu streiten beginnen, genau so, wie innerhalb der Urfamilie der Sohn mit dem Vater rivalisierte . . . Das Märchen (von den feindlichen Brüdern, d. V.) spiegelt so die Kulturstufe wider, auf der die Vaterherrschaft von der Brüderkonkurrenz abgelöst wird" (Psychoanalytische Beiträge, 408).

Freilich spricht gegen die Ranksche Hypothese, daß sie das Brudermordmotiv im Grunde als eine Wunscherfüllung aus der Sicht des jüngeren Bruders, des Däumlings der Märchen, liest, während in der j Erzählung (und in vielen anderen) gerade der jüngere Bruder ermordet wird. Außerdem ist die Vorstellung von der ursprünglich patriarchalischen Urfamilie unhaltbar, vielmehr dürfte gerade die Urfamilie matriarchalisch organisiert gewesen sein, wie es z. B. die Maya-Mythologie treffend überliefert hat, in welcher die Uralte, Ixmucané, die erste Familie um sich schließt, während ihr Mann Ixpiyacoc ganz hinter ihr verschwindet. Ihre Söhne sind noch Jäger, aber ihre Enkel treiben häusliche Arbeit. „Dies ist die Schilderung der frühesten Agrarzeit, die unter Matriarchat steht ... Wohin immer wir blicken: Fruchtbarkeitszauber und Kult von Urweibern sind die ersten Zeugnisse an Höhlenwänden, in Stein und Ton." (W. Cordon: Popol Vuh, 181) Erst nach heftigen Kämpfen scheint sich daraus im 2. Weltalter der Mayas der Männerbund, das Zeitalter der Männer und Jünglinge mit dem eigentlichen Kain-und-Abel-Thema: Krieg und Kopfjagd, entwickelt zu haben; die Aufrichtung des Patriarchats aber erfolgt erst im 4. Zeitalter in der „Stunde des Urahnen" (W. Cordan, 196; vgl. R. Girard: Die ewigen Mayas, 387—394). Rank, der die Kulturstufe des Mutterrechts später in seine Konzeption eingebaut hat, indem er das Matriarchat der Urfamilie für eine Art Reaktionsbildung auf die Ermordung des Urvaters erklärte, glaubte, daß bei der kulturellen Aufrichtung der Vatermacht eigentlich die „Furcht vor der Mutter auf den neuen Usurpator der Vaterstelle, den ... Führer, König übertragen" worden sei; letztlich ziehe dieser die Furcht vor der Mutter auf sich, worin die ambivalente Unantastbarkeit der Vaterautorität ihren Grund habe, und es werde in Wahrheit vom Vater erwartet, daß er die Söhne vor der Verfallenheit an die Mutter schütze. (O. Rank: Das Trauma der Geburt, 86—87) Wenn aber somit die Furcht und die Liebe zur Mutter als das Ursprüngliche zu gelten haben und der Freudsche Ödipuskomplex erst aus einer nachträglichen Übertragung der Libido von der Mutter auf den Vater zustande kommt, so könnte es eher sein, daß wir in der Gestalt des Brudermörders Kain, der durch Gott von der Erde getrennt wird, eine psychische Situation vor uns haben, in welcher die Rivalität um die Mutter bzw. die Frau zu tödlichen Dimensionen in der Brüderhorde aufgestaut wird, auch ohne daß der hinderliche Bruderkonkurrent als Vaterverkörperung aufgefaßt wird (und als älterer Bruder vorgestellt werden müßte). Die Kain-und-Abel-Problematik erschiene dann als durchaus vor-ödipal und bezöge sich, wie es die j Erzählung selbst darstellt, auf die Rivalität der Brüder um die Liebe der Mutter, die in der j Erzählung durch Gott vertreten wird. Man könnte dann mühelos die Gewaltsamkeit vermeiden, das Motiv vom Brudermord, das mythisch so eigenständig verbreitet ist, als bloßen Ableger ursprünglicher Vatermordgeschichten interpretieren zu müssen. Die Glaubwürdigkeit *dieser* Auffassung wird auch durch die zahlreichen dichterischen Bearbeitungen, die das Kain-und-Abel-Thema gefunden hat, bestätigt, in dem häufig die unglückliche Liebe zur Mutter (bzw. zu einem gottähnlichen Vater) die Ursache des mörderischen Konfliktes unter den Brüdern ist, nicht aber eine ödipale Vaterkonkurrenz; dies hat O. Rank selbst sehr schön gezeigt (vgl. O. Rank: Das Inzest-Motiv in Dichtung und Sage, 556—557).

Bemerkenswerterweise besteht allerdings eine gewisse Tendenz in der Mythologie, das Motiv vom Bruderhaß in zeitlich umgekehrter Abfolge mit dem Ödipuskomplex zu verknüpfen: Eteokles und Polyneikes z. B., die sich um die Herrschaft streiten, sind die Söhne des Ödipus und belastet mit einem Fluch (vgl. O. Rank: Das Inzest-Motiv, 586—591). Dies fände eine Entsprechung in der Komposition der j Urgeschichte, indem dort gleichermaßen das (z. T. ödipal motivierte) Vergehen der Stammeltern durch den Fluch, der von ihrem Tun ausgeht, in der zweiten Generation zum Brudermord führt. Andererseits scheint wiederum die Sage von Atreus und Thyestes, die sich in sexueller Rivalität verfeinden, weil Thyestes die Frau seines älteren Bruders zur Untreue verführt hat, erst ersonnen worden zu sein, um die ödipal motivierten Greuel im Hause des Agamemnon zu begründen; jedenfalls kennt Homer wohl die Tragödie des Agamemnon, nicht aber die Taten des Tantalus und Atreus. (Odyssee III 262—316; XI 405—439; vgl. O. Rank: Das Inzest-Motiv, 591) Immerhin scheint auch hier die Rivalität um die Frau nicht erst vom Vater auf den Bruder verschoben, sondern von vornherein auf den Bruder bezogen zu sein; die Geschwisterrivalität ist hier also nicht aus der ödipalen Vatermordtendenz abzuleiten.

Besonders wenn man bedenkt, daß erst die Theologisierung des Stoffes in Gn 4, 3f das Auftreten Gottes bewirkt hat, so fällt es schwer, die These für die j Erzählung aufrechtzuerhalten, der erste Mord der Menschen sei ein Vatermord gewesen. Andererseits erscheint in der jetzigen Fassung der Erzählung die Konkurrenzbeziehung der Brüder in ihrem Verhältnis zu Gott einen auch psychologisch zentralen Platz einzunehmen; sie darf also auf gar keinen Fall psa außer acht gelassen werden, und zwar um so weniger, wenn wir in „Gott" eine eigentlich mütterliche Gestalt erblicken. Die Frage muß daher sein: wann geraten Geschwister aus Konkurrenz um die Liebe ihrer Mutter in tödliche Feindschaft zueinander?

Freud hat an mehreren Stellen die Bedeutung der Geschwisterrivalität in der frühen Kindheit noch vor dem Ödipuskomplex hervorgehoben. Das bekannteste Beispiel ist die Analyse einer Kindheitserinnerung Goethes, die u. a. die therapeutische Wichtigkeit der Deckerinnerungen unterstreicht, von denen der Patient als scheinbar frühesten Erinnerungen in seinem Leben anamnestisch zu berichten weiß. Goethe erzählt in „Dichtung und Wahrheit" von einem „Kinderstreich", bei dem er das neu eingekaufte töpferne Geschirr unter den Beifallskundgebungen dreier Kinder aus dem Nachbarhaus allsamt aus dem Fenster hinausgeworfen habe. Freud erkennt darin, unter Verwendung eines rezenten Falles seiner analytischen Tätigkeit, ein symbolisches magisches Attentat, durch welches der junge Goethe, wohl im Alter von dreieinviertel Jahren, sein neu angekommenes Brüderchen Hermann Jakob habe beseitigen, „hinauswerfen" wollen. (S. F.: Eine Kindheitserinnerung aus „Dichtung und Wahrheit", XII 15—26) Damit wird nun keine diskriminierende Ungeheuerlichkeit über Deutschlands Dichterfürsten ausgesprochen, sondern eine Beobachtung getroffen, die sich dahin generalisieren läßt: „Der Geschwisterneid entsteht meist, weil das ältere Kind darüber aufgebracht ist, daß es die Beachtung und Liebe der Eltern teilen muß." (H. Zulliger: Kinderfehler im Frühalter, 110) Und: „Der Geschwisterneid ist unvermeidlich und eine durchaus ‚natürliche' Erscheinung in der Kinderstube." (H. Zulliger, a.a.O., 113)

Es gibt also ontogenetisch eine Situation, die durch eine Geschwisterrivalität gekennzeichnet ist, deren Stärke sich ohne weiteres als Todfeindschaft bezeichnen läßt. Dabei ist es zumeist das ältere Kind, das seinen Neid und Haß auf das jüngere richtet. Der Grund dafür ist unschwer zu erkennen, sieht doch das ältere Kind, daß dem jüngeren Neuankömmling Vorteile und Rechte eingeräumt werden, die ihm selbst längst abgesprochen wurden; Verhaltensweisen, die ihm selbst gerade noch als Unartigkeiten unter größter Mühe abgewöhnt wurden, findet es bei dem jüngeren Geschwisterchen nicht nur toleriert, sondern häufig geradezu belohnt. Der Eindruck muß sein, daß hier empörendes Unrecht geschehe, das nur durch das Verschwinden des neuen Konkurrenten und störenden Eindringlings beseitigt werden könne.

Diese Feststellung ist für die ontogenetische Interpretation von Kain und Abel ziemlich wichtig. Denn wir treffen hier auf eine Konstellation, die alle wesentlichen Merkmale des Textes an sich trägt:

a. Es ist der ältere Bruder, dessen Haß und Neid sich auf den jüngeren richtet; wir verstehen, warum in den Erzählungen vom Brudermord es zumeist der ältere ist, der den jüngeren tötet.

b. Es wird der Eindruck der Grundlosigkeit und Ungerechtigkeit psychologisch verständlich, der in der Ablehnung Kains und der Bevorzugung Abels durch Gott gelegen ist; wir haben beides, die Grundlosigkeit wie die Ungerechtigkeit, exegetisch mit der theologischen Aussage der j Erzählung zu erklären versucht; wir sind dabei davon ausgegangen, daß die Erzählung möglicherweise von J oder einem früheren Autor aus wenigen Notizen heraus gestaltet wurde; aber wenn, was sehr wahrscheinlich ist, bei dieser redaktionellen Ausgestaltung ein vorgegebenes Erzählmotiv verarbeitet wurde, so kann man sagen, daß für den Stoff vom Brudermord selbst die „Ungerechtigkeit" Gottes notwendig und selbstverständlich den Hintergrund der tödlichen Geschwisterrivalität abgeben mußte.

c. Verständlich wird der im Grunde tragische Zug der Erzählung von Kain und Abel; denn, wie wir exegetisch herausgestellt haben, tötet Kain eigentlich seinen Bruder, weil er sich von Gott zurückgewiesen glaubt und also einer Liebe entbehren muß, die er doch dringend zum eigenen Leben braucht; seine Untat dient letztlich dem Zweck, eine scheinbar ohne eigene Schuld verlorene Liebe zurückzugewinnen, die doch gerade so endgültig verloren gehen muß, weil sich die Beseitigung des Konkurrenten unmittelbar gegen Gott selbst richtet.

d. Wir haben psa auch hier, wie bisher, hinter der Gestalt Gottes im Grunde ontogenetisch die Beziehung des Kindes zu seiner Mutter anzunehmen, wir sehen aber, daß diese Beziehung durchaus präödipal ist; der Liebesanspruch an die Mutter trägt noch keine ersichtlichen phallischen Züge, und die Geschwisterrivalität ist ursprünglich, und nicht von der Konkurrenz mit dem Vater her auf den Bruder verschoben. Ja, es scheint, als sei die Begünstigung gerade des jüngeren Sohnes durch die Mutter überhaupt keine Eigentümlichkeit patriarchalischer Familienordnungen, sondern eher „ein ausgesprochen matrilinearer Charakterzug, da die Mutter hier ihre Gunst offen verteilt und nicht den Vater betrügen muß wie ihre besser bekannte Zeitgenossin in der Bibel, die Mutter von Esau und Jakob." (B. Malinowski: Geschlecht und Verdrängung in primitiven Gesellschaften, 121) Matrilinear ist im übrigen wohl auch der Umstand, daß Eva als Frau dem Sohn den Namen gibt (Gn 4, 1) und ihm damit seine Seele verleiht (vgl. Jung: Das Grundproblem der gegenwärtigen Psychologie, VIII 394).

Wie man sieht, decken sich die Züge der ontogenetisch unvermeidlichen Geschwisterrivalität so genau mit den Konflikten der Erzählung von Gn 4, 3—16, daß man sich von der Psa her fragen kann, ob die Traditionsgeschichte des Stückes wirklich so kompliziert ist, wie wir exegetisch angenommen haben: ob vor allem das Verschwinden der Besitzproblematik und die Zentrierung des Stoffes auf die Anerkennung und Ablehnung durch Gott (I 125) sich nicht am einfachsten dadurch erklärt, daß in dem ursprünglichen Motiv vom Brudermord tatsächlich noch gar keine Besitzverhältnisse (Vieh, Weide, irdisches Glück) eine Rolle spielten, sondern es allein und wesentlich um die Anerkennung und die Zuwendung durch Gott (bzw. die Eltern) ging; es wäre dies einmal eine Stelle, an der die Psa die Traditionsgeschichte korrigieren könnte.

Und noch etwas fällt auf: die Frage muß ja sein, wieso sich der Konflikt zwischen Kain und Abel auf diese tödliche Höhe zuspitzen kann. Offenbar sind hier auch psychologisch Gegebenheiten anzunehmen, die wir bereits theologisch in der j Erzählung zu erkennen meinten: daß nämlich das Vertrauen der Menschen zu Gott (des Kindes zur Mutter) durch vorangegangene Schuld fragwürdig und zweifelhaft geworden ist; wir sind hier im Grunde wieder bei dem Geflecht von Grundfeindseligkeit und Grundangst, auf das uns K. Horney aufmerksam gemacht hat.

So hätten wir denn eine erste ontogenetische Begründung des Motivs der Geschwisterrivalität erhalten und damit gezeigt, daß der Konflikt der Erzählung von Kain und Abel unvermeidlich und ubiquitär ist. Indessen steht noch aus, die geschilderten psychischen Mechanismen in triebtheoretischer Sprache und damit phasenspezifisch auszudrücken.

Für Freud ist das „Streben nach Ansehen ... Ausdruck narzißtischer Tendenzen. Anfänglich sah er das Streben nach Macht und Besitz und die in ihnen enthaltene Feindseligkeit als Abkömmlinge der ‚analsadistischen Entwicklungsstufe‘ an. Doch erkannte er später, daß diese Art der Feindseligkeit nicht auf eine sexuelle Grundlage zurückgeführt werden kann, und hielt sie für einen Ausdruck des ‚Todestriebs‘“ (K. Horney: Der neurotische Mensch, 118). Dieses Zitat Horneys gibt die Schwierigkeit wieder, der wir von der Freudschen Psychologie her bei dieser Frage gegenüberstehen. Die zwei Fassungen der Freudschen Triebtheorie zeigen uns zwei Wege auf: entweder wir gehen von der Annahme eines originären Todestriebes aus; dann besteht von vornherein kein Problem, die Tödlichkeit des Konfliktes zwischen Kain und Abel zu verstehen; oder aber wir verstehen die Feindseligkeit reaktiv von der Libido-Theorie her, dann werden wir in Kauf nehmen müssen, daß uns der Text allein nicht genügend Anhaltspunkte bietet, die eine quantitative Aufstauung der Feindseligkeit bis zum Mord verständlich machen könnten. Da indessen die Libido-Theorie psychodynamisch fruchtbarer ist, werden wir von ihr her argumentieren und uns also fragen, wie die „analsadistische Entwicklungsstufe“ beschaffen ist, auf der die Kain-Strebungen nach Macht und Anerkennung eine so große Bedeutung erlangen sollen.

Die sog. sadistisch-anale Phase der Libidoorganisation hat Freud als „zweite prägenitale Phase“ nach der oralen oder kannibalischen Phase bezeichnet (S. F.: Drei Abhandlungen zur Sexualtheorie, V 99). Ihre Kennzeichen sind u. a.: die „Vorherrschaft des Sadismus“, die „Ambivalenz“ (a.a.O., 99), die „Analerotik“ (a.a.O., 135). Mit Analerotik ist gemeint, daß das Kleinkind bei der Exkrementation „Lust aus der Reizung der Afterschleimhaut und der anliegenden Körperpartien“

gewinnt (H. Nunberg: Allgemeine Neurosenlehre, 86). Da die Erziehung bei der zunehmenden Beherrschung der Sphinkteren sich jetzt auf die Sauberkeitserziehung konzentriert, gerät das Kind „hier bereits in einen ersten Konflikt zwischen Lustgefühl und Umweltanspruch, da die Zurückhaltung des Stuhles und die spätere Entleerung . . . erotisch lustvoll empfunden wird." (F. W. Doucet: Sadismus und Masochismus, 64) „Der Darminhalt ist zu dieser Zeit für das Kind ein hoch geschätzter Stoff und wird nur ‚der Mutter zuliebe', als Geschenk für sie, hergegeben; gleichzeitig ist die Darmentleerung, in ihrer aggressiven Bedeutung, auch eine Waffe, die dem Ausdruck von Ärger und Enttäuschung mit der Mutter dient." (A. Freud: Wege und Irrwege, 76) Dies bedingt die Ambivalenz der Gefühlsregungen „in dieser doppelten Besetzung der Körperprodukte (mit Libido und Aggression) und der doppelten Gefühlseinstellung zur Mutter (Abwechslung von Liebe und Haß)." (A. Freud: a.a.O., 76)

Sehr wichtig ist, daß auf der analen Stufe die Ambivalenz zum Guten wie zum Bösen mit den Allmachtsphantasien des kindlichen Größenwahns verbunden ist. K. Abraham führte diesen Gedanken so aus: „Die Wertschätzung der Exkretionen als Äußerungen einer ungeheueren Machtfülle ist dem Bewußtsein des normalen Erwachsenen entfremdet. Daß sie aber in seinem Unbewußten fortlebt, zeigt sich unter anderem in vielen alltäglichen Redensarten meist scherzhafter Natur, die beispielsweise den Sitz eines Klosetts als ‚Thron' bezeichnen." (Psychoanalytische Studien zur Charakterbildung, in: Psychoanalytische Studien, 189) Er stellte des weiteren dar, wie das primitive Machtgefühl des Kindes in Entleerungsstolz mit der „Vorstellung der *Einzigartigkeit*" einhergeht (K. Abraham: a.a.O., 189). „Solche Personen (d. h. die Neurotiker des analen Charakters, d. V.) werden prätentiös und überhebend und neigen zur Geringschätzung aller anderen Menschen. Ein Patient äußerte in diesem Sinne: ‚Alles, was nicht *Ich* ist, ist Dreck.' Solche Neurotiker haben auch an einem Besitz nur Freude, wenn niemand sonst dergleichen hat, verachten dementsprechend auch eine Tätigkeit, die sie mit anderen Menschen teilen müßten." (189—190) Der Eigenwille, der mit dem Gefühl der Macht bei der Beherrschung des eigenen Muskelapparates zum ersten Mal auftritt, läßt von vornherein jede fremde Bitte oder Forderung als einen unerhörten Eingriff in die eigenen Interessen erscheinen. „Da . . . die Hergabe der Exkremente die früheste Form ist, in welcher das Kind ‚gibt' oder ‚schenkt', so wird der spätere Neurotiker im Geben die geschilderte Eigenwilligkeit bewahren, demnach also in vielen Fällen eine an ihn ergehende Bitte oder Forderung ablehnen, *freiwillig* dagegen ohne kleinliche Berechnung schenken." (a.a.O., 191)

Da somit die Alternative nur zwischen Eigenbestimmung oder Fremdbestimmung, Über- oder Unterordnung zu bestehen scheint, versteht sich der Trotz der analen Entwicklungsphase, der so hervorstechend ist, daß er der Zeit „durchschnittlich von 2¹/₂—3¹/₂ Jahren" den Namen das „erste Trotzalter" gegeben hat (vgl. H. Remplein: Die seelische Entwicklung des Menschen im Kindes- und Jugendalter, 220). Hierin gehören auch „die Trotz-, Wut- und Jähzornausbrüche", von denen Remplein bis zu 30—40 Entladungen am Tage zählt (a.a.O., 237).

Besonders sehen wir, daß Sadismus und Jähzorn auf der analen Stufe in außerordentlicher Heftigkeit aufzutreten pflegen. Nimmt man noch hinzu, daß im Gefolge der Besitzproblematik — die Retention und Exkrementation des körpereigenen Darminhaltes — der anale Neid in den Vordergrund tritt (K. Abraham: Psychoanalytische Studien zur Charakterbildung, in: Psychoanalytische Studien, 196; vgl. S. F.: Charakter und Analerotik, VII 203—209), so können wir sagen: alle psychodynamisch von uns im vorigen Abschnitt analysierten Züge der Erzählung von Gn 4, 3—16 haben ihren ontogenetischen Ursprung in der anal-sadistischen Phase oder, umgekehrt, die Problematik der Kain-und-Abel-Erzählung ist die Problematik der anal-sadistischen Phase.

Damit haben wir eine ontogenetische Einordnung der biblischen Erzählung getroffen, die sehr überraschend ist. Wir sehen nämlich, daß, ganz entsprechend der psa Entwicklungslehre, in der Reihenfolge der j Urgeschichte auf die Problematik der oral-sadistischen Stufe nunmehr eine Erzählung folgt, deren Kern von anal-sadistischen Konflikten bestimmt ist. Neid, Eifersucht, sadistische Zerstörungsimpulse, Eigenwille, Trotz, Jähzorn — all dies erweist sich in der Tat vom psa Standpunkt aus als eine echte und in gewissen Grenzen notwendige Entwicklungsphase des Kleinkindes. Auf eine erstaunliche Weise wird so von der Psa her unsere theologische Auffassung bestätigt, daß die j Urgeschichte als eine Entwicklungsgeschichte zu lesen sei. Es kann uns jetzt nicht mehr nur theologisch als eine „Steigerung" des in Gn 3 Grundgelegten erscheinen, wenn wir Kain im Unterschied zu der depressiv-schuldbewußten Haltung Adams und Evas trotzig Gott gegenübertreten sehen (Gn 4, 9), sondern es scheint uns auch psa hier eine Konfliktverarbeitung vorzuliegen, wie sie für die anale Stufe charakteristisch ist und wie wir sie mit den Kategorien der Neurosenlehre als zwangsneurotisch bezeichnen müssen. Es ist nämlich bei der Zwangsneurose im Unterschied zur Depression, in der sich das Ich dem Diktat des Über-Ichs vollkommen fügt, „das Schuldgefühl überlaut, kann sich aber vor dem Ich nicht rechtfertigen. Das Ich des Kranken sträubt sich daher gegen die

Zumutung, schuldig zu sein" (S. F.: Das Ich und das Es, XIII 280). Gerade dieses Sich-Sträuben, diesen Widerspruch gegen den massiven Schuldspruch Gottes vermögen wir in der j Erzählung zu beobachten: nicht Identifikation mit dem Über-Ich wie in der Melancholie, sondern die zwangsneurotische Ambivalenz der analen Phase prägt den Charakter Kains.

Und noch einen Zug der Erzählung verstehen wir jetzt, der uns bisher nur schwer zugänglich war: gleich zu Beginn leitet die Erzählung Gn 4, 3 die Geschichte vom Brudermord mit einem Opfer ein. Wir haben bisher dazu gesagt, es handle sich hier um eine ambivalente Handlung aus Schuldgefühl und Wiedergutmachung, Haß und Liebe. Wir wurden bereits durch diese recht allgemeine Deutung auf die anale Problematik aufmerksam gemacht; jetzt aber können wir präziser formulieren, wissen wir doch, daß die anale Stufe in der Tat die Stufe des „ersten Opfers" ist. Die Theorie vom Opfer Kains und Abels als Totemmahl im Zusammenhang mit der Ermordung des Vaters haben wir zurückgewiesen; wir finden stattdessen einen zeitlich früheren und psychodynamisch geschlosseneren Zusammenhang zwischen Opfer und Sadismus: beides sind Elemente der analen Phase. „Der Kot ist nämlich das erste *Geschenk*, ..., von dem sich der Säugling nur auf Zureden der geliebten Person trennt, mit dem er ihr auch unaufgefordert seine Zärtlichkeit bezeigt ... Bei der Defäkation ergibt sich für das Kind eine erste Entscheidung zwischen narzißtischer und objektliebender Einstellung. Es gibt entweder den Kot gefügig ab, ‚opfert‘ ihn der Liebe, oder hält ihn zur autoerotischen Befriedigung, später zur Behauptung seines eigenen Willens, zurück. Mit letzterer Entscheidung ist der *Trotz* (Eigensinn) konstituiert" (S. F.: Über Triebumsetzungen, insbesondere der Analerotik, X 406—407).

Wie wir bisher sehen konnten, daß J in der Auswahl seines Materials das theologisch Ursprüngliche mit Bildern ausdrückt, die, psa gelesen, das ontogenetisch Früheste bezeichnen, so sind wir auch hier zu der Annahme genötigt, daß hinter der Opferhandlung der ersten Menschensöhne die frühe anale Problematik des Behaltens und Abgebens steht; die Erfahrungen, die hier bzgl. der Annahme und Ablehnung durch die Kontaktpersonen (bes. die Mutter) gemacht werden, behalten für das weitere Leben ihre Gültigkeit. Die theologische Forderung, man solle beim Opfer nicht etwas, sondern sich selbst geben, ist in klassischer Weise auf der analen Stufe realisiert und hat dort psa ihren Ursprung; denn das Kleinkind opfert mit der Kotstange in der Tat nicht etwas, sondern ein Stück seines Ichs.

Gewiß wird es Leser geben, die Zweifel an der Wichtigkeit und Richtigkeit dieser psa Anschauungen hegen; ihnen sei empfohlen, die erschütternden Beobachtungen zu lesen, die R. A. Spitz bei hospitalisierten Kindern, die unter Koprophagie litten, machen konnte bzw. mußte: zwischen dem 9. und 15. Lebensmonat, also noch in der oralen Phase, benutzten diese verwaisten Kinder ihren Kot, ihr Körpereigenes, als eine Kommunikationsbrücke und ein Geschenk, das sie dem Beobachter „in koketter, lachender, lautäußernder, kontaktschaffender Weise" anboten bzw. selber aßen (R. A. Spitz: Vom Säugling zum Kleinkind, 263); die depressive orale Einverleibung verbindet sich hier mit den Merkmalen der Analität und der Problematik von Behalten und Hergeben; es zeigt sich aber vor allem deutlich, wie sehr die analen Defäkationsvorgänge als Akte des Schenkens und Hergebens empfunden werden.

Freilich stoßen wir an dieser Stelle auf eine nicht unerhebliche Schwierigkeit.

Wenn die Psa die anale Phase als den Auftritt eines ersten psychogenetisch entscheidenden Machtkampfes zwischen dem Willen des Kindes und der erzieherischen Absicht der Eltern betrachtet hat, so waren ihre Beobachtungen stets an den Schwierigkeiten der kindlichen Sauberkeitserziehung in den kulturellen Bedingungen Mitteleuropas orientiert. Schon für südlichere Landstriche des Kontinents muß es als sehr fraglich erscheinen, ob die Verknüpfung der analen Ausscheidungsvorgänge mit der Problematik von Zwang und Eigenwilligkeit wirklich durch einen so eng begrenzten Konflikt wie die Sauberkeitserziehung begründet werden kann. Offensichtlich ist bei den nomadisierenden Völkern der Wüstengebiete Afrikas das Problem der Sauberkeitserziehung in der Weise, wie es sich in den sterilen Stadtwohnungen Mitteleuropas stellt, ganz undenkbar: der Kot dort verunreinigt nichts, er ist im Gegenteil ein höchst erwünschtes, jederzeit willkommenes Brennmaterial. Die Psa würde ihrer eigenen Methode untreu, wenn sie ihre Theorie, statt auf biologische Gegebenheiten, auf kulturelle Lokalphänomene gründen würde. In Wahrheit könnten zivilisatorische Einflüsse die Sauberkeitserziehung nicht in der psa angenommenen Regelmäßigkeit zu einem derart dramatischen Konflikt ausgestalten, wenn nicht von vornherein die Defäkation mittels bestimmter Erbkoordinationen dem Streben nach Selbstbehauptung und Machtausübung zugeordnet wäre; das aber ist wirklich der Fall.

Folgen wir nämlich den Überlegungen von R. Bilz, so besteht ein gewisser Umweltbezug der Darmentleerung in der Tendenz zur Platzbehauptung. Bekannt ist psychosomatisch die Obstipation von Touristen in der Fremde, von der Bilz meint, sie verlaufe in einer Weise, als ob man mit der Defäkation „einen politischen Herrschaftsanspruch anmeldete, der sich auf das fremde Territorium bezieht. Als ob Kotsetzung und Platzbehauptung einander zugeordnet wären" (Rud. Bilz: Umweltbezug der Darmfunktion, in: Paläoanthropologie, I 191); zu erinnern ist desgleichen an die vermehrte, aber unterdrückte Flatusbildung in Situationen ärgerlicher Unterlegenheit. Die Darmtätigkeit gehorcht offensichtlich einer archaischen Funktionsreserve, die den Flatus und die Defäkation mit dem Anbringen von Duftmarken zur Revierabzeichnung in Verbindung bringt. Entsprechend läßt sich der kotbezogene Platzbehauptungszwang defensiv, z. B. beim spontanen Darmentleeren im Luftschutzkeller während eines Fliegerangriffs, aber auch offensiv, z. B. bei der wohlbekannten Kotentleerung der Geldschrankknacker, beobachten. Abschreckung und Herrschafts- bzw. Besitzanspruch werden hier durch das alte anale Verhaltensrepertoire der Defäkation manifestiert. Mit Hilfe von Kot, Harn und Flatus entsteht eine „Heimatmosphäre" als Ausdruck territorialen Verhaltens. (I. Eibl-Eibesfeldt: Krieg und Frieden aus der Sicht der Verhaltensforschung, 55) Auch das anale Drohen durch das verächtliche Vorweisen des (entblößten) Hinterteils scheint in diesen Zusammenhang zu gehören, nicht zu vergessen die sprachlich unendlichen Abwandlungen des Götz-Zitates mit ihrem anal-aggressiven Unterton (vgl. I. Eibl-Eibesfeldt: Der vorprogrammierte Mensch, 136—141; 256).

Erst von dieser urtümlichen Zuordnung von Analität und Selbstbehauptung her versteht man z. B. die Obstipationsschwierigkeiten des Kleinkindes auf dem Töpfchen inmitten einer feindgetönten Umwelt und den Verdruß, den die prompte Darmentleerung im eigenen Territorium des warmen Bettchens regelmäßig den gestrengen Eltern bereiten muß. Auch daß „die Freude an Besitz" „ihre tiefste und ergiebigste Quelle in der Koprophilie" haben soll (S. Ferenczi: Zur Ontogenie des Geldinteresses, in: Schriften zur Psychoanalyse, I 203), wird erst begreifbar, wenn Kot von vornherein mit Eigentum und Platzbehauptung verknüpft ist; anderenfalls hätten wir es lediglich mit kulturell bedingten Analogien zwischen der Realität (Geld, Gold etc.) und der Analität zu tun. Auch wird so das „Opfer" recht einleuchtend, das es kostet, die Darmentleerung, mithin die eigenen Platzbehauptungstendenzen, in den Dienst eines fremden Willens (der Eltern) zu stellen, handelt es sich doch um einen völligen Funktionswechsel der ursprünglichen Bedeutung der Defäkation: „gemacht" zu haben heißt jetzt nicht mehr, als Herr auf dem „Thron" zu sitzen, sonder „brav" gewesen zu sein; freilich hofft seine Majestät das Kind für diese Leistung mit einer entsprechenden fürstlichen Liebe und Wertschätzung entlohnt zu werden, also als Mutters Liebster immer noch „König" zu bleiben, — aber welcher „Opfernde" hoffte so nicht?

Muß man aber, mag die Frage sein, seine Phantasie bis dahin verderben, daß man als Theologe selbst beim Opfer noch an Fäkalien u. ä. denken soll? Die Antwort kann nur so ausfallen, wie sie Freud als Replik auf die Vorwürfe C. G. Jungs der Psa gegenüber gegeben hat. Freud meinte nämlich, daß ein Rückzug in höhere Gefilde des Geisterreiches nicht dazu beitragen kann, der Größe und Tiefe der Natur auf die Spur zu kommen. Denn: „In Wirklichkeit hatte man aus der Symphonie des Weltgeschehens ein paar kulturelle Obertöne herausgehört und die urgewaltige Triebmelodie wieder einmal überhört." (S. F.: Zur Geschichte der psychoanalytischen Bewegung, X 108) Es wäre schade um eine Theologie, die sich selbst so unvital zu formulieren trachten wollte, daß sie verächtlich auf jene Erfahrungen herabsehen möchte, die am Anfang des menschlichen Lebens stehen und deren Bilder die Bibel zu Recht an den Anfang der menschlichen Geschichte stellt. Auf ein Gebiet, das dem Theologen vertrauter ist, führt natürlich eine subjektale Deutung des Opfervorgangs. Das Opfer drückt in der Sprache der Libidotheorie die Verschiebung der Libido von den unmittelbaren Objekten, den Eltern, zu den symbolischen Repräsentanten des Früheren, zu den Göttern, aus (Jung: Darstellung der psychoanalytischen Theorie, IV 180—181); darin liegt subjektal die Hingabe des Ichs an das Unbekannte, an das nur im Symbol Darstellbare, mithin der Selbstverzicht, der Verlust der Ichhaftigkeit, das Selbstopfer schlechthin, in dem das Ich seine Realität erkennt und sich gewissermaßen gegen sich selbst entschließt zugunsten jener größeren Persönlichkeit, die ihm noch unbewußt ist und von der die Göttergestalten Kunde geben. (Jung: Das Wandlungssymbol in der Messe, XI 280—282)

Eine interessante, aber nur mit Mutmaßungen zu beantwortende Frage bleibt nun übrig: in welchem Verhältnis steht *biologisch* die Problematik der ontogenetischen Entwicklungsstufe der analen Phase zur Phylogenese? Die erste Antwort Freuds lautete: „Die sadistisch-anale Organisation ist leicht als Fortbildung der oralen zu erkennen." (Aus der Geschichte einer infantilen Neurose, XII 143) Den Grund hat K. Abraham präzisiert: „Man kann... an den Embryonen gewisser Tierarten beobachten, wie sich die ursprüngliche Mundöffnung vom Kopfende her schließt, während sie sich nach dem Schwanzende zu erweitert. Sie rückt so allmählich in die Gegend des sich ausbildenden Schwanzes und bleibt hier nach Beendigung ihrer Wanderung als After bestehen. Diese *unmittelbare Herleitung des Anus vom Urmund* erscheint als biologische Präformation des psychosexuellen Vorganges, der sich in der von Freud geschilderten Weise etwa im zweiten Jahre nach der Geburt abspielt." (Versuch einer Entwicklungsgeschichte der Libido, in: Psychoanalytische Studien, 182—183) Somit ginge also der orale Sadismus in einen analen über. Hieran anlehnen könnten sich die soeben erörterten Zuordnungen von Analität und Platzbehauptung: die Oralität nimmt in Besitz, die Analität behauptet den Besitz.

Was aber wird aus der Hoffnung, die Freud bereits in seiner „Traumdeutung" ausgesprochen hat, „daß die Psychoanalyse einen hohen Rang unter den Wissenschaften beanspruchen darf, die sich bemühen, die ältesten und dunkelsten Phasen des Menschenbeginnes zu rekonstruieren"? (Die Traumdeutung, II/III 554) Gibt es u. U. auch *historisch* eine Entwicklungsstufe, auf welcher der Konflikt von Kain und Abel unvermeidlich ist und die eventuell in dem Bild von Gn 4, 3—16 ihren Ausdruck findet? Die Hypothese vom Ödipuskomplex und Totemmahl haben wir ad acta gelegt. Aber der Hinweis Freuds auf die Anfänge der Ackerbaukultur erscheint recht plausibel, wird doch von J selbst mitgeteilt, der Konflikt von Kain und Abel setze die Herdenzucht und den Ackerbau voraus. Wir werden davon ausgehen müssen, daß die Todfeindschaft zwischen Kain und Abel wirklich ein analer Konflikt ist, dessen Thema Besitzansprüche darstellen. Streitigkeiten um Besitz sind in der Jägerkultur schwer vorstellbar; es ist aber mit ihnen sogleich beim Auftreten privaten Eigentums zu rechnen, wie es die Viehzucht und der Ackerbau voraussetzen. Abgesehen von der kulturhistorischen Verdrängung des Kleinviehnomadentums durch die Agrarkultur, wird man die marxistische These in etwa bestätigen können, daß geschichtlich die Feindseligkeit des Menschen erst bei der Bildung privaten Eigentums in großem Umfang wirksam zu werden begann.

Für K. Marx spielt ja, wie er ironisch bemerkt, die „ursprüngliche Akkumulation" als Ausgangspunkt der kapitalistischen Produktionsweise „in der politischen Ökonomie (die Marx bekämpft, d. V.) ungefähr dieselbe Rolle wie der Sündenfall in der Theologie. Adam biß in den Apfel und damit kam über das Menschengeschlecht die Sünde ... In einer längst verflossenen Zeit gab es auf der einen Seite eine fleißige ... und vor allem sparsame Elite und auf der andren faulenzende, ihr alles, und mehr, verjubelnde Lumpen. Die Legende vom theologischen Sündenfall erzählt uns allerdings, wie der Mensch dazu verdammt worden sei, sein Brot im Schweiß seines Angesichts zu essen; die Historie vom ökonomischen Sündenfall aber enthüllt uns, wieso es Leute gibt, die das keineswegs nötig haben. Einerlei. So kam es, daß die ersten Reichtum akkumulierten und die letztren schließlich nichts zu verkaufen hatten als ihre eigne Haut. Und von diesem Sündenfall datiert die Armut der großen Masse" (K. Marx: Das Kapital, I 741). Marx wendet sich mit Heftigkeit gegen die „Idylle" vom Fleiß und der Faulheit als Erklärungen der sozialen Ungleichheit und sucht mit Hilfe der Analyse der ökonomischen Gesetze zu begründen, warum in „der wirklichen Geschichte... Eroberung, Unterjochung, Raubmord, kurz Gewalt die große Rolle" spielen (a.a.O., I 742); für Marx sind die sozialen Gegensätze natürlich in der Trennung des Produzenten von seinem Produkt begründet, mithin in dem Aufkommen des Handels, der historisch wesentlich von Nomadenkulturen eingeleitet wurde; denn: „Nomadenvölker entwickeln zuerst die Geldform, weil all ihr Hab und Gut sich in beweglicher, daher unmittelbar veräußerlicher Form befindet, und weil ihre Lebensweise sie beständig mit fremden Gemeinwesen in Kontakt bringt, daher zum Produktenaustausch sollizitiert." (a.a.O., I 103—104)

Die marxistische Theorie der geschichtlichen Aggression könnte also mit einigem Recht nicht zwar in Gn 3, wohl aber in der Erzählung von Kain und Abel ihre bildliche Vorlage finden.

Denn auf der Stufe des Hirten und Ackerbauern kann zum ersten Mal von einer eigentlichen Produktion von Gebrauchsgütern in größerem Umfang die Rede sein, und der Schritt ist nicht mehr weit, daß der Produzent sein Produkt nicht nur zur eigenen Konsumtion, also um des bloßen Gebrauchswertes willen, herstellt (zum Selbstbedarf), sondern es zu verkaufen trachtet. Erst hier beginnt die Bildung von Reichtum ökonomisch wirksam zu werden. Das Produkt verwandelt sich jetzt in Ware; das Interesse liegt von da an auf dem Tauschwert des Warenkörpers, d. h., auf der Möglichkeit, die eine Ware gegen eine andere einzutauschen; der Tauschhandel wiederum fordert auf größerer Stufenleiter die Einführung eines Tauschmittels, das als allgemeine Äquivalentform jeder beliebigen Ware fungiert, also des Geldes. Damit schlägt die große Stunde der Händler- und Nomadenvölker, die dem Bauern und Landmann gegenübertreten.

Zu beachten ist, daß dieser historische Vorgang der Bildung privaten Eigentums und des damit bedingten Auftretens ökonomisch-sozialer Interessenkonflikte tatsächlich, wie es die j Erzählung darstellt, daran hängt, daß Bauer und Hirte ihre Produkte „opfern", also auf die unmittelbare Konsumtion derselben verzichten und sie dem „do ut des" des Tauschhandels darbringen; als ökonomisch zutreffend erweist sich auch die Vorstellung des J, daß die Nomadenkultur (Lamech) und Stadtkultur (Gn 4, 17) die aufgetretenen Antagonismen und gegenseitigen Gewalttätigkeiten ins Ungemessene habe anwachsen lassen.

Andererseits hat S. Freud wohl nur zu recht, wenn er die Meinung als „haltlose Illusion" verwirft, die Aggression sei erst durch das Privateigentum *entstanden*. „Mit der Aufhebung des Privateigentums entzieht man der menschlichen Aggressionslust eines ihrer Werkzeuge, gewiß ein starkes, und gewiß nicht das stärkste. An den Unterschieden von Macht und Einfluß, welche die Aggression für ihre Absichten mißbraucht, daran hat man nichts geändert, auch an ihrem Wesen nicht. Sie ist nicht durch das Eigentum geschaffen worden, herrschte fast uneingeschränkt in Urzeiten, als das Eigentum noch sehr armselig war, zeigt sich bereits in der Kinderstube, kaum daß das Eigentum seine anale Urform aufgegeben hat, bildet den Bodensatz aller zärtlichen und Liebensbeziehungen unter den Menschen ... Räumt man das persönliche Anrecht auf dingliche Güter weg, so bleibt noch das Vorrecht aus sexuellen Beziehungen" (Das Unbehagen in der Kultur, XIV 473). Keineswegs also entsteht die Aggression, der anale Sadismus, aus ökonomischen Widersprüchen, — er findet darin lediglich seinen Ausdruck und u. U. seine Steigerung.

Will man die Vorgänge um Kain und Abel, wenn sich in ihnen das Auftreten der Bauern- und Hirtenkultur widerspiegelt, nicht nur thematisch, sondern auch zeitlich einordnen, so wird man die protoneolithische Periode (ca. im 9./8. Jtsd.) vor Augen haben, in der „Nachkommen früherer jungpaläolithischer Jägerstämme ... seßhaft wurden und eine neue Wirtschaftsform erfanden und entwickelten, die auf der Domestikation von Pflanzen und Tieren beruhte." (J. Mellaart: Çatal Hüyük, 25) Die frühesten Funde von Resten angebauter Pflanzen aus Hacilar stammen zwar erst aus dem Neolithikum um 7000 v. Chr., dürften aber eine lange, etwa 2000 Jahre alte Vorgeschichte haben. Zahme Schafe wurden, als die neben dem Hund am frühesten domestizierten Tiere, für die Zeit 8900 v. Chr. in Zawi-Chemi im Zagrosgebirge nachgewiesen. (J. Mellaart: a.a.O., 26)

In die gleiche Zeit datiert auch H. Kühn die Szene von Gn 4, 2, wenn er in dem Opfer Abels eine Fortsetzung des eiszeitlichen Tieropfers erblickt. Denn: „Der Mensch der Eiszeit hat immer das Tier als Opfer gebracht ... Der Viehzüchter, in der Bibel Abel genannt, opfert von den Erstlingen seiner Herde. Die Gottheit kennt dieses Opfer, es ist das gleiche Opfer wie in der Eiszeit." (H. Kühn: Der Aufstieg der Menschheit, 11) Demgegenüber stellt die Gabe Kains etwas entscheidend Neues dar, etwas, das der Mensch selbst zu seiner Ernährung geschaffen hat. Dieses Opfer, meint Kühn, könne Gott nicht annehmen, „denn die

Gottheit, in der Eiszeit dem Tier verbunden, braucht das Blut des Tieres und nicht die Frucht des Feldes." (a.a.O., 11) So findet denn das Blut des erschlagenen Abel sogleich Gehör bei Gott. Andererseits „ist symbolisch Kain derjenige, der die Welt weiterführt, und darum erlaubt Gott nicht, daß er erschlagen wird. Sein Opfer ist Gott fremd, aber seine Welt ist diejenige, die die Zukunft trägt und die Menschheit höher entwickelt." (a.a.O., 12) Das Opfer von Kain und Abel würde also gleichfalls auf die Zeit um 10.000 v. Chr. am Ende der Eiszeit hinweisen. Es ließe sich, im Einklang mit dieser Datierung, auch daran denken, daß tatsächlich um diese Zeit die Aggressivität der Menschen untereinander eine dramatische Steigerung erfahren hat, allerdings nicht unmittelbar durch ökonomische Faktoren, sondern durch die veränderten Formen des Zusammenlebens; man kann sich denken, daß die Menschen nach Verlassen der Jägerstufe den ursprünglichen, nunmehr funktionslos gewordenen Jagdtrieb gegeneinander gerichtet und, statt auf Tiere, fortan gewissermaßen auf Menschen Jagd gemacht hätten, so wie man auf den ägyptischen und assyrischen Reliefs keinen Unterschied zwischen der Darstellung einer Jagd- oder einer Kriegsszene erkennen kann; vor allem der Zusammenschluß der Menschen zu Dörfern und Stadtstaaten, der durch die beginnende Landwirtschaft ermöglicht wurde, dürfte zu ganz neuen Organisationsformen kriegerischer Auseinandersetzungen geführt haben, wobei schon die ungewohnte Beengtheit des Zusammenlebens mit seiner erforderlichen Disziplin und harten Arbeitsverteilung eine schier unerschöpfliche Quelle aggressiver Regungen gebildet haben wird, die förmlich darauf warteten, nach außen entladen zu werden. Der Bauer war daher gegenüber dem Jäger wirklich der Mörder seines Bruders.

Aber auch bei dieser Betrachtung darf nicht untergehen, daß die kulturellen Veränderungen das Problem der menschlichen Aggressivität nur modifiziert, nicht aber geschaffen haben. I. Eibl-Eibesfeldt hat gegenüber dem scheinbar unausrottbaren Mythos vom gutmütigen Wilden auf die paläoanthropologischen Funde hingewiesen, die unzweideutig dokumentieren, daß die Menschen „in sämtlichen Perioden" der Steinzeit einander getötet haben (I. Eibl-Eibesfelt: Krieg und Frieden, 150); desgleichen legen die ethnologischen Tatsachen über die Aggressivität und das Territorialverhalten bei zeitgenössischen Jäger- und Sammlervölkern (Eskimos, Pygmäen) ein beredtes Zeugnis dafür ab, daß nicht erst kulturelle Faktoren die innerartliche Aggressivität des Menschen geschaffen haben können.

Eine rein kulturhistorische Interpretation der Kain- und Abelgeschichte würde daher ebenso an den tatsächlichen Gegebenheiten der Prähistorie scheitern wie an der Aussageabsicht des J, für den der Mord nicht aus dem Umstand folgt, daß die Menschen sich weiterentwickeln, sondern daß sie sich gegen Gott entwickelt haben; an dieser theologischen Aussageabsicht scheitert freilich auch die rein psa Auslegung, für welche die Aggression des Menschen eine evolutiv bedingte Triebausstattung darstellt. Das eigentliche philosophische Problem von Gn 4, 1—16 ist für J *nicht* die innerartliche Aggressivität, sondern die Frage, warum die Triebstruktur des Menschen mörderische Konsequenzen zeitigen muß, wenn der Mensch in Gott keinen genügenden Halt mehr findet.

Für die *subjektale* Deutung der Kain-und-Abel-Erzählung, welche in dem streitenden Brüderpaar einen Ausdruck innerer Zerstrittenheit erblickt, dürfte die kulturgeschichtliche Betrachtung von Gn 4, 1—16 indessen von besonderem Reiz sein. Der Schritt vom Jäger zum Bauern und Viehzüchter muß die Menschheit in der Tat, wie Gn 4, 3—5 es voraussetzt, kulturell und vor allem religiös in zwei Lager gespalten haben. Die neolithische Revolution, die an den großen Flüssen den Ackerbau und in den Steppen die nomadische Kleinviehzüchtung entstehen ließ, muß im Verlauf von Jahrtausenden die magische Welt der Jäger und Sammler zum Einsturz gebracht haben. Es genügte jetzt nicht mehr, den Einfluß bestimmter Mächte durch rituelle Praktiken zum Guten zu lenken; es wurde vielmehr notwendig, die Gesetzmäßigkeit der Jahreszeiten, die Bedingungen der Fruchtbarkeit von Acker und Vieh kennenzulernen und zu nutzen. An die Stelle des magischen Denkens trat das mythische Weltbild, in dessen Mittelpunkt das Geheimnis des Werdens und Vergehens der Natur stand, das Bild des sterbenden und auferstehenden Gottes. „Bei den *Ackerbauern* verlagert sich der Schwerpunkt des Erlebens auf diejenigen Elemente der Welt, die auch das Geborenwerden und das Sterben in sich tragen. Es sind verschiedene Elemente, die logisch nicht verbunden sind, die aber in tiefstem mythischen Sinne eine Einheit darstellen: Mond, Frau, Wasser, Schlange, Zikade, Baum, Gehörn des Stieres. — Bei den *Viehzüchtern* wird das Symbol der Fruchtbarkeit mythisch in anderer Sprache ausgedrückt: es ist das bespringende Tier, das die Fruchtbarkeit trägt, die männliche Gewalt, und so müssen die Götter der Viehzüchter verbunden sein mit der Kraft des Stieres, des Pferdes und des Bockes." (H. Kühn: Der Aufstieg der Menschheit, 61) Während die Religion der Ackerbaukultur der Verehrung der Großen Mutter gilt, wenden sich die viehzüchtenden Nomaden eher einem männlichen Vatergott zu.

Der Gegensatz des Männlichen und des Weiblichen, der sich in der kulturellen Zweiteilung geltend macht und in der j Erzählung des streitenden Brüderpaares sich in dem unterschiedlichen Opfer für die Gottheit ausdrückt, läßt sich psa auf der Subjektstufe dann vielleicht als ein Gegensatz zwischen den einander ausschließenden Kräften von animus und anima interpretieren; die Zuspitzung eines solchen antagonistischen Kräftespiels zu einer (selbst-)mörderischen Zerrissenheit, wie J sie vor Augen hat, bildet freilich ein psychologisch allein nicht auflösbares Rätsel der Kain-und-Abel-Erzählung und gibt uns das Problem auf, warum Menschen, die mit Gott zerfallen sind, auch in sich selbst tödlich zerrissen sind; es wird eine philosophische Frage sein, wer der „Gott" in der j Urgeschichte ist, wenn sich an ihm entscheidet, ob der Mensch zur Einheit mit sich selber findet oder sich in seinen Widersprüchen immer mehr verliert.

III. Die Kulturerfindungen (Gn 3, 7.21; 4, 2.17—22) und das Trauma der Geburt

> „Ja, ich meine den Tod! Der Tod muß so schön sein! So schön, zu liegen in weicher brauner Erde, und das Gras wallt über einem, und man horcht auf die Stille. Und es gibt kein gestern und kein morgen. Man vergißt die Zeit, vergißt das Leben und hat Frieden."
>
> (O. Wilde: Der Geist von Canterville, in: Erzählungen und Märchen, 202)
>
> „O Mutter, wenn du leben würdest, Dann möchte ich spielen in deinem Schoß."
>
> (Else Lasker-Schüler: Meine schöne Mutter, in: Sämtliche Gedichte, 161)

In eine recht schwierige Situation gerät die psa Interpretation angesichts der Genealogien der j Urgeschichte, die auf besondere Weise mit Nachrichten von bestimmten Kulturerfindungen verknüpft sind, die zugleich aber eine durchaus düstere und negative Bewertung und

Prognose dieser Kulturfortschritte enthalten. Am liebsten möchte man sich hier in Allgemeinplätze flüchten und die genealogischen Angaben lediglich als ein nicht weiter deutbares Bild der psychischen Entwicklung bzw. der kulturellen Entwicklung überhaupt hinstellen: tatsächlich dürfte es recht glaubhaft klingen, wenn wir versichern würden, für Erfindungen wie „Ackerbau" oder „Stadtgründung" gäbe es keine psa Interpretation, wenn man nicht mit haltlosen Spekulationen (wieder einmal) die Interpretationsmethode der Psa desavouieren wolle. Indessen sind die Kulturerfindungen und Genealogien in der j Urgeschichte viel zu wichtig, als daß sie einfach übergangen werden und aus der psychodynamischen Betrachtung des Gesamtaufbaus von Gn 2—11 (J) entlassen werden könnten. Insbesondere hat die exegetische Untersuchung ergeben, daß die „Erfindungen" der Menschen unmittelbar auf die Verschlechterung des Daseins in der Gottferne antworten, daß sie die Lücken äußerlich zu stopfen versuchen, die aus dem Abfall von Gott von innen heraus aufgebrochen sind, und daß sie somit, um die alte Wellhausensche Formulierung zu gebrauchen, einen Fortschritt in der Kultur bei einem gleichzeitigen Rückschritt in der Frömmigkeit bekunden. Dieser Zusammenhang zwischen der fortschreitenden Entfremdung von Gott und den reaktiven kulturellen Fortschrittsbemühungen, die ihrerseits wieder den Graben zwischen Gott und Mensch vertiefen, bis hin zum schließlich einsetzenden Chaos des Menschseins (Gn 6—8) und der menschlichen Geschichte (Gn 11, 1—9), ist von so tiefgreifender Bedeutung für das Verständnis der j Urgeschichte, daß es einen schweren Mangel hinterlassen müßte, wenn es nicht gelingen könnte, die strukturelle Beziehung zwischen dem Abfall von Gott und den „Erfindungen" der Menschen in einem psa Modell abzubilden.

Die Kernfrage, die sich stellt, wenn wir diese Aufgabe trotz aller Bedenken in Angriff nehmen wollen, lautet, wie immer, ob und in welcher Weise die Entfremdung der Menschen von Gott psa ein Äquivalent in der psychischen Ontogenese besitzen kann. Unsere Feststellungen haben bisher einhellig gelautet, daß die wachsende Entfremdung von Gott psa sich als die zunehmende Entfremdung des Kindes von seiner Mutter darstelle, dergestalt, daß die theologische Entwicklung der Sünde in der j Urgeschichte psa als psychische Entwicklung und, ineins damit, als wachsende Loslösung von der Mutter erscheine, wobei allerdings der Charakter des Negativen dieser psychischen Entwicklung, der offenbar besonders wichtig ist, noch seiner Aufklärung harrt.

Indessen verdient an diesem Punkt der Untersuchung eine Beobachtung besondere Aufmerksamkeit, deren volle Bedeutung wir seinerzeit nicht auch nur annähernd abschätzen konnten. Wir gelangten bei der Analyse der Paradieserzählung zu dem Ergebnis, daß das Bild der Vertreibung der ersten Menschen aus dem Gottesgarten nach Motiven gestaltet sei, die in der psychischen Ontogenese wurzelten und die Vertreibung des kleinen Kindes aus der Einheit mit der Mutter in den ersten Stadien seiner Entwicklung zum Inhalt hätten; als das entscheidende Stadium der schmerzhaften Trennung von der Mutter kristallisierte sich für uns die Zeit der zweiten oralen Stufe mit ihren spezifischen Verboten und Schuldgefühlen heraus, an welche wir zugleich eine ödipale Problematik angelagert fanden. Das Auffallende ist dabei, daß die j Urgeschichte offenbar Entwicklungsschritte, die an sich ganz „normal" sind, als „Bestrafungen" hinstellt und sie mit Schuld belegt. Wir haben dies psa so gedeutet, daß in der Tat das kleine Kind seine ersten Ablösungsschritte von der Mutter nicht so sehr freiwillig erlebt, denn vielmehr als etwas, das es selbst verschuldet hat und für das es nun bestraft wird. Eine solche Erlebnisweise setzt natürlich voraus, daß das eigentliche Streben des Kindes (und des Menschen überhaupt) grundsätzlich rückwärts gerichtet und allenfalls durch äußeren und inneren Zwang vorwärts getrieben wird. Gerade dies aber ist die Auffassung der Psa vom menschlichen Triebleben. Wir erinnern uns an die Lehre Freuds von der konservativen Natur der Triebe und seine Meinung, daß die Triebe, energetisch betrachtet, auf die Störung von Gleichgewichtszuständen antworteten, deren ursprüngliches Gleichgewicht sie wiederherzustellen suchten; das Ziel der Triebe sei die Rückkehr in die Spannungslosigkeit der Ausgangslage, letztlich also ins Anorganische; daher die Lehre vom Todestrieb und vom Nirwanaprinzip (s. o. 180).

Niemanden, der die kausal-genetische Denkmethode der Psa als berechtigt anerkennt, wird eine solche Meinung wundernehmen, besteht doch die ganze Psa darin, das psychische Geschehen auf bestimmte Vorstadien seiner Entwicklung zurückzuführen und diese Zurückführung als Erklärung aufzufassen; das Früheste, worauf sich das Psychische als Äußerung des Lebendigen zurückführen läßt, ist aber zweifellos das Anorganische, und dort enden denn auch konsequenterweise die Triebtheorien der Psa. O. Ranks Verdienst war es nun, diese Methode der Erklärung ontogenetisch zuendegedacht und eine Theorie aufgestellt zu haben, nach der alle, buchstäblich alle wesentlichen Äußerungen der Individual- und Kollektivpsyche auf den Vorgang der Geburt, auf das, wie Rank sagte, „Trauma der Geburt" als des Urvorgangs aller Abtrennung und Angst zurückgeführt werden sollten. Man muß sich vor Augen halten, daß Rank diese Theorie in Konsequenz eines Denkmodells konzipierte, nicht aber aus der Empirie gewonnen hat. Inzwischen wissen wir, daß es ein Geburtstrauma, an das übrigens Freud nie recht zu glauben vermochte, im wortwörtlichen Sinne nicht gibt. Die Filme, die R. A. Spitz in 29 Fällen während der Austreibungsperiode der Geburt aufnahm, zeigen zwar unmittelbar nach der Geburt eine kurze Atemnot und eine z. T. negativ getönte Erregung, diese aber „klingt ... buchstäblich innerhalb von *Sekunden* ab und weicht einem vollkommenen Ruhezustand." (R. A. Spitz: Vom Säugling zum Kleinkind, 56) Wir hätten daher keine Veranlassung, uns nachgerade mit der Rankschen Theorie vom Trauma der Geburt zu befassen, wenn die Sichtweise Ranks nicht in sich selbst zu den fruchtbarsten und lehrreichsten Irrtümern der Psa zählen und gerade in unserem Problemzusammenhang einige erhellende Beiträge liefern würde; dies wird sich sogleich zeigen, wenn wir erst in wenigstens ein paar Sätzen die Ansichten Ranks vorgestellt haben.

Die Überlegungen Ranks nahmen ihren Ausgangspunkt an der auffallenden Tatsache, daß in der psa Therapie im Stadium seelischer Heilung oft Träume mit einer unmißverständlichen Geburtsproblematik auftauchen. Rank erkannte in diesen (Wieder-)Geburtsphantasien eine „Wiederholung" der Geburt des Patienten „in der Analyse, wobei die Lösung vom Libidoobjekt des Analytikers einer *genauen Reproduktion* der ersten Lösung vom ersten Libidoobjekt, des Neugeborenen von der Mutter zu entsprechen" schien. (Rank: Das Trauma der Geburt, 8) Die Analyse, schloß Rank, drehe sich eigentlich um die Ablösung der infantilen Libidobesetzungen, mit denen der Neurotiker an seine Mutter fixiert sei. Die Ablösung von der Mutter hätte in der Geburt bereits eingeleitet werden sollen, aber sie kommt beim Neurotiker nach Rank unter traumatischen Einflüssen des Geburtsvorgangs nur unvollständig zustande; daher erweist sich die Analyse „letzten Endes als nachträgliche Erledigung des unvollkommen bewältigten Geburtstraumas." (a.a.O., 9)

Der Kern der Neurose besteht demnach in dem „Trauma der Geburt", eine These, der man nach den Untersuchungen von R. Lempp über die Bedeutung eines frühkindlichen exogenen Psychosyndroms aufgrund von schädigenden Einwirkungen während des Geburtsvorgangs für die Entstehung kindlicher Neurosen eine gewisse Berechtigung nicht absprechen kann (R. Lempp: Frühkindliche Hirnschädigung und Neurose, 83—90), wenngleich sie in dieser generalisierten Form gleichfalls als widerlegt gelten muß. Besonders wichtig ist jedoch die These Ranks, es liege jedem späteren Angsterleben letztlich die Geburtsangst zugrunde, so wie „jede Lust letzten Endes zur Wiederherstellung der intrauterinen Urlust" tendiere (Rank: Das Trauma, 20). Die Entwöhnung und die

Kastration erneuerten dementsprechend nur die unerledigte Angst aus dem dunkel erinnerten Urtrauma der Geburt; umgekehrt zielten die Neurosen und Perversionen eigentlich auf eine Wiederherstellung der intrauterinen Lustsituation; der Homosexuelle etwa suche die Bisexualität des embryonalen Zustandes wiederherzustellen, der Masochist den Geburtsschmerz (als Rückkehr in den Schoß) und die vorgeburtliche Beengtheit (als Fesselung z. B.) usw. Die Neurose (und ihr Kehrbild, die Perversion) trete also dann auf, wenn „die Urlibido der Rückkehr zur Mutter, welche das Trauma der Geburt gutmachen soll, nicht auf dem . . . vorgezeichneten Wege der Sexualbefriedigung, sondern in der ursprünglichen Form der Infantilbefriedigung" verarbeitet werde und, in dem Wunsch, in die Mutter zurückzukehren, wieder auf die „Angstgrenze des Geburtstraumas stoßen" müsse (a.a.O., 42). Der Neurotiker reproduziere mithin stets die Urangst aus dem Geburtstrauma und verlange andererseits, statt sich mit der partiellen Befriedigung der Rückkehr zur Mutter im Sexualakt zufrieden zu geben, mit allen Kräften danach, auf infantile Weise *ganz* in die Mutter zurückzukehren. „Er ist so letzten Endes unfähig, das Trauma der Geburt auf dem normalen Wege der Angstverhütung durch Sexualbefriedigung zu erledigen und wird auf die Urform der Libidobefriedigung zurückgeworfen, die ja unerfüllbar bleibt und gegen die sich sein erwachsenes Ich mit Angstentwicklung sträubt." (Rank: Das Trauma, 47—48)

So erklärt sich für Rank, daß der Neurotiker in einer totalen Ambivalenz seiner Gefühle stets sich in Flucht vor einem unerfüllten und ebenso sinn- wie liebeleeren Leben nach der Geborgenheit des Mutterschoßes zurücksehnt und zugleich voller Angst davor zurückschaudert. Das Geburtstrauma und die von dort herrührende Angst hindert den neurotisch gewordenen Patienten sowohl an einer Progression der Libido, in der er im Sexualakt die Angst des Geborenseins durch eine teilweise Rückkehr in die Behütetheit des Kindes vor der Geburt bearbeiten könnte, als auch an einer Erfüllung seiner regressiven Tendenzen, die immer wieder an der Angstbarriere der vom Geburtstrauma erzeugten Urangst vor dem Mutterschoß, dem Inbegriff neurotischer Seligkeit, abprallen. In der furchtbaren Erinnerung an die Austreibung aus dem wunschlosen Glück des vorgeburtlichen Zustandes sehnt sich der Neurotiker nach einem Leben, in dem er am liebsten nie geboren worden wäre und in dem er stets ein kleines unselbständiges Kind bleiben könnte, während er sich doch gerade so der Möglichkeit beraubt, in der Liebe das Stück Geborgenheit zu finden, das real möglich ist und welches die Angst vor dem Abgetrenntsein zu überwinden vermöchte. Der

Teufelskreis der Angst schließt sich und sperrt den Neurotiker in das Geburtstrauma wie in ein Gefängnis ein.

Es braucht uns hier nicht zu beschäftigen, wieviele glänzende Deutungen neurotischer Symptomatologien Rank von diesem Ansatz her vorzuschlagen wußte. Unser Interesse an den Rankschen Überlegungen beginnt dort, wo er, z. T. in bewußten Anspielungen auf die Erzählungen der Genesis, die Einwirkungen des Geburtstraumas auf die Entstehung bestimmter Kulturgüter schildert und dabei zu Einsichten gelangt, die bei der Lösung unseres Problems einer angemessenen psa Interpretation der Kulturerfindungen in der j Urgeschichte außerordentlich hilfreich sein werden.

Wenn wir soeben sagten, die aus dem Geburtstrauma stammende Angst werde in der Liebe, in der „Sexualbefriedigung", wie die Psa sich sehr prosaisch ausdrückt, überwunden, so ist damit nicht gemeint, daß ein möglichst ungehemmtes Sexualleben die zweckmäßigste Form der Angstbewältigung darstelle. Neben den Forderungen der Triebe stehen nämlich die Forderungen der Kultur mit ihren stets ein gewisses „Unbehagen" (S. F.) erzeugenden Einschränkungen und Verzichten. Es wird dem Individuum in der Kultur abverlangt, daß es die unmittelbare Erfüllung seiner Triebwünsche hintanstelle und diese zu einem guten Teil „sublimiere", d. h. auf ein kulturell höherstehendes Triebobjekt richte und dort symbolisch befriedige. Eine solche Leistung könnte dem einzelnen nicht gelingen, wäre nicht nach psa Meinung die gesamte Kultur aus umgelenkter Libido geschaffen, als eine symbolische Ersatzwelt der unmittelbaren Triebobjekte. Setzen wir diese bereits von Freud grundgelegte Auffassung voraus, so sehen wir uns unschwer in den Stand versetzt, die Psychodynamik der Kulturentwicklung in Gn 3—11 mit Rankschen Augen nachzuzeichnen.

Die zentrale These Ranks läßt sich dahin formulieren, daß die grundlegenden Kulturerfindungen einerseits die verlorene Ursituation der Geborgenheit im Uterus ersetzen, andererseits die Gestalt der angstbesetzten Mutter zum Verschwinden bringen sollen. Im Mittelpunkt der Entwicklung von Kultur, Religion und Kunst stehe die Angst (O. Rank: Das Trauma, 137) und das Bemühen, die Trennung von der Mutter zu verleugnen (100). So besehen, stellt sich für Rank *die Erzählung vom Paradies* als ein Bild des Lebens vor der Geburt dar. Daß in Gn 2 Gott als der Schöpfer des Menschen dargestellt werde, ist für Rank als religiöse Aussage bereits das Ergebnis der „Verleugnung der Urmutter" (118), ebenso wie Gn 2, 21—22, die Erschaffung der Frau aus dem Mann, als eine direkte „Umkehrung des wirklichen Vorgangs" der Geburt aus der

Frau (108—109) zu lesen sei. Weiter meint Rank: „Die darauffolgende Vertreibung aus dem Paradies, das für uns alle *das* Symbol des unerreichbaren seligen Urzustandes geworden ist, stellt wieder nur eine Wiederholung des schmerzlichen Geburtsvorgangs, der Trennung von der Mutter — durch den Vater — dar. . . . Der auf die Erbsünde der Geburt folgende Fluch: Mit Schmerzen sollst du deine Kinder gebären, verrät unverhüllt das der ganzen Mythenbildung zugrunde liegende Motiv, das Urtrauma rückgängig zu machen . . . Das Verbot, die Paradiesesfrucht vom Baum zu pflücken, erweist sich im Sinne des Geburtstraumas als der gleiche Wunsch, die reife Frucht nicht vom mütterlichen Stamm zu trennen . . . Auch die auf die Übertretung gesetzte Todesstrafe zeigt deutlich, daß das Vergehen des Weibes in der *Abtrennung der Frucht*, d. h. der Geburt besteht und auch hier wieder erweist sich der Tod im Sinne der Rückkehrtendenz als wunschhafte Reaktion auf das Geburtstrauma." (109) Desgleichen erblickt Rank in den Greifen bzw. Keruben, die den Eingang des Paradieses bewachen (Gn 3, 24), Symbole der Urangst des Geburtstraumas, durch welches die Libido gezwungen wird, von ihren Regressionsversuchen, die zu Zeiten äußerer Not sich mit Regelmäßigkeit einzustellen pflegen, Abschied zu nehmen (146; 190). Als die eigentliche Strafe, welche die Menschen von Gn 3 notwendig ereilt, stellt sich somit „das Verlassen des Mutterleibs, die Vertreibung aus diesem Ur-Paradies" dar (131).

Der Mensch überhaupt, nicht nur der Neurotiker, wird also nach Rank aus Angst vor der Erinnerung an das Geburtstrauma in das Leben hineingetrieben und daran gehindert, sich seinen regressiven Neigungen hinzugeben. Und er würde diesen mühsamen Fluchtweg der Verbannung nicht aushalten, vermöchte er nicht wenigstens symbolisch vermittels der primären Kulturerfindungen gewisse Äquivalente für das verlorene Paradies des Mutterschoßes zu erstellen und durch seine Angst gezwungen sein, „in seinem Rückdrang von der Angstgrenze (des Geburtstraumas, d. V.) immer wieder aufs neue vorwärts . . . das Paradies statt in der Vergangenheit in der nach dem Ebenbild der Mutter gestalteten Welt zu suchen" (O. Rank: Das Trauma, 182). Der Kulturmensch, lautet die These Ranks, reproduziert gewissermaßen das Urtrauma objektiv, d. h. er verändert (alloplastisch) die Wirklichkeit so, daß er sich darin wie im Mutterschoß geborgen fühlen kann, während der Neurotiker das Urtrauma am eigenen Körper reproduziert, d. h. er verändert sich selbst (autoplastisch) in Form seiner Symptome, um auf illusionäre Weise den Urzustand wiederherzustellen (203). Das Ziel der psa Therapie wäre erreicht, wenn es dem Patienten gelänge, im Sinne der Kulturanpassung zu tun, was er ohnehin, wenngleich mit unzureichenden Methoden und in gewissermaßen verkehrter Antriebsrichtung, sein Leben lang versucht hat, nämlich das Trauma der Geburt zu überwinden (195).

So sind die Kulturerfindungen Rank zufolge eine symbolische Substitution des Urzustandes vor der Geburt. Die (prä-)historische Voraussetzung der Kulturentfaltung sieht Rank psychologisch in der Aufrichtung der Vatermacht, die sich aus der Urverdrängung des Geburtstraumas herleite und durch die Erfindung der Kulturgüter weiter befestigt worden sei. Gehen wir die einzelnen Kulturangaben der j Urgeschichte durch, so ergibt sich, wenn wir die greifbaren Daten der prähistorischen Forschung miteinarbeiten, folgendes Bild:

a. *Gn 3, 7.21: die Fellröcke.* Unmittelbar nach dem Genuß der verbotenen Frucht, erzählt J, wurden die Menschen ihrer Nacktheit ansichtig, so daß sie sich mit Blättern zu bedecken suchten, während Gott, als er sie aus dem Paradies verbannte, ihnen Fellröcke mit auf den Weg gab. Prähistorisch ließe sich dahinter jener Vorgang des Mittleren Pleistozäns vermuten, der aus den einfachen Sammlern von Beeren und Wurzeln und den Jägern von Kleintieren die Großwildjäger entstehen ließ. Maßgebend dafür dürfte die Entwicklung des Grabstocks zum Speer gewesen sein, sowie eine soziale Arbeitsteilung, indem es die Männer waren, welche auf die Jagd nach den großen Huftieren gingen. Während der Homo erectus, wie der Heidelberg-Mensch der ersten Günz-Mindel-Warmzeit (500.000), noch keine Kleidung trug und mit den primitiven Kern- und Absplißwerkzeugen der Abbévillien-Kultur auch wohl noch nicht zur Fellherstellung imstande war, erscheinen in der Acheuléen-Technik (ca. 300.000—100.000) mit dem Aufkommen des Homo sapiens die ersten systematischer bearbeiteten Steinwerkzeuge, welche an sich eine Fellherstellung möglich machen. Aber erst im Moustérien (ca. 100.000—35.000), als während des Mittleren Paläolithikums in der vierten (Würm-)Eiszeit der Neandertaler, ein an die Kaltzeit spezialisierter Homo sapiens, das Feld beherrscht, beginnt die Technik, Steinspitzen an Speeren zu befestigen und, wohl ineins damit, die Herstellung von Schabern und Messern aus Feuerstein. (Vgl. J. S. Weiner: Entstehungsgeschichte des Menschen, 100) In dieser Zeit liegen die Anfänge des Fellgebrauchs. Es gibt um etwa 20.000 „eine Fülle von Nadelbüchsen aus bearbeiteten Röhrenknochen, in denen sich noch die Nadeln finden. Aus den Fellen haben die Frauen Kleider und Röcke hergestellt, ähnlich wie die Eskimofrauen heute im Norden Europas und Amerikas auch. Die Skulptur der Frau von Lespugue trägt einen Rückenschurz ... Die Felle wurden weich gegerbt durch ätzende Substanzen, und mit Farbstoffen sind sie sicherlich gefärbt worden" (H. Kühn: Das Erwachen der Menschheit, 108). Desgleichen dienten die Felle zum Auslegen der Hütten. Am Ende der Jung-Paläolithikums besitzen „die Speere ... jetzt sehr scharfe Spitzen aus Knochen oder Rentiergeweih ... Die Fallen-Jagd ist sehr wahrscheinlich" (M. H. Alimen u. M. J. Steve: Vorgeschichte, 62); die wesentlichen Werkzeuge der Jägerzeit sind erfunden. (Zur Verbreitung und Art einzelner Geräte im Jungpaläolithikum vgl. C. S. Coon: Die Geschichte des Menschen, 91—96)

Diesen sehr langsamen und in Wirklichkeit äußerst verschlungenen Entwicklungsprozeß der Technologie der Feuersteinbearbeitung, welche schließlich zur Nutzung der Tierhäute als Kleidung führt, muß man sich vergegenwärtigen, um zu verstehen, wie wenig damit „erklärt" ist, wenn O. Rank die Jagd und die Fellverarbeitung mit dem Bestreben nach dem „Ersatz der mütterlichen Nahrung" in Verbindung bringt. Er meint: „Die Jagd selbst knüpft wieder unmittelbar an den Ersatz der mütterlichen Nahrung an ... Das warme Blut des erlegten Tieres wurde in direkter Fortsetzung der intrauterinen Ernährung getrunken, das rohe Fleisch verschlungen ... Die ‚Einverleibung‘ des tierischen Fleisches ... wird noch auf der Stufe des totemistischen Vateropfers, im Sinne der Intrauterinsituation, als Begabung mit den Kräften des Verzehrten aufgefaßt; ähnlich wie die Löwenhaut, in die sich beispielsweise Herakles hüllt, ihm nicht bloß die männliche (väterliche) Kraft des Tieres verleiht, sondern die Unverwundbarkeit des *in utero* geschützten Kindes" (Rank: Das Trauma, 93). Die Felle, in die sich die Menschen hüllen, sollen „den Menschen wärmen, schützen und ernähren, wie einst die Mutter." (152) „Das Fell ... ist ... nichts anderes als ein Ersatz des schützenden Mutterleibes und auch diese teilweise Realisierung der Rückkehr (in den Mutterschoß, d. V.) hat in den zahllosen bocksbeinigen und bocksköpfigen Faunen und Satyren der griechischen Mythologie und Plastik gleichfalls dauernden bildhaften Ausdruck gefunden." (158)

Man erkennt deutlich, daß Rank nicht eigentlich das Aufkommen der Fellkleidung begründet; denn wenn es einen „Grund" für die Erfindung der Fellbekleidung gibt, so liegt er nicht im sog. Geburtstrauma, sondern in dem Zusammenwirken äußerer Not in Form des Kälteeinbruchs der Würm-Eiszeit und einer durch Jahrhunderttausende in winzigen Fortschritten der Steinbearbeitung angewachsenen Technologie. Wohl aber beschreibt Rank, entsprechend seiner Methode, die psychische Bedeutung, die der Kleidung innewohnt: die Wärme, Weichheit und Anschmiegsamkeit der Felle geben ein Gefühl der Geborgenheit, welches der Mensch erstmals im Mutterschoß kennenlernte und wonach er nicht aufhört, sich zurückzusehen. Wie man sieht, ist Ranks „Geburtstrauma" eine apriorische Hypothese, die nicht so sehr die geschichtlichen Gründe des Kulturfortschritts bezeichnet, als daß sie vielmehr den (gewissermaßen intelligiblen) Sinnhintergrund einer Ursehnsucht angeben möchte, von dem her und auf den hin der Kulturfortschritt wohl zu verstehen, wenngleich nicht zu „erklären" ist; dieser Sinnhintergrund hat im übrigen religiöse Züge, denn es ist ja die Haut *göttlicher* Tiere, die oft anstelle der getöteten Jagdopfer ein ganzes Jahr lang kultisch ausgespannt wird und als erstes Gottesbild überhaupt verehrt worden sein dürfte (J. G. Frazer: Der goldene Zweig, 728—729); die von Gott vertriebenen Menschen kleiden sich, wenn man so will, mit einem künstlichen Gott, um leben zu können.

Die gleiche Einschränkung gilt für die Art, wie Rank

b. *Gn 4, 22 die Geräte und Waffen* deutet. Sehen wir einmal davon ab, daß es sich bei Tubal-Kain um den Erfinder des Schmiedehandwerks handelt, also um den Vertreter eines Kulturfortschritts, der nach seiner technologischen Seite hin natürlich keine psa Deutung zuläßt, und wenden wir uns nur der Frage zu, welche triebmäßigen Wünsche u. a. die Erfindung der Werkzeuge und Waffen bedingen, so erinnert uns Rank an die offenkundige phallische Bedeutung, die den Grabstöcken, Faustkeilen, Feuersteinschneiden, Schabern, Messern, Speeren etc. zukommt. Sie sind, meint er, „eigentlich alle dem männlichen Geschlechtsorgan direkt nachgebildet..., welches lange vor aller Kultur, in der biologischen Entwicklung, dazu bestimmt ist, in die spröde weibliche Materie (Mutter) einzudringen." (O. Rank: Das Trauma, 92) Da das Unbewußte im Werkzeuggebrauch indessen nur sehr unvollkommen seinen eigentlichen Wunsch realisiert sieht, muß nach Rank der Versuch zu einer stetigen Vervollkommnung der Geräte unternommen werden. „Diese Vervollkommnung erhält aber ihren unbewußten Antrieb von der Mutterlibido, d. h. der ewig unbefriedigbaren (sic!) Tendenz zum vollständigen Eindringen in die Mutter" (92).

c. *Gn 3, 17—19; 4, 2: der Ackerbau.*

Vollends ist das Motiv der Rückkehr in den Mutterschoß bei der Erfindung des Ackerbaus von Wichtigkeit, darf doch die Erde als ein Ursymbol der Mutter gelten und stellen doch die Sexualvorgänge selbst seit altersher ein Vorbild der Befruchtung des „mütterlichen Saatlandes" (Homer) dar. Rank weist zu Recht auf die Mühe hin, welche die „nur

303

ungern vollzogene Ersetzung" der Mutter durch die Erde dem Menschen bereitet haben müsse (O. Rank: Das Trauma, 92) und von welcher wir auch in der Erzählung von Gn 3 Nachklänge finden; man darf darüber jedoch nicht vergessen, daß die wesentliche „Plage" des Ackerbaus, von dessen Entstehung wir bereits ausreichendes erwähnt haben (s. o. 227), nicht in irgendeiner Umlenkung der Libido von der behütenden Mutter auf die zu bearbeitende Erde besteht, sondern in der Gleichförmigkeit und Regelmäßigkeit, die den Ackerbau, verglichen mit den Tätigkeiten des Sammelns, Jagens, Fischens und der nomadischen Viehzucht, in der Tat zu einer Arbeit in Schweiß und Mühsal werden lassen. Gleichwohl spielt eine gewisse Libidoumformung auch beim Ackerbau eine Rolle, indem das rätselhafte Naturgeschehen von Befruchtung, Wachstum und Vergehen religionsgeschichtlich in den Mythen der Agrarkultur ganz und gar in Analogie zu den Verhältnissen des menschlichen Lebens ausgelegt wurde.

C. G. Jung erwähnt als ein gutes Beispiel für die sexuelle Symbolbedeutung des Ackers eine Frühlingszeremonie der Watschandis. „Sie graben nämlich ein Loch von länglicher Form in den Boden und umstecken es mit Buschwerk, so daß es an ein weibliches Genitale erinnert. Um dieses Loch tanzen sie, wobei sie ihre Speere so vor sich halten, daß sie an den penis in erectione erinnern. Indem sie das Loch umtanzen, stoßen sie die Speere in die Grube... Keiner der Teilnehmer darf während der Zeremonie auf eine Frau blicken." (C. G. Jung: Über die Energetik der Seele, VIII 46) Das Loch als Analogon des weiblichen Genitales dient offenbar dazu, die Aufmerksamkeit von dem „wirklichen" Genitale der Frau abzulenken, und der Tanz befestigt die Suggestion, es beim Erdboden gleichermaßen mit dem nämlichen Triebziel zu tun zu haben, mithin die Triebsublimation gewissermaßen durch einen Trick scheinbarer Identität zu erleichtern. „Der Ackerbau erfolgt (also, d. V.) tatsächlich... auch... unter sexuellen Analogiebildungen." (Jung: a.a.O., VIII 47) Die Fruchtbarkeitszeremonien machen den Acker zu einem Ersatzobjekt der Libido und motivieren so zur mühevollen Arbeit an der mütterlichen Erde.

d. *Gn 4, 17.20: Haus, Stadt und Zelt.*

Noch im Jung-Paläolithikum (ca. 10.000) wohnt der Mensch „unter Abris oder in Höhleneingängen; diese Wohnstellen verbessert er manchmal durch Trockenmauern, die Baumstämme zu tragen hatten. Dadurch wurde eine Art von Hütte unter einem Schutzdach gebildet." (M. H. Alimen u. M. J. Steve: Vorgeschichte, 62) Aber auch vollkommen selbstgeschaffene meist kreisförmige Behausungen, Grubenhütten und Zelte, z. T. mit Knochen großer Tiere konstruiert, sind zahlreich belegt. (Vgl. J. Jelinek: Das große Bilderlexikon des Menschen in der Vorzeit, 212—213; 213—274) Gegen Ende des Mesolithikums aber (ca. 9.000 im Alten Orient) hört der Mensch auf, in Horden als Sammler und Jäger umherzustreifen. In der sog. neolithischen Revolution, zwischen 9.000 und 6.750 in Mesopotamien, beginnt der Mensch Tiere, wie Schweine, Ziegen, Schafe und Rinder, zu zähmen und Weizen (Emmer), Gerste und Flachs anzubauen; damit ist der Schritt zur seßhaften Lebensform und zur raschen Vermehrung der Bevölkerungszahl getan, zwei Faktoren, die alsbald zur Bildung erster Dörfer und Städte führen. In Anlehnung an die frühesten Dorfgemeinschaften bildet sich das Kleinnomadentum mit seinen Schaf- und Ziegenherden aus, das in Handelsaustausch mit den seßhaft Gewordenen steht und seinerseits neuen Siedlungsraum für den Ackerbau erschließt. Die frühesten Dörfer (nach dem Vorbild von Jarmo im kurdischen Bergland, 6750) bestanden aus etwa 20—25 Häusern aus gestampftem Lehm mit einem Fundament aus unbehauenen Steinen. Jericho umschließt um 7.000 bereits ein Gebiet von 3,6 ha und wird von einer 1,75 m dicken, z. T. 3,55 m hohen Mauer eingeschlossen. Die Häuser, die aus Lehmziegeln errichtet waren, zeigen einen runden Grundriß. (Vgl. E. Cassin, J. Bottéro, J. Vercoutter: Die Altorientalischen Reiche, I 24—25) In dieselbe Zeit (6.500) zurück gehen die frühen Siedlungsschichten von Çatal Hüyük in Anatolien, 50 km im SO von Konya, wo sich besonders gut der Übergang von der akeramischen zur keramischen Kultur des Neolithikums zwischen 6.500—6.000 verfolgen läßt. (Vgl. J. Mellaart: Çatal Hüyük, 30; 41)

Für diese über Jahrtausende sich hinstreckenden, höchst vielschichtigen technologischen Fortschritte der menschlichen Zivilisation, die den gesamten weiteren Verlauf der Geschichte bis hin zur „industriellen Revolution" vor zwei Jahrhunderten entscheidend ermöglicht und geprägt haben, findet die psa Betrachtung im Sinne einer antriebsorientierten Psychologie in für uns wichtiger Monotonie wiederum das nämliche Motiv: sie erblickt im Zelt des Nomaden ebenso wie im Haus des Dorf- bzw. Stadtbewohners eine künstliche Reproduktion der Mutterleibsituation des warmen, allseits umhüllten Geborgenseins, einen „Fall der ‚symbolischen‘ Realanpassung", indem das Haus selbst, ebenso wie der Tempel, „dem mütterlichen Körper instinktiv" nachgebildet wird (O. Rank: Das Trauma der Geburt, 85). Für diese Deutung spricht u. a. die rituelle Praxis des Hausbaus: Das Bauopfer, bei welchem ursprünglich ein lebendes Kind in das Fundament eines neuen Hauses eingemauert wurde, sollte „den Charakter des Gebäudes als Mutterleibsersatz sinnfällig machen." (O. Rank: Das Trauma, 85; Anm. 1) Desgleichen wird die in Jericho, „aber auch an anderen Stellen im Vorderen Orient" zu belegende Sitte zu verstehen sein, die Skelette der Verstorbenen unter dem Hausfußboden beizusetzen (vgl. E. Cassin, J. Bottéro, J. Vercoutter: Die Altorientalischen Reiche, I 25): die Toten sollten offenbar im Schoß der Erde, im Mutterleib des Hauses, Ruhe finden und (im Leben der kommenden Geschlechter?) wiedergeboren werden. Auch die Bibel beweist ihre Kenntnis um die psychologische Bedeutung der Stadt als eines weiblichen Symbols, wenn sie an zahlreichen Stellen das alte oder neue Jerusalem als Frau, Jungfrau, Tochter oder Mutter kennzeichnet, die sich für ihren König zur Hochzeit schmückt, die um ihre Kinder trauert, die durch Eroberung vergewaltigt und geschändet wird etc.

Insofern kann man psa Rank zustimmen, wenn er von dem Helden, der seinen Bruder erschlägt und den Grundstein zu einer neuen Stadt legt, nach Art der Romulus-und-Remus-Sage urteilt: „Als ‚Städtegründer' versucht er wieder die Ursituation des mütterlichen Schutzes zu realisieren." (O. Rank: Das Trauma, 106; Anm. 3) Es entspricht diese psa Deutung, wie leicht zu bemerken ist, ganz und gar der Interpretation, die wir exegetisch für Gn 4, 17 vorgeschlagen haben: daß Kain, der vom Erdboden Verbannte, der heimatlos und bodenlos Gewordene, sich künstlich einen Ersatz für das verlorene Paradies zu schaffen sucht. Der Städtebau erscheint in dieser Sicht als eine über die Bodenbearbeitung hinausführende, höhere Stufe des Rückkehrversuchs zu einer verlorengegangenen Geborgenheit. Was die Menschen eigentlich suchen, wenn sie Häuser und Städte bauen, meint die Psa, ist nicht die Verbesserung der äußeren Wohnverhältnisse, — sie suchen letztlich die Geborgenheit im Schoß ihrer verlorenen Mutter; sie suchen, meint theologisch J, die Geborgenheit in der Obhut ihres Gottes.

Die Aussagerichtung der psa wie der exegetischen Interpretation ist also die gleiche, nur daß zwischen der theologischen und der psychologischen Betrachtungsweise Welten liegen. Für die psa Interpretation stellt der Städtebau eine verbesserte Form des Bestrebens dar, die Realität soweit zu verändern, daß das Verlangen nach Geborgenheit (im Sinne des Geburtstraumas) in angemessenerer Weise befriedigt werden kann; theologisch ist die Stadtgründung Kains ein Versuch, die Geborgenheit, die in der Einheit mit Gott gegeben war, künstlich wiederherzustellen; was immanent als Kulturfortschritt erscheint, erweist sich theologisch für J als offen für oder gegen Gott; und so, wie die Kulturentwicklung der Menschheit tatsächlich verläuft, sieht J sie hervorgebracht und etabliert aus und im Zustand der Gottesferne und der Zerfallenheit mit sich selbst. Die Ebene der psa Deutung mit der Lehre vom Streben nach der Rückkehr zur Geborgenheit der Mutter ist theologisch ihrerseits als Symbol eines tieferen Strebens nach einer Geborgenheit zu lesen, die dem gesamten Dasein gilt und für welche die intrauterine Situation des vorgeburtlichen Lebens selbst nur das ontogenetisch zuerst erfahrbare Sinnbild darstellt.

e. Gn 4, 21: die Musikinstrumente.

Die Musik hat nicht der Mensch erfunden; bereits die „Stimmsysteme der Primaten sind ... zu einer musikalischen Tonerzeugung befähigt." (P. Marler: Kommunikation bei Primaten, in: I. Schwidetzky: Über die Evolution der Sprache, 65) C. F. Hockett rechnet damit, daß die Protohominoiden über „etwa ein Dutzend verschiedener Rufe" verfügten, wobei „jeder ... die entsprechende lautliche Reaktion ... auf immer wiederkehrende und biologisch wichtige Situationen" darstellte: „die Entdeckung von Nahrung, das Aufspüren eines Feindes, sexuelles Interesse, Bedürfnis nach mütterlicher Fürsorge usw." (C. F. Hockett: Der Ursprung der Sprache, in: I. Schwidetzky: Über die Evolution der Sprache, 143) Diese situationsgebundene affektive Lautkundgabe der Tiere ist nun zwar nicht der Ursprung der Sprache, denn im Unterschied zu dem beschränkten Code-System der tierischen Lautsignale bildet die Sprache „eine organische Einheit, in der jedes Zeichen seine Bedeutung im Zusammenhang erhält" und in der mit endlichen Mitteln eine unendliche Vielfalt von Aussagen möglich ist; wohl aber scheint die emotionelle Tonbildung der Tiere den Ursprung der Musik darzustellen und mit zu den Säften zu gehören, welche auch die Wurzeln der Sprachbildung beleben. (F. J. J. Buytendijk: Mensch und Tier, 84)

Entsprechend vermag die Musik starke Gefühlsbewegungen zu erregen, und zwar mit solcher Heftigkeit, daß bekanntlich Plato nach einer strengen Zensur der Musik verlangte. Die Lieder, welche (mit Trompeten) zum Krieg oder zu Abenteuern auffordern, welche einen Sexualpartner umwerben oder ein Kind in den Schlaf wiegen, zeigen deutlich, daß die Musik ihre Herkunft aus bestimmten biologischen Situationen mit bestimmten emotionellen Tonkundgebungen nicht verleugnen kann. (Vgl. S. K. Langer: Philosophie auf neuem Wege, 210—211) Insbesondere erweckt „die dynamische Struktur der Klangbewegung ... eine Resonanz im Hörer und ruft in ihm die Bewegtheit der Stimmung oder des Gefühls hervor." (F. J. J. Buytendijk: Mensch und Tier, 85) Daß die Klanggebung selbst durch die Erfindung der Musikinstrumente endlos variiert, differenziert und kompliziert werden kann, macht die Musik zu einem der interessantesten Kulturphänomene, kann aber bei einer psa Betrachtung vernachlässigt werden; d. h., wir haben eigentlich nicht die Erfindung der Musikinstrumente in Gn 4, 21 zu interpretieren, sondern lediglich den biologischen Antrieb zur musikalischen Tonbildung zu besprechen, freilich eingedenk der Tatsache, daß die menschliche Musik — anders als die Koloraturen der Singdrossel — durch Tradition erlernt und weitergegeben, also nicht einfach angeboren oder in ad hoc gebildeten Spöttersequenzen arrangiert wird.

Von den Grundsituationen, in welchen emotionelle Lautäußerungen schon bei Primaten vorkommen, haben wir einige soeben als Beispiele erwähnt; in einer vollständigeren Liste könnten etwa sieben vertreten sein: 1) der Freuderuf bei gefundener Nahrung; 2) das Warnungssignal; 3) die Begrüßung eines Freundes; 4) der Hilferuf eines verlorenen Hordenmitgliedes; 5) der Zuruf an den Geschlechtspartner; 6) der Ausdruck mütterlicher Liebe; 7) der Schmerzensschrei. (R. Stopa: Kann man eine Brücke schlagen zwischen der Kommunikation der Primaten und derjenigen der Urmenschen?, in: I. Schwidetzky: Über die Evolution der Sprache, 155) All diese Situationen finden ihren Ausdruck in der Musik und treten als immerwährende Themen des Liedgutes der Völker auf, die von Trinkgelagen und Festen, Kämpfen und Auseinandersetzungen, Demonstrationen von Rang, Ansehen und Macht, von Trauer und Verlassenheit, Sehnsucht und Liebe, von fürsorglichen und beruhigenden Träumen zur Nacht und zum Tagesablauf und, nicht zuletzt, von den Qualen der Seele und des Leibes zu künden wissen.

Aber nicht nur mit lautlichen Gefühlsäußerungen, sondern auch festen ritualisierten Bewegungsabläufen reagiert der Mensch auf die biologischen Grundsituationen. Darin liegt der Grund, daß die Musik untrennbar verbunden ist mit dem Tanz; und so begleiten Feste mit Musik und mimischen Darbietungen den Erntedank ebenso wie den Auszug des Stammes zu Jagd und Krieg, den Abschluß eines Kontraktes und die Ankunft eines Freundes ebenso wie die Beerdigung eines Angehörigen, die Zeit der Rückkehr der Geister oder die Braut- und Hochzeitsfeierlichkeiten nicht anders als die Geburts- und Initiationsriten, die Siegesfeiern gleichermaßen wie die Trauerklagen über Verlust und Unglück. (Vgl. die Riten zur Begrüßung, zur Liebeswerbung, zum Kontraktabschluß und zum Erntedank bei I. Eibl-Eibesfeldt: Der vorprogrammierte Mensch, 194—215; 216—243)

Dies Szenarium vor Augen, muß es einem Beobachter, der nicht ein eingefleischter Anhänger der Libido-Theorie ist, schwerfallen, in all diesen Ursituationen das Wirken des Sexualtriebes zu agnoszieren. Eine solche Sichtweise könnte jedoch so argumentieren: unzweifelhaft sei nichts in solcher Vehemenz musikträchtig wie das Thema der Liebe; die Situation der sexuellen Partnerwerbung, die bereits die Katze auf dem Dach zu unerhörten nächtlichen Lautkundgebungen beflügle und in dem ritualisierten Balzverhalten der Tiere seine farbenprächtigsten Vorbilder finde, sei als eigentlicher Beweggrund der emotionellen Lautkundgabe (der Musik) zu betrachten; von dort seien die aggressiven Lautkundgebungen zur Warnung, zum Angriff, zur Rangdemonstration zu verstehen: ihr eigentlicher Adressat sei mittelbar oder unmittelbar das begehrte Weibchen; auch die Freude beim Auffinden von Nahrung stehe (bei Säugetieren und Vögeln) mit den ontogenetischen Erfahrungen des Neugeborenen mit seiner Mutter in Verbindung, und vornehmlich bei der Liebeswerbung spiele das Herbeibringen von Nahrungsgeschenken eine große Rolle; auch der Hilferuf der Einsamkeit und des Schmerzes gelte eigentlich der Mutter, so wie umgekehrt nichts so sehr beruhigend und tröstend wirke wie die gewohnten Laute der Mutter, die sich der Hilflosigkeit ihres Neugeborenen zuwende; schließlich — und dies wäre ein Hauptargument — werden alle lautlichen Ausdrücke affektiver Kommunikation über lange Zeit hin ausschließlich von der Mutter eingeübt; im Zusammensein mit ihr entfaltet sich „zuerst das gegenseitige Rollenspiel aus einem vorsprachlichen Dialog" (F. J. J. Buytendijk: Mensch und Tier, 87). Kein Zweifel jedenfalls kann sein, daß alle biologischen Ursituationen, in denen emotionelle Lautkundgebungen stattfinden, bereits im Mutter-Kind-Verhältnis angesiedelt sind und daher alle Quellen der Musik zunächst durch dieses Urstromtal der psychischen Ontogenese hindurchfließen müssen.

Selbst also jemand, der nicht der Freudschen Meinung huldigt, das zeitlich Früheste sei auch das kausal Erste, die Mutter-Kind-Beziehung sei also nicht nur der erste Erscheinungsort, sondern auch der Ursprung jeder emotionellen Lautkundgabe, selbst derjenige, der nur anerkennt, daß die frühkindliche Erfahrung für das gesamte musikalische und sprachliche Verhalten später einen prägenden Einfluß besitzt, könnte einen gewissen Sinn in der These erblicken, daß *ein* wesentlicher Antrieb zum Gesang und zur Ausbildung von instrumenteller Musik in der Sehnsucht des Menschen nach jener Einheit und Geborgenheit, jener Anerkennung und Befriedigung zu suchen sei, die in den ersten Monaten des Lebens bei der Mutter erfahren wurde; entsprechend fand z. B. Freud beim „kleinen Hans", daß das phobisch erkrankte Kind „vom Beginne der Ängstlichkeit an ein gesteigertes Interesse für Musik" an den

Tag legte (S. F.: Phobie, VII 369, A. 1). (Vgl. die Papua-Mythe, wie Uri seine Trommel aus der Bauchhaut seiner Mutter machte: R. Schubert: Mythen, in: Harrer, 195—196).

Ein wichtiger psychischer Faktor der Musik bestünde mithin in der Sehnsucht nach der Ureinheit des Kindes mit der Mutter; und wie wir in den frühkindlichen Erfahrungen stets ein Modell und Vorbild der Beziehung des Menschen zu Gott erkannt haben, so vermag dieser Ansatz gut die außerordendliche Bedeutung der Musik speziell für die Religion psychologisch verständlich zu machen. Niemand hat den Zusammenhang von Musik und Religion tiefer erfaßt als Dschalal ad-Din ar-Rumi, der sein ganzes Leben der Musik und dem ekstatischen Tanz als Formen der Gottesverehrung widmete; dieser hervorragende Mann, der im 13. Jh. die Bewegung der „tanzenden Derwische" von Konya begründete, wußte wie kein anderer, daß das Geheimnis der Musik in der Sehnsucht des Getrennten nach Einheit bestehe. „Wir haben", sagt er, „alle diese hohen Melodien (den ‚Gesang der wandelnden Welten', d. V.) im Paradiese vernommen, das wir verloren, und obwohl uns die Erde und das Wasser niedergedrückt haben, behalten wir die himmlischen Gesänge in unserem Gedächtnis. Wer liebt, der nährt seine Liebe, indem er der Musik lauscht, denn die Musik erinnert ihn an die Freuden seiner ersten Vereinigung mit Gott . . . Höre die Stimme der Flöte, die aus Schilfrohr geschnitten wurde, höre, was sie erzählt und worüber sie klagt. Seitdem man mich im Schilf am Moor geschnitten, so sagt sie, beklagen sich Mann und Frau bei meiner Musik. Mein Herz ist von der Verlassenheit zerrissen; dem ist so, damit ich den Schmerz aus-drücken kann, den die Sehnsucht bringt. Jeder, der weit von seinem Ursprung entfernt lebt, sehnt sich nach dem Tag der wiederkehrenden Vereinigung." (É. Dermenghem: Mohammed, 152—153) Wenn nach Plato aller Eros die Sehnsucht des Getrennten nach seiner verlorenen Einheit ist, dann ist Musik im Sinne dieses türkischen Mystikers der Ausdruck des Eros schlechthin, der „Libido" in der Terminologie Freuds, des Traumas der Geburt in der Theoriebildung Ranks.

Wie hoch der religiöse Anteil bei der Erfindung und dem Gebrauch der Musikinstrumente auch in den altorientalischen Hochkulturen zu veranschlagen sein wird, geht u. a. aus der Tatsache hervor, daß in Mesopotamien anscheinend all die Musikanten, die wir in ritueller Nacktheit dargestellt finden, Priester waren, „die sich bei einer Liturgie selbst begleiteten." (A. Parrot: Assur, 303) Verlockend ist es jedenfalls zu denken, daß auch die Nacktheit des Musikanten von der Sehnsucht nach dem Paradiese, nach der Daseinsweise des Neugeborenen, Kunde gibt.

„Jeder Glaube", sagte in gleichem Sinne J. G. Frazer, „hat seine entsprechende Musik, und der Unterschied der Bekenntnisse läßt sich fast
durch das Wesen ihrer Musik ausdrücken." „Denn wir können nicht
daran zweifeln, daß diese, die innerlichste und ergreifendste aller
Künste, viel dazu beigetragen hat, die religiösen Gefühle sowohl hervor-
zulocken, als auch auszudrücken" (J. G. Frazer: Der goldene Zweig, 488).

Auch die Musikinstrumente, die J in Gn 4, 21 zu den urgeschichtlichen
Errungenschaften zählt, ordnen sich somit in die Sicht Ranks ein, die
Kulturerfindungen entstünden (u. a.) aus einer Bearbeitung des Verlustes
der Geborgenheit der Mutterleibsituation. Damit hätten wir eigentlich
Grund zu wissenschaftlicher Zufriedenheit, zeichnet sich doch mit der
Theorie vom Trauma der Geburt ein Schema zum psa Verständnis der
kulturellen Errungenschaften in Gn 4 ab, das strukturell ganz und gar
dem exegetischen Befund des 1. Bandes der vorliegenden Arbeit entspricht und das die Frage beantworten hilft, wie denn eine Weltsicht
psychologisch verstehbar ist, in welcher der Fortschritt der Kultur als
Entfremdung vom Ursprung gedeutet wird. Wenn wir Rank folgen,
erscheint der gesamte „Umkreis menschlicher Schöpfungen als Versuch
zur Realisierung der Ursituation, d. h. zur Rückgängigmachung des
Urtraumas, . . . wobei sich der sogenannte Fortschritt der Kulturentwicklung als eine ständig wiederholte Anpassung der triebhaften Tendenz
der Rückkehr zur Mutter an die erzwungene Entfernung von ihr
erwiesen hat" (O. Rank: Das Trauma der Geburt, 99). Die Ähnlichkeit
dieser Konzeption mit der j Darstellung des urgeschichtlichen Prozesses
besteht vor allem in zwei Punkten:

1. Die Kulturentwicklung stellt sich als das unerfüllbare Streben nach
einer verlorenen Ureinheit dar, wobei die Psa diese Einheit ontogenetisch
als Einheit des Kindes mit der Mutter versteht, J hingegen theologisch
an die Schöpfungseinheit des Menschen mit Gott denkt. Religionspsychologisch ist zwischen beiden Betrachtungsweisen insofern kein Unterschied, als beide sich auf „das primitive Urphänomen der lustvoll-
schützenden Situation" beziehen, „aus dem dann später durch Trennung
von der Mutter und Übertragung auf den Vater die Gestalt des allmächtigen und allgütigen, aber auch strafenden Gottes als religiöse Sublimierung auf dem Wege der Projektionsschöpfung hervorgeht." (O. Rank:
Das Trauma, 117) Der Vatergott der Bibel vertritt psa die „Stelle der
angst-lustbesetzten Urmutter" (O. Rank: Das Trauma, 122); er ist daher
in sich selbst die Gestalt „eines helfenden und schützenden Urwesens,
in dessen Schoß man aus allen Nöten und Gefahren flüchten kann und
zu dem man schließlich in ein . . . Leben zurückkehrt, welches das

getreue... Abbild des einmal verlassenen Paradieses ist." (113) Alles, was der Mensch in der Kindheit (des Individuums wie der Gattung) an Erfindungen und Kenntnissen auftürmt, um sich sein Leben zu erleichtern, dient nur dem Zweck, einen Zustand wiederzuerlangen, der in fataler Weise in eine um so weitere Ferne rücken muß, je näher man ihm zu kommen glaubt; die Verbannung „im Osten von Eden" wächst bei jedem Schritt, der unternommen wird, den Garten (in) Eden wiederzuerlangen.

2. Das zentrale Motiv des menschlichen Kulturstrebens ist die Angst. Von der j Theologie her ist uns diese Auffassung bereits geläufig. Nun aber kristallisiert sich auch psa die Angst als der treibende Faktor des Menschen bei seinen kulturellen „Errungenschaften" heraus. Was die Menschen, rückwärtsgewandt, von Gott sehen, ist nach der Meinung des J „das Lodern des kreisenden Schwertes" in der Hand der Kerube; was die Menschen in der regressiven Tendenz ihres Strebens nach Wiederherstellung der lustvollen Ursituation im Mutterleib erfahren, ist nach Rank die unentrinnbare Urangst aus dem Trauma des Geburtsvorganges. Stets wenn der Mensch sich zurücksehnt nach dem verlorenen Paradies seines ungeborenen Daseins, stößt er auf den Urangstaffekt der Geburt, und so ist das, wonach er am meisten verlangt, zugleich das, wovor er sich am meisten fürchtet; es bleibt ihm daher kein anderer Weg, als auf den „höchst komplizierten Umwegen der Libidoschicksale" zu versuchen, in der äußeren Realität ein möglichst vollkommenes Substitut der Mutterleibsituation herzustellen (O. Rank: Das Trauma 179).

Rank meint, daß es allein diese Angst ist, die den Menschen ins Leben treibt. „Es scheint, daß der Mensch die schmerzliche Trennung vom Urobjekt gar nicht ertragen, und die ersatzmäßige Anpassung an die Realität überhaupt nicht zustande bringen würde, ohne durch die drohende Wiederholung der Urangst von einer weitgehenden Rückstrebung abgehalten zu werden." (O. Rank, 180) Exegetisch fanden wir, daß die Menschen der j Urgeschichte die Unerträglichkeit des Lebens in der Gottesferne wenigstens äußerlich erträglich zu gestalten suchen, während sie in Wahrheit den inneren Konflikt damit nur immer mehr vertiefen; psa hören wir jetzt, daß sie nur leben können durch einen künstlichen Ersatz des Ungeborenseins; der Freudsche Todestrieb, die Sehnsucht nach dem Nichtsein, wird kulturträchtig; auch J ist dieser Meinung; nur begründet er sie theologisch und nimmt sie nicht als biologische Gegebenheit hin.

Diese Übereinstimmungen zwischen dem exegetischen und psa Befund sind so offenkundig und zentral, daß wir fast glauben könnten, schon am Ziel der Interpretation der menschlichen Kulturerfindungen in der j Urgeschichte zu sein. Wir sind es aber nicht. Zum einen müßte man selbst einem ausgesprochenen wissenschaftlichen Wiederholungszwang unterliegen, wollte man glauben, der alten Traumatheorie in der Rankschen Version nach nunmehr 60 Jahren erneut zum Licht der Welt verhelfen zu können; zum anderen gibt es gewisse, wenngleich geringfügige Differenzpunkte zu unserer eigenen psa Interpretation von Gn 3, die nicht übergangen werden dürfen.

Psychologisch genügt es, der Rankschen Geburtstrauma-Theorie die Fakten vorzuhalten: ein Trauma der Geburt, wie gesagt, gibt es nicht, also auch keine Angst, die sich lebens- und schicksalsbestimmend daraus herleiten könnte; es war (und ist) ein methodischer Irrweg, die Berechtigung der reduktiven Erklärungsweise dahin zu übertreiben, daß *alles* Spätere in die Stadien des Anfangs zurückprojiziert wird. Wenn wir trotzdem der Rankschen Intuition, die eigentlich eine rein metapsychologische Konstruktion ist (s. o. 303), solch eine Aufmerksamkeit schenken, so nicht nur deshalb, weil sie unserer eigenen exegetischen Betrachtungsweise der kulturellen „Errungenschaften" in der j Urgeschichte so sehr entgegenkommt, sondern vor allem, weil wir in unserem Zusammenhang nichts von der Treffsicherheit der Rankschen Einsichten aufzugeben brauchen, wenn wir die folgenden psychologisch und exegetisch notwendigen Korrekturen und Einschränkungen vornehmen.

1. Für Rank besteht die „Erbsünde", die Ursonderung, in der Geburt, die das Kind aus dem Paradies des Mutterschoßes verbannt; entsprechend deutet er die Bilder von Gn 3. In den wesentlichen Punkten kommt diese Auffassung des Textes mit unserem Vorschlag überein, in der „Sündenfallerzählung" eine Verbannung von der Mutter zu sehen, nur mit dem Unterschied, daß Rank dabei an die intrauterine, wir hingegen an die extrauterine Situation der ersten Lebensmonate denken, die, jenseits der Trauma-Theorie, noch eine große Ähnlichkeit mit der Mutterleibsituation aufweisen. Wir erblicken einen wichtigen Vorteil unserer Deutung darin, daß die orale Thematik von Gn 3, 1—7 mit dem Problem der Schulderfahrung ontogenetisch und psychogenetisch besser verständlich wird. Auch Rank selber würde gegen unsere Deutung keinerlei Einwände haben, notiert er doch selbst, allerdings nur in einer Fußnote: „Übrigens spiegelt die Paradiesvertreibung wegen Genusses der verbotenen Frucht (Mutterbrust) die strenge Notwendigkeit des Entwöhnungstraumas, das der Mensch mittels Realanpassung, durch Gewinnung künstlicher Nährungsstoffe aus der Erde (Ackerbau), zu kompensieren sucht." (O. Rank: Das Trauma, 155; Anm. 1) Justament! Dann aber

besteht auch keinerlei Veranlassung, in der Geburt — entgegen der Erfahrung — mehr zu sehen als einen „Entwöhnungsvorläufer".

2. Damit entfällt auch der Zwang der Rankschen Theorie, allein die tatsächliche Unlust des Geburtsvorganges mit der schwerwiegenden Umstellung der fötalen Zirkulation auf die Lungenatmung, diese wirklich ungeheuere „Versagung der Asphyxie während des Geburtsvorgangs", zum Prinzip der Erklärung *aller* weiteren psychischen Lebensvorgänge zu erheben; vielmehr gehen die Frustrationen, Ängste und Entwöhnungen im Leben des heranwachsenden Kindes weiter und zwingen es, „aktiv zu werden". Nicht die Geburt selbst, wohl aber die Härte und Versagung, die in ihr liegt, wird auf den späteren Stufen der psychischen Entwicklung wiederholt und ist der mächtigste Katalysator der Evolution, über den die Natur verfügt. (R. A. Spitz: Vom Säugling zum Kleinkind, 165) Die „Geburt" ist also nicht rein reduktiv als Ursache von allem Späteren zu interpretieren, sondern als ein erstes *Bild* für die weiteren psychischen Reifungsvorgänge auszulegen. An dem Erklärungsschema Ranks und an dem, was er sagen wollte, braucht dann nichts geändert zu werden, nur befreit man sich von dem Ballast unnötiger Spekulationen und erhält die Möglichkeit, das jeweils Neue in den weiteren Stadien der psychischen Entwicklung angemessener zu würdigen. Anderenfalls muß natürlich eine Theorie suspekt bleiben, die für alles und jedes, vom Klettern in den Bergen bis zum Graben in der Erde, von der Seefahrt bis zur Wüstenwanderung, ein und dieselbe Stereotypie als „Erklärung" bereithält: dies alles (und was immer man noch herbeibringe) sei eine Reaktion auf eben jenes Trauma der Geburt, das wie ein Urknall alle möglichen Folgen und Spuren in jeder beliebigen Richtung habe zeitigen müssen. Die Vielschichtigkeit der j Bilder, die wir in Gn 3, 1—7 sowohl „oral" als auch „ödipal" gelesen haben, spricht selbst unüberhörbar gegen jede „Nichts-anderes-als-"Interpretation.

3. Der wichtigste Ertrag der Beschäftigung mit Ranks Trauma-Theorie liegt zweifellos in der Ableitung der Kulturgüter aus der wachsenden Entfremdung gegenüber dem eigenen Lebensursprung (Gott; Mutter). Gleichwohl ist auch hier wieder auf die theologische Differenz hinzuweisen: die Trennung von der Mutter, gleichgültig ob intra- oder extrauterinär, führt den Menschen in sein Leben hinein; er mag dieses Leben bedauern, aber er vermag es durch sein Bedauern nicht zu ändern; wohl ist er imstande, es durch Realanpassung erträglich zu gestalten und sich also in bescheidenen Grenzen eine künstliche Mutterleibsituation zu schaffen. Soweit die psa Lebensweisheit. Gerade umgekehrt aber versteht

der J die Bilder vom „Sündenfall": das Geschehen der Trennung ist für ihn kein Naturprozeß, sondern Schuld; die psycho-biologischen Vorgänge sind nur Symbole eines Dramas, das eigentlich zwischen Gott und Mensch sich abspielt; das Leben, in das der Mensch „entlassen" wird, müßte nicht so sein, wie es ist; aber es wird für J gerade nicht durch „Realanpassung" geändert, sondern allenfalls durch Änderung der inneren Einstellung, durch wirkliches „Bedauern" dessen, was der Mensch jetzt, im Widerspruch zu seinem eigenen Ursprung, (geworden) ist. Wie stets bisher, impliziert auch an dieser Stelle die strukturelle Gleichheit der psa und exegetischen Deutung die Differenz einer umgekehrten Symmetrie: was psa „natürlich" ist, betrachtet J als Bild einer freien Handlung; und was psa als reale Verbesserung erscheint, betrachtet J als wesenhafte Verschlechterung. Auch J meint, daß die Kulturfortschritte aus Sehnsucht nach etwas Verlorenem, aus Leid und Versagung geboren werden; aber während es psa ein Gewinn ist, über das technische Arrangement den ursprünglichen Verlust zu vergessen, verkehrt sich die menschliche Kultur für J ins Selbstzerstörerische, wenn sie dazu dienen soll, Gott vergessen zu machen.

4. Damit ist ein weiterer entscheidender Punkt der Übereinstimmung wie des Unterschiedes zwischen der j und der psa Sicht der Kulturentwicklung gegeben. Für die Psa ist eine Regression der Libido zu ihrem ursprünglichen Objekt, wenn sie sich zu einer symbolischen Umlenkung auf reale Ersatzobjekte außerstande zeigt, neurotisch und letztlich ein Beweis für die Dominanz des Todestriebes. Für die j Sicht des Menschen ist das eigentliche „Objekt" aller Lebenssehnsucht und alles Glückverlangens Gott; von ihm sollte nie „symbolisch" zugunsten anderer Objekte abgegangen werden, auf ihn hin sollten vielmehr alle anderen Tätigkeiten und Objekte symbolisch bezogen bleiben. Dieselbe Sehnsucht, die, auf die Mutter bezogen, neurotisch werden läßt, führt, auf Gott bezogen, zur Gesundung und Lebensfähigkeit. Die Psa muß in dem „Gott" der j Erzählungen ein Bild der Mutter sehen, der J sieht in den Strebungen, die psychisch zuerst der Mutter gelten, Bilder für eine Sehnsucht, die eigentlich Gott gilt. Hier liegt der Grund für die spiegelbildliche Vertauschung, die wir immer wieder vorzunehmen haben, wenn wir die Brücke überschreiten, die von der Psa in die Theologie und von der Theologie in die Psa führt. Von Stufe zu Stufe stellt sich uns die Aufgabe, der wir im 3. Teil dieser Arbeit nachkommen wollen, die psa Deutung der j Urgeschichte vom anderen Ende her (philosophisch) zu lesen, um sie theologisch zu verstehen.

IV. Untersuchung von Gn 4, 23—24 (Lamechlied)

> *„Da er nicht die geringste Schwäche*
> *bei sich selbst fand, verstand er nie*
> *die der anderen . . . Er verstand wohl*
> *niemanden und nichts, da es nur seine*
> *eigene Person war, der er begegnete,*
> *links und rechts, hinten und vorne, es*
> *war so, als wäre er von ihr umkreist.*
> *— Er begriff nicht einmal, was das*
> *Wort ,verzeihen' bedeutete."*

> (I. S. Turgenjew: Der Egoist, in: Ge-
> dichte in Prosa I)

1. Zur naturmythologischen Bedeutung der Lamech-Gestalt

Ähnlich wie die Gewalttat Kains, wurde auch das Drohlied Lamechs in den naturmythologischen Erklärungsversuchen der Bibel von bestimmten Kämpfen am Himmel her verstanden. I. Goldziher meinte, Lamech führe in dem Lied „vor seinen Weibern darüber die Selbstanklage . . ., dass er sein eigenes Kind erschlagen" habe (Goldziher: Der Mythos bei den Hebräern, 150). Diese Auffassung der Stelle, die Lamech mit dem Richter Jephte, der seine eigene Tochter tötet (Ri 11, 34—40), auf eine Stufe stellt, ist exegetisch wohl kaum haltbar, und es ist daher nicht gut möglich, in Lamech einen solarischen Kindestöter zu sehen, der sein eigenes Kind, die Nacht, am Morgen umbringt (Goldziher, 150). Immer-hin ist die von der Etymologie ausgehende Überlegung Goldzihers bedenkenswert, daß eine der Frauen Lamechs, Zilla, „die Verdeckende, Beschattende" heiße; sie könnte vielleicht wirklich die Nacht bedeuten, die einen zweiten Kain, also einen zweiten Sonnenheros, in der Gestalt des Tubal-Kain hervorbringt, dessen Vater (Lamech) dann selbst wieder ein solarer Held sein muß (a.a.O., 150—151). Der Gesang Lamechs könnte dann eine späte Erinnerung an die mythischen Kämpfe der Sonne und des Tages gegen die Nacht sein, und zwar dargestellt mit einer gewissen Sympathie für die Sonne. Wieder hätten wir es dann mit einer Auseinandersetzung zwischen Hell und Dunkel, psa ausgedrückt zwischen Bewußtsein und Unbewußtem, zu tun.

Die Sache ändert sich für die Psa nicht wesentlich, wenn die Lamech-gestalt auf den Mond statt auf die Sonne bzw. die Tageshelligkeit bezogen wird. E. Böklen hat im Lamechlied ebenfalls eine Klage gesehen, etwa derart: „ich habe einen iš (Mann, d. V.) getötet, der dazu eigentlich fast noch ein Kind war und mir selbst dabei eine schwere Wunde geholt". (E. Böklen: Adam und Qain, 134) Der „Mann" ist Böklens Meinung nach Kain, der in Gn 4, 1 emphatisch als „Mann" bezeichnet wird. Ein jüdischer Midrasch, der u. a. bei Hieronymus (Ep. ad. Damasum, CXXV) überliefert wird (vgl. bin Gorion: Die Sagen, 110), wußte tatsächlich davon zu berichten, wie Lamech den Mörder Kain getötet habe, und zwar blind. Die Schwierigkeit einer derartigen Auslegung aber hat Böklen selbst gesehen: Lamech kann dieser Version nach kein Sohn des Kain mehr sein, sondern muß auf seiten der angeblich von Kain ermordeten Schlange stehen. Trotz dieses eklatanten Widerspruchs zum Text ist es immerhin möglich, daß das Motiv vom Morden des Kindes eine gewisse Affinität zu manchen Mondmythen aufweist; so etwa zu der nordischen Mythe von Balder, dessen Blut Hödur vergießt; ihm entsteht ein Rächer in Wali, der „nicht wäscht... die Hand, / nicht kämmt... das Haar, / bis zum Holzstoß Hödur er bringt." (F. Genzmer: Die Edda, II 24—26; Balders Träume, 8—11) Hödur tötet seinen Bruder durch den blind abgegebenen Schuß mit einem Mistelzweig (vgl. Edda II 38; Der Seherin Gesicht, 20—21), ähnlich wie Lamech der Midrasch-Überlieferung zufolge den Kain ermordet. Bereits E. Siecke hat den Baldermythos auf den Mond bezogen und gemeint, daß die Tötung des alten Mondes (Balder) durch die Erscheinung des neuen Helden (Wali) gerächt werde, der durch sein Auftreten als Kind bereits den Mondtöter (Hödur) erlege (E. Siecke: Die Liebesgeschichte des Himmels, 110—116); und entsprechend sah Böklen in dem blinden Lamech des jüdischen Midrasch den dunklen Mond, der den Tod des hellen Mondes (Kain) herbeiführt. Das Lied Lamechs wäre somit eine Art Brudermorderzählung in der zweiten Generation (vgl. E. Stucken: Astralmythen, 260), wobei Lamech freilich jetzt den dunklen, nicht mehr, wie bei Goldziher, den hellen Mond ver-körpern würde.

Wie dem nun sei, die psa Interpretation kann aus diesen höchst unsicheren und spekulativen naturmythologischen Betrachtungen lediglich die Anregung aufnehmen, in der Gestalt Lamechs einen *inneren* Kampf, eine tödliche Auseinandersetzung in oder an ein und demselben Wesen zu sehen, eine Reaktion des Bewußtseins auf eine dunkle Gefahr des Unbewußten oder umgekehrt, und zwar so, daß die Thematik, die sich jetzt aufdrängt, in irgendeinem Zusammenhang mit dem bisher Erzählten stehen muß. Die Art des Konfliktes in Lamech wird freilich nicht mehr auf dem Niveau der Kain-und-Abel-Erzählung zu deuten sein, sondern muß spezifisch neue Züge tragen.

2. Die psa Interpretation des „Schwertliedes"

Gn 4, 23—24 ist formal ein Lied; insofern bedürfte es eigentlich keiner psa „Deutung"; es bedeutet, was es sagt; nichts Verdrängtes oder symbolisch Entstelltes ist darin zu finden; ein psychodynamischer Prozeß ist nicht zu beobachten; das Lied besingt vielmehr einen Zustand (des Triumphes und des Siegesstolzes bzw. der Drohung und der Abwehr). Die Frage wird daher nur sein, wie sich die manifesten Ansprüche und Gefühlseinstellungen des Lamechliedes in den Kategorien der Psa wiedergeben lassen und welch ein erklärender Zusammenhang zwischen ihnen besteht.

Beobachten können wir dieses: mit dem Bewußtsein der Stärke und Kraft tritt Lamech auf, um in Selbstherrlichkeit seinen Rachedurst zu verkünden. Dabei offenbart er eine gewaltige Maßlosigkeit, die schon die kleinste Verwundung auf furchtbare Weise ahnden will. Der Anspruch der eigenen Geltung ist grenzenlos gesteigert, das Bedürfnis zur Selbstdarstellung riesengroß. Der Gegenstand des eigenen Prahlens ist die aggressive Stärke, die den Gegner zu verletzen und zu vernichten trachtet. Die gesamte Stimmung ist ein Gefühl der aggressiven Auseinandersetzung, des Angegriffenwerdens, der sprungbereiten Verteidigungshaltung und des sadistisch zu nennenden Drohens und Zudringens. Gewidmet ist das Lied den Frauen Lamechs; die Aggression wird also im Prahlen mit der eigenen destruktiven Potenz in echtem Imponiergehabe in den Dienst sexueller Strebungen gestellt. Auch die Sexualität bekommt mithin einen aggressiven und sadistischen Charakter von Überwältigung und Unterwerfung. Zugleich tritt Lamech als der starke und kraftvolle Beschützer seiner Frauen auf.

Katalogisieren wir die Themen des Lamechliedes nach psychologischen Gesichtspunkten, so handelt es sich um eine Kombination von Prahlerei und Selbstdarstellung (Exhibition), verbunden mit überstarker Betonung aggressiver Männlichkeit und Kampfbereitschaft im Falle eigener Verletzung, all dies motiviert als sexuelles Imponiergehabe dem anderen Geschlecht gegenüber. Wie läßt sich dieses Syndrom verstehen? Wir ziehen zur Beantwortung dieser Frage am besten jenes Motiv heran, das sich bei der exegetischen Auslegung des Liedes schon redaktionell durch die offenkundige Übersteigerung der Kain-Gestalt in den Vordergrund drängte: die enorme Rachsucht und aggressive Drohung als Ausdruck der Männlichkeit den Frauen gegenüber und die — redaktionell ausgestaltete — aggressive Konkurrenz mit Gott. (Vgl. I 157)

Die Verbindung von Exhibitionsneigung, Aggressivität und Liebeswerbung werden wir am kürzesten durch die Formel erklärt finden, die Th. Reik für jede Form übersteigerter Selbstvergrößerung gefunden hat, wenn er sagte: „Die Megalomanie scheint hauptsächlich ein kompensatorischer Versuch des Kranken zu sein, sich selbst zu bestätigen, daß er es verdient, geliebt und anerkannt zu werden." (Th. Reik: Geschlecht und Liebe, 184) Geht man davon aus, daß das Übersteigerte und Maßlose der Äußerungen Lamechs nicht als Ausdruck einer ursprünglichen Neigung, sondern als Kompensationsversuch anzusehen ist, so gewinnt man in der Tat einen guten Schlüssel zum Verständnis des Lamechliedes. Vor allem die gespannte aggressive Gereiztheit des Liedes wird uns verständlich, wenn wir uns Lamech als einen Mann denken, der innerlich verwundet und voller Angst ist. Seine drohende Haltung verrät die Furcht, selbst angegriffen zu werden. Die Maßlosigkeit seiner Rachedrohung zeigt, wie bedrohlich er die Gefahr einer Verletzung erlebt und wie notwendig er die Abschreckung braucht. Es ist aber offenbar zu wenig, die Selbstdarstellung Lamechs nur als Drohgebärde und kompensatorische Angstabwehr zu verstehen; denn die sexuelle Komponente ginge dabei unter. Zwar, Lamech scheint auch der eigene Adressat seines Liedes zu sein, und wir können annehmen, daß er sich damit auch selbst bestätigen möchte, liebenswert zu sein. Nur verstehen wir so weder die exzessive Grausamkeit des Lamechliedes noch auch, warum gerade diese aggressive Art der Selbstdarstellung den Charakter einer Liebeswerbung annehmen kann, noch auch ist begreiflich, *was* eigentlich hier kompensiert werden soll.

Einen Schritt weiter kommen wir, wenn wir die Aggressivität, die Lamech seinen Frauen gegenüber besingt, als den Versuch werten, die eigene Männlichkeit empfehlend unter Beweis zu stellen. S. Freud hat verschiedentlich darauf aufmerksam gemacht, „daß der Sadismus zur Männlichkeit . . . eine intimere Beziehung unterhält" (Neue Folge der Vorlesungen zur Einführung in die Psychoanalyse, XV 111), und er hat gemeint, daß jedwedes übersteigerte Streben nach Männlichkeit mit einer latenten Kastrationsangst in Verbindung stehe. Diese Annahme kann uns recht viel erklären; sie würde vor allem den großen Vorteil bieten, das Moment der Exhibition plausibel zu machen, mit der Lamech seine sadistische Männlichkeit zur Schau stellt. Wir wissen nämlich von der Psa, daß „exhibitionistische Gebärden" im Grunde dem „Glauben an

319

die Macht des Phallus" dienen und „auf diese Art das Persönlichkeitsgefühl" sichern sollen. „Auch narzissistische Züge sind regelmäßig beigemengt, wie fast regelmäßig, wenn durch ein stärkeres Minderwertigkeitsgefühl das Interesse mehr der eigenen Person sich zuwendet, so daß in diesen Fällen die *Attitude der Sieghaftigkeit*, begleitet von Koketterie, von Unfähigkeit an eine Absage zu glauben dem Beobachter besonders ins Auge fällt." (A. Adler: Über den nervösen Charakter, 239) A. Adler hat dies mit seiner Lehre vom „männlichen Protest" in Beziehung gebracht und schreibt: „Man sieht..., wie... *Exhibitionismus*... Minderwertigkeitsgefühle zu unterdrücken, zu verdrängen bestrebt ist, weil in ihr (sc. der Neurose, d. V.) das heftige Begehren zum Ausdruck kommt, ein ganzer Mann, höherwertig sein zu wollen." (A. Adler: Über den nervösen Charakter, 163) Demnach hätten wir also psa in der übersteigerten Selbstdarstellung Lamechs, in der Art der Exhibition seiner Männlichkeit, eine Überkompensation schwerer Ängste, kein Mann, also „kastriert" zu sein, vor uns. Denn der Exhibitionszwang ist unmittelbar „abhängig vom Kastrationskomplex; er betont immer wieder die Integrität des eigenen (männlichen) Genitales" (S. F.: Drei Abhandlungen zur Sexualtheorie, V 56, Anm.). Ob dafür allerdings der Ausdruck Adlers vom „männlichen Protest" sehr glücklich ist, kann man sich fragen. Freud hat, wohl zu Recht, gegen diesen Begriff eingewandt, daß beim „Mann... das Männlichkeitsstreben von Anfang an und durchaus ichgerecht" auftrete, so daß lediglich „exzessive Überkompensationen" auf das Vorhandensein von Kastrationsängsten aufmerksam machten (S. F.: Die endliche und die unendliche Analyse, XVI 97); mithin lasse sich, was „vom männlichen Protest zu konstatieren ist, ... leicht auf die Störung des uranfänglichen Narzißmus durch die Kastrationsdrohung" zurückführen (S. F.: Zur Geschichte der psychoanalytischen Bewegung, X 100). Nun haben wir es aber zweifellos bei Lamech mit narzißtischer Exhibition und exzessiver Überkompensation zu tun und werden also psa den Schluß ziehen müssen, daß diese Symptome ihren Ursprung in dem haben, was Freud den Kastrationskomplex genannt hat und worauf der Adlersche „Protest" antwortet.

Können wir dies als gesichert voraussetzen, so haben wir bereits an dieser Stelle die Möglichkeit, die psychologische Konsequenz zu würdigen, mit der J seine Urgeschichte gestaltet hat. Wir verstehen die Logik, die darin liegt, daß auf die schweren Strafen, die Gott über Kain verhängt, nunmehr der triumphierende und Gott überbietende Lamech mit seinem „Schwertlied" antwortet. Wir sahen Kain unter der Verfluchung Gottes in Todesangst verfallen, wissen aber, daß im Grunde „die Todesangst als Analogon der Kastrationsangst aufzufassen" ist (S. F.: Hemmung, Symptom und Angst, XIV 160). Der Sadismus des Über-Ichs, der die Antwort auf die Mordlust Kains darstellt (vgl. das Modell der Epilepsie) und den Masochismus des Ichs erzwingt, bedeutet tatsächlich eine Verweiblichung und Kastrierung, und die Angst, die dieser Gefahr gegenüber besteht, verdient durchaus, als Todesangst aufgefaßt zu werden. Nun spielte sich aber der Konflikt der Erzählung von Kain und Abel auf einer Entwicklungsstufe ab, bei der noch nicht eigentlich von der Bildung eines „Über-Ichs" gesprochen werden kann; vielmehr handelt es sich dort um Vorgänge, die wir als erste Vorläufer seiner Entstehung deuten konnten. Entsprechend stellt die Kain-und-Abel-Erzählung bei J noch nichts in sich Abgeschlossenes dar, sondern ist ergänzungsfähig und -bedürftig durch weitere Stellungnahmen und Reaktionsbildungen.

Der redaktionelle Aufbau von Gn 4 zeigt unzweideutig, daß J das Lamechlied als eine solche ergänzende Weiterentwicklung und Reaktion auf die Gestalt Kains verstanden wissen will. Und wir sind jetzt imstande, J psa bei seiner redaktionellen Montage in vollem Umfang zuzustimmen. Sehen wir richtig, so stellt das Lamechlied mit seinem aggressiven Gebaren den „männlichen Protest" (Adler) auf die Kastrationsdrohung Gottes dar. Die Übersteigerung und Maßlosigkeit, mit der Lamech seine sadistische Männlichkeit zur Schau stellt, verstände sich als Überkompensation der Kastrationsangst. Es wäre damit in etwa begreiflich, warum für Lamech bereits die kleinste Verletzung die schwersten Gegenattacken provoziert, warum er sich derart bedroht fühlt, daß er mit Drohung und Abschreckung seine Sicherheit zu wahren sucht, und wieso er in solch exzessiver Weise sich den Frauen als Held empfiehlt: gilt die drohende Verletzung im Sinne der Kastrationsangst im Grunde seinem Genitale, so gibt es für Lamech keine überzeugendere Demonstration seiner Männlichkeit, als den Frauen gegenüber seine eigene Aggressivität zu preisen.

Indessen ist die sexuelle Untertönung des Liedes damit doch noch nicht recht verstanden und kann es wohl auch nicht, solange wir es als bloße Reaktion auf das Vorangegangene, also im Grunde vom redaktionellen Rahmen der j Urgeschichte her verstehen. Die Frage muß sein, ob die bisher eruierten Zusammenhänge sich nicht auch aus sich selbst heraus interpretieren lassen und ob eine Möglichkeit besteht, sie ontogenetisch einzuordnen. Diese Frage darf, wie sich sogleich zeigen wird, bejaht werden, insofern alle bislang getroffenen Feststellungen in die sog. „phallische Phase" verweisen, wie sie S. Freud beschrieben hat.

Als den Kern des Gesangs Lamechs haben wir psa eine Verarbeitung von Kastrationsangst erkannt. Freud selbst meinte, „daß man die Bedeutung des Kastrationskomplexes erst richtig würdigen kann, wenn man seine Entstehung in der Phase des Phallusprimats mitberücksichtigt." (Die infantile Genitalorganisation, XIII 296) Was heißt das?

Nach der Libidotheorie erfahren „etwa vom dritten bis zum fünften Lebensjahre" „die Geschlechtstriebe eine Umordnung . . ., indem die Genitalien die Führerrolle auf dem Gebiet der sexuellen Befriedigung zu übernehmen beginnen." (A. Balint: Psychoanalyse der frühen Lebensjahre, 59) Es handelt sich um „die ödipale (phallische) Phase, in der das Kind beide Elternteile und einen Teil besonders zum Ziel seiner sexuellen Wünsche macht und mit dem anderen Teil rivalisiert; Neugier, Prahlerei, Exhibitionslust sind im Vordergrund des Benehmens" (A. Freud: Wege und Irrwege, 69). Die Exhibition stellt jetzt die wesentliche „Form des Liebesbeweises und des Liebeswerbens" dar (K. Abraham: Über Ejaculatio praecox, in: Psychoanalytische Studien, 56). Wenn wir uns auf die männliche Seite des Ödipuskomplexes beschränken, so sucht der Junge in der phallischen Phase durch Exhibition die sexuelle Liebe der Mutter zu erringen und mit dem Vater zu konkurrieren. Da seine Rivalität somit auf eine Person gerichtet ist, die er zugleich liebt, gerät die phallische Phase zum „Ödipuskomplex" mit der ihm eigenen Ambivalenz. Die recht häufige onanistische Betätigung in dieser Zeit ist „nicht mehr eine rein egoistische Befriedigungsart, sondern es gesellen sich zu ihr Phantasien, deren Inhalt Wünsche sind, die sich auf die geliebte Person — zumeist die Eltern — beziehen." (A. Balint: Psychoanalyse, 44) Dabei entsteht im Gefolge der genitalen Erregung in dem Knaben, vermutlich nach alten ererbten phylogenetischen Schemata, „ein dunkler Trieb, die, die er liebt, zu überfallen und in seine Gewalt zu bringen. Wahrscheinlich stammt die bei Kindern so allgemeine sadistische Auffassung des Koitus und überhaupt der Liebe daher." (A. Balint: a.a.O., 45)

Wir treffen also in der phallischen Phase ein Ensemble von sexuellen (inzestuösen) Strebungen, Exhibition, sadistischen Regungen und Rivalitäten (mit dem Vater) an. Der Narzißmus des Kindes erfährt in dieser Zeit indessen unvermeidlich eine schwere Kränkung. Die narzißtische Überbewertung des eigenen Genitales führt beim „Vergleich mit dem großen Penis von Tieren oder Erwachsenen" „zu bitteren Enttäuschungen" (A. Balint: Psychoanalyse, 62). Die Folge sind „Neid und Zorn" (a.a.O., 62) und der Wille, dem Vater den Penis wegzunehmen. Dem gefährdeten Selbstgefühl entspricht ein „neidvoller Haß gegen den Vater" (a.a.O., 65). Umgekehrt bekommt das Kind unter diesen

Umständen notwendigerweise die Furcht, der Vater könne es für seine aggressiven Wünsche auf eben die Weise bestrafen, an der es sich am Vater für die erlittene Kränkung zu rächen sucht. So wird die Kastrationsangst unvermeidlich, die noch Auftrieb erhält durch die Drohungen und Strafen für die kindliche Onanie und vor allem durch den Anblick des weiblichen Genitales, das dem Knaben wie ein Beweis für die Realität der Kastrationsdrohung erscheinen muß (vgl. Freuds Deutung von E. T. A. Hoffmanns „Sandmann" in: S. F.: Das Unheimliche, XII 243—246, und: Das Medusenhaupt, XVII 47—48). Das Resultat ist, „daß *beide Eltern* für den Knaben zu *Angstobjekten* werden. Von dem Vater fürchtet der Knabe die Kastration wegen seiner eigenen aggressiven Gelüste. Doch auch die Mutter spielt für ihn die Rolle der Kastrierenden" infolge „seiner eigenen Wünsche", denen er sich nicht gewachsen fühlt. (A. Balint: Psychoanalyse der frühen Lebensjahre, 73) So kann sich ein Kreislauf von Kastrationsangst, Rivalität, Haß und Rache, Kastrationstendenzen und neuerlicher Angst einstellen, bis daß die Kastrationsangst schließlich die Loslösung von den Eltern erzwingt.

In summa: „Das frühe genitale Stadium wird das phallische genannt, weil der kleine Junge von phallischen Impulsen beherrscht oder besessen zu sein scheint. Der Penis ist nun der Sitz von Strebungen und angenehmen Sensationen, onanistische Betätigungen werden genossen und das Phantasieleben ergeht sich in Vorstellungen des Eindringens und Schießens ... der Penis ist der stolzeste Besitz, der Narzißmus konzentriert sich am stärksten auf ihn. Jede Bedrohung mit Verlust oder Schädigung erregt schwerste Angst, jeder ungünstige Vergleich mit Kameraden tiefste Scham und den intensiven Wunsch, das Gleichgewicht wieder herzustellen. Phallische Haltungen bleiben durch das ganze Leben bestehen." (R. Waelder: Die Grundlagen der Psychoanalyse, 94)

Wie wir sehen, enthält die phallische Phase eine psychodynamische Struktur, deren Merkmale in den Hauptpunkten eine überraschende Übereinstimmung mit den Themen aufweisen, die wir im Lamechlied beobachten konnten. Wir fühlen uns von daher zu der These berechtigt, daß, psa gesehen, das Lamechlied ein ausgesprochen phallisches Lied ist. Dafür spricht die „Verehrung der phallischen Stärke und die Verachtung für phallische Schwäche oder Unmännlichkeit" (R. Waelder: Die Grundlagen, 95), die Übersteigerung („Überkompensation") des Strebens nach Männlichkeit („der männliche Protest"), die Angst vor einer Verletzung („Kastration") und die Tendenz zu Rache und Rivalität (gegenüber Gott), sowie die Exhibition der eigenen phallischen Aggressivität als Werbung der Frau gegenüber. Wir sind damit in der Lage, alle in

Gn 4, 23—24 vorkommenden psychischen Themen als eine Einheit zu verstehen, als deren Zentrum wir die Konfliktstellung der phallischen Phase mit dem Problem des Kastrationskomplexes ansehen dürfen; von dorther läßt sich die Angst und die Rache ebenso verstehen wie die überbetonte Männlichkeit und das Werben um die Liebe der Frau. Hinter der Gestalt Gottes, dessen Strafmaßnahmen Lamech zu übertreffen vorgibt, haben wir psa wieder, wie üblich, den Vater zu sehen und hinter den „Frauen" Lamechs im Grunde die Mutter; oder anders ausgedrückt, die Art, in der Lamech seine Frauen zu beeindrucken versucht, entspricht ontogenetisch der Art und Weise, in der in der phallischen Phase der Junge um die Gunst seiner Mutter wirbt. Der Name „Schwertlied", den G. v. Rad dem Gesang von 4, 23.24 gegeben hat, fügt sich gut in das psa gewonnene Bild des Lamechliedes ein; denn das „Schwert" darf als ein exquisites Phallussymbol gelten (vgl. A. Balint: Psychoanalyse der frühen Lebensjahre, 61) und umschreibt zutreffend, worum es in dem Rachegesang Lamechs geht. M. Balint hat dafür den Neologismus vom „philobatischen Heldentum" geprägt, um damit eine bestimmte Haltung der Angstlust und des kämpferischen Vergnügens am Unvertrauten, sexuell am Jungfräulichen zu bezeichnen; er meint: „Philobatisches Heldentum ist in gewisser Weise phallisch-narzißtisches Heldentum, sehr männlich und zugleich sehr kindisch, niemals voll gereift. Das ist der Grund, warum es immer ein wenig, oft sogar erheblich, aufgeplustert werden muß." (M. Balint: Angstlust und Regression, 39) Auch so kann man das ausdrücken, was Lamech in seiner naiven Großmannssucht und seinem phallischen Sexualstolz darstellt.

Diese Auffassung des Lamechliedes liefert uns ein höchst überraschendes Ergebnis. Denn wir können es jetzt kaum noch für einen bloßen Zufall halten, daß wir nach der oralen (Gn 3) und analen (Gn 4, 3—16) Thematik nunmehr auf eine Problematik stoßen, die der phallischen Phase entspricht, also eine Anordnung der Traditionsstücke in der j Urgeschichte antreffen, die bisher ganz und gar dem psa Ablaufgesetz der psychischen Entwicklung des Menschen gehorcht. Wir wissen an dieser Stelle noch nicht zu sagen, wie wir diesen Befund bewerten sollen, müssen aber als Beobachtung konstatieren, daß J offenbar seiner Komposition ein Gliederungsschema zugrundegelegt hat, das bislang in einer für uns verblüffenden Weise mit den Entwicklungsphasen der Psychogenese des Individuums übereinstimmt. Von der Psa her erweisen sich die Erzählungen der j Urgeschichte tatsächlich als „menschheitlich", in dem Sinne, daß sie Phasen repräsentieren, die ein jeder in seiner Kindheit zu durchlaufen hat; gleichzeitig erweist sich die j Urgeschichte auch von der

Psa her bislang als eine echte Entwicklung mit einer festgelegten und irreversiblen Abfolge von Stadien, die jeweils aufeinander aufbauen. Wir dürfen gespannt sein, ob es in dieser Art weitergehen wird.

3. Prähistorische und phylogenetische Beziehungen

Die Frage, ob es für die ontogenetische Problemstellung der phallischen Phase ein prähistorisches Vorbild gebe, war für Freud durch das Konstrukt von der Urhorde und der Kastrationsdrohung des Urvaters beantwortet; da wir indessen Grund zu der Annahme haben, daß Freud hier zwar richtige, aber stark kulturell modifizierte Beobachtungen der Ontogenese in die Menschheitsgeschichte rückwärts projiziert und damit über Gebühr verallgemeinert, hilft uns seine — ohnehin fragwürdige — Hypothese nicht recht weiter. Für Freud stand fest: „in der Vorgeschichte der Menschheit ist es gewiß der Vater gewesen, der die Kastration als Strafe übte" (Aus der Geschichte einer infantilen Neurose, XII 119). Dies aber ist durchaus nicht so gewiß. Freud selbst hat genügend Beispiele für eine Kastrationsangst gesammelt, die nicht vom Vater, sondern vom weiblichen Genitale ausgeht; diese Angst wird, z. B. beim „Medusenhaupt", vom weiblichen Genitale selbst bewirkt, verstärkt also nicht eine Kastrationsfurcht, die vom Vater ausgegangen wäre. Ferner kann man als historisch sicher die Priorität matriarchalischer Gesellschaftssysteme vor den späteren patriarchalischen Systemen annehmen; ja, man wird voraussetzen müssen, daß man biologisch von einer „Vaterschaft" lange Zeit überhaupt nichts wußte. Alle Verehrung galt der Großen Mutter und dem Geheimnis der Mutterschaft. „Sobald aber der Zusammenhang zwischen Beilager und Schwangerschaft offiziell zugegeben wurde — ein Bericht über diesen Wendepunkt in der Religion erscheint in der hethitischen Sage vom einfältigen Appu . . . — verbesserte sich auch die religiöse Stellung des Mannes. Nicht länger wurde Winden und Flüssen die Schwängerung der Frauen zugeschrieben. Die Stammesnymphe oder Königin wählte aus ihrem Gefolge junger Männer den Liebhaber für ein Jahr, um ihn dann, bei Jahresende, zu opfern . . . Sein Blut wurde versprengt, um Bäume, Getreide und Vieh zu befruchten, und sein Fleisch wahrscheinlich roh vom Nymphengefolge der Königin verzehrt." (R. v. Ranke-Graves: Griechische Mythologie, I 13—14)

Die Tötung des „Vaters" dürfte demnach also nicht von der „Brüderhorde", sondern von der Königin ausgegangen sein, und das prähistorische Vorbild der Kastrationsangst läge in der Übergangszeit, in der das

Matriarchat vom Patriarchat abgelöst wurde. Dem würde die weite Verbreitung der Kastrationsangst gegenüber der Frau noch in der Spätzeit der griechischen Tragödie entsprechen (vgl. Euripides: Die Bacchen), an deren Anfang in der „Orestie" Aischylos die Frage zu entscheiden sucht, ob der Mord an dem Vater nicht fortan schwerer wiege als der Mord an der Mutter, wie es das Mutterrecht verlangte. Nimmt man hinzu, daß in der phallischen Phase die Frage: „Wo kommen die Kinder her" eine zentrale Rolle spielt (A. Balint: Psychoanalyse der frühen Lebensjahre, 50—52), so sieht es in der Tat so aus, als wenn gerade die historische Entdeckung der Bedeutung des Mannes beim Zeugungsakt jene Konflikte eingeleitet hätte, die ontogenetisch die phallische Phase mit ihrer Betonung und Gefährdung des Phallus kennzeichnen. Kulturgeschichtlich werden in der „phallischen" Problematik der Kastrationsangst Riten der Ackerbau-Kultur eine Rolle gespielt haben, die ausgesprochen kastrative Züge trugen; so z. B. in den athenischen Thesmophorien, in deren Mittelpunkt „eine Prozession mit den abgeschnittenen Genitalien des Heiligen Königs oder seines Stellvertreters" standen (R. v. Ranke-Graves: Griechische Mythologie, I 183), oder bei den begeisterten Selbstverstümmelungen der Attis-Priester (vgl. J. G. Frazer: Der goldene Zweig, 509; s. u. zu Gn 9, 18—27, S. 436). Der matriarchale Fruchtbarkeitskult scheint, als erst die Wichtigkeit des Phallus für die Fruchtbarkeit bekannt war, eine ganze Zeit lang das Phallusopfer im Dienst der Fruchtbarkeit verlangt zu haben. Und dieser in der Menschheitsgeschichte einschneidende Übergang vom Matriarchat zum Patriarchat ist wohl der antike Vorläufer der phallischen Problematik der Ontogenese. Lediglich die patriarchalischen Bedingungen, unter denen Freud seine psa Beobachtungen anstellte, konnten ihn zu dem Glauben verleiten, in dem Patriarchat der „Urhorde" das Vorbild der Kastrationsangst zu sehen. (Zum „Mutterrecht" in der „Orestie" vgl. J. J. Bachofen: Das Mutterrecht, 199—223)

Indessen läßt sich die psa Lehre von der phallischen Phase und der Verbindung des phallischen Exhibierens mit Machtansprüchen nicht kulturhistorisch, sondern nur biologisch begründen. Eine eigentlich phylogenetische Erklärung des phallischen Imponiergehabes, wie wir es in dem Prahllied Lamechs glauben beobachten zu können, scheint erst neuerdings durch die Beobachtung von W. Wickler über das Genitalpräsentieren männlicher Primaten (Paviane, Meerkatzen) möglich. Es zeigt sich nämlich, daß die Präsentation der (männlichen) Genitalien beim sog. „Wachesitzen" der Altweltaffen eine beträchtliche Rolle spielt, indem die Wächter „die Hinterbeine gespreizt" halten, so daß Penis und

Scrotum weithin sichtbar sind (W. Wickler: Stammesgeschichte und Ritualisierung, 250). Wichtig ist Wicklers Feststellung, daß das Genitalpräsentieren der wachesitzenden Paviane und Meerkatzen „sicher nicht rein sexuell motiviert" ist (Wickler: a.a.O., 251), sondern vielmehr dem Zweck dient, „Anwesenheitsmarken" zu setzen, „die das Eindringen von Fremden ins Gruppenrevier verhindern." Wahrscheinlich wurden „sowohl das Wachesitzen der genannten Affen als auch die Farbauslöser an den männlichen Genitalien im Dienste dieser Funktion spezialisiert" (Wickler: a.a.O., 254); sie könnten eine stammesgeschichtliche Weiterentwicklung der Urinmarkierung zur Revierbegrenzung darstellen, wobei zunehmend olfaktorische durch visuelle Signale ersetzt worden wären.

Der Zusammenhang der männlichen Genitalien mit der Demonstration von Macht zeigt sich insbesondere darin, daß rangtiefere Meerkatzenmännchen blasser gefärbte Genitalien aufweisen als ranghohe; „bei rangtiefen oder gerade unterlegenen Rhesusaffenmännchen steigen die Hoden in den Leistenkanal auf und lassen das Scrotum als leere Hautfalte zurück . . ., und auch beim Menschen schwinden Größe, Gewicht und Spermiogenese der Hoden bei großer Angst sehr schnell" (Wickler: Stammesgeschichte, 258). Umgekehrt vermag Wut beim Männchen Peniserektionen und Leerlauf-Kopulationsbewegungen auszulösen. Es scheint, als wenn auch das weibliche Auffordern zur Paarung, indem es Unterlegenheitsgesten benützt, die Bedeutung des männlichen Genitales als eines Symbols der Rangdemonstration unterstreiche. Entsprechend kann die Kopulationsbewegung selbst der Demonstration des eigenen Ranges dienen. „Bei vielen Säugern besteht die Rangdemonstration in einem kurzen Aufreiten eines Ranghohen auf einen Rangniederen. Das männliche Genitalpräsentieren könnte man als zur Geste ritualisierte Aufreitdrohung auffassen" (I. Eibl-Eibesfeldt: Der vorprogrammierte Mensch, 257).

Von daher ist der männliche Penis phylogenetisch ein exquisites Symbol der Macht, des Drohens und des Abschreckens. Daß die phallische Machtdemonstration ihrerseits zum Fruchtbarkeitssymbol werden kann, liegt wohl darin, daß die erfolgreiche Markierung eines großen Reviers von selbst die Möglichkeit großer Nachkommenschaft in Aussicht stellt; allerdings ist der Penis in diesem Sinne „kein direkteres Fruchtbarkeitssymbol als sonst etwa ein Prachtkleid oder beim Hirsch das Geweih" (Wickler: Stammesgeschichte, 260).

So läßt sich das „Schwertlied" Lamechs ohne weiteres als ein Lied „phallischen" Gehabes deuten, indem es in Form von Drohung und Machtdemonstration den hohen Rang Lamechs dokumentiert und für seine beiden Frauen das Revier schützend verteidigt; der Gesang Lamechs ist, so betrachtet, der Ausdruck einer archaischen Funktionsreserve, bei Bedrohung „phallisch" zu reagieren.

Für eine solche Zuordnung von phallischer Exhibition und Rang-demonstration sprechen zahlreiche Beispiele, z. B. der Brauch einiger Primitiv-Völker in Afrika, Südamerika und Melanesien, mit Hilfe auf-fallend gefärbter überlanger Penisfutterale auf das männliche Genitale hinzuweisen, nicht anders als wie die Landsknechte des 16. Jhdts. sich mit einem stark betonten Hosenlatz gefielen. Der erigierte Phallus als Machtsymbol fehlt auch nicht als Rangabzeichen hochgestellter Gott-heiten, z. B. bei der Darstellung des Amun-Re am Tempel von Karnak aus der 12. Dynastie (W. Wickler: Stammesgeschichte, 263—264). Als gewissermaßen künstliche Wächter können die griechischen ithyphalli-schen Hermen und die phallischen Schutzamulette gelten, die zur Abwendung von Unglück aller Art verwandt wurden. (Abbildungen bei I. Eibl-Eibesfeldt: Der vorprogrammierte Mensch, 248—269) Das Imponieren mit Waffen in den Kriegstänzen zahlreicher Völker scheint gleichfalls eine direkte Fortsetzung des phallischen Exhibierens zu sein; die Männer „demonstrieren durch ihre Heldenpose, daß sie ganze Kerle sind, deren Freundschaft zu besitzen sich wohl lohne" (I. Eibl-Eibesfeldt: Liebe und Haß, 226).

Das phallische Verhalten, das wir in Gn 4, 23—24 analysiert haben, besitzt also eine phylogenetische Voraussetzung im tierischen Verhalten; es wird durch den „Ödipuskomplex" der Psa nicht begründet, sondern erfährt dort lediglich unter den Modifikationen bestimmter kultureller Voraussetzungen eine ontogenetisch wichtige Zuspitzung, die ihrerseits in ihrer Dramatik erst begreifbar wird, wenn wir die urtümliche Bedeutung des „Phallischen" über die sexuelle Bedeutung hinaus zur Kenntnis nehmen. Insofern der phallische Bereich mit dem Machtstreben aufs engste verknüpft scheint, verstehen wir auch, daß soziale Formen der Über-oder Unterordnung der Geschlechter sich, entsprechend der Freudschen Auffassung, an den Penisbesitz anlehnen können. Das Verhalten Lamechs ist biologisch und psychologisch mithin nicht als ein Neuerwerb, sondern lediglich als Äußerung uralter Triebmechanismen zu betrachten.

Damit ergibt sich für uns allerdings das übliche Dilemma: indem wir sehen, daß Lamech sich so verhält, wie es den instinktiven Voraussetzun-gen nach im Menschen angelegt ist, kann seine Gestalt in der Tat als Typos eines ubiquitären menschheitlichen Verhaltens verstanden werden;

gleichwohl ist von J her das Verhalten Lamechs nicht in seiner Triebnatur, sondern in seiner Abkehr von Gott begründet. Wiederum stellt
sich mithin die für die Interpretation der j Urgeschichte philosophisch
entscheidende Frage, wie aus einer Freiheitsentscheidung des Menschen
ein Verhalten abgeleitet werden kann, das zwar aus dem evolutiven
Erbe des Menschen stammt, das aber nicht aufzutreten brauchte, wenn
der Mensch seiner eigentlichen Bestimmung in Gott folgen würde, und
das unausweichlich von ihm Besitz ergreifen muß, wenn er ohne Gott
dem Gesetz seiner Angst ausgeliefert ist. Nicht der „Ödipuskomplex",
sondern daß das, was der Mensch von Natur aus ist, zum Fluch und
Verhängnis wird, wenn der Mensch ohne Gott existiert, stellt das Problem
der j Urgeschichte dar. Davon Näheres im 3. Teil der Arbeit.

V. *Anmerkungen zu Gn 4, 25.26; 5, 29*

Die genealogischen Angaben, die auf das Lamechlied folgen, enthalten
im Grunde nichts, was Stoff für eine psa Untersuchung sein könnte.
Indessen war uns exegetisch doch aufgefallen, daß hier von J eine Art
Gegensatzpaar von Aggression und Fruchtbarkeit (allerdings nur)
angedeutet wird, das auch psychologisch interessant ist, zumal in Gn 4, 25
der Gedanke einer „Kompensation" des Todes durch das Leben auftaucht. Wie wir sahen, ist für die Spätform der Freudschen Triebtheorie
der Gegensatz von Liebe und Tod, Eros und Thanatos, eine Urgegebenheit. Demgegenüber stellen wir in der j Urgeschichte fest, daß das Auftreten dieser Polarität das Ergebnis einer Entwicklung darstellt. Andererseits sahen wir auch, daß nach der Auffassung Freuds von Anfang an
eine Legierung der Triebe stattfindet, die im Verlauf einer gesunden Entwicklung immer weiter fortschreitet. „Die Patrialtriebe (sc. der Libido,
d. V.) organisieren sich im Genitale, die Todes- oder Destruktionstriebe
mischen sich mit den Sexualtrieben und werden dadurch in ihrer Wirkung
bis zur Unkenntlichkeit gemildert. Bei dem rückläufigen Prozesse, der
Regression, kommen die Destruktionstriebe immer deutlicher zum Vorschein und wirken in manchen Krankheiten den Sexualtrieben direkt entgegen. Der Ambivalenzkonflikt zwischen Liebe und Haß stellt sich
wieder ein, in manchen Krankheitsformen beherrschen die Destruktions-

triebe wieder das Triebleben, und zwar so weit, daß es zur Lebens-verneinung kommt." (H. Nunberg: Allgemeine Neurosenlehre, 134)

Von einer „Regression" kann nun in Gn 4, 25.26 nur sehr bedingt die Rede sein; im Grunde scheint die Entgegensetzung von Fruchtbarkeit und Zerstörung, wenn wir sie in der Terminologie der psa Triebtheorie aus-drücken, darauf hinzuweisen, daß es zu einer eigentlichen Trieblegierung nicht kommt, daß eine „Integration" der widerstrebenden Kräfte also nicht erreicht wird, sondern das eintritt, was man psa als „Triebent-mischung" bezeichnet. Unter „Triebentmischung" versteht man das neuerliche Freiwerden der Destruktionstriebe, „parallel zur Libidoregres-sion" (H. Nunberg: Allgemeine Neurosenlehre, 134) und damit in Abhängigkeit von den vorhergehenden Fixierungen. Eine solche Trieb-entmischung scheint insofern in Gn 4, 25.26 angedeutet zu sein, als J nach dem Lamechlied offenbar jetzt an ein Auseinandertreten der Kräfte zum Leben und der Kräfte zum Tode denkt; waren in der phallischen Machtdemonstration Lamechs die aggressiven Tendenzen noch mit den libidinösen Strebungen der Partnerwerbung verbunden, so fällt diese sadistische Triebvermischung nunmehr in konträren Gegensätzen ausein-ander.

Es scheint hier ein Gegensatz aufgegriffen zu werden, den wir psa als ausgesprochen neurotisch bezeichnen können. Wir wissen an dieser Stelle mit dieser Beobachtung noch nicht so recht etwas anzufangen; gleichwohl steht zu vermuten, daß der neurotische Eindruck des Aus-einanderfallens von Lebens- und Todeskräften mit einem anderen Tat-bestand in Zusammenhang steht, den wir bisher auch nur zu registrieren, noch nicht eigentlich zu verstehen vermochten: daß auf allen drei voran-gegangenen Phasen die von J beschriebenen Ambivalenzkonflikte in quantitativ maximaler Intensität dargestellt wurden: die orale Ambi-valenz endete mit einem totalen Verweis (aus dem Paradies), die anale Problematik führte gleich zum Mord; die phallische Konfliktstellung ging enorm gesteigert auf ein Äußerstes von Abwehr und Angriff; all dies scheint irgendwie zusammenzuhängen und dürfte es plausibel machen, daß eine Integration der Widersprüche von Haß und Liebe, Töten und Gebären, Leben und Vernichten definitiv nicht möglich wird, so daß das Leben fortschreitend in antagonistische, einander bekämpfende Strebungen zerfällt; die Menschen, deren einziges Lebensgesetz die Angst zu sein scheint, möchten leben, ohne zu sterben, und müssen doch gerade deshalb töten, um zu leben; ihr Leben, das ein einziger Kampf gegen den Tod geworden ist, ist zugleich ein Verlangen nach dem Tod aus Angst vor dem Leben, wie es jetzt geworden ist.

330

Immerhin stellt J in Gn 4, 25.26 (noch) in Aussicht, daß die Kräfte des Lebens die Mächte des Todes ausgleichen könnten bzw. (in Seth) sogar de facto schon ausgeglichen haben. Es ginge sicher viel zu weit, wenn wir sagen wollten, darin sei so etwas wie eine „Kompensation" zu erblicken; gleichwohl liegt der j Darstellung an dieser Stelle aber doch ein dem Kompensationsbegriff vergleichbarer Gedanke zugrunde, daß das Verlorene, Ausgemerzte durch eine Ersatzbildung ausgeglichen werden kann. Freilich erfüllen diese Restitutionsversuche in Gn 3—11 niemals die Hoffnung, die in sie gesetzt wird, und ähneln auch darin dem Schicksal, das wir in der j Urgeschichte im weiteren Verlauf dargestellt finden: sie bringen das im Ansatz verfehlte Leben nicht von seiner falschen Richtung ab, wenngleich sie ihm vorübergehend eine Chance des Überlebens sichern.

Ein recht eindringliches Bild von dem Antagonismus zwischen Leben und Tod und von der Hoffnung, die die Menschen in die Liebe setzen — gegen die Mächte der Zerstörung —, hat E. Hemingway in seinem Bürgerkriegsroman „Wem die Stunde schlägt" (For Whom the Bell tolls) gezeichnet; es ist die Szene, in der Robert und Maria, beide unmittelbar von der Gefahr des Todes bedroht, einander ihre Liebe gestehen, während sie sich im Schlafsack aneinander schmiegen; Hemingway drückt in der ihm eigenen Intensität die ganz vitale Erfahrung von Gn 4, 25 aus, wenn er von Robert schreibt: „. . . er fühlte den langen, warmen Körper warm an seiner Seite, wie er ihn tröstete an seiner Seite, wie er die Einsamkeit verscheuchte an seiner Seite, wie er durch eine einfache Berührung der Hüften, der Schultern und der Füße mit ihm ein Bündnis schmiedete gegen den Tod, und er sagte: ‚Schlaf gut . . .' . . . Er . . . zog den Schlafsack über ihren Kopf und küßte sie unter dem Schlafsack einmal auf den Hals, und dann zog er die Pistolenschnur heran und legte die Pistole neben sich, so daß er sie leicht erreichen konnte, und dann lag er da in der Nacht und dachte nach." (E. Hemingway: Wem die Stunde schlägt, 328—329) Der Tod wird so nicht überwunden, aber es ist unter der Bedrohung des Todes und der Destruktion schon viel, das Vertrauen in die Kraft des Lebens nicht zu verlieren. J scheint in Gn 4, 25.26 zu meinen, daß mehr dem Menschen nach dem Lamechlied auch nicht vergönnt sein könne. Der weitere Fortgang der j Urgeschichte beweist, daß auch die Hoffnung auf Kompensation der Todestriebe durch die Lebenstriebe bei einem Leben, das von seinen eigenen Ursprüngen getrennt und in seinen eigenen Widersprüchen zerrissen ist, nur von vorübergehender Dauer sein kann.

VI. Untersuchung von Gn 6, 1.2.4 (die „Engelehe")

1. Zur naturmythologischen Bedeutung der heiligen Hochzeit

Aus der Traditionsgeschichte dieser schwierigen Stelle wissen wir, daß in der Erzählung von der „Engelehe" ursprünglich ein Mythos von der Zeugung der „Riesen" durch eine Ehe von Menschentöchtern mit Göttersöhnen vorlag, der dann variiert wurde durch die ätiologische Erklärung der „Helden"; deren positive Wertschätzung wiederum wurde von der Bibel beseitigt und das ganze Motiv in ein Bild widergöttlichen Abfalls verwandelt. Diese redaktionelle Umarbeitung des Stoffes durch die Einschaltung von Gn 6, 3 werden wir zunächst ganz ausklammern müssen, wenn wir nach der psychologischen Bedeutung des Motivs der „Engelehe" und Heroengeburt fragen.

Zu einer ersten Orientierung über die psychologische Bedeutung des Motivs der Götterehe kann uns wiederum ein Blick in die Naturmythologie verhelfen, enthält doch der Naturmythos in gewisser Weise eine in die Naturvorgänge projizierte, mithin unbewußte Psychologie. Zu suchen ist also nach Mythen, in denen bestimmte Naturvorgänge nach Art einer Ehe zwischen (Menschen-)Töchtern bzw. Frauen und einer männlichen Gottheit aufgefaßt werden. Als nähere Vergleichsmomente legt es die j Erzählung nahe, auf das Motiv der Schönheit der Menschentöchter und auf die gewalttätige Art des männlichen Vorgehens zu achten.

Bereits I. Goldziher hat zur Erklärung des Motivs der gewalttätigen Hochzeit auf den indischen Mythos von Prajapati und Ushas hingewiesen (Goldziher: Der Mythos bei den Hebräern, 223). Ushas, die Morgenröte, glich in „ihren rosenroten Gewändern und dem goldenen Schleier... einer zarten Braut oder einer Gattin, deren Schönheit allmorgendlich noch gewachsen schien." (V. Ions: Indische Mythologie, 22) „Weißglänzend wie der Wasser Silberwogen" schildert sie ein Hymnus des Rigveda und preist die Göttin in ihrem Aufgang mit den Worten: „Ja, du bist gut, du leuchtest weit, zum Himmel / Sind deines Lichtes Strahlen aufgeflogen. / Du schmückest dich und prangst mit deinem Busen / und strahlst voll Hoheit, Göttin Morgenröte." (Rigveda, VI 64; bei: H. v. Glasenapp: Indische Geisteswelt, 17) Wenn Ushas aus dem Meer auftaucht, so scheint es, als wenn sie sich im Bewußtsein ihrer Schönheit im Bad aufrichten würde, um von allen gesehen zu werden (Rigveda, V 80, 5; P. Thieme: Gedichte, 53—54). Wenn sie erscheint, „läßt (sie) den Männern zugekehrt ihr Gewand niedergleiten, wie eine herrliche junge Frau." (Rigveda, V 80, 6) Sehr betont kann mithin bezüglich der Morgenröte hervorgehoben werden, daß sie nicht nur schön ist, sondern, wie die Töchter in Gn 6, 2, ihre Schönheit auch sehen läßt. So kommt es indessen, daß ihr Vater Prajapati (Brahma), der Schöpfergott des Nachthimmels, ihr unaufhörlich nachstellt. Zwar verwandelt Ushas sich, um der Verfolgung ihres Vaters zu entgehen, in eine Gazelle, sie erliegt aber schließlich doch der Zudringlichkeit ihres väterlichen Verfolgers. (J. Herbert, in: P. Grimal: Mythen, II 74) Man wird diese Mythe so verstehen können, daß die Morgenröte als Tochter des Nachthimmels im Verlauf des Morgens sich von der Dunkelheit trennt und die Gestalt der Sonne annimmt, die ihrer Strahlen wegen als ein gehörntes Tier (vgl. die Hathor-Kuh der Ägypter), vielleicht ihres schnellen Laufes wegen speziell als Gazelle dargestellt wird; des Abends jedoch erliegt Ushas, die als Abendröte vom Morgenlicht nicht verschieden ist, der Macht des dunklen Nachthimmels, vereinigt sich mit ihm und geht in ihm unter, bis sie sich am anderen Morgen nach langem Schlaf erneuert rosenfingrig, wie Homer sagt, „von ihrem Lager bei dem erlauchten Tithonos" (Homer: Odyssee V 1) erhebt. Als der Sohn von Prajapati und Ushas gilt der Gott Rudra, der „Heuler" genannt wird, weil er geweint hat, als Prajapati ihn fand; er ist ein ebenso gefürchteter wie wohltätiger Gott, ein mordlustiger Sturmgott und ein freigebiger Arzt, sehr in Ähnlichkeit zu dem hinduistischen Gott Shiva, der gleichfalls als lebenschaffend und zerstörend vorgestellt wird (vgl. V. Ions: Indische Mythologie, 23).

Es liegt nahe, diese Erzählung von der Hochzeit der Tochter Morgenröte mit dem dunklen und gewalttätigen Vater der Nacht in Verbindung zu bringen mit dem Mythos von den Töchtern des Lot (Gn 19, 30—38). Lots Name wurde von Goldziher als der „Bedeckende" gedeutet, als die Nacht bzw. die Finsternis, die nach Ps 44, 20, Job 23, 17 oder Jes 60, 2 als das Verdeckende schlechthin gilt (Goldziher: Der Mythos, 218). Wenn die Abendröte — eine Tochter der Nacht ebenso wie das mit ihr identische Morgenrot — „sich mit den Schatten der Nacht vereinigt, immer finsterer und trüber wird, um dann endlich ganz in der Nacht aufzugehen, da sagte der mythosschaffende Mensch: Die Töchter Lot's, des Verdeckenden, gehen zu ihrem Vater ins Beilager" (Goldziher, 223). Sachlich scheinen demnach die Mythe von Ushas und die Geschichte von Lots Töchtern dasselbe zu besagen, nur daß in der indischen Erzählung die wollüstige Gewalttat des Vaters, in der semitischen Version die listige Intrige der Töchter die Handlung einleitet. In der biblischen Erzählung wird außerdem aus der Naturmythe eine Geschichtsätiologie von der

Herkunft der Moabiter und Ammoniter, deren Stammväter offenbar als solche „Männer von Namen" zu gelten haben, wie J die Söhne der Götterhochzeit in Gn 6, 4 bezeichnet.

Die Vorstellung von der Hochzeit der dunklen Nacht mit dem Licht (der Morgenröte) tritt in den Mythen natürlich in unzähligen Variationen auf. Am weitesten verbreitet ist wohl die Vorstellung von der abenteuerlichen Liebe der Göttin des dunklen Mondes zum Sonnengott. In der Motivgeschichte des 1. Bandes (I 175) haben wir bereits auf die zahlreichen und leidenschaftlichen Liebschaften des Zeus hingewiesen, z. B. wie er als Schwan der Leda, der Mutter der Dioskuren, nachstellt. Die Metamorphosen des Zeus als Stier, Schwan, Goldregen u. a. hat E. Siecke als alte Bezeichnungen der Sonne betrachtet, wie sie den Mondschwan, die Mondkuh oder die Nymphe verfolgt, raubt und schwängert. (E. Siecke: Die Liebesgeschichte des Himmels, 16; 118—126) Das Gewalttätige, das Räuberische dieser Liebschaft könnte dem Glauben entstammen, daß es dem Sonnengott nur vergönnt ist, sich dem Mond zu nähern, wenn dieser im Schwinden begriffen ist und schließlich am Himmel ganz unsichtbar wird, gilt doch gerade die Stellung des Neumondes zur Sonne als eheliche Vereinigung beider, die conjunctio also als conjugium (Siecke: Die Liebesgeschichte, 10). Das Verschwinden bzw. die Verdunklung des Mondes wird in den Mythen oft (astronomisch richtig!) dem Sonnengott selbst angelastet; so heiratet z. B. in dem Grimmschen Märchen von der weißen und der schwarzen Braut der König die geliebte Braut erst, nachdem er der schneeweißen Ente den Hals abgeschnitten hat, denn der durch den Himmelsozean fliegende Mond muß erst die langgestreckte Sichelgestalt verlieren, ehe er sich in die glänzende Pracht der weißen Braut verwandeln kann. (Vgl. Siecke: Die Liebesgeschichte, 10—13) Auch in den Mondmythen spielt die unvergleichliche Schönheit der Mondbraut die größte Rolle, um die gewalttätige Liebeswerbung des Sonnengottes zu motivieren. Als die Kinder, die aus jener Hochzeit von Sonne und Mond hervorgehen, gelten naturgemäß Lichtgottheiten, also Sonnenheroen oder Mondheroinen (Siecke, 119).

Wie vorsichtig man freilich sein muß, eine bestimmte Motivbedeutung der gewalttätigen Hochzeit, etwa die Mondbedeutung, zu verallgemeinern, zeigt ein Mythos der südafrikanischen Buschmänner, die zwar auch die Vorstellung von der Tötung eines Mondtieres durch die Sonne kennen, aber gerade das Motiv von der Frau, die ein Stier rauben will (vgl. Zeus und Europa), nicht von Sonne und Mond, sondern von Regen und Erde erzählen. Der Regenstier nämlich, berichtet die Mythe, warb um eine Frau, die krank in ihrer Hütte lag und ein Kind bei sich trug.

Der Stier, der „Leib des Regens", entführt die Frau auf seinem Rücken und möchte sie in das Wasserloch bringen, aus dem er selbst voll brünstigen Begehrens aufgestiegen war. Die Frau, die den Stier an Kopf und Hals mit einem Zauberpuder bestreut, erreicht jedoch, daß sie auf einem großen Baum abgesetzt wird; während der Stier schläft, kann sie entkommen; als der Stier schließlich, in der Meinung, sie sitze immer noch auf seinem Rücken, in das Wasser geht, wird die Frau, die von grüner Farbe ist, nicht, wie es sonst der Fall gewesen wäre, in einen Frosch verwandelt, weil es ihr durch das Verbrennen eines Zauberkrautes gelingt, den Geruch, der dem Regen gehört, von sich zu verbannen (E. Holm: Tier und Gott, 160—162). Die junge, noch „grüne" Frau weiß also um das rettende Mittel, den „Stier" einzuschläfern und „den schweren Aufstieg am Lebensbaum zurück zum Leben" zu vollbringen (E. Holm, 163). Sexualsymbolik, Fruchtbarkeitszauber und Initiationsritual greifen hier ineinander; es wäre hier reine Spekulation, wenngleich nicht unmöglich, die Erdfrau mit dem Mond und den Regenstier mit der Sonne zu identifizieren.

Eine Eigenart, die im Mythos allerdings allgemein verbreitet ist, besteht in der Neigung, die Ereignisse des Tagesablaufs auf die Mond- bzw. die Jahresperiodik zu übertragen und den Zyklus der Gestirne wiederum als einen kosmogonischen Vorgang zu betrachten. Die Mythen der Hl. Hochzeit, die vom Tagesablauf erzählen, unterscheiden sich daher in ihren Motiven nicht wesentlich von den Mythen, die von dem Auftauchen der Welt aus dem Chaos des Nichtseins zu berichten wissen. Bereits die Geschichte von Lots Töchtern ist ja nicht nur eine Erzählung von der Verschmelzung der Töchter der Nacht mit ihrem dunklen Vater, sondern zugleich ein Weltschöpfungsmythos, der das Chaos der Welt (Sodoms Untergang) voraussetzt. So kann es nicht verwundern, daß etwa der olympische Schöpfungsmythos, wenngleich ins Patriarchalische gewendet, die Weltentstehung und Geburt von Riesenhelden nicht wesentlich anders darstellt als Gn 19, 30—38 den Neubeginn der Welt nach dem Kataklysmos Sodoms. Der griechische Mythos erzählt nämlich, wie am Anfang der Dinge die Mutter Erde aus dem Chaos auftauchte und im Schlaf (vgl. Gn 2, 21) ihren Sohn Uranos gebiert. Dieser „blickte von den Bergen liebevoll auf sie herab und sprühte fruchtbaren Regen über die geheimen Öffnungen ihres Leibes. Da gebar sie das Gras, die Blumen und die Bäume und auch die Tiere und Vögel, die dazu gehörten." Und so entstanden auch ihre ersten Kinder, die hundertarmigen Riesen Briareos, Gyges und Kottos, die von halbmenschlicher Gestalt waren; danach wuchsen die Kyklopen heran, die sich als Schmiede und Erbauer

335

gewaltiger Mauern auszeichneten (R. v. Ranke-Graves, I 26). Die Kyklopen gelten als Verkörperung der Sonne oder des Mondes, die Riesen könnten Gebirge und Felsen sein.

In den Zusammenhang der Schöpfung und des Uranfangs gehören auch die fruchtbarkeitspendenden Riten der Heiligen Hochzeit der Jungfrau mit dem Gott (vgl. I 172). So wurde in den Mysterien von Eleusis im September der Himmelsgott Zeus mit der Getreidegöttin Demeter vereinigt, der Oberpriester mit der Priesterin der Demeter. K. Kerényi hat darauf hingewiesen, daß Demeter eine Urkore war und blieb. Einer ihrer Namen ist Erinys, wohl in Parallele zu der Mythe, wie Zeus der Kore Nemesis nachstellt; die Göttin, die sich in Tiere der Erde, des Meeres, der Luft verwandelt, begeht schließlich als Gans mit Zeus in der Gestalt eines Schwans „als wilde Vögel einer sumpfigen Urwelt ... ihre Mädchenraubhochzeit." (K. Kerényi: Das göttliche Mädchen, 41) Die Göttin unterlag dieser Mythe zufolge zwar der Gewalt des Gottes, aber sie wurde aus Anlaß dieses Vorfalls die für immer zürnende Rächerin: Nemesis. Ihre Tochter, die Kore Helena, „ist die ewig zum Brautraub verlockende und sich dafür ewig rächende, *junge Nemesis*", schreibt Kerényi (41; vgl. 67—68) und deutet ihr Wesen mit Bezug zur Gestalt der Demeter als Inbegriff des Lebensschicksals: „In die Gestalt der Demeter eintreten, das heißt verfolgt, beraubt, ja geraubt werden, nicht verstehen, sondern zürnen und trauern, dann aber doch zurückerlangen und wiedergeboren werden: was anderes bedeutet dies als die allgemeinste Idee des Lebewesens, das Los der Sterblichen verwirklichen?" (43; vgl. 73)

Die Hl. Hochzeit kommt also dem Tod der Jungfrau, ihrem Opfer gleich; es ist ein gewaltsamer, roher Akt, ein jungfräuliches Sterben, das gleichwohl dem Leben und der Neugeburt dient; das Wesensbild der sterbenden bzw. geraubten Jungfrau verschmilzt dabei mit dem Bild des Mondes, dessen Dahinschwinden und Wiederauferstehen gleichfalls als gewalttätiger Liebeskampf gedeutet werden kann. Zu Recht hat Frazer in die Betrachtung der Heiligen Hochzeit daher die Riten aufgenommen, in denen, z. B. bei den Baganda am Victoria-See, Jungfrauen zur Hochzeit mit dem dämonischen Geist des Wassers vermählt oder, wie bei den ostafrikanischen Kikuyu, dem Schlangengott geopfert wurden (Frazer: Der goldene Zweig, 211—213). Fruchtbarkeitsriten dieser Art dürften letztlich auch hinter dem mythischen Motiv von dem Jungfrauenopfer an den dämonischen Liebhaber, an den Drachen oder an die Schlange mit den neun Köpfen stehen. Die Schlange oder das raubende Ungeheuer kann seinerseits mit dem König identifiziert werden, wie es z. B. bei den sudanesischen Baja zum Ausdruck kommt (vgl. L. Frobenius: Atlantis, V 108—109); das Motiv der geraubten bzw. geopferten Brautjungfrau kann dann ohne weiteres mit dynastischen oder geschichtlichen Ätiologien verknüpft werden, wie es etwa in der Minotaurus-Sage der Fall zu sein scheint. (Vgl. I 175)

Es ist jedoch wichtig hervorzuheben, daß das Ritual der Heiligen Hochzeit im Ursprung eine imitative Magie im Sinne J. G. Frazers darstellt, indem die Vereinigung einer Frau, etwa mit dem Bel zu Babylon oder mit dem Gott Ammon in Theben oder ganz analog die Hochzeit des Maikönigs mit der Maikönigin oder der Königsjungfrau mit dem Froschkönig im Grimmschen Märchen in unseren Landen, dem offenkundigen Zwecke dient, die Fruchtbarkeit der Natur durch Handlungen der menschlichen Fruchtbarkeit zu fördern. Das Kind, das aus der Heiligen Hochzeit hervorgeht, ist denn auch oft genug ausdrücklich eine bestimmte Ackerfrucht. In Eleusis z. B. zeigte der Oberpriester des Zeus nach seiner Vermählung mit der Demeterpriesterin der Versammlung eine gemähte Kornähre. Dann verkündete er mit lauter Stimme: „Die Königin Brimo hat einen heiligen Knaben Brimos geboren", die Mächtige also hat den Mächtigen erzeugt. (Vgl. J. G. Frazer: Der goldene Zweig, 208; K. Kerényi: Das göttliche Mädchen, 66—68) Die Heroengeburt ist ursprünglich mithin ein magischer Ritus der Fruchtbarkeit und dürfte erst späterdrein mit dynastischen Aspekten verknüpft worden sein, wobei es in alter Zeit wohl die vornehmste Aufgabe des Königs gewesen sein wird, für Regen und die Fruchtbarkeit des Landes zu sorgen; seine Herkunft und seine Macht hingen an diesen Vorstellungen.

2. Die psa Interpretation der „Engelehe"

> „Und es war Sehnsucht nach Romantik, Sehnsucht nach dem Ungewöhnlichen, Sehnsucht nach Erfahrung, nach besonderem Erleben, nach Abenteuer, . . . nach Opfer, Hingabe und Iphigenienmythe, es war Trotz, es war Verdruß . . ."
>
> (W. Koeppen: Tauben im Gras, 205)

Die naturmythologische Bedeutung des Motivs der Götterehe weist uns an, auf folgende Aspekte zu achten:

a) *das Inzestmotiv:* die Heilige Hochzeit findet zwischen Vater und Tochter (bzw. Sohn und Mutter) statt, die oft identisch sind mit Hell und Dunkel, Morgenrot und Nacht, Sonne und Mond, Erde und Regen;

b) *das Gewaltmotiv:* die Braut wird gegen ihren Widerstand geraubt oder vergewaltigt;

c) *die Heroengeburt:* das Ziel der Mythen liegt in der Schilderung der Geburt eines (Sonnen- oder Mond-)Helden bzw. der Getreidefrucht;

d) *die Jungräulichkeit:* die geraubte Braut ist von jungfräulicher Schönheit und Unberührtheit (der Kore-Aspekt);

e) *die Herkunft einer neuen Welt:* das Wiedergeburtsmotiv.

Wenn wir psa diesen Themenkatalog durchmustern, so in Verbindung mit der Frage, ob es eine psychische Situation gibt, in der die genannten Motive zu einem einzigen konfliktartigen Syndrom zusammentreten und ob eine Möglichkeit besteht, die etwaige Konfliktstellung ontogenetisch einzuordnen; zunächst werden wir dabei auf der Objektstufe die Inzestproblematik wortwörtlich nehmen, ehe wir subjektal die inzestuöse Thematik selbst wieder als einen symbolischen Ausdruck intrapsychischer Tendenzen interpretieren.

Eine Besonderheit der biblischen Erzählung besteht in der Differenz zwischen der „mythologischen" und der „ätiologischen" Fassung von Gn 6, 1—4 und der Unterscheidung zwischen den Riesen (Nephilim) und Helden (Gibborim); wir werden psa diese Eigentümlichkeit vernachlässigen dürfen, handelt es sich doch um Nuancen, die ihren Ursprung nicht der Tätigkeit des Unbewußten, sondern offensichtlich kulturgeschichtlichen Modifikationen verdanken. Mithin werden wir Gn 6, 1.2.4 so auslegen, als wenn es sich um einen der üblichen Mythen von der Heiligen Hochzeit und der Geburt des Helden handeln würde.

Als erster hat O. Rank hervorgehoben, daß aus den zahlreichen Heldengeburtsmythen sich eine Art „Durchschnittssage" bilden lasse, welche die folgenden Merkmale aufweise: der Held sei das Kind vornehmster Eltern; seiner Entstehung gingen Schwierigkeiten (Unfruchtbarkeit, äußere Hindernisse, drohende Orakel) voraus, welche zumeist den Vater veranlaßten, das Kind zur Tötung auszusetzen, insbesondere, es in einem Kästchen dem Wasser zu übergeben; das Kind aber werde von niederen Leuten (Hirten) gerettet und von einem weiblichen Tier bzw. einer sozial geringen Frau gesäugt und aufgezogen; bei den Pflegeeltern aufgewachsen, räche sich das Kind an seinem Vater, werde als Held (König) anerkannt und gelange schließlich zu Größe und Ruhm (O. Rank: Der Mythus von der Geburt des Helden, 79—80).

338

Für die psa Interpretation von Gn 6, 1—4 ergeben sich hier zwei Einstiegsmöglichkeiten. Der eine Akzent liegt auf dem Motiv der Heldengeburt, d. h. auf der Perspektive des von göttlichen Eltern geborenen, aber bei einfachen Leuten in der Verbannung aufwachsenden Kindes; für dieses Motiv wissen wir naturmythologisch eigentlich keine wirklich plausible Erklärung, es sei denn, man wolle das Motiv vom Fressen der Kinder, wie wir es in der Mondmythologie finden, als eine entfernte Erklärung heranziehen: etwa, daß Medea ihre Kinder, also die Mondgöttin den neugeborenen Mond, zerstückelt (und verschlingt) oder, in männlicher Version, Kronos seine Kinder (vgl. E. Siecke: Die Liebesgeschichte des Himmels, 11; 87—93); zu diesem Motiv von der Feindschaft der Mutter bzw. des Vaters zu ihren Kindern werden wir von seiten der Psa besonders interessante Aufschlüsse erwarten dürfen. Die andere Perspektive der Interpretation ist aus der Sicht der „Menschentöchter" zu wählen, d. h. es ist die Frage zu stellen, was hinter der Anschauung steht, daß eine Jungfrau mit einem Gott mittels einer Gewalttat gepaart wird; beachtenswert ist dabei, daß die Naturmythologie keinen Unterschied macht, ob die Heilige Hochzeit zwischen (Mond-)Göttin und (Sonnen-)Gott oder zwischen (Himmels-)Tochter und (Himmels-)Vater begangen wird; psa verdient die Vorstellung von der Heirat der Tochter mit dem (göttlichen) Vater natürlich eine besondere Aufmerksamkeit und Aufklärung.

M. E. laufen beide Perspektiven in einem einzigen Schnittpunkt zusammen, den S. Freud als den „Familienroman der Neurotiker" gültig beschrieben und analysiert hat (VII 227—231). Um den Erklärungswert der Freudschen Formel vom „Familienroman" für die Interpretation von Gn 6, 1—4 zu verstehen, skizzieren wir zunächst, welche ontogenetischen Beobachtungen Freud in der Theorie von der romanhaften Umformung der wirklichen Familienverhältnisse durch das neurotische Erleben zusammengefaßt sah.

Der „Familienroman" bildet sich nach Freud in Reaktion auf die beginnende „Entfremdung von den Eltern" (a.a.O., 228), insofern — etwa um die Zeit der Vorpubertät — sich die Phantasie des Kindes damit beschäftigt, „die geringgeschätzten Eltern loszuwerden und durch in der Regel sozial höher stehende zu ersetzen." (a.a.O., 229) Das Interesse konzentriert sich dabei auf den Vater, dessen biologische Zugehörigkeit zum Kind von vornherein als unsicher erscheint, während die Verbindung zur Mutter als gesichert vorausgesetzt wird. Der Familienroman besteht entsprechend darin, „die Mutter, die Gegenstand der höchsten sexuellen Neugierde ist, in die Situation von geheimer Untreue und geheimen Liebesverhältnissen zu bringen." (S. F.: Der Familienroman der Neurotiker, VII 230) Der richtige Vater nämlich sei ein anderer gewesen, zumeist von sozial weit höherem Rang, ein König, wie es in Märchen oft phantasiert wird, ein Gott, wie die Mythen behaupten. In gewissem Sinne stecke in diesen Phantasien zugleich „das Motiv der Rache und Vergeltung" (a.a.O., 230), insofern der Vater in diesen Traumvorstellungen auf unblutige Weise beseitigt werde; gleichzeitig handele der Neurotiker sich durch diese Phantasie den Vorzug ein, die eigenen Geschwister als lästige Konkurrenten loszuwerden und sich selbst eine bevorzugte Stellung sichern zu können.

Ein unübertrefflich schönes Beispiel für die Gefühlsambivalenz des Familienromans stellt der Roman Stendhals „Rot und Schwarz" dar, dessen Held, Julien Sorel, von der Leitlinie bestimmt wird, ein Napoleon zu werden, aus Haß auf seinen Vater und auf seine armselige soziale Herkunft; Juliens Liebe gilt zunächst der wesentlich älteren Frau de Rênal, dann der gesellschaftlich weit überlegenen Mathilde. Je höher Julien im Ansehen der adeligen Kreise von Paris aufsteigt, desto mehr verfestigt sich der Zweifel, ob sein Vater wirklich sein Vater ist. „Sollte es am Ende möglich sein, sagte er sich, daß ich der natürliche Sohn irgendeines vornehmen Herrn wäre, der von dem schrecklichen Napoleon in unsere Berge verbannt worden ist? Mit jedem Mal dünkte ihn dieser Gedanke weniger abwegig. Mein Haß gegen meinen Vater wäre ein Beweis dafür ... Ich wäre dann kein Unmensch mehr!" (Stendhal: Rot und Schwarz, 541) Deutlicher kann man nicht sagen, wie der Familienroman der Verleugnung des Vaters und der hohen Wertschätzung der Mutter entstammt, wie er auch eine Entlastung von dem drückenden Schuldgefühl der Vaterfeindschaft bietet und schließlich der eigenen Selbsterhöhung zu eben der Position dient, auf der man den eigentlichen Vater, aber auch Verfolger wähnt.

Im Kontext von Phantasien dieser Art erhalten wir eine erste Antwort, wie es in den Märchen und Mythen zu dem Glauben kommen kann, der Vater des Helden sei gar nicht der wirkliche Erzeuger des Kindes, sondern nur der Pflegevater. „Wenn die Volksphantasie an eine hervorragende Persönlichkeit den hier behandelten Geburtsmythus heftet, so will sie den Betreffenden hiedurch als Helden anerkennen, verkünden, daß er das Schema eines Heldenlebens erfüllt hat. Die Quelle der ganzen Dichtung ist ... der sogenannte ‚Familienroman' des Kindes, in dem der Sohn auf die Veränderung seiner Gefühlsbeziehungen zu den Eltern, insbesondere zum Vater, reagiert." (S. F.: Der Mann Moses, XVI 108—109)

Es ist nun aber nicht so, als wenn die Enttäuschungen an den eigenen Eltern ein rein persönliches Problem einzelner neurotischer Individuen wären; denn dann vermöchte die Theorie vom Familienroman niemals die weite Verbreitung des Motivs von der göttlichen Geburt des Helden zu erklären. Vielmehr zeigt sich bei näherem Hinsehen, daß im Grunde „das Kind den Vater eigentlich nicht beseitigt, sondern erhöht. Ja, das ganze Bestreben, den wirklichen Vater durch einen vornehmeren zu ersetzen, ist nur der Ausdruck der Sehnsucht des Kindes nach der verlorenen glücklichen Zeit, in der ihm sein Vater als der vornehmste und stärkste Mann, seine Mutter als die liebste und schönste Frau erschienen ist. Er (statt „es", d. V.) wendet sich vom Vater, den er jetzt erkennt, zurück zu dem, an den er in früheren Kinderjahren geglaubt hat, und die Phantasie ist eigentlich nur der Ausdruck des Bedauerns, daß diese glückliche Zeit entschwunden ist." (S. F.: Der Familienroman der Neurotiker, VII 231) Die eigentliche Wurzel des Mythos von der göttlichen Geburt des Helden ist also letztlich nicht der Familienroman, sondern dieser geht auf die frühkindliche Erfahrung mit den Eltern zurück; der Familienroman selbst ist die Folge einer unvermeidlichen Enttäuschung, die eintritt, wenn das Kind in der Vorpubertät merkt, daß die Eltern, insbesondere der Vater, nicht die göttlichen Wesen sind, für die es das Kind gehalten hat. „Die ersten Kinderjahre werden von einer großartigen Überschätzung des Vaters beherrscht, der entsprechend König und Königin in Traum und Märchen immer nur die Eltern bedeuten, während später unter dem Einfluß von Rivalität und realer Enttäuschung die Ablösung von den Eltern und die kritische Einstellung gegen den Vater einsetzt." (S. F.: Der Mann Moses, XVI 109; vgl.: Die Traumdeutung, II/III 358—359) Der Gedanke der göttlichen (oder königlichen) Abkunft ist mithin der Traum jeder Kinderstube und ein Niederschlag der kindlichen Hilflosigkeit und Abhängigkeit einerseits und der tatsächlich unendlichen Überlegenheit der Eltern andererseits, verbunden mit der schmerzhaften Einsicht in die enttäuschende Allzu-Menschlichkeit der geliebten frühesten Bezugspersonen. In diesem Sinne ist das Motiv der Geburt eines göttlichen Kindes als ubiquitäre Phantasie der kindlichen Sexualentwicklung zu verstehen: jedes Kind sieht sich als Sohn eines göttlichen Vaters und sich selbst als unvergleichlichen Helden, und jedes Kind versucht diesen Traum gegen die enttäuschende Wirklichkeit zu verteidigen, indem es, als Junge, den wirklichen Vater tapfer bekämpft und sein eigenes Herrentum unter Beweis stellt.

So hätten wir denn immerhin einen ersten Anhaltspunkt für die ontogenetische Herkunft des Mythenmotivs von der göttlichen Geburt gewonnen; wir halten fest, daß der Entstehungsort dieses (Wunsch-) Gedankens in den realen Erfahrungen der frühen Kindheit zu suchen ist.

Die ganze bisherige Darlegung scheint allerdings noch am Kern der Sache vorbeizugehen. Der Mythos von der „Engelehe" berichtet ja nur zu einem Teil ätiologisch von der Geburt der Helden; der andere, mindestens ebenso wichtige Teil des Motivs der Engelehe besteht in der Vorstellung von der gewaltsamen Verbindung der Menschentöchter mit überlegenen Göttersöhnen; d. h., der Mythos ist nicht nur aus dem Blickwinkel der Heroen, sondern mehr noch von den Menschentöchtern her zu lesen.

Die Frage muß also neu und anders akzentuiert werden, nicht, woher die Heroen kommen, sondern woher der Glaube der Menschentöchter kommt, mit Gottessöhnen Riesen hervorzubringen. Zweierlei können wir jetzt allerdings bereits nach dem Gesagten voraussetzen: wir wissen, daß es sich ontogenetisch um eine Vorstellung der frühen Kindheit handeln muß und daß wir in der Gestalt der Gottessöhne eigentlich Repräsentanten des eigenen Vaters zu erblicken haben. Hinzunehmen müssen wir noch die Tatsache, daß die Verbindung in Gn 6, 1—4 spezifisch zwischen den Menschentöchtern und den Gottessöhnen, nicht, wie es auch denkbar wäre, zwischen Göttinnen und Menschensöhnen vollzogen wird. Gehen wir von diesen Gegebenheiten aus, dann steht nichts mehr im Wege, das Thema von Gn 6, 1—4 aus seiner mythologischen Sprache zu lösen und es auf seine psychogenetische Wurzel zurückzuführen; es handelt sich dann um die Phantasie und den Wunsch des (kleinen) Mädchens, mit seinem Vater (dem Gottessohn) Riesen (Heroen) zur Welt zu bringen. Können wir psa eine Erklärung für das Zustandekommen dieser Phantasie geben? Sehen wir zu.

Hervorheben läßt sich zunächst die Allgemeinheit der genannten Phantasie. „Jeder Analytiker", meint Freud, „hat die Frauen kennengelernt, die mit besonderer Intensität und Zähigkeit an ihrer Vaterbindung festhalten und an dem Wunsch, vom Vater ein Kind zu bekommen, in dem diese gipfelt." (Einige psychische Folgen des anatomischen Geschlechtsunterschieds, XIV 22—23) Der Eindruck, er handele sich hier um eine Art elementarer „Tatsache des kindlichen Sexuallebens" ist jedoch trügerisch. Vielmehr zeigt sich, „daß der (weibliche, d. V.) Ödipus-Komplex hier eine lange Vorgeschichte hat und eine gewissermaßen sekundäre Bildung ist." (a.a.O., 23) „Für die Tochter ist genau so wie für den Sohn die Mutter *das erste und wichtigste Liebesobjekt.* Die allererste Liebe entsteht sowohl für Knaben wie für Mädchen an der

Mutterbrust. Während aber der Knabe sich wenigstens in der Phantasie ausmalen kann, er werde einst, wenn er groß sein wird, die Mutter heiraten, bei ihr die Stelle des Vaters einnehmen, muß das Mädchen bald merken, daß sie ihrer Mutter niemals soviel bedeuten wird wie ein Mann." (A. Balint: Psychoanalyse der frühen Lebensjahre, 77) Diese Enttäuschung des kleinen Mädchens an der Mutter hat — entsprechend den biologischen Denkweisen der Psa — einen organspezifischen Grund. Ursprünglich glauben nämlich die Mädchen ebenso wie die Knaben einen Penis zu besitzen; sie schreiben auch der Mutter einen solchen zu, und die Entdeckung, im Unterschied zum Bruder oder Vater kein entsprechendes Organ zu besitzen, erfüllt sie nicht nur mit Neid auf das männliche Geschlecht, sondern mehr noch mit schweren Vorwürfen gegen die Mutter, die sie so unzureichend ernährt und ausgestattet habe. Feindseligkeit, Rachetendenzen und daraus sich ergebende Angst- und Schuldgefühle entfremden somit das Mädchen von der Mutter. Das Gefühl der Minderwertigkeit führt gewöhnlich zu der charakteristischen weiblichen Eitelkeit, die, statt mit dem Genitale, mit dem ganzen Körper exhibiert; der ganze „Körper, der ja weit mehr erotisiert ist als der des Mannes, ersetzt ... das ‚fehlende Genitale‘." (H. Nunberg: Allgemeine Neurosenlehre, 185) Vor allem aber gibt — bei einer gesunden Libidoentwicklung — das Mädchen „den Wunsch nach dem Penis auf, um den Wunsch nach einem Kinde an die Stelle zu setzen, und nimmt *in dieser Absicht* den Vater zum Liebesobjekt." (S. F.: Einige psychische Folgen des anatomischen Geschlechtsunterschieds, XIV 27—28) Das Ergebnis ist also: Das Mädchen „entsagt dem Wunsche, der Mann der Mutter zu werden, und will statt dessen auch einen Mann, wie ihn die Mutter hat." (A. Balint: Psychoanalyse, 78) Damit ist die weibliche Form des Ödipuskomplexes entstanden. Freud kann sagen: „Während der Ödipus-Komplex des Knaben am Kastrationskomplex zugrunde geht, wird der des Mädchens durch den Kastrationskomplex ermöglicht und eingeleitet." (Einige psychische Folgen, XIV 28) Hervorzuheben ist, daß die Abwendung von der Mutter nicht als ein bloßer Objektwechsel vollzogen wird, sondern daß dabei „ein starkes Absinken der aktiven und ein Anstieg der passiven Sexualregungen zu beobachten ist ... Der Übergang zum Vaterobjekt wird mit Hilfe der passiven Strebungen vollzogen, soweit diese dem Umsturz entgangen sind. Der Weg zur Entwicklung der Weiblichkeit ist nun dem Mädchen freigegeben" (S. F.: Über die weibliche Sexualität, XIV 533).

Wenden wir diese Kenntnisse über die zweiphasige Entwicklung der Libidoentwicklung des Mädchens im Alter zwischen 3—5 Jahren auf das Motiv der „Engelehe" an, so fallen uns eine Reihe von Einsichten ohne weitere Mühe in den Schoß.

a) Wir verstehen die psychologische Allgemeingültigkeit, die dem Thema von der Heirat der Menschentöchter mit den Gottessöhnen zukommt; das Thema erweist sich psa als eine „normale" ödipale Phantasie des Mädchens in der phallischen Phase; zugleich wird die Einordnung dieses Stoffes in die „Urgeschichte" einleuchtend; denn in der Tat gehört das Thema ontogenetisch der frühkindlichen Entwicklung an, und zwar ganz und gar der Entwicklung des Mädchens.

b) Verständlich wird die eigentümliche Passivität, die dem Verhalten der Menschentöchter anhaftet. Exegetisch haben wir dies als Ausdruck der Willkür der Gottessöhne gedeutet, jedoch blieb der Eindruck bestehen, daß die Menschentöcher durchaus an ihrer Vergewaltigung durch die Gottessöhne interessiert, mindestens aber durch das Kokettieren mit ihrer Schönheit mitbeteiligt sind; als möglich hätte auch erscheinen können, daß die Rolle der Menschentöchter bei der Verführung der Gottessöhne nachträglich verharmlost worden wäre — schließlich stellt die biblische Redaktion den ganzen Vorgang als etwas Ungeheuerliches dar; wir sehen jetzt aber, daß eine gewisse passive Einstellung der Menschentöchter psychodynamisch unabtrennbar zu der Phantasie von der Ehe mit den Gottessöhnen gehört: es liegt darin sowohl die Erinnerung an den gewaltigen Machtunterschied zwischen der kleinen Tochter und dem großen Vater als auch der Beginn einer eigentlich weiblichen Einstellung, als deren früheste Artikulation wir den Wunsch, vom Vater ein Kind geschenkt zu bekommen, ansehen dürfen. Andererseits zeigen Mythen wie die von Ushas und Prajapati, daß der Vaterinzest der Tochter, wenn wir ihn schon als einen allgemein verbreiteten Wunsch des heranwachsenden Mädchens verstehen, zugleich als etwas ganz und gar Verwerfliches abgelehnt wird, so daß in der Vergewaltigungsphantasie offenbar ebenso starke Wünsche wie Abwehrreaktionen sich vereinigen: das Gewünschte, aber Verbotene geschieht, nur scheinbar wider Willen.

c) Desgleichen erweist sich die Erwähnung von der Schönheit der Menschentöchter als ontogenetisch unmittelbar zum Stoff gehörig; die Entstehung der weiblichen Koketterie und Eitelkeit setzt zeitgleich mit dem Beginn der ödipalen Phantasien ein.

Bis hierhin können wir die Beobachungen psa interpretieren, die sich am Text selber machen lassen. Die psa Ableitung der ödipalen Mädchenphantasie von der Heirat mit dem Vater läßt aber auch noch einige andere Rückschlüsse zu, die für die redaktionelle Einordnung und Bewertung des Stoffes von Wichtigkeit sein dürften:

a) Wie wir sahen, tritt beim Mädchen der ödipale Wunsch nicht unmittelbar auf, sondern stellt das Ergebnis der Abwendung von der Mutter dar, verbunden mit schweren Enttäuschungen, Vorwürfen, Rachetendenzen, Ängsten, Schuldgefühlen und Rivalitätskonflikten. Von all dem ist in Gn 6, 1—4 mit keinem Wort die Rede. Es zeigt sich aber, daß wir psa einen psychogenetischen Vorbau zu dem Mythos von der „Engelehe" vorauszusetzen haben, der in wesentlichen Merkmalen mit der Vorgeschichte übereinstimmt, die J selbst dem Abschnitt Gn 6, 1—4 durch die Komposition seiner Urgeschichte gegeben hat. Bereits exegetisch hatten wir ja gemeint, das Stück nicht rein isoliert für sich, sondern nur im Zusammenhang mit dem Vorangegangenen verstehen zu können; insbesondere hatten wir in dem Akt der Paarung mit den Gottessöhnen den Versuch gesehen, den Verlust all dessen, was in der Gemeinschaft mit Gott gegeben war, durch eine Vergöttlichung der Sexualität ausgleichen zu können. Diese Interpretation können wir jetzt auf interessante Weise psa verifizieren. Denn tatsächlich haben wir beim Auftreten der ödipalen Phantasien von der Verbindung mit den Göttersöhnen das (vorläufige) Endstadium eines stufenweisen Ablösungsprozesses vor uns; das ursprüngliche Objekt, die Mutter, muß von dem Mädchen — im Unterschied zum Jungen — bei der Bildung des Ödipuskomplexes aufgegeben und durch ein anderes, aber ebenso „göttliches" Objekt ersetzt werden. Dieser Objektwechsel des kleinen Mädchens von der Mutter zum Vater scheint das taugliche psychogenetische Vorbild für den von J gemeinten theologischen Sachverhalt abzugeben, daß der Mensch sich von dem ursprünglichen Bezugspunkt seines Lebens einem anderen, aber ebenso göttlichen Objekt als „Ersatz" zuwendet, und zwar unter dem Druck eben des Ensembles von feindseligen Gefühlen, das wir bei der Entstehung des weiblichen Ödipuskomplexes psa voraussetzen dürfen. Während wir bisher hinter der biblischen Sprechweise von Gott psa in den Themen der j Urgeschichte die Gestalt der Mutter sehen konnten, bekommt für uns das Bild von den „Göttersöhnen" tatsächlich erstmals väterliche Züge.

b) Nun wäre das Motiv der „Untreue" des Mädchens der Mutter gegenüber freilich kein Grund, eine solch heftige Ablehnung zu provozieren, wie wir sie redaktionell in Gn 6, 3 wahrnehmen und wie sie auch in den Formulierungen von Gn 6, 2 und 6, 4 anklingt. Für J ist die absolut negative Bewertung des Mythos von der Engelehe natürlich theologisch motiviert; jedoch fanden wir bisher stets eine so genaue Entsprechung der j Aussage zu dem psa Untergrund, daß wir auch hier vermuten können, daß der theologischen Abwehr des ödipalen Mythos ein psychisches Äquivalent zuzuordnen sein wird. Und dies ist in der Tat der Fall. Nur wenige Wünsche der Menschheit fallen einem so rigorosen Verbot anheim wie der ödipale Wunsch nach inzestuösem Verkehr mit dem gegengeschlechtlichen Elternteil; die Verbreitung der Inzestschranke ist so allgemein, daß Freud das Inzestverbot mit dem Beginn der Kultur überhaupt in Verbindung brachte (Totem und Tabu, IX 151—160). Auf der anderen Seite führt gerade die Inzestschranke durch den Konflikt mit dem latenten ödipalen Wunsch dazu, den Inzest in der für ein Tabu typischen ambivalenten Weise zum „Heiligen" zu machen, das nur den „Göttern, Königen und Heroen" vorbehalten ist (S. F.: Der Mann Moses und die monotheistische Religion, XVI 229). Das erklärt wiederum rückwärts, warum der ödipale Mythos für die Erklärung der Geburt eines Heros so gut geeignet ist: der Inzest, dem gewöhnlich Sterblichen verboten, gedeiht zum Privileg der unsterblichen Götter, Pharaonen etc.; ja, noch „die ängstliche Wahrung der Ebenbürtigkeit in unserem Hochadel" scheint ein Relikt dieses Inzestprivilegs der „Gottessöhne" zu sein (S. F.: a.a.O., 229). Von daher kann es auch psa offen bleiben, ob die „Gottessöhne" Götter, Halbgötter, Herrscher oder was immer verkörpern. Erst als man an dem Inzestmotiv noch mehr Anstoß nahm, scheint die ödipale Phantasie von der Paarung der Menschentöchter mit den Gottessöhnen in die weniger unzüchtige Form der jungfräulichen Geburt des Heros gebracht worden zu sein. C. Meves meint zur Stelle, der Mythos der Jungfrauengeburt sei aus dem Bedürfnis entstanden, die „ungewöhnliche Kraft" des Heros zu erklären (Die Bibel antwortet uns in Bildern, 57); aber dazu genügte die übliche Vorstellung von der Heiligen Hochzeit; daß der Mythos der Jungfrauengeburt aus der Verdrängung einer älteren anstößigen — weil inzestuösen — Fassung hervorgegangen ist, verrät sich bereits durch den Umstand, daß in den diesbezüglichen Mythen stets ein Tiersymbol den Phallus des Vaters (bzw. des Gottes) zu vertreten pflegt: die Jungfrau empfängt den Heros oder das Gotteskind von einem Vogel (Storch, Taube etc.; vgl. z. B. den Senufo-Vogel der Eingeborenen Westafrikas, bei A. Lommel: Schätze der Weltkunst, 1. Bd. Vorgeschichte und Naturvölker, 155), einem weißen Elefanten (Mahamaya den Buddha; vgl. M. Percheron: Buddha, 17), einer Schlange (Atia den Augustus im Tempel des Apoll; vgl. Sueton: Leben der Caesaren, Augustus 94; S. 111—112; Olympias den Alexander; vgl. Plutarch: Lebensbeschreibungen; Alexander 2; 3; Bd. IV 264—265) u. ä. m.

So ließe sich also vom weiblichen Ödipuskomplex her auf doppelte Weise der Mythos der Geburt des Helden verständlich machen: einmal handelt es sich um eine ubiquitäre Mädchenphantasie der phallischen Phase, von dem Vater (Gott) ein Kind geschenkt zu bekommen; zum anderen erzwingt die Inzestschranke, daß die ödipale Verbindung zum Privileg der Götter und Herrscher wird; die radikalere Fassung des Inzesttabus verwischt die anstößige Heilige Hochzeit zur Jungfrauengeburt des Helden; die radikalste Form der Inzestschranke wehrt, wie J in Gn 6, 1—4, das gesamte Motiv der Götterehe als skandalösen Frevel ab.

c) Hinzuweisen ist wiederum auf die unerhörte Zuspitzung, die J dem ödipalen Motiv gibt; von allen denkbaren Varianten, die dieses Thema annehmen kann, wählt er die krasseste aus, wenngleich in vorsichtigen Anspielungen. So wird man vielleicht auch psychodynamisch noch einen gewissen quantitativen Überschuß hinter dem Wunsch der Menschentöchter, „Riesen" zur Welt zu bringen, vermuten können. Dem Bericht von Gn 6, 2.4 nach sind die „Riesen" das Ergebnis der mehr passiv bzw. gewaltsam von den Menschentöchtern mit den Gottessöhnen eingegangenen Paarung; setzt man aber voraus, wozu wir inzwischen gute Gründe haben, daß dem scheinbar passiven Verhalten der Menschentöchter ein recht lebhaftes Wünschen und Verlangen nach einem Kind als Geschenk von seiten des Vaters entspricht, dann dürften die Riesen nicht als das gewissermaßen ungewollte Resultat, sondern als das eigentliche Ziel der ganzen Veranstaltung aufzufassen sein. Wenn wir nun mit Freud sagen, der Kinderwunsch des Mädchens sei im Grunde eine Abwehr der weiblichen „Kastriertheit" und stelle „längs der vorgezeichneten symbolischen Gleichung Penis = Kind" (S. F.: Einige psychische Folgen des anatomischen Geschlechtsunterschieds, XIV 27) den Wunsch nach einem Penisersatz dar, so können wir aus der Größe dieses Wunsches wohl auf das Quantum der Kastrationsangst schließen, die nur mit „Riesen" als Kindern sich beruhigen lassen will. Freilich werden bei einer Ehe zwischen Göttern und Menschen naturgemäß übermenschliche Mischwesen entstehen, und diese Auskunft könnte zur Erklärung der „Riesen" genügen; aber psychodynamisch stellt sich die Frage, was den Wunsch nach gerade dieser Art von Nachkommenschaft entstehen läßt; und da reiht sich die Feststellung maximaler Intensitäten von Angst und Angstreaktionen in das bereits vertraut gewordene Bild der j Erzählungen widerspruchslos ein und ergänzt die bisherige Reihe um ein neues wichtiges Glied.

d) Mit einem Punkt der Erzählung von der „Engelehe" wissen wir nicht recht etwas anzufangen. Möglicherweise taucht in Gn 6, 1, wie die traditionsgeschichtliche Betrachtung der Stelle nahelegte, das Thema der

„Überbevölkerung" auf; das Motiv der Überbevölkerung bezieht sich ursprünglich wohl auf den Sintflutbeschluß der Götter, also im Grunde auf Gn 6, 5f. So beschließt im Atraḥasis-Epos der Gott Enlil die Dezimierung der Menschen mit Hunger, Pest und schließlich einer Überschwemmung, denn, so sagt er: „Der Lärm der Menschheit ist lästig geworden, / Ihr Tumult kostet mich meinen Schlaf." (H. W. F. Saggs: Mesopotamien, 595) In der j Redaktion aber wird die Andeutung von der Ausbreitung der Menschheit mit der „Engelehe" verbunden. Für das Motiv der Überbevölkerung, wenn man es ethnographisch nimmt, kann es selbstredend keine psa Deutung geben. Andererseits tritt das Motiv von der Überbevölkerung in einem derart mythologischen Kontext auf, daß wir es nicht einfach aus dem Problemkreis unserer Betrachtung entlassen können. M. E. ist der Zusammenhang von Überbevölkerung und „Engelehe" höchst auffallend und rätselhaft. Sollte hier überhaupt psa weiterzukommen sein, so müßte man das Motiv der Überbevölkerung auf die ontogenetische Familiensituation zurückführen; und da gäbe es eventuell einen Zusammenhang: die Phantasie von der Heirat mit dem Vater macht das Mädchen inmitten seiner Geschwisterschar in gewisser Weise einzigartig, so wie der Familienroman das Kind zur Würde eines verborgenen Prinzen oder einer Prinzessin erhebt; u. U. könnte man sagen, daß auch die Geschwisterrivalität, die familiäre „Überbevölkerung", ein zusätzliches Motiv für den exklusiven Anspruch des kleinen Mädchens, die Geliebte seines großen Vaters zu sein, abgeben könnte. Die Bemerkung von der Vermehrung der Menschen auf der Erde in Gn 6, 1, die an sich temporal aufzufassen ist, müßte dann konditional interpretiert werden; das ist traumpsychologisch geläufig; denn: „Die Kondition in den Traumgedanken wird im Traum durch Gleichzeitigkeit dargestellt (wenn — wann)." (S. F.: Die Traumdeutung, II/III 341) Die (familiäre) „Überbevölkerung" wäre demnach nicht die Ursache, wohl aber eine der Bedingungen beim Zustandekommen des Familienromans. Indessen befinden wir uns mit solchen Spekulationen auf schwankendem Boden; wir gehen rasch zurück ans feste Ufer.

Ontogenetische Einordnung und phylogenetischer Hintergrund

Die Untersuchungen zu Gn 6, 1—4 lassen sich in einem einzigen Satz zusammenfassen: psa ist Gn 6, 1—4 eine Phantasie der weiblichen Form des Ödipuskomplexes; ihr ontogenetischer Ort ist die phallische Phase. Diese Formel ist gerechtfertigt, insofern sich in ihr alle psa wichtigen

Daten des Mythos von der „Engelehe" zu einer psychodynamischen Einheit zusammenfügen, kein Teil der Stelle vernachlässigt wird, vielmehr jeder einzelne (in den vorgegebenen Grenzen) eine befriedigende Erklärung findet. Auch dieses Ergebnis ist erstaunlich. Wir sehen nämlich, daß J dem phallischen Thema des Lamechliedes, das wir als Ausdruck des männlichen Ödipuskomplexes gedeutet haben, nunmehr sein weibliches Pendant zur Seite stellt, beides in maximaler Steigerung. In dieser Nebeneinanderstellung der männlichen und weiblichen Seite des Ödipuskomplexes könnte der Grund für die scheinbare Beziehungslosigkeit von Lamechlied und „Engelehe" liegen, auf die wir exegetisch gestoßen waren. Andererseits eignet sich das Thema von der „Engelehe" durch den „Objektwechsel" der weiblichen Sexualentwicklung, wie wir sie psa eruiert haben, für J in hervorragender Weise, um eine letzte und äußerste Abwendung der Menschen von Gott darzustellen. Insofern ist Gn 6, 1—4 nicht nur ein Pendant, sondern eine echte Weiterführung des Lamechliedes.

Stellen wir von hier aus die Frage nach der neurosepsychologischen Einordnung der Thematik der „Engelehe", so weisen differentialdiagnostisch alle Indizien bereits von der phallisch-ödipalen Problematik her in den Bereich der hysterischen Neuroseform. Denn psychogenetisch steht im Mittelpunkt der weiblichen Hysterie die Fixierung auf den (als Gott vorgestellten) Vater. Von daher kommt es zu der Suche nach einem Mann, der dem Gott-Vater entspricht und damit die eigene Vergöttlichung ermöglicht; die notwendigen Enttäuschungen, die sich daraus ergeben, nötigen zu ständigem Partnerwechsel und sexuellen Dirnenphantasien; die Dauerkonkurrenz mit allen weiblichen Personen als Nebenbuhlern gehört in den gleichen Umkreis. Somit ergibt sich als hysterisches Erscheinungsbild: „narzißtisches Bedürfnis, immer und überall Mittelpunkt zu sein — überwertiger Geltungsdrang — Kontaktsucht — ... ewige Backfische und Jünglinge — Demivierges (sc. „Halbjungfrauentum", d. V.) — Dirne und Don Juan" (F. Riemann: Grundformen der Angst, 117). Mutatis mutandis können wir diese Struktur auch in dem „philobatischen Heldentum" des Lamechliedes erkennen.

Mit der Zentrierung der Thematik von Gn 6, 1—4 auf den Vater verfügen wir auch bereits über eine Basis zur Beantwortung der Fage, in welchem Verhältnis die ontogenetische Situation der „Engelehe" zur Vor- und Frühgeschichte steht. Denn mit einiger Wahrscheinlichkeit läßt sich eine patriarchalische Familien- und Gesellschaftsstruktur für das Zustandekommen der aufgezeigten Problematik annehmen, wie denn die schweren hysterischen Erkrankungen noch z. Z. Freuds aufgrund der patriarchalischen Umwelt während der Jahrhundertwende sowohl zahlenmäßig wie in der Art ihrer Darstellung so sehr im Vordergrund standen, daß die ganze Psa zunächst als eine Hysterieanalyse ihren Anfang nahm. Wir hätten demnach in der Entwicklungsgeschichte der Menschheit an eine Phase zu denken, in der die patriarchalischen Verhältnisse sich erstmals konsolidiert haben, in der also der Vater im Mittelpunkt steht und die Frau, unter dem Eindruck ihrer Minderwertigkeit, hofft, durch die Verbindung mit dem Vater ihre Vollwertigkeit zurückzuerhalten. Freilich sind solche Zuordnungen nur mit großer Vorsicht zu treffen; J. G. Frazer z. B. glaubte den Nachweis erbringen zu können, daß im alten Latium eine weibliche Verwandtschaftsberechnung, also Mutterrecht geherrscht habe; daß latinische Könige der Sage nach von jungfräulichen Müttern und göttlichen Vätern geboren wurden, wäre aber ein rein hysterisches Motiv, und das in einer matriarchalen Umwelt; für Frazer bedeutet es nur, „daß eine Frau von einem unbekannten Mann geschwängert wurde", — vielleicht bei magischen Saturnalien zur Fruchtbarkeit der Vegetation. (J. G. Frazer: Der goldene Zweig, 223) Gegenüber den Freudschen Theorien muß zudem betont werden, daß die patriarchalische Gesellschaftsordnung mit ihren eigentümlichen psychischen Konstellationen nicht einer biologischen, sondern einer sozialen und kulturellen Notwendigkeit in der geschichtlichen Entwicklung des Menschen entstammt. Und zwar dürften hier die Notizen der j Genealogie von Gn 4, 19—22 ganz recht haben, wenn sie die Gestalt Lamechs dem Kulturkreis der Herdentierzüchter zuweisen. Denn soweit wir sehen, ist kulturhistorisch das Patriarchat zuerst im Umkreis der Herdenzüchterkultur entstanden, während die Pflanzenzüchterkultur matriarchalisch organisiert war. (Vgl. W. Schmidt: Leben und Wirken ältester Menschheit, in A. Randa: Handbuch der Weltgeschichte, 1. Bd., 79—83) Die Freudsche Theorie vom Penisneid des Mädchens, mit der wir in Gn 6, 1—4 recht fruchtbar arbeiten konnten, muß also mehr sozial, als biologisch interpretiert werden.

Andererseits scheint es nicht sozial, sondern biologisch bzw. psychologisch fundiert zu sein, daß in den Menschentöchtern beim Kontakt mit dem Mann das Gefühl erwacht, nicht einem Menschen, sondern einem Gott zu begegnen. Mag auch die Entdeckung der zeugenden Tätigkeit und die damit verbundene soziale Wertschätzung des Mannes historisch relativ spät zustande gekommen sein, so könnte doch eine gewisse angeborene Prädisposition zur „Vergöttlichung" des Mannes darin gesehen werden, daß „regelmäßig... das weibliche Auffordern zur

350

Paarung als Unterlegenheits-, Elemente des männlichen Paarungsver-
haltens als Überlegenheitsgesten" in Erscheinung treten. (W. Wickler:
Stammesgeschichte und Ritualisierung, 259) Läge, wie Wickler meint,
hierin tatsächlich „der Schlüssel zum Verständnis der Entstehung des
männlichen Kopulationsorgans" (a.a.O., 259), so fände der „Penisneid"
des Mädchens eine phylogenetische Grundlage, insofern Penisbesitz und
Macht- bzw. Rangdemonstration unmittelbar einander zugeordnet
wären. Shakespeares Kätchen hätte dann nicht unrecht, wenn es seinen
Widerstand gegen Petruccio schließlich mit der zweideutigen Bemerkung
aufgibt: „Jetzt seh ichs, unsere Lanzen sind nur Stroh" (Shakespeare: Der
Widerspenstigen Zähmung, V 2, nach W. Graf Baudissin), und damit
offenbar den biologischen Geschlechtsunterschied zur Begründung seiner
Unterwerfung heranzieht. Gewiß wird man die Geschlechtsrolle und die
soziale Rolle nicht miteinander identifizieren dürfen; M. Meads kultur-
anthropologische Untersuchungen sind eine unüberhörbare Warnung
davor. Aber auch M. Mead anerkennt als biologisches Erbe, „daß der
Mann ein herrenmäßiges Besitzrecht über Frauen ausübt, um deren Gunst
er mit anderen Männern kämpft", und meint sogar: „das haben wir
ebenfalls mit den Affen gemein" (M. Mead: Mann und Weib, 148); lediglich, daß das Männchen das Weibchen ernährt, sei im Unterschied zu den
Primaten ein Specificum der menschlichen Spezies. Die Überlegenheit des
Mannes scheint unter diesem Aspekt in der Tat biologisch präformiert
zu sein.

Man wird daher Bilz zustimmen können, wenn er meint, es sei ein
„Elementargedanke" im Sinne von A. Bastian, daß „der Mann im Akt
der Zeugung ‚an Gottes Statt' steht." (R. Bilz: Die Umweltlehre des
Paracelsus, in: Paläoanthropologie, I 240) Es ist der Gedanke des
„Amphitryon", daß es eigentlich der Gott ist, der die Kinder zeugt, und
es drückt sich darin das Bedürfnis der Frau aus, in der Hingabe an das
göttlich geborene Kind die ganze Erfüllung der Lebensbestimmung zu
sehen. M. Mead wagte es sogar zu sagen, es sei „das immer wiederkehrende Problem der Kultur, die Rolle des Mannes ... so zufrieden-
stellend festzulegen, daß der Mann im Laufe seines Lebens jenes sichere
Gefühl von unwiderruflich sicherer Leistung erreichen kann, von dem er
durch sein Kinderwissen um die Befriedigung des Kindergebärens einen
Hauch verspürte." Umgekehrt aber hätten nur „wenige Kulturen ...
Mittel gefunden, auch den Frauen jene göttliche Unzufriedenheit ein-
zupflanzen, die nach anderen Befriedigungen verlangt als die, die das
Kindergebären zu liefern vermag." (M. Mead: Mann und Weib, 128)
So besehen, läge der „Vergöttlichung" des Mannes durch die Frau eine

351

archaische Erlebnisbereitschaft zugrunde, ganz und gar in der biologischen Funktion aufzugehen und also gewissermaßen paläoanthropologisch zu existieren; und die Freudsche Annahme, für die Frau erlange das Kind die Bedeutung, die der Penis für den Mann besitze, wäre trotz aller gesellschaftlichen Modifikationen biologisch und psychologisch plausibel. Das Verhalten der Menschentöchter in Gn 6, 1—4 scheint mithin nicht nur ontogenetisch, sondern auch phylogenetisch verankert.

Mit dieser Feststellung stehen wir erneut vor dem offenbar regelmäßig wiederkehrenden Problem, wie J es als Schuld des Menschen verstehen kann, daß der Mensch sich so verhält, wie es biologisch in ihm angelegt ist. Denn in dem Maße wir erkennen, daß die j Erzählungen in der Tat „Elementargedanken" (Bastian) bzw. „Archetypen" (Jung) des menschlichen Verhaltens widerspiegeln, in dem Maße muß uns der Gedanke der Schuldhaftigkeit des menschlichen Verhaltens zum Rätsel werden. Und wieder stellt sich uns die philosophische Aufgabe, zu zeigen, wieso der Mensch sich anders verhalten könnte und müßte, als er es in der Gestalt des alten Adam tut, und warum er seine menschliche Bestimmung schuldhaft verfehlt, wenn sein biologisches Erbe ihm zum Schicksal wird. Denn wohl mag es der Amphitryon-Traum einer jeden Frau sein, zu wähnen, es möge ihrem Sohn ergehen, wie es in dem Kleistschen Drama Jupiter gegenüber Alkmene von dem kommenden Herakles weissagt, er wälze „Ein unvergänglich Denkmal sich zusammen. / Und wenn die Pyramide jetzt, vollendet, / Den Scheitel bis zum Wolkensaum erhebt, / Steigt er auf ihren Stufen himmelan, / Und im Olymp empfang ich dann, den Gott." (H. v. Kleist: Amphitryon, III 11) Aber es enden alle Amphitryon-Träume unzweifelhaft mit dem Schlußwort der Kleistschen Alkmene: mit einem wehmütigen „Ach!" Und der mythische Wahn vom göttlichen Kind wird abgelöst von der totalen Enttäuschung (Gn 6, 5f; 11, 8.9). Hier werden wir ohne eine philosophische Reflexion nicht auskommen.

Subjektale Aspekte

Eine Deutung des Motivs von der „Engelehe" auf der *Subjektstufe*, liefert das gewohnte Bild einer Doppeldeutigkeit, die für eine positive wie negative Entfaltungsmöglichkeit an sich offen ist, wie wir es schon anläßlich der Interpretation von Gn 2—3 kennengelernt haben. Auch für Jung gilt die „Engelehe" als Bild einer Inzestphantasie, die als solche zur Vorstellung von der Geburt des Heldensohnes gehört. Freilich meint

Jung, wie wir schon wissen, daß die Freudsche Herleitung des Inzestwunsches aus dem Ödipuskomplex nur eine Scheinerklärung abgebe,
indem der „Inzest" nicht einen konkreten Sexualwunsch darstelle, sondern
vielmehr die Sehnsucht nach Lebenserneuerung und Wiedergeburt ausdrücke. (Vgl. Jung: Versuch einer Darstellung der psychoanalytischen
Theorie, IV 182; 188; Die Beziehungen zwischen dem Ich und dem
Unbewußten, VII 186—187) Einerseits repräsentiert nämlich das göttliche Kind, das aus der Hl. Hochzeit hervorgeht, nach Jung „den vor-
bewußten Kindheitsaspekt der Kollektivseele" (Jung: Zur Psychologie
des Kindarchetypus, IX, 1., 175); es drückt in diesem Sinne den Zustand
der psychischen Vergangenheit aus, mithin das Überwundene, Zurück-
gelassene, infantil Gebliebene; andererseits aber geht gerade von diesem
Unentwickelten, Undifferenzierten, als unbrauchbar bislang Vernachlässigten eine entscheidende erneuernde Wirkung aus; das Kind wird
somit zum Bild potentieller Zukunft; es erscheint als ein Heilbringer, in
welchem künftige segensreiche Entwicklungen vorweggenommen sind
(a.a.O., IX, 1., 178). Das göttliche Kind wird daher zu dem Symbol der
Frucht innerer Gegensatzvereinigung, es ist ein Ausdruck des neu werdenden und erneuerten Menschen, als dessen Haupheldentat die Überwindung des Dunkels, des Chaosungeheuers, gilt; sein eigentliches Wesen
besteht also in der Leistung der Bewußtwerdung, der Individuation.

Das Verlangen nach dem göttlichen Kind, das aus dem königlichen
bzw. göttlichen Prärogativ des Inzests hervorgeht, der neue Mensch, der
dem Hierosgamos entstammt, wird daher von Jung als ein Bild für die
Sehnsucht nach der Entstehung des Selbst gedeutet; die Vereinigung mit
dem „Engel" wäre demnach eine Verbindung des Weiblichen mit dem
männlichen animus bzw., vom Mann aus betrachtet, eine „Vereinigung
des Bewußtseins oder der Ichpersönlichkeit mit dem als anima personifizierten Unbewußten"; diese Verbindung erzeugt eine „neue Persönlichkeit, welche beide Komponenten (sc. des Bewußtseins und des Unbewußten, d. V.) umfaßt ... Sie ist bewußtseinstranszendent und daher nicht
mehr als *Ich*, sondern als *Selbst* zu bezeichnen ... Ich und Nicht-Ich,
subjektiv und objektiv, individuell und kollektiv." (Jung: Die Psychologie der Übertragung, XVI 282—283)

Eine solche subjektale Deutung des Motivs der „Engelehe" macht es
verständlich, daß das Bild von Gn 6, 1—4 religiös tatsächlich als religiö-
ses Symbol der Erlösung fungieren kann, wie es denn ganz den Anschein
hat, als ob die christliche Dogmatik sich die Aufgabe gestellt hätte, all
die Unheilsbilder der j Urgeschichte in Heilssymbole umzuformen: die

Mythologie der Engelehe speziell in das Bild der jungfräulichen Geburt des Gottessohnes (Mt 1, 18—25; Lc 1, 26—38), die Geschichte von Kain und Abel in die Geschichte vom freiwilligen Opfertod des ungerecht Leidenden (Mc 14—15), die Erzählung des Essens vom Baum der Erkenntnis in den Ritus des Essens des am Kreuz hängenden getöteten Gottes — Bilder, die im Sinne Jungs allesamt Symbole des Individuationsprozesses, religiös der Erlösung, darstellen.

Freilich weiß natürlich auch Jung, daß das Motiv der „Engelehe" in der Bibel nicht positiv zu verstehen ist. Er interpretiert den „Abfall der Engel" als eine psychische Projektion der Gefahr, daß „die Macht des die Welt mit weisen Gesetzen regierenden Guten und Vernünftigen ... durch die chaotische Urmacht der Leidenschaft" bedroht wird. (Jung: Symbole der Wandlung, V 146) Daher sieht er in der nachfolgenden Sintflutgeschichte eine „notwendige Folge der Leidenschaft, die alle Schranken niedergeworfen hat." (a.a.O., 146) Die befruchtenden, mütterlichen Wasser sind dann zugleich das, was den Menschen, sein Bewußtsein, verschlingt. Denn: „Als bewußtseinstranszendente Kraft eignet die Libido ... dem guten Gotte wie dem Teufel." Und indem Jung, auch exegetisch korrekt, zugleich auf Gn 11, 1—9 anspielt, fährt er fort: „Die Leidenschaft hebt den Menschen nicht nur über sich selbst, sondern auch über die Grenzen seiner Sterblichkeit und Irdischkeit hinaus, und indem sie ihn emporhebt, vernichtet sie ihn. Diese ‚Überhebung' findet mythologisch ihren Ausdruck ... im Bau des himmelhohen Turmes zu Babel, der den Menschen Verwirrung bringt" (Jung: Symbole der Wandlung, V 147—148). Das Bild der Heirat der Menschentöchter mit den Gottessöhnen ist kein Bild der Erlösung, sondern, psychiatrisch ausgedrückt, der Psychose, in der das Bewußtsein vom Unbewußten überflutet wird. Sünde, wie J sie schildert, geht in Wahnsinn unter. Das Kind aus der Verbindung von Prajapati und Ushas aber, der Rudra der indischen Mythologie, ist an sich ein Heiland sowohl wie ein Gott der stürmenden Umnachtung.

Systematisierung der Fragen zu Gn 3, 1—6, 4

Es gibt bei der Besprechung von Gn 3, 1—6, 4 eine Reihe von Fragen, die immer wieder aufgetaucht sind und die daher zu einer systematischen Erfassung nötigen, und zwar:

1. Die Frage der ontogenetischen Entwicklung

Die bisherige Untersuchung der j Urgeschichte zeigt, daß die einzelnen Erzählungen sich spezifischen Phasen der psychischen Ontogenese zuordnen lassen; insbesondere trat in Gn 3 die oral-depressive Problematik hervor, in Gn 4, 1—16 der anal-zwanghafte Themenkreis, in Gn 4, 23.24 die phallisch-ödipale Situation männlicherseits, in Gn 6, 1—4 die ödipale Situation von seiten des Mädchens. Das bedeutet, daß die j Urgeschichte, wie wir sie bisher psa kennengelernt haben, sich an die Phasen der psychischen Entwicklung anzulehnen scheint und damit sich selbst als eine Entwicklungsgeschichte zu verstehen gibt, wie wir dies bereits exegetisch im 1. Band der vorliegenden Arbeit angenommen haben. So werden von J die zentralen Konflikte der psychischen Ontogenese in archetypischen Bildern verdichtet und damit Hauptformen psychoneurotischer Ängste und Erwartungen als Aussagemittel zur Darstellung grundlegender Phänomene des menschlichen Daseins verwandt.

2. Die Frage der Phylogenese

In der Exegese von Gn 3, 1—7 haben wir die „Erkenntnis von Gut und Böse" so verstanden, daß den Menschen die Augen darüber aufgehen, was sie sind, wenn sie ohne Gott auf ihre bloße Kreatürlichkeit zurückfallen und wenn sie das, was sie sind, ohne Gott sein müssen. Dieser Gedanke erweist sich als äußerst wichtig. Denn wir sahen schon in Gn 3, 8—24, daß die sog. „Strafen" Gottes allesamt in nichts anderem bestanden, als daß die Menschen ihren Urängsten ausgeliefert werden, wie sie paläoanthropologisch grundgelegt sind. Desgleichen scheint der anale Kampf um Besitz, Macht und Eigenständigkeit seine evolutiven Vorläufer zu haben, nicht minder als das phallische Exhibieren im Lamechlied und die Vergöttlichung der weiblichen Sexualrolle im Motiv der „Engelehe". Zeugnisse der Mythologie und der Prähistorie scheinen im übrigen dafür zu sprechen, daß die physischen Konflikte, die in den j Erzählungen verarbeitet sind, kulturhistorisch von größter Bedeutung gewesen sein müssen. Dieser Befund erlaubt die vorsichtige Generalisierung, daß J in Gn 3, 8—6, 4 den Menschen so darstellt, wie er sich seinem phylogenetischen Erbe entsprechend verhält. Die „Urgeschichte" des J gibt in den einzelnen Erzählungen gewissermaßen Momentaufnahmen urmenschlichen Verhaltens. Von daher versteht sich ihr Anspruch auf eine menschheitliche (anthropologische) Bedeutung.

Denn immer schon hat der Mensch Angst gehabt vor dem Schuldig-sein (Gn 3, 8); immer schon hat er gefürchtet, ausgeschlossen zu sein (3, 24); immer schon war ihm das Furchtbarste die Ausweglosigkeit in der Hand seines Feindes; immer schon fürchtete er in all seinen Ängsten den Tod (3, 19); immer schon stritt er um Rang, Macht und Besitz und empfand seinen Stammesgenossen als Konkurrenten und Feind, den er — im Unterschied zum Tier — zu töten trachtete (Gn 4, 1—16); immer schon suchte der Mann seine phallische Stärke zu präsentieren (Gn 4, 23.24) und erblickte die Frau ihre Bestimmung in der Weitergabe des Lebens (Gn 6, 1—4). All dies steckt im Menschen drin, und J greift es lückenlos, wie wir jetzt sehen, auf.

Die Phasen der psychischen Ontogenese, die den j Erzählungen als Vorbild dienen, erscheinen auf diesem Hintergrund als Kristallisations-punkte, an denen die Kernkonflikte des menschlichen Daseins angelagert sind, wie sie sich aus der biologischen Abkunft des Menschen von der Tierreihe psychologisch ergeben. Die j „Urgeschichte" ist in diesem Sinne als eine Darstellung des „Urmenschlichen" zu verstehen. Der Paläon-tologe und Psychoanalytiker kann sich über die j Bilder nicht nur nicht wundern, — er muß sie vielmehr als sozusagen selbstverständliche Urbilder dessen, was der Mensch entsprechend seinem evolutiven Erbe darstellt, würdigen und bestätigen.

3. Die Frage der Schuld

Wie aber kann dann, war immer wieder die Frage, das Verhalten des Menschen, wenn es aus seiner biologischen und psychologischen Anlage selbst resultiert, von J als schuldhafte Verfehlung der eigentlichen Bestimmung des Menschen verstanden werden? Wie läßt sich, anders ausgedrückt, ebendieses naturhafte Leben des Menschen, sein paläo-anthropologisches Verhalten, als Schuld verdächtigen? Muß es nicht als absurd erscheinen, wenn J behauptet, der Mensch stehe mit seinem Verhalten im Widerspruch zu Gott, wenn der Mensch doch gerade so, wie er sich verhält, erschaffen wurde bzw. seiner Natureinrichtung nach ist? Muß sich die Anklage des J gegen den Menschen bei Licht besehen nicht notwendig zugleich gegen Gott als den Schöpfer des Menschen richten?

Wir sind hier an dem wichtigsten Problemgebiet der j Interpretation überhaupt angelangt und können in Aussicht stellen, daß wir alle

Register der philosophischen Reflexion werden ziehen müssen, um die Dissonanzen, die wir im Moment zu vernehmen meinen, zu einem harmonischen Akkord zu vereinigen. Einstweilen geht es uns nur um eine möglichst präzise Problemdisposition für die philosophische Betrachtung, und da müssen wir wenigstens die Erfordernisse nennen, unter denen eine Lösung des von J aufgegebenen Problems möglich scheint.

Die Daseinsschuld des Menschen, wie J sie versteht, scheint nach allem, was wir inzwischen durch die psa Untersuchung herausgefunden haben, wesentlich darin zu liegen, daß der Mensch so lebt, wie es seiner Herkunft aus der Tierreihe entspricht; in Anlehnung an Gn 3, 1—7 formuliert: daß der Mensch „böse" ist und daß es für den Menschen „böse" wird, wenn er auf das zurückfällt, was er seiner bloßen Natur zufolge ist. Die philosophische Aufgabe besteht demnach darin zu zeigen, daß der Mensch sich von seinen bloßen Naturbestimmungen freimachen könnte und müßte, um als Mensch zu leben, und daß ein Rückfall in dieselben selbstverschuldet ist.

Um vorwegnehmend anzudeuten, was damit gemeint ist: wenn z. B. der Mensch sich vor der Mobbing-Justiz des Ranghöchsten und der gesamten Bezugsgruppe fürchten muß, falls er „nackt", schuldig oder krank dasteht, so müßte es möglich sein, daß der Mensch sich auch anders verhalten könnte, als übereinander entsprechend der Hackordnung herzufallen, daß er vielmehr sich verhalten könnte und müßte, wie es Christus vorschlägt, daß er die Nackten bekleidet (Mt 25, 36) und statt vom Ausmerzungsprinzip sich vom Prinzip der Vergebung leiten läßt (Mt 6, 14.15). Wenn es im Menschen drinsteckt, um seinen Besitz zu kämpfen, sein Revier zu verteidigen und seine Ranghöhe nach seiner aggressiven Stärke zu bemessen, so müßte es möglich sein, daß er von diesen äußeren Maßstäben seiner Selbst- und Fremdbeurteilung frei wird zu einem Leben, in dem er ohne Angst zu einem höheren Dasein berufen ist (Mt 19, 12). J scheint zu meinen, daß das ganze Dasein des Menschen bestimmt ist von allen nur möglichen Ängsten der Kreatur und daß der Mensch, gebunden in diesen Ängsten, keinen anderen Weg vor sich hat, als sich der vorgegebenen archaischen Funktionsreserven zu bedienen, um mit diesen Ängsten fertig zu werden; aber vor Gott, meint J, brauchte der Mensch nicht zu leben wie ein Wesen, das seine Intelligenz nur dazu benutzt, uralten biologischen Programmen zu gehorchen und sich von ihnen die Richtung seines Daseinsentwurfs vorzeichnen zu lassen.

Wie man sieht, ist eine eigentliche Lösung des j Problems nur möglich, indem zu dem anscheinend selbstverständlichen Lebensstil des „alten

Menschen", wie er immer war, eine Alternative, die Möglichkeit eines anderen „neuen Menschen" gefunden wird. Und J meint offenbar, daß die Daseinsmöglichkeit eines solchen „neuen Menschen" an der Offenbarung eines neuen Gottes hängt, der nicht mehr ein „Herr der Tiere", sondern ein Gott der Menschen ist (Gn 12). In der Perspektive dieses Ansatzes scheint es zu liegen, daß das Christentum als Beweis der Erlösung von dem alten, paläoanthropologischen Menschen in Gestalt der drei sog. evangelischen Räte der Oralität des Menschen (Gn 3, 1—7) die Forderung der Armut, der Analität (Gn 4, 1—16) die Forderung der Demut und der Genitalität (Gn 4, 23.24; 6, 1—4) die Forderung der Ehelosigkeit gegenübergestellt hat, wie dies schon in Mt 19, 1—12 geschieht, und daß es dem Prinzip des biologischen Daseinskampfes und der Angst (Gn 3, 8—24) die Prinzipien der Barmherzigkeit und des Vertrauens entgegensetzt (Mt 25, 35f).

Die philosophische Aufgabe, die sich uns von J her stellt, besteht also darin zu zeigen, daß die biologischen und psychologischen Gesetzmäßigkeiten des Menschen in Funktion einer Grundangst stehen, die selbst die Folge einer Daseinsverfehlung darstellt, daß wir mithin die „selbstverständliche" Psychologie des Menschen als das gerade Fragwürdige betrachten, daß wir uns nicht damit begnügen, der Mensch sei paläoanthropologisch „schon immer" so gewesen, sondern darauf achthaben, daß und wie er vor Gott anders sein könnte, kurzum, daß wir die „Psychologie" des alten Menschen auf eine „Ontologie" im Sinne Heideggers zurückführen, innerhalb deren zwar alles logisch auseinander folgt, was J in seiner Urgeschichte schildert, die aber als ganze, theologisch gesehen, vom Menschen selbstverschuldet ist. Und vor allem müssen wir nach der Rolle der Angst fragen, die den gesamten Prozeß der Daseinsverfehlung des Menschen einleitet und psychologisch als notwendig erscheinen läßt und die, wie gezeigt, mit der Sehnsucht nach der Rückkehr in die Geborgenheit des Mutterschoßes nicht nur die Fülle der kulturellen Schöpfungen und Leistungen der Menschengeschichte hervortreibt, sondern zugleich nach J's Auffassung dazu drängt, am Ende sich selbst (Gn 6, 1—4) und das Tun der Menschengattung (Gn 11, 1—9) mit Gott selbst zu identifizieren.

Einstweilen jedoch müssen wir all diese Fragen stehen lassen und uns dem weiteren Verlauf der j Urgeschichte zuwenden, indem wir wiederum als Schlüssel der Interpretation der einzelnen Erzählungen die Frage nach der Psychodynamik, der phasenspezifischen Zuordnung und des phylogenetischen Hintergrundes stellen.

VII. Untersuchung von Gn 6—8 (die Sintflut)

Mit dem Thema, das wir jetzt angehen, wird uns ein Problemkatalog vorgelegt, dessen Lösung, wenn sie gelingt, geradezu als Probe aufs Exempel für die Leistungsfähigkeit der psa Betrachtung der j Urgeschichte überhaupt gelten darf. Wir erinnern uns der Hauptfragen: das Paradox der Zweizeitigkeit der menschlichen Kulturentwicklung, die mit der Sintflutsage behauptet wird, die Verbindung von Weltuntergang und Wiedergeburt, die mutmaßliche Beziehung zur lunaren (weiblichen) Fruchtbarkeitsmythologie, der Zusammenhang von Sintflut und (orgiastischen) Ackerbaukulten, der Gedanke der unfertigen bzw. schuldig gewordenen Menschheit — ein anscheinend so heterogenes Motivfeld zu einer sinnvollen genetischen Einheit zu integrieren, sieht ganz nach der Aufgabe des Schneiders im Grimmschen Märchen aus, der sich vornahm, die Fliegen auf seinem Butterbrot mit einem Streich zu erledigen. Aber da die psa Deutungsweise nach einem schönen Worte Freuds grundsätzlich darin besteht, sieben Fliegen zur gleichen Zeit zu fangen, werden wir uns nicht im voraus ins Bockshorn jagen lassen und zunächst einmal voraussetzen, daß es, wie für alle Menschheitsträume, so auch für die Sintflutmythe eine sinnvolle Erklärung gibt.

1. Zur naturmythologischen Bedeutung der Sintflutmythe

> „Eine schwarze Taube ist die Nacht"
> (Else Lasker-Schüler: Ein Trauerlied,
> in: Sämtliche Gedichte, 113)

Die psa Deutung auch des Sintflutmotivs wird wesentlich erleichtert durch die Kenntnis der naturmythologischen Bedeutungen, die diesem weltweit verbreiteten Motiv anhaften. Im ersten Band (I 195f) haben wir recht vage auf den Gedanken der Renovation und der möglicherweise lunaren Symbolik der Sintflutmythe hingewiesen; es gilt jetzt, diese Zusammenhänge zu präzisieren.

In einer Arbeit, die ihrer Vortrefflichkeit wegen auch heute noch ausführlich referiert zu werden verdient, hat H. Usener als erster die indogermanischen und semitischen Fluterzählungen einer systematischen Untersuchung unterzogen und mit rein philologischen Mitteln den Beweis erbracht, daß der Mythe „die vorstellung des lichtaufganges" zugrunde liegt (H. Usener: Die Sintfluthsagen, 213); der „Held" der Mythe ist ursprünglich nicht ein gewöhnlicher Mensch, sondern ein Lichtgott bzw. ein göttliches Wesen, das im Anfang der Dinge auf Erden herrschte, als göttlicher Urmensch das goldene Zeitalter begründete und schließlich in der Endzeit eine Zeit ewigen Glücks heraufführen wird.

So ist in der indischen Flutmythe Manu, der Stammvater der Menschheit, ein Sohn des Sonnengottes Vivasvat (Usener: Die Sintfluthsagen, 241), und auch den Deukalion der griechischen Sage deutete Usener als Deu — kalos, als „Zeusknäblein" (66; vgl. H. Usener: Götternamen, 23). Als Urbild der Fluterzählung darf demnach die Geschichte von dem göttlichen Knäblein gelten, das in einem Kasten bzw. in einer Truhe, einem Schiff oder auch einem Fisch einhertreibt und schließlich an Land gesetzt wird.

Ein solches Schicksal z. B. widerfährt dem Perseus; seine Mutter Danae hatte ihn von Zeus in einem Goldregen empfangen, aber Akrisios, der König von Argos, ließ eines unheilverkündenden Orakels wegen Mutter und Kind in einer Truhe ins Meer werfen, wo sie schließlich von Diktys beim Fischfang aufgelesen wurden. (Usener: a.a.O., 81—82) Diktys, der „Zeigende", ist ein Lichtgott, der in Feindschaft mit seinem Bruder Polydektes, dem Gott des Hades, des Todes und der Nacht lebt (H. Usener: Die Sintfluthsagen, 85; ders.: Götternamen, 42); in Perseus, dem Vater der Hekate, erkennt Usener „den aufgehenden lichtgott" (Die Sintfluthsagen, 85—86).

Ein ähnliches Schicksal wie Perseus erleidet Telephos, der Sohn der Lichtgöttin Auge, die ihn von Herakles empfängt, von ihrem Vater Aleos aber voller Zorn mitsamt ihrem Kind in eine Truhe gepackt und dem Meer übergeben wird (Usener: Sintfluthsagen, 86—87; vgl. R. v. Ranke-Graves, II 182).

Eine interessante Variante dieses Motivs enthält die Mythe von Tennes, dem Sohn des Kyknos und der Proklaia; nach dem Tode seiner Mutter hatte Kyknos eine zweite Frau, Polyboia, geheiratet; diese versuchte vergeblich, den heranwachsenden Stiefsohn zur Liebe zu verführen und beschuldigte ihn schließlich voller Haß, selbst den Ehebruch mit ihr versucht zu haben; Kyknos ließ daraufhin den Tennes in eine Truhe packen und ins Meer werfen, zusammen mit seiner Schwester Hemithea, die um das Schicksal ihres Bruders in den Augen des Königs eine ungebührlich große Trauer hegte; die Kiste wurde an der gegenüberliegenden Insel Leukophrys angetrieben und das Geschwisterpaar von der Bevölkerung zu Herrschern über die Insel erhoben (Usener: Sintfluthsagen, 90—92). Besonders der Name der Insel Leukophrys, den Usener mit dem Wortstamm *bhru* für „Augenbraue" in Verbindung bringt, zeigt, daß die „landung in der truhe ... auch in diesem falle ... ein mythisches bild für die ankunft und den aufgang des lichtgottes" darstellt (Usener, 95).

Bekannter ist die Geschichte von Anios, dem ältesten König und Priester der Insel Delos, dessen Mutter Rhoio von Apoll beschlafen, nach Entdeckung ihrer Schwangerschaft aber von ihrem Vater Staphylos in einer Truhe ins Meer geworfen wurde; die Kiste wurde in Delos angetrieben, wo Rhoio einen Knaben gebar, dem sie den Namen Anios, „Kummervoll", gab (Usener, 97); diese Namengebung erinnert Usener zu Recht an das Grimmsche Märchen von dem „Mädchen ohne Hände", in welchem die vertriebene Königin ihren Sohn „Schmerzensreich" nennt (Grimm: Märchen, 125) und das mit dem Bild von den abgeschlagenen, silbernen und nachwachsenden Händen sich deutlich auf das Schicksal der Mondgöttin bezieht. Der Name Anios bedeutet eigentlich „der Förderer" (von anýein) und bezeichnet das Kind als Vegetationsgott, dem auf Delos drei Töchter von Dorippe geboren werden: Oino, die Göttin der Reben, Spermo, die Göttin der Sämereien, und Elais, die Göttin der Ölbäume. Rhoio, seine Mutter, ist die Nymphe des Granatbaumes, und Staphylos, sein Großvater, ein Traubengott. (Usener, 98) Würde man, was Usener nicht erwähnt, in Rhoios Gestalt das Schicksal der Mondgöttin in ihrer Liebe zum Lichtgott Apoll erblicken, so würde sich als Sinn der Mythe von Anios der Gedanke nahelegen, daß die Vegetation aus der heimlichen (weil unsichtbaren?) Verbindung des Sonnengottes mit der schönen, aber verbannten und kummervollen Mondgöttin hervorgeht. Allerdings hält Usener die Erwähnung des Apoll für sekundär; ursprünglich sei Anios ein reiner Vegetationsgott wie der mit ihm verwandte Dionysos gewesen (Usener, 99).

Aber auch Dionysos schillert zwischen einem Lichtgott und einem Vegetationsgott. In Prasiai erzählte man sich, wie Pausanias (III 24, 3—4) berichtet, „im Widerspruch zu allen anderen Griechen, wie Semele ihr Kind von Zeus geboren habe und, als sie von Kadmos ertappt wurde, mit Dionysos zusammen in einen Kasten eingesperrt wurde. Und dieser Kasten sei hier ... von den Wogen angespült worden, und Semele habe man würdig begraben, da man sie nicht mehr lebend angetroffen habe, aber den Dionysos aufgezogen." (Pausanias: Beschreibung Griechenlands, Bd. I 181) Die Landung des Gottes dürfte auch hier die Ankunft des Lichtgottes darstellen. (Vgl. K. Kerényi: Ankunft des Dionysos, in: Auf Spuren des Mythos, 273)

Sehr verwandt mit dieser Dionysos-Mythe ist die Episode der Argonautensage von der Insel Lemnos, auf der „die Weiber alle ihre Männer,

ja das ganze männliche Geschlecht, vom Zorn Aphroditens verfolgt . . .,
ausgerottet" hatten. „Nur Hypsipyle hatte ihren Vater, den König
Thoas, verschont und in einer Kiste dem Meere zur Rettung übergeben."
(G. Schwab: Sagen des klassischen Altertums, 74) Die Truhe trieb an
eine Insel, die damals Oinoe hieß; dort zogen Fischer den Thoas ans
Land, „und er erzeugte dann mit der quellnymphe Oinoe den Sikinos."
(H. Usener: Die Sintfluthsagen, 106) In Thoas, für dessen Verwandtschaft mit Dionysos vor allem die Insel und Nymphe Oinoe (von
oinos — Wein) spricht, sieht Usener, entsprechend der Bedeutung von
thoazein — stürmen, dahereilen, einen „ausdruck für den winterlichen
Dionysos." (106)

Ein Vegetationsgott wie Dionysos ist auch der syrische Adonis, der
dem babylonischen Tammuz, dem phrygischen Attis und dem ägyptischen Osiris entspricht; in ihnen allen erblickte J. G. Frazer, z. T. wohl
mit Recht, Verkörperungen des Baum- bzw. Korngeistes. Von Adonis
nun erzählt die Sage, seine Mutter Smyrna sei nach der Blutschande mit
ihrem Vater in einen Myrrhenbaum verwandelt worden; dieser sei nach
zehn Monaten geborsten und habe den wunderschönen Adonis hervortreten lassen. Aphrodite soll den Knaben in einer Truhe verborgen und
bei Persephone niedergestellt haben. Aber nicht nur das Jugendschicksal
der Aussetzung in einer Kiste teilen Adonis und Dionysos, sondern auch
das blutige Ende, werden doch beide auf gräßliche Weise getötet und in
ihrem Tod zu Garanten des ewigen Lebens der Vegetation. (J. G. Frazer:
Der goldene Zweig, 476; Usener: Sintfluthsagen, 106)

Eine Vegetationsmythe ist im Kern wohl auch die Erzählung von der
Geburt des Erichthonios, der aufs engste mit dem athenischen König
Erechtheus zusammenhängt, von dem Homer (Ilias, II 547—549)
bemerkt, daß ihn die nahrunggebende Erde gebar und Athene ihn
aufzog; H. Usener deutete beider Namen als „Erdaufreißer", wobei das
Instrument des „Schollenbrechens" sowohl ein Pflug wie ein Schiff sein
kann (H. Usener: Götternamen, 139—141); denn im Kult wie im
Mythos steht Erichthonios in Beziehung zum Erderschütterer Poseidon.
Dieser hatte der Mythe nach dem Hephaistos gesagt, daß die Göttin
Athene auf dem Weg zu seiner Schmiede sei, und Hephaistos hatte
versucht, sie zu vergewaltigen. Athene konnte sich freilich von ihm
losreißen und seinen Samen oberhalb ihres Knies mit Wolle (gr.: erion)
entfernen. Das Wollknäuel, das sie voller Ekel in der Nähe Athens von
sich warf, befruchtete indes die Erdmutter, und so entstand der schlangen-
füßige Erichthonios, der „Wollerdige", wie die Alten seinen Namen
interpretierten. Die Erdmutter lehnte nun allerdings die Verantwortung

362

für die Aufzucht dieses gewaltsam gezeugten Kindes ab, und so mußte doch Athene einspringen. Um aber zu verhindern, „daß Poseidon über den Erfolg seines Streiches triumphiere, versteckte sie das Kind in einem heiligen Korb. Diesen gab sie der ältesten Tochter des Königs Kekrops von Athen, der befreundeten Aglauros, mit dem Auftrag, ihn sorgsam zu bewachen." (R. v. Ranke-Graves: Griechische Mythologie, I 84) Aglauros ist offenbar eine „göttin heiterer luft" (Usener: Götternamen, 137); ihre Schwestern sind Pandrosos, die „Allbenetzende", und Herse, die Göttin des Taus; die erdentsprossene Vegetation wird also großgezogen von freundlichem Wetter und befruchtender Feuchtigkeit.

Einen Kistenaufenthalt berichtet auch die Sage von Ion: Krëusa, die Tochter des Erechtheus, hatte sich in Liebe mit Apoll verbunden; diese aber, aus Furcht vor dem Zorn ihres Vaters, verschloß das Kind in einer Kiste und setzte es in einer Höhle aus; auf Weisung Apolls trug Hermes das Kind nach Delphi, wo Ion zum Propheten Apolls wurde. (Vgl. G. Schwab: Sagen, 52) Auch bei Ion läßt sich natürlich an die „wandernden" Lichtgestirne des Tages und der Nacht denken.

All diese Geschichten, deren unvollständige Aufzählung doch deutlich genug das mythologisch und psychologisch Bedeutsame erkennen läßt, zeigen, daß das Motiv von dem göttlichen Knaben in der schwimmenden Truhe seinen Sitz in den Mythen von der Ankunft des Lichtgottes hat und den Kern der Sinflutsage ausmacht. Den Werdegang der ursprünglichen Göttermythe zur Heroengeschichte beschrieb H. Usener so: „Zu grunde liegt zweifellos die vorstellung des lichtaufganges: der gott, welches fahrzeug auch ihn tragen möge, wird durch die fluth zum gipfel des bergs gehoben oder an eine insel oder klippe geführt und erhebt sich nun zum himmel, zu den göttern. Das ist eine begleiterscheinung zu der geburt des lichtgottes. Die sage wird dadurch, dass der name ihres helden vor dem allgemeiner durchdringenden gottesnamen zurücktritt und in das heroenreich herabsinkt, vom cultus gelöst ... und kann sich ... selbständig entfalten. So konnte in einer fülle von sagen die ursprüngliche anschauung unbewusst erhalten werden. Anders im cultus. Die alltägliche erscheinung (sc. des Sonnenaufgangs, d. V.) muss die macht, womit sie ursprünglich das gemüth des menschen erfasste, allmählich verlieren ... Die geburt des gottes wird daher vereinfacht, und nur einmal im jahre oder gar nach ablauf einer folge mehrerer jahre begangen." (H. Usener: Die Sintfluthsagen, 213) Dabei verschiebt sich die Bedeutung des Bildes der Sintflut wesentlich, ohne indessen seinen Ursprung gänzlich zu verleugnen. Der Tagesaufgang des Lichtgestirns, die tägliche Geburt des Lichtgottes wird zur periodischen Wiedergeburt des Gottes; und diese wiederum kann zum Tag der Erscheinung des Gottes auf Erden, der Geburtstag des Gottes also zu dem Fest seiner Epiphanie werden, wie es namentlich im christlichen Festkalender der Ostkirche in bezug auf Christus der Fall ist.

Als Kern der Flutsagen darf mithin die alte Vorstellung gelten, derzufolge „der neugeborene oder wiederkehrende lichtgott durch eine fluthwelle (von Licht, d. V.) in die höhe getragen wird; die vorstellung", meinte H. Usener, „war so fest, dass sie ein unveräusserlicher bestandtheil der bilder von göttlicher epiphanie blieb ... Erst durch die verbindung dieser fluthvorstellung mit dem bilde des in der truhe, im schiff oder auf dem delphin durchs wasser getragenen gottes ist der keim gegeben, der sich zu einer fluthsage entfalten konnte." (Usener: Die Sintfluthsagen, 239)

Wo nun die Mythe von der gefahrvollen Geburt, Ankunft oder Erscheinung des Lichtgottes zur Heldensage degenerierte, verwandelte sich die ursprüngliche Erzählung naturgemäß in eine Geschichte von der geheimnisvollen und gefahrenumwitterten Geburt sowie der glücklichen Rettung des Heroenknäbleins, welches das Schicksal dazu auserkoren hat, in geschichtlichem Sinne einer bedrohten Menschengruppe oder, noch besser, der ganzen Menschheit Licht und Rettung zu bringen. Durch die Übernahme der älteren Bilder des Lichtmythos dürften sich religionsgeschichtlich die sonderbaren Eigentümlichkeiten der Heldensage verstehen lassen, daß Männer wie Sargon von Akkad, Moses, Kyros, Romulus und Remus, also die Stammväter eines Volkes und Schöpfer ihrer Kultur, als Knaben im Wasser ausgesetzt und nach abenteuerlicher Fahrt gerettet worden sind.

Für die Mythe von der Geburt des Lichtgottes ist es offenbar gleichgültig, ob der Träger des göttlichen Kindes, seiner Mutter oder, in weiterer Abwandlung, der Frau des Helden ein Kästchen, ein Fisch oder ein Landtier ist: als Stier z. B. trägt Zeus die geraubte Europa durch das Wasser nach Kreta (vgl. G. Schwab: Sagen, 34); die Gattin des Herakles, die schöne Deianeira, wird von dem Zentauren Nessos durch den Fluß Euenos getragen und von dem Ungeheuer beinahe vergewaltigt (G. Schwab: Sagen, 192); und der Flußgott Acheloos, der einst um Deianeira als Freier geworben hatte und von Herakles in einem schrecklichen Kampf, eines göttlichen Helden würdig, besiegt werden mußte, besaß die Fähigkeit, als Stier, als schillernder Drache oder auch menschengestaltig, aber stiergesichtig erscheinen zu können (vgl. G. Schwab: Sagen, 190). All diese Ungeheuer, bedrohlich und u. U. hilfreich zugleich, dürften, wie die Schlangen, von denen wir oben (70) gesprochen haben, als Verkörperung des Wassers aufzufassen sein, entsteigen sie doch den tobenden Wellen oder besitzen darin ihre Heimat; Hippolytos z. B., als er von seinem Vater Theseus wegen angeblichen Ehebruchs mit seiner Stiefmutter Phädra zu Unrecht vertrieben wurde, geriet am Ufer des Meeres in den Bannkreis einer gewaltigen, von Poseidon selbst erregten Woge, die einen riesenhaften Stier ausspie; dieser jagte den Rossen des Hippolytos einen solchen Schrecken ein, daß er von den fliehenden Pferden zerrissen wurde (vgl. Schwab: Sagen, 225—226).

In solchen Sagen erregen die Wasser-Ungeheuer selbst die Sintflut und treten deutlich als Herren über Trockenheit und Feuchtigkeit auf. J. G. Frazer z. B. erzählt die komische Mythe (bzw. Fabel) der australischen Eingeborenen am Tyers-See, Victoria. Ein riesiger (Regen-) Frosch, wie wir ihn auch aus dem Grimmschen Märchen vom „Froschkönig" kennen, hat, so geht die Erzählung, alles Wasser der Welt verschluckt. Besonders die Fische hatten unter der Trockenheit empfindlich zu leiden. Und als einziger Weg, der Unbill zu wehren, erkannten und beschlossen sie, den Frosch zum Lachen zu reizen, denn, so mögen die Fische in einer magischen Verwechslung von Ursache und Wirkung gedacht haben, wenn wir uns freuen, daß es regnet, so müssen wir den Regenfrosch zum Lachen reizen, dann wird er für Regen sorgen. Um also das Erfreuliche durch das Erfreuliche zu bewirken, trieben sie, dem Frosch zur Kurzweil, allerlei Possen, damit es regne; doch alle Versuche schlugen fehl, bis der Aal, auf dem Schwanz stehend, die lächerlichsten Windungen vollführte, so daß selbst der Frosch lachen mußte, und zwar so sehr, daß ihm die Tränen die Backen herabliefen und eine Riesenflut hereinbrach; in dieser wäre die ganze Menschheit umgekommen, wenn nicht der Pelikan in einem Boot die Überlebenden gerettet hätte. (J. G. Frazer; Die Arche, 99—100; vgl. die melanesische Mythe von der Großen Schlange in I 192)

Daß auch die Bibel das Motiv von dem Wasserungeheuer kennt, ist bereits gezeigt worden (70); aber auch das Motiv von dem Wasserungeheuer, das den Lichtgott trägt oder bedroht, fördert oder gefährdet, hat seine Spuren in der Bibel hinterlassen: am sichersten in der späten Novelle von Jona (Jona, 2, 1.11), aber auch von Tobias (Tob 6, 1—9); denn der Fisch, den Tobias am Tigrisstrom fängt und aus dessen Galle er eine Medizin für die erblindeten Augen seines Vaters gewinnt, dürfte eben jenes Wasserungeheuer sein, das der Lichtgott besiegen muß, um den umdunkelten Augen Helligkeit zu bringen. Ganz entsprechend wird es sich in der alten kanaanäischen Lokalmythe vom Kampf am Jabbok verhalten (Gn 32, 23—33): das Gespenst, das in der Nacht demjenigen den Weg versperrt, der den Fluß überschreiten will, dürfte der Geist des Wassers sein (vgl. J. G. Frazer: Die Arche, 198ff); im Morgengrauen verliert er seine Kraft und offenbart damit seine Zugehörigkeit zu den dunklen Elementen der Nacht, die erst beim Aufgang des Lichts ihre Schreckensmacht einbüßen.

Auch die Legende von der Entrückung des Propheten Elias (2 Kg 2, 8.11) scheint hierher zu gehören: die Pferde, die am Jordan den Propheten in den Himmel emportragen, erinnern deutlich an die Pferde des Sonnengottes, der sich mit ihnen allmorgendlich aus den Wassern des Weltmeeres auf den Wogen des Lichtes zum Himmel erhebt; zugleich aber sind sie, wie die ägyptischen Sonnen- und Mondbarken oder das Schiff des Charon in der Unterwelt, die Träger in das Land der Seligen. Die Entrückung des Propheten zum Himmel unterscheidet sich diesbezüglich in nichts von einer verwandten griechischen Mythe: als nach der Entscheidungsschlacht der Sieben gegen Theben die Argiver fliehen müssen, vermag der thebanische Held Periklymenos den Seher Amphiaraos, der als „Auge des Heeres" der Argiver gilt, am Ufer des Flusses Ismenos beinahe zu erreichen; der Seher in seiner Verzweiflung lenkte die Pferde seines Wagens in eine tiefe Furt; aber schon drohte der Speer des Verfolgers den Seher zu töten, da „spaltete Zeus, der seinen Seher nicht auf unrühmlicher Flucht umkommen lassen wollte, mit einem Blitze den Boden, daß er sich auftat wie eine schwarze Höhle und die Rosse, die eben den Übergang suchten, zusamt dem Wagen, dem Seher und seinen Genossen verschlang." (G. Schwab: Sagen, 273) Die allgemeine Vorstellung, die dieses Motiv von dem Helden, der von Tieren oder Schiffen durchs Wasser ins glückliche Land der Toten, in die Unterwelt, den Himmel oder auf die Insel der Seligen getragen wird, ist wohl die, daß das „land der götter und der aufenthaltsort der seligen ... ursprünglich eins" sind (H. Usener: Die Sintfluthsagen, 214); wo der Lichtgott an Land geht, ist mithin ohne weiteres das Land der Glücklichen, so wenn Jason mit der Argo zum goldenen Vlies in das Land des Aietes fährt, „wo der schnelle Helios seine strahlen in goldener kammer aufbewahrt" (H. Usener, 214, nach Mimnermos fr. 11, 5).

Damit stellt sich nun die Frage, wer die „Lichtgottheit in dem schwimmenden Kästchen" eigentlich ist, ob das Gestirn des Tages oder der Nacht. Vieles spricht dafür, in dem ausgesetzten und heldenhaften Kind die Sonne zu sehen; das Kistchen des Heldenkindes wäre dann identisch mit der goldenen Schale, die Herakles selbst in Gadira am Gestade des Atlantischen Ozeans auf der Suche nach den Rindern des

Geryones vom Sonnengott erhält und in der er seinen nächtlichen Weg vom Niedergang bis zum Aufgang zurücklegt (vgl. G. Schwab: Sagen, 172), wie denn auch der Fisch, der Jona verschlingt, offenbar einen Weg von West nach Ost zurücklegt; Osten hat dabei als Ort des Sonnenaufgangs, aber auch, wie in der j Urgeschichte, als Ort der Weltschöpfung und der Entstehung der Menschheit zu gelten. Auf die Sonne, so hat vor allem L. Frobenius geltend gemacht, will besonders jener Grundgedanke der Sintflut- und Aussetzungsmythen am besten passen, daß der Lichtgott im Wasser, „dem erdumspannenden Meere", auf- und untergeht. (L. Frobenius: Das Zeitalter des Sonnengottes, 278) Gleiches läßt sich auf den Mond nur beziehen, wenn das Urmeer als Himmelsozean verstanden wird, wie es die Mondmythologen allerdings tun. Zudem — von den Hinweisen Useners auf die unzweifelhafte Sonnenbedeutung in manchen Flutmythen einmal abgesehen — hat Frobenius gezeigt, daß insgesamt die Vorstellung vom „Nachtmeergefängnis", von dem Helden, der im Bauch eines Fisches oder Ungeheuers eine Zeitlang sein Dasein fristen muß, der gleich nach seiner jungfräulichen oder doch wenigstens geheimnisvollen Geburt in einen Kasten eingesperrt oder in einer Höhle versteckt gehalten wird, der eine gefahrvolle Seefahrt unternehmen oder ein Ungeheuer töten muß, ehe er in einem fernen Lande seinen ihm vorbestimmten Thron als König besteigen kann, — daß all diese Vorstellungen sich am einfachsten auf den Sonnengott und auf sein abenteuerliches, tagtäglich und, in Gegenden nördlich und südlich der Wendekreise, alljährlich anzuschauendes Schicksal des Auf- und Niedergangs beziehen lassen.

Andererseits hat Frobenius selbst gewußt, daß der solare Mythos allein nicht ausreichen würde, die merkwürdigen Züge der Aussetzungs- und Sintflutmythe zu verstehen. Mag das Kind des Zeus, Apoll oder eines anderen Gottes immerhin die Eigenschaften eines Sonnenhelden besitzen, so bleibt doch die Gestalt seiner Mutter noch ungeklärt; gerade sie aber scheint mit der Meerfahrt ihres Kindes auf das innigste verknüpft zu sein; ja, in manchen Mythen, wie z. B. in dem Mythos von der geraubten Jungfrau (vgl. Europas Entführung) ist die Meerfahrt der von dem Gott geliebten Frau noch wichtiger als die Geburt ihres göttlichen Kindes. Wir dürfen in ihr den Mond erblicken; denn die allgemeine mythische Vorstellung wird in dem Sonnengott einen feurigen Liebhaber der kühleren, jungfräulich spröden Königin der Nacht, der wechselhaften Mondgöttin erblickt haben. Sonne und Mond werden mythisch als Welteltern verstanden, aus deren Vereinigung die Sterne, die Erde, die Menschen hervorgehen. Die zugrunde liegende Anschauung ist so

367

allgemein, daß selbst Frobenius, der prominenteste Verfechter einer vorwiegend solaren Mythologie, konstatierte: „Es gibt keine größere Völkergruppe, aus deren Bereich nicht einmal die Nachricht gekommen wäre: ‚Sie halten Sonne und Mond für zwei sich Liebende.'" (L. Frobenius: Das Zeitalter des Sonnengottes, 346)

Die Formen dieser dramatischen „Liebesgeschichte des Himmels" (E. Siecke) sind äußerst mannigfaltig: die beiden Gestirne können als Bruder und Schwester verstanden werden, ihre Bewegungen am Himmel als gemeinsame Flucht, ihr Verschwinden als gemeinsames Gefängnis oder tödliche Bedrohung in den Händen einer dämonischen Zauberin, ihr Wiedererscheinen als Triumph über das Hexenungeheuer, wie am bekanntesten in dem Grimmschen Märchen von „Hänsel und Gretel" und vom „Brüderchen und Schwesterchen". Die überlegene Größe der Sonne mag diese auch als einen König haben erscheinen lassen, der auf der Suche nach dem Vollmond als der schönsten Frau der Welt mit einer im Grunde häßlichen Frau, dem dunklen Neumond, betrogen wird und erst nach allerlei Abenteuern seine rechte Braut wiederfindet, so in den Grimmschen Märchen „Aschenputtel" und „Allerleirauh", „Die weiße und die schwarze Braut" u. a. Daß die Ehe zwischen Sonne und Mond wie eine verbotene Heimlichkeit erscheint, mag daran liegen, daß die Konjunktion von Sonne und Mond nur beim unsichtbaren Neumond stattfindet. Das Kind, das die Mondgöttin gebiert, ist der solaren Auffassung nach das morgendlich wiedererstehende Sonnenknäblein; hier verschmilzt die Mondgöttin mit der Göttin des Wassers bzw. mit dem Nachtmeerungeheuer, das die Sonne abends aufnimmt und am Morgen neu hervorbringt. In den Mythen und Märchen kann die neue Geburt der Sonne auch als Rettung aus den finsteren Mächten der Nacht erscheinen: die Sonne, so geht die Mythe, besitzt etwa eine Igelhaut, ein Eselsfell, eine Frosch- oder Schlangenhaut und muß aus dieser gewaltsam durch Verbrennen der verwunschenen Haut befreit werden (vgl. die Grimmschen Märchen „Der Froschkönig" oder „Das Eselein"). Die Mondgöttin selbst erscheint somit zugleich als Herrin über Leben und Tod, als schicksalspinnende Norne, deren Licht als ein kunstvolles Goldgewebe gilt, das oft in kurzer Zeit unter Androhung der Todesstrafe (des abnehmenden Mondes) über Nacht fertig gestellt werden muß, wie beispielsweise in den Grimmschen Märchen vom „Rumpelstilzchen", von „Frau Holle" oder vom „Dornröschen"; in der griechischen Mythologie erscheint Athene im Wettkampf mit der kunstvollen Spinnerin Arachne, die sie zur Strafe für ihre stolze Vermessenheit in eine Spinne verwandelt (vgl. G. Schwab / G. Klee: Sagen, 945—947); im „Rumpelstilzchen"-

Märchen vereinigt sich das Goldspinnen der Mondgöttin mit dem Motiv der Rettung des (Sonnen-?) Kindes vor dem Dämon der Nacht.

Im Rahmen einer solchen Rettungsaktion der Mondgöttin zur Sicherung des Sonnenkindes ist nun wohl auch die gefahrenreiche Fahrt in dem Kästchen bzw. das Versteck in der Höhle zu verstehen. Wenn die Sonne des Nachts untergeht, so sagt der Mythos, fährt die Mondgöttin mit dem (vom Himmel) vertriebenen und zu Unrecht verfolgten Sonnenkind in der Himmelsbarke durch den Welten- oder Himmelsozean oder sie verbirgt es in der dunklen Nachthöhle, bis es, herangereift und erstarkt, seiner wahren Stellung am Himmel entgegenschreitet. Das Motiv von der Rettungsfahrt der Mondgöttin mit ihrem geliebten Sonnenkind kann natürlich auch dahin abgewandelt werden, daß der Sonnengott in einer Art Hochzeitsreise seine wunderschöne Geliebte zu Schiff mit List oder Gewalt entführt; so lockt z. B. in dem Grimmschen Märchen „Der getreue Johannes" der Königssohn mit goldenen Tierfiguren (den Sternbildern) die angebetete Schöne auf sein Schiff, das sogleich vom Ufer ablegt und dessen Fahrt von dem geheimnisvollen Zwiegespräch der Raben begleitet wird; die rettende Mondgöttin, die Mutter des Sonnenkindes, erscheint hier in der Gestalt der geraubten Geliebten des Sonnenhelden.

Eine große Schwierigkeit bei der Interpretation der Mond- und Sonnenmythen bereitet die Wechselseitigkeit der Motive und der Tausch der Geschlechtszugehörigkeit. Mal erscheint die Sonne als männlicher Held, mal als schöne Frau; bald ist der Mond ein finsterer Dämon, bald eine silberarmige Jungfrau (wie im Grimmschen Märchen vom „Mädchen ohne Hände") oder eine einsame Königin auf dem gläsernen Berg (dem dunklen Nachthimmel oder dem kristallblauen Firmament des Tages), wie in den Märchen „Der Trommler" oder „Die Kristallkugel". Das dunkle Gewand, das es auszuziehen gilt, kann die Verdunklung der Sonne ebenso wie die des Mondes bezeichnen; das Drama von Nachtmeergefangenheit, Verschlucktwerden, Drachenkampf, neuer Geburt und Lebenserneuerung ist ebenso sinnvoll lunar wie solar interpretierbar. Auch Frobenius hat zwar betont, „daß die eigentlich solare Mythologie den Mond nur als Weib und die Sonne als Mann kennt", aber hinzugefügt, es lasse „sich die ältere Anschauung nicht verleugnen, welche in dem Monde ein männliches Wesen sieht" (L. Frobenius: Das Zeitalter des Sonnengottes, 347).

Die naturmythologische Schule E. Sieckes hat um die Jahrhundertwende aus diesem Sachverhalt den Schluß gezogen, daß *alle* Mythologie im Ursprung Mondmythologie sei; auch der Held der Sintflutmythe, das

Kind der auf der Flucht umherirrenden Mondgöttin in der Mondbarke, wäre demzufolge nicht die Sonne, sondern der Mond: wenn die schöne Mondgöttin für ihre geheime, meist unfreiwillige Vereinigung mit dem sie verfolgenden liebeglühenden Sonnengott mit Verbannung bestraft wird und ihren Thron am Himmel verlassen muß, so gelingt es ihr doch, nach der Neumondzeit ein neues Mondwesen zu gebären, das schnell heranwächst und ihren Platz einnimmt; und dieses Wesen wäre der Held in dem Kasten auf den Fluten des Himmelsozeans.

Am konsequentesten von allen Mondmythologen hat E. Böklen die Sintflutmythe aus dem Geheimnis des Mondes deuten wollen und diese Auffassung in einer geistreichen Arbeit auch für die Interpretation der j Sintfluterzählung geltend gemacht. Böklens These lautete: „dass die Sintflutsage ... in ihrem Kern ein Mondmythus ist", und zwar sei sie aus den folgenden „bei vielen Völkern nachweisbaren Vorstellungen herausgewachsen ...: 1. Jenseits des von uns gesehenen blauen Himmelsgewölbes ... befindet sich der Himmelsocean (das Urmeer); 2. der Mond ist (wie auch Sonne und Sterne) ein goldener Kahn, der über diesen Ocean hinfährt; 3. ebenso ist aber auch der Mond (nicht minder als die Sonne) Quelle alles Lebens und Gedeihens in Pflanzen-, Tier- und Menschenwelt ... Die Flut entsteht nun durch den Hereinbruch der Gewässer des Urmeers, der einst in der Urzeit stattgefunden hat; sie kann aber dem am Himmel hinfahrenden Mondkahn nichts anhaben. Er wird nur eine Zeitlang verdunkelt, um dann gerettet aus der Katastrophe hervorzugehen." (E. Böklen: Die Sintflutsage, 4—5) So findet, meint Böklen, alles Leben im Mond seine Zuflucht. Diese Auffassung mag richtig sein, man sollte nur hinzufügen, daß der Vorgang der Flut, mythisch gedacht, zunächst kein vorzeitliches, sondern ein immer wiederkehrendes Ereignis am Himmel beschreibt und daß der Mond selbst ein stets sich erneuerndes Beispiel für die Macht der Regeneration über den Tod, über die Dunkelheit und die Mächte der Finsternis darstellt; im Sinne der Urzeitmythe ließe sich mit der Fluterzählung nur begründen, warum dem Mond gerade sein so geheimnisvolles Schicksal als Retter am Himmel zuteil geworden ist, nicht aber eine ganz singuläre Vergangenheit zum Ausdruck bringen. So erzählen z. B. die afrikanischen Vili von Loango, daß im Streit die Sonne den Mond mit Schmutz bewarf und dabei mit dem Dunkelmond eine große Flut entstand (H. Baumann: Schöpfung und Urzeit, 309); das Motiv vom Streit der Gestirne, das aber auch ohne eine Flutgeschichte erzählt werden kann (vgl. L. Frobenius: Atlantis, XII 180—183), soll offenbar im Sinne einer Urzeitmythe erklären, warum Sonne und Mond, die Geschwister am Himmel, getrennte Wege gehen und warum der Mond ein fleckiges Gesicht hat (vgl. die Pechmarie im Grimmschen Märchen von „Frau Holle").

Im Rahmen der Mondhypothese stellt sich die j Sintfluterzählung für Böklen in den wesentlichen Zügen etwa so dar: „Die Arche ist... zweifellos der Mond." (E. Böklen: Die Sintflutsage, 12) Und zwar sei die Vorstellung vom Mondkahn vornehmlich vom Bild der Mondsichel gewonnen, während anderen Mondsymbolen, etwa der Nußschale mit den wunderschönen gold-silbernen Kleidern im Grimmschen „Aschenputtel", eher der Halbmond entspreche; und die Tonnen, Fässer oder Schränke, in denen die Helden der Mythen und Märchen sich zu verstecken pflegen oder sich aufs Meer hinauswagen, sollen an die Gestalt des Vollmondes erinnern.

Als deutlichstes Beispiel für die Richtigkeit der Böklenschen Auffassung von dem Mondkahn in der Flut läßt sich vor allem die weitverbreitete Vorstellung von dem Boot aus Gold, Silber oder Kupfer anführen. In dem finnischen Kalevala-Epos etwa fährt der erbitterte Wäinämöinen, der nordländische Orpheus, nach der jungfräulichen Geburt und Aussetzung des späteren Königs von Karjala, den er hatte töten wollen, in einem kupferreichen, erzbeschlagenen Boot „zu den niederen Himmelsräumen", um dort den Nachen stehen zu lassen; er ist überzeugt, man werde ihn schon noch brauchen, damit er „neu den Mond zum Himmel führe, frei die neue Sonne mache". (Kalevala 50, 493—512; A. von Löwis of Menar: Finnische und estnische Märchen, 187—188) Ein Boot zu bauen wird Wäinämöinen auch von der Himmelsjungfrau aufgetragen, die er auf seiner Schlittenheimfahrt von der ränkevollen Alten Louhi erblickt; entzückt sieht er, wie die Jungfrau in der Dämmerung in wundervoller Schönheit ihre Spindel in der Hand rollt; indem sie, die offensichtlich eine Mondjungfrau darstellt, den Sänger Wäinämöinen nur dann heiraten will, wenn er ihr aus den kleinen Spänen der Spindel (den Lichtstrahlen?) und den Stücken des Messerschaftes (der Mondsichel?) ein Boot gebaut habe, macht sie deutlich, wie eng der Mond und das metallene Boot zusammengehören. (A. von Löwis of Menar: Finnische und estnische Märchen, 170)

Bei den nordamerikanischen Indianern ist die Vorstellung des kupfernen Bootes, freilich in solarer Bedeutung, besonders beliebt und tritt mitunter auch im Zusammenhang mit einer großen Flut auf. Die Kwakiutl z. B. erzählen von dem mächtigen Schamanen Haialikyawe, der ein Jahr lang in seinem Haus auf einem Hügel die große Flut, welche die ganze Erde bedeckte, überstanden hatte. Dann aber sandte er seinen Talisman zu Kuekuaqaoe, der die Flut gemacht hatte, und versprach ihm seine Tochter. Kuekuaqaoe kam in seinem Sisiutl-Boot, das aus Kupfer bestand und von selbst, ohne gerudert zu werden, durchs Wasser und über Land ging und sich zusammenfalten ließ (beim Neumond?). In diesem Boot fuhr der Schamane zum Berg „Federn oben auf"; er bestand nach einer neuen großen Flut einen Wettkampf mit einem anderen Schamanen, bei dem beide sich gegenseitig viermal in Vögel verwandelten, bis er durch die Berührung eines Fisches sich die Glieder verrenkte und starb; das Boot ging daraufhin zu Kuekuaqaoe zurück. (F. Boas: Indianische Sagen, 167—168) In einer Mythe der Nimkisch-Indianer wird Nemokyustalis als einziger aus der Großen Flut gerettet, er und sein Sohn Gyii werden von Kanigyilak in Enten und Eisvögel verwandelt, erlangen aber immer wieder die menschliche Gestalt zurück; schließlich verwandelt sich Nemokyustalis in einen Fluß. Gyii aber will auf eine abenteuerliche Weise um ein Mädchen werben, dessen Vater jeden Freier tötet. Er fährt in einem Boot ab, in dem er viele Möwenflügel und -Federn mitführt. „Er brauchte nicht zu rudern, denn sein Boot ging von selbst." Er macht vier blinde Frauen sehend, besteht die Probe des Schwiegervaters, sich auf einen feurigen Stein mit tödlich spitzen Steinen (die Sonnenstrahlen?) zu setzen, und entgeht auch dem heimtückischen Anschlag, in eine gefällte und aufgespaltene Zeder eingeklemmt zu werden (das Symplegadenmotiv des Lichthelden); außerdem gelingt es ihm, seinen Schwiegervater ins Wasser zu stürzen und wieder aufzuerwecken. Seine Lichtnatur offenbart Gyii, neben diesen Taten, auch durch sein strahlend helles Antlitz, bei dessen Anblick die geliebte Mondbraut in Ohnmacht fällt. All dies weist Gyii als einen Lichthelden aus; sein von selbst fahrendes Boot ist demnach die Sonnenbarke. (F. Boas: Indianische Sagen, 134—138) Desgleichen gibt es Mythen, in denen der Rabe Omeatl, der das Tageslicht befreit und Ebbe und Flut schafft, sich eine Braut in seinem ohne Ruder fahrenden Boot holt (F. Boas, 175), oder in denen er dem jungfräulich geborenen Kueqagyila, dem „Mörder" (vgl. Kain als Lichtgestalt), ein eben solches Boot baut (184). Bei den Heiltsuk-Indianern sendet der Lichtbringer selbst seine Frau in einem Boot voller Reichtümer in das Land ihrer Schwestern zurück (237). (Vgl. E. Seler: Die Lichtbringer, in: Ges. Abh., V 9—43)

Mit Recht kann man also das Boot des Helden in der Sintflut als lunares bzw. solares Symbol interpretieren.

Noah, der auf Befehl Gottes die Arche baut, darf mithin in seiner Eigenschaft als Baumeister der Arche nach Böklen als ein Mondheros gelten, wie denn der Mond „auch immer ein Ausbund aller Klugheit und Weisheit" sei. (Böklen: Die Sintflutsage, 17) Die Verwendung der

Siebenzahl, die wir schon bei der ersten Durchsicht der motivgeschichtlichen Bedeutung der Sintflutsage mit dem Mond in Verbindung gebracht
haben (I 197f), bildet auch für Böklen ein weiteres wichtiges Indiz der
Richtigkeit der Monddeutung, geht die Sieben doch aller Wahrscheinlichkeit nach auf die Vierteilung des Mondmonats zurück; nach den Erwägungen, die G. Hüsing seinerzeit angestellt hat, wäre mit der Siebenzahl
auch ein Hinweis auf den nicht-arischen Ursprung der j Sintflutsage
gegeben, da in den indoarischen Mythen die Neun zur Unterteilung der
Mondphasen bevorzugt wurde (G. Hüsing: Die Iranische Überlieferung
und das arische System); die Sieben wäre eine semitische Rechnungsart.
   Fraglich müssen nach wie vor einzelne Detaildeutungen bleiben, die
Böklen vorgeschlagen hat: das „Dach" der Arche in Gn 8, 13, hebräisch
mksh, leitet sich etymologisch von ksh — „bedecken" ab und soll nach
Böklen ebenso wie das Verschließen der Arche (Gn 7, 16) die Verdunk-
lung des Mondes bedeuten; die Arche werde damit als der dunkle Neu-
mond vorgestellt, dessen Helligkeit bedeckt oder eingeschlossen werde
(E. Böklen: Die Sintflutsage, 23—25). Die Tiere in der Arche könnten
als die einzelnen Mondphasen verstanden werden (28), gilt doch der
Mond in den Mythen oft genug als Kuh, Stier, feuriges Roß, Schwan,
Schlange usw.; die Anfüllung der Arche mit den Tieren wäre demnach ein
Bild dafür, wie sich der Mond als das himmlische Fahrzeug mit immer
neuen Tieren, also beweglichen Lichtgestalten, füllt; andererseits aber gilt
der Mond schlechthin als Hort des Lebens und Träger aller Lebenserneuerung, da er in seinem Schicksal ebenso sinnenfällig den Tod wie
die Auferstehung durchleidet, und er besitzt schon von daher die Befähigung, das Leben in all seinen Formen in sich zu tragen.
   Diese Ambivalenz von Zerstörung und Wiederbelebung, die den Mond
auszeichnet, verbindet ihn nun auch mit der widersprüchlichen Auswirkung der Großen Flut, die, wie Böklen richtig hervorhebt, „ursprünglich nicht sowohl Weltzerstörung, als vielmehr Weltschöpfung" war (38).
Wichtig ist in diesem Zusammenhang die Beobachtung Böklens, daß der
Sintflut bzw. dem Weltuntergang in den Mythen mitunter die Zerstückelung eines Kindes oder Tieres vorausgeht. Ovid z. B. erzählt in den
Metamorphosen (I 215—230), wie Zeus in das Haus des Lykaon eintritt und von diesem mit dem Fleisch eines geschlachteten Molosserknaben
auf die Probe gestellt wird; ähnlich, könnte man hinzufügen, geht dem
Untergang Sodoms (Gn 19, 1—12) die Absicht der Schändung der beiden
Fremdlinge oder — ersatzweise — der Töchter Lots voraus; und ähnlich
schlachtet Tantalos den Pelops, um die Götter auf die Probe zu stellen.
Lykaon weist sich bereits durch seinen Namen als eine Lichtgottheit aus

(vgl. H. Usener: Götternamen, 211); seine Mythe — und die ihr verwandten Erzählungen — dürften sich in der Tat auf die allmähliche Zerstückelung und Neubelebung des Mondes beziehen. Wir werden noch später bei der Besprechung des Hainuwele-Mythos (606) sehen, wie das zerstückelte Kind, die geopferte Jungfrau, als Mond am Himmel erscheint; und ebenso bestand am arkadischen „Lichtberg" Lykaon, dem höchsten Punkt des Peloponnes, bis in die Kaiserzeit hinein ein Ritus des Menschenopfers zu Ehren des Zeus Lykaios (H. Usener: Götternamen 210—211).

Die Mondmythe ist hier offenbar untrennbar mit einer magischen Tötung zum Erhalt und zur Auferstehung des Lebens oder, genauer, des Vegetationsgeistes verbunden, der in seiner Verkörperung als junges Mädchen in der Blüte der Jugendkraft und Schönheit getötet werden muß, um das katastrophale Alt- und Schwachwerden der Natur zu verhindern.

Von daher erklärt sich vielleicht auch der merkwürdige Zug, daß gerade Fremde getötet werden, ehe die vernichtende und wiederbelebende Flut hereinbricht. Wie nämlich J. G. Frazer gezeigt hat, gab es wohl einen Ernteritus, der darin bestand, dem Korngeist ein Menschenopfer darzubringen und eine gewisse Regenmagie auszuführen; zum Opfer wurden offenbar Fremde bestimmt, die zufällig am Feld während des letzten Abschnittes der Ernte vorbeigingen. So erzählt die phrygische Mythe von Lityerses, dem Sohn des Königs Midas, der seinerseits als mythischer Goldmacher und Eselskönig dem Mond zugerechnet werden darf, daß Lityerses beim Kornmähen einen riesenhaften Appetit bekam; jeden Fremden, der am Feld vorbeiging, zwang er, mit ihm zusammen zu mähen; es war aber seine Gewohnheit, den Fremden in eine Garbe einzuwickeln, ihm mit der Sense den Kopf abzuschlagen und seinen Leib, in Kornhalme eingehüllt, ins Wasser zu legen. (J. G. Frazer: Der goldene Zweig, 619—620) Das rituelle Tötungsmotiv im Zusammenhang mit dem Motiv vom Großen Wasser und den Eigentümlichkeiten des Mondes macht den Doppelcharakter der Sintflutmythe von Zerstörung und neuem Leben besonders deutlich; erst in späteren, weniger barbarischen Zeiten wird das Tötungsritual nicht mehr als Vorbereitung der Flut, sondern als Verbrechen, und die Flut nicht mehr als Segen, sondern als Strafgericht uminterpretiert worden sein.

Kehren wir zu Böklen zurück, so erscheint seine Darstellung vor diesem Hintergrund zwar als einseitig, aber als nicht unrichtig, wenn er meint, die Flut sei „von Haus aus kein tellurisches, sondern ein kosmisches Ereignis." (Böklen: Die Sintflutsage, 41) Denn es geht *auch* um den

Mond und sein Schicksal, wenngleich ebensosehr um die Erde und das Schicksal der Vegetation. Zu ausschließlich wird Böklen erst, wenn er exklusiv formuliert: „Die Wasser (der Flut, d. V.) stammen nicht aus den Wolken, sondern aus dem das Weltall umgebenden Himmelsocean, die Flut steigt bis zu den Sternen, die Arche fährt hoch am Himmel dahin." (41) Das tut sie zwar, aber das kosmische Geschehen ist zugleich Vorbild und Abbild, Garant und Symbol des irdischen Geschehens; m. a.W.: die Sintflut spielt am Himmel *und* auf der Erde, sie ist Licht *und* Wasser, Tod und Auferstehung von Mond *und* Acker. Daß der Mond als Regenspender und damit als Ursache der Flut gilt, könnte nach Böklen daran liegen, daß er als Himmelsbrunnen, als Verbindung der sichtbaren mit der unsichtbaren Welt verstanden wird, wortwörtlich als „Schleuse des Himmels" (43); zusätzlich mag aber auch die rein irdische Erfahrung, daß in klaren Nächten wohltuender Tau sich auf die ausgedörrten Wiesen und Felder legt, den Mond zu der Funktion des Regenspenders erhoben haben, ebenso wie an Gestaden des offenen Meeres die Beobachtung der Gezeiten; auch die Mondflecken werden mitunter als Tränen gedeutet (vgl. L. Frobenius: Atlantis, I 76); wie auch immer — entscheidend bleibt, daß die Große Flut, welche die ganze Welt bedroht, ein kosmisches Ereignis ist und von daher dem Mond eine zentrale Rolle zukommt, indem er die Öffnung zum Himmelsozean bildet.

Zeitlich dachte sich Böklen die j Sintflutmythe so, daß sieben Tage für den Bau der Arche anzunehmen wären; diesen entspräche die Zeit vom Neumond bis zum ersten Viertel des Mondes; sieben Tage lang lud Noah die Tiere in die Arche; in dieser Zeit erhält der Mond seine volle Gestalt; dann beginnt die Flut, am Vollmondtag oder am Tag darauf (51). Daneben aber gibt es auch Überlieferungen, nach denen die Flut offenbar mit dem Neumond eintritt, so im Jubiläenbuch 5, 23 (E. Littmann: Das Buch der Jubiläen, in: E. Kautzsch: Die Apokryphen, II 49). Die Dauer der Flut beträgt nach J 40 Tage und 40 Nächte, eine Angabe, die wir bislang nicht zu deuten wußten und die auch Böklen nicht geringe Schwierigkeiten machte. Er glaubte nämlich — wohl zu Recht —, darin die Erinnerung an einen Kalender zu finden, in dem 40 Tage einen „Monat" bildeten (58) und das Jahr nach der Sonne zu 9 solcher 40-Tage-Monate gerechnet wurde; als Beispiel führte Böklen die Mayas an, die ein Sonnenjahr aus 18 „Monaten" zu 20 Tagen mit 5 Schalttagen kannten. Der mexikanische Kalender zeigt aber, besser als Böklen selbst es offenbar wußte, daß die 40-Zahl trotz ihrer Beziehung zum Sonnenjahr auch mit dem Mond in Verbindung steht: denn der ursprüngliche Maya-Kalender, der Tzolkin, war ein Mondkalender oder, genauer, ein anthropolunarer Kalender, der die 29 Tage der Mondphasen mit den 9 Monaten der weiblichen Schwangerschaft zu einem Mondjahr von 261 (260) Tagen multiplizierte. Die 260 Tage des Tzolkin teilte man so, daß im Verlaufe des Jahres 13 Mondwesen (uiniks) mit 20 „Trägern" (Tagen) geboren wurden. Die Zahl 20, die mit einer Mondglyphe geschrieben wurde, blieb auch beim Übergang zum Haab, zum Sonnenjahr, erhalten, das man in 18 uináls zu 20 Tagen unterteilte; zu diesen 360 Tagen kamen 5 überschüssige Tage, die ohne den Schutz der „Herren der Nacht" dalagen und daher von der Urmutter Mam, der Gestaltenreichen, die selbst als die Göttin 5 auftritt, schweigend übernommen werden mußten. (Vgl. W. Cordan: Popol Vuh, 182—186; J. E. S. Thompson: Die Maya, 269—282; Abb. 16, S. 507) Diese Parallelen „beweisen" natürlich nicht, daß die Dauer der Sintflut von 40 Tagen in der j Erzählung lunar verstanden werden *muß*, sie zeigen aber, daß die Zahl 40 sich sehr wohl mit einem Mondkalender verträgt und nicht an das Sonnenjahr gebunden ist, sind doch die 18 mal 20 Tage des Sonnenjahrs nur eine Erweiterung der 13 mal 20 Tage des (mexikanischen) Mondjahres.

Der Verlauf der Sintflut liest sich demnach im Lichte des nächtlichen Mondes nicht so sehr als Weltuntergang denn vielmehr als eine Weltschöpfung. Auf der einen Seite ist der Mond der einzige Gerettete der Großen Flut, auf der anderen Seite aber gehen aus ihm alle Dinge der Welt hervor: die gesamte belebte Welt mitsamt den Menschen und den Lichtern des Firmaments. Böklen, der die „kosmogonische Bedeutung der Flutsage" (101) mit Recht hervorhob, vermutete, daß der Mond, jenes Gestirn, das sich immer wieder auf geheimnisvolle Weise selbst erschafft, auch als „Baumeister des Weltgebäudes" (102) angesehen werden konnte und jedenfalls der Sonne vielleicht schon deshalb überlegen war, weil man den Mond bei Tag und Nacht, die Sonne nur am Tage sehen konnte (102). Ausschlaggebend für die ursprüngliche Bevorzugung des Mondes gegenüber der Sonne dürfte indessen die alte Vorliebe der Nomaden für die Zeit der Nacht und ihre, wenigstens in den Gegenden des Alten Orients, ausgeprägte Abneigung gegen die Hitze des Tages sein; I. Goldziher, der in Noah freilich einen solaren Helden erblickte (Goldziher: Der Mythos bei den Hebräern, 383), hat wohl als erster richtig bemerkt, daß erst die aufkommende Ackerbaukultur zu einer positiven Wertung der Sonne geführt hat (Goldziher, 68—72).

Wenn also die Sintflut als ein Geschehen am Himmel verstanden wird, so muß auch die Landung der Arche am Himmel stattfinden. Der uns erhaltene Text der j Sintfluterzählung berichtet zwar nichts davon, wie die Arche Noahs am Ende der Flut auf Grund setzt; man wird aber voraussetzen können, daß dies, wie bei P, an einem hohen Berg geschieht. Als Berge am Himmel aber gelten die Himmelskörper, die als feurige Steine, Felsen u. ä. verstanden werden. Z. B. ließe sich denken, meinte Böklen, daß das Mondschiff am Ende der Flut im Westen am Ort des Sonnenuntergangs sich mit der Sonne vereinigt; oder der rettende Berg, auf den sich alles Lebende flüchtet, sei mit dem Mond selbst identisch (Böklen: Die Sintflutsage, 107—108).

Die Aussendung der Vögel schließlich, mit denen Noah den Wasserstand ermittelt, erinnert zweifellos an antiken Schifferbrauch (vgl. I 222). Böklen machte aber zu Recht darauf aufmerksam, daß in den Sintflutsagen auch andere Tiere, wie Moschusratten, Biber, Fischottern usw., an Bord des Argonauten mitgeführt werden, und deren Rolle ist ganz gewiß aus keinerlei seemännischen Praktiken zu erklären. Wohl aber können Tiere, insbesondere Vögel, die am Himmel fliegenden Gestirne Sonne und Mond verkörpern. Die gekrümmte Form der Mondsichel vor allem erscheint mythisch gern in der Gestalt einer Gans (vgl. das Grimmsche Märchen „Die Gänsehirtin am Brunnen") oder als Ente („Die weiße und die schwarze Braut"), als Schwan oder Rabe („Die Raben", „Der treue Johannes"). Der langgestreckte Hals der weißgefiederten Vögel mag die zwischen den Nachtwolken dahinziehende Mondsichel in alter Zeit als einen Vogel haben erscheinen lassen. Das schönste Beispiel für die Mondbedeutung des mythischen Vogels ist vielleicht die Erzählung der nordamerikanischen Fox-Indianer von dem Jäger, der einen roten Schwan an einem See jagte; immer weiter drang er nach Westen vor, entsprechend dem Weg zur Konjunktion von Sonne und Mond, und als er endlich zur Zeit des Sonnenuntergangs seine Beute gefunden hatte und den Vogel aufheben wollte, stand mit einem Male die Mondfrau vor ihm und sprach: „Wohl hast du mich erlegt, aber dennoch kannst du mich nicht mit dir nehmen, denn nicht auf die Erde gehöre ich. Doch will ich fortan über dich wachen" (G. A. Konitzky: Nordamerikanische Indianermärchen, 81—83).

Bei den chilenischen Araukanern wiederum rettet ein Schwan das göttliche Kind, möglicherweise die Sonne. (B. Kössler-Ilg: Indianermärchen aus den Kordilleren, 35—36) Auch das Motiv des goldenen Himmelsvogels, von dem Reichtum und Glück kommt, obwohl er getötet wird, scheint weit verbreitet und auf alte Mondmythen zurückzugehen. Ein thailändisches Märchen z. B. erzählt von einem Mann, der ein gütiger Vater war und sich nach seinem Tode in einen goldenen Schwan am Himmel verwandelte; zur Linderung der Not seiner verarmten Familie läßt er sich einzelne seiner goldenen Federn ausreißen; seine eigene Frau aber rupft das kostbare Tier schließlich ganz kahl, und da fliegt es mit weißen Federn zum Himmel zurück. (C. Velder: Märchen aus Thailand, 51—52) Auf Celebes erzählt man, daß insbesondere die Eule eine Prinzessin ist, die von ihrem Vater, dem Herrscher des Himmelslandes, lange Zeit infolge eines gefahrverkündenden Orakels im Mondpalast gefangen gehalten wurde; aber aus Sehnsucht zu einer wunderschönen Erdenblume stieg sie auf die Erde herab. Die ersehnte schöne Blume indes war eine Falle aus Zuckerrohr, und so konnte die Himmelsprinzessin nicht mehr in den Palast des Mondes zurück. Statt dessen fliegt sie nun als Eule des Nachts bei Vollmond schreiend von Baum zu Baum, um zum Himmel zurückzukehren. (E. U. Kratz: Indonesische Märchen, 162—166) Unwillkürlich denkt man bei dieser Mythe an die Eule der griechischen Göttin Athene, die selber mit ihrem Schild, ihrer Spinnkunst, ihrer Weisheit und ihren merkwürdigen jungfräulichen Liebschaften manches von einer Mondgöttin an sich hat. Die Beispiele genügen jedenfalls, um den Zusammenhang zwischen dem Mond und einer Reihe von Vögeln zu verdeutlichen.

Insbesondere könnte der Rabe, hebräisch „der Schwarze" ('rb), als ein Bild des dunklen Mondes nach Böklen infrage kommen. Die besten Belege für die Beziehung des Raben zum Licht enthalten vor allem die nordamerikanischen und grönländischen Mythen, in denen der Rabe als Schöpfer und Weltgestalter auftritt und gern nach seiner jungfräulichen Geburt die Sonne erlöst (vgl. F. Boas: Indianische Sagen, 105; 208; 232; 242; 276; 311f). Bei den nordamerikanischen Tlingit löst der Rabe Jelk, nachdem er vom Boot aus einen Tintenfisch gefangen hat, eine Sintflut zur Bestrafung seines bösen Onkels aus; während die Menschen in den Wassern versinken, zieht Jelk den Balg des Himmelsvogels an und hebt sich mit seiner Mutter in die Lüfte. (G. A. Konitzky: Nordamerikanische Indianermärchen, 195) Umgekehrt hilft in einer Weltentstehungsmythe der Eskimos der Rabe zusammen mit dem kleinen Sperling den Menschen im Kampf mit einem riesigen Seeungeheuer; in einer Heldentat, die dem babylonischen Marduk alle Ehre gemacht hätte, besiegt er vom Kajak aus das Flutungeheuer mit der Harpune und bildet aus seinen zerstückelten Teilen Inseln und Festland (H. Barüske: Eskimo-Märchen, 12). Der Rabe als Weltschöpfer und Herr der Sintflut könnte demnach sehr gut zum Mond bzw. zur Sonne passen. (Zur Beziehung des Raben zur Sonne vgl. E. Seler: Ges. Abh., V 9—43)

Auf den Zusammenhang von Vogel und Mond weist überraschend auch die griechische Sage der getreulich liebenden und kunstvoll spinnenden Philomele hin, welcher der betrügerische Tereus die Zunge heraus-

schneidet und die später in eine Schwalbe verwandelt wird (vgl.
G. Schwab / G. Klee: Sagen des klassischen Altertums, 930—935; Ovid:
Metamorphosen VI 422—674). Das Motiv der herausgeschnittenen Zunge
findet nämlich eine gute Erklärung in dem Mythos der nordamerikani-
schen Arikara von dem Häuptling Ohne-Zunge: ein Mann, der auf das
Zeichen seines Schutzgeistes wartet, wird von einem kleinen Vogel zu
einem bestimmten Hügel beordert; dort begegnet ihm am Morgen die
Sonne als ein rot bemalter Mann, der ihm die Zunge herausschneidet. Am
Abend begegnet ihm der Mond als ein Mann in einem Büffelfell, der ihm
aufträgt, im Hause der Sonne nur die alten Dinge und nicht die neuen
Sachen, die nur Unglück bringen, zu wählen und besonders das weiße
Büffelfell allein dem Mond zu reservieren; schließlich zeigt er ihm, wie
er die Söhne der Sonne, die gewissermaßen seine Brüder sind, töten und
in die Flucht schlagen kann (vgl. das Kain-und-Abel-Motiv). Immer
wieder rettet so der Mond den Häuptling Ohne-Zunge und bestätigt ihn
damit als seinen Sohn. (G. A. Konitzky: Nordamerikanische Indianermärchen, 122—129) Das Herausschneiden der Zunge geschieht also durch
den Sonnengott, und der Betroffene, der u. U. in einen Vogel verwandelt
wird, dürfte dementsprechend der (abnehmende) Mond sein. Wenn Ovid
(Metamorphosen II 534—541) vom Raben sagt, daß er ursprünglich ein
Vogel „mit schneeigen Federn" gewesen sei, „daß den Tauben er glich"
„und mit den Gänsen sich maß" „und mit wellenbefreundeten Schwänen",
so haben wir hier nicht nur eine zusammenfassende Aufzählung der wichtigsten (heiligen) Mondvögel, sondern auch ein Bild des Dunkelmondes
sowie zugleich eine Parodie auf das Thema der herausgeschnittenen
Zunge vor uns: der Rabe, nach Ovid, ist schwarz zur Strafe für sein nicht
endendes Geplärr; der dunkle Mond, so lautet die umgekehrte Logik,
ist ein Rabe ohne Zunge: schweigend zieht er, schwarz gefiedert, dahin,
nachdem er seine körperliche Unversehrtheit eingebüßt hat. Vielleicht löst
sich von hier aus auch das rätselhafte Märchenmotiv von dem in Lebensgefahr schwebenden, aber stummen Mädchen, das z. B. im Grimmschen
Märchen vom „Marienkind" oder auch in dem finnischen Märchen
von der „Tochter des Kaufmanns" vorkommt: letzteres erzählt von
einer Kaufmannstochter, die das Siebengestirn auf der Schulter und eine
Sonne auf dem Scheitel trägt; sie soll von ihrem Bruder getötet werden
(vgl. Kain und Abel), der über das Meer gefahren kommt; wohl sieht
ihr Bruder sie noch fliehen, aber, verborgen vor seinem Zugriff, hält sie
sich tagelang in einem hohlen Baum auf, ehe sie die Sprache wiederfindet
und zu ihren Angehörigen zurückgelangt; unverkennbar spiegelt sich in
ihrer Gestalt und in ihrem Schicksal das geheimnisvolle Licht des Mondes

wider. (Vgl. A. von Löwis of Menar: Finnische und estnische Märchen, 141—145; vgl. auch L. Frobenius: Atlantis, III 122—123)

Die von Noah ausgesandten Tauben und der Rabe bei J dürften also, ebenso wie die Schwalbe im Gilgamesch-Epos (XI 151), als Tiere des Mondes gelten. Die mehrmalige Aussendung der Vögel interpretierte Böklen so, daß der neue Mond immer wieder rasch nach Westen, zum Landeplatz der Arche zurückkehrt, später aber sich immer mehr nach Osten entfernt; zur Abendzeit kehrt die Taube bzw. der Rabe zurück (Gn 8, 11): „die Sichel des neuen Mondes erscheint zuerst wieder abends." (Böklen: Die Sintflutsage, 111) Der Ölzweig (Gn 8, 11), den die Taube zurückbringt, könnte wiederum ein Bild der Mondsichel sein. Das Öl war seiner goldgelben Farbe wegen den Lichtgöttern heilig (Böklen, 112); hebräisch ist etymologisch „frisches Öl" — jṣhr mit „heller Mittag" — ṣhrjm verwandt.

Auch der Altarbau und das Opfer, das Noah am Ende der Flut darbringt, soll nach Böklen auf den Mond hinweisen, der selbst ein großer Baumeister ist und sich monatlich zum Heil der Welt zum Opfer darbringt (Böklen, 116). Das Opfer des Noah steht zugleich in Verbindung mit der Garantie Gottes, die Ordnung der Erde in dem Gleichmaß ihres immer wiederkehrenden Rhythmus zu gewährleisten. Und letztlich ist gerade dies der Sinn der Sintfluterzählung als einer Mondmythe: „die Zeit, die für die ganze übrige Welt die Vernichtung brachte, war für den Noah (= den Mond) eine solche der Erneuerung" und damit zugleich der Grund zur Erneuerung der ganzen Welt (Böklen, 117).

Wir können bei der Darlegung der Mondhypothese E. Böklens außer acht lassen, was er an rabbinischen Zeugnissen zur Bestätigung der vorgeschlagenen Interpretationen beizubringen vermochte; das Wesentliche wird hoffentlich überzeugend genug deutlich. Wohl müssen wir einige wichtige Einschränkungen machen; man könnte sonst den Eindruck haben, als spinne der Mond, wenn schon den Faden der Ariadne, so überhaupt das Seemannsgarn, an dem entlang allein man aus dem Chaos der Flutmythen ans feste Ufer gelangen könne. Daß dies sich keineswegs so verhält, daß die Naturmythologie lediglich *eine* unter vielen Methoden der Mythendeutung darstellt, daß sie infolgedessen ihre unvermeidlichen Einseitigkeiten aufweist, — das müssen wir wenigstens noch andeuten, und zwar in zwei Punkten.

Das eine ist der Umstand, daß die Deutung der Sintfluterzählung als einer ursprünglichen Mond- und Sonnenmythe einer großen Zahl von Erzählungen nicht entspricht, die in der großen Flut nichts anderes sehen als einen großen Regen oder in denen das Motiv irdischer Regenüberflutungen mindestens durch „lokale Veranlassungen" zu dem Bild vom Mondkahn am Himmelsozean hinzugetreten ist (H. Baumann: Schöpfung und Urzeit, 322). Hier bedürfen vor allem die afrikanischen Wasserraubmythen der Erwähnung. Ihr Inhalt folgt häufig dem Drachenkampfschema (vgl. S. 76): in der Trockenheit hält ein Frosch, eine Schlange, eine Schildkröte alles Wasser zurück; ein Held aber bekämpft das Untier, und das freiwerdende Wasser überschwemmt die Erde (H. Baumann, 323; als Beispiel vgl. L. Frobenius: Atlantis, II 76—77; 83). Die „Sintflut" beruht hier offensichtlich auf dem Eindruck der verheerenden Kraft der hereinbrechenden Gewitterregen, und ein Zusammenhang zu den Gestirnen besteht nur insofern, als das wasserraubende Untier oft lunare Eigenschaften bekundet. Mitunter auch tritt das Regentier in Kontakt mit der Himmelsfrau (dem Mond?), wie denn immer wieder in den Mythen und Märchen die Wassergötter „Frauen inspirieren, mit Frauen den Weltverkehr vermitteln" (L. Frobenius: Atlantis, VII 347) oder, damit es regnet, Jungfrauen zum Opfer verlangen.

So erzählen die sudanesischen Mande in einem Mythos, welcher dem Grimmschen „Brüdermärchen" in den Grundzügen ganz und gar entspricht, wie der Held Mahmadu mit seiner Frau an einen Brunnen kam, aus dem man nur das Wasser entnehmen durfte, wenn zuvor einer großen Schlange ein Mädchen geopfert wurde. Während Mahmadu und seine Frau an dem Brunnen sich schlafen legten, fand sich die Schlange ein, „um die junge Frau zu beschlafen. Mahmadu stürzte sich auf die Schlange und schlug ihr den Kopf ab. Sogleich strömte Wasser hervor, immer mehr Wasser." (L. Frobenius: Atlantis, VIII 161; vgl. den Kampf mit dem Bida-Drachen, Atlantis, VI 64—72) Die Kioque erzählen von der Schildkröte Mbatschi, die als einzige von den Tieren imstande war, zu der Frau vom Himmel hinaufzusteigen. Doch als Mbatschi mit seiner Geliebten zur Erde zurückkam, verhöhnten und schlugen die anderen Tiere aus Rache die Schildkröte. Mbatschi aber ging ins Wasser, und da fiel eine solche Menge Regen, daß den Tieren für immer das Feuer ausging. (L. Frobenius: Atlantis, XII 347)

Geschichten dieser Art zeigen, daß die große Flut in den Mythen mitunter „einfach" die in den Tropen sintflutartig sich ergießenden Wassermassen der Regenzeit bezeichnen kann. Und damit sind wir bei einem zweiten, sozusagen praktischen Gesichtspunkt der Sintflutmythen. J. G. Frazer hat den Mythos gern als Theologie des magischen Rituals aufgefaßt und den Mythos zur Magie in einem „Verhältnis von Theorie und Praxis" verstanden wissen wollen (J. G. Frazer: Der goldene

Zweig, 965). So ist auch hier zu fragen, welch eine rituelle Funktion die Sintflutmythe besitzen könnte. Die Erzählung von der Großen Flut, so haben wir früher (I 196) gemeint, mag sich auf ein Ritual der Wiedergeburt und der Lebenserneuerung bezogen haben. Davon werden wir auch jetzt nichts zurückzunehmen brauchen; nur können wir noch präziser sagen, worin die Erneuerung der Natur zu erblicken ist: wenn die Sintflutmythe den Einbruch der Regenzeit darstellt, dann wird das magische Ritual, das sie begleitet, ein Regenzauber gewesen sein. So tötete z. B. Herakles den Lityerses, dessen grausame Abschlachtung vorübergehender Fremder wir bereits als einen alten Ernteritus vorgestellt haben (s. o. 374), und warf ihn in den Fluß. Frazer hat eine überzeugende Menge von Belegen aufgeführt, um die These zu erhärten, daß das Versenken ins Wasser eigentlich dem Korngeist galt und eine überaus weit verbreitete Regenmagie gewesen sein dürfte. Am Ende der Ernte wird noch heute in vielen Gegenden Europas, Asiens und Afrikas der Korngeist in Gestalt einer Puppe, die aus der letzten Korngarbe geformt wird, in den Fluß geworfen, „um reichlichen Regen und Tau für die Ernte des folgenden Jahres zu erwirken." (Frazer: Der goldene Zweig, 590)

Im Sinne eines solchen Regenzaubers wird man wohl in der griechischen Mythologie den Absturz bestimmter Helden ins Meer interpretieren dürfen. Als Theseus z. B. mit der Mondgöttin Ariadne von Kreta nach Athen zurückkommt, stürzt sich sein Vater Aigeus von den Klippen herunter, — angeblich wegen der Trauer, die er beim Anblick der irrtümlich schwarz gehißten Segel der heimkehrenden Schiffe empfand, in Wahrheit wohl, weil es einen Ritus gab, in welchem der neue König auf dem Felsen mit dem alten König als Verkörperung des Vegetationsgeistes um sein Leben rang (vgl. R. v. Ranke-Graves: Griechische Mythologie, I 316). Auf ähnliche Weise wie sein Vater Aigeus stirbt jedenfalls auch der Wegelagerer Skiron, den Theseus vom Felsen ins Meer stürzt und der selbst zuvor unzählige Fremde einer Schildkröte im Meer zum Opfer dargebracht hatte; der Erzählung liegt wohl ein Ritual zugrunde, das zur Zeit der Sommersonnenwende begangen wurde (R. v. Ranke-Graves, I 300). An der Opferstelle des Skiron hatte der Mythe nach sich zuvor die unglückselige Ino zu Tode gestürzt, als sie mit ihrem Sohn Melikertes vor dem wahnsinnigen Athamas floh; diesen hatte Hera verblendet, weil er Ino geholfen hatte, das Kind Dionysos zu verstecken, das der ehebrecherische Zeus mit Semele gezeugt hatte. Zeus vergöttlichte die treue Ino als Leukothea; den Melikertes machte er zum Gott Palaimon und sandte ihn reitend auf dem Rücken eines Delphins zum Isthmos von Korinth (R. v. Ranke-Graves, I 204).

382

Wir sehen, wie in dem Sturz vom Felsen sich Regenzauber und Mond-mythologie mit Zügen der Sintflutmythe durchdringen. Denn Ino, die „Weiße Göttin", war vermutlich eine Göttin des Ernte-Mondes, der vor jeder Wintersaat Knaben als blutiges Opfer dargebracht wurden. Ihr Sohn Melikertes ist mit dem kanaanäischen Herakles-Melkarth oder Moloch identisch, der selbst Kinderopfer empfing; er reitet als der neu-geborene Sonnenkönig auf dem Delphinrücken zum Isthmos, während seine Mutter ertrinkt. Der Tod der Ino erinnert sehr an das Sterben der Mondgöttin Helle, der Tochter des Athamas, mit der Phrixos auf dem goldenen Widder nach Osten zum Lande Kolchis entfliehen wollte, wo Helios seine Pferde hielt; leider aber wurde Helle schwindelig; sie verlor den Halt und stürzte in die Meerenge zwischen Europa und Asien, in den „Hellespont". Beide, Ino wie Helle, sind Mond- und Meeresgöttinnen; ihr Tod dürfte das nächtliche Niedergehen des Mondes darstellen (vgl. R. v. Ranke-Graves, I 204; 207), aber er steht auch deutlich zu bestimmten Ernteopfern und Sonnenwendritualien in Beziehung. Das Motiv selbst gehört mit zum „Liebesleben des Himmels" (E. Siecke). Musaios, der das Motiv vom Meeresabsturz in seiner unsterblichen Dichtung von „Hero und Leander" poetisch ausgestaltet hat, läßt in getreuer Über-nahme des mythischen Stoffes die in einem Turm eingeschlossene Hero sich von der Zinne stürzen, als ihr geliebter Leander, der sie des Nachts schwimmend besucht und sich nur in der verschwiegenen Heimlichkeit des Nachtdunkels mit der wunderschönen Hero vereinigen darf, in den kalten Fluten des hereinbrechenden Winters ertrinkt. Das ehemals kosmisch-mythische Geschehen der Himmelsgötter Sonne und Mond wird bei Musaios zur ästhetischen Vorlage tragischer Dichtung, die, wenn einem Gott, dann am ehesten dem Eros geweiht sein müßte.

Das Hineinstürzen ins Wasser, das Töten durch die Aussetzung ins Wasser, dürfte als ein ursprünglicher Regenzauber auch für das Verständ-nis der Sintflutmythe von Bedeutung sein. So viel besagen die Mythen selbst: die Tötung des Königs, des Korngeistes, der Mondgöttin, des Vegetationsgeistes, in welcher Gestalt auch immer, ist nicht ein einfaches Töten, sondern ein Dienst am Leben. Noch heute kann ein Tourist, der gegen Ende der Monsunzeit Indien bereist und nach Bombay kommt, Zeuge einer groß angelegten Prozession werden, die nach Juhu, zu dem herrlichen Sandstrand, 20 km im Norden der Stadt, hinabführt; in langem Zug wird unter feierlichen Gesängen und Gebeten der elephanten-köpfige Gott Ganesha zum Meer getragen. Schwimmer nehmen seine Statuen und versenken sie weit draußen in den Wogen, damit auch im kommenden Jahr die Wolkenkühe wieder übers Land ziehen und die

383

durstige Erde mit Regen tränken mögen. Kein Mensch denkt daran, daß Ganesha getötet werde; er soll nur, indem er in das Wasser eintaucht, mit der Segensfülle der Regenfeuchtigkeit im Umlauf des Jahres zurückkehren. Sein Tod dient seiner Erhaltung, Verjüngung und Wiederkehr.

Von daher läßt sich wohl auch das Aussetzungsmotiv des Lichtgottes in zahlreichen Erzählungen verstehen, die H. Usener ganz richtig den Sintflutmythen zugeordnet hat. Es läßt sich denken, daß die Aussetzung eines Knaben eine spezielle Form war, in der ein altes Königsopfer, hier in Form des Sturzes vom Felsen, durch ein Kindesopfer ersetzt wurde; die rituelle Tötung sollte in jedem Fall das Leben der Vegetation sichern; und so berichtete der Mythos nicht nur von der tragischen Tötung oder Aussetzung des Helden, sondern — in vollständiger Form — davon, wie das Leben in verjüngter Form neu erscheint: indem ein neuer König den Thron des gestürzten Monarchen einnimmt, indem die vom Klippenrand ins Meer gestürzte Frau am Himmel als Mondgöttin wiederaufersteht, indem der den verderbenbringenden Fluten überantwortete Knabe gerettet wird und strahlend an den Gestaden einer glückseligen Insel an Land geht.

Das Motiv des ausgesetzten Heldenkindes in dem Kästchen ist demnach nicht nur als Ankunft des Lichtgottes, sondern auch als Regenzauber und Vegetationsmagie zu verstehen. Beides durchdringt sich; ein ausgesprochener Vegetationsgott wie Dionysos ist zugleich ein Lichtgott, und eine Lichtgöttin wie Ino-Leukothea zugleich eine Korngöttin.

M. E. befriedigt diese Auffassung des göttlichen Knaben in dem Kästchen mehr als Frazers anderweitig geäußerte Meinung, es handle sich dabei um die Erinnerung an einen primitiven Vaterschaftsnachweis. Zwar: um die rechtmäßige Geburt eines Kindes zu erproben, wurden, wie Frazer nachwies, oft Kinder ins Wasser geworfen; „die an der Wasseroberfläche bleibenden Kinder wurden als ehelich anerkannt, die untergehenden jedoch als Bastarde abgelehnt." (J. G. Frazer: Die Arche, 226) Es wäre jedoch eine nur uneigentliche, ja ganz abgeschmackte Redeweise, die unehelichen Kinder als „Gotteskinder" auszugeben; solch zynischen Rationalismus wird man den Mythen ursprünglich nicht zutrauen dürfen; vielmehr wird umgekehrt der Gedanke der göttlichen Empfängnis die Vaterlosigkeit des Heros bedingt haben, wie denn auch L. Frobenius die Jungfrauengeburt als „Konsequenzmythe" der Sonnenverschlingung angesehen hat (L. Frobenius: Das Zeitalter des Sonnengottes, 223; 261). Zudem erzählen die Aussetzungsmythen ja nicht, wie ein uneheliches Kind in den Fluten ertrinkt, sondern wie es glücklich gerettet wird und zu bedeutungsvollen Werken aufsteigt. Das legt es nahe, die göttliche Geburt auch in den Heroensagen für ursprünglich zu halten.

Immerhin macht uns die Ansicht Frazers auf eine Frage aufmerksam, die sogleich für die psa Interpretation der Flutsage von größter Wichtigkeit wird: warum verfolgt in den Aussetzungsmythen der Vater sein neugeborenes Kind, warum hat er — durch dunkle Orakel gewarnt — Angst vor seinem Sohne, warum nimmt sich seine Mutter — oder Pflegemutter — so treusorgend des Knaben an, warum tötet der Vater das gefährliche Kind nicht geradewegs und verfällt vielmehr auf den so unsicheren, jedesmal mißlingenden Plan, das Kind auszusetzen und es nur indirekt zu töten? — eine seltsame Feinsinnigkeit bei so viel Eifersucht, Haß und Furcht auf seiten des um sein Leben bangenden Vaters! Eingefleischte Naturmythologen des vergangenen Jahrhunderts hätten wohl versichert, all dies sei unmittelbar am Schicksal des Mondes, der Sonne, des jahreszeitlichen Klimawechsels oder des Getreides abgelesen: das Schwinden des Mondes sei eben als eine Flucht der Göttin verstanden worden, der wiedererscheinende Mond als das Auftreten ihres im dunklen Kästchen verborgenen Kindes usw. Die „Magier" unter den Mythologen würden beteuern, die eigentümliche Todfeindschaft zwischen Vater und Sohn entstehe aus der Rivalität zwischen dem alternden König, der gegen seinen Sohn auf Leben und Tod kämpfen müsse, und dem Sohn, den der Vater später von vornherein als stellvertretendes Opfer ausersehen habe. Glaubhaft klingen solche Antworten indessen nicht. Denn obgleich es zweifellos Kindesopfer anstelle des Königs- oder Vateropfers gegeben hat, so erklärt dieser Ritus doch nur die feindselige Spannung zwischen Vater und Sohn, nicht aber die jungfräuliche Geburt des Helden und die folgenschwere Liebe der Mutter zu dem Knaben. Noch viel unzureichender ist die Annahme, die psychisch so brisanten Themen der Feindschaft zwischen Vater und Sohn, der inzestuösen Liebeseinheit von Mutter und Sohn seien durch die Beobachtung der Gestirne mythisch relevant geworden; umgekehrt: die psychische Wichtigkeit dieser Themen wird den mythenschaffenden Geist genötigt haben, die Konstellationen von Sonne und Mond nach der Art bestimmter psychischer Konstellationen und Konflikte zu apperzipieren. Und diese Bedeutung der auftretenden Motive in sich gilt es zu untersuchen.

Eben deswegen wird eine psa Interpretation der besonderen Motivverknüpfungen in der Sintflutmythe unerläßlich sein. Nachdem wir die Flutsagen mit den Aussetzungsmythen in Verbindung gebracht haben, dürfen wir davon ausgehen, daß die psa Deutung der Heroenmythe, die wir für das Motiv der „Engelehe" (Gn 6, 1—4) vorgeschlagen haben, auch ein gewisses Licht auf die Sintfluterzählung werfen wird; auch für die Sintfluterzählung wird der „Familienroman" als interpretativer Einstieg dienen können. Es bestätigt sich hier unsere frühere Annahme, daß Gn 6, 1—4 und Gn 6—8 in der Tat innig zusammengehören, daß das Motiv der Heroengeburt thematisch mit dem Motiv der Sintflut verwandt ist. Allerdings werden wir hier nicht mit bloßen Rekursen auf den sog. „Ödipuskomplex" auskommen; das kann man schon vorweg sagen. Denn das eigentliche Problem der Sintflutsage ist eben die *Flut.* Für diese bietet uns die naturmythologische Betrachtung eine einleuchtende Erklärung; andererseits vermag sie die ödipalen Elemente der Sintflutmythe nicht zu begründen; wird, das ist umgekehrt die Frage, die Psa die „Flut" als rein naturhaftes Phänomen stehen lassen müssen, oder kann sie psychische Determinanten angeben, aus denen sich im Zusammenhang mit dem Ödipuskomplex die Vorstellung einer großen Flut — als Bild eines psychischen, nicht kosmischen Geschehens — erklären läßt?

Wir rühren hier im Grunde an eine religionspsychologische Kernfrage; denn indem wir den Versuch unternehmen, die Sintflutmythe psa zu erklären, betrachten wir sie methodisch so, als ob sie ein Produkt rein psychischer Prozesse sei. Und damit klammern wir alle Theorien aus, die in den Flutmythen Erinnerungen an bestimmte lokale oder gar geologische Katastrophen (Überschwemmungen, Eiszeiten, Meteoreinschläge, Seebeben) erblicken wollen. Was den Mythos von der Sage unterscheidet, ist gerade der fehlende Bezug zu irgendeinem historischen Ereignis. Selbst da, wo der Mythos „Geschichte" erzählt, tut er es in der Form der Urgeschichte, d. h., er begründet mit seiner Erzählung eine ewige Gegenwart bestimmter Erscheinungen im Leben des Menschen und der Natur. So verstanden, interpretieren wir die Sintfluterzählung als Mythos, nicht als Sage; wir setzen damit voraus, daß die Erzählung — selbst wenn sie im Einzelfall durch bestimmte Naturereignisse mitveranlaßt sein sollte — im wesentlichen etwas Allgemeingültiges, Menschheitliches, Immer-Bestehendes ausdrücken möchte. Die weltweite Verbreitung der Fluterzählung erklärt sich nicht durch die Rekonstruktion eines weltweiten Flutgeschehens; denn selbst wenn ein solches (etwa ein Meteoreinschlag) stattgefunden hätte, so würde es doch nur dann ein menschheitliches Interesse erlangt haben, wenn sich in diesem Geschehen etwas ausgedrückt hätte, das für den Menschen von grundlegender Bedeutung wäre, indem es sein eigenes Dasein und das Leben der Natur auslegte. So wenig wie es von etwas historisch Einmaligem eine Wissenschaft geben kann, so wenig gibt es davon einen Mythos; denn in diesem spiegeln sich die

Gesetze und Geheimnisse des ganzen Daseins wider, nicht aber singuläre Vorkommnisse; und wo immer im Mythos Erinnerungen an historische Begebenheiten anzutreffen sind, so zeichnen sie sich doch gerade dadurch aus, daß sie eben nicht historisch, sondern mythisch erzählt werden, also nicht als vergangene Ereignisse, sondern als Grundgestalten und -gestaltungen des gegenwärtigen Daseins dargestellt werden.

Daher verfängt es nicht, den Mythos von der Großen Flut aus einer (unzureichenden) Naturbetrachtung abzuleiten, als wolle er, wie J. G. Frazer meinte, z. B. den geographischen Befund der Dardanellen und des Bosporus oder der thessalischen Hochebene durch ein rein erfundenes und deshalb (!) mythisches Ereignis erklären (Frazer: Die Arche 122). Wenn der Mythos erzählt, daß ein Riese oder Gott einen bestimmten Berg aufgetürmt oder eine Meeresbucht ausgehoben hat, so wird damit zwar auch Natur beschrieben und erklärt, aber doch so, daß darin zugleich der Mensch seinen Ort in der Welt erhält und ihm die an sich unvertraute Natur zur Heimat wird: Daseinsmächte, versichert der Mythos, die der Mensch kennt und mit denen er in Kontakt steht, haben sie geschaffen. Als Naturerklärung beansprucht der Mythos keine geringere Gültigkeit als die Naturwissenschaft, wenn sie die Gesetze der Natur in den Gedanken des Menschen ausdrückt. Nur besteht der Mythos darauf, daß die Welt nicht verstanden wird, indem der Mensch sein Denken in die Dinge hineinlegt, sondern indem er sich selbst ungeteilt mit Denken und Fühlen in die ihn umgebende und tragende Wirklichkeit hineinlegt. Hier irrt der Mythos als Naturerklärung, und hier wäre er nichts weiter als eine Ansammlung der Irrwege menschlicher Wahrheitssuche; hier aber liegt in Wahrheit die Größe und die bleibende Gültigkeit des Mythos, denn indem er die Natur nach der Art des Menschen apperzipiert und deutet, deutet er im Bild der Natur zugleich das Dasein des Menschen. Helios z. B. ist, wie K. Kerényi sagte, nicht bloß die astronomische Sonne, sondern ein Beherrscher der menschlichen Seele, und so, als *Gott*, ist er ein mythologisches Wesen (K. Kerényi u. C. G. Jung: Das göttliche Kind, 11). Er ist jedoch ein Herrscher über die menschliche Seele, weil sich in ihm ausspricht, was in der menschlichen Seele herrscht. Die Gefühle und Konflikte, Motive und Gedanken, mit denen der Mythos die Welt der Götter ausstattet, sind samt und sonders der Welt des Menschen entnommen, und ob sie auch nicht imstande sind, die äußere Natur der Dinge „richtig" zu erfassen, so erfassen sie doch um so tiefer die innere Natur des Menschen und sein Verhältnis zum Sein im Ganzen.

Wir haben berechtigte Hoffnung, daß die Psa uns hilft, diesen emotionalen Anteil in den Motiven der Sintflutmythe zu erklären und damit herauszufinden, welche psychischen Grundtatsachen, welche allgemein menschlichen Interessen, Ängste, Hoffnungen, Wünsche, Befürchtungen etc. in der Erzählung von der Großen Flut zusammenkommen und warum gerade dieses Bild als verdichtender Ausdruck, als komplexes Symbol menschlichen Daseins, infrage kommt. Es geht uns dabei um das „Motiv" Sintflut, wohl wissend, daß die Reduktion auf ein Motiv in der Mythendeutung „immer ein krasses Verfahren" darstellt (K. Kerényi: Sonnenkinder — Götterkinder, in: Auf Spuren des Mythos, 248), aber auch im Vertrauen darauf, nach gründlicher psa Durchleuchtung der biblischen Erzählung von der Großen Flut den anthropologischen und theologischen Sinn der j Erzählung, der nicht mehr mythischer Natur ist, um so besser verstehen zu können.

Resümieren wir die Aufgaben, die sich einer psa Interpretation von Gn 6—8 (J) stellen, so sind besonders die folgenden Aspekte hervorzuheben:

1) das Motiv von der Heroengeburt (Aussetzungsmythe) und der Sintflut sind voneinander nicht zu trennen und bedingen daher einen identischen Interpretationsansatz (Familienroman, Ödipuskomplex); es wird die Frage sein, welche psychische Bedeutung den Geburts- und Wiedergeburtsphantasien zukommt;

2) es ist zu zeigen, wieso das Bild einer großen Überschwemmungskatastrophe mit dem Ödipuskomplex zusammenhängt;

3) das Motiv des Lichtaufgangs in der Sintflutmythe bedarf einer psa Erklärung;

4) relativ spät, aber für die psa Deutung sehr wichtig ist das Motiv der Schuld in der Sintfluterzählung, das besonders für die semitische Fassung der Fluterzählung charakteristisch ist (H. Usener: Die Sintfluthsagen, 240), wenngleich es auch bei zahllosen anderen Völkern vorkommt. Die Schuld, die durch einen Weltuntergang geahndet wird, ist auffallend häufig ein scheinbar ehebrecherisches Verhalten der Mutter des Heroenkindes, ein blutschänderisches Verhältnis zwischen Geschwistern oder zwischen Vater und Tochter und schließlich Ungastlichkeit gegenüber Fremden, die in Menschengestalt erscheinende Götter sind. In den Flutmythen der südamerikanischen Yaghan z. B. nimmt der Mondgott mit der Überschwemmung Rache für die Stockschläge, die ihm die Männer verabreichten, als sie hinter sein Geheimnis der Fraueninitiation gekommen waren; in Peru ertränkt Pariacaca die Menschen von Huarochiri, um sie für ihr ungastliches Verhalten zu bestrafen (A. Métraux: Die Mythologie der Südamerikaner, in: P. Grimal: Mythen der Völker, III 213); ähnliches kennen wir aus der griechischen Mythologie.

In der chinesischen Flutmythe bildet Niü-kua, eine Frau mit Schlangen-
oder Drachenschwanz, mit dem ebenfalls schlangenschwänzigen Fu-hi
ein Paar, ähnlich wie Zeus und Hera bei den Griechen als Schlangen
zusammenkommen (s. o. 95). Niü-kua aber ist offenbar die Schwester
des Fu-hi, und es scheint bei den Urvölkern Südchinas in zahlreichen
Sintflutmythen ein blutschänderisches Geschwisterpaar aufzutreten (vgl.
M. Soymie: Die Mythologie der Chinesen, in: P. Grimal: Mythen,
II 289). Die Inzestproblematik darf bei der Schuld, die in der Großen
Flut getilgt wird, psa nicht übersehen werden.

Wie stets bisher, beginnen wir die psa Untersuchung mit einer Interpretation auf der Objektstufe und schließen hernach eine Deutung auf
der Subjektstufe an.

2. Die psa Interpretation der Sintfluterzählung auf der Objektstufe

Zu unserem Glück existieren in der psa Literatur bereits genügend
verstreute Hinweise und Teilerklärungen, die uns bei der Deutung der
Sintflutmythe zuhilfe kommen können. Die wichtigsten und frühesten
Beiträge zu einer Symboldeutung des Mythos von der Großen Flut finden
wir in Freuds „Traumdeutung" an der Stelle, an der er auf den sog.
„Wassertraum" zu sprechen kommt und generalisierend meint: „Einer
großen Anzahl von Träumen, die häufig angsterfüllt sind, oft das
Passieren von engen Räumen oder den Aufenthalt im Wasser zum Inhalt
haben, liegen Phantasien über das Intrauterinleben, das Verweilen im
Mutterleibe und den Geburtsakt zugrunde." (II/III 404—405) Er gibt
als Beispiel dafür den Wassertraum einer Patientin wieder, der davon
erzählt, daß die Patientin sich in das dunkle Wasser stürzt, „dort, wo
sich der blasse Mond im Wasser spiegelt." (II/III 405) Freud deutet dies
so: „Träume dieser Art sind Geburtsträume; zu ihrer Deutung gelangt
man, wenn man die im manifesten Traume mitgeteilte Tatsache umkehrt,
also anstatt: sich ins Wasser stürzen, — aus dem Wasser herauskommen,
d. h.: geboren werden. Die Lokalität, aus der man geboren wird, erkennt
man, wenn man an den mutwilligen Sinn von ,la lune' im Französischen
denkt. Der blasse Mond ist dann der weiße Popo, aus dem das Kind
hergekommen zu sein bald errät." (II/III 405) Weiter vermerkt Freud:
„In den Träumen wie in der Mythologie wird die Entbindung eines
Kindes aus dem Fruchtwasser gewöhnlich mittels Umkehrung als Eintritt
des Kindes in das Wasser dargestellt; neben vielen anderen bieten die
Geburt des Adonis, Osiris, Moses und Bacchus gut bekannte Beispiele

hiefür." (II/III 406) So hätten wir zunächst von einer ersten symbolischen Gleichung auszugehen, die das Wasser der Flut mit dem Fruchtwasser der Frau in Verbindung bringt und tatsächlich durch das soeben skizzierte Motiv der Heldengeburt nahegelegt wird.

Entsprechend dürfte das Schiff, das Noah durch die Flut trägt, nicht nur, weil es aus Holz ist, sondern vor allem, weil es eine übergroße Kiste, ein überdimensionaler Behälter ist, als weibliches Symbol verstanden werden, da „auch die Schiffe des Traumes Weiber bedeuten"; „die Tür" der Arche verträte dann „die Geschlechtsöffnung" (S. F.: Vorlesungen zur Einführung in die Psychoanalyse, XI 164). Das Herausgehen Noahs aus der Arche und das Betreten der festen Erde müßte demnach als „Zur-Welt-kommen" interpretiert werden; und wirklich ist es die „Mutter Erde", die Noah nach dem Abschwellen der Flut aufnimmt (a.a.O., XI 165); sie ist die Mutter, die das neugeborene Kind, nun aber außerhalb des nassen Elements, nach der Geburt in ihre Arme schließt.

Wem diese Symboldeutungen als zu dogmatisch und gar zu eilig erscheinen, der möge bedenken, daß ein Schiffsreisender wirklich eine Reihe von Erfahrungen machen kann, die auf das lebhafteste an die ontogenetischen Eindrücke des Intrauterinlebens erinnern müssen. Das wichtigste Moment dabei dürfte die wohlige Geborgenheit inmitten des feuchten Elements sein, von dem nur eine dünnwandige Absperrung lebenserhaltend und lebensrettend trennt. Auch das Gefühl, getragen zu werden, also sich ohne jede eigene Anstrengung fortzubewegen, mag zu der symbolischen Brücke zwischen Schiff und Frau beigetragen haben. Nicht zuletzt aber ist es das beruhigende Wiegen der Wellen, die an den Aufenthalt im Mutterleib gemahnen. Jede Mutter weiß, wie schnell! ein schreiendes Kind sich durch rhythmische Schaukelbewegungen des Kinderwagens oder Bettchens trösten läßt, vermitteln ihm doch diese Bewegungen den Eindruck, wiederum so geborgen und geschützt zu sein wie vor dem unseligen „Trauma der Geburt"; so verhelfen sie zu der freundlichen Einschlafillusion, die Geburt gewissermaßen rückgängig gemacht zu haben. Umgekehrt weiß man von dem Symptom der Enuresis nocturna, daß es gerade Kinder heimsucht, die in einer affektiv kalten Umgebung und unter dem Druck starker Leistungsüberforderung leben müssen (vgl. A. Dührssen: Psychogene Erkrankungen, 298): Enuretiker stellen mit der nächtlichen Harnausscheidung sich jene Welt wieder her, in der sie, warm und feucht dahinschlummernd, den Unbilden des Lebens noch nicht ausgesetzt waren. In ähnlicher Form suchen Kinder, meist von schizoid-depressivem Charakter, die in grober Weise zärtlicher Zuwendung und Geborgenheit entbehren mußten, durch rhythmische Schaukelbewegungen des Körpers sich ein gewisses Geborgenheitsgefühl selbst zu verschaffen. Schließlich kennt jeder die wohltuende Wirkung rhythmischer Bewegungen bei Lied und Tanz — alles in allem Material genug, um zu verstehen, wie stark der Nachhall jener Elemente der Mutterleibsituation: Wasser, rhythmisches Wiegen, Geschütztsein und Getragenwerden — im Leben auch des gesunden Erwachsenen weiterwirkt und wie sehr daher eine Kombination dieser Elemente beim Fahren in einem Schiff die Erinnerungen an das Leben vor der Geburt wieder heraufbeschwören muß. Die gleichen Gefühle, die ontogenetisch vor dem Eintritt in das selbständige Leben herrschten und als rückwärtsgewandte Sehnsucht stets gegenwärtig bleiben, verbinden sich mit dem Schiff und verwandeln es in ein weibliches Symbol, in einen Gegenstand, der die gleichen Gefühle zu vermitteln und auf sich zu lenken vermag wie die Mutter.

Ein Schiff kann daher nicht nur Passagiere und Frachtgüter, sondern auch die innigsten Träume und Sehnsüchte nach mütterlicher Geborgenheit und Wärme transportieren.

Ein Beispiel dafür liefert der 1963 gedrehte Film von Michelangelo Antonioni: „Die rote Wüste" (Il deserto rosso).

Die Hauptgestalt dieses Films ist Juliane (M. Vitti), eine Frau, die nach einem Autounfall von neurotischen Ängsten heimgesucht wird. „In der Klinik", sagt sie sinngemäß von sich selber, „lernte ich ein kleines Mädchen kennen, das hatte immer große Angst. Es sagte, es habe keinen Halt unter den Füßen, es stehe wie auf einer Geröllhalde und stürze immer tiefer..." Inmitten einer kalten, technisierten, seelenlosen Welt gesteht sie, „Menschen um mich zu suchen, wie eine Mauer." Aber dieser Wall menschlicher Beziehungen wehrt die Flut der einbrechenden Angst nicht ab. Wonach sie verlangt, schildert sie einmal in dem Traum von dem weißen Schiff; sie erzählt ihn, als ihr Kind, des „Spielens" mit kybernetisch gesteuerten Monstren müde, sie durch eine eigenartige Gelähmtheit erschreckt. Sie trägt dem Kind den Traum (frei nachformuliert) wie ein Märchen vor: „Es war einmal ein Mädchen, das war auf einer Insel, ganz allein mit seinen Kormoranen, seinen Möwen und einem Kaninchen. Es hatte keine Freundinnen, und die Jungen taten alle so groß, daß es sie nicht mochte. Es ging alle Tage an den Strand, wo es eine Stelle mit rötlich schimmernden Felsen gefunden hatte, die sich im Meer spiegelten und um welche die Wellen spielten. Am Abend erst ging es nach Hause, und am Morgen war es schon wieder am Strand. Da sah es eines Tages ein prachtvolles weißes Segelschiff, nicht eines, wie sie sonst vorbeikamen, sondern eines, das durch den Sturm fährt rund um die Welt und noch darüber hinaus. An Bord waren keine Menschen. Das Schiff kam ganz nahe, dann drehte es und fuhr wieder davon. Das Mädchen war ihm entgegengeschwommen; und als es zurückkam, hörte es auf der ganzen Insel Gesang, als ob die Felsen sängen."

Diese Schlüsselgeschichte des Films ist ein ergreifendes zeitgenössisches Dokument für den — stets vergeblichen — Versuch, aus Einsamkeit und Angst jede menschliche Beziehung zu meiden und sich in dem Traum eines Friedens der

Isolation einzurichten. Die Insel einsamer Ungestörtheit ist ein kindlicher Mutterleibstraum, und das Erscheinen des Schiffes, dem alles entgegenjubelt, ist wie eine überirdische Versicherung, daß es, allen Anfechtungen und Trostlosigkeiten zum Trotz, doch eine mütterliche Geborgenheit geben werde. Das weiße Schiff vertritt die Mutter, an der alle rückwärtsgewandte Sehnsucht symbolisch haftet.

Das Bild des Schiffes ist indes nicht nur in Antonionis Film ein quasireligiöses Symbol umfassender Daseinssicherheit und metaphysischer Geborgenheit. Die Weisheit des Rituals mancher inselbewohnender Eingeborenenstämme hat gleichfalls das Schiff zum Symbol der Lebenssicherheit erkoren: wenn es auch gegen den harten Tod keinen Schutz gibt, so wird doch der Verstorbene in ein Boot gelegt und unter den Gebeten der Hinterbliebenen der Strömung des Meeres überantwortet. Es handelt sich um einen Ritus der Wiedergeburt, parallel dem Begräbnisbrauch, die Verstorbenen in embryonaler Hockstellung in einer kleinen Grabkammer beizusetzen; die „Mutter" Erde wird in dem Schiffsbegräbnis offensichtlich gleichwertig von dem Schiffssymbol vertreten. Gerade in dem Augenblick der größten Angst und Einsamkeit, wenn das Leben angesichts des Todes am meisten gefährdet ist, hält das Ritual in dem Bild des Totenschiffes die Garantie bereit, daß der Tod nur ein Hinübergleiten zu neuem Leben sei. Von daher verstehen wir, warum die Fahrt des Lichtgottes in dem Kästchen und seine rettende Landung auch als Fahrt zu den Inseln der Seligen beschrieben werden konnte: das Schiff selbst ist ein Symbol des Mutterschoßes und das Heraustreten aus demselben ein Bild der Geburt zu neuem Leben; entsprechend auch erklärt sich die Auffassung des Mondes als eines Schiffs im Himmelsozean; denn nicht nur die Ähnlichkeit der Gestalt, sondern vor allem die Symbolik der Wiedergeburt scheint den Mond zu einem Schiff gemacht zu haben. Daher entfällt auch die pedantische Notwendigkeit, das „Himmelsschiff" in den Flutmythen mit einer bestimmten Mondphase, in welcher der Mond als Sichel erscheint, identifizieren zu müssen: der Mond in sich hat Schiffs- und Weibsnatur. Ein Theologe, der immer noch Zweifel an der vorgeschlagenen Symboldeutung Schiff = Mutter hegen dürfte, wird sicher anderen Sinnes werden, wenn er zu Weihnachten des schönen elsässischen Liedes aus dem 15. Jh. gedenkt: „Es kommt ein Schiff geladen / bis an sein höchsten Bord, / trägt Gottes Sohn voll Gnaden, / des Vaters ewigs Wort." Denn es ist ihm klar, daß dieses Schiff Maria, die Mutter Gottes, meint.

Es war also nicht nur ein absonderlicher Einfall, als Charles Baudelaire in einem seiner schönsten Gedichte (Le beau navire — Das schöne

Schiff) in den „Blumen des Bösen" die Frauen mit Schiffen verglich und gestand:

> „Wenn leis im Wind die weiten Röcke wehen,
> Glaub ich, ein Schiff in hoher Fahrt zu sehen,
> Das segelschwer die Flut durchfliegt,
> In sanftem Takt sich träg und weich und lässig wiegt."
> (Ch. Baudelaire: Ausgewählte Werke, 87—89)

Vielmehr zieht die Frau die Assoziation eines Schiffes auf sich, weil, wie wir jetzt wissen, das Schiff Empfindungen auslöst, die ontogenetisch zuerst bei der Mutter erfahren und dann fest mit ihr verbunden wurden. Die Assoziationskette verläuft dabei hin und her: während sich Baudelaire beim Anblick der Frauen an Schiffe erinnert fühlte, denken die Seeleute bei den Schiffen an Frauen und benennen sie gern mit weiblichen Vornamen.

Somit brauchen wir uns nicht mehr zu wundern, daß die Sintflutmythe weltweite Verbreitung genießt. Denn wir lernen jetzt, daß ihre Wurzeln entwicklungsgeschichtlich in jedem Menschen grundgelegt sind und die Symbolik des Hervorgehens aus dem Wasser ihr Vorbild und ihre psychologische Grundlage in dem Vorgang der Geburt besitzt, ohne den kein Säugetier das Licht der Welt erblickt. Ja, mit Recht dehnte Freud die ontogenetische Begründung der weiblichen Symbolik des Schiffes in der Großen Flut sogar noch in phylogenetische Zusammenhänge aus; „vergessen wir nicht", sagt er, „daß sich dies Symbol in zweifacher Weise auf entwicklungsgeschichtliche Wahrheit berufen kann. Nicht nur, daß alle Landsäugetiere, auch die Vorahnen des Menschen, aus Wassertieren hervorgegangen sind, — das wäre die ferner liegende Tatsache, — auch jedes einzelne Säugetier, jeder Mensch, hat die erste Phase seiner Existenz im Wasser zugebracht, nämlich als Embryo im Fruchtwasser im Leib seiner Mutter gelebt und ist mit der Geburt aus dem Wasser gekommen." (S. F.: Vorlesungen zur Einführung in die Psychoanalyse, XI 162)

Von diesem Ansatz beantwortet sich auch die Frage, was es mit dem oft verwendeten Motiv der Flutmythen auf sich hat, daß Gott den Noah aus der Flut gerettet habe. Es zeigt sich traumanalytisch nämlich, daß „das Rettungsmotiv ... ein selbständiger Abkömmling des Mutter- oder, richtiger gesagt, des Elternkomplexes" ist (S. F.: Beiträge zur Psychologie des Liebeslebens, VIII 74—75). Das „Retten" „kann ebensowohl bedeuten: ein Kind machen = zur Geburt bringen (für den Mann) wie: selbst ein Kind gebären (für die Frau)." (S. F.: Beiträge, VIII 76) So versteht sich die ägyptische Prinzessin, die den kleinen Moses im Schilfkästchen aus dem Wasser zieht, der Traumsymbolik nach zu Recht als Mutter des Kindes (S. F.: Vorlesungen zur Einführung in die Psychoanalyse, XI 163; vgl. VIII 76). Der Gund für das Motiv der Rettung scheint zu sein, daß der Geburtsvorgang für das Kind, wenn Ranks Theorie vom Trauma der Geburt zutrifft, „das erste Angsterlebnis und somit Quelle und Vorbild des Angstaffekts" ist (S. F.: Die Traumdeutung, II/III 406, Anm.); die geglückte Geburt ist also tatsächlich eine Rettung aus Lebensgefahr und ebenso ein Herausziehen, ein Retten aus dem Wasser. (Vgl. aber S. 314)

Wenn daher in der biblischen Erzählung Gott den Noah aus der Sintflut rettet, so dürfen wir nach dem bisher Gesagten diesen Vorgang so wiedergeben, daß Gott den Noah zu seinem Sohn macht; Noah ist in diesem Sinne tatsächlich die leibhaftige Gestalt der „Versöhnung" Gottes. Dabei ist das „Wasser" natürlich dem Blut äquivalent, mit dem viele Völker sich zur Entsühnung zu besprengen pflegen zum Zeichen eines neuen, wiedergeborenen Lebens. Wie eng das Waschen in Blut oder Wasser mit der Vorstellung von der Wiedergeburt und Versöhnung verknüpft ist, mag ein westafrikanischer Ritus zeigen: ein Ajumbajäger, der ein weibliches Nilpferd auf dem Azyingosee getötet hatte, trat nackt in die Höhlung der Rippen des ausgeweideten Tieres, „kniete in der blutigen Lache nieder und wusch seinen ganzen Körper in dem Blute und den Ausscheidungen des Tieres, während er zu der Seele des Nilpferdes betete, sie möchte es ihm nicht verübeln, daß er sie, das Nilpferdweibchen, getötet und damit ihre Hoffnung auf künftige Mutterschaft zerstört habe." (J. G. Frazer: Der goldene Zweig, 761) Indem der Jäger in den Mutterleib des getöteten Nilpferdweibchens hineingeht, macht er sich rituell zu dessen Sohn; seine Wiedergeburt im Blute des Nilpferds, die dem Tauchbad (und der Sintflut) kultisch entspricht, ist zugleich seine Entsühnung für den begangenen Mord.

Indessen wird man Mühe haben, diese versöhnliche Note der Sintflutgeschichte für das Entscheidende zu halten, überwiegt doch in der Mythe das Strafmotiv eindeutig gegenüber der Rettungsgeschichte. Um gleichwohl die Verknüpfung von Vernichtung und Rettung zu begründen, hat O. Rank, vielleicht mit einem gewissen Recht, die Sintflutmythe als eine umgearbeitete Aussetzungsgeschichte betrachtet, in der nach dem Schema der Heldengeburt das unerwünschte, weil dem Vater gefährliche Kind den Fluten übergeben werde. An die Stelle des Kindes sei nunmehr ein Erwachsener getreten, der kindliche Held des Aussetzungsmythos erscheine jetzt als der beste Vertreter der gesamten zum Untergang bestimmten Menschheit, der zürnende, auf Tod und Verderben sinnende

Vater finde sich in dem Unheil verhängenden Gott wieder, und, die wichtigste Umformung: aus der Aussetzungsgeschichte sei eine Rettungsgeschichte geworden. (O. Rank: Der Mythus von der Geburt des Helden, 134—135) Wir dürfen dieser Deutung Glauben schenken, weil mit ihr in der Tat die Verbindung der Aussetzungs- mit der Sintflutmythe, die wir in der Naturmythologie angetroffen haben, eine gewisse Begründung erfährt und aus ihrer rein faktisch-zufälligen Motivparallelität entlassen wird: der Rankschen Theorie zufolge hätten wir in der Sintflutmythe, in der Rettung des einen Urzeithelden, eine sekundäre Umgestaltung des Motivs von der Aussetzung des vom Vater verfolgten Heldenkindes (und seiner Mutter) zu erblicken; damit würde zugleich die Beziehung der Sintflutmythe (Gn 6—8) zu dem Motiv der Heroengeburt (Gn 6, 1—4) psa berücksichtigt.

Dies einmal vorausgesetzt, „wird ohne weiteres klar, daß wir es (in der Sintflutgeschichte, d. V.) mit einem Wunschgebilde des Sohnes zu tun haben, sozusagen mit einer versöhnenden Darstellung des Heldenmythus . . . Während im Heldenmythus der Vater durch einen Traum vor dem gefährlichen Sohn gewarnt wird, läßt sich hier der brave Sohn vom Vater . . . warnen . . . Auf diese Weise gelingt es dem schlauen Sohn, die lästige Konkurrentschaft der Brüder los zu werden, die in der Flut umkommen, gleichzeitig aber sich selbst die verbotene Inzestverbindung (mit der Mutter, d. V.) zu ermöglichen, derentwegen sonst die Aussetzung erfolgt und sich durch Zeugung der neuen Generation an die Stelle des Urvaters zu setzen. Diese unblutige Revolution wird erreicht durch eine verallgemeinernde Umarbeitung der ursprünglichen Geburtssage zu einem Wiedergeburtsmythus" (O. Rank: Der Mythus von der Geburt des Helden, 135—136).

Der psa Sinn der Noah-Geschichte wäre demnach dieser: im Hintergrund stünde der ödipale, gegen den Vater (Gott) gerichtete Wunsch nach der Vereinigung des Sohnes mit der Mutter. Für diesen Wunsch müßte sich der Sohn die Vernichtung durch den Vater zuziehen. Indem aber die Strafe durch den Vater und der Wunsch nach der Vereinigung mit der Mutter gleichstark sind, ja am Ende die ödipale Inzestneigung die Oberhand gewinnt — der Sohn bleibt am Leben, die Vernichtung mißlingt —, so muß für beide einander widersprechende Tendenzen eine Symbolik gefunden werden, die beides zugleich darstellt: wie der Sohn bestraft wird *und* wie er sich mit seiner Mutter vereinigt. Eine solche Symbolik findet sich tatsächlich in dem Bild von der Flut und dem auf ihr schwimmenden Kästchen. Denn dieses Bild zeigt nicht nur, wie der zürnende Vater seinen schicksalhaft gefährlichen Sohn zu beseitigen trachtet, sondern auch, wie dieser mit seiner Mutter zusammenkommt: symbolisch dargestellt in den weiblichen Bildern von Wasser und Kästchen, in die der Sohn eingeschlossen wird, offen ausgesprochen aber in den Mythen, in denen die Mutter selbst mit ihrem geliebten Kind die Gefahren der Flut besteht. Auch die rettenden Tiere der Märchen und Mythen wären als Vertreter der bergenden und nährenden Mutter zu deuten, die dem Sohn das Überleben gegenüber dem Vernichtungswillen des Vaters sichern. Indem die übrige Menschheit ihren Tod in den Fluten findet (mitunter, wie im Gilgamesch-Epos, durch absichtliche Täuschung seitens des Helden), versteht es der Sintflutheros, seine möglichen Konkurrenten, die Brüder, vom Besitz seiner Mutter auszuschalten und allein die neue Menschheit in der Vereinigung mit seiner Mutter zu begründen; damit verdrängt er aber zugleich seinen Vater, insofern er selbst zum Schöpfer der Menschheit, zum neuen Urmenschen wird.

Das „Raffinement" der Sintflutmythe läge also darin, daß sie die Erfüllung des ödipalen Wunsches des Sohnes so darzustellen weiß, daß am Ende auch Gott, der Vater, mit den Werken seines Sohnes einverstanden ist. Die Voraussetzung dafür ist natürlich, daß in Gott die Züge des zürnenden Vaters und der rettenden (gebärenden) Mutter miteinander verschmelzen.

Wie man sieht, gelangen wir in psa Ausdrücken zu einem Ergebnis, das wir der Sache nach schon exegetisch herausgefunden haben. Wir haben damals angenommen, daß die Sintflut auf die Verstiegenheit der Menschen von Gn 6, 1—4 antworte: die Vermischung des Menschlichen und Göttlichen zur Geburt von Helden finde ihr Ende im Vernichtungsbeschluß Gottes; psa sagen wir jetzt: der Ödipuswunsch des Sohnes wird mit dem Vernichtungsbeschluß des Vaters geahndet; exegetisch konstatierten wir, die Vernichtung der Menschheit werde gehemmt durch das Erbarmen Gottes; das Gericht sei zugleich Rettung; psa beobachten wir jetzt, daß der Aufstand des Sohnes gegen den Vater in eine Versöhnung mit dem Vater umgewandelt wird. Die theologische Ambivalenz des vernichtenden und rettenden Gottes findet ihre psa Entsprechung in der Verschmelzung der väterlichen mit den mütterlichen Zügen in der Gestalt „Gottes" — des Vaters, der den Sohn aus den Fluten „rettet", also mit der Mutter zeugt und zu seinem Sohn macht, und andererseits ihn als gefährlichen Rivalen dem Tod in den Fluten übergibt. Aus der Konkurrenz zwischen Vater und Sohn wird somit ein Verhältnis gegenseitiger Partnerschaft, wie es in dem „Bundesschluß" (Gn 8, 20—22) anklingt.

Diese Deutung, die wir in Anlehnung an O. Rank der j Sintflutmythe geben, bringt den großen Vorteil mit sich, daß sie der außerordentlichen

Spannung und Dramatik der Erzählung gerecht wird, die zwischen Tod und Leben, Feindschaft und Freundschaft, Zerstörung und Fürsorge hin- und herschwankt; zudem greift sie die ambivalente Symbolik der Sintflutmythe auf und erklärt sie aus der Vermittlung einander widersprechender Tendenzen; und vor allem versteht man die hohe psychische Energiebesetzung, die der Sintflutmythe anhaftet, und die Aufmerksamkeit, die dieser Geschichte weltweit zukommt. Nach Rank erfreut sich die Flutmythe einer solchen Beliebtheit, weil in ihr die Menschheit ihren eigenen Heldentraum erzählt; jeder einzelne sagt sich in ihr gleichsam: „so ein Held (wie der Sintflutheros, d. V.) war ich auch" (O. Rank: Der Mythus, 140); auch ich bin gegen meinen Vater aufgestanden und habe überlebt. „Das eigene Heldentum", meint wehmütig Rank, „findet das Durchschnitts-Ich nur in der Kindheit wieder und darum muß es seine eigene Auflehnung dem Helden unterschieben, ihm das beilegen, worin es selbst ein Held war. Es führt diese Absicht mit infantilen Motiven und Materialien aus, indem es auf seinen Kinderroman zurückgreift ... Der Erwachsene schafft also die Mythen mittels des Zurückphantasierens in die Kindheit" (140—141). Somit dient die Sintflutmythe in der Rankschen Deutung dem Zweck, das eigene wenig heroische Ich des Erwachsenen in der Gestalt eines nationalen bzw. menschheitlichen Helden nach Art infantiler Wunscherfüllungen zur Würde gottgleicher Größe zu erheben. Der Glanz des mythischen Lichtgottes verklärt auch das Haupt des unscheinbaren Kleinbürgers.

Allzu lange können wir uns freilich diesen unverhofften Platz an der mythischen Sonne nicht gönnen. Die ersten Schatten wirft bereits die j Gestaltung des Sintflutmotivs über die urzeitliche Seelenlandschaft. Denn mag es auch sein, daß die Ranksche Reduktion der Rettungsmythen auf die Aussetzungsmythen eine psa Berechtigung besitzt, daß auch die Sintflutsage eine gewisse Heroisierung ödipaler Wünsche nicht verleugnen kann, so wird doch der Grund einer solchen Umarbeitung rein psa nicht recht einsichtig: wenn schon die Aussetzungsmythe, die Geschichte von der Geburt und Verfolgung des Helden, den heroisierenden Wünschen der Menschheit so sehr entgegenkommt, was soll dann dazu geführt haben, den Heroenmythus in eine vergleichsweise demütige Geschichte von der gnädigen Rettung des Helden durch seinen Gott umzudichten? Normalerweise sind solche Umkehrungen ein Produkt angsterfüllter Triebabwehr, aber eben: was den Heros zum Heros macht, ist halt der Umstand, daß er seine Angst besiegt und den ödipalen Kampf gegen den Vater siegreich besteht; die Angst, vom Vater gezüchtigt, ja vernichtet zu werden, ist gerade der Kern des Heldenmythos und erklärt nicht, warum am Ende eine Mythe entsteht, die alles Heldische verleugnet und den Menschen dazu auffordert, sich in seine Schranken einzufügen.

Ein Grund für diese Umformung ist psa, soweit wir sehen, nicht zu nennen; er ergibt sich vielmehr erst theologisch. Denn es scheint kein Zufall zu sein, daß die Sintflutmythe in Verbindung mit dem Strafmotiv an der Person eines väterlichen Gottes hängt, gegen dessen Macht die Menschen mit ihrem Aufstand in Nichts zusammensinken. Erst gegenüber einer solchen unwiderstehlichen Macht, die nicht die des individuellen menschlichen Vaters sein kann, scheint eine solche Angst berechtigt zu sein, daß sie der ganzen Menschheit den Verzicht auf ihre Selbstheroisierung abnötigt. Nur derjenige, der religionspsychologisch im Sprechen von Gott selbst wieder eine bloße Form des Ödipuskomplexes sieht, indem sich der Sohn hier resignierend in die überlegene Macht seines Vaters fügt und ihn schließlich um Erbarmen für seine Widersetzlichkeit anfleht, nur der kann glauben, die Sintflutmythe sei gewissermaßen die resignative Variante des heroischen Aussetzungsmythos. Daß in den Aussetzungsmythen menschliche Väter auftreten, die ihren Sohn verstoßen, in den Sintflutmythen aber ein Gott seinen Erwählten rettet, müßte dieser Resignationstheorie nach daran liegen, daß in der Gestalt eines Gottes von vornherein der Sohn die Überlegenheit seines Vaters verabsolutiert und verewigt hätte — statt mit ihr zu kämpfen. So aber würde es völlig unbegreiflich bleiben, warum ganze Völker die feige Kapitulation vor der Vatermacht gewählt und die Sintflutmythe in der Weise weitererzählt hätten, daß die Menschheit froh sein müsse, von der Macht ihres Gottes nicht vernichtet, sondern gerettet zu sein; vollends, daß die Aussetzungsmythe, wie in Griechenland, neben der Straferzählung der Flutmythe erzählt wurde, scheint rein psa nicht erklärt werden zu können; denn wohl können Angst und Mut nebeneinander bestehen, aber daß die Angst vor Menschen als überwindbar, die Demut vor Gott aber als nur für Toren verzichtbar hingestellt wird, scheint nicht mehr psa, sondern rein theologisch motiviert zu sein. Wir stoßen hier wieder auf die Grenze, die einer psa Reduktion der Gestalt Gottes auf die Person eines menschlichen Vaters allerorten gesetzt ist. Die Frage wird sich im 3. Teil der Arbeit mithin um so mehr stellen, was bzw. wer den Menschen rettet, wenn dieser im Chaos seiner Welt sich selbst zugrunde richtet und zu versinken droht.

Aber nicht nur eine völlige Reduktion des theologischen Anliegens der j Sintflutmythe auf die ödipale Problematik müßte Bedenken erregen, sondern die Generalisierung des Ödipuskomplexes überhaupt erscheint in sich bereits für die Interpretation des Sintflutmotivs als äußerst fragwürdig. Soll es wirklich so sein, daß erst die Verbindung der ödipalen Strebungen des Sohnes und der Straftendenzen des Vaters die Flutmythe geschaffen hat? Dagegen sprechen die Mythenbeispiele, in denen weit und breit das semitische Strafmotiv fehlt, in denen aber der Gedanke der Weltenschöpfung um so stärker in den Vordergrund tritt; ja, es hat den Anschein, daß das Strafmotiv selbst erst, wie H. Usener meinte, nachträglich zu der Flutmythe von der welterschaffenden und lebenspendenden Ankunft des Lichtgottes hinzugetreten ist. Außerdem können wir uns nicht mehr auf den Standpunkt der alten Psa stellen und den Ödipuskomplex, entgegen dem Befund der Ethnologie, für etwas Allgemeinmenschliches, womöglich biologisch Vorgegebenes halten.

Damit stehen wir vor der umgekehrten Aufgabe: die ödipalen Züge der Sintflutmythe, vor allem in Verbindung mit der Straftendenz des Vatergottes, sind zu deutlich, als daß wir sie übergehen oder der Rankschen Deutung ihre grundsätzliche psa Richtigkeit absprechen könnten (die theologischen Einschränkungen ausgenommen); andererseits, wenn die Allgemeinheit des Ödipuskomplexes nicht angenommen wird, müssen wir erklären, wie es zum Auftreten der ödipalen Züge in der Sintflutmythe kommt; d. h., wir müssen erklären, wie die Motive der Sintflutmythe mit dem Ödipuskomplex verschmelzen können, und müssen darauf verzichten, die Sintflutmythe aus dem Ödipuskomplex abzuleiten.

Ein entscheidendes Motiv der Flutmythe ist, wie wir gesehen haben, die Geburtssymbolik, die in den Bildern vom Schwimmen im Wasser und vom Heraustreten aus der Arche anklingt; damit verbunden ist die Vorstellung vom Retten, vom Herausziehen aus dem Wasser, das soviel bedeuten kann wie Gebären und Zeugen. Es muß daher die Frage sein, wie diese beiden Vorstellungen, Geborenwerden und Zeugen, zusammengehören können und wie diese Zusammengehörigkeit wiederum mit dem Ödipuskomplex in Verbindung treten kann.

Um diese Frage zu klären, gehen wir zunächst von den Mythen aus, in denen die Große Flut kein Strafakt, sondern ein Bild kosmischer Zeugung ist, ein Symbol der Vereinigung des männlichen Himmelsgottes mit der Erdmutter. Das Wasser der großen Flut ist in diesem Kontext nicht allein das Fruchtwasser der Frau, sondern kann auch das befruchtende Sperma des Mannes bedeuten, wie wir schon früher bei der Erörterung der Schlangensymbolik (92) mythische Beispiele dafür angeführt haben, daß das Wasser der Sintflut auch als Urin oder Spermaflüssigkeit zu verstehen ist. Das vielleicht überzeugendste Beispiel dafür liefert der sumerische Dilmun-Mythos, in dem die Überschwemmung des Landes

399

als eine hochzeitliche Verbindung zwischen Enki, dem Gott des Süßwasserozeans, und Nin-tu, der Erdgöttin, geschildert wird; wir zitieren den wesentlichen Passus:

65 „Der Einsame, der Weise wendet sich Nin-tu zu,
   der Mutter des Landes,
   Enki, der Weise wendet sich Nin-tu, der Mutter des Landes zu,
   Mit seinem Glied begoß er den Abhang,
   Mit seinem Glied vermehrte er das Schilf durch reichliches Wasser.
   Und sein Glied hob sich unter dem herrlichen Vließ.
70 Er rief: ‚Kommt niemand ins Marschland?‘
   Der Gott Enki rief: ‚Kommt niemand ins Marschland?‘
   Und er schwur beim Leben des Himmelsgottes.
   Im Marschland ausgestreckt, im Marschland ausgestreckt,
   Sprach Enki sein Wort, sprach sein Wort über das Wasser der
   großen Gemahlin.
75 Und die Herrin des Gebirges nahm den Samen,
   Sie empfing den Samen, das Wasser des Gottes Enki.“
   (M. Lambert: Sumerische Schöpfungsmythen, in: Quellen des alten
   Orients; Die Schöpfungsmythen, I 113—114)

An diesem Mythenfragment läßt sich zweifelsfrei belegen, daß das Wasser der Flutmythe nicht nur das Symbol der Frau, das Wasser der Geburt darstellt, sondern auch das Sperma des Mannes, das die Erdgöttin überschwemmt (vgl. Dilmun-Mythos, 180—185, a.a.O., 117).

Wir können somit die symbolischen Gleichungen für berechtigt halten, die bereits O. Rank aufgestellt hat, wenn er (unter Einbeziehung der Lehre von der Urethralerotik) meinte: „Wasser = Urin = Sperma = Geburtswasser; urinieren = sexuelle Entleerung (Pollution); naß werden = Enuresis = Koitus = Gravidität; schwimmen = Urinfülle = Aufenthalt des Ungeborenen; Regen = Urin = Befruchtungssymbol. Schiff = ‚schiffen‘ (urinieren) = Fruchtbehälter (Kasten); Reisen (Fahren — Aussteigen) = Aufstehen aus dem Bett = geschlechtlich verkehren („fahren“, Hochzeitsreise).“ (O. Rank: Psychoanalytische Beiträge zur Mythenforschung, 138—139)

Durchgängig können wir daher für alle symbolischen Elemente der Sintfluterzählung eine weibliche, auf die Geburt bezogene, und eine männliche, auf die Zeugung bezogene Bedeutung feststellen. Auf diese „bisexuelle“ Mehrdeutigkeit der Symbole, auf die als erster W. Stekel hinwies, sind wir bereits bei der Besprechung von Gn 2—3 gestoßen; sie wird uns jetzt nicht mehr verwundern.

Auch einige noch unerwähnte Details der Erzählung lassen sich von den Vorgängen der Geburt (weiblich) oder Zeugung (männlich) her verstehen: das Schließen der Tür (= Vagina) vor dem Hereinbrechen der Sintflutwasser (= Sperma) wäre als Koitussymbol zu verstehen; der Vogel und seine dreimalige Aussendung ließe sich als ein Symbol der Geburt verstehen und repräsentierte dann das Kind selbst bei dem Versuch, aus der „Arche" zu gelangen (Vogel = Kind, vgl. S. F.: Aus der Geschichte einer infantilen Neurose, XII 114; Traum und Telepathie, XIII 186, in bezug auf einen anderen Wassertraum); die anderen Tiere in der Arche könnten durchaus in diesem Sinne als andere Kinder gedeutet werden, die den frühkindlichen Phantasien zufolge den Mutterleib erfüllen (vgl. z. B. M. Klein: Die Trauer und ihre Beziehungen zu manisch-depressiven Zuständen, in: Das Seelenleben des Kleinkindes, 73); andererseits kann die Vogelaussendung auch den Sexualverkehr der Eltern darstellen (vgl. M. Klein: a.a.O., 95), denn insbesondere vermag der Vogel das männliche Genitale des Vaters zu versinnbilden. (Vgl. K. Abraham: Traum und Mythus, in: Psychoanalytische Studien, 285) Sehr schön etwa schilderte Catull das Spiel eines jungen Mädchens mit einem kleinen Sperling, der dazu bestimmt ist, „des Herzens Gluten zu kühlen", und an dessen Stelle zu sein der Dichter selbst aufs leidenschaftlichste wünscht (Catull, Tibull, Properz: Römische Liebeslyrik, 9); denn er ahnte wohl die symbolische Bedeutung des kindlichen Spiels. Die genannten Möglichkeiten der Vogelsymbolik faßte Freud in dem Satz zusammen: „Das kleine Vögelchen kann, außer der ihm zugewiesenen genitalen Bedeutung, auch die eines Symbols für ein kleines Kind haben, wie alle kleinen Tiere" (S. F.: Traum und Telepathie, XIII 186). Und E. Jones meinte, das Bild des Vogels, „der die Zeugung symbolisiert", könne auch „Wiedergeburt, Auferstehung und Rettung" symbolisieren (E. Jones: Die Empfängnis der Jungfrau Maria durch das Ohr, 189).

Das Abdecken des Daches schließlich entspräche dem Öffnen des Mutterschoßes.

In der Sintflutmythe durchdringen sich somit die männliche Zeugungssymbolik und die Geburtsphantasie; gemeinsam scheint beiden Vorstellungen die Vereinigung mit der Frau zu sein, zum einen „natal", zum anderen „genital", einmal in Form des koitalen Eindringens, dann in Gestalt des geburthaften Hervorgehens.

Wer nicht die Fülle des Materials aus den klinischen Schriften und Falldarstellungen der Psa kennt, die diese Symbolsprache der Träume und Mythen verständlich gemacht haben, dem werden solche Auslegungsversuche möglicherweise als zu mechanisch und außerdem als widersprüchlich erscheinen. Nun können wir nicht mehr tun, als Symbole symbolisch deuten und darauf verweisen, daß es Mythen gibt, die den gleichen Stoff in unverhülltem Klartext ausdrücken. Was aber den Eindruck der Widersprüchlichkeit dieser Interpretation angeht, so sind wir doch imstande, über die Stekelsche „Bisexualität" der Symbole hinaus noch eine tiefere Begründung dafür anzugeben, wieso der Sexualakt, die koitale Symbolik, mit der Geburt, der natalen Symbolik, im Bilde der Sintflut identisch werden kann.

S. Ferenczi hat nämlich in Anknüpfung an die schon aufgeführten Gedankengänge Freuds eine phylogenetische Ableitung dieser Gleichung unternommen, die freilich stark spekulative Züge trägt, uns aber in einem entscheidenden und psa gesicherten Punkt wesentlich weiterführen wird, indem sie uns nämlich zeigt, wie die Geburtssymbolik in der Flutmythe *ursprünglich* mit der Zeugungssymbolik zusammenhängt und wie auf dem Rücken dieser originären Zusammengehörigkeit der Ödipuskomplex mit den Motiven von Heroengeburt und Schuldahndung durch den Vater hinzutreten kann. Im Grunde stellt die Theorie Ferenczis eine Erweiterung der Freudschen Annahme dar, die Wassersymbolik für den Geburtsvorgang entstamme nicht nur ontogenetischen Erfahrungen im Mutterleib, sondern spiegele zugleich den Werdegang der Art wider, die sich aus Fischen zu Landtieren entwickelt habe. Ferenczi ging davon aus, daß „die ganze Mutterleibsexistenz der höheren Säugetiere nur eine Wiederholung der Existenzform jener Fischzeit wäre und die Geburt selbst nichts anderes, als die individuelle Rekapitulation der großen Katastrophe, die so viele Tiere und ganz sicher auch unsere tierischen Vorfahren beim Eintrocknen der Meere zwang, sich dem Landleben anzupassen" (Versuch einer Genitaltheorie, in: Schriften zur Psychoanalyse, II 358). Die eigentliche Katastrophe sei also nicht die Überschwemmung, sondern die Austrocknung. Dieser „Bedeutungswandel der Symbolik" sei möglich, weil der mütterliche Körper sowohl als Meer oder Seewasser erscheinen könne (antenatal), als auch als „Mutter Erde" (postnatal); beide Bilder entsprächen dabei phylogenetisch der Herkunft des Lebens aus dem Wasser. Und nun meinte Ferenczi: „Man fühlt sich versucht, auch die *Sintflutsagen* als eine nach psychoanalytischer Erfahrung nicht ungewöhnliche Umkehrung des wirklichen Sachverhaltes auszulegen. Die erste große Gefahr, die die Lebewesen, die ursprünglich alle Wasserbewohner waren, traf, war nicht das Überflutetwerden, sondern die Eintrocknungsgefahr. Das Emportauchen des Berges Ararat aus den Fluten wäre also nicht nur, wie in der Bibel erzählt wird, die Rettung, sondern auch die ursprüngliche Katastrophe, die erst später im Sinne der

Landbewohner umgedichtet worden sein mag. Dem Psychoanalytiker ist es natürlich nicht schwer, den Ararat, die Erde, in einer tieferen Schicht seiner Symbolik nur als Doublette der Arche Noahs und beide als symbolische Darstellungen des Mutterleibes zu erkennen, aus dem alle höheren Tiere ihren Ursprung nehmen" (a.a.O., 360).

Dieses phylogenetische Konstrukt läßt Ferenczi glauben, daß der Fisch und sein Aufenthalt im Wasser die Grundlage für die Symbolgleichung von Penis = Kind sei. „Bedeutet der im Wasser schwimmende Fisch, wie in so vielen Fruchtbarkeitszaubern, das Kind im Mutterleib und sind wir bei so vielen Träumen gezwungen, das Kind als Penissymbol zu deuten, so wird uns einerseits die Penisbedeutung des Fisches selbstverständlicher, andererseits aber auch die Fischbedeutung des Penis, d. h. die Vorstellung, daß im Begattungsakt der Penis nicht nur *die natale und antenatale Existenzart des Menschen* agiert, sondern auch *die Kämpfe jenes Urtieres* unter den Vorfahren, das die *große Eintrocknungskatastrophe* mitmachte." (a.a.O., 361) Tatsächlich zeigt sich biologisch, daß „Fruchtwasser enthaltende Schutzorgane (Amnien)... nur bei landbewohnenden Tierarten gebildet werden"; ferner, „daß bei den Tierarten, deren Embryonen ohne Amnien heranwachsen (Anamnien), keine eigentliche Begattung stattfindet." „Der Besitz von Begattungsorganen, die Entwicklung im Mutterleib und das Überstandenhaben der großen Eintrocknungsgefahr bilden so eine unzerreißbare biologische Einheit, die auch die letzte Ursache der symbolischen Identität des Mutterleibes mit der See und der Erde einerseits, des männlichen Gliedes mit dem Kinde und dem Fisch andererseits sein muß." (a.a.O., 361—362) Daß die Menschen bei der Sintflut in Fische verwandelt werden, läßt sich in den Mythen tatsächlich belegen (I 194); die mythische Rettung durch den Fisch erscheint psa als ursprünglicher gegenüber der Rettung durch die Arche.

Von daher bekämen wir eine wirkliche Erklärung für die Doppeldeutigkeit der Symbolik der Sintflutmythe und brauchten es nicht als ein bloßes Faktum der Traumanalyse hinzunehmen, daß die Vorstellung der Geburt (des Rettens) und des Zeugens (Versöhnens) eine ursprüngliche Einheit miteinander bilden sollen. Wir sind damit der Lösung unseres Problems von dem Verhältnis der Sintflutmythe zum Ödipuskomplex ein ganzes Stück nähergerückt. Denn immerhin wissen wir jetzt, daß Gebären und Zeugen von vornherein eine gemeinsame Symbolik von Wasser und Festland besitzen und daß diese Symbolik sich aus den urtümlichen Verhältnissen der Evolution verstehen läßt. Ließe sich jetzt noch zeigen, daß das Motiv der Zeugung ebenso wie das Motiv der

403

Geburt ursprünglich auf die Person der Mutter bezogen ist, dann ergäbe sich wie von selbst der ödipale Grundzug der Sintflutmythe, und zwar so, daß nicht der Ödipuskomplex die Symbolik der Sintflutmythe (Aussetzung im Wasser, Rettung am Land) begründen würde, sondern daß umgekehrt die Sintflutsymbolik von vornherein Züge aufwiese, die an den Ödipuskomplex gemahnen: Geburt aus der Mutter und Zeugung mit der Mutter.

Tatsächlich läßt sich zeigen, daß die Zeugung mit der Mutter psa ebenso zum Grundgedanken der Sintflutmythe gehört, wie die Geburt aus der Mutter. Wieder können wir S. Ferenczi als unserem Gewährsmann folgen. Ausgehend von dem Grundkonzept der Freudschen Trieblehre, daß das Ziel der Triebe letztlich in der Wiederherstellung eines früheren Zustandes bestehe, meinte Ferenczi nämlich, „daß der Zweck ... des Begattungsaktes nichts anderes sein kann als ein ... Versuch zur Wiederkehr des Ich in den Mutterleib" (Versuch einer Genitaltheorie, II 333). Und zwar erreiche die Begattung „diese zeitweilige Regression auf dreierlei Weise: der ganze Organismus erreicht dieses Ziel nur *halluzinatorisch*, ähnlich wie etwa im Schlaf; dem Penis, mit dem sich der ganze Organismus identifizierte, gelingt dies bereits partiell oder *symbolisch*, und nur das Genitalsekret hat das Vorrecht, in Vertretung des Ich und seines narzißtischen Doppelgängers, des Genitales, auch *real* die Mutterleibsituation zu erreichen." (a.a.O., 333) Auf diesem Hintergrund gelangte Ferenczi zu seiner „‚bioanalytischen‘ Auffassung der Genitalvorgänge" und der These, daß „der Ödipuswunsch, der Wunsch nach dem Geschlechtsverkehr mit der Mutter, ... des Mannes ... zentrale Strebung" sei. „Der Ödipuswunsch ist eben der seelische Ausdruck einer viel allgemeineren biologischen Tendenz, die die Lebewesen zur Rückkehr in die vor der Geburt genossene Ruhelage lockt." (a.a.O., 333) Mit dieser „Mutterleibsregressionstendenz" (a.a.O., 354) begründete er die Symbolgleichung von „Koitus und Geburt" in dem Bild von der „Rettung ... aus dem Wasser" (a.a.O., 355). Wenn wir bisher gesagt haben, das Wasser der Flut symbolisiere die Mutter, so müssen wir nach Ferenczi von der Phylogenese her den Satz eigentlich umkehren: „die *Mutter* (muß, d. V.) *als ein Symbol oder partieller Ersatz des Meeres*" gelten, so „daß *das Fruchtwasser ein in den Leib der Mutter gleichsam ‚introjiziertes‘ Meer darstellt*" (a.a.O., 366).

Damit ergibt sich, daß die Sintflutmythe mehreres zugleich bedeutet: sie ist das Bild des allgemeinen Strebens aller Lebewesen (des Landes), ins Meer zurückzukehren; dieser „thalassale Regressionszug" (Ferenczi: a.a.O., 363) ist aber der allgemeinste Ausdruck und Antrieb für die ödipale Mutterleibsregressionstendenz; diese wiederum ist der allgemeine Ausdruck und Antrieb des Koitus überhaupt; der Aufenthalt im Mutterleib aber ist pränatal die Anfangsphase der Geburt, und so nimmt alles wieder seinen Anfang.

Auf diese Weise erhalten wir ein Bedeutungsspektrum, das in der Tat bereits die wichtigsten Motive der Sintflutmythe aufweist. Vor allem leuchtet uns zum ersten Mal die widersprüchliche Natur der Sintfluterzählung ein, die sowohl die Rückkehr zum Ursprung, zum Chaos, zum Urwasser darstellt, als auch die Wiedergeburt, Renovation und Reinigung. In der Sprache der Triebtheorie Freuds kommen hier auf eigentümliche Weise die beiden Urstrebungen des Menschen, Eros und Thanatos, Liebe und Zerstörung, Libido und Destruktion in einer widersprüchlichen kreisförmigen Einheit zusammen.

Gleichzeitig verstehen wir, daß die eigentliche Wunschtendenz der Sintflutmythe in der regressiven Sehnsucht nach der Vereinigung mit der Mutter zu erblicken ist. Diese bildet jedoch kein Spezificum des Ödipuskomplexes, sondern stellt, wie wir sehen, den Grundzug allen Strebens dar und begründet allererst auch die ödipale Konstellation. Somit befreien wir die Interpretation der Sintflutmythe von einer zu engen Ausrichtung auf die Lehre vom Ödipuskomplex und behalten doch die Möglichkeit, plausibel zu machen, wieso in der Sintflutmythe ödipale Züge eine zentrale Rolle spielen können und warum vor allem in der j Komposition das Motiv der Sintflut zur Bestrafung eines ödipalen Tuns (Gn 6, 1—4) eingeführt wird.

Auch den Faktor der Angst können wir bei der j Urgeschichte jetzt angemessen diskutieren. Eigentlich müßte — nach O. Ranks Theorie vom Trauma der Geburt — die regressive Mutterleibsehnsucht mit einer starken Angstentwicklung verknüpft sein, und es sollte daher zu erwarten sein, daß die biblische Sintfluterzählung davon etwas zu berichten wüßte.

Bei der exegetischen Besprechung des Textes von Gn 6—8 (J) fanden wir hingegen, daß die Darstellungsweise der j Erzählung mit Ausnahme der sehr feinnervigen Beobachtung des Wartens und der Ungeduld Noahs in der Arche keinerlei psychologische Momente enthält und daß insbesondere jede Stimmung von Angst oder Entsetzen dem Text bei der Schilderung der Großen Flut abgeht. Lediglich vom Motiv der großen Überschwemmung und des Weltuntergangs können wir auf einen — womöglich erheblichen — Anteil von Angst indirekt schließen. Wir müssen zugeben, daß wir keinen Grund dafür wüßten, warum die biblische Version dieses Stoffes das Gefühl der Angst nicht aufgenommen hätte, es sei denn, daß man sich aus theologischen Gründen scheute, die Angst, die die Götter des Gilgamesch-Epos z. B. bei dem Hereinbrechen der Wassermassen Enkis überfällt, auf Gott zu übertragen, eine Erklärung, die theologisch zutreffend sein mag, die uns psa aber nicht viel einbringt. Statt zu sagen, eine ursprüngliche Angst sei hier verdrängt worden, müssen wir wohl eher feststellen, daß der Akzent der biblischen Erzählung ganz und gar auf das Motiv der Rettung verschoben worden ist, daß also die Angst lediglich die latente Kulisse der Freude über die Rettung darstellt. Und diese Eigentümlichkeit des Textes müssen wir nun doch psa erklären.

Ranks Vorstellung war es, daß der Mensch unter dem Druck des Traumas der Geburt vor dem Mutterschoß ins Leben flieht und dort, in der Realität, ersatzweise in den Leistungen der Kultur und Zivilisation sich die verlorengegangene Geborgenheit im Mutterschoß wiederherzustellen sucht; lediglich die Sexualität sei imstande, die alte Geburtsangst zu überwinden und wenigstens partiell die Einheit mit der Mutter (bzw. mit der sie vertretenden Frau) zu ermöglichen. Setzen wir nun nach dem bisher Gesagten voraus, daß es sich bei der Sintflutmythe um ein koitales *und* natales Symbol handelt, so können wir von vornherein eine ausgesprochene Angstlust annehmen, wie sie nach S. Ferenczis Meinung auch unter Berücksichtigung phylogenetischer Faktoren allen Vorgängen der Zeugung innewohnt, weil in ihnen „das Individuum die Lust der Mutterleibsexistenz, die Angst der Geburt und die neuerliche Lust des glücklichen Überstehens dieser Gefahr wiedererlebt. Indem sich das Individuum mit dem in die Vagina eindringenden Glied und mit den in die Leibeshöhle des Weibes hineinschwärmenden Spermatozoen identifiziert, wiederholt es symbolisch auch die Todesgefahr, die seine Vorfahren in der Tierreihe bei der geologischen Katastrophe der Meereseintrocknung ... siegreich überwunden haben." (S. Ferenczi: a.a.O., 361) Und dieser Akzent der Überwindung der Todesgefahr und Angst, der Aspekt der neuen Lebenszeugung, wird in der Flutmythe vorherrschend, wobei freilich in der j Erzählung der eigentlich Zeugende und Rettende Gott, der neu Geborene und Gerettete aber der Mensch ist; diese Zweiteilung der Rollen, die den menschlichen Bereich deutlich vom göttlichen unterscheidet, setzt theologisch einer rein psa Interpretation ihre Schranken.

Immerhin: indem wir die Erzählung von der Sintflut in den Zusammenhängen der Onto- und Phylogenese interpretiert und ihre Symbolsprache übersetzt haben, können wir die wesentlichen Züge des zugrundeliegenden Motivs verständlich machen. Wir finden in der Sintflutmythe ein „Hin- und Herwogen zwischen Leben- und Sterben-wollen" dargestellt (S. Ferenczi: a.a.O., 399), eine Ambivalenz von Auflösung und Neubeginn, welche die Hauptfragen, die sich von der Motivgeschichte her an den Text stellen, zu beantworten vermag: die Verbindung von Weltuntergang und Wiedergeburt, die Beziehung zur Fruchtbarkeitsmythologie und zu den orgiastischen Riten der Acker-baukulturen — all das scheint sich auf dem gewonnenen Hintergrund als mythologische Ausgestaltung des einen einheitlichen Grundmotivs von Zeugung und Geburt im „thalassalen Regressionszug" bzw. in der regressiven Mutterleibsehnsucht geradezu nahezulegen. Lediglich drei Dinge verstehen wir noch nicht: 1) wieso ist die Sintflut eine Strafe über die unfertige oder schuldig gewordene Menschheit? Dieses Motiv ist in den Mythen offenbar recht breit verankert und wird besonders von der j Redaktion ganz zentral hervorgehoben; indem wir es analy-sieren, analysieren wir also u. a. auch die „Psychologie", die J selbst seiner Urgeschichte unterlegt; und 2) wieso hebt J so betont hervor, daß die Sintflut eine *einmalige* Strafe sei? Dieser Zug der Erzählung ist geradezu antimythisch und bricht betont mit der Vorstellung der zyklischen Periodizität, wie wir sie gerade noch als Ergebnis unserer Analyse empfohlen haben. Die Frage ist, ob es sich hier lediglich um ein theologisches Motiv handelt oder ob sich dafür auch eine psa Basis finden läßt; denn einerseits kann man feststellen, daß auch in den Flut-mythen selbst nicht immer ein zyklisches Weltbild anzutreffen ist, daß also die j Position nicht singulär dasteht und also wohl nicht nur theologisch motiviert ist; zum anderen aber ist es für uns immer von Wichtigkeit zu untersuchen, inwieweit die Redaktionsarbeit des J selbst von der Psa her nachzuvollziehen ist. 3) Eine weitere Frage ergibt sich aus der Zweizeitigkeit der menschlichen Kulturentwicklung, die mit der Unterbrechung der Menschheitsentwicklung gegeben ist; läßt sich, muß man fragen, von der Psa her eine Erklärung für diese außerordentlich auffällige Eigentümlichkeit der j Urgeschichte (und vieler anderer Urgeschichten) geben, daß die Kulturentwicklung in zwei getrennten Schüben, unterbrochen durch eine Flutkatastrophe, erfolgt sei?

Nachdem wir bisher die Symbolik der Flutmythe in sich selbst untersucht und begründet haben, stellt sich jetzt im Grunde in allen drei Fragen das entwicklungspsychologische Problem, auf welcher Stufe der ontogenetischen Entwicklung das Motiv der Großen Flut seinen Platz haben mag. Wir glauben, daß der gesamte Fragenkomplex sich durch ein und dieselbe Annahme beantworten läßt, die mit dem bisher Gesagten auf das engste zusammenhängt, ja, sich sogar unmittelbar daraus ergibt. S. Ferenczi hat mit der Konzeption seiner Genitaltheorie gezeigt, daß das Thema der Sintflut das Motiv der Zeugung wie der Geburt (des Geborenwerdens) umfaßt und das ausdrückt, was beiden Motiven gemeinsam ist: die Rückkehr in den Mutterleib. Wenn zu dieser Tendenz noch, wie in der j Erzählung (und auch sonst oft), ausdrücklich das Motiv von der Widersetzlichkeit gegen den Vater(-Gott) hinzutritt, dann ist zweifellos jener Tatbestand gegeben, den wir psa als Ödipuskomplex bezeichnen müssen, dann sind wir tatsächlich gehalten, in der j Version der Sintflutmythe psa den Ausdruck einer exquisit ödipalen Phantasie zu erblicken. Was wir in der Exegese der Stelle als Rückkehr zum Anfang und als Neubeginn bezeichneten, erscheint in der Symbolsprache des Mythos als ein „Abstieg zu den Müttern", entsprechend der Feststellung Freuds: „Die Wiedergeburtsphantasie ist wahrscheinlich regelmäßig eine Milderung, sozusagen ein Euphemismus, für die Phantasie des inzestuösen Verkehrs mit der Mutter ... Man wünscht sich in die Situation zurück, in der man sich in den Genitalien der Mutter befand, wobei sich der Mann mit seinem Penis identifiziert, durch ihn vertreten läßt." (Aus der Geschichte einer infantilen Neurose, XII 136) Und eben dies, verbunden mit dem Motiv der Vaterfeindschaft, macht es nun doch möglich und notwendig, die Sintflutmythe vom Ödipuskomplex her zu interpretieren und damit vor allem die Frage nach dem Schuld- und Strafmotiv in der j Erzählung zu beantworten.

Indem wir nämlich die Sintflutmythe dem Ödipuskomplex zuordnen, haben wir unmittelbar auch schon den Grund genannt, warum der Mythos von der Sintflut das Bild einer Strafe *und* einer Tilgung von Schuld sein kann, ja wieso überhaupt das Bild einer großen strafweisen Überschwemmung alles Gewesenen und Gewordenen mit solcher Regelmäßigkeit auftreten kann. Denn: Die Psychoanalyse „lehrt, daß die Gewissenskräfte ... in intimer Weise mit dem Ödipus-Komplex zusammenhängen, mit dem Verhältnis zu Vater und Mutter, wie vielleicht unser Schuldbewußtsein überhaupt." (S. F.: Einige Charaktertypen aus der psychoanalytischen Arbeit, X 389)

In groben Zügen läßt sich dieser Zusammenhang so darstellen: die phallische Phase der Libidoentwicklung bringt den Ödipuskomplex mit sich herauf, dessen Wünsche auf die Kastrationsdrohung treffen und daher aufgegeben werden müssen. Freud schreibt: „Der Ödipuskomplex bot dem Kinde zwei Möglichkeiten der Befriedigung ... Es konnte sich in männlicher Weise an die Stelle des Vaters setzen und wie er mit der Mutter verkehren, wobei der Vater bald als Hindernis empfunden wurde, oder es wollte die Mutter ersetzen und sich vom Vater lieben lassen, wobei die Mutter überflüssig wurde ... Die Annahme der Kastrationsmöglichkeit, die Einsicht, daß das Weib kastriert sei, machte nun beiden Möglichkeiten der Befriedigung aus dem Ödipuskomplex ein Ende ... das Ich des Kindes wendet sich vom Ödipuskomplex ab." (Der Untergang des Ödipuskomplexes, XIII 398) Die Libidobesetzung der Elternobjekte muß also aufgegeben werden um des narzißtischen Interesses am Erhalt der eigenen Unversehrtheit willen. Wie sich am Vorbild der Melancholie zeigt, geht der Objektverlust mit dem Gefühl schwerer Trauer einher; „die Welt" ist „arm und leer geworden" (S. F.: Trauer und Melancholie, X 431). „Jede einzelne der Erinnerungen und Erwartungen, in denen die Libido an das Objekt geknüpft war, wird eingestellt, überbesetzt und an ihr die Lösung der Libido vollzogen." (a.a.O., 430) Es kommt also, wenn man die Bedeutung der Eltern für das Kind bedenkt, tatsächlich zu einer Art „Weltuntergang", zu einer alles umfassenden Katastrophe. Um diese zu überwinden, werden die aufgegebenen Objektbesetzungen „durch Identifizierung ersetzt." (S. F.: Der Untergang des Ödipuskomplexes, XIII 399) Die freigewordene Libido wird nämlich ins Ich zurückgezogen und dient dort dazu, die Identifizierung des Ichs mit dem aufgegebenen Objekt zu ermöglichen und somit das Fehlende wiederherzustellen. Die Leistung der Trauerarbeit besteht im Grunde darin, einen narzißtischen Ersatz für die Libidobesetzung zu schaffen, „was den Erfolg hat, daß die Liebesbeziehung trotz des Konflikts mit der geliebten Person nicht aufgegeben werden muß." (S. F.: Trauer und Melancholie, X 436) Insofern die Identifizierung die Objektwahl ersetzt, fällt das Ich damit letztlich auf eine Vorstufe der Objektwahl zurück, es regrediert von „der Objektwahl auf den ursprünglichen Narzißmus." (a.a.O., 436) Statt das Objekt haben, besitzen zu wollen, wie es der Objektwahl entspräche, will das Kind jetzt so sein wie das verlorene Objekt (S. F.: Neue Folge der Vorlesungen zur Einführung in die Psychoanalyse, XV 69). „Es möchte sich dieses Objekt einverleiben, und zwar der oralen oder kannibalischen Phase der Libidoentwicklung entsprechend auf dem Wege des Fressens." (S. F.: Trauer und Melancholie, X 436)

Damit ist zugleich gegeben, daß die Identifizierung als „psychisches Äquivalent der oralen Phase ... ambivalent" ist, „denn sie kann gleichzeitig Ausdruck des Hasses und der Liebe sein." (H. Nunberg: Allgemeine Neurosenlehre, 168) Die fremden Vorwürfe werden damit zu inneren Schuldgefühlen, verstärkt durch die eigenen nach innen zurückverlegten Haßgefühle. Die unmittelbare Folge der Identifikation, daß das Ich des Kindes selbst der Vater, die Mutter *ist*, besteht in der *„Spaltung des Ichs in zwei Teile*, deren einer der Träger der ursprünglichen Triebwünsche, der andere der Träger der mittels der Identifizierung einverleibten Wünsche ist. Diesen letzteren umgestalteten Teil des Ichs nennt Freud: das *Über-Ich*." (A. Balint: Psychoanalyse der frühen Lebensjahre, 99)

Das Ich tritt also gewissermaßen einen Teil seiner selbst ab, um dort auf dem eigenen Grund und Boden eine ihm ursprünglich fremde Instanz in Gestalt des Über-Ichs zu errichten. Damit schiebt sich zwischen Ich und Es eine Art fortdauernder Zensurbehörde, welche die immerwährende Preisgabe der ödipalen Wünsche erzwingt. „Die ins Ich introjizierte Vater- oder Elternautorität bildet dort den Kern des Über-Ichs, welches vom Vater die Strenge entlehnt, sein Inzestverbot perpetuiert und so das Ich gegen die Wiederkehr der libidinösen Objektbesetzung versichert." (S. F.: Der Untergang des Ödipuskomplexes, XIII 399) Auf diese Weise werden die genitalen Wünsche indessen nicht nur in ihrer inzestuösen Form, sondern überhaupt für eine Weile lahmgelegt. So „setzt die Latenzzeit ein, die nun die Sexualentwicklung des Kindes unterbricht." (a.a.O., 399)

Die Psa verweist uns also auf einen innigen entwicklungspsychologischen Zusammenhang „zwischen phallischer Organisation, Ödipuskomplex, Kastrationsdrohung, Über-Ichbildung und Latenzperiode" (a.a.O., 399). Der Eintritt der Latenzperiode, die die Verdrängung des Ödipuskomplexes zur Gundlage hat, bedingt das, was von Freud her als „der zweizeitige Ansatz der Sexualentwicklung" bezeichnet wurde. Die „Frühperiode des Sexuallebens findet gegen das fünfte Jahr hin normalerweise ein Ende und wird von einer Zeit mehr oder minder vollständiger *Latenz* abgelöst, während welcher die ethischen Einschränkungen als Schutzbildungen gegen die Wunschregungen des Ödipus-Komplexes aufgebaut werden." (S. F.: „Psychoanalyse" und „Libidotheorie", XIII 221) Erst später in der Pubertät werden die genitalen Strebungen wiederbelebt.

Die Einsicht in diese psychodynamischen Zusammenhänge erweitert nun unser Verständnis des Mythos von der Sintflut erheblich und macht es möglich, die Sintflutvorstellung phasenspezifisch in der Ontogenese zu verankern. Drei Feststellungen sind von Bedeutung.

a) Es war bisher offenbar nicht ausreichend, das Bild einer völligen Vernichtung aller Welt *nur* als „thalassalen Regressionszug" und Ausdruck einer inzestuösen Wiedergeburtsphantasie zu interpretieren. Die Furchtbarkeit des Weltuntergangs und vor allem das Strafmotiv würden so verloren gehen. Wir sind jetzt aber imstande, den ödipalen Inzestwunsch mit dem Motiv der Weltkatastrophe und der Bestrafung in Verbindung zu bringen. Im Falle der Paranoia hat Freud gezeigt, wie der Entzug der Libidobesetzung einem Untergang der subjektiven Welt gleichkommt und die Weltuntergangsphantasien der Schizophrenie als eine „Projektion dieser innerlichen Katastrophe" zu verstehen sind (S. F.: Über einen autobiographisch beschriebenen Fall von Paranoia, VIII 307); und er hat gemeint, daß es „zwei Mechanismen dieses Weltunterganges" gibt: „wenn alle Libidobesetzung auf das geliebte Objekt abströmt, und wenn alle in das Ich zurückfließt" (Zur Einführung des Narzißmus, X 141, Anm.); das letztere können wir in der Sintflutmythe annehmen: unter der Strafdrohung, die die ödipalen Wünsche verfolgt, muß die libidinöse Besetzung der verbotenen Objekte aufgegeben und die Libido in der beschriebenen Weise ins Ich zurückgenommen werden; damit zerfällt das, was bis dahin die Welt des Kindes ausmachte, und zwar im Inneren wie im Äußeren. Die Loslösung von den Eltern geht einher mit einer völligen Verdrängung der inzestuös gerichteten Strebungen. Der so hereinbrechende „Weltuntergang" ist tatsächlich eine Strafe, denn es sind die eigenen verbotenen genitalen Wünsche, die die Katastrophe heraufbeschworen haben. Und die Strafe selbst kommt einer generellen Vernichtung unter dem Diktat der väterlichen Autorität gleich. Zu Recht meint A. Balint: „Die Entstehung des Über-Ichs kann tatsächlich so aufgefaßt werden wie das Todesurteil des primitiven Trieblebens." (Psychoanalyse, 100) Eben dies aber ist die Sintflut: ein Todesurteil Gottes über die gesamte Welt des Menschenkindes.

Wiederum können wir von daher die immanente Psychologie der j Redaktion würdigen und in überraschender Weise bestätigen. Denn es erklären sich so eine Reihe weiterer Eigentümlichkeiten, auf die wir in der exegetischen Analyse des Textes aufmerksam geworden waren. Wir stellten damals fest, daß Gott nach dem Gericht über Kain den Dialog mit den Menschen abbricht; das Lamechlied und die „Engelehe" blieben ohne nachfolgenden Schuldspruch; erst die Einleitung der Großen Flut schildert den monologischen Strafbeschluß Gottes. Von der Psa her können wir nach dem Gesagten behaupten, daß es genau so sein *muß*, wie J es wiedergibt. Die Thematik der oralen und analen Phase, die wir in der Paradies- und Brudermorderzählung antrafen, trug aufgrund der ihr eigenen Ambivalenz das Schuldgefühl notwendig in sich selbst. Demgegenüber treten die phallischen Strebungen, auf die wir im Lamechlied und in der „Engelehe" stießen, nicht in dieser Ambivalenz auf; die Ödipuseinstellung ist zunächst frei von Schuldgefühl, und erst die Reaktion darauf, die Verurteilung dieser Wünsche durch die Vaterautorität führt zur Verdrängung dieser Wünsche, zum strafweisen Weltuntergang. Ineins damit verstehen wir, was exegetisch ein Gegenstand langwieriger Auseinandersetzungen war, daß die Erzählung von der „Engelehe" tatsächlich — wenngleich nicht für sich allein — den Sintflutbeschluß Gottes begründet; denn es sind die ödipalen Tendenzen, die dem Todesurteil des Vaters, dem Weltuntergang, der Katastrophe einer völligen Amnesie anheimfallen. Die „Rückkehr zur Mutter", als deren Symbol wir die Sintflut bisher verstanden, könnte somit auch von dem Verbot herrühren, die Mutter zu „besitzen"; an die Stelle dieses Wunsches tritt die Regression auf die früheste Form der Libidoorganisation in Gestalt des Wunsches, in der Mutter zu sein; der ödipale Wunsch ebenso wie seine regressive Abwehr fänden somit in dem Bild von der Großen Flut ihren Ausdruck.

b) Indem wir also verstehen, wie die Große Flut als Strafe über die ganze Erde kommt, und zwar gerade in Reaktion auf Lamechlied und Engelehe, verfügen wir auch bereits über die Antwort auf die Frage, warum die Sintflut ein einmaliges Geschehen sein muß, wie es J eindringlich hervorhebt. Denn in der Tat bildet die Sintflut den Abschluß einer unfertigen und straffällig gewordenen Menschheit; wenn wir in ihr ein Bild des Verdrängens und des Versinkens der ödipalen Wünsche in der Latenz erblicken, so ist deutlich, daß sie sich nur ein einziges Mal ereignen kann. Der Objektverlust und der Zusammenbruch der kindlichen Welt beenden und unterbrechen für eine ganze Zeit die Libidoentwicklung; und während dieser Zeit, der Latenzperiode, herrscht, wie es dem biblischen Bild von dem „Geruhen" Gottes auf dem „Ruhe" spendenden Noah entspricht, nach Aufrichtung des Über-Ichs Eintracht zwischen „Gott" und Mensch; ein Zustand des Gewissensfriedens tritt ein, in dem das Ich sich selbst durch die Identifikation mit dem Vater und seinen Ge- und Verboten dem Es als liebenswert empfehlen kann. Dabei verstehen wir das Eigentümliche der j Redaktion der Sintflutmythe auch von der Psa her, daß Gott nach der Flut den Menschen schützen will, gerade weil der Mensch so geblieben ist wie vorher, als Gott die Flutkatastrophe über den Menschen verhängte. Denn, wie wir sehen, bleibt der Mensch tatsächlich, wie er war, aber so, daß die Sintflut stattgefunden hat, daß, wie wir jetzt auch sagen können, die verbotenen Wünsche verdrängt worden sind; alles liegt noch im Menschen, wie es war; aber es ruht vorerst gewissermaßen; und es wird, wenn es wiederbelebt wird, niemals mehr einer solch totalen Amnesie zum Opfer fallen.

c) Damit besitzen wir auch den Schlüssel zum Verständnis der sog. „Zweizeitigkeit" im Aufbau der j Urgeschichte. Der Psa nach erzwingt die Verdrängung des Ödipuskomplexes, als welche wir das Bild von der Sintflut jetzt verstehen, in der Tat eine Unterbrechung der Libidoentwicklung, die so radikal ist, daß bei Beginn der Vorpubertät ein völlig neuer Einsatz notwendig wird, der indessen auf die Eindrücke und Erfahrungen zurückgreift, die vor der Latenzperiode gemacht wurden. „In der... *Pubertät* erfährt der Ödipus-Komplex eine Neubelebung im Unbewußten und geht seinen weiteren Umbildungen entgegen. Erst die Pubertätszeit entwickelt die Sexualtriebe zu ihrer vollen Intensität; die Richtung dieser Entwicklung und alle daran haftenden Dispositionen sind aber bereits durch die vorher abgelaufene infantile

Frühblüte der Sexualität bestimmt." (S. F.: „Psychoanalyse" und „Libidotheorie", XIII 221—222) Diese „Zweizeitigkeit" der Libidoentwicklung entspricht nun ganz und gar der Struktur, die J dem Aufbau seiner Urgeschichte gegeben hat. So wie in der Bibel die Sintflut die Entwicklung der Menschheit unterbricht und alles von vorn beginnen läßt, so unterbricht die Latenzzeit die Libidoentwicklung des Kindes; und so wie die Sintflut den Menschen nicht verwandelt, sondern nur das Verbotene bestraft und in den Wassern versinken läßt, so werden durch die Latenzzeit die ödipalen Wünsche nicht beseitigt, sondern nur verdrängt; sie versinken im Unbewußten, werden sich aber zu ihrer Zeit wieder zu Wort melden.

Sehen wir richtig, so dürfen wir uns jetzt dem angenehmen Gefühl überlassen, die entscheidenden Probleme, welche die Erzählung von der Großen Flut aufgibt, hinlänglich gelöst zu haben, und zwar sowohl von der objektalen Stufe der Symboldeutung des Stoffes her als auch von der Psychodynamik der intrapsychischen Vorgänge des Objektverlustes, der Trauerarbeit, der Identifikation und der Aufrichtung des Über-Ichs; insbesondere entdecken wir einen lückenlosen psychodynamischen Zusammenhang zwischen dem Material der Sintflutmythe und der Konfliktstellung und Sinndeutung, die die j Redaktion dem Stoff verliehen hat. Wie sich zeigt, wäre es unmöglich, einem so vielschichtigen Gebilde wie der Erzählung von der Großen Flut sozusagen monokausal mit nur einer Deutung beikommen zu wollen. Der Bedeutungsfächer der getroffenen Analyse umfaßt vielmehr eine ganze Reihe verschiedener, aber untereinander zusammenhängender Gesichtspunkte, insofern das Bild der Sintflut die folgenden Motive in sich verdichtet: Geburt und Zeugung (Wiedergeburtsphantasie als Inzestwunsch), Mutterleibsphantasie und thalassale Regression, Zensur des ödipalen Wunsches und Verdrängung desselben, Objektverlust (Weltuntergang) und Identifikation (Noahs Opfer). Man kann aber für all dies eine integrale Formel aufstellen, die diese Aspekte strukturell zusammenfaßt; man wird sagen können: die Sintflut ist ein Bild für den Untergang des Ödipuskomplexes, oder, wenn man das gleiche phasenspezifisch ausdrücken will: die Sintflut ist ein Bild der Latenzzeit.

Es ist dabei beachtenswert, daß in diese Deutung die Elemente des tradierten Materials der Sintflut ebenso miteinbezogen sind, wie die redaktionelle Arbeit des J. Wenn man bedenkt, wie komplex das Bild von der Sintflut ist, wie verwickelt ferner das Schicksal der Tradition der Sintflutmythe gewesen ist, wie behutsam weiterhin J seine redaktionelle Klammer um die Erzählung selbst gearbeitet hat und wie all diese der Herkunft nach heterogenen Elemente der biblischen Erzählung sich doch zu einem integralen Gesamtbild zusammenfügen, so werden wir dies kaum anders erklären können, als daß, ähnlich wie in der Traumanalyse, das „freie" Assoziieren zu gegebenen Inhalten doch festen strukturellen Notwendigkeiten folgt und daß insbesondere der biblische Redaktor in einer für uns nach 3000 Jahren kaum glaublichen Weise sich in die Gesetze der menschlichen Seele eingefühlt und aus ihnen heraus gestaltet haben muß; jedenfalls wüßten wir, wollten wir den Verlauf der frühkindlichen Psychogenese in Bildern anschaulich machen, nicht trefflicher zu wählen und zu verknüpfen als es J nach allem, was wir bisher erkannt haben, getan hat. Auf der anderen Seite liegt natürlich auch eine gewisse Bestätigung der Richtigkeit unserer bisherigen Analysen darin, daß sich die enorme Kompliziertheit und Vielfalt der Probleme der j Texte am Ende zu einigen wenigen klar durchschaubaren Gestalten auflösen läßt. Unsere Arbeit ist ja durchaus dem Puzzlespiel vergleichbar, vor dem ein Archäologe steht, der einen Haufen Scherben zusammenfügen soll, von dem er nur in etwa weiß, wo sie herkommen, nicht aber, was sie gewesen sind; alle Zweifel, ob wirklich diese und jene Scherbe zusammengehören, und alle Unsicherheiten der Details verfliegen, wenn am Ende der Rekonstruktionsarbeit keine Scherben mehr übrigbleiben, wenn die unvermeidlichen Lücken sich aus den bereits vertrauten Formen schließen lassen und das Ganze ein sinnvolles Gebilde wird; sind diese Anforderungen erfüllt, so wird man sagen dürfen, daß jener Haufen Scherben z. B. einen Tonkrug und nichts anderes „bedeutet", und aus einer Vielzahl von Hypothesen und Möglichkeiten wird schließlich vom Ergebnis her eine einfache und gesicherte Feststellung.

Lediglich noch ein phylogenetisches Problem bleibt uns zur Lösung aufgegeben. Wir haben von Ferenczis Genitaltheorie her den Mythos von der Sintflut als inzestuöse Phantasie erkannt und diesen Befund aus einem weitläufigen phylogenetischen Zusammenhang gedeutet. Für die ontogenetische Annahme einer Latenzzeit als Reaktion auf den ödipalen Wunsch haben wir eine solche phylogenetische Erklärung noch nicht. Im exegetischen Teil der Arbeit fanden wir es absurd, die Zweizeitigkeit der Menschheitsentwicklung, wie sie die Urgeschichte des J — und außerbiblische Urgeschichten — durch den Einbau der Sintflutmythe darstellt, aus der Kulturhistorie begründen zu wollen. Dabei wird es auch jetzt bleiben. Es gibt keine menschheitsgeschichtliche Katastrophe, die nach dem Erwerb hochstehender kultureller Errungenschaften (wie Ackerbau, Viehzucht, Städtebau, Nomadentum etc.) weltweit den völligen Untergang derselben eingeleitet und eine Notwendigkeit begründet hätte, in der Ontogenese rekapituliert zu werden. So bleiben uns psa nur die Auskünfte, die Freud selbst gegeben hat, nämlich die Vermutung, „dass der Mensch von einem Säugetier abstammt, das mit 5 Jahren geschlechtsreif wurde. Irgendein grosser äusserer Einfluss auf die Art hat dann die gradlinige Entwicklung der Sexualität gestört. Damit könnten andere Umwandlungen des Sexuallebens beim Menschen im Vergleich zum Tiere zusammenhängen, etwa die Aufhebung der Periodizität der Libido und die Verwendung der Rolle der Menstruation in der Beziehung der Geschlechter" (Abriss der Psychoanalyse, XVII 75, Anm.; vgl.: Der Mann Moses und die monotheistische Religion, XVI 180). Von dieser angenommenen äußeren Störung müßte sich die Zweizeitigkeit in der Sexualentwicklung des Individuums herleiten, indem die an sich abgeschlossene Libidoentwicklung einer zwangsweisen Amnesie anheimfällt und erst nach einer Phase folgsamen Kulturerwerbs wieder aufgegriffen wird.

Es ist also die Latenzzeit ein Spezificum des Menschen; und Freud meinte, diese spezifisch menschliche Eigentümlichkeit sei im Grunde ein „Erbteil der durch die Eiszeit erzwungenen Entwicklung zur Kultur" (Das Ich und das Es, XIII 263). Insofern wäre als der phylogenetische Hintergrund der Latenzzeit in der Ontogenese tatsächlich historisch eine Art Sintflut in Gestalt der Eiszeit anzunehmen, freilich nicht so, daß diese eine hohe Stufe der Kultur abgebrochen hätte, wie es in der Bibel den Anschein hat, sondern vielmehr in der Weise, daß sie die Phase der „unfertigen Menschen", wie es verschiedene Sintflutmythen bes. Mittelamerikas behaupten, beendet und den eigentlichen Menschen durch den Zwang zur Kulturentwicklung hervorgebracht hat. Die Eiszeiten und die dadurch bedingte Entstehung des Menschen bildeten somit das phylogenetische Korrelat der Latenzzeit der Ontogenese (vgl. S. Ferenczi: Versuch einer Genitaltheorie, in: Schriften zur Psychoanalyse, II 378).

Freilich wird man diese Auffassung paläoanthropologisch nur in modifizierter Form gelten lassen können. Richtig ist, daß die ältesten paläolithischen Kulturen im Sinne echter Artefakte und damit die ältesten eigentlich menschlichen Leistungen im Villafranchium Afrikas auftreten, also in dem Zeitraum, der der Günz-Kaltzeit voraufgeht (800.000). Der rhythmische Wechsel von Kalt- und Warmzeiten während des Pleistozäns dürfte wohl die wichtigste Herausforderung dargestellt haben, die die Entwicklung des Menschen bedingte. (Vgl. G. Heberer, G. Kurth, I. Schwidetzky-Roesing: Anthropologie, 125—128) Die Trockenlegung

415

weiter Schelfgebiete während der Eisbildung und umgekehrt die tropischen Pluvialperioden in den Tropen z. Z. der pleistozänen Glaziale dürften auch dem Gedanken Ferenczis günstig sein, daß Trocken-(Eis-)Zeit und Überflutung nicht als Widerspruch zu betrachten sind.

Allerdings kann man nicht „die" Eiszeit (das ganze Pleistozän) mit der Latenzzeit parallelisieren. So beweist der Feuergebrauch bereits im mittleren Pleistozän bei den Vertretern der Erectus-Gruppe ganz deutlich, daß der Mensch (homo) nicht erst als Ergebnis des Pleistozäns auftritt, sondern schon zur Mindel- und Riß-Eiszeit existierte. (Vgl. G. Heberer: Homo — unsere Ab- und Zukunft, 90—91) Dies macht es völlig unwahrscheinlich, daß es eine einfache Entsprechung der sog. Latenzzeit mit einer bestimmten erdgeschichtlichen Epoche geben könnte. Wohl aber kann etwas Wahres in dem Gedanken enthalten sein, daß die Katastrophen des Pleistozäns dazu genötigt haben, auf dem Untergrund einer an sich abgeschlossenen tierischen Entwicklung eine Entfaltung zu Kulturerwerb und Menschwerdung aufzustocken. Der eigentliche kulturelle Aufstieg der Menschheit beginnt freilich erst nach dem Rückzug der Gletscher der letzten Vereisung um 10.000 v. Chr. in der „neolithischen Revolution". Insofern Gn 4 bereits Ackerbau, Viehzucht und Städtebau voraussetzt, erweist sich noch einmal, daß die „Sintflut" in der j Urgeschichte nicht kulturhistorisch verstanden werden kann.

Wie dem nun sei, wichtig ist für uns, daß die Psa eine *ontogenetisch* sichere Begründung der Zweizeitigkeit der menschlichen Entwicklung, wie wir sie in der j Urgeschichte beobachten, gibt. Das Faktum der Zweizeitigkeit, das sonst nicht verstehbar wäre, erhält durch den Vergleich mit der psa Auffassung von der Psychogenese eine plausible Erklärung.

Auf diese Weise gewinnen wir einen Einblick in die tatsächlich menschheitliche Bedeutung, die dem Mythos von der Sintflut zukommt. Es gab (vielleicht) eine Flut- oder Trockenkatastrophe, die die ganze Menschheit betraf und alles schon Erreichte unter sich begrub: das Pleistozän; es gibt sicher eine ontogenetische Stufe der Psychogenese, in der alle bereits gewonnenen Erkenntnisse der (Libido-)Entwicklung unter dem Zwang von Schuld und Strafe einer frühkindlichen Amnesie anheimfallen: die Latenzzeit. Beinahe schon stereotyp müssen wir indessen wiederum auf die enorme Steigerung hinweisen, die J diesem Menschheitsthema durch den Mythos von der Sintflut gibt. Die Latenzzeit *ist* ein Untergang für die frühkindlichen genitalen Strebungen; ihre Verurteilung *ist* ein Todesurteil; der eintretende Objektverlust *ist* eine Art Weltuntergang für das Kind; aber es kann doch nicht über-

416

sehen werden, daß es J offenbar daran liegt, aus allen möglichen Variationen dieses Themas erneut die zugespitzteste und dramatischste Fassung des Stoffes zu bevorzugen.

3. Die psa Interpretation der Sintfluterzählung auf der Subjektstufe

> *„Du ... bist ein Künstler und Denker gewesen, ein Mensch voll Freude und Glauben, immer auf der Spur des Großen und Ewigen, nie mit dem Hübschen und Kleinen zufrieden. Aber je mehr das Leben dich geweckt und zu dir selber gebracht hat, desto größer ist deine Not geworden, desto tiefer bist du in Leiden, Bangigkeit und Verzweiflung geraten, bis an den Hals, und alles, was du einst Schönes und Heiliges gekannt und geliebt und verehrt hast, ... hat dir nicht helfen können und ist wertlos geworden und in Scherben gegangen ... Ist das dein Schicksal?“*
>
> (H. Hesse: Der Steppenwolf, sv 226; S. 163—164)

Die Haupteinsichten der objektalen Deutung der Sintflutmythe, die auch für eine Interpretation auf der Subjektstufe maßgebend sind, lassen sich noch einmal so zusammenfassen: die Symbolik der Großen Flut ist ein Ausdruck für die infantil-regressive Sehnsucht nach der Rückkehr in den Mutterschoß; sie vereinigt in sich natale und genitale Züge, enthält also Bedeutungselemente von Zeugung und Geburt; die Vereinigung mit der Mutter ist eine allgemeine Tendenz der regressiven Natur der Triebdynamik, erhält aber eine spezifische Thematik in der ödipalen Phase der Libidoentwicklung; im Kontext des Ödipuskomplexes erscheint das Motiv der Großen Flut als Strafe für die Widersetzlichkeit gegen den Vater und als Verdrängung der ödipalen Wünsche und damit als Bild der anbrechenden Latenzzeit. All diese Bedeutungen lassen sich aus bestimmten ontogenetischen und phylogenetischen Faktoren erklären; dunkel bleibt indessen der „Sinn" der Flutmythe, die Bedeutung, die sie nicht nur als Niederschlag äußerer Konstellationen oder biologischer Entwicklungsgesetze in der kindlichen Psyche besitzt, sondern die sie vor allem dem mythenerzählenden oder träumenden Individuum selbst vorlegt.

Ein solcher subjektaler Aspekt der Flutmythe wurde vorhin gestreift, als wir O. Ranks Ansicht wiedergaben, in der Fluterzählung finde eine Art Selbstheroisierung statt; die Geschichte von der Großen Flut verhelfe dem erwachsenen Bewußtsein zu einer heroischen Würde, indem sie den infantilen Aufstand gegen den Vater zu einer Großtat von Weltbedeutung hochstilisiere. Indessen wird die These von der heroischen Selbstverklärung, in sich schon fragwürdig genug, der eher bescheidenen Rolle des Menschen in der j Sintfluterzählung nicht gerecht; und vor allem bedarf die ödipale Thematik der Sintflutmythe und ihre Symbolbildung selbst einer subjektalen Deutung; d. h., wir müssen untersuchen, was die Sintfluterzählung dem Subjekt selbst zu sagen hat, welche Botschaft sie ihm auf den Lebensweg mitgibt.

C. G. Jung, dem wir die tiefsten Antworten auf diese Frage verdanken, stimmt mit den an S. Freud orientierten Symboldeutungen in allem Wichtigen überein. Auch er geht davon aus, daß die „„Sehnsucht nach der Mutter' jedem eingeboren ist" (C. G. Jung: Die Beziehung zwischen dem Ich und dem Unbewußten, VII 186) und eben damit auch das, was in der Terminologie Freuds als „Inzestneigung" bezeichnet wird; auch er sieht in dem Wasser der Großen Flut mit Selbstverständlichkeit (ebenso wie in der Erde, der Schlange, dem Mond) die „Mutter" (Mysterium Conjunctionis, XIV, 1. Bd., 19) und kennt das symbolische Getragen- und Geborenwerden „im Mutterleibe des Meerwassers" (XIV, 1 Bd., 260); den Arche-Noah-Traum einer seiner Patientinnen deutete er ohne weiteres als Geburtstraum: die Öffnung der Arche, welche die kleine Anna in ihrem Traum im Unterschied zur Bibel unten am Schiff, nicht oben am Dach, anbrachte, galt Jung als die richtigere Vorstellung des Geburtsvorganges, der nicht durch Mund oder Brust, wie in manchen Mythen, sondern unten heraus erfolgt (Jung: Über Konflikte der kindlichen Seele, XVII 33); und ausdrücklich notierte er: „Aus dem Wasser geboren sein heißt ursprünglich: aus dem Mutterleib geboren sein" (Symbole der Wandlung, V 287).

Jedoch gerade an dieser Stelle fügte Jung der objektalen Deutung der Sintflutmythe seine finale Betrachtungsweise hinzu und erklärte sie als die eigentlich angemessene Interpretationsmethode; denn, so meinte er, es „handelt sich... (bei der Mutterleibsehnsucht und der Inzestneigung, d. V.) mehr um teleologisch zu erklärende Phänomene als um bloße Kausalitäten." (Jung: Symbole der Wandlung, V 286) Die Grundlage des „inzestuösen Begehrens" beruhe nicht auf dem Wunsch nach Kohabitation mit der Mutter, „sondern auf dem eigenartigen Gedanken ..., wieder Kind zu werden, in den Elternschutz zurück-zukehren, in die Mutter hinein zu gelangen, um von ihr wiederum geboren zu werden." (V 286) Das Inzestverbot, das nach Freud den symbolischen Ausdruck der zu unterdrückenden Triebregungen erzwingt, bewirkt nach Jung positiv, daß in den Mythen „alle möglichen Analoga", wie Wasser, Mond, Kasten, Fisch, Schlange usw. für die Mutter gefunden werden müssen, „um die Libido in neue Formen überfließen zu lassen und sie damit wirksam (zu, d. V.) verhindern, in einen mehr oder weniger tatsächlichen Inzest zu regredieren." (V. 286)

Indem also Jung nicht bei den bloßen Ursachen der Flutsymbolik stehen bleibt, sondern sich mehr dafür interessiert, wozu die Anstrengung der Symbolbildung — außer zur „Verdrängung" — gut sein möge, betrachtet er die Symbolik als ein Verfahren, die inzestuöse Libido, also die zum Ursprung hin zurückströmende psychische Energie auf kulturell wertvolle, der Persönlichkeitsentfaltung dienende Ziele umzulenken. Gemessen an diesen Zielen, erscheint die Inzestneigung selbst als etwas Uneigentliches, das nicht sich selbst, sondern die Rückkehr der Libido zu ihren Anfängen, zum Quell ihrer eigenen Erneuerung bezeichnet. Denn wenngleich biologisch die Mutter den Ursprung der individuellen Existenz darstellt, so erscheint sie selbst doch für Jung als die erste Trägerin des Archetypus der Mutter; in ihr verdichten sich all die Erfahrungen, welche die Menschheit in ihrer Stammesgeschichte mit dem Mütterlichen gemacht hat; und *insofern* wird sie zum Ursprung und Ziel aller menschlichen Erlösungssehnsucht, ist sie wirklich „das Gütige, Hegende, Tragende, Wachstum-, Fruchtbarkeit- und Nahrungspendende; die Stätte der magischen Verwandlung, der Wiedergeburt;" aber auch „das Geheime, Verborgene, das Finstere, der Abgrund, die Totenwelt, das Verschlingende, ... das Angsterregende und Unentrinnbare." (Jung: Die psychologischen Aspekte des Mutterarchetypus, IX, 1. Bd., 97)

Die Freudsche Redeweise vom „Inzest" wird also bei Jung selbst wieder zu einem bloßen Symbol, das die Sehnsucht nach der Einheit mit den unverfälschten, ursprünglichen Quellen des psychischen Daseins bezeichnet. Das Bild von der Sintflut gibt das, worum es im Jungschen Sinne „eigentlich" geht, besser wieder als das Ergebnis der objektalen Analyse; denn auch die Redeweise von der inzestuösen Rückkehr zur Mutter meint im Grunde gerade das, was die „Sintflut" ausdrückt: die

„Rückversetzung in den dunklen Anfangszustand", das Eintauchen in das Meer des Unbewußten (Jung: Die Psychologie der Übertragung, XVI 256), den Abstieg in das Chaos der Urwelt, den ungeahnten Neubeginn der Rettung.

Wir kommen hier zu Deutungen, die wir bereits bei der Jungschen Interpretation von Gn 3, 1—7 im Bild der Versuchung kennengelernt haben (s. o. 133); damals sahen wir in der Begegnung mit der Schlange, mit dem Weiblichen, sowie in dem Essen von der Frucht der Erkenntnis, nach Jung, ein Bild der Bewußtwerdung, der Integration auch des Unbewußten, Dunklen, „Bösen", Schattenhaften in der menschlichen Seele; und besonders die Vorstellung vom Drachenkampf (des Licht-gottes), nach dessen Vorlage Jung auch die j Paradieserzählung glaubte auslegen zu können, mochte als Ausdruck des Prozesses der Individua-tion, der Selbstwerdung, des Aufbrechens einer höheren Art von Bewußtsein gelten. Nicht anders ist die Jungsche Auslegung der Sintflut beschaffen. Der Umstand, daß in den Mythen gerade der Mond oder, wie Jung in einseitiger Anlehnung an L. Frobenius meint, die Sonne (vgl. Symbole der Wandlung, V 264—268), jedenfalls ein Lichtgott die Abenteuer der Großen Flut zu bestehen hat, ehe ein gnädiges Schicksal ihn ans trockene Land spült, legt es in der Tat nahe, in der Sintflutmythe ein Bild für den gefahrvollen Prozeß der Bewußtwerdung zu erkennen; das Hindurchfahren durch die Fluten, das Herausgehen aus der Arche liest sich dann als Vorgang einer Wiedergeburt, als Ermöglichung eines verjüngten, erneuerten Daseins, als die Herstellung einer umfänglicheren Bewußtheit, wie sie sich gern in dem Märchenbild der königlichen Hoch-zeit ausspricht.

Wenn auf der Objektstufe die Sintflut als ein Bild der Regression zu werten ist, so wird mithin deutlich, welches Ziel die regressive Tendenz der Libido verfolgt; es handelt sich dabei, wie Jung immer wieder betont hat, „nicht nur um einen Rückfall in die Infantilität, sondern um einen echten Versuch des Menschen, etwas für ihn Notwendiges zu finden." „Die Regressivtendenz besagt lediglich, daß der Patient in seinen Kindheitserinnerungen sich selbst sucht... Seine Entwicklung war bisher einseitig; wesentliche Teile der Persönlichkeit blieben unbe-rücksichtigt... Daher muß er zurückgehen." (Jung: Einige Aspekte der modernen Psychotherapie, XVI 34) Er ist wie jemand, der in seiner Entwicklung in eine Sackgasse geraten ist und wirklich nur auf dem Weg nach rückwärts herausfindet, indem er an den vergessenen, als unbrauchbar zurückgelassenen, jedenfalls vernachlässigten und unent-falteten Fähigkeiten und Möglichkeiten seiner selbst wieder neu anknüpft, sie zu seiner eigenen Ergänzung, Vervollkommnung und Wiederbelebung in sein Leben einläßt und ihnen seine volle Aufmerksamkeit zuwendet; er ist wie Moses, der auf dem Weg in ein eigenes und freies Leben mit dem Volk durch das Chaoswasser des Roten Meeres hindurch mußte (vgl. Jung: Mysterium Conjunctionis, XIV, 1. Bd., S. 217). Die Einseitigkeit des Ichstandpunktes, die irgendwann, sei es in Form von neurotischen Symptomen, sei es in tödlicher Unfruchtbarkeit und Sterilität, das Bewußtsein zwingt, einen neuen Anfang zu wagen und sich auf die unheimlichen Wasser des Abgrundes des Unbewußten einzulassen, kommt dadurch zustande, daß das Ich sich gewissermaßen zu gut an die Forderungen der Außenwelt angepaßt und seine „Persona", die Maske äußerer Verpflichtungen, Rollen, Aufgaben etc. auf Kosten der Anpassung an die inneren Bedürfnisse, Neigungen, Triebe und Anlagen in überzüchteter Weise gepflegt und entwickelt hat; denn auf diese Weise werden einige wenige Möglichkeiten der eigenen Persönlichkeit, die zu dem Außenbild, zur Persona, passen, bevorzugt, während ein großer, ein auf die Dauer zu großer Teil als unbrauchbar, störend, gefährlich oder irreführend beiseitegelegt oder verdrängt wurde. Das Resultat zeigt sich in einer inneren Leere, in einem seelenlosen Funktionieren in alten Schemata, in einem rapide um sich greifenden Verlust an Spontaneität, Kreativität, Phantasie und echtem Leben. So wird das ungelebte Leben schließlich immer mehr zu einer unheimlichen Welt für sich, zu einem Wald voller geheimnisvoll drohender Geister oder zu einem Meer, in dem verschlingende Ungeheuer nur darauf zu warten scheinen, die Sturmflut über die Deiche des Bewußtseins zu tragen.

Im harmlosesten Falle wird jemand einen hinreichend guten Rapport zu seinem Unbewußten haben und früh genug, oft in der Zeit der Lebenswende, am Anfang der 2. Lebenshälfte, das einseitige Leben nach seinem Bewußtsein durch eine entschiedene Wendung nach innen, nach seinen unbewußten Seelenkräften zu ergänzen suchen. Überhört er aber auf lange Zeit die Warnungen, die ihm sein Unbewußtes in Form von Träumen, Fehlleistungen und beginnenden Symptomen zuschickt, so erhält das Unbewußte, das an sich eine ergänzende, kompensatorische Funktion besitzt, gefährliche, ja lebensbedrohliche Züge.

Wenn er dann in die unvermeidlich gewordene Auseinandersetzung mit seinem Unbewußten eintritt, wird es ihm notgedrungen ergehen, wie dem Fischer in dem Märchen aus „Tausendundeine Nacht", der bei Mondenschein an das Ufer eines Stromes trat, um sich das Lebensnotwendigste an Fischen zu fangen, der aber statt dessen einen toten Esel, einen Eimer voller Unrat und einen Topf voller Abfall in seinem Netz an Land zog; es wird ja unumgänglich sein, daß er zunächst dem bislang Verachteten, Weggeworfenen, Totgemachten in seiner Seele begegnet, und zwar in einer Gestalt, die ihm wirklich als völlig unbrauchbar oder gar unannehmbar vorkommen muß. Und das wird erst der Anfang sein. Jener Fischer, erzählt Scheherazade in der 3.—4. Nacht weiter, fing schließlich eine Messingflasche, in der ein Geist verborgen war, der als widerspenstig und abtrünnig viele hundert Jahre lang eingesperrt war; vergeblich hatte er darum gebeten, denjenigen mit Schätzen zu überhäufen, der ihn befreien wollte; schließlich, in dem maßlosen Toben seines Gefängnisdaseins, hatte er den Schwur getan, denjenigen zu töten, der ihn aus der vermaledeiten Flasche entlassen werde; nur mit aller List, endet Scheherazade ihre Erzählung, gelang es dem Fischer, dem Tode zu entgehen und den Geist aus dem Strom wieder in die Flasche zurück zu bringen. (E. Littmann: Die Erzählungen aus 1001, I 48—56) Ganz ähnlich wie dieser Geist in der Flasche benimmt sich das Unbewußte; denn „jener Geist des chaotischen Urgewässers" (Jung: Mysterium Conjunctionis, XIV, 1. Bd., 214) ist um so gefährlicher, je länger seine Gefangenschaft währte; was er verkörpert, hat die Differenzierungen des Bewußtseins noch nicht mitgemacht, stellt sich in barbarischer, naturhafter Wildheit dar, kennt noch nicht die Rücksichtnahme auf die Grenzen von Realität und Sitte und meldet mit dem Ungestüm eines großen Nachholbedarfs und einer noch nicht verbrauchten Energie sich zu Wort. Wer immer auf dem Weg zu sich selbst, zu dem verheißenen Land der Bibel, durch den Urstrom seines Unbewußten hindurch muß, der wird, wie Jakob an der Furt des Jabboks, in der Dunkelheit den Zweikampf mit dem Geist des Flusses, den J kühn genug war, als „Engel Gottes" zu bezeichnen, auf sich nehmen müssen, zum Untergang, wenn er davon besiegt wird, zum Segen, wenn er bis zum Morgengrauen standhält (Gn 32, 23—32).

Manch einem, der nicht bei anderen und nicht bei sich Gelegenheit oder Notwendigkeit gefunden hat, die Härte dieser Auseinandersetzungen kennenzulernen, der nicht die Angst erlebt hat, mit welcher die ersten Vorboten der Katastrophe das bis dahin oft so gefestigt erscheinende Ich heimsuchen, der nicht das Leid und die Demütigungen erlebt hat, mit denen das vorhin noch so stolze Bewußtsein sich in die dunklen Seiten seiner selbst einfügen muß, der nicht die furchtbare Ohnmacht erfahren hat, mit der die ehedem als uneinnehmbar geltenden Festungen des Ichstandpunktes unterhöhlt und fortgeschwemmt werden, dem wird es zweifellos als eine „Selbstheroisierung" des Psychoanalytikers, mindestens als eine stark übertriebene Allegorisierung erscheinen müssen, wenn jene seelischen Krisenzustände beim Einbrechen des einseitig vernachlässigten Unbewußten durch das Bild einer Sintflut ausgedrückt werden sollen. Tatsächlich läßt sich ein krasseres Symbol als das Bild vom Weltuntergang für diesen Vorgang einer seelischen Katastrophe nicht ersinnen. In vollem Umfang trifft es auch wohl nur für den Ausbruch einer Psychose, z. B. einer Paranoia oder Schizophrenie, zu, wo das Unbewußte in einer Selbstregulation der Psyche sich gewaltsam Luft macht und einfach die Staumauern des Bewußtseins fortspült, das Ich unter seinen brodelnden Wildwassern begräbt und die gesamte mühselig konstruierte, aber gegen das eigene Leben gerichtete Scheinwelt hinwegreißt. Zu dieser Form des psychotischen Weltuntergangs steht der Gedanke der gnädigen Rettung der Noah-Geschichte aber ebenso im Widerspruch wie die Auskunft der Mythen vom schließlichen Sieg des Lichtgottes, des Bewußtseins, über die Mächte der hereinbrechenden Urflut.

Indes, auch schon auf neurotischem, nicht-psychotischem, ja bereits „normalem" Niveau ist das Bild der Sintflut für die Krisen des Bewußtseins angemessen. „Ein Zusammenbruch der bewußten Einstellung ist keine kleine Sache. Es ist immer ein kleiner Weltuntergang, bei dem alles wieder zum anfänglichen Chaos zurückkehrt. Man ist ausgeliefert, desorientiert, ein steuerloses Schiff, den Launen der Elemente preisgegeben." (Jung: Die Beziehungen zwischen dem Ich und dem Unbewußten, VII 179) Das besorgte Gefühl herrscht, nicht mehr weiter zu können. Eine große Traurigkeit greift um sich, alles bisher falsch gemacht zu haben. Selbst die Erfolge von ehedem erscheinen als nutzlos, ja vom Übel. Zweifel melden sich, ob überhaupt bislang jemals etwas richtig war, ob man überhaupt gelebt hat, wozu man eigentlich dagewesen ist — als wäre alles vertan, alles hohl, alles umsonst, alles ohne Sinn und Zukunft. Ohne eine solche Infragestellung bis auf den Grund werden die Schleusen nicht geöffnet, welche die Wasser des Lebens hereinlassen, ohne das Zusammenbrechen von Bileams Esel am Ende des Hohlwegs, biblisch gesprochen, gibt es keine Umkehr (Nu 22, 22—35). Dazu gehört u. U. das Gefühl, als ob man plötzlich in einen ungeheuren Trichter mit unwiderstehlicher Kraft, sich kreisförmig drehend, nach unten gewirbelt würde, als ob, wie E. A. Poe es vom Wirbel des Moskoestromes beschrieb, „der nächste Augenblick uns in den Abgrund stürzen würde, in den wir wegen der betäubenden Geschwindigkeit, mit der wir vorwärtsgerissen wurden, nur undeutlich hinabsehen konnten." (E. A. Poe: Der Malstrom, in: Erzählungen, 193)

Alle Geschichten vom Kentern und Scheitern, von Sturm und Schiffsuntergang, von willenlosem Umhergetriebenwerden und hoffnungsloser
Einsamkeit mögen hier als Gleichnis für die Aussichtslosigkeit dienen,
sich dem Unbewußten zu widersetzen, und sie sind ja, dem Bild nach,
der Sintfluterzählung verwandt. Etwa die Geschichte von H. Melville
von dem Kapitän Ahab, der das Meer durchforscht nach dem Bösen an
sich, nach dem weißen Wal, der ihm in seiner Jugend das Bein zer-
schmettert hat; Ahabs ganzes Leben besteht darin, Rache zu nehmen
für die Schmach seiner Verletzung, für die tödliche Minderwertigkeit,
die ihm das Ungeheuer angetan hat, er selbst unfrei, wie unter Zwang,
wie wenn Gott selbst sein Leben lebte und sein Ich vom Schicksal umher-
gedreht würde wie eine Schiffswinde. „Vierzig lange Jahre", sagt er zu
dem Steuermann Starbuck, „habe ich dem Lande und seinem Frieden
entsagt und mit den Schrecken der Tiefe gekämpft ... rastlos, einsam,
unnahbar in meinem Rang, vor dem alles Herzliche verstummt" (H. Melville: Moby Dick, 378). Seine Frau, seine Kinder, alles hat Ahab
geopfert, um das Untier der Tiefsee, das Böse als solches, auszurotten.
Und er muß erleben, daß das nicht geht, daß derjenige, dem es nicht
gelingt, mit den abgründigen und dunklen Seiten seines Selbst zu leben,
der es, trotz aller Warnungen und Zeichen, nur darauf anlegt, diese zu
beseitigen und zu vernichten, weil sie ihn demütigen und behindern, —
daß der am Ende seinen eigenen Schiffsuntergang heraufbeschwört und
selbst von den Mächten des undurchdringlichen Meeres hinabgezogen
wird.

Was aber kann der tun, der von den Wogen und Strömungen der
Seele hin und her gerissen wird? Er wird, so kann man das j Bild wohl
psa interpretieren, nur dann wieder festen Boden unter die Füße bekommen, wenn er Vertrauen faßt und sich inmitten des Sturmes ruhig, inmitten des Wirbels sicher, angesichts des Untergangs gefestigt zeigt und
sich durch die Weisungen des Unbewußten, des Göttlichen selbst, retten
läßt.

Nirgends ist diese psychologische Wahrheit außerhalb der Bibel
schöner ausgesprochen worden als im 5. Gesang der Odyssee; dem
Helden, der auf einem Floß unterwegs ist zu Weib und Heimat, wird
von einer furchtbaren Woge Poseidons das Ruder aus der Hand gerissen;
und als er von der Flut und den Winden wie ein Strauß Disteln im
herbstlichen Nordwind über die Meeresfläche hierhin und dorthin
getragen wird, setzt sich zu ihm die Mondgöttin Ino-Leukothea, die
selbst das Schicksal von Untergang und Rettung erfahren hat; para-
doxerweise rät sie Odysseus, auch das Floß noch fahren zu lassen, und

gibt ihm ihr Kopftuch, das ihn schwimmend ans Land der Phäaken tragen werde.

Die rettende Ino, die aus der Tiefe des Meeres einem Tauchervogel gleich entsteigt, wird man psa als eine Anima-Gestalt deuten können, als den ergänzenden, komplementären Teil des Unbewußten, der zuerst auftauchen und mit dem Bewußtsein verbunden werden muß, um die „Heimat", die „Vereinigung", die Selbstfindung zu erreichen. Odysseus muß dazu, nach dem Rat Inos, den letzten Halt fahren lassen; er muß sich einzig und allein ohne Angst der tragenden Kraft anvertrauen, die aus dem Unbewußten selbst ihm zugeschickt wird, — und er mißtraut und überlegt: „O mir, ich! daß nicht abermals einer von den Unsterblichen einen bösen Anschlag webt: daß er mich heißt, von dem Floß zu steigen! Aber noch werde ich gewiß nicht folgen ...: solange nur die Stämme in den Klammern zusammenhalten, solange werde ich hier bleiben ... Doch wenn der Wogengang mir nun das Floß wird auseinanderrütteln, will ich schwimmen ..." (Homer: Odyssee V 356—364; W. Schadewaldt: Die Odyssee, 71); alsbald, wie ein Haufen dürrer Spreu, zerwirbelt der heftig wehende Wind die Balken des Floßes, und Odysseus stürzt sich selbst, das Kopftuch Inos unter die Brust gebreitet, kopfüber in die Salzflut.

Nicht anders wird es meistens zugehen, wenn Menschen zu sich selber finden: sie werden solange es irgend geht und mit aller Kraft an dem festhalten, was ihnen nach dem Schiffsuntergang des Bewußtseinsstandpunktes noch übrig geblieben ist, und lieber werden sie bis zum äußersten ihrer Kraft folgen, als sich dem Treiben der undurchschaubaren Elemente zu überlassen; erst wenn es gar nicht anders geht, werden sie den Absprung wagen und sich auf Gedeih und Verderb dem Rat des Unbewußten, des Göttlichen anvertrauen — und gerettet werden. All diese Gestalten, Noah, Odysseus, Jona, lehren dasselbe: das Heil liegt im Absprung, im Vertrauen darauf, daß die Mächte der Tiefe nicht *nur* Unheil bringen, sondern es am Ende wohlmeinend zum Guten lenken werden. „Wenn du im Unglück bist", erinnert sich Sindbad der Seefahrer, als er nach einem Schiffbruch fast tot vor Hunger, Kälte, Durst und Müdigkeit an das Ufer einer Insel getrieben wird, „wenn du im Unglück bist, so vertraue Allah, und er wird dir helfen. Habe Geduld; was dunkel war, wird hell werden, und der den Knoten geknüpft hat, wird ihn vielleicht (!) auch wieder lösen." (I. Dreecken: Tausendundeine Nacht, I 753)

Ohne dieses Vertrauen ist dem Hereinbrechen der Fluten des Unbewußten nicht standzuhalten. Die Fluten aber müssen über Menschen hereinbrechen, die so leben, wie J sie uns in dem bisherigen Verlauf der Urgeschichte geschildert hat. Wenn wir bisher den Abfall von Gott und die Tötung Abels psa als Bilder einer fortschreitenden Entfremdung von den ursprünglichen Triebkräften der Seele interpretiert haben, als den Prozeß einer immer größeren Einseitigkeit des Bewußtseins, das aus den sicheren Verbindungen mit seinem Unbewußten herausgefallen ist und sich anschickt, die dunklen Seiten seiner selbst vollkommen zu verdrängen, so konnten wir bereits in dem Motiv der „Engelehe" sehen, wie die Menschen sich mit den Kräften ihres isolierten, fremd gewordenen Unbewußten identifizierten und wie somit das Symbol der Selbstwerdung, das Bild der Heiligen Hochzeit, in ein Symbol des Selbstverlustes, in eine schizophrene Wahnidee entartete. Nunmehr, im Bild von der Großen Flut, scheint das Unbewußte den ehedem so triumphierenden Bewußtseinszustand völlig hinwegzuspülen; das Göttliche Strafgericht erscheint psa wie eine Selbststeuerung der erkrankten Menschheitspsyche, die zu Gegenmaßnahmen psychotischen Ausmaßes greifen muß, um wieder ihr Gleichgewicht zu finden.

In der Jungschen Interpretation stellt sich die „Sintflut" der j Urgeschichte also als ein Selbstheilungsversuch, als eine Gegenbewegung des Unbewußten zu der Einseitigkeit des Bewußtseins dar. Das Ziel der Bewegung ist „kein zweckloser, rein zerstörerischer, titanischer Absturz", sondern die Heraufholung des „ganzen Menschen", jenes Menschen, „der, ob der Verirrung ins Einseitige der jeweiligen Gegenwart, in Vergessenheit geriet. Dieser ist es, der zu allen Zeiten der Erschütterung das Beben der Oberwelt verursachte und immer wieder verursachen wird. ... Dementsprechend", erklärte Jung, „folgt bei meinen Patienten auf die Zeit der Katabasis und Katalysis die Anerkennung der Gegensätzlichkeit der menschlichen Natur und der Notwendigkeit der konflikthaften Gegensatzpaare. Darum folgen auf die Symbole der Wahnsinnserlebnisse in der Auflösung Bilder, welche das Zusammentreten der Gegensatzpaare hell—dunkel, oben—unten, weiß—schwarz, männlich—weiblich usw. darstellen." (Jung: Picasso, XV 156) In diesem Sinne wird man in der j Erzählung den beruhigenden, Gleichmaß und Ordnung der Natur wiederherstellenden und sichernden Schwur Gottes am Ende der Flut, als Noah wieder die trockene Erde betritt und das Opfer des Geruhens darbringt, interpretieren müssen.

Psa völlig zutreffend, hat daher die frühe Kirche in dem Bild der Flut und der Rettung Noahs ein Symbol des Heiles, ein Vorbild der Taufe erblickt, denn auch die Taufe kommt ja als Sündenvergebung und Wiedergeburt, als Umkehr eines falschen Bewußtseinsstandpunktes, im

426

Sinne Jungs „der Integration eines bis dahin unbewußten Inhaltes", einer „Bewußtmachung" des bis dahin verdrängten, nun aber kompensatorisch und heilend wirkenden psychischen Materials gleich (Jung: Mysterium Conjunctionis, XIV, 1. Bd., 261). Das Resultat bestünde in einer sich selbst gegenüber wahrer und freier gewordenen, weiter und bewußter lebenden Persönlichkeit, die ein Stück mehr von sich verwirklicht hat und weiß als zuvor, und zwar indem sie gerade nicht mehr ihren Lebensweg eigenmächtig und willensmäßig zu gestalten und zu planen sich getraut, sondern indem sie, bescheidener geworden, sich der verborgenen Führung der Mächte der Seele überläßt, die um Jahrhunderttausende älter und weiser sind als das kleine individuelle Bewußtsein, das von ihnen nur einen winzigen Teil zu reflektieren vermag.

An dieser Stelle freilich setzt die auch jetzt wieder notwendige Grenzziehung des Gültigkeitsbereichs psa Deutungen bei den j Erzählungen ein. Man kann die Frage, die hier ansteht, etwa so formulieren: Genügt die psa Aufforderung, sich zur Vermeidung der schlimmsten Katastrophe den unbewußten Kräften des Lebens anzuvertrauen, um die Aussage der j Sintfluterzählung, insbesondere, um die Rolle Gottes darin, hinreichend wiederzugeben? Genügt die Aufforderung, Vertrauen in die Dynamik des Unbewußten zu haben, überhaupt, um den psychotherapeutischen Erfolg einer entsprechenden Bewußtseinsänderung zu gewährleisten? Kann man so einfach, wie wir es bisher mit Jung getan haben, Gott und das Unbewußte gleichsetzen?

Man wird da seine Zweifel haben müssen. Ist nicht gerade das Bild der Sintflut „von tragischer Zweideutigkeit" (Jung: Picasso, XV 157)? Zeigt es nicht in einem geradezu erschreckenden Ausmaß, daß dieselben Kräfte, die den Menschen erheben und retten können, ihn ebenso zu vernichten und in die Tiefe zu reißen bestimmt sind? Beweisen nicht gerade die Flutmythen die fatale Zwiespältigkeit und Janusköpfigkeit des Göttlichen, das in sich selbst zerrissen und widersprüchlich erscheint? Wie findet Odysseus, an sein Floß geklammert, aus seinem Mißtrauen heraus?

Man darf sich hier nichts vormachen. Solange man — wie Jung — nur „Empiriker" sein will, solange man also nur bei der Beobachtung der Psychodynamik stehen bleibt, wird man feststellen, daß das Unbewußte mal zur Rettung, mal zur Vernichtung eines Individuums wirkt. Man kann bei einigem Optimismus der Meinung sein, daß im großen und ganzen die Natur es gut mit der Psyche des Menschen meine, aber man kann von vornherein nicht ausschließen, daß im Einzelfall die gleiche

Gesetzmäßigkeit, die in einem anderen seelischen Organismus zur Genesung beitragen kann, unter den gegebenen Umständen eine zerstörende
Wirkung entfalten muß. Die letzten empirisch faßbaren Kräfte in der
menschlichen Seele, im Unbewußten, erweisen sich als höchst ambivalent,
und identifiziert man sie mit „Gott", so wird die letzte empirisch
begründbare Aussage von diesem „Gott" sein müssen, daß er ein offenbar höchst widersprüchliches und zwielichtiges Wesen sein muß. Jene
indianischen Mythen haben dann Anspruch auf die ganze Wahrheit, in
denen das Göttliche, das die Flut verhängt, in der Gestalt eines Trick-
sters erscheint, als „ein ‚kosmisches' Urwesen *göttlich-tierischer* Natur,
dem Menschen (d. h. dem Bewußtsein, d. V.) einerseits überlegen vermöge seiner übermenschlichen Eigenschaften, andererseits unterlegen
vermöge seiner Unvernunft und Unbewußtheit." (Jung: Zur Psychologie
der Tricksterfigur, IX, 1. Bd., 282) Einem solchen Wesen ist grundsätzlich
alles zuzutrauen, und die angemessenste Einstellung ihm gegenüber
wäre wirklich ein vorsichtiges Mißtrauen, das nur das Motto kennt:
„Man kann nie wissen." So aber kommt Odysseus nie von seinem Floß
herunter, und man kann nur warten, bis eine neue Flutwelle ihn ins
Meer wirft, ungewiß, ob eine mitleidige Leukothea ihn vor dem Sturm
Poseidons rettet.

Demgegenüber scheint die theologische Überwindung der zwielichtigen,
widerspruchsvollen Göttermythen in der j Erzählung auch psychologisch
von der größten Bedeutung zu sein. Die Absicht der j Sintfluterzählung
besteht ja gerade darin, dem Menschen die Angst vor Gott zu nehmen
und ihn zu versichern, daß Gott es trotz allem gut mit ihm meint. Dieses
uneingeschränkte Vertrauen kann aus rein empirischen Daten, wir wir
sehen, offenbar nicht gewonnen werden, es ist also auch psychologisch
nicht zu vermitteln. Andererseits wissen wir, daß es für das Bewußtsein
auf Leben und Tod darauf ankommt, ein unbedingtes Vertrauen in den
Grund seines Daseins zu gewinnen, denn sonst wird es nie fähig sein,
jenes Maß an Angstfreiheit aufzubringen, das allein Integration,
Reifung und Selbstwerdung ermöglicht. Daher bedarf es für das Bewußtsein noch anderer, nicht in der Zweideutigkeit des empirischen Materials
umhertreibender Gründe, um sich eines Haltes und Schutzes angesichts
seiner eigenen Gefährdung zu vergewissern; ohne einen solchen absoluten
Halt wird es sich an jeden Strohhalm eher klammern als sich dem
undurchsichtigen Gang seiner Psychodynamik zu überlassen. Das Bewußtsein braucht Gründe, rationale, ihm gemäße Gründe, um sich auf die
hohe See des Unbewußten hinauszuwagen und die Kleinlichkeit seines
Ichstandpunktes aufzugeben. Auf das Boot, das in den Mythen ohne

Steuer und Ruder dahintreibt, wagt man sich nicht, wenn es ein willenloser Spielball der unkontrollierbaren Fluten und Ströme der inneren oder äußeren Natur zu werden droht. Aber man wagt sich in die Arche, wenn Gott sagt, daß es keine andere Möglichkeit mehr gibt, und wenn man weiß, daß also er in dem vom menschlichen Bewußtsein her nicht mehr zu steuernden Prozeß die Führung übernehmen wird. Das Problem ist im Grunde metaphysischer Natur: ob das, was dem Menschen zum größten Teil unbewußt ist und bleibt, etwas in sich selbst Unbewußtes und Irrationales darstellt oder ob es Teil und Funktion eines höheren, dem Menschen nur verborgenen Bewußtseins ist. Je nachdem, wie diese Frage beantwortet wird, bleibt der Mensch der Angst seines Ichstandpunktes verhaftet oder vermag ein begründetes Vertrauen in die Kraft seines Unbewußten zu gewinnen.

Hier ist der Ort der philosophischen Reflexion, die wir im 3. Band austragen werden. Es wird dort die nicht mehr psychologische, sondern philosophische Frage sein, woher die Angst des Menschen stammt, wie sie zu seinem Bewußtsein gehört und, vor allem, wie sie sich überwinden läßt. Wir werden dann sehen, daß die Angst vor dem Unbewußten selbst nur die empirische Erscheinungsform einer tieferliegenden Daseinsangst darstellt, deren Heilung nicht mehr Aufgabe der Psychologie, sondern der Theologie, oder, besser, nicht des Therapeuten, sondern Gottes sein muß. Nur wer Vertrauen fassen kann zum Sein im Ganzen, wird über den Abgrund des Nichts hinweggleiten können, ohne darin umzukommen, und nur ein solcher wird den Mut finden, sich selber ohne ernsthafte Verdrängungen als ganzes anzunehmen. Erst wenn „Gott" selbst nicht nur eine Personifikation des Unbewußten ist, sondern eine eigenständige, freie Person — ein Subjekt für Theologie und Philosophie, nicht mehr ein Gegenstand der Empirie —, erst wenn das Ich des Menschen daran glauben kann, daß es von einer Macht getragen ist, die selbst personhaft ist und das Personsein will, vermag es seine Grenzen zu verlassen und die Persönlichkeit zu werden, als die es selbst erschaffen wurde. Indem J also die Gestalt Jahwes aus aller Zweideutigkeit der psychologischen Rede von „Gott" herausnimmt, bietet er zum ersten Mal ein kontrastierendes Zeichen dafür, was den Menschen in seinem Sein vernichten *muß* und was ihn retten *kann*. Das letzte Wort, versichert J, hat nicht Naturnotwendigkeit, sondern Gnade. „*Vielleicht* wird Allah auch den Knoten wieder lösen" — dies großartige Wort Sindbads des Seefahrers weist hin auf eine Ungewißheit nicht der Angst, sondern der Hoffnung. In ihr allein vermögen Menschen wieder Grund unter die Füße zu bekommen.

Es sei noch angemerkt, daß die Jungsche Deutung das Bild der Großen Flut als Ausdruck eines immer wiederkehrenden Geschehens in Richtung auf psychische Individuation oder aber Depersonalisation versteht; es bekommt damit jene universelle, menschliche Weite, die der Sintflutmythe eigen ist. Wenn andererseits die objektale Deutung uns erlaubte, die Große Flut mit einer bestimmten Phase der Libidoentwicklung zu identifizieren, so müssen beide Deutungen einander nicht ausschließen; denn die späteren Vorgänge der erwachsenen Psyche richten sich ja nach ihren Vorläufern in der Kindheit aus und wiederholen sie; das ontogenetisch Einmalige kann somit zugleich als ein Grundschema späterer, sich wiederholender Formen bestimmter Konfliktlösungsversuche zwischen dem Bewußtsein und dem Unbewußten verstanden werden.

VIII. Untersuchung von Gn 9, 18—27 (Noah und seine Söhne)

1. Zur naturmythologischen Bedeutung des „Frevels" Chams

Schon bei der Exegese dieser schwierigen Stelle haben wir die Vermutung ausgesprochen, daß es gewisse rituelle Praktiken gab, die, gestützt auf entsprechende Vegetationsmythen bzw. gewisse stellare oder lunare Vorstellungen, ein bestimmtes Verhalten des Sohnes gegenüber seinem Vater, wie es in der Handlung Chams anklingt, zur religiösen Pflicht machten, und daß erst spätere, weniger barbarische Zeiten davon mit moralischem Abscheu und einem ausgesprochenen Ekel erfüllt wurden. (I 236) Die ursprüngliche Überzeugung dürfte in dem „Erfinder" der jeweiligen Kulturpflanzen, gleichgültig ob einer Reihe wichtiger Baumfrüchte, Getreidearten, Knollenfrüchte oder auch des Weines, den Gott selbst gesehen haben, der sich selbst in seiner Gabe den Gläubigen als Speise und Trank darbietet, nicht anders als in den älteren Jägerkulturen das ersehnte Beutetier als ein göttliches Wesen verehrt wurde, das, wenn es sich erlegen ließ, freiwillig zum Wohl der Menschen sich in den Tod gab. Der Beweis ist leicht zu führen, daß Dionysos nicht nur die Menschen den Anbau des Weinstocks lehrte, sondern selbst der Gott des Weines war, daß Osiris nicht nur die Menschen in die Kenntnis des Kornanbaus einführte, sondern daß er selbst der Gott des Kornes war (vgl. J. G. Frazer: Der goldene Zweig, 550—551), daß Hainuwele, die wir später noch genauer vorstellen werden (S. 603), nicht nur den Menschen den Reichtum eines Ackerbauvolkes schenkt, sondern selbst die göttliche Jungfrau der Ackerbaufrüchte und besonders der Kokospalme ist.

Allgemein verbreitet war wohl auch die Anschauung von dem Sterben und Wiederauferstehen der Vegetationsgötter, war doch deren jahreszeitlicher Tod und ihre verjüngende Neubelebung allenthalben sinnenfällig anzuschauen und von einer so geheimnisvollen Wunderbarkeit, daß sie das empfängliche Gemüt unzweifelhaft mit tiefen Gefühlen der Dankbarkeit und religiösen Verehrung sowie mit nachdenkenswerten Ansichten über das Leben der Natur und des Menschen erfüllte. Um nun den Gott der Vegetation, dessen Dasein für den Menschen lebenswichtig war und dessen gefahrvolles Dahinschwinden so deutlich vor Augen stand, rechtzeitig „vor der Schwäche und Gebrechlichkeit des Alters zu bewahren" (Frazer, 728), hat man allem Anschein nach Riten gepflegt, in denen der Gott in Gestalt eines Menschen, eines Tieres oder eines bildlichen Repräsentanten getötet wurde, denn, so wird man gedacht haben, wenn wir den Vegetationsgeist in der Blüte seiner Jahre töten, so wird er in einer neuen Inkarnationsgestalt ohne die Schwächung durch das Alter im Vollbesitz seiner jugendlichen Kraft weiterleben.

Speziell scheint es nach dem umfangreichen Material, das J. G. Frazer (Der goldene Zweig, 383—413) vorgelegt hat, eine Sitte gegeben zu haben, den göttlichen König als Vertreter des Vegetationsgeistes zu töten, und zwar entweder nach einer festgelegten zeitlichen Periodik von einem oder mehreren Jahren oder, in Abschwächung dieser gewissermaßen mechanischen Regelung, in der Weise, daß der König seine ungebrochene Kraft gegenüber einem möglichen Thronnachfolger, also gegenüber seinem eigenen Sohn oder einem Fremden, im Wettkampf unter Beweis stellen mußte. Das bekannteste Beispiel ist gewiß die Gestalt des Hainkönigs des Dianaheiligtums in der Nähe des Sees von Nemi geworden, das J. G. Frazer seiner gesamten Studie vom „goldenen Zweig" unterlegt hat; dieser König des Haines von Nemi genoß selbst in der Zeit des Caligula (37—41) noch solches Ansehen, daß der Kaiser, wie Sueton berichtet, einen stärkeren Gegner auf ihn hetzte, der mit ihm um die Würde des Priestertums kämpfen mußte, „da der Hainkönig ... sein Priestertum schon jahrelang innehatte" (Sueton: Leben der Caesaren; Caligula, 35; S. 186) und offenbar erfolgreich zu verteidigen wußte.

Zu erinnern ist in diesem Zusammenhang auch an Mythen von der Art der Geschichten der „Preisjungfrau", — etwa an die berühmte Erzählung, wie der griechische Held Pelops um Hippodameia, die schöne

431

Tochter des Königs Önomaos von Elis, wirbt und dazu den alternden König im Wagenrennen besiegen muß. Önomaos nämlich hatte ausgemacht, daß nur der seine Tochter freien dürfe, der seinem tödlichen Speer im Verfolgungsrennen entginge; als Vorsprung pflegte er die Zeit einzuräumen, die er zu einem Opfer an den Zeus benötigte; hernach schwang er sich für gewöhnlich auf sein von dem Wagenlenker Myrtilos geleitetes Gefährt, das die Rosse Phylla und Harpinna zogen, die schneller als der Nordwind waren, setzte dem vermeintlichen Schwiegersohn nach und tötete ihn. Pelops freilich, von Poseidon beschirmt, gelangte unbeschadet ans Ziel: während Önomaos durch einen Wagenbruch ums Leben kam, rettete Pelops die geliebte Hippodameia aus dem von einem Blitzstrahl entzündeten Königspalast (vgl. G. Schwab: Sagen, 140—142).

Indem in dieser Erzählung die Tötungsabsicht bereits von dem König selbst ausgeht und sich gegen seinen Thronnachfolger richtet, scheint hier ein Stadium des Rituals der Königstötung aufgegriffen zu werden, wo anstelle des Königs der Sohn (oder Schwiegersohn) des Herrschers als Ersatzopfer bestimmt wurde. Mythen, wie die bereits erwähnten vom Sturz des Königs vom Felsen durch den Thronnachfolger (s. o. 382, Theseus) oder die zahlreichen Erzählungen von der frühen Aussetzung des Königssohnes durch seinen Vater (vgl. Ödipus) gehören gleichfalls in diesen Zusammenhang; sie dürften zeigen, daß man eines Tages, bei einem sichtlichen Erstarken der königlichen Macht als einer festen, womöglich dynastischen Institution, auf den risikoreichen Wettkampf ganz verzichtete und dazu überging, den neugeborenen Königssohn anstelle seines Vaters zu opfern (Frazer: Der goldene Zweig, 422—427). Schließlich mag das Sohnesopfer durch ein Tieropfer ersetzt worden sein, wie die Bibel vom Opfer Isaaks auf dem Berge Moriah zu berichten weiß (Gn 22, 1—14).

Wenngleich es sich bei dieser historisch sicher nicht überall gradlinig zu denkenden Abfolge von Königsopfer, Sohnesopfer und Tieropfer auch weitgehend um eine bloße religionshistorische Rekonstruktion handelt, so läßt sich im Falle des Dionysos, den wir als besterforschtes Beispiel unter den Weingöttern der Antike zur Aufhellung des sonderbaren Betragens des zudringlichen Noahsohnes in Gn 9, 20—22 zum Vergleich heranziehen dürfen, doch mit vollständiger Sicherheit zeigen, daß Dionysos in allen drei Gestalten, als König, als Kind und als Tier getötet worden ist. Dabei muß es indessen offen bleiben, ob nicht gerade die Tiergestalt des Gottes die „ursprünglichste" Form seiner Erscheinungsweisen darstellt. Jedenfalls können wir beobachten, wie die einzelnen Gestalten von Tier, Kind und König ineinander übergehen.

Nach dem Zeugnis des frühchristlichen Apologeten Firmicus Maternus wurde Dionysos als neugeborenes Kind von den Titanen auf Anstiftung der eifersüchtigen Hera in Stücke gerissen und gekocht (vgl. I 233), und zwar in dem Augenblick, als sein „Vater vor seiner Abreise dem Knaben den königlichen Thron und das Zepter übergeben hatte" (Firmicus Maternus: Vom Irrtum der heidnischen Religionen, VI 2; 3; BKV Frühchristliche Apologeten, II 231). Der „Vater" des Dionysos ist natürlich Zeus, den Firmicus Maternus indes in euhemeristischer Weise als König von Kreta darstellt. Die Bemerkung von der stellvertretenden Königsherrschaft des Dionysos scheint aber tatsächlich auf einen Brauch zu verweisen, „den Sohn des Königs zeitweilig mit der königlichen Würde zu belehnen, als Vorstufe dafür, daß er für seinen Vater geopfert wurde." (Frazer: Der goldene Zweig, 567)

Ein solches System zeitweiliger Könige, die zum Schein als Kinder oder Narren nominell die Herrschaft ausüben, um dann das Königsopfer an sich zu erdulden, war in Kambodscha und Siam ebenso bekannt wie im alten Oberägypten, in Indien sowohl wie als Volksbrauch in manchen Landstrichen Europas (Frazer, 414—422); als Märchenmotiv erscheint es z. B. in so launigen Geschichten wie der islamischen Erzählung von Abul Hassan, den der Kalif für je eine Nacht an seiner Statt regieren ließ und der die Möglichkeit dazu benutzte, private Rache zu üben (I. Dreecken: Tausendundeine Nacht, I 764f) —, oder, um ein deutsches Beispiel zu nennen, in dem Grimmschen Märchen vom „Schneider im Himmel".

Der Sinn der Einrichtung des stellvertretenden Königtums bestand wohl darin, daß der König zeigen konnte, daß das Opfer seines Stellvertreters ebenso wirkungsvoll sein würde wie seine eigene Opferung, war doch auch sein Stellvertreter ein wirklicher König. „Niemand konnte den König indessen so gut vertreten in seiner göttlichen Eigenschaft wie sein eigener Sohn ... Niemand konnte daher so geeignet sein, für den König zu sterben und durch ihn für das gesamte Volk wie des Königs Sohn." (Frazer, 422) Solche Vorstellungen, die wohl auch den religionsgeschichtlichen Hintergrund für die christliche Vorstellung vom leidenden Messiaskönig und Gottessohn abgaben, dürften die kretische Mythe von dem getöteten Dionysosknäblein als stellvertretendem König hinreichend erläutern und zeigen, wie das alte Königsopfer sich zu einem Sohnesopfer wandelte.

Ehemalige Riten, in denen „man göttliche Könige in ihrer Eigenschaft als Dionysus opferte und die Überreste ihrer gebrochenen Leiber über die Felder verstreute, um diese zu befruchten" (Frazer, 572), dürften sich auch in den Mythen von den Königen Lykurg und Pentheus widerspiegeln, die beide, als sie Dionysos Widerstand leisten wollten, in Raserei verfielen: Lykurg tötete seinen eigenen Sohn Dryas, dem Pentheus wurde von seiner eigenen Mutter Agaue im Weinrausch der Kopf abgerissen (vgl. I 235; R. v. Ranke-Graves, I 92). Ein stellvertretendes Königsopfer ist auch hinter der Geschichte aus dem Tempel des Zeus Laphystios anzunehmen, die man Xerxes erzählte, als er nach Alos in Achaia kam: König Athamas sollte gerade als Sühn- und Reinigungsopfer des Landes dargebracht werden, als Kytissoros aus Aia in Kolchis erschien und ihn rettete; damit aber zog sich Kytissoros den Zorn des Gottes zu, dergestalt, daß künftig der jeweils älteste aus seinem Geschlecht geopfert werden mußte, wenn er das Rathaus Leïton betrat. (Herodot: Historien VII 197; E. Richtsteig: Herodot, IV 188—189)

Um ein letztes Beispiel dafür zu geben, wie die Königstötung und die Tötung des (stellvertretenden) Kindes im Grunde auf ein und denselben Ursprung zurückgehen, können wir noch einmal des tragischen Schicksals der treuen Philomele (s. o. 378) gedenken, welcher der Wüstling Tereus die Zunge herausgeschnitten hatte; in der Nacht, als die thrakischen Frauen das Fest des Dionysos begingen und mit dem Thyrsosstab in den Händen mänadengleich durch die Berge schweiften, befreite ihre Schwester Prokne die unglückliche Philomele und brachte sie in den Palast des Tereus; dort, voller Haß auf den verruchten König, tötete Prokne ihren kleinen Sohn Itys, weil er dem Vater so sehr glich, unterstützt von der vor Rachgier wahnsinnigen Philomele. (Vgl. G. Schwab / G. Klee: Sagen, 934—935) Das ehemals kultische Opfer des Königs bzw. des ihn vertretenden Knaben wird in dieser Erzählung offenbar psychologisch als Racheakt „erklärt", der dionysische Rausch der Opferfeierlichkeiten, der immerhin noch anklingt, wird durch einen in späterer Zeit verständlicheren Mordrausch aus Haß ersetzt; deutlich aber zeigt die Erzählung, wie die Zerstückelung des Königssohnes beim Dionysosfest im Grunde die Tötung des Vaters meint und beabsichtigt (vgl. auch Frazer: Der goldene Zweig, 422—427).

So gibt es gute Gründe für den Glauben, daß im Rahmen des Dionysoskultes der auch sonst bekannte und weit verbreitete Brauch bestand, den König als Inkarnation des Gottes zu töten bzw. stellvertretend seinen Sohn zu zerstückeln und, wie man hinzufügen muß, zu verspeisen.

Auch dies wird wiederum bei Firmicus Maternus belegt; er berichtet nämlich, daß auf Kreta, von wo der Dionysoskult sich nach Griechenland verbreitet zu haben scheint (vgl. K. Kerényi: Die Herkunft der Dionysosreligion), ein Kult geübt wurde, der das Ereignis der Tötung des Dionysosknäbleins durch die Titanen beging, indem „alles der Reihe nach" getan wurde, „was der Knabe beim Sterben getan oder gelitten hat. Sie zerfleischen mit den Zähnen einen lebenden Stier, wodurch sie das grausame Mahl in jährlicher Erinnerung darstellen" (Firmicus Maternus: Vom Irrtum der heidnischen Religionen, VI 5; BKV Frühchristliche Apologeten, II 232).

Auch im Dionysoskult könnte also ein ursprüngliches Knabenopfer später in Form einer Stiertötung begangen worden sein. Allerdings muß erwähnt werden, daß Dionysos von Haus aus eine Gottheit ist, die in Gestalt einer Ziege oder eines Stieres erscheint; die alte Regel Frazers wird grundsätzlich richtig sein, „daß überall da, wo eine Gottheit als Verzehrer eines bestimmten Tieres geschildert wird, das fragliche Tier ursprünglich nichts weiter als die Gottheit selbst war." (Frazer: Der goldene Zweig, 571) Eine Mythe wie die von dem kretischen Weinbauern Ikarios (I 233), der Ziegen tötet, weil sie den Reben schaden, erklärt dementsprechend erst sekundär als Strafe, was ursprünglich wohl als das Opfer des Gottes in Gestalt eines Tieres gemeint war. Das Bild des bocksgesichtigen, hörnertragenden Dionysos verrät außerdem seine altertümliche Stiernatur zu deutlich, als daß das Essen des Stieres in Kreta rein ersatzweise zustande gekommen sein sollte; das rohe Essen des zerstückelten Stieres war vielmehr allem Anschein nach wohl von Anfang an eine echte Kommunion, eine Aneignung des Gottes in der Gestalt des Stieres und des Weines und muß nicht erst ein noch älteres Königs- oder Sohnesopfer verdrängt haben.

Nun spielt aber glücklicherweise in der Geschichte von Noah und seinen Söhnen (Gn 9, 20—22) das Problem des stellvertretenden Opfers, soweit zu sehen ist, keine Rolle; der „Frevel" Chams richtet sich eindeutig gegen seinen berauscht daliegenden Vater, so daß wir die dionysischen Tieropfer nur als Beleg brauchen, um zu zeigen, welches Schicksal die Riten dem Dionysos selbst zugedacht haben. Wir nehmen nun einmal — als freilich nicht weiter beweisbare Arbeitshypothese — an, daß auch für Noah die Regel der Mytheninterpretation sonst gilt, daß der „Erfinder" eines lebenswichtigen Kulturgutes in mythischen Zeiten als ein Gott verehrt wurde, dessen Erscheinungsform lediglich diejenige Kulturerfindung darstellt, in welcher der Gott sich selbst gnädig zur Nutznießung darbietet; d. h., wir nehmen an, daß auch der

„Erfinder des Weinanbaus" in Gn 9, 20 ursprünglich ein Gott war, dessen Gestalt später in einer Helden- bzw. Kulturbringergestalt aufging, die mit dem Helden der Sintflut identifiziert wurde. Dann wird diesem Gott ein entsprechendes mit dem Weinbau verknüpftes Ritual gewidmet gewesen sein, und es ist überaus wahrscheinlich, daß sich in dem Tun Chams Spuren eines solchen archaischen Rituals widerspiegeln. Daß ein ehedem heiliges Tun von nachgeborenen aufgeklärteren Geschlechtern oder gar, wie im Falle der j Urgeschichte, von Völkern einer ganz anderen religiösen Überzeugung als schlimme Sittenverderbnis und unbegreifliche Ruchlosigkeit hingestellt werden konnte, bedarf keiner weiteren Erklärung. Die Frage ist nur, ob wir aus dem Tun Chams durch Vergleich mit bekannten Praktiken des Dionysoskultes gewisse Rückschlüsse auf die Art dieses Rituals ziehen können.

Bisher haben wir erreicht, daß die Tat Chams nicht mehr als ein schlechthinniges Monstrum im Raum steht, indem wir hören, daß es Riten gab, in denen entweder der Sohn seinen Vater als Vertreter des Vegetationsgeistes tötete oder der im dionysischen Rausch befangene König seinen Sohn erschlug oder hinwiederum er selber in berauschtem Zustand von seiner Mutter oder Gemahlin getötet wurde (Pentheus, Lykurg). Gerade daß der Erfinder des Weinanbaus in berauschtem Zustand von seinem Sohn geschändet wird, wie es in Gn 9, 20—22 der Fall zu sein scheint, findet in diesen Riten eine gewisse Parallele. Zwar wird der Noah der j Erzählung nicht getötet oder seiner Gliedmaßen beraubt, aber die Annahme ist doch naheliegend, daß auf etwas Ähnliches angespielt wird.

Bereits im 1. Teil der vorliegenden Arbeit (I 235) haben wir darauf hingewiesen, daß es im Zusammenhang mit dem Anbau von Wein und anderen agrarischen Produkten neben der Tötung des Königs (und seiner Stellvertreter) offenbar bestimmte kastrative Praktiken gegeben hat, die gleichermaßen der Erhaltung der Fruchtbarkeit dienten; diesen Hinweis können wir jetzt in bezug auf die Noahgeschichte vertiefen und ausbauen.

Am berühmtesten unter den Kastrationserzählungen ist die Mythe und der Kult des phrygischen Attis, der ein wunderschöner Jüngling war, den die jungfräuliche Mutter Nana durch eine reife Mandel empfangen hatte; Attis bekanntlich entmannte sich selbst unter einer Kiefer und wurde selbst nach seinem Tode in eine Kiefer verwandelt. Die Geschichte des Attis, meinte Frazer, „wurde augenscheinlich erfunden, um zu erklären, weshalb seine Priester (die „Galli", d. V.) dasselbe unter dem heiligen, von Veilchen bekränzten Baume auf seinem

Feste taten." (Frazer: Der goldene Zweig, 510) Am 22. März nämlich wurde eine Kiefer wie ein Gott in das Heiligtum der Cybele gebracht; sie war wie ein Leichnam mit wollenen Bändern umwunden und mit Veilchen geschmückt, denn Veilchen sollten aus dem Blut des Attis entsprossen sein. Am 3. Tag des Attiskultes, dem „Tag des Blutes", opferte der Archigallus Blut aus seinem Arm, und in ekstatischer Trauer um den verstorbenen Gott besprengten auch die anderen Priester den heiligen Baum mit ihrem Blut. Es ist sehr wahrscheinlich, „daß an demselben Tage des Blutes zu demselben Zwecke die Novizen ihre Mannheit opferten. Auf der höchsten Stufe religiöser Erregung schleuderten sie die abgetrennten Teile ihres Selbst gegen das Bild der grausamen Göttin (Cybele, d. V.). Diese zerstörten Instrumente der Fruchtbarkeit wurden später ehrfurchtsvoll eingehüllt und in der Erde oder in unterirdischen Kammern begraben, die der Cybele heilig waren. Dort mag man geglaubt haben, daß sie dazu dienten, den Attis wieder ins Leben zurückzurufen und die allgemeine Auferstehung der Natur zu beschleunigen, die um diese Zeit im Frühlingssonnenglanz Blätter und Blüten hervorbrachte." (Frazer, 509)

Ähnlich der Cybele, dienten anderen asiatischen Göttinnen der Fruchtbarkeit entmannte Priester, so der großen Artemis zu Ephesus und der syrischen Astarte zu Hierapolis (vgl. Frazer, 509). Was aber dem Attis als einem Kronzeugen kastrativer Fruchtbarkeitsriten besondere Bedeutung für unseren Zusammenhang verschafft, ist seine außerordentliche Nähe zu Dionysos. Seine entmannten Priester wurden mit dem Efeublatt tätowiert, das ein typisches Zeichen auch des Dionysos ist; die Zapfen der Steinkiefer, als deren Baumgeist Attis angesehen werden muß, galten als Sinnbild der Fruchtbarkeit; aus dem Samen der Kiefer wurde ein Wein gebrannt, „und dies mag auch zum Teil den orgiastischen Charakter des Kults der Cybele erklären, den die Alten mit dem des Dionysos verglichen." (Frazer, 514)

An Dionysos und seinen Tod erinnert auch das Schicksal des Marsyas, der ein Satyr war und ein Anhänger der Cybele und der gewissermaßen zwischen Attis und Dionysos stand. Er hatte in den phrygischen Wäldern die Flöte aufgenommen, die Athene aus den Knochen eines Steinbocks angefertigt und dann mit einem Fluch über jeden, der sie aufheben sollte, fortgeworfen hatte; sie hatte nämlich an ihrem Bild im Wasser gesehen, wie häßlich ihre Wangen vom Flötenspiel aufgeblasen waren. Marsyas nun, der im Gefolge Cybeles durch Phrygien zog und die Bauern mit seinem Spiel erfreute, ließ sich, in Erfüllung des Fluches, zu einem musikalischen Wettstreit mit Apoll hinreißen, wissend, daß der Sieger jede beliebige Strafe über den Unterlegenen verhängen dürfe. Marsyas verlor den Wettbewerb — und damit sein Leben, denn der grimmige Apoll zog ihm bei lebendigem Leib die Haut ab und nagelte diese an eine Tanne (R. v. Ranke-Graves, I 65—66).

Apoll, der offensichtlich nicht ohne Beziehung zu den Mächten der Vegetation steht, ist auch in das vergleichbare Schicksal der schönen Jünglinge Hyakinthos und Kyparissos verwickelt, wenngleich in einer mehr passiven Rolle: Hyakinthos wurde im Spiel mit Apoll von einer zurückprallenden Wurfscheibe am Kopf getroffen und starb, indessen sein Körper sich in die Hyazinthe verwandelte (wie Attis in Veilchen und Adonis in Adonisröschen); Kyparissos wurde stets von einem prachtvollen Hirsch begleitet, den er sehr liebte, aber an einem Sommertag versehentlich mit dem Wurfspeer tötete; in seiner Traurigkeit wollte Kyparissos sterben, Apoll aber verwandelte ihn in den Zypressenbaum, das Symbol der Trauer. (P. Grimal: Die Mythologie der Griechen, in: ders.: Mythen der Völker, I 201—202)

Der Mythos von Hyakinthos könnte vielleicht auch einen sonst schwer verständlichen Ritus im ägyptischen Dendera erklären; dort gab es ein der kuhköpfigen Göttin Hathor geweihtes „Fest der Trunkenheit", bei dem der König der Hathor tanzend einen Weinkrug brachte und daneben eine Zeremonie des Ballschlagens durchführte (H. Helck: Die Mythologie der alten Ägypter, in: H. W. Haussig: Wörterbuch der Mythologie, I 358); auch hier könnten einmal kultische Ekstase und die rituelle Tötung einer Vegetationsgottheit eine Rolle gespielt haben (vgl. das Ballspiel in Mexiko: E. Seler: Ges. Abh., III 304—324; IV 15—16)

Als letztes aus der schier endlosen Zahl der Beispiele sei auf ein Klagelied hingewiesen, das in Phönizien und Westasien bei der Weinlese angestimmt wurde und von den Griechen Linus oder Ailinus genannt wurde. Der Mythe nach war es ein Klagelied um den Tod eines Jünglings namens Linus, der von einem Schäfer erzogen, aber von seinen Hunden zerrissen wurde. „Linus", meint Frazer, war wohl eine Verballhornung des syrischen Rufes ai lanu — „wehe uns", ein Klagelied, das beim Abschneiden der Weinreben, also beim Sterben des Weingottes, gesungen wurde (Frazer: Der goldene Zweig, 619). Der auch in Europa weitverbreitete Erntebrauch des Tötens des Vegetationsgeistes zeigt, daß wir uns die archaische Weinlese schlechthin nicht ohne entsprechende Menschenopfer bzw. deren Ersatzformen zu denken haben, in denen die Wiederauferstehung des Gottes durch die Feier seines Todes gesichert wurde. Im AT vgl. die Baumkastration Lv 19, 23.

Ob nun der menschliche Vertreter des Weingottes geköpft, gehäutet, zerstückelt oder kastriert wurde, ändert an der Tötung und den ihr zugrunde liegenden Vorstellungen nichts; in der j Erzählung vom Tun Chams werden wir von den vorkommenden Möglichkeiten natürlich an eine Kastration denken müssen. So vorsichtig man sonst mit den Überlieferungen des Spätjudentums als Quelle für das AT umgehen muß, so scheint doch der ursprüngliche Sachverhalt in einer späteren Version von Gn 9, 20—22 richtig wiedergegeben zu sein, die erzählt: „Noah . . . trank des Weines und ward trunken und deckte seine Blöße auf inmitten der Hütte. Da kam Kanaan und sah die Blöße seines Ältervaters; er trat an ihn heran und verschnitt ihn." (M. J. bin Gorion: Die Sagen der Juden, 161; vgl. Talmud, Sanhedrin 70a)

So wird es gewesen sein; und es bleibt nur noch, wie wir jetzt wissen, hervorzuheben, daß die Kastration des berauschten Weingottes vermutlich ein magischer Fruchtbarkeitsritus war, der mit dem Abschneiden der Weinreben das Abschneiden der männlichen Fortpflanzungsorgane verband, in der Hoffnung, daß die Bestattung derselben im Schoß der Erde die sicherste Gewähr für die erneuerte Fruchtbarkeit des kommenden Jahres sein werde. So läßt sich verstehen, warum die Kastration zu Ehren der Großen Göttin vollzogen wurde: wie durch Einsäen abgeschnittener Früchte und geernteten Korns in die Erde die Auferstehung des Vegetationsgeistes grundgelegt wurde, so noch sicherer und noch wirkungsvoller dadurch, daß der Mensch an sich selbst den Brauch von Ernte und Aussaat vollzog und die Kräfte der Zeugung der Großen Mutter anvertraute. Im Sinne Frazers hätte es sich demnach bei dem Tun Chams ursprünglich um eine homöopathische Magie zur Fruchtbarkeit der Weinrebe gehandelt, die erst spätere Zeiten zu einem Akt bloßer Wollust teils verharmlost, teils verschlimmert hätten. Vom Wein als Getränk aber wird man schon seiner berauschenden Wirkung wegen nicht erst in Abwehr der mit diesem Gewächs verbundenen Riten mancherorts so skeptisch gedacht und gemahnt haben wie der Wesir Nuruddin in „Tausendundeine Nacht": „Dieses Getränk verwirrt den Pfad des Rechts und öffnet die Pforte zu allem Bösen." (I. Dreecken: Tausendundeine Nacht, I 246)

Aber nicht nur für den Ritus, sondern auch für den Zeitpunkt des Festes, das wir hinter dem Tun Chams annehmen dürfen, lassen sich Anhaltspunkte finden. In Athen bestand ein Brauch, Erntezweige durch zwei männliche Invertierte tragen zu lassen. „Der fruchtbeladene Zweig erinnert an den lubab, der in Jerusalem beim Neujahrsfeste des Tabernakels, das man im frühen Herbst feierte, getragen wurde. Das Fest des

Tabernakels, das Laubhüttenfest, war ein Weinlesefest und entspricht den Oschophoria der Athener, dem ‚Tragen der Weintrauben‘. Seine Hauptattraktion war ein Wettlauf... Ursprünglich wurde der Sieger dieses Wettlaufes, wie zu Olympia, der neue Heilige König" (R. v. Ranke-Graves: Griechische Mythologie, I 315—316). Plutarch bringt den Brauch mit Theseus in Zusammenhang, wie er, von Kreta kommend, am Tode seines Vaters schuldig wird (Plutarch: Theseus 22; I 46). Auch hier stoßen wir also wieder auf den Zusammenhang von Erntefest und Königsopfer, mit deutlichem Bezug aber zum jüdischen Laubhüttenfest. Besonders daß man (vgl. R. de Vaux: Das Alte Testament und seine Lebensordnungen, II 357) beim Laubhüttenfest acht Tage lang Thyrsosstäbe zu tragen pflegte, mit denen wir im alten Griechenland die Anhänger des Dionysos trunken umherziehen sehen, spricht für die Verwandtschaft der Feierlichkeiten des Laubhüttenfestes mit den Praktiken des Dionysoskultes.

In groben Zügen können wir uns also ein Bild von den Riten machen, die in Gn 9, 20—22 anklingen dürften; wir wissen um ihren ungefähren Ablauf und auch um ihre magische Zielsetzung. Ihre eigentliche Bedeutung aber kennen wir damit noch nicht. Zumeist erklären Mythen ja nicht nur bestimmte Riten, sie beschränken sich nicht darauf, die theoretische Grundlage für gewisse magische Praktiken zu bilden; sie ordnen vielmehr das menschliche Tun in den großen Gang der Natur ein und versuchen deren Geheimnisse auszudrücken. So wird auch hier das Geschehen von Tod und Auferstehung, von Ernte und Aussaat, von Welken und Blühen, nicht nur den Menschen und seine Nahrung meinen, sondern vornehmlich das Leben der Natur als ganzer in dem Bild des sterbenden Vaters (Noah) und seines siegreichen Sohnes (Cham) dar-stellen, als eine endlose kosmische Kette, in welcher der Untergang des Alten sich mit dem Aufstieg des Neuen zu einem Paar einander durchdringender Ringe vereinigt. Von daher scheint es kein Zufall zu sein, daß J in der Komposition seiner Urgeschichte der Erzählung von Noah und seinen Söhnen das großartige Bild von dem steten Wechsel von „Saat und Ernte, Frost und Hitze, Sommer und Winter, Tag und Nacht" (Gn 8, 22) vorangestellt hat. Denn gerade auf diesen Wechsel könnte das Bild von der Kastration Noahs durch seinen Sohn hinweisen.

Schon die Erzählungen von den kämpfenden Brüdern haben wir als Ausdruck für das Ringen zwischen Helligkeit und Dunkelheit kennengelernt. „Der regelmässige wechsel von tag und nacht wurde unter dem bilde eines kampfes angeschaut, in folge dessen der eine getödtet wird oder weichend entflieht", schrieb H. Usener und setzte hinzu: „Dasselbe bild musste für die ablösung von sommer und winter, von tod und leben gelten." (H. Usener: Die Sintfluthsagen, 195) Ausdrücklich rechnete er zu diesen Bildern auch die Erzählung von Dionysos und Lykurg (s. o. S. 434), die nichts anderes darstelle als den siegreichen Kampf des Sommers gegen den Winter (a.a.O., 195). Dionysos ist nicht nur der Gott des Weines, sondern auch des ankommenden Lichtes. In der gleichen Bedeutung haben wir auch schon den Sturz des Königs von der Klippe gedeutet (s. o. 382), der als Erntemagie, aber auch als Schwinden des Lichtgottes verstanden werden konnte bzw. als Opfer zur Erneuerung seiner Kraft. Es steht daher zu erwarten, daß solche Vorstellungen auch das Bild von dem Tun Chams an seinem Vater Noah mitgeprägt haben. Tatsächlich hat denn auch die alte Naturmythologie in Noah einen solarischen Helden sehen wollen. Die Voraussetzung bildete dabei die Hypothese, daß die nomadische Kulturform den Mond und die Nacht, die Agrarkultur aber die Sonne und den lichten Tag verehrt habe, eine Theorie, die zumindest in den Klimaverhältnissen des Alten Orients im großen und ganzen richtig sein dürfte.

I. Goldziher machte daher geltend, daß bereits die Verknüpfung Noahs mit dem Weinanbau ihn als einen Sonnenhelden erscheinen lasse. Unnötigerweise — und im Widerspruch zu seiner eigenen erwähnten Arbeitshypothese — suchte er dann aber den Rausch Noahs von dem Motiv der Nacktheit (Gn 9, 21) abzutrennen; nur dieser letztere Zug besitze mythologisches Interesse (I. Goldziher: Der Mythos bei den Hebräern, 151). Viel wahrscheinlicher ist uns geworden, daß das Motiv der Nacktheit Noahs und das Tun Chams gerade sehr eng mit dem Motiv vom Weinanbau zusammengehören, wie man sich denn überhaupt nur schwer vorstellen kann, wie es einen Weinbringermythos isoliert von einem solaren Mythos gegeben haben soll, wenn gerade die Sonne als Erfinder und Erhalter des Ackerbaus im allgemeinen und der Weinpflanze im besonderen verehrt und gerühmt wird. I. Goldziher selbst legte für Gn 49, 11, den Segen Jakobs für Juda, die Verbindung von Sonne und Weinstock nahe (208), vorausgesetzt, daß „der Esel" (ḥmwr: „der Rote" im Hebräischen) als Sonnentier verstanden werden kann: „Juda bindet an den Weinstock sein Füllen" — dieser Ausdruck bezöge sich demnach auf die segensreiche Vermählung der kräftigen Herbstsonne mit den Früchten der Erntezeit (I. Goldziher, 207). Man sollte meinen, daß eine solche Beziehung der Sonne mit der Frucht des Weinstocks auch in der Noahmythe vorläge und in sich selbst ursprünglich ist.

Die Argumente Goldzihers bei seiner Deutung des Mythos von Gn 9, 20—22 auf die Sonne sind nun zwar im wesentlichen etymologischer Natur, für sich allein genommen also nicht sehr überzeugungskräftig, aber doch immerhin hörenswert. Noah, so meinte Goldziher, als „der Ruhende" (hebr. nwḥ), beziehe sich auf die untergehende Sonne. „Während die Tagessonne der Gehende, Laufende, Wandernde genannt wird, ist die Abendsonne, wie sie sich zum Untergange vorbereitet, die Ruhende." (Goldziher, 152) Die Nacktheit, das Sich-Aufdecken, bedeutet dann konsequenterweise den Sonnenaufgang, so wie umgekehrt die Nacht ein Kleid, ein Gewand ist, das sich über den Tag breitet (Goldziher, 219). „Die untergegangene Sonne, die die Nacht über in ein verdeckendes Kleid gehüllt war, das ihren Glanz verfinsterte, wirft des Morgens die Kleidung ab und wird sichtbar, Licht und Glanz verbreitend." (152)

Die Vorstellung vom Sonnenaufgang als Entblößung der Sonnengottheit ist in der Tat verbreitet. Von Ushas, der indischen Göttin der Morgenröte, z. B. haben wir schon gehört, wie sie des Morgens aus dem Bad im Weltmeer aufsteigt und zur Freude der Männer ihr Gewand niedergleiten läßt (s. o. 332; Rigveda V 80, 5.6; P. Thieme: Gedichte aus dem Rig-Veda, 53—54). Ushas hat aber dabei einen Gegner, den sie „wegdrücken" muß: die Finsternis (Rig-Veda V 80, 5). Ähnlich ließe sich Cham als Feind des Noah verstehen: er ist ein „Sohn" des „Noah", der untergehenden Sonne, aber auch zugleich der Gegner des Sonnengottes, indem er diesen in seiner hüllenlosen Hingestrecktheit am Himmel um seine Potenz, um die Kraft seiner Sonnenstrahlen bringt. „Die Entmannung der Sonne, wenn diese männlich gefaßt wird, ist in der arischen Mythologie ein Ausdruck für die Schwächung der Sonnenstrahlen vor und bei ihrem Niedergange. Der schwarze Sohn, die Nacht, bekämpft den Sonnenvater und entmannt ihn, nimmt seinen Strahlen alle Manneskraft und treibt ihn zur Niederlage." (I. Goldziher, 152)

„Cham" wird mithin als der „Schwarze" gedeutet — etymologisch eine unsichere Sache (vgl. W. Gesenius: Hebräisches und aramäisches Handwörterbuch, 238). Der „Rausch" Noahs, wenn dieses Motiv doch in die mythologische Deutung einbezogen wird, könnte nach Goldziher „die taumelnde Bewegung bezeichnen, mit welcher die nach langem Lauf ermüdete Sonne erschöpft der Ruhe entgegenschwankt." (152) Eine solche Interpretation vertrüge sich allerdings nur schwer mit dem j Bild des ruhig daliegenden Noah, und auch die Beziehung zum Weinrausch wäre so noch nicht wirklich verständlich. Das Zelt, in dem Noah liegt, wäre naturgemäß der Himmel, in dessen Mitte sich die Morgensonne wirklich ganz entblößt (Gn 9, 21). Der Sprachgebrauch der Bibel läßt eine solche Deutung des Zeltes als Himmel mindestens zu, etwa wenn es in Ps 19, 5 von Gott heißt, er habe der Sonne ein Zelt am Himmel bereitet (Goldziher, 153).

Ob aber auch das Wohnen Japhets in den Zelten Sems (Gn 9, 27) so zu verstehen ist, daß die „eröffnende" (hebr. pth) oder „glanzvolle" (hebr. jph) Morgensonne in den Behausungen des Himmels (hebr. šm — šmjm = „Himmel"?) Wohnung nehme, sei dahingestellt; man müßte zu diesem Zweck bestimmte mythologische Begriffe mit festen Völkernamen in Verbindung bringen, wie es allerdings für Cham (Kanaan) offensichtlich der Fall ist (vgl. Goldziher, 307).

Ein großer Gewinn dieser alten Deutung Goldzihers läge, bei aller Unsicherheit seiner rein etymologischen Beweisführung, darin, daß das Motiv der Tötung bzw. der Kastration des Lichtgottes eine einfache und einleuchtende Erklärung fände; zudem würde eine solche Interpretation gut zu den soeben vorgeschlagenen Annahmen passen, daß in Gn 9, 20—22 auf bestimmte Ernte- bzw. Weinleserituale angespielt werde: der Tötung der Sonne bzw. der Kastration der Sonnenkraft am Abend durch ihr Kind, durch die ihr nachfolgende Dunkelheit der Nacht, entspräche im Jahresverlauf das Schwächerwerden der Sonne im Herbst und damit die Zeit der schmerzlichen Trennung der Erntefrüchte von den Bäumen, Stauden und Halmen; ohne Schwierigkeiten könnte beides in ein und demselben Mythos seinen Ausdruck gefunden haben.

Die Vorstellung von der Kastration der Sonne durch die Nacht (den Herbst) setzt allerdings voraus, daß die zeugende und fruchtbarkeitspendende Macht der Sonne nach Art eines männlichen Organs verstanden wird. Das ist mitunter wirklich der Fall. Während in den ägyptischen Darstellungen von Amarna der Sonnenscheibe segenspendende Hände beigegeben werden, kennt z. B. die Mithrasliturgie auch das Bild der Sonne mit einer phallischen Röhre, die zugleich als Ursprungsort des Windes verstanden wurde (C. G. Jung: Symbole der Wandlung, V 131—133), eine Verknüpfung, die E. Jones als Verschmelzung einer analen mit einer (späteren) genitalen Zeugungstheorie erklärte (E. Jones: Die Empfängnis der Jungfrau Maria, 148; 178; s. o. 21).

Die Kastration der Sonne, des Himmelsvaters, darf indessen nicht nur als etwas Zuendegehendes, Negatives verstanden werden; sie dient, wie wir wissen, der neuen Schöpfung bzw. sie wiederholt die Urschöpfung. So bildet das Motiv der Kastration einen zentralen Zug mancher Weltentstehungsmythen. E. Stucken hat, wohl mit gewissem Recht, in dem schlafenden Noah den Urvater vor aller Schöpfung gesehen. Die Mythe von der Kastration des Himmelsvaters soll nach ihm ihren eigentlichen Platz in der Weltelternmythe haben: der Urvater schläft mit seiner Gemahlin, der Erdgöttin, bis er von seinem Sohn durch Kastration von ihr getrennt wird. So sind z. B. in der neuseeländischen Mythologie Rangi und Papa miteinander vereinigt und werden erst durch den Waldgott Tane voneinander getrennt. Entsprechend zerstört Kronos die urweltliche Einheit von Uranos und Gaia, freilich auf Anraten der Erdgöttin. Bei dieser Kastration des Urvaters wird aber der Same frei, der auch als Rauschtrank, Wissens- und Unsterblichkeitstrank verstanden wird, wie z. B. das indische Soma (E. Stucken: Astralmythen, 220—221). Auch so können Kastration und Weinrausch im Sinne einer Welten- und Kulturschöpfung zusammengehören. An dem Urfrevel der Elterntrennung im Anfang der Schöpfung teilen sich des weiteren, wie in Gn 9, 20—27, die Söhne des Urvaters in zwei Gruppen: nicht alle bejahen die zudringliche Tat. In Neuseeland z. B. bleibt als einziger von allen der Windgott dem Himmelsvater treu; daß entsprechend die „guten" Söhne Noahs, Sem und Japhet, ihren Vater bedecken, nicht kastrieren, ließe sich dann so verstehen, daß sie den Himmel, die Sonne, mit Wolken gnädig einhüllen. A. Bastian hat denn auch darauf verwiesen, daß im zweiten Götterkampf der griechischen Urzeitmythe gerade Japetos „als seelische Potenz des Windes ... den gewaltigsten Bundesgenossen des Himmelsgottes abgibt." (A. Bastian: Die heilige Sage der Polynesier, 45) Ob von daher die Gestalt Japhets in Gn 9, 20—22 zu verstehen ist? Man müßte dann freilich auf die unsichere Etymologie Goldzihers für Japhet („der Eröffnende") ganz verzichten, zu der aber auch von vornherein nicht recht passen will, daß Japhet und Sem die Sonne (Noah) bedecken, also doch auf ihre Weise mit Dunkelheit umhüllen.

Allerdings ist es keineswegs so sicher, daß das „Bedecken" Noahs nur als ein Verdunkeln und Einhüllen verstanden werden kann. Selbst wenn man das viel zu allgemeine Theorem ablehnt, alle Sonnenmythologie sei ursprünglich Mondmythologie gewesen, wird man die lunaren Hypothesen zu Gn 9, 20—22 nicht ohne weiteres vom Tisch wischen können, die in dem „Bedecken" gerade das Aufleuchten der nächtlichen Lichtgottheit sehen.

Die in sich konsequenteste am Mond orientierte Interpretation der Gestalt Noahs hat in diesem Zusammenhang E. Böklen vorgelegt. Für Böklen ist die Entblößung Noahs nicht, wie für Goldziher, das Aufstrahlen der Lichtgottheit, sondern „eine der zahllosen mythischen Erklärungen für die Verfinsterung des Mondes: dem Mond wird sein prächtiges Gewand ausgezogen." (E. Böklen: Die Sintflutsage, 135) Die zugrundeliegende Vorstellung wäre demnach die von dem goldenen Vlies oder der Löwenhaut des Herakles oder von dem Goldgewand, das in den Märchen das Mondmädchen aus einer verborgenen Kiste oder einer geheimnisvollen Nußschale hervorzuholen versteht. Für diese Anschauung im Semitischen könnte sprechen, daß der Vollmond auf hebräisch ks' heißt, was von ks' (oder ksh) „bedecken" abgeleitet sein mag. Der Aufenthalt Noahs im Zelt entspräche dann dem Verschwinden mancher Mondhelden in dunklen Höhlen oder unzugänglichen Wäldern.

Der Ablauf von Gn 9, 20—22 sähe demzufolge so aus: die Entblößung Noahs, der Verlust seines Gewandes, wäre als Schwächerwerden des Mondes im Westen zu deuten; Chams Tat, die Kastration des Vaters, bestünde in der Verfinsterung des Mondes; Sem und Japhet hingegen bedeckten wiederum den Vater, verkörperten also Phasen des zunehmenden Mondes.

Eine gewisse Parallele zu der Noah-Geschichte und zugleich eine Bestätigung für die Richtigkeit der Mondhypothese bei der Interpretation von Gn 9, 20—22 findet sich in einem Märchen aus „Tausendundeine Nacht": in der Geschichte von dem Einarmigen und den nachfolgenden Erzählungen der Rahmenhandlung von dem „Buckligen". Die einarmigen (oder linkshändigen) Helden der Mythen, denen eines ihrer Gliedmaßen genommen wird, stehen von vornherein in einer bestimmten Beziehung zum Mond (s. o. 361). In dem orientalischen Märchen aber kommt noch an lunaren Zügen hinzu, daß der Einarmige zunächst ein reicher Kaufmann ist, der sich in genau festgelegten Zeitabständen des Nachts mit einer wunderschönen Geliebten trifft und dabei all sein Hab und Gut verliert, was wohl als eine Schwächung des Mondes durch seine geheimen Liebschaften zu deuten ist. Schließlich, in seiner Armut, begeht der Kaufmann einen Diebstahl, für den er durch Abschlagen der rechten Hand bestraft wird. Ganz blaß schleppt er sich zu seiner Geliebten und betrinkt sich dort absichtlich; wie er so berauscht daliegt, entdeckt die Schöne die abgeschlagene Hand und erklärt sich, erschüttert vor Gram, zur Hochzeit bereit und schenkt ihm all seinen Besitz zurück und noch viel größere Reichtümer dazu. (I. Dreecken: Tausendundeine Nacht, I 298—311)

Es macht zweifellos keinen großen Unterschied, daß die Geliebte hier die Verstümmelung an dem berauscht Daliegenden nur bemerkt, nicht herbeiführt, und daß es sich bei dem abgeschlagenen Glied um die Hand, nicht, wie wir bei Noah annehmen, um das Genitale handelt; in der zugehörigen Parallelerzählung von dem Mann mit der gespaltenen Lippe ist übrigens ausdrücklich von einer Kastration die Rede (I. Dreekken, I 385); es ist auch nicht entscheidend, daß in der Geschichte von dem Einarmigen das Berauschtsein nur rein beiläufig erwähnt wird; wichtig ist allein die Beobachtung, daß die Motive der Mondmythologie sich in unzähligen Variationen im Erzählgut der Märchen wiederfinden. Die Nähe des verstümmelten und berauschten Mondhelden zur Gestalt des j Noah wird übrigens noch durch das nachfolgende Märchen aus „Tausendundeine Nacht" unterstrichen, in dem ein geheimer Geliebter (!), der in einer Kiste (!) durch die Kontrolle am Königshof zu seiner Angebeteten getragen wird, seine Daumen und Zehen verliert, weil er Sirbadj (Kümmel) gegessen hat, ohne sich hinterdrein die Hände zu waschen. Diese „Begründung" der Verstümmelung erscheint dem Märchenerzähler selbst als sehr „merkwürdig", und wir dürfen wohl annehmen, daß auch hier die Erinnerung an die Praxis des Gliederabschneidens in Verbindung mit dem Kult einer bestimmten Kulturpflanze, wie in der Geschichte von Noah und seinen Söhnen, den Anlaß für die sonderbare Erzählung gebildet hat, die den verstümmelten Kümmelhelden mit den Zügen eines Mondheros vereinigt.

Die Annahme, daß es in Gn 9, 20—22 um das Schicksal des Mondes geht, könnte nun auch nach Böklens Meinung ein Licht auf das merkwürdig vorsichtige Verhalten von Sem und Japhet werfen. Daß sie bei ihrer pietätvollen Handlung rückwärts schreiten, würde nicht zunächst von moralischer Scheu herrühren, den Vater nackt daliegen zu sehen, sondern hätte seinen Grund in der Stellung und Wanderung des neuen Mondes: wenn der Mond im Westen wiedererscheint, wird er Tag für Tag ein Stück mehr nach Osten hin sichtbar; er wandert also nach Osten, während sein „Gesicht", das Böklen offenbar als die sichtbare rasch zunehmende Sichel des Mondes verstand, mit ihrer gekrümmten Seite nach Westen gerichtet ist; so kann man sagen, daß der zunehmende Mond „rückwärts" geht (E. Böklen: Die Sintflutsage, 137). Demgegenüber müßte nach dieser Vorstellung der *abnehmende* Mond vorwärts gehen: er bewegt sich in der zweiten Monatshälfte immer ein Stück weniger weit nach Westen, er geht also scheinbar weiter nach Osten, während seine Sichel nach Osten gekrümmt ist.

Wahrscheinlicher aber ist, daß das Motiv vom Rückwärtsgewandtsein und Sichumdrehen, das in der Mythe von Orpheus und Eurydike eine so verhängnisvolle Rolle spielt, sich aus der Beziehung des Mondes zur untergehenden Sonne im Westen ergibt: das schöne Mondmädchen, die Geliebte der Sonne, nimmt zu und erwacht zu neuem Leben, solange es nach Osten hinschaut und also dem Weg folgt, den unterirdisch des Nachts die Sonne ihm vorausgeht; der Ort ihrer Vereinigung aber ist der Westen; dort erwartet es der Sonnenmann; aber sobald es sich dorthin wendet, entschwindet es immer mehr (vgl. E. Siecke: Die Liebesgeschichte des Himmels, 4). Das „Gesicht" des Mondes wäre demnach die Hohlseite (nicht die Vollseite) des Mondes, und das „Rückwärtsschreiten" der Noahsöhne müßte dann so verstanden werden, daß sie den Neumond mit seinem Lichtgewand wieder bedecken, indem sie (als verkörperte Phasen des zunehmenden Mondes) nach Osten schreiten und dabei Noah als den dunklen, „kastrierten" Neumond im Westen hinter sich in ihrem Rücken lassen. Das Gesicht der Noahsöhne wäre dann nicht, wie Böklen meinte, „nach Westen gerichtet" (137), sondern nach Osten, denn so sagt ja Gn 9, 23, daß sie „ihr Gesicht rückwärts" gewandt hatten und zugleich „rückwärts gingen", also Gangrichtung und Blickrichtung die gleiche war, was zur Böklenschen Deutung offensichtlich nicht paßt.

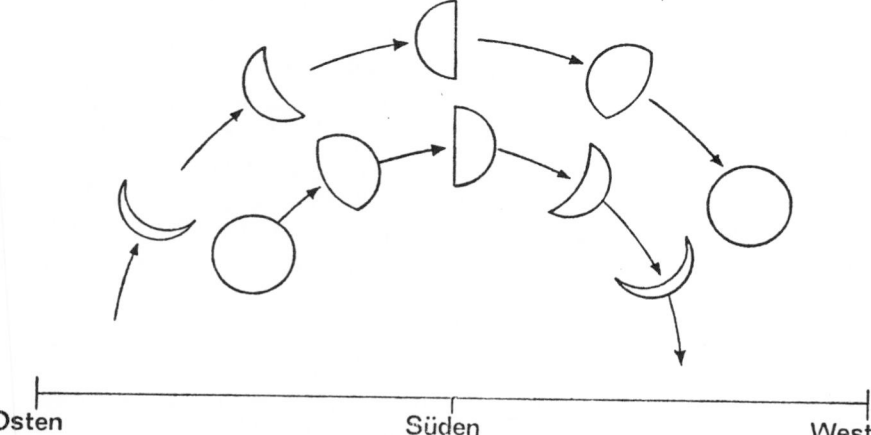

Osten · Süden · Westen

Innenkreis: die Phasen des zunehmenden Mondes von ihrer Erscheinung am Abendhimmel bis zu ihrem Untergang;

Außenkreis: die Phasen des abnehmenden Mondes von ihrer Erscheinung im Osten bis zum Stand ihres Verschwindens am Morgenhimmel; der sichtbare Auf- und Untergang des Mondes schwankt natürlich mit dem unterschiedlichen Beginn der Morgen- und Abenddämmerung im Sommer und Winter.

Zwischen den einzelnen Phasen liegen je drei Nächte, zu denen die drei Nächte des Neumondes hinzuzuzählen sind. Der zunehmende Mond scheint sich im Monatsumlauf von Westen wegzubewegen, mit dem Gesicht gen Osten, während der abnehmende Mond sich, nach Westen zugewandt, immer ein Stück weniger weit nach Westen zu bewegen scheint. Wenn der abnehmende Mond im Osten verschwindet, so erscheint er nach den drei Neumondnächten wieder als schmale Sichel des zunehmenden Mondes am westlichen Abendhimmel.

447

32 Drewermann II (Best.-Nr. 76255)

Ein Rätsel bleibt in der Sonnen- wie in der Mondinterpretation das Berauschtsein Noahs, wenngleich es sich auf den Mond leichter beziehen läßt als auf die Sonne. Den Zusammenhang von Mond und Rausch verdeutlicht am besten die indische Mythologie, in welcher der Gott Soma als Mond und Rauschtrank zugleich angesehen wird. Der Soma-trank, den der Gott Indra raubte und den er zu seiner Stärkung bis zur Berauschung trank (vgl. Rig-Veda, IV 27, 1—5; P. Thieme, 41—42), galt auch als der vom Himmel herabträufelnde Regen; daher war Soma der Beherrscher des Wassers und der Fruchtbarkeit, und in dieser Eigen-schaft war er zugleich der Mond; es ist daher kein Wunder, daß er Surya, das Sonnenmädchen, heiratet. Und so wie die Erzählung von Gn 9, 20—22 indirekt den Rauschtrank mißbilligt, so verflucht auch in Indien schließlich Brahma die ehedem so fröhlichen Somatrinker, weil sie seine Tochter vergewaltigt hatten (vgl. V. Ions: Indische Mythologie, 20).

Eine griechische Mythe, die den Mond mit dionysischem Rausch in Beziehung bringt, ist die berühmte Geschichte der Antiope. Sie war die Tochter des Thebaners Nykteus (des Nächtlichen), mußte aber zu Epopeus, dem König von Sikyon, fliehen, weil Zeus sie verführt hatte. Es entbrannte ein Kampf, in dem Nykteus getötet wurde. Lykos aber, Antiopes Oheim, besiegte schließlich die Sikyoner und brachte Antiope nach Theben zurück. Am Wegesrand gebar sie die Zwillinge Amphion und Zethos, die Lykos auf dem Berge Kithairon aussetzte. Dirke, die Tante Antiopes, behandelte ihre Nichte viele Jahre lang denkbar schlecht und mauerte sie sogar in ein Gefängnis ein. Schließlich gelang es dieser doch zu fliehen. Und wie nun Dirke in dionysischer Raserei hinter ihr drein stürzte, retteten sie die Zwillinge Amphion und Zethos, die ein Viehhirt großgezogen hatte. Sie banden Dirke mit den Haaren an die Hörner eines wilden Stieres, der ihr bald ein Ende bereitete. Dionysos aber rächte den Mord seiner Anhängerin und ließ Antiope dem Wahnsinn verfallen, bis sie endlich in Phokis zur Ruhe kam (R. v. Ranke-Graves, I 232—233; G. Schwab / G. Klee: Sagen, 955—957).

Das Motiv der geheimen Ehe Antiopes mit dem Sonnengott Zeus, ihre Flucht und Rückkehr (am Himmel), ihr Aufenthalt im Gefängnis — all das sind Züge, die Antiope als Mondgöttin zu erkennen geben. Ihre Söhne sind das königliche Zwillingspaar, das von der Mondgöttin geboren wurde: ihr Heiliger König und sein Stellvertreter (R. v. Ranke-Graves, I 234). Dirkes Name bezeichnet wohl den gehörnten Mond, also die Mondsichel, mit welcher sie zu Tode kommt; es scheint rituell eine Heirat zwischen der Mondpriesterin mit Kuhhörnern und dem Stierkönig, zwischen dem Mond und der Sonne, gegeben zu haben (vgl. R. v. Ranke-Graves, I 234; 269). Das Hervorkommen Antiopes aus dem Kerker Dirkes kann aber nicht nur ein Bild des sich erneuernden Mondes sein, sondern erinnert auch an das jährliche Wiedererscheinen der Kore Persephone zusammen mit Hekate und entspricht so dem Wiederauferstehen des in der Unterwelt gefangen gehaltenen Korns (R. v. Ranke-Graves, I 233). Die Mondmythologie ist, so gelesen, wirklich ursprüngliche Fruchtbarkeitsmythologie; mit ihr verknüpft sehen wir in der Antiope-Mythe das dionysische Mänadentum und, als Meister über Leben und Tod, Dionysos, den Gott der Auferstehung und des Weines, des Lichtes und der Fruchtbarkeit.

Deutlich legt auch die griechische Ariadne Zeugnis für die Beziehung des Mondes zum Wein ab: sie, die selbst eine Mondgöttin ist, gebiert den Oinopion, welchen Dionysos als ersten das Keltern des Weines lehrte (vgl. R. v. Ranke-Graves, I 266).

Ein letztes Argument für die Verknüpfung der Mondmythologie mit dem Weinanbau besteht in der Beziehung der Sintflutmythe zum Wein. Neben Deukalion und Pyrrha (vgl. I 231) und der Geschichte von Dionysos und den Piraten (I 232), mag noch die Mythe von Staphylos („die Weintraube") erwähnt sein, dem Sohne des Dionysos, der drei Töchter hatte: Molpadia, Rhoio und Parthenos. Das Schicksal der Rhoio kennen wir bereits (s. o. 361); die beiden anderen Töchter hingegen wurden von dem Vater mit der Aufgabe betraut, den damals für die Menschen noch ganz neuen Wein in einem tönernen Faß zu hüten. Unglücklicherweise aber drangen, als die Mädchen schliefen, Schweine in den Raum ein und stießen das Faß um. Aus Furcht vor dem Vater stürzten sich die Mädchen von einem hohen Felsen an der Küste ins Meer, wurden jedoch von Apoll gerettet (H. Usener: Die Sintfluthsagen, 93). Den Sturz von den Meeresklippen haben wir schon als ein Motiv der Sintflutmythe kennengelernt und deren Nähe zur Mondmythologie hervorgehoben; die Töchter der „Weintraube", hören wir jetzt, haben kein anderes Schicksal als die Helden der Großen Flut: die von den Klippen ins Meer stürzenden Lichtgötter in ihrem Untergang und Aufgang (vgl. E. Böklen: Die Sintflutsage, 130).

Insgesamt kommen wir an dieser Stelle trotz einer unerhörten Fülle vergleichbaren Materials, das sich schier endlos vermehren ließe, über Hypothesen nicht hinaus. Das liegt nicht daran, daß die Gedankengänge naturmythologischer Interpretationen in sich unklar oder voreilig wären, sondern daran, daß die rationalistische Grundauffassung im Ansatz dem Mythos nicht gerecht wird, man könne jedes Detail des Mythos als eine (mißverstandene) Beschreibung bestimmter Naturphänomene auslegen. Man hat vielmehr den Eindruck, als seien die Bewegungen von Sonne und Mond, das Schicksal des Getreides, die heiligen Handlungen zu ihrer Nachbildung und „magischen" Erhaltung nicht der wirkliche „Inhalt" des Mythos, sondern als seien all dies selbst nur Bilder, die mit in sich unscharfen Rändern und einander überlagernden Bildebenen um ein einziges zentrales Geheimnis gruppiert sind, das sich einer begrifflichen Wiedergabe entzieht (vgl. K. Kerényi: Das göttliche Kind, 15). Dieses Geheimnis im Zentrum ist das ewige Stirb und Werde des Kosmos wie des Menschenlebens, das Geheimnis des Werdens und Entstehens insgesamt, dessen erhabenste Gleichnisse am Himmel allerdings das Kommen und Gehen von Sonne und Mond, auf der Erde aber das Blühen und Welken, Säen und Ernten (Gn 8, 22) der Pflanzen (und der Tiere) darstellt.

Für die psa Interpretation der j Erzählung vom Frevel Chams (und aller anderen mythischen Bilder der Urgeschichte) ist die (vereinfachende) Betrachtungsweise der Naturmythologie gleichwohl von größtem Nutzen. Denn indem sie uns zeigt, welche Bilder der äußeren Natur von einem jeweiligen Mythos verwandt werden, gibt sie uns zugleich den Schlüssel zum Verständnis der psychischen Bedeutung dieser Bilder an die Hand. Selbst die religionsgeschichtlich zweifellos hochinteressante, von uns offen gelassene Frage, ob das „Bedecken" Noahs nun auf den Glanz der Sonne oder die Verdunkelung des Mondes zu beziehen ist, verliert an Gewicht, wenn wir die folgenden Punkte als mythologisch gesicherte Themen zur Grundlage der psa Deutung erheben:

1) Die Geschichte von Noah und Cham reflektiert den Gegensatz und Kampf zwischen Hell und Dunkel, Licht und Finsternis, ähnlich der Zwillings- bzw. Brudermythe.

2) Im Unterschied zur Brudermythe (Gn 4, 1—16), wird psychologisch nunmehr das Verhältnis von Vater und Sohn, wenngleich wiederum im Sinne eines Kampfes auf Leben und Tod, von Bedeutung sein.

3) Die Tat Chams ist als Kastration des Vaters zu verstehen, und zwar so, daß damit zugleich eine Schöpfungstat bzw. eine Handlung zur Gewährleistung größerer Fruchtbarkeit gemeint ist; als Situation der Schöpfungstat klingt das Motiv der Welteltern, der Vereinigung von Vater und Mutter an, die grausam durch den Sohn von einander getrennt werden.

4) Zu beachten ist die Beziehung der Noahgestalt zur Sintflutmythe; zu fragen ist auch nach der psa Bedeutung des Weines und des Berauschtseins als Anlaß für Chams Tat.

Auf der Basis dieser Gesichtspunkte müssen wir uns fragen, welch eine Rolle die genannten Motive psa haben, woher sie sich ontogenetisch ableiten lassen, in welch einer Beziehung sie psychodynamisch zueinander stehen und wie sie entwicklungspsychologisch einzuordnen sind.

2. Die psa Interpretation des „Frevels" Chams auf der Objektstufe

„Und wißt ihr, Freunde, noch das Hochzeitsmahl,
das zweite, das ich hielt in meinem Saal?
Vernunft, die dürre Alte, schick ich heim —
und nahm der Rebe Tochter zu Gemahl."

(Omar Chajjam: Rubaijat LIV)

Im Unterschied zu den Erzählungen von Adam und Eva, Kain und Abel, Noah und der Sintflut, die in der psa Literatur ausführliche Deutungen erfahren haben, ist die Gestalt Chams, soweit wir wissen, niemals Gegenstand einer vergleichbaren Aufmerksamkeit gewesen. Der Grund dafür ist in der Eigenart der j Erzählung selbst zu finden. Während wir in den Mythen und Märchen auf eine Unzahl von Motiven treffen, die an das Schicksal des berauschten Noah erinnern, und wir Anlaß genug haben zu glauben, daß in Gn 9, 20—22 Riten zum Tragen kommen, die eine menschheitliche Verbreitung besessen haben müssen, scheint doch in der j Erzählung alles darauf anzukommen, daß hier eine völlig singuläre, nur für den Volksstamm Kanaans spezifische Schandtat geschildert wird. Die moralisierende Umarbeitung des ursprünglichen Stoffes geht so weit, daß Exegeten, die, wie C. Westermann, nur den Text, wie er dasteht, vor Augen haben, mit einem gewissen Recht behaupten, J erzähle nur, daß Cham Noah nackt daliegen gesehen habe — und nichts weiter. Freilich wird es bei dieser Betrachtungsweise schier unmöglich zu verstehen, warum ein ganzes Volk für eine bloße Büberei so schwer bestraft werden soll, wie J es Gn 9, 22—27 voraussetzt (vgl. I 254f).

Für die psa Interpretation der j Geschichte von Noah und seinen Söhnen ergibt sich bei dieser Eigenart von Gn 9, 20—27 eine eigentümliche Doppelaufgabe. Psa können wir das Tun Chams nicht anders verstehen, als indem wir es auf ubiquitäre Triebwünsche und Konflikte zurückführen und es daher in seiner weltweiten Verbreitung und menschheitlichen Bedeutung zu würdigen suchen. Andererseits wollen wir aber nicht, sowenig wie sonst, das mythische Material der j Erzählung als solches auslegen; wir wollen vielmehr die jeweilige j Erzählung in dem, was sie sagt, und in der Art, wie sie es sagt, psa untersuchen. Das bedeutet, daß wir etwas psychologisch Allgemeines so interpretieren müssen, daß es in seiner zugespitzten Form zugleich die ganz spezielle Verurteilung, die J dem Tun Chams angedeihen läßt, auf sich ziehen muß; die Gründe der Abwehr und Verurteilung müssen im Blickwinkel der Psa natürlich psychologischer, nicht theologischer Natur sein. M. a. W. stehen wir vor der Aufgabe, das Tun Chams zu lesen wie ein eng umschriebenes, spezifisches Symptom, das (nach J) in sich Krankheitswert besitzt, wenngleich seine Determinanten in der Seele eines jeden Menschen angelegt sind.

Um eine erste Schneise in das Dickicht zu schlagen und auch um von der exegetisch sichersten Basis der Interpretation auszugehen, tuen wir zunächst einmal so, als wenn wir von der hintergründigen Kastrationsproblematik der Stelle keinerlei Kenntnis besäßen und nur wüßten, was dasteht: Cham hat seinen nackt daliegenden Vater angesehen und davon seinen Brüdern erzählt. Wir untersuchen also zunächst nur das Motiv der Schaulust in Gn 9, 20—22, und zwar mit Bezug zu dem völlig anders gearteten Tun der beiden anderen Noah-Söhne. Denn auf den ersten Blick fällt der außerordentlich krasse, schon durch den antithetischen Aufbau der Erzählung hervorgehobene Kontrast auf, der zwischen dem Tun Chams und dem Verhalten seiner Brüder besteht. So skrupelhaft schamvoll die einen, so zudringlich schamlos der andere. Das Verhalten beider Parteien scheint sich gegenläufig zu entsprechen: die Scham Sems und Japhets deckt zu, was das Tun Chams bloßgelegt hat. Der Gegenstand der Scham aber ist die Nacktheit des Vaters. Ihr gilt die Schaulust Chams. Die Frage, die sich als erste stellt, ist also, wie wir dieses Motiv der Schaulust gegenüber dem Vater verstehen und wie wir die Heftigkeit seiner Abwehr durch die entsprechenden Schamschranken verstehen sollen.

Nach psa Auffassung spielt die Schaulust zum ersten Mal in der frühkindlichen Sexualforschung eine große Rolle und tritt dort in den Dienst sexueller Wißbegierde. Sie stellt sodann ein unerläßliches Vorstadium „zur Erreichung des normalen Sexualzieles" dar (S. F.: Drei Abhandlungen zur Sexualtheorie, V 55) und dürfte in Verbindung mit dem Sexualtrieb einen wichtigen Beitrag zur selektiven Herausbildung der

452

menschlichen Körpergestalt und Schönheit geleistet haben. Indessen, meinte Freud, ist der Schautrieb doch zunächst nicht auf ein fremdes Sexualobjekt gerichtet, sondern autoerotisch auf den eigenen Körper. „Erst späterhin wird er dazu geleitet (auf dem Wege der Vergleichung), dies Objekt mit einem analogen des fremden Körpers zu vertauschen" (S. F.: Triebe und Triebschicksale, X 222). Das Schauen wird dann zu einer „*Aktivität* gegen ein fremdes Objekt" (a.a.O., 222). Wird nun diese Betätigung, der die Funktion sexueller Vorlust zukommt, isoliert und selbst zum Triebziel gemacht, so kommt es zu der Perversion des Voyeurismus. Dieser ist ein aktives Tun und findet sein passives Gegenstück im Exhibitionismus, bei dem der Schautrieb wieder auf das eigene Genitale zurückgelenkt, anstelle der eigenen Person aber eine fremde Person eingesetzt wird, der man das eigene Sexualglied zeigt. (a.a.O., 222) Das Sexualziel ist also bei der Perversion des Schautriebes „in zweifacher Ausbildung vorhanden, in *aktiver* und in *passiver* Form", als Streben, das eigene Genitale beschauen zu lassen oder ein fremdes zu beschauen. „Die Macht, welche der Schaulust entgegensteht und eventuell durch sie aufgehoben wird, ist die Scham" (S. F.: Drei Abhandlungen zur Sexualtheorie, V 56). Diese ist als echte Reaktionsbildung gegenüber dem Exhibitionismus und Voyeurismus anzusehen; wir sind auf diese Beziehung bereits bei der Deutung von Gn 3, 7 zu sprechen gekommen und haben dort auch auf den Hintergrund des Kastrationskomplexes hingewiesen (vgl. auch das Lamechlied, 320).

Mit diesen knapp gefaßten Einsichten verstehen wir bereits drei Merkwürdigkeiten der j Erzählung von Gn 9, 20—22. Wir nehmen zur Kenntnis, daß das Tun Chams als Ausdruck eines allgemeinen Verhaltens betrachtet werden kann, dessen Isolierung und Übersteigerung erst die Perversion des Voyeurismus darstellt. Damit ist ein Hinweis zur Methode des weiteren Vorgehens gegeben: durch eine nähere Untersuchung dieser speziellen Form sexueller Perversion können wir uns eventuell weitere Aufschlüsse über das Verhalten Chams erhoffen; wir werden dabei davon ausgehen, daß nach der Erzählung in der jetzt vorliegenden Fassung das Tun Chams sich in einem bloßen Schauen erschöpfen soll und daß gerade in diesem Schauen das so sehr Verurteilenswürdige gesehen wird. Sodann leuchtet uns ein, daß zwischen dem Verhalten Chams und dem übertrieben schamvollen Gebaren seiner Brüder eine innere Verwandtschaft besteht: indem wir die Scham der Brüder als Reaktionsbildung auf die Schaulust interpretieren, erkennen wir in ihr die psa entsprechende Antwort auf Chams Verhalten und verstehen, daß die zudringliche Schaulust Chams mit seinem Prahlen nach der Tat zusammenhängen wird: ist der Exhibitionismus als extreme Variante der Zeigelust nur die Kehrseite der Schaulust, so ist es eigentlich ganz logisch, daß Cham mit seiner Schamlosigkeit sich vor den Brüdern großtut; indem er ihnen die Nacktheit seines Vaters zeigt, exhibiert er zugleich selber.

Es wäre jedoch einseitig, in der Schaulust *nur* eine Funktion sexueller Strebungen zu erkennen. Die Individualpsychologie hat darauf aufmerksam gemacht, daß die Perversion des Voyeurismus, die wir als Extremvariante und Modell des Verhaltens Chams ansehen, noch ein weiteres wichtiges Moment in sich trägt. So weist J. Rattner darauf hin, daß das Sehen beim Voyeur einer „Machtausübung" gleichkommt, und hebt hervor: „Sehen ohne gesehen zu werden ist eine Art Vergewaltigung des Gesehenen." (J. Rattner: Psychologie und Psychopathologie des Liebeslebens, 120) „Herrschsucht und Menschenangst" bildeten zusammen mit der sexuellen Lüsternheit „das Trio der Empfindungen" des Voyeurs (a.a.O.). Der perverse Charakter des Voyeurs liege dabei nicht allein in der Isolierung des Schautriebes, sondern gleichermaßen in der Isolierung des körperlichen, speziell des genitalen Bereichs von dem Zusammenhang menschlicher Beziehungen.

Allerdings verstehen wir diese Bemerkung solange nicht, als wir nicht eine genetische Verbindung zwischen der Allmachtsvorstellung des Voyeurs, seiner menschenscheuen Zurücknahme aller wirklichen Aktivitäten zur Eroberung des Sexualobjektes und der Fixierung auf das Genitale im Sinne der infantilen Sexualforschung hergestellt haben; für die Interpretation unserer Erzählung müssen wir zudem eine Erklärung dafür verlangen, wieso Cham nicht etwa ein weibliches Genitale betrachtet, wie es beim männlichen Voyeur normalerweise der Fall ist, sondern das Genitale seines Vaters.

Um eine genetische Theorie der Entwicklung des Schautriebes hat sich in der psa Literatur am ersten und gründlichsten K. Abraham verdient gemacht. In seiner Arbeit „Über Einschränkungen und Umwandlungen der Schaulust" untersuchte Abraham u. a. den Fall neurotischer Lichtscheu und stieß dabei auf die Vorstellung des Patienten, von dem allessehenden Vater wie von einem Sonnengott jederzeit gesehen und durchschaut zu werden. Umgekehrt hatte der Patient bei seiner Furcht, die Sonne zu betrachten, große Angst, den Körper der Mutter anzuschauen. Abraham zog daraus den Schluß, daß die Scheu des Patienten, den mütterlichen Körper zu betrachten, „auf eine verdrängte Schaulust zurückgeht, die sich ursprünglich im Übermaß der Mutter zugewandt, sich aber speziell auf das Genitale bezogen hatte." (a.a.O., in: Psychoanalytische Studien, 331—332) Als Hintergrund der Schaulust und ihrer Verdrängung erkannte Abraham die Kastrationsangst: der ursprüngliche auf die Mutter gerichtete genitale Wunsch blieb bei seinem Patienten unter der ängstigenden Vorstellung von der kastrierten Frau beim bloßen Schauen stehen; die Schaulust wurde sodann auch vom Anblick des Genitales auf andere weit entfernte Körperpartien weggedrängt; hinzu aber kam die Furcht, das eigene Auge durch den Vater zu verlieren. Dahinter steckte der eigene abgewehrte Wunsch, selbst den Vater zu kastrieren; und im Sinne eines echten jus talionis hatte sich dieser Wunsch in die Angst verwandelt, der Vater könnte in der symbolischen Blendung der Augen den Sohn entmannen. Der Anblick des Sonnenlichtes, das den Vater sowohl wie die Mutter symbolisierte, bedeutete somit für den Patienten Delikt und Strafe ineins: den Anblick der Mutter und die Strafe durch den Vater.

Die kastrative Erblindungsangst und die Lichtscheu des Patienten erwies sich somit „als Vergeltung verbotener, der Mutter zustrebender Schaugelüste und der aktiven Kastrations- oder Blendungsphantasie gegenüber dem Vater." (a.a.O., 334)

Von daher kann man der Bemerkung H. Nunbergs zustimmen, wenn er als den Kern der Schaulust den unbewußten Glauben bezeichnet, „durch das Beschauen andere Männer ihres Genitales zu berauben..., daß das Schauen... sadistische Tendenzen verfolgte." (Allgemeine Neurosenlehre, 185) In der Tat läßt sich mit dieser Theorie die Angst des Voyeurs, seine Vermeidung wirklicher genitaler Aktivitäten, seine Fixierung auf die Genitalzone und die Vorstellungen seiner vergewaltigenden Allmacht von der Kastrationsangst her gut begreifen.

Wenden wir dieses Ergebnis auf die Analyse unserer Stelle an, so beginnen wir zu verstehen, was eigentlich das Tun Chams so verwerflich macht. Das Ansehen des väterlichen Genitales ist, wie wir jetzt wissen, nicht nur ein bloßes Anschauen, sondern von dem intensiven Wunsch begleitet, den Vater zu kastrieren. Wenn der „Sinn der Schamhaftigkeit... Angst vor der Kastration" ist (H. Nunberg: Allgemeine Neurosenlehre, 185), dann besteht der Sinn der Schamlosigkeit Chams in dem Verlangen nach der Kastration des Vaters. Wir können dann auch psa der Hypothese zustimmen, daß in Gn 9, 22 eine Lücke vorliegt, in der ein bestimmtes Tun Chams ausgefallen und verdrängt worden ist. Dieses Tun läßt sich mythologisch und psa als Kastration erschließen. Die Textlücke ist sicherlich nicht groß; es können nur wenige, vielleicht nur ein einziges Wort ausgefallen sein; zu denken wäre, wenn von einer Kastration die Rede war, etwa an das hebr. m'k, das soviel bedeutet wie „die Hoden zerdrücken, kastrieren, unzüchtig berühren", oder an ein ähnliches Wort. Es ist indessen schon eigentümlich, daß im Hebräischen Wörter, die die Kastration beschreiben können, wie ktt, m'k, mrḥ, ntq, šḥt, niemals in aktiven Wendungen bezüglich dieses Vorgangs im AT gebraucht werden (außer wie in Ez 23, 3: m'k als „unzüchtig berührt werden"; und wie in Ez 23, 34 ntq vom Trauerbrauch), und dies bei der offensichtlichen Freude, die dieses Tun an sich den Hebräern bereitet: vgl. 1 Sam 18, 25.27. (Vgl. zum Thema der Kastration die Stellung des srjs — des Eunuchen in Israel: R. de Vaux: Das Alte Testament und seine Lebensordnungen, I 197f, und die Praxis der Beschneidung, de Vaux, I 86—89) Es scheint hier die gleiche Scheu am Werk zu sein, die die Textlücke von Gn 9, 22 geschaffen hat: horribile dictu. Indem der Text das Tun Chams verdrängt und ihn zum „Voyeur" macht, läßt er doch gerade durch die radikale Verwerfung des Voyeurismus deutlich werden, was daran so verwerflich ist. Außerdem erscheint somit auch die Versklavung Chams in den Fluchworten Noahs als eine gerechte Talionsstrafe für seinen Frevel: die kastrierende Allmacht des Voyeurs verwandelt sich in die Ohnmacht des Kastrierten. Dabei kann man daran erinnern, daß die unterlegenen Kanaanäerkönige im Grunde (symbolisch) kastrierte Könige sind: Ri 1, 6.7 schildert beim Finger- und Zehenabschneiden Adonibeseks die (symbolische) Kastration als Ritual der Unterjochung, ganz zu schweigen von mythischen Parallelen und archaischen Riten, die uns bereits ganz unabhängig von der psa Einsicht in das Wesen der Schaulust in dem Tun Chams eine kastrative Handlung vermuten ließen.

Somit verfügen wir über eine plausible Hypothese, mit deren Hilfe wir die wichtigsten und am meisten auffallenden Züge dieses so sonderbaren Textes erklären können. Es leuchtet uns ein, was Chams Tun so schrecklich macht, wieso gerade die Strafe der Unterjochung (Gn 9, 25.26) über die Kanaanäer verhängt wird, wieso der Schautrieb Chams mit dem exhibierenden Prahlen zusammenhängt und wie die Scham der beiden anderen Noah-Söhne den Schautrieb Chams durch reaktive Schamhaftigkeit verdrängt.

Wir können hier aber noch einen Schritt weitergehen, und zwar in Richtung auf bestimmte völkerpsychologische Aspekte. Der Text von Gn 9, 18—27 legt ja den größten Nachdruck darauf, daß die Schamhaftigkeit als Kennzeichen der Semiten und Japhetiten zu gelten habe. Wer immer nun diese Völker der ethnischen Herkunft nach sind, klar ist, daß es sich bei den „Semiten" offenbar um eine Volksgruppe handeln soll, in denen auch das Volk der Hebräer sich wiederfinden kann. Tatsächlich wird die Behauptung einer besonderen Schamhaftigkeit gegenüber dem Vater als Selbstcharakterisierung der Hebräer zutreffen, und zwar bes. in der theologischen Zuspitzung, die diese Stelle für J besitzt. Es lassen sich nämlich religionspsychologisch unmittelbar Beziehungen zwischen der Unterdrückung des Schautriebes und der damit verbundenen Tendenz, den Vater zu kastrieren, einerseits und einer besonderen Eigenart der hebräischen Religion andererseits herstellen.

K. Abraham verwies bereits bei der Analyse der Lichtscheu auf den Zusammenhang der Vaterimago mit der Gestalt der Sonne bzw. des Sonnengottes, wobei die Sonne zugleich auch die Mutterimago in sich aufnehmen kann. Die Vorstellung von Ps 19, 7, der Sonne (dem Sonnengott) könne nichts verborgen bleiben, läßt sich religionsgeschichtlich weithin belegen. R. Pettazzoni leitet ganz entsprechend die Allwissenheit des Helios davon ab, „daß er alles sieht, was wiederum eine Folge eben seiner vor allem lichtvollen Natur als Sonnengott ist." (R. Pettazzoni: Der allwissende Gott, 18) Im gleichen Sinne ist der Himmel der höchste Träger der Allwissenheit. Wenn Pettazzoni umgekehrt dem Himmelsgott die undurchsichtige dunkle Demeter, die Erdgöttin, gegenüberstellt (a.a.O., 18), so entspricht dies der psa Erklärung Abrahams, daß die Lichtscheu im Grunde einer „Neigung zur Weltflucht", zum „Tod", ja ausgesprochenen „Mutterleibsphantasien" gleichkomme und „die Dunkelheit als Symbol der Mutter aufzufassen ist." (Über Einschränkungen und Umwandlungen der Schaulust, in: Psychoanalytische Studien, 353—354) „Ganz wie die Erde oder das Wasser hat auch das Dunkel gleichzeitig eine symbolische Bedeutung im Sinne der *Geburt* und des *Todes*." (a.a.O., 356)

Wird dieser religionsgeschichtliche und religionspsychologische Zusammenhang anerkannt, so muß „die Übereinstimmung zwischen dem geschilderten neurotischen Schauverbot und dem zweiten Gebot des biblischen Dekalogs, welches die Herstellung eines Abbildes des einzigen (väterlichen) Gottes streng untersagt", von großem Interesse sein (K. Abraham: a.a.O., 370). Es scheint nämlich, daß das Bilderverbot „auf die Scheu vor dem väterlichen Phallus" zurückzuführen ist (K. Abraham, 371). Offenbar soll durch das Bilderverbot die Kastrationstendenz, die das Anschauen Gottes bzw. des Vaters begleiten müßte, ebenso wie die Kastrationsangst, die aus ihr folgt, abgewehrt werden. Wenn es stimmt, „daß so viele Götterbilder und kultische Zeichen phallischen Charakter tragen" (a.a.O., 371), dann wird es kein Zufall sein, daß im AT das Verb ktt, das auch soviel wie „kastrieren" bedeuten kann, vom Zerschlagen der Götzenbilder gebraucht wird, und zwar (z. B. Mi 1, 7) im Zusammenhang mit der Unterdrückung der „Hurerei", d. h. der Verehrung der Muttergöttin Astarte: der ödipale Wunsch nach dem Verkehr mit der Großen Mutter muß unterdrückt werden und wird mit der Kastration der Fruchtbarkeitsgötter geahndet. Umgekehrt scheint die Neigung zur Kastration des Vaters bzw. des Vatergottes noch in dem

Mythos von der homosexuellen Schändung der beiden Gottesboten in Sodom (Gn 19) durchzuschimmern.

Wir sehen: das Bilderverbot hat seinen Grund in der Abwehr von Kastrationsneigung und Kastrationsangst und findet in unserer Erzählung sein Pendant in der Schamhaftigkeit von Sem und Japhet und der Abwehr der Schaulust Chams. Weiter: es besteht Grund zu der Annahme, daß das Bilderverbot der Hebräer aufs engste mit der Verdrängung der weiblichen Muttergöttin und der starken Betonung der Einzigkeit Gottes zusammenhängt. (Vgl. K. Abraham: a.a.O., 371) Dem entspricht ein anderer merkwürdiger Befund. Es fiel K. Abraham auf, daß die hebräische Sprache eines Wortes entbehrt, das „Göttin" bedeutet (K. Abraham: a.a.O., 366), daß also dem Gedanken an die Muttergöttin, wie es in der Verdrängung der Fall zu sein pflegt, einfach die Wortvorstellung entzogen wird. Damit entschwindet, wie Abraham hervorhebt, jeder Zweifel an der männlichen Gestalt Gottes, wie denn auch wiederum ein eigentliches Wort für „zweifeln" in den biblischen Schriften fehlt (a.a.O., 365). Man hat von daher den Eindruck, „daß das Bilderverbot dem Gebot, nur einen Gott anzuerkennen — dem Gebot also, welches die Zweifel zwischen Vater und Mutter ausschließen soll", — unmittelbar benachbart ist (a.a.O., 371). „Zweifel und Unglauben vermögen der Macht des Vaters nunmehr keinen Abbruch zu tun ... Als Sonne an den Himmel versetzt, vermag der Vater alles zu schauen, während er durch die blendende Wirkung seines Lichtes dem Blicke des Sohnes entzogen ist. Zugleich ... ist der an den Himmel versetzte Vater den aggressiven Gelüsten des Sohnes entzogen" (a.a.O., 379). Andererseits ist dieser Machtzuwachs des Vatergottes, der „in unzugänglichem Lichte wohnt" (1 Tim 6, 16), sehr zwiespältig; denn es ist eigentlich der tot gedachte oder tot gewünschte Vater, dem die Erhöhung zur Sonnengottheit gilt, so wie die Menschen selbst erst nach dem Tode in den Himmel kommen. Die Verehrung des Vaters als eines Himmelsgottes, von dem man kein Bild machen darf, ist somit der ambivalente Ausdruck von Todesphantasien, die den Vater seiner Macht berauben, „so daß er eigentlich *ohnmächtig*, unschädlich wird. Durch nachträgliche Kompensierung wird ihm dann eine *allmächtige* Gewalt eingeräumt." (a.a.O., 380)

Auf diese Weise kann man in der Tat in der Religion und in den völkerpsychologischen Grundzügen des alten Israels jene „Schamhaftigkeit" Sems wiederfinden, die es ängstlich vermeidet, den Vater anzuschauen. Es geht dabei, wie wir jetzt wissen, um eine Abwehr der Kastrationsneigung dem Vater gegenüber, um die Verdrängung der

Muttergottheit, um die unbezweifelbare Einzigkeit Gottes als eines allmächtigen himmlischen Vaters — und dies alles zweifellos auf dem Hintergrund eines streng patriarchalischen Familiensystems. Denn gerade der Patriarchalismus erzwang den radikalen Verzicht auf die ödipalen Inzest- und Kastrationswünsche des Sohnes. „So wie aber in der patriarchalischen Familie der Konflikt im Sohne unbedingt zugunsten des Vaters entschieden wurde, ganz so auch in der monotheistischen Religion des Alten Testamentes." (K. Abraham: a.a.O., 365)

So verstehen wir, wieso der Segen und der Fluch Noahs, der seinen Ausgangspunkt an der Schändung des Vaters nimmt, unmittelbar, nicht durch „moralische", sondern streng religiöse Vergeltung, von Gott her über die Söhne Noahs ausgesprochen wird und wieso J in dem Verhalten Kanaans in der Tat den polaren Gegensatz zum eigenen Wesen erblicken muß. Wir verstehen, wie das Verhältnis der psychischen Abwehr in Verdrängung und Reaktionsbildung das Vorbild und den Grund für die äußere Verdrängung und Bekämpfung der Kanaanäer im Raum der politischen Auseinandersetzung darstellt.

Damit sind wir bereits den Hauptproblemen von Gn 9, 18—27 auf die Spur gekommen und dürfen die Fragen, die um die Personen der Söhne Noahs, bes. um die Gestalt Chams zentriert sind, für beantwortet halten. Rätselhaft bleibt uns indessen die Person Noahs selbst und sein Alkoholrausch. Wohl haben wir die Trunkenheit Noahs auf dem Hintergrund eines dionysischen Rituals zu sehen gelernt; es bleibt aber zu untersuchen, welche psychologische Bedeutung das Trunkenheitsmotiv besitzt. Es ist hier verlockend, einer Denkmöglichkeit nachzugehen, die wir zwar nicht zur These erhärten können, die wir als Hypothese aber nicht unerwähnt lassen möchten und die bereits durch die Welteltermythen mit dem Kastrationsmotiv nahegelegt wird. Wir haben bisher festgestellt, daß das Verbot, den Vater nackt zu sehen, im Grunde eine Abwehr kastrativer Strebungen darstellt; indem die Einschränkung des Schautriebes unter dem Zwang des Ödipuskomplexes auf die religiöse Haltung ausgedehnt wird, geht das Bilderverbot Gottes mit einer Beseitigung der weiblichen Muttergöttin einher, der sonst die inzestuösen Wünsche des Sohnes gelten müßten. Unter diesen Voraussetzungen scheint es in der Tat nicht unmöglich, daß auch in dem Bild von dem berauscht daliegenden Noah die Gestalt der Frau verdrängt worden ist, d. h., daß der Rausch Noahs eigentlich ein Sexualrausch ist, anders ausgedrückt, daß das Motiv des Alkoholrausches im Grunde einen Sexualrausch vertritt.

Gegen die Möglichkeit einer solchen Deutung scheint sofort zu sprechen, daß die Szene im Zelt, wie sie in Gn 9, 18—27 geschildert wird, eigentlich voraussetzt, daß Noah allein im Zelt liegt. Jedoch beweist das im psa Sinne nicht viel; denn wir haben es psa ja mit Wünschen und Phantasien, also mit der inneren Wirklichkeit zu tun, und es ist daher nur die Frage, welche Triebregungen sich mit dem Bild des berauschten, entblößt daliegenden Vaters verbinden, nicht, was sich in der äußeren Realität zugetragen haben könnte. Daher genügt es anzunehmen, daß der berauscht und nackt im Zelt liegende Vater in Cham eine Urphantasie geweckt hat, welche die Elemente von Nacktheit, Rausch und „auf-der-Erde-liegen" zu einem Bild des sexuellen Verkehrs zusammenordnet.

Diese Möglichkeit läßt sich nicht nur nicht ausschließen, sondern mit gar nicht so schwachen psa Gründen wahrscheinlich machen.

Als erstes: es besteht eine ausgesprochene Affinität des Alkoholrausches zum sexuellen Erleben, und zwar zunächst einmal wegen der Gleichheit der Wirkungen, die der Alkohol wie die Sexualität hervorrufen. „Soweit unsere Überlieferungen zurückreichen, stellten alle Völker berauschende Getränke her, deren Genuß die allbekannten trügerischen Gefühle hervorruft. Der Mensch fühlt sich belebt, begeistert, gehoben; zugleich verleiht der Trank ihm ein erhöhtes Wärmegefühl und erregt seine sexuelle Begierde. Die Kulte des Dionysos tragen stets zugleich einen erotischen Charakter. Das Getränk ruft im Menschen also in doppeltem Sinne Feuer hervor: Wärme und Liebesfeuer." (K. Abraham: Traum und Mythus, in: Psychoanalytische Studien, 313) Daher weist Freud darauf hin, daß umgekehrt die „Volksseele ... von jeher ... die Liebe einen ‚Rausch'" genannt hat und „die Verliebtheit durch Liebesträke" hat entstehen lassen (S. F.: Vorlesungen zur Einführung in die Psychoanalyse, XI 403). Möglicherweise spielt dabei „eine gewisse Analogie der ... endogenen Libidostoffe mit dem Alkohol" eine Rolle (S. Ferenczi: Alkohol und Neurosen, in: Schriften zur Psychoanalyse, I 94).

Ein zweiter wichtiger Grund, der damit eng zusammenhängt, ist die symbolische Entsprechung zwischen Rauschtrank und Sexualität. In der Motivgeschichte der Stelle trafen wir das weit verbreitete Motiv vom berauschenden Göttertrank Soma an, das von der indischen Mythologie im Zusammenhang mit der Verehrung des Mondes bis hin zur Stiertötung des Mithraskultes eine Rolle spielt. Über die psa Deutung dieses Göttertrankes aber kann kein Zweifel sein. „Der himmlische Soma wird durch Bohren in der Wolke — also durch einen symbolischen Zeugungsakt — gewonnen. Es scheint ... darum ein naheliegender Schluß zu sein, im Soma eine symbolische Vertretung des menschlichen Samens zu erblicken. Der Samen hat eine belebende und unsterblichmachende, weil fortpflanzende Wirkung." (K. Abraham: Traum und Mythus, in: Psychoanalytische Studien, 314—315) Ebenso verwiesen uns die Befruchtungs- und Ernteriten auf die Vorstellung, in den Weinstöcken und anderen fruchttragenden Zweigen eine Art männliches Organ zu sehen und in ihrer „Beschneidung" also eine Kastration zu erblicken, wie es im AT z. B. in Lv 19, 23 zum Gebot erhoben wird.

Das Bild von Noah, der die (Mutter-)Erde „bebaut" und sie mit einem „Weinstock" bepflanzt, um sich an diesem Gewächs zu berauschen, kann also ohne weiteres auch im Sinne einer sexuellen Symbolik verstanden werden, wobei der Weinstock für das männliche Genitale, die bebaute Erde für die Frau und der Rausch für das orgiastische Erleben stünde; der „Wein", das Ergebnis der sexuellen Tätigkeit, wäre ein Bild für die männlichen Sexualsekrete. C. G. Jung, der im Wein gleichfalls „das Männliche" erkennt (C. G. Jung: Das Wandlungssymbol in der Messe, XI 241), denkt vor allem an das Geistige, spirituell Belebende des Weines, der u. U. sogar das Bewußtsein vertreten kann, für welches die Männlichkeit in sexuellem Sinne ihrerseits wieder nur ein Symbol ist. Auch die Sprache der Bibel und der Väterexegese kennt die sexuelle Metaphorik des Weines und Weinstockes, allerdings zumeist in weiblicher Bedeutung. Die Stelle des Ps 128, 3, an der es heißt: „Dein Weib blüht auf wie ein fruchtbarer Weinstock", interpretiert z. B. der Martyrer Justinus so, daß der Weinstock das Weib bedeute; jeder „sitzt ... unter seinem eigenen Weinstock, das heißt jeder hat nur das eine Weib" (Justinus: Dialog mit dem Juden Tryphon, CX 3; BKV, Bd. 33, S. 177—178). Ähnliche Bilder enthalten Jes 5, 1ff; 27, 2; Hld (1, 14); 4, 12ff; 7, 9.13.14; 8, 2.11.12 usw.; Stellen wie Hld 2, 3.5 verstehen das Essen von Früchten insgesamt als Bild für die Stillung des Liebesdurstes. Daß schließlich der Bibel auch die symbolische Gleichung von Sexualität und Trank nicht fremd ist, zeigt Ex 17, 5.6; Nu 20, 7—11, wo Moses mit dem Stab Wasser aus dem Felsen schlägt, ganz so, wie Dionysos Wein mit dem Thyrsosstab aus dem Felsen schlägt (K. Abraham: Traum und Mythus, in: Psychoanalytische Studien, 316; vgl. S. F.: Die Traumdeutung, II/III 383; 385—386).

Möglicherweise handelt es sich also bei dem „Rausch Noahs" um ein Symbol für ein sexuelles Tun; das anstößige sexuelle Motiv wäre durch das weniger anstößige vom Weinrausch ersetzt worden; der Wein würde, je nachdem, als ein Symbol für die Frau bzw. für die männliche Sexualität zu interpretieren sein. Wir könnten mit diesen Deutungen gut verstehen, warum, etwa im Dionysos-Kult, der Weinrausch vom Sexualrausch nicht zu trennen ist und beide auch rituell ineinander übergehen oder sich wechselseitig vertreten.

Setzen wir dies einmal voraus, so erhalten wir zugleich eine überraschende neue Einsicht in das Motiv der Kastration, das wir bisher mythologisch erschlossen bzw. psa aus der Schaulust abgeleitet haben. Es scheint dann nämlich, daß es kein Zufall ist, wenn wir in den Mythen die Kastration des Vaters im Zusammenhang mit der Ureinheit des (Welt-)Elternpaares erwähnt fanden; ontogenetisch sind die „Welteltern" natürlich Vater und Mutter; gerade gegen ihre Vereinigung aber richten sich die ersten genital bedingten Zerstörungswünsche des Kindes. Wie Freud gemeint hat, übt in der Phantasie des Kindes und des Neurotikers die Phantasie der sog. „Urszene" von der Beobachtung des elterlichen Koitus einen außerordentlich starken, oft traumatisierenden Einfluß aus (z. B. im Fall der Katharina bei S. F.: Studien über Hysterie, I 184—195, oder im Fall des „Wolfsmannes" bei S. F.: Aus der Geschichte einer infantilen Neurose, XII 63—73). Interpretieren wir den „Rausch" Noahs nun als einen Sexualrausch, so würde damit unzweifelhaft eine Reaktivierung der so wichtigen Phantasie von der Urszene gegeben sein. Und mit der Erinnerung an die Urszene würden auch die infantilen Kastrationswünsche gegenüber dem Vater wiedererweckt, die wir in manchen Mythen und Riten denn auch in der Tat verwirklicht sehen.

Wir hätten demnach den psychischen Ablauf von Gn 9, 20—27, soweit wir ihn bisher analysiert haben, in etwa folgendermaßen zu rekonstruieren: der „Rausch" Noahs stünde als Grund oder Anlaß für die reale Beobachtung oder Phantasie der Urszene vom elterlichen Koitus; diese Wahrnehmung (oder Phantasie) reaktiviert die ödipalen Tendenzen in Cham, den Vater um des Besitzes der Mutter willen zu kastrieren; die Angst, die von diesen Wünschen ausgeht, erzwingt die Einschränkung des Schautriebes und die Reaktionsbildung des Schamgefühls; dies stellt in gewissem Sinne einen Sieg des patriarchalischen Systems dar und basiert auf der Unterdrückung der ödipalen Strebungen, deren Verurteilung im religiösen Bereich zur Aufrichtung des Bilderverbots und zur Beseitigung der weiblichen Gottheit an der Seite des Himmelsgottes führt; von daher begründet sich die Verfluchung und die Segnung der Noah-Söhne bzw. der Völker, die sie repräsentieren; die Notwendigkeit, im eigenen Inneren die Gefahren der ödipalen Regungen zu unterdrücken, bildet das psychische Äquivalent der politischen Unterdrückung Kanaans.

462

Umgekehrt wird der psychische Sinn des merkwürdigen Rituals der Selbstverstümmelung, z. B. im Attis-Kult, deutlich. Die Kastration der Galli, die ihre männlichen Organe der Großen Mutter opferten, stellt sich wie eine rauschhafte Selbstbestrafung für eben die Handlung dar, die wir in Gn 9, 20—22 vermuten: der ödipale Wunsch, neu erwacht vielleicht bei der Beobachtung der elterlichen Kohabitation, bestand darin, sich mit der Mutter zu vereinigen und den Vater als möglichen Konkurrenten auszuschalten; indem aber die Angst vor dem Vater dazu zwingt, die ihm zugedachte Verstümmelung an sich selbst zu vollziehen, muß auf den Sexualgenuß überhaupt Verzicht geleistet werden; das Begräbnis der geopferten Teile des Selbst ermöglicht indes eine wenigstens symbolische Vereinigung mit der ursprünglichen Geliebten des Sohnes und legt in ihrer sublimierten Form Zeugnis dafür ab, daß das Vergraben der geschändeten Teile in der „Mutter Erde" ein Ausdruck des eigentlichen, aber verdrängten Wunsches ist, sich mit der „Großen Mutter" zu vereinigen.

Damit wären eigentlich alle wesentlichen Fragen, die der Text aufgibt, beantwortet. Freilich muß dabei notgedrungen vieles spekulativ bleiben; als relativ gesichert darf aber doch gelten, daß wir es bei dem Tun der Söhne Noahs zentral mit einem ödipalen Thema auf dem Hintergrund patriarchalischer Grundzüge zu tun haben; und diese Feststellung deckt sich nicht nur mit dem Befund, den wir exegetisch in Gn 9 erheben konnten, sondern vermag, wie wir sehen, ebenso die naturmythologischen Motive der Stelle von der Psa her zu begründen; zugleich gewinnen wir einen Einblick in die möglichen inneren Konflikte, die die Israeliten bei ihrem Kontakt mit der Bevölkerung Kanaans zu bewältigen hatten, und erhalten somit ein Stück historischer Völkerpsychologie.

Aber, — wird man vielleicht einwenden —, werden bei dieser Interpretation die Dinge nicht maßlos übertrieben? Kann man dem einmaligen schamlosen Hinschauen Chams eine solche Bedeutung beimessen? Kann nicht alles viel einfacher verstanden werden? Offenbar nicht; denn es kann keine Erklärung der Stelle befriedigen, die nicht imstande ist, plausibel zu machen, warum der Text selbst dem scheinbar so harmlosen Tun Chams ein so großes Gewicht und eine so folgenschwere Bedeutung beimißt. Das aber wird am besten verständlich, wenn es hier tatsächlich um schwergewichtige Probleme geht, und auf solche sind wir bei unserer analytischen Durchsicht gestoßen. Gerade die große Bedeutung, die J dem Tun Chams beimißt, ist ein gewichtiges Argument für die Richtigkeit der vorgeschlagenen Interpretation.

463

Lediglich ein wichtiger Aspekt ist bisher zu kurz gekommen, der mit dem Gesagten zwar eng zusammenhängt, aber doch das Gesamtbild noch etwas anders erscheinen läßt. Wir sind bislang bei der Analyse des Textes vom Schauen Chams und von dem Schamgefühl seiner Brüder ausgegangen; das „Tun" Chams haben wir vom Schauen her als kastrativ erschlossen. Einen Moment lang ist es indessen vielleicht lohnend, sich das Tun Chams einmal vom Gegenteil her vorzustellen: nicht als ein aggressives Verhalten dem Vater gegenüber, sondern eher als ein libidinös besetztes homoerotisches oder homosexuelles Tun.

Die Möglichkeit ist ja nicht auszuschließen, sondern sogar naheliegend, daß Cham an dem Anblick der Nacktheit seines Vaters positiv sexuell interessiert war, daß das, was er tat, in all seiner Zudringlichkeit eine Art „Liebesangebot" dem Vater gegenüber in sich enthalten hat. Daß sich sein, so verstanden, homosexuelles Streben auf den Vater richtet, könnte den Wunsch ausdrücken, sexuell vom Vater befriedigt zu werden. Es wäre dies die andere — zugehörige, nicht alternative — Seite des Ödipuskomplexes, daß der Junge sich dem Vater unterwirft und selbst die Sehnsucht unterhält, nach der Art einer Frau von ihm geliebt zu werden (so wie es Freud z. B. beim Wolfsmann schildert: Aus der Geschichte einer infantilen Neurose, XII 71—73).

Von der Psa wissen wir, daß „unter der Bedrohung der Männlichkeit durch die Kastration", d. h., im Verlauf des Ödipuskomplexes, die Neigung entstehen kann, „nach der Richtung der Weiblichkeit auszuweichen, sich vielmehr an die Stelle der Mutter zu setzen und ihre Rolle als Liebesobjekt beim Vater zu übernehmen." (S. F.: Dostojewski und die Vatertötung, XIV 407) Diese Neigung ist um so stärker, je intensiver der Junge „sich selbst mit der Mutter identifiziert" (S. F.: Über einige neurotische Mechanismen bei Eifersucht usw., XIII 204). Bes. die Kastrationsangst vor dem Vater und die Gefahr, mit ihm zu rivalisieren, kann dazu führen, der Konkurrenz mit ihm auszuweichen, deshalb die Mutter als Liebesobjekt aufzugeben, aber andererseits unter dem Einfluß einer starken Mutterfixierung durch den Akt der Identifikation die Bindung an die Mutter aufrechtzuerhalten. Diese Kombination von Mutterbindung und Kastrationsangst ist psa geradezu als die klassische Bedingung der psychogenen Entstehung der männlichen Homosexualität zu betrachten, verbunden mit einer gehörigen Portion Narzißmus, der sich durch die „Hochschätzung des männlichen Organs und die Unfähigkeit, auf dessen Vorhandensein beim Liebesobjekt zu verzichten", kundtut (S. F.: Über einige neurotische Mechanismen, XIII 205).

Auch auf diese Weise ließe sich der Text sinnvoll interpretieren. Das Fehlen der Frau neben Noah wäre dann ebenfalls das Ergebnis einer „Verdrängung" infolge von Kastrationsangst, jetzt aber so, daß Cham selbst die Rolle der Frau (der Mutter) übernimmt. Sein Tun wäre dann ein männliches Pendant zu jenem anderen „kanaanäischen" Treiben, das ebenfalls im Weinrausch geschieht und von der Bibel nur mit Abscheu erzählt wird: Gn 19, 30—38, das Treiben der Töchter Lots, die die Trunkenheit ihres Vaters dazu ausnutzen, von ihm ein Kind zu bekommen.

Auch die Beziehung Chams zu seinen Brüdern könnte in diesem Sinne eine Rolle spielen. Wie Freud fand, sind neben den erwähnten Mechanismen an der Entstehung der Homosexualität offenbar auch „starke eifersüchtige Regungen aus dem Mutterkomplex gegen Rivalen, meist ältere Brüder", beteiligt (S. F.: Über einige neurotische Mechanismen, XIII 205); im allgemeinen werden diese späterhin verdrängt, und aus den früheren Rivalen werden „die ersten homosexuellen Liebesobjekte" (a.a.O., 206). Die Voraussetzung ist selbstredend, daß die Feindseligkeit mit den anfänglichen Rivalen nicht befriedigend verlaufen ist, daß also ein gewisses Moment der Unterlegenheit und Schwäche die Umwandlung der Aggressivität in Zärtlichkeit erzwungen hat. (Vgl. S. F.: Das Ich und das Es, XIII 266) Von daher könnte es eine gewisse Rolle spielen, daß nach Gn 9, 24 (im Gegensatz zu 9, 18) Cham als Noahs jüngster Sohn vorgestellt wird; man könnte darin einen Hinweis auf seine relative Ohnmacht im Rivalitätskampf mit den Brüdern sehen. Setzt man einmal die homosexuelle Thematik der Stelle voraus, so könnte die Zurschaustellung der Nacktheit des Vaters als ein homosexuelles Angebot an die Brüder verstanden werden und ein Ausdruck des Verlangens, sich auf dieser Basis mit ihnen zusammenzutun und eine Art „Masse im kleinen" zu bilden (zum Zusammenhang von Homosexualität und Masse vgl. S. F.: Massenpsychologie und Ich-Analyse, XIII 159). Auch die höhnische Aggressivität gegenüber dem Vater könnte als ein solcher Verbrüderungsversuch verstanden werden; die beiden Brüder sollen ja gemeinsam mit Cham sich über Noah lustig machen.

Wie man sieht, widerspricht eine solche Deutung den anderen soeben vorgeschlagenen nicht, sondern ergänzt das Bild durch zusätzliche Komponenten. Zu dem Aspekt der Beziehung Cham—Noah tritt der Aspekt der Beziehung Chams zu seinen Brüdern, zu der aggressiv-kastrativen Seite der Erzählung gesellt sich die libidinöse (homosexuelle). Und was am wichtigsten ist: in jedem Fall handelt es sich um Bearbeitungsversuche von Kastrationsangst und Kastrationstendenzen. Dieser Tatbestand wird uns jetzt helfen, die letzte und wichtigste Frage zu beantworten, die der Text uns aufgibt: was an diesem Text von allgemeiner psychischer Bedeutung ist und was sich speziell „ätiologisch" nur auf die Völkerstämme der Noah-Söhne beziehen läßt. Gerade von der Antwort auf diese Frage erwarten wir ja einen gewissen Fortschritt gegenüber der Abstraktheit der exegetischen Bemühungen um den Bedeutungsgehalt der Stelle sowie eine Lösung des Problems, mit Hilfe der Psa die Tat Chams auf ubiquitäre Strebungen reduzieren zu müssen und gleichzeitig die Besonderheit der Gestalt Chams begründen zu sollen.

Daß das Tun Chams etwas Allgemeingültiges im Menschen verkörpern könnte, scheint auf den ersten Blick vollkommen unmöglich zu sein, ja als bloß gedankliche Möglichkeit bereits Stürme der Empörung notwendig zu machen; man kann doch nicht ernsthaft allen Menschen unterstellen, sie wollten homosexuell verkehren und ihren Vater kastrieren! Und dennoch läßt sich diese „Unterstellung" bei nüchterner Betrachtung der Dinge in gewisser Weise in aller Ruhe und ohne alle Aufregung machen. Schon bei der Exegese der Stelle sind wir auf den Eindruck zu sprechen gekommen, daß das Tun Chams eigentlich mehr unreif und jungenhaft als boshaft und verderbt wirkt. Manche Exegeten haben daraus auf das *biologische* Alter der Noah-Söhne schließen wollen; wir haben diesen Schluß damals (I 254) abgelehnt, müssen indessen jetzt zugeben, daß die Stelle doch etwas über das *psychische* Alter seines Hauptakteurs Cham verrät. Wir können nämlich, vorgreifend, die These aufstellen, daß der Komplex sämtlicher Probleme von Gn 9, 18—27 phasenspezifisch auf den Entwicklungsabschnitt der (Vor-)Pubertät verweist und daher in der Tat eine gewisse Allgemeingültigkeit in der Ontogenese beansprucht.

Von der Psa her ist es das Kennzeichen der Vorpubertät, daß in ihr „die scheinbar überwundenen Wünsche und Einstellungen des infantilen Lebens von neuem zum Vorschein kommen" (A. Freud: Wege und Irrwege, 69). Nach der Periode der Latenzzeit beginnt ein zweiter Reifungsschub, der noch einmal die frühkindlichen Erfahrungen auf dem Gebiete der Sexualität reaktiviert und die Weichenstellung für die weitere Entwicklung gibt. „Die Phantasien der Pubertätszeit knüpfen an die in der Kindheit verlassene infantile Sexualforschung an", und zwar ragen darunter bes. einige hervor, „welche durch allgemeinstes Vorkommen und weitgehende Unabhängigkeit vom Erleben des Einzelnen ausgezeichnet sind. So die Phantasien von der Belauschung des elterlichen Geschlechtsverkehrs, von der frühen Verführung durch

466

geliebte Personen, von der Kastrationsdrohung, die Mutterleibsphantasien" (S. F.: Drei Abhandlungen zur Sexualtheorie, V 127, Anm. 2);
d. h., wir finden einen wichtigen Teil der Konflikte, mit denen Cham
sich auseinandersetzt, uneingeschränkt zu einem bestimmten Zeitpunkt
der Libidoentwicklung bei jedermann. Die libidinösen Strebungen, die
nach dem Untergang des Ödipuskomplexes von den Eltern gelöst zu sein
schienen, richten sich nun, jetzt aber bereits in differenzierter Form,
wiederum beim ersten Neueinsatz ihrer Entwicklung auf die Eltern.
Infolgedessen treten erneut die längst überwunden geglaubten Rivalitäten, Kastrationsängste und Kastrationstendenzen mit all den besproche-
nen Formen ihrer Verarbeitung von neuem auf. In dieses Bild gehört u. a.
die „Renommiersucht" und erneute „Steigerung des Geltungsstrebens"
(H. Remplein: Die seelische Entwicklung, 398), das sich mit Vorliebe
in Prahlereien mit sexuellen Heldentaten austobt. Auch die Aufforderung Chams, sich gerade auf diesem Gebiet über den Vater lustig zu
machen, paßt dazu. Desgleichen zeigt sich in dieser Zeit jene „große
Nähe zum Menschen des eigenen Geschlechtes", die W. Bräutigam als
„entwicklungshomosexuelles Verhalten" bezeichnet (W. Bräutigam:
Formen der Homosexualität, 26). Der Grund dafür muß in der menschlichen Bisexualität gesucht werden; es genügt der Hinweis, daß gerade in
dieser Zeit, „wo sich die Frage der heterosexuellen Beziehung vom Trieb
her zwingend stellt", eine „Zeit des geringsten Verständnisses für das
andere Geschlecht" vorliegt, in der die Jungen einen rechten Kult des
„Nur-Mann-sein" aufbauen (W. Bräutigam: a.a.O., 25). Auch die
Bandenbildung, z. T. auf homoerotischer Grundlage und zumeist in
deutlichem Affront gegen die Erwachsenen, zählt zu den Merkmalen
dieser Altersstufe (vgl. H. Remplein: Die seelische Entwicklung, 405f).
Selbst also, wenn jemand von unseren analytischen Hypothesen kein
einziges Wort für richtig halten sollte, so könnte er doch dem Schluß
zustimmen, der sich uns rein entwicklungspsychologisch nahelegt, daß
das Verhalten Chams als das eines Pubertierenden verstanden werden
kann, daß sich darin Konflikte widerspiegeln, die am Anfang der
Pubertät im Leben eines jeden eine Rolle spielen und also ubiquitär sind.
Man kann sagen, daß J durch die Auswahl und Einfügung des Abschnittes von dem Tun Chams eine Komposition geschaffen hat, die
psa und entwicklungspsychologisch wiederum auffallend „richtig" ist
und nach allem, was wir von der Psychogenese des Menschen wissen,
psychologisch stimmt. Wenn es zutraf, daß die Sintflut als ein Bild
der Latenzperiode aufzufassen ist, dann *muß* ontogenetisch geradezu
genau solch ein Stück folgen, wie es J ausgewählt hat, ein Bild, in dem

erneut ein sexuelles Thema sich in den Vordergrund drängt, in dem sehr starke Züge einer infantilen Sexualität sich ausdrücken, homosexuelle Tendenzen anklingen, Kastrationsängste und -wünsche in bezug auf den Vater zum Durchbruch kommen und eine Brüdergemeinschaft auf dem Hintergrund all dieser Problemstellungen angestrebt wird —, um am Schamgefühl der Brüder und am väterlichen Verdikt zu scheitern.

Indem wir so den Gedanken der Wiederholung früherer Entwicklungsstufen in der j Redaktion der Urgeschichte wiederfinden, verstehen wir auch eine exegetische Beobachtung besser, die wir damals (I 259) rein faktisch hingenommen haben. Wir meinten damals, daß in dem Bild vom „ackerbauenden Noah" eine Art neuer Sündenfallerzählung in Parallele zu Gn 3 überliefert werde. Auch die spätjüdische Überlieferung berichtet, Noah habe einen Weinstock eingepflanzt, der in der Flut vom Garten Eden weggeschwemmt worden sei, und weist somit auf die innere Verwandtschaft des Neueinsatzes in Gn 3 und Gn 9 hin (M. J. bin Gorion: Die Sagen der Juden, 161). Wir können aufgrund der psa Untersuchung des Textes eigentlich jetzt nur bestätigen, daß solche Wiederholungen früherer Stoffe in dem Text vorliegen; es ist nun aber deutlich, warum dies so ist und sogar sein muß. Erneut löst sich nach der „Großen Flut", ontogenetisch nach der Latenzzeit, die Einheit mit „Gott" bzw. mit den Eltern auf; erneut kommt es zu einer Trennung aufgrund von Gebotsübertretungen, die durch die Große Flut gerade verhindert werden sollten, erneut fallen die Menschen aus dem so mühsam geschaffenen Einklang mit den entscheidenden Bezugspersonen ihres Lebens heraus und können dies nicht tun ohne ein erneutes Gefühl von Schuld.

Bis hierhin läßt sich sagen, daß die Gestalt Chams einen gewissen Anspruch auf Allgemeingültigkeit im Sinne einer ontogenetischen Notwendigkeit besitzt, oder, anders ausgedrückt, daß die Konflikte, die nach der Auflösung der Latenzzeit zu Beginn der Pubertät von jedermann erlebt werden, als ontogenetisches Vorbild zum Verständnis der Gestalt Chams dienen können. Und dies allein schon läßt uns nicht nur wiederum das beinahe schon selbstverständlich gewordene Lob auf die immanente Psychologie der Komposition der j Urgeschichte aussprechen, sondern warnt uns zugleich nachhaltig davor, die Problematik der Noah-Söhne ausschließlich und allein völkerätiologisch, statt menschheitlich zu lesen, und dies, obwohl wir exegetisch allein nicht recht zu sagen gewußt hätten, worin eigentlich diese Allgemeingültigkeit hätte liegen sollen.

Andererseits ist an dieser Stelle vielleicht deutlicher als irgendwo sonst in der j Urgeschichte zu sehen, wie kraß J die allgemein menschlichen psychologischen Probleme, die sich in der Ontogenese stellen, radikalisiert und ganz extrem zuspitzt. So sehr uns die psa Einsichtnahme in die Struktur des Verhaltens Chams darin das Grundmuster eines ubiquitären Entwicklungsschrittes erkennen ließ, so sehr ist doch klar, daß die speziellen Konturen der Gestalt Chams sich nicht verallgemeinern lassen. J selbst glaubt dies auch nicht; es liegt ihm ja gerade daran, das Verhalten Chams auf die Wesensart einer bestimmten Völkergruppe zu beschränken und einer anderen Völkergruppe entgegenzusetzen. Und an dieser Stelle konnte uns die Psa in der Tat dazu verhelfen, den spezifischen Charakter und den Zusammenhang der Schamhaftigkeit von Sem und Japhet sowie der Schamlosigkeit Chams einerseits mit den Besonderheiten der Kanaanäer und Semiten bzw. Japhetiten auf der anderen Seite herauszuarbeiten.

Darin liegt indessen zugleich die Unmöglichkeit, ein phylogenetisches Pendant zu den ontogenetisch aufgezeigten Problemen der Stelle zu finden. Zum ersten Mal in der j Urgeschichte müssen wir dabei stehen bleiben, allein die ontogenetische Seite der Erzählung darzustellen. Offenbar ist es nicht mehr möglich, jenseits der Latenzzeit die weitere kulturell gebundene Entwicklung des Einzelnen noch als eine Rekapitulation der Phylogenese zu verstehen; zu groß sind dafür die Modifikationen, die vom sozialen Kontext her den Entwicklungsverlauf des Einzelnen bestimmen. Wenn wir exegetisch meinten, die j Urgeschichte stelle in ihrem zweiten Teil nach der Zwischenphase der Sintflut dar, wie auf der Grundlage des von Gott abgefallenen Menschseins die soziale und geschichtliche Wirklichkeit sich aufbaue, so müssen wir psa zwar konstatieren, daß wir bei der Erzählung von den Noah-Söhnen auf so große kulturspezifische Zuspitzungen eines (allerdings allgemein menschlichen) Entwicklungskonfliktes stoßen, daß wir die ontogenetische Betrachtung nicht über die Beobachtung ihres sehr stark patriarchalisch gebundenen Milieus hinaus verallgemeinern können, daß aber andererseits auch psa deutliche Indizien dafür sprechen, daß die psychische Entwicklung in der j Urgeschichte nach der „Sintflut" (der Latenzzeit) fortsetzt, was in den Entwicklungsstadien zuvor grundgelegt wurde.

3. Die psa Interpretation des „Frevels" Chams auf der Subjektstufe

Jede seelische Erkrankung, auch eine Perversion oder Inversion, ist ein Versuch, an sich berechtigte Lebensinteressen, wenngleich in isolierter, überwertiger, verzerrter Form, zu verwirklichen. Dies allein schon legt die Frage nach dem „Sinn" des Verhaltens Chams nahe. Zudem wissen wir jetzt, daß die Grundmotive von Gn 9, 20—22 eine gewisse entwicklungspsychologische Allgemeingültigkeit besitzen, also in ihrem Ansatz ein an sich gesundes Bestreben nach tieferer Integration und Selbstverwirklichung ausdrücken müssen, das erst unter bestimmten Voraussetzungen zur Perversion entartet. Beides nötigt zu einer Untersuchung der Gestalt Chams auf der Subjektstufe.

Um die „Innenseite" des Bildes von Noah und seinen Söhnen aufzuschlüsseln, stellen wir wiederum Cham in den Mittelpunkt der Erzählung und betrachten von ihm her die umliegende Szenerie, als wenn die in ihr auftretenden Akteure nicht äußere, sondern innerpsychische Gestalten seiner selbst, alle Handlungen also eine Selbstdarstellung immanenter Strebungen und Entwicklungstendenzen in Cham selbst wären. Die Person des berauscht und nackt in seinem Zelt daliegenden Vaters symbolisiert dann eine Macht, die in Cham selbst schlummert. Für gewöhnlich, meint Jung, bedeutet das Auftreten des Vaters in Träumen „den früheren Bewußtseinszustand, in welchem man noch Kind ist, d. h. abhängig von einer bestimmten, vorgefundenen Lebensform, einem *Habitus, der Gesetzescharakter hat.* Es ist ein hingenommener, unreflektierter Zustand, ein bloßes Wissen um ein Gegebenes ohne intellektuelles oder moralisches Urteil." (C. G. Jung: Psychologische Deutung des Trinitätsdogmas, XI 197) Indem Cham die Nacktheit dieses Zustandes geistiger Unbewußtheit betrachtet, wie sie ohnmächtig, preisgegeben, bar jeder Scham und Eigenmächtigkeit daliegt, erwacht in ihm, zu Recht, sollte man meinen, die Lust, diesen „Vater" in ihm zu verhöhnen und um seine „Potenz" zu bringen. Gerade in der äußeren Schamlosigkeit und Zudringlichkeit des Noahsohnes erkennen wir daher subjektal ein Erwachen zu größerer Selbständigkeit, Eigenverantwortung und sittlicher Reife; unter dem Anschein der Pietätlosigkeit verbirgt sich, so gesehen, ein Streben nach innerer Einsicht und selbständigem Urteil. Was Cham meint, wenn er seinen inneren Vater schändet, ist die Schändlichkeit eines Lebens, das ohne eigenes Bewußtsein behütet („im Zelt"), aber in Wahrheit hüllenlos ausgeliefert dahindämmert. Gegen ein solches Lebensbild schreitet er ein, von ihm möchte er, daß es sich nicht weiter „fortpflanzt". Der „Vater" in ihm steht hier, auf der Stufe des „persönlichen Unbewußten", für all die Dressate, die Cham in sich aufgenommen hat und die sein Dasein bislang bestimmten, ohne ein eigenes Nachdenken zu benötigen oder auch nur zu gestatten. Der Komplex dieser von außen vermittelten Gebote und Normen erscheint Cham jetzt wie ein „Rauschzustand", wie ein Existieren unter einem fremden Willen, wie ein Vegetieren unter einer Geistigkeit, die nicht die eigene ist; und zugleich scheint der Schlaf des Vaters anzudeuten, daß dieser Zustand der Abhängigkeit in der Tat zur Ruhe gegangen ist.

Die „Kastration" oder, wie in manchen Riten, die Zerstückelung des Königs bzw. des königlichen Vaters durch den Sohn liest sich demnach als ein Bild beginnender Reflexion und innerer Analyse, die notwendig sind, um zu sich zelbst zu finden. Das Zerbrechen der Hostie des Gottkönigs in der Hl. Messe, die Symbolgestalt des gekreuzigten Messias, war konsequenterweise für Jung ein „Ritus des Individuationsprozesses" (Jung: Das Wandlungssymbol in der Messe, XI 299). Der zunächst zerstörerische Vorgang der Auflösung, der Unterscheidung, der Absetzung des Eigenen vom Fremden dient im Grunde der Selbsterkenntnis. Es ist ein schmerzhaftes, qualvolles Tun, bei dem Cham sich gewissermaßen in sein eigenes Fleisch schneidet; es ist zugleich ein gefährliches, aufrührerisches Tun, ein Aufstand gegen die ganze überkommene, bewußtlose Geistigkeit, eine Tat, die alle jugendliche Kraft erfordert.

Man versteht von daher, daß Zeremonien der rituellen Kastration oder Zerstückelung im Leben der Primitiven gerade am Beginn der Pubertät eine große Rolle spielen. M. Eliade hat eindrucksvoll geschildert, wie die schamanistischen Initiationsekstasen durch Zerstückelungserlebnisse wesentlich geprägt sind. Bei den Jakuten z. B. schneidet der Mutterraubvogel „den Körper des Kandidaten in kleine Stücke, die er unter die bösen Krankheits- und Todesgeister verteilt. Jeder Geist verschlingt das Stück, das ihm paßt; dadurch erhält der künftige Schamane die Fähigkeit, die entsprechenden Krankheiten zu heilen. Wenn der ganze Körper verzehrt ist, entfernen sich die Geister. Der Muttervogel bringt die Knochen wieder an ihren Platz und der Kandidat erwacht wie aus einem tiefen Schlaf." (M. Eliade: Schamanismus, 46) Offensichtlich handelt es sich bei dieser mystischen Zerstückelung und Wiederzusammenfügung durch den Muttervogel um Vorgänge einer geistigen Geburt, um die Zerteilung und Wandlung einer „Gestaltung des Unbewußten" (C. G. Jung: Das Wandlungssymbol, XI 297). Ganz entsprechend muß man dann die Initiationen in die Kulte des Dionysos, Mithras, Attis, Adonis, in den Kult der Isis und der Demeter verstehen als einen „Durchgang durch die Elemente", eine „Reise durch den Hades" (A. v. Gennep: Initiationsriten in: V. Popp: Initiation, 31); es sind, psa betrachtet, Bilder für das Mysterium des Sterbens des alten, kindlichen Menschen und der Auferstehung einer neuen, erwachsenen Persönlichkeit. Der Weg zum Selbst führt nur über diesen mörderischen, rohen Akt der Loslösung, Auflösung, Ablösung, der Verstümmelung, ja „Tötung" des

Vaters, über die Beraubung seiner Macht, über die Enthüllung seiner Blöße. Und insofern gilt die Beschneidung in den Initiationsriten eigentlich immer dem berauscht daliegenden „Vater" in der eigenen Seele.

Die Preisgabe der Schlummerexistenz im elterlichen Gezelt bedeutet jedoch nicht nur die Entmachtung der Vaterautorität; sie verlangt gleichzeitig eine Absage an die libidinöse Bindung an die Mutter. Die Mythen und Riten der Initiation mit ihren kastrativen Praktiken ebenso wie die Kulte zu Ehren der Fruchtbarkeitsgötter haben, auch psa betrachtet, völlig recht, wenn sie die Lebenssteigerung von einem Opfer, einem Selbstverzicht abhängig machen. Indem der Initiand des Attis seine Genitalien der Großen Göttin opfert, begibt er sich der Möglichkeit, seine ödipalen Lebensansprüche an die Mutter jemals realisieren zu können. Die „Phantasie des Opfers... bedeutet das Aufgeben der Infantilwünsche." (C. G. Jung: Versuch einer Darstellung der psychoanalytischen Theorie, IV 181) Und indem der Kult des Fruchtbarkeitsgottes (und seiner Mutter) sowie der Ritus der Initiation ein entsprechendes Opfer fordern, leiten sie die an den Eltern haftende Libido auf die Gestalten des Göttlichen über, welche im Grunde die symbolischen Repräsentanten des Früheren darstellen. „Dadurch wird die Libido zu weiterer sozialer Verwendung geschickt." (Jung: a.a.O., IV 181) Die für den gesellschaftlichen Zusammenhalt so bedrohliche Stufe des Erwachsenwerdens vermag mit Hilfe derartiger religiöser Übungen in das Leben der Gemeinschaft eingegliedert zu werden.

Nicht nur die Angst vor dem väterlichen Machtwort, sondern das innere Gesetz der psychischen Reifung selbst verlangt also das Opfer, den Verzicht auf die Sehnsucht nach der Einheit mit der Mutter. Wenn wir auf der Subjektstufe die Gestalt des „Vaters" als eine psychische Energie in der Seele Chams auffassen, so genügt es ja nicht, in dem schlafenden Noah nur eine Symbolgestalt der persönlichen Erfahrungen mit dem individuellen Vater zu erblicken, also im Grunde doch noch auf der objektalen Deutungsebene zu verbleiben. Wir wissen vielmehr, daß unterhalb der Schicht des persönlichen Unbewußten der „Vater" auch ein Archetypus des kollektiven Unbewußten ist, in dem sich die Erfahrungen der menschlichen Gattung mit dem Vater niedergeschlagen haben. In ihm verkörpert sich das Urbild des Männlichen, Zeugenden, Mächtigen, Aneignenden. L. Szondi hat dieses männliche, väterliche Ich (im Unterschied zum weiblichen) durch den Drang gekennzeichnet, „das Sexual- oder Habobjekt uneingeschränkt in Besitz zu nehmen." „Wir erachten", meinte Szondi, „die grundsätzliche Verschiedenheit im Wesen der Weiblichkeit und der Männlichkeit eben darin, daß die Objektwahl bei der Weiblichkeit ursprünglich partizipativ-projektiver, bei der Männlichkeit hingegen introjektiver Natur ist." (L. Szondi: Ich-Analyse, II 272—273) M. a. W.: der Mann wird von dem Drang geleitet, den Partner in Besitz zu nehmen, ihn dem Ich einzuverleiben, ihn zu haben. Dieser Wunsch richtet sich — nach Szondi — aber auch auf alle anderen Objekte, denn die Habideale der Männlichkeit insgesamt zielen introjektiv auf Besitz, in materialistischem Sinne als Streben nach Erwerb von Haus, Land, Reichtum aller Art, in geistiger Form als Drang nach Kenntnissen, Wissen, Ansehen, Machtbesitz, etc., wohingegen die Weiblichkeit inflativ danach verlange, einfachhin zu sein und am anderen teilzuhaben.

Die Gestalt dieser Männlichkeit also ist es, deren Cham unverhüllt, wenngleich in schlummerndem Zustand, also noch unbewußt, ansichtig wird. Es ist die in ihm selbst erwachende Männlichkeit, auf die er unverschleiert, so wie sie ist, sein Augenmerk richtet. Und der Verzicht auf die unmittelbare Erfüllung des (wieder-)erwachenden männlichen Triebwunsches, auf die Eroberung und den Besitz der Mutter, erfordert in der Tat eine drastische Einschränkung seiner Männlichkeit, eine Zerstörung des Wunsches, sich der Rolle seines Vaters an der Seite der Mutter bemächtigen zu können.

Wenn man das Tun Chams in den Bildern eines verwandten Mythos ausdrücken will, kann man in der „Kastration des Vaters" jene Heldentat erblicken, die der Drachenkämpfer und Schlangentöter vollbracht haben muß, ehe er in den Besitz der Preisjungfrau gelangt und die Heilige Hochzeit, die Vereinigung der psychischen Gegensätze von Männlichkeit und Weiblichkeit im Selbst, vollziehen kann. Es ist ein schwerer Triebverzicht, den er sich mit der Verneinung der unmittelbaren Sexualwünsche zumutet.

Aus dieser notwendigen Selbstkastration erklärt sich auch der (vorübergehende) homosexuelle Zug der Vorpubertät, den wir in Chams Verhalten beobachten können und der in dem Interesse an der männlichen Sexualität und deren Schändung ebenso zum Ausdruck kommt wie in dem Versuch der gemeinsamen Verbrüderung. In den Sitten der Primitiven ist der Brauch weitverbreitet, die heranwachsenden Jünglinge in der Zeit der Initiation im Männerhaus isoliert zu halten und damit der Familie systematisch zu entfremden. Die zeitweilige Homosexualität dient der Vorbereitung erwachsener Männlichkeit. Die Torturen und Schmerzen, welche die Knaben auf dem Wege zum Erwachsensein zu erleiden haben, die Kämpfe und Mysterien des Verschlungen- und

Wiedergeborenwerdens machen in äußerer Gestalt die Schwere der in Wahrheit inneren Auseinandersetzungen und Gefahren deutlich.

Von Apuleius haben wir Kenntnis, wie weibisch sich die Attis-Priester, „dies Halbmannsgesindel", gebärdeten, wie sie mit grellen Weiberstimmchen homosexuellen Verkehr übten und in den Prozessionen sich unter unermüdlichen Schuldbeteuerungen selbst kasteiten. (L. Apuleius: Der goldene Esel, VIII; S. 147—149) Es wäre aber psychologisch ein Fehler, bei der Mißachtung dieser zweifellos abstoßenden Außenseite stehen zu bleiben und nicht zu sehen, wie die Motive der Selbstkastration, Homosexualität und Selbstzüchtigung in der Tat im Dienste der „Fruchtbarkeit", des Heranreifens einer integrierten Persönlichkeit stehen. Die geheime Sehnsucht der pubertären Homosexualität geht nämlich, wenn man ihre Innenseite einmal betrachtet, im Grunde nicht auf den Knaben, den Mann als solchen, sondern dieser fungiert nur als Träger eines tieferliegenden Bildes von Männlichkeit und Erwachsensein überhaupt. Der Sinn der Pubertätshomosexualität, so hat daher C. G. Jung treffend gesagt, ist „ein zwar mißverstandenes, aber nichtsdestoweniger zweckmäßiges Bedürfnis nach dem Manne." (C. G. Jung: Die Bedeutung des Unbewußten für die individuelle Erziehung, XVII 182) Der Jüngling, der sich in der Brüderhorde einzurichten sucht, liebt letztlich das Männliche, das in ihm steckt, das aber durch den Verzicht auf seine unmittelbare Befriedigung, durch die kastrative Selbstverweiblichung zunächst weiter von ihm entfernt ist denn je.

Demnach können wir die kastrative Handlung Chams an seinem Vater und den triumphierenden Gang zu seinen Brüdern als einen Akt innerer Selbstbeschneidung und homosexueller Sehnsucht nach dem Männlichen in der eigenen Seele ansehen; das gesuchte Bündnis mit den „Brüdern" ist zugleich ein Versuch, die in dem Bild von Gn 9, 20—22 verdrängte Mutter durch Bindungen an homosexuelle Partner zu ersetzen.

Der Verzicht auf die Mutter ist im ersten Ansatz für den Heranwachsenden ein Verzicht auf die Frau überhaupt, denn die Mutter war bisher die einzige Frau in seinem Leben; die Trauer, in der er sich selbst mit der verlorenen Mutter identifiziert und der unmittelbaren Männlichkeit abschwört, wird aber kompensiert durch die männliche Verbrüderung mit seinesgleichen, durch den Zusammenschluß der jugendlichen Männlichkeit, die in Cham steckt. Der passagere Ausschluß von allem Weiblichen, die Konzentration aller libidinösen Kräfte auf das Männliche, dient eben diesem Zweck: die Männlichkeit zu retten in dem Moment, wo sie ihrer tiefsten Krise entgegengeht.

Dies alles sind Bedeutungsnuancen, die die Geschichte von der Tat Chams *auch* enthält und mindestens anklingen läßt. Die subjektale Betrachtungsweise mit ihrer finalen Blickrichtung liefert gewissermaßen den komplementären Positivabzug zu dem Negativbild der objektalen Analyse. Was dort als neurotisch, als pervers, als krankhafte Übersteigerung von an sich normalen Reifungsschritten erscheint, kann doch seinen ursprünglichen Sinn nicht ganz verleugnen.

Mit dieser Feststellung sind wir freilich auch schon an den Grenzen der subjektalen Deutung angelangt. Denn wir interpretieren ja nicht Tauf- bzw. Firmungsriten oder Praktiken der Mannbarkeitsfeiern im allgemeinen, sondern eine Erzählung, die J ohne jeden Zweifel als frevelhafte Schuld gebrandmarkt wissen wollte. Bei allem Bemühen, dem Text eine positive Grundbedeutung abzulauschen, darf nicht übersehen werden, wie die Geschichte endet: der schlafende Vater erwacht, entdeckt seine Schändung und verurteilt seinen Sohn zur Unterjochung und Versklavung. Die Geschichte läuft also auf ein Finale zu, wie es F. Kafka in seiner Erzählung „Das Urteil" geschildert hat, in welcher der bereits sorgsam ins Bett gelegte und sterbend geglaubte Vater sich plötzlich mit einer unglaublichen Kraft wie ein „Schreckbild" aufrichtet und triumphierend verkündet: „Ich bin noch immer der viel Stärkere"; als ein „teuflischer Mensch" wird in Kafkas Erzählung der aufsässige Sohn „zum Tode des Ertrinkens" verurteilt. (F. Kafka: Das Urteil, in: Sämtliche Erzählungen, 23—32) So ähnlich erhebt sich nach seiner Schändung und Verhöhnung der j Noah wieder zur vollen Größe und Gewalt und stellt seine patriarchalische Macht in ganzem Umfang wieder her. Wenn irgend der Frevel Chams das Moment einer größeren Freiheit und Selbständigkeit in sich enthielt, — das Ergebnis besteht in einer um so tieferen Abhängigkeit und Unterdrückung durch den Urteilsspruch seines „Vaters"; wenn in dem Tun des Noahsohnes die Regungen entwickelterer Formen der Männlichkeit immerhin sichtbar waren, — das Resultat zeigt das Portrait eines entwürdigten Homunculus unter dem Diktat eines nicht zu besiegenden Über-Ichs, in dem die Fluchworte des Vaters weiterleben und durch welches das gedemütigte Ich zu ständiger femininer Unterwerfung unter seine Umgebung angehalten wird; die homosexuelle Einstellung wird damit verewigt.

Und umgekehrt wird man jetzt fragen müssen: wenn die „Brüder" Chams durch den Spruch Noahs nunmehr obsiegen, was wird es dann bedeuten, ein „Mann" zu sein? Wenn die Ehrfurcht vor dem Väterlichen, Männlichen fortan erkauft wird mit der Unterdrückung der Regungen Chams, der Neigungen zu Homosexualität und voyeurhafter

Schamverletzung, wie wird sich dann die „Männlichkeit" auf einer neuen Stufe darstellen? Gewiß, beim Handeln Chams kann es nicht bleiben; sein Handeln, seine Haltung müssen „überwunden" werden. Aber Cham verschwindet ja nicht; er bleibt im Untergrund ausdrücklich gegenwärtig; er muß in Zukunft ständig beherrscht und niedergehalten werden. Man darf gespannt sein, welch ein Charakterbild unter diesen Voraussetzungen zustande kommen wird. Die Antwort gibt Gn 10: die Gestalt Nimrods.

IX. Untersuchung von Gn 10, 8—12 (Nimrod)

„Ein schlimmer Jäger ward ich! — Seht, wie steil
Gespannt mein Bogen!
Der Stärkste war's, der solchen Zug gezogen — —:
Doch wehe nun! Gefährlich ist der Pfeil,
Wie kein Pfeil, — fort von hier! Zu eurem Heil! . . ."

(F. Nietzsche: Jenseits von Gut und Böse; Aus hohen Bergen)

Es sei dahingestellt, ob einzelne Namen der j Völkertafel in Gn 10 einen mythischen Hintergrund besitzen. Hinweise dafür gibt es. Etwa geht aus der Linie Sems unter den Söhnen Joktans ein Järach („Mond") hervor, ähnlich wie in der griechischen Mythologie unter den Nachkommen Deukalions von Hellen und dessen Sohn Aiolos sich der von Selene geliebte Endymion befindet (E. Böklen: Die Sintflutsage, 142). Für die psa Deutung sind solche — in sich schon zumeist unsicheren — Erkenntnisse jedoch nicht von großem Belang. Denn die einzige Gestalt, die sich aus der Masse der Völkernamen lebendig genug heraushebt, um psa von Interesse zu sein, ist die Person Nimrods. Auch in ihm, dem Jäger und Städtegründer, hat man natürlich eine astrale Gottheit erblicken wollen. E. Stucken dachte selbstredend an den Jäger Orion, I. Goldziher, mit mehr Gewicht, an die Sonne, die ein Jäger ist, weil sie ihre Strahlen als Pfeile verschießt; freilich bleiben solche Deutungen unsicher, denn auch die Mondstrahlen können als Pfeile bezeichnet werden (I. Goldziher: Der Mythos bei den Hebräern, 156—158). Wichtiger als die mögliche Beziehung des mythischen Jägergottes zur Bewegung der Gestirne ist in

476

jedem Falle die Feststellung der kulturellen Sphäre, welcher die Jäger-
gottheit verhaftet ist.

Als Beispiel kann wiederum die Gestalt des Dionysos gelten. Sein
Name Zagreus wurde von späteren griechischen Gelehrten als „großer
Jäger" (wie *zatheos* — als „überaus göttlich") gedeutet. „Doch das Wort
zagre, aus dem ionischen Sprachgebiet, mit der Bedeutung ,Grube zum
Fang lebendiger Tiere', beweist, daß der Name eine reduzierte Stufe
der Wurzel von *zoé* und *zôon*, ,Leben' und ,Lebewesen', in sich enthält.
Die genaue Übersetzung von *Zagreus* wäre ,Wildfänger'." (K. Kerényi:
Dionysos, 80) Spätere Beinamen wie *Omestes* und *Omadios* bezeichnen
ihn als den „rohes Fleisch Essenden" und zeigen, daß der Sinn des
„lebendig Fangens" offenbar im Zerreißen der gefangenen Tiere und
im Verschlingen ihres rohen Fleisches lag. Daher meint K. Kerényi von
der kulturellen Zugehörigkeit des Dionysos Zagreus: „Vom Standpunkt
der Kulturgeschichte aus ist es die Sphäre einer Gesellschaft von wilden
Jägern, die sich bei gewissen Gelegenheiten mit Raubtieren identifizierten, Gelegenheiten, die ,Feste', Vergegenwärtigungen des aggressiven,
mörderischen Lebens genannt werden müssen." (Dionysos, 82) Das
Zerreißen und Zerstückeln bleibt denn auch die Tötungsart des Dionysos,
etwa wenn er mit der Meute der jagenden Mänaden seinen Gegner
Pentheus zu Tode hetzt.

Die mythischen Wurzeln der Verehrung des Jagdgottes weisen also in
die Zeit der Jägerkultur, in der die höchste Gottheit selbst als „Herr
der Tiere" verehrt wurde und die Menschen sich — in imitativer Magie —
die Jagdgewohnheiten besonders starker oder erfolgreicher Jagdtiere
zueigen machten. Bedenken wir nun, daß in prähistorischen Zeiten der
Häuptling, als Träger aller wesentlichen Formen öffentlicher Magie,
vornehmlich für Regen und Jagdbeute Sorge tragen mußte, so versteht
man, daß auch die Könige der ersten Stadtkulturen und beginnenden
Großreiche dieser Hauptaufgabe, den Himmel zu versöhnen und
Nahrung, allerdings nun in zunehmend agrarischer Form, zu beschaffen,
auf Leben und Tod Genüge leisten mußten. Daneben mag die Jagd auch
eine wichtige Gelegenheit geboten haben, die noch unverbrauchte Kraft
und jugendliche Gewandtheit des Königs unter Beweis zu stellen. Schließlich degenerierte die religiöse Feier der Jagd zu einer sportlichen oder
vormilitärischen Übung bzw. einem Zeitvertreib des Adels.

Somit ist es wohl nicht nur eine äußere Hinzufügung, sondern ein
Hinweis auf etwas, das im Ursprung zusammengehört, wenn in Gn 10, 9
der Gewaltherrscher und Reichsbegründer Nimrod als ein großer „Jäger"
vor Augen gestellt wird. Der Einschub weist gewissermaßen auf die

unverändert erhaltenen, archaischen Reste in der Königsherrschaft des Nimrod hin, und es wird psa unsere Aufgabe sein, diesen Zügen nachzugehen. Es wäre jedoch methodisch nicht richtig, die psa Interpretation der Gestalt Nimrods mit der Ausdeutung des Einschubs von seinem Jägertum zu beginnen. Als Ausgangspunkt muß die Kennzeichnung dienen, die J selbst gibt, wenn er zu dem Gedanken der Aufspaltung in viele Völker (Gn 10, 25) noch in der Gestalt Nimrods das Motiv der Macht, Eroberung und Unterwerfung hinzufügt. Zwar spricht J in Gn 10 zunächst politische Gebilde von Herrschaft und Gewalt an; gerade so aber liefert er uns die entscheidenden Themen der psa Untersuchung, sind doch Macht, Eroberung und Unterwerfung auch zentrale Faktoren der menschlichen Psyche. Wir fragen daher zunächst psa nach der Rolle von Unterdrückung und Gewalt, wobei wir besonders die außerordentliche Steigerung der Machtentfaltung in der Person Nimrods nicht außer acht lassen dürfen. Die Frage wird sein: warum muß Nimrod Herrscher sein, und: was ist das für ein Mensch, der dem Charakter nach eine Herrscher- und Eroberernatur ist?

Die ersten Antworten auf die Frage nach dem psychologischen Hintergrund von Unterdrückung und Gewalt dürfte uns die Individualpsychologie liefern, die auf ihre Weise das Machtstreben zu dem Haupttrieb der menschlichen Psyche erklärt hat. Mit hoher Feinnervigkeit hat A. Adler den Drang, der Erste sein zu wollen, beschrieben und als seinen eigentlichen Grund das Gefühl der Minderwertigkeit bezeichnet. Er schreibt: „In schwächerer Ausprägung findet sich die Tendenz, der Erste sein zu wollen, als allgemein menschlicher Charakterzug, und zugleich mit ihm finden wir auch regelmäßig kämpferische Neigungen bei allen Menschen." (A. Adler: Über den nervösen Charakter, 233) Nach diesen Worten kann es nicht anders sein, als daß der Wille zur Durchsetzung der eigenen Person, der in allen Menschen lebt, mit der Tendenz verbunden ist, die anderen anzugreifen und niederzuwerfen. Im Hintergrund der psychischen Notwendigkeit, oben sein zu wollen, erkennt Adler aber, besonders in quantitativ stark ausgeprägten Formen, eine tiefe Angst, die dazu zwingt, sich durch Überlegenheit zu sichern und die bedrohende Gefahr der Unterlegenheit und der unmännlichen Verweiblichung durch eine reaktiv übersteigerte Überlegenheit zu bekämpfen. *„Sicherungstendenz und männlicher Protest* nützen die sich ergebenden Leitlinien des ‚Oben sein Wollens' aufs Äußerste aus." (a.a.O., 218) Der ganze Lebensaufbau spaltet sich dann „in einem ‚Entweder-oder'" von Überlegenheit und Unterlegenheit, von „Männlich-Weiblich" (a.a.O., 219), oft verbunden mit einer *„Furcht vor der*

Frau als Ausdruck des Gefühls einer unvollkommenen Männlichkeit." (a.a.O., 232) So erklärt sich auch die exhibitionistische „*Attitude der Sieghaftigkeit*" (a.a.O., 239), die es unmöglich macht, an eine Ablehnung oder Niederlage zu glauben. Die innere und äußere Entwertung aller anderen, die dazu dient, die Fiktion der eigenen Überlegenheit aufrecht zu erhalten, vereitelt jede wirkliche Gemeinschaft mit anderen und führt zu dem, was Adler in einem sehr treffenden Wort als „die nötige *Kampfdistanz*" (a.a.O., 221) bezeichnet hat. Die Fiktion der eigenen Größe ist absolut und zwingt zu dem Leitspruch Cäsars: „Lieber im Dorfe der Erste als in Rom der Zweite" (a.a.O., 232).

Unabhängig von der Frage, ob hinter der menschlichen Aggression und Herrschsucht ein eigener Trieb steht, läßt sich mithin nach Adler der Wille zur Macht und das Bestreben, ein ganzer Mann zu sein, als eine Überkompensation tief greifender Selbstwertzweifel und Minderwertigkeitsgefühle verstehen. Kennzeichnend ist dabei die Unersättlichkeit und Ruhelosigkeit des Machtanspruchs. Da durch die Einstellung des Mißtrauens, der Aggression, der Grausamkeit „der Mitmensch herabgesetzt, in Distanz gehalten und attackiert wird, kommt es hierbei nie zu einer unbefangen-ruhigen Gemütsverfassung, so daß alle diese ‚Kämpfertypen' niemals zu eigentlicher Gesundheit und Tatkraft vorstoßen. Sie verzetteln ihre Energien im Aufbau von Abwehrsystemen, die das notwendige Korrelat ihrer ‚Kriegführung' gegen die Gemeinschaft darstellen" (J. Rattner: Aggression und menschliche Natur, 65—66). Das Ergebnis ist ein Kreislauf immer neuer Ängste und Selbstsicherungsversuche.

Als Ergebnis dieser kurzen Skizze läßt sich herausstellen, daß die Tendenz zum machtvollen Heroentum und zur „Gottähnlichkeit" als eine „Fiktion" aufzufassen ist, die gerade in ihrer Übersteigerung „das ursprüngliche Minderwertigkeitsgefühl" verrät (A. Adler: Über den nervösen Charakter, 233).

Läßt sich diese Betrachtung der Individualpsychologie auf die biblische Gestalt Nimrods übertragen? Ganz sicher nicht, wenn damit der Anspruch erhoben werden soll, die Psychologie einer historischen Herrschergestalt zu entwerfen; natürlich kann es politische Herrscher geben, deren Machtbesitz nicht auf neurotischen Überkompensationen und reaktiven Abwehrmaßnahmen basiert, und wie will man also wissen, ob ein Nimrod, wenn es ihn als historische Person jemals gab, nicht zu ihnen gehörte? Indessen wissen wir aus der exegetischen Betrachtung der Stelle, daß J selbst mit der Einführung Nimrods bestimmte Gedanken verknüpft, die Nimrod, den ersten Gewaltherrscher, als eine durchaus

479

negative Erscheinung bewerten und ihn in den Umkreis der „Helden" von Gn 6, 1—4 rücken, als deren hervorstechender Zug dem biblischen Autor vornehmlich ihre angemaßte Gottähnlichkeit und Selbstübersteigerung gilt. Diese theologische Wertung des J ist aber nicht ohne ein psychologisches Korrelat; denn setzt man voraus, daß die Auffassung zutrifft, die Machtentfaltung Nimrods sei eine menschliche Verstiegenheit, so lassen sich doch mit Hilfe der Psychologie Gründe angeben, die eine solche Selbstübersteigerung motivieren. M. a. W.: wenn wir eine Psychologie der Gestalt Nimrods in der Bibel zu entwerfen suchen, so geben wir damit kein Porträt eines wirklichen Herrschers, sondern bilden lediglich das theologische Motiv der j Redaktion bei der Aufnahme der Gestalt Nimrods mit psa Mitteln auf der Ebene der Psychologie ab. Nimmt man jedoch an, daß die theologische Auffassung des J über den Beginn der „Gewaltherrschaft" auch politisch eine Berechtigung besitzt, so wird man nicht fehlgehen, wenn man glaubt, daß auch den Theorien Adlers über das menschliche Machtstreben eine Berechtigung bei der Erklärung der politischen Machtentfaltung zukommt: war „Nimrod" als Typ so, wie ihn J schildert, dann ist es überaus wahrscheinlich, daß die Übersteigerung seines Machtwillens psychisch ihren Grund in den von Adler aufgezeigten Strukturen hat.

Im Rahmen dieser Einschränkungen kann man wohl sagen, daß die Gestalt Nimrods sich als eine Symbolfigur des allgemein menschlichen, aber unter pathogenen Bedingungen quantitativ hochgradig verstärkten Strebens nach Macht interpretieren läßt und daß sie unter den Voraussetzungen steht, die allgemein für den Willen nach Macht gelten, d. h., wir können annehmen, daß — im Sinne der j Redaktion — die Haltung und das Tun Nimrods im Grunde geheimen Selbstwertzweifeln, Minderwertigkeitsgefühlen, Ängsten um den Besitz der eigenen Männlichkeit und einer zentralen Furcht vor Unterlegenheit entspringen. Jedenfalls finden die Hauptmerkmale der Gestalt Nimrods: sein Hang zur Eroberung und Unterwerfung, zur Gewalt und zur Machtausübung, zur Anerkennung durch Herrschaft — auf diese Weise eine recht plausible Begründung.

Besonders deutlich wird somit auch das hebräische Wortspiel verstehbar, das Nimrod — unter Einbeziehung des Einschubs von 10, 9 — drei Mal als „Helden", eigentlich als „Mann" (gbwr—gbr) bezeichnet (10, 8.9). Das Heldentum, die Stärke Nimrods ist diesem Wortgebrauch zufolge in der Tat die (Über-)Betonung seiner Männlichkeit, in der Sprache Adlers sein „männlicher Protest". Hieran anschließen könnte man auch die Stadtgründungen Nimrods, die psa als Beweise männlicher Zeugungskraft gewertet werden können; der „sexuelle Größenwahn alles Männlichen", für den „die männliche Zeugungskraft als Prinzip des Lebens" gilt (K. Abraham: Traum und Mythus, in: Psychoanalytische Studien, 313), würde so ihren eigenen phallischen Beitrag zu dem angstbedingten „Größenkomplex" (K. Abraham: a.a.O., 294), wie ihn Nimrod verkörpert, liefern; den Zusammenhang, der für die Psa zwischen der Überbetonung phallischer Stärke und der Kastrationsangst besteht, also die Freudsche Auffassung vom „männlichen Protest" haben wir schon wiederholt besprochen; sie läßt sich in der Bemerkung Freuds zusammenfassen: „Was vom männlichen Protest zu konstatieren ist, führt sich leicht auf die Störung des uranfänglichen Narzißmus durch die Kastrationsdrohung . . . zurück." (Zur Geschichte der psychoanalytischen Bewegung, X 100)

Weiter als bis zu diesen Erklärungen wird man bei der Kürze der Notiz über Nimrod vom Text selbst her nicht kommen. Es bleiben aber die zwei üblichen Fragen übrig: wie sollen wir die Einordnung dieses Stoffes in der j Urgeschichte an dieser Stelle verstehen? Und: gibt es eine Möglichkeit, das Auftreten des „Nimrod-Komplexes", wie wir diese Zusammenordnung aus Macht- und Geltungsstreben nennen wollen, aus allgemeinen Gründen der Ontogenese verständlich zu machen oder gar phasenspezifisch zu lokalisieren?

Um mit der letzteren Frage zu beginnen: es kann kein Zweifel sein, daß J die Gestalt Nimrods, anders etwa als die Figuren Kains und Abels, nicht „menschheitlich", sondern individuell verstehen möchte; alle sind Kain und Abel, aber nicht alle Nimrod. Gleichwohl legt der j Urgeschichte zufolge Nimrod die Grundlage zu der politischen Wirklichkeit unserer Geschichte, er ist also zugleich eine Grundgestalt, ein urgeschichtliches Vorbild der Erringung und Ausübung menschlicher Macht und „Königswürde". Insofern können wir ihr von der j Aussage her durchaus eine gewisse Allgemeingültigkeit zuerkennen; auch psa gibt es dafür gute Gründe.

Von der Individualpsychologie her wissen wir bereits, daß die in Nimrod verkörperten Tendenzen allgemein menschlich sind und bei den Menschen sich nicht in ihrer Art, sondern nur in dem quantitativen Stärkegrad ihres Auftretens voneinander unterscheiden. Der Grund dafür mag phylogenetisch in dem ubiquitären Minderwertigkeitsgefühl liegen, das der menschlichen Art als solcher anhaftet und mit der stiefmütterlichen biologischen Ausstattung des „Mängelwesens" Mensch in Zusammenhang stehen könnte. (Vgl. A. Gehlen: Der Mensch, 20) Ontogenetisch wird dieses „allmenschliche Minderwertigkeitsgefühl . . . in jedem Säugling und Kleinkind neu erweckt" und bildet nach der Vorstellung der Individualpsychologie den Hintergrund des Wachsens und Werdens überhaupt (J. Rattner: Aggression und menschliche Natur, 60).

Indessen ist es doch nicht so, als ob sich das Problem der Macht und Selbstsicherung in jedem Abschnitt der menschlichen Entwicklung mit gleichmäßiger Intensität stellen würde. Vielmehr kann man entwicklungspsychologisch feststellen, daß insbesondere in der Zeit der Frühpubertät eine Reihe von Konflikten auftreten, die in der Gestalt Nimrods verkörpert sind. H. Remplein konstatiert beim Beginn des Jugendalters den Entwicklungsschub „einer *abermaligen Steigerung des Geltungsstrebens*, das mitunter geradezu zur Geltungssucht anwächst." (Die seelische Entwicklung, 398) Desgleichen drängt sich in dieser Altersstufe das „starke Streben nach Selbstbestimmung und Selbständigkeit" in den Vordergrund, verbunden mit Auflehnung, Widersetzlichkeit und Aggression (a.a.O., 399), die dieser Entwicklungsphase bekanntlich den Namen „das zweite Trotzalter" gegeben haben. Besonders das Zusammengehörigkeitsbewußtsein bei der jugendlichen Bandenbildung steht ganz unter den Verhältnissen „der Über- und Unterordnung, in denen das Machtstreben der einen und die Schwäche der anderen zum Ausdruck kommt" (a.a.O., 405—406). „Die Bande schart sich meist um einen Führer: einen Jungen, der den übrigen als Gesamtpersönlichkeit imponiert. Als Bewertungsmaßstäbe gelten im wesentlichen ... Körperkraft, Geschicklichkeit, Mut ... in der Nähe des Indianerhäuptlings und Räuberhauptmanns." (a.a.O., 406) So wird man wohl sagen dürfen, daß die Verehrung der Pubertierenden durchaus einer Tüchtigkeit und Heldenhaftigkeit gilt, wie sie die Gestalt Nimrods in sich vereinigt, bzw., umgekehrt gewandt, daß die Gestalt Nimrods Strebungen und Tendenzen in sich schließt, wie sie ontogenetisch in der Pubertät dominant werden.

Damit in Einklang steht die sich in Tötungsneigungen und -phantasien austobende Aggressivität dieser Altersstufe, die ihren Grund in der allgemeinen Konflikthaftigkeit und Gereiztheit dieses Alters sowie in der Unsicherheit des Jugendlichen hat. Die innere Angst, Unruhe und Stimmungslabilität machen diesen ganzen Reifungsabschnitt zu einer ausgesprochenen „Erregungsphase" (Remplein, 415), die ihren Ausdruck in häufigen Ausbrüchen von Jähzorn und Trotz findet. Besonders charakteristisch aber ist das Wechselspiel von narzißtischem Selbstwertgefühl und Minderwertigkeitsgefühl. Auf der einen Seite besteht ein enormer Hang zur „Selbstbespiegelung, Selbstgefälligkeit, Selbstbewunderung, Selbstverherrlichung, Koketterie und Eitelkeit"; auf der anderen

482

Seite wird der Jugendliche von „Kleinmut, Verzagtheit, Entmutigung und Selbstzweifel" heimgesucht (a.a.O., 416). Die Reaktion darauf ist bes. bei Jungen eine Flucht in *Selbstverteidigung* ... durch Eigensinn, Oppositionslust, Widerspruchsgeist, Rechthaberei, Unbotmäßigkeit, Spott- und Kritiklust, Aggressivität, Vergeltungsdrang, Rachsucht usw. Die Forschheit, Frechheit ... Arroganz und Dreistigkeit ihres Auftretens ist nur Tarnung der inneren Unsicherheit. Auch die Geltungssucht ist nichts anderes als die Überkompensation des Minderwertigkeitsgefühls" (a.a.O., 417). Kurzum, man kann wohl sagen: wenn auf irgendeiner Altersstufe die Theorie Adlers über das Macht- und Geltungsstreben sich sozusagen im Modellfall anschaulich machen läßt, so ist dies die Phase der Pubertät.

Das gleiche gilt für den Drang nach Männlichkeit, den Adler als männlichen Protest, Freud als Reaktion auf Kastrationsangst deutet. Die Überbetonung der Männlichkeit entsteht beim pubertierenden Jugendlichen wohl zunächst aus den „Zweifeln des jungen Menschen an seiner sexuellen Identität" (E. H. Erikson: Kindheit und Gesellschaft, 256), stellt damit aber auch eine Reaktion auf die „in der Pubertät ... regelmäßig auftretenden homosexuellen Regungen" dar (H. Nunberg: Allgemeine Neurosenlehre, 99).

Auf den Zusammenhang von zur Schau getragener Männlichkeit und verdrängter Homosexualität hat auf eine beinahe amüsante Weise G. Gorer in seiner völkerpsychologischen Studie über „Die Amerikaner" hingewiesen, die uns hier als Beispiel dienen kann. G. Gorer meint, es sei aufgrund der Vorherrschaft der Mutter in den amerikanischen Familien die Gefahr und die Angst eines Jungen groß, ein „sissy", ein „Schwesterchen", ein „Weichling" zu werden (G. Gorer: Die Amerikaner, 53), und zwar erhalte sich diese Angst uneingeschränkt bis ins Erwachsenenalter. Zu welchen Drolligkeiten die Flucht vor dem sissy-Verdacht gedeihen kann, beschreibt Gorer an den Methoden der amerikanischen Armee, auf jeden Fall die Mannschaft vom Homosexualitätsvirus durch einen „halb pornographischen Kunstbetrieb" zu desinfizieren (a.a.O., 86ff).

Als ein geradezu klassisches Beispiel für extreme Aggressivität aufgrund verdrängter Homosexualität und sissy-Angst mag in diesem Zusammenhang der 1955 von N. Ray gedrehte amerikanische Spielfilm gelten „Denn sie wissen nicht, was sie tun" (Rebel without a cause). Der in der Hauptrolle mit James Dean besetzte Film, der seinerzeit eine ungeheure Wirkung auf die amerikanische (und deutsche) Jugend ausübte, schildert nach dem Drehbuch von Penelope Houston die Geschichte Jims, eines jungen Mannes, dessen häusliche Situation durch die Dominanz der Mutter und die eigene eklatante Unsicherheit in bezug auf die Rolle des Vaters, des Mannes, gekennzeichnet ist. In der Unfähigkeit, sich an einem starken väterlichen Vorbild orientieren zu können, und der Gefahr ausgesetzt, sich mit der stärkeren Mutter identifizieren zu müssen, also in eine homosexuell-weibliche Rolle gedrängt zu werden, bricht in Jim und seinen Freunden ein scheinbar unerklärlicher Drang zu Gewalttätigkeiten aller Art durch; um auf keinen Fall in die Gefahr zu geraten, ein sissy zu sein, nehmen die Jugendlichen ihre Zuflucht zu Messerstechereien, tödlichen Auto-wettfahrten an den Klippen der Steilküste u. ä. Bedenkt man, was für eine Todfeindschaft in den jugendlichen Bandenbildungen der 60er Jahre zwischen den sog. „Mods", jenen blutarmen, durch Schlankheitskuren blaß und abge-magert aussehenden, in Samthemdchen und Rüschen versteckten, weiblich und empfindsam wirkenden Jugendlichen, und den gewalttätigen, Fahrradketten schwingenden, ledergekleideten, Schaschlik essenden und auf jedes Mädchen als Gebrauchsobjekt Jagd machenden „Rockern" bestand, so kann man schon verstehen, warum die Thematik des „Rebellen ohne Grund" auf jugendliche Zuschauer so faszinierend wirken konnte, und erhält zugleich ein eindrucks-volles Bild von der Heftigkeit, mit der in der Gewalttätigkeit des Rockers die aggressive Überkompensation betonter Männlichkeit die latenten homosexuellen Strebungen verdrängt.

Indem wir so darauf hinweisen, daß bei dem männlichen Protest bzw. der Überwindung der Kastrationsangst durch die Überkompensation aggressiver phallischer Strebungen im Grunde die Gefahr latenter Homosexualität gebannt wird, vermögen wir einerseits das Bild Nimrods aus dem Umkreis der psychischen Konflikte zu vervollständigen; zum anderen gewinnen wir einen Schlüssel zur Antwort auf die zweite, noch ungelöste Frage unserer Stelle, wie wir die Einordnung der Gestalt Nimrods in den Zusammenhang der j Urgeschichte verstehen sollen.

Ein Ergebnis haben wir bereits zur Verfügung: wir wissen, daß die Gestalt Nimrods deutlich Züge an sich trägt, die wir ontogenetisch in der Pubertät lokalisieren können. Darüberhinaus aber gewinnen wir jetzt auch eine Beziehung zu der vorangegangenen Erzählung von Cham und seinen Brüdern. Haben wir dort eine gewisse homosexuelle Tendenz beobachten können, verbunden mit phallisch-exhibitionistischen und aggressiven (kastrativen) Strebungen, so finden wir jetzt, daß diese Ent-wicklungsrichtung in der Figur Nimrods sich fortsetzt: das Moment der Kastrationsangst wird beantwortet durch den „männlichen Protest"; die latente Triebgefahr der Homosexualität wird durch eine Überkompen-sation der männlichen Attitude abgewehrt; die Linie der phallischen Exhibition wird weitergeführt. Und insgesamt sind wir wohl befugt, jetzt zu behaupten: der Abschnitt Gn 10, 8—12 stellt die „richtige" psycho-logische Fortsetzung der Erzählung von Gn 9, 18—27 dar; der Abschnitt erweitert die Thematik der Unterdrückung und Überlegenheit zur Verehrung des männlichen Heros; er liefert damit den psychischen Hintergrund des politischen Ursprungs der Gewaltherrschaft.

Auf diese Weise wird noch etwas klarer, wie die Entwicklung *nach* der „Großen Flut" zu der Zeit *davor* sich verhält. Exegetisch fanden wir, daß in gewisser Weise in Gn 9—11 auf der geschichtlich-politischen Ebene die Grundzüge des in Gn 3—6 dargestellten Menschseins zur Auswirkung gelangen. Von der Psa her verstärkt sich uns jetzt immer mehr der Eindruck, daß die j Urgeschichte ganz korrekt beschreibt, wie nach der Flut, nach dem Untergang des Ödipuskomplexes, die Entwicklung an eben jene Stufen (der Libidoentwicklung in der Psa Freuds) wieder anknüpft, die vor der Latenzperiode grundgelegt wurden. So kann man es vielleicht verstehen, daß Nimrod jetzt als „Held" bezeichnet wird, ein Name, der bereits den Heroen in Gn 6, 1—4 zuerkannt wurde, und daß das Betragen Nimrods durchaus dem entspricht, was wir vom Lamechlied her kennen. Die phallische Tendenz selbst scheint hier wie dort die gleiche zu sein, nur daß jetzt in Gn 10 die historisch-politischen Dimensionen hinzutreten und also ein Entwicklungsschritt vollzogen wird, der in ähnlicher Weise auch für die Pubertät kennzeichnend ist: nach Abschluß der kindlichen Sexualentwicklung wird jetzt in der sog. 2. genitalen Phase ein Zugang zur Gestaltung und Bewältigung der äußeren Wirklichkeit eingeleitet.

Damit können wir ontogenetisch in der Gestalt Nimrods eine Ausprägung von Konflikten und Tendenzen erkennen, die entwicklungspsychologisch von jedermann bearbeitet werden müssen, wenngleich sie nicht immer in der Art verarbeitet und beantwortet werden, wie es bei Nimrod geschieht. Wir verstehen, wieso Nimrod wirklich eine urgeschichtliche, allgemeinmenschliche Gestalt darstellt, und wieso er dennoch spezifische Züge trägt, die nicht für jedermann Gültigkeit besitzen.

Mit dieser Feststellung scheint auch bereits geklärt zu sein, daß es hier, so wenig wie bei der Gestalt Chams, angängig sein kann, nach einem phylogenetischen Vorbild des „Nimrod-Komplexes" zu suchen; zu stark scheinen hier die historischen, politischen und sozialen Voraussetzungen das Bild der menschlichen Entwicklung zu differenzieren. Indessen ist es doch verlockend, darauf hinzuweisen, daß die menschliche Gruppenbildung sich auch heute noch in Strukturen organisiert, die denen der frühen Großreiche der Geschichte analog sind. Vor allem scheint der Kampf und die Formierung gegenüber einem gemeinsamen Gegner nach wie vor konstitutiv für die Gruppenbildung zu sein. Denn: „‚Jedwede Gruppe bildet sich gegenüber einem Gegner.‘ Der Gegner ist Anlaß der Gruppenbildung, seine Bekämpfung ist Ziel der Gruppenaktion." (A. Heigl-Evers: Die Gruppe unter soziodynamischen und antriebs-

psychologischem Aspekt, in: H. G. Preuss: Analytische Gruppenpsychotherapie, 45) Dem Gegner gegenüber steht dabei der „Repräsentant der
Gruppeninitiative" (a.a.O., 46), den R. Schindler, entsprechend der
Alpha-Omega-Reihe (Hackordnung) im Hühnerhof, wie sie T. Schjelderup
beobachten konnte, als „Alpha" bezeichnet hat. Ihm kommt es zu, das
Programm, den Gegner der Gruppe, zu definieren und auf diese Weise
die Aggressionen aus dem Binnenbereich der Gruppe nach außen abzulenken. Insofern kann man sagen, daß die Anfänge der politischen
Organisation menschlicher Macht, wie sie J in der Gestalt Nimrods
beschreibt, wirklich die Grundstrukturen menschlicher Gruppenbildung
insgesamt widerspiegeln; als ihr rohestes und deshalb wohl mit dem
Königtum nach der Art Nimrods am nächsten verwandtes Vorbild
können wir als eine Art Kleinmodell durchaus die Jugendbanden der
Pubertätszeit ansprechen.

Der Führer in der primitiven Horde behält nämlich seine Alpha-Posi-
tion nur, wenn er den ständigen Nachweis seiner Körperkraft und eigenen
Kampfesstärke erbringt. Von daher scheinen die Bandenbildungen der
Pubertätszeit psychologisch auf gerade den Voraussetzungen zu beruhen,
die wir in den Mythen und magischen Riten von den Kämpfen um die
Königsherrschaft und der Tötung des Königs im Fall einer beginnenden
Schwäche kennengelernt haben. Hierzu scheint denn auch die Notiz
von dem „Jäger" Nimrod (Gn 10, 9) psychologisch gut zu passen. Man
muß nur die Reliefdarstellungen assyrischer Könige, etwa im Britischen
Museum in London die Darstellungen aus den Palästen von Kalach oder
Ninive, betrachten, um zu sehen, wie diese kraftvollen Jagdszenen zum
Ruhm des Herrschers nichts Höheres auszumalen wissen als überlegene
Größe in Jagd und Kampf. Das Attribut des „Jägers" entspricht, wenigstens in dieser Form, dem Bild demonstrativer Kraft und Männlichkeit,
und es scheint, als wenn in Kampf und Krieg die Jagdleidenschaft sich
lediglich auf die Angehörigen der eigenen Art verschoben hätte, wie
denn auch psa der Jäger und der Krieger den gleichen sadistischen Triebstrebungen entstammen dürften.

Im Sinne der Szondischen Triebanalyse könnte man beim Jäger von
einem ausgesprochenen „s-Beruf" sprechen (s = sadistisch), als dessen
Haupttriebbedürfnis Szondi „*Gewaltsamkeit*, Machtstreben, aktive
Männlichkeit" nennt (L. Szondi: Schicksalsanalyse, 338); zusätzlich
müßte man dem aus dem paroxysmalen Triebkreis die hysteriforme
Symptomgruppe + hy (Exhibition) zuordnen, als deren Berufslösungen
Szondi selbst u. a. „Fechtkunst, Reiten, Jagd" aufzählt (Schicksalsanalyse,
268—269). Die Ichaufbauschung der Nimrod-Gestalt müßte man nach

486

Szondi im Ich-Bereich als + p ausdrücken und in die Eigenschaften fassen: „Herrschsucht, Selbstüberschätzung, Größenwahn, Hochmut, Aufgeblasenheit, *Rivalisierungsdrang*" (Triebpathologie, I 89); so entstünde für den „Jäger" und „Helden" Nimrod das Bild + s; + hy; + p mit den Haupttendenzen der Gewalttätigkeit, des Sich-zur-Schau-Stellens und der egodiastolischen Inflation des Alles-Sein, der Gottähnlichkeit.

So steht uns in Nimrod eine Persönlichkeit vor Augen, die ihre Männlichkeit demonstrieren muß, um ihre homosexuelle Weiblichkeit zu unterdrücken, die phallisch exhibiert, um die Scham, zukurz geraten zu sein, zu unterdrücken, die ihre Macht zur Schau stellt, um das geheime Gefühl der Unzulänglichkeit und Ohnmacht (gegenüber dem eigenen Vater) zu verbergen. In allem ist Nimrod wie ein Umkehrbild zu der Person Chams von Gn 9, 20—27, dessen verdrängtes Bild wir im Untergrund der Großmannssucht der Nimrod-Helden der Geschichte mit der größten Regelmäßigkeit wiederfinden.

Soll man aus dem Gesagten den Schluß ziehen, J betrachte indirekt jede Art von Großmannstum, von Gibbor-Streben in der Politik als pubertär? In etwa ja; denn zur Charakterisierung der „Helden" der Geschichte fällt ihm nur ein Bild ein, dessen Strichzeichnung wir am besten als pubeszentenhaft, als unausgewachsen und unreif verstehen können und dessen triumphale Außenseite äußerst fragwürdig anmutet, da sie nur dazu dient, voller Angst ein miserables Konterfei im Hintergrund vor den Augen des Publikums zu verhüllen; auch bedarf es keiner Erklärung, um die Weisheit zu bemerken, die in dem psychologischen Urteil des J über die „Großen" der Historie enthalten ist. Was können Menschen, die sich aus Angst vor dem eigenen Keller lieber ein 3. und 5. Stockwerk einrichten, um sich darin zu verschanzen, schon anderes wirken als Angst und Unterdrückung?

Aber wichtiger als die psychologische Urteilsschärfe ist für J die theologische Motivierung des psychischen Fehlverhaltens der Nimrods der Geschichte. J will ja nicht nur sagen, daß Nimrod — und alle die ihm ähnlich sehen — im Grunde seelische Krüppel und Zwerge sind, sondern daß die menschliche Geschichte zwischen den Polen der Selbstverachtung und der Selbstüberschätzung hin- und hergerissen werden muß, wenn der Gedanke an Gott, der uns klein oder groß geschaffen hat, entfallen ist, wenn uns nichts mehr ermöglicht und nötigt, unsere Grenzen anzuerkennen und zu ertragen. Um diese Zusammenhänge zu beleuchten, werden wir wiederum die psa Einsichten mit philosophischen Erkenntnismitteln im 3. Band der vorliegenden Arbeit erweitern müssen.

Die Frage wird dann sein, warum die Gewalt, die unterjochende Herrschaft im Felde der Gottesferne zur grundlegenden Voraussetzung des menschlichen Zusammenlebens wird und werden muß.

Um am Beispiel einmal zu veranschaulichen, wie in der Tat der „Nimrod-Komplex", dieses Ensemble aus ödipaler Kastrationsangst (= Vaterkonkurrenz und Mutterliebe), verdrängter Homosexualität, überkompensiertem Minderwertigkeitsgefühl und männlichem Protest, etwas Typisches an den geschichtlichen „Größen" wiedergibt, zeigen wir am besten an zwei extrem verschiedenen Personen der Geschichte, an einer besonders erfolgreichen und an einer extrem gescheiterten, die Identität der psychischen Struktur auf, die den „Nimrod" kennzeichnet; wir denken dabei an die Person Alexanders des Großen, wie sie Plutarch in seinen „Lebensbeschreibungen" dargestellt hat, und an Adolf Hitler, dessen Biographie J. C. Fest mit bemerkenswerter psychologischer Kenntnis aufgezeichnet hat.

Exkurs: Der „Nimrod-Komplex" am Beispiel Alexanders des Großen und Adolf Hitlers.

1. Alexander der Große

Es soll nicht unsere Frage sein, wer Alexander (A) in historischem Sinne „wirklich" war; wir wollen uns darauf beschränken, das Bild zu analysieren, das einer seiner größten und psychologisch verständnisvollsten Biographen, Plutarch, uns aufgrund des ihm zugänglichen Quellenmaterials von 4 Jhdten hinterlassen hat. Plutarch (Pl.) geht es in seiner Darstellung A's gerade um den Charakter dieses großen Mannes, und er kommt unserem Vorhaben insofern sehr entgegen, als er vornehmlich solche Begebenheiten auswählt, die das Besondere in dem Wesen A's in markanter Weise hervortreten lassen.

Olympias, die Mutter A's, wird als eine ausgesprochen exzentrische Frau geschildert, deren Eigenarten ihren Mann Philipp mit Schrecken erfüllten und ihn zu der Meinung nötigten, daß sie mit „einem höheren Wesen" Umgang pflege. Besonders durch ihre auffallend große Begeisterung an dem Auftreten in den Bacchantenchören des Dionysos und dem Spiel mit den gezähmten Schlangen des Gottes flößte sie ihrem Gemahl eine solche Angst ein, daß dessen „Liebe und Zärtlichkeit" zu seiner Gattin sehr vermindert wurde und er „sich ein Gewissen daraus machte, ihr beizuwohnen." (Plutarch: Alexander 2; S. 265) Während somit Philipp sich von dem unheimlichen Charakter seiner Frau, die Plutarch als „eifersüchtig" und „grämlich" beschreibt (Pl., 9; S. 272), zutiefst beunruhigt, ja bedroht fühlte, — nicht zu Unrecht, denn sie soll selbst die Ermordung Philipps angezettelt haben (Pl., 10; S. 273) — scheint A. den Erwartungen seiner Mutter weit besser entsprochen zu haben. Sie scheint ihn als „Gatten-Substitut" (H. E. Richter: Eltern, Kind und Neurose, 128) in eben die Rolle gedrängt zu haben, an deren Erfüllung ihr Gemahl so kläglich scheiterte. Das „höhere Wesen", mit dem Olympias verkehrte und das sie bei Philipp so sehr vermißte, zog sie offenbar in ihrem Sohne A groß, den sie späterhin mit ihren von A stets geheimgehaltenen Briefen auf seinen Eroberungen begleitete (Pl., 39; S. 307) und von dem sie einen Großteil der Beute seiner Eroberungszüge empfing (Pl., 25; S. 291). Eine einzige Träne seiner Mutter, versicherte A noch auf dem Höhepunkt seines Ruhms, sei ihm wichtiger als tausend Schreiben seiner Generale, die über Olympias Klage führten (Pl., 39; S. 308).

So sehr A also an seiner Mutter hing, so feindselig verhielt er sich zu seinem Vater. Die Verachtung seiner Mutter gegenüber Philipp scheint er ganz und gar geteilt zu haben, und man wird schließen dürfen, daß er sein Leben lang bemüht war, ihr ein stärkerer, größerer, liebenswerterer, beherrschterer Mann zu sein als ihr Gemahl. Jedenfalls müssen Vater und Sohn in heftiger Konkurrenz einander gegenüber gestanden haben. Die Siege und Eroberungen Philipps verfolgte A „immer mit finsterer Miene", und offen gestand er seinen Kameraden die Besorgnis, sein Vater werde ihm noch alle Chancen eines großen Ruhms vorwegnehmen und womöglich keine Gelegenheit zu einer großen und glänzenden Tat mehr für ihn übrig lassen. (Pl., 5; S. 268)

Die haßerfüllte Abneigung, die A gegen Philipp, seinen Vater, empfand, wurde noch durch dessen Frauengeschichten verstärkt, in denen Philipp, in seiner eigenen Ehe unerfüllt, sich scheinbar seine Männlichkeit zu beweisen suchte. Unterstützt wurde A in seinem Haß von seiner Mutter, die ihn offen gegen Philipp aufhetzte (Pl., 9; S. 272). Unverhohlen kam die geheime Todfeindschaft beider zum Ausdruck, als Philipp die blutjunge Kleopatra heiratete und gar an Alexander vorbei mit ihr noch einen rechtmäßigen Thronfolger zu zeugen gedachte; bei einer Feierlichkeit, in der davon die Rede war, bedrohte Philipp seinen höhnenden Sohn mit dem Schwert, fiel aber „vor Zorn und Trunkenheit" zu Boden; vor dem Wütenden brachte A sich und seine Mutter Olympias in Sicherheit (Pl., 9; S. 272).

Beruhigt hat sich der Zwist nie. Als Philipp 336 v. Chr. ermordet wurde, gab es Gerüchte, die nicht nur Olympias, sondern auch A an der Tat beteiligt wissen wollten (Pl., 10; S. 273). Selbst wenn dies dem äußeren Tatbestand nach nicht zutreffen sollte, so gibt es doch Grund genug zu glauben, daß A den Tod seines Vaters innerlich gewünscht hat und sich entsprechend schuldig gefühlt haben muß; um so heftiger ließ er die Verschwörer ermitteln und bestrafen.

All dies bezeugt, für sich genommen, bereits deutlich genug den ödipalen Grundkonflikt im Leben A's. Der Eindruck verstärkt sich aber noch durch den „Familienroman", dessen Herkunft aus dem Ödipuskomplex wir schon erörtert haben (s. o. 339). In der Oase Siwa nämlich begrüßte der Priester des dortigen Heiligtums den A als Sohn des Gottes Ammon und redete ihn so an, daß man meinte, er habe ihn als „Sohn des Zeus" bezeichnet (Pl., 27; S. 294). Damit aber sprach er etwas aus, das A „sehr lieb" war und woran er nur gar zu gern glaubte, pflegte er doch zu sagen, „Gott sei zwar der gemeinsame Vater aller Menschen, aber die besten unter ihnen mache er besonders zu seinen Kindern." (Pl., 27; S. 294) Zu diesen Besten rechnete sich A zweifellos. Auch wenn Pl. hervorhebt, daß er persönlich von seiner Göttlichkeit „nicht überzeugt noch verblendet" gewesen sei und sich ihrer nur bedient habe, „um andere sich leichter unterwürfig zu machen" (Pl., S. 294—295), so zeigt doch eben sein absoluter Herrscherwille, wes Geistes Kind er war und was für ein Bewußtsein in ihm lebte. Vor der Schlacht von Gaugamela übrigens betete A selbst zu den Göttern, „daß sie, wenn er wirklich ein Sohn des Zeus sei, den Griechen im Kampf beistehen . . . möchten." (Pl., 33; S. 300) Seine Siege waren gewissermaßen der unzweideutige Beweis seiner Gottessohnschaft.

Sein Glaube an die Göttlichkeit seiner Person scheint jedoch nicht nur in seinem elitären Selbstbewußtsein und seinem Erfolg, sondern auch in seinem Schuldgefühl wegen der Ermordung seines Vaters einen Grund gehabt zu haben. Wie sonst soll man es verstehen, daß A den Ammonspriester nicht nur danach fragte, ob ihm der Gott bewillige, über alle Völker Herr zu werden, sondern im gleichen Atemzug auch, ob er alle Mörder Philipps zur Strafe gezogen habe? (Pl., 27; S. 293) Offenbar hängen beide Fragen zusammen: auf der einen Seite die Unruhe, daß der Vatermord noch nicht hinreichend gesühnt sein könnte, und auf der anderen Seite das Bewußtsein, als Weltherrscher siegen zu müssen, um als Gottessohn keiner weiteren Sühne zu bedürfen. Die ungeheuere Anstrengung, die ganze Welt besiegen zu müssen, scheint u. a. auch in den Selbstvorwürfen verwurzelt zu sein, den eigenen Vater (durch Hinterlist?) getötet zu haben, und umgekehrt in dem Gefühl, erst dann gerechtfertigt zu sein, wenn er sich als Gottessohn und Weltherrscher ausgewiesen habe.

Gestützt wird diese Vermutung durch die merkwürdige Episode der Ermordung des Kleitos. Kleitos, der sich wegen der Verspottung makedonischer Generäle durch ein Spottlied im Rausch ereiferte, hatte sich dazu hinreißen lassen, A vorzuwerfen, er, der „Göttersohn", verleugne seinen Vater Philipp, um sich zum Sohn des Ammon zu machen, aber nur durch das Blut der Makedonier sei er so groß geworden. Voller Wut durchbohrte A den Kleitos mit einem Speer. Allem Anschein nach konnte den sonst so beherrschten A nichts tödlicher treffen als ein Angriff auf seine durch Vaterverleugnung und wenigstens moralische Mitschuld am Tode seines Vaters errungene Macht; nichts vermochte offenbar die ganze Leitlinie seines Lebens so sehr zu erschüttern wie eine Infragestellung seiner Herrscherwürde und der inneren Motivation derselben. An keiner anderen Stelle, wird man psa schließen müssen, fühlte er sich so unsicher und gefährdet wie hier, wo der Kern des Ödipuskomplexes angesprochen wurde: die Vaterverleugnung und die eigene Beanspruchung gottähnlicher Vatermacht.

Man geht vielleicht nicht zu weit, wenn man annimmt, daß in dem Moment, wo Kleitos höhnend den Text aus der „Andromache" des Euripides vortrug, an der die Selbstüberhebung der Herrschenden auf Kosten der gehorsamen Untertanen mit scharfen Worten gegeißelt wird (Pl., 51; S. 319), — daß in diesem Augenblick in A der gleiche Haß aufstand, den er gegen seinen Vater hegte, daß er die gleichen Vorwürfe, die einst seine Jugendauflehnung gegen Philipp begründeten, nun in den Worten des Kleitos gegen sich selbst gerichtet vernahm und in dem Spottenden gleichermaßen sich selbst und seinen Vater erschlug.

So verstünde man die Heftigkeit in A's Reaktion, die sicher nicht nur dem „Zorn" und der „Trunkenheit" entstammte; treffend bemerkt Pl., daß „irgendein feindlicher Dämon" in diesem Augenblick von A Besitz ergriff (Pl., 50; S. 317). Wir werden in diesem „Dämon" unzweifelhaft die aus dem Unbewußten stammende Macht des Ödipuskomplexes konstatieren müssen, um so mehr, als A unmittelbar nach der Tat den Speer, mit dem er Kleitos getötet hatte, sich selbst durch den Hals zu stoßen und damit den Mord mit einem Selbstmord zu sühnen suchte. Die Größe des Schuldgefühls, die sich in dieser Selbstbestrafung ausspricht, ist bei einem Mann, der aus bloßer Eifersucht die ganze Stadt Teben dem Erdboden gleichmachte (Pl., 11; S. 275), gewiß nicht allein aus moralischen Skrupeln zu erklären; wenn aber A in Kleitos eigentlich seinen Vater tötete, so versteht man schon, wieso er sich selbst augenblicklich nach dem Mord als des Todes schuldig empfand.

Die ganze Nacht und den folgenden Tag über lag A, von Schreien und Klagen erschöpft, unter gelegentlichen Seufzern wie apathisch da, bis der Menschenverächter Anaxarchos aus Abdera seine sophistische Philosophie zur Anwendung brachte und A mit sehr bezeichnenden Argumenten über den Mord hinwegtröstete. Er erklärte, daß A als Herrscher der Welt „selbst ein Gesetz und eine Regel des Rechts" sei, „da er doch gesiegt hat, um zu herrschen und zu regieren, nicht aber, um sich unter das Joch kindischer Meinungen zu schmiegen." (Pl., 52; S. 320) Daß Herrschaft den Triumph über das tödliche Schuldgefühl, einen (Vater-)Mord begangen zu haben, bedeute — diese Argumentation fand in A einen emotional starken Widerhall, wohl deshalb, weil — unserer Vermutung nach — seine ganze Herrschaft u. a. auf der Verdrängung des Schuldgefühls wegen des Vatermordes gegründet war. Die Erleichterung, die der Aristotelesschüler A bei den Worten des Sophisten empfand, machte, wie Pl. bemerkt, den Charakter A's fortan „um vieles trotziger und ungerechter." (Pl., 52; S. 320)

Vom Ödipuskomplex her verstehen wir auch die unglaubliche Bedingungslosigkeit des Kampf- und Herrscherwillens A's. Sein Ideal war Achill (Pl., 15, S. 278), sein Lieblingsbuch die „Ilias", die er neben einem Dolch unter sein Kopfkissen zu legen pflegte (Pl., 8; S. 270; vgl. 26; S. 291). Als er mit 20 Jahren die Herrschaft seines Vaters übernahm, war diese wohl auch objektiv nach den Worten Pl.'s „auf allen Seiten mit großem Neide, mit bitterem Hasse und drohenden Gefahren umringt" (Pl., 11; S. 274); aber es entsprach auch ganz und gar seinem subjektiven Gefühl, „daß, wenn er nur die geringste Nachgiebigkeit blicken ließe, alle ... Völker sogleich über ihn herfallen würden." (Pl., 11; S. 274) A brauchte das ständige Gefühl, unbesieglich und unbezwingbar zu sein, um nicht der Angst ausgesetzt zu sein, als ein Nichts zerstört zu werden. In Delphi, vor dem Perserfeldzug, als ihm ein Orakel verweigert wurde, zog er mit Gewalt die Oberpriesterin zum Tempel hin, so daß sie ausrief: „Du bist doch unüberwindlich!" Gerade dies waren die Worte, die A als Götterspruch wünschte (Pl., 14; S. 277). Er mußte zeit seines Lebens kämpfen und erobern, er mußte das Unmögliche, von einem Menschen nicht zu Übertreffende zu erreichen suchen, um sich nicht selbst als (von seinem Vater) völlig geschlagen und besiegt zu empfinden. Als seine Truppen nach all den Siegen sich weigerten, auch noch den Ganges zu überschreiten, da kam ihm sein ganzes Leben als nichtig vor. „Alle bisher ausgeführten Taten hatten in seinen Augen nicht den geringsten Wert, wenn er nicht auch den Ganges überschreite; und den Rückzug betrachtete er als ein öffentliches Geständnis seiner Schwäche und Niederlage." (Pl., 62; S. 330)

In solchen Augenblicken der Krise kommt erfahrungsgemäß nicht eine Zufallsreaktion zustande, sondern in ihnen reagiert ein Mensch so, wie es seiner unbewußten Haltung entspricht. So werden wir annehmen müssen, daß A in dieser Stunde, als seine Truppen ihm die Gefolgschaft aufkündigten, gerade das zum Ausdruck brachte, was er zutiefst sein Leben lang empfunden hatte: nicht zu siegen sei gleichbedeutend mit einer Niederlage, nicht vorwärts zu schreiten sei soviel wie Kapitulation. Sichtlich ist hier dieses Gefühl durch keinerlei politische Überlegung motiviert; es ist das Selbstgefühl des A, das sich am Ganges ausspricht: das Gefühl eines Mannes, der sich nur als Weltherrscher der Bedrohung gewachsen fühlte, jeden Augenblick vernichtet zu werden, und der sich nur als ein Gottessohn stark genug fühlte, um es unter den Menschen auszuhalten. So richtete er an die 10 indischen Philosophen die Frage, was ein Mensch tun müsse, um ein Gott zu werden, und empfing die Antwort: das Menschenunmögliche (Pl., 64; S. 333). Gerade darum aber betete A, als er sich aus Indien zurückzog: „daß kein Mensch nach ihm die Grenze seines Zuges überschreiten möchte" (Pl., 66; S. 334); daß also niemand etwas tun möge, das ihm nicht möglich gewesen sei. Man spürt deutlich die Angst, als Gott entthront zu werden.

Fragt man sich, woher die Angst A's stammt, daß jeder, der ihm an Macht überlegen sei, auf seine Entwertung und Vernichtung sinnen müsse, so werden wir psa als Grund dieser Angst wieder an die Situation der Kindheit A's denken müssen, in der er, unserer Hypothese zufolge, sich seinem Vater gegenüber in einem Kampf um Alles oder Nichts befand. Hierzu würde das objektiv oft inadäquate Gefühl A's gut passen, als Unterlegener ein Niemand, als Nicht-Sieger ein Nichts zu sein. Mit der Welteroberung aber hat A sich u. a. bewiesen, daß es keinen Philipp über ihm geben würde, — und erst so konnte er in seiner untergründigen Angst beruhigt sein.

Als ein Motiv der Selbstsicherung wird man auch die „Ruhmredigkeit" und „Großsprecherei" A's verstehen müssen, mit denen der sonst so gewandte Gesellschafter ausgesprochen lästig werden konnte (Pl., 23; S. 288). In seinen langen Tischreden bestärkte er sich offenbar selbst in seiner Unvergleichlichkeit. Als ein wirklicher „Held von Namen" (Gn 6, 4) nahm er jedes Opfer in Kauf, wenn es dem Zweck diente, von der Mit- und Nachwelt gepriesen zu werden (Pl., 60; S. 328). Umgekehrt, wenn er sich üblen Nachreden ausgesetzt sah, „verlor er ... alle Besinnung, und ward in dem Falle grausam und unerbittlich, da er dem Ruhme selbst Leben und Königswürde nachsetzte." (Pl., 42; S. 310) Der ursprüngliche Sinn seiner Ruhmsucht dürfte psa darin zu sehen sein, von seiner Mutter Olympias gegenüber seinem Vater als der Überlegene und in jeder Hinsicht Größere gelobt und anerkannt zu werden.

Aber A wollte offenbar nicht nur größer als sein Vater sein — er wollte vor allem auch die Fehler nicht haben, die seinen Vater ihm und seiner Mutter so verhaßt gemacht hatten, und unter diesen Fehlern war insbesondere die sexuelle Ungezügeltheit Philipps. Pl. wird nicht müde, die vorbildliche Enthaltsamkeit A's zu rühmen, die er, sehr im Widerspruch zu den Eroberern seiner Zeit, besonders der Gemahlin des Dareios gegenüber an den Tag legte (Pl., 21; S. 286). Um den Reizen der gefangenen Perserfrauen „die Schönheit seiner Tugend ... entgegenzustellen", lesen wir bei Pl., „ließ er sie wie leblose schöne Statuen an sich vorübergehen", freilich nicht ohne wenigstens scherzweise bemerkt zu haben, daß ihm dabei die Augen schmerzten (Pl., 21; S. 286).

Überhaupt verabscheute A den Genuß der Liebe, der ihn zu deutlich lehrte, „daß er sterblich sei" (Pl., 22; S. 287). In der „Enthaltsamkeit" A's, die sich im übrigen in einer ständigen Selbstzucht und Bereitschaft, den Körper zu trainieren und an härteste Strapazen zu gewöhnen, äußerte, werden mehrere Motive zusammenkommen: einmal die antithetische Idealbildung, auf keinen Fall wie sein Vater sein zu wollen, zum anderen aber auch wohl eine gewisse Angst vor der Frau, die aus der zu engen Beziehung zu seiner Mutter herrührte. Gerade bei Kindern, die, wie A, in heftiger Feindseligkeit gegenüber dem Vater und großer Anhänglichkeit an ihre Mutter aufwachsen, müssen ja starke inzestuöse Neigungen wach werden, die dementsprechend einer um so energischeren Verdrängung anheimfallen; damit legt sich aber auch ein Schatten über das gesamte Gebiet der Sexualität und des Körperlichen schlechthin, das mit strenger Askese kontrolliert und, wie das wilde Pferd Bukephalos des A, unter Aufbietung aller Kräfte beherrscht und zugeritten werden muß (Pl., 6; S. 268).

Im Hintergrund verbleibt eine gewisse latent homosexuelle Einstellung, für die wir im Leben des A zwei Belege finden. Als ihm einmal ein Angebot zum Ankauf zweier Knaben von ausnehmender Schönheit gemacht wird, zeigt er sich weit über das im alten Griechenland verständliche Maß hinaus empört und ruft seinen Freunden mehrmals zu: „Welche Schändlichkeit..."; aufs äußerste indigniert, verbittet er sich noch des öfteren derlei Offerten (Pl., 22; S. 286—287). Die Stärke, mit der A die homosexuellen Angebote ablehnt, dürfte psa der latenten Stärke des Triebwunsches entsprechen. Diese kommt in verhüllter Form in der völlig übertriebenen Trauer zum Vorschein, die A beim Tod seines Freundes Hephaistion heimsucht: nicht nur läßt A den unglücklichen Arzt seines verstorbenen Freundes kreuzigen, sondern er zieht auch zum „Totenopfer des Hephaistion" zu einer regelrechten Menschenjagd in das Land der Kussaier aus, die er alle ohne Unterschied abschlachten läßt (Pl., 72; S. 340). Es ist, wie wenn A in dem Freund einen Teil von sich selbst verloren hätte; und das Ausmaß dieser Trauer ist zweifellos ein direkter Gradmesser für die innige Zuneigung, die A für Hephaistion empfand.

In die gleiche Richtung weist auch A's Bedürfnis, seine Männlichkeit zu beweisen. Wir finden in diesem Wunsch wiederum etwas auffallend Überwertiges. Als er Theben — aus politisch wenig einleuchtenden Gründen — eroberte, erklärte er, er wolle dem Demosthenes, der ihn einen „Jüngling" genannt hatte, zeigen, daß er ein Mann sei (Pl., 11; S. 274). Charakteristisch ist nicht nur der übermäßige Wille, als „Mann" zu erscheinen, sondern auch die Vorstellung von dem, was ein „Mann" ist: ein rechter Mann ist ein Krieger und Eroberer, und zwar für A ganz und gar ausschließlich. Der indische Jaina-Philosoph Kalanos (Sphines) wies ihn später auf diese bereits unter staatsmännischem Gesichtspunkt unvernünftige Einseitigkeit seiner Haltung hin, indem er eine ausgedorrte Haut auf die Erde legte und demonstrierte, daß die Haut, wenn man sie auf der einen Seite niedertrat, sich auf der anderen erhob und erst zur Ruhe kam, wenn man sich in das Zentrum stellte (Pl., 65; S. 333—334). Kalanos demonstrierte damit zugleich das Bild einer Persönlichkeit, die bei sich selber nicht zu Hause ist und, statt vom Zentrum her, nur an der Peripherie lebt. Die Angst, die A zu seinen Eroberungen nötigte, scheint den genialen Feldherrn stets unter den absoluten Zwang, siegen zu müssen, gestellt zu haben. Daraus dürfte sich die Bedingungslosigkeit erklären, mit welcher der jugendliche Eroberer sich in den Kampf stürzte. Die berühmte und wichtige Schlacht am Granikos, weit entfernt, ein Werk strategischer Planung zu sein, scheint A nach Pl.'s Worten „mehr aus Raserei und Verzweiflung, als mit besonnener Überlegung" gewagt zu haben (Pl., 16; S. 278). Und der Fragwürdigkeit seiner Eroberungen wird er sich spätestens inne geworden sein, als der indische Fürst Mophis (Taxiles) ihm entgegenhielt: „Wozu sollen wir, Alexander, miteinander Krieg führen und streiten, da du nicht gekommen bist, um uns das Wasser und die nötigen Lebensbedürfnisse zu nehmen, wofür verständige Menschen allein kämpfen?" (Pl., 59; S. 326)

In bezug auf seine Umgebung weiß Pl. immer wieder die große Freizügigkeit und den edlen Freimut A's hervorzuheben. Allerdings scheinen auch die Geschenke, die A reichlich auszuteilen liebte, dazu bestimmt gewesen zu sein, ihn seiner unvergleichlichen Überlegenheit zu versichern. Jedenfalls konnte er bemerkenswert ungehalten werden, wenn jemand seine Großzügigkeit nicht schätzen mochte und eines seiner Geschenke ablehnte (Pl., 39; S. 307). Er, der sich alles, die ganze Welt, mit Gewalt nahm, der nie sich etwas schenken lassen konnte, schenkte auch selbst in einer Weise, die ihn nicht mit den anderen verband, sondern ihn noch mehr über alle anderen erhob. Daher der Ärger, das Beleidigtsein: wer sein Geschenk zurückwies, wies ihn selber als Weltherrscher ab.

Um das „Nimrod-Bild" zu vervollständigen, erwähnen wir noch die Jagdlust des A, die an sich bei antiken orientalischen Herrschern nicht ungewöhnlich ist, bei ihm aber wiederum etwas spezifisch Überhöhtes enthält. Die Jagdgöttin Artemis soll bei seiner Geburt Hebammendienste geleistet haben (Pl., 3; S. 266), ein Zeichen, daß er in gewissem Sinne nur zur Welt gekommen war, um zu jagen. Tatsächlich war die Jagd für A nicht nur eine Art sportliches Hobby (Pl., 23; S. 288), sondern eine Gelegenheit, seinem in Üppigkeit schwelgenden Hofstaat soldatische Selbstzucht vorzuexerzieren (Pl., 40; S. 308). Sie paßte einfach in den Charakter eines Mannes, dessen ganzes Selbstwertgefühl auf der Beherrschung seiner selbst und anderer aufgebaut war.

Ein anderer als A wäre bei einem derartigen Lebenslauf vermutlich weit früher und katastrophaler gescheitert als er. A's Schicksalsstunde aber schlug erst am Ganges, als seine Truppen ihn zur Umkehr zwangen. Jetzt war er am Ende seiner Eroberungen und damit am Ende des einzigen Mittels, das ihn seiner inneren Gefährdung Herr werden ließ. Eine Zeitlang scheint er seine Verzweiflung und Lebensangst in ausgedehnten und üppigen Festen ertränkt zu haben; er veranstaltet Schauspiele und Lustbarkeiten und setzt Preise für einen Wettstreit im Trinken aus (Pl., 70; S. 337). Tief bewegt liest er auf dem Grabmal des Kyros die Worte: „Mißgönne mir nicht die wenige Erde, die meinen Leichnam deckt!" und sinnt nach über die „Ungewißheit und den Wechsel aller menschlichen Dinge" (Pl., 69; S. 337).

Immer mehr scheint sein Zustand deutlich paranoische Züge angenommen zu haben, wie wir denn das ganze Leben des A psa als einen genialen Kampf gegen den Ausbruch dieser Krankheit zu verstehen haben. In den Augen seiner Zeitgenossen verfiel er dem „Aberglauben", und Pl. berichtet von seiner immer größer werdenden Angst vor unheimlichen Vorzeichen, „so daß er schließlich jedes ungewöhnliche und auffallende Ereignis, so unbedeutend es auch an sich sein mochte, als ein erschreckendes Wunder oder Zeichen der Götter betrachtete." (Pl., 75; S. 342) A, der sich als Sohn des Zeus zum Weltherrscher bestimmt fühlte, enthüllte nun, zur Tatenlosigkeit verdammt, das Wahnhafte seines Lebensentwurfs. Auf das Übermaß seines Schuldgefühls und seiner Strafangst, dessen Wurzeln wir kennengelernt haben, verweist die Tatsache, daß er sich nunmehr in seinem Palast mit einem Heer von Wahrsagern umgeben ließ, „die immer mit Reinigungsopfern zu tun hatten." (Pl., 75; S. 342) Gegen Ende seines früh verlöschenden Lebens muß A wie im Fieber gelebt haben, und selbst Pl. scheut nicht davor zurück, seinen Endzustand als „völlig wahn- sinnig" zu bezeichnen (Pl., 75; S. 343). Es war ein Leben, das die Größe seines Wahnsinns nur durch die Größe seiner Genialität für etwa eineinhalb Jahrzehnte sich selbst und anderen verschleiern konnte.

2. Adolf Hitler

Als ein zweites Beispiel für den „Nimrod-Komplex" der „Männer von Namen" (Gn 6, 4) wählen wir in der Person Adolf Hitlers einen minder genialen, aber der psychischen Struktur nach überaus verwandten Charakter, dessen Aufstieg und Fall die gesamte Welt in Atem hielt und ebenfalls nur eine Zeitspanne von weniger als zwei Jahrzehnten umfaßte. Da J. C. Fest von der Persönlichkeit des deutschen Diktators ein sehr ausführliches Psycho- gramm vorgelegt hat, genügt es, auf die in unserem Zusammenhang wichtigsten Tatbestände zu verweisen.

Das besondere Verdienst der Untersuchungen Fests liegt vor allem in dem Hinweis auf „die große Angst", die entscheidend die Persönlichkeit Hitlers geprägt hat und ihn besonders befähigte, die kollektiven Ängste der seelisch zerrütteten, entwurzelten, sich vor der erniedrigenden Wirklichkeit ekelnden Massen in die explosive Energie aggressiver Gewalt umzusetzen und ihrer Ver- zweiflung einen Trost in dem Versprechen heroischer Größe zu geben (Fest: Hitler, 138; 1041). Das Leiden an den Verwüstungen des industriellen Zeit- alters, die pessimistische Grundstimmung gegenüber der Zukunft, der Schrecken der heraufziehenden Wettbewerbsgesellschaft, die den Einzelnen zu einem Nichts entwürdigte, der gefühlsmäßige Affekt gegen die moderne Welt, als deren Inbegriff das „internationale Judentum" galt, der Zerfall der traditio- nellen Wertvorstellungen, die Furcht vor den Greueln des Bolschewismus — all das ließ das Dasein selbst als Angst erscheinen (134) und begründete die Überlegenheit des Faschismus gegenüber seinen Konkurrenten. Denn während alle anderen Parteien den Industrialisierungs- und Emanzipierungsprozeß bejahten, teilte der Faschismus offensichtlich die Ängste der Menschen; und er allein verstand es, sie in turbulente Aktion und Dramatik zu verwandeln und zu einer Revolution gegen die Revolution der Zeitverhältnisse zu mobilisieren (148—149).

Hitler konnte zum Exponenten der Ängste, Pessimismen, Abschieds- und Abwehrgefühle der Epoche werden, weil er selbst in seinem gesamten Denk- und Emotionssystem von einem überwältigenden Angsterleben bestimmt war, das in all seinen Äußerungen und Reaktionen spürbar blieb und „so gut wie kosmische Dimensionen" erreichte (143). Das bleiche, geschreckte Wesen seiner

495

Jugendjahre, seine ständige Angst vor der Berührung durch fremde Menschen, sein extremes Mißtrauen, seine Furcht vor geschlechtlicher Infektion und Ansteckung überhaupt, sein Waschzwang (143—144), seine dauernde Hypochondrie (737), sein überaus starkes Minderwertigkeitsgefühl gegenüber der bürgerlichen Welt, verbunden mit Ressentiment- und Haßgefühlen, kompensiert durch überdimensionale Genieträume — dieses ganze Ensemble aus Lebensangst, masochistischem Selbsthaß und maßlosem Ehrgeiz stellte sein ewig gehetztes, ruheloses, zu jeder Art von Ausdauer unfähiges, unter dem unablässig quälenden Eindruck der verrinnenden Zeit vorwärts gejagtes Dasein (737) unter die von vornherein neurotische Alternative des Alles oder Nichts, des totalen Versagers oder des universalen Retters, des globalen Siegers oder des kosmischen Verneiners. Die Welt, in der er lebte und die er mit der überwiegenden Zahl seiner Zeitgenossen teilte, war eine Welt voller Feinde und verborgener Gefahren, bestimmt von dem erbarmungslosen Kampf aller gegen alle, vom brutalen Sieg der Starken über die Schwachen, allein gegründet auf die „Sucht der Selbsterhaltung" (298), in zynischer Verachtung jedweder „Humanitätsduselei", erfüllt von Lüge, Treulosigkeit und Verrat, eine Welt, die „wie ein Wanderpokal" in die Hand des jeweils Stärksten überging (298; 939) und in der als furchtbare Wahrheit galt, was Hitler bei der Kündigung des deutsch-englischen Flottenvertrages 1939 ausrief: „Wer Macht nicht besitzt, verliert das Recht zum Leben." (794)

Nur auf dem Hintergrund der Erbarmungslosigkeit dieser alles durchtönenden Angst versteht man die ständige Sorge Hitlers vor irgendeinem Schwächezeichen (760; 940), denn, so wußte er: „Das Leben vergibt keine Schwäche!" (1014) Nur so versteht man auch seine ungeheure Anstrengung, sich durch den Erwerb von Macht zu sichern und seine eigene Person hinter dem starren Denkmal einer Übermenschenrolle unangreifbar zu machen (891). All die „permanente Willensmühe, die er aufbrachte, um derjenige zu sein, der er scheinen wollte", der gesamte überspannte „Kraftakt eines neurotischen Charakters" (446) konnten ihn niemals die Gefahr vergessen machen, jederzeit bei irgendeinem Mißgeschick oder Rückschlag wieder ins Bodenlose abzustürzen. Er, der sich „vom Nichts emporgearbeitet" hatte und „den Begriff Kapitulation" in seinem Leben „nie kennengelernt" haben wollte (984), befand sich unablässig auf der Flucht nach vorn, weg von den Sümpfen und Niederungen drohender Unbedeutendheit und jederzeit möglicher Vernichtung. So wie er später seine gesamte militärische Strategie auf Offensivkonzeptionen aufbaute (979) und sie mit verbissen-trotzigen Festhalteparolen untermauerte, befand er sich im Grunde sein Leben lang auf der Suche nach mehr „Lebensraum", um der erstickenden Enge einer Welt voller Widersacher zu entkommen. Er mußte die ganze Welt beherrschen, um auch für sich einen Platz zum Leben zu finden (844). Seine stets schwelende Unsicherheit, die ihn Entscheidungen lange vor sich herschieben oder einem Wink des Schicksals überantworten ließ, trieb ihn, wenn er sich erst einmal festgelegt hatte, in einen oft manisch anmutenden Bewegungssturm. Immer fühlte er sich zwischen Lethargie und Hyperaktivität, zwischen Weltuntergangsstimmung und Welteroberungsplänen hin- und hergerissen (458; 737).

Gerade weil er ständig davor floh, ein Nichts, ein Niemand zu sein, weil er sich ständig mit einem Bein über dem Abgrund fühlte, konnte er sich zu

Entschlüssen von größerer Tragweite nur aufraffen, indem er sich förmlich selbst in eine Situation der Ausweglosigkeit hineinmanövrierte; erst wenn er mit dem Rücken an der Wand stand, wenn er sich erneut seiner totalen Bedrohtheit und Beengtheit versichert hatte, fand er den angstgeborenen Mut zu seiner „Größe", zu seinem messianischen Rettertum aus tiefster Not (435; 525; 610). „Seine Chance war ... immer nur die Krise." (685).

Diese Grundhaltung verlieh ihm den Charakter eines verzweifelten Hasardeurs und Megalomanen (660), der jederzeit bereit ist, bedenkenlos, weil er weiß, daß er nichts mehr zu verlieren hat, alles aufs Spiel zu setzen, um doch noch womöglich alles zu gewinnen (281; 834). Und es lag darin auch seine desparate „Selbstmöderkonstitution" (282) begründet, die ihn sein ganzes Leben lang „zum jeweils größten Risiko bereit" gemacht hat (998). Seine eigentliche Energie entstammte der Angst vor dem Untergang; dementsprechend gehörte die Kraft seiner außerordentlichen Phantasie und Darstellungskunst den Beschwörungen des Untergangs, der Destruktion und des Todes. Während in den Veranstaltungen des Dritten Reiches Hitlers Regietalent „angesichts der Feier des Todes erst seine eigentlich überredende Gewalt entfaltete" und „sein pessimistisches Temperament der Zeremonie des Todes unermüdlich neue Blendwirkungen" abgewann, schien das „Leben ... seine Einfallskraft zu paralysieren" (699; vgl. 990). Die Untergangsromantik und der wahnsinnig anmutende Katastrophenwille, die sich in den letzten Jahren seiner Schreckensherrschaft aussprachen (996—997), offenbarten nur, wovon dieser „größte Deutsche" seit eh und je umgetrieben wurde. Sein Regime „hat sein destruktives Ingenium nie durch aufbauende Kraft zu legitimieren vermocht" (592).

Der überall gegenwärtige Faktor der Angst nötigte Hitler auch zu seiner pathologischen „Kampfnatur" (833) mit den radikalen Alternativen des Alles-oder-Nichts, mit der umweglosen „Aggressivität seines Agierens", die stets „nur frontale Beziehungen" erlaubte (835), sowie der eingewurzelten Überzeugung, daß das Leben mit Krieg identisch sei (832) und daß der Krieg das höchste Ziel der Politik darstelle (831). Für ihn, den ewig mißtrauischen Taktierer, den unermüdlichen Organisator von rivalisierenden und miteinander konkurrierenden Gruppierungen, bedeutete „jede Partnerschaft eine Form der Gefangenschaft" (319); er vermochte nur zu denken in den zwangsneurotischen Schablonen von Überlegenheit und Unterlegenheit, die, in der für ihn charakteristischen Zuspitzung, sogleich mit Sieg oder Untergang identisch waren. Jeder Widerstand, jede Verweigerung, die sich seinen Plänen in den Weg stellte, zerschlug den dünnen Panzer der mächtigen Pose, mit dem er sich zu umgeben trachtete, und ließ ihn erst wieder zur Ruhe kommen, wenn er „in der exzessivsten Weise" Rache und Vergeltung geübt und damit seine Überlegenheit wiederhergestellt hatte (969).

Indem sein ganzes Leben daher auf Angstabwehr durch Machtgewinn und Herrschaft ausgerichtet war, mußte für ihn alles darauf ankommen, gewissermaßen die Außenmauern, die Fassade seines Daseins gegenüber dem Publikum so imponierend und drohend wie nur möglich erscheinen zu lassen. Wer er selber wirklich war, entzog sich unter dem Schleier „seines lebenslangen Selbstverheimlichungsbestrebens" (1021), und wenn man von der Atmosphäre der

„Lagebesprechungen" gegen Ende des 2. Weltkrieges gesagt hat: „Nichts war dort echt außer der Angst" (994), so muß das uneingeschränkt von Hitlers Leben insgesamt gelten. „In merkwürdig unangreifbarer, fast abstrakter Unpersönlichkeit" klammerte er sich an die Schicksalsrolle des Retters, des Messias (287). Selber eine „Unperson" (697—741), verstand er sein Leben nur als Rolle (1016), als monumentale Stilisierung (891), hinter der er sich selbst gänzlich verstecken konnte, so daß es wirklich so war, „als gäbe die Statue ... mehr von seinem Wesen preis als die dahinterstehende Erscheinung." (698)

Notwendigerweise bestand eine riesige Kluft zwischen dem Anspruch und der Wirklichkeit seiner Person. Auf der einen Seite besaß er eine tiefe Sehnsucht nach den einfachen kleinbürgerlich-idyllischen Verhältnissen eines Zollbeamtensohnes, wie sie in der tragischen Liebe zu seiner Nichte Geli Raubal (445) und der ganz ähnlich gearteten Beziehung zu Eva Braun zum Ausdruck kam; da konnte er „das Lob des schlichten Gemüts" (739) anstimmen und von einer glückseligen Existenz als Künstler nach dem Format seiner Pubertätsträume schwärmen (815) und wünschen, nur „Mensch unter Menschen" zu sein (927); auf der anderen Seite, als „Politiker", versteinerte er in Denkmalsstarre auf dem Podest metaphysischer Prätentionen und Prärogative (459). Die Erbärmlichkeit seiner chaotischen Affekte, die völlige Gemütskälte und Beziehungslosigkeit seines Lebens erhöhte er in meisterhafter Rationalisierung zur Größe des einsamen Genies, das in ursprünglicher Vitalität und barbarischer Wildheit den Zwecken der Natur, der „Vorsehung" gehorcht und „eiskalt" und „rücksichtslos" sich den Weg seiner geschichtlichen Berufung freikämpft. Es ist ein erschütterndes Bild, ihn am Ende, als er all seinen Alpträumen, gegen die er zeit seines Lebens ankämpfte, selber zur Wirklichkeit verholfen hatte, wie ein lebendiges Fossil ansehen zu müssen: um Jahre gealtert, am ganzen Körper zitternd, das Tageslicht ebenso wie den Kontakt mit der Realität um jeden Preis vermeidend, völlig allein mit seiner Schäferhündin Blondi, nur noch künstlich von Drogen aufrecht gehalten, eisern verkrampft in den aussichtslosen Willen zum Durchhalten, in die Zwangsideen der erbarmungslosen Härte, der Ausrottung des Schwachen, Jüdischen und Minderwertigen, erfüllt von verzweifelten Träumen auf die Rettung durch ein Wunder, das ihn doch noch rechtfertigen könnte, verkrochen in die Höhlenwelt des Bunkers unter der Reichskanzlei, gierend nach Liebe und Geborgenheit, die er wie ein kleiner Junge rein oral in riesigen Kuchenportionen in sich hineinschlingt — ein wahrhaft armer Teufel, der gleichwohl jede eigene Schuld verleugnet und nur bereut, daß er trotz allem noch zu nachgiebig und nicht hart genug gewesen sei. Was von seinem Leben, das aus Angst die Macht zum Selbstzweck erhob und nur den Effekt, den wirkungsvollen Auftritt des „Charismatikers" der Vorsehung suchte, für die Nachwelt übriggeblieben ist, war denn auch bezeichnenderweise — nichts: keine Idee, kein Bauwerk, kein Vermächtnis, nur die Erinnerung an „eine einzige Entfaltung ungeheurer Energie" der Verzweiflung und der Destruktion (1042), die Erinnerung an „Bewegung, ... Rauschzustand und ... Katastrophe" (1027).

Die Gestalt Hitlers, wie Fest sie beschreibt, ist ein einziges Dokument für den verhängnisvollen Verzweiflungskampf der Angst, für die fortschreitende

Selbstverfehlung und Selbstzerstörung eines Lebens, das, mißtrauisch fixiert auf die durch und durch feindgetönte Umgebung, die ganze Welt gewinnen will und muß, um alle Feinde darin zu vernichten, und das doch gerade deshalb niemals dazu kommt, sich selbst zu finden, zu verstehen, anzunehmen und durch Arbeit an sich selber zu verändern. Wenn wir an dieser Stelle die Biographie Hitlers zur Verdeutlichung der Perspektiven der Nimrod-Gestalt in der j Urgeschichte heranziehen, dann um zu zeigen, wie in der Tat die Angst, die wir als Grundfaktor des Prozesses von Gn 3—11 erkannt haben, die Menschen immer mehr von sich und ihrer eigenen Person weg an die Peripherie treibt, wie sie dazu zwingt, durch Eroberung und Überwältigung die äußere Umgebung immer perfekter und totalitärer den eigenen Zwecken gefügig zu machen, wie sie aber nur um so katastrophaler aus der Umgebung in das Vakuum des eigenen Inneren zurückkehrt. Am Beispiel Hitlers sehen wir, wie verhängnisvoll es ist, wenn Menschen in einer brutalen Kain-und-Abel-Welt, gerade noch einmal der Sintflut entronnen, versuchen, ihrer gnadenlosen Angst durch Herrschaft Herr zu werden. Noch sind wir nicht bei dem Zusammenbruch von Gn 11, 1—9, aber schon sehen wir die unheilvollen Folgen voraus, die sich aus der neurotischen Zerrissenheit der Menschen zwischen göttlichem Anspruch und vollkommener Nichtigkeit, zwischen eisiger Herrschaftslogik und chaotischem Gemütsleben, zwischen äußerer Vernünftigkeit und angstdurchsetztem Inneren ergeben müssen. Noch stellt sich uns auch nicht die Frage der Turmbaugeschichte, wie das Wechselbild zwischen individueller und kollektiver Neurose zustande kommt (s. u. 536), bei dem „die eigene Neurose als allgemeine Wahrheit ... und die kollektive Neurose zum Resonanzboden der eigenen Besessenheit" werden kann (Fest, 457). Es liegt uns jetzt lediglich daran, noch die „pubertären" Züge des „Nimrod-Komplexes" in der Persönlichkeit Hitlers nachzuweisen und damit die Tauglichkeit des j Bildes zur Interpretation geschichtlicher Wirklichkeit zu demonstrieren.

J. C. Fest spricht gelegentlich selbst von der „Dauerpubertät" (293) und dem pubertären „Glücks- und Angstschauder" Hitlers (1033), der in einem immerwährenden Walpurgisnachtstraum die Welt in den trüben Zwangsvorstellungen von Unzucht, Perversion, Paarung, Schändung und Vergewaltigung erblickte (293). Es kann keinem Zweifel unterliegen, daß Hitler die verheerenden Eindrücke des Männerheimaufenthaltes in der Zeit seiner Pubertätsjahre in Wien ohne jede Korrektur durch menschenfreundlichere Erfahrungen sein ganzes Leben lang unverändert repetiert hat (72) und insofern aus der Pubertät psychisch nie herausgekommen ist. Allein, es wäre doch ganz unmöglich, daß die Zeit in Wien mit ihren Enttäuschungen und Sehnsüchten, mit ihren Träumen und Versagungen, mit dem Widerspruch von Genie und Bürgerlichkeit „an den Rändern der Gesellschaft, von wo die Leichenhalle für Selbstmörder und das Pantheon der Unsterblichkeit ... gleichweit entfernt" lagen (74) — daß erst diese Zeit der hochfliegenden Phantasien und der ruinösen Wirklichkeitserfahrungen den Charakter Hitlers eigentlich erst begründet, nicht vielmehr nur endgültig geprägt haben sollte.

Tatsächlich finden wir Grundzüge des späteren Adolf Hitler schon in seiner Kindheit angelegt, in seinem Schulversagen, seinem Trotz, seiner Isoliertheit, seiner Gefühlsarmut, seinem Geltungsstreben und seinem Erwähltheitsglauben (37—38). Unschwer ist in psa Betrachtung vor allem die ödipale Konstellation seines Elternhauses zu erkennen. Der Vater, Alois Hitler, war zwar „ein energischer und pflichtbedachter Mann", doch „verbargen Biederkeit und Strenge ein offenbar unstetes Temperament" (33). Er war dreimal verheiratet, zunächst mit einer 14 Jahre älteren Frau, zuletzt mit der 24 Jahre jüngeren Klara Pölzl, die die Mutter Adolf Hitlers wurde. Noch zu Lebzeiten der ersten Frau erwartete er ein Kind von der zweiten, und zu Lebzeiten der zweiten ein Kind von der dritten Frau. Klara war ursprünglich seine Magd und ist nie aus dem Status von Hausgehilfin und Mätresse herausgekommen (34). Vielleicht stand sie blutmäßig zu ihm im Verhältnis einer Nichte; jedenfalls wird man auch sonst den Eindruck nicht los, als wenn sich in der späteren Beziehung Adolf Hitlers zu Geli Raubal auf merkwürdige Weise die inzestuös anmutende Liebschaft seiner Eltern wiederholt hätte. Seinen Vater hat Adolf rundweg gehaßt und sein Bild rückblickend in den wüsten Zügen eines verständnislosen Tyrannen und polternden Trunkenboldes gemalt; man darf glauben, daß er ihn mindestens subjektiv auch so erlebt hat. Auch daß sein Versagen in der Realschule eigentlich eine Trotzreaktion gegen seinen Vater gewesen sei, wie er später behauptete, dürfte der psychischen Wahrheit entsprechen und besonders den eigentümlich masochistischen Zug im Wesen Hitlers unterstreichen, der sich Recht verschafft, indem er sein eigenes Fiasko arrangiert. Vor allem nach der Pension, als der Vater seinem Sohn mit den Forderungen nach Respekt und Disziplin, mit seinem Leistungsstolz und seinen unerbittlichen Gehorsamsansprüchen entgegentrat (39), scheint der Konflikt zwischen Alois und Adolf Hitler an der Frage der Berufswahl offen entbrannt zu sein. Man kann vermuten, daß das Kind mit seiner hohen Sensibilität für menschliche Schwächen die Doppelbödigkeit im Wesen seines Vaters sehr genau erfaßt hat und hier zum ersten Mal zu der lebensbestimmenden Erkenntnis gelangte, daß nicht die innere Moralität, sondern lediglich die Macht und brutale Stärke „Recht" setzt und begründet. „Weh dem, der schwach ist", sagte er später, im Jahre 1937.

Die Willkürlaunen Adolfs, „sein eigensüchtiges und rechthaberisches Temperament" (39) waren aber nicht nur in gewisser Weise eine Kopie des allmächtigen väterlichen Verhaltens, sondern auch eine Folge der schwächlichen, materiell verwöhnenden Haltung seiner Mutter. Indem Klara Hitler aus „Schwäche und Nachgiebigkeit" (39) dem eigenwilligen Sohn keinen Widerstand entgegenzusetzen wußte, eröffnete sie ungewollt ihrem Kind die Einsicht, daß man ruhig alles fordern kann und auch erhält, wenn man nur kräftig genug schreit, und zwar gerade nicht freiwillig geschenkt, als Ausdruck von Zuneigung und Wärme, sondern eben abgerungen, abgetrotzt, jemandem weggenommen, den man für seine schwächliche Freigebigkeit sogar noch ein Recht hat zu verachten. Auf der anderen Seite aber muß Adolf an der von ihm schamlos ausgenutzten und niemals mit einem Wort der Anerkennung bedachten emotional kalten Mutter gleichwohl doch gehangen haben. Als er mit 17 Jahren zu ihr zurückkehrte und sein ungeordnetes Selbststudium begann, blieb er, ansonsten vollkommen kontaktlos, bei ihr in Linz und setzte sie als finanziellen Aktivposten in seine Genieträume ein. Klara Hitler z. B. kaufte ihrem Sohn ein Klavier, Adolf aber brach nach vier Monaten den Unterricht wieder ab (42);

sie hielt ihn aus, er aber erteilte sich die Erlaubnis, genialisch zu verbummeln und völlig narzißtisch nur sich selbst zu leben.

Vaterhaß und inzestuöse Fixierung an die Mutter, diese beiden Hauptelemente des Ödipuskomplexes lassen sich im Verhalten des erwachsenen Hitler in aller Deutlichkeit weiterverfolgen. Ein hervorstechender Zug seines Wesens besteht in der ausgeprägten Ambivalenz gegenüber der vom Vater verkörperten Ordnung und Staatsmacht. Einerseits erscheint er als 16jähriger noch in pedantischer Anpassung an das väterliche Reglement in den Straßen von Linz, „scheu und immer überaus sorgfältig gekleidet" (41); dann aber, als ihm die Aufnahme auf die Kunstakademie in Wien verweigert wird, offenbart sich sein schier „unbegrenztes Vermögen, zu hassen" (53), da tritt er in „Besserwisserei und Unduldsamkeit" (52) gegen die gesamte Menschheit an, „die ihn nicht verstand, die ihn nicht gelten ließ, von der er sich verfolgt und betrogen fühlte" (53). Der abgründige Haß gegen die bürgerliche Vaterwelt, der Minderwertigkeitskomplex des Gescheiterten, der Zwang, sich trotz allem beweisen und rechtfertigen zu müssen, bestimmen fortan die Hauptlinien seines weiteren Lebensweges.

Man kann sich fragen, ob das spätere Konzept der legalen Revolution, das Hitler so virtuos auf dem Wege zur Machtergreifung zu handhaben verstand, sich wirklich nur aus politischem Kalkül und nicht auch aus psychischer Bereitschaft empfahl. Gewiß war es ein richtiger Schluß, den Hitler aus dem Desaster des Putschversuches von 1923 zog, daß er die bestehende Ordnung, so brüchig sie auch sein mochte, nicht von der Straße aus stürzen konnte. Aber das jahrelange Doppelspiel, das er dann trieb, die „konsequente Benutzung bürgerlicher Normen und Ehrbegriffe ..., die er verachtete" (265), die verschlagene Kunst des diplomatischen Taktierens ohne das geringste Abweichen von seinen eigentlichen Zielen scheint nicht nur der rationalen Erwägung der Kräfteverhältnisse zu entstammen, sondern wurde offensichtlich erst durch die grundlegende psychische Ambivalenz ermöglicht, die Hitlers Wesen im Umgang mit der überlegenen Autorität insgesamt kennzeichnete. Er haßte sie und wollte sie beseitigen, kein Zweifel; aber zugleich hatte er Angst vor ihr und suchte sie gnädig zu stimmen, ja, förmlich um Erlaubnis für sein Aufbegehren zu bitten. Selbst den dilettantisch angelegten Putschversuch von 1923 wagte Hitler nur an der Seite des Volkshelden Ludendorff und, anders als dieser, ward er, kaum daß die ersten Schüsse fielen, unter den Putschenden nicht mehr gesehen. Rhetorisch erst, während des nachfolgenden Hochverratsprozesses, gelang ihm die phantastische Pose des Mannes, der den Staat stürzen wollte, zum Besten „für sein Volk." (275) Wie er um die Gunst Hindenburgs, den er verspottete, buhlte, wie er zögerte, gegen den Reichspräsidenten zu kandidieren (439), ist bekannt. Richtig bemerkt J. C. Fest, daß das „Lebenskonzept" Hitlers stets die „Geneigtheit", nicht die Gegnerschaft des Präsidenten vorgesehen hatte (439); aber der Hintergrund dieses „Lebenskonzeptes" liegt offenbar in der ambivalenten Einstellung Hitlers gegenüber jeder Vaterfigur begründet, die er gleichzeitig stürzen und um Beistand anflehen, beseitigen und doch auf seine Seite ziehen wollte.

Sogar noch als Hitler auf dem Höhepunkt seiner Macht niemanden mehr neben sich und über sich zu fürchten braucht, als er von der Politik und ihrem

Kompromißdenken Abschied nimmt und wieder zu den pubertären Parolen des gewalttätigen Alles-oder-Nichts zurückkehrt, als er, selber in unumschränkter Vaterwillkür und absoluter Einsamkeit schaltet und waltet und „seinen" Krieg gegen sich selbst und alle Welt vom Zaune bricht, selbst dort sehen wir ihn ambivalent agieren, denn es ist jetzt Gottes Vorsehung, die seine Abenteuer — trotz allem — gutheißen soll (881) und die ihn vermeintlich anspornt und auserwählt hat, Großes zu vollbringen. Die ambivalente Identifikation mit dem Vater, dessen Ansprüchen er nie genügen konnte, verdichtet sich nunmehr zu einem religionspsychologischen Wahn überspannter Hoffnungen und grenzenloser Bereitschaft zur Selbstvernichtung.

Neben dieser auf den Vater bezogenen Seite des Ödipuskomplexes ist die mütterlich-weibliche nicht zu übersehen. Sexualangst und inzestuöse Bindungen halten Adolf Hitler als Jungen davon ab, einem Mädchen, das er leidenschaftlich liebt, die Aufwartung zu machen (42); um so stärker läßt er sich „von blutigem und inzestuösem Dunst" (53), wie er ihn in Wagners Opern atmen kann, hinreißen. Sein Leben lang bleibt er auf der Hut, mit einer Frau ins Gerede zu kommen (447), ist er unfähig zu irgendeiner Art selbstloser Geste, und die einzig wirkliche Liebschaft (zu seiner Nichte Geli Raubal) trägt deutlich inzestuöse Züge nach dem Vorbild seines Vaters (447). Die Angst vor genitalen Infektionen — offensichtlich ein Abkömmling ödipaler Kastrationsangst — sowie die Rassentheorien Lanz von Liebenfels' mit ihren „sexuellen Neidkomplexen" und ihrem „tiefsitzenden antiweiblichen Affekt" (64) vervollständigen das Bild, in das jene merkwürdige, aber wohl glaubhaft überlieferte Episode gut hineinpaßt, in der „eine blonde Frau, ein halbjüdischer Rivale sowie ein Vergewaltigungsversuch Hitlers an dem modellsitzenden Mädchen" (63) im Leben des untätig in Wien Herumstreunenden eine bizarre Rolle spielen.

Statt wirklicher persönlicher Beziehungen trat Hitler, dieser „Kontaktgestörte, Einsame in ... immer süchtiger begehrten Kollektivvereinigungen" in Verbindung zu der Masse, die er „seine ‚einzige Braut' genannt" hat (448) und die er beherrschte und ausbeutete, wie ehedem seine Mutter; sie unterwarf er sich unter Einsatz aller Kräfte als sein willfähriges Werkzeug. Die rhetorischen Triumphe und Exaltationen Hitlers, bei denen der Geist in ihn zu fahren schien, wirken wie „Ersatzhandlungen einer ins Leere laufenden Sexualität" (448; vgl. 456), wie orgiastische Zusammenschlüsse (457), die ihm an Liebe, Anerkennung und Nähe ersetzen mußten, was er im persönlichen Leben so vollständig vermißte. Auch eine gewisse „feminine Aura" (457) und einen Einschuß homosexueller Züge vermißt man nicht: das schwärmerische Liebesgeständnis J. Goebbels (346), die sonderbare Beziehung Hitlers zu A. Speer, das Auftauchen manifest Homosexueller in seiner Umgebung wie E. Röhm (409; 621), der intrigante Vorwurf der Homosexualität gegen General T. Fritsch (746) weisen so häufig auf das Thema der sexuellen Inversion hin, daß ein Zufall ausgeschlossen scheint (vgl. 349). Das gesamte Gehabe einer „fast perversen persönlichen Loyalität", die Hitler in seinen Gefolgsleuten weckte (394), dokumentiert die Fähigkeit des „Führers", mit seinen männlichen Untergebenen zu verfahren wie sein Vater mit seiner Mutter: nach der Art nützlicher Dienstmägde, die durch Unterwürfigkeit und Hörigkeit jede Alternative verloren haben.

Vielleicht aber kann man noch einen Schritt weiter gehen. Wenn es schon feststeht, daß Hitler in der Menge seine eigentliche Geliebte sah, daß aber all seine Liebessehnsucht im Grunde seiner Mutter galt, muß man dann nicht schließen, daß er die Masse nicht nur wie seine Mutter ausbeutete und unterwarf, sondern daß er ihr auch all jene Wünsche und Leidenschaften antrug, die er als Kind für sich und seine Mutter gegenüber der drohenden Vaterwelt empfunden haben mochte? Die Parallelen drängen sich jedenfalls auf: das Volk sah er entwürdigt und erniedrigt, von einem verbrecherischen Diktatfrieden geknechtet und in seiner Arbeitskraft sklavisch ausgenutzt, für alle Dienstbereitschaft ohne jedes Entgegenkommen nur endlos weiter gedemütigt, mit unerträglicher Schuldenlast und endlosen Vorwürfen überhäuft — Zustände insgesamt, die er in übertragenem Sinn ohne Ausnahme bereits als Kind in der empörenden Servilität seiner Mutter gegenüber dem verhaßten Vater beobachten konnte und zähneknirschend verwünschen lernen mußte. Wenn wir zudem die typischen Züge des Ödipuskomplexes in Hitlers Psychologie so deutlich hervortreten sehen, sollte man dann nicht auch den Messias- und Retterkomplex Hitlers aus diesen Quellen ableiten und annehmen, daß in seiner Psyche auch jener Lieblingswunsch aller ödipalen Helden nicht gefehlt hat, die Mutter aus den vergewaltigenden Händen des Vaters zu erlösen und ihr an seiner Statt ein Leben in Freiheit und Würde zu verschaffen? All die mit leidenschaftlichem Haß und mit glühender Emphase vorgetragenen Versprechungen Hitlers an die Massen, all die Appelle an das resignierte und enttäuschte Selbstgefühl seiner Zuhörer, die so viel Bereitschaft und Zustimmung fanden, hätten dann ursprünglich seiner Mutter gegolten und wären erst später, nach dem Eintritt Hitlers in die Politik, also nach dem endgültigen Scheitern all seiner persönlichen Zielsetzungen, auf die begierig lauschenden Hörer übertragen worden und hätten dann den „Austausch der Pathologien" (457) zwischen dem „Führer" und seinem „Volk", zwischen „Vater Staat" und „Mutter Heimaterde" ermöglicht, der eine so fatale Wirkung für die ganze Welt gehabt hat.

Die beiden Porträts von Alexander und Hitler können übereinstimmend verdeutlichen, was wir in dem „Nimrod-Komplex" von Gn 10 analysieren wollten: daß unter den Voraussetzungen individueller und kollektiver Lebensangst, wie wir sie in der j Urgeschichte angenommen haben, die Idee politischer Großmachtssucht mit Notwendigkeit auftreten muß und daß diese Idee in ihrer Struktur pubertär-ödipale Züge trägt. Nimrod ist, wenn man so will, ein Held aus der Jugendzeit der Menschheit, faszinierend in seiner Einsamkeit, seinem Trotz, seinem voraussetzungslosen und unbekümmerten Wagemut, seinem Abenteuerdrang und seinem verwegenen Spielerwesen, aber auch abstoßend in seiner Rücksichtslosigkeit, seinem Egoismus, seiner brutalen Selbstverliebtheit, seiner maßlosen Unweisheit, seiner ungerechten Verachtung für alles, was er nicht sich selbst verdankt, und, vor allem: erschreckend in der katastrophischen Untergangsmentalität, die über dem Abgrund der Angst ihre Blüten treibt und statt Innerlichkeit, Wahrhaftigkeit und eigener Persönlichkeit nur den Rausch des Äußerlichen, die Manie des Quantitativen und die Hohlheit der Rolle, die Flucht nach vorn, zuläßt.

Wie dieses Kartenhaus der „Nimrods" zusammenbricht, welche unmittelbaren Konsequenzen sich aus dem Nimrod-Komplex ergeben, werden wir jetzt in der abschließenden Erzählung der j Urgeschichte vom Turm- und Stadtbau und vom Himmelaufstieg beobachten können.

X. Untersuchung von Gn 11, 1—9
(Himmelaufstieg, Stadt- und Turmbau)

> „. . . wir brennen vor Gier, einen festen Grund zu finden und eine beständige Basis, um darauf einen Turm zu bauen, der bis in das Unendliche ragt; aber all unsere Fundamente zerbrechen, und die Erde öffnet sich bis zu den Abgründen."
>
> (B. Pascal: Pensées, 72)

1. Zur naturmythologischen Bedeutung des Himmelaufstiegs und des Turmbaus

Für die Exegese von Gn 11, 1—9 war es wichtig, das Motiv der Widersetzlichkeit und der gottfeindlichen Aufsässigkeit in dem Turmbaumotiv herauszustellen (vgl. I 284f). Um aber das Motiv vom Turmbau und Himmelaufstieg psa in sich selbst, also zunächst unabhängig von einer bestimmten positiven oder negativen Zielsetzung, zu untersuchen, fragen wir zuerst wiederum, welch eine Bedeutung dem Turmbau und dem Himmelanstieg bzw. -abstieg in der Naturmythologie, dieser nach außen projizierten Psychologie, an sich selbst zukommt.

Der Gedanke, den Himmel zu erklimmen, ist gewiß zunächst keine gottvermessene Frevelei gewesen, sondern wird sich dem Menschen der Frühzeit geradezu notwendig aufgedrängt haben. Daß Götter vom Himmel auf die Erde kommen, mußte einem Gemüt, das den Blitz oder das Aufflammen eines Meteors für göttlich hält, als die pure Selbstverständlichkeit erscheinen. Bei den Griechen z. B. waren Stellen, die vom Blitz getroffen wurden, regelmäßig eingehegt und dem „herabsteigenden Zeus", dem Gott, der im Blitzstrahl vom Himmel kommt, geweiht. (Vgl. J. G. Frazer: Der goldene Zweig, 233) In Aphaca in Syrien, wo ein berühmter Tempel der Astarte stand, wurde das Zeichen für den Beginn des Adonisfestes durch das Aufleuchten eines Meteors gegeben, der an einem bestimmten Tag vom Berge Libanon in den Adonisfluß stürzte. „Man hielt den Meteor für Astarte selbst, und sein Flug durch die Luft konnte wohl als das Herniedersteigen der liebenden Göttin in die Arme ihres Geliebten gedeutet werden." (J. G. Frazer, 505)

Den größten Eindruck mußte auf nachdenkliche Gemüter vor allem der Wechsel von Nacht und Tag hinterlassen. Jeden Tag sah man die Sonne, jede Nacht den Mond zum Himmel emporsteigen; und dieses erhabene Schauspiel ermunterte zu den sonderlichsten Grübeleien, mit welcher magischen Kunst oder gediegenen Technik diese Gestirne das unglaublich erscheinende Wunder des Himmelaufstiegs zu bewerkstelligen vermöchten. Schaffte erst einmal eine brauchbare Theorie Aufklärung über die Mittel, mit denen Sonne und Mond augenscheinlich das Kunststück vollbrachten, so erwachte natürlich alsbald der Wunsch, es ihnen gleichzutun. Freilich, Menschen sind keine Götter, und wo die Heroengeschichten und Märchen der Himmelbesteiger nicht einfach abgeleitete Sonnen- oder Mondmythen sind, endet der Versuch, den Himmel zu erklimmen, denn auch regelmäßig mit einer Katastrophe. Da aber der Gescheiterte nach alter Logik zugleich als schuldig gilt, wird wohl von Anfang an in den Mythen vom mißglückten Himmelaufstieg auch das Motiv der Strafe fest verankert gewesen sein: der Himmelaufstieg selbst erwies sich als eine „Verstiegenheit" des Menschen gegenüber den Göttern.

Ursprünglich indes stiegen eben nicht die Menschen, sondern die göttlichen Gestirne zum Himmel auf. Die einfachste Vorstellung war, in der Sonne einen Falken, wie den ägyptischen Horus, oder einen Feuervogel zu sehen, der sich des Morgens aus der Asche der Nacht mit seinen Flügeln zum Himmel erhebt. Dem hat der Mensch naturgemäß nichts Vergleichbares entgegenzusetzen. Selbst wenn er, wie Daidalos, auf Vogelschwingen sich in die Lüfte heben könnte, — er müßte wie sein unkundiger Sohn Ikaros am Feuer der Sonne verglühen. Umgekehrt gerät die Welt in Flammen, wenn der Sonnenträger, z. B. der Phaeton der Griechen oder der Mink der nordamerikanischen Indianer, der Welt zu nahe kommt. (Vgl. F. Boas: Indianische Sagen, 157, 173, 216, 234, 246) Die Sache des Himmelaufstiegs ist jedoch nicht so aussichtslos, wenn es gelingt, sich von dem Sonnenadler selbst emportragen zu lassen. Dazu muß man sich freilich erst mit dem Sonnenadler anfreunden bzw. sich seiner mit Gewalt bemächtigen. In einer berühmten akkadischen Mythe z. B. kommt der kinderlose Etana auf der Suche nach der Geburtspflanze zu einer von dem Sonnengott Schamasch bezeichneten Höhle, in der er den Sonnenadler befreit, den eine Schlange gefangen hält; zum Lohn trägt dieser ihn auf seinem Rücken zum Himmel, zum Ort der Geburtspflanze; Etana aber gibt vor Furcht, als er die Erde unter sich sieht, seinen Versuch auf; beide fallen herunter. (Vgl. D. E. Edzard: Die Mythologie der Sumerer und Akkader, in H. W. Haussig: Wörterbuch der Mythologie, I 64; R. Jockel: Götter und Dämonen, 58—60)

Statt der Schlange der Nacht können aber auch die solaren Helden selbst den Sonnenadler gefangennehmen. Beliebt ist die Methode, ihn mit einem Köder zur Erde herabzulocken (vgl. Gn 15, 11—12), zu überfallen und sich seinen Balg überzustreifen (vgl. F. Boas: Indianische Sagen, 38; 170). Auf eine entsprechende List versteht sich z. B. Sindbad, der Seefahrer, als er im Diamantental mit Fleischstücken den Vogel Roch anzulocken und sich an seinen Füßen festzubinden weiß (E. Littmann: Die Erzählungen aus den 1001 Nächten, VII 122; vgl. VI 542).

Die Vogelreise bzw. die Vogelverwandlung der Gestirne kann aber auch ohne solche Umstände vor sich gehen, wie man aus den zahlreichen Verwandlungen von Kindern in Gänse, Raben, Eulen, Falken oder Schwalben in den Mythen und Märchen ersehen kann (vgl. z. B. F. Boas, 147; 273). Daß gerade Kinder diese Verwandlung durchmachen, erklärt sich wohl daher, daß die am Morgen erscheinende Sonne wie ein Kind ist, das rasch wächst, Strahlenschwingen bekommt und sich geschwind in den Himmel erhebt.

Auf andere Überlegungen verfällt man, wenn man die Strahlen der Sonne oder des Mondes für Pfeile hält, die aus der Höhe auf die Erde entsandt werden. Man braucht dann nämlich das Verhältnis nur umzukehren, und das Rätsel des Sonnenaufstiegs löst sich dahin, daß der Sonnenheld am Morgen seine (Licht-)Pfeile von der Erde aus zum Himmel schießt, um darauf zum Firmament hinaufzuklettern; tatsächlich sieht man ja allmorgendlich erst die langen Pfeile des Frührots sich über der Erde erheben, ehe das Gestirn seinen Morgenstrahlen nach zum Himmel hinaufklettert. So mag es zu der Vorstellung von der Pfeilleiter oder Pfeilkette gekommen sein, die noch begünstigt worden sein dürfte von der Ansicht, daß die Sonne ein Jäger mit einem unfehlbaren Bogen sei (vgl. Boas, 17: Der Knabe und die Sonne), mittels dessen sie alles mit ihren Strahlen erreicht.

Beide Motive, vom Vogel- und vom Pfeilleiteraufstieg, können in Mythen, die offenbar den Sonnenumlauf begründen wollen, miteinander verbunden sein, wie z. B. in der Kwakiutl-Mythe von dem heimatlosen und verspotteten Mink, der an der Pfeilleiter zum Himmel klettert, die Sonne trägt, aber abstürzt. (F. Boas, 157; vgl. 215; 234, 246) Eine andere wichtige, leider nur als Fragment erhaltene Mythe der Ntlakyapamuk-Indianer erzählt, daß einst die Vögel den Himmel mit Krieg überziehen wollten und ihre Pfeile gegen das Himmelsgewölbe schossen, um eine Kette zu bilden, an der sie hätten hinaufklettern können. Aber nur der Vogel Teituc traf das Himmelsgewölbe. An seiner Pfeilleiter kletterten alle Tiere in die Höhe. Später brach die Kette, als nur die Hälfte aller Tiere glücklich wieder unten angekommen war. (F. Boas, 17) — Möglicherweise wird mit dieser Mythe u. a. begründet, warum eine Reihe von Tieren (als Sternbilder) am Himmel leben.

Pfeilleiteraufstieg, Himmelskampf und Gestirnentstehung finden sich in einer Mythe der Çatlóltq vereinigt, die zugleich ein weiteres Beispiel für die Zwillings- und Brudermythen (s. o. 253) liefert. Der Baumharz, so geht die Erzählung, war vor langer Zeit ein blinder Mann, der aus Furcht vor der Sonnenhitze nur des Nachts den roten Schellfisch angeln ging und von seiner Frau stets rechtzeitig bei Morgengrauen heimgerufen wurde. Unglücklicherweise aber verschlief diese sich einmal, und der Baumharz zerschmolz in der Tagesglut. Seine beiden Söhne wollten, um ihn zu rächen, die Sonne töten. Sie beschossen den Himmel, und als der erste Pfeil stecken blieb, schickten sie den zweiten nach; dieser traf den ersten und so fort, bis eine lange feste Kette aus Pfeilen vom Himmel bis zur Erde reichte. Beide Brüder stiegen daran hinauf und töteten die Sonne. „Dann dachten sie, was sollen wir nun thun? Und der ältere sprach: ‚Lass uns nun die Sonne werden.‘ Und er fragte seinen jüngeren Bruder, wohin er gehen wolle. Dieser erwiderte: ‚Ich will zur Nacht gehen, gehe Du zum Tage,‘ und es geschah also. Der jüngere Bruder ward der Mond, der ältere die Sonne." (F. Boas, 64—65; vgl. auch S. 117)

Als eine reine Mondsage wird man die Mythe der Tsimschian von Gamdigyetlneeq (dem einzig sehenden Feuer) auffassen müssen, der zum Himmel aufsteigen wollte. Man muß wissen, daß nach dem Glauben der Tsimschian jeder, der zum Himmel hinaufgehen will, das Haus des Mondes zu passieren hat. Der Häuptling dieses Hauses heißt Haiatlilaqs (Pest). Jeder Besucher muß rufen, er wolle von „Pest" schön und gesund gemacht werden. Häßliche Zwerge (Hermaphroditen) leben an der Westseite des Mondhauses und fordern zum Eintritt auf. Wer aber ihrem Rufe folgt, wird für gewöhnlich getötet. Gamdigyetlneeq indessen, der auf einer Pfeilleiter zum Himmel stieg und zum Haus des Mondes kam, sah die Zwerge gar nicht an, sondern ging immer an der Ostseite entlang direkt auf den Häuptling zu. Da stand die Sonne still. Nach einem Bad reinigte Haiatlilaqs ihn und sandte ihn mit der Botschaft auf die Erde zurück, Mann und Frau sollten einander treu sein, zu Haiatlilaqs beten und den Mond nicht anschauen, wenn sie ihre Notdurft verrichteten; andernfalls würden sie vernichtet. Gamdigyetlneeq kletterte an der Pfeilleiter wieder herunter; sie stürzte ein, als er seinen Bogen unter ihr wegzog. (F. Boas, 278—279)

Neben den Pfeilleitervorstellungen hält eine andere mythische Anschauung es für möglich, von hochragenden Bergen, künstlichen Türmen und emporstrebenden Pflanzen aus den Himmel zu erreichen. Allerdings müssen zu diesem Zweck zunächst die Berge zweckentsprechend aufeinander geschichtet und richtig justiert bzw. umfangreiche Turmanlagen errichtet werden. Das beste Beispiel hierfür findet sich in Simbabwe, wo der Mond als der Urahne der Menschen und der Könige verehrt wurde. Eine Mythe der Hungwe erzählt, daß der größte König der Baroswi im Gebiet von Gutu unsterblich werden wollte. Seine „Wahrsager meinten, daß er nicht zu sterben brauche, wenn es ihm gelänge, den Mond vom Himmel zu nehmen, um ihn als Brustschmuck zu tragen." So befahl er seinen Leuten, die beiden höchsten Berge herbeizubringen und aufeinander zu stellen, damit er zum Mond steigen könne. Vergeblich versuchten seine Leute, die Berge zu transportieren, und beschlossen endlich, den Mond mit einer Schlinge zu fangen, damit er die Berge verschleppe. Sie bauten einen Turm aus Bäumen und Steinen, um das Tau am Mond befestigen zu können. Aber der Turm brach zusammen und begrub alles unter sich. Der ärgerliche König ging nun selbst auf den Berg Chigwiri, und es gelang ihm, den Mond zu fassen. Aber das Horn brach ab, und der Mond ging weiter, während das Horn nachwuchs. Dasselbe geschah mit dem anderen Horn. Ermüdet legte sich der König mit den beiden abgebrochenen Hörnern in einer Höhle nieder und starb. (H. Baumann: Schöpfung und Urzeit, 259) Die Mythe zeigt nicht nur, daß im Umkreis der Simbabwe-Kultur die Turmbaumythe mit lunaren Ideen erfüllt ist, sondern auch, daß der Mond in seinem Sterben und Auferstehen als Ziel der Unsterblichkeitshoffnungen der Menschen betrachtet wird. Der Mond als Häuptlingsschmuck ist ein — stets unerreichbarer — Unsterblichkeitstalisman. Die zahlreichen verwandten afrikanischen Mythen, in denen Menschen vergeblich versuchen, auf künstlichen Bauwerken zum Mond emporzuklettern, scheinen allesamt ihren Ausgangspunkt von Südrhodesien (Simbabwe) genommen zu haben. (H. Baumann, 260)

In denselben Umkreis der Mondmythologie verweist auch die griechische Turmbauerzählung von den Aloiiden Ephialtes und Otos, welche die Berge Pelion und Ossa aufeinandertürmten, um die Mondgöttin Hera zu vergewaltigen (vgl. I 286). Der Turmbau dient dort der — stets mißlingenden — Ehe zwischen Himmel und Erde und bildet einen Teil des (unglücklichen) Liebeslebens des Himmels.

Einfach nur den Himmel kennenlernen wollten in einer Mythe der afrikanischen Kioque die Menschen der Vorzeit und schichteten daher Hölzer zu einem Turm aufeinander; der Gott Kalunga aber sandte den Wind Funschi, „und der warf alles um, und alle Menschen bis auf eine Frau und einen Mann starben." In der Nacht darauf schickte Kalunga noch einmal einen Wind und holte den Mann Sambi in den Himmel; zu der Frau Ndumba aber sandte er den Vogel Kinguasa, der als Mensch geboren werden sollte. Als Sambi zur Erde zurückkam, gebar ihm seine Frau einen Knaben und ein Mädchen, die Sambi in ein anderes Land fortschickte. (L. Frobenius: Atlantis, XII 196—197) In einer sehr ähnlichen Mythe der afrikanischen Kanioka bauen die Bena Kalunga („Söhne Gottes"?) ein Holzgerüst zum Himmel, auf dem wirklich einige bereits in den Himmel gelangt sind, als das Gerüst einstürzt und die Menschen weithin fortstürzen; die noch heute sichtbaren Reste des Baues heißen Mucamba. (Frobenius: Atlantis, XII 196) Stets endet der Bau der Göttersöhne tragisch.

Das Problem der himmelwärts strebenden Menschen und Heroen besteht indessen darin, daß sie überhaupt allererst zu so rohen Mitteln wie denen des Turmbaus greifen müssen und nicht an so dünnen Gebilden wie den Spinnfäden der Mondgöttin emporklettern können (vgl. den Spinnwettstreit zwischen Athene und Arachne, 368). Freilich gibt es in den Märchen allerhand magische Mittel. Der „Trommler" der Grimmschen Märchen z. B. gelangt zu der Königin vom gläsernen Berg (wohl einer Nachfahre der Mondgöttin am Himmel), indem er sich einen Sattel ermogelt, der jeden trägt, wohin er sich wünscht („Der Trommler", Grimms Märchen, S. 564); in der Parallelerzählung „Die Kristallkugel" verhilft zu dem gleichen Ziel ein Wunschhut, der wiederum streitenden Riesen am Ende der Welt, wo der Glasberg des Himmels beginnt, abgelistet wird. (Grimms Märchen, S. 575) Doch scheinen die alten Mythen zu wissen, daß die Sache so simpel nicht sein kann, um einfachhin mit Glück und Magie zum Ort der Seligen zu gelangen. Denn wenn der

Kontakt zwischen den Menschen und den himmlischen Göttern und Geistern so leicht herzustellen wäre, so müßten die Menschen weniger betrübt sein. Daher erinnern sich die Mythen wohl einer Zeit, in der die Himmlischen mit den Menschen über bestimmte Brücken Verkehr miteinander pflegten, bis leider diese Verbindung durch ein Mißgeschick, irgendeinen dummen Vorwitz oder durch wirkliche Schuld abgebrochen wurde. Die westafrikanischen Leute von Fernando-Po z. B. sagen, daß es einst auf Erden keine Sorgen oder ernsthaften Unruhen gab, weil da eine Leiter war, die von der Erde bis zum Himmel reichte, „und so konnten die Götter daran auf- und niedersteigen und sich persönlich um die Angelegenheiten in der Welt kümmern. Doch eines Tages machte sich ein krüppliger Junge daran, die Leiter hinauf zu klettern, und er war schon ein gutes Stück weit oben, als seine Mutter ihn sah und sich an seine Verfolgung machte. Die Götter, entsetzt über die Aussicht, Knaben und Frauen könnten den Himmel stürmen, warfen die Leiter um und wollten seitdem mit der Menschheit nichts mehr zu tun haben." (J. G. Frazer: Die Arche, 178—179)

Von dem Verkehr zwischen Himmel und Erde mittels eines Schlinggewächses wissen die Toradschas in Central-Celebes zu berichten. Nach ihnen waren „in alter Zeit, als noch alle Menschen zusammenlebten, Himmel und Erde durch ein Schlinggewächs miteinander verbunden ... Eines Tages kam ein stattlicher junger Mann himmlischen Ursprungs, Herr Sonne genannt, auf einem weißen Büffel dahergeritten; er sah ein Mädchen bei der Arbeit auf den Feldern, verliebte sich in das junge Geschöpf und nahm sie zum Weibe. Sie lebten eine Zeitlang zusammen, und Herr Sonne lehrte die Leute, den Boden zu bestellen, und versorgte sie mit Büffeln." Doch als das Kind, das aus der Ehe von Herrn Sonne und dem schönen Mädchen hervorging, einmal seinen Vater auf häßliche Weise beleidigte, kehrte dieser in den Himmel zurück; und als seine Frau ihm nachzuklettern versuchte, schnitt er die Leine durch, so daß sie mitsamt seiner Frau zur Erde herabfiel und beide zu Stein verwandelt wurden. (J. G. Frazer: Die Arche, 179) Das bevorzugte Gewächs, das in der Urzeit den Himmelaufstieg ermöglichte, ist natürlich der Weltenbaum, die axis mundi, die gerade am Mittelpunkt der Welt steht und in deren Krone (dem Himmelsgewölbe) der Mond aufgehängt ist, wie es in schöner Naivität das Grimmsche Märchen „Der Mond" (S. 514— 515) ausspricht. Jedoch ist in diesem Falle meist der Zugang, wie in der Paradieserzählung, infolge irgendeines Vergehens versperrt. Jedenfalls ist in der Jetztzeit den Mythen zufolge an sich die Möglichkeit vertan, zu den Göttern aufzusteigen. Lediglich der Religion ist es vorbehalten, geheimnisvolle Orte und Zeiten zu kennen, die sich aus der Urzeit erhalten haben und an denen nach wie vor die Götter zu den Menschen Zugang finden können; oder sie verfügt über gewisse Techniken, das Urgeschehen der Götterbegegnung in die Gegenwart zurückzuholen (s. o. 53). Die Leiter, die Jakob im Traum sieht (Gn 28, 11—17), ist ein bekanntes Beispiel für einen solchen Ort, an dem die Gottheit noch, wie zu alten Zeiten, zu den Menschen kommt und der deshalb als „Himmelspforte" heilig gehalten wird. Manche Völker stellen zu bestimmten Gelegenheiten nicht nur geträumte, sondern wirkliche Leitern auf, um den Geistern der Verstorbenen oder den Göttern die ersehnte Herabkunft zu ermöglichen. „So verehren zum Beispiel die Eingeborenen von Timorlaut, Babar und den Leti-Inseln im Indischen Archipel die Sonne als männlichen Hauptgott, der die als Göttin gedachte Erde jedes Jahr zu Beginn der Regenzeit befruchtet. Zu diesem wohltätigen Zweck steigt die Gottheit in einen heiligen Feigenbaum. Um ihr nun das Hinuntersteigen auf den Boden zu ermöglichen, stellen die Leute eine siebensprossige Leiter unter den Baum, deren Holme mit den geschnitzten Figuren zweier Hähne verziert sind, als ob sie die Ankunft des Lichtgottes mit schmetternder Fanfare anzeigen sollten." (J. G. Frazer: Die Arche, 181; vgl. Der goldene Zweig, 199) Solche siebenstufigen Leitern, Pfähle, Bäume oder Türme, die als Zentralachsen am Mittelpunkt der Welt standen oder errichtet wurden, eröffneten in einzigartiger Weise nicht nur den Göttern die Herabkunft auf die Erde, sondern vor allem auch den Menschen den Aufstieg zum Himmel, verbanden sie doch die Weltenzonen miteinander, durchbrachen (etwa am Polarstern) das Himmelszelt und trugen das ganze Firmament. Insbesondere die Schamanen verstanden sich darauf, an diesen Pfeilern zum Himmel emporzusteigen; die ekstatische Besteigung eines Leiterbaumes als Symbol der Himmelsreise bildete sogar einen festen Bestandteil des schamanischen Initiationsritus (M. Eliade: Schamanismus, 130; 255). Die Schamanen zählten nach „dem Abbruch der *leichten Verbindungen*, welche am Morgen der Zeiten zwischen Himmel und Erde, Menschen und Göttern bestanden hatten", zu den wenigen Privilegierten, die in ihrer Person die Verbindung mit den oberen Bereichen aufrechtzuerhalten und durch die Mittelöffnung zum Himmel zu gelangen wußten (M. Eliade: Schamanismus, 255). Sie verwandelten damit etwas, das für den Rest der Gemeinschaft ein „kosmologisches Ideogramm" war, in einen „mystischen Weg" (S. 254). Sie gaben damit zugleich ein wichtiges Zeugnis dafür ab, daß die „Himmelsreise" nicht nur eine kosmologische, lunare oder solare Bedeutung hat, sondern auch eine psychische.

Es bedarf nun zwar eines religionsgeschichtlich großen Sprunges, aber doch eines in gerader Linie, um von den Himmelsreisen am Weltenbaum des Schamanen der Jägerzeit zu dem Priesterkönig der altorientalischen Hochkulturen zu gelangen, der im Gemach der obersten Etage des Turmes von Babylon die Hochzeit des Hirtengottes Dumuzi mit der Himmelsgöttin Inanna in Gestalt des Königs und der Königin beging. Denn die Vorstellung von dem Kosmischen Berg, der in der Mitte der Welt bis zum Himmel emporragt, ist nur eine der vielen Varianten, sich den Kontakt zwischen Himmel und Erde vermittels einer Weltenachse zu denken. All die künstlichen Tempeltürme, ob in Indien, Java, Kambodscha, in Mexiko oder Mesopotamien, sind lediglich künstliche Nachbilder des göttlichen Weltenberges, der kosmischen Weltenachse, des Weltenbaumes, der Himmelsleiter, der Pfeilkette oder der Götterliane.

So war auch die babylonische Ziqqurat im Grunde ein solcher kosmischer Berg, ein symbolisches Bild des Kosmos, wie es der Vorstellung nach unabhängig von Babylon weltweit verbreitet war. Lediglich die Siebenzahl der Stockwerke, welche die sieben Planetenhimmel darstellten und die man auf dem Weg zum Himmel durchlaufen mußte, waren wohl eine mesopotamische Erfindung, die ihrerseits auf die Gestaltung der kosmischen Säulen in Zentralasien Einfluß genommen hat (M. Eliade: Schamanismus, 263—264; vgl.: Das Heilige und das Profane, 25). Bereits „der Name der babylonischen Tempel und heiligen Türme zeugt von ihrer Gleichsetzung mit dem Kosmischen Berg: ‚Berg des Hauses‘, ‚Haus des Bergs aller Länder‘, ‚Berg der Stürme‘, ‚Band zwischen Himmel und Erde‘ usw." (M. Eliade: Schamanismus, 257) Insofern die Fundamente des Heiligtums im Zentrum der Welt nach unten an die Wasser des Chaos heranreichten und diese abschlossen, bedeutete die Besteigung des Tempels, der Himmelanstieg, den Übergang vom Tod zum Leben, vom Amorphen zum Gestalteten, eine Reise ins Zentrum der Welt. Von daher ergibt sich das „Prestige des Mittelpunktes", das dem heiligen Götterberg als axis mundi, als zentralem Weltenpfeiler, zukommt: er ist der Ort, an dem der Himmel und die Erde sich begegnen, der Raum des Durchbruchs der Welten, die Stelle einer Hierophanie. Der Weltenberg verkörpert somit die Idee einer Weltganzheit, einer Synthese der polaren Gegensätze von Oben und Unten, des Höheren und des Niedrigeren, das auch in den Kontrasten von Wasser, Schlange, Frau, Mond einerseits und Himmel, Adler, Mann, Sonne andererseits dargestellt werden konnte. Zu Recht ist die Stätte des „Bandes zwischen Himmel und Erde" daher der Schauplatz der Heiligen Hochzeit, der Vermählung der kosmischen Gegensätze. Auch die dualistische Struktur der Mondmythen, „Opposition des Entgegengesetzten, Abwechslung zwischen Zerstörung und Schöpfung, ewige Wiederkehr" (M. Eliade: Schamanismus, 273), geht als innere Voraussetzung und Spannung in diese komplementäre Symbolik der Weltganzheit ein.

Das gleiche geistige Konzept liegt der Stadtgründung in Verbindung mit dem kosmischen Zentralturm zugrunde. „In früheren Zeiten war eine Stadtgründung nicht die Ausführung einer rationalistischen Reißbrettzeichnung, sondern ein magischer Akt. Die Stadt als Abbild der Welt wurde grundsätzlich nach den vier Weltpunkten orientiert, quadratisch angelegt, quadratisch oder kreisförmig ummauert, in welcher zweiten Form wirklich die Quadratur des Zirkels vollzogen ... wird" (W. Cordan: Popol Vuh, 214). Indem die Stadt eine symbolische Wiederholung bzw. „mikrokosmische Nachahmung der Schöpfung" darstellt (M. Eliade: Kosmos und Geschichte, 15), gehen ihrem Aufbau u. U. magische Menschenopfer voraus, welche die erste Schöpfungstat der Götter, die Tötung der Chaosungeheuer, nachahmen (s. o. 250, die Brudermythe). Eine Stadt war daher so etwas wie ein Paradiesnachbild, ein Zeichen dafür, daß Menschen nur dort zu Hause sein können, wo sie ihrem Gott begegnen, und daß sie erst dort wirklich zu Hause sind, wo ihnen ihr Gott erschienen ist: — an der Mitte der Welt.

So verbindet denn ein weiter Brückenschlag das mythische Motiv von Gn 2 mit der Erzählung von Gn 11, 1—9. Die eigentliche Nähe Gottes im Paradies und die künstlich herbeigezwungene, stets scheiternde Annäherung an die Gottheit im Turmbau bilden die Eckpunkte der j Urgeschichte. Vor diesem Hintergrund wird es bei der psa Interpretation der j Erzählung darauf ankommen, gerade auf den Widerspruch in der Symbolik des Stadt- und Turmbaumotivs hinzuweisen: einerseits ist es ein Bild der Vereinigung aller Gegensätze, der Harmonie der Welt, der Nähe Gottes auf Erden, andererseits drückt es das Scheitern der Menschheit bei dem Versuch widergöttlicher Annäherung an das Himmlische, der Vergewaltigung des Göttlichen durch menschliche Willkür aus; einerseits ist es ein Bild des ewig gelingenden Himmelaufstiegs des Tag- und des Nachtgestirns, andererseits ist es ein Bild des ewig mißlingenden Himmelssturms des Menschen. Diese Polarität zwischen einer positiven, weil göttlichen Bedeutung und einer negativen, weil menschlichen Anmaßung bestimmt den Parameter der psa Deutung. Daran anfügen muß sich eine gewisse Reflexion des Sprachverwirrungsmotivs, das in sich selbständig ist und dessen Vorkommen in gesonderten Mythen wir bereits verfolgt haben, etwa in der Geschichte von L. Frobenius von der ersten Mutter der Erde (L. Frobenius: Atlantis, I 76—78) oder von

dem Zerfall der Spracheneinheit nach Verlust des gemeinsamen Gottes-
namens (vgl. I 283).

Wie gewohnt, beginnen wir die psa Untersuchung auf der Objektstufe,
indem wir nach der Bedeutung der Vereinigungssymbolik von Turm-
und Stadtbau fragen und überlegen, in welch eine Entwicklungsphase
psychodynamisch die Erzählung von Gn 11, 1—9 hineinpaßt.

2. Die psa Untersuchung von Gn 11, 1—9 auf der Objektstufe

Objektal gelesen, ist das Bild der Vereinigung der Himmelsgöttin mit
dem Hirtengott, der Mondgöttin mit einem heimlichen Geliebten auf der
Erde, des Sonnengottes mit einer schönen Menschentochter natürlich ein
Ausdruck rein irdischer Liebe, die unter dem Druck des Ödipuskomplexes, also des Verbotes der Inzestliebe, zu etwas Göttlichem verklärt
wurde; das „Religiöse" an dem Vereinigungssymbol ist demzufolge eine
sekundäre, uneigentliche Form des ursprünglich sexuellen Inhaltes des
Bildes vom Turm- und Stadtbau; und es fällt in der Tat nicht schwer,
in den Requisiten der Erzählung von Gn 11, 1—9 die sexuelle Symbolik
aufzufinden. In entsymbolisierter Form sind „Stadt, Burg, Schloß,
Festung als ... Symbole für das Weib" zu interpretieren (S. F.: Vorlesungen zur Einführung in die Psychoanalyse, XI 165). Wir kennen
bereits die Ranksche These, daß Häuser und Städte, Kirchen und Höhlen
ihrer bergenden und Schutz gewährenden Funktion wegen als weibliche Symbole gelten müssen, ja daß sie geradezu errichtet werden, um
einen künstlichen Ersatz für das verlorene Paradies des vorgeburtlichen
Lebens zu schaffen (s. o. 306). Die mythische Konzeption, die Städte als
ein Paradiesesnachbild und Himmelsabbild zu erbauen, findet in psa
Sicht ihre Entsprechung in der regressiven Sehnsucht der Libido, in den
Mutterleib zurückzukehren. Indem also Häuser und Städte lediglich
verobjektivierte Formen der Sehnsucht nach der Mutter darstellen und
deren Rolle künstlich übernehmen, sind sie selber „Symbole des Weiblichen", Gegenstände, die eben denjenigen Betrag an Libido auf sich
ziehen und an sich binden, der „eigentlich" der Mutter zukommt. Kein
Wunder daher, daß „Städte" auch in der Poesie des AT's weibliche
Attribute besitzen.

„Türme" andererseits sind nach Freud, ebenso wie „Berg und Fels",
„Symbole des männlichen Gliedes" (S. F.: Vorlesungen zur Einführung
in die Psychoanalyse, XI 160). In den lang hingestreckten, nach oben
strebenden Gebilden wird offensichtlich ein Teil des männlichen Körper-

schemas nahezu unverändert in die Außenwelt übertragen; es repräsentiert sich darin die Sehnsucht des Mannes nach „herausragender Stellung" und „Einswerdung", und zugleich wird damit wiederum ein „Symbol" geschaffen, ein Gegenstand, der gerade die psychische Energie in sich aufnimmt, die ihren objektiven Ausdruck in ihm gefunden hat. Der Turm und die Stadt zusammen sind mithin als Symbol einer sexuellen bzw. pränatalen Ureinheit zu verstehen, einer paradiesischen Harmonie, einer universellen Geschlossenheit und Zusammengehörigkeit, wie sie zu demonstrieren denn ja auch der erklärte Zweck des Turm- und Stadtbaus ist (Gn 11, 4). So verstanden, strebt der Turm, der als ein phallisches Symbol in die Höhe ragt, nach der Vereinigung mit dem als Himmel vorgestellten Weiblichen, der Himmelskönigin; er ist die gestaltgewordene Verbindung, das Bild für den „Verkehr", den die Erde mit der Mondgöttin pflegt. Die mythische „Verbindung mit dem Himmel" (M. Eliade) und der „Übergang vom Tod zum Leben" findet somit seinen Ausdruck in einem phallischen, die Zeugungskraft bezeichnenden Symbol mit koitalem Hintergrund. Eben dies ist denn auch der Funktionswert, der dem Turm im babylonischen Ritus bei der Heiligen Hochzeit und den anderen mythischen Brücken zwischen Himmel und Erde zukommt. Ähnlich wie in der Vorstellung von der Hochzeit von Inanna und Dumuzi auf der babylonischen Ziqqurat sieht man auf ägyptischen Abbildungen, wie sich die Himmelsgöttin Nut über ihren Gemahl Geb, den Erdgott, beugt, der sich mit ihr zu vereinigen sucht; die Erektion des zum Himmel strebenden Erdgottes kann in diesem Sinne als der entsymbolisierte Gehalt des „Turmbaus" verstanden werden. (Vgl. die Abbildung eines Papyrus der 21. Dynastie im British Museum in London in: V. Ions: Ägyptische Mythologie, 26; O. Keel: Die Welt der altorientalischen Bildsymbolik und das Alte Testament, 25; Abb. 25)

Mit dieser Interpretation des Turmbaus verbleiben wir ohne Schwierigkeiten innerhalb dessen, was durch die babylonische Mythologie und ihr Ritual selbst abgesichert ist. Nun finden wir aber, daß sich in der j Erzählung an die „babylonische Auffassung" vom Turmbau eine ganz andere, völlig gegenteilige Auffassung angelagert hat. Dies wird schon dadurch deutlich, daß in der biblischen bzw. vorbiblischen Version der Erzählung an die Stelle der Himmelsgöttin der Himmelsgott getreten ist; eins damit erleidet das Motiv vom Turmbau scheinbar einen vollkommenen Bedeutungswandel: aus der Vereinigung mit der Himmelsgöttin wird der Kampf gegen den Himmelsgott; geblieben ist nur noch der Turmbau selbst und das Streben zur Höhe. Eine solche Umwertung des Bildes vom Turmbau ist möglich, weil dieses Motiv, wie wir sahen, für beide Ausdeutungen, die freundliche wie die feindliche, an sich offen ist. Für die psa Betrachtung aber ist es nun von der größten Wichtigkeit, daß in der j Erzählung ein zunächst koitales Symbol in ein aggressives Bild verkehrt worden ist. Ebenso wichtig ist die Feststellung, daß diese Verkehrung offenkundig mit der Einführung des Himmelsgottes in Zusammenhang steht. Aus der hochzeitlichen Vereinigung mit der Himmelsgöttin ist ein Angriff auf den Himmelsgott geworden. Diese Veränderung gilt es psa zu erklären.

K. Abraham berichtet einmal von einem Patienten, der nach einer Reihe von Träumen, „die seinen unbewußten inzestuösen Regungen Ausdruck verliehen", folgendermaßen träumte: er stieg „auf einer Leiter in den Himmel. Er fand dort Gott auf dem Throne sitzend; die Gesichtszüge waren aber diejenigen seines Vaters." Abraham deutet dies so, „daß der Patient seinen Vater in den Himmel versetzt hat, d. h. ihn aus der Liste der Lebenden gestrichen hat. Gleichzeitig erhöht er den Vater zum Gott. Aber die Macht des Vaters wird dadurch nur scheinbar erhöht. Denn der Patient steigt ja selbst zur Höhe des Vaters hinauf. Das Besteigen der Leiter ist ein häufiges Koitussymbol, das hier im Sinne des Inzestwunsches angewandt ist. Der Patient nimmt symbolisch von der Stiefmutter Besitz, weil der Vater nicht mehr am Leben ist. Die göttliche Macht des Vaters ist unwirksam; sie kann ihn an der Ausführung seines Vorhabens nicht hindern." (K. Abraham: Über Einschränkungen und Umwandlungen der Schaulust, in: Psychoanalytische Studien, 380)

An diesem kurzen Beispiel eines Steigetraumes lassen sich eigentlich alle wesentlichen Aspekte der Turmbaugeschichte beobachten.

a) Zunächst die Einführung des Himmelsgottes. Die Gestalt des Himmelsvaters ist psa vollkommen ambivalent: sie ist ebenso allmächtig wie ohnmächtig; denn der Himmelsgott besitzt die ganze Herrschaftsgewalt, und in diesem Sinne kann man daran erinnern, daß der Turm neben der phallischen Symbolik auch das „Hochstehende", also Mächtige, Erhöhte allgemein bezeichnen kann (vgl. S. F.: Die Traumdeutung, II/III 349); andererseits ist er in jenen Raum entrückt worden, in den man nur durch den Tod gelangt. Der Gott, der turmhoch über den Menschen steht, ist zugleich ein schemenhaft gewordener Gott. Umgekehrt liegt in der Erhöhung des Vaters zum Himmelsgott auch die Tendenz, „daß der Sohn durch... solche Erhöhung des Vaters sich selbst erhöht, jenem also an Macht ähnlich wird." (K. Abraham: Über Einschränkungen, in: Psychoanalytische Studien, 380) Der Glaube an den Himmelsgott ist also schon von vornherein vom psa Standpunkt aus mit einer Ambivalenz behaftet, die ihre Herkunft aus dem Ödipus-komplex und damit aus dem patriarchalischen Familiensystem nicht ver-leugnen kann.

b) Damit findet der Turmbau selbst eine neue Erklärung. In der babylonischen Mythologie diente der Turm der Heiligen Hochzeit der Himmelsgöttin mit dem Hirtengott. Jetzt, in der biblischen Erzählung, sind die Akteure ausgetauscht: Menschen, also die Söhne des Himmels-gottes, besteigen den Turm. Das Steigen ist traumsymbolisch ein bekann-tes Koitussymbol, vielleicht, wie Freud meinte, der Ähnlichkeit mit der rhythmisch zunehmenden Atemnot wegen (S. F.: Die Traumdeutung, II/III 360, Anm. 1); wir haben gesehen, daß die koitale Symbolik in der Tat bereits mit dem Turmbau selbst gegeben ist; so müssen wir denn schließen, daß sich die Bedeutung des Mythos von der Heiligen Hochzeit durch die Erhöhung des Himmelsgottes in eine ausgesprochen ödipale Phantasie verwandelt hat. Wie in dem Traumbeispiel Abrahams, scheint auch in Gn 11, 1—9 der Inzestwunsch mit der Beseitigung bzw. Erhöhung des Vaters zum Himmelsgott einherzugehen. Wie anders aber als in dem Traumbeispiel Abrahams ist das Schicksal, das dem Ödipus-wunsch in der j Erzählung beschieden ist! Daß der Himmelsgott zur Erde herniedersteigt, zeigt deutlich, daß er keineswegs sich in luftige Höhen abschieben läßt, sondern seine Herrschaft auf der Erde weiter beansprucht. Daneben könnte das Hinabsteigen zur Erde natürlich selbst ein koitales Symbol sein (vgl. S. F.: Die Traumdeutung, II/III 375); der Sinn wäre dann: der männliche Himmelsgott „verkehrt" mit der Erdgöttin; in diesem Sinne müßte es z. B. in der alten kanaanäischen Kultlegende von Lus verstanden werden, die hinter dem Traum Jakobs von der Himmelsleiter steht (Gn 28, 10—19; s. o. 511). In der Erzählung von Gn 11, 1—9 aber scheint dieses Motiv der Fruchtbarkeitsmythologie so gut wie keine Rolle (mehr?) zu spielen; entscheidend ist allein, daß der Himmelsgott die Menschen daran hindert, zum Himmel aufzusteigen, und, wie wir psa weiterinterpretieren dürfen, ihnen verbietet, den ödipalen Wunsch nach dem Verkehr mit der Himmelsgöttin, der Mutter oder Magna Mater, zu realisieren.

Von daher verstehen wir die Heftigkeit, mit der der Turmbau in der biblischen Erzählung verurteilt wird. Im Grunde handelt es sich dabei um einen Sieg des Patriarchalismus und um das strikte Verbot des Ödipuswunsches. Auch die Widersprüchlichkeit in der Auffassung vom Turm, der mal eine „Empfangsrampe" der Göttin, mal eine „Sturm-rampe" gegen den Gott darstellt, verstehen wir jetzt: sie entsteht dadurch, daß unter patriarchalischen Verhältnissen die (Heilige) Hochzeit als Ödipuswunsch der Menschensöhne tatsächlich eine tödliche Herausforderung für den Vater(-Gott) bedeuten muß.

Ein mögliches Indiz dafür, wie vollständig der Ödipuswunsch zurückgedrängt wird, könnte darin liegen, daß die Himmelsgöttin — ähnlich wie in der Erzählung vom Rausch Noahs die Gestalt der Frau — gar nicht erwähnt wird; auch in dem zitierten Traumbeispiel K. Abrahams muß ja das eigentliche Objekt der Bemühungen des Traumes (die Stiefmutter) erschlossen werden; und ähnlich müßten wir auch hier, gestützt auch auf den ursprünglichen Sinn des babylonischen Turms, die Person der Himmelsgöttin erschließen. Ihre völlige Verdrängung an dieser Stelle würde an sich recht eindrucksvoll die Schärfe des Abwehrkampfes hervorheben, mit dem sich die Religion des Jahwe-Glaubens der Anbetung der Himmelskönigin (mlkt hšmjm) über Jahrhunderte hinweg zu erwehren suchte: vgl. Jer 7, 16—20; 44, 17.18.19.25; die biblische Erzählung vom Turmbau böte dann die einfachste und radikalste Form der Ablehnung des Fruchtbarkeitskultes der Himmelskönigin: sie wird einfach nicht erwähnt.

Damit dürften wir von der Symboldeutung der Stadt und des Turmbaus her die Kernprobleme der Stelle für gelöst halten. Als religionspsychologisches Ergebnis können wir zusammenfassen: es ist die ödipale Besetzung des koitalen Symbols vom Turmbau und die Konfrontation der matriarchalischen Mythologie mit dem patriarchalen System (der aramäischen Nomaden), die die Gegensätzlichkeit und Spannung bereits im vorbiblischen Stadium der mündlichen Tradition der Turmbauerzählung hervorruft. Während wir in der motivgeschichtlichen Untersuchung der Stelle nur mit sehr allgemeinen Vorstellungen vom Turmbau als einem Symbol der Gottesfeindlichkeit in den Mythen der Völker operieren konnten (vgl. I 284f), finden wir jetzt eine recht prägnante und bündige Zuordnung des Stoffes an ein fest geprägtes unverwechselbares gesellschaftliches Milieu, zu dessen Merkmalen psa die Ambivalenz dem patriarchalischen Vater gegenüber und, damit untrennbar verbunden, der Ödipuskomplex gehören.

Nebenbei läßt sich anfügen, daß das Turmbaumotiv in seiner sexuellen Symbolik natürlich auch einen Machtkampf zwischen den Söhnen und dem Vater, zwischen den Menschen und dem Himmelsgott ausdrückt; nicht im Widerspruch, sondern lediglich mit einer gewissen Akzentverschiebung zu der von Freud her getroffenen Interpretation könnten wir den Turmbau und das Motiv des „Aufstiegs" im Sinne A. Adlers von dem Streben, „oben sein" zu wollen, verstehen. Daß der Turm das

„Hochstehende" symbolisiert, daß also das phallische Symbol zugleich ein Machtsymbol ist, haben wir ja soeben schon von Freud gehört. Während aber für Freud der Machtkampf sich aus der sexuellen Thematik ergibt, meinte umgekehrt Adler, daß im „Symbol des räumlichen Gegensatzes von ‚Oben-Unten'... sich der Gegensatz der Geschlechter vorzüglich ausdrücken" lasse (A. Adler: Über den nervösen Charakter, 222), die sexuelle Thematik also von der Frage des Überlegen- und Unterlegenseins (jedenfalls in der alternativischen Zuspitzung der Neurose) strukturiert werde. Wem also unsere Hypothese von der „Verdrängung der Himmelskönigin" und dem ödipalen Inzestmotiv der Erzählung vom Turmbau zu spekulativ ist, der mag sich immerhin daran halten, daß das Streben der Menschen nach oben, das Aufsteigenwollen, ein Ausdruck ihres Willens zur Macht ist, wenngleich er damit eigentlich nicht mehr recht verstehen wird, woher dieses Streben, das ihm als irreduzierbar gelten muß, kommt.

Allerdings werden wir die Freudschen Kategorien bei der Interpretation der Erzählung vom Stadt- und Turmbau brauchen, um eine andere wichtige Feststellung zu treffen. Mit Hilfe der Freudschen Symboldeutungen gelangten wir zu der Meinung, daß Stadt und Turm als ein koitales Symbol der Einheit von Frau und Mann zu verstehen sind, im Grunde also als Bilder von Ureinheit überhaupt. Diese Symbolik ist aber, wie wir schon in den Mythen vom Stadt- und Turmbau sahen, genau die gleiche wie für die Bilder von Garten und Baum in der Paradiesmythe. Von daher läßt sich psa die Hypothese untermauern, die wir bereits im exegetischen Teil der Arbeit anhand der Motivgeschichte aufgestellt hatten: daß die Menschen in Babylon eine Art künstliches Paradies zu bauen anstreben und im Grunde versuchen, den Urzustand wiederherzustellen bzw. von sich aus die Einheit (mit Gott) wieder herbeizuführen, von der sie durch die gesamte Entwicklung der j Urgeschichte getrennt sind. Denn die psa Entsymbolisierung bestätigt auf eindrucksvolle Weise die völlige Identität der Motive von Anfang und Ende. Unwillkürlich fühlt man sich an die Freudsche Lehre vom Wiederholungszwang und an seine Auffassung der menschlichen Triebe als einer Rückkehr zum früheren Zustand eines ursprünglichen Gleichgewichts erinnert, wenn man sieht, wie J alles menschliche Streben als einen Versuch betrachtet, das Verlorene künstlich wiederzuerschaffen. Ganz entsprechend der Rankschen Theorie, daß das menschliche Streben den Zweck verfolgt, den Urzustand zu erreichen und eine Situation herzustellen, wie sie am Anfang (prä- und postnatal) bestanden hat, konzipiert J seine Urgeschichte nach dem Modell eines Kreislaufes und des Versuchs einer Rückkehr zum Anfang. Insofern ist psa das Motiv der sexuellen Vereinigung, das im Stadt- und Turmbau zum Ausdruck kommt, eigentlich selbst symbolisch und bedeutet letztlich, ganz im Sinne der Genitaltheorie Ferenczis und der Rankschen Geburtstheorie, die Rückkehr zur pränatalen Mutterleibsexistenz; es ist ein Bild, das sich J theologisch anbietet, um zu zeigen, wie die von Gott getrennten Menschen im Grunde nach einer Geborgenheit suchen, wie sie nur in Gott besteht und bestehen kann.

Freilich trennt sich J gerade an dieser Stelle rigoros von dem mythischen und psa Kreislaufgedanken, wie ihn auch die babylonische Mythologie kannte, welche in der Heiligen Hochzeit der Himmelsgöttin mit dem Hirtengott zum Neujahrstag die Feier von Tod und Auferstehung, Untergang und Neuanfang beging. J betont gerade hier die Unmöglichkeit einer künstlichen Rückkehr zum Anfang. Er sprengt damit insgesamt den Vorstellungsrahmen des mythischen (kosmischen) Kreislaufs mit den zugehörigen Fruchtbarkeits- und Vegetationsriten; die lineare Entwicklung, die er darstellt, qualifiziert er darüber hinaus als eine fortschreitende Abfalls- und Zerfallsbewegung, keineswegs als eine Nachbildung der göttlichen Ordnung. Wir werden im nächsten Abschnitt noch zu fragen haben, wie wir diese Umqualifizierung und dieses (theologische) Motiv prinzipieller Unvollendbarkeit und Vergeblichkeit des menschlichen Strebens und Tuns psa abbilden können.

Neben dieser symbolischen Einheit von Anfang und Ende, auf die wir psa stoßen, finden wir noch eine andere interessante Entsprechung, und zwar zwischen der Sintflut- und der Turmbauerzählung. Exegetisch meinten wir, daß die Turmbauerzählung auf der „sozialen" Ebene ein ähnliches Chaos beschreibe, wie es in der Sintflutmythe von seiten der Natur über den Menschen hereinbricht. Was in der babylonischen Mythologie vom Neujahrsfest als Einheit erscheint: die Erneuerung der Natur und der Menschenwelt durch Vernichtung und Neuschaffung, — ist bei J von vornherein gespalten: die Menschen werden durch die Flut nicht neu geschaffen; ihre Einheit mit der „Natur" zerfällt; und zudem erscheint das Motiv vom Turmbau jetzt als ein selbständiges Finale, das nur noch einen Absturz ins Chaos, nicht aber eine (vom Menschen kommende, in mythischer Gesetzmäßigkeit eintretende) Erneuerung kennt. Die Erzählung vom Turmbau ist somit zwar ein Ausdruck der ewigen Sehnsucht der Menschen nach dem (verlorenen) Paradies, dessen Nachbildung bzw. Wiederherstellung der Stadt- und Turmbau sein soll; aber dieses Paradies wird — nach J — nicht erreicht; im Gegenteil wiederholt sich nur noch einmal, was die Vermischung des Menschlichen mit dem

Göttlichen, der ödipale (Inzest-)Wunsch von Gn 6, als Katastrophe der Großen Flut über die Menschen gebracht hat.

Indem wir so die Motive von Paradies, „Engelehe", Sintflut und Turmbau als Ausdruck ein und derselben Menschheitsphantasie erkennen, vermögen wir psa das Aufbau-Schema zu erhärten, auf das wir auch exegetisch gestoßen waren: Paradies und Turmbau bilden die Klammer um einen Stoff, in dessen Mittelpunkt das nämliche Motiv zu finden ist: die Vereinigung des Menschlichen mit dem Göttlichen, psa gesprochen die ödipale Tendenz bzw. die Mutterleibsregression. Und wir vermögen dieses Aufbauschema von der Psa her als das Grundmuster der Psychogenese des Individuums mit ihren drei Hauptpunkten zu bestätigen: die reale Mutterleibsituation des Paradieses, der Versuch ihrer Wiederherstellung auf der ödipalen Stufe der Libidoentwicklung mit der nachfolgenden Latenzzeit und schließlich das genitale Streben, durch Veränderung der Wirklichkeit ein Paradies zu schaffen bzw. zum Paradies zurückzukehren. Es ist von daher nicht zuviel gesagt, wenn wir jetzt die Behauptung aufstellen: die j Urgeschichte entspricht in den wichtigsten Phasen ihrer Abfolge den entscheidenden Stadien der psychischen Entwicklung in der Ontogenese; und so wie diese in ihrer Zweizeitigkeit prägenital und genital um die Latenzzeit zentriert ist, so stellt die Urgeschichte dar, wie der Mensch zu dem wird, was er ist (Gn 2—6), und wie er als der handelt, der er ist (Gn 9—11). Was diese Feststellung bedeutet, werden wir gleichfalls im nächsten Abschnitt systematisch untersuchen müssen.

Soweit also kann man schon aufgrund bloßer Symboldeutungen des Textes von Gn 11, 1—9 psa kommen. Es muß jetzt noch darum gehen, die psychologischen Motive der Erzählung psychodynamisch nachzuzeichnen und sich zu fragen, in welch eine Entwicklungsstufe die dargestellten psychischen Merkmale weisen könnten.

M. E. fällt an der Erzählung vom Turmbau bes. das technische Interesse auf, das an der Verfertigungs- und Herstellungsweise von Lehm und Ziegeln besteht; die handwerkliche Tüchtigkeit steht ebenso betont im Mittelpunkt wie der Erfindungsreichtum und die unbekümmerte Energie in der Ausführung der geplanten Bauvorhaben; diese beeindruckt durch ihre buchstäblich himmelstürmende Kühnheit und die hochfliegende Zielsetzung, die mit dem Plan verbunden ist. Auffallend ist ferner das stark ausgeprägte, wenngleich als gefährdet empfundene soziale Zusammengehörigkeitsgefühl sowie die Solidarität, mit der alle im Tone des „Wir" Hand an das gemeinsame Werk legen.

Um mit dem letzten Punkt die Untersuchung zu beginnen, so ist zunächst das Fehlen eines Führers in der Turmbauerzählung bemerkenswert. Denn dies ist um so verwunderlicher, als in der vorangegangenen Völkertafel von Gn 10 mit Nimrod das Motiv der Stadtgründung aufs engste an die zentrale Aktivität eines einzelnen Führers geknüpft wurde. Während dort Nimrod die Gruppierung zur Stadtbildung anregte, scheint in Gn 11, 1—9 der Grund des Gruppenzusammenschlusses nicht in der Gestalt eines Führers, sondern in dem Erlebnis einer gemeinsamen Gefahr, der gemeinsamen Gefährdung durch die Zerstreuung, zu liegen. Es bestätigt sich hier die Erfahrung der Gruppendynamik, daß der Gruppenzusammenhalt durch den äußeren Druck einer äußeren gemeinsamen Gefahr zustandekommt, die nur durch den Zusammenschluß zur Gruppe abgewehrt werden kann (vgl. R. Battegay: Der Mensch in der Gruppe, I 72); die Erfahrung des „gemeinsamen Vorteils" trägt dann dazu bei, den Gruppenzusammenhalt zu stabilisieren (vgl. R. Battegay: a.a.O., I 72). Zu beachten ist dabei, daß die Gruppenbildung durch die Vereinigung aller Aktivitäten in einem materiellen Gegenstand zustandekommt, also durch eine „gemeinsame Aufgabe", die sich in einem materiellen Objekt konkretisiert. Insofern kann man sagen, daß die klassischen Voraussetzungen, unter denen nach den Vorstellungen der Gruppendynamik eine Gruppe entsteht, in der Erzählung implizit mitgenannt sind; so, wie die Menschen sich zum Turmbau zusammenschließen, schließen sie sich nicht nur zum Turmbau zusammen, sondern immer, wenn sie eine Gruppe bilden.

Die Frage, wann Gruppenbildungen dieser Art entwicklungspsychologisch erstmals denkbar sind, ist eindeutig zu beantworten. Während in der Pubertätszeit ein ausgesprochenes Einsamkeitsbedürfnis und eine hochgradige autistische Kontaktarmut herrscht (vgl. H. Remplein: Die seelische Entwicklung, 450), tritt in der Adoleszenz ein Schub ausgeprägter Extraversion ein, der *„die Strebungen des Miteinanderseins, besonders das Gesellungsstreben,* d. h. Kontaktbedürfnis und -bereitschaft wieder" steigert. „An die Stelle scheuer Verschlossenheit tritt freudige Geöffnetheit für die mitmenschliche Begegnung, an die Stelle autistischer Menschenflucht sehnsüchtiges Verlangen nach Menschen, und zwar nicht bloß nach einigen auserwählten, sondern nach vielen." (H. Remplein: a.a.O., 493)

Der Beschluß der Menschen der Turmbauerzählung, etwas Gemeinsames zu unternehmen, um „nicht zerstreut zu werden" (Gn 11, 4), reflektiert also ein Motiv, das als Reaktion auf die Eigenbrötelei und Ichvereinsamung (der Pubertät) recht gut in die Zeit der Adoleszenz passen könnte; denn in dieser Zeit löst sich der Individualismus auf und macht einer „sozialen Reifung" und einem starken Gemeinschaftsstreben Platz (H. Remplein: a.a.O., 494).

In die gleiche Richtung deutet die Suche nach der „Gemeinsamkeit der Idee"; die Menschen in der Turmbauerzählung erhoffen sich ja ihre Einigung von einem gemeinsamen Ziel, dessen alles Menschliche übersteigende Größe durchaus die Bezeichnung eines „Ideals" als Motivs des Gruppenzusammenhaltes rechtfertigt. Gerade aber die Gruppenbildung unter dem Vorzeichen gemeinsamer Idealforderungen ist kennzeichnend für die sozialen Kontakte der Adoleszenz; desgleichen die Neigung zur globalen, weltweiten Lösung.

Eine weitere Merkmalskonkordanz scheint in dem hohen Leistungsstreben und Leistungswillen zu liegen, der die Adoleszenz durchzieht und besonders fachlich und beruflich orientiert ist (H. Remplein: a.a.O., 500). Gerade diese Sachlichkeit und Tüchtigkeit, verbunden mit einem intensiven Schaffensdrang, können wir an den Menschen der Turmbauerzählung bewundern.

Schließlich läßt sich auch das Motiv der (gegen Gott gerichteten) Unabhängigkeit und Selbständigkeit in der Turmbauerzählung in diesen Zusammenhängen sehen: die Phase der Adoleszenz ist in der Tat der Entwicklungsabschnitt, in dem der Jugendliche sich anschickt, durch eigenes Können und Handeln die Rolle des Vaters und der elterlichen Autorität zu übernehmen. Er löst sich bewußt und oft unter entschiedenem Widerspruch von den elterlichen Vorbildern und ersetzt sie durch eigene hochstehende abstrakte Werte einer platonischen Welt, die zu erreichen er sich bemüht.

Dies alles zusammen berechtigt uns zu der Feststellung, daß die psychologischen Hauptmerkmale der Turmbauerzählung sich allesamt in den psychischen Gegebenheiten der Adoleszenz wiederfinden; und dies wiederum macht uns Mut zu der Behauptung, daß die Turmbauerzählung als ein Ausdruck von psychischen Einstellungen verstanden werden kann, die zum ersten Mal psychogenetisch in der Adoleszenz gemeinsam auftreten, daß also die Grundmotive und Grundhaltungen der Menschen der Turmbauerzählung tatsächlich ubiquitär sind. In der Entwicklung eines jeden gibt es ein Stadium, in dem er die Vereinzelung flieht und sich mit anderen spontan im Dienst einer idealen gemeinsamen Zielsetzung, die alles Erreichbare bei weitem übersteigt, zusammenschließt, um mit Kenntnis und Sachverstand eine Welt anzustreben, die höher und besser ist als das Vorgefundene und durch deren Verwirklichung er hofft, die Stelle und Rolle der elterlichen (väterlichen) Autorität zu erreichen. Wenn aber dies, so können wir weiter sagen: J hat die Turmbauerzählung phasenspezifisch im Sinne der Entwicklungspsychologie „richtig" an das Ende der Urgeschichte gesetzt; denn sie ist wirklich der letzte Schritt dahin, erwachsen und ausgereift zu sein. Und von der ganzen j Urgeschichte können wir dann sagen: sie läßt sich lückenlos als eine Entwicklungsgeschichte lesen, die beschreibt, wie ein Mensch von der frühesten Kindheit zum vollen Menschsein heranreift.

Indessen darf nun die eigentliche Kernaussage der j Turmbauerzählung nicht übersehen werden. Entscheidend ist ja, daß J das Streben der Menschen unter das Vorzeichen einer schlechthinnigen Vergeblichkeit stellt: daß die Kräfte der Dissoziation stärker sind als der Wille zur Vereinigung. Da dies das Ende, also die Summe der ganzen j Urgeschichte darstellt, werden wir im Rahmen der Querschnittanalyse diesen Befund nicht zureichend interpretieren können; denn wir sehen von dem psychologischen Befund der Turmbauerzählung allein nicht ohne weiteres ein, warum das Bemühen der Menschen scheitern muß. *Ein* Grund könnte immerhin in dem magischen Gebrauch der Sprache liegen. Denn sehr im Unterschied zu der realitätsgerechten Einstellung, mit der die Turmbauer Lehmziegel brennen und Erdpech erfinden, steht das ganze Projekt unter dem Willen, im Grunde allmächtig zu werden. Dieses Streben nach Allmacht ist offensichtlich mit der Vorstellung eines gemeinsamen Ideals zur Begründung eines Gruppenzusammenschlusses noch sehr unzureichend interpretiert. Wir kommen dem Allmachtsmotiv aber näher, wenn wir die exegetische Einsicht hinzunehmen, daß der Wille der Menschen, sich einen Namen zu machen, eine magische Absicht verrät.

An sich ist die Sprache „Ausdrucksmittel, ihr Zweck ist Verständigung, ihr Ziel der andere Mensch. Sie ist eine Funktion des Ich im Dienste des Es, und ihre Aufgabe ist, auf die Objekte einzuwirken." (H. Nunberg: Allgemeine Neurosenlehre, 146) Bei einer Störung der Sprachfunktion aber tritt eine Regression zur magischen Stufe ein, wie sie am deutlichsten bei der Schizophrenie und Zwangsneurose zu beobachten ist. Die Sprache wird dann das Instrument eines magischen Rituals, das als solches mit Allmachtsgefühlen verbunden ist, die dem eigenen Ich gelten. Stellte die Sprache bis dahin eine Kommunikationsbrücke dar, so verwandelt sie sich jetzt in ein Werkzeug objektloser Selbstvergöttlichung im Dienste der eigenen Allmacht. Damit hört die Gemeinschaft auf, bestehen zu können, und geht am Allmachtswahn ihrer Mitglieder zugrunde. Das, was auf magische Weise den Zusammenhalt sichern sollte, zerstört die Gemeinschaft (als Beispiel etwa die magische Sprachverwendung in der Ideologie).

Woher freilich diese Regression der Sprache zur Funktion magischen Allmachterwerbs kommt, können wir psa aus dem Text nicht ersehen; höchstens daß wir anmerken, daß die Absicht des Turmbaus selbst, so wie wir sie als Streben nach der verlorenen Ureinheit verstanden haben, bereits eine Regression auf „jene Entwicklungsstufe" darstellt, „wo das Ich vom Es noch wenig differenziert" ist und das Es das Ich mit der Tendenz der Allmacht und Magie überschwemmen kann (vgl. H. Nunberg: a.a.O., 149). Diese Stufe der magischen Allmacht ist die anale Phase der Libidoentwicklung; setzen wir mit E. Jones voraus, daß die Vorstellung von der Allmacht der Sprache ursprünglich von dem analen Machtgefühl beim Ablassen der Darmgase herrührt, so wird man auch in dem Motiv der Sprachverwirrung eine anale Zerstörungsphantasie erblicken dürfen (vgl. E. Jones: Die Empfängnis der Jungfrau Maria durch das Ohr, 201). Damit würde die Parallelität zu Gn 2 noch größer: haben wir die Erschaffung des Menschen durch den Anhauch Gottes in Gn 2, 7 als anale Schöpfungsphantasie gedeutet (s. o. 19), so bildet Gn 11, 9 das anale destruktive Gegenstück dazu; und wie der Mensch in Gn 2, 19 allen Tieren einen Namen gibt und damit Teil hat an Gottes Schöpfung, so wird seine Gegenschöpfung in Gn 11, 4 zerstört durch den Namen, den er sich selbst zu verleihen trachtet. Insofern können wir das Motiv der Namensallmacht und der Sprachverwirrung auf anale Komponenten reduzieren.

Andererseits gehört ein gewisses Maß an Selbstüberschätzung in Form von „Riesenerwartung" (H. Schultz-Hencke: Der gehemmte Mensch, 77) und „Illusion", wie es sich in den himmelstürmenden Plänen der Turmbauer zeigt, grundsätzlich zur *Neurose*, ebenso ein hohes Ausmaß an Kontaktangst und Dissozialität. Von der Psa her wissen wir ganz allgemein, daß grundsätzlich „die Neurotiker... von einem Gefühl der Isolation und des Alleinseins überwältigt" sind, sogar in der fröhlichsten und nach außen hin glücklichsten Atmosphäre (S. R. Slavson: Einführung in die Gruppentherapie, 29), daß also der Gemeinschaftsbezug der Neurotiker grundlegend gestört und letztlich zum Scheitern verurteilt ist. In diesem Sinne müßten wir das an sich normale adoleszentenhafte Streben der Menschen von Gn 11, 1—9 als neurotisch verzerrt, übersteigert, krankhaft autistisch bezeichnen.

Aber sollte dies wirklich heißen, daß J die ganze Menschheit als quasi-neurotisch betrachtet? Dürfen wir J darin folgen, daß er auch hier, in diesem entscheidenden Finale seiner Urgeschichte, die ubiquitären Gefahren und Konflikte der einzelnen Entwicklungsphasen aufs äußerste steigert und zuspitzt, und können wir auch dies psa noch als begründbar verstehen? Das sind Fragen, die die Analyse der Turmbauerzählung einstweilen überschreiten. Auch ist deutlich, daß wir mit der Erzählung von Gn 11, 1—9 einen *sozialen* Prozeß vor uns haben, der nicht allein von psa Betrachtungen her interpretiert werden kann. Die Frage wird sein, ob es eine soziodynamische Theorie gibt, die die Vorgänge der Gruppenbildung unter dem Charakter einer prinzipiell notwendigen Rückläufigkeit beschreibt und Bedingungen angibt, unter denen die Formen des Gruppenzusammenschlusses zugleich die Gründe der Gruppenauflösung darstellen. Soweit wir sehen, gibt es eine solche Theorie nur in der marxistisch orientierten Gesellschaftsdialektik J. P. Sartres; auf sie werden wir im 3. Teil der Arbeit ausführlich zu sprechen kommen (müssen).

Im Augenblick können wir nur feststellen, daß J in der Stadt- und Turmbauerzählung, ebenso wie in allen anderen Erzählungen seiner Urgeschichte, eine psychische Konstellation aufgreift, die einer bestimmten Entwicklungsphase (der Adoleszenz) spezifisch ist, daß er aber die psychischen Motive in ihrer Konflikthaftigkeit radikal verschärft. Bei dem ontogenetisch und sozial schwer faßbaren Konzept von dem Zusammenbruch aller (!) menschlichen Kulturanstrengungen mag natürlich eine Erfahrung der Menschheitsgeschichte Pate gestanden haben, die O. Spengler dahin zusammenfaßte, daß jede Kultur ihre Möglichkeit des Ausdrucks besitzt, „die erscheinen, reifen, verwelken und nie wiederkehren" . . ., „wie jede Pflanzenart ihre eigenen Blüten und Früchte, ihren eigenen Typus von Wachstum und Niedergang hat." (Der Untergang des Abendlandes, I 29) Man muß aber bedenken, daß der „Pessimismus" der j Geschichtsbetrachtung nicht geschichts-„biologisch" oder -morphologisch, sondern theologisch bedingt ist. Die letzte Antwort darauf, wie J in der Turmbauerzählung und in der ganzen Urgeschichte zu verstehen ist, werden wir nicht psa, soziologisch oder geschichtsphilosophisch, sondern nur theologisch bekommen.

3. Die psa Untersuchung von Gn 11, 1—9 auf der Subjektstufe

Die methodische Voraussetzung für eine gesicherte Interpretation auf der Subjektstufe ist, wie immer, eine zureichende Klarheit über die objektale Bedeutung einer bestimmten Symbolik, da sonst die Gefahr kaum vermeidbar ist, sich in vielleicht geistreichen, aber unbeweisbaren Intuitionen ergehen zu müssen. Wir rekapitulieren daher noch einmal kurz die wichtigsten Einsichten der objektalen Deutung des Stadt- und Turmbaumotivs und des Himmelaufstiegs.

Das Bild des Turmes sollte ein phallisches Symbol sein. Diese Auffassung wird von C. G. Jung ganz und gar geteilt. Er sieht in dem „Turm" ein Bild, „das vermutlich der Erektion entspricht" (C. G. Jung: Psychologische Typen, VI 257), und zwar würden in der Vorstellung des Schlanken, Ragenden, Festen die entsprechenden Tast- und Organempfindungen in den Gegenstand hineinverlegt und dann als seine bedeutsamen Attribute wieder herausgelesen. Die „Stadt" interpretiert auch Jung als ein Symbol der Mutter und bringt den Stadtbau mit der Sehnsucht nach der „Rückkehr in den Mutterleib" in Zusammenhang (C. G. Jung: Symbole der Wandlung, V 268). Den Grund für die symbolische Ersetzung der Mutter durch die „Stadt" sieht er, bis auf einen ganz wesentlichen Unterschied nicht anders als die Freudsche Lehre vom Ödipuskomplex, im Motiv der Inzestabwehr, wenn er schreibt: „Diese Ersetzung kommt davon her, daß die Regression der Libido Wege und Weisen der Kindheit und vor allem die Beziehung zur Mutter wiederbelebt; was dem Kinde aber einst natürlich und nützlich war, bedeutet für den Erwachsenen eine seelische Gefahr, welche durch das Symbol (!) des Inzestes ausgedrückt wird. Weil das Inzesttabu der Libido entgegentritt und diese auf ihrem regressiven Wege aufhält, kann sich letztere auf die vom Unbewußten produzierten Mutteranalogien überleiten lassen." (C. G. Jung: Symbole der Wandlung, V 270) Die Libido werde somit wieder progressiv und gehöre fortan dem Leben der Stadt oder, in einfacheren Verhältnissen, dem Leben des Stammes an.

Auch die „Wanderung" der Menschheit nach Osten (Gn 11, 1) deutete Jung als „ein Bild der Sehnsucht, des nie rastenden Verlangens, das nirgends ein Objekt findet, des Suchens nach der verlorenen Mutter." (a.a.O., 258) Es ist dies eine Interpretation, die man vom klinischen Erscheinungsbild der „Wandersucht", der Poriomanie, her nur bestätigen kann; man müßte ergänzend noch das Mißverhältnis mit hinzunehmen, das bei den Wandersüchtigen (wie bei allen Suchtgefährdeten) zwischen einer extremen emotionalen Kontaktarmut und einer außerordentlichen Verwöhnungshaltung besteht (A. Dührssen: Psychogene Erkrankungen, 154). Der Wandersüchtige läuft, wenn man so will, inmitten einer feindgetönten Umwelt dem verlorenen Paradies passiver Verwöhnung nach, das er natürlich nirgendwo findet, es sei denn im künstlichen Rausch oder psychotischen Wahn. Man sieht, wie die psa Vokabeln das gleiche auf ihrer Ebene wiedergeben, was wir exegetisch als Existenz des homo viator aufgrund der j Erzählung von Gn 11, 1—9 beschrieben haben.

527

Bis hierhin stimmen die Theorien S. Freuds und O. Ranks mit den Auffassungen C. G. Jungs gänzlich überein. Allerdings ist doch bereits der entscheidende Unterschied zwischen dem objektalen und dem subjektalen Interpretationsstandpunkt deutlich geworden: wo für Freud der „Inzest" einen nicht weiter reduzierbaren Triebwunsch darstellt, der die Einheit mit der individuellen Mutter anstrebt — und nichts weiter, da spricht Jung von dem „Symbol des Inzestes", da sieht er also selbst wieder nur die äußere Ausdrucksform eines tieferliegenden Sinngehaltes. Denn was die Libido „eigentlich" will, wenn sie nach der Rückkehr in den Mutterschoß verlangt, ist nach Jung nicht das biologisch Sinnlose und Unmögliche, sondern das psychologisch Wesentliche und Notwendige. Was die regressive Tendenz der Libido nach Jung letztlich meint, ist nicht die Einheit mit der „Mutter" der Kindheit, sondern die Einheit mit dem Archetyp der Mutter, die seelische Einheit mit dem eigenen Ursprung, mit den unbewußten dunklen Quellen des eigenen psychischen Lebens. Daher geht der Inzestwunsch im Grunde auch nicht auf den Tod (O. Rank) oder das „Nirwana" bzw. das störungsfreie anorganische Leben (S. F.), sondern auf die Rückkehr ins Leben, auf die Wiedergeburt, auf den Neuanfang des Lebens in einer verjüngten Gestalt, die um die Schätze der bis dahin verdrängten oder ungelebten Entfaltungsmöglichkeiten bereichert worden ist.

Von daher erhält die Freudsche Analyse der latenten Inzestsymbolik von Gn 11, 1—9 auf der Subjektstufe der Interpretation selbst eine (nur) symbolische Bedeutung. Das Thema des Stadt- und Turmbaus ist jetzt nicht mehr das Mißlingen des Versuchs, sich gegen den Willen des Vaters mit der Mutter zu vereinigen, sondern wörtlich, wie es der Text nahelegt, daß die Menschen „Gott in Angriff nehmen" — und daran scheitern müssen. Was dies psa bedeutet, gilt es jetzt subjektal zu interpretieren.

Stadt und Turm sind mythologisch, wie wir bereits wissen, ein Abbild der kosmischen Ordnung, der Struktur der Welt im ganzen. Psychologisch sind sie nun natürlich nicht ein Abbild des äußeren, sondern des inneren Kosmos, ein Ausdruck für die Einheit der inneren Welt. Das Bild einer Stadt, gerade wenn sie, wie oft in der Antike, quadratisch oder kreisförmig angelegt wird, gewinnt psa die Bedeutung eines Mandalasymbols, dessen formale Merkmale gerade durch einen Kreis mit einem meist vier-, acht- oder zwölfstrahligen Zentrum gebildet werden (C. G. Jung: Über Mandalasymbolik, IX, 1. Bd., 381). In diesem Zentrum, von dem alles ausgeht, verbirgt sich in psa Betrachtung „die Ahnung eines Persönlichkeitszentrum, sozusagen einer zentralen Stelle im

Inneren der Seele, auf die alles bezogen, durch die alles geordnet ist, und die zugleich eine Energiequelle darstellt." (Jung: a.a.O., IX, 1. Bd., 377) Die Energie, die von dieser inneren Mitte ausgeht, äußert sich in dem, was Aristoteles „Entelechie" genannt hätte, in dem Drang, das zu werden, was man ist. Das Zentrum ist nicht das bewußte Ich, sondern, wie wir schon oft gehört haben, in der Sprache Jungs das „Selbst", womit er das Ganze der Persönlichkeit beschreibt, die Integration aller Gegensatzpaare; es umfaßt also nicht nur die Sphäre des Bewußtseins, sondern auch und gerade die Bereiche des persönlichen Unbewußten sowie bestimmte Ausschnitte des kollektiven Unbewußten; die Archetypen des kollektiven Unbewußten sind zwar allgemeinmenschlich, eine gewisse Anzahl von ihnen, wie die Bilder des Schattens, des Animus oder der Anima, wird aber mindestens zeitweilig in den Umfang der Persönlichkeit einbezogen (a.a.O., 377), gehört also mit zum individuellen Selbst. Die Einheit von Turm und Stadt, die wir auf der Objektstufe als ein koitales Symbol der Einheit von Mann und Frau interpretiert haben, stellt sich daher jetzt als die innere Einheit der Archetypen von Mann und Frau dar, der psychischen Gegensätze des Männlichen und des Weiblichen, des Denkens und des Fühlens, des Geistigen und des Körperlichen, des Bewußtseins und des Unbewußten. Die Menschen in Gn 11, 1—9 streben diesem Interpretationsansatz zufolge also wirklich nach einer einheitlichen, ganzen, die Widersprüche integrierenden, geordneten Welt, und das psychisch vorgegebene Bild einer solchen Einheit ist die Gestalt des Mandalas, der kreisförmigen Stadt, in deren Mitte sich der Zentralturm zum Himmel erhebt.

Auf derselben Linie ist dann auch die ödipale Problematik der j Erzählung zu verstehen; denn die Inzestdeutung der Himmelsbesteigung ist, wie wir sehen, auf der Subjektstufe der Deutung selbst wieder ein Symbol für das Bemühen, zu den eigenen verschütteten Ursprüngen zurückzukehren und sie zum Leben zu befreien. Die „Stadt" als ein künstliches Paradiesesnachbild, als ein Muttersymbol, verkörpert in diesem Sinne gerade das Streben, das seelisch Anfanghafte, den verschütteten Quellgrund der seelischen Energie wieder aufzusuchen und die verlorene Ureinheit — jetzt nicht mit der „Mutter", sondern mit sich selbst, mit dem, woraus man eigentlich lebt, — gegen alle Überfremdungen und Zerstückelungen, gegen die zunehmend peripherer werdende Aufspaltung in immer unübersichtlichere Teilbereiche des Lebens ein für allemal wiederherzustellen.

Die Angst der Menschen in Gn 11, 4, sie könnten verstreut werden über die ganze Erde, muß ebenfalls jetzt subjektal gelesen werden; sie stellt sich intrapsychisch als die Bedrohung eines Lebens dar, das immer zentrifugaler nach außen getrieben wird und keinen inneren Halt, kein Ziel, keine Mitte, keinen Zusammenhalt mehr zu besitzen droht, das sich deshalb zutiefst vor dem aufsteigenden Chaos seiner Seele, vor dem Auseinanderfallen seiner Psyche fürchten muß. Als äußerste Gefahr könnte ein Zustand heraufsteigen, den M. Buber sehr treffend einmal in einer tragikomischen chassidischen Erzählung des Rabbi Chanoch von Alexander als „das vergebliche Suchen" bezeichnet hat. Diese Erzählung, die der Rabbi geradezu als Diagnose eines Grundproblems menschlichen Daseins versteht, schildert einen Toren, der so töricht war, daß er nie behalten konnte, wohin er beim Ausziehen abends seine Kleider legte, so daß es ihm schwerfiel, am Morgen seine sieben Sachen zusammen-zusuchen; die Sorge darum war derart, daß er oft Scheu trug, schlafen zu gehen. Eines Abends faßte er sich schließlich ein Herz und verzeich-nete beim Auskleiden sorgfältig, wo er jedes Stück hinlegte. „Am Morgen zog er wohlgemut den Zettel hervor und las: ‚Die Mütze' — hier war sie, er setzte sie auf, ‚Die Hosen', da lagen sie, er fuhr hinein, und so fort, bis er alles anhatte. ‚Ja aber, wo bin ich denn?' fragte er sich nun ganz bang, ‚wo bin ich geblieben?' Umsonst suchte und suchte er, er konnte sich nicht finden. — ‚So geht es uns', sagte der Rabbi." (M. Buber: Die Erzählungen der Chassidim, in: Werke, III 707)

Dieses Bild des Narren, der rastlos nach den Teilen seiner Außenseite sucht und sie nicht mehr zusammenbringen kann, entspricht sehr genau der seelischen Situation der Menschen von Gn 11, 1—9; es verleiht einer Angst Ausdruck, die meint, erst dann zur Ruhe kommen zu können, wenn sie die Bestandteile der äußeren Welt möglichst perfekt durch-organisiert, numeriert und katalogisiert hat, und dabei in all der Geschäftigkeit stets doch zu nur noch verheerenderer Selbstvergessenheit antreibt, bis daß schließlich die Frage nach dem eigenen Standort, danach, wo man denn nun selbst ist, wo man selbst in all dem Gemache ringsum noch vorkommt, völlig unbeantwortbar wird.

Indem der chassidische Rabbi sagt, so, wie diesem Golem, gehe es im Grunde allen Menschen, spricht er dasselbe aus, was J als Wesensschilde-rung von dem psychischen Zustand der Menschen und der Menschheit im ganzen in Gn 11, 1—9 behauptet. Wir müssen die j Geschichte an dieser Stelle so interpretieren, daß wir die Tragödie der Turmbauer möglichst scharf herausarbeiten, die, vorwegnehmend gesagt, wiederum — und nun endgültig — darin liegt, daß sie etwas tun, das zwar äußerlich richtig ist, sich aber gerade deshalb katastrophisch auswirken muß, weil es *nur* äußerlich richtig ist; zugespitzt: daß die Menschen versuchen, aus

Angst das Richtige, das nicht zu „machen" ist, zu machen, und dadurch alles falsch machen. Um das zu verstehen, müssen wir das Motiv, „wie Gott sein zu wollen", noch einmal psa präzisieren.

Immer wieder haben wir exegetisch festgestellt, daß die Menschen der j Urgeschichte von Stufe zu Stufe die äußeren Folgen ihres Abfalls von Gott mit äußeren Mitteln korrigieren wollen, daß sie gerade so aber den inneren Abstand von Gott nur noch weiter vergrößern. Jetzt, in Gn 11, 1—9, stehen wir am zwangsläufigen Ende dieser Entwicklung. Psychologisch können wir natürlich nicht im Sinne der Theologie von „Gott" sprechen; wir können aber sagen, welches empirische Korrelat in der menschlichen Psyche der Erfahrung „Gottes" entspricht. Beobachtbar ist psychologisch die wachsende Übereinstimmung mit dem inneren Gesetz, unter dem ein Mensch angetreten ist, die immer reifere Herausbildung dessen, was jemand „selbst" ist, die sich allmählich vollendende Ausgestaltung der Einheit und Ganzheit seiner Persönlichkeit, die Verwirklichung dessen, was — theologisch gesprochen — Gott mit einem Menschen gemeint hat, was, psychologisch bzw. existenzphilosophisch ausgedrückt, die Verwirklichung des Selbst gewährleistet. Das, rein immanent betrachtet, Höchste und Wertvollste der menschlichen Seele ist das Selbst, und seine empirischen Symbole, die Bilder der Einheit und Ganzheit, sind, wie Jung immer wieder betont hat, „von der imago Dei nicht mehr zu unterscheiden." (Jung: Aion, IX, 2. Bd., 41) Lediglich mit den Mitteln einer philosophischen und theologischen Reflexion läßt sich der transzendente Begriff des Selbst noch einmal von der Transzendenz Gottes abheben; psychologisch kann man nur feststellen, daß es bestimmte Bilder gibt, die ein Höchstmaß psychischer Energie auf sich vereinigen und sich damit in den Dienst der Selbstwerdung stellen, als deren Zeichen und Funktionen sie auftreten. Insofern sind wir gehalten, das Motiv der j Urgeschichte, „wie Gott sein zu wollen" (Gn 3, 5) und einen Turm bis an den Himmel zu bauen (Gn 11, 4), auf der psychologischen Interpretationsebene als ein Streben nach Selbstverwirklichung auszulegen. Die psychologische Frage, die sich in der j Urgeschichte dann stellt, lautet immer wieder, warum die Menschen gerade bei dem Bemühen, sie selbst zu werden, sich immer weiter von sich selbst entfernen und am Ende sich selbst verlieren müssen.

Die Antwort, die wir exegetisch auf dieses Problem des fortschreitenden Verlustes „Gottes" gefunden haben, bestand in der Feststellung, daß die Menschen Gott immer mehr verlieren müssen, wenn sie, statt die inneren Ursachen ihrer Gottesferne zu akzeptieren und sich einzugestehen, die äußeren Folgen dieses Verlustes mit „technischen Errungenschaften" zu kompensieren versuchen. Ins Psychologische gewendet, können wir diese Dynamik psa so wiedergeben, daß wir sagen: Menschen, die sich selbst verloren haben, werden notwendig in die Gefahr geraten, immer weiter von sich weg ins Äußere zu fliehen und ihrer fortschreitenden inneren Verarmung um so größere Prachtbauten im Äußeren entgegensetzen, bis daß die innere Hohlheit gerade den Zusammenbruch erzwingt, den sie stets hatten vermeiden wollen. Das innere Werden der psychischen Ganzheit wird ersetzt *und* vereitelt durch jenes äußere angstbesetzte Machen von allem und jedem.

Diese Widersprüchlichkeit von Innen und Außen, von Selbstverlust und künstlicher Selbsterschaffung ist in der Turmbauerzählung von J mit unübertrefflicher Meisterschaft einem äußersten Höhepunkt zugeführt worden. Durch seinen alles entscheidenden „Einschub" in Gn 11, 4 (vgl. I 292) stellt J heraus, daß das ganze Riesenwerk des Stadt- und Turmbaus nur unternommen wird, um der Gefahr der „Zerstreuung" zu entgehen. Drücken wir diesen Sachverhalt psychologisch aus, so werden die Turmbauer von dem quälenden Gefühl beherrscht, sich selbst innerlich endgültig zu entgleiten, mit sich selbst ins Chaos zu geraten, sich selbst gegenüber die Kontrolle zu verlieren. Die unmittelbare Folge dieser Angst muß der Versuch des bedrohten Ichs sein, all seine Kräfte des Willens, des Denkens, des Handelns zu mobilisieren, um dieser alles bedrohenden Gefahr zu entrinnen. Damit aber manövriert es sich nur erst recht bis zur letzten Ausweglosigkeit in die einmal beschrittene Sackgasse hinein und vervollständigt die Katastrophe, der es gerade ausweichen wollte. Denn es kann unter diesen Umständen gar nichts anderes tun, als sich der Bilder seines Unbewußten wie magischer Waffen gegen sein Unbewußtes zu bedienen; und daran geht es selbst zugrunde.

Wann immer die Gefahr innerer Desorientierung oder auch die Notwendigkeit einer Neuorientierung in der Seele eines Menschen heraufzieht, treten spontan die individuellen Mandalas als Ordnungssymbole der Seele in Träumen und Phantasien auf den Plan. „Sie bannen und beschwören als Zauberkreise die gesetzlosen Mächte der Dunkelwelt und bilden eine Ordnung ab oder erzeugen eine solche, welche das Chaos in einen Kosmos wandelt." (Jung: Aion, IX, 2. Bd., 41) Die künstlichen Weltenachsen der Antike in Form der riesigen Tempeltürme und Weltenberge, inmitten quadratischer Tempelanlagen, die mit ihren Fundamenten an die Urflutwasser reichten und mit ihren Spitzen an den Himmel, besitzen in psa Betrachtung als echte Mandalasymbole gerade die Funktion, welche die Mythen ihnen zuschreiben: nämlich die Sphären von Oben und Unten, von Bewußtsein und Unbewußtem durchlässig zu machen, den „Verkehr" zwischen ihnen zu ermöglichen und damit die Einheit der Gegensätze herbeizuführen. Indem die Menschen der j Turmbauerzählung auf solche Mandalasymbole zurückgreifen, um der Gefahr ihrer Zerstreuung Einhalt zu gebieten, bedienen sie sich also der objektiv „richtigen" Mittel, um ihre bedrohte Einheit zu retten; andere Mittel gibt es psychologisch nicht.

Die Menschen tun mithin das einzig Richtige; und doch, wie gesagt, machen sie alles falsch. Der Fehler ergibt sich indessen nicht durch einen vermeidbaren „Irrtum", sondern zwangsläufig; es handelt sich um einen Vorgang, wie wenn ein Verdurstender erschöpft sich einer frischen Quelle nähert — und durch den lang entbehrten Genuß von Wasser umkommt. Denn die Tragik der Turmbauer liegt darin, daß sie, die an ihrer fortschreitenden Veräußerlichung, an ihrem drohenden Selbstverlust leiden, richtig nach den Symbolen der Selbstwerdung, der inneren Ganzheit, greifen, aber sie nur äußerlich aufnehmen können. Lebensbedrohlich gefährdet von den völlig einseitig gewordenen Kräften des Unbewußten, suchen sie sich nunmehr gerade dieser ihnen so ermangelnden und gefährlichen Kräfte zu bedienen, in dem richtigen Gefühl, daß dort das Heil zu finden sein müsse. Aber sie sind in ihrer Angst nicht fähig zu begreifen, daß ihr Heil nur dann im Unbewußten läge, wenn sie sich von der Einseitigkeit ihres Bewußtseinsstandpunktes loslassen könnten, wenn sie die Bilder einer umfänglicheren Persönlichkeit so auf sich wirken zu lassen vermöchten, daß sie in Demut die Kleinheit des bewußten Ichs anerkennen würden. Dazu aber waren die Menschen in der ganzen j Urgeschichte nicht in der Lage, und sie konnten es auch nicht sein; denn man kann sich nicht der Macht eines dunklen Unbewußten überlassen, wenn aus der Tiefe eben dieses Unbewußten nichts als Zerrbilder des Ichs und eine Vielzahl zerstörerischer Ungeheuer heraufsteigen. Der so viel naheliegendere, ja, der einzig mögliche Ausweg in solcher Lage ist das, worauf alle „Turmbauer" notgedrungen verfallen müssen: sie müssen sich, koste es, was es wolle, an ihr bedrohtes Ich klammern und nun darauf bedacht sein, ihr Bewußtsein, ihr Ich, gerade nicht der ebenso sanften wie dornenreichen Führung des Unbewußten zu überlassen, sondern umgekehrt das Unbewußte rigoros noch weiter zu vergewaltigen und seine Bilder in den Dienst des Bewußtseins zu stellen.

So kommt es folgerichtig zu dem magischen Charakter des Bemühens der Turmbauer in Gn 11, 4, die sich mittels eines „Namens" ihre gefährdete Einheit erhalten wollen. Die „Magie" ergibt sich wie von selbst aus dem starren Festhalten an dem wurzellos gewordenen Intellektstandpunkt. Denn der Intellekt muß der Illusion aufsitzen, daß es genüge, eine Sache zu kennen und mit ihr begrifflich umzugehen, daß man etwas vollgültig schon besitze, wenn man nur über einen Namen, über ein sprachliches oder visuelles Abbild davon verfüge (vgl. Jung: Aion, IX, 2. Bd., 41). Entsprechend muß das isolierte Bewußtsein der Menschen der j Turmbaugeschichte die Bilder der inneren Heilung, die Mandalasymbole der psychischen Integration, aufgreifen, nicht um sich von ihnen leiten zu lassen, sondern um sie dem Bestreben nach einer noch größeren Ichausdehnung unterzuordnen, um sie als Vehikel, nicht als Führer des Bewußtseins zu benutzen. Das angstgejagte Bemühen der Turmbauer strebt nicht danach, in den Ordnungsbildern von Stadt und Turm die Begrenztheit und Winzigkeit des Ichstandpunktes mit seinem einseitig rationalen Planen und Wollen anzuerkennen und sich in das Bild einer größeren Persönlichkeit einzufügen, sondern es geht vielmehr darauf aus, sich seine Überlegenheit zu retten, und zwar so, daß es die Mächte des Unbewußten, ohne sich selbst im mindesten zu verändern, rein intellektuell zur Kenntnis nimmt, in dem Aberglauben, sie dann souverän beherrschen zu können. Ein solcher Intellektualismus im Umgang mit sich selbst kann aber nur so wirken, wie alle Magie: er versichert eine Zeitlang das Bewußtsein seiner Allmacht, bereitet aber, aufgrund seiner objektiven Wirkungslosigkeit, in Wahrheit einen um so schlimmeren Absturz, ein um so furchtbareres Ohnmachtsgefühl vor.

Man kann somit die notwendig eintretende Katastrophe am kürzesten so wiedergeben, daß das Ich, statt sich als einen Teil des Unbewußten zu begreifen und sich von diesem tragen zu lassen, sich mit dem Unbewußten identifiziert, um darüber zu herrschen. Man hat dann einen Menschen vor sich, dessen Haupt tatsächlich an den Himmel reicht, der sich selbst als persönliche Fähigkeit zuschreibt, was allenfalls als Befähigung der ganzen Menschheit, der kollektiven Psyche des Menschen, gelten kann, der mithin in einer völlig utopischen Welt lebt, in welcher ihm alles als machbar erscheint, was immer die Träume und Wünsche seiner Angst ihm als notwendig vorspiegeln; kurzum, man hat es mit einem Menschen zu tun, der sich für allmächtig hält und dessen ganzes Problem darin besteht, daß er, solange ihm das Glück hold ist, gar nicht merken kann, wie er unvermerkt in Wahnsinn verfallen ist. Er, der sich als Herr seines Unbewußten gebärdet, wird, indem er sich mit den Mächten des Unbewußten identisch setzt, zum willenlosen Spielball eben dieser Mächte, die ihn nun in dem Wahn gefangen halten, kein Mensch, sondern ein Gott zu sein, nicht beschränkt in den Grenzen des Individuellen, sondern unendlich wie die Kollektivpsyche selbst (s. o. 151, zum Motiv vom „Sündenfall").

Mit dieser kurzen Skizze der „Verstiegenheit" der „Turmbau-Menschen" bei J können wir die Magie, „wie Gott sein" zu wollen, um die verlorene innere Einheit wiederherzustellen, sowie das wahnhaft Übersteigerte in all der geschäftigen Planung und Fassadenkonstruktion in Gn 11, 1—9 von der Psychologie des Einzelnen her recht gut erklären. Um sich (in quantitativ geringerem Maßstab) eine Vorstellung der gekennzeichneten psychischen Verfassung zu machen, genügt es, sich einen Menschen vorzustellen, der, aus Ekel vor sich selbst, ständig in den Rausch der eigenen Größe ausweicht, bis daß er unter der Last der eigenen Selbstüberforderungen zusammenbricht; dann wird man verstehen, daß ein gewisses Stück Selbstverachtung, Selbsthaß, Selbstablehnung in einem jeden Menschen steckt und entsprechend auch die Reaktion darauf: Selbstüberschätzung, Narzißmus und Selbstvergötterung, die allesamt dazu anhalten, daß jeder sich seinen eigenen „Turm zu Babel" baut.

Es ist aber von diesen „Neurotizismen" noch ein weiter Weg bis zu dem quasi psychotischen Geschehen der „Ego-Inflation", mit der die Menschen von Gn 11, 1—9 um ihre Einheit mit sich selbst und miteinander kämpfen; und gerade dieser Überstieg von der individuellen Psychologie zur Massenpsychologie bedarf noch einer weiteren Aufklärung. Die Frage ist noch ungelöst, wie ein individueller Wahn eine ganze Menschenmasse, nach Gn 11, 1—9 sogar die ganze Menschheit, erfassen kann.

An den Nimrod-Gestalten (Alexander, Hitler) haben wir schon gesehen, wie eine bestimmte latent psychotische Verfassung mit ihrem paranoiden Wie-Gott-sein-Wollen nach außen in die Menge, in die Sucht des Quantitativen gedrängt wird. Unfähig, es bei sich selbst auszuhalten, umgeben Menschen dieser Art sich mit einer Wolke von Trabanten, die sie in ihre Pläne einsaugen wie Atemluft. Nach außen treten sie vielleicht als hervorragende Organisatoren, als Multiplikatoren spektakulärer Erfolge in Erscheinung, gilt doch ihr ganzes Denken ausschließlich der großen Zahl, der quantitativen Unendlichkeit, der räumlichen Totalität. Ihr Anspruch darauf, die Probleme der ganzen Menschheit lösen zu wollen und zu müssen, ergibt sich aus ihrer eigenen subjektiven Psychodynamik; und wenn sie nicht das Schicksal dazu verdammt, vergessen in irgendeinem Winkel dahinzudämmern, sondern wenn die Geschicke sich wirklich so fügen, daß sie die Gelegenheit zu ihrem Auftritt in der Arena der Massen erhalten, dann werden sie augenblicklich an ihrem eigenen demagogischen Himmelaufstieg zugrunde gehen. Denn ihr ständiger Appell an die Masse, ihr unentwegter Glaube an „die Menschheit" oder

„das Soziale" führt notwendig in die Abgründe des kollektiven Unbewußten. „Wer nur nach außen und auf die großen Zahlen schaut, hat nichts, mit dem er sich gegen das Zeugnis seiner Sinne und gegen seine Vernunft verteidigen könnte", schrieb Jung (Gegenwart und Zukunft, X 283) und fügte vorwurfsvoll hinzu: „Das ist nun aber eben gerade das, was alle Welt tut: Man ist von statistischen Wahrheiten und von großen Zahlen fasziniert und überwältigt und wird tagtäglich von der Nichtigkeit und Ohnmacht der Einzelpersönlichkeit, die keine Massenorganisation repräsentiert und personifiziert, belehrt." (a.a.O.) Es ist, als sei die Flucht vor sich selbst in die Veräußerlichung der großen Ansammlungen geradezu ein universelles Bedürfnis. Der Versuch indessen, sich auf der Woge der Masse tragen zu lassen oder in ihr sich aufzulösen, erhöht nicht, sondern zerstört das Individuum, beraubt es seiner Verantwortung und führt in sich selbst zur Aufhebung der Moralität, indem all das hypertroph wird, was am Einzelnen kollektiv ist. „Damit", meinte Jung, „gerät das Individuelle ins Unbewußte und verwandelt sich dort gesetzmäßig in das prinzipiell Schlechte, in das Destruktive und Anarchische... Je größer Organisationen sind, desto unvermeidlicher ist auch ihre Immoralität und blinde Dummheit." (Jung: Die Struktur des Unbewußten, VII 307)

Die Sehnsucht des Individuums, sich selbst zu entfliehen und in dem Beifall oder in der Anonymität der großen Menschenzahl aufzugehen, muß also im Maßstab des Sozialen einen Prozeß einleiten, der innerhalb der individuellen Psychologie mit dem psychotischen Verschwinden des persönlichen Bewußtseins im kollektiven Unbewußten verglichen werden kann. Der Überstieg vom individuellen zum kollektiven Wahn, von der Individual- zur Sozialpsychopathologie ist aus der Sicht des Subjekts daher unschwer zu begreifen. Der Wahn der Masse erscheint als bloße Addition oder gegenseitige Ansteckung durch eine gemeinsame krankhafte Gesinnung in der Menge.

Damit aber ein solcher Überstieg vom individuellen zum kollektiven Wahn geschichtswirksam wird, bedarf es natürlich bestimmter auch objektiver Faktoren, die den Ausbruch eines Massenwahns ermöglichen und fördern und in den Einzelnen sich gewissermaßen wie eine Gewitterfront in einem Blitzableiter entladen. Die entscheidende Voraussetzung für die psychotische Auslieferung ganzer Nationen und Kulturen an die Macht des Unbewußten, die zentrale Ursache für das Auftreten kollektiver Wahnzustände ist zweifellos, parallel zu dem Befund der individuellen Psychologie, die Veräußerlichung oder langdauernde Mißachtung des Unbewußten selbst. Wenn ein Volk der Grundlage seines geistigen und' seelischen Lebens beraubt ist, wenn ihm vor allem die Religion, diese wichtigste Vermittlerin zum Unbewußten, nur noch in einer auswendiggelernten Äußerlichkeit dargeboten wird, ohne innere Beteiligung und Erfahrung, wenn ein Großteil der inneren Werte verlorengegangen ist in dem Getriebe äußerer Geschäftigkeit, womöglich noch verstärkt durch die Enttäuschungen äußerer Glückserwartungen, — wenn dies der Zustand einer großen Menschengruppe geworden ist, dann wird notwendig das einseitig gewordene Bewußtsein nach den Inhalten des Unbewußten greifen, um sich seiner zur Stabilisierung des sozialen Zusammenhaltes zu bedienen. Die Entstehung kollektiver Mythen, z. B. des Mythos von der Gleichheit aller Menschen, von dem ewigen Fortschritt der Menschheit, von der ewigen Fruchtbarkeit und dem ewigen Wachstum, oder auch von dem Recht des Stärkeren und der Rechtlosigkeit des Unglücklichen (s. o. 499f), das massenweise Auftreten fanatisch geglaubter Ideologien mit ihrer verheerenden Zerstörungskraft, die künstliche Erfindung von utopischen Ersatzreligionen aller Art wird dann zu einem unvermeidlichen Mittel der sozialen Selbsterhaltung und, wie die Geschichte lehrt, zu einem Hauptfaktor der Selbstzerstörung.

Es liegt uns im Rahmen dieser Arbeit fern, irgendwelche konkreten politischen oder sozialen Zustände der Gegenwart zu analysieren; aber es wird bei einer solchen Interpretation der j Erzählung doch deutlich, welch eine sozialpsychologisch kritische Schärfe dem Bild der „Turmbauer" von Gn 11, 1—9 innewohnt. Die These folgt unmittelbar aus dem Gesagten, daß J *als Psychologe* der Ansicht ist, daß eine Menschheit, die den Bezug zu ihrem Unbewußten verloren hat, diesem Unbewußten auf psychotische Weise ausgeliefert sein wird. Ein wahnhaftes Selbstgefühl einer solchen Menschheit muß das Ergebnis sein.

Wie selbstzerstörerisch eine solche Identifikation des Ichbewußtseins mit der Kollektivpsyche sein muß, verdeutlicht keine Geschichte besser als das Märchen aus „1001 Nacht" von der Säulenstadt Iram, die ausdrücklich gebaut wird, um das Paradies, das sich im Jenseits befindet, schon auf dieser Welt zu errichten. Tatsächlich gelingt die Ausführung des gigantischen Planes beinahe; aber Allah schlägt den König Schaddad und seine Anhänger mit Blindheit, so daß sie die Stadt, zu der sie ziehen, nicht finden können und kläglich in der Wüste umkommen. Diese Erzählung, die in sehr origineller Weise wohl das biblische Motiv des Turm- und Stadtbaus durch altarabische Tradition umgestaltet, verrät ein hervorragendes Gespür für die Gesetzmäßigkeit, mit der Menschen sich selbst zum Untergang verurteilen, wenn sie zu „machen" versuchen, was nur durch geduldiges und vertrauensvolles Sicheinlassen auf die inneren

Kräfte des Unbewußten zu „sehen" und zu erfahren ist. (E. Littmann: Die Erzählungen aus den 1001 Nächten, V 108—115; XII 717)

So endet also der Zug der Menschheit nach Osten (Gn 11, 1) nicht mit einer Erneuerung und Verwandlung, sondern mit einer Aufgipfelung der alten Fehlhaltung zu einem Maximum. Der Weg nach Osten, der Gang des Sonnengestirns in der Nachtmeerfahrt zu seiner Wiedergeburt, führt in der j Erzählung gerade nicht zu einem neuen Menschheitsmorgen, sondern zu Hybris und Wahn (vgl. C. G. Jung: Über Wiedergeburt, IX, 1. Bd., 158—159). Das Ende kennen wir. Es ist das nämliche, das schon in Gn 6, 1—4 den Versuch der Deifizierung in Form der Flutkatastrophe abschloß. Wenn wir damals die Sintflut als ein Versinken im Unbewußten interpretiert haben, so erleben wir jetzt, in Gn 11, 1—9, welche sozialen Auswirkungen es hat, wenn das Bewußtsein sich absolut setzt und am Ende sich selbst die Kräfte des Unbewußten zuschreiben will. Kollektive Psychose und Selbstzerstörung stehen am Abschluß des Unternehmens, die globale Gefahr des Selbstverlustes durch „Maßnahmen" von außen aufzufangen.

Freilich kann man die Menschen von Gn 11, 1—9 bei ihrem selbstzerstörerischen Tun verstehen, und es wäre nicht recht einzusehen, wie man ihnen mit der Jungschen Psychologie helfen könnte, wenn es nur das zu sagen gäbe, was die Jungsche Psychologie als eine empirische Untersuchungsmethode über die Ursache der menschlichen Selbstverfehlung sagen kann. Jung selbst hat oft genug geschildert, welche Angst das Bewußtsein überwinden muß, wenn es sich auf das Unbewußte einläßt (z. B. Aion, IX, 2. Bd., 42). Was soll ein Mensch also anderes tun, als sich noch mehr in die Einseitigkeit seines Ichstandpunktes zu verbeißen, wenn er sich von seinem Unbewußten zutiefst bedroht und herausgefordert sieht? Wir müssen auch hier auf der Feststellung bestehen, daß das Bewußtsein den Mut, sich der Führung seiner unbewußten Kräfte anzuvertrauen, solange nicht aufbringen *kann*, als es nicht sich selbst aufgrund rationaler Überlegungen versichern darf, daß das „Unbewußte" nicht das schlechthin Chaotische, Irrationale, Dunkle ist, als das es erscheint, sondern etwas, das selbst von einer überlegenen Vernunft gestaltet und getragen ist (s. o. 427f). Die Frage, die A. Camus aufwarf: „Kann man ohne Gott ein Heiliger sein?" (A. Camus: Die Pest, 146), muß man verneinen, wenn unter dem „Heiligen" ein „ganzer Mensch" im psa Sinne verstanden wird. Es ist jedenfalls der Sinn des ganzen noch ausstehenden 3. Bandes der vorliegenden Arbeit, zu zeigen, daß erst der Glaube an Gott den Menschen befähigt, die Angst zu überwinden, die ihn daran hindert, sich ohne Verdrängungen und Verleugnungen in allen Teilen seiner selbst zu akzeptieren und sich selber treu zu bleiben. Die psa Untersuchung der j Urgeschichte bekommt ihren theologischen Wert jeweils gerade an der Stelle, wo sie ihre Grenze hat und wo sie aufzeigt, wo eines jeden Menschen Grenze liegt.

Damit haben wir die einzelnen Etappen der Querschnittanalyse der j Urgeschichte abgeschlossen. Wir treten nun in die Längsschnittanalyse und damit in die Diskussion des Gesamtbefundes ein.

B. LÄNGSSCHNITTANALYSE

> *„Jeder, der lange genug unglücklich war, handelt wie in heimlichem Einverständnis mit seinem eigenen Unglück. Dieses Einverständnis hemmt alle Anstrengungen, die er etwa machen könnte, um sein Los zu verbessern; es geht . . . mitunter sogar so weit, daß es ihn hindert, diese Befreiung auch nur zu wünschen. Dann hat er sich in seinem Unglück eingerichtet, und die Menschen können glauben, er sei zufrieden."*

> (Simone Weil: Das Unglück und die Gottesliebe, 117)

I. Phasenspezifische Bestandsaufnahme und zusammenfassender Ergebniskatalog

1. Der Aufbau der j Urgeschichte

Indem wir die einzelnen Erzählungen der j Urgeschichte, angefangen beim „Sündenfall" bis hin zum Turmbau zu Babel, durchgegangen sind und uns die Frage vorgelegt haben, welch eine psychische Thematik und Konfliktstellung in den einzelnen Erzählungen zum Ausdruck kommt, sind wir zu einem erstaunlichen Ergebnis gelangt: die einzelnen Abschnitte der j Urgeschichte lassen sich auf der Objektstufe der Deutung als phasenspezifische Momentaufnahmen bestimmter psychischer Problemkreise verstehen, die in ihrer Art und Aufeinanderfolge nach dem Vorbild oder in Analogie zu den Entwicklungsabschnitten der Ontogenese gestaltet sind; anders ausgedrückt: die j Urgeschichte läßt sich psa als die Entwicklungsgeschichte verstehen, die psychogenetisch von jedem

Individuum zwischen Geburt und Reife durchlaufen wird. In diesem Sinne stellt sie tatsächlich eine „Urgeschichte" dar und zeichnet den Weg nach, den ein jeder zurücklegen muß, um in vollem Sinne „erwachsen" zu sein. Mit Recht kann sie so eine „menschheitliche" Bedeutung beanspruchen; und dieser Anspruch ist um so gerechtfertigter, als die psychische Ontogenese ihrerseits in ihren Anfangsstufen als ein Niederschlag und eine Rekapitulation phylogenetischer Vorgänge verstanden werden kann, die auch prähistorisch zu bestimmten Problemstellungen Anlaß gegeben haben.

Stellen wir uns noch einmal in schematischer Übersicht die einzelnen Stufen der j Urgeschichte vor Augen.

a) Es beginnt in Gn 2 mit einem Bild vollkommener Einheit, wie sie prä- und postnatal zwischen Mutter und Kind besteht. Die Szene der Erschaffung des Menschen reflektiert einen Zustand, der ontogenetisch die vorambivalente Entwicklungsphase der Mutter-Kind-Dyade, phylogenetisch den Naturzustand des Menschen darstellt; subjektal gelesen, entspricht dem die noch undifferenzierte Einheit von Bewußtsein und Unbewußtem, eine Stufe noch ohne individuelle Bewußtheit, in welcher das Leben des Einzelnen unreflektiert im Leben des Stammes aufgeht.

b) Gn 3, 1—5.6.7 erwies sich als Bild einer Problemstellung, die ihr ontogenetisches Vorbild in der Zeit der oralen Ambivalenz hat, in der die paradiesische Einheit von Mutter und Kind infolge des verbotenen Essens vom „Baum" (der Mutter) zerfällt und erstmals unvermeidlich Angst- und Schuldgefühle auftreten. Daran angelagert ist die sexuelle Thematik der Verführung der Frau durch den Mann (Gn 3, 1—5) und des Mannes durch die Frau (Gn 3, 6—7), die wir, bezogen auf das Symbol des Baumes, als „ödipal" bezeichnen konnten. In Gn 3 liegt, so verstanden, eine Verdichtung der beiden zentralen Konflikte vor, aus denen notwendig die Schuldgefühle im Leben des Einzelnen entstehen. Auch die Entwicklung des Schamgefühls sowie das Motiv der Geschlechterfeindschaft in den Fluchworten über Schlange, Frau und Mann, die Geburt eines Kindes (3, 20) und die Bekleidung mit Fellen legten eine Deutung nahe, die in der Vertreibung aus dem Paradies ein Bild für die Loslösung von den Eltern und das Erwachen der Sexualität erblickt. Die Einbeziehung der oralen Thematik in diesen Zusammenhang ließ sich als regressive Reaktivierung der frühkindlichen Erfahrungen von Angst, Schuld und Abtrennung verstehen. Auf frühkindliche Züge der Erzählung wies auch die Analyse der Abwehrmechanismen und Formen der Angstverarbeitung hin. Der Gesamteindruck der Erzählung wirkte außerordentlich depressiv, wie denn die Depression als Neuroseform ihrerseits aus den Konflikten der oralen Phase hervorgeht, indem die orale Aggression als Schuldgefühl verinnerlicht wird. Der Zusammenhang von Oralität und Aggressivität, der ontogenetisch zum ersten Mal in der 2. Hälfte der oralen Phase zutage tritt, scheint phylogenetisch durch den Beutefang der Raubtiere vorgegeben zu sein. Den prähistorischen Hintergrund der oralen Problematik erkannten wir in dem unvermeidlichen Schuldgefühl der Jägerkultur, auf die möglicherweise auch das Bekleiden mit Fellen hinweist. Die sog. „Strafen" in Gn 3 erwiesen sich als Grundformen paläoanthropologisch fundierter Ängste, als Ausdrucksformen einer Lebensweise, die in dem ausweglosen Umkreis der biologisch vorgegebenen Daseinsängste gefangengehalten wird. Auf der Subjektstufe der Deutung erscheint die „Trennung von Gott" als ein Erwachen zum Bewußtsein, als ein Differenzierungsvorgang, durch den das Bewußtsein sich von der „Mutter" als einem Archetypus des Unbewußten loslöst und zu eigenem Leben heranwächst; im Unterschied zu den Verschlingungs- und Drachenkampfmythen solarer oder lunarer Helden ist Gn 3, 1—7 jedoch nicht ein Bild höherer Integration oder gelungener Selbstverwirklichung, sondern in der j Fassung der „Versuchungsgeschichte" gerade umgekehrt ein Symbol für das Verschlungenwerden von den Mächten des Unbewußten, für den Ausbruch eines kranken, wahnhaften Bewußtseinszustandes.

c) Gn 4, 1—16, die Erzählung von Kain und Abel, schien uns ihr ontogenetisches Vorbild in den Konflikten der anal-sadistischen Phase zu haben. Dafür sprach die Problematik des Opfers, der Eifersucht, der (Geschwister-)Rivalität, der sadistischen Feindseligkeit, die Ambivalenz des Schuldgefühls und der Trotz Kains. Triebpathologisch zeigte sich die innere Zusammengehörigkeit von Kain und Abel als Vorder- und Hintergänger ein und desselben Triebbedürfnisses (Triebvektors). Auf der Subjektstufe der Deutung erschien die Auseinandersetzung zwischen Kain und Abel als Kampf des Bewußtseins mit seinem Schatten; anders aber als in den Mythen von Sonne und Mond, wird der Sieg über das Dunkel (des Unbewußten) nicht dem Aufgang einer erneuten, verjüngten Bewußtseinshelligkeit dienstbar gemacht, sondern führt nur zu Formen der Selbstunterdrückung, Verdrängung und Dissoziation von Bewußtsein und Unbewußtem. Der sich daran anschließende „technische" Fortschritt findet in einer seelischen Wüstenei statt. Neurosestrukturell ließ sich das Kain-und-Abel-Thema als eine ausgesprochen zwangsneurotische Problematik verstehen und ergab sich somit folgerichtig aus den Konflikten der anal-sadistischen Phase. Menschheitsgeschichtlich ließe sich als Hintergrund der Auseinandersetzung von

Kain und Abel an die Konkurrenz- und Besitzstreitigkeiten denken, die mit der Entstehung privaten Eigentums im Gefolge der kulturellen Höherentwicklung zu Ackerbau und Viehzucht gegeben waren. Biologisch im Sinne der Libidotheorie vom Wandern der Libido könnte an die Differenzierung von Os und Anus als Hintergrund der analen Problematik gedacht werden. Phylogenetisch scheint die Analität mit dem Anspruch von Macht verknüpft zu sein, was besonders gut an der analen (und urethralen) Revierabgrenzung durch das Setzen von Duftmarken zu beobachten ist.

d) Gn 4, 23—24, das Lamechlied, erschien uns als Ausdruck von Strebungen, die mit ihren deutlich exhibitionistischen und phallischen Zügen, der Kastrationsangst und der Imponiersucht Lamechs, in die Zeit der 1. genitalen Phase fallen und den Beginn des männlichen Ödipuskomplexes markieren. Phylogenetisch scheint die Neigung phallischen Exhibierens zum Zwecke der Rangdemonstration vorgeprägt zu sein. Geschichtlich könnten hinter der phallischen Problematik vielleicht Ängste stehen, welche durch die Beendigung des Matriarchats durch das Patriarchat ausgelöst wurden. Die „Erfindungen" des Städtebaus sowie bestimmter kultureller Gegenstände in der Nachfolge Kains (Gn 4, 17—22) erschienen als Sublimationsformen des Bedürfnisses nach der Rückkehr in den Mutterschoß, der Sehnsucht nach dem verlorenen Paradies, des vergeblichen Bemühens, die Geborgenheit des vorgeburtlichen Lebens wiederherzustellen. Gn 4, 25—26 könnte als ein möglicher Hinweis auf die Triebentwicklung von Libido und Aggression verstanden werden.

e) Gn 6, 1—4, die „Engelehe", gab sich als „Familienroman" zu verstehen, dessen Wurzeln vom Thema der Erzählung her in die Problemstellung des weiblichen Ödipuskomplexes zurückreichen und den Wunsch des kleinen Mädchens widerspiegeln, vom Vater ein großes und mächtiges Kind zu bekommen. Geschichtlich ist als Hintergrund des Stoffes das patriarchale System und die Bevorzugung der Männer vor den Frauen (der „Penisneid") zu betrachten; es scheint aber, als wenn auch bestimmte biologische Prädispositionen zu dem „Amphitryon-Komplex" vorgegeben wären. Auf der Subjektstufe erscheint das Motiv der „Engelehe" als Ausdruck einer Verschmelzung des Bewußtseins mit den ihm entgegengesetzten Inhalten des Unbewußten, so, wie in einer Vielzahl von Mythen die „Heilige Hochzeit" zwischen Lichtgöttern und chthonischen Wesen stattfindet; im Sinne der j Redaktion handelt es sich jedoch in Gn 6, 1—4 nicht um ein Bild gelungener Bewußtwerdung, sondern um ein Symbol der Vergewaltigung des

38 Drewermann II (Best.-Nr. 76255)

Bewußtseins durch die in isolierter Form sich ihm aufdrängenden Kräfte des Unbewußten; das Motiv der Geburt des Selbst erscheint daher nur in wahnhaft verzerrter Form. Neurosestrukturell weist die Thematik der „Engelehe" typisch hysteriforme Züge auf.

f) Gn 6—8, die Sintflut, entpuppte sich bei näherer Analyse als ein vielschichtiges Motiv von zunächst ödipalen Phantasien, als deren Folge der Objektverlust (der „Weltuntergang") und die Aufrichtung des Über-Ichs in Erscheinung trat; hinter den ödipalen Phantasien aber standen Mutterleibs- und Wiedergeburtsphantasien, und diese hatten wiederum ihren Ursprung in dem „thalassalen Regressionszug", der phylogenetisch in dem Hervorgang der Landtiere aus dem Wasser vorgebildet sein könnte; prähistorisch denkbar wäre, daß die Eiszeiten des Pleistozäns eine kulturelle Aufstockung der an sich abgeschlossenen Entwicklung der tierischen Vorfahren des Menschen erzwungen hätten; den ontogenetischen Beitrag zu der Erzählung von der Großen Flut scheint die Latenzzeit abzugeben, die einer Katastrophe der kindlichen Sexualentwicklung gleichkommt und eine Phase der Angepaßtheit und der Ruhe darstellt. Subjektal liest sich die Sintfluterzählung als Versuch einer Wiedergeburt des Bewußtseins aus dem Unbewußten, analog zu dem mythischen Untergang und Neuaufgang der Lichtgottheiten im Umlauf des Tages, des Monats und des Jahres; die Sintfluterzählung ist somit ein Bild für die Geburt einer umfänglicheren Persönlichkeit, für den Anfang einer Lebenserneuerung, eines verjüngten Daseins; im Sinne des J tritt die Sintflut freilich nicht als ein Symbol psychischer Wiedergeburt auf, sondern beschreibt den quasi psychotischen Untergang des Bewußtseins in dem Chaos des Unbewußten.

g) Gn 9, 20—28, die „Untat" Chams, führte uns mit ihrem voyeuristisch-homosexuellen Thema und den kastrativen Ängsten und Tendenzen, die wir erschließen konnten, auf einen Problemkreis, der ontogenetisch sein Vorbild in dem nach der Latenzzeit neu einsetzenden Schub der Sexualentwicklung, in der Frühpubertät, besitzt. Religionspsychologisch ist eine Beziehung zwischen der Unterdrückung der Schaulust Chams durch die Reaktionsbildung der Scham bei seinen Brüdern und dem Bilderverbot der israelitischen Religion zu finden; ineins damit stellt die Erzählung völkerpsychologisch den Sieg, aber auch die Ambivalenzproblematik des Patriarchalismus in der Familien- wie Religionsstruktur dar. Subjektal erscheint das Motiv des Frevels Chams als Bild der Zerstörung der introjizierten Vatergestalt, mithin als ein Schritt zu größerer Unabhängigkeit; die Beschneidung der Männlichkeit erwies sich als ein Bild des Kampfes gegen die erwachende Sexualität; darin lag ein

Moment inneren Reichtums und psychischer Fruchtbarkeit, wie es in den Fruchtbarkeitsmythen religionshistorisch offenbar menschheitlich zum Ausdruck kam. Die homosexuellen Regungen der Cham-Gestalt ließen sich als Sehnsucht nach der Männlichkeit verstehen. Die „Rückkehr des Vaters" markiert subjektal jedoch im Sinne des J ein Leben in Schuldgefühl und Selbstunterdrückung.

h) Gn 10, 8—12, die Gestalt des Gewaltherrschers, Städtegründers (und Jägers) Nimrod, zeigte uns ein Verhalten, das man entwicklungspsychologisch in der Pubertät am ausgeprägtesten beobachten kann und das mit der Zurschaustellung phallischer Männlichkeit eine Überkompensation latenter (kastrativer) Selbstwertzweifel und homosexueller Regungen darstellt.

i) Gn 11, 1—9, die Erzählung vom Stadt- und Turmbau, wies entsymbolisiert eine sexuelle Thematik, verbunden mit ödipalen Tendenzen, auf. Die psychische Situation der Turmbauer deutet mit ihrer Produktivität, ihrem (allerdings überhöhten) Leistungswillen, ihrer fachlichen Tüchtigkeit und dem betonten Willen zum sozialen Zusammenschluß unter der Einheit einer gemeinsamen Idee am ehesten in die Phase der Adoleszenz. Subjektal stellte die Geschichte vom Stadt- und Turmbau den Versuch einer künstlichen, daher katastrophisch endenden Selbstintegration dar, die sich der Mandalasymbolik bediente, um die Verbindung zwischen dem als chaotisch und bedrohlich empfundenen Unbewußten und dem isolierten Bewußtsein gewaltsam zu erzwingen; der äußerlichmagische Umgang mit den Inhalten des Unbewußten führt indessen zur Ichinflation, zum Wahn im individuellen wie im kollektiven Leben. Die Einheitssymbolik von Gn 11, 1—9 verbindet die Turmbaugeschichte auch psa mit der Paradiessymbolik von Gn 2.

Erstaunlich an diesem Befund ist vor allem, wie genau die einzelnen Stadien der j Urgeschichte den Phasen der psychischen Entwicklung im Leben des Einzelnen entsprechen. Die überraschende Übereinstimmung zwischen dem Aufbau der j Urgeschichte und dem von der Psa erarbeiteten Schema der Psychogenese (bzw. der Libidoentwicklung), die wir lückenlos in dieser Abfolge finden, wird besonders deutlich, wenn man bedenkt, daß durch die Katastrophe der Sintflut bzw. der Latenzzeit die Entwicklung der Psychogenese wie der j Urgeschichte unterbrochen und in zwei Abschnitte zerlegt wird. Die Zweizeitigkeit des Entwicklungseinsatzes bedingt hier wie dort, daß der zweite Entwicklungsabschnitt auf dem ersten aufbaut und die dort grundgelegten Entwicklungsergebnisse reaktiviert und weiterführt. Wie in der psychischen Entwicklung bis zur Latenzzeit die Auseinandersetzung mit den Eltern im

Vordergrund steht, so wird in der j Urgeschichte bis hin zur Sintflut die Auseinandersetzung und das Scheitern der Menschen an und vor Gott geschildert; und wie nach der Latenzzeit auf dem Hintergrund dessen, was bis dahin introjiziert wurde, die Entwicklung zum eigenen sozialen Handeln außerhalb der Familie einsetzt, so beginnt in der j Urgeschichte nach der Großen Flut, die bereits ein endgültiges Urteil über das „Herz" des Menschen enthält, eine weitere Entfaltung zu den Formen geschichtlicher und sozialer Gemeinschaft. Wenn wir diesen Befund unter Verwendung der Tabellen von K. Abraham (Versuch einer Entwicklungsgeschichte der Libido, in: Psychoanalytische Studien, 179), E. Bohm (Lehrbuch der Rorschach-Psychodiagnostik, 225) und E. H. Erikson (Kindheit und Gesellschaft, 268) schematisieren und in Form einer exegetisch-psychoanalytischen Synopse der j Urgeschichte zusammenfassen, so erhalten wir das Bild von S. 547—548.

In dieser Tabelle ist nicht berücksichtigt, daß in der psa Entwicklungstheorie auch die anale Phase in zwei Stufen zerfällt; für die Teilung der analen Problematik finden wir in der j Urgeschichte kein Pendant; anzumerken ist auch, daß wir die sexuelle Thematik in Gn 3 bei der Parallelisierung mit der oralen Stufe der Libidoentwicklung ausgeklammert haben; schließlich ist augenfällig, daß wir von der Latenzzeit an mehr von der Entwicklungspsychologie, als von der Psa her argumentiert haben; der Grund dafür ist, daß der eigentliche Schwerpunkt der analytischen Forschung von der Zielsetzung der Neurosetherapie her im wesentlichen auf den Entwicklungsphasen bis zur Latenzzeit liegt. Nicht zu vergessen ist in dem gleichen Zusammenhang, daß die Altersangaben nach der Latenzzeit kulturell sehr variabel sind; auch darin zeigt sich die stärkere Loslösung von den biologisch festgelegten Entwicklungsphasen der Kindheit. Sieht man aber von diesen Einschränkungen und Unschärfen ab, dann sind wir imstande, eine nahezu vollständige Themenkonkordanz in der j Urgeschichte und in der psa Entwicklungslehre zu konstatieren.

2. Thesen und Folgerungen

Daraus ergeben sich eine Reihe wichtiger Thesen und Folgerungen:

a) Als gesichert kann gelten, daß die j Urgeschichte Stoffe aufgreift und verarbeitet, die in ihrer Eigenart erst verständlich werden, wenn man in ihnen Widerspiegelungen ontogenetischer Entwicklungsstufen erkennt; das entsprechende Verfahren dazu liefert die psa Interpretationstechnik.

J Urgeschichte

Libido-Entwicklung

die Bilder	die Themen	Organisations-stufen	Alter	Merkmale	Neurose-formen
1. Gn 2: Paradies	Ureinheit des Menschen mit Gott	frühere orale (Sauge-)Stufe	0—1/2 „schizoide Position"	Mutterbrust und Ich nicht unterschieden; Mutter-Kind-Dyade; objektloser Auto-erotismus; vorambivalent	Schizoidie; Schizophrenie
2. Gn 3: „Sündenfall" durch Essen und Ausweisung	Abtrennung Angst Schuldgefühl Scham	spätere orale (kannibalistische) Stufe	1/2—1 „depressive Position"	Totaleinverleibung des Objektes; Zerbeißen, Verschlingen; ambivalent; Urvertrauen gegen Mißtrauen	Depression; Melancholie
3. Gn 4, 1—16: Kain und Abel	Opfer Rivalität Mord Trotz	anal-sadistische Stufe	1—3	Abgeben und Behalten; Beherrschen des Objektes; Vernichtung des Objektes; ambivalent; Autonomie	Zwangs-Neurose
4a. Gn 4, 23.24: Lamechs „Schwert-lied"	Exhibition der aggressiven Männlichkeit; Verletzungsangst und Rache	mnl. / frühe genitale (phallische) Stufe; Ödipus-komplex / w-bl.	3—5	aktive Objektliebe; Exhibition; Liebe und Haß im Nebenein-ander; Konkurrenz mit dem Vater (männlich); Wechsel des Objektes (beim Mädchen: Vater statt Mutter); Familienroman	Hysterie
4b. Gn 6, 1—4: die „Engel-ehe"	Wunsch des Mäd-chens nach Einheit mit dem Gött-lichen und der Geburt starker Kinder				

547

j Urgeschichte　　　　　　　　　　　　　　Libido-Entwicklung

die Bilder	die Themen	Organisations-stufen	Alter	Merkmale	Neurose-formen
5. Gn 6—8: die Sintflut	Weltuntergang als Strafe	Latenzzeit	5—10	Untergang des Ödipuskomplexes; Introjektion der Elternimagines	Abschluß der neuroseätiolo-gisch grund-legenden Phasen
6. Gn 9, 18—27: Chams Untat	Schaulust Homosexualität Scham als Reaktionsbildung	Frühpubertät	10—12	Neueinsatz der Sexualentwicklung; Objektliebe mit Genitaleinschluß	
7. Gn 10, 8—12: Nimrod, der Held	Eroberung Gewaltherrschaft (Jagd)	Pubertät	12—18	Identität gegen Minderwertigkeits-gefühle und Selbstwertzweifel	
8. Gn 11, 1—9: der Stadt- und Turmbau	Zusammenschluß gegen Isolation, Einheit in einem gemeinsamen Ziel, Tüchtigkeit und Leistung	Adoleszenz	etwa ab 18	Idealismus, Selbstvertrauen, Zielstrebigkeit, sozialer Zusammen-schluß	

b) Der Aufbau der j Urgeschichte weist ein so hohes Maß an thematischer Übereinstimmung mit der Psychogenese des Individuums auf, daß das Ergebnis lauten muß: die Ontogenese ist das Vorbild der j Urgeschichte, oder: die j Urgeschichte lehnt sich an den Ablauf der Entwicklung des Individuums bis zum Eintritt seiner vollen Reife an und benutzt das ontogenetische Schema in der Abfolge seiner Phasen als Grundriß einer eigenen theologisch motivierten Aussagereihe.

c) Daraus ergibt sich von der Psa her eine grundsätzliche und ganz entscheidende Forderung an die Exegese der j Urgeschichte. Es ist dann unerläßlich, Gn 2—11 als eine Entwicklungseinheit zu verstehen, d. h. es kann methodisch nicht richtig sein:

einzelne Abschnitte der j Urgeschichte (z. B. Gn 3) zu isolieren;

die einzelnen Teile der j Urgeschichte *nicht* als eine Abfolge mit unumkehrbarer Entwicklungsrichtung, sondern als ein bloß additives Nebeneinander von Bildern zu verstehen;

die angeblichen „Brüche" der j Urgeschichte (z. B. von Gn 4, 23.24 und Gn 6, 1—4) als Beweise für ihre Unausgeglichenheit und Diskontinuität zu werten;

die traditionsgeschichtliche Kompliziertheit des Materials gegen die innere Geschlossenheit und strukturelle Ganzheit der Urgeschichte auszuspielen.

Vielmehr wird keine andere Betrachtungsweise dem Text gerecht als nur eine genetisch arbeitende Interpretationsmethode, die imstande und willens ist, die j Urgeschichte als einen in sich einheitlichen Prozeß zu verstehen.

d) Es zeigt sich, daß die j Urgeschichte, die wir in psa Betrachtung als die Ontogenese der psychischen Entwicklung verstehen, in der Tat „Urgeschichte" ist: einmal weil sie den Werdegang bis hin zum eigentlich erwachsenen Menschsein beschreibt, zum anderen, weil die Strukturen der Ontogenese ubiquitäre Gesetze der Psychogenese darstellen, also in der Tat „menschheitlich" sind; die Ausgefallenheit des von J verwandten Materials (z. B. Gn 6, 1—4; 9, 18—27) darf nicht zu dem Schluß verleiten, es handele sich hier um singuläre Episoden; allerdings ist es ohne eine psa Interpretationstechnik vermutlich unmöglich, den allgemeingültigen Bezug in den Motiven der Erzählungen zu erkennen, der indessen durch die weltweite naturmythologische Verbreitung der j Motive bereits zu einem psychologischen Problem ersten Ranges werden muß.

e) Auf spekulatives, aber immerhin begründbares Gebiet begeben wir uns mit der Annahme, daß die Ontogenese Bewußtseinszustände der menschlichen Frühgeschichte wiederhole. Indem wir in unserer Betrachtung die Naturmythologie und die Psa zueinander in Beziehung gesetzt haben, konnten wir die Gedankengänge eines archaischen Bewußtseins, wie es sich in den Urzeiterzählungen der Völker ausspricht, mit den Vorstellungen der verschiedenen Phasen der kindlichen Entwicklung in Verbindung bringen. In den Mythen von der Urzeit der Völker finden wir Erinnerungen und Spiegelbilder von Zuständen und Konflikten der psychischen Urgeschichte des Individuums in einer Weise wieder, daß sich unmittelbar die psychologische Vermutung aufdrängt, die Mythologien seien die Überzeugungen der Kindheit des menschlichen Geistes und umgekehrt bildeten die Überzeugungen der Kindheit des Individuums Erscheinungsweisen des psychischen Kinderzustandes der Menschheit. Daher konnten wir oft genug mit Hilfe von Mythologie und Religionsgeschichte Einsichten in bestimmte Konfliktstellungen der Kindheitsentwicklung gewinnen und andererseits von der Ontogenese her Erklärungen über den Sinn mancher Mythologien, die den j Motiven nahestanden, erhalten. „Wir dürfen", schrieb C. G. Jung, „gerade im starken Hervortreten des Mythologischen in der Seele des Kindes einen deutlichen Hinweis erblikken auf die allmähliche Entwicklung des individuellen Geistes aus dem ‚Kollektivgeiste' der früheren Kindheit" (Jung: Versuch einer Darstellung der psychoanalytischen Theorie, IV 254); und insofern entspricht die Ontogenese den Stadien der „Phylogenie des Geistes" (Jung, a.a.O.).

Belege ließen sich denn auch in der Prähistorie, Paläoanthropologie, Ethnologie und Kulturgeschichte zur Genüge dafür finden, daß offensichtlich in vergangenen Zeiten die Menschen einmal so *gelebt* haben, wie es das Kind heute noch *erlebt.* Das Gefühl der Schuld, das die eiszeitlichen Jäger beim Töten ihrer als göttlich verehrten Tiere überkam, die Trauer der frühen Ackerbauern beim Ernten der Feldfrüchte finden ihre Parallele in dem Schuldgefühl und der Traurigkeit des Kindes, das aufgrund seiner oralen Ambivalenz von der Mutter abgetrennt wird; die phallischen Riten und Praktiken der Fruchtbarkeitsreligionen besitzen ihr Pendant in der Wichtigkeit, die das Kind beim ersten Erwachen seiner Sexualität den Organen seiner Zeugungs- und Gebärfähigkeit zumißt usw. Diese Parallelität der grundlegenden Stufen der Menschheitsgeschichte und der Individualgeschichte legt die Annahme nahe, daß bestimmte Grundeinsichten bzgl. der Selbstwahrnehmung und der Welterkenntnis in der Biographie des Einzelnen wie in der Geschichte des menschlichen Bewußtseins nicht in einer beliebigen, sondern nur in einer von vornherein festgelegten Reihenfolge gewonnen werden können. Es scheint daher, als wenn das biogenetische Grundgesetz von der Rekapitulation der Phylogenese in der Ontogenese nicht nur für die Entwicklung des Körpers, sondern auch für die der Seele Geltung besäße (vgl. C. G. Jung: Die Bedeutung der analytischen Psychologie, XVII 65). Die Themenstellungen selbst (Oralität, Analität, Genitalität) sind offenbar triebmäßig fest verankert und reichen, wie die Befunde der Verhaltensforschung und der Paläoanthropologie zeigen, weit in die Stammesgeschichte zurück.

Durch die psa Verbindung der j Urgeschichte mit den Themenstellungen der einzelnen ontogenetischen Entwicklungsstufen gelingt es uns also, die menschheitliche Bedeutung der j Erzählungen zu begründen und zu verstehen, warum die urzeitlichen Motive, die J verwendet, eine religionsgeschichtlich so weite Verbreitung erfahren haben. Wenn die psychische Entwicklung des Einzelnen der psychischen Entwicklung der menschlichen Gattung entspricht, gewinnen wir ein wichtiges rationales Modell, um die Aussagen über den Einzelnen und die Aussagen über alle Menschen zusammen und ineins denken zu können und also zu verstehen, wieso J seine Urgeschichte als jedermanns Geschichte erzählen kann. Wir vermögen dann psa zu beschreiben, wieso das Schicksal des Einzelnen das Schicksal der ganzen menschlichen Gattung widerspiegelt, ohne zu uns fremden Denkschemata wie „das altisraelitische Clandenken" (J. Scharbert: Prolegomena, 31—44) Zuflucht nehmen und also im bloß Historischen stehen bleiben zu müssen.

f) Während wir somit auf der Basis der objektalen Deutungen der einzelnen Abschnitte der j Urgeschichte eine durchgehende ontogenetische Entwicklungslinie erhalten, liefert die Deutung auf der Subjektstufe zwar sehr ansprechende Interpretationen der j Bildersprache im einzelnen und erfüllt die z. T. recht trivialen Entsymbolisierungen auf der Objektstufe allererst mit dem Bedeutungsgehalt und Tiefsinn, den man von Geschichten solcher Wichtigkeit wie den j Erzählungen erwarten sollte; dafür aber können wir eine gewisse Monotonie in den subjektalen Deutungen nicht übersehen. Denn allenthalben geht es bei den Jungschen Deutungen um die Beziehung zwischen *dem* Bewußtsein und *dem* Unbewußten, um das Ringen um psychische Selbstwerdung und Integration; und so variabel auch die Bedeutung einer einzelnen Bildsymbolik erscheinen mochte, — entwicklungspsychologisch ergibt die subjektale Deutung der j Urgeschichte, im Längsschnitt betrachtet, keine eigentliche Entwicklung, sondern lediglich ein Auf und Ab von Verschmelzung und Ablösung von Bewußtsein und Unbewußtem, eine Wellenbewegung der sich einheitlich durchziehenden Thematik der Individuation. Lediglich diese Wechselbewegung selbst verdient Aufmerksamkeit, da sie uns den Entwicklungsverlauf der j Urgeschichte als einen steten Wechsel einander widersprechender Tendenzen darstellt, die man als Systole und Diastole, Introversion und Extraversion bezeichnen kann. Dieser Aspekt ist interessant, da wir einen Wechsel von Introversions- und Extraversionsphasen bzw. Integrations- und Auflösungsphasen tatsächlich in der Entwicklungspsychologie beobachten (H. Remplein: Die seelische Entwicklung, 527—529). Wir gewinnen von daher noch ein weiteres Argument für unsere Auffassung, daß die j Urgeschichte sich in ihrem Aufbau an die psychische Ontogenese anlehnt.

Will man eine Verlaufskurve der j Urgeschichte auf der subjektalen Interpretationsebene darstellen, so muß sie etwa so aussehen: in Gn 2 herrscht eine undifferenzierte Einheit von Bewußtsein und Unbewußtem, die durch die Herausbildung des Bewußtseins in Gn 3 aufgelöst wird; in Gn 4, 1—16 schreitet diese Abspaltung des Bewußtseins von seinen unbewußten Antrieben noch weiter fort und endet mit der Verdrängung des Schattens (die Tötung Abels) und der trotzigen Behauptung des eigenen Willens und der eigenen Selbständigkeit; Bilder der eigenen Leistungsfähigkeit folgen (Gn 4, 17—22). Die nächste Phase indessen, Gn 6, 1—4, zeigt im Bild der Heiligen Hochzeit die Sehnsucht nach der Verschmelzung der Gegensätze und nach der Vereinigung des Getrennten; das Bild der Sintflut macht aber deutlich, wie diese Verschmelzung den Charakter einer Überschwemmung, einer Überflutung durch unbewußtes Material annimmt. Als Reaktion darauf kann man alsdann die Gestalt Chams in Gn 9, 20—27 verstehen, wie er sich von seinem „Vater", von den Mächten des persönlichen wie des kollektiven Unbewußten, abzusetzen sucht und die Sehnsucht nach der eigenen Männlichkeit, wie sie in der Gestalt Nimrods später erscheint, zu leben unternimmt. Das Bild vom Turmbau drückt wiederum das gegenteilige Streben nach Einheit und Verschmelzung mit dem Unbewußten aus.

II. Interpretation des psa Befundes

> „In der ganzen Geschichte des Menschen ist kein Kapitel unterrichtender für Herz und Geist als die Annalen seiner Verirrungen."
>
> (Fr. Schiller: Der Verbrecher aus verlorener Ehre)

Die j Urgeschichte ist eine Entwicklungsgeschichte. Diese bereits exegetisch erhärtete Feststellung wird nunmehr psa vollauf bestätigt. Kann man aber daraus die Folgerung ziehen, die j Urgeschichte beschreibe einfach die psychische Entwicklung des Menschen, den Weg seiner Reifung? Wir haben eine ähnliche Deutung, die j Urgeschichte sei ein Bild des allmählichen *kulturellen* Fortschritts des Menschen und seiner Loslösung von der Natur, im exegetischen Teil der Arbeit abgelehnt und müssen ebenso jetzt einer Auffassung entgegentreten, die in Gn 2—11 lediglich eine Darstellung der *psychischen* Entwicklung sehen würde.

1. Sünde und Neurose

Der Glaube, die j Urgeschichte könne psa zureichend als eine bildliche Darstellung der Psychogenese des Individuums verstanden werden, stößt auf zwei unüberwindliche Schwierigkeiten: das erste greifbarste Hindernis ist der Abschluß der Erzählung. Wenn J seine Urgeschichte, wie wir meinen, als eine Entwicklungsgeschichte konzipiert, dann ist es von größter Bedeutung zu sehen, auf welch ein Ende hin sich die Geschichte entwickelt. Die Antwort gibt Gn 11, 1—9: der Ausgang der Urgeschichte ist eine totale menschheitliche Katastrophe, ein globales Scheitern aller Bemühungen um äußere und innere Einheit, und zwar nicht als zufällige Episode, sondern, wie wir wissen, als das konsequente Ergebnis eines langen Prozesses über zahlreiche Stationen hinweg. Daß dies so ist und gar so sein müßte, wird niemand im Ernst psa von der Ontogenese her belegen wollen. Das zweite ist die bisher noch gänzlich unverständliche Feststellung, die wir bei jedem Stück der j Urgeschichte treffen mußten: daß J von allen denkbaren Variationsmöglichkeiten der ontogenetisch dem tradierten Material zugrundeliegenden Thematik eine Darstellung aufgreift, die in ganz extremer und krasser Weise den Konflikt der jeweiligen Phase zuspitzt. Beide Tatsachen verstehen wir noch nicht; wir können aber vermuten, daß sie unmittelbar zusammengehören werden.

Wir kommen des Rätsels Lösung eigentlich sofort sehr nahe, wenn wir uns vor Augen halten, daß die Psa zunächst nicht zum Zwecke der Anthropologie oder Entwicklungspsychologie, sondern zur Heilung von seelischen Erkrankungen, von Neurosen, entwickelt wurde. Denn die „Neurose" ist eigentlich nichts anderes als die Folgeerscheinung einer quantitativen Steigerung von Konflikten, die allgemein zum Menschen gehören. Um das recht deutlich zu machen, zitieren wir einen längeren Abschnitt von H. Schultz-Hencke, in dem dieser die wichtige Unterscheidung von „neurotisch" und „neurotoid" einführt; er schreibt: „Sämtliche neurosenstrukturellen Faktoren und Zusammenhänge sind *ubiquitär*, d. h., *jeder* Mensch erwirbt in irgendwelchen Graden und Akzentuierungen Strukturbestandteile, die mit den oben dargestellten (neurotischen, d. V.) identisch sind. Qualitativ ist das so... Qualitativ ist... jeder Mensch ‚neurotisch'. Und hier entscheidet nun das Sprachgefühl, das die Aufgabe hat, Wirrnis der Mitteilung und der Kommunikation der Menschen durch das Wort so weit nur möglich zu vermeiden, es müsse sich doch ein Wort finden lassen, das an dieser Stelle das ominöse Wort: neurotisch ersetzt. Dieses wird nämlich stets quantitativ verstanden, ist immer voluminös gemeint... Also ist, um das Qualitative, Ubiquitäre, stets und ständig und überall Vorkommende, aber *Harmlose* (qua Symptomatik und sonstiger Bedeutung) zu bezeichnen, dringend ein neues Wort notwendig. Es bietet sich das Wort *neurotoid* an. Man hätte nunmehr also davon zu sprechen, daß alle Menschen eine neurotoide Struktur haben, d. h. in ihrer Gesamtstruktur qualitative neurotische Bestandteile." (H. Schultz-Hencke: Lehrbuch der analytischen Psychotherapie, 85—86)

Die psa Neurosenlehre basiert also auf der Erkenntnis, daß die Konflikte neurotischer Patienten in der psychischen Entwicklung eines jeden eine gewisse Rolle spielen, und nimmt an, daß das eigentlich Neurotische nicht in der Art der Konflikte selbst, sondern in einem quantitativen Faktor liegt, dessen Zuwachs Krankheitswert annehmen kann. Übertragen wir dieses Modell auf unsere Beobachtungen und Interpretationen der j Urgeschichte, so müßte man psa schließen, daß die in Gn 2—11 dargestellten Konflikte die ontogenetischen Stadien der Psychogenese eines jeden und also ubiquitäre psychische Entwicklungsgesetze aufgreifen, daß aber die quantitativ extreme Steigerung dieser Konflikte, die sich durchgängig in der j Urgeschichte feststellen läßt, ein Indiz dafür sein müsse, daß die j Urgeschichte eine Entwicklung von Krankheitswert darstelle; m. a. W.: wir müßten den Schluß ziehen, daß J die Menschen nicht nur als neurotoid, sondern als neurotisch schildere.

Eine solche Schlußfolgerung scheint nun auf den ersten Blick vollkommen absurd und in sich widersprüchlich; denn wenn die Neurose in der quantitativen Steigerung des „Normalen" besteht, so kann sie nicht allgemein sein, da dann jeder quantitative Unterschied entfallen müßte; da sich eine solche Folgerung aber aus allem bisher Gesagten ganz folgerichtig und konsequent zu ergeben scheint, sieht es im Augenblick schlecht aus; der Eindruck ist unvermeidlich, daß die ganze bisherige psa Untersuchung in eine Sackgasse führt, und wir hören bereits die Stimmen jener Theologen, die immer schon dagegen waren, die Psa auf die Bibel loszulassen. In der Tat: wenn ein absurdes Ergebnis sich mit Notwendigkeit aus bestimmten Voraussetzungen ergibt, so ist das ein untrügliches Zeichen dafür, daß diese Voraussetzungen absurd sind; nun aber ist unser Ergebnis, auf das wir unter psa Voraussetzungen gestoßen sind, absurd, ergo ...

Aber so einfach ist das nicht. Zweifellos ist die Behauptung, alle Menschen seien neurotisch, einfach unsinnig. Aber ergibt sie sich in dieser Form denn wirklich aus den bisher getroffenen Analysen? Erinnern wir uns: wir haben die j Urgeschichte psa interpretieren können, indem wir konsequent den theologischen Gehalt der j Aussagen ausgeklammert und für „Gott" auf der Objektstufe die Elternimagines von Vater und Mutter bzw. subjektal das Bild des Selbst oder das Unbewußte eingesetzt haben, d. h., wir haben alles so gelesen, als wenn das Verhältnis von Gott und Mensch ohne weiteres auch so gelesen werden könnte, als ob es sich um ein Verhältnis von Vater und Kind oder Mutter und Kind oder des Bewußtseins zum Unbewußten handeln würde. Bislang haben wir auch noch keinen Anlaß gesehen, von dieser Vorstellung abzugehen; es scheint jetzt aber, wo wir die Bilanz des ganzen ziehen wollen, der Punkt gekommen zu sein, wo wir so nicht mehr verfahren können. Und dies ist eigentlich ganz in Ordnung. Denn J beschreibt in seiner Urgeschichte den Entwicklungsprozeß der Sünde; was wir psa analysiert haben, ist der Entwicklungsprozeß der Psychogenese, bzw., wenn wir den quantitativen Aspekt miteinbeziehen, der Entwicklungsprozeß der Neurose. Könnten wir widerspruchsfrei die theologische Betrachtungsweise in die Psa überführen, d. h., wäre es möglich, das Verhältnis des Menschen zu Gott ohne jeden inneren Widerspruch als ein Eltern-Kind-Verhältnis oder ein Verhältnis des Ichs zum Selbst zu beschreiben, so bestünde zwischen Sünde und Neurose kein Unterschied, und die Wahrscheinlichkeit läge nahe, daß die Theologie nichts anderes wäre als eine sich selbst nicht recht verstehende Psychologie. Nun ist dem aber nicht so; vielmehr sehen wir ganz deutlich, daß es — jedenfalls bei der Untersuchung der j Urgeschichte — zu großen Ungereimtheiten führen muß, wenn zwischen Theologie und Psychologie nicht unterschieden wird. Der Unterschied zwischen beiden ist nach J offensichtlich in diesem Zusammenhang der: die Sünde, die J darstellt, ist ubiquitär; sie ist die das menschliche Leben grundlegend und fundamental beherrschende Macht; diese Aussage ist theologisch möglich. Unmöglich aber ist die psa Aussage, alle Menschen seien neurotisch. Die

Sünde gibt es menschheitlich, die Neurose kann es per definitionem menschheitlich nicht geben.

Ein naheliegender Ausweg aus dem Dilemma wäre natürlich zu sagen, J habe eben doch nur „neurotoide", nicht neurotische Gegebenheiten darstellen wollen; aber dieser Weg ist uns längst versperrt; denn J liegt es unzweifelhaft gerade an der extremen Steigerung aller Sachverhalte, also an den „neurotischen", ja perversen oder sogar psychotischen Zügen. Dennoch sitzen wir nicht wirklich in der Zwickmühle. Die psa Interpretationsweise hat uns dazu verholfen, die dargestellten Konflikte der j Urgeschichte tatsächlich so, wie J sie verstanden wissen will, als ubiquitär zu erkennen; der Preis, den wir dafür zahlen, ist jedoch, daß dabei die eigentliche Aussage des J verloren geht: die Konflikte, als Bilder einer ubiquitären Entwicklung gelesen, besitzen keinen Krankheitswert; einen solchen erhalten sie erst in der quantitativen Zuspitzung, die J ihnen verleiht; insofern handelt es sich um neurotische Züge; sollen indessen auch diese, wie J behauptet, ubiquitär, menschheitlich und urgeschichtlich sein, so müssen wir die psychologische Kategorie der Neurose verlassen und den theologischen Begriff der Sünde einführen, d. h., wir müssen damit ernst machen, daß J nicht eine psychische Fehlentwicklung in der Beziehung zwischen Kind und Eltern oder Ich und Selbst, sondern eine theologische Fehlentwicklung in der Beziehung zwischen Mensch und Gott beschreiben will. Da er dazu aber die Darstellung einer Entwicklungsreihe wählt, die uns psa von der Ontogenese her bekannt ist und sich mit deren Abfolge ganz und gar deckt, können wir den Befund am einfachsten und so, daß alle Ungereimtheiten sich lösen, auf die Formel bringen: die j Urgeschichte beschreibt die *Sünde als eine Neurose vor Gott.* Damit soll zunächst gesagt sein, daß die Entwicklungsgeschichte der Sünde in der j Urgeschichte in den Stadien dargestellt wird, die auch der Neuroseentwicklung zugrundeliegen, und daß die Neurosenlehre der Psa einen tauglichen, ja unerläßlichen Weg zum Verständnis der Wirklichkeit der Sünde, wie sie von J geschildert wird, darstellt; daß ferner das, was wir psa als Neurose bezeichnen, von J als ein Bild der Sünde verstanden wird und daß es also die Aufgabe sein muß zu zeigen, inwiefern die Neurose als ein Modell der Sünde dienen kann. Wie kann das geschehen?

Wir haben bisher von den einzelnen ontogenetischen Phasen her die j Urgeschichte im Querschnitt betrachtet und sind dabei zu der Meinung gelangt, daß die Ontogenese das Vorbild der j Urgeschichte abgebe, und zwar in der Weise, daß die phasenspezifischen Konflikte der einzelnen

556

Entwicklungsstufen von J quantitativ extrem gesteigert würden, also
dem entsprächen, was einen neurotischen von einem „neurotoiden" Ent-
wicklungsablauf unterscheidet. Wenn wir jetzt daraus den Schluß
gezogen haben, die j Urgeschichte stelle die Sünde als eine Neurose vor
Gott dar, so haben wir damit eine Reihe von Beobachtungen generalisiert und zu einer einheitlichen strukturellen Ganzheit zusammengefaßt,
die wir als solche nicht mehr beobachten können. Wohl fanden wir, daß
z. B. die Konflikte und Themen von Gn 3 in den Umkreis einer
depressiven Neuroseform gehörten oder die Erzählung von Gn 4, 3—16
zwangsneurotische Züge verrate; aber wir müssen jetzt sagen, daß die
j Urgeschichte insgesamt nicht eine einzelne Neuroseform, sondern, psa
gelesen, eine Neuroseentwicklung überhaupt darstellt.

Diese neue These ist nicht ohne Probleme. Denn die Neurose ist ein
psychodynamisch einheitliches Gebilde, dessen Entstehung anamnestisch
vollkommen konsequent ist; d. h., wir müßten eigentlich die einzelnen
Stadien der j Urgeschichte jeweils als Ergebnisse und Folgerungen aus
dem Vorangegangenen verstehen können. Das aber ist natürlich bei der
Verschiedenartigkeit des tradierten Materials von vornherein unmöglich
und es hieße den Stoff methodisch überstrapazieren, wenn wir auch nur
den Versuch starten würden, die einzelnen Bilder der j Urgeschichte über
ihre ontogenetisch richtige Anordnung hinaus voneinander abzuleiten.
Wir würden dann den gesamten exegetisch gesicherten Befund ignorieren
müssen, daß die Bilder von Gn 2—11 ihre Herkunft einer je eigenen
Traditionsgeschichte verdanken, also in ihren Motiven nicht selbst auseinander entwickelt werden können. Daher ist es von vornherein
unmöglich, eine eigentliche „Neuroseentwicklung" in der j Urgeschichte
wiederzufinden.

Weitere wichtige Einschränkungen sind zu machen. Der Kernvorgang
der Neurose ist, welcher Art sie im einzelnen auch sein mag, die
Hemmung von Antriebserlebnissen und, ineins damit, die Herausbildung unbewußter Haltungen als „Antriebsresiduen" und „„Reste' der
latent gewordenen Antriebs- und Bedürfniserlebnisse" (H. Schultz-
Hencke: Lehrbuch der analytischen Psychotherapie, 80). Nun kann von
einer solchen Hemmung bzw. Verdrängung der Antriebe in der j Urgeschichte keine Rede sein, es sei denn in dem Sinne, daß die Menschen
dort sich zunächst mit aller Kraft gegen gerade die Handlungen zu
wehren suchen, die sie dann doch wie unter innerem Zwang begehen;
das, was beim Neurotiker gehemmt bleibt, gerade das tuen die Menschen
in der j Urgeschichte: (kannibalistisches) Essen (Gn 3), Mord (Gn 4,
1—16), Inzest (Gn 6, 1—4), Homosexualität (Gn 9, 18—27), so daß

es richtiger scheint, von einer Perversion, statt von einer Neurose zu sprechen. Jedoch ist die Neurose lediglich „das Negativ der Perversion" (S. F.: Drei Abhandlungen zur Sexualtheorie, V 65), d. h., im Neurotiker steckt all das, was der Perverse tut. Insofern spielt es keine so große Rolle, ob wir von Neurose oder Perversion sprechen. Wohl müssen wir sagen, daß eigentlich alle einzelnen Entwicklungsschritte der j Urgeschichte ungehemmte perverse Züge an sich tragen, da die Menschen ihre verbotenen Regungen entweder nicht unterdrücken können (Gn 3; 4, 7.8 ?) oder wollen. Mit Recht könnten wir daher sagen, daß J die Entwicklung der Sünde als eine Perversion, die Sünde selbst als ein perverses Dasein vor Gott darstelle; und die Verkehrungen im psychischen Bereich, die wir beobachtet haben, wären so ein Bild für die Verkehrung der ursprünglichen Gottesordnung, die wir in Gn 3 anheben sehen. Ja, sogar den Begriff der Psychose könnte man an zahlreichen Stellen der j Urgeschichte mit Erfolg verwenden. Legt man das Wellenmodell der subjektalen Deutung zugrunde, so ergibt sich, daß den „Auflösungphasen" mit ihrem perversen Charakter (Kannibalismus, Sadismus, Homosexualität) jeweils „Integrationsphasen" gegenüberstehen, die deutlich die Züge einer wahnhaften Identifikation des Bewußtseins mit den Inhalten des Unbewußten aufweisen (Gn 3, 5; 6, 1—4; 11, 1—9).

Wenn wir dennoch den Ausdruck Sünde als „Neurose vor Gott" bevorzugen, so deshalb, weil die Perversion eigentlich in der Fixierung eines einzelnen Partialtriebes besteht, der ungehemmt und isoliert zum Durchbruch kommt; demgegenüber sehen wir die Menschen in der j Urgeschichte doch Gegenmaßnahmen gegen die perversen Regungen einleiten: sie entwickeln Schuld- und Schamgefühle gegenüber ihrem Tun (vgl. Gn 3; Gn 9, 18—27) und versuchen von Stufe zu Stufe, die Fehler des Vorangegangenen auszugleichen (vgl. Gn 4, 2 zu Gn 3; Gn 11, 1—9 zu Gn 4, 3—16). Vor allem liegt uns die Perversität von Motiven wie Inzest und Kannibalismus nur in abwehrender symbolischer Verschlüsselung vor. Ein solches Gemisch von perversen Regungen und (z. T. mißlingenden) Abwehrmaßnahmen möchten wir lieber als Neurose bezeichnen, selbst wenn dabei das entscheidende Merkmal der Neurose, die Verdrängung und die Ausbildung von Hemmungs- und Haltungsgefügen, in der j Urgeschichte sich nicht beobachten läßt; der Begriff der Neurose schließt ja den der Perversion nicht aus, sondern ein. Und es ist dann lediglich eine Frage nochmaliger quantitativer Steigerung, wann der neurotische in den psychotischen Zustand übergeht.

Selbstredend meinen wir nicht, daß J uns mit seiner Urgeschichte eine psa, antriebsorientierte Theorie über den klinischen Verlauf der Neurose habe geben wollen; es wird für uns sogar später noch sehr wichtig sein zu untersuchen, wie wir die j Urgeschichte unabhängig von den biologischen Voraussetzungen der Psa verstehen können. Wohl aber meinen wir, daß J von dem Bösen, von der Sünde im Menschen, eine Vorstellung entwickelt, die strukturell ein hohes Maß an Ähnlichkeit mit der Neurosenlehre der Psa aufweist, und zwar nicht nur in dem, was wir querschnittanalytisch ermitteln konnten (in der Konkordanz der ontogenetischen Phasen mit den Stufen der j Urgeschichte; in der quantitativ extremen und außerordentlich konflikthaften Zuspitzung der jeweiligen Thematik; in der Verzahnung des individuellen ontogenetischen Schicksals mit dem historischen phylogenetischen Schicksal der Gattung), sondern vor allem auch in folgenden Gesichtspunkten, die im Längsschnitt die j Urgeschichte durchziehen und psa in vergleichbarer Weise auch den Entwicklungsprozeß der Neurose mitgestalten; wir möchten diese Punkte vorweg bezeichnen als

a) den Kreislauf von Angst und Schuld;

b) das Gesetz der zunehmenden Unfreiheit;

c) die Unmöglichkeit einer Selbstheilung.

Gehen wir diese Punkte eines Vergleichs von „Sünde" und „Neurose" in der j Urgeschichte der Reihe nach durch.

a. Der Kreislauf von Angst und Schuld

> *„Es ist so, als hätte mich die Mutter mit irgendeinem Mangel auf die Welt gesetzt, als fehle mir etwas, was alle anderen Menschen haben und was der Mensch vor allem anderen braucht. Den inneren Weg habe ich nicht ... Verstehst du?"*
>
> (M. Gorkij: Mein Kamerad Konowalow; Reclam 4445; S. 28)

Ein großes Verdienst der Psa besteht in dem Nachweis, daß Angst Menschen psychisch krank machen und zu einem Lebensaufbau zwingen kann, der die Form einer sich ständig weiter auswachsenden Neurose annimmt. Wenn wir im Umkreis der Freudschen Theorie der Angst stehen bleiben, die wir bei der Besprechung von Gn 3 bereits ausführlich skizziert haben, so wissen wir, daß die Neurose zwar in einer Hemmung

559

des Antriebserlebens besteht und daß das verdrängte Material selbst eine ständige Quelle der Angst darstellt, daß aber die eigentliche Ursache der Hemmung selbst wieder in der Angst zu suchen ist. Denn, wie Freud in der revidierten Form seiner Angsttheorie meinte, entsteht die Angst in der Neurose nicht (nur und erst) aus der Verdrängung, sondern sie ist selbst (als biologisches Warnsignal beim Auftreten — realer — Gefahren) der Grund der Verdrängung, die die Neurose verursacht. Wenngleich wir also eine Darstellung von Hemmung und Haltung in der j Urgeschichte vermissen, so besteht doch eine wesentliche Gemeinsamkeit zwischen der psa Auffassung über den Ursprung der psychischen Erkrankung und der j Auffassung über den Ursprung der Sünde darin, daß in beiden Fällen (vgl. die Exegese von Gn 3) der Faktor der Angst als die eigentliche Quelle des weiteren Unheils angesehen wird.

Es ist an dieser Stelle wichtig, auf die außerordentliche Hilflosigkeit hinzuweisen, die der psa Auffassung zufolge am Anfang der neurotischen Erkrankung steht und die wir auch exegetisch in der j Urgeschichte beobachten konnten. Das Ich, das nach Freud die eigentliche und alleinige Stätte der Angst ist, sieht sich in der traumatischen Situation einem nicht zu bewältigenden Andrang von Triebimpulsen gegenüber, die es für gefährlich, ja tödlich halten muß. In seiner Angst aber weiß es sich nicht anders zu wehren als dadurch, daß es den andrängenden Triebstrebungen die Vorstellung entzieht, sie also aus dem Bewußtsein verdrängt und ihnen damit den Zugang zum Bewegungsapparat und zur Durchsetzung in der Realität versperrt. Um die Rolle der Angst dabei zu unterstreichen, fügt A. Dührssen hinzu: „Und zwar ist es nicht intensiver Affekt schlechthin, der die Verdrängungsreaktionen mit sich bringt, sondern im allgemeinen ist der sehr spezielle Affekt der *Angst* ursächlich beteiligt. Unter dem Druck der Angst kann es passieren, daß eine Handlung, deren Ergebnis sehr gefürchtet werden muß, nicht mehr wie sonst in einen bewußten Plan einbezogen und in Anbetracht ihrer Gefährlichkeit in bewußtem Verzicht aufgegeben wird. Statt dessen wird der Wunsch, der Plan, der Impuls selbst bereits im Keim erstickt, er fällt eben der ‚Verdrängung‘ zum Opfer und bleibt damit, wie wir sagen, unbewußt." (A. Dührssen: Psychogene Erkrankungen bei Kindern und Jugendlichen, 49) Die Frage: „Wie stellen wir uns ... den Vorgang einer Verdrängung unter dem Einfluß der Angst vor?", kann man — mit S. Freud — daher so beantworten: „Das Ich merkt, daß die Befriedigung eines auftauchenden Triebanspruchs eine der ... Gefahrensituationen heraufbeschwören würde. Diese Triebbesetzung muß also irgendwie unterdrückt, aufgehoben, ohnmächtig gemacht werden. Wir wissen, diese Aufgabe gelingt dem Ich, wenn es stark ist und die betreffende Triebregung in seine Organisation einbezogen hat. Der Fall der Verdrängung ist aber der, daß die Triebregung noch dem Es angehört und das Ich sich schwach fühlt." (S. F.: Neue Folge der Vorlesungen zur Einführung in die Psychoanalyse, XV 96) M. a. W.: das Ich sucht vor den andrängenden Triebgefahren, deren es in seiner Ohnmacht nicht Herr werden kann, sein Heil im Auslösen des Angstsignals und erzwingt nach dem Lust-Unlust-Prinzip die Verdrängung der Triebimpulse.

Dieser Zusammenhang von Ohnmacht und Hilflosigkeit des Ichs mit der Angst als Ursachen der Verdrängung und damit der Krankheitsentstehung ist nun für unsere Betrachtung der j Urgeschichte sehr aufschlußreich. Es war nämlich gerade dieser Eindruck kindlicher Hilflosigkeit und Ohnmacht, der uns in der Exegese der „Sündenfallerzählung" (Gn 3) am Anfang der menschlichen Schuld so sehr auffiel und ganz eng mit dem Faktor der Angst zusammenzuhängen schien. Auch die psa Untersuchung des Textes zeigte, daß der ganze Vorgang von Gn 3, 1—7 als ein Prozeß der Angst und ihrer Verarbeitung beschrieben werden kann. Wenn die Neurose eigentlich eine Flucht in die Krankheit ist, so können wir die Sünde, wie sie von J in Gn 3 beschrieben wird, als eine Flucht in die Schuld bezeichnen; Neurose und Sünde dienen dem sich hilflos und ohnmächtig fühlenden Ich dazu, dem Erlebnis der Angst zu entkommen. Die Angst selber ist auch in der biblischen Erzählung ein Warnsignal, mit dessen Hilfe sich das Ich eines andrängenden gefährlichen, ja todbringenden Wunsches zu entledigen sucht, nur daß es in Gn 3, 1—7 nicht zu einer eigentlichen Verdrängung kommt, daß das Ich vielmehr zu diesem Abwehrvorgang noch zu schwach ist und mit Identifikationen, Projektionen u. ä. — vergeblich — versucht, der Gefahr Herr zu werden. Wir wissen aus der psa Untersuchung von Gn 3, 1—7, daß der orale Wunsch bei dem Säugling gar nicht zu verdrängen ist; vielmehr führt die — notwendige — Übertretung des Eßverbotes zu dem Auftreten schwerer Schuldgefühle, die, ganz entsprechend der biblischen Erzählung (Gn 3, 7ff), Angst und Scham erzeugen: die Angst vor der Schuld verwandelt sich in der Bibel in die Angst vor der Strafe; diese führt wiederum dazu, die Schuld zu verleugnen und dadurch aufs neue schuldig zu werden. So entsteht ein Kreislauf von Angst und Schuld, der immer weiter von Gott wegführt.

Freilich kann man das Erlebnis der Angst in der „Sündenfall-Erzählung" nicht anders begreifen als im Verhältnis des Menschen zu Gott. Aus diesem Relationsgefüge läßt sich die Angst in der Art, wie sie in Gn 3 auftritt, nicht herausnehmen. Es ist nicht nur die Hilflosigkeit der

Menschen gegenüber ihren (Trieb-)Wünschen, die die Angst auslöst, sondern es ist wesentlich von Anfang an die Angst vor Gott, besser: vor dem Verlust Gottes, der die Menschen schließlich zu gerade der Handlung treibt, die sie vermeiden wollen.

Aber gerade diese Angst vor dem Verlust der allesentscheidenden Kontaktperson entspricht völlig der psa Vorstellung von dem Ursprung der Angst. Wir haben seinerzeit bereits betont, daß die Freudsche Theorie der Angst darauf hinauslaufe, daß der Ursprung der Angst in der Gefahr der Kastration liege, die ihre Vorbilder in der Abtrennungsangst der Geburt, Entwöhnung und Defäkation besitze. Insofern liegt die eigentliche Gefahr, die die Triebimpulse für das Ich zu einer solchen Bedrohung macht, in einem „traumatischen Moment" (S. F.: Neue Folge der Vorlesungen, XV 100), das in der drohenden Abtrennungsgefahr des Kindes von den Eltern liegt. Auch wenn man M. Kleins Theorie vom Todestrieb als Ursprung der Angst nicht zustimmt, so ist es doch verständlich, daß die Abtrennungsangst des Kindes das Ausmaß von Todesangst erreicht. Was das Kind eigentlich fürchtet, ist nicht der Triebwunsch selbst, sondern die Gefahr der Abtrennung vom Elternobjekt, die er verursacht und die einer Todesgefahr gleichkommt. Dies läßt sich auf die Situation der Frau in Gn 3, 1—5 ohne weiteres übertragen: tatsächlich müssen die Menschen fürchten, ins Nichts zurückzufallen, wenn sie die Gemeinschaft mit Gott verlieren; und sie verlieren die Gemeinschaft mit Gott, wenn sie das Gebot übertreten, das er ihnen gegeben hat. Die Angst ist also im Grunde der Ausdruck einer gestörten Beziehung: psychologisch zwischen Kind und Eltern, theologisch zwischen Gott und Mensch; hier wie dort geht es um die Hilflosigkeit und Ohnmacht des Kindes bzw. des Menschenwesens, das ohne seinen Halt in den Eltern bzw. in Gott ins Nichts versinken müßte, das sich aber im gleichen Augenblick (Trieb-)Wünschen gegenübersieht, die es in Widerspruch zu den Eltern bzw. zu Gott setzen.

Man kann nun versucht sein, auch den perversen Faktor auf den einzelnen Stufen der j Urgeschichte aus einer Art neurotischer, mißlingender Abwehr zu erklären. S. Freud hat an einer wichtigen Stelle seiner Erklärung der Perversion gemeint, „daß alle Perversionsneigungen in der Kindheit wurzeln, daß die Kinder zu ihnen alle Anlagen haben und sie in dem ihrer Unreife entsprechenden Ausmaß betätigen, kurz, daß die perverse Sexualität nichts anderes ist als die vergrößerte, in ihre Einzelregungen zerlegte infantile Sexualität." (S. F.: Vorlesungen zur Einführung in die Psychoanalyse, XI 321) Diese Auffassung von der polymorph perversen Struktur der kindlichen Sexualität läßt sich eigentlich gut mit unserer Beobachtung vereinbaren, daß wir auf jeder Stufe der j Urgeschichte gewisse perverse Züge, wie Kannibalismus, Sadismus, Inzest und Homosexualität, erschließen konnten. Freud meint aber weiter, daß bei einer realen Versagung der normalen Sexualbefriedigung eine „,kollaterale' Rückstauung" einsetzen und die perversen Regungen verstärken müsse (S. F.: a.a.O., 320). Das bedeutet, angewandt auf unseren Text, daß wir bereits hinter der Schwere der Konflikte, hinter ihrer perversen Ausgestaltung, den Faktor der Angst am Werke sehen können. Nicht nur, daß die Menschen Angst vor ihren Wünschen haben, — ihre Wünsche werden um so stärker, je mehr Angst sie davor haben; auch dies war in Gn 3, 1—7 zu beobachten, allerdings nur in diesem Abschnitt mit Sicherheit, vielleicht noch in Gn 4, 3—16 und Gn 11, 1—9; an den anderen Stellen müßten wir es postulieren. Was für die Perversion charakteristisch ist, daß der — neurotische — Rückstau der unterdrückten Wünsche diese gerade verstärkt und am Ende zum Durchbruch kommen läßt, dies müßten wir dann für die Sünde der Menschen, wie J sie schildert, insgesamt voraussetzen: daß die Menschen sündigen aus Angst vor einem Wunsch, der sich verstärkt, weil er aus Angst unterdrückt wird, daß die Menschen dann Angst bekommen vor dem, was sie getan haben und so eine Spirale endloser Verstrickungen entsteht. Es ist nicht nur die Hilflosigkeit, die die Menschen vor der Trennung (von Gott) Angst haben läßt, es ist auch die Angst, die die Menschen hilflos werden läßt.

Dieser Kreislauf von Angst und Schuld ist in der j Urgeschichte nirgendwo klarer zu analysieren als in Gn 3, 1—12. Dort, wo das Grundlegende über die menschliche Schuld und die Kräfte, die sie hervorbringen, gesagt wird, ist der Zusammenhang von Wunsch, Angst, Rückstau des Wunsches, Durchbruch, Schuld, Angst, Scham, Verleugnen, erneuter Schuld in einer unübertrefflich dichten und packenden Weise beschrieben. Mit diesem Bild allein wäre auch auszukommen, um das Grundsätzliche dieses Zusammenhangs zu verdeutlichen. Es ist aber doch nützlich zu untersuchen, wie sich die Bewegung der Angst im weiteren Verlauf der j Urgeschichte fortsetzt. Methodisch müssen wir dabei an die Zusammenhänge anknüpfen, die wir in der j Redaktionsarbeit exegetisch herausgestellt haben. Wie bisher, stellen wir damit eigentlich die Frage, inwieweit die j Redaktion der Urgeschichte psa verstehbar ist; allerdings beziehen wir diese Frage jetzt nicht mehr nur auf die Stoffauswahl und Zusammenstellung, sondern auf die mögliche Verbindung, die zwischen den einzelnen Stücken besteht, die wir theologisch untersucht haben, für die wir jetzt aber ein psychodynamisches

Pendant, und zwar unter dem Aspekt der Angst, suchen wollen. Da freilich bereits die exegetisch-theologische Interpretation der redaktionellen Zusammenhänge in der j Urgeschichte in zahlreichen Punkten nicht über Hypothesen und Mutmaßungen hinauskam, werden wir dabei die ganze folgende Ausführung als eine *mögliche* Verbindung und Sinndeutung kenntlich machen müssen. Außer Betracht lassen wir natürlich den paläoanthropologischen Befund, daß „Angst" die Grundbefindlichkeit der gesamten menschlichen Existenz in den „Strafreden" Gottes in Gn 3 darstellt; denn diese Tatbestände sind nicht psychodynamisch ableitbar; uns aber geht es jetzt nur um die Psychodynamik der Angst auf den einzelnen Stufen der j Urgeschichte.

Als ein möglicher Zusammenhang läßt sich zunächst für Gn 3 — Gn 4 diese Abfolge wahrscheinlich machen: nach der Vertreibung aus dem Paradies entsteht für die Menschen die drängende, angstbesetzte Frage, wie sie Gott für sich zurückgewinnen können; sie versuchen dies durch die Abgabe von Speiseopfern, also durch eine Art Rückgabe und Wiedergutmachung dessen, was die Vorfahren entgegen dem göttlichen Verbot genommen haben. Als dieser Versuch scheitert bzw. nur z. T. gelingt, bricht zwischen den Menschen die bis dahin nur verdeckte Angst voreinander mit tödlicher Feindschaft aus. Nach dem anfänglichen Versuch, die Feindschaft beizulegen (Gn 4, 8 ?), also den Mordimpuls zurückzustauen, kommt dieser doch zum Durchbruch. Neuerliche Strafangst vor Gott ist die Folge, sie tritt jedoch reaktiv als Trotz und Verleugnen vor Gott auf; ein weiterer Schritt der Abtrennung und Vertreibung steht am Ende von Gn 4, 3—16.

So hatten wir exegetisch bereits die Entwicklung zur und in der Erzählung von Kain und Abel zu beschreiben versucht. Wie wir inzwischen wissen, stehen hinter Gn 4, 3—16 Konflikte der analen Phase, die tatsächlich ontogenetisch das Ende der oralen Entwicklungsstufe mit dem Auftreten von Ambivalenz, Angst, Schuldgefühl und Abtrennung — Entwöhnung — voraussetzen. Wichtig ist für uns an dieser Stelle indessen zu beobachten, wie hier im Grunde das Thema von Gn 3 fortgesetzt wird, wenngleich unter den Voraussetzungen, die durch die vorangegangenen Ereignisse (von Gn 3) geschaffen wurden. Die Frage nach der Einheit mit Gott wird jetzt zu einer Frage nach der Akzeptation vor und durch Gott; die Angst vor Gott, die die Vertreibung aus dem Paradies heraufbeschwören mußte, nötigt zu einer starken Ambivalenz im Verhältnis der Menschen zu Gott — äußerlich bereits im Akt des Opfers kenntlich, das sowohl Unterwerfung wie geheimen Protest gegen Gott in sich schließt (vgl. die Kain-und-Abel-Dialektik in

L. Szondis Epilepsieanalyse). Die Unsicherheit, von Gott akzeptiert zu sein, verstärkt jedoch die Angst voreinander, die in dem Gefühl der Nacktheit in Gn 3 sich aussprach; sie führt dazu, ein Verhältnis der Konkurrenz und Akzeptationsproblematik zu schaffen, in dem ein jeder den anderen für eine tödliche Bedrohung seiner selbst halten muß. Die Angst um die eigene Akzeptation erweitert sich ihrerseits zur Konkurrenzangst. Deren Lösung scheint am ehesten durch die Beseitigung des Rivalen möglich; das muß aber dazu führen, daß die Bindung an Gott, um die es geht, ganz und gar aufgehoben wird. Infolgedessen — wenn unsere exegetische Auffassung von Gn 4, 8 stimmt — nötigt die Angst, Gott zu verlieren, dazu, den Mordimpuls, der die Angst vor dem konkurrierenden Anderen beseitigen sollte, zu bekämpfen. Wie in Gn 3 aber wird auch hier die Abwehr von dem unterdrückten — und somit noch verstärkten — Triebwunsch durchbrochen: wiederum tuen die Menschen gerade das, was sie vermeiden wollen; wiederum geraten sie in Schuld aus Angst vor der Schuld, und das Ergebnis der Schuld ist neuerliche Angst. Deren Bekämpfung durch Trotz und Leugnen (bei Kain) kann jedoch die Situation vor Gott nur verschlimmern; die befürchtete Strafe, die man durch die Opposition gegen Gott verhindern wollte, wird von Gott ausgesprochen; ein weiterer, jetzt endgültiger Schritt der Trennung zwischen Gott und Mensch ist eingeleitet. Erneut steht am Ende der Entwicklung eine eigentümlich ambivalente Mischung von Vertrauen und Ablehnung auf seiten des Menschen, von Strafe und Erbarmen auf seiten Gottes.

Wie man sieht, machen wir jetzt an sich keine neuen Beobachtungen über das hinaus, was wir durch Exegese und Psa von der j Urgeschichte bereits wissen. Es kommt uns aber darauf an, so klar wie möglich in dem Prozeß, der zwischen Gn 3 — Gn 4 liegt, den Faktor der Angst und seine Beziehung zur Schuld herauszuarbeiten. Wir treffen nämlich auf eine Spiralenbewegung, mit der sich die Angst und die Schuld gegenseitig auseinander hervortreiben und steigern; und so fragmentarisch von der Exegese her unsere Einsicht in die j Urgeschichte auch bleiben wird, so dürfen wir doch sagen, daß psychodynamisch das Wechselspiel von Angst und Schuld die eigentlich treibende Kraft in der Aufeinanderfolge der j Erzählungen von Gn 3 — Gn 4 ist. Nicht nur also, daß wir auf das Schema der biologisch sich ablösenden ontogenetischen Phasen bei der Rekonstruktion der j Urgeschichte zurückgreifen können, wir finden jetzt auch zwischen den einzelnen Stufen Übergänge, die uns den theologischen Aufriß der exegetischen Interpretation von Gn 2—11 psychologisch verständlich machen helfen.

Allerdings sehen wir, wie tragisch diese Übergänge und Zusammenhänge sind. Alles sieht in der Tat aus wie ein Gewebe, das das Weberschiffchen der Angst zu dem Knoten der Schuld verknüpfen würde. Alles erscheint wie eine unheimliche, an verborgenen Fäden gezogene Notwendigkeit, der die Menschen der j Urgeschichte nicht entrinnen können und deren Gesetze von der Angst diktiert werden. Von Anfang an ist alles aufs äußerste zugespitzt, sind die Gegensätze unversöhnlich, die Konflikte unlösbar, ist die Angst maximal. Das Gebot Gottes in Gn 3 schafft Todesangst, gerade darum wird es übertreten, denn die Todesangst ist unerträglich; ungeliebt an der Seite eines anderen zu leben, den Gott liebt, schafft erneut Todesangst; sie führt dazu, den anderen zu töten — um Gottes willen, dessen Verlust die Todesangst begründete. Wenn die psychologische Betrachtungsweise der j Urgeschichte uns etwas lehren kann, so ist es dieser Einblick in die Hilflosigkeit, Getriebenheit, Ausgeliefertheit und Not, unter denen die Menschen in Schuld geraten und sich immer tiefer darin verstricken. Gerade weil die Angst (vor Gott und vor sich selbst und vor dem anderen) in den j Erzählungen stets in quantitativ maximalen Beträgen auftritt, bekommt alles den düsteren Anschein einer unvermeidlichen Abfolge. Denn so vielschichtig die Abwehrversuche der Angst auch sein mögen (vgl. die Analyse zu Gn 3, 1—7), so nutzlos sind sie im Ergebnis; ja, deutlich ist, daß die Heftigkeit, mit der unter dem Zwang der Angst die entsprechenden Triebwünsche zurückgestaut werden, ursächlich an ihrem Durchbruch beteiligt ist, daß also gerade die für die Neurose kennzeichnende quantitative Steigerung der Angst die verhängnisvolle Kreislaufwirkung in Gang bringt.

Nun können wir dieses Wechselspiel von Angst und Schuld vom Text aus begründet nur zwischen Gn 3 — Gn 4 rekonstruieren. Allerdings sahen wir exegetisch, daß die ganze j Urgeschichte die Struktur einer eigentümlichen „Gegenfinalität" aufweist, die bewirkt, daß die Menschen stets das Gegenteil von dem erreichen, was sie anstreben; und wir haben Grund zu der Annahme, daß diese Gegenläufigkeit von Ziel und Ergebnis auf den einzelnen Stufen der j Urgeschichte im Grunde nur die schon in Gn 3 — Gn 4, 3—16 grundgelegte Widersprüchlichkeit von Angst vor der Schuld und Schuld aus Angst, Angst nach der Schuld und Schuld nach der Angst fortsetzt. Von der Psa her leuchtet es ja ohne weiteres ein, daß die Art, in der jeweils eine ontogenetische Stufe durchlaufen wird, von den Erfahrungen geprägt ist, die auf der bzw. den vorangegangenen Stufen gemacht wurden. Im Sinne der redaktionellen Zusammenordnung von Gn 3 — Gn 4 müßte man demzufolge sagen, daß die Geschwisterrivalität von Kain und Abel niemals diese mörderische Gestalt hätte annehmen können, wäre nicht bereits von Gn 3 her das Leben der Menschen von Todesangst und, paläoanthropologisch, von Daseinsangst in jeder nur denkbaren Form überschattet. Man darf psa auch annehmen, daß diese Folgerichtigkeit gleichermaßen für die folgenden Stufen (Gn 4, 23.24; 6, 1—4 usw.) gilt.

Indessen stehen wir hier (wieder einmal) vor der Aufgabe, eine „archäologische Lücke" in dem Gemälde der j Urgeschichte zu restaurieren; und daß diese Arbeit trotz aller Unsicherheit nicht ganz und gar phantastisch ist, liegt lediglich daran, daß wir immerhin bereits einige Konturen des Gemäldes anhand von Gn 3 — Gn 4 deutlich gemacht haben. Diese beiden Erzählungen aber waren schon durch ihren parallelen Aufbau formal aufeinander bezogen; eben diese unsere Arbeit sehr erleichternde Eigentümlichkeit vermissen wir bei den folgenden Abschnitten der j Urgeschichte. Sicher ist nur noch durch die Parallele von Gn 4, 24 (das Lamechlied) und Gn 4, 15, daß hier ein Motiv der Überbietung und der Konkurrenz anklingt, das eine Antwort auf die Erzählung von Kain und Abel darzustellen scheint. Vielleicht könnte man diese Auskunft so verstehen, daß nunmehr die durch den Mord eingebrochene Angst voreinander dazu zwingt, selber Gott zu überbieten und zu übertreffen, d. h., die Angst vor den Menschen nötigt jetzt dazu, die Angst vor Gott abzustreifen und selbst Gott zu werden; in diese Richtung könnte dann auch der Versuch gehen, durch Paarung mit den Gottessöhnen gottmenschliche Mischwesen hervorzubringen: der Verlust Gottes bedingt den Versuch, selbst das Menschliche zu vergöttlichen. So verstanden, wäre Gn 6, 1—4 das Bild einer echten „Überkompensation" aus Angst: die von Gott verfluchten und in der Angst voreinander lebenden Menschen versuchen selber, nach dem Göttlichen zu greifen und die verlorene Einheit mit Gott sozusagen auf sexuelle Weise wiederherzustellen. Wenn P. Ricoeur von dem Motiv der Titanen meint, es werde hier die ursprüngliche „Theogonie in die Anthropogonie" verschoben (Symbolik des Bösen, 239), so kann man in der j Urgeschichte gerade umgekehrt sagen, daß die Angst des Menschen vor dem Menschen dazu zwingt, aus der Anthropogonie den Versuch einer Theogonie zu machen; die Angst um das bedrohte Leben zwingt zu dem Versuch einer Vergöttlichung des Lebens.

Man kann sich denken, daß auch dieser (ödipale) Wunsch nicht jene Heftigkeit annehmen würde, wenn die vorherigen Erfahrungen auf der oralen und analen Stufe nicht bereits die Abtrennungsängste und Schuldgefühle so stark hätten werden lassen; und in ähnlicher Weise müßte —

und könnte — man mit den Mutmaßungen Stufe um Stufe in der j Urgeschichte fortfahren, bis zu der Erzählung von Gn 11, 1—9, die deutlich auf den Anfang der Paradieseserzählung zurückverweist und zugleich von dem Bemühen der Menschen geprägt ist, dem Kain-und-Abel-Schicksal zu entrinnen. Explizit wird hier die Angst ausgesprochen, der Gefahr weltweiter Vereinzelung und Zerstreuung anheimzufallen. Entsprechend formieren sich die Menschen zu einem Werk, das die globale Angst bannen und im Grunde durch göttliche Weltüberlegenheit beherrschbar machen soll. Der Zusammenhang von Angst und hochgetriebenem Leistungswillen ist hier so klar ausgesprochen, daß die Psychologie des Textes selber es verlangt, den Plan des Turmbaus als „Überkompensation" zu bezeichnen, nur daß — wiederum — das quantitative Ausmaß des Vorgangs bei weitem den Rahmen dessen sprengt, was üblicherweise mit solchen psa Kategorien bezeichnet wird: das Neurotische nimmt — auf der Ebene der Psychologie gesprochen — geradezu wahnhafte Züge an: die Angst gedeiht zum Größenwahn, ganz ähnlich, wie wir es in Gn 3, 1—5 beobachten konnten.

Und wiederum ist kennzeichnend, daß die unter dem Druck der Angst erzwungene kompensatorische Abwehr zusammenbricht und am Ende gerade der unterdrückte Impuls durchbricht und das Chaos herbeiführt, das vermieden werden sollte; daß die Menschen, die aus Angst vor dem Auseinanderfallen des menschlichen Zusammenhaltes sich aneinander drängen, der eigenen Asozialität erliegen, indem jeder seinen eigenen Omnipotenztraum träumt, niemand aber mehr den anderen versteht oder sich dem anderen verständlich machen kann; daß also die totale Kontaktabsperrung das Ergebnis eines totalen Kontaktversuches unter dem Vorzeichen der Angst bildet.

Da dieses Bild am Ende steht und alles Vorangegangene zusammenfaßt, wird man auch sagen können, hier, auf diesem Kulminationspunkt der Angst, werde deutlich, was grundsätzlich für die j Urgeschichte gilt: daß der Mensch am Ende in der Ausweglosigkeit seiner Angst umkommt und notwendig zu dem getrieben wird, was er am meisten verhindern wollte. Lediglich die Anmerkung ist zu machen, daß die Angst, verstreut zu werden, in Gn 11, 1—9 äußerlich-räumlich motiviert scheint, während sie in der subjektalen Deutung des Textes mehr als eine Angst vor der eigenen inneren Zeustreuungsgefahr, vor dem inneren Chaos aufzufassen ist.

Wir dürfen dann wohl vom Anfang und Ende der j Urgeschichte her die Zwischenwerte des Zusammenhanges von Angst und Schuld interpolieren und annehmen, daß die ganze j Urgeschichte als das Bild einer fortschreitenden Entwicklung verstanden werden kann, der die Angst den Charakter einer Zwangsstruktur verleiht. Der Ablauf ist stets der gleiche: indem die Angst das Verbotene und Gefährliche zu vermeiden anhält, führt sie zu einem Rückstau und schließlichen Durchbruch gerade des abgewehrten Wunsches und bewirkt somit Schuldgefühle, die ihrerseits wieder neuerlich Angst erzeugen. So entsteht die aufgezeigte Spiralenbewegung, in der sich Angst und Schuld immer höher schaukeln, bis daß der mit Gott zerfallene Mensch mit sich und allen anderen zerfällt.

Nun kann man sicherlich sagen, daß dieser Wechselkreislauf von Angst- und Schuldgefühlen psa für den Aufbau einer Neurose charakteristisch ist und daß auch das Resultat der Neurose in einer zunehmenden Kontaktangst bestehen wird, in der Kleinheits- und Größenwahn in bezug auf die eigene Person einander ablösen. Insofern steht nichts mehr im Wege, den Entwicklungszusammenhang von Angst und Schuld in der j Urgeschichte auch psychodynamisch für einen neurotischen Prozeß zu halten. Dann aber müssen doch erneut die schwersten Bedenken auftauchen, in einer solchen Entwicklung ein zutreffendes und allgemein verbindliches Bild der menschlichen Existenz zu sehen. Die Skepsis, ja der Unmut muß sich dabei direkt auf J richten, denn durch die Beobachtung seiner redaktionellen Arbeit sind wir ja darauf gekommen, daß es den behaupteten Zusammenhang in der j Urgeschichte gebe, und kein Zweifel: J versteht seine Urgeschichte als eine allgemein menschliche und grundsätzliche Aussage über den Menschen. Kann das aber zutreffen? Sollen wir wirklich alle Menschen für krank oder wahnsinnig halten?

Indessen stehen wir hier nicht vor einem neuen Problem. Wir haben ja vorhin bereits gesehen, daß das Modell der Neurose bei der Interpretation der j Urgeschichte zu Absurditäten führt, wenn wir den Begriff der Neurose nicht aus dem psychologischen innermenschlichen Bereich auf die Beziehung des Menschen zu Gott übertragen. Ebenso müssen wir hier sagen, daß es absurd wäre, den Angstbegriff der Psa, der zur Erklärung der Neurose so wertvolle Dienste leistet, im biologisch-triebgebundenen Bereich zu belassen und gleichwohl zu behaupten, die Konflikte dieser Sphäre seien in ihrer neurotischen, perversen oder psychotischen Zuspitzung „ubiquitär". Wohl darf das Problem der Triebangst bzw. der Realangst oder Überichangst als allgemein menschlich betrachtet werden; daß aber die Menschen schlechthin in der beschriebenen Weise zu Opfern ihrer Angst würden, ist psa eine einfach unsinnige Behauptung. Nicht so, wenn wir den Begriff der Angst wie den der Neurose auf Gott beziehen. Freilich sind wir uns noch lange nicht darüber klar, was das bedeuten wird: eine Neurose vor Gott; wir können hier aber zum ersten Mal verstehen, was den Begriff der Neurose verändern wird, wenn wir ihn theologisch interpretieren, und wir sind imstande, das Programm zu formulieren, um diese Veränderung zu beschreiben.

Wir sehen nämlich, daß wir den Zusammenhang von Angst und Schuld, wenn wir hierin die j Urgeschichte als wesentliche Aussage über das menschliche Leben verstehen wollen, aus dem antriebspsychologischen Bereich entlassen und selbst vom Wesen der menschlichen Existenz her auslegen müssen. Hierbei fällt uns die Aufgabe zu, eine existentielle Psychoanalyse zu formulieren, die es erlaubt, die psa erkannten neurosenstrukturellen Zusammenhänge von der menschlichen Existenz selbst her zu interpretieren. Gott sei dank, brauchen wir hier keine Pionierarbeit zu leisten; denn in der Existenzphilosophie J. P. Sartres ist bereits der Versuch unternommen worden, die Angst des Menschen zum grundlegenden Phänomen menschlichen Existierens zu nehmen und die Strukturen des „abgefallenen Seins" zu bestimmen. Wir werden dann sogar noch einen Schritt weiter gehen können und müssen, indem wir die einzelnen Neuroseformen (Schizoidie, Depression, Zwangsneurose, Hysterie), die wir mit den Stufen der j Urgeschichte zwischen Gn 2 — Gn 6 in Verbindung gebracht haben, im Sinne einer existentiellen Psychoanalyse von der menschlichen Angst her deuten. Auch dies ist bereits geschehen, und wir werden dabei auf die nach wie vor unübertroffen hellsichtige Arbeit S. Kierkegaards „Die Krankheit zum Tode" zurückgreifen können, die am Anfang des ganzen Existentialismus steht und in der Kierkegaard von der menschlichen Existenz her die Angst in den Fehlformen ihrer Verarbeitung in einer Weise darstellt, daß auf ihrer Grundlage eine Weiterinterpretation der einzelnen Neuroseformen der Psa möglich wird. Wir werden dann sehen, daß die „Neurose vor Gott" nur ein anderer Ausdruck für *Verzweiflung* ist. Bis wir dahin kommen, müssen wir allerdings den Leser um eine gehörige Portion Geduld bitten. Denn so schwierig es war, die biblische Darstellung einigermaßen korrekt in die Sprache der Psa zu übersetzten, so schwierig wird es sein, die psa Interpretation in die Kategorien der Existenzphilosophie zu übersetzen. Wir haben aber gar keine andere Wahl, einen antiken Text zu verstehen, als indem wir ihn in die Kategorien unseres Denkens übersetzen. Daß dies nicht schnell zu machen ist, bitten wir, nachsehen zu wollen.

Vorab halten wir immerhin dieses fest: es gibt in der j Urgeschichte zentral eine sich (ständig) erweiternde Verkettung von Angst und

Schuld, auf die wir mit der psa Interpretationsmethode und im Rahmen der psa Neurosenlehre gestoßen sind, deren Ausdehung in den Bereich des Allgemein-Menschlichen aber die Psa ganz und gar übersteigt und an Voraussetzungen gebunden ist, die J damit ausdrückt, daß die ganze Entwicklung der Urgeschichte sich „vor Gott" ereignet. Und nicht vergessen dürfen wir den psa noch stärker als bei der Exegese der j Urgeschichte zutage tretenden Eindruck der tragischen Hilflosigkeit, die sich in dem Getriebe von Angst und Schuld dokumentiert und ausdrückt. Wüßten wir als Ergebnis der psa Untersuchung der j Urgeschichte jetzt nur dieses eine, wie hilflos — und wie hilfsbedürftig — J die Menschen darstellt, wenn sie sündigen, es würde bereits für sich allein den ganzen Aufwand der bisherigen Analyse rechtfertigen und lohnen.

b. Das Gesetz der zunehmenden Unfreiheit (Minderwertigkeit und Überkompensation)

> *„Ich trage die Kette, die ich in meinem Leben geschmiedet habe", antwortete der Geist; „ich habe sie Glied um Glied und Elle um Elle geschmiedet, sie mir aus freien Stücken umgelegt und sie freiwillig getragen."*
>
> (C. Dickens: Weihnachtslieder in Prosa, in: Weihnachtserzählungen, 25—26)

Aufs engste verwandt mit dem Gesagten, ja im Grunde nur ein anderer Aspekt davon ist die Feststellung einer wachsenden Spielraumverengung, die wir im ersten Teil der Arbeit exegetisch treffen konnten. Wir beobachteten damals ein eigenartiges Gegeneinander der sog. Maßnahmen Gottes und der Errungenschaften des Menschen. Der Eindruck herrschte, daß von Stufe zu Stufe die Menschen nach Lösungen für die eingetretenen Übelstände und Verschlechterungen ihrer Lebensumstände Ausschau hielten, daß sie jedoch in Wirklichkeit mit ihren Abhilfeversuchen die eigentlichen Wurzeln des Übels nur vertieften. Auch für diese sonderbare „Gegenfinalität" von Plan und Ergebnis, von (subjektivem) Ziel und (objektivem) Effekt, in der das Böse in der j Urgeschichte sich manifestiert, finden wir ein Pendant in der Neurosenlehre der Psa.

Über den Zusammenhang von angstbedingter Triebabwehr, Rückstau und Triebdurchbruch gerade aufgrund eines Übermaßes an Angst und über die Kreisbewegung von Angst und Schuld als wichtiges Kennzeichen der Psychodynamik der Neurose haben wir gerade gesprochen. Wir können diese auf und zwischen den einzelnen Stufen der j Urgeschichte zu beobachtenden Kreisläufe nun in Verbindung bringen mit der grundlegenden Widersprüchlichkeit von dem, was die Menschen wollen, und dem, was sie erreichen, zwischen dem, was sie sein möchten, und dem, was sie sind.

Unter dem Begriff der „Riesenansprüche" hat H. Schultz-Hencke als eines der Hauptkennzeichen der neurotischen Struktur beschrieben, wie der Neurotiker aufgrund der Angst vor seinen Triebimpulsen (infolge seiner Gehemmtheiten) in kindlichen Übererwartungen verhaftet bleibt, die zu einem ständigen Kreislauf von Enttäuschungen und Minderwertigkeitsgefühlen einerseits und Überkompensationen und Riesenansprüchen andererseits führen. Er meinte: „Das ganze Volumen latenter, d. h., recht verstanden, *infantiler* Bedürftigkeit gibt auch diesen Erwartungen nicht nur ihren penetranten, sondern auch ihren *illusionären* Charakter. Haltungen werden zu Riesenerwartungen" (H. Schultz-Hencke: Lehrbuch der analytischen Psychotherapie, 81). Je mehr dabei solche Erwartungen — notwendig — enttäuscht werden, desto mehr versteifen sie sich und werden zu „Riesenansprüchen". Auf das eigene Ich bezogen, wirken solche „Riesenansprüche" natürlich als eine gewaltige Überforderung. Das Ergebnis ist das Gefühl der „Unzulänglichkeit der eigenen Person." Die Reaktion auf das Minderwertigkeitsgefühl aber besteht in erneuten Überkompensationen und erneuten Minderwertigkeitsgefühlen. „Wiederum sorgt ein Zirkelerleben, ein circulus vitiosus des Erlebens, dafür, daß ursprüngliche Gehemmtheit intensiviert wird. Das Ganze wird zu einem dialektischen Gefüge." (a.a.O., 81) Diese Wechselseitigkeit von Minderwertigkeit und Überkompensation zwingt zu einer Schichtung und Ausweitung neurotischer Prozesse, die den Aufbau der Neurose unumkehrbar in eine bestimmte ausweglose Richtung drängt. „Ein Zurück gibt es ... nicht. Es bleibt nur das Vorwärts, die ‚Flucht nach vorn'. Daher kommt es nicht zu einer Kompensation im Sinne irgendeiner Abrundung, einer Ausgewogenheit, sondern zu einem Mehr, zu einem Überschießenden, zur *Überkompensation*. Ein solcher Mensch

‚will‘, im Bilde gesprochen, ‚oben‘ sein. Er fühlt sich ja unterlegen."
(H. Schultz-Hencke: Lehrbuch der analytischen Psychotherapie, 84)

Ist dieser dialektische Kreislauf von Gehemmtheit und Riesenerwartung, Minderwertigkeit und Überkompensation kennzeichnend für die Neurose überhaupt, so werden wir es nicht als bloßen Zufall betrachten können, daß wir bei der Querschnittanalyse von Gn 2—11 mehrfach, bes. im Lamechlied, in der Engelehe, bei Nimrod, beim Turmbau, im Grunde aber auch bei der Sündenfallerzählung, bei Kain und Abel und bei den Noahsöhnen, also an jeder Stelle der j Urgeschichte, auf dieses Schema von Minderwertigkeit und Überkompensation gestoßen sind. Vielmehr können wir sagen, daß in dieser (neurotischen) Dialektik von Selbstentwertung und Selbstüberhöhung ein weiterer zentraler Faktor oder Vektor der j Urgeschichte liegt. Denn unter diesem Aspekt gelesen, bietet sich Gn 2—11 in der Tat als der Entwicklungsprozeß einer ständig sich erweiternden Armut unter dem Anschein eines fortschreitenden Machtzuwachses dar.

Resümieren wir, um das deutlich zu machen, die Ergebnisse der exegetischen Interpretation: es beginnt in Gn 3 mit der Unterdrückung eines Nahrungswunsches und der damit auftretenden Übererwartung, wie Gott werden zu können; das Ergebnis aber ist die grundlegende und vernichtende Entdeckung der Nacktheit, der Kontingenz und der Armut des menschlichen Daseins in der Trennung von Gott; und die Reaktion auf die Unerträglichkeit dieser Erkenntnis ist die Erfindung der Schurze. Aus der Armut der von Gott Verbannten und auf ihre biologischen Urängste hoffnungslos Zurückgefallenen erhebt sich in Gn 4, 3—16 der trotzige Widerspruch zu Gott, ja die Vorstellung, Gott übertreffen zu können, und der Wunsch, selbst Riesen in die Welt zu setzen (Gn 6, 1—4); das Gefühl, von Gott getrennt ein Nichts zu sein, führt dazu, selber das Göttliche und das Menschliche vermischen zu wollen; die Folge aber ist die totale Vernichtung. Erneut geht dann nach der Großen Flut das Streben der Menschen auf die eigene Vergöttlichung: in der Prahlerei Chams, in der Usurpation der Macht bei Nimrod, in dem Himmelssturm der Turmbauerzählung von Gn 11, 1—9; das Resultat aber ist eine immer weiter um sich greifende und in Gn 11 zu ihrem endgültigen Höhepunkt gelangende Auflösung der menschlichen Gemeinschaft.

In allen Fällen kann man die erwähnte Umkehrung von Ziel und Ergebnis beobachten und feststellen, daß an dieser Umkehr das Wechselspiel von Minderwertigkeit und Überkompensation beteiligt ist. Obwohl die einzelnen Erzählungen der j Urgeschichte ihrer traditionsgeschichtlichen Eigenständigkeit wegen nicht auseinander entwickelt werden dürfen, als wären sie Teile einer ursprünglichen literarischen Einheit, so verstehen wir jetzt doch, daß sie von J u. a. auch zur Markierung bestimmter Leitlinien im Ablauf der Urgeschichte in gerade diese Reihenfolge gebracht worden sind; es scheint, daß das Thema der Minderwertigkeit und Überkompensation eine Art innerer Achse der j Urgeschichte bildet und mithilft zu erklären, warum auf keiner Stufe der Entwicklung eine Integration oder echte Kompensation gelingt und alles an dem Übermaß der Erfahrung eigener Wertlosigkeit und reaktiver Selbstüberhebung mit nachfolgenden erneuten Minderwertigkeitsgefühlen scheitert. Weil die Menschen ein totales Nichts sind ohne Gott, eben deshalb möchten sie selbst wie Gott sein, fallen aber nur um so heftiger ins Nichts zurück.

Insofern ist die j Urgeschichte wirklich eine Flucht nach vornhinein in eine Sackgasse, die um so enger wird, je weiter man sich in sie hineinmanövriert; sie ist der wachsende, sich totalisierende Versuch, ein immer größeres Ausmaß an Selbständigkeit, Unabhängigkeit und Freiheit (von Gott) zu erringen — subjektiv; objektiv ist sie ein immer weiter fortschreitendes Dokument der Ohnmacht und Unfreiheit: kein einziges anstehendes Problem der Menschen wird gelöst, vielmehr radikalisieren alle „Lösungen" nur die Voraussetzungen ihres Entstehens (indem sie die Kluft zwischen Gott und Mensch vertiefen). So sind die Lösungsversuche, wie wir exegetisch sahen, im Äußeren angesiedelt, während das Anwachsen der eigentlichen Konflikte im Inneren liegt.

All diese Merkmale sind in gewissem Sinne ebenso für die Neurose spezifisch wie kennzeichnend für den Ablauf der j Urgeschichte. Hier wie dort geht es um eine Flucht vor der inneren Nichtigkeit und Bedrohtheit in die Sicherungen äußerer Arrangements; hier wie dort wird die Bewegung immer hektischer von dem Kreislauf der Selbsterniedrigung und Selbstüberhöhung in Gang gehalten; Minderwertigkeit und Übererwartung verflechten sich zu einem nicht mehr revidierbaren, immer weiter in die Ausweglosigkeit führenden circulus vitiosus, der nicht entrinnbar ist, solange die Konflikte der Angst, die diesen Zirkel der Angst unterhalten, nicht beseitigt sind. In einem *Schema* dargestellt, könnte man unter Einbeziehung der vorangegangenen Darlegungen über den Zusammenhang von Angst und Schuld den Teufelskreis der j Urgeschichte als eine Einrollbewegung darstellen, die psa diese Themenabfolge umfaßt:

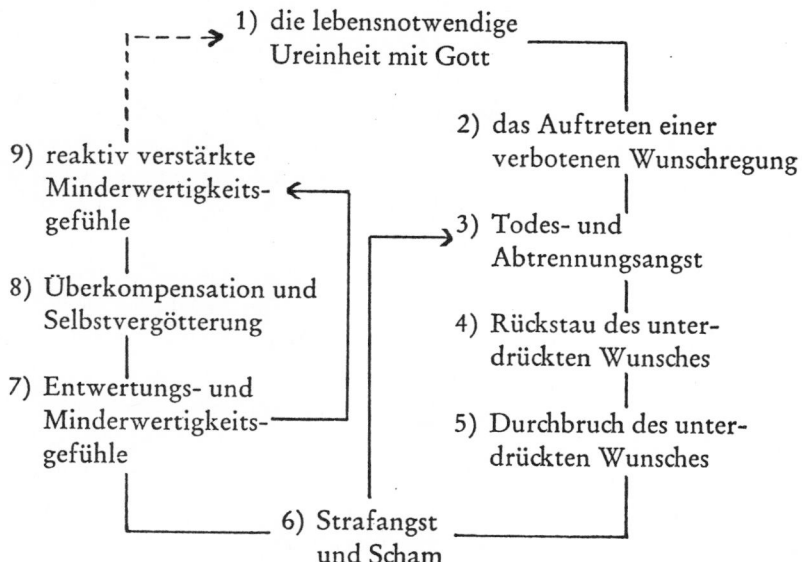

1) die lebensnotwendige
   Ureinheit mit Gott

2) das Auftreten einer
   verbotenen Wunschregung

9) reaktiv verstärkte
   Minderwertigkeits-
   gefühle

3) Todes- und
   Abtrennungsangst

8) Überkompensation und
   Selbstvergötterung

4) Rückstau des unter-
   drückten Wunsches

7) Entwertungs- und
   Minderwertigkeits-
   gefühle

5) Durchbruch des unter-
   drückten Wunsches

6) Strafangst
   und Scham

In Worten ausgedrückt, könnte man die Paradoxien und Teufelskreise, die „Knoten" zwischen 3) und 6) und 7) und 9) so formulieren: ich werde schuldig, weil ich Angst habe, schuldig zu werden, und ich habe Angst, schuldig werden zu können, weil ich schuldig werden kann. Ich muß mich so groß machen, weil ich mich so klein fühle, und ich fühle mich so klein, weil ich mich so groß machen muß. Weil ich Angst habe, ein Nichts zu sein, will ich alles sein; weil ich alles sein will, habe ich Angst, ein Nichts zu sein. Ich schäme mich, ein Mensch zu sein, darum will ich Gott sein; ich will Gott sein, darum schäme ich mich, ein Mensch zu sein.

Auf diese Weise entsteht längs durch die einzelnen Entwicklungsabschnitte das, was H. Schultz-Hencke die „Barockvolute" der Neurose genannt hat (Lehrbuch der analytischen Psychotherapie, 31): daß die einzelnen Phasen des Prozesses spiralenförmig ineinander greifen, sich gegenseitig verstärken, alles von allem abhängt, das ganze aber sich zu einem Ensemble von Teufelskreisen verschlingt. Als Kern, als Querachse der Volute muß man die Angst, ein Nichts zu sein und ins Nichts zu fallen, ansehen; sie zwingt dazu, den ganzen Apparat vergeblicher Bemühungen in Gang zu halten, und macht aus dem menschlichen Dasein jenes ens curvatum in se ipsum, jenes auf sich selbst zurückgebogene und in sich selber eingesperrte Dasein, das die Alten als Urbild der Sünde nahmen und für das die Gestalt des Ouroboros, der in sich selbst verschlungenen Chaos-Schlange, wie ein Ursymbol wirkt. Alles Bestreben geht in diesem Kreislauf der Richtung nach auf die Wiederherstellung der Ureinheit mit Gott; aber immer wieder fällt die Bewegung notwendig auf sich selbst zurück und verleiht allen Anstrengungen den Charakter einer äußersten Vergeblichkeit und Hoffnungslosigkeit, einer Selbstbehauptung im Nichts.

Es ist, wenn wir solche Formulierungen gebrauchen, aber zu beachten, daß die „depressive Reaktion" auf die Aussichtslosigkeit des gesamten Ablaufes von J selbst nicht mehr geschildert, sondern gewissermaßen dem Leser überlassen wird. Die Menschen der j Urgeschichte treten ausgesprochen hoffnungsbezogen auf und antworten außerordentlich „sthenisch" auf ihre Konflikte. Freilich stellen sie gerade so die Geschlossenheit des circulus vitiosus dar und ermöglichen es damit, ihr gesamtes Tun als ein Urbild der Vergeblichkeit aller menschlichen Selbstrettungsversuche zu erkennen. Die passivisierenden Tendenzen der Entmutigung und Frustration, der für die Neurose so charakteristische Rückzug von der Realität ins bloße Wünschen, ist in der j Urgeschichte selbst nicht zu beobachten; denn dort handeln die Menschen aktiv und in Auseinandersetzung mit den Gegebenheiten, wenngleich zunehmend mit illusionären Zielen (Gn 6, 1—4; 11, 1—9); erst den das menschliche Bemühen als ganzes überschauenden Leser überkommt das Gefühl einer tiefen Resignation. Es geht ihm ähnlich wie dem Leser, dem in Hermann Kasacks Roman „Die Stadt hinter dem Strom" (1949) der „Kreislauf der Materie" (a.a.O., 208) erläutert wird, der zwischen der Herstellungsfabrik der Kunststeine und der „Gegenfabrik" der Zerstörung (201) durch eine „kaum erträgliche Steigerung von Mehrleistung" mit „Schweiß" und „Keuchen" (205) in Gang gehalten wird. Man muß sich, ähnlich wie Kasacks Archivar Robert, angesichts der Aussichtslosigkeit des Ganzen die Frage vorlegen: „Was soll ... die geradezu lächerlich wirkende Wichtigkeit, mit der einerseits die Steine immer härter, besser und schöner hergestellt werden, wenn sie keinem anderen Zweck bestimmt sind, als um immer rascher, immer raffinierter in den Ursprungszustand des Staubes zurückverwandelt zu werden. Es ist absurd!" (206) Die Frage: „Warum lebt man?" beantwortet sich: „Damit man zu sterben lernt." (383) So aussichtslos muß in der Tat eine Welt erscheinen, die von Gott verlassen ist und in der das menschliche Tun nur noch den Zweck verfolgt, einem Nichts zu entrinnen, das unentrinnbar ist.

Freilich ist nun auch zu sehen, daß das Neurosenschema allein nicht hinlangen kann, die Aussagen der j Urgeschichte vollständig wiederzugeben. Wohl ermöglicht die Neurosenlehre mit der Analyse der Teufelskreise der Vergeblichkeit eine erste eindrucksvolle Einsicht in die psychodynamische Verschlungenheit des Prozesses von Gn 2—11. Aber wir sahen bereits beim Problem der Angst, daß es unmöglich ist, bei einer rein antriebsorientierten Auffassung der Prozesse der j Urgeschichte stehen zu bleiben; daß es vielmehr unerläßlich ist, die biologisch denkende Psa der Angst durch eine existentielle Psa der Angst zu ergänzen bzw. zu ersetzen; und auch dabei ist nicht stehenzubleiben. Denn die j Urgeschichte deutet nicht nur das Leben des Einzelnen (ontogenetisch), nicht nur die Verfaßtheit des menschlichen Daseins (existentiell), sondern zugleich die ganze menschliche Geschichte ohne Gott (geschichtstheologisch). Wir können daher nicht darauf verzichten, der psa und existentiellen Interpretation der j Urgeschichte eine Deutung zur Seite zu stellen, die die Kreislaufprozesse der Vergeblichkeit im Raum des Sozialen und Geschichtlichen verständlich macht. Auch hier sind wir glücklicherweise in der Lage, auf vorliegendes Material zurückzugreifen. In der „marxistischen" Philosophie J. P. Sartres geschieht nämlich im Grunde nichts anderes, als daß die Strukturen der Existenz als eines abgefallenen Daseins ins Soziale verlängert bzw. von dort her abgeleitet werden. Diesen Zusammenhang interpretativ für das Verständnis der j Urgeschichte nutzbar zu machen, wird einen wichtigen Teil der weiteren Auseinandersetzung mit Gn 2—11 ausmachen und stellt einen unerläßlichen Schritt zu einem wirklichen Verständnis des biblischen Textes, d. h. zu seiner Übertragung in zeitgenössische Denkkategorien dar.

c) Die Unmöglichkeit einer Selbstheilung

> „Ein Fremder hat immer
> seine Heimat im Arm
> wie eine Waise
> für die er vielleicht nichts
> als ein Grab sucht."
>
> (Nelly Sachs: Späte Gedichte, sv 161,
> S. 56)

Noch ein dritter wichtiger Punkt rechtfertigt die These, die j Urgeschichte stelle die Sünde als eine Neurose vor Gott dar. Er ergibt sich folgerichtig aus den bisher getroffenen Analysen; wir meinen die Unmöglichkeit einer Selbstheilung und die Notwendigkeit einer Heilung von außen.

Wenn die bisherigen Schilderungen von der Psychodynamik der Neurose (und entsprechend unter diesem Blickwinkel der j Urgeschichte) zutreffend sind, so werden wir der Meinung H. Schultz-Henckes nur zustimmen können, wenn er meint: „Der Gehemmte ... kann sich *nicht* selbst helfen. Er muß Helfer suchen." (Der gehemmte Mensch, 96) Dies einmal, weil er die eigentlichen Ursachen seines Leidens nicht kennt; er weiß — im Bewußtsein — nicht, daß er selbst die Fahrt in die Sackgasse seiner Ausweglosigkeiten besorgt hat; er klagt deshalb in ohnmächtiger Weise über sich selbst oder die Umstände, ist aber außerstande, die eigentlichen Ursachen des Übels zu erkennen. Zum anderen unterliegt der Neurotiker dem „Wiederholungszwang"; er vermag nicht anders, als immer wieder in der gleichen Weise an anderen Menschen unbewußt die Erlebnisse zu wiederholen, die ihn krank gemacht haben. Dies müssen wir kurz erläutern.

Der klassischen Auffassung Freuds nach besteht die Neurose eigentlich in der „Fixierung an das Trauma". „Es ist so, als ob diese Kranken (sc. die an einer traumatischen Neurose Erkrankten, d. V.) mit der traumatischen Situation nicht fertig geworden wären, als ob diese noch als unbezwungene aktuelle Aufgabe vor ihnen stände" (S. F.: Vorlesungen zur Einführung in die Psychoanalyse, XI 284). Dies entspricht auch dem Begriff des Traumas; denn: „Wir nennen so ein Erlebnis, welches dem Seelenleben innerhalb kurzer Zeit einen so starken Reizzuwachs bringt, daß die Erledigung oder Aufarbeitung desselben in normalgewohnter Weise mißglückt, woraus dauernde Störungen im Energiebetrieb resultieren müssen." (a.a.O., 284) So bleibt der Neurotiker an das traumatisierende Erlebnis fixiert; immer erneut versucht er, „eine Wiederholung davon von neuem zu erleben" (S. F.: Der Mann Moses und die monotheistische Religion, XVI 180), d. h., unter dem Druck des Wiederholungszwanges sucht der traumatisch Fixierte die alte Situation in entsprechenden Beziehungen zu anderen Personen wiederherzustellen. Die Neurotiker scheinen so unter dem „Eindruck eines sie verfolgenden Schicksals, eines dämonischen Zuges in ihrem Erleben" zu stehen, „und die Psychoanalyse hat vom Anfang an solches Schicksal für zum größten Teil selbstbereitet und durch frühinfantile Einflüsse determiniert gehalten." (S. F.: Jenseits des Lustprinzips, XIII 20)

Indem die Patienten die Gefühle und Einstellungen der traumatischen Situation auf fremde Personen übertragen, um mit ihnen das alte

Erlebnis zu wiederholen, kehren sie immer wieder regressiv zu dem Ausgangspunkt ihrer Krankheit zurück. Regression und Übertragung, diese beiden Produkte des Wiederholungszwanges, können in der Behandlung vornehmlich als Widerstand auftreten, und zwar so, daß der Patient, statt sich an das Vergessene und Verdrängte zu erinnern, es agiert. „Er reproduziert es nicht als Erinnerung, sondern als Tat, er *wiederholt* es, ohne natürlich zu wissen, daß er es wiederholt." (S. F.: Erinnern, Wiederholen und Durcharbeiten, X 129) Da solches Agieren lediglich einer Ersatzbefriedigung gleichkommt (vgl. W. Schwidder: Neue Ergebnisse zur psychoanalytischen Behandlungstechnik, in: Fortschritte der Psychoanalyse, II 104), stellte Freud die berühmte „Abstinenzregel" während der Behandlung auf, da er meinte, daß ein Eingehen auf die (infantil fixierten) Liebeswünsche des Patienten der Art eines Spaßvogels gleichkomme, der bei einem Hundewettrennen, „bei dem ein Kranz von Würsten als Preis ausgesetzt ist", „eine einzelne Wurst in die Rennbahn wirft. Über die fallen die Hunde her und vergessen ans Wettrennen" (Bemerkungen über die Übertragungsliebe, X 318—319). Während gewöhnlich alle Menschen im Umkreis des Patienten als Statisten bei der Wiederherstellung der traumatischen Situation fungieren und dazu mithelfen, daß der Neurotiker immer wieder seine alten Ängste und Schuldgefühle reaktivieren und bestätigen kann, ist oder sollte der Therapeut imstande sein, die Übertragungen des Patienten zu durchschauen, bewußt zu machen und zu korrigieren. Zeigt sich also der Wiederholungszwang zunächst als Behandlungswiderstand, so bietet er doch die Möglichkeit, gerade aufgrund der neurotischen Übertragungen am Therapeuten, gerade wenn dieser nicht seinen eigenen Gegenübertragungen erliegt, das traumatische Erlebnis zu wiederholen, durchzuarbeiten und durch eine bewußte Stellungnahme zu beantworten. Die Krankheit darf als geheilt gelten, „wenn die bewußte Persönlichkeit des Patienten durch die Beziehung zum Arzt so weit gestärkt ist, daß der Patient den autonomen Komplex bewußt der Kontrolle seines Willens unterstellen kann." (C. G. Jung: Der therapeutische Wert des Abreagierens, XVI 141) Insofern braucht der Patient den „absolut unerläßlichen Einfluß von Seiten des Arztes" (Jung: a.a.O.).

Damit hat Freud ein psychotherapeutisches Grundschema aufgestellt, das auch heute noch für die analytische Praxis Gültigkeit besitzt, obgleich die Traumatheorie der Neurose im großen und ganzen zugunsten der anamnestischen Beobachtung der sog. „Mikro-Traumen" (H. Schultz-Hencke: Lehrbuch der analytischen Psychotherapie, 152) aufgegeben worden ist. In der Regel sind es ja nicht lärmende Einzelereignisse, die zu den neurotischen Gehemmtheiten führen, sondern die peristatischen Bedingungen als solche, die „häusliche ‚Atmosphäre' ... Die ganze Fülle der täglich von neuem und gleichsinnig wirkenden Einzelerfahrungen, ihre ständige Wiederholung, ihre tägliche Wiederkehr, verleiht ihnen zusätzlich die nachhaltige Wirksamkeit und ihre langfristige Existenz." (A. Dührssen: Psychogene Erkrankungen bei Kindern und Jugendlichen, 56) Insofern ist nach einem schönen Bild H. Schultz-Henckes die Neurose zumeist nicht ein europäischer Baum mit nur einem Stamm, sondern eher ein „Tropenbaum, der Luftwurzeln ausgesandt hat" (Schultz-Hencke: Lehrbuch der analytischen Psychotherapie, 152) und der ein ganzes Geflecht von sich gegenseitig verstärkenden Ursachen und Wirkungen um den Zentralstamm der Gehemmtheit angelagert hat. Dahinein gehören die Riesenerwartungen, Überkompensationen etc., von denen wir gesprochen haben.

Es wäre also zu einfach — und oft therapeutisch anfechtbar —, die Aufgabe der Analyse nur im Aufdecken eines verdrängten Traumas erblicken zu wollen. Vielmehr geht es um das „mikro-psychologische" Durcharbeiten der Knotenpunkte einer zumeist sehr verwickelten Struktur. Entscheidend aber ist, daß der Patient am Therapeuten seine Vergangenheit noch einmal erleben und neu bearbeiten lernt. Diese Vorzugsstellung des Therapeuten erklärt sich in der Freudschen Auffassung der Neurose durch die zentrale Stellung des Ödipuskomplexes. Um es auf eine kurze Formel zu bringen: nach der Freudschen Neurosenlehre erkrankt der Neurotiker wesentlich an seiner Beziehung zum Vater; gesund werden aber kann er wesentlich nur durch seine Beziehung zum Therapeuten, der noch einmal die Rolle des Vaters in den Augen des Patienten übernimmt, die Übertragungen aufdeckt und so dazu verhilft, das damals erlernte neurotische Verhalten abzubauen und durch realitätsangepaßtere Einstellungen zu ersetzen.

Dieses Schema von der Überwindung der Schuld durch das Abagieren des ursprünglichen Traumas an der Gestalt eines Erlösers, der den Vater vertritt, kann man nun auch auf die religiösen Vorstellungen von Sünde und Rettung übertragen. Ohne weiteres gilt das für die christlichen Ansichten, die Freud denn auch besonders heranzog, um nach seinem Konstrukt von der „Ermordung des Urvaters" zu zeigen, daß die Religion überhaupt, ebenso wie das fundamentale Schuldgefühl der Menschheit, ihren Ursprung in einem vorzeitlichen Vatermord habe. Dieses Urtrauma der Menschheit aber werde gelöst, indem die latenten Mordimpulse auf eine andere Person (am deutlichsten im Christentum: auf Christus) übertragen, dort ausagiert und geläutert würden. Freud schreibt: „Im christlichen Mythus ist die Erbsünde des Menschen unzweifelhaft eine Versündigung gegen Gottvater. Wenn nun Christus die Menschen von dem Drucke der Erbsünde erlöst, indem er sein eigenes Leben opfert, so zwingt er uns zu dem Schlusse, daß diese Sünde eine Mordtat war." „So bekennt sich denn in der christlichen Lehre die Menschheit am unverhülltesten zu der schuldvollen Tat der Urzeit, weil sie nun im Opfertod des einen Sohnes die ausgiebigste Sühne für sie gefunden hat." (S. F.: Totem und Tabu, IX 185) D. h., aus der Art, wie das Christentum die Erlösung von der Schuld versteht, schließt Freud nach einem sozusagen psa jus talionis auf die Art der Schuld; ist die Sühne ein Mord, so muß auch die Schuld in einem Mord bestehen.

Nun sei es mit dem Freudschen Mythos von der Ermordung des Urvaters, wie es wolle; uns genügt die Feststellung, daß die in der j Urgeschichte verarbeiteten Mythen, die wir allein zu untersuchen haben, von einem Mord an Gott nichts (oder höchstens so versteckt wie in dem Bilderverbot der jüdischen Religion und den kastrativen Riten im Hintergrund von Gn 9, 18—27) wissen. Wohl drückt sich ein gerüttelt Maß an Angst, Schuld, Ambivalenz, Mißtrauen und dgl. in dem Verhältnis der Menschen zu Gott aus; und der Satz Freuds scheint vollauf bestätigt werden zu können: „Zum Wesen des Vaterverhältnisses gehört die Ambivalenz" (S. F.: Der Mann Moses und die monotheistische Religion, XVI 243); auch läßt sich durchaus der Konflikt, der zwischen Gott und Mensch in der j Urgeschichte ausbricht, als mörderisch verstehen; aber zum ersten zeigt die j Urgeschichte gerade, wie sich die Feindseligkeit der Menschen gegen Gott immer mehr steigert — es kann also nicht gut mit der äußersten Zuspitzung der Ambivalenz, mit dem Vatermord, bereits am Anfang einsetzen; zum anderen sind die beiden Erzählungen, die die Selbstvergötterung des Menschen schildern (Gn 6, 1—4; Gn 11, 1—9), alles andere als „Mordgeschichten"; in beiden Fällen liegt der „Mord" an Gott gewissermaßen in bloß magischer Form vor: in Gn 6, 1—4 übertragen die Menschentöchter ihre Liebe (von ihrem ursprünglichen Liebesobjekt, der Mutter) auf die Gottessöhne, und darin mag man psa in der Tat die ontogenetische Vorlage für die theologische Aussage des J erblicken, daß die Menschen sich von Gott abwenden und den Gottessöhnen zuwenden, um Göttliches und Menschliches miteinander zu vermischen, daß sie also tatsächlich Gott beseitigen; in der Turmbauerzählung andererseits rechnen die Menschen eigentlich gar nicht mit Gott; unter dem Druck der Zerstreuungsgefahr streben sie, ohne an die Gottfeindlichkeit ihres Tuns scheinbar zu denken, zum Himmel; und auch hier soll Gott durch den Menschen verdrängt werden; aber nicht nur, daß die Menschen dabei nicht einen Mord an Gott beabsichtigen, sondern vor allem, daß Gott sich weder verdrängen noch ermorden läßt.

Vom j Befund her wird man also nicht sagen können, daß die Schuld der Menschen in einem Gottes- (bzw. Vater-)Mord bestünde; sie besteht vielmehr, wie wir exegetisch sagten, darin, daß die Menschen, von Gott getrennt, all das durch sich selbst zu erreichen suchen (müssen), was ihnen nur in der Gemeinschaft mit Gott gegeben sein kann. Dies treibt die Menschen in eine immer größere Gegnerschaft zu Gott und macht am Ende Gott und Mensch zu Konkurrenten um denselben Platz im Himmel; insofern ist es nicht verkehrt zu sagen, daß die Schuld der Menschen letztlich auf einen (versuchten) Gottesmord hinauslaufe, aber sie beginnt — entgegen der Freudschen Theorie — nicht damit.

Wichtiger aber als dies ist es für uns, die Unausweichlichkeit der Verstrickungen zu beobachten, die das Verhältnis zwischen Mensch und Gott bestimmen. Das Modell der Neurose erlaubt es uns, die ganze j Urgeschichte ihrer dynamischen Struktur nach als ein wachsendes Geflecht von sich aneinander anlagernder und auseinander ergebender Teufelskreise zu betrachten, die alles innerlich immer mehr verschnüren und einrollen, während die Menschen noch glauben, ihren Handlungsspielraum durch verbesserte Lösungsmöglichkeiten ihrer entstandenen Probleme ausweiten zu können. Diese Illusion subjektiver Freiheit bei wachsender objektiver Unfreiheit, die in der j Urgeschichte anzutreffen ist, läßt die Auffassung des Johannesevangeliums im NT als durchaus zutreffend erscheinen, daß das Böse einer Blindheit, einer Finsternis, einer Lüge, letztlich aber einer furchtbaren Sklaverei gleichkommt: „Jeder, der die Sünde tut, ist ein Sklave der Sünde" (Joh 8, 34).

Indem wir die Neurosenstruktur als Modell bei der Interpretation der j Urgeschichte verwenden, treffen wir auf eine so lückenlose Spirale struktureller Unfreiheit, daß wir uns voll und ganz zu der These berechtigt glauben, in der j Urgeschichte sei die Sünde mit eben der gleichen Unentrinnbarkeit und inneren Geschlossenheit dargestellt, wie sie psa dem Entwicklungsverlauf einer Neurose zukommt. Wie in der Neurosenlehre Freuds steht dabei im Mittelpunkt der traumatischen Situation die Gestalt des Vater-Gottes. An ihm entzündet sich die gesamte Entwicklung der j Urgeschichte, die sich unter diesem Gesichtspunkt als ein ständig sich verschlechterndes und sich im Negativen totalisierendes Mißverhältnis der Menschen zu Gott darstellt. Obwohl das Leben der Menschen ganz und gar an Gott hängt, obwohl sie Gott daher lebensnotwendig brauchen, finden sie zu Gott jenseits der Angst, der

Schuld und der Scham nicht mehr zurück. Alles, was sie von Gott entfernt, sind eigentlich (verzweifelte) Versuche, das Sein-in-Gott in der Entfremdung von Gott und unabhängig von Gott nachzubilden und aus sich selber das zu werden, was sie in der Gemeinschaft mit Gott waren und nur in ihr sein können; hier liegt denn auch die Nützlichkeit der Betrachtungsweise von O. Rank, alle Tätigkeiten und zivilisatorischen Errungenschaften der Menschen auf das Bestreben zurückzuführen, sich mit künstlichen Mitteln die verlorene Geborgenheit am Anfang wiederherzustellen. Aber wie in der Neurose das Streben nach Autarkie nur ärmer, das Streben nach Unabhängigkeit nur abhängiger, das Verlangen nach Größe nur armseliger macht, so scheitern die Menschen immer wieder, von Stufe zu Stufe; und in immer neuen Ringen kreisen sie um den einen traumatischen Punkt: um den Verlust Gottes, den sie ersetzen möchten und der doch nicht zu ersetzen ist.

Man kann den Sachverhalt mit einfachen nicht-theologischen und nicht-psa Vokabeln vielleicht so ausdrücken, daß die Menschen durch eigene Anstrengung und Leistung eine Rechtfertigung und Bedeutung ihrem Dasein zu verleihen suchen, die ihnen eigentlich nur durch die Vorstellung, von Gott geschaffen und gewollt zu sein, zukommen kann; und sie müssen versuchen, durch Leistung diese Bedeutung vor sich selber zu erringen, weil sie die entscheidende Person, auf deren Zuwendung sie angewiesen sind, hinter dem Schleier der Angst und der Schuld nicht mehr sehen können. Sie, die sich ohne die Liebe und Zuneigung Gottes als ein reines ungerechtfertigtes Nichts empfinden, müssen danach streben, Gott zu werden (psa: sich mit dem verlorenen Objekt zu identifizieren); und die ganze j Urgeschichte liest sich so als der Versuch, den Verlust Gottes durch Selbstvergötterung auszugleichen. Das Grundmotiv von Gn 3, 1—7 zieht sich untergründig auch durch alle folgenden Abschnitte von Gn 2—11 und endet schließlich folgerichtig in der Turmbaukatastrophe.

Die Sünde stellt sich somit in der Art, in der sie in der j Urgeschichte beschrieben wird, als ein konsequenter — und daher konsequent mißlingender — Selbstheilungsversuch dar, als ein Bestreben, die Erfahrung des eigenen Nichts, des eigenen ungerechtfertigten Daseins in der Entfremdung durch Selbstvergötterung zu kompensieren. Das Motto dieses Verhaltens ist: ich brauche Gott nicht, denn ich bin selber Gott; und: ich muß selber Gott sein, weil ich Gott verloren habe. Und ähnlich kann man von der Neurose sagen, daß sie ein „mißlungener Anpassungsversuch", „gewissermaßen ein Versuch der Selbstheilung sei" (C. G. Jung: Über Psychoanalyse, IV 285), der im Rankschen Sinne versucht, das

Verlorene (die Mutter) durch Identifikation und künstlichen Ersatz wiederherzustellen.

Es ist aber vollends deutlich, daß es eine Rettung aus diesem Teufelskreis von innen her, aus eigenen Kräften nicht gibt. Denn jeder Lösungsversuch kann nur in die falsche Richtung streben und führt nur weiter in die sich selbst einmauernde Isolation, und aller Fleiß und alle Mühe führt nur dazu, die Gefängnismauern um das eigene Ich, psa gesprochen: die Strukturen des „charakterlichen ‚Panzers'" (W. Reich: Charakteranalyse, 60) zu verfestigen. Wie wir von Kain (Gn 4, 17) sagten, daß er im Lande der Flucht heimisch werde, so suchen sich die Menschen in ihrer Flucht vor sich selbst und ihrem Nichts, das sie ohne Gott sind, in neurotischer, krankhafter oder wahnhafter Weise einzurichten, indem sie höher und höher streben; das Ende aber ist Gn 11, 1—9: die totale Vereinzelung, die radikale Entfremdung gegenüber Gott, gegenüber dem anderen Menschen, gegenüber dem eigenen Handeln, Wollen und Sein, die vollendete Selbstverfehlung.

Von daher ist die Frage zu stellen, wie eine Heilung aus diesem Dilemma denkbar ist. Wir können hier tatsächlich das soeben skizzierte Modell S. Freuds zur Heilung der traumatischen Neurose verwenden. Wir sahen, daß die Theorie der Ermordung des Urvaters nicht viel zum Verständnis der j Urgeschichte beitragen kann; daß zudem die Prozesse der Ambivalenz, der Angst und der Schuld auf einer viel früheren Stufe als der des Ödipuskomplexes, der das ontogenetische Vorbild der Vatermordtheorie bildet, einsetzen. Aber daß die Auflösung des neurotischen Konfliktes nur dann möglich ist, wenn der Konflikt selbst auf Ersatzpersonen übertragen und von diesen her korrigiert wird, dieser Gedanke scheint uns religiös sehr fruchtbar. Zwar haben wir soeben gehört, daß Freud gerade wegen dieser Anwendbarkeit des psychotherapeutischen Modells auf die — christliche — Religion in den — christlichen — Vorstellungen der Erlösung lediglich einen Mythos, geboren aus einem ursprünglichen Schuldgefühl dem Vater (Gott) gegenüber, erblickte. Indessen räumte Freud selber die Möglichkeit und Berechtigung ein, daß die „Verteidiger der Religion ... sich mit demselben Recht der Psychoanalyse bedienen, um die affektive Bedeutung der religiösen Lehre voll zu würdigen" (S. F.: Die Zukunft einer Illusion, XIV 360), wie die Gegner der Religion aus dem affektiven Wert ihrer Lehre auf den illusionären Charakter derselben schließen würden. D. h., es steht auch von Freud selbst her an sich nichts im Wege, den Glauben an Gott für berechtigt zu halten, auch und gerade wenn feststeht, daß die Gefühle, die uns mit Gott verbinden, ontogenetisch durch die Erfahrungen der frühen Kindheit präformiert sind.

Dann ist es ein durchaus möglicher und wertvoller Gedanke, daß der Heilungsvorgang aus den Verstrickungen der Sünde auf eine ganz ähnliche Weise durch Gott zustande kommt — und nur so zustande kommen kann, wie in der Neurose die Therapie durch den Therapeuten. Denn wie in der Neurose die Heilung von außen kommen muß, indem ein anderer die Stelle des Vaters (bzw. der Mutter), an der die Krankheit entstand, einnimmt, die dort gebundenen Affekte auf sich zieht und so zu ihrer Bewältigung verhilft, so läßt es sich theologisch von der j Urgeschichte her denken, daß eine Befreiung aus dem Netz der Sünde nur möglich ist, wenn Gott selbst, von dem die Menschen durch Schuld und Angst getrennt sind, erneut sich an die Stelle begibt, an der alles anfing, und den ganzen Krankheitsprozeß der Sünde auf sich lenkt und mit dem Menschen durcharbeitet. Kurz und bündig meinte daher C. G. Jung: „Wie die ärztliche Behandlung die Person des Arztes als den Übernehmer der Konflikte des Patienten einsetzt, so die christliche Übung (des Sündenbekenntnisses, d. V.) den Heiland" (C. G. Jung: Symbole der Wandlung, V 86).

Nun ist es gewiß nicht möglich, J die christlichen Erlösungsvorstellungen zuzuschreiben; aber auf seine Weise hat J doch eine vergleichbare Anschauung entwickelt, indem er schildert, wie durch die neue Erwählung Abrahams (Gn 12), also durch einen neuen Anfang, von Gott her an die Stelle des alten Mißtrauens und der Angst der Glaube und das Vertrauen Abrahams ermöglicht werden. Als Christ freilich muß man die Frage hier an J und an das ganze AT richten, ob das, was Gott in Abraham getan hat, wirklich die Feindschaft und Ambivalenz in dem Verhältnis zwischen Gott und Mensch entgiften kann. Vom psa Modell der Therapie her scheint es wirklich so zu sein, wie es das Christentum behauptet, daß es eine Befreiung von der Sünde erst gibt und geben kann, wenn die Menschen all ihren untergründigen Haß von Gott auf einen anderen, der Gott vertritt, abladen können und den traumatischen Konflikt von Angst und Schuld bis zur völligen Destruktion ausagieren können — und dennoch nicht, wie sie immer befürchtet haben und befürchten mußten, selber vernichtet werden, sondern leben dürfen ohne die Angst vor Gott und ohne die Angst vor den eigenen zerstörerischen Haßimpulsen gegen Gott.

Daß aber die Sünde in einem Mißverhältnis von Angst und Schuld der Menschen zu Gott besteht und dieses Mißverhältnis nur von Gott selbst gelöst werden kann, dadurch, daß die Menschen ihre Versicherungsmaßnahmen als überflüssig erkennen, weil sie jenseits des sich immer neu wiederholenden und vertiefenden Grabens der Angst, des Mißtrauens, der Flucht, der Selbstvergötterung, der Schuld grundlos und unerwartet von Gott her die Erfahrung machen können, trotz allem angenommen zu sein — und daß nur so Erlösung sein kann, wenn Sünde das ist, als was J sie in seiner Urgeschichte darstellt, das ist wohl die wichtigste Erkenntnis, die uns als theologische Einsicht von seiten der psa Methode zufällt; denn die Benutzung des Neurosenmodells für die Interpretation von Gn 2—11 erweist nicht nur die Unentrinnbarkeit des Prozesses, den die j Urgeschichte schildert, sondern ineins damit die Notwendigkeit, daß, wenn irgend Erlösung sein soll, sie von Gott selber kommt, und zwar so, daß Gott dort anknüpft, wo dieses Geflecht von Angst und Schuld geknotet wurde, — so wie in der Neurose der Therapeut an die Stelle treten muß, an der die Ambivalenzkonflikte dem Vater gegenüber nur noch den Fluchtweg der Krankheit offenließen.

Vielleicht aber ist jetzt auch ein psychologisches Motiv greifbar, warum der Gott der j Urgeschichte sich auf gerade den Menschen einläßt, der sich so sehr und mit allen Kräften gegen ihn stellt; sehen wir doch von der dynamischen Struktur der j Urgeschichte her nicht nur, wie unfrei und versklavt, wie hilflos und getrieben die Menschen in der Sünde sind, sondern auch, wie sehr ihre Feindseligkeit und ihr Haß auf Gott gemischt sind mit Gefühlen der Schuld, der Angewiesenheit und einer Art unglücklicher geheimer Liebe zu demselben Gott, den sie bekämpfen, während doch ihr Leben an ihm hängt. Das Thema der Ambivalenz umfaßt hier, weit über die psa Lehre der Triebmischung von Libido und Aggression hinaus, die ganze Palette der menschlichen Existenz.

Die Frage, was der Mensch denn dann von sich aus tuen könne, um dem Kreislauf der Sünde zu entkommen, kann man mit einem schönen Bild des chinesischen Philosophen Dschuang Dsi beantworten. Der Weise erzählt von einem Mann, der über seinen Schatten so unglücklich war, daß er ihm davonlaufen wollte; und er lief und lief, doch je schneller er lief, desto schneller folgte ihm sein Schatten, bis daß er vor Erschöpfung tot zu Boden sank. „Wäre er einfach in den Schatten eines Baumes getreten, so wäre er seinen eigenen Schatten losgeworden... Aber darauf kam er nicht." (T. Merton: Sinfonie für einen Seevogel und andere Texte des Tschuang-tse, 130) Daß Erlösung von der Sünde heißen würde, sich in den Schatten Gottes zu setzen und das eigene Laufen aufzugeben, — ein vortreffliches Bild für das, was zwischen Gn 11 und Gn 12 geschieht!

2. Notwendigkeit und Freiheit. Zur Unvermeidlichkeit des Schuldgefühls

Die Verwendung der Psa zur Interpretation der j Urgeschichte hat uns bisher wertvolle Hinweise auf die ontogenetischen — und mutmaßlichen phylogenetischen — Hintergründe der j Erzählungen sowie ihrer Zusammenstellung gebracht, — eigentlich zu wertvolle. Denn wir stehen jetzt, nachdem wir einen vollen Einblick in die fatale Logik und innere Konsequenz des Prozesses gewonnen haben, den Gn 2—11 darstellt, vor der unausweichlichen und schwierigen Frage: was denn eigentlich noch schuldhaft an der Schuld der Menschen sein soll, wenn sie selbst in einer Prozeßstruktur mit dem Charakter von Notwendigkeit auftritt und, wie wir gehört haben, sich unvermeidlich in der menschlichen Entwicklung der Art ebenso wie des Einzelnen einstellt.

Es laufen hier, bei Licht gesehen, eigentlich eine ganze Reihe Fragen zu einem Knäuel zusammen, dessen Entwirrung uns noch geraume Zeit beschäftigen wird; wir müssen an dieser Stelle uns begnügen, erst einmal die Fragen richtig, d. h., beantwortbar und so, daß die Methode der Beantwortung daraus hervorgeht, zu formulieren. Im einzelnen handelt es sich um zwei Fragenkomplexe: a) die Frage nach der Notwendigkeit des Ablaufes von Gn 2—11; b) die Frage nach der Notwendigkeit der Entstehung des Prozesses von Gn 2—11.

a. Notwendigkeit als Prozeß

Von zwei Seiten her hat sich uns die j Urgeschichte bei psa Betrachtung als ein in sich geschlossenes, folgerichtiges Gebilde dargestellt. Es ergab sich, daß die Anordnung der einzelnen Abschnitte psa korrekt die thematische Abfolge der Hauptentwicklungsphasen der Ontogenese aufgreift, also sich formal wie inhaltlich an das ontogenetische Vorbild anlehnt; von daher vermochten wir nicht nur zu bestätigen, daß Gn 2—11 eine wirkliche Entwicklung (und nicht nur ein bloßes Nebeneinander von Möglichkeiten) menschlichen Verhaltens beschreibt, sondern daß die von J getroffene Themenauswahl und Zusammenstellung als innerlich wohlbegründet zu verstehen ist. Dieser Eindruck wurde noch durch die Betrachtung eines quantitativen Moments verstärkt: daß auf allen Entwicklungsstufen die jeweils phasenspezifischen Konflikte in extremer, quantitativ maximaler Zuspitzung anzutreffen waren, gab uns die Berechtigung, den Aufbau von Gn 2—11 mit der Entwicklung einer seelischen Erkrankung zu vergleichen; da wir die eigentlichen (perversen) Konflikte in den Erzählungen zumeist nur durch Analyse der Entstellungen und Abwehrmaßnahmen erschließen konnten, die den Texten ihre jetzige Gestalt gegeben haben, glaubten wir uns berechtigt, die Darstellung der Sünde in der j Urgeschichte vom Psychologischen her mit der Darstellung einer Neuroseentwicklung vergleichen zu können. Soweit war mit Hilfe des thematischen (entwicklungspsychologischen) und ökonomischen (quantitativen) Aspektes zu kommen. Noch einen Schritt weiter führte uns dann die dynamische Betrachtung des Textes, bei der sich eine Reihe von dialektischen Spiralen ergaben, die aus der Psychodynamik der Neurose geläufig sind und mit denen wir in etwa die Beziehungen der Vergeblichkeit und inneren Verstrickung nachzeichnen konnten, die wir exegetisch zwischen den einzelnen Abschnitten der j Urgeschichte vermutet hatten. Die Quintessenz von alledem ist die Folgerung, daß die Sünde, wie J sie in Gn 2—11 schildert, ein unentrinnbares Geflecht von Mechanismen darstellt, die vom Menschen, der in sie verflochten ist, nicht aufgelöst, sondern nur verstärkt werden können; und dies ist das wichtigste Ergebnis der ganzen psa Untersuchung: die Sünde ist in der j Urgeschichte ein Gefängnis, das die Menschen sich selbst gebaut haben, um sich gegen Gott zu schützen, und aus dessen Gefangenschaft sie nur Gott selbst erlösen kann, denn die Gefühle der Angst und der Schuld, die diese Schutzmauern nötig machen, können vom Menschen selbst nicht überwunden werden.

So ergibt sich die höchst einfache, die im Detail recht komplizierten Befunde integral zusammenfassende Formel: *die Sünde in der j Urgeschichte ist zu verstehen als eine Neurose vor Gott.*

Auf eine scheinbare Ungereimtheit dieser These sind wir schon eingegangen: die Allgemeinheit, mit der J die Sünde als grundlegend für das menschliche Dasein überhaupt hinstellt, ist theologisch möglich, psa aber bedeutet die Verallgemeinerung des Neurosebegriffs eine logische Unmöglichkeit. Eben daran zeigte sich die Notwendigkeit, zwischen Psa (Neurose) und Theologie (Sünde) wesentlich zu unterscheiden, jedenfalls solange die j Urgeschichte zutreffend interpretiert werden soll.

Dieselbe Unterscheidung wird jetzt durch einen anderen Umstand gefordert. Wenn der Ablauf der Sünde einer inneren Notwendigkeit gehorcht, als deren Modell wir die Psychodynamik der Neurose verwenden konnten, wie kann dann die Schuld des Menschen noch eine Schuld sein? Wird durch ein solches Ergebnis nicht gerade wieder in Frage gestellt, was wir durch die psa Interpretation des biblischen Textes zu gewinnen hofften? Verdunkelt die Psa nicht die j Aussage mehr, als daß sie diese aufhellt?

Zunächst kann kein Zweifel sein, daß J tatsächlich eine allgemeine Aussage über den Menschen machen will: *die* Menschen, *alle* Menschen, stehen unter der Sünde; und sie können ihr nicht von selbst entrinnen; vielmehr hält sie gerade der Glaube in der Sünde fest, die Folgen des Abfalls von Gott durch selbstgeschaffene Maßnahmen beseitigen und umgehen zu können; insofern beschreibt J eine Notwendigkeitsstruktur der Sünde. Es ist nicht und nirgendwo zu ersehen, wie die Menschen anders handeln könnten, als sie handeln, und doch sind sie schuldig; denn daß sie sich auf die Sünde eingelassen haben, ist ihre Schuld. Exegetisch sagten wir von Gn 12 her, daß am Ende der Sackgasse von Gn 2—11 die Haltung sichtbar werde, die die Menschen erlösen könnte, aber eben deshalb auch schuldig spricht: der Glaube. Es ist die Schuld des Menschen, durch die Angst vor Gott in die Schuld geraten zu sein (Gn 3, 1—7). Fragen wir daher, wie in der j Urgeschichte sich der Gedanke der Notwendigkeit mit dem Gedanken der Schuld vereinbart, so müßten wir sagen: die Notwendigkeit liege in dem Prozeß, mit dem die Sünde sich entwickelt; aber die Schuld des Menschen sei, daß es diese Notwendigkeit (der Sünde) überhaupt gibt.

Damit könnte man zufrieden sein; wir wissen, wie wir J verstehen müssen. Indessen verstehen wir, wenn wir ehrlich sind, eine solche Interpretation selbst nicht; wir haben lediglich das Problem benannt, das die j Auffassung von der Sünde mit sich bringt. Und wir haben zum ersten Mal das Schema umrissen, wie wir Schuld und Notwendigkeit im Sinne von J aufeinander beziehen müssen: so nämlich, daß die Schuld gerade in dem Zustandekommen der Notwendigkeit liegt. Wie wir dies aber zu denken haben, wissen wir damit noch lange nicht.

Die Schwierigkeit liegt offenbar darin, daß hier zwei kategoriale Systeme (oder zwei Wirklichkeitsbereiche) ineinandergreifen. Bei der exegetischen Betrachtung der j Urgeschichte hatten wir (theologisch) den Eindruck, daß J die Entwicklung der Sünde als einen zwischen der Vertreibung aus dem Paradies und dem Turmbau sich unentrinnbar gestaltenden Prozeß darstelle, ohne daß wir freilich imstande gewesen wären, diese Unentrinnbarkeit näher zu bestimmen. Indem wir psa das Phänomen der Unentrinnbarkeit von der Gesetzmäßigkeit der Neuroseentwicklung her interpretiert haben, gelangten wir zu einer Nowendigkeit des Ablaufes von Gn 2—11, in der die Gefühle der Angst und der Schuld von einem bestimmten quantitativen Betrag an als Ursachen der gesamten Entwicklung verstanden werden mußten. Es ist aber wichtig, sich klarzumachen, daß dieser Begriff der Notwendigkeit einer Untersuchungsmethode entstammt, der der exegetisch-theologischen Betrachtung des ersten Teils der Arbeit völlig heterogen ist. Es handelt sich um einen vollständigen Übergang in ein anderes Wissenschaftsgebiet, und wenn wir in der Beschreibung der Sünde als einer „Neurose vor Gott" nicht Unklarheiten, ja Widersprüche in Kauf nehmen wollen, so müssen wir uns verdeutlichen, was die Psa mit der Notwendigkeit eines psychischen Prozesses (z. B. der Neurose) meint und was theologisch mit der Notwendigkeit der Entwicklung der Sünde gemeint sein kann.

Vor zahlreichen Mißverständnissen und Irrtümern bewahrt sich, wer ein für allemal zur Kenntnis nimmt, daß die Psa (Freuds) zwar auf den verschiedensten geisteswissenschaftlichen Gebieten befruchtend gewirkt hat und ihre therapeutische Zentrierung auf das deutende Wort eine große Nähe zur literarischen Interpretation aufweist, daß sie selbst aber nichts anderes als eine Disziplin der Naturwissenschaften ist und sein will. Freud meinte, gerade die „Auffassung, das Psychische sei an sich unbewußt", erlaube es, „die Psychologie zu einer Naturwissenschaft" zu erklären. Er schreibt dazu: „Die Vorgänge, mit denen sie (sc. die Psa, d. V.) sich beschäftigt, sind an sich ebenso unerkennbar wie die anderer Wissenschaften, der chemischen oder physikalischen, aber es ist möglich die Gesetze festzustellen, denen sie gehorchen, ihre gegenseitigen Beziehungen und Abhängigkeiten über weite Strecken lückenlos zu verfolgen, also das, was man als Verständnis des betreffenden Gebiets von Naturerscheinungen bezeichnet." (Abriss der Psychoanalyse, XVII 80—81) D. h.: die Psa versteht sich nicht als eine „Wesenswissenschaft" des Psychischen, sondern als eine Naturwissenschaft, die das Funktionieren der gesetzmäßigen Abläufe des Psychischen zu beschreiben versucht. Sie ist in diesem Sinne nichts anderes als ein naturwissenschaftliches funktionales Modell, dessen Tauglichkeit ganz und gar von der Beobachtbarkeit seiner Theoriebildungen abhängt, wie denn umgekehrt die psa Begriffe nichts anderes sein können als Aufforderungen, bestimmte Beobachtungen anzustellen und bestimmte Phänomene wahrzunehmen. So fährt denn Freud an der genannten Stelle fort: „Es kann dabei nicht ohne neue Annahmen und die Schöpfung neuer Begriffe abgehen, aber diese sind nicht als Zeugnisse unserer Verlegenheit zu verachten, sondern als Bereicherungen der Wissenschaften einzuschätzen, haben Anspruch auf denselben Annäherungswert wie die entsprechenden intellektuellen Hilfskonstruktionen in anderen Naturwissenschaften, erwarten ihre Abänderungen, Berichtigungen und feinere Bestimmung durch gehäufte und gesiebte Erfahrung." (a.a.O., 81)

Insbesondere erwartet Freud von der Annahme, daß das Psychische an sich unbewußt sei, es werde auf diese Weise ein lückenloses Verständnis der psychischen Abläufe möglich werden, insofern er damit „die Annahme eines durchgehenden psychischen Determinismus" verband (S. F.: Zur Psychopathologie des Alltagslebens, IV 282). Die Analyse der Träume ebenso wie der alltäglichen unbewußten Fehlleistungen (Versprechen, Vergessen etc.) bestärkte ihn in der Überzeugung, daß der verbreitete Zufalls- und Aberglaube im Grunde recht hat, wenn er an einer sinnvollen Deutbarkeit des scheinbar Zufälligen festhält; „ich glaube", sagte Freud, „zwar an äußeren (realen) Zufall, aber nicht an innere (psychische) Zufälligkeit." (S. F.: Zur Psychopathologie des Alltagslebens, IV 286) Der Aberglaube erschien ihm daher als eine „in die Außenwelt projizierte Psychologie" (a.a.O., 287), insofern die Determiniertheit, die die psychischen Abläufe des Unbewußten regelt, auf die Gegenstände übertragen wird. Indem Freud immer wieder fand, wieviele Ursachen einen Traum, einen angeblich „freien" assoziativen Einfall, eine Fehlleistung etc. determinieren, konnte er in seinen Vorlesungen nur warnen vor der „Illusion einer psychischen Freiheit" (Vorlesungen zur Einführung in die Psychoanalyse, XI 42), als wenn z. B. statt des einen Einfalls beim „freien" Assoziieren auch genauso gut ein anderer Einfall sich hätte einstellen können.

So wie ein Chemiker aus der Gewichtsmenge einer durch Analyse isolierten chemischen Substanz bestimmte Rückschlüsse ziehen wird und voraussetzt, daß sich einfach nur dieses und kein anderes Gewicht ergeben konnte, so setzt die Psa als methodisches Prinzip voraus, daß eine bestimmte psychische Reaktion so und nicht anders ablaufen mußte. Nachdrücklich erklärte Freud den methodischen Determinismus zur Voraussetzung der psa Deutung. „Wenn Sie meinen", sagte er zu seinen Hörern, „es sei willkürlich anzunehmen, daß der nächste Einfall des Träumers gerade das Gesuchte bringen oder zu ihm führen müsse, der Einfall könne vielmehr ganz beliebig und außer Zusammenhang mit dem Gesuchten sein, es sei nur eine Äußerung meines Gottvertrauens, wenn ich es anders erwarte, so irren Sie groß. Ich habe mir schon einmal die Freiheit genommen, Ihnen vorzuhalten, daß ein tief wurzelnder Glaube an psychische Freiheit und Willkürlichkeit in Ihnen steckt, der aber ganz unwissenschaftlich ist und vor der Anforderung eines auch das Seelenleben beherrschenden Determinismus die Segel streichen muß. Ich bitte Sie, es als eine Tatsache zu respektieren, daß dem Gefragten dies eingefallen ist und nichts anderes." (Vorlesungen zur Einführung in die Psychoanalyse, XI 104) Die Psa Freuds versteht sich in diesem Sinne als eine Wissenschaft von beobachtbaren Tatsachen, die sie auf naturwissenschaftliche Weise zu erklären sucht, indem sie die Gesetze formuliert, die zu ihrer Hervorbringung geführt haben. Der Begriff der Freiheit, der naturwissenschaftlich eine Nicht-Determiniertheit, also eine Aufhebung des Kausalgesetzes darstellen würde, muß dabei methodisch ausgeklammert werden.

Infolgedessen kann es gar nicht anders sein, als daß uns die Anwendung der psa Interpretationstechnik auf die j Urgeschichte ein kausalgenetisches Modell nahelegt, das den Begriff der Freiheit ausschließt. Damit aber lautet das Problem: ist die Entwicklung der Sünde, wie J sie in Gn 2—11 schildert, kausal determiniert, so muß der — dogmatische — Begriff der Sünde sofort hinfällig werden und desgleichen der Begriff der Schuld, d. h., wir vermögen zwar den Krankheitsbegriff der Neurose aufrechtzuerhalten, nicht aber die theologische Aussage der Bibel von der Schuld des Menschen. Andererseits sind wir von der Fruchtbarkeit eines kausalen Modells bei der Interpretation von Gn 2—11 durch die bisherigen Ergebnisse hinreichend überzeugt worden; vor allem wissen wir, daß es tatsächlich eine innere Folgerichtigkeit, eine innere Gesetzmäßigkeit in der Entwicklung der j Urgeschichte gibt, die sich mit den Mitteln der Psa sehr genau wiedergeben läßt. Das berechtigt zu dem Schluß, daß wir bei der psa Untersuchung des Textes nicht etwas Falsches, wohl aber etwas Ergänzungsbedürftiges erkannt haben: es gibt eine Kausalität in der j Urgeschichte, aber sie kann nicht im Widerspruch und als Aufhebung, sondern nur in Funktion von und in Einheit mit Freiheit verstanden werden, wenn der Charakter der Schuld, auf den die biblische Darstellung offenbar wertlegt, erhalten bleiben soll.

Deutlich ist, daß wir hier an einer rein philosophischen Problemstellung angelangt sind. Die Frage, wie sich Gesetzmäßigkeit und Schuld in der j Urgeschichte vereinbaren, wie der psa Begriff der Neurose mit dem theologischen Begriff der Sünde zusammenzudenken sei, erweitert sich jetzt zu der allgemeinen Frage, wie sich der Begriff der Notwendigkeit (im Sinne der Naturwissenschaften) mit dem Begriff der Freiheit vereinbaren läßt.

Glücklicherweise sind wir nicht die ersten, die dieses Problem haben. Denn die Frage nach dem Verhältnis von Notwendigkeit und Freiheit hat in der Philosophie I. Kants eine zentrale Rolle gespielt und dort ihre erste und klassische Lösung erfahren; wir werden also in einem kommenden Abschnitt des 3. Bandes, fußend auf der Kantischen Philosophie, versuchen, ein philosophisches Modell zu entwerfen, das den theologischen wie psa Befund der j Urgeschichte miteinander zusammenzudenken erlaubt. Es soll dies der erste Schritt einer systematischen Erfassung des

Textes sein. Man kann es auch so ausdrücken: wir haben bisher untersucht, was ist; wir müssen jetzt fragen, was es bedeutet; wir haben bisher
beobachtet; wir müssen jetzt anfangen nachzudenken. Und den Leser
müssen wir, noch einmal, um Geduld bitten: wir sind nicht schon am
Ende, wir haben lediglich die Grundlagen erarbeitet, um die Fragen zu
formulieren, die uns der biblische Text aufgibt, wenn wir ihn verstehen,
d. h. in die Kategorien neuzeitlichen Denkens übersetzen wollen. Zu
erhoffen ist bei dieser nicht einfachen und mühsamen Arbeit, daß sich
zeigen wird, welche philosophischen Denksysteme interpretativ für
Gn 2—11 verwendbar sind, inwieweit sie es sind und inwieweit nicht,
und wo also die theologische Aufgabe besteht, von der Bibel her philosophische Anschauungen zu korrigieren bzw. umgekehrt von ihnen her die
theologische Systematik voranzutreiben.

Auf einen Punkt müssen wir dabei jedoch achthaben. Als die eigentlichen Determinanten des Prozesses von Gn 2—11 haben wir in der
psa Interpretation die Gefühle der Angst (und Schuld) erkannt. Wenn
wir daher fragen, wie sich in Gn 2—11 Freiheit und Notwendigkeit
zueinander verhalten, so können wir die allgemeine Fassung dieses
Problems dahin präzisieren, wie sich der Begriff der Freiheit zu dem
Begriff der Angst verhält. Auch diese Frage hat in der Philisophie-
geschichte, ausgehend von den Impulsen S. Kierkegaards, eine große
Rolle gespielt und ist in der Existenzphilosophie von zentraler Bedeutung geworden. Die Angst wird hier nicht, wie in der Psa Freuds, an
die Realangst und deren Verinnerlichungen gebunden, oder, wie in der
Paläoanthropologie von R. Bilz, auf bestimmte biologisch vorgegebene
Urszenen reduziert, sondern wird umgekehrt als ein inneres Moment der
Freiheit selbst betrachtet. Weit entfernt davon, daß der Begriff der
Angst als Widerspruch zur Freiheit gedacht wird, ergibt sich vielmehr
für die Existenzphilosophie die Angst unmittelbar aus der Freiheit. Der
existenzphilosophische Ansatz wird uns daher helfen können, nicht nur
über Kant hinaus die Ebenen der Freiheit und Notwendigkeit durch den
existentialanalytischen Begriff der Angst miteinander zu verbinden,
sondern er wird auch die Möglichkeit an die Hand geben, den Prozeß-
charakter der Sünde, auf den wir exegetisch in Gn 2—11 gestoßen
waren und den wir psa von der Neurosenentstehung her interpretiert
haben, vom Existenzentwurf des Menschen her zu verstehen. Wir hoffen,
daß wir damit ein Modell gewinnen, von dem her wir die Begriffe
Sünde und Neurose und damit die Ergebnisse der exegetischen wie psa
Untersuchung vereinen können; das so gewonnene Resultat müßte einem

wirklichen Verständnis der j Urgeschichte recht nahe kommen und damit auch die dogmatische Frage nach der „Erbsünde" beantwortbar machen.

b. Die Unvermeidbarkeit des Schuldgefühls und die mythische Wahrheit von Gn 3, 1—7

> *„Jetzt gehe ich zum Essen.*
> *Mein Gesicht ist entsetzlich blaß.*
> *Ich werde essen, was mir von Gott gegeben wird,*
> *dem ersten, der Menschen aß an der Mündung des Flusses."*
> (Gebet der Kwakiutl-Indianer, in: A. M. di Nola: Gebete der Menschheit; it 238; S. 86)

Bisher sind wir auf den Zusammenhang eingegangen, der zwischen den Gefühlen der Angst und der Schuld besteht und der, indem beide sich wechselseitig verstärken, das Grundmuster der Unentrinnbarkeit und Notwendigkeit des Prozesses von Gn 2—11 bildet. Neben dieser psychodynamischen Erklärung der Schuld aus der Angst und der Weiterentwicklung der Schuld durch die Angst hat die Psa uns aber noch zusätzlich einige sehr wertvolle thematisch gebundene ontogenetische und phylogenetische Einsichten in die Entstehungsursachen des Schuldgefühls gegeben und die These von der verhängnisvollen Unvermeidlichkeit des Schuldgefühls aufgestellt. Fassen wir das hierüber an verschiedenen Stellen Gesagte zusammen, so sind es im wesentlichen vier Gründe, die psa das Auftreten des Schuldgefühls als notwendig erscheinen lassen:

a) die Ambivalenz der Gefühle (Eros und Thanatos; biologisch);
b) die orale Ambivalenz (ontogenetisch);
c) die Tötung des Urvaters (prähistorisch);
d) die Widersprüchlichkeit von Natur und Kultur (phylogenetisch).

Wir erinnern uns: nach der Spätlehre Freuds besteht die Triebnatur des Menschen aus den zwei einander widersprechenden Antrieben der Libido und der Aggression. Die Folge dieses „ewigen Kampfes zwischen dem Eros und dem Destruktions- oder Todestrieb" ist „das Schuldgefühl" als „Ausdruck des Ambivalenzkonflikts" (S. F.: Das Unbehagen in der Kultur, XIV 492), der dazu nötigt, ein und dasselbe Objekt gleichzeitig lieben und zerstören zu wollen. Ontogenetisch bricht der Ambivalenzkonflikt zuerst auf der oral-sadistischen Stufe durch und erstreckt sich dann in bestimmten Intervallen der ersten fünf Lebensjahre bis zur genitalen (phallischen) Phase der Libidoorganisation. Jede der psychischen Entwicklungsstufen geht mit den spezifischen Formen der Abtrennung (Brust, Kot, Kastration) einher und führt zu spezifischen Formen der Introjektion des verlorenen Objektes; so entsteht das Schuldgefühl als Verinnerlichung der äußeren Aggression, die infolge der eigenen durch Triebversagung provozierten destruktiven Tendenzen in projektiv verstärkter Form introjiziert wird. Das so entstehende Über-Ich „setzt einfach die Strenge der äußeren Autorität, die von ihr abgelöst und teilweise ersetzt wird, fort." (S. F.: Das Unbehagen, XIV 486) Gleichzeitig tritt jedoch eine Wandlung ein: die Angst vor der äußeren Autorität vermag den (äußeren) Triebverzicht zu erzwingen, und wenn dieser gelingt, so kann sich die „soziale Angst" des Kindes beruhigen; die Angst vor dem Über-Ich aber erzeugt ein dauerndes Schuldgefühl, da der Triebwunsch an sich weiterbesteht und sich nicht verheimlichen läßt. Die „Gleichwertung von böser Tat und böser Absicht" erzeugt ein stetes „Schuldbewußtsein" und „Strafbedürfnis" (S. F.: Das Unbehagen, XIV 487), Reue und Gewissen; gerade die Gewissensangst vor dem strafenden Über-Ich aber ist die unerläßliche Voraussetzung für die Ermöglichung kulturellen Zusammenlebens. Denn insofern die Triebe selbst endogenen somatischen Reizquellen entstammen und kein anderes Ziel verfolgen, als die Unlustempfindung des Spannungszustandes durch motorische Entladung abzuführen, nehmen sie weder auf die Bedingungen der Realität noch des sozialen Zusammenlebens Rücksicht; von daher sind sie schlechterdings kulturwidrig und asozial; und lediglich insofern das Über-Ich selbst die Introjektion von Es-Strebungen (Libido und Aggression) darstellt und also selbst die Stärke und (irrationale) Unablenkbarkeit der Triebregungen besitzt, gelingt es, die Triebimpulse durch die seitens der Eltern als Kulturagenten vermittelten Dressate des Über-Ichs in Schach zu halten.

Freud stellt daher fest, daß das gesamte menschliche Zusammenleben auf dem Schuldgefühl basiert und daß dieses ständig zunehmen muß, je weiter die Kultur sich entwickelt und je umfassender die Forderungen des Zusammenlebens sind. Ursprünglich in der Familie durch den Ödipuskomplex (und dessen Vorläufer) entstanden, erweitert sich das Schuldgefühl immer mehr, „vielleicht bis zu Höhen, die der Einzelne schwer erträglich findet." Freud zitiert in dieser pessimistischen Analyse Goethes „wehmütige, herzliche Klage" aus „Wilhelm Meisters Lehrjahre" über die „himmlischen Mächte":

„Ihr führt in's Leben uns hinein,
Ihr laßt den Armen schuldig werden,
Dann überlaßt Ihr ihn der Pein,
Denn jede Schuld rächt sich auf Erden."

(S. F.: Das Unbehagen, XIV 493)

So ist das Schuldgefühl für Freud die Basis der Kultur, sein Zuwachs direkt der Zunahme der kulturellen Entwicklung proportional und die Neurose mit ihrem hohen Maß an Schuldgefühl und Angst nicht nur ein Produkt des kulturellen Fortschritts, sondern auch der unerläßliche Tribut dafür. Insofern steht das Schuldgefühl am Anfang der Kultur, und insofern ist die Kulturentwicklung zugleich eine Entwicklung des Schuldgefühls. Gibt es, das muß nun die Frage sein, über diese recht abstrakte Feststellung hinaus gewisse religionsgeschichtliche bzw. prähistorische Indizien, die einen Schluß darüber zulassen, an welchen bestimmten Handlungen am Anfang menschlicher Kulturentwicklung Schuldgefühle erstmals auftraten und auftreten mußten?

Seine Grundaussage über den Zusammenhang von Schuldgefühl und Kultur verbindet Freud in seinem aus dem Ödipuskomplex gebildeten Konstrukt von der Ermordung des Urvaters mit einer historischen Tat, einem Urverbrechen, das den — tierischen — Zustand der darwinschen Urhorde beseitigt und die eigentlich menschliche Entwicklung eingeleitet habe: indem der getötete Vater von den Söhnen introjiziert wurde, habe sich die äußere Autorität und Aggression in die innere Aggression des Schuldgefühls und die Drohungen des Urvaters in die Grundverbote der kulturellen Moral (Inzest, Mord, Kannibalismus) verwandelt(s. o. 184—186). Wir haben diese Theorie bisher zur Interpretation der j Urgeschichte, insbesondere zur Erklärung von Gn 3, 1—7, nicht verwenden können und uns auf den Hinweis beschränkt, daß dieser „wissenschaftliche Mythos" Freuds für unsere Zwecke überflüssig ist; außerdem haben wir wiederholt angemerkt, daß der Ödipuskomplex nicht, wie Freud glaubte, ubiquitär, sondern an bestimmte kulturell variable Sozialstrukturen gebunden ist. Diese Bemerkungen waren für die Querschnittanalyse von Gn 2—11 hinreichend; jetzt aber, wo wir nach den strukturellen Gesetzmäßigkeiten bei der Entstehung und den Auswirkungen des Schuldgefühls fragen, müssen wir die Freudsche These selbst auf ihren Wert zur historischen Erklärung des Schuldgefühls hin diskutieren.

Eines wissen wir bereits: die Freudsche Hypothese leistet sachlich nicht, was sie leisten möchte. Wohl zu beachten ist die *formale* Struktur des Freudschen Mythos: er soll dazu dienen, die ontogenetische Entstehung des Schuldgefühls (den Ödipuskomplex) als Wiederholung eines prähistorischen Geschehens (der Ermordung des Urvaters) aufzufassen. Er stellt somit eine Verbindung zwischen dem Gegenwärtigen und Vergangenen, zwischen dem Individuellen und Allgemeinen, zwischen dem Geschichtlichen und Urgeschichtlichen her, weist also eine Denkstruktur auf, die

der biblischen (mythischen) Denkweise vom „Anfang" auf bemerkenswerte Weise verwandt ist. Aber *inhaltlich* können wir den Behauptungen
Freuds in diesem Punkte nicht zustimmen. Denn wie auch ontogenetisch
die Erfahrung der Triebambivalenz und des Schuldgefühls früher einsetzt als auf der phallischen Stufe der Libidoentwicklung, so meinten
wir auch phylogenetisch auf frühere und ursprünglichere Erfahrungen
von Schuld, die nicht primär sexueller Art sind, zurückgreifen zu müssen.
Als solche Erfahrungen nannten wir vor allem die orale Ambivalenz der
Jägerstufe, auf der die Menschen sich der Notwendigkeit ausgesetzt
sahen, die als Götter verehrten Tiere zu töten. (s. o. 198—202) Die erste
prähistorische Erfahrung von Schuld wird wirklich in einem Mord
bestanden haben, aber nicht in einem Mord aus sexuellen Motiven,
sondern in dem furchtbaren Tötenmüssen um des eigenen Lebens willen.
Die Erfahrung dieser „oralen" Ambivalenz, daß man das hochgeschätzte
und geliebte Objekt töten, zerstückeln und essen muß, wird nach allem,
was wir wissen, die gesamte Erfahrung der Wirklichkeit durchtönt und
das Lebensgefühl von Grund auf mitgeprägt haben. Die zentrale Idee
zur Erklärung und zum Verständnis der Welt besagte offenbar, daß
man in das Töten einwilligen muß, um zu leben, ein Gedanke, der miteinschließt, daß man schuldig werden muß, um das Dasein zu gewährleisten, daß also das Verbrechen des (urzeitlichen) Mordes mit in den
Bestand und das Geheimnis der Schöpfung hineingehört, die sich im
Sterben erneuert und im Tod verjüngt. Und diese Grunderfahrung oraler
Schuld bestimmte nicht nur das Leben der frühen Jäger, sondern hat sich
allem Anschein nach in den frühen Ackerbaukulturen fortgesetzt, ja
sogar gesteigert.

In den Studien J. G. Frazers, denen wir so viele Beispiele über die
Tötung von heiligen Tieren, Göttern, Königen, Pflanzengeistern ver-
danken, läßt sich immer wieder beobachten, daß die Menschen Schuld
und Trauer empfanden bei jeglichem zerstörerischen Eingriff in die
Welt der Wesen, die sie sich aneignen mußten, um ihr Leben zu fristen.
Gleichgültig, ob sie einen Wal erlegten oder einen Bären töteten, ob sie
einen Baum fällten oder das Korn ernteten, — immer stießen sie auf das
Gefühl einer inneren Zerrissenheit und Widersprüchlichkeit (vgl. J. G.
Frazer: Der goldene Zweig, 570—571; 759—760). Wenn der ägyptische
Bauer z. B. seine Garben heimbrachte, so verbarg er seine natürlichen
Regungen der Freude und der Zufriedenheit unter der kummervollen
Miene tiefster Niedergeschlagenheit. „Zerschnitt er nicht den Leib des
Korngottes mit seiner Sense und trat er ihn nicht unter den Hufen seines
Viehs in der Tenne in Stücke? Daher war es ... ein alter Brauch der

ägyptischen Schnitter, an ihre Brust zu schlagen und über der ersten gemähten Garbe zu wehklagen und Isis anzurufen." (Frazer, 541) Es waren Klageweisen, wie wir sie auch in Phönizien und Westasien kennengelernt haben (s. o. 438), „Klagen um den Gott des Korns, den die Sensen der Schnitter getötet hatten." (Frazer, 541—542)

Die tiefe Ambivalenz in der Nahrungsbeschaffung des „Wilden" liegt zunächst in dem Glauben begründet, daß alle Wesen, Tiere wie Pflanzen, „mit Gefühlen und Intelligenz begabt sind wie die Menschen, und daß sie gleich den Menschen Seelen besitzen, die den Tod ihrer Leiber überleben" (Frazer, 753); es ist daher verständlich, daß der primitive Jäger oder Bauer die Rache des entkörperten Geistes fürchtet und sich durch Praktiken zu schützen sucht, die durch seine Trauer, durch seinen freiwilligen Schmerz, die tragische Unvermeidlichkeit seiner Tat dokumentieren sollen. Wenn die Psa in jeglichem Schuldgefühl eine Introjektion der Furcht vor Rache, der Strafangst, erblickt, so durchzieht das Gefühl, sich ständig schuldhafterweise der Feindschaft bestimmter Geister auszusetzen, unausweichlich die ganze Welt des Primitiven in all den Handlungen, die zum Erwerb seiner Lebensgrundlagen unerläßlich sind. Es entlastet den Wilden auch nicht, daß er in seiner magischen Weltsicht zu der Annahme gedrängt wird, mit dem rechtzeitigen Töten des Vegetationsgeistes, in welcher Erscheinung auch immer, letztlich der Verjüngung und dem Erhalt der jugendlichen Kraft der Vegetation zu dienen (vgl. Frazer, 728); er wird in seinem Tun vielmehr der unauflösbaren Widersprüchlichkeit inne, die das Dasein im Ganzen in seinem Werden und Vergehen durchzieht und innerhalb deren der Mensch in seinem Tun nur ein winziger Teil ist.

Vermutlich waren es vier Bereiche, in denen der Mensch des geheimnisvollen Widerspruchs des Daseins in Tod und Geburt innewurde: die Heirat (Initiation), die Jagd, die Ernte und das Phänomen des Mondes. Deutlich greifbar ist der Zusammenhang dieser vier Bereiche z. B. in der Mythologie und in den Mysterien von Eleusis. Die Gestalt der Kore Persephone, die von dem Gott des Todes gewaltsam als Gemahlin entführt wird, ist ganz und gar geprägt von der paradoxen „Gleichwertigkeit von Hochzeit und Tod, von Grab und Brautgemach." (C. G. Jung - K. Kerényi: Das göttliche Mädchen, 50) Die Heirat ist ein Mord, der Entführer der Gott des Todes. Zugleich aber behält die Hochzeit den Sinn der Vereinigung von Mann und Weib. Tod und Fruchtbarkeit schließen sich zu einem einheitlichen widerspruchsvollen Tun zusammen. Mit ihrer Entführung tritt Persephone in Zusammenhang mit Hekate, die der trauernden Mutter Demeter bis zum Palast des Helios folgt.

Hekates Herrschaftsbereich ist der Mond, der wiederum in seinem zwielichtigen Wesen die mütterliche Sorge wie das Unanständige und Tödliche umschließt. „Zu Hekate gehört der *Hund,* das heulende Tier der Mondnächte, das für die Griechen zugleich die äußerste Stufe der Schamlosigkeit darstellte." (C. G. Jung - Kerényi, 51) Hekate verschmilzt im Bild des Hundes mit der großen Jägerin Artemis. Schließlich stellt das Schicksal der Persephone das Los des Getreides dar, der Pflanze, die dem Menschen zur Nahrung dient. Man hat den Eindruck, als wenn es in allen vier Erfahrungsbereichen von Mond, Pflanze, Jagd und Hochzeit um das gleiche zentrale Geheimnis ginge: um den Widerspruch und das Gleichgewicht von Werden und Vergehen, von Sterben und Leben, von Dahinschwinden und Auferstehen. Wie der gewaltsame Tod des jungen Mädchens in der Heirat zu einem größeren Leben der Fruchtbarkeit führt, so das Ernten des Korns, so das Erschlagen des Jagdtieres, so das Zerstückeln des Mondes. Man wird, entgegen den alten rationalistischen Mythentheorien, den Sinn einer Mythe wie der von Eleusis gewiß nicht einfach in einer (mißverstandenen) Beschreibung des Kreislaufs des Getreides oder des Mondgestirns erblicken können, sondern man muß Kerényi zustimmen, wenn er immer wieder hervorhebt, daß der Mond, das junge Mädchen oder das Korn in ihrem Aufblühen und Vergehen in sich selbst nur Abbilder, Grundgestalten, Aspekte der einen unaussprechlichen göttlichen Wirklichkeit sind: der unbegreiflichen Einmaligkeit des einzelnen Wesens und seiner Zugehörigkeit zum Nichtsein, die es inmitten der endlosen Dramatik des Entstehens und Vergehens besitzt (C. G. Jung - K. Kerényi, 34; 43).

Die „orale" Ambivalenz erscheint also selbst wieder nur als Teil einer, sagen wir ruhig: ontologischen Ambivalenz, die, jenseits einer bloß magischen Weltaneignung, wie Frazer meinte, das Geheimnis des Daseins in seinem ewigen Stirb und Werde durchzieht und jedes Einzelne in seiner wunderbaren Unverwechselbarkeit und Unveräußerlichkeit hervorbringt und doch zugleich wieder dem Schattenbereich des Todes überantwortet; das Dasein selbst ist „Mond", „Getreide", „Mädchen" — ein Hervorkommen und Versinken, ein goldenes Blühen und Abgemähtwerden, ein Heilbleiben im Untergang. Der Mensch aber ist durch sein Tun an dem Erhalt der widersprüchlichen Einheit von Tod und Leben beteiligt. Indem er tötet, pflanzt er neues Leben, indem er sich *schuldig* macht, gehorcht er dem Dasein. Der Weg zur Unsterblichkeit wird nur im Tod beschritten. Als Demeter nach Eleusis kam, erhielt sie Demophoon, den jüngsten Königssohn, zur Pflege. Die Göttin verfuhr mit dem Kind, als wäre es Korn: so wie dieses seine Vollendung als menschliche

Nahrung erst im Feuer erhält, so legte Demeter den kleinen Demophoon allabendlich ins Feuer, um ihn durch diese schreckliche Handlung, der die Märchen von dem „Kind im Feuer" ihre Herkunft verdanken dürften, Unsterblichkeit zu verschaffen. Die Menschen in ihrer Unwissenheit haben keine Kenntnis von dem geheimen Zweck ihres Tuns. „Hätten sie Einsicht für das Gute und Üble, so hätten sie auch den Sinn jener nur scheinbar tödlichen Handlung erkannt." Denn: „Der Sinn — das im Übel verborgene Gute — ist... die Unsterblichkeit." (K. Kerényi: Das göttliche Mädchen, 33) Der Feuertod gehört zum Schicksal des Getreides. Trotzdem ist jede Getreideart ewig. „Ich bin nicht gestorben — so singt der Maisgott der mexikanischen Coraindianer, nachdem er dem Feuer übergeben wurde. — Meine jüngeren Brüder (die Menschen) erscheinen nur einmal. Sterben sie nicht für immer? Ich aber sterbe nie, ich erscheine dauernd (auf Erden) . . ." (C. G. Jung - K. Kerényi, 33)

Zum Geheimnis des Daseins selbst also gehört die Einheit von Leben und Tod; das Nichtsein selbst bildet einen Teil des Seins, und insofern tritt es in seiner aktiven, vom Menschen verantworteten Form des Tötens, Zerstückelns, Verbrennens als Schuld, als Schuldigwerdenmüssen in das Leben des Menschen ein. Hier sind wir wirklich an dem Geheimnis der „Erkenntnis von Gut und Böse", an dem Geheimnis der Schlange in den Mythen und in dem mythischen Traditionsmaterial von Gn 3, 1—7, angelangt. Wenn wir früher annahmen, daß in der „Sündenfallerzählung" möglicherweise bestimmte Initiationsriten nachgewirkt haben (I 36), so können wir jetzt genauer sagen, in welch ein Geheimnis die schuldhafte Erkenntnis von Gut und Böse in den Mythen einführen soll: es ist die Erkenntnis, was es heißt zu leben; daß zu leben bedeutet, den biologischen Zwecken von Zeugung und Geburt zu dienen und der biologischen Notwendigkeit, sterben zu müssen, zu gehorchen, und daß beides zusammengehört: Geburt und Tod, Säen und Töten, Fruchtbarkeit und Zerstörung, weil doch das eine nicht ohne das andere sein kann und sich erst in beiden das ganze Leben erhält. So verbanden die Mythenbeispiele von „Soko und den Schildkröten" (I 41) oder von „Balu und den Schlangen" (I 38) die Geburt mit dem Tod, das Sterben mit der Unsterblichkeit. Daraus ergibt sich auch die mythische Wahrheit der „Urschuld", die zum Dasein gehört, denn Leben kann nicht gedeihen ohne den Bruch mit der kindlichen Unschuld und ohne den Eintritt in die Welt des Kämpfens und des Tötens. Die „Erkenntnis von Gut und Böse" besteht im mythischen (nicht im j) Sinne in dem Schritt zu einer „erwachsenen" Weltbetrachtung, die der unvermeidlichen Lebenswidersprüche innewird und den Mut aufbringt, sie zu ertragen.

600

Die Pole der Schuld sind, wie wir auch psa mehrfach herausgearbeitet haben, die Ambivalenz von Aggression und Sexualität, die sich auf notwendig widersprüchliche Weise ineinander verschlingen: die Heirat der Persephone ist, in der Sprache des griechischen Mythos, ein Töten und das Töten der Persephone der Anfang ihrer neuen Heraufkunft. Das Wissen um „Gut und Böse" und das Wissen um das Sterbenmüssen, um den Tod, in der Sprache von Gn 3, 1—7, gehören unauflöslich zusammen.

Insofern ist das christliche Dogma von der „Urschuld", das dem rationalen Denken so unsägliche Schwierigkeiten bereiten muß, für das Denken der Mythen eine einfache Tatsache, eine Urgegebenheit: man kann nicht existieren, ohne zu töten, man kann nicht sein, ohne schuldig zu werden, wer sich der Schuld verweigert, verweigert sich dem Leben. Drastischer läßt sich diese Erfahrung nicht ausdrücken, als es die Asmat auf Neuguinea tuen, die unter die Symbole der Daseinsdeutung die Gottesanbeterin zählen; das Weibchen der Gottesanbeterin beißt nach der Begattung dem Männchen den Kopf ab, und so sind auch die Asmat Kopfjäger. Sie müssen es sein; denn als ihr Halbgott Fumeripits die Welt erschaffen hatte, so erzählt ihr Mythos, mußte er ein riesiges Krokodil töten, das seine ganze Schöpfung zerstören wollte; er zerstückelte das Untier, und aus den Krokodilsstücken entsprangen die verschiedenen Menschen. (A. A. Gerbrands: Asmat, in: E. Evans-Pritchard: Bild der Völker, I 67—68) Wie also bei jeder Schöpfung etwas untergehen muß, wie nichts werden kann, ohne daß etwas dafür geopfert wird, so ist der Tod eine Vorbedingung des Lebens, das Töten mithin, die Schuld, eine Voraussetzung des Daseins.

Gedankengänge dieser Art sind, wie gesagt, in den Mythen eine Art Selbstverständlichkeit. Sie zeigen, daß es für das Denken des „Primitiven" eine gewissermaßen ontologische Ambivalenz gibt, für welche die psychologische Ambivalenz von Eros und Thanatos nur ein subjektives Pendant darstellt. Wir können annehmen, daß Anschauungen, wie die genannten, wirklich eine menschheitliche Verbreitung besaßen und sich angesichts der Natur der Dinge sowie der psychischen Beschaffenheit des Menschen geradezu notwendig aufdrängen mußten. Die Idee der „Urschuld", der „Unvermeidbarkeit der Schuld", kann daher in der Tat als ein „Elementargedanke" im Sinne A. Bastians bzw. als archetypischer Gedanke im Sinne C. G. Jungs bezeichnet werden. Ineins damit sehen wir, daß die Freudsche Theorie von der Entstehung des Schuldgefühls aus der „Ermordung des Urvaters" im Prinzip etwas Richtiges aufgreift, allerdings nur, indem sie eine Sonderform des Ambivalenzkonfliktes verabsolutiert. Das primitive Erleben der Schuld nimmt seinen Ursprung und seine Rechtfertigung (!) an der Erfahrung der Widersprüchlichkeit des Daseins selbst. Deren praktisch bedeutsamste Erscheinungsweise ist die „orale" Ambivalenz der Nahrungsbeschaffung. Im Rahmen der Tötung des Korngeistes scheint es aber auch Riten gegeben zu haben, in denen der Heilige König als Repräsentant der Vegetationsgottheit getötet wurde bzw. nach der Symbolik des Mondes oder der Sonne von seinem Sohn als Nachfolger abgelöst wurde. Und so mögen auch Konstellationen zustande gekommen sein, deren psychologische Struktur man als „ödipal" bezeichnen kann. Wie in der Ontogenese aber der Ödipuskomplex sich aus den oralen Konfliktstellungen herausentwickelt, so scheint sich das Ritual der „ödipalen" Tötung historisch aus dem Umkreis von Ernteriten entwickelt zu haben. In jedem Falle bleibt die Entstehung des Schuldgefühls also an orale Komponenten gebunden, die sich dann freilich mit sexuellen Motiven verflechten. Die „erste Sünde" ist wirklich ein Essen, wie Gn 3, 1—7 zeigt.

Von daher erscheint der Gedanke der „Urschuld" als eine menschheitliche Idee, bei der man eigentlich nicht fragen kann, wann sie entstanden ist oder wie sie sich verbreitet hat. Vielmehr müßte man von vornherein glauben, daß sich diese mythische Grundannahme unabhängig voneinander an verschiedenen Orten selbständig entwickelt hat und entwickeln mußte. Tatsächlich scheint es sich aber nicht so zu verhalten. Überraschenderweise gibt es Hinweise, daß gerade das Mythologem von einem Urverbrechen eine historisch einmalige Handlung reflektiert, deren Kunde sich dann im Gefolge einer bestimmten Kulturtradition über die verschiedenen Erdteile hin verbreitet hat. Gewiß wäre eine solch bereitwillige Aufnahme, ja die Entstehung dieses Mythologems selbst völlig unverständlich ohne jene Entsprechungen zwischen primitiver Ontologie und Psychologie, die wir soeben erörtert haben. Aber es verdient doch die größte Beachtung, daß uns von dem Ethnologen A. E. Jensen Studien auf der Molukkeninsel Ceram und darüber hinaus im Rahmen der vergleichenden Völkerkunde Überlegungen vorgelegt worden sind, die zu beweisen scheinen, daß es einmal ein geschlossenes Weltbild gab, das einer frühen Pflanzer-Kultur angehörte und innerhalb dessen wohl *zum ersten Mal* der Gedanke des Tötenmüssens zum Prinzip der Welterklärung ausgestaltet wurde — in Verbindung wahrscheinlich mit einem wirklichen Mord und einem entsprechenden Ritual kultischer Wiederholung, daß also über die Annahme universeller Elementargedanken hinaus bestimmte historische Einmaligkeiten an der oralen Schulderfahrung der Urzeit beteiligt waren. Dabei werden wir vor allem die bisher angenommene Gleichartigkeit in dem Schulderleben der frühen Jäger und Pflanzer differenzierter betrachten lernen.

Im Mittelpunkt der Überlegungen Jensens steht der von ihm selbst der westlichen Welt zugänglich gemachte Mythos der „Hainuwele", auf den wir schon so oft verwiesen haben und den wir jetzt in seinen Hauptzügen kennenlernen werden. Es handelt sich in der Studie Jensens um den Versuch, ein Weltbild zu rekonstruieren, das wohl die Frage beantworten könnte, was über die biblische Darstellung der „Urschuld" hinaus hinter dem menschheitlichen Auftreten des Schuldgefühls stehen mag.

A. E. Jensen hat zunächst darauf hingewiesen, daß das Problem des Tötens sich bei den echten Jägervölkern wesentlich anders darstellt als bei den späteren Pflanzenzüchtern. Die Jagdzeremonien der Jäger sind eigentlich mehr darauf gerichtet, nicht zu töten bzw. das Töten zu verleugnen, als es zu intendieren oder gar zu verherrlichen. „So sehr sie einerseits bemüht sind, den gewünschten Jagderfolg zu sichern, so sehr sind sie andererseits bestrebt, dem getöteten Tier, sich selbst und aller Welt vorzumachen, daß sie nicht getötet hätten." (A. E. Jensen: Die getötete Gottheit, 121) Diesen Jägerskrupulantismus haben wir bereits beschrieben (s. o. 198) und in ihm den frühesten Ausdruck „oraler Ambivalenz" und einer ursprünglichen Erfahrung von Schuld erkennen wollen. Eine ganz andere Situation aber scheint durch das Aufkommen der Pflanzer-Kultur entstanden zu sein. Denn von der Urerfindung des Pflanzenanbaus her dürfte ein ganz neues Verständnis für die Zusammengehörigkeit von Tod und Leben erwacht sein; die Entdeckung der Einheit des Stirb und Werde in der Natur scheint ein Weltbild begründet zu haben, als dessen „zentrale Idee" die Verbindung von „Tod und Fortpflanzung bei Mensch, Tier und Pflanze" anzusehen ist (a.a.O., 125). Wie diese Beziehung gesehen wird, zeigt der Mythos der Wemale auf der Molukken-Insel Ceram von der Mulúa (Jungfrau) Hainuwele, dem Mädchen, dessen Name „Kokospalmzweig" bedeutet. Die Mythe erzählt: Als die neun Familien der Menschen vom Nunusaku, dem Berg der Entstehung, auswanderten, kamen sie in Westceram zu dem heiligen Platz Tamene siwa. Unter ihnen war ein Mann namens Ameta, der unverheiratet war. Als er eines Tages mit seinem Hund auf die Jagd ging, spürte der Hund ein Schwein auf, das er in einen See hetzte, so daß es ertrank. Ameta fischte das tote Schwein aus dem Teich und fand an seinen Hauern eine Kokosnuß, die damals noch unbekannt war. Ameta legte die Nuß bei sich zu Hause auf ein Gestell und bedeckte sie mit einem Tuch. Des Nachts im Traum erschien ihm ein Mann, der ihm befahl, die schon keimende Nuß in die Erde zu pflanzen. Nach drei Tagen entstand eine hohe Palme daraus, die nach weiteren drei Tagen bereits Blüten trug. Ameta kletterte nun auf die Palme, um sich aus den Blüten ein Getränk zu bereiten. Dabei schnitt er sich aber in den Finger, und sein Blut fiel auf die Palmblüte. Nach drei Tagen sah er, daß aus der Blüte ein Mensch herauswuchs, erst das Gesicht, nach drei Tagen schon der Rumpf, und nach nochmals drei Tagen war es ein kleines Mädchen. Wiederum in einem Traum erschien Ameta der Mann und sagte, er solle das Tuch nehmen, das Mädchen aus der Kokospalme sorgfältig hineinwickeln und es nach Hause bringen. Ameta tat so, und nannte das Mädchen Hainuwele — Kokospalmzweig.

Nach drei Tagen war Hainuwele bereits ein heiratsfähiges Mädchen. Sie war ein ganz außergewöhnliches Mädchen. Ihr Kot bestand aus wertvollen Gegenständen, wie chinesischen Tellern und Gongs, und Ameta wurde sehr reich.

In jener Zeit fand in Tamene siwa der große Maro-Tanz statt, der neun Nächte lang dauerte. Die neun Familien der Menschen bildeten beim Tanz eine neunfache Spirale, und in der Mitte stand Hainuwele, die den Tänzern Sirih und Pinang (Betelnuß) reichte. Beim Morgengrauen endete der Tanz. Neun Nächte hindurch wechselte der Tanzplatz, in jeder Nacht stand Hainuwele in der Mitte und machte immer kostbare Geschenke: Korallen, Porzellan, Buschmesser, Kupferdosen, Ohrringe, Gongs. Den Menschen aber wurde die Sache unheimlich. Sie wurden eifersüchtig auf Hainuwele und wollten sie töten. In der neunten Nacht, als Hainuwele wieder in der Mitte des Tanzplatzes stand, gruben die Männer ein tiefes Loch auf dem Platz. Die Familie Lesiela, die im innersten Kreis der neunfachen Spirale tanzte, drängte in langsam kreisenden Bewegungen das Mädchen der Grube zu und warf es hinein. Der laute Gesang des Maro-Tanzes übertönte die Schreie Hainuweles. Man schüttete Erde auf sie und stampfte die Erde mit den Tanzschritten fest. Beim Morgengrauen war der Maro-Tanz zuende.

Ameta wußte, als Hainuwele nicht nach Hause kam, daß sie tot war. Er nahm neun Uli-Stäbe und baute mit ihnen zu Hause die neun Kreise der Maro-Tänzer auf. Er wußte nun, daß Hainuwele auf dem Maro-Platz ermordet worden war. Da nahm er neun Blattrippen von der Kokospalme und steckte sie auf dem Tanzplatz in die Erde; mit der neunten traf er den innersten Kreis der Maro-Tänzer, und als er sie wieder herauszog, waren Kopfhaare und Blut von Hainuwele daran. Ameta grub ihren Leichnam aus und zerschnitt ihn in viele Stücke, die er im ganzen Gebiet um den Tanzplatz herum vergrub. Die beiden Arme aber vergrub er nicht, sondern brachte sie zu Saténe, jener Frau, die bei der Schöpfung der Menschen aus einer unreifen Banane entstanden war und damals noch über die Menschen herrschte. Die vergrabenen Leichenteile der Hainuwele aber verwandelten sich in Dinge, die es damals auf der Erde noch nicht gab, — vor allem in die Knollenfrüchte, von denen die Menschen seither hauptsächlich leben.

Ameta verfluchte die Menschen, und Saténe war böse über sie, weil sie getötet hatten. Sie baute in Tamene siwa ein großes Tor aus neun Spiralen und stellte sich selbst auf einen großen Baumstamm auf der einen Seite des Tores, mit den abgeschnittenen Armen der Hainuwele in in ihren beiden Händen. Sie versammelte alle Menschen auf der einen Seite des großes Tores und sagte zu ihnen: „Ich will nicht mehr hier leben, weil ihr getötet habt. Ich werde heute von euch gehen. Jetzt müßt ihr alle durch das Tor hindurch zu mir kommen. Wer durch ·das Tor kommt, der bleibt Mensch, wer nicht hindurchgeht, mit dem wird es anders geschehen." Wer nämlich nicht zu Saténe durch das Tor hindurchkam, wurde damals ein Tier oder ein Geist. So entstanden die Schweine, Hirsche, Vögel, Fische und die vielen Geister. Die anderen aber gingen zu Saténe. Einige gingen rechts, andere links an ihrem Baumstamm vorbei, sie aber schlug jeden mit einem Arm der Hainuwele. Wer links an ihr vorbeiging, mußte über fünf Bambusstäbe springen; wer rechts an ihr vorbeiging, mußte über neun Bambusstäbe springen. So entstanden die Fünfer- und die Neunermenschen. Saténe sagte: „Ich werde noch heute von euch gehen, und ihr werdet mich nicht mehr auf der Erde sehen. Erst wenn ihr gestorben seid, werdet ihr mich wiedersehen. Aber auch dann müßt ihr eine beschwerliche Reise antreten, ehe ihr zu mir kommt." Damals verschwand Saténe von der Erde und wohnt seitdem als Nitu auf dem Salahua, dem Totenberg im südlichen Westceram. Wer zu ihr gelangen will, muß erst sterben. Der Weg zum Totenberg führt über acht Berge, auf denen acht andere Nitu-Geister wohnen. (A. E. Jensen: Die getötete Gottheit, 47—50)

Eine Reihe von Details dieser Mythe erklärt sich aus den Zeremonien der Eingeborenen. Bei der Geburt eines Kindes z. B. muß ein Familienangehöriger auf eine Kokospalme klettern und eine reife Frucht in einen Sarong, der seinen Namen von der Geisterschlange Patola trägt, vorsichtig hineinwickeln, wie es Ameta mit Hainuwele tat. Mit der Milch der Nuß wird das Neugeborene gewaschen; es wird somit selbst zu einer Hainuwele, und die Nuß wird auf ein Gestell im Haus des Kindes zu seinem Heil aufbewahrt (A. E. Jensen, 52). Besonders die

Initiationsriten des Wapulane, dessen Name sich von der Bezeichnung des Mondes Bulane ableiten dürfte, stellen die Handlungen Saténes nach der Ermordung Hainuweles dar; es handelt sich um Zeremonien, in denen die Menschen aus den Spiralwindungen der Saténe, die an das Labyrinth der Mondgöttin Ariadne auf Kreta erinnern, zu ihrem heutigen Sein als heiratsfähige, aber sterbliche Menschen geboren werden (Labyrinth = Mutterleib); sie müssen den Tod annehmen, um zu leben, denn ihr Leben ist geprägt von Sterblichkeit; der Ritus des Todes aber ist zugleich die Garantie des Lebens, so, wie in der christlichen Taufe Tod und Leben miteinander verschmolzen sind.

Wiederum ist für diese widersprüchliche Erfahrung der Mond das Vorbild. Nach einer Variante der Mythe wird Hainuwele mit dem Mondmädchen Rabie identifiziert, das der Sonnenmann Tuwale gewaltsam zu seiner Geliebten begehrte; sein Clan verweigerte es, und darum mußte Rabie sterben, indem sie an einem Baum in die Erde versenkt wurde. Rabie befahl damals, ein Schwein zu schlachten und ein Fest zu feiern; drei Tage danach erschien sie als Vollmond am Himmel. (A. E. Jensen, 51)

Mit dem Mond in Verbindung steht auch die Kopfjagd, denn die Kopf- und die Kokosnußwesen sind meistens Personifikationen des Mondes (Jensen, 55). So wie nun der Mond (durch Kopfverlust) stirbt, um zu leben, so müssen die Menschen Kopfjäger sein, um dem Leben zu dienen. Das Töten ist insbesondere eine männliche Aufgabe, „die geradezu zum weiblichen Gebären in Parallele gesetzt wird" (Jensen, 54), da es Geburt sinnvollerweise ja überhaupt nur in Verbindung mit Tod gibt. Daher fehlt auch für die Tötung der Hainuwele ein plausibles Motiv; — die „Eifersucht" ist sicher unzutreffend; vielmehr gilt die Tötung offenbar „als unabwendbar und notwendig" (Jensen, 54), als etwas, das mit zum Leben gehört.

Der Kern der Hainuwele-Mythe aber besteht in der Verwandlung der Leichenteile der Hainuwele in Nutzpflanzen und in der Begründung des Kannibalismus. In einer Parallelfassung der Mythe gingen die Eltern der Hainuwele mit dem Leichnam des Kindes von Haus zu Haus und sagten: „Ihr habt sie getötet, nun müßt ihr sie auch essen." (Jensen, 51) Die Menschen selbst sind wie Pflanzen; ihr Schicksal findet seine Erklärung und seinen Wesensausdruck im Bilde des Blühens, Sterbens und Neuentstehens der Früchte. Jedes Menschenkind, das als Hainuwele „getauft" wird, ist ein Pflanzenwesen, — und wie man Pflanzen zerstückelt und begräbt, damit sie sich vermehren, so geschah es mit Hainuwele; wie man die getöteten Pflanzen ißt, so mußte man Hainuwele, die göttliche Pflanzenjungfrau, essen, und so muß man also mit den Hainuwele-Menschen tun.

Die Mythe von Hainuwele ist für uns von so großer Bedeutung, weil sie als eines der besterforschten Beispiele für ein Denken gelten kann, das wohl einmal menschheitlich verbreitet war und eine Antwort auf die Frage enthält, worin die Urschuld des Menschen besteht und wie sie zuerst erfahren wurde, wieso das „Essen vom Baum" in Gn 3, 1—7 als ein Bild urzeitlicher Verfehlung gelten kann. Aus einem umfangreichen und sorgfältig interpretierten Vergleichsmaterial kommt Jensen zu dem Schluß, daß hinter den Hainuwele-Mythen „in allen Fällen das gleiche Weltbild" wiederzuerkennen ist. „Seine Grundzüge zeigen den untrennbaren Zusammenhang von Tod, Töten, Zeugung und Fortpflanzung, Mond, Pflanze und Fruchtbarkeit" und gehen von „einer zentralen Idee" aus, „nämlich der von einer getöteten Gottheit, die durch ihren Tod die heutige Seinsordnung in der Welt setzte." (a.a.O., 78) Tod und Fortpflanzungsfähigkeit sind diesem Weltbild zufolge das Ergebnis eines urzeitlichen Mordes an einem göttlichen Wesen, einer Dema-Gottheit, die das Todeslos zum ersten Mal erlitt und mit dem Mond identifiziert wurde; sie schenkte — aus ihrem zerstückelten Leib — den Menschen die Pflanzen und die Fortpflanzung. Jensen fährt fort: „Wir lassen die Frage dahingestellt, ob der Mord oder der erste Zeugungsvorgang ein Sündenfall war, auf den das sterbliche Schicksal der Menschen als Strafe folgte..., und stellen nur fest, daß das heutige menschliche Schicksal in der hier zu behandelnden Kultur auf jeden Fall als eine Wirklichkeit hingenommen und als solche bejaht wurde. Wenn jenes Urzeit-Ereignis in den zahlreichen Kult-Handlungen wiederholt und aufs neue dargestellt wird, so jedenfalls mit der Begründung, daß es notwendig sei, die heutige Seinsordnung alles Lebendigen zu erhalten. Da der erste Tod ein Töten war und dieser erste Tod die Zeugung und damit den Fortbestand des Lebens brachte, ist es wichtig, sich jenes ersten Todes aufs lebendigste zu ‚erinnern'. Darum gibt es eine Reihe von Kulten, in denen das Töten von Wichtigkeit ist." (a.a.O., 125)

Gegenüber der zögernden Haltung der Jäger „können die Feldbauern offenbar kein gottgefälligeres Werk tun als zu töten" (a.a.O., 121). Wie das Mondmädchen Rabie-Hainuwele bei seinem Hochzeitstod das Schweineopfer einsetzt, so wird durch die Tötung und den Verzehr eines Schweines (eines Tapirs oder einer Ziege) offenbar das Urzeitereignis der Tötung des göttlichen Wesens wiederholt, und eine gleichsinnige Bedeutung dürfte auch den Menschenopfern zukommen. Desgleichen scheint die — für uns grausige — Sitte der Kopfjagd durch die

607

„extreme Logik dieses mythischen Weltbildes" gefordert zu werden, so wie „bei bestimmten Feldbau-Völkern in Abessinien" ein Gesang Tötung und Fruchtbarkeit so verbindet: „Wer noch nicht getötet hat, der soll töten. Wer noch nicht geboren hat, der soll gebären." (a.a.O., 128) Daß der Kannibalismus sich folgerichtig aus diesem Weltbild ergibt, liegt auf der Hand, essen doch „die Menschen in der Tat ständig die getötete Gottheit", die sich bei ihrem Tod in die Nutzpflanzen verwandelte (a.a.O., 128), und sind doch die Menschen innerhalb dieses Weltbildes der frühen Feldbauern ihrem Wesen nach von pflanzlicher Natur.

So wird man sagen können, daß in der alten Pflanzerkultur das Töten eine völlig neue Bedeutung gewann und die neu gewonnene Einsicht in die Einheit von Tod und Leben dem Töten, der Jagd und dem Krieg eine zentrale Wichtigkeit für den Erhalt der Weltordnung verlieh. Jensen meint: „Dem Töten kommt für die Erhaltung des Lebens von Mensch und Tier eine eminente Bedeutung zu. Täglich tötet der Mensch, um sein eigenes Leben zu erhalten. Er tötet die Tiere, und offenbar wurde in jener Kultur — und das auch völlig mit Recht — das Ernten der Pflanze auch als ein Töten angesehen. Ohne das Töten ist die Erhaltung des Lebens überhaupt nicht möglich, und so wird es vielleicht auch verständlich, daß das erste Sterben mit einer Tötung verbunden wurde." (a.a.O., 147)

Von daher versteht man die ganze Ambivalenz, die dem Weltbild der frühen Pflanzer anhaftet. Man muß töten, um zu leben. Diese Notwendigkeit aber schwächt auch den Urzeitfrevel wieder ab. Wohl hörten wir von den Flüchen und Vorwürfen, mit denen Ameta und Saténe die Mörder Hainuweles bedachten. Dennoch ist jenes erste Töten des Mondwesens nicht eigentlich ein Mord, so wenig wie seine spätere rituelle Wiederholung als Kopfjagd oder kannibalistisches Menschenopfer. „Zwar ist die erste Tötung die Ursache der völligen Veränderung des menschlichen Lebens in der Urzeit, die in den Mythen wohl gelegentlich auch als Schuld und Sühne dargestellt werden; psychologisch ist das Schuldgefühl vom Töten ebensowenig zu trennen wie vom Zeugungsvorgang. Aber schon die Tatsache allein, daß die Wiederholung der Tat eine heilige Verpflichtung für die Menschheit ist, macht es ganz unmöglich, sie als Mord in der vollen Bedeutung dieses Wortes zu bezeichnen. Heroismus und Schuldgefühl klingen wohl... an, sind aber beide ursprünglich bestimmt nicht das Wesentliche. Dies muß viel elementarer gewesen sein ... die Urgewalt der Natur." (a.a.O., 147—149)

Daß das Töten überhaupt eine solch zentrale Rolle spielt, führt Jensen auf „die Beschäftigung mit der Pflanze" zurück. „Die Pflanze

wurde ständig getötet durch das Ernten der Früchte, und außerordentlich schnell war der Tod durch das neue Leben überholt. Hier konnte
dem Menschen die kombinatorische Erkenntnis aufleuchten, daß dieses
Schicksal ihn mit dem Tier, der Pflanze und auch mit dem Monde
verbinde. Es fällt hier auch Licht auf das meist mit dem Tötungs-Mythos
verbundene Motiv der Zerstückelung: gewinnen doch die Knollen-
Pflanzer ihre neuen Pflanzen, indem sie eine lebendige Pflanze ‚töten‘,
die Knolle zerstückeln und die Stücke in die Erde vergraben." (a.a.O.,
148) Die Menschenopfer und die Kopfjagd sieht Jensen indessen für
einen späteren Rationalismus und Realismus dieses Weltbildes an, für
eine „Hypertrophie" (a.a.O., 149) der kultischen Rituale, die sich nicht
mehr mit der Darstellung der Urzeitbegebenheit begnügen, sondern
diese selbst durch Menschen darstellen wollte.

Es wäre nun, wie Jensen recht überzeugend nachweist, eine vollkommen unwahrscheinliche Deutung, das Auftauchen dieses Weltbildes
von der getöteten Gottheit bei den alten Pflanzerkulturen an so weit
voneinander getrennten Orten (Indonesien, Afrika, Lateinamerika)
durch einen bloßen Parallelismus der Entwicklung erklären zu wollen.
Eine solche Auffassung ließe sich nur halten, wenn man annehmen
würde, daß die menschliche Seele so geartet sei, daß sie unter allen
beliebigen Umständen die gleichen Vorstellungen und Mythen produzieren müßte. Selbst als eingefleischter Schüler C. G. Jungs wird man
das nicht glauben können. Auch wenn Jung in dem Mythos von dem
göttlichen Mädchen einen weiteren Beweis seiner These von dem archetypischen Urbild der übergeordneten Persönlichkeit in dem Unbewußten
der Frau und in der Anima beim Manne erblickte (C. G. Jung -
K. Kerényi: Das göttliche Mädchen, 91; 104), so sind mit diesen
allgemeinen Auskünften doch noch nicht die vielen konkreten Übereinstimmungen in den Mythen der verschiedenen Völker erklärt und vor
allem nicht, wie die vielen Einzelanschauungen sich zu einem gemeinsamen Weltbild zusammenschließen konnten. Jensen hat gezeigt, daß
selbst, wenn man alle einzelnen symbolischen Entsprechungen des Hainu-
wele-Mythologems bei den verschiedenen Völkern aus der Gleichheit
der menschlichen Seele ableiten könnte, es immer noch unverständlich
bleiben müßte, wieso diese einzelnen Züge sich überall zu ein und
derselben einheitlichen Idee, zu ein und demselben Weltbild zusammen-
geschlossen haben. Während die einzelnen Bilder, Symbole, Motive des
Mythos zweifellos auch in rezenten Träumen angetroffen werden,
begegnet doch nirgendwo mehr der ursprüngliche Sinn der Mythe, der
die Welt als eine sinnvolle Einheit von einem urzeitlichen Geschehen her

zu deuten versucht (Jensen, 115). „Warum", fragt Jensen, „wird beispielsweise bei allen in Frage kommenden Völkern die Erkenntnis über die Schicksalsgleichheit von Mensch, Tier und Pflanze in die Form gekleidet, daß eine Gottheit getötet werden muß, um dadurch den ersten Tod und das Einsetzen der Zeugungsfähigkeit zu begründen?" (a.a.O., 117) Und er antwortet: „Wäre die kulturelle Gestaltung selbst schon in der Psyche vorgezeichnet, so ließe sich niemals erklären, warum nicht alle Völker alles in den seelischen Anlagen Gegebene gestaltet haben" (a.a.O., 119), d. h., es wäre selbst dann immer noch zu fragen nach den Bedingungen und Gründen, warum in einer bestimmten Kultur gerade diese Züge (z. B. Mond, Schwein, Kopfjagd, Feldfrucht, Mädchen, Zerstückelung) ausgewählt und zu einem organischen Sinnganzen verbunden wurden.

So bleibt also, wenn die psychologische Erklärung mit Hilfe der Hypothese vom kollektiven Unbewußten versagt, nur die kulturhistorische Erklärung für die weite Verbreitung des Hainuwele-Mythos: daß er nämlich einmal an einem bestimmten Ort durch eine einmalige Erfindung entstanden und dann durch Kulturtradition weitergegeben und ausgestaltet wurde. Wir hätten mithin allen Grund, den Angaben der Eingeborenen Glauben zu schenken, daß tatsächlich eine göttliche Persönlichkeit der Urzeit, „der Urvater oder die Göttin Saténe", die Ordnung der jetzigen Welt eingesetzt haben (Jensen, 145).

Soweit die Ansicht A. E. Jensens. Der Leser wird bereits begriffen haben, wieviel durch sie für die psa Diskussion um den Ursprung des Schuldgefühls verständlich wird. Im einzelnen sind es die folgenden Aspekte, die uns von größter Wichtigkeit sein müssen:

1) Es gibt, wie wir psa gesehen haben, eine Unvermeidlichkeit des Schuldgefühls aufgrund der Einrichtung unserer Triebnatur, einmal infolge der ambivalenten Gegensätzlichkeit ihrer Strebungen von Eros und Thanatos, Liebe und Haß, zum anderen infolge ihrer autonomen Eigengesetzlichkeit und Ungebundenheit an die Wertungen der Kultur.

2) Die Entstehung der Kultur selbst aber scheint das Ergebnis eines Mordes zu sein; daß die Menschen sich als sterbliche und zeugungsfähige Menschen empfinden und verstehen, scheint auf die Urtat des Mordes an einer Urzeitgottheit zurückzuführen zu sein. Die Ermordung einer Urzeitgottheit, die auch als „Urvater" oder späterhin als König auftreten kann, wie die Beispiele J. G. Frazers zeigen, scheint tatsächlich historisch stattgefunden zu haben und in engstem Zusammenhang zu den Grundlagen der Kultur in Form des Pflanzenanbaus (bes. der Knollen- und

Baumfrüchte) zu stehen. Lediglich die Interpretation, die Freud dem Mythos von der Ermordung des Urvaters vom Ödipuskomplex her gibt, ist nicht nur überflüssig, sondern einfach falsch. Der Mythos selbst ist nicht an die Gestalt eines Urvaters gebunden, sondern weist viel eher auf die Gestalt eines göttlichen Mädchens und auf das Reich der Mondgöttin hin. Gerade durch die Variationsbreite, die der Hainuwele-Mythos besitzt, wird es möglich, auch hinter den zahlreichen Fruchtbarkeitsmythen, die wir motivgeschichtlich zu Gn 9, 18—27 zusammengestellt haben, u. U. das gleiche Weltbild zu erkennen: das Thema der Kastration, das wir hinter dem Weinanbau-Mythos vermutet haben, ist sachlich dasselbe wie das Kopfjagdmotiv, das mit dem Pflanzenanbau verbunden wird. So meint Jensen ausdrücklich zu der griechischen Sage der Medusa (die mit der eleusinischen Kore Persephone identisch sein dürfte) und der Tat des Kronos, der den Uranos mit der (Mond-)Sichel verstümmelt, daß „auch diese Tötung... die Zeugung neuen Lebens zur unmittelbaren Folge" hat, und fügt hinzu: „Bei manchen Völkern kommt den Genitalien als erbeutete Trophäe an Stelle des Kopfes — bei anderen (so auch in Ceram) neben dem abgeschlagenen Kopf — eine analoge Bedeutung zu." (Jensen, 94—95) Ebenso dürfen wir hinter den Mythen aus dem indo-iranischen Raum von der Tötung des Soma bis hin zur Tötung der Stiere im Mithras-Kult das nämliche Weltbild von der getöteten Gottheit als Ursprung annehmen. (Vgl. die Analyse bei A. E. Jensen: a.a.O., 98—104) Und schließlich dürften hinter den Mythen „von Aphrodite und Adonis, der großen Mutter (Kybele) und Attis, Ischtar und Tammuz, Isis und Osiris" Variationen der gleichen Anschauungen stehen (Jensen, 97). Es macht also keinen erheblichen Unterschied, ob von dem Urvater, der Kore, der Mulúa, dem Kind der Großen Mutter oder dem König gesagt wird, daß durch seine oder ihre Tötung bzw. Kastration die Fruchtbarkeit des Lebens der Menschen, Pflanzen und Tiere hervorgehe und gegangen sei (vgl. Jensen: a.a.O., 60—61ff).

3) Es zeigt sich, daß wir mit Recht gegenüber der Freudschen Theorie von der Ermordung des Urvaters den Ursprung des Schuldgefühls in der oralen Ambivalenz gesehen haben, ontogenetisch in der oralen Phase, prähistorisch aber in der grundlegenden Entdeckung kultureller Nahrungsbeschaffung. Der Mord an der Urzeitgottheit ist nicht sexuell motiviert, sondern begründet allererst die Zeugungsfähigkeit des Menschen, die ja nur durch das Auftreten des Todes, d. h. durch den ersten Mord notwendig wird; wohl aber ist er unabtrennbar mit der Aufnahme der (Pflanzen-)Nahrung verknüpft. D. h.: wir stoßen hier offensichtlich auf das prähistorische menschheitliche Vorbild der oralen

Schuldthematik, die wir ontogenetisch in dem Text von Gn 3, 1—7 analysiert haben.

4) Von daher ist es möglich, wenngleich nicht beweisbar, daß es kein Zufall ist, wenn in Gn 3, 1—7 von Bäumen und Früchten die Rede ist; es könnte sein, daß sich darin tatsächlich sowohl älteste menschheitliche Erinnerung, als auch aktuelle religiöse Weltdeutung widerspiegelt, nach der das Essen von Baumfrüchten eine schuldhafte, weil mörderische Tat war, auf die der Tod (Gn 3, 4.19) und die Zeugungsfähigkeit (Gn 3, 20) folgte, durch die also der Mensch zu dem wurde, was er heute ist. Gn 3, 1—7 griffe dann ein in der Tat menschheitliches Thema auf, das urzeitlich ist und nach allem, was wir wissen, ein einmaliges historisches Ereignis reflektiert, das durch Kulturtradition weitergegeben wurde und die Grundlage der weiteren Menschheitsentwicklung bildete.

5) Andererseits ist der Graben wichtig, der die j Erzählung von dem Hainuwele-Mythos trennt. Die Mythen der frühen Pflanzer suchen die Form des jetzigen Menschseins zu begründen, und das gleiche kann man von Gn 3, 1—7 sagen. Aber während das Motiv der Schuld in den Hainuwele-Mythen nur anklingt, ist es in dem biblischen Text zentral. Dieser außerordentlich wichtige, ganz entscheidende Unterschied manifestiert sich in dem Verhältnis der j Urzeitmythen zum Kult: überall dienen die Urzeitmythen nicht nur dazu, die gegenwärtige Welt zu begründen, sondern sie sind zugleich Anweisungen für ein Ritual, das die Welt in ihrer jetzigen Form erhält, indem es das Urzeitgeschehen wiederholt. Insofern hat Jensen recht, wenn er bemerkt, daß bereits die rituelle Ermordung der Dema-Gottheit beweise, daß die Urtat nicht eigentlich als Mord (und Schuld) bewertet, sondern das Dasein in der jetzigen Gestalt akzeptiert werde. Gerade hierin, in diesem Kernpunkt, wie das Urzeitgeschehen zu bewerten sei, unterscheidet sich Gn 3, 1—7 von dem Pflanzer-Mythos. Nicht nur, daß die Bibel keine rituelle Wiederholung der j Urzeitmythen kennt, sie *kann* eine solche rituelle Wiederholung auch gar nicht kennen, da sie in der Konstituierung der jetzigen Menschenwelt durch das urzeitliche Handeln nichts anderes als Schuld erblickt. Weit davon entfernt, die jetzige „Ordnung" ihrer scheinbaren Unvermeidlichkeit wegen als berechtigt hinzunehmen, steht das Werturteil der Bibel eindeutig fest: das Allgemeinmenschliche, das, was die heutige Form des menschlichen Daseins durch ein urzeitliches Tun begründet hat, war und ist das Unberechtigte, etwas, das nie hätte sein sollen und das den Menschen in vollständiges Unheil gestürzt hat, das also als solches auch nicht kultisch zu wiederholen, sondern nur von Gott her zu korrigieren ist.

6) Hier liegt nun das eigentliche sachliche Problem der j Urgeschichte: wie kann das Unvermeidliche schuldhaft sein?

Auf eine eigentümliche Weise sehen wir, wie in dem Hainuwele-Mythos Schuld und Notwendigkeit miteinander verflochten wird. Die urzeitliche Tat ist dort ganz und gar ambivalent: sie beendet einen paradiesischen Zustand durch den Mord an einer Urzeitgottheit, zugleich aber begründet sie das gegenwärtige Menschsein in seiner nicht weiter hinterfragbaren Form. Dabei basiert das Weltbild der frühen Pflanzer auf der Entdeckung der (vegetativen lunaren) Einheit von Tod und Leben. In diesem Zusammenhang scheint auch das Töten der Tiere und die Jagd eingeordnet zu werden: was der Jäger eigentlich nicht getan haben wollte, macht der Pflanzer zu einem zentralen Punkt seines Weltbildes und seines Verhaltens: das Töten erweist sich als ein notwendiger Bestandteil der Naturordnung. Daß auch in Gn 4, 3—16 der Bauer Kain der erste Mörder ist, könnte vielleicht damit zusammenhängen.

Das Problem ist nun dieses: offensichtlich kann sich J nicht dazu entschließen, das Weltbild der getöteten Gottheit (das im Christentum, wenngleich unabhängig vom Fruchtbarkeitskult und vom lunaren oder solaren Weltbild, fortlebt) zu rezipieren; die Vorstellung von der Tötung Gottes ist schlechterdings vollständig gelöscht worden. Jahwe stirbt nicht, noch wird er getötet. Die Schuld des Menschen ist also nicht die Ermordung des Gottes, sondern das Übertreten seines Gebotes. Dies gilt bereits für das vorbiblische Stadium der mündlichen Tradition des Mythos von Gn 3, 1—5.6—7. Wie aber läßt sich diese theologische Konzeption gegenüber den von uns jetzt psa und kulturgeschichtlich erhobenen Gegebenheiten rechtfertigen? Hat nicht der Hainuwele-Mythos recht, wenn er auf die Einheit von Tod und Leben hinweist und auf die Notwendigkeit, töten zu müssen, um am Leben zu bleiben? Nicht nur, daß ontogenetisch wie phylogenetisch das Auftreten des Schuld*gefühls* notwendig ist, es erscheint tatsächlich das gesamte menschliche Dasein als Schuld, als ein unabwendbares Töten- und Verzehrenmüssen; und die ontogenetische Erfahrung der oralen Ambivalenz, daß der Säugling (real und in der Phantasie) zerstören muß, was er liebt, hat ihre Parallele in der menschheitlichen Erfahrung, daß Leben Töten ist. Bleibt es also nicht notwendig bei dem schwermütigen Lied aus Goethes „Wilhelm Meister"? Und wie läßt sich, wenn die Triebnatur des Menschen so beschaffen ist, daß zu ihr Haß *und* Liebe gehören, und wenn die menschliche Kultur entstanden ist aus der zentralen Einsicht in die Zusammengehörigkeit von Tod und Leben, Entstehen und Vergehen in der Natur, — noch von Schuld sprechen, wenn die Menschen fremdes Leben töten müssen, um selbst am Leben zu bleiben?

Es ist kein Zweifel, daß die j Urgeschichte im Grund dasselbe Thema hat wie der Hainuwele-Mythos: sie will, wie dieser, die Entstehung des heutigen Menschseins beschreiben. Aber das Aufregende, beinahe Widersinnige ist, daß sie das anscheinend völlig Unvermeidbare als nicht gerechtfertigt und nicht zu rechtfertigen hinstellt, und daß sie das, was uns von den jetzigen Ergebnissen her als ganz und gar notwendig erscheint, als eine freie Tat des Menschen und als eine Gebotsübertretung hinstellt.

Wir sehen noch lange nicht ab, wie wir dieses Problem lösen könnten; wir verstehen aber, daß es mit historischen oder naturwissenschaftlichen Methoden nicht zu lösen ist; wenn es eine Antwort auf diese Fragen gibt, dann ganz allein von der Philosophie her, und klar ist, daß die Antwort, die philosophisch gegeben wird, für das Verständnis der j Urgeschichte von ganz wesentlicher Bedeutung ist. Das Problem, das wir der philosophischen Reflexion des Textes vorlegen müssen, lautet jetzt so: in dem Hainuwele-Mythologem, in dem Weltbild von der getöteten Gottheit, werden die Menschen zu wirklichen Menschen, indem sie durch eine Urzeittat schuldig werden. Ihre eigentliche Schuld aber besteht darin, daß sie den Zusammenhang von Tod und Leben, wie er in der Natur herrscht, übernehmen. Desgleichen lernten wir von der Psa, daß das, was den Menschen schuldig macht, in der Übernahme seiner Triebnatur liegt. Andererseits ist gerade dieser Schritt unvermeidlich, und insofern ist das, was den Menschen schuldig spricht, zugleich seine Entschuldigung. Die Schuld des Menschen ist letztlich eine Schuld, die in der Natur selbst liegt.

Gerade gegen diesen Gedanken wehrt sich die j Theologie. Indem die j Urgeschichte den Menschen uneingeschränkt für sein Dasein verantwortlich macht und schuldig spricht, stellt sie uns vor das Problem, zu erklären, wie der Mensch existieren könnte, ohne die Ordnung der Natur in seinem Verhalten zu kopieren. Daß wir sagen, J verstehe den Menschen als freies Wesen, ist eine richtige, aber unzureichende Antwort; denn gerade die Freiheit des Menschen ist es offenbar, die die Menschen im Hainuwele-Mythos das Sterben in der Natur als einen Mord, als die Äußerung einer Willenshandlung, verstehen läßt. Irgendwie scheint es so zu sein, als wenn die Freiheit des Menschen, wenn sie sich von der umgebenden Natur her versteht, nicht anders kann, als deren Ordnung nachzubilden und darin ebenso schuldig wie freigesprochen zu werden. Die These taucht als Möglichkeit auf, daß überhaupt erst die Vorstellung eines persönlichen Gottes, der Befehle und Gebote geben kann, den Begriff der Schuld und die Erfahrung wirklicher Schuld ermöglicht. Es sieht so aus, als sei der Glaube an Jahwe die unerläßliche Voraussetzung dafür, daß J das menschliche Dasein schuldigsprechen kann — und auch die Hoffnung an eine Erlösung durch Gott zu formulieren vermag.

Sollte man also denken, daß der Glaube an Gott dem Menschen allererst die Möglichkeit gibt, sein Dasein auf der Grundlage der Natur als schuldig zu erkennen und eine Alternative dazu zu finden? Daß der Mensch erst dann, wenn er an Gott glaubt, aus dem mörderischen Kreislauf des Stirb und Werde heraustritt? Daß er erst dann von der Naturnotwendigkeit des Tötens frei wird? Uns schwebt die These vor, daß erst der Glaube an Gott die Unvermeidlichkeit der Schuld vermeidlich macht, daß es erst durch den Glauben an Gott beides gibt: Schuld wie Erlösung und beides an der Einstellung zu Gott hängt. Aber es ist noch ein langer Weg, um dieses scheinbare Paradoxon der Bibel zu verstehen: daß die Schuld der Menschen unvermeidlich sein muß, um wirklich urzeitlich und allgemeinmenschlich zu sein, und doch vermeidlich sein muß, um wirklich Schuld zu sein. Nur soviel wissen wir: ohne eine hinreichende (philosophische) Bestimmung des Verhältnisses von Freiheit und Notwendigkeit, Kultur und Natur, Sittlichkeit und Gesetz werden wir das Problem nicht lösen und den Schritt von der Mythologie der Völker zur j Theologie nicht vollziehen können.

C. ZUSAMMENFASSUNG, FRAGEN UND ENTWÜRFE

Ziehen wir aus der psa Unterschung der j Urgeschichte die Bilanz, so lassen sich neben einer recht beträchtlichen Anzahl von Detaileinsichten in die Thematik der einzelnen Abschnitte von Gn 2—11 die folgenden Punkte als wesentlich herausstellen:

1) Die Einheit von Gn 2—11: Die psa Unterschung hat zuallererst eine wichtige methodische Erkenntnis der Exegese der j Urgeschichte bestätigt; indem wir die Abfolge der einzelnen Themenkreise auf bestimmte phasenspezifische Konfliktstellungen einzelner Entwicklungsabschnitte der Psychogenese des Individuums zurückführen konnten, stellte sich unter psychologischem Aspekt die j Urgeschichte als eine in sich geschlossene Entwicklungsgeschichte zwischen Geburt und Reifung dar, und zwar in eben den Stadien, die von einem jeden in seiner Entwicklung durchlaufen werden. Daraus ergibt sich nicht nur eine Bestätigung des methodischen Postulates der Exegese von Gn 2—11, die j Urgeschichte als eine Einheit zu interpretieren, sondern es zeigt sich zugleich, daß die einzelnen Abschnitte der j Urgeschichte als unumkehrbare, einlinige Entwicklungs- und Reifungsabschnitte verstanden werden müssen: Gn 2—11 ist nur als eine Entwicklungseinheit zu verstehen. Auf diese Weise zeigte die psa Untersuchung, daß die Auswahl der einzelnen Motive trotz ihrer oft bizarren Eigentümlichkeit ebenso wenig beliebig ist wie ihre Anordnung. Nicht nur, daß damit der Einblick in den konkreten Sinn der jeweiligen Motive vertieft, ja z. T. überhaupt erst (z. B. in Gn 9, 18—27) verständlich wird, — die psa Untersuchung erlaubt zugleich die Entwicklung eines einheitlichen Gesichtspunktes, unter dem die gesamte j Urgeschichte wirklich als eine organische Einheit verstanden werden kann.

2) Die Verbindung von Ontogenese und Phylogenese: Die Exegese der j Urgeschichte ergab, daß die Aussagen von Gn 2—11 als Urzeitgeschehen im Bilde einzelner Gestalten menschheitliche Bedeutung besitzen. Damit stellte sich (das exegetisch nicht lösbare) Problem, wie das Schicksal des Einzelnen mit dem Schicksal aller zusammenhängen kann, wie Urzeitliches gegenwärtig, Allgemeines individuell und Individuelles allgemein sein kann. Das Modell einer Antwort (nicht schon die

Antwort selbst) hat die Psa anzubieten. Indem sie die Ontogenese als Rekapitulation der Phylogenese versteht, bringt sie ein Betrachtungsschema mit, das es erlaubt, die Entwicklungsgesetze der Individualentwicklung als Niederschlag und Erinnerungsspuren vergangener grundlegender Ereignisse der Prähistorie zu verstehen, in denen die Menschheit als ganze ihre gegenwärtige Gestalt erhalten hat und die von einem jeden einzelnen auf seinem Weg zum Menschsein wiederholt und durchlaufen werden müssen. Das vergangene Einmalige erscheint so als das allgemeingültige Gegenwärtige, und dieses wiederum wird als das Allgemeine im Schicksal eines jeden einzelnen konkret.

3) *Gn 2—11 als ein Prozeß von Krankheitswert:* Als das wichtigste Ergebnis der ganzen psa Betrachtung der j Urgeschichte wird man die (bereits exegetisch grundgelegte) Erkenntnis festhalten müssen, daß Gn 2—11 nicht einfachhin als eine Entwicklung, sondern wesentlich als eine Fehlentwicklung zu betrachten ist. Indem die Psa selbst als therapeutisches Instrument zur Behandlung von Neurosen entwickelt wurde, erwies sie sich als hervorragend geeignet, das Krankhafte, Übersteigerte, Perverse an den Stoffen der j Urgeschichte begrifflich zu fassen. Da sie selbst anhand der Krankheitsbilder einzelner Patienten Einsichten in die Struktur der menschlichen Psyche gewann und erkannte, daß die neurotischen Konflikte lediglich Steigerungen ubiquitärer, allgemein menschlicher Konflikte darstellen, weist sie selbst eine Blickrichtung auf, die der Darstellungsweise der j Urgeschichte analog ist: hier wie dort wird das einzelne Krankheitsbild ins Allgemeingültige übertragen. Zugleich liegt an dieser Stelle der Unterschied zwischen der psa Auffassung vom Menschen und dem Bild, das J in seiner Urgeschichte entwickelt. Denn die Psa kann das Bild der Neurose zwar qualitativ, nicht aber quantitativ ins anthropologisch Grundsätzliche verlängern, d. h., sie muß den Begriff der Krankheit aus dem Qualitativen entfernen und allein ins Quantitative verlagern: die Neurose kann nicht allgemein sein, sie ist lediglich die krankhafte Steigerung des Allgemeinen. Nicht so die j Urgeschichte; auch in ihr geht es um das Fehlerhafte, Krankhafte, aber sie will gerade dies als allgemein-menschlich hinstellen. Das psychologisch Unmögliche (die Verallgemeinerung des Krankheitsbegriffs) war gerade das theologisch Beabsichtigte. Wir nannten daher die Sünde, wie sie in der j Urgeschichte dargestellt wird, eine „Neurose vor Gott".

4) Die j Urgeschichte erschien uns exegetisch als *die Darstellung des stets vergeblichen Bemühens des Menschen,* nach der Vertreibung von Gott auf künstlichem Wege die Einheit mit Gott wiederherzustellen. Innerhalb der psa Betrachtung stellt sich dieses Bestreben als Folge des

Triebwunsches dar, zu der verlorenen Geborgenheit und Einheit des vorgeburtlichen Lebens zurückzukehren. Indem die Anstrengungen des Menschen auf einen äußeren Ersatz für die ursprüngliche Einheit mit der Mutter gerichtet sind, wächst jedoch der innere Abstand von dem eigentlichen Triebobjekt. Diese kulturell wertvolle Sublimation der regressiven Libido muß psa als eine gelungene Lösung des „Traumas der Geburt" gewertet werden; erst theologisch bekommt das menschliche Kulturstreben den Charakter von etwas Krankhaftem, Übersteigertem, insoweit es zu einem Ziel der zivilisatorischen Bemühungen wird, das „Paradies", die Einheit mit Gott, gewissermaßen technisch zu arrangieren und den Verlust Gottes durch künstliche Surrogate zu befriedigen.

5) *Die dynamische Struktur der Umkehrung:* Vom klinischen Bild der Neurose konnten wir ein Modell für die bereits exegetisch zu beobachtende Gegenläufigkeit von Ziel und Ergebnis des menschlichen Handelns gewinnen. Das psa Gegensatzpaar von Hemmung und Haltung macht psychologisch verständlich, wieso Patienten immer wieder gerade das erreichen, was sie am meisten vermeiden wollen, wie sie unbewußt durch ihre Haltung bewirken, was sie in ihrer Gehemmtheit im Bewußtsein ängstlich zu vermeiden trachten; und wenngleich es natürlich nicht möglich ist, die Unterscheidungen von bewußt — unbewußt, Verdrängung, Hemmung, Haltung etc. am biblischen Text zu belegen, so erweist sich doch die psa Dialektik als ein strukturelles Analogon der theologischen Dialektik, daß die Menschen in ihrer Angst vor Gott immer wieder gerade das tun, was sie unter allen Umständen vermeiden wollen. Ineins damit konnten wir die Struktur des neurotischen Teufelskreises, der „Barockvolute" der Neurose, zum Vergleich mit der sich gegenseitig steigernden Spiralenbewegung von Angst und Schuld, Minderwertigkeit und Überkompensation heranziehen.

6) *Die Unmöglichkeit einer Selbsterlösung:* Im exegetischen Teil der Arbeit definierten wir das Bemühen der Menschen in der j Urgeschichte als einen — verzweifelten — Versuch, ohne Gott die Lebensgüter zu erreichen, die nur in Gott gegeben sein können. In ähnlicher Weise läßt sich die Neurose als der Versuch einer Selbstheilung verstehen, um durch sich selbst zu erreichen, was nur in Gemeinschaft mit dem Therapeuten zu erreichen ist. Hier wie dort zeigt sich dabei eine eigentümliche Unfreiheit, aus dem Gefängnis der einmal gesetzten Angst zu entrinnen. Die innere Unfreiheit und „Panzerung" nimmt immer mehr zu, je mehr scheinbar an Freiheit und Unabhängigkeit erstrebt wird. Wie die Neurose den Versuch einer Selbstheilung angesichts der Unmöglichkeit einer Selbstheilung darstellt, so ist die Sünde der Versuch, Gott zu

ersetzen angesichts der Unmöglichkeit eines Ersatzes für Gott. In der Neurose wie in der Sünde gibt es eine Heilung nur von außen. Indem der Therapeut die Mechanismen des Wiederholungszwanges auf sich lenkt, zeigt er, wie unberechtigt die Ängste und Schuldgefühle (der traumatisierenden Situation) im Grunde sind. So taucht ein Modell von Erlösung auf, innerhalb dessen die Befreiung des Menschen von der Sünde ganz und gar allein von Gott kommen muß, da die Sünde gerade in der Illusion einer Selbstrettung besteht, und in dem die Erlösung geschieht, weil Gott selbst das Geflecht der Angst und der Schuld auf sich selbst lenkt, um es an seiner eigenen Person aufzulösen.

Bis dahin scheint das Neurosemodell der Psa als interpretatives Instrument bei der Untersuchung der j Urgeschichte sich zu empfehlen und zu bewähren. Andererseits zeigt sich gerade in dem Maße, in dem die psa Interpretation sich als nützlich für das Verständnis von Gn 2—11 erweist, wie eng die Grenzen des Geltungsbereichs der psa Methode sind, und wie groß das Feld der übrigbleibenden Fragen ist. Im Grunde sind richtig gestellte Fragen nichts anderes als Programme und methodische Anweisungen zum Weiterarbeiten; der folgende *Fragenquerschnitt der noch ungelösten Probleme* der j Urgeschichte ist also zugleich ein Exposé für den abschließenden systematischen Teil der Arbeit. Im wesentlichen sind es diese Punkte, die von dem bisherigen Gang der Untersuchung her anstehen:

1) Der Widerspruch von Freiheit und Notwendigkeit: Die psa Theorie ist, wie wir sahen, ein naturwissenschaftliches funktionales Modell, das den Begriff der Freiheit methodisch ausklammert. Damit entfällt für die Psa selbstredend auch die moralische Kategorie der Schuld; übrigbleibt allenfalls der soziologische Begriff der Schuld als Nichtübereinstimmung eines bestimmten individuellen Verhaltens mit bestimmten Normen einer Bezugsgruppe bzw. der psychologische Begriff des Schuldgefühls als Konflikt zwischen den verinnerlichten Normen der Gesellschaft im Überich und den Strebungen des Es. Hier wie dort hat man es mit der Beschreibung von Widersprüchen zu tun, die soziologisch wie psa als Wirkungen vorangegangener Ursachen verstanden und durch Rückführung auf dieselben erklärt werden sollen. Der moralische und theologische Begriff der Schuld aber setzt den Begriff der Freiheit voraus; und so stellt sich das philosophische Problem der Vereinbarkeit von Freiheit und Notwendigkeit. Diese alte Kantische Fragestellung wollen wir zunächst auch von der Philosophie Kants angehen. Die Frage muß sein, wie die Sünde des Menschen von J als ein notwendiger Pozeß beschrieben werden kann, der dennoch und sogar gerade deswegen Schuld ist.

2) Bei der psa Interpretation der j Urgeschichte sind wir auf ein Problem aufmerksam geworden, das im Grunde von J selbst her unmöglich gestellt werden kann, das sich aber doch bei der Interpretation der j Erzählungen als Rückfrage ergibt. Die Allgemeinheit der menschlichen Schuld, die J theologisch behauptet, findet ihr psa Pendant in der *Lehre von der verhängnisvollen Unvermeidlichkeit des Schuldgefühls*, und diese besteht u. a. in dem unvermeidbaren *Konflikt von Trieb und Moral*, von Natur und Kultur. Da die Analyse der mythischen Erzählungen von Gn 2—11 immer wieder auch auf triebhafte Regungen traf, die von „Gott" verboten waren, ist es der Mühe wert zu überlegen, inwieweit eine Auffassung in der Bibel ihren Rückhalt finden kann, die das Böse wesentlich in dem Widerstreit von „Sinnlichkeit und Sittlichkeit" erblickt; auch hier hat als erster I. Kant eine Theorie vorgelegt, die, mit Berufung auf die biblische Urgeschichte, die Meinung vertritt, daß das Böse im Menschen in der Übernahme der Triebregungen durch die menschliche Freiheit zu erblicken sei und daß das Böse als eine Art tierischen Reliktes im Menschen durch die fortschreitende Entwicklung der menschlichen Kultur überwunden werden könne. Es wird die Frage an den biblischen Text sein, wie sich diese moderne evolutive Auffassung des Bösen mit der j Auffassung vom Bösen verträgt.

3) Ein Problem läßt sich indessen hier bereits voraussehen: wenn wir kantianisch den Begriff der Schuld an die menschliche Freiheit binden, so wird es zwar möglich sein zu sagen, daß die Menschen schuldig werden *können*, aber es ist völlig ausgeschlossen, wie J zu sagen, daß die Menschen schuldig *sind*. Daraus geht hervor, daß der Begriff der Schuld von J her nicht erst an die möglichen Entscheidungen der Freiheit, sondern bereits an das Auftauchen der Freiheit selbst gebunden sein muß. So hat man in der Tat den j Text verstehen wollen, zuerst am umfassendsten und im Rahmen eines glänzenden philosophischen Systems G. W. F. Hegel. Als das Böse verstand er nicht erst die Entscheidungen der Freiheit, sondern er sah im Bösen die notwendige Phase der Entwicklung des Bewußtseins zur Freiheit, die als bloße Negation sich zunächst in falscher Weise absolut setze. Diese Lehre von der *Notwendigkeit des Bösen aufgrund der menschlichen Freiheit* scheint offensichtlich etwas Richtiges zu enthalten, wenngleich schon im voraus die Mutmaßung geäußert werden darf, daß die Hegelsche Dialektik, welche die Negation des Bösen für ein Entwicklungsmoment des geistigen Prozesses selbst ausgibt, also als eine unerläßliche Durchgangsphase auf dem Weg zur

Erlösung, zur Einheit von Gott und Mensch, versteht, dem biblischen Text nicht gerecht werden kann.

4) Es wird daher weiter zu untersuchen sein, ob und wie *die Strukturen der Freiheit als die Strukturen des Bösen* verstanden werden können, ohne daß sie bereits von einer höheren Notwendigkeit des Guten umfangen sind. Ist es möglich, die Freiheit selbst als das Böse zu verstehen? An dieser Stelle werden wir die von Hegel herkommende Philosophie J. P. Sartres aufgreifen können und müssen, die zeigt, wie die Freiheit als abgefallenes Sein Strukturen aufweist, die wir aufs engste mit unseren exegetischen und psa Beobachtungen in der j Urgeschichte in Verbindung bringen können. Wir werden nämlich finden, daß wir den psa zentralen Begriff der (Abtrennungs-)Angst tiefer und grundlegender von der menschlichen Existenz als radikaler Freiheit selbst her verstehen können, insofern das (menschliche) Dasein selbst Angst ist. Von daher wird zu verfolgen sein, in welcher Weise die Existenzangst der Freiheit vom Menschen verarbeitet wird. Eine existentialanalytische Untersuchung wird notwendig werden, die die neurosenpsychologischen Ergebnisse der psa Untersuchung philosophisch vom Begriff der Freiheit nachzeichnet und das Antriebsgeschehen des Menschen nicht nur biologisch „erklärt", sondern existentialanalytisch verstehbar macht.

5) Wie wir sahen, ist die j Urgeschichte zweizeitig aufgebaut, und zwar so, daß die Entwicklungsabschnitte vor der Großen Flut das Menschsein begründen, während die Abschnitte danach anzeigen, wie sich die Welt des Menschen sozial und geschichtlich gestaltet. Das bedeutet, daß wir desgleichen nicht bei einer bloßen Analyse der menschlichen Existenz stehen bleiben können, sondern zeigen müssen, wie sich unter den Voraussetzungen, die durch die menschliche Existenz gegeben sind, die Strukturen des Sozialen und Geschichtlichen formieren. Diese Aufgabe wird uns dadurch erheblich erleichtert, daß Sartre selbst seine *Existenzphilosophie zur Sozialphilosophie* ausgeweitet und darin die Analyse des abgefallenen Daseins durch eine Analyse der sozialen Entfremdung ergänzt hat. So gewinnen wir die Möglichkeit, über die psa Untersuchung hinaus die soziologischen Dimensionen der j Urgeschichte aufzugreifen und zugleich ein Modell zu erarbeiten, das uns den *Zusammenhang zwischen dem Einzelnen und dem Allgemeinen* verstehen läßt und die alte Frage beantwortet, wie die Einzelgestalten der j Urgeschichte als Repräsentanten der Menschheit auftreten können; die historisch-genetischen Beziehungen zwischen Ontogenese und Phylogenese, auf die wir psa aufmerksam wurden, werden sich dann philosophisch fundieren lassen.

621

6) Gleichwohl läßt sich bereits absehen, daß die dialektische Einheit von Freiheit und Schuld nicht die Anschauung der j Urgeschichte sein wird. Mag es auch philosophisch einleuchtend sein, daß Freiheit Angst ist und die Strukturen der Angstverarbeitung den Strukturen der psa Neurosenlehre, mit denen wir die j Urgeschichte interpretieren konnten, äquivalent sind, so kann doch der Begriff der Schuld wiederum nicht angewandt werden, wenn mit dem Auftreten der Freiheit selbst die Strukturen gegeben sind, die J in Gn 3—11 als die Formen der Sünde darstellt. Die Frage muß daher sein, worin die Schuld dafür liegen kann, daß die Freiheit des Menschen zur Angst und damit zu dem psychologisch notwendigen Prozeß der Schuld gerät. Hier verdanken wir S. Kierkegaard die Einsicht in den entscheidenden *Gegensatz von Verzweiflung und Glauben* als den beiden möglichen Antworten auf die Angst der Freiheit. Denn wenn die Sünde bei J als notwendig erscheint, so muß die Schuld gerade darin liegen, daß diese Notwendigkeit der Sünde überhaupt besteht. Wir gelangen damit zu der Kierkegaardschen These, daß die Freiheit sich in der Sünde selbst — infolge der Angst — die Freiheit nimmt und daß es keine andere Freiheit für unsere Freiheit gibt als den Glauben an Gott.

Die Themen von Gn 2 — Gn 6 hatten wir psa mit den 4 Grundformen der Neurose in Beziehung gesetzt; indem Kierkegaard zeigt, wie die menschliche Existenz selbst sich in die verschiedenen Formen der Daseinsverkürzung und -verfehlung bindet, um der Angst des Daseins zu entrinnen, erhalten wir ein zusammenhängendes Verständnis von der eigentlichen Schuldhaftigkeit des menschlichen Verhaltens in den Anfangskapiteln der j Urgeschichte; sie muß darin bestehen, daß die Angst nicht durch den Glauben überwunden wird.

7) Der Gang dieser nicht einfachen, gedanklich schwierigen Untersuchung wird, wie man sieht, die wesentlichen neuzeitlichen Theorien über die Ursachen des Bösen im Menschen umfassen; die Mühe, der wir uns unterziehen wollen, dürfte sich lohnen, wenn es uns gelingt, nicht nur die j Aussagen klarer zu interpretieren und sie in den Kategorien unseres Denkens wiederzugeben, sondern zugleich damit auch die j Position von anderen philosophischen Lösungsversuchen des Problems der menschlichen Schuld abzugrenzen. Dabei werden wir als das vielleicht wichtigste Ergebnis der ganzen Arbeit zeigen können, welch eine absolute Bedeutung der Beziehung des Menschen zu Gott zukommt. Indem wir aufweisen, wie die menschliche Existenz ohne den Glauben an Gott beschaffen ist, wird zugleich deutlich werden, wer „Gott" in der j Urgeschichte ist. Denn weder können wir einen bestimmten fertigen Gottes-

begriff der j Betrachtung unterlegen, noch können wir ohne weiteres die theologische Bildersprache der j Urgeschichte als religiöse Realität ohne Übersetzung rezipieren. Erst wenn wir verstehen, was Gott für den Menschen in der j Urgeschichte bedeutet, werden wir die Gefahr vermeiden, uns ein Bild von Gott nach eigenem Gutdünken zurechtzuschnitzen oder aber in rein historischen Wendungen der Sprache Kanaans stehen zu bleiben. Da der markierte vor uns liegende Untersuchungsgang sich an wesentliche Stadien der neuzeitlichen Philosophie anlehnt (Kant, Hegel, der Existentialismus), dürfen wir hoffen, mit dieser Arbeit auch einen Beitrag zu der Diskussion um *das theologische Gottesbild* und die Verwendbarkeit bestimmter philosophischer Systemansätze in der theologischen Systematik zu liefern.

> *„Man hatte vor tausend Dingen Angst . . . vor dem Schlaf, . . . vor dem Erwachen, . . . vor dem Alleinsein, . . . vor dem Tode . . . Aber all das waren nur Masken und Verkleidungen. In Wirklichkeit gab es nur eines, vor dem man Angst hatte: das Sichfallenlassen, den Schritt in das Ungewisse hinaus, den kleinen Schritt hinweg über all die Versicherungen, die es gab. Und wer sich einmal, ein einziges Mal hingegeben hatte, wer einmal das große Vertrauen geübt und sich dem Schicksal anvertraut hatte, der war befreit."*

(H. Hesse: Klein und Wagner; sv Bd. 43, S. 149—150)

LITERATURVERZEICHNIS

(zitiert nach der jeweils zuletzt genannten Ausgabe;
vgl. auch die Literaturangaben zum Vorwort des 1. Bandes, LX—LXIII)

I. Zur Mythologie und Ethnologie

1. Allgemeines

J. J. Bachofen: Das Mutterrecht. Eine Untersuchung über die Gynaikokratie der Alten Welt nach ihrer religiösen und rechtlichen Natur ([1]1861; [2]1897); hgg. v. K. Meuli; Basel [3]1948

A. Bastian: Zur naturwissenschaftlichen Behandlungsweise der Psychologie durch und für die Völkerkunde. Einige Abhandlungen, Berlin 1883

J. H. Becker: Saga I; Mahabharata. Der Große Krieg, Berlin 1888

R. Cook: De Levensboom. Symbool van het Middelpunt, Bussum 1974

M. Eliade: Le chamanisme et les techniques archaiques de l'extase, Paris 1951; dt.: Schamanismus und archaische Ekstasetechnik, Zürich 1957; Frankfurt 1975 (suhrkamp taschenbuch wissenschaft 126); übers. v. I. Köck

— Le Mythe de l'Éternel Retour. Archétypes et Répétition; dt.: Kosmos und Geschichte. Der Mythos der ewigen Wiederkehr, Düsseldorf 1953; Hamburg (rde 260) 1966; übers. v. G. Spaltmann

— Das Heilige und das Profane. Vom Wesen des Religiösen, Hamburg (rde 31) 1957; übers. aus dem Französischen

J. G. Frazer: The Golden Bough, London [3]1911, 12 Bde.; abgek. Ausgabe 1922; danach: dt.: Der goldene Zweig. Das Geheimnis von Glauben und Sitten der Völker; abgekürzte Ausgabe, Leipzig 1928; übers. v. H. v. Bauer

— The Folk-Lore in the Old Testament, London 1913, 3 Bde.; dt.: Die Arche, Biblische Geschichten im Lichte der Völkerkunde; abgekürzte Ausgabe; Stuttgart 1960; übers. u. hgg. v. G. Lisowsky

L. Frobenius: Das Zeitalter des Sonnengottes, I. Bd., Berlin 1904 (II. Bd. nicht erschienen)

A. v. Gennep: Initiationsriten; in: V. Popp (Hg.): Initiation. Zeremonien der Statusänderung und des Rollenwechsels. Eine Anthologie; Frankfurt 1969; S. 13—44; übers. v. V. Popp

H. v. Glasenapp: Glaube und Ritus der Hochreligionen in vergleichender Sicht, Frankfurt 1960 (Fischer Tb. 346)

P. Grimal (Hg.): Mythologies, Paris 1963; dt.: Mythen der Völker, 3 Bde.; Frankfurt 1967 (Fischer Tb. 789, 799, 805); übers. v. H. Stiehl, L. Voelker, E. Ehm, E. Serelmann-Küchler, H. v. Born-Pilsach, J. Wiesner, B. Ronge, H.-W. Höner, I. Tödt, J. Niederehe; daraus:

    1. Band: B. van de Walle: Die Mythologie der Ägypter, 35—83
              M. Vieyra: Die Mythologie der Sumerer, Babylonier und Hethiter, 84—131
              A. Caquot: Die Mythologie der Westsemiten, 132—149
              P. Grimal: Die Mythologie der Griechen, 150—296

    2. Band: J. Herbert: Die Mythologie der Inder, 50—173
              M. Soymie: Die Mythologie der Chinesen, 261—303

    3. Band: A. Métraux: Die Mythologie der Südamerikaner, 198—214

G. Hüsing: Die iranische Überlieferung und das arische System, Leipzig, 1909; Mythologische Bibliothek, hgg. v. d. Gesellschaft für vergleichende Mythenforschung, 2. Bd., Heft 2; eigene Seitenzählung

A. E. Jensen: Die getötete Gottheit. Weltbild einer frühen Kultur, Stuttgart-Berlin-Köln-Mainz, 1966 (Urban Tb. 90)

R. Jockel: Götter und Dämonen. Mythen der Völker, ausgew. u. eingel. v. R. Jockel, Darmstadt 1953

C. Lévi-Strauss: Le Totémisme aujourd'hui, Paris 1962; dt.: Das Ende des Totemismus, Frankfurt 1965; übers. v. H. Naumann

— La pensée sauvage, Paris 1962; dt.: Das wilde Denken, Frankfurt 1968; übers. v. H. Naumann

— Mythologiques I. Le cru et le cuit, Paris 1964; dt.: Mythologica I; Das Rohe und das Gekochte, Frankfurt 1971; Frankfurt 1976 (suhrkamp taschenbuch wissenschaft 167); übers. v. E. Moldenhauer

— Mythologiques II. Du miel aux cendres, Paris 1966; dt.: Mythologica II; Vom Honig zur Asche, Frankfurt 1972; Frankfurt 1976 (suhrkamp taschenbuch wissenschaft 168); übers. v. E. Moldenhauer

B. Malinowski: Sex and Repression in Savage Society, London 1927; dt.: Geschlecht und Verdrängung in primitiven Gesellschaften, Hamburg (rde 139—140) 1962; übers. v. H. Seinfeld

— Magic, Science and Religion; And Other Essays, New York 1948; dt.: Magie, Wissenschaft und Religion; Und andere Schriften, Frankfurt 1973; übers. v. E. Krafft-Bassermann; eingel. v. T. Luckmann; daraus: Baloma — die Geister der Toten auf den Trobriand-Inseln; S. 131—241

M. Mead: Male and Female; dt.: Mann und Weib. Das Verhältnis der Geschlechter in einer sich wandelnden Welt; übers. v. A. Holler; gek. Ausg.; (1949); Hamburg 1958 (rde 69—70)

R. Pettazzoni: L'essere supremo nelle religioni primitivi. L'onniscienza di Dio; dt.: Der allwissende Gott. Zur Geschichte der Gottesidee, Frankfurt 1960 (Fischer Tb. 319); übers. v. E. A. Voretzsch

E. Siecke: Die Liebesgeschichte des Himmels. Untersuchungen zur indogermanischen Sagenkunde, Straßburg 1892

— Drachenkämpfe. Untersuchungen zur indogermanischen Sagenkunde, Leipzig 1907; Mythologische Bibliothek, hgg. v. d. Gesellschaft für vergleichende Mythenforschung, 1. Bd., Heft 1; eigene Seitenzählung

E. Stucken: Astralmythen der Hebräer, Babylonier und Ägypter. Religionsgeschichtliche Untersuchungen, I.—V. Teil, Leipzig 1896—1907

C. Spiel: Menschen essen Menschen. Die Welt der Kannibalen; München 1972

H. Usener: Götternamen. Versuch einer Lehre von der religiösen Begriffsbildung (1895); Frankfurt ³1948; mit Geleitworten von M. P. Nilsson u. E. Norden

— Die Sintfluthsagen, Bonn 1899

2. Einzelne Bereiche

a) Griechisch-Römische Antike

Lucius Apuleius: Der goldene Esel; übers. v. A. Rode; München 1961 (GG Tb. 476)

Athanasius: Leben des heiligen Antonius; aus dem Griechischen übers. v. H. Mertel; in: Des heiligen Athanasius ausgewählte Schriften, II. Bd., München 1917; S. 677—777 (Bibliothek der Kirchenväter, Bd. 31)

Marc Aurel: Wege zu sich selbst; übers. u. erl. v. W. Theiler; Hamburg 1965 (rk 181)

Catull, Tibull, Properz: Römische Liebeslyrik; ausgew. u. übers. v. G. Dorminger; München 1964 (GG Tb. 542)

Clemens Romanus: Der sogenannte zweite Brief des Klemens an die Korinther, aus dem Griechischen übers. v. F. Zeller; in: Die apostolischen Väter, München 1918; S. 291—307 (Bibliothek der Kirchenväter, Bd. 35)

E. Hennecke: Neutestamentliche Apokryphen in deutscher Übersetzung; 3. völlig neu bearbeitete Aufl., hgg. v. W. Schneemelcher:
   I. Bd.: Evangelien, Tübingen 1959
   II. Bd.: Apostolisches. Apokalypsen und Verwandtes, Tübingen 1964

Herodot: Historien; übertr. u. eingel. v. E. Richtsteig, 5 Bde., München 1961 (GG Tb. 751; 767; 777; 787; 797)

Irenäus: Fünf Bücher gegen die Häresien, übers. v. E. Klebba; in: Des heiligen Irenäus ausgewählte Schriften, 2 Bde., München 1912 (Bibliothek der Kirchenväter, Bd. 4)

Justinus: Dialog mit dem Juden Tryphon; aus dem Griechischen übers. v. P. Häuser, München 1917 (Bibliothek der Kirchenväter, Bd. 33)

(C. G. Jung und) K. Kerényi: Das göttliche Kind in mythologischer und psychologischer Beleuchtung, Amsterdam-Leipzig 1940; Albae Vigiliae, Heft VI—VII

— Das göttliche Mädchen. Die Hauptgestalt der Mysterien von Eleusis in mythologischer und psychologischer Beleuchtung, Amsterdam-Leipzig 1941; Albae Vigiliae, Heft VIII—IX; zus. mit C. G. Jung

K. Kerényi: Mythologie und Gnosis, Amsterdam-Leipzig 1942; Albae Vigiliae, Heft XIV; Vortrag, gehalten im Eranos zu Ascona im Aug. 1941

— Die Herkunft der Dionysosreligion nach dem heutigen Stand der Forschung, Köln-Opladen 1956; Arbeitsgemeinschaft für Forschung des Landes Nordrhein-Westfalen, Geistenwissenschaften Heft 58; Sitzung am 15. Febr. 1956 in Düsseldorf

— Zeus und Hera. Urbild des Vaters, des Gatten und der Frau, Leiden 1972

— Sonnenkinder — Götterkinder (1956), in: Auf Spuren des Mythos, Werke II; hgg. v. K. Kerényi; München-Wien 1967, S. 245—249

— Ankunft des Dionysos (1956), in: Auf Spuren des Mythos, Werke II, München-Wien 1967, S. 271—276

— Dionysos. Urbild des unzerstörbaren Lebens; Werke VIII; hgg. v. M. Kerényi; München-Wien 1976

Titus Livius: Römische Geschichte (Ab urbe condita), übertr. u. ausgew. v. J. Feix; I. Bd. München ⁴1971; II. Bd. München ²1972 (GG Tb. 675; 831)

Firmicus Maternus: Vom Irrtum der heidnischen Religionen; aus dem Lateinischen übers. v. A. Müller; in: Frühchristliche Apologeten und Märtyrerakten, II. Bd., S. 205—288; München 1913 (Bibliothek der Kirchenväter Bd. 14)

Musaios: Hero und Leander, in: M. Vosseler (Bearb.): Musaios: Hero und Leander; Longos: Daphnis und Chloe. Die beiden berühmten Liebespaare der Antike; München 1959 (GG Tb. 552)

Ovid: Metamorphosen; übers. v. R. Suchier; bearb. v. M. Vosseler; München o. J. (GG Tb. 583—584)

Pausanias: Beschreibung Griechenlands; übers. u. hgg. v. E. Meyer, Zürich 1954; ²1967; München 1972 (dtv, text-bibliothek 6008; 6009)

S. Perowne: Roman Mythology, London 1969; dt.: Römische Mythologie, Wiesbaden 1969; übers. v. R. Hermstein

Gaius Petronius: Das Gastmahl des Trimalchio; übers. u. erl. v. G. Dorminger; München 1960 (GG Tb. 646)

J. Pinsent: Greek Mythology, London 1969; dt.: Griechische Mythologie, Wiesbaden 1969; übers. v. J. Schlechta

Plutarch: Lebensbeschreibungen; übers. v. J. F. Kaltwasser; bearb. v. H. Floerke; rev. u. mit biogr. Anhang versehen v. L. Kröner; eingel. v. O. Seel; Gesamtausgabe in 6 Bden.; München 1964 (GG Tb. 1430/31—1440/41); daraus:

a) Theseus — Romulus, Bd. I, S. 30—103

b) Lykurgos — Numa, Bd. I, S. 104—176

c) Alexandros — Caesar, Bd. IV, S. 264—409

R. v. Ranke-Graves: The Greek Myths, 1955; dt.: Griechische Mythologie. Quellen und Deutung; übers. v. H. Seinfeld; 2 Bde.; Hamburg (rde 113—114; 115—116) 1960

W. Schadewaldt: Homer: Die Odyssee; übers. in Prosa v. W. Schadewaldt; Hamburg 1958 (rk 29—30)

— Homer: Ilias; übers. v. W. Schadewaldt; Frankfurt 1975 (insel taschenbuch 153)

G. Schwab: Sagen des Klassischen Altertums (1838—40); Nachtrag v. G. Klee, 1881; Frankfurt 1975 (insel taschenbuch 127, 3 Bde.); Nachw. v. M. Lemmer

E. Siecke: Hermes der Mondgott. Studien zur Aufhellung der Gestalt dieses Gottes, Leipzig 1908; Mythologische Bibliothek, hgg. v. d. Gesellschaft für vergleichende Mythenforschung, 2. Bd., Heft 1; eigene Seitenzählung

D. E. Strong: The Classical World, London-New York 1966; dt.: Welt der Antike, Gütersloh 1968; übers. v. H. K. Lücke und S. Lücke (Reihe: Schätze der Weltkunst)

Sueton: Leben der Caesaren; übers. u. hgg. v. A. Lambert (1955); München 1972 (dtv, textbibliothek 6005)

M. J. Vermaseren: Mithras de geheimzinnige god, Amsterdam 1959; dt.: Mithras. Geschichte eines Kultes, Stuttgart 1965 (Urban Tb. 83); übers. v. E. Cartellieri-Schröter

— Der Todeskampf des Heidentums. Religionen im Wettstreit mit dem Christentum, in: A. Toynbee: The Crucible of Christianity, London 1969; dt.: Auf diesen Felsen, Wien-München 1970, S. 235—260; übers. v. A. Welti

b) Europäische Volkskunde

J. M. de Barandiarán: Die baskische Mythologie, in: H. W. Haussig (Hg.): Wörterbuch der Mythologie; Bd. II: Götter und Mythen im alten Europa; Stuttgart 1973; S. 511—552

L. Bechstein: Deutsches Märchenbuch (1857); Sämtliche Märchen, Stuttgart 1974 (Parkland Klassiker)

R. Benz: Die Legenda aurea des Jacobus de Voragine; übers. aus dem Lateinischen v. R. Benz, Heidelberg ⁸1975

F. Genzmer: Die Edda, II. Götterdichtung; übers. v. F. Genzmer, eingel. u. angem. v. A. Heusler, Düsseldorf-Köln 1963 (Neuausgabe in der Reihe Thule, Bd. 2)

J. u. W. Grimm: Kinder- und Hausmärchen (¹1812—1814; 1857); Die Märchen der Brüder Grimm, München o. J. (GG Tb. 412—413)

— Deutsche Sagen; (1816—1818) 2 Bde.; mit einem Nachwort von L. Denecke; München o. J. (GG Tb. 1792—1793; 1914—1915)

J. Grimm: Deutsche Mythologie, 3 Bde., Gütersloh ⁴1875 (hgg. v. E. H. Meyer)

J. Gulya: Sibirische Märchen; I. Bd.: Wogulen und Ostjaken; Düsseldorf-Köln 1968; übers. aus dem Ungarischen v. R. Futaky

F. Kluge: Etymologisches Wörterbuch der deutschen Sprache, Berlin [20]1967; bearb. v. W. Mitzka

A. von Löwis of Menar: Finnische und estnische Märchen; hgg. v. A. von Löwis of Menar; Düsseldorf-Köln 1962

G. Neckel und F. Niedner: Die jüngere Edda mit dem sogenannten ersten grammatischen Traktat, übertr. v. G. Neckel u. F. Niedner (1925); Düsseldorf-Köln 1966 (Neuausgabe in der Reihe Thule, Bd. 20)

E. Siecke: Über die Bedeutung der Grimmschen Märchen für unser Volksthum, Hamburg 1896; Rede, gehalten in der Ortsgruppe Berlin des Alldeutschen Verbandes am 15. März 1895

c) Alter Orient und islamische Welt

E. Böklen: Adam und Qain im Lichte der vergleichenden Mythenforschung, Leipzig 1907; Mythologische Bibliothek, hgg. v. d. Gesellschaft für vergleichende Mythenforschung, 1. Bd., Heft 2/3; eigene Seitenzählung

— Die Sintflutsage; Archiv für Religionswissenschaft, Bd. VI, Tübingen-Leipzig 1908; Heft 1, S. 1—61; Heft 2, S. 97—150; Nachdruck Vaduz 1965

M. Brion: La résurrection des villes mortes, Paris 1959; dt.: Die frühen Kulturen der Welt, Köln 1964; übers. v. K. H. Bergner und E. Heller; bearb. u. hgg. v. K. Gutbrod

E. Brunner-Traut: Altägyptische Märchen, übertr. u. bearb. v. E. Brunner-Traut, Düsseldorf-Köln 1963

E. Cassin, J. Bottéro, J. Vercoutter: Die Altorientalischen Reiche. I.: Vom Paläolithikum bis zur Mitte des 2. Jahrtausends, Frankfurt 1965 (Fischer Weltgeschichte 2)

É. Dermenghem: Mohammed in Selbstzeugnissen und Bilddokumenten; übers. aus dem Französischen v. M. Gillod; Hamburg 1960 (rm 47)

I. Dreecken: Tausendundeine Nacht. Eine Sammlung phantasievoller orientalischer Liebes-, Abenteuer-, Gauner- und Schelmengeschichten; übers. v. G. Weil nach der Breslauer Handschrift (1838—1841); Neufassung v. I. Dreecken; 3 Bde.; Wiesbaden o. J.

D. O. Edzard: Die Mythologie der Sumerer und Akkader, in: H. W. Haussig (Hg.): Wörterbuch der Mythologie; Bd. I: Götter und Mythen im Vorderen Orient; Stuttgart 1965; S. 17—139

J. Fürst: Hebräisches und chaldäisches Schul-Wörterbuch über das Alte Testament, Leipzig 1884

G. Garbini: The Ancient World, London-New York 1967; dt.: Alte Kulturen des Vorderen Orients. Architektur, Wandmalerei, Plastik, Keramik, Metallarbeiten, Siegel; übers. aus dem Englischen v. S. Lücke; Gütersloh 1968 (Schätze der Weltkunst)

P. Garelli und M. Leibovici: Akkadische Schöpfungsmythen, in: La naissance du Monde, Paris o. J.; dt.: Quellen des alten Orients. I.: Die Schöpfungsmythen, Zürich-Köln 1964; S. 119—151; übers. v. E. Klein unter Mitarbeit v. E. Schenkel und O. Roessler

W. Gesenius: Hebräisches und Aramäisches Handwörterbuch über das Alte Testament; Berlin-Göttingen-Heidelberg [17](1915) 1962; bearb. v. F. Buhl

I. Goldziher: Der Mythos bei den Hebräern und seine geschichtliche Entwickelung. Untersuchungen zur Mythologie und Religionswissenschaft, Leipzig 1876

M. J. bin Gorion: Die Sagen der Juden; gesammelt von M. J. bin Gorion; übers. v. R. bin Gorion (1913); neu hgg. u. mit Nachw. vers. v. E. bin Gorion; Frankfurt 1962

W. Helck: Die Mythologie der alten Ägypter, in: H. W. Haussig (Hg.): Wörterbuch der Mythologie; Bd. I: Götter und Mythen im Vorderen Orient; Stuttgart 1965; S. 313—406

M. Höfner: Südarabien, in: H. W. Haussig (Hg.): Wörterbuch der Mythologie; Bd. I: Götter und Mythen im Vorderen Orient; Stuttgart 1965; S. 483—552

V. Ions: Egyptian Mythology, London 1968; dt.: Ägyptische Mythologie, Wiesbaden 1968; übers. v. J. Schlechta

G. Kolpaktchy: Livre des morts des Anciens Égyptiens, Paris 1954; dt.: Ägyptisches Totenbuch, übers. u. kommentiert von G. Kolpaktchy; Bern, München, Wien 1970

M. Lambert: Sumerische Schöpfungsmythen, in: La Naissance du Monde, Paris o. J.; dt.: Quellen des alten Orients. 1. Bd.: Die Schöpfungsmythen, Zürich-Köln 1964; eingel. v. M. Eliade; übers. v. E. Klein; S. 101—117

E. Littmann: Das Buch der Jubiläen, in: E. Kautzsch (Hg.): Die Apokryphen und Pseudepigraphen des Alten Testaments, II 31—119; Tübingen 1900; Darmstadt [2]1962

— Die Erzählungen aus den 1001 Nächten; übers. v. E. Littmann nach dem arabischen Urtext der Calcuttaer Ausgabe aus dem Jahre 1839; Wiesbaden 1953; 6 Bde.; Frankfurt 1976 (insel taschenbuch 224); 12 Bde.; text- und seitenidentisch mit der vorgenannten Ausgabe

J. Mellaart: Çatal Hüyük. A Neolithic Town in Anatolia, London 1967; dt.: Çatal Hüyük. Stadt aus der Steinzeit, Bergisch Gladbach 1967; übers. v. J. Rehork (Reihe: Neue Entdeckungen der Archäologie)

K. Michalowski: L'art de l'ancienne Égypte, Paris 1968; dt.: Ägypten. Kunst und Kultur, Freiburg-Basel-Wien 1969, [3]1973; übers. v. W. Seipel; Vorw. v. E. Otto (Reihe: Große Epochen der Weltkunst. Ars Antiqua, Bd. 2)

W. Orthmann: Der Alte Orient, Frankfurt-Berlin-Wien 1975 (Propyläen Kunstgeschichte; Bd. 14)

A. Parrot: Assur. Die mesopotamische Kunst vom XIII. vorchristlichen Jahrhundert bis zum Tode Alexanders des Großen, München [2](erw.) 1972 Reihe: Universum der Kunst)

M. H. Pope und W. Röllig: Die Mythologie der Ugariter und Phönizier, in: H. W. Haussig (Hg.): Wörterbuch der Mythologie; Bd. I: Götter und Mythen im Vorderen Orient; Stuttgart 1965; S. 217—312

H. W. F. Saggs: The Greatness that was Babylon, London 1962; dt.: Mesopotamien. Assyrer, Babylonier, Sumerer; Zürich 1966; übers. v. W. Wagmuth (Reihe: Kindlers Kulturgeschichte)

J. Scharbert: Prolegomena eines Alttestamentlers zur Erbsündenlehre, Freiburg-Basel-Wien 1968 (Quaestiones disputatae 37)

O. Schilling: Das Myterium Lunae und die Erschaffung der Frau. Nach Gn 2, 21f; Paderborn 1963

A. Schott - W. v. Soden: Das Gilgamesch-Epos, (Reclam 7235—7235a) Stuttgart 1958

E. v. Schuler: Die Mythologie der Hethiter und Hurriter, in H. W. Haussig (Hg.): Wörterbuch der Mythologie; Bd. I: Götter und Mythen im Vorderen Orient; Stuttgart 1965; S. 141—215

R. de Vaux: Les Institutions de l'Ancien Testament, Paris 1958/1960; dt.: Das Alte Testament und seine Lebensordnungen; übers. v. L. Hollerbach und U. Schütz; Freiburg-Basel-Wien; 1962/²1964; 2 Bde.

d) Afrika

H. Baumann: Schöpfung und Urzeit des Menschen im Mythus der afrikanischen Völker, Berlin 1936; Neudruck 1964

L. Frobenius: Atlantis. Volksmärchen und Volksdichtungen Afrikas. Veröffentlichungen des Forschungsinstituts für Kulturmorphologie, München (Frankfurt)
Bd. I: Volksmärchen der Kabylen. I. Band: Weisheit, Jena 1921
Bd. II: Volksmärchen der Kabylen. II. Band: Das Ungeheuerliche, Jena 1922
Bd. III: Volksmärchen der Kabylen. III. Band: Das Fabelhafte, Jena 1921
Bd. IV: Märchen aus Kordofan, Jena 1923
Bd. V: Dichten und Denken im Sudan, Jena 1925
Bd. VI: Spielmannsgeschichten der Sahel, Jena 1921
Bd. VII: Dämonen des Sudan. Allerhand religiöse Verdichtungen, Jena 1924
Bd. VIII: Erzählungen aus dem West-Sudan, Jena 1922
Bd. IX: Volkserzählungen und Volksdichtungen aus dem Zentral-Sudan, Jena 1924
Bd. X: Die Atlantische Götterlehre, Jena 1926
Bd. XI: Volksdichtungen aus Oberguinea. 1. Bd.: Fabuleien dreier Völker, Jena 1924
Bd. XII: Dichtkunst der Kassaiden, Jena 1928

E. Holm: Tier und Gott. Mythik, Mantik und Magie der südafrikanischen Urjäger, Basel-Stuttgart 1965

U. Schild: Westafrikanische Märchen, hgg. u. übers. v. U. Schild; Düsseldorf-Köln 1975

e) Indien, Hinterindien und Tibet

J. Auboyer und R. Goepper: The Oriental World, London-New York 1967; dt.: Der Ferne Osten, Gütersloh 1968; übers. v. S. Lücke; daraus: J. Auboyer: Indien und Südostasien, in: Der Ferne Osten, S. 7—87 (Reihe: Schätze der Weltkunst)

E. Conze: Buddhisme, its Essence and Development; Oxford ²1953; dt.: Der Buddhismus. Wesen und Entwicklung; Übers.ungen.; Stuttgart 1953 (Urban Tb. 5)

H. v. Glasenapp: Die Philosophie der Inder. Eine Einführung in ihre Geschichte und ihre Lehren, Stuttgart ²1958 (Kröners Tb. 195)

— Indische Geisteswelt. Eine Auswahl von Texten in deutscher Übersetzung. Eingel. u. hgg. v. H. v. Glasenapp; Baden-Baden o. J.

M. Hermanns: Das National-Epos der Tibeter. gLing König Gesar; aus dem Tibetischen übersetzt v. M. Hermanns, Regensburg 1965

A. Hillebrandt: Upanishaden. Altindische Weisheit aus Brahmanas und Upanishaden, übertr. u. eingel. v. A. Hillebrandt (1921), Düsseldorf-Köln 1958

V. Ions: Indische Mythologie, Wiesbaden 1967; übers. aus dem Englischen v. E. Schindel

D. Mazzeo und C. S. Antonini: Civiltà Khmer, Mailand 1972; dt.: Angkor, Wiesbaden 1974; übers. v. L. Marx (Reihe: Monumente großer Kulturen)

M. Percheron: Buddha, Paris; dt.: Buddha. In Selbstzeugnissen und Bilddokumenten; übers. v. J. Rassat; Hamburg 1958 (rm 12)

C. Pym: Angkor und das Reich der Khmer; in: E. Bacon: Versunkene Kulturen; engl.: London 1963; dt.: München-Zürich 1963; übers. v. E. Ehm; S. 105— 138

B. Roy: Mahabharata. Ein altindisches Epos, nach dem Sanskrit-Text übers. u. zusammengefaßt v. B. Roy; aus dem Englischen übers. v. E. Roemer, Düsseldorf-Köln 1961

M. Taddei: India antica, Mailand 1972; dt.: Indien, Wiesbaden 1974; übers. v. U. C.-Ratzlaff (Reihe: Monumente großer Kulturen)

P. Thieme: Gedichte aus dem Rig-Veda; aus dem Sanskrit übertragen und erläutert v. P. Thieme; Stuttgart 1964 (Reclam 8930); Unesco-Sammlung repräsentativer Werke. Asiastische Reihe

C. Velder: Märchen aus Thailand; hgg. u. übertr. v. C. Velder; Düsseldorf-Köln 1968

H. Zimmer: Myths and Symbols in Indian Art and Civilization, New York 1946; dt.: Indische Mythen und Symbole; übers. v. E. W. Eschmann; ¹1951; Neuausgabe Düsseldorf-Köln 1972

f) Ozeanien, Ostasien

A. Bastian: Die heilige Sage der Polynesier. Kosmogonie und Theogonie, Leipzig 1881

A. Christie: Chinese Mythology, London 1968; dt.: Chinesische Mythologie, Wiesbaden 1968; übers. v. E. Schindel

A. A. Gerbrands: Asmat. Neuguinea; in: E. Evans-Pritchard (Hg.): Peoples of the World; dt.: Bild der Völker; I. Bd.: Australien und Ozeanien; übers. v. H. Werner; Wiesbaden 1974; S. 64—69

E. U. Kratz: Indonesische Märchen; hgg. u. aus dem Indonesischen übertr. v. E. U. Kratz; Düsseldorf-Köln 1973

R. Poignant: Oceanic Mythology, London; dt.: Ozeanische Mythologie. Polynesien, Mikronesien, Melanesien, Australien; Wiesbaden o. J.; übers. v. S. Schmidt

R. Schubert: Mythen und Erzählungen, in: H. Harrer (Hrsg.): Unter Papuas. Mensch und Kultur seit ihrer Steinzeit, Innsbruck 1976; Neudruck: Frankfurt 1978 (Fischer Tb. 3508), S. 188—196

g) Nord-, Mittel- und Südamerika

F. Anders: Das Pantheon der Maya, Graz 1963

H. Barüske: Eskimo-Märchen; hgg. u. übertragen v. H. Barüske, Düsseldorf-Köln 1969

F. Boas: Indianische Sagen von der Nord-Pacifischen Küste Amerikas, Berlin 1895; Sonder-Abdruck aus den Verhandlungen der Berliner Gesellschaft für Anthropologie, Ethnologie und Urgeschichte, 1891—1895

W. Cordan: Popol Vuh. Mythos und Geschichte der Maya; aus dem Quiché übertragen u. erläutert v. W. Cordan; Düsseldorf-Köln 1962; ³1975

P. Ehrenreich: Die Mythen und Legenden der südamerikanischen Urvölker und ihre Beziehungen zu denen Nordamerikas und der alten Welt, Berlin 1905; Supplement zur Zeitschr. für Ethnologie 1905

R. Girard: Los Mayas Eternos, Mexico 1962; ²erw. 1969; dt.: Die ewigen Mayas. Zivilisation und Geschichte, Wiesbaden o. J.; übers. v. M. Dotzel de Hervas

G. Gorer: The Americans; dt.: Die Amerikaner. Eine völkerpsychologische Studie; übers. v. H. Kahn; Zürich 1949; Hamburg 1956 (rde 9)

F. Karlinger und G. de Freitas: Brasilianische Märchen; übers. u. hgg. v. F. Karlinger und G. de Freitas; Köln-Düsseldorf 1972

F. Karlinger und E. Zacherl: Südamerikanische Indianermärchen; hgg. und übers. v. F. Karlinger und E. Zacherl; Düsseldorf-Köln 1976

G. A. Konitzky: Nordamerikanische Indianermärchen; hgg. v. G. A. Konitzky, Düsseldorf-Köln 1963

B. Kössler-Ilg: Indianermärchen aus den Kordilleren. Märchen der Araukaner; ges. u. übertr. v. B. Kössler-Ilg; Düsseldorf-Köln 1956

W. Krickeberg: Märchen der Azteken und Inkaperuaner, Maya und Muisca; hgg. u. übertr. v. W. Krickeberg (1928), Düsseldorf-Köln 1968

I. Nicholson: Mexican and Central American Mythology, London 1967; dt.: Mexikanische Mythologie, Wiesbaden 1967; übers. v. U. Buhle

K. A. Nowotny: Amerika, in: H. A. Bernatzik (Hg.): Neue große Völkerkunde. Völker und Kulturen der Erde in Wort und Bild, Einsiedeln 1974; S. 699—894

E. Seler: Über die natürlichen Grundlagen mexikanischer Mythen (1907), in: Gesammelte Abhandlungen zur Amerikanischen Sprach- und Altertumskunde, Bd. III, S. 305—351; Berlin 1908; Neudruck: Graz 1960
— Mythus und Religion der alten Mexikaner (1920), in: Ges. Abh., Bd. IV, S. 3—167; Berlin 1923; Neudruck: Graz 1961

— Die Lichtbringer bei den Indianerstämmen der Nordwestküste (1887), in: Ges. Abh., Bd. V, S. 9—43; Berlin 1915; Neudruck: Graz 1961

J. E. S. Thompson: The Rise and Fall of Maya Civilization, Oklahoma 1954; dt.: Die Maya. Aufstieg und Niedergang einer Indianerkultur, Essen 1975; übers. v. L. Voelker unter Mitarbeit v. G. Kutscher; eingel. v. G. Kutscher (Reihe: Magnus Kulturgeschichte)

II. Zur empirischen Anthropologie, Biologie, Ethologie, Paläontologie und Prähistorie

M.-H. Alimen und M.-J. Steve (Hg.): Vorgeschichte, Frankfurt 1966 (Fischer Weltgeschichte Bd. 1)

R. Bilz: Die unbewältigte Vergangenheit des Menschengeschlechts. Beiträge zu einer Paläoanthropologie, Frankfurt 1967; daraus:
   a) Über das emotionale Partizipieren. Ein Beitrag zu dem Problem des Menschen in seiner Umwelt (1950), S. 39—73
   b) Der Vagus-Tod. Eine anthropologische Erörterung über die Situation der Ausweglosigkeit (1966), S. 242—275
— Paläoanthropologie. Der neue Mensch in der Sicht einer Verhaltensforschung, 1. Bd. Frankfurt 1971; daraus:
   a) Biologische Radikale. Eine Untersuchung über analogisch-emotional begründete Erlebens- und Verhaltensweisen des Menschen (1961), S. 111—122
   b) Mensch und Tier. Biologische Radikale in unserem Dasein (1965), S. 123—131
   c) Der Umweltbezug der Darmfunktion. Homologes Defäkations-Verhalten bei Spitzhörnchen (Tupaia spec.) und Mensch (1965), S. 190—197
   d) Ammenschlaf-Experiment und Halluzinose. Beitrag zu einer biologisch orientierten Psychopathologie (1962), S. 211—233
   e) Die Umweltlehre des Paracelsus. Beitrag zu einer medizinischen Anthropologie (1944), S. 234—249
   f) Die Kuckucks-Terz. Eine paläoanthropologische Studie über die Disgregations-Angst (1956), S. 332—350
   g) Über die menschliche Schuld-Angst. Erörterungen über die Tat und das Motiv-Objekt (1958), S. 351—369
   h) Die Intention zur motorischen Verkürzung und zur Elevation der Extremitäten im Angst-Erleben (1956), S. 370—378
   i) Pole der Geborgenheit. Eine paläoanthropologische Untersuchung über raumbezogene Erlebnis- und Verhaltensbereitschaften (1957), S. 399—417
   j) Ausweglosigkeit. Erleben und Verhalten des Subjektes in den Situationen der Ausweglosigkeit (1969), S. 418—425
   k) Das Syndrom unserer Daseins-Angst (Existenz-Angst). Erörterungen über die Misère unseres In-der-Welt-Seins (1969), S. 427—464

634

F. J. J. Buytendijk: Mensch und Tier. Ein Beitrag zur vergleichenden Psychologie, Hamburg 1958 (rde 74)

C. S. Coon: The Story of Man, 1954; dt.: Die Geschichte des Menschen, Köln-Berlin 1970; übers. v. M. zur Nedden Pferdekamp

I. Eibl-Eibesfeldt: Liebe und Hass. Zur Naturgeschichte elementarer Verhaltensweisen, München-Zürich 1970

— Der vorprogrammierte Mensch. Das Ererbte als bestimmender Faktor im menschlichen Verhalten, Wien-München-Zürich 1973

— Krieg und Frieden aus der Sicht der Verhaltensforschung, München-Zürich 1975

A. Gehlen: Der Mensch. Seine Natur und seine Stellung in der Welt, Frankfurt-Bonn [8]1966

— Urmensch und Spätkultur, Philosophische Ergebnisse und Aussagen, Frankfurt-Bonn [2](neu bearb.) 1964

F. Goethe: Über das Anstoßnehmen bei Vögeln; Zeitschrift für Tierpsychologie III (1940); S. 371—374

G. Heberer: Homo — unsere Ab- und Zukunft. Herkunft und Entwicklung des Menschen aus der Sicht der aktuellen Anthropologie; Stuttgart 1968

G. Heberer, G. Kurth, I. Schwidetzky-Roesing: Anthropologie, Frankfurt 1959 (Fischer-Lexikon, Bd. 15)

H. Hediger: Die Angst des Tieres, in: Universitas, 14. Jg. 1959, Heft 9; S. 929—937

C. F. Hockett: Der Ursprung der Sprache, in: I. Schwidetzky (Hg.): Über die Evolution der Sprache, Frankfurt 1973; S. 135—150

J. Jelinek: Das große Bilderlexikon des Menschen in der Vorzeit, Prag 1972; Gütersloh-Berlin-München-Wien 1973

K. Keller - Tarnuzzer: Urgeschichtliche Zusammenschau, in: A. Randa (Hg.): Handbuch der Weltgeschichte. Ein Totalbild der Weltgeschichte, I., Sp. 97—107; Olten und Freiburg 1954

H. Kühn: Das Erwachen der Menschheit, Frankfurt 1954 (Fischer Tb. 53)

— Der Aufstieg der Menschheit, Frankfurt 1955 (Fischer Tb. 82)

A. Lommel: Prehistoric and Primitive Man, London 1966; dt.: Vorgeschichte und Naturvölker, Gütersloh 1967 (Reihe: Schätze der Weltkunst, Bd. 1)

K. Lorenz: Über die Bildung des Instinktbegriffes (1937), in: Über tierisches und menschliches Verhalten. Aus dem Werdegang der Verhaltenslehre. Gesammelte Abhandlungen, Bd. I, München 1965; S. 283—342

— Das sogenannte Böse. Zur Naturgeschichte der Aggression, Wien 1963

K. Lorenz - P. Leyhausen: Antriebe tierischen und menschlichen Verhaltens. Gesammelte Abhandlungen, München 1968; daraus:
a) Vergleichende Verhaltensforschung (1939); S. 15—47
b) Zur Naturgeschichte der Angst (1967); S. 272—296
c) Biologie von Ausdruck und Eindruck (1967); S. 297—407

P. Marler: Kommunikation bei Primaten, in: I. Schwidetzky (Hg.): Über die Evolution der Sprache, Frankfurt 1973; S. 39—90

A. Portmann: Zerebralisation und Ontogenese (1962), in: Zoologie aus vier Jahrzehnten. Gesammelte Abhandlungen, München 1967; S. 230—297

— Die Stellung des Menschen in der Natur (1964), in: Zoologie aus vier Jahrzehnten. Gesammelte Abhandlungen, München 1967; S. 312—336

— Biologische Fragmente zu einer Lehre vom Menschen, Basel-Stuttgart ³erw. 1969

W. Schmidt: Leben und Wirken ältester Menschheit, in: A. Randa (Hg.): Handbuch der Weltgeschichte, 1. Bd., Olten und Freiburg 1954, Sp. 59—90

R. Stopa: Kann man eine Brücke schlagen zwischen der Kommunikation der Primaten und derjenigen der Urmenschen?, in: I. Schwidetzky (Hg.): Über die Evolution der Sprache, Frankfurt 1973; S. 151—162

J. v. Uexküll: Bedeutungslehre, Leipzig 1940

J. S. Weiner: The Natural History of Man, London 1971; dt.: Entstehungsgeschichte des Menschen; übers. v. K. Saller, revidiert v. J. Querner und G. Spitzer; Wiesbaden 1972 (Reihe: Die Enzyklopädie der Natur, Bd. 19)

W. Wickler: Stammesgeschichte und Ritualisierung. Zur Entstehung tierischer und menschlicher Verhaltensmuster, München 1970; München 1975 (dtv WR 4166)

III. Zur Psychoanalyse

K. Abraham: Psychoanalytische Studien zur Charakterbildung und andere Schriften, Frankfurt a. M. 1969; hgg. v. J. Cremerius; daraus:
   a) Über Ejaculatio praecox (1917), S. 43—60
   b) Untersuchungen über die früheste prägenitale Entwicklungsstufe der Libido (1916), S. 84—112
   c) Versuch einer Entwicklungsgeschichte der Libido aufgrund der Psychoanalyse seelischer Störungen (1924), S. 113—183
   d) Psychoanalytische Studien zur Charakterbildung (1925), S. 184—226
   e) Psychische Nachwirkungen der Beobachtung des elterlichen Geschlechtsverkehrs bei einem neunjährigen Kinde (1913), S. 233—236
   f) Traum und Mythus. Eine Studie zur Völkerpsychologie (1909), S. 261—323
   g) Über Einschränkungen und Umwandlungen der Schaulust bei den Psychoneurotikern nebst Bemerkungen über analoge Erscheinungen in der Völkerpsychologie (1914), S. 324—382
   h) Über neurotische Exogamie. Ein Beitrag zu den Übereinstimmungen im Seelenleben der Neurotiker und der Wilden (1913), S. 383—386

A. Adler:
   a) Menschenkenntnis (Vorträge in Wien 1926); (Fischer Tb. 6080) Frankfurt a. M. 1966

b) Über den nervösen Charakter. Grundzüge einer vergleichenden Individual-Psychologie und Psychotherapie ([1]1912; [2]1919; [3]1922; [4]1927); Frankfurt 1972 (Fischer Tb. 6174); eingel. v. W. Metzger

c) Der Sinn des Lebens (1933); (Fischer Tb. 6179), Frankfurt 1973; eingel. v. W. Metzger

A. Bálint: Psychoanalyse der frühen Lebensjahre (1931), München-Basel 1966 (Beiträge zur Kinderpsychotherapie, Bd. 3)

M. Bálint: Thrills and Regressions, London 1959; deutsch: Angstlust und Regression. Beitrag zur psychologischen Typenlehre, Stuttgart 1960; Hamburg 1972 (Rowohlt, Studium 21); übers. v. K. Wolff

G. Bally: Einführung in die Psychoanalyse Sigmund Freuds. Mit Originaltexten Freuds. Unter Mitarbeit von A. Uchtenhagen; Hamburg 1961 (rde 131—132)

R. Battegay: Der Mensch in der Gruppe; Bd. I: Sozialpsychologische und dynamische Aspekte; Bd. II: Allgemeine und spezielle gruppenpsychotherapeutische Aspekte, Bern-Stuttgart 1967; (Bd. I: 2. verb. Auflage 1968)

E. Bleuler: Lehrbuch der Psychiatrie; Berlin-Heidelberg-New York [11]1969; 11. umgearb. Auflage von M. Bleuler

E. Bohm: Lehrbuch der Rorschach-Psychodiagnostik für Psychologen, Ärzte und Pädagogen, Bern-Stuttgart [3](neubearb. und erweit.) 1967

W. Bräutigam: Formen der Homosexualität. Erscheinungsweisen — Ursachen — Behandlung — Rechtsprechung, Stuttgart 1967

I. A. Caruso: Soziale Aspekte der Psychoanalyse, Stuttgart 1962 (Beiheft zur „Psyche")

G. Condrau: Angst und Schuld als Grundprobleme des Psychotherapie, Bern-Stuttgart 1962

— Daseinsanalytische Psychotherapie, Bern-Stuttgart 1963

H. Dieckmann: Märchen als Träume und Helfer des Menschen, Stuttgart [2]1968

F. W. Doucet: Sadismus und Masochismus, München 1967

A. Dührssen: Psychogene Erkrankungen bei Kindern und Jugendlichen. Eine Einführung in die allgemeine und spezielle Neurosenlehre; Göttingen 1954; [6]1967

E. H. Erikson: Childhood and Society, New York 1950; 1963; deutsch: Kindheit und Gesellschaft; übers. v. M. v. Eckardt-Jaffé, Stuttgart [2](überarb. u. erw.) 1965

P. Federn: Über zwei typische Traumsensationen, in: Jahrbuch der Psychoanalyse, hgg. v. S. Freud, VI. Band, Leipzig-Wien 1914; S. 89—134

— Märchen-Mythus-Urgeschichte, in: Psychoanalyse und Kultur, hgg. v. H. Meng, München 1965 (GG Tb. 1681); S. 131—143

S. Ferenczi: Schriften zur Psychoanalyse, 2 Bde., hgg. v. M. Bálint, 1970—1972, Frankfurt; daraus:

a) Introjektion und Übertragung (1909), I 12—47

b) Über die Rolle der Homosexualität in der Pathogenese der Paranoia (1911), I 73—91

c) Alkohol und Neurosen (1911), I 92—96
d) Entwicklungsstufen des Wirklichkeitssinnes (1913), I 148—163
e) Zur Ontogenese der Symbole (1913), I 172—175
f) Zur Ontogenie des Geldinteresses (1914), I 198—205
g) Die Nacktheit als Schreckmittel (1919), I 284—287
h) Erfahrungen und Beispiele aus der analytischen Praxis (1923), II 132—136
i) Versuch einer Genitaltheorie (1924), II 317—400

A. Freud:
a) Einführung in die Technik der Kinderanalyse (1927; ²1929), München 1966
b) Das Ich und die Abwehrmechanismen (1936), München o. J. (Kindler Tb. Bd. 2001)
c) Wege und Irrwege in der Kinderentwicklung, Bern-Stuttgart 1968 (= Normality and Pathology in Childhood, New York, 1965)

S. Freud: Gesammelte Werke, 17 Bde. nebst einem Registerband, London 1940; Frankfurt (Fischer); daraus:

1. Band (1892—1899); ¹1952
a) Studien über Hysterie, zus. mit Josef Breuer (1895), S. 75—312
b) Über die Berechtigung, von der Neurasthenie einen bestimmten Symptomenkomplex als „Angstneurose" abzutrennen (1895); S. 313—342
c) Weitere Bemerkungen über die Abwehr-Neuropsychosen (1896), S. 377—403
2. und 3. Band (1900—1901); ¹1942
a) Die Traumdeutung (1900; mit Zusätzen bis 1935), S. 1—642
b) Über den Traum (1901), S. 643—700
4. Band (1904); ¹1941
Zur Psychopathologie des Alltagslebens
5. Band (1904—1905); ¹1942
a) Drei Abhandlungen zur Sexualtheorie (1905), S. 27—145
b) Bruchstück einer Hysterie-Analyse („Dora") (1905), S. 161—286
7. Band (1906—1909); ¹1941
a) Über infantile Sexualtheorien (1908), S. 169—188
b) Charakter und Analerotik (1908), S. 201—209
c) Der Familienroman der Neurotiker (1909), S. 225—231
d) Analyse der Phobie eines fünfjährigen Knaben („der kleine Hans") (1909), S. 241—377
e) Bemerkungen über einen Fall von Zwangsneurose („der Rattenmann") (1909), S. 378—463
8. Band (1909—1913); ¹1945
a) Über Psychoanalyse (1910), S. 1—60
b) Beiträge zur Psychologie des Liebeslebens (1910), S. 65—91
c) Die psychogene Sehstörung in psychoanalytischer Auffassung (1910), S. 93—102
d) Eine Kindheitserinnerung des Leonardo da Vinci (1910), S. 127—211
e) Formulierungen über zwei Prinzipien des psychischen Geschehens (1911), S. 229—238

639

g) Dostojewski und die Vatertötung (1928), S. 397—418
h) Das Unbehagen in der Kultur (1930), S. 419—506
i) Über die weibliche Sexualität (1931), S. 515—537

15. Band (1932); [1]*1944*
Neue Folge der Vorlesungen zur Einführung in die Psychoanalyse

16. Band (1932—1939); [1]*1950*

a) Zur Gewinnung des Feuers (1932), S. 1—9
b) Warum Krieg (1933), S. 11—27
c) Die endliche und die unendliche Analyse (1937), S. 57—99
d) Der Mann Moses und die monotheistische Religion (1937), S. 101—246

17. Band (aus dem Nachlaß 1892—1939); [1]*1941*

a) Das Medusenhaupt (1922), S. 45—48
b) Die Ichspaltung im Abwehrvorgang (1938), S. 57—62
c) Abriß der Psychoanalyse (1938), S. 63—138

E. Fromm: The forgotten Language; dt.: Märchen, Mythen, Träume. Eine Einführung in ihre vergessene Sprache; übers. v. E. Bucher, Zürich 1957

V. E. v. Gebsattel: Die anankastische Fehlhaltung, in: Handbuch der Neurosenlehre und Psychotherapie, Bd. II, S. 125—142; München-Berlin 1959; hgg. v. V. E. Frankl, V. E. v. Gebsattel u. J. H. Schultz

— Die depressive Fehlhaltung, in: Handbuch der Neurosenlehre und Psychotherapie, Bd. II, S. 143—156; München-Berlin 1959; hgg. v. V. E. Frankl, V. E. v. Gebsattel u. J. H. Schultz

H. Glatzel: Ernährung, in: Handbuch der Neurosenlehre, Bd. II, S. 428—480; München-Berlin 1959; hgg. v. V. E. Frankl, V. E. v. Gebsattel u. J. H. Schultz

G. Groddeck: Das Buch vom Es. Psychoanalytische Briefe an eine Freundin; Wien 1923; Neuabdruck München (Kindler) o. J. (Kindler Tb. 2040—2041)

A. Heigl-Evers: Die Gruppe unter soziodynamischem und antriebspsychologischem Aspekt, in: H. G. Preuss (Hg.): Analytische Gruppenpsychotherapie. Grundlagen und Praxis, München-Berlin-Wien 1966, S. 44—72

P. Helwig: Charakterologie, Stuttgart o. J.; Freiburg-Basel-Wien 1967 (Herder Tb. 283)

P. R. Hofstätter: Gruppendynamik. Die Kritik der Massenpsychologie, Hamburg 1957 (rde 38)

K. Horney: Der neurotische Mensch unserer Zeit (1951); aus dem Amerikanischen übers. v. G. Lederer-Eckardt; mit einem Vorwort zur deutschen Ausgabe v. K. Horney; Stuttgart; München o. J. (Kindler Tb. Bd. 2002)

E. Jones: Die Empfängnis der Jungfrau Maria durch das Ohr. Ein Beitrag zu der Beziehung zwischen Kunst und Religion, in: Jahrbuch der Psychoanalyse, hgg. v. S. Freud, VI. Band, Leipzig-Wien 1914; S. 135—204

C. G. Jung: Gesammelte Werke, Olten und Freiburg; daraus:

1) Über die Psychologie der Dementia praecox: Ein Versuch
Bd. III (1907); Bd. III: Psychogenese der Geisteskrankheiten, 1968;
S. 1—170

2) Versuch einer Darstellung der psychoanalytischen Theorie
Bd. IV (1913); Bd. IV: Freud und die Psychoanalyse, 1969;
S. 107—255

3) Allgemeine Aspekte der Psychoanalyse (1913); Bd. IV:
Freud und die Psychoanalyse, 1969; S. 257—273

4) Über Psychoanalyse (1916); Bd. IV: Freud und die Psychoanalyse, 1969; S. 275—286

5) Die Bedeutung des Vaters für das Schicksal des Einzelnen
(1909); Bd. IV: Freud und die Psychoanalyse, 1969;
S. 345—370

6) Symbole der Wandlung. Analyse des Vorspiels zu einer
Schizophrenie (1952; Neubearbeitung von „Wandlungen
Bd. V und Symbole der Libido", 1912); Bd. V: Symbole der
Wandlung, 1973

Bd. VI 7) Psychologische Typen (1921); Bd. VI: Psychologische
Typen, 1960; S. 1—537

8) Psychologische Typologie (1928); Bd. VI: Psychologische
Typen, 1960; S. 568—586; (1936) 587—601

Bd. VII 9) Über die Psychologie des Unbewußten (1943); Bd. VII:
Zwei Schriften über Analytische Psychologie, 1964; S. 1—
130

10) Die Beziehungen zwischen dem Ich und dem Unbewußten
(1928); Bd. VII: Zwei Schriften über Analytische Psychologie, 1964; S. 131—264

11) Die Struktur des Unbewußten (1916); Bd. VII: Zwei
Schriften über Analytische Psychologie, 1964; S. 292—337

Bd. VIII 12) Über die Energetik der Seele (1928); Bd. VIII: Die
Dynamik des Unbewußten, 1967; S. 1—73

13) Die Struktur der Seele (1928); Bd. VIII: Die Dynamik
des Unbewußten, 1967; S. 161—183

14) Allgemeine Gesichtspunkte zur Psychologie des Traumes
(1928); Bd. VIII: Die Dynamik des Unbewußten, 1967;
S. 269—318

15) Das Grundproblem der gegenwärtigen Psychologie (1931);
Bd. VIII: Die Dynamik des Unbewußten, 1967; S. 385—
406

16) Die Lebenswende (1931); Bd. VIII: Die Dynamik des
Unbewußten, 1967; S. 441—460

17) Über die Archetypen des kollektiven Unbewußten (1935);
Bd. IX Bd. IX, 1. Teil: Die Archetypen und das kollektive Unbewußte, 1976; S. 11—51

18) Über den Archetypus mit besonderer Berücksichtigung des Animabegriffes (1936); Bd. IX, 1. Teil: Die Archetypen und das kollektive Unbewußte, 1976; S. 67—87

19) Die psychologischen Aspekte des Mutterarchetypus (1939); Bd. IX, 1. Teil: Die Archetypen und das kollektive Unbewußte, 1976; S. 89—123

20) Über Wiedergeburt (1940); Bd. IX, 1. Teil: Die Archetypen und das kollektive Unbewußte, 1976; S. 125—161

21) Zur Psychologie des Kindarchetypus (1940, zus. mit K. Kerényi: Das göttliche Kind); Bd. IX, 1. Teil: Die Archetypen und das kollektive Unbewußte, 1976; S. 163—195

22) Zum psychologischen Aspekt der Korefigur (1941, zus. mit K. Kerényi: Das göttliche Mädchen); Bd. IX, 1. Teil: Die Archetypen und das kollektive Unbewußte, 1976; S. 197—220

23) Zur Phänomenologie des Geistes im Märchen (1946); Bd. IX, 1. Teil: Die Archetypen und das kollektive Unbewußte, 1976; S. 221—269

24) Zur Psychologie der Tricksterfigur (ursprgl.: Der göttliche Schelm. Ein indianischer Mythenzyklus) (1954); Bd. IX, 1. Teil: Die Archetypen und das kollektive Unbewußte, 1976; S. 271—290

25) Zur Empirie des Individuationsprozesses (1934); Bd. IX, 1. Teil: Die Archetypen und das kollektive Unbewußte, 1976; S. 309—372

26) Über Mandalasymbolik (1938); Bd. IX, 1. Teil: Die Archetypen und das kollektive Unbewußte, 1976; S. 375—407

27) Aion. Beiträge zur Symbolik des Selbst (Untersuchungen zur Symbolgeschichte) (1951); Bd. IX, 2. Teil, 1976

28) Die Bedeutung der Psychologie für die Gegenwart (1933); Bd. X: Zivilisation im Übergang, 1974; S. 157—180

29) Nach der Katastrophe (1945); Bd. X: Zivilisation im Übergang, 1974; S. 219—244

30) Gegenwart und Zukunft (1957); Bd. X: Zivilisation im Übergang; 1974; S. 275—336

31) Ein moderner Mythus. Von Dingen, die am Himmel gesehen werden (1958); Bd. X: Zivilisation im Übergang, 1974; S. 337—474

32) Gut und Böse in der Analytischen Psychologie (1959); Bd. X: Zivilisation im Übergang, 1974; S. 497—510

33) Psychologie und Religion (1940); Bd. XI: Zur Psychologie westlicher und östlicher Religion, 1963; S. 1—117

34) Versuch einer psychologischen Deutung des Trinitätsdogmas (1942); Bd. XI: Zur Psychologie westlicher und östlicher Religion, 1963; S. 119—218

Bd. X

Bd. XI

35) Das Wandlungssymbol in der Messe (1942); Bd. XI: Zur Psychologie westlicher und östlicher Religion, 1963; S. 219 —323

36) Antwort auf Hiob (1952); Bd. XI: Zur Psychologie westlicher und östlicher Religion, 1963; S. 385—506

37) Über den indischen Heiligen (1944, Vorw. zu H. Zimmer: Der Weg zum Selbst); Bd. XI: Zur Psychologie westlicher und östlicher Religion, 1963; S. 622—632

38) Antwort an Martin Buber (1952); Bd. XI: Zur Psychologie westlicher und östlicher Religion, 1963; S. 657—665

Bd. XII 39) Einleitung in die religionspsychologische Problematik der Alchemie, (o. J.); Bd. XII: Psychologie und Alchemie, 1972; S. 15—54

40) Traumsymbole des Individuationsprozesses (1936); Bd. XII: Psychologie und Alchemie, 1972; S. 59—260

41) Die Erlösungsvorstellungen in der Alchemie. Ein Beitrag zur Ideengeschichte der Alchemie (1937); Bd. XII: Psychologie und Alchemie, 1972; S. 265—538

Bd. XIV 42) Mysterium Coniunctionis. Untersuchungen über die Trennung und Zusammensetzung der seelischen Gegensätze in der Alchemie; unter Mitarbeit von M.-L. v. Franz (1955—1956); Bd. XIV, 1. u. 2. Teil, 1968

Bd. XV 43) Sigmund Freud. Ein Nachruf. (1939); Bd. XV: Über das Phänomen des Geistes in Kunst und Wissenschaft, 1971; S. 53—62

44) Picasso (1932); Bd. XV: Über das Phänomen des Geistes in Kunst und Wissenschaft, 1971; S. 151—157

Bd. XVI 45) Einige Aspekte der modernen Psychotherapie (1930); Bd. XVI: Praxis der Psychotherapie, 1958; S. 30—37

46) Der therapeutische Wert des Abreagierens (1921); Bd. XVI: Praxis der Psychotherapie, 1958; S. 137—147

47) Die Psychologie der Übertragung. Erläutert anhand einer alchemistischen Bilderserie (1946); Bd. XVI: Praxis der Psychotherapie, 1958; S. 173—345

Bd. XVII 48) Über Konflikte der kindlichen Seele (1910); Bd. XVII: Über die Entwicklung der Persönlichkeit, 1972; S. 11—47

49) Die Bedeutung der analytischen Psychologie für die Erziehung (1923); Bd. XVII: Über die Entwicklung der Persönlichkeit, 1972; S. 59—76

50) Analytische Psychologie und Erziehung (1926); Bd. XVII: Über die Entwicklung der Persönlichkeit, 1972; S. 77—153

51) Die Bedeutung des Unbewußten für die individuelle Erziehung (1928); Bd. XVII: Über die Entwicklung der Persönlichkeit, 1972; S. 169—187

52) Vom Werden der Persönlichkeit (1934); Bd. XVII: Über die Entwicklung der Persönlichkeit, 1972; S. 189—211

W. Kemper: Der Traum und seine Be-Deutung, Hamburg 1955 (rde 4)

M. Klein: Das Seelenleben des Kleinkindes und andere Beiträge zur Psychoanalyse, hgg. v. A. Thorner, Stuttgart 1962; daraus:

  a) Die Psychoanalytische Spieltechnik: ihre Geschichte und Bedeutung
     (1955); S. 11—29
  b) Die Bedeutung der Symbolbildung für die Ich-Entwicklung (1930),
     S. 30—43
  c) Zur Psychogenese der manisch-depressiven Zustände (1935), S. 44—71
  d) Die Trauer und ihre Beziehung zu manisch-depressiven Zuständen (1940),
     S. 72—100
  e) Bemerkungen über einige schizoide Mechanismen (1946), S. 101—126
  f) Zur Theorie von Angst und Schuldgefühl (1948), S. 127—145
  g) Über das Seelenleben des Kleinkindes (1960), S. 146—176

K. Koch: Der Baumtest. Der Baumzeichenversuch als psychodiagnostisches Hilfsmittel; Bern-Stuttgart, 1949; [5]1967

W. Kretschmer: Psychologische Weisheit der Bibel. Urbilder des Seins und
Werdens im biblischen Schöpfungsbericht, München 1955 (Dalp Tb. 317)

R. D. Laing: An existential study in sanity and madness, London 1960; dt.:
Das geteilte Selbst. Eine existentielle Studie über geistige Gesundheit und
Wahnsinn, Köln 1972; übers. v. C. Tansella-Zimmermann

— Knots, London 1970; dt.: Knoten, Hamburg 1972 (Rowohl, das neue
Buch 25); übers. v. H. Elbrecht

R. Lempp: Frühkindliche Hirnschädigung und Neurose. Die Bedeutung eines
frühkindlichen exogenen Psychosyndroms für die Entstehung kindlicher
Neurosen und milieureaktiver Verhaltensstörungen, Bern-Stuttgart 1964
(Bücher des Werdenden, 2. Reihe, Bd. X)

C. Meves: Die Bibel antwortet uns in Bildern. Tiefenpsychologische Textdeutun-
gen im Hinblick auf Lebensfragen heute, Freiburg 1973 (Herder Tb. 461)

K. Moser: Psychologie der Partnerwahl, Bern-Stuttgart 1957

E. Neumann: Zur Psychologie des Weiblichen, Zürich 1952; München o. J.
(Kindler 2051)

H. Nunberg: Allgemeine Neurosenlehre auf psychoanalytischer Grundlage,
Bern-Stuttgart [2](verb.) 1959, mit einem Vorwort v. S. Freud zur 1. Auflage 1931

O. Rank: Das Inzestmotiv in Dichtung und Sage. Grundzüge einer Psychologie
des dichterischen Schaffens, Leipzig und Wien 1912

— Psychoanalytische Beiträge zur Mythenforschung. Gesammelte Studien aus
den Jahren 1912 bis 1914, Leipzig-Wien 1919; Internationale Psychoanalytische Bibliothek, Nr. 4

— Der Mythus von der Geburt des Helden. Versuch einer psychologischen
Mythendeutung, Leipzig-Wien [2](verb.) 1922; Schriften zur angewandten
Seelenkunde, hgg. v. S. Freud, 5. Heft

— Das Trauma der Geburt und seine Bedeutung für die Psychoanalyse,
Leipzig-Wien-Zürich 1924; Internationale Psychoanalytische Bibliothek,
Bd. XIV

J. Rattner: Individualpsychologie. Einführung in die tiefenpsychologische Lehre von Alfred Adler, München-Basel; München o. J. (Kindler Tb. 2071)

— Psychologie und Psychopathologie des Liebeslebens, Bern; München 1970 (Kindler Tb 2067—2068)

— Aggression und menschliche Natur. Individual- und Sozialpsychologie der Feindseligkeit und Destruktivität des Menschen; ²(erw.) Olten und Freiburg 1970; Frankfurt 1972 (Fischer Tb. 6173)

W. Reich: Character Analysis (¹1933; ³1949); dt.: Charakteranalyse (1933; Neudruck 1961); Köln-Berlin 1970; Frankfurt 1973 (Fischer Tb. 6191); das letzte Kapitel aus dem Amerikanischen übers. v. K. H. Bönner

T. Reik: Geschlecht und Liebe, New York 1945; München o. J. (Kindler Tb. 2012—2013)

H. Remplein: Die seelische Entwicklung des Menschen im Kindes- und Jugendalter. Grundlagen, Erkenntnisse und pädagogische Folgerungen der Kindes- und Jugendpsychologie, München-Basel ¹⁴(umgearb. u. ergänzt) 1966

W. J. Revers - K. Taeuber: Der thematische Apperzeptionstest (TAT). Handbuch zur Verwendung des TAT in der psychologischen Persönlichkeitsdiagnostik, Bern-Stuttgart ²(neubearb.) 1968

H. E. Richter: Eltern, Kind und Neurose. Psychoanalyse der kindlichen Rolle, Stuttgart 1963

F. Riemann: Grundformen der Angst. Eine tiefenpsychologische Studie über die Ängste des Menschen und ihre Überwindung, München 1961

— Grundformen der Angst (1962), in: Fortschritte der Psychoanalyse. Internationales Jahrbuch zur Weiterentwicklung der Psychoanalyse, Bd. II, S. 189—200; Göttingen 1966

F. Riklin: Wunscherfüllung und Symbolik im Märchen, Leipzig-Wien 1908; Neudruck, Nendeln/Liechtenstein 1970

C. R. Rogers: Counseling and Psychotherapy, Boston 1942; dt.: Die nicht-direktive Beratung, München 1972; übers. v. E. Nosbüsch

H. Rorschach: Ausgewählte Aufsätze, Bern; München o. J. (Kindler Tb. Bd. 2044); zusammengestellt und hgg. von K. W. Bash; daraus:
a) Einiges über schweizerische Sekten und Sektengründer (1917), S. 91—97
b) Weiteres über schweizerische Sektenbildungen (1919), S. 98—99
c) Zwei schweizerische Sektenstifter (Binggeli - Unternährer) (1927), S. 115—157

R. Schindler: Die Bedeutung der Angst für die Entwicklung (1962), in: Fortschritte der Psychoanalyse. Internationales Jahrbuch zur Weiterentwicklung der Psychoanalyse, Bd. II, Göttingen 1966, S. 201—210

K. Schneider: Klinische Psychopathologie, Stuttgart ⁸(erg.) 1967

H. Schultz-Hencke: Der gehemmte Mensch. Entwurf eines Lehrbuches der Neo-Psychoanalyse (²1947); Stuttgart 1965

— Lehrbuch der Traumanalyse (1949), Stuttgart 1968

— Lehrbuch der analytischen Psychotherapie (1951), Stuttgart 1965

— Das Problem der Schizophrenie. Analytische Psychotherapie und Psychose, Stuttgart 1952

W. Schwidder: Hemmung, Haltung und Symptom (1961), in: Fortschritte der Psychoanalyse. Internationales Jahrbuch zur Weiterentwicklung der Psychoanalyse, Bd. I, Göttingen 1964, S. 115—128

— Neue Ergebnisse zur psychoanalytischen Behandlungstechnik (1962), in: Fortschritte der Psychoanalyse. Internationales Jahrbuch zur Weiterentwicklung der Psychoanalyse, Bd. II, Göttingen 1966, S. 103—123

S. R. Slavson: An Introduction to Group Therapy, New York 1943; dt.: Einführung in die Gruppentherapie, Göttingen 1956; übers. v. W. Ahlbrecht

R. Spitz: No and Yes. On the genesis of Human Communication, New York 1957; dt.: Nein und Ja. Die Ursprünge der menschlichen Kommunikation; übers. v. K. Hügel; Stuttgart o. J.

— The First Year of Life. A Psychoanalytic Study of Normal and Deviant Development of Object Relations, New York 1965; dt.: Vom Säugling zum Kleinkind. Naturgeschichte der Mutter-Kind-Beziehungen im ersten Lebensjahr; übers. v. G. Theusner-Stampa; Stuttgart 1967; mit einem Nachwort von W. G. Cobliner

W. Stekel: Die Sprache des Traumes. Eine Darstellung der Symbolik und Deutung des Traumes in ihren Beziehungen zur kranken und gesunden Seele für Ärzte und Psychologen, München ³1927

L. Szondi: Schicksalsanalyse. Wahl in Liebe, Freundschaft, Beruf, Krankheit und Tod, Basel-Stuttgart, 3. neu bearbeitete u. stark erweiterte Auflage, 1965

— Lehrbuch der experimentellen Triebdiagnostik, Bd. I: Textband, Bern-Stuttgart, 2. völlig umgearbeitete Auflage, 1960

— Triebpathologie, 1. Bd.: Elemente der exakten Triebpsychologie und Triebpsychiatrie, Bern 1952

— Ich-Analyse. Die Grundlage zur Vereinigung der Tiefenpsychologie, 2. in sich abgeschlossener Band der Triebpathologie, Stuttgart-Bern 1956

R. Tausch: Gesprächspsychotherapie, Göttingen ⁴(erg.) 1970

H. Thomä: Anorexia nervosa. Geschichte, Klinik und Theorien der Pubertätsmagersucht, Bern-Stuttgart 1961

R. Waelder: Basic Theory of Psychoanalysis, New York; dt.: Die Grundlagen der Psychoanalyse; übers. v. Mar. v. Eckardt, Stuttgart 1963; Frankfurt a. M. 1969 (Fischer Tb. 1063)

A. J. Westermann Holstijn: Verschiedene Definitionen und Auffassungen von „Angst" (1962), in: Fortschritte der Psychoanalyse. Internationales Jahrbuch zur Weiterentwicklung der Psychoanalyse, Bd. II, Göttingen 1966, S. 173—188

H. Zulliger: Heilende Kräfte im kindlichen Spiel, Stuttgart 1952

— Horde, Bande, Gemeinschaft. Eine sozialpsychologisch-pädagogische Untersuchung; Stuttgart 1961; München o. J. (Kindler Tb. 2024)

— Kinderfehler im Frühalter, Zürich-Stuttgart 1961

— Bausteine zur Kinderpsychotherapie und Kindertiefenpsychologie, Bern-Stuttgart, 2. durchges. und erweiterte Auflage 1966

IV. Philosophie und Belletristik

(neben Aischylos, Euripides, W. Shakespeare und J. W. v. Goethe)

Ch. Baudelaire: Les Fleurs Du Mal, Paris 1857; dt.: Die Blumen des Bösen, in: Ch. Baudelaire: Ausgewählte Werke, hgg. v. F. Blei, übers. v. T. Robinson, München o. J., S. 1—284

T. Bernhard: Frost, Frankfurt 1963; Frankfurt 1972 (st 47)

M. Buber: Die Erzählungen der Chassidim (1949), in: Werke, III. Bd.: Schriften zum Chassidismus, München 1963; S. 69—712

A. Camus: La Peste (1947); dt.: Die Pest; übers. v. G. C. Meister; Hamburg 1950 (rororo 15)

F. M. Dostojewski: Schuld und Sühne. Roman in 6 Teilen und einem Epilog (1866); übertr. v. W. Bergengruen; München (Droemer) o. J.

J. C. Fest: Hitler. Eine Biographie, Frankfurt-Berlin-Wien 1973

A. Gide: L'Immoraliste, Paris 1902; dt.: Der Immoralist, in: A. Gide: Romane und lyrische Prosa, hgg. v. G. Schlientz, Stuttgart ²1974, S. 117—229; übers. v. G. Schlientz

E. Hemingway: For Whom the Bell tolls (1940); dt.: Wem die Stunde schlägt, Frankfurt ²1954; übers. v. P. Baudisch

— The Old Man and the Sea (1952); dt.: Der alte Mann und das Meer, Hamburg 1959 (rororo 328); übers. v. A. Horschitz-Horst

H. Hesse: Demian. Die Geschichte von Emil Sinclairs Jugend (1919); Frankfurt 1971 (Bd. 95 der Bibliothek Suhrkamp)

— Siddhartha. Eine indische Dichtung (1922); Frankfurt 1969 (Bd. 227 der Bibliothek Suhrkamp)

— Narziß und Goldmund. Erzählung (1930); Frankfurt 1971 (Bd. 65 der Bibliothek Suhrkamp)

F. Kafka: Das Urteil (1913), in: Sämtliche Erzählungen; hgg. v. P. Raabe; Frankfurt 1970 (Fischer Tb. 1078)

H. Kasack: Die Stadt hinter dem Strom, Frankfurt 1949

H. v. Kleist: Werke und Briefe, hgg. v. H. Sembdner, München ²1961 (dtv-Gesamtausgabe, Bd. 1—8); daraus:
a) Amphitryon. Ein Lustspiel nach Molière (1807), Bd. 2, S. 91—159
b) Penthesilea. Ein Trauerspiel (1808), Bd. 2, S. 161—286

S. K. Langer: Philosophy in a New Key, Cambridge 1942; dt.: Philosophie auf neuem Wege. Das Symbol im Denken, im Ritus und in der Kunst, Frankfurt 1965; übers. v. A. Löwith

K. Marx: Das Kapital. Kritik der politischen Ökonomie; 3 Bde.; (I.: 1867; II.: 1885; ²1893 hgg. v. F. Engels; III.: 1894 hgg. v. F. Engels); in: Karl Marx, Friedrich Engels: Werke, Bd. 23 (1965), Bd. 24 (1963), Bd. 25 (1964), Berlin O; hgg. vom Institut für Marxismus-Leninismus beim ZK der SED

H. Melville: Moby Dick or the Whale (1851); dt.: Moby Dick; übers. v. T. Mutzenbecher, unter Mitwirkung v. E. Schnabel; Hamburg 1956 (rororo Tb. 173—174)

T. Merton: The way of Chuang Tzu, New York; dt.: Sinfonie für einen Seevogel und andere Texte des Tschuang-tse, hgg. v. T. Merton; übers. v. J. Hoffmann-Herreros; Düsseldorf 1973

Platon: Symposion; übers. v. F. Schleiermacher; in: Platon: Sämtliche Werke, II 203—250; Hamburg 1957 (rk 14)

E. A. Poe: Der Malstrom (1841); dt. v. M. Bretschneider, in: Erzählungen, München o. J.; S. 180—200 (Winkler: Weltliteratur)

P. Ricoeur: Finitude et Culpabilité. II. La Symbolique du Mal, Paris 1960; dt.: Symbolik des Bösen. Phänomenologie der Schuld II, Freiburg-München 1971; übers. v. M. Otto

M. Seckler: Das Heil in der Geschichte. Geschichtstheologisches Denken bei Thomas von Aquin, München 1964

O. Spengler: Der Untergang des Abendlandes. Umrisse einer Morphologie der Weltgeschichte, 2 Bde. (1923); München 1972 (dtv 838—839)

J. Steinbeck: East of Eden; dt.: Jenseits von Eden, Zürich ¹¹1963; übers. v. H. Kahn

Stendhal (Henri Beyle): Le Rouge et le Noir, 1830; dt.: Rot und Schwarz. Chronik aus dem Jahr 1830; übers. v. W. Widmer, München 1953

T. Wolfe: Death, the Proud Brother (1933); dt.: Tod, der stolze Bruder, in: Sämtliche Erzählungen, Hamburg 1967; S. 7—53; übers. v. H. Schiebelhuth

REGISTER
(mit Ausnahme der Vorrede zur 2. Aufl.)

I. Autoren

651

II. Namen der Geographie, Ethnologie, Mythologie, Religion, Literatur und Geschichte

III. Sachen und Sachverhalte, Methoden und Begriffe

671

673

IV. Bibelstellen

hbl 250
mhmrwt 76
zkr 104
zkr 104
ḥmwr 441
ṭbwr 52
jbl 250
mbwl 250
jd' 104
jph 443
jṣr 18
ks' 445
ksh 373, 445

mksh 373
ktt 457
mlkt hšmjm 518
m'k 455
mrḥ 455
nwḥ 442
nḥš 85
nḥš brḥ 70
nḥš 'qltwn 70
ntq 455
'nj 234
'qb 214
'rb 378

ptḥ 443
ṣhrjm 380
jṣhr 380
rḥm 24
rḥmjm 24
šḥt 455
šm 443
šmjm 443
šmš 141
šmšwn 141
srp m'pp 70

_____